BAND 2
DIE RUHR UND IHR GEBIET – LEBEN AM UND MIT DEM FLUSS
———

BODO HOMBACH (HRSG.)

DIE RUHR UND DAS RUHRGEBIET
FLUSS, INDUSTRIEREGION, STRUKTURWANDEL
SEIT ANFANG DES 19. JAHRHUNDERTS

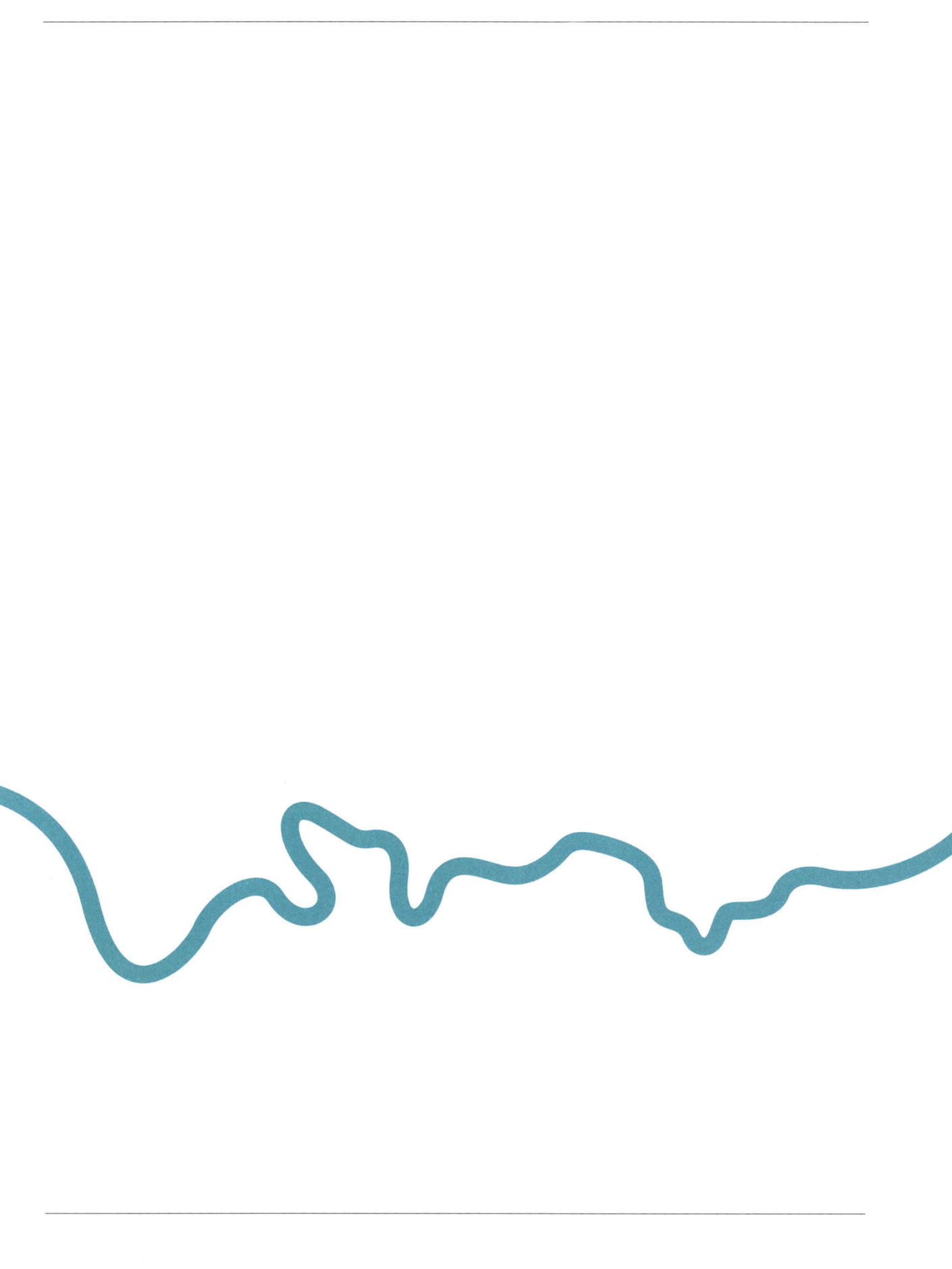

Bodo Hombach (Hrsg.)

DIE RUHR UND DAS RUHRGEBIET

Fluss, Industrieregion, Strukturwandel
seit Anfang des 19. Jahrhunderts

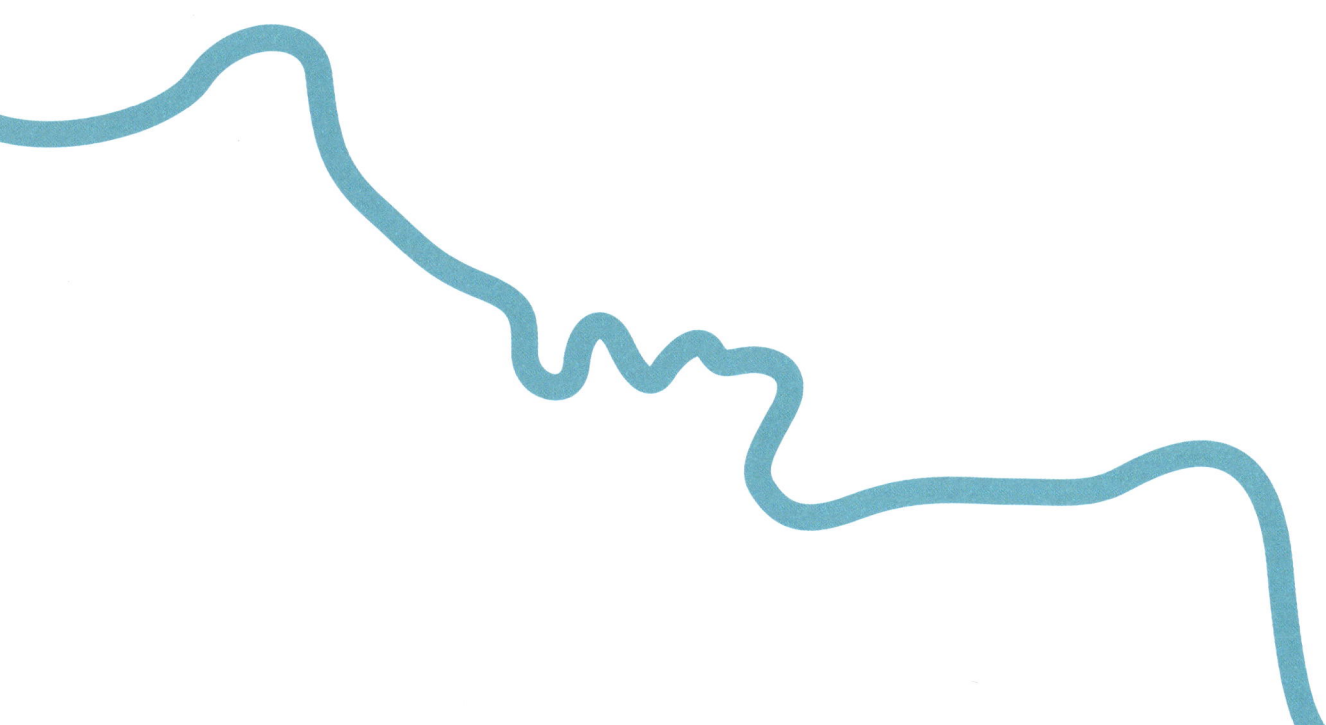

**Die Ruhr und ihr Gebiet
Leben am und mit dem Fluss**

**Band 2: Die Ruhr und das Ruhrgebiet –
Fluss, Industrieregion, Strukturwandel
seit Anfang des 19. Jahrhunderts**

Herausgegeben von Bodo Hombach
für die Brost-Stiftung

In Kooperation mit der

Redaktion:
Jens Adamski, Britt Heinker, Jasmin Sandhaus

Lektorat:
Aschendorff Verlag

Gestaltung und Satz:
Frank Georgy (kopfsprung.de)

Gesamtherstellung:
Aschendorff Verlag GmbH & Co. KG

1. Auflage: 2020

Diese Publikation ist in der Deutschen
Nationalbibliografie verzeichnet. Mehr
Informationen dazu finden Sie unter
http://dnb.dnb.de

ISBN 978-3-402-24640-5
Alle Rechte vorbehalten.
Gedruckt in Deutschland.

Copyright © 2020, Brost-Stiftung, Autorinnen
und Autoren, Fotografinnen und Fotografen.

Umschlagabbildung vorne:
Die Ruhr mit den Deutschen Edelstahlwerken in Witten
bei Sonnenaufgang, 2015 (Stefan Ziese)

Umschlagabbildung hinten:
Das Ruhrtal in Witten, 2003 (Stefan Ziese)

Brost-Stiftung
Zeißbogen 28
45133 Essen
Tel.: +49 (0)201 / 749936-16
www.broststiftung.ruhr

Aschendorff Verlag GmbH & Co. KG
Soester Str. 13
48155 Münster
Tel.: +49 (0)251 / 690-91 3001
E-Mail: buchverlag@aschendorff.de
www.aschendorff-buchverlag.de

Fotos innen:

Seite 8–9: Der Blick vom Vincketurm auf die Ruhr und die Ruine
Hohensyburg in Dortmund, 2019 (Mike König)

Seite 10–11: Romantischer Sonnenaufgang an der Ruhr zwischen
Hattingen und Bochum, 2019 (Mike König)

Seite 12–13: Der Blick auf die Ruhr vom Berger-Denkmal in Witten,
2019 (Mike König)

Seite 394–395: Der Blick vom Vincketurm auf die Ruhr bei Dortmund,
2019 (Mike König)

Seite 396–397: Sonnenaufgang an der Ruhr – ein Blick auf die Burg
Blankenstein in Hattingen, 2019 (Mike König)

Seite 398–399: Ein neuer Tag beginnt an der Ruhrbrücke in Hattingen,
2019 (Mike König)

Seite 400–401: Sonnenaufgang am Wehr im Kemnader See zwischen
Bochum und Hattingen, 2019 (Mike König)

Seite 408: Ein Graureiher rastet in der Nähe des Ruhrviadukts in
Herdecke, 2019 (Mike König)

INHALTSVERZEICHNIS

VI. VERKEHRSRAUM RUHR

VII. WASSERWIRTSCHAFTSRAUM RUHR

VIII. SPORT- UND FREIZEITRAUM RUHR

Jens Adamski

DIE RUHR UND DAS RUHRGEBIET

Eine begriffliche Annäherung

Wenn man in elektronischen Bibliothekskatalogen nach dem Begriff „Ruhr" sucht, so stößt man nahezu unvermeidlich und vorrangig auf das Ruhrgebiet, während sich im Vergleich dazu die Trefferquote für den namengebenden Fluss (oder auch die gleichnamige Infektionskrankheit) in Grenzen hält. Dies verdeutlicht, in welchem Ausmaß die Ruhr zum Synonym des Ballungsraums geworden ist. Geläufige Bezeichnungen wie „Regionalverband Ruhr", „Metropole Ruhr" oder auch „Ruhrstadt" können für diesen Umstand beispielhaft angeführt werden. Doch schon ein erster Blick auf die Karte verrät, dass das Ruhrgebiet mit dem Gebiet der Ruhr nicht deckungsgleich ist. Denn einerseits markiert der Unterlauf des Flusses nur den südlichen Grenzverlauf des Ballungsraums und andererseits ist dieser in seiner West-Ost-Ausrichtung zwischen Duisburg und Dortmund (beziehungsweise zwischen Kamp-Lintfort und Hamm) räumlich kleiner als der sich über gut 219 Kilometer erstreckende Gesamtlauf des Flusses zwischen der Quelle nahe Winterberg und dem Mündungsgebiet bei Duisburg. Bemerkenswert (und mitunter irreführend) erscheint die Bezeichnung „Ruhrgebiet" auch vor dem Hintergrund, dass sich die Einwohner der Städte und Gemeinden am Mittel- und Oberlauf der Ruhr nicht dazu zählen und auch nicht als „Ruhrgebietler" bezeichnen, während sich hingegen ein Gelsenkirchener voller Überzeugung als solcher tituliert, obwohl seine Stadt selbst gar nicht am entsprechenden Ufer des Flusses liegt.

Geht man der Frage nach, wieso der Ausdruck „Ruhrgebiet" das von der Ruhr durchflossene Sauerland außen vor lässt und sich dementsprechend auch nicht auf das gesamte Einzugsgebiet des Flusses bezieht – stattdessen aber viel weiter nördlich

Hier ist der Fluss noch beschaulich: Die Ruhr im Hochsauerlandkreis, nahe Winterberg, 2007 (Stefan Ziese)

Links: Ein Segler auf dem Baldeneysee passiert den Förderturm der ehemaligen Zeche Carl Funke, 2008 (Stefan Ziese)

des Flusses, zwischen Emscher und Lippe gelegenen städtischen Raum einschließt –, gelangt man in das 19. Jahrhundert, in dem sich der Ballungsraum Ruhr als schwerindustriell geprägte (Bergbau-) Region herausbildete. Die im näheren Bereich der Ruhr bereits nahe der Erdoberfläche erschließbaren Steinkohlevorkommen, die teilweise schon seit dem Spätmittelalter klein- oder nebengewerblich abgebaut wurden, stehen dabei am Beginn dieser montanwirtschaftlichen Erfolgsgeschichte. Denn im Rahmen der aufkommenden Industrialisierung gewann die Steinkohlenförderung zunehmend an Relevanz und Gewicht, schließlich basierten die Verwendung von Dampfmaschinen, die Errichtung einer zukunftsweisenden Eisen- und Stahlindustrie sowie der Ausbau des Eisenbahnwesens auf diesem energieträchtigen Grundstoff. Der tatsächliche Anteil der südlichen Ruhrzechen an dieser Entwicklung schwand allerdings bereits um die Mitte des 19. Jahrhunderts deutlich, zumal sich die südlich der Ruhr geförderten Magerkohlen nicht wirklich zur Verkokung beziehungsweise zur Erzeugung von Hochofenkoks, nach dem die Stahlindustrie verlangte, eigneten. Die Ruhr diente in dieser Zeit als wichtigster Transportweg für die abgebaute „Ruhr-

kohle", bis sie in dieser Funktion zunehmend in der zweiten Hälfte des 19. Jahrhunderts durch die neu errichteten Eisenbahnstrecken abgelöst wurde.

Als es in den 1830er Jahren erfolgreich gelang, unter Einsatz von dampfbetriebenen Pumpen die barrierebildende Mergeldecke, die als grundwasserführende Gesteinsschicht oberhalb der Kohlenflöze massive Probleme bei der erforderlichen Wasserhaltung aufwarf, zu überwinden und Tiefbauschächte abzuteufen, war der allmähliche Bedeutungsverlust der Steinkohlenförderung in der Ruhrzone besiegelt. Denn mit dem Durchbruch der Mergelschicht standen fortan verkokbare Fettkohle sowie tiefer gelegene und ertragreichere Kohlefelder nördlich der Ruhr zur Verfügung. Es kam zur Nordwanderung des Steinkohlenberg- und Tiefbaus, der zu Beginn der 1840er Jahre zunächst die Hellwegzone, seit den 1850er Jahren dann zunehmend auch die Emscherzone erreichte, die dann nachfolgend, insbesondere in der Hochindustrialisierungsphase, zum eigentlichen Kristallisationsort des „Ruhrbergbaus" und realen Kerngebiet des „Ruhrreviers" wurde. Und an der Umgestaltung der Emscherzone seit der zweiten Hälfte des 19. Jahrhunderts zeigte sich auch am deutlichsten, inwiefern sich das Ruhrgebiet als eigenständige Wirtschafts- und Industrieregion sowie von mehreren Migrationswellen geprägter Siedlungsraum vom Sauerland beziehungsweise den weiteren rheinischen und westfälischen Landesteilen abzuheben begann. Ein Blick auf die ansteigen-

Die Zonengliederung des Ruhrgebiets, Quelle: Josef Reding/Karl-Heinz Kirchhoff/Heinrich Husmann/Clemens Herbermann (Red.): Links der Lippe, rechts der Ruhr. Geschichte und Gegenwart im Emscherland. Zum einhundertjährigen Bestehen hrsg. von der Stadtsparkasse Gelsenkirchen, Gelsenkirchen 1969, S. 128 (nach Wilhelm Brepohl)

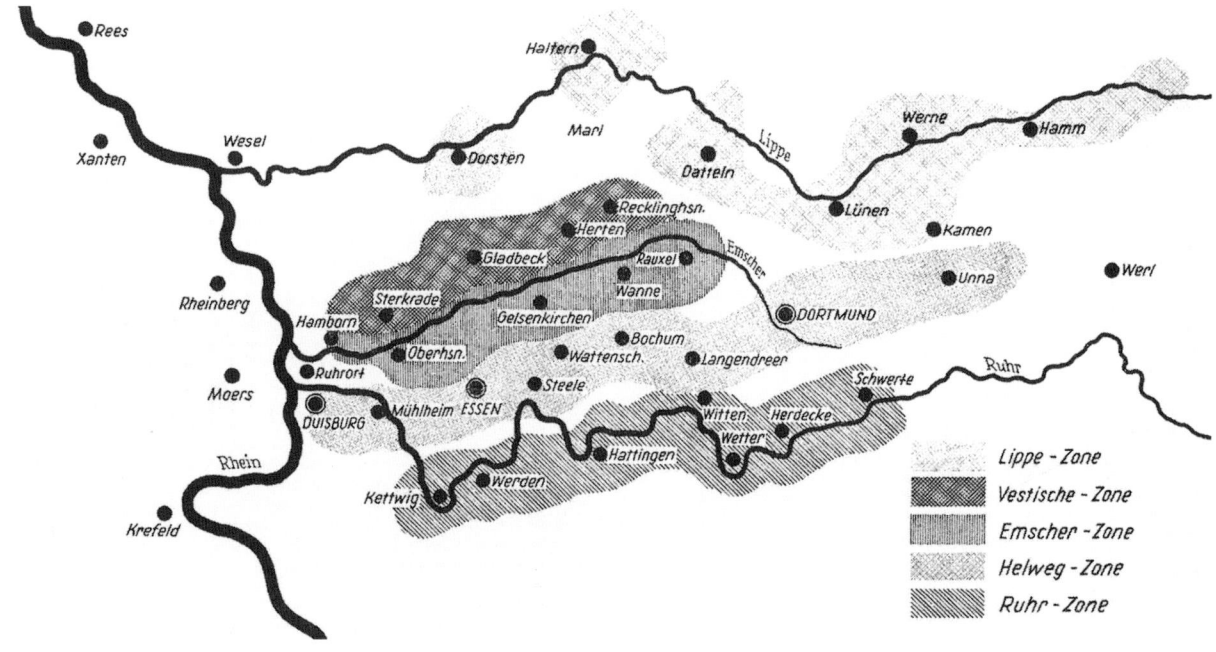

de Bevölkerungskonzentration verdeutlicht dies: Lebten um 1815 im Raum des späteren Ruhrgebiets (ohne Berücksichtigung der heute zum Regionalverband Ruhr gehörenden ländlichen Gemeinden des Kreises Wesel und des südlichen Teils des Ennepe-Ruhr-Kreises und der Stadt Hagen) lediglich rund 220.000 Menschen, so umfasste die Bevölkerungszahl 1871 schon gut 720.000 Einwohner und im Jahre 1905 bereits stolze 2,6 Millionen!

Ungeachtet der immer stärker in den Vordergrund tretenden Besonderheiten des sich zwischen Ruhr und Lippe herauskristallisierenden Montanraums überschnitten sich bis in das 20. Jahrhundert hinein unterschiedliche Identitäten, zumal die primär aus den agrarisch geprägten Gebieten Westfalens, des Rheinlands und Hessens, später dann zunehmend aus den ländlich strukturierten preußischen Ostprovinzen zugewanderten Arbeitskräfte zunächst ihre Herkunftsidentitäten weiterhin pflegten. Die Herausbildung einer neuen, spezifisch auf den Ballungsraum zugeschnittenen Raumidentität wurde so trotz der weitgehenden Homogenität seiner auf Kohle und Stahl fokussierten Erwerbsgesellschaft erschwert. Insofern ist es vielleicht nicht verwunderlich, dass das „Ruhrgebiet" als Teil der preußischen Westprovinzen Rheinland und Westfalen bis in die 1920er Jahre hinein vornehmlich als „Rheinisch-Westfälisches Industriegebiet" oder als „Rheinisch-Westfälischer Industriebezirk" bezeichnet wurde. Bis zu diesem Zeitpunkt spielte es keine herausragende Rolle, dass der Begriff „Ruhrgebiet" – ohne Bezug auf das gesamte Einzugsgebiet der Ruhr – im Sinne der bergbaudominierten Region (vermutlich erstmals) schon im Jahre 1867 durch den Journalisten und Schriftsteller Nikolaus Hocker in seinem Werk über „Die Großindustrie Rheinlands und Westfalens" Verwendung gefunden hatte. Erst nach dem Ersten Weltkrieg, als die Charakteristika und regionale Einheit der dezentralen Städteformation allseits wahrgenommen wurden und sich vor dem Hintergrund der herausragenden Bedeutung des Montanraums für die nationale Bewältigung der wirtschaftlichen Kriegsfolgen sowie der Reparationsleistungen ein eigenständiges Ruhrgebietsbewusstsein entfalten konnte, traten in verstärktem Maße neue Benennungen wie „Ruhrkohlenbezirk" oder „Ruhrrevier" hinzu. Dem Namen nach bezogen sich diese sowohl auf die ursprüngliche historische Entstehungszone am Fluss als auch auf die wichtige (und traditionsreiche) Rolle des Bergbaus.

Auch frühere Ansätze kommunaler und unternehmerischer Zusammenarbeit im Ruhrgebiet, wie im Falle des 1899 konstituierten Ruhrtalsperrenvereins und des 1913 gegründeten Ruhrverbands, spielten hier in begrifflicher Hinsicht eine gewisse Vorreiterrolle und verdeutlich(t)en zugleich die Bedeutung des Flusses für die Aufrechterhaltung der Wasserversorgung beziehungsweise die erforderliche Bereitstellung von Trink- und Brauchwasser für die „Ruhrbevölkerung" und „Ruhrindustrie" – und als Wasserlieferant legitimiert sich die Ruhr noch heute als Namenspatron des Ruhrgebiets. In dieser Funktion bot sie auch schon in den 1920er Jahren, als zunehmend die neuen „Ruhr-Bezeichnungen" für das Rheinisch-Westfälische Industriegebiet aufkamen, ein besseres Identifikationspotenzial als die inmitten des Ballungsraums fließende Emscher, die zu diesem Zeitpunkt bereits die undankbare Aufgabe eines offenen Abwasserkanals übernommen hatte. Denn auch wenn die Emscher und das Emschergebiet zu diesem Zeitpunkt längst im Zentrum des Montanraums lagen – wer hätte diesen freiwillig nach einem übel riechenden, verschmutzten und leblosen Fluss benennen wollen?

Fest steht jedenfalls, dass das Ruhrgebiet erst in den 1920er Jahren – sowohl innerhalb des Reviers als auch in ganz Deutschland – als „homogenes Kollektiv" und, wie bereits erwähnt, eigenständige regionale Einheit wahrgenommen worden ist. Dies hing stark mit den nachrevolutionären Ereignissen in den frühen Jahren der Weimarer Republik zusammen, die 1923 in dem passiven Widerstand gegen die französisch-belgische Ruhrbesetzung gipfelten. Jetzt wurde die „Ruhrfrage" eine Frage der nationalen Ehre – das Ruhrgebiet wurde dementsprechend von der deutschen Politik mental vereinnahmt. Angespornt wurde das neue „Ruhrbewusstsein" zugleich durch die zeitgenössische Volksgeschichtsschreibung und Kulturbodenforschung, die den Leitbegriff des „Volks" als (scheinbar) stabiles, einheitliches und unumstößliches Ordnungselement in wissenschaftliche und politische Debatten einführte. Diese Ausrichtung sollte nach 1918/19 nicht zuletzt zur Aufwertung des durch die Kriegsniederlage und harten Friedensbedingungen beeinträchtigten nationalen Selbstwertgefühls beitragen. Im Ruhrgebiet entwickelte der Volkskundler Wilhelm Brepohl eine Art „industrielle Kulturraumforschung", bei der ihn insbesondere die Frage interessierte, inwiefern sich durch

Städte und Kreise im Ruhrgebiet

Städte und Kreise im Ruhrgebiet, Quelle: Stefan Goch, Im Dschungel des Ruhrgebiets, Bochum 2004, S. 11 (SBR-Schriften, Heft 14)

die im Zuge des Industrialisierungsprozesses in die Ruhrregion zugewanderten deutschen und ausländischen Volksgruppen und die dort schon länger ansässige rheinisch-westfälische Bevölkerung die Herausbildung eines eigenen, industrie- und ruhrgebietsspezifischen Gemeinschaftsgefühls – und Volkstums – abzeichnete. Brepohl bemühte sich dementsprechend, die Charakteristika der „Volksseele an der Ruhr" und die Spezifika des von ihm so bezeichneten „Ruhrvolks" zu erforschen. Sinnbildlich gesprochen, wurde der Name des Flusses jetzt völkisch aufgeladen. Es gehört nicht viel Vorstellungsvermögen dazu, um nachvollziehen zu können, dass sich Brepohls Forschungen in nationalsozialistischer Zeit in die rassistisch dominierte „Volkstumsideologie" einfügten. Und selbst in den 1950er Jahren sprach er noch davon, dass sich das „Industrievolk an der Ruhr" durch eine „biologische Verostdeutschung" und eine gleichzeitige „kulturelle Verwestdeutschung" auszeichne. Anschlussfähig an moderne Sozialstudien waren derartige Interpretationsmuster und organischen Sozialentwürfe jedenfalls nicht. Was im übertragenen Sinne mit Blick

auf die Identifikationspotenziale der Menschen im Montanraum längerfristig von Brepohls Schlussfolgerungen präsent blieb, war eher die Erkenntnis, dass der Ruhrgebietsbevölkerung die eigene Zeche und das eigene Hüttenwerk ebenso ein heimatliches Gefühl vermitteln konnten, wie anderswo der heimische Marktplatz oder Kirchturm.

Greifbarere, länger andauernde und zugleich festere Konturen erhielt das Ruhrgebiet 1920 durch die Gründung des Siedlungsverbands Ruhrkohlenbezirk (SVR). Zwar blieb der Ballungsraum weiterhin durch die Regierungspräsidien in Münster, Arnsberg und Düsseldorf administrativ bevormundet, aber immerhin bestand nun die Möglichkeit, die regionale Planungspolitik mitzugestalten. Da das Ruhrgebiet in Abhängigkeit von der jeweiligen Standortwahl der Montanindustrie eher unkoordiniert als gezielt aus vielen Zentren an- und ineinander zu einer „Städtestadt" zusammengewachsen war, war es auch dringend geboten, übergeordnet und regulierend in das strukturelle Chaos einzugreifen. Jetzt wurde das Ruhrrevier auch zum ersten Mal territorial genauer gefasst und definiert. Dem SVR oblag es nun fortan als Planungs- und Kontrollinstanz für die räumliche Entwicklung des gesamten Ruhrgebiets zu wirken und zugleich die Kirchturmpolitik einzelner Kommunen im Revier zu überwinden. Primär rückten hier die Bereiche Siedlungsförderung und Flächennutzung, Verkehr, Grünflächen und Erholungsgebiete in den Mittelpunkt. Konkret ging es um gutachtliche Tätigkeiten bei der Wohnungsbauförderung, die Festlegung beziehungsweise Schaffung zentraler und verbindender Verkehrsachsen durch das Verbandsgebiet, die Sicherung und Vermehrung von Grünflächen sowie die Erschließung von Erholungsgebieten, was auch dazu beitrug, dass das Ruhrtal und die Ruhrstauseen der Bevölkerung zur Freizeitnutzung zur Verfügung standen. Insgesamt wurden so wesentliche Grundlagen für die spätere regionale Entwicklung geschaffen – ein fortlaufender Prozess, der heute vom Regionalverband Ruhr (RVR) begleitet und mitkoordiniert wird.

Man könnte meinen, dass das eng mit der nationalen Bedeutung der Montanindustrie verbundene Ruhrgebietsbewusstsein mit dem Ausbruch der anhaltenden Bergbaukrise ab 1958 und dem seit Mitte der 1970er Jahre erfolgenden Niedergang der Eisen- und Stahlindustrie einen schweren Dämpfer erhalten hätte. Schließlich war die „Ruhrkohle" noch nach dem Zweiten Weltkrieg zunächst das einzige Faustpfand, das die Bedeutung des kriegszerstörten Deutschlands aufrechterhalten und den wirtschaftlichen Wiederaufstieg einleiten konnte. Zudem bildeten der „Ruhrbergbau" und die Hüttenindustrie sowie das „Ruhrstatut" die Keimzelle für die Gründung der Europäischen Gemeinschaft für Kohle und Stahl, legten nachfolgend also auch die Basis der Europäischen (Wirtschafts-)Gemeinschaft und Europäischen Union. Doch trotz aller Schwierigkeiten, die mit dem sozioökonomischen Strukturwandel verbunden waren (und in mancher Hinsicht weiterhin sind), in dessen Folge sich die ursprünglich monotone, schwerindustrielle Daseinsweise im Ruhrgebiet seit den 1960er Jahren zunehmend in eine Dienstleistungs- und Hochschullandschaft umwandelte, blieb der Grad an Identifikation mit dem Ruhrgebiet erhalten. Denn die bürgerlichen Mittelschichten, die die Arbeiterschaft als dominierende Gruppe im Ruhrgebiet abzulösen begannen, entwickelten gleichsam ein Raumbewusstsein, das sich

keineswegs von der Historie des Ballungsraums distanzierte, sondern dessen Geschichte vielmehr als identitätsstiftendes Element in die Gegenwart zu transferieren suchte. Es ist beinahe kurios: In dem Umfang, in dem der traditionelle „Ruhrkohlenbezirk" (übrigens auch als Bezeichnung für das Ruhrgebiet) verschwand, lebten seine Geschichte und Kultur auf. Der Stolz auf die montanwirtschaftliche Zeit manifestiert sich inzwischen unter anderem im Erhalt des industriellen Erbes beziehungsweise in der Industriedenkmalpflege; insofern ist das industriekulturelle Narrativ längst zu einem herausragenden Bindeglied avanciert, das die Menschen im Ruhrgebiet zusammenhält.

Flankiert wurde dieser Prozess seit den 1970er und 1980er Jahren von Imagekampagnen, die gegen das Stigma des „Kohlenpotts", inzwischen eine sterbende Krisenregion zu sein, vorgingen und zunehmend das Bild einer neuen Kulturlandschaft und Raumqualität zeichneten, bei der seit den letzten 20 oder 30 Jahren auch eine verstärkte Rückbesinnung auf den namengebenden Fluss erfolgte, der zuvor über mehr als ein Jahrhundert hinweg nur noch im Schatten des „Ruhrreviers" gestanden hatte. Und da sich der Bergbau am frühesten aus der Ruhrzone zurückgezogen hatte, schien (und scheint) sie als Aushängeschild des Strukturwandels geradezu prädestiniert für die Versinnbildlichung der weichen Standortfaktoren zu sein, mit denen das Ruhrgebiet auch künftig für sich werben kann: Natur, Regenerierung von Industriebrachen und ökologischer Umbau, Landschaftspflege, Industriekultur, Ruhrtourismus, Freizeit, (Wasser-)Sport und Naherholung – kurzum: Lebensqualität. So gesehen, ist der Begriff „Ruhr" für die Kennzeichnung des Ballungsraums also weiterhin – oder erneut beziehungsweise unter gewandelter Prämisse – zutreffend.

Fast wie eine (unbewusste) Prophezeiung…; Blechschild in Siebdruck, erstellt vermutlich Anfang der 1950er Jahre. Das Schild stand ursprünglich wohl im Zusammenhang mit Maßnahmen einer Bergwerksgesellschaft zur Produktivitätssteigerung (Montanhistorisches Dokumentationszentrum (montan.dok) beim Deutschen Bergbau-Museum Bochum)

V.
INDUS
TRIE
RAUM
RUHR
—

Gunnar Gawehn

AUSGANGSPUNKT MUTTENTAL

Die Wiege des Steinkohlenbergbaus an der Ruhr

DER MÄRKISCHE STEINKOHLENBERGBAU BIS ZUR MITTE DES 18. JAHRHUNDERTS

An den Hängen der Ruhr, wo die Steinkohle offen zutage tritt oder nur von einer dünnen Lehmschicht überdeckt ist, begann die Geschichte des Steinkohlenbergbaus im später als Ruhrgebiet bezeichneten Raum, die mit der Stilllegung der Bottroper Zeche Prosper-Haniel im Dezember 2018 ihr Ende fand. Der Steinkohlenbergbau entfaltete insbesondere seit der Mitte des 19. Jahrhunderts eine ungeheure raumformende Kraft und erschuf binnen weniger Jahrzehnte einen montanindustriellen Ballungsraum eigener Prägung zwischen Rheinland und Westfalen. Namensgebend blieb die Ruhr auch dann noch für die hiesige Steinkohle, also für die sogenannte Ruhrkohle, als diese im Zeitalter der Industrialisierung in viel größerem Umfang im Bereich des alten Hellweges sowie aus der Emscherzone und etwas später auch aus der Lippezone gewonnen wurde. Dass dieser Wirtschaftsraum zwischen Ruhr und Lippe auch heute noch als Ruhrgebiet bezeichnet wird, darf als ein Beleg für die große Bedeutung gelten, die den Ursprüngen des Steinkohlenbergbaus in der Region beigemessen wird.

Wo genau und seit wann tatsächlich die erste Ruhrkohle gewonnen und verfeuert worden war, liegt im Dunkeln. Der Legende nach hatte ein Hirtenjunge am Ruhrufer sein Nachtlager aufgeschlagen und ein Feuer entzündet, um sich zu wärmen. Am nächsten Morgen soll er festgestellt haben, dass die Steine, auf denen er das Feuer entzündet hatte, noch immer heiß waren und glühten. Die schwarzen Steine konnten also als Brennstoff verwendet werden.

Diese Erkenntnis allein genügte jedoch nicht, das Potenzial der Steinkohle als Energielieferant tatsächlich auszuschöpfen, da die Kenntnisse der möglichen Abnehmer noch nicht ausreichten, um die besonderen Herausforderungen des Steinkohlenbrandes zu meistern. Holz blieb daher noch bis in das ausgehende Mittelalter der unangefochten bedeutendere Brennstoff. Erst die beginnende Holzknappheit rückte die Steinkohle als Alternative zum Holz verstärkt in den Mittelpunkt. In der Grafschaft Mark fand die im Vergleich zum Holz vergleichsweise preiswerte Steinkohle schließlich im ausgehenden Mittelalter im Schmiedegewerbe, im Hausbrand, bei Kalkbrennereien und in Salinen Verwendung.

Die ersten Steinkohlen wurden durch einfaches Abgraben an der Tagesoberfläche gewonnen. Hatten die Gruben eine gewisse Tiefe erreicht, drohten diese jedoch einzustürzen oder liefen mit

Links: Blick über das Muttental, 2019 (Gunnar Gawehn)

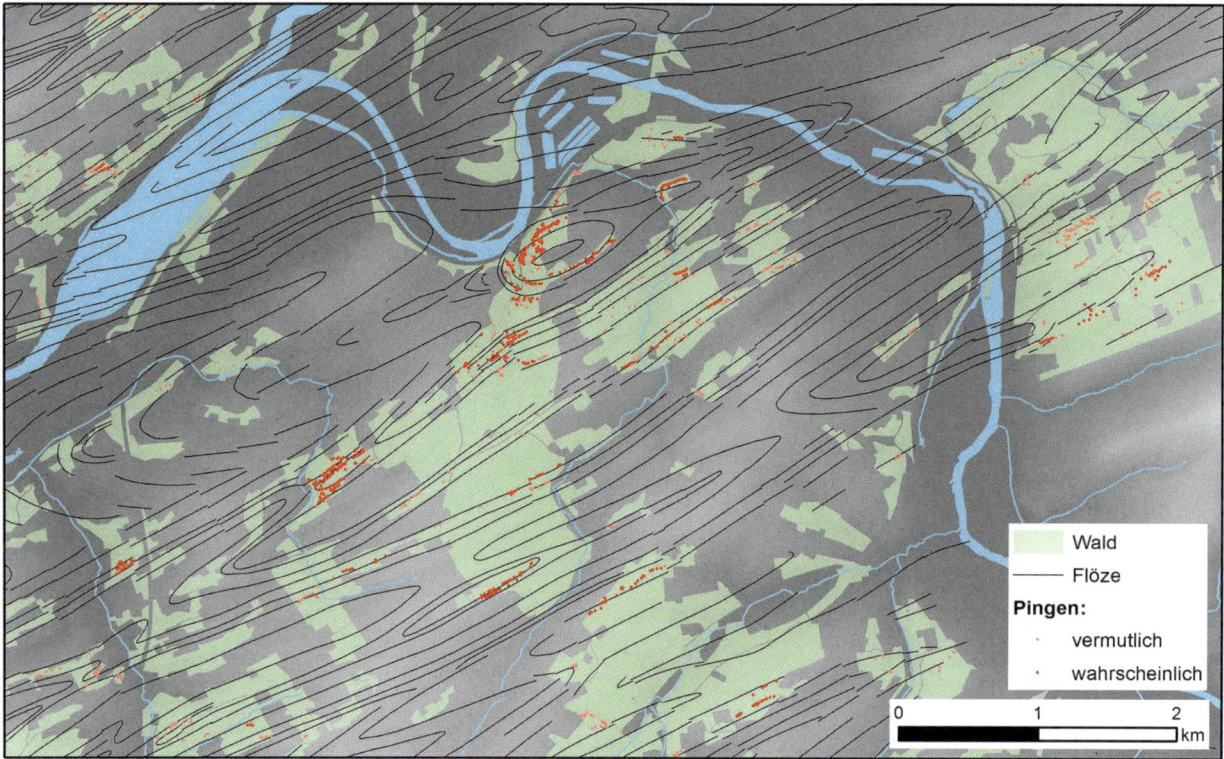

Pingen im Muttental und Umgebung, Übersichtskarte von 2019, Kartografie: Till Kasielke, Pingen nach Julian Gergs, Flöze nach Geologischer Dienst NRW

Regen- oder Grundwasser voll, sodass Grabungsarbeiten an anderer Stelle aufgenommen werden mussten. Verwertbar war für die damaligen Kohlengräber einzig die Stückkohle, während die Feinkohlen auf kleine Halden gekippt wurden, die sich meist direkt neben der Grube befanden. Die durch Grabungen an der Oberfläche entstandenen Vertiefungen werden Pingen genannt. Eine jüngst am Geographischen Institut der Ruhr-Universität Bochum erstellte Übersichtskarte über die Pingen im Muttental verdeutlicht das rege Kohlengraben in der Frühphase des Ruhrbergbaus.

Die ersten gesicherten Informationen über die Verwendung von Steinkohle reichen mit Blick auf die Reichsstadt und die dazugehörige Grafschaft Dortmund bis zum Ende des 13. Jahrhunderts zurück. Urkundlich nachgewiesen sind überdies für den Zeitraum vom 14. bis 16. Jahrhundert diverse Schürfstellen zwischen Hörde, Schüren und Wickede. Quellen aus dem ausgehenden 16. Jahrhundert berichten über den Betrieb von Steinkohlengruben u.a. in Witten, Rellinghausen, Schwelm, Schwerte, Herdecke und Unna, Haßlinghausen, Blankenstein und Bochum. Betrieben wurde der Steinkohlenbergbau sowohl von Bauern, Bürgern, dem Adel als auch von den Stiften und Klöstern (u.a. Stift Claren-

berg bei Dortmund-Hörde). Die in den Steinkohlengruben beschäftigten Bergleute bildeten bereits einen eigenständigen Berufsstand, wie aus einer Aufstellung des Rats der Stadt Dortmund von 1512 hervorgeht.

Im April 1541 erließ Herzog Wilhelm von Jülich, Geldern, Kleve und Berg, Graf zu der Mark und Ravensberg eine kodifizierte Bergordnung, um den Einfluss auf den Bergbau zu stärken, die landesherrschaftlichen Einkünfte zu erhöhen sowie eine Abkehr vom bisher gebräuchlichen Gewohnheitsrecht beim Bergbau einzuleiten. Dieses Datum markiert den eigentlichen Start der Bemühungen, eine Bergverwaltung aufzubauen, welche primär der regelmäßigen Erhebung des sogenannten Bergzehnts, einer Steuer auf die Gewinnung von Bodenschätzen, dienen sollte. Die praktische Umsetzung der Bestimmungen der Bergordnung erwies sich aber als schwierig. Da lange Zeit noch nicht einmal die Überwachung der Zechen durch Bergbeamte erfolgte, bereitete die Durchsetzung des Zehntanspruchs gegenüber den Gewerken, also den Eigentümern bzw. Anteilseignern eines Bergwerks, große

Probleme, wobei der Adel und die Kirche aufgrund bestehender Privilegien sowieso vom Zehnt befreit waren. Im Allgemeinen waren die Gewerken in allen Belangen autonom tätig, also auch bei der Organisation der Arbeitskräfte sowie dem Absatz. Die Bemühungen um eine Intensivierung der Steinkohlennutzung erfolgten dabei auf ihre Initiative sowie auf eigenes Risiko und nicht auf staatliche Anordnung. Die märkischen Adelshäuser gehörten dabei zu den bedeutendsten Investoren im Steinkohlenbergbau. Zwar wurde mancherorts ungeordneter Raubbau betrieben, seit dem 16. Jahrhundert war der Stollenbau in der Grafschaft Mark jedoch schon weit verbreitet gewesen. Die der Wasserableitung dienenden Stollen wurden zum Tal geneigt in den Berg gehauen und mit Holzausbau zum Schutz vor Gesteinsfall versehen. Die Investitionen in den Steinkohlenbergbau orientierten sich dabei streng an den Bedürfnissen der Verbraucher. Über tonnlägige Schächte gelang es nun tiefer gelegene Steinkohlen zu fördern. Diese hatten gegenüber den oberflächennahen Steinkohlen den Vorteil, dass sie weniger verwittert waren und besser brannten. Gefördert wurde zunächst über Körbe oder Tonnen. Auf dem Gebiet der Bergbautechnik ergaben sich im Schacht- und Stollenbau im 17. Jahrhundert keine grundlegenden Änderungen. Steinkohlen wurden mit Hilfe von Winden (Haspeln) und Ketten nach über Tage befördert.

Im 17. Jahrhundert entwickelte sich der Steinkohlenbergbau neben dem Metallgewerbe zu einem der wichtigsten Gewerbezweige. In den 1640er Jahren etwa, während des Dreißigjährigen Krieges, gelangten die Steinkohlen in immer größerem Umfang zu den Waffenschmieden im Bergischen Land. Zu den wichtigsten Abnehmern der Steinkohlen der Grafschaft Mark gehörten überdies die Salinenbetriebe bei Unna und im kurkölnischen Werl. Diese Entwicklung brachte dem märkischen Steinkohlenbergbau auch die Aufmerksamkeit des brandenburg-preußischen Kurfürsten ein, der die Grafschaft Mark und Ravensberg 1609 durch Erbschaft in seinen Besitz nahm. Das Kurfürstentum Brandenburg machte es sich zum Ziel, die neu hinzugewonnenen Montanreviere unter das Bergregal zu stellen, um die Staatseinnahmen zu mehren und die Position des Zentralstaates gegenüber den klevisch-märkischen Landständen zu stärken. Als Bergregal wurde das Verfügungsrecht des Landesherrn über ungehobene Bodenschätze bezeichnet. Die klevisch-märkischen Landstände erkannten zwar

nach dem Westfälischen Frieden von 1648 den Kohlezehnt als landesherrliches Regal grundsätzlich an, der märkische Adel beharrte jedoch weiterhin auf seiner Herrschaft über den eigenen Grund und Boden und folglich auch über die dort anzutreffenden Steinkohlen sowie die Privilegien der Zehntbefreiung. Zu den märkischen Adelshäusern, die im lokalen Steinkohlenbergbau tätig waren, mitunter auch lokale staatliche Funktionen ausfüllten und selbstbewusst ihre wirtschaftlichen Interessen verteidigten, gehörten etwa die Elverfeldts, Hövels, Horsts, Melschedes, Rombergs oder Sybergs. Sie standen zudem nicht selten auch in verwandtschaftlicher Beziehung zu Mitgliedern der klevisch-märkischen Regierung. Um die Ansprüche des preußischen Staates in der Grafschaft Mark durchzusetzen und die Einnahmen durch den Steinkohlenbergbau zu erhöhen, sollte die Aufsicht über den Abbau intensiviert werden. Zu diesem Zweck gab es seit 1681 in Schwerte einen sogenannten Bergvogt, der auch als Bergrat bezeichnet wurde. Dieser sollte die Bergabgaben an den Landesherrn überwachen und war zuständig für die Vermessung und Verleihung der Gruben. Gegen die gewachsenen politischen und wirtschaftlichen Machtstrukturen in der Grafschaft Mark konnte sich das Kurfürstentum aber nicht entscheidend durchsetzen. Die Bergverwaltung war weiterhin ineffizient und das Grubenrechnungswesen derart desolat, dass die staatlichen Einnahmen durch Zehnteinkünfte marginal blieben. Zahlreiche Steinkohlengruben standen sogar ohne bergamtliche Genehmigung in Betrieb. Beispielhaft seien an dieser Stelle die Freiherrn von der Recke erwähnt, die im Gericht Witten Steinkohlen förderten und verkauften, sich aber weigerten, den Kohlezehnt abzuführen. Erst nach 80jährigem Rechtsstreit entschied 1749 ein Gericht, dass das Adelshaus von der Recke zur Abführung des Kohlezehnts an den preußischen Staat verpflichtet sei.

Um derartige Ärgernisse zu unterbinden, erließ der Kurfürst von Brandenburg-Preußen, Friedrich III., der 1701 erster preußischer König (Friedrich I.) wurde, u.a. 1691 eine „Kurfürstlich Brandenburgische Kohlbergordnung", welche die Zehntabgabe an den Landesherrn bestimmte und dem Grundeigentümer über die Bergbaufreiheit die Verfügungsgewalt über die in seinem Boden befindliche Steinkohle entzog. Die in den Folgejahren aufkommenden Überlegungen, die Steinkohlengruben und Salinen durch den Staat zu betreiben, lehnte die nun königliche Regierung jedoch ab und überließ damit das

Der Muttenbach in der Nähe der Station Haspelanlage, 2019
(Gunnar Gawehn)

unternehmerische Risiko weiterhin bei den Gewerken. Dies änderte sich auch unter König Friedrich Wilhelm I. nicht, der jedoch um eine Straffung der Aufsicht über den Bergbau in der Grafschaft Mark bemüht war und 1715 einen neuen Bergmeister berief. 1720 teilte ein königliches Reglement die märkische Bergbauregion in vier Geschworenenreviere ein. Diesen stand es zu, die Betriebsführung der Gruben zu überwachen. Die Grubenbesitzer konnten sich jedoch vor staatlichen Eingriffen weiterhin mit Erfolg behaupten, auch weil es ihnen gelang, Bergbautreibende aus ihren Reihen in das wichtige Geschworenenamt zu führen.

Mit der Einrichtung eines ersten Bergamtes in Bochum 1738 und der Verabschiedung der „Revidierten Bergordnung für das Herzogtum Cleve, das Fürstentum Meurs und die Grafschaft Mark" am 29. April 1766 gelang es schließlich, das regellose Kohlegraben einzudämmen. Zugleich wurden die Rechte und Pflichten der Gewerken definiert. Seither galt in der Grafschaft Mark das sogenannte Direktionsprinzip, das den Bergbau unter staatliche Aufsicht stellte. Die neue Bergordnung, welche die merkantilistische Wirtschaftspolitik auf dem Gebiet des Bergbaus verfestigte, räumte dem Staat

die uneingeschränkte Betriebsführungskompetenz ein. Den Privatunternehmern war damit faktisch die Kontrolle über die Bergwerke entzogen worden. Die Bergleute wiederum wurden quasi zu (privilegierten) Staatsbediensteten erhoben. Die Rolle der Gewerken war auf die Zahlung von Zubußen oder den Empfang des Gewinns (Ausbeute) reduziert worden. Konflikte mit den Gewerken, die mitunter hartnäckigen Wiederstand gegen die Einführung des Direktionsprinzips leisteten und dieses vehement kritisierten, blieben nicht aus.

DER BERGBAURUNDWEG MUTTENTAL

Die Steinkohlengewinnung erfolgte im frühen 18. Jahrhundert primär im Gebiet südlich der Ruhr, in einer Zone zwischen Kettwig, Werden, Hattingen, Sprockhövel und Bommern. Die Entfaltung des Ruhrkohlenbergbaus in seiner Frühphase lässt sich heute nirgendwo besser nachvollziehen als auf dem etwa neun Kilometer langen und mit zahlreichen Erläuterungstafeln versehenen Bergbaurundweg Muttental. Steinkohle wurde in Witten urkundlich bereits seit 1525 gewonnen. Dabei ist auf den ersten Blick kaum erkennbar, dass der Wanderweg durch ein Gebiet führt, dass einmal stark vom Steinkohlenbergbau geprägt worden war. Inmitten der heutigen grünen Oase, in welcher bewaldete Höhen und ein malerisches Wiesental zu erkunden sind, wähnen sich die meisten Ausflügler sicherlich in

einem weitgehend unberührten Naturraum. Dabei, so Werner Tiggemann, dröhnten dort um 1800 die „dumpfen Schläge der Stahlhämmer, in den Bergen zu beiden Seiten der Ruhr erklangen Schlägel und Eisen der Stollenbetriebe, und tagein, tagaus waren Wald und Flur vom Lärm der Kohlentransporte erfüllt." Das Muttental stellt somit heute auch ein

Übersicht über die Stationen des Bergbauwanderweges Muttental, Stand 2017 (Stadtmarketing Witten GmbH)

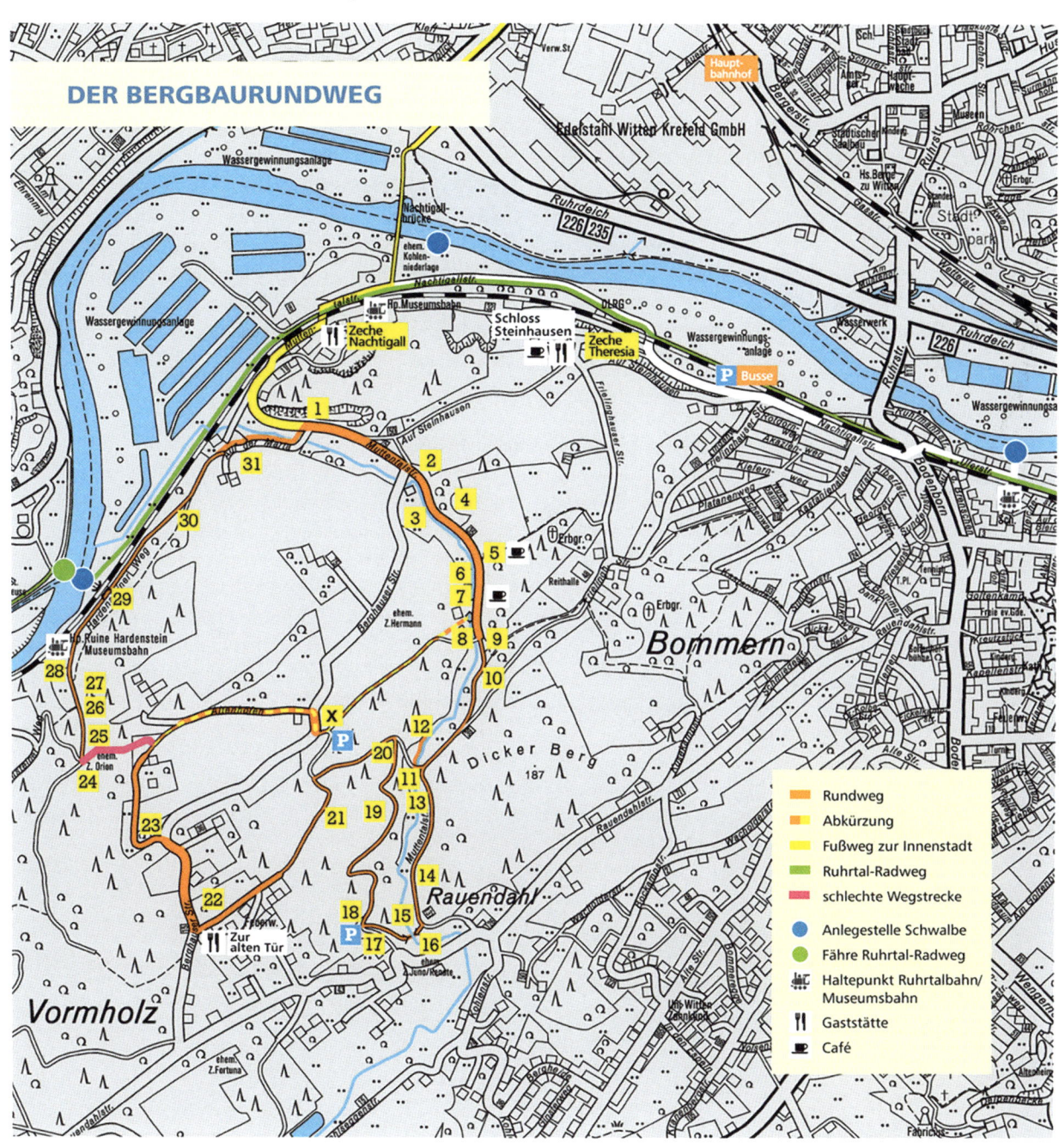

besonderes Beispiel erfolgreicher Renaturierung dar.

Benannt wurde es nach dem Muttenbach, einem Zufluss der Ruhr, der zwischen den Wittener Ortsteilen Bommern und Herbede fließt. Die Entstehung der Wanderroute geht auf eine Initiative des Deutschen Bergbau-Museums in Bochum und der Stadt Witten zurück, die sich 1972 für den Erhalt der Zeugnisse des Steinkohlenbergbaus im Muttental einsetzten. Dort und im Hardensteiner Tal entstand zunächst ein Bergbaulehrpfad, der sukzessive erweitert wurde. Die Betreuung des Wanderweges obliegt seit 1984 dem Förderverein Bergbauhistorischer Stätten Ruhr e.V.

Nirgendwo sonst tritt die Vielfalt des Steinkohlenbergbaus in der Ruhrzone deutlicher hervor. Im Muttental gibt es geologische Aufschlüsse, bergbauhistorische Relikte, erhaltene und restaurierte Stolleneingänge, Nachbildungen historischer Fördereinrichtungen, Beispiele früherer Bergwerksarchitektur sowie Stationen zum Kohlentransport auf der Ruhr, dem Landweg sowie auf der Schiene zu entdecken.

Mit Blick auf die Geologie, welche stets den wichtigsten und unveränderlichen Faktor bei der Entstehung und Entwicklung von Bergbauregionen darstellt, ist es kein Zufall, dass der märkische Steinkohlenbergbau gerade im Muttental besonders florierte. Bei den hier an der Erdoberfläche anzutreffenden Flözen handelt es sich um Esskohlenflö-

ze der Wittener Schichten, die vor rund 300 Millionen Jahren entstanden. Im Muttental wurde ein besonders kohlereicher Teil der Karbonschichten angetroffen. Die Unteren Wittener Schichten zwischen den Flözen Finefrau-Nebenbank und Mausegatt, ein etwa 100 Meter mächtiges Schichtpaket, weisen insgesamt sechs bauwürdige Kohleflöze mit ca. fünf Metern Kohle auf. Der Kohleanteil beträgt dort fünf Prozent der Schichtenfolge und ist damit doppelt so hoch wie sonst im Ruhrkarbon. Dies trug entscheidend dazu bei, dass sich der frühe Steinkohlenbergbau im südlichen Ruhrgebiet gerade auf diesen sehr kohlereichen Abschnitt des Oberkarbons konzentriert hatte. Der Abbau fokussierte sich im Wesentlichen auf die heute als Geitling, Kreftenscheer und Mausegatt bezeichneten Flöze.

Die Bergbauwanderroute verfügt über mehr als 40 Stationspunkte zur Bergbaugeschichte an der Ruhr. Im Folgenden werden einige wichtige Stationen des Weges hervorgehoben, wobei die Geschichte der Zeche Nachtigall, die auf der Route der Industriekultur klangvoll als „Wiege des Ruhrbergbaus" bezeichnet wird, noch etwas eingehender vorgestellt werden soll.

DIE ZECHE NACHTIGALL

Bereits am eigentlichen Ausgangspunkt des Wanderweges, auf dem Gelände der Zeche Nachtigall, wird der Wandel, den der Steinkohlenbergbau unweit der Ruhr im Laufe der Jahrhunderte erlebte, besonders deutlich. Die Geschichte der in Witten-Bommern gelegenen Zeche reicht bis in das Jahr 1714 zurück. Sie gehört zu den ersten namentlich erwähnten Zechen südlich der Ruhr. Steinkohle wurde dort zunächst im Stollenbetrieb und im Zeitalter der

Panoramafoto von Witten und Umgebung, Ausschnitt (LWL-Industriemuseum) Quelle: Friedrich Goebel, 1886. Zu erkennen sind der an der Ruhrtalbahn gelegene Bahnhof Bommern mit dem dahinterliegenden Hettberg sowie drei Schornsteine der Zeche Nachtigall

Industrialisierung dann im Tiefbau gewonnen. Die vermutlich aus dem Gerichtsbezirk Herbede stammenden Bauern Cord (Conrad) Niederste Berghaus und Cord Schüssing stellten 1714 einen Antrag zum Abbau einer „Kohlbank im Hettberger Holtz", die sich in der Nachtigaller Mulde befand. Sie begehrten die Abbaurechte am dort an der Tagesoberfläche anzutreffenden Flöz Nachtigall (später Geitling), das etwa 1,50 Meter mächtig war und aus reiner, fester Kohle bestand. Die Abbaurechte an der Kohlenbank erwarb 1743 der Freiherr Friedrich Christian von Elverfeldt. Dieser hatte 1732 das in der Nähe befindliche Schloss Steinhausen bezogen. Der Kauf diente somit auch der Kontrolle des Steinkohlenbergbaus unter seinem Adelssitz. Betrieben wurden das als „Nachtigall am Hettberg" bezeichnete Bergwerk in der Folgezeit von ihm und seinen Nachkommen.

Der Zechenname resultiert sehr wahrscheinlich daher, dass dieser Vogel im Muttental einen idealen Lebensraum vorfand und sein prägnanter Gesang entsprechend häufig dort vernommen werden konnte. Darüber hinaus war es im 18. Jahrhundert durchaus üblich, Bergwerke nach Tieren, Pflanzen oder Landschaften zu benennen. Die Bergwerke entstanden damals in weitgehend unberührten Naturräumen oder in landwirtschaftlich geprägten Regionen. Die Bezeichnungen der Bergwerke als Zeche Nachtigall, Frosch oder Adler darf insofern als Beleg für die noch sehr enge Beziehung zwischen Mensch und Natur gelten.

Die Zeche Nachtigall gehörte zu den eher kleineren Grubenbetrieben der Grafschaft Mark, auf denen nicht mehr als acht Bergleute, die meist aus dem Umland stammten, Beschäftigung fanden und die Steinkohlen entsprechend der Auftragslage gefördert hatten. Insgesamt arbeiteten zur Mitte des 18. Jahrhunderts auf den Gruben der Grafschaft Mark rund 700 Bergleute auf ca. 110 Zechen. Zeitweise ruhte der Betrieb vollständig, mitunter sogar für mehrere Jahre. Die Nachtigall-Kohlen fanden in der Hauptsache wohl als Brand- oder Schmiedekohlen Verwendung. Womöglich dienten sie auch dem Kalkbrennen. Primär wurden sie für den Hausbrand eingesetzt, da das Holz knapp und teuer geworden war. Die Steinkohlen von der Ruhr fanden auch bei Glashütten, Textilfabriken, Ziegeleien sowie Salinen

Bergmannshäuser in erzgebirgischer Art im Muttental bei Witten, 1950 (Montanhistorisches Dokumentationszentrum (montan.dok) beim Deutschen Bergbau-Museum Bochum)

Levin von Elverfeldt (LWL-Industriemuseum)

Verwendung und drangen bereits im 18. Jahrhundert bis in das Siegerland und das Bergische Land vor, in welchen die Kleineisen- und Textilproduktion einen regen Aufschwung genommen hatte.

Der Betrieb der Zeche Nachtigall blieb aber nicht frei von Rückschlägen. Die Gewerken der Zeche Nachtigall beklagten wiederholt die Beschlüsse der staatlichen Bergverwaltung seit dem Inkrafttreten des Direktionsprinzips. Zu Beginn der 1790er Jahre ruhte der Betrieb auf der Zeche Nachtigall auf Anweisung der Bergverwaltung, obwohl die Absatzchancen eigentlich günstig waren. Die Familie von Elverfeldt musste währenddessen gar Rezessgelder, also Abgaben an das Bergamt, zahlen, um zu verhindern, dass das verliehene Feld für frei erklärt wurde. Vier Jahre lang mussten die Gewerken der Zeche Nachtigall warten, bis das Oberbergamt Wetter 1796 die Wiederinbetriebnahme der Zeche genehmigte. Die Zeche gehörte fortan mit einer monatlichen Fördermenge von bis zu 180 Tonnen Steinkohle und einer Belegschaft von bis zu zehn Bergleuten zwar zu den förderstärksten Bergwerken der Grafschaft Mark, eine kontinuierliche Förderung fand

aber nicht statt. Um vor den dadurch entstehenden Krisenzeiten gewappnet zu sein, strebten die Bergleute den Bau eigener Kotten an, kultivierten den dazugehörigen Boden und ermöglichten damit die Eigenversorgung mit Lebensmitteln. Von den nur schwer zu bewirtschaftenden Grundstücken in Hanglage trennten sich die vorherigen Grundbesitzer gern. Der anstrengenden landwirtschaftlichen Arbeit widmeten sich die Bergleute nach dem Feierabend. Unterstützung erhielten sie dabei zumeist von ihren Frauen und Kindern. Die noch erhaltenen Kotten bilden somit ein Zeugnis der Lebensweise der Bergleute im Zeitraum zwischen der Agrar- und Industriegesellschaft. Im Süden des Muttentals stehen noch heute einige Gebäude der zwischen 1805 und 1892 entstandenen Köttersiedlung Vormholz. Durch Um- und Anbauten ging das ursprüngliche Erscheinungsbild der Häuser jedoch nach und nach verloren.

1807 erfolgte die Zusammenlegung der Zechen Nachtigall und Eleonore. Die weitere Entwicklung des Unternehmens wurde jedoch erneut durch bergbehördliche Bestimmungen gehemmt. Das Vorhaben des Hauptgewerken der Zeche, Levin von Elverfeldt, eine Kunst(-Maschine) für die Zeche Nachtigall & Eleonore einzurichten, lehnte das Oberbergamt in Wetter ab. Es verwies in seiner Begründung darauf, dass es bereits eine genügende Anzahl von Zechen ohne Tiefbau und Wasserhaltungsmaschinen gebe, die den Bedarf an Steinkohlen decken würden. Mit der 1832 durch das Oberbergamt Dortmund erteilten Genehmigung, auf der Zeche Nachtigall Tiefbau betreiben zu dürfen, erfolgte schließlich der Übergang vom Stollen- zum Tiefbau. Voraussetzung hierfür war allerdings der Zusammenschluss einer ganzen Reihe benachbarter Zechen, um das wirtschaftliche Risiko, das u.a. aus den hohen Anschaffungskosten für eine über Tage aufzustellende Dampfmaschine für die Wasserhaltung resultierte, möglichst gering zu halten und die technischen Voraussetzungen für den Tiefbau zu schaffen.

Mit der Gründung der Vertragsgemeinschaft Vereinigte Nachtigall, die aus einer Kooperation der Zechen Eleonore & Nachtigall, Theresia, Wiederlage, Aufgottgewagt Nordflügel, Braunschweig Nordflügel und Turteltaube Nordflügel bestand, wurden diese Bedingungen erfüllt. Der erste Tiefbauschacht der Zeche sollte der Schacht Neptun werden, der nicht zufällig nach dem römischen Gott der fließenden Gewässer benannt wurde. Zeitweise hatte die Belegschaft mit Wassermassen von 140 Litern pro Minute, die in den Schacht einströmten, zu kämpfen. Im März 1835 konnte endlich die Förderung auf dem nunmehr 60 Meter tiefen Schacht aufgenommen und die Kohlenförderung von rund 12.000 Tonnen im Jahr 1834 auf über 22.500 Tonnen Steinkohle im Jahr nahezu verdoppelt werden. Die Zeche gehörte damit zu den ersten Tiefbauanlagen an der Ruhr. Schon im Mai 1839 begannen die Bauarbeiten an einem zweiten Tiefbauschacht, dem Schacht Hercules. Mit Maßen von 9 x 3 Metern war der – wie damals üblich – rechteckig angelegte Schacht deutlich größer als der Schacht Neptun. Schacht Hercules erhielt eine Teufe von ca. 109 Metern. Ausgehend vom neuen Hauptförderschacht entstanden Abhauen, die in noch größere Tiefen vordrangen und, dem Flözverlauf folgend, bis unter die Ruhr reichten. Mit der Fertigstellung der Arbeiten zur Mitte der 1840er Jahre gelang es, die Steinkohlenförderung beinahe zu verzehnfa-

chen, während die Gesamtzahl der Beschäftigten auf rund 150 Mann anstieg. Aufgeschlossen wurde überdies das dritte Flöz, das damals als Flöz Turteltaube und später als Flöz Mausegatt bezeichnet wurde. Über Verbindungen zu angrenzenden Grubenfeldern und Schachtanlagen vollzog die Zeche Nachtigall um 1850 die Entwicklung zur größten Zeche im märkischen Bergamtsbezirk – und zog damit das Interesse holländischer Investoren auf sich. Diese erwarben u.a. die Anteile von Ludwig von Elverfeldt an der Zeche Vereinigte Nachtigall und trieben die Konsolidierung des Grubenfeldes weiter voran. 1854 erfolgte die Konsolidation der Zechen Vereinigte Nachtigall, Vereinigte Nachtigall & Aufgottgewagt, Widerlage und Theresia zur Zeche Vereinigte Nachtigall Tiefbau. Ein Jahr darauf begann man Pferde in den Strecken für den Kohlentransport einzusetzen. Mit der Inbetriebnahme einer 500 PS starken Dampfmaschine, die für das Pumpen der stets großen Wassermengen benötigt wurde, konnte 1857 die Leistungsfähigkeit der Wasserhaltung bedeutend erhöht werden. Es handelte sich dabei um die wohl stärkste Dampfmaschine, die bis dahin im Ruhrbergbau eingesetzt worden war. Über Tage wurden wiederum die Tagesanlagen

Werkstätten der Zeche Nachtigall, 2019 (Gunnar Gawehn)

Ausstellungsstation Schrottplatz Nachtigall im Industriemuseum
Zeche Nachtigall, 2019 (Peter Schepers)
——

u.a. über den Bau eines Kesselhauses, Maschinengebäudes sowie einer Werkstatt erweitert. Die Zeche Vereinigte Nachtigall Tiefbau war zweifellos eine der modernsten Anlagen der damaligen Zeit.

Das Grubengebäude drang zugleich weiter in die Tiefe (Teufe) vor. Schacht Hercules erreichte bis 1876 eine Teufe von etwa 450 Metern. Die Grubenfahrt der Bergleute über die bisher gebräuchlichen Fahrten (Leitern) dauerte immer länger, worunter die Arbeitsleistung und Schichtquote litten. Mit der Einführung der Seilfahrt auf Schacht Hercules 1876 wurden die Arbeitswege bedeutend verkürzt. Nun konnte die Fördermenge des Bergwerks auf über 100.000 Tonnen Steinkohle im Jahr 1878 gesteigert werden. Das Bergwerk hatte jedoch bereits zu diesem Zeitpunkt mit mehreren Problemen zu kämpfen. Neben einer schweren Wirtschaftskrise, die seit 1873/74 allgemein auf dem Steinkohlenbergbau im Ruhrgebiet lastete, machte den Eigentümern aller Tiefbauzechen in der Ruhrzone die Konkurrenz zu den weit förderstärkeren Bergwerken in der Hellweg- und Emscherzone zu schaffen, die auf vorteilhaftere Lagerungsverhältnisse und reichere Kohlenvorräte stießen sowie verkokbare Fettkohle förderten, die für die Eisenverhüttung verwendet werden konnte.

Einen letzten Versuch, das Unternehmen zu retten, bildete die 1883 durchgeführte Konsolidation mit der Zeche Helene Tiefbau auf der anderen Ruhrseite in Heven zur Zeche Helene-Nachtigall. Der Erfolg blieb jedoch aus. Die Investitionen in das Bergwerk mündeten in einen Konkurs. Die unausweichliche Stilllegung erfolgte schließlich 1892, woraufhin die vorhandenen Maschinen und Fördereinrichtungen geraubt, also aus der Grube geborgen, und sodann veräußert wurden. Das Betriebsgelände erwarb be-

reits ein Jahr darauf der Tiefbauunternehmer Wilhelm Dünkelberg, der dort eine Dampfziegelei und eine Maschinenfabrik errichten ließ sowie einen Steinbruchbetrieb zur Gewinnung von Sandstein und Schieferton unterhielt. Dünkelberg produzierte Ziegel für den Wohnungsbau und den Bau von Industrieanlagen. Der neue Eigentümer ließ zunächst mehrere Betriebsgebäude abreißen, hielt aber am Maschinenhaus, der Werkstatt und dem Kesselhauskamin fest. Hinzu kamen 1897/99 zwei Ringöfen, die an der Stelle des Schachtes Hercules ihren Platz fanden. Den für die Produktion benötigten Schieferton gewann das Unternehmen aus seinem nahegelegenen Steinbruch. Um den Transport zu erleichtern, ließ man einen Tunnel durch den Hettberg schlagen, der heute als Nachtigall-Stollen bzw. Besucherstollen dient. Infolge des Kohlenmangels nach beiden Weltkriegen gewann das Unternehmen über die bergbaulichen Hinterlassenschaften Steinkohle, um den Ziegeleibetrieb aufrecht zu erhalten. Die Ziegelproduktion endete schließlich 1963. Im Laufe der folgenden Jahre verfiel die ehemals blühende Produktionsstätte zusehends. Bald diente das Gelände einer Autoverwertung. Die Zeche Nachtigall verkam zu einem unansehnlichen Schrottplatz.

Engagierte Bürger sowie die Stadt Witten, die den Denkmalwert des Bergwerks erkannten, bemühten sich schließlich, das Areal vom Unrat zu befreien und begannen um 1970 mit ersten Restaurierungsarbeiten. Die eigentliche Rettung des Bergbauerbes erfolgte jedoch erst 1979. Aufgrund ihrer besonderen Bedeutung für den frühen Steinkohlenbergbau an der Ruhr wurde die Zeche Nachtigall in diesem Jahr vom Landschaftsverband Westfalen-Lippe zu einem der drei Bergbau-Standorte des Westfälischen Industriemuseums auserkoren. Die Betriebsgebäude der Zeche und auch der Ziegelei wurden 1983 in die Denkmalliste eingetragen und die Restaurierungsmaßnahmen intensiviert. 1998 wurde die erste Sonderausstellung auf dem Nachtigall-Areal gezeigt und der Standort auch über weitere kulturelle Veranstaltungen einer breiten Öffentlichkeit bekanntgemacht, bevor im Jahr 2003 die Eröffnung des Industriemuseums Zeche Nachtigall stattfand.

Die Zeche stellt heute eines der bedeutendsten Zeugnisse des Ruhrkohlenbergbaus von der Frühindustrialisierung bis zum 20. Jahrhundert dar. Das Industriedenkmal umfasst neben dem Nachtigall-

Die Zeche Nachtigall, im Vordergrund das Gebäude der Ziegelei
mit Kamin, 2019 (Gunnar Gawehn)

Stollen die ehemaligen Betriebsanlagen der Zeche, zu denen u.a. das Maschinenhaus mit einer Dampffördermaschine (Baujahr 1887), der ausgegrabene Schacht Hercules sowie der Kesselhauskamin und ein Werkstattgebäude gehören. Im Museum werden sowohl die regionalen Rohstoffvorkommen als auch der Abbau und die Weiterverarbeitung thematisiert. Das Museum liegt überdies auf der Route der Museumseisenbahn von Bochum-Dahlhausen nach Hagen und ist ein Haltepunkt des Ruhrdampfers „Schwalbe". Südlich des Zechengeländes erwartet die Bergbauinteressierten sodann mit dem Steinbruch Dünkelberg ein bedeutender geologischer Aufschluss, anhand dessen die Abfolge der Oberkarbonschichten besonders gut zu erkennen ist.

STEINBRUCH DÜNKELBERG

Am Ziegelsteinbruch Dünkelberg (Station 1), der über den 130 Meter langen Nachtigall-Stollen mit der Ziegelei in Verbindung gebracht wurde, befindet sich der wichtigste geologische Aufschluss

im Muttental. Die Bergbauberufsschule Bochum unternahm bereits in den 1950er Jahren regelmäßig Exkursionen dorthin, um die Berglehrlinge zu unterrichten. Der Steinbruch wurde vom Verein GeoPark Ruhrgebiet in die 2010 vorgestellte, 185 Kilometer lange geotouristische Wanderroute Geo-Route Ruhr aufgenommen. Die rund 50 Meter hohe Steinbruchwand präsentiert einen Ausschnitt aus der Abfolge des flözführenden Oberkarbons. Gut erkennbar sind dort die Wechsel zwischen Ton- und Schluffsteinen (gröber als Ton), Sandsteinen und Kohleflözen. Im oberen Bereich des steilen Steinbruchs befindet sich eine Sandsteinbank, die einst unter dem (bereits abgebauten) Flöz Finefrau lag. Darunter folgt das rund 30 Zentimeter dicke Flöz Geitling 3 (auch als Flöz Mentor bezeichnet). Direkt unterhalb der Steinbruchsohle liegt das Flöz Geitling 1. Hierauf folgen nach oben rund zehn Meter mächtige tonige Ablagerungen sowie eine dünne Sandsteinlage.

Einen als Stollen gestalteten Flözaufschluss bietet die Station 20, auf welcher das lediglich 35 Zentimeter mächtige Flöz Geitling 3 zu sehen ist. Das

Nächste Seite: Blick in den Flözaufschluss, 2019 (Peter Schepers)

Ausrüstung eines Ortsvortriebes um 1900

1. Anfänger - Bohrer
2. Abbohrer
3. Bohrfäustel
4. Handbohrmaschine Korfmann, Witten (Nachbau)
5. Beil
6. Säge
7. Schießkasten
8. Dynamit - Patronen (Attrappen)
9. Pulverzündschnur mit Zündkapsel (Attrappen), Anwürgezange, Dorn
10. Ladestock
11. Lehmnudeln zum Verdämmen der Bohrlöcher
12. Keilhaue (Ruhrhacke)
13. Pinnhacke (mit auswechselbarer Spitze)
14. Pfannschaufel
15. Steinhacke
16. Krätzer
17. Steinschaufel

Nachbau und Spenden der Dynamit Nobel AG und Ruhrkohle AG.

Steinbruch Dünkelberg mit dem Eingang zum Stollen, 2019
(Gunnar Gawehn)

nicht abbauwürdige Flöz wurde durch einen Vorbau vor Witterungseinflüssen weitgehend geschützt. Über dem Flöz befindet sich eine Sandsteinschicht, unterhalb ist Schieferton zu erkennen. Die Station vermittelt sowohl einen Einblick in die Geologie des Muttentals als auch vom Arbeitsplatz der Bergleute und der Ausrüstung eines Ortsvortriebes um 1900. Der dort zu sehende Holzausbau wird als „Deutscher Türstock" bezeichnet.

DAS BETHAUS

Das unter Denkmalschutz stehende, zweigeschossige Bethaus der Bergleute (Station 5) ist eines der bemerkenswertesten Relikte des Steinkohlenbergbaus im Muttental und das zentrale Gebäude auf dem Bergbaurundweg. Es handelt sich dabei um ein hervorragendes Zeugnis der bäuerlich-handwerklich geprägten Bergwerksarchitektur des Ruhrgebiets. Errichtet wurde der ältere Gebäudeteil 1830/31 mit einem Bet- und Versammlungsraum (Obergeschoss) und einer Schmiede (Unterge-

schoss) auf Initiative des Bergamtes. Am Bau beteiligten sich mehrere lokale Zechen, während das Grundstück vom Freiherr Ludwig von Elverfeldt gestellt wurde. Das Bethaus war schon damals im Muttental kein Einzelfall. Einzelne Tiefbauzechen, darunter die Zeche Nachtigall (beim Schacht Neptun), ließen ebenfalls Bethäuser errichten.

Während die beteiligten Zechen von einer gemeinsamen Werkstatt profitierten, in welcher u.a. die von den Bergleuten verwendeten Werkzeuge repariert werden konnten, nutzten die Bergleute den Bet- und Versammlungssaal, um vor und nach der Schicht Fragen mit dem Schichtmeister zu erörtern. Kontrolliert wurde dort auch die Arbeitszeit. Zu Schichtbeginn leutete die Glocke im Glockenturm, auf dem ein eiserner Posaunenengel thront. Nach der Arbeit versammelten sich die Bergleute dort wieder, sodass überprüft werden konnte, ob auch alle wieder sicher aus dem Bergwerk zurückgekehrt waren. Das gemeinsame Gebet war verpflichtend für die Bergleute. An der gemeinsamen Andacht nahmen die meist frommen Bergleute jedoch sicherlich auch aus freien Stücken teil. Das Bethaus war in seiner ursprünglich gedachten Form nur sieben Jahre lang genutzt worden, da einzelne, daran beteiligte Zechen stillgelegt worden waren oder nach dem Übergang zum Tiefbau die Kohlen-

Das Bethaus der Bergleute, 2019 (Gunnar Gawehn)

förderung an entferntere Stellen verlegt hatten. Das Gebäude wurde daraufhin zunächst als Wohnhaus genutzt. Das zum Teil aus Bruchsteinen und zum Teil aus Fachwerk bestehende Bethaus beherbergt heute ein bergbaugeschichtliches Museum im Untergeschoss und verfügt über eine Gaststätte im Obergeschoss.

BEISPIELE DER FRÜHEN BERGBAUTECHNIK

Auf dem Bergbaurundweg befinden sich einige Rekonstruktionen, anhand derer die Entwicklung der Bergbautechnik, im Wesentlichen jene der (Schacht-)Fördertechnik, im frühen Ruhrbergbau veranschaulicht wird. Hierzu gehört u.a. eine nachgebaute Haspelanlage (Station 9), die einen Einblick in die frühe Fördertechnik gewährt. Über einen Haspel dieser Art gelang es, schwere Lasten im Schacht mittels eines Korbes oder einer Tonne zu heben. Über Tage waren bei einem Handhaspel, der nur für die Hebung aus geringer Teufe (bis ca. 25 Meter Teufe) zweckdienlich ist, sogenannte Haspelknechte tätig. Die Nachbildung im Muttental zeigt einen Haspel, auf welchem das Förderseil auf ein drehbares Rundholz aufgewickelt werden

kann. Zwei Personen waren notwendig, um ein mit rund 120 Kilogramm beladenes Fördergefäß durch beständiges Kurbeln an die Tagesoberfläche zu befördern. Über Tage wurde das Fördergut sodann mittels Schubkarre oder Fuhrwerk abtransportiert. Nachgebaut wurden darüber hinaus auch das Schachtgerüst und das Maschinenhaus der Zeche Renate (Station 16). Erhalten geblieben ist am Standort lediglich der betonierte Rand des Schachtes, der mit einer Eisenleiter versehen worden war. Die Kleinzeche Renate stand seit 1950 in Förderung und diente – wie unzählige Kleinzechen ähnlicher Art – dem Zweck, die große Kohlennot nach dem Zweiten Weltkrieg zu lindern. Allein im südlichen Ruhrrevier standen 1951 rund 275 Kleinbetriebe in Förderung. Abgebaut wurden hier, in der Nähe des ehemaligen Göpelschachtes Juno (Station 15), nun auch die schmaleren Flöze der Girondelle-Gruppe, die zuvor als nicht abbauwürdig erachtet worden waren. Entsprechend gering blieben die Förderzahlen. Gefördert wurden hier von einer in der Spitze rund 50 Mann starken Mannschaft lediglich etwas mehr als 20.000 Tonnen pro Jahr. Der Schacht verfügte über eine geringe Gesamtteufe von rund 60

Zeche Renate, 2019 (Gunnar Gawehn)

Metern. Der Betrieb war bereits 1954 eingestellt worden. Kurzzeitig förderte auch die Zeche Jupiter aus diesem Schacht.

In die Kategorie der nachgebauten – und nicht betriebsfähigen – Objekte, die auf dem Wanderpfad zu entdecken sind, gehört zudem der Dreibaum (Station 17), der eines der schlichtesten und zugleich ältesten Schachtgerüste, die im Ruhrbergbau Verwendung fanden, darstellt. Dreibäume dienten häufig dem Abteufen eines tonnlägigen (schrägen) Schachtes im steil einfallenden Flöz sowie der Kohleförderung. Über handbetriebene Seilwinden zog man die Fördergefäße nach oben bzw. ließ diese nach unten gleiten. Verwendet wurden Dreibäume noch bis in die Nachkriegszeit beim Betrieb der Kleinzechen. Ein solcher Dreibaum stand auch im Bereich der Nachbildung in Betrieb. In der Nähe des Dreibaum-Standortes förderten die Gewerkschaften Fortuna ins Westen, Rauendahl und Ringelsiep Steinkohle.

Links: Dreibaum, 2019 (Peter Schepers)

Anhand des ebenfalls rekonstruierten Göpelhauses beim Schacht Moses (Station 21) der Zeche Ankunft & Anklam, die zwischen 1813 und 1847 in Betrieb stand, wird die damals übliche Schachtfördertechnik mit Hilfe von Pferden veranschaulicht. Zum Mittel des Pferdegöpels musste man immer dort übergehen, wo die Kohlen aus größerer Teufe gehoben werden sollten und ein Handhaspel und Dreibaum nicht mehr ausreichten. Über die Pferde, die im kegelförmigen Teil des Hauses vor einen drehbaren Zugbalken gespannt wurden, wurde das Förderseil auf die in der Raummitte befindliche Seiltrommel gewickelt. Im angegliederten Pferdestall ruhten die Pferde, die zumeist nicht den Zechen gehörten, sondern von Bauern oder Pferdebesitzern gestellt wurden. Allein im Bereich des St. Johannes-Erbstollens sollen mindestens 18 Göpelschächte in Betrieb gewesen sein.

STOLLENBAU IM MUTTENTAL

Auf dem Bergbaurundweg sind einige bemerkenswerte Stollenmundlöcher (Stolleneingänge) anzutreffen. Den Auftakt bildet in dieser Kategorie das Stollenmundloch der Zeche Turteltaube (Station 4), rund 120 Meter nordwestlich des Bethauses

Göpelschacht Moses, 2019 (Gunnar Gawehn)

gelegen. Die Zeche stand seit 1731 in Betrieb. Abgebaut wurde dort das rund 1,40 Meter mächtige Flöz Mausegatt. Über den schließlich ca. 355 Meter langen Förderstollen transportierten Karrenläufer, die Laufkarren bedienten, die Steinkohle zutage. Seit 1792 wurde die Kohle von dort auf einem Schiebeweg aus Brettern in einrädrigen Schiebekarren mühsam über eine Entfernung von einem Kilometer, bis zur Ruhr bei der Ruine Hardenstein, gebracht und verschifft. Das Stollenmundloch befand sich in einem wenig ansehnlichen Zustand, bevor es 2006 restauriert wurde.

Der Stollen Stettin (Station 11), der sich westlich der heutigen Berghauser Straße befindet und der zum Steinkohlenbergwerk Neuglück & Stettin gehörte, diente wiederum gleichermaßen der Kohlenförderung und der Ableitung des Grubenwassers zum Muttenbach. Durch das mit einem Eisengatter versehene Mundloch ist noch die mit Steinplatten abgedeckte Rinne zu erkennen, durch die das Grubenwasser gelangte. Der Name der Zeche und auch des dort abgebauten Flözes Stettin resultiert aus dem

Umstand, dass die dort beschäftigten Bergleute als preußische Soldaten in der pommerschen Stadt Stettin gedient hatten.

Neben den Stollen Maximus (Station 12), Fortuna (Station 14) und Reiger (Station 26) verdient vor allem noch der unweit der Burgruine Hardenstein anzutreffende St.-Johannes-Erbstollen (Station 28) besondere Beachtung. Erbstollen hatten die Funktion, für möglichst viele Zechen Wasser zu lösen, wodurch ihnen eine große Bedeutung zukam. Der Begriff des „Erbstollen" kommt daher, dass es sich dabei um den tiefsten Stollen im Revier handelte, der das abgeleitete Wasser der höher liegenden Bergwerke „erbte". Der Eigentümer eines solchen Stollens war berechtigt, von allen mit dem Erbstollen in Verbindung stehenden Bergwerken, deren Wassermengen über den Stollen abgeleitet wurden, eine Erbstollengebühr zu erheben. Finanziert wurde der Bau des Erbstollens im Wesentlichen von den ortsansässigen Familien Oberste-Frielinghaus (Bommern), Berger (Bommern und Witten) und Gethmann (Blankenstein). Ihnen, den Erbstöllnern,

Rechts: Stollen Stettin, 2019 (Peter Schepers)

St.-Johannes-Erbstollen, 2019 (Gunnar Gawehn)

mussten die Bergwerke von ihrer Förderung eine Abgabe zahlen. Dieser der Wasserhaltung und Bewetterung mehrerer Bergwerke dienende Stollen war der wichtigste Stollen des hiesigen Steinkohlenbergbaus. Gebaut wurde am schließlich 1.500 Meter langen Stollen zwischen 1777 und 1863. Der quer zum Verlauf der Schichten leicht nach Süden ansteigende Stollen beginnt knapp über dem Wasserspiegel der Ruhr.

DER LANGE WEG DER KOHLE

An mehreren Stellen des Rundweges finden schließlich auch die Transportwege der Steinkohle besondere Beachtung, stand doch der wirtschaftliche Erfolg eines jeden Bergwerks zu allen Zeiten stets in engem Zusammenhang mit der Verkehrsinfrastruktur. Die Steinkohle musste zu möglichst geringen Kosten zu den Kunden gelangen. Der Ausbau des Wege- und Straßennetzes sowie die Schiffbarmachung der Ruhr gehörten daher zu den wichtigsten Faktoren, um Profit aus einem Bergwerk im Muttental ziehen zu können. Beim Landabsatz nahmen zunächst die sogenannten Kohlentreiber eine wichtige Funktion ein, welche die Steinkohle mit Pferden oder Maultieren an ihren Bestimmungsort transportierten. Die zur Verfügung stehenden Wege genügten indes kaum den Ansprüchen des Warentransports. Insbesondere bei Regen bzw. länger anhaltendem Niederschlag waren die aufgeweichten Wege nur schwer passierbar.

Mit diesen Problemen mussten sich noch zu Beginn des 19. Jahrhunderts auch die Fuhrleute auseinandersetzen, die etwa ab 1820 die Kohlentreiber zu ersetzten begannen und die Kohlen auf einspännigen Pferdekarren transportierten. Der Luxus befestigter Straßen, die im damaligen Sprachgebrauch als Kunststraßen bezeichnet wurden, war auch ihnen nicht vergönnt. Die Kohlenfuhrleute waren in der Regel als selbstständige Kleinunternehmer tätig. Die Kohlenstraßen waren so angelegt worden, dass unnötige Steigungen und Gefälle vermieden wurden, zumal die schweren Fuhrwerke möglichst große Frachtmengen transportieren sollten. Nach starken Regenfällen liefen die Räder Gefahr, im Schlamm stecken zu bleiben. Mit jedem Fuhrwerk

Stollen Turteltaube, 2019 (Gunnar Gawehn)

vergrößerten sich dabei die Furchen im Weg. Es entstanden auf vielbefahrenen Strecken ausgeprägte Hohlwege, die sich tief in das umgebende Gelände gruben. Manche Streckenabschnitte konnten zudem nicht mit den beladenen Fuhrwerken gemeistert werden. Diese Teilabschnitte überbrückten die Fuhrleute, indem sie die Kohlen in Säcken auf dem Pferderücken weitertransportierten.

Die Landwege blieben in einem schlechten Zustand, weswegen Forderungen nach dem Ausbau der Verbindungswege zu den wenigen bestehenden Landstraßen (Chausseen) laut wurden. Gepflasterte Schiebewege bis zu den Kohlenniederlagen an der Ruhr wurden erst seit 1804 gebaut, bevor mit den Schienenwegen eine deutlichere Entlastung für den Abtransport der Kohlen eintrat. Verbesserungen auf dem Gebiet der Verkehrsinfrastruktur über eine geordnete Straßenbaupolitik erfolgten jedoch erst nach der Überwindung der napoleonischen Herrschaft. Die neuen befestigten Wege und Chausseen, aus Kies oder Stein gefertigt, standen den Fuhrleuten allerdings nicht kostenlos zur Verfügung. Die Benutzung war an das Entrichten des Wegegeldes gebunden, wodurch wiederum die Kohlenpreise stiegen.

Die für den Steinkohlenbergbau im Muttental wichtigste Transportstrecke war die Wittener Kohlenstraße, die vom Ruhrübergang bei Bommern über Hasslinghausen bis in das Bergische Land nach Elberfeld führte und zeitweise zu den meistbenutzten Straßen in Preußen gehörte. Die Straße wies insgesamt nur wenige Steigungen auf. Die Muttental-Zechen waren über eine Pferdebahn durch das Muttental, die bis zur Kohlenstraße führte, mit der Straße verbunden. Allerdings wurde im frühen 19. Jahrhundert wiederholt Klage über den schlechten Zustand der Straße geführt. Bemängelt wurden insbesondere die Lücken in der Straßendecke, in welchen sich die Räder der Fuhrwerke verfingen. Die kohleverbrauchenden Gewerbezweige im Bergischen Land monierten indes die hohen Frachtkosten und Transportzeiten der Ruhrtal-Kohlen. Neben den staatlich finanzierten Kunststraßen existierten auch privat finanzierte „Aktienstraßen", wie jene zwischen Witten und Wetter, die in den frühen 1840er Jahren fertiggestellt wurde.

Die Ruhrtal-Zechen profitierten zudem von der Schiffbarmachung der Ruhr seit 1780. Der neue Absatzweg eröffnete dem Steinkohlenbergbau im Muttental und im Hardensteiner Tal ganz neue Absatzmärkte. Im vorangegangen Zeitraum behinderten die zahlreichen Wehre, welche dem Antrieb der Wasserräder an Mühlen und Hammerwerken dienten, die Flussschifffahrt. Mit Hilfe von Schleusen und regulierten Fahrrinnen konnten diese Staustufen umgangen werden. Am Beispiel der Herbeder Schleuse (Station 28a), die 1778 aus Holz errichtet und 1983 erneuert wurde, wird deutlich, wie die Transportschiffe damals die Staustufe ruhrabwärts umgehen konnten. Heute können die Passagiere des Fahrgastschiffes Schwalbe II die Überwindung des Höhenunterschiedes von 2,50 Metern auf der Fahrt durch die Schleuse erleben. Neben der Schleuse befindet sich das alte Schleusenwärterhaus, das 1835 aus Fachwerk gebaut worden war.

Rasch entwickelte sich die Ruhr im frühen 19. Jahrhundert zur Schlagader des Steinkohlentransports zwischen Witten und Duisburg-Ruhrort, wo die Ruhr in den Rhein mündet. Der Anschluss an den

Rhein war von besonderer Bedeutung, da dies den Anschluss an die süddeutschen, niederrheinischen und holländischen Märkte eröffnete. Auf Schub- oder Laufkarren auf einfachen Schiebewegen brachte man die Kohlen vom Bergwerk zu einer Kohlenniederlage, von wo aus sie auf Ruhraaken, mit Segeln versehene Kähne, gelangten. Von der Kohlenniederlage Nachtigall (Station 32) sind noch zwei Einzelplätze mit einer Lagerfläche von 1.600 Quadratmetern sichtbar. Der Schritt zu einer industrialisierten Kohlenschifffahrt auf der Ruhr wurde jedoch nicht vollzogen. Es entstanden keine großräumigen Hafenanlagen. Die Steinkohle bildete noch vor Holz, Sandstein und Salz das wichtigste Transportgut auf der Ruhr.

Die holzgefertigten Ruhraaken, die eine Länge von bis zu 50 Metern und eine Breite von etwa 5,5 Metern aufwiesen, wurden stromaufwärts stets an Leinen von Zugpferden auf gepflasterten Uferwegen, den sogenannten Leinpfaden, gezogen (zeitgenössisch: getreidelt). Nicht selten war das Verkehrsaufkommen auf der Ruhr aber derart groß, dass es zu einem Stau vor den Schleusen kam. Die Schifffahrt von Bommern nach Ruhrort konnte somit flussaufwärts bis zu 26 Stunden dauern (flussabwärts 16 Stunden). Die Ruhr war überdies auch nach der Schiffbarmachung aufgrund extrem hoher und

Schleusenwärterhaus an der Herbeder Schleuse, 2019 (Gunnar Gawehn)

Der Bergbau an der Ruhr um 1800, Gemälde von Ernst Stosch, 1937 (Fotoarchiv Ruhr Museum)

niedriger Wasserstände nicht im ganzen Jahr durchgängig zu befahren. Mitunter ruhte der Schiffsverkehr sogar aufgrund ungünstiger Wasserstände über Monate. Frost, Eisschollen oder Hochwasser bargen immer auch die Gefahr, Schleusentore zu beschädigen.

Um den Steinkohlentransport von den Bergwerken zu den Kohlenniederlagen an der Ruhr zu verbessern, wurde schon in den 1780er Jahren über die Verlegung von Schienen diskutiert. Die meisten Gewerken scheuten allerdings die Kosten, die mit derartigen Bauprojekten verbunden waren. Die ersten Versuche bei Hardensteiner Gruben, gusseiserne Wagenräder mit Spurkranz auf Holzschienen für den Kohlentransport zu verwenden, scheiterten 1807 aufgrund des zu hohen Gewichtes der Wagen. Die Schubkarre blieb das wichtigste Transportmittel zu den Kohlenniederlagen.

Gewerken mehrerer Muttental-Zechen, darunter auch die Zeche Nachtigall, unternahmen 1829 einen erneuten Vorstoß, die Transportverhältnisse auf dem Weg bis zur Wittener Hauptkohlenstraße sowie zum Ruhrufer über den Bau einer Pferdebahn zu verbessern. Das Projekt wurde auf Initiative des Freiherrs Ludwig von Elverfeldt und des Kaufmanns Carl Berger noch im gleichen Jahr umgesetzt. Im Dezember 1829 war der Bau der sogenannten Muttentalbahn (Station 13) von der Kohlenniederlage Nachtigall bis zur Elberfelderstraße in Bommerholz fertiggestellt worden. Die Bahn gehörte neben der Deilbachbahn zu den ersten Pferde-Eisenbahnen Deutschlands und erleichterte den Transport der

Steinkohle in das Bergische Land erheblich. Sie fuhr zunächst auf Holz- und seit 1838 auf gusseisernen Schienen. Auf der etwa sechs Kilometer langen Strecke zogen Pferde kleine Züge mit fünf bis sechs Wagen. Am Lagerplatz in Bommerholz gelangte die Kohle über Pferdefuhrwerke nach Barmen und Elberfeld. Ein Pferd vermochte vier bis sechs Wagen zu ziehen. Der neue Tiefbauschacht Neptun und dessen Kohlenniederlage an der Ruhr wurden 1832 ebenfalls über eine Streckenerweiterung der Muttentalbahn mit dem Schienenverkehr in Verbindung gebracht.

Mit der Eisenbahn stand jedoch in den 1830er Jahren ein weit schnelleres und verlässlicheres Transportmittel bereit, das zwar einen erheblich größeren Kapitalaufwand erforderte, die Fracht jedoch weitaus schneller sowie über wesentlich größere Entfernungen und ganzjährig transportieren konnte. Den Bau der Köln-Mindener-Eisenbahn in den 1840er Jahren durch die dünn besiedelte Emscherzone unterstützen vor allem rheinische Unternehmer, die dort ehrgeizige Bergbaupläne verfolgten. Ohne die Eisenbahn hätten die weit ungünstiger als in der Ruhrzone lagernden Steinkohlen

Nächste Seite: Nachbildung eines Kohlenwagens der Muttentalbahn, 2019 (Peter Schepers)

im Emschertal und darüber hinaus, die ausschließlich im Tiefbauverfahren mithilfe neuester Technik und unter Aufwendung ungeheurer Kapitalmengen unterhalb der wasserführenden Mergelschicht erschlossen werden mussten, nicht lohnend zu den Abnehmern transportiert werden können. Lag der Anteil der Kohle, die auf dem Wasserweg verschickt wurde, 1850 noch bei 30 Prozent, so waren es fünfzehn Jahre später schon weniger als acht Prozent, während über die Eisenbahn nun bereits 73 Prozent der Gesamtfördermenge der Ruhrgebiets-Zechen zu den Abnehmern gelangten.

Von größerer Bedeutung für die Muttental-Zechen war die Eröffnung der Bergisch-Märkischen Eisenbahn von Elberfeld über Hagen und Witten nach Dortmund im Dezember 1848. Ludwig von Elverfeldt hatte als Eigentümer der Zeche Nachtigall ein besonderes Interesse daran, den Muttental-Zechen einen Anschluss an die Bahnstrecke zu verschaffen. Zu diesem Zweck ließ er von der nördlichen Ruhrseite einen Bahnanschluss nach dem Vorbild der Muttentalbahn bis zum Wittener Bahnhof legen. Die Kohlenwagen mussten zunächst mittels einer Fähre über die Ruhr transportiert und dann von Pferden auf der neuen Bahnstrecke bis zum Anschluss an die Gleise der Bergisch-Märkischen Eisenbahn in Witten gezogen werden. 1853 endete der Fährverkehr, nachdem mit der neu errichteten hölzernen Nachtigallbrücke (Station 33) der Fluss überbrückt und die Gleise auf beiden Flussufern miteinander verbunden wurden. Mit der Stilllegung der Zeche Nachtigall 1892 endete auch der Bahnverkehr auf der Nachtigallbrücke. Die Brücke musste 1938 wegen ihres schlechten Zustandes abgerissen werden. 1988 erfolgte der Neubau in Form einer Fußgängerbrücke.

Seit der Eröffnung der Ruhrtalbahn von Hagen über Herbede, Hattingen und Steele nach Essen im Jahr 1874 verfügten die Muttental-Zechen zwar über einen Eisenbahnanschluss, wodurch der Kohlentransport über die Ruhr obsolet wurde, mit den förderstarken Zechen der Hellweg- und Emscherzone konnten sie aber dennoch nicht konkurrieren. Die Förderkosten blieben im Vergleich zu diesen weiterhin deutlich zu hoch.

Das von der Arbeitsgemeinschaft Muttentalbahn 2002 eröffnete Gruben- und Feldbahnmuseum auf dem Gelände der in Bommern gelegenen Steinkohlenzeche Theresia (Station 34) gewährt mit seiner Sammlung historischer Schienenfahrzeuge nicht bloß Einblicke in den lokalen Steinkohlentransport

mit der Bahn. Die Sammlung umfasst rund 90 Diesel-, Elektro- und Pressluftlokomotiven sowie 200 Waggons (Personen- und Förderwagen/Loren), die nicht ausschließlich aus dem Ruhrrevier stammen. Eine speziell für Museumsbesucher angelegte Strecke führt vom Parkplatz Nachtigallstraße durch das Museumsgelände bis zum Industriemuseum Zeche Nachtigall.

Der Steinkohlenbergbau an den Höhenzügen der Ruhr verfügte bereits um 1900 nur noch über örtliche Bedeutung. Der Tiefbau im Muttental endete schließlich 1928. In Betrieb standen lediglich noch Kleinzechen, die jeweils nach den beiden Weltkriegen ihre kurzen Blütezeiten erlebten. Der Bergbauwanderweg Muttental, um dessen Erhalt sich viele Menschen ehrenamtlich bemühen, bietet Wanderern und Radfahrern jedoch auch heute noch die Möglichkeit, das ausgesprochen vielfältige Erbe des frühen Steinkohlenbergbaus an der Ruhr zu entdecken.

Rechts: Zeche Eimerweise. Nachbau einer Kleinzeche der 1950er Jahre auf dem Gelände der Zeche Nachtigall, 2019 (Gunnar Gawehn)

Olaf Schmidt-Rutsch

RUHRSTAHL – DIE HENRICHSHÜTTE IN HATTINGEN

An den Ufern des Flusses, der dem Ruhrgebiet seinen Namen gegeben hat, findet man heute kaum Orte, die der erwarteten schwerindustriellen Kulisse entsprechen. Während der Steinkohlenbergbau schon Jahrzehnte vor dessen endgültiger Einstellung 2018 in der Region seines Ursprungs Geschichte war und sich heute in Form des Schachtgerüsts der Zeche Carl Funke am Baldeneysee als weithin sichtbare industriekulturelle „Landmarke" manifestiert, geben die Friedrich-Wilhelms-Hütte in Mülheim und die Deutschen Edelstahlwerke in Witten immerhin noch einen Eindruck von industrieller Arbeit in der Stahlindustrie. Erst an der Mündung in den Rhein begegnet dem aufmerksamen Reisenden die pulsierende Kulisse aus Eisen und Stahl, die er mit dem Ruhrgebiet verbindet. Diese Wahrnehmung ist nicht neu: Im Jahr 1936 befuhr der Filmamateur Fritz Dubbert mit seinem Faltboot die Ruhr von der Quelle zur Mündung. Auf seiner Fahrt dokumentierte er Land und Leute und zeichnete ein wirkmächtiges Bild eines Flusses, an dessen Ufern auf weite Strecken die Industrie bereits einer vermeintlichen postindustriellen Idylle gewichen war. Die Intention des Wassersportlers und Hobbyfil-

mers mag durchaus gewesen sein, die Reize des am Südrand des Reviers liegenden Flusses als Freizeitort in ihrer Schönheit darzustellen. Entsprechend konsequent fehlen im Film Aufnahmen der einzigen Stelle, an der die Schwerindustrie in geballter Form diese Idylle störte und das Ruhrtal vereinnahmte: die Henrichshütte in Hattingen. Auf engstem Raum vereinte das integrierte Hüttenwerk dort alle wesentlichen Produktionsschritte. Aus Erz wurde Roheisen erschmolzen, Stahl erzeugt und in den nachgeschalteten Feuerbetrieben gegossen, gewalzt und geschmiedet – am Ende stand das fertige Produkt. Die Henrichshütte war trotz ihrer beengten Lage innerhalb des Ruhrtals und der entsprechend

Links/Rechts: Die Henrichshütte um 1960 (links: Ausschnitt). Eng drängen sich die Werksanlagen an das Ufer der Ruhr (LWL-Industriemuseum)

schwierigen Infrastruktur bekannt für große Guss- und Schmiedestücke höchster Qualität.

Über 80 Jahre nach den Filmaufnahmen – und mehr als 30 Jahre nach der Stilllegung des Hochofenbetriebs – ist der Eindruck eines Fremdkörpers zwischen Ruhrtalromantik und Fachwerkidylle vielleicht noch stärker wahrnehmbar, auch wenn mittlerweile große Bereiche des Hüttenwerks verschwunden sind. Die vom LWL-Industriemuseum museal genutzten Relikte rund um den Hochofen 3 ziehen heute jährlich um die 100.000 Besucher an. Beim Blick von der Hattinger Ruhrbrücke flussaufwärts bekommt man auch heute noch eine Ahnung davon, wie prägend die Silhouette der Henrichshütte mit ihren Hochöfen, Werkshallen, Kaminen und ihrem markanten Gasbehälter einst für die Landschaft gewesen sein muss – und man ahnt, dass ihr Aufschwung und Niedergang eng mit dem Fluss in Verbindung stand.

KOHLE, ERZ UND WASSER

Mitte des 19. Jahrhunderts erlebte das Ruhrtal einen „Erzrausch", denn zwischen 1850 und 1854 wurden in unmittelbarer Nähe des Flusses über 120 Eisensteinvorkommen entdeckt. Es schien, als wäre neben der Steinkohle nun auch Erz in großer Menge und guter Qualität vorhanden – entsprechend schnell war das Gebiet bald nahezu lückenlos in Eisensteinfelder aufgeteilt, die auf ihre industrielle Ausbeutung warteten. Doch zunächst fehlten Investoren, die nicht nur über ausreichend Kapital zum Abbau des Erzes verfügten, sondern im besten Fall auch in der Lage waren, die zur Verarbeitung des Erzes notwendigen Hüttenwerke zu gründen. Die Standortvorteile lagen auf der Hand, denn neben den wichtigen Rohstoffen stand mit der Ruhr ein schiffbarer Fluss zur Verfügung, dessen Leistungsfähigkeit im Rahmen der natürlichen Unzulänglichkeiten durch eine effektive staatliche Organisation gewährleistet war. Obwohl das Eisenbahnzeitalter heraufdämmerte – Witten etwa war seit 1849 durch die Bergisch-Märkische Eisenbahn an das überregionale Eisenbahnnetz angebunden – bildete der Fluss zu diesem Zeitpunkt zweifellos das Rückgrat der frühindustriellen Infrastruktur: Die zahlreichen Zechen des Ruhrtals waren durch Pferdeeisenbahnen und Schiebewege an den Fluss angebunden und es war zu erwarten, dass der erhoffte umfangreiche Erzbergbau ähnlich strukturiert werden würde. Entsprechend wurde die Ruhr Mitte des 19. Jahrhunderts im Allgemeinen keineswegs als veralteter und überholter Verkehrsträger mit nur noch begrenzter Zukunftsperspektive wahrgenommen – vielmehr war sie ein gewichtiger Standortfaktor, der bei der Planung neuer Industriebetriebe berücksichtigt werden musste.

Dies erkannte auch Graf Henrich von Stolberg-Wernigerode. Seine Familie betrieb seit Generationen Berg- und Hüttenwerke im Harz. In den letzten Jahren ging die Erzförderung hier jedoch immer mehr zurück. Außerdem wurde es zunehmend schwieriger, die für die dortigen Hochöfen notwendigen Mengen Holzkohle zu beschaffen. So konnte es nicht verwundern, dass die Nachrichten von den Eisensteinfunden in Westfalen die Aufmerksamkeit des Grafen auf sich zogen, bot sich hier doch die Möglichkeit, die Unternehmungen nach Westen auszudehnen und gleichzeitig in die zukunftsträchtige Technik der Roheisenerzeugung auf Steinkohlenbasis zu investieren. Ein großes und modernes Hüttenwerk, auf Erz und Kohle gegründet und mit unmittelbarer Anbindung an die Flussschifffahrt, schien viele der unternehmerischen Probleme zu lösen und der Gräflich Stolberg'schen Hüttenadministration neue Perspektiven zu eröffnen.

Hochwasser auf dem Hüttengelände, um 1920 (LWL-Industriemuseum)

Graf Henrich sandte den Ilsenburger Hüttenmeister Carl Roth an die Ruhr, um dort einen geeigneten Standort für ein Hüttenwerk zu suchen. Er wurde schließlich in der Nähe der kleinen Stadt Hattingen fündig. Am Südufer der Ruhr fand er ein Gelände, das ihm zur Umsetzung seines ambitionierten Projekts geeignet schien: Zur Anlage des Hochofenwerks konnte ein natürlicher Hang genutzt werden, über den die Öffnungen der Öfen direkt und mühelos mit Erz, Koks und Kalk versorgt werden konnten. Das erschmolzene Roheisen würde auf Höhe der dem Hang vorgelagerten Ruhraue abgestochen werden. Dieses Terrain sollte auch die übrigen Werksanlagen wie Kokereien, Gießereien, Stahl-, Walz- und Schmiedewerke aufnehmen. In Roths Planungen sollte die Ruhr als bevorzugter Transportweg für Rohstoffe und Produkte genutzt werden. Angesichts unzureichender Straßenverhältnisse und einem noch kaum entwickelten Eisenbahnnetz fehlte es der Hütte letztlich an Transport-Alternativen. So blieb die schiffbare Ruhr einziger, wenn auch risikobehafteter Absatzweg. Daher war es nur konsequent, die Einmündung des Sprockhöveler Bachs zur Anlage eines Hafenkanals vorzusehen, der den Ruhraaken zudem als Sicherheitshafen dienen konnte, wenn die Schifffahrt eingestellt werden musste.

Zunächst stand der Aufbau des Hüttenwerks im Vordergrund. Mit Roth, der zum ersten Hüttendirektor in Hattingen ernannt wurde, kamen Harzer Hüttenleute an die Ruhr, um im Auftrag des Grafen Henrich Eisen zu schmelzen. 1854 begannen auf dem Gelände des mittelalterlichen Hauses Bruch die Bauarbeiten. Mit dem Bau der ersten Hochöfen wurde der belgische Ingenieur Joseph Gobiet beauftragt und Hattingen wurde zu einem Schauplatz des damals üblichen europäischen Technologietransfers. Innerhalb kürzester Zeit entwickelte sich das Gelände zu einem Raum industrieller Betriebsamkeit – ein Bild, das sich zur selben Zeit an unzähligen Orten des Ruhrgebiets in ähnlicher Form und Dynamik wiederholte und auch in Hattingen durchaus zu Widerständen unter der Bevölkerung führte, die schon damals negative Auswirkungen des neuen Werks für die Umwelt befürchtete. Erfolg hatte der Protest in den Zeiten industrieller Euphorie jedoch nicht.

Das für den Bau der ersten Hochöfen und Werkseinrichtungen benötigte Baumaterial wurde über den Fluss bezogen. Bald verfügte die Henrichshütte über eigene Schiffe, deren Zahl jedoch angesichts der zu leistenden Transporte kaum ausreichte. Dass die Nähe zum Fluss jedoch auch Standortnachteile mit sich brachte, zeigte sich schon im ersten Winter: Im Dezember trat die Ruhr über die Ufer, überspülte die Hattinger Ruhrbrücke, riss auf dem Bauplatz gelagertes Material mit sich und brachte einige der fast fertig gestellten Koksöfen zum Einsturz. Im direkten Umfeld des Sprockhöveler Bachs verwandelte sich das Hüttengelände in einen Morast. Erstmals wurde deutlich, dass die Kontrolle des Wassers wesentlich für den reibungslosen Betrieb der Hütte sein würde. Auch hier schien die geplante Kanalisierung des Sprockhöveler Bachs Vorteile zu bieten, zumal die Praxis, die Nachen unmittelbar am Leinpfad zu be- und entladen, auf den Widerstand der Anrainer stieß.

Dass aus dem Bau des geplanten Liegehafens nichts wurde, lag nicht zuletzt an einem Eigentümerwechsel. Bereits 1857 wurde die Henrichshütte an die Berliner Disconto-Gesellschaft verkauft. Grund für den Rückzug mag neben den hohen Investitionskosten die Entfernung zwischen Wernigerode und dem westfälischen Werk gewesen sein. Graf Botho von Stolberg-Wernigerode, der nach dem Tod seines Bruders Henrich die Regentschaft für dessen minderjährigen Sohn übernommen hatte, setzte sich dafür ein, dass die aus dem Harz zugewanderten Meister und Arbeiter in das neue Unternehmen übernommen wurden. Ihre Häuser sind zum Teil heute noch vorhanden und erinnern ebenso wie der Name Henrichshütte an den Ursprung der Hütte. Die Benennung erfolgte zur Erinnerung an den bereits 1854 verstorbenen Grafen Henrich, der selbst nie in Hattingen war.

Die Disconto-Gesellschaft investierte zunächst in den weiteren Ausbau: Neben vier Hochöfen entstanden weitere Kokereien und Gießereien, Bearbeitungswerkstätten, Stahl- und Walzwerke – die Anlage eines Hafens spielte jedoch in den Planungen des Werksausbaus unter den neuen Eigentümern keine Rolle mehr. Dies war dem Umstand geschuldet, dass das stromauf gelegene Witten bereits an die Eisenbahn angeschlossen war und von dort kaum mehr Kohlen auf dem Fluss transportiert wurden. Der Bau von Brücken, der zuvor von der Ruhrschifffahrtsverwaltung konsequent unterbunden worden war, weil diese die Schifffahrt behinderten, war ein Indiz für diese Entwicklung. Auch die Henrichshütte nutzte die Gelegenheit und errichtete 1857 an der Kost eine hölzerne Brücke

Die Hochofenanlage um 1874 (100 Jahre Henrichshütte/
LWL-Industriemuseum)

über die Ruhr, um über eine Pferdebahn Kohle von der hütteneigenen Zeche Carl Friedrich Erbstollen in Stiepel zur Hütte zu befördern. 1864 beantragte sie eine Verlegung des bisher zum Hafenbau vorgesehenen Sprockhöveler Bachs, da dieser die Erweiterung des Hochofenwerks behindern würde. Die neuen Eigentümer setzten auf die Eisenbahn, nicht nur für den Werksverkehr, sondern auch für die Produktion: Die Henrichshütte walzte hauptsächlich Schienen für die Eisenbahn. Als schließlich die Ruhrtalbahn 1869 das Hüttenwerk erreichte, wurde die Ruhrschifffahrt schlagartig uninteressant, stand doch nun ein leistungsfähiges und verlässliches, weil weitgehend witterungsunabhängiges Verkehrssystem zur Verfügung. Der Dahlhauser Bergmann Karl Krampe, der in seinen Erzählungen einen lebendigen Eindruck vom Leben im Ruhrtal jener Jahre vermittelte, verarbeitete diese Vorgänge in der Geschichte vom letzten Ruhrschiffer. Er schilderte hier das Schicksal der Ruhrschifferfamilie Eckholt, ihren mühevollen Weg zum ersten eigenen Ruhrnachen und das dramatische Ende: Während der alte Ruhrschiffer beim ersten Pfiff der durch

das Ruhrtal zur Henrichshütte fahrenden Lokomotive tot zusammensinkt, ertrinkt sein Sohn am selben Tag, als er mit einer letzten Ladung Eisenbahnschienen an der Hattinger Brücke scheitert. Auch wenn die Erzählung zugegebener Maßen sehr konstruiert wirkt, verdeutlicht sie doch eindrücklich, dass das Vordringen der Eisenbahn das Ruhrtal nachhaltig veränderte. Für die Henrichshütte stellte die Ruhr fortan ein Hindernis dar, das überwunden werden musste, um die Hütte mit Kohlen aus den am Nordufer gelegenen Zechen zu versorgen. Neben der bereits erwähnten Koster Brücke überspannte seit 1881 eine Drahtseilbahn die Ruhr, die eine Verbindung mit der Zeche Friedlicher Nachbar in Linden herstellte.

Die Eisenbahn bestimmte auch das weitere Geschick der Hütte: Als die Disconto-Gesellschaft die in Dortmund konzentrierten Hüttenwerke und Produktionsstätten des finanziell gescheiterten „Eisenbahnkönigs" Bethel Henry Strousberg übernahm, gründete sie mit der Union für Bergbau, Eisen- und Stahlindustrie einen neuen Montan-Konzern, in den nun auch die bislang eigenständig verwaltete Henrichshütte eingegliedert wurde. Die Aufgabe der Selbstständigkeit und Einbindung in übergeordnete Konzernstrukturen führte in Verbindung mit der 1873 ausbrechenden Gründerkrise zu einschneidenden Veränderungen in Hattingen: Die Schienenproduktion wurde nach Dortmund abgegeben. Hier lag fortan auch der Schwerpunkt der Verkehrsplanungen des neuen Konzerns: Während sich die Union nachhaltig und erfolgreich für den Bau des 1899 eröffneten Dortmund-Ems-Kanal einsetzte, spielte der gleichzeitig diskutierte Ausbau der Ruhr für den Konzern keine Rolle. Da gleichzeitig auch der technische Ausbau der Henrichshütte ins Stocken geriet, schien es, als wäre das Ende des Hattinger Werks an der Wende zum 20. Jahrhundert nur noch eine Frage der Zeit.

VON HENSCHEL ZU RUHRSTAHL

Einen erneuten Aufschwung, der den Bestand des Hüttenwerks für Jahrzehnte sicherte, verdankte die Henrichshütte dennoch abermals der Eisenbahn. Im Februar 1904 kaufte die in Kassel ansässige Lokomotiv- und Maschinenfabrik Henschel & Sohn die Hütte, um die eigene Produktion von den Stahl- und Maschinenlieferungen der deutschen Eisen- und Stahlindustrie unabhängig zu machen, die zu jener Zeit bestrebt war, die Absatzmärkte zu Lasten der Verbraucher zu regulieren. Der neue Eigentümer begann umgehend, die Henrichshütte neu im Markt zu positionieren. In wenigen Jahren wurde die Hütte mit enormem Kapitaleinsatz von Grund auf modernisiert. Der im neuen Siemens-Martin-Stahlwerk ab 1905 erzeugte „Henschel-Qualitätsstahl" löste den bislang immer noch produzierten technisch überholten Puddelstahl ab. Ein Jahr später erfolgte die grundlegende Neukonzeption und Modernisierung der Hochofenanlage, die heute noch sichtbar ist: Die in den Hang getriebenen Materialbunker der Möllerung und die Gaszentrale stammen ebenso aus dieser Zeit wie der auf dem Ruhrhang stehende Wasserturm, der die Versorgung der Hochöfen mit Betriebswasser sicherte. Moderne Gasmaschinen erzeugten nicht nur den für den Hochofenbetrieb notwendigen Heißwind, sondern auch elektrische Energie. Überall entstanden vor dem Ersten Weltkrieg neue und moderne Anlagen: Kokerei, Walzwerk, Press- und Hammerwerk, Gießereien und Bearbeitungswerkstätten. Mit der Modernisierung der Hütte verbunden war eine Ausweitung der Produktpalette. In Hattingen entstanden nicht nur Bleche, Rohre, Maschinenteile und Radsätze für das Hauptwerk in Kassel. Die neuen Betriebseinrichtungen erlaubten darüber hinaus die Herstellung größerer Werkstücke: Schon 1907 waren Stahlformgussstücke jeder Art bis zu 50.000 Kilogramm Stückgewicht für den Großmaschinen- und Schiffbau im Angebot, darunter Walzenständer, Dampfhammerteile, Schiffssteven, Schiffsschrauben, Ruder und Anker. Schmiede und Bearbeitungswerkstatt lieferten Schiffswellen, Kurbelwellen, Turbinenwellen und Walzen. So legte Henschel mit der Neuausrichtung des Hüttenwerks abseits der Massenproduktion ein belastbares Fundament für die Zukunft, denn die Spezialisierung der Henrichshütte auf die Erzeugung von hochwertigem Stahl und die Produktion großer Werkstücke sollte die Existenz der Hütte dauerhaft sichern.

Die neuen Strukturen ermöglichten auch wieder ein eigenständigeres Handeln in verkehrspolitischen Fragen. Obwohl Henschel den Großteil der Geschäfte im Eisenbahnbereich machte, erkannte man im Unternehmen den Wert von Wasserstraßen für den Transport von Massen- und Schwergut – folgerichtig beteiligte sich die Firma 1908 aktiv an der Gründung des „Vereins zur Schiffbarmachung der

Panorama der Henrichshütte, 1910
(100 Jahre Henschel/LWL-Industriemuseum)

Ruhr". Zweifellos hätte das 1913 vom Verein vorgelegte Projekt zum Ausbau des Flusses für 1.700 Tonnen-Schiffe die zunehmend spürbaren Standortnachteile der Henrichshütte ausgeglichen. Der Beginn des Ersten Weltkriegs verhinderte zunächst den ambitionierten Plan, der erst 45 Jahre später zu anderen Zwecken wieder aus der Schublade gezogen werden sollte.

Dem Kriegsende 1918 folgten unruhige Zeiten. 1923 wurde die Ruhr während der Ruhrbesetzung durch die französische Armee tatsächlich zur Grenze zwischen besetztem und unbesetztem Gebiet. Die am Südufer gelegene Henrichshütte blieb zunächst zwar unbesetzt, war aber von den Kohlenlieferungen der nördlich der Ruhr liegenden Zechen weitgehend abgeschnitten. Französische Soldaten kontrollierten die Brücken. Kohlenlieferungen aus dem besetzten Gebiet wurden teils beschlagnahmt, teils mit Steuern belegt. Eine Zeit lang bezog die Henrichshütte über die Seilbahn zur Zeche Friedlicher Nachbar weiterhin unbemerkt Kohlen. Dies bot schließlich den Anlass für die Besetzung des Werks und die Verhaftung eines Prokuristen, der erst nach einem Monat wieder freikam. Schließlich kam es zur zeitweiligen Stilllegung der Hütte. Da auch die folgenden Jahre zu keiner wirtschaftlichen Verbesserung führten, suchte Henschel & Sohn schließlich nach einem Käufer für das Hattinger Werk und so wurde die Henrichshütte an die Vereinigten Stahlwerke verkauft und 1930 in die neu gegründete Ruhrstahl AG eingebracht.

Der Name „Ruhrstahl" sollte für die folgenden 33 Jahre die Geschichte des Werks prägen. Der neue Konzern bestand aus mehreren Werken, von denen die Henrichshütte das größte war. Entsprechend hoch war für die Belegschaft bis weit über den Bestand der Aktiengesellschaft hinaus die Identifikation mit dem Namen. Er stand sowohl für die Qualität der Erzeugnisse als auch für eine Phase betrieblicher Eigenständigkeit. Augenfällig wurde dies unter anderem an dem markanten Gasbehälter, der für Jahrzehnte die Silhouette des Werks an der Ruhr prägte und weit sichtbar den Schriftzug des Konzerns trug. Der Fortbestand der Henrichshütte war jedoch zunächst keineswegs gesichert. Unter dem Eindruck der Weltwirtschaftskrise wurden in

Links: Weithin sichtbar: Der Gasometer, dahinter die Seilbahn über die Ruhr (LWL-Industriemuseum)

Die Hochöfen in den 1920er Jahren (LWL-Industriemuseum)

den Vorstandsetagen der Vereinigten Stahlwerke unterschiedliche Rationalisierungsmodelle durchgespielt, die 1932 auch die Stilllegung der Hütte zum Gegenstand hatten. Im April 1933 arbeiteten nur noch 1.492 Menschen auf der Hütte – weniger als 1905. Im Zuge der nationalsozialistischen Wirtschaftspolitik und der anlaufenden Rüstungsproduktion stieg die Zahl der Arbeiter in den dreißiger Jahren stetig an. Nun lieferte die Henrichshütte Qualitätsstahl für Panzerplatten und Geschützrohre. Die nahezu vollständige Umstellung auf die Rüstungsproduktion erforderte umfangreiche Erweiterungen und Modernisierungen. Zu diesen gehörte auch der heute noch erhaltene Hochofen 3, der am 10. Oktober 1940, ein Jahr nach Beginn des Zweiten Weltkriegs, angeblasen wurde. In den folgenden Jahren wurde die Henrichshütte zum Ziel alliierter Luftangriffe und befand sich auch im Einzugsbereich der Hochwasserwelle, die 1943 nach der Bombardierung der Möhnetalsperre durch das Ruhrtal rauschte. Als amerikanische Truppen am 16. April 1945 Hattingen befreiten, war ein Drittel der Werksanlagen zerstört.

Nach Kriegsende erteilte die britische Militärregierung der Henrichshütte zunächst eine auf die Reparatur von Eisenbahnmaterial beschränkte Betriebserlaubnis. Zwar sicherte diese Genehmigung zunächst den Bestand des Werkes, gleichzeitig wurden jedoch im Zuge der alliierten Demontagemaßnahmen erste Betriebseinrichtungen entfernt. Der 1947 öffentlich gemachte geplante Abbau von Stahlwerk, Stahlgießerei und Grobblechwalzwerk hätte unweigerlich das Ende der Henrichshütte zur Folge gehabt. Über zwei Jahre zogen sich die zähen Verhandlungen hin, standen die Arbeitsplätze und das gesamte Werk auf der Kippe. Erst 1949 konnte die Demontage der Anlagen endgültig abgewendet werden.

„DIE RUHR GIBT RAUM"

Mit der Gründung einer neuen Ruhrstahl AG begann 1951 der Wiederaufbau. Schon während des Neubaus eines modernen Grobblechwalzwerks war die durch die Ruhr begründete räumliche Enge des Betriebsgeländes abermals offensichtlich geworden. Für eine grundlegende Neukonzeption des Werks, die im Rahmen des Wiederaufbaus von der Erzanlieferung über den Hochofenbetrieb bis zur Neustrukturierung der Stahlerzeugung alle Betriebsbereiche erfassen sollte, fehlte der notwendige Raum. In dieser Situation erinnerte sich die Direktion an ein 1941 diskutiertes Projekt, durch die Umlegung des Flussbetts diesen notwendigen Raum zur Werkserweiterung zu schaffen, zumal bereits ein Großteil des benötigten Baugrunds erworben worden war. Für die Feinplanung der Ruhrverlegung griff man auf die seit 1913 in der Schublade liegenden Pläne für den Großschifffahrtsweg Ruhr zurück – nun allerdings ohne die seinerzeit vorgesehenen Hafenanlagen. In der Phase des Wiederaufbaus und Wirtschaftswunders spielten Faktoren wie Umwelt- und Naturschutz kaum eine Rolle. Stattdessen konnte man in der Werkszeitung 1959 lesen:
„Die Technik macht nicht Halt vor der Natur. Ein Werk wie die Henrichshütte, Arbeitgeber für viele tausend Menschen, darf, um leben, um konkurrenzfähig bleiben zu können, nicht zögern, auch das Gesicht der Natur zu verändern. Was heute geschieht, ist Bruch mit einem Stück Hattinger Vergangenheit. Schon bald aber werden wir uns an das neue Bild gewöhnt haben. Nur Chroniken werden dann berichten, wie die Ruhr bei Hattingen einst verlief..."

Im Mai 1959 begann eines der größten Bauprojekte der Henrichshütte. Für die Ruhr wurde ein neuer, 60 Meter breiter, bis zu vier Meter tiefer und 1.600 Meter langer Kanal gegraben, der den Flusslauf nach Norden verlegte und um 630 Meter verkürzte. Vorangegangen waren langwierige Verhandlungen mit dem Land Nordrhein-Westfalen, der Stadt Hattingen, der Ruhrschifffahrtsverwaltung, dem Ruhrverband, den zahlreichen Anliegern und der Bundesbahn, deren Eisenbahntrasse im Zuge der Bauarbeiten ebenfalls verlegt werden musste. Nach Klärung der rechtlichen Fragen und der Durchführung von Versuchen an der Wasserbauversuchsanstalt in Karlsruhe begannen schwere Baumaschinen, die Flussaue in eine Mondlandschaft zu verwandeln.

Im Zuge der Ruhrverlegung, die am 1. Dezember 1959 abgeschlossen war, wurden 640.000 Kubikmeter Boden bewegt. Dem neuen Flusslauf fehlte, wie die Werkszeitung Anfang 1960 feststellte, „jene Willkür der Natur, die einen Fluß in Bögen und Kurven die Landschaft durchfließen läßt. Doch wenn erst die Bepflanzung und Begrünung des neuen Hüttengeländes und der neuen Flußufer erfolgt ist, werden auch die ruhigen Wasser der Flußgeraden ihren eigenen Reiz haben, der viele sonntägliche Spaziergänger auf den neuen Gehweg am Flußufer führen wird." Dem tiefen Eingriff in die Flusslandschaft stand der Gewinn von 480.000 Quadratmetern neuem Hüttengelände entgegen, auf dem in den folgenden Jahren Erzlagerplätze sowie eine Sinteranlage zur Erzvorbereitung für den Hochofenbetrieb angelegt wurden. So diente also die Ruhrverlegung letztlich demselben Zweck, den schon das erste Hafenprojekt einhundert Jahre zuvor verfolgen sollte: der Versorgung der Hochöfen mit Rohstoffen. Und noch ein weiteres Problem der Hütte wurde dauerhaft gelöst: Durch die Begradigung konnte die Fließgeschwindigkeit so weit gesteigert werden, dass eine Überflutung des Hüttengeländes

Beengte Verhältnisse: Das Stahlwerk in den 1950er Jahren
(LWL-Industriemuseum)

Die Ruhr gibt Raum, 1959 (LWL-Industriemuseum)

bei Hochwasser weitgehend ausgeschlossen werden konnte – allerdings hatte sich dieses Risiko zu diesem Zeitpunkt bereits durch die Anlage der ersten Ruhrstauseen erheblich reduziert.

PROZESSWASSER, KÜHLWASSER, ABWASSER – UND EIN FÄHRBOOT

Die Verlegung der Ruhr veranlasste die Henrichshütte, auch ihr Wasserkonzept auf dem Werksgelände neu zu strukturieren. Mit der Ausdehnung des Werksgeländes und steigenden Zahl der Produktionsstätten und hier besonders der Feuerbetriebe stieg der Wasserbedarf stetig an. Allein der Hochofenbetrieb benötigte 1952 täglich 30 Millionen Liter Nutzwasser zum Kühlen der Öfen und Ablöschen der Schlacken. Dieses Wasser wurde aus der Ruhr entnommen und über einen Hochbehälter dem Betrieb zugeführt. Die Abwässer gelangten über Klärbecken in die Ruhr, doch war eine angemessene Aufbereitung nicht immer gewährleistet. Bedenkt man, dass im Hochofenprozess auch Zy-

ankali entsteht, wurde die Bedeutung eines verantwortungsvollen Umgangs mit dem Grundstoff Wasser offensichtlich.

Im Jahr der Ruhrverlegung lag der Wasserbedarf der Henrichshütte bei nahezu 4,5 Milliarden Litern pro Monat. Nun begann eine Neukonzeption der Wasserkreisläufe, die das Ziel verfolgte, mit geschlossenen Systemen zu arbeiten und kein ungeklärtes Grundwasser mehr in die Ruhr zu leiten. Hierzu wurden mehrere Wasser- und Pumpwerke gebaut und eine eigene Trinkwassergewinnungsanlage in den Ruhrwiesen eingerichtet. Das hier gewonnene Wasser wurde im Kraftwerk von Mangan und Eisen befreit, bevor es über eine Ringleitung an die Verbrauchsstellen gebracht wurde. 1982 benötigte das Hüttenwerk immerhin 0,6 Milliarden Kubikmeter Trinkwasser, das auch in den Duschanlagen eingesetzt wurde. Darüber hinaus existierten Kreisläufe für Prozesswasser und Kühlwasser. Das Prozesswasser kam in direkten Kontakt mit den Produkten, etwa beim Granulieren von Schlacke oder dem Abzundern von heißen Blechen. Dieses Wasser musste aufwändig von Produktionsrückständen und Schmierstoffen gereinigt werden, bevor es dem Kreislauf erneut zugeführt werden

Badepause im Löschteich, 1954 (100 Jahre Henrichshütte/
LWL-Industriemuseum)

konnte. Entsprechend aufwändig gestaltete sich die Abwasserbeseitigung in mehreren Absetzbecken. Der sich absetzende Schlamm, immerhin 30.000 Tonnen im Jahr, wurde in der Regel auf Deponien abgefahren. Als in den 1980er Jahren immer weniger Deponieraum für diese Schlämme zur Verfügung stand, wurden sie als Abfallstoffe im Hochofenprozess eingesetzt. Im Gegensatz hierzu war der Umgang mit reinem Kühlwasser unproblematisch. Es wurde direkt aus der Ruhr entnommen, gereinigt und später erwärmt wieder in den Fluss geleitet. Wie alle anderen Wasserkreisläufe wurde auch die Einleitung in die Ruhr von den Umweltbehörden kontrolliert. Die Auswirkungen auf die Fischbestände äußerten sich darin, dass einerseits gerade der Auslauf des erwärmten Wassers in die Ruhr ein begehrter Angelplatz war – andererseits war die Henrichshütte verpflichtet, jährlich 150 Kilogramm Jungfisch in die Ruhr einzusetzen, eine Aufgabe, die vom Angelsportverein Henrichshütte übernommen wurde.

Eine Besonderheit der Henrichshütte war der Betrieb eines eigenen Fährboots, das als „schwimmendes Werkstor" auf der anderen Seite der Ruhr wohnende Arbeiter und Angestellte über den

Fluss setzte. 1948 erwarb die Henrichshütte die Fährrechte samt zugehörigem Boot vom Landwirt Scheppmann, der zuvor Arbeiter gegen einen geringen Fährlohn über den Fluss gerudert hatte. Im Laufe der Jahre wurde das hölzerne Ruderboot zunächst durch ein stählernes Modell ersetzt. 1969 wurde schließlich bei der Lux-Werft in Mondorf am Rhein das Motorschiff „Ruhrstahl" bestellt. Die neue Fähre war 14,60 Meter lang, 4,05 Meter breit und besaß eine Zulassung für 40 Personen. Die Fährmänner versahen ihren Dienst zu den jeweiligen Schichtwechseln der Belegschaft und gingen in der Zwischenzeit einer regulären Arbeit auf der Hütte nach. Seit 2012 fährt die ehemalige „Ruhrstahl" nach umfangreichen Reparaturarbeiten als „Piwipp" zwischen Dormagen und Monheim Gäste über den Rhein und erinnert so an ein ungewöhnliches Kapitel der Fähr- und Industriegeschichte an der Ruhr.

„WENN ES BRENNT AN DER RUHR…"

1963 ging die Ruhrstahl AG in den Rheinischen Stahlwerken auf, elf Jahre später wurde die Henrichshütte schließlich Bestandteil des Thyssen-Konzerns. Im selben Jahr erreichte die deutsche Rohstahlproduktion mit 53 Millionen Tonnen ihren Höchststand, um unmittelbar darauf einzubrechen. Anfang der 1980er Jahre kam es in Hattingen zu ersten Arbeitsplatzverlusten. Mit der Sinteranlage, für deren Anlage 1959 die Ruhr verlegt worden war, und der 2,8-Meter-Grobblechstraße wurden 1983 die ersten Anlagen stillgelegt. Arbeiteten 1974 noch 8.800 Menschen auf der Henrichshütte, so waren es zwölf Jahre später nur noch 4.800.

Anfang 1987 gab die Thyssen Stahl AG die Stilllegung der Hochöfen, der 4,2-Meter-Grobblechstraße, des Elektrostahlwerks und der Stranggießanlage sowie die Einstellung des Ausbildungsbetriebs auf der Henrichshütte bekannt. Mit der Einstellung der Roheisenerzeugung und der Aufgabe wesentlicher nachgeschalteter Produktionsstätten wurden die bislang trotz aller Schwierigkeiten weiterhin vorhandenen Standortvorteile des kompakten integrierten Hüttenwerks aufgegeben. Schien die Henrichshütte mit ihrer hochspezialisierten Produktionspalette, etwa für Großmaschinenbau, Verkehrstechnik, Rüstungsindustrie, Weltraumforschung und Kerntechnik, zuvor durchaus gut für die Zukunft aufgestellt zu sein, stand nun mit einem Mal die Existenz des Werks auf dem Spiel. Ungleich schwerer wog der Verlust von knapp 3.000 Arbeitsplätzen sowie des Großteils der in der Stadt Hattingen zur Verfügung stehenden Lehrstellen. Gerade vor diesem Hintergrund verwunderte es kaum, dass mit Bekanntwerden der Stilllegungspläne eine von allen Schichten der Hattinger Bevölkerung getragene Protestbewegung entstand, die einfallsreich und in vielfältiger Form auf die drohende Schließung und den Verlust der Arbeitsplätze aufmerksam machte. Die Aktionen des „Hüttenkampfes" reichten von der Demonstration mit 30.000 Teilnehmern über die Einrichtung eines „Dorfs des Widerstands" bis zur das Hüttengelände umschließenden Menschenkette und zum Hungerstreik der Frauen. Sie erzeugten öffentliche Aufmerksamkeit

und führten zu sozialverträglichen Lösungen beim Abbau der Arbeitsplätze, verhinderten aber nicht das Ende der Henrichshütte.

Mit dem letzten Abstich wurde am 18. Dezember 1987 nach 133 Jahren in Hattingen die Roheisenerzeugung eingestellt. Die Übernahme von Blasstahlwerk, Schmiede und Bearbeitungswerkstätten durch die neu gegründete Vereinigte Schmiedewerke Gesellschaft brachte 1988 nur einen kurzen Aufschub: 1993 erfolgte die Stilllegung von Stahlwerk und Stahlgießerei, 2004 schloss mit der Schmiede der letzte Feuerbetrieb der Henrichshütte – 150 Jahre nach dem Bau der ersten Hochöfen war die Stahlzeit in Hattingen zu Ende gegangen.

———

Hochofenabstich (LWL-Industriemuseum)

———

Links: Schichtwechsel im Morgengrauen: Die Fähre „Ruhrstahl", 1986, Foto: Horst Dieter Zinn (LWL-Industriemuseum)

STRUKTURWANDEL UND INDUSTRIEKULTUR

Das Ausblasen der Hochöfen der Henrichshütte wurde allgemein als Anfang vom Ende einer Epoche begriffen, nicht nur in Hattingen, sondern im ganzen Ruhrgebiet, auch wenn kurz darauf die Proteste in Rheinhausen einen neuen Akzent in der medialen Wahrnehmung setzten und sich der Hattinger „Hüttenkampf" nicht im selben Maße im kollektiven Gedächtnis der Region verwurzelte. Zurück blieb ein Gelände, auf dem nach und nach die stillgelegten Anlagen verschwanden: ein Hochofen, Walzwerk und Schmiede wurden demontiert und nach China verkauft, andere Werksteile abgebrochen. Das Gelände zwischen Altstadt und Ruhr entwickelte sich vom pulsierenden und vielfältig glühenden wirtschaftlichen Mittelpunkt der Stadt zur dunklen Industriebrache. Der Verlust der Arbeitsplätze griff tief in die individuellen Lebensplanungen vieler Menschen ein und hinterließ in der ganzen Stadt fühlbare Leerstellen.

Die Entscheidung des Landschaftsverbands Westfalen-Lippe, einen Teil der Henrichshütte zum Standort seines dezentralen Westfälischen Industriemuseums zu machen, traf 1989, nur etwas mehr als ein Jahr nach der Hochofenstilllegung, in der Hattinger Bevölkerung auf wenig Begeisterung. Industriekultur und Musealisierung schienen vor dem Hintergrund von Arbeitsplatzverlust und Existenzangst kaum angemessene Perspektiven zu eröffnen. Während einerseits der Hochofen 2 demontiert und zum Abtransport nach China vorbereitet wurde, begannen nebenan erste Sicherungsarbeiten zum musealen Erhalt des 1940 angeblasenen Hochofens 3, des ältesten noch stehenden Hochofens des Ruhrgebiets. Vervollständigt wurde das Museumsensemble durch das angrenzende Gebläsehaus, die umfangreichen, im Ruhrhang angelegten Bunker- und Bandanlagen sowie das Bessemer-Stahlwerk aus dem Jahr 1872. Trotz der beeindruckenden Ausmaße umfasst das heutige Museumsareal nur zwei Prozent des ehemaligen Betriebsgeländes der Henrichshütte. Für die Industriedenkmalpflege stellte der Erhalt der Anlagen aufgrund der Dimensionen trotzdem eine große Herausforderung dar.

Links: Protest gegen die Stilllegung der Hochöfen, 1987,
Foto: Manfred Vollmer (LWL-Industriemuseum)

Nach Abschluss der umfangreichen Restaurierungsarbeiten des Hochofens konnte im Herbst 2000 der „Weg des Eisens" eröffnet werden, der Besucher auf dem Weg des Materialflusses von der Anlieferung des Erzes bis zum Abstich des Roheisens begleitet. Auf den einzelnen Stationen begegnen ihm in der Ausstellung ehemalige Hüttenwerker, deren Erinnerungen das technische Denkmal kommentieren, die täglichen Arbeitsabläufe veranschaulichen und der auf den ersten Blick schwer zu verstehenden komplexen Struktur der Großmaschine Hochofen gleichsam Gesicht und Geschichte verleihen. Dieser „biografische Ansatz" war nur durch die Unterstützung zahlreicher ehemaliger Hüttenwerker realisierbar, die schließlich ihre Vorbehalte gegen die Musealisierung der eigenen Vergangenheit ablegten und die Aufbauarbeit des Museums bis heute in vielfältiger Form unterstützen. So ist die Henrichshütte in erster Linie ein Ort, der das Leben und Arbeiten im Schatten der Hochöfen dokumentiert und zu einem Museum für Eisen und Stahl weiterentwickelt. Auf diese Weise entsteht nicht nur ein Erinnerungsort für die Eisen- und Stahlindustrie des Ruhrgebiets; vielmehr sollen Ausstellungen und Aktivitäten dazu anregen, die Denkmäler des Industriezeitalters hinsichtlich ihrer historischen, technischen und sozialen Relevanz für die heutige Gesellschaft immer neu zu befragen und gleichzeitig zu einem Forum vielseitiger Diskussionen zu machen.

Ein wichtiger Schritt war auch der Umbau eines Teils der 1906 errichteten Gaszentrale zur Veranstaltungshalle, die seit 2004 vielfältig genutzt wird. Das Spektrum reicht vom Trödelmarkt über die Tagung bis zum symphonischen Konzert und hat wesentlich dazu beigetragen, dass die Henrichshütte wieder zu einem wichtigen Bestandteil der Hattinger Identität geworden ist – nun aber mit strukturgewandeltem und kulturellen Gesicht. War die Verbindung des Menschen zur Hütte über die Arbeitsbiografie definiert, sind 30 Jahre nach der Gründung des Museums biografische Bezugspunkte von Bedeutung. Auf dem Gelände des ehemaligen Hüttenwerks kann gefeiert und geheiratet werden und vom Schulausflug über den Abiturball bis zur Hochzeit verbinden sich mit der Henrichshütte neue individuelle Erlebnisse.

Möglich wurde die Umnutzung der Gaszentrale durch den Umstand, dass die ursprüngliche Maschinenausstattung wenige Jahre vor der Stilllegung verschrottet wurde. Die eindrucksvollen Großgasmaschinen, die über Jahrzehnte Strom für die Hütte erzeugt und Wind in die Hochöfen gepumpt hatten, waren zu Beginn der 1980er Jahre durch kleinere Aggregate ersetzt worden. Im ehemaligen Gebläsehaus konnten daher Maschinen aufgestellt werden, die exemplarisch für die dem Hochofenprozess nachgeordneten Arbeitsschritte stehen. Neben einem Stahlkonverter, einem Schmiedehammer und einem Walzwerk konnte auch eine Großgasmaschine von der Georgsmarienhütte bei Osnabrück beschafft werden, die heute wieder einen Eindruck von diesen „Dinosauriern der Technik" am authentischen Ort vermitteln.

Rund um das Museumsgelände entstand ein moderner Gewerbe- und Landschaftspark. Die von der Stadt Hattingen konsequent betriebene Verwertung der Industriebrache führte zur Ansiedlung neuer Unternehmen und Arbeitsplätze. Zugleich wurden weite Teile des ehemaligen Werksgeländes parkähnlich gestaltet. Im Henrichspark finden sich sogar Reminiszenzen an das größte Bauprojekt der „Stahlzeit" im Ruhrtal: Das Regenrückhaltebecken zitiert den früheren Verlauf des Flusses, der wegen der Bedürfnisse der Schwerindustrie seinen Lauf ändern musste.

Heute ist die Henrichshütte wieder eine feste Größe an der Ruhr. Die Einbindung in die Route der Industriekultur und den RuhrtalRadweg ist hierbei ebenso wesentlich wie die Beliebtheit als Veranstaltungsort. Der Hochofen ist zu einer „Landmarke" der Eisen- und Stahlindustrie geworden und erinnert an 150 Jahre Aufschwung und Niedergang in der Region. Dass sich ihre Geschichte in engem Zusammenspiel mit der Ruhr und der vom Fluss definierten Naturräume gestaltete, ist eine der Besonderheiten der Henrichshütte.

Industriekultur statt Schwerindustrie, Museum statt Hütte – das alles steht exemplarisch für den Strukturwandel der Region. Dieser ist jedoch keine Erfindung unserer Tage. Er begann, als in Hattingen im Auftrag des Grafen Henrich erstmals Roheisen erschmolzen wurde und sich das Ruhrtal zur Industrielandschaft wandelte.

Rechts: Strukturwandel: Blick über das Regenrückhaltebecken auf das Industriemuseum (LWL-Industriemuseum)

Olaf Schmidt-Rutsch

SCHIFFBAU AN DER RUHR

Flüsse sind die ältesten Verkehrsträger der Menschheit. An ihren Ufern entwickelten sich die frühen Zivilisationen und bald begannen die Menschen, sie mit Wasserfahrzeugen zu befahren. Schon in der Steinzeit wurden einfache Boote gebaut, um die Flüsse zu überqueren oder sie für den Fischfang zu nutzen. Die natürliche Tragkraft des Wassers wurde aber auch gebraucht, um Waren zu befördern, denn bei allen Unwägbarkeiten und Gefahren, mit denen die Schifffahrt verbunden war, boten die Flüsse im Vergleich zum Landtransport enorme Vorteile: Es war viel aufwändiger, Güter mit Hilfe von Karren über holprige, verschlammte Wege oder schlecht ausgebaute Straßen zu transportieren als sie über Flüsse zu befördern. Das Verhältnis zwischen erforderlicher Zugkraft und bewegter Masse war nahezu ideal und bis zur Entwicklung der Eisenbahn unübertroffen. Erst die Eisenbahn bestach im Vergleich zur Flussschifffahrt durch ihre große und sichere Planbarkeit und Verlässlichkeit, um den Gütertransport von Witterungseinflüssen weitgehend unbeeinflusst zu bewerkstelligen.

Zu den frühesten Bootsformen gehören Nachen. Die Ursprünge dieser Bautradition lassen sich bis zum Einbaum zurückverfolgen. Bereits zu Zeiten der Römer waren Nachen im Stromgebiet des Rheins und seiner Nebenflüsse in vielfältiger Form anzutreffen. Die typische Form des Rumpfes wird durch das Aufbiegen des Bootsbodens an beiden Enden erreicht. Durch die Anbringung von Seitenwänden entsteht ein einfaches, im Querschnitt weitgehend rechteckiges Fahrzeug. In einem nächsten Schritt, wurde die Anzahl der Bodenplanken vermehrt und der Nachen entsprechend breiter, sodass er fortan mehr Ladung tragen konnte. Charakteristisch für Nachen ist das Fehlen des Kiels, was aufgrund seines geringen Tiefgangs einen Einsatz in seichten Gewässern und auf kleineren Flüssen ermöglicht. Größeren Beanspruchungen durch starke Strömungen oder Wellengang ist dieses einfache Fahrzeug jedoch nicht gewachsen. Nachen konnten als einfache Arbeitsboote oder Fähren eingesetzt werden – noch heute sind sie als Beiboote auf Binnenschiffen weit verbreitet. Sie dienten aber auch zum Transport von Gütern auf längeren Strecken. Je nach Aufgabenbereich konnten sie eine Länge von wenigen Metern bis zu 40 Metern erreichen. Unter der Bezeichnung Aak, die nicht von ungefähr an den Begriff Arche erinnert und auf die lange Tradition dieses Bautyps verweist, waren nachenförmige

Links: Auf der Bootswerft Hesse in Mülheim entsteht ein Ruhrnachen, Ausschnitt, 2000, Foto: Annette Hudemann (LWL-Industriemuseum)

Fahrzeuge bereits in der Frühen Neuzeit vor allem am Rhein und seinen Nebenflüssen weit verbreitet. Hier gab es Kölner, Xantener, Reesische oder Dorstener Aaken. Gerade die in Dorsten an der Lippe gebauten Fahrzeuge waren ein Exportschlager. An der Ruhr spielten diese Schiffe jedoch kaum eine Rolle. Stattdessen tauchten schon in der ersten Hälfte des 18. Jahrhunderts auf dem Rhein in Mülheim gebaute „Mölmsche Aaken" auf, die mit Kohle beladen den Fluss befuhren.

AUF DEN SPUREN DER RUHRAAKEN

Am Ausgang des Ruhrtals gelegen, entwickelte sich Mülheim früh zu einem Zentrum des frühen Kohlenhandels. Kohlen aus den umliegenden Zechen wurden hier gelagert, gehandelt und schließlich zum Rhein befördert. Da die Ruhr unterhalb Mülheims für Schiffe befahrbar war, entwickelte sich bald eine regelmäßige Schifffahrt, die aber in der Ebene durch Untiefen und Kiesbänke behindert wurde. Entsprechend waren Fahrzeuge mit geringem Tiefgang und großer Ladefähigkeit gefragt. So entstand

Der wahrscheinlich letzte Ruhrnachen im Unterwasser der Mülheimer Schleuse (LWL-Industriemuseum)

gewissermaßen als Vorstufe zur späteren Ruhraak der „Mölmsche Aak", der, wie der sprachforschende Zahnarzt Otto Andrae 1943 in seiner verdienstvollen Arbeit über die Mülheimer Schiffersprache betonte, maskulinen Geschlechts sei. Über die Abmessungen dieser Kohlenschiffe gab der preußische Oberbergrat Friedrich Wilhelm von Reden 1783 anlässlich seiner Inspektionsreise durch den märkischen Steinkohlenbergbau Auskunft. Er berichtete, dass die Ruhraaken „alter Bauweise", und hiermit meinte er mit großer Wahrscheinlichkeit die bereits in hoher Anzahl vorhandenen „Mölmschen Aaken", 31,40 Meter lang, 3,25 Meter breit und 80 Zentimeter hoch seien und gut 30 Tonnen Ladung befördern könnten. Im Gegensatz hierzu würden nun verstärkt Aaken „neuer Bauart" gezimmert, die bei einer Länge von 34,50 Metern über eine Breite von 4,50 Metern und eine Seitenhöhe von 89 Zentimetern verfügten. Redens Beschreibung belegt, dass sich die neuen Aaken unmittelbar nach der Schiffbarmachung der oberen Ruhr den neuen Verhältnissen anpassten. Folglich wurde nicht nur die Abladetiefe durch ein Erhöhen der Bordwände gesteigert, die Abmessungen passten sich zudem in Länge und Breite den neu erbauten Schleusenkammern an. Beide Anpassungen führten dazu, dass eine Ruhraak ungefähr fünf Tonnen mehr Kohle transportieren konnte – eine für damalige Zeiten durchaus

bemerkenswerte Steigerung. Diese Faktoren, besonders die Schleusenabmessungen, limitierten letztlich auf lange Sicht die Entwicklung der auf der Ruhr eingesetzten Fahrzeuge, denn auch sechzig Jahre nach der Schiffbarmachung des Flusses hatten sich die Abmessungen der Aaken kaum geändert. Der Hattinger Wasserbaumeister Ludwig Henz berichtete 1840, dass die die Ruhr befahrenden Schiffe mittlerweile „fast ohne Ausnahme einerlei Größe und Einrichtung" hätten und 34,5 Meter lang, 5,12 Meter breit und einen Meter hoch seien. Ihre Ladekapazität lag bei 95 Tonnen und konnte durch eine Erhöhung der Seitenwände in den letzten Jahren des Schifffahrtsbetriebs auf bis zu 165 Tonnen gesteigert werden. Daneben gab es aber immer auch kleinere Varianten. So erwarb die Administration der Henrichshütte 1854 zwei gebrauchte „Flieger", die über eine Ladungskapazität von knapp 30 Tonnen verfügten und zum Transport von Baumaterial für die Hochöfen eingesetzt wurden.

Letztlich ist die Angabe der Ladefähigkeit der Ruhraaken jedoch mit großen Unsicherheiten behaftet. In den in Archiven erhaltenen Baubeschreibungen wird diese ganz unterschiedlich angegeben. Neben Zentnern tauchen für Fahrzeuge, die vornehmlich für den Transport von Baumaterial oder Sandsteinen eingesetzt wurden, die in diesem Bereich gebräuchliche Maßeinheit der Schachtrute auf, für Aaken im Kohlenverkehr hingegen der bergmännische Ringel. Bedenkt man nun, dass sich neben den unterschiedlichen Gewichts- und Raummaßen in den zahlreichen Anrainerstaaten auch noch regionale Unterschiede feststellen lassen, so wird klar, dass aus heutiger Perspektive nur ungefähre Angaben zur Tragfähigkeit der Ruhrschiffe gemacht werden können. Im alltäglichen Schifffahrtsbetrieb war der tatsächliche Tiefgang der Aaken von größerer Bedeutung als die Tonnage, denn die Ruhrschifffahrtsdirektion legte fest, dass auf dem Fluss mit seinen zahlreichen Untiefen kein Schiff tiefer als 78 Zentimeter abgeladen werden durfte. Entsprechend wurden die Schiffe nach ihrer Fertigstellung behördlich vermessen, mit einer Nummer versehen und Eichmarken in den Rumpf eingeschlagen. Nach dem Beladen der Aaken wurden diese Marken kontrolliert, indem der Abstand zwischen Eichmarke und Wasseroberfläche ausgemessen wurde. Anhand der Eichliste wurde der tatsächliche Tiefgang errechnet und in die Ladungspapiere eingetragen. So bot die Eichmarke einen verlässlichen Bezugspunkt für die Sicherheit

auf der Ruhr und die Erhebung der Schifffahrtsabgaben. Unter diesen Voraussetzungen war es von großer Wichtigkeit, das Eigengewicht und somit die Eintauchtiefe der leeren Schiffe so gering wie möglich zu halten. Als Konsequenz wurde auf der Ruhr auf eine Abdeckung des Laderaums verzichtet, denn diese hätte die Fahrzeuge schwerer gemacht – eine Ausnahme bildeten die für den Salztransport bestimmten Schiffe, die zwingend über eine Abdeckung verfügen mussten, bald nach der Einstellung der Schifffahrt oberhalb Wittens zu Beginn des 19. Jahrhunderts aber vom Fluss verschwanden. Die Kohle hingegen war für den Transport in einem offenen Laderaum geeignet, hatte sie doch zum Teil bereits mehrere Monate lang in den offenen Niederlagen der Zechen gelegen.

Die Ausstattung der Schiffe war einfach. Sie verfügten in der Regel über einen Mast, der zwar Segel tragen konnte, aber in der Regel bei der Fahrt stromaufwärts zur Führung der Treidelleine verwendet wurde, die das Schiff mit den auf dem Leinpfad ziehenden Pferden verband. Für die Fahrt zu Tal konnten unter günstigen Verhältnissen Segel gesetzt werden. Bei den schwierigen Stromverhältnissen, dem begrenzten Fahrwasser und den wechselnden Winden des Ruhrtals stellte dies jedoch die Ausnahme dar. Zumeist wurde der Mast umgelegt. Dies war nicht nur für die Durchfahrt unter der Hattinger Ruhrbrücke notwendig – die niedrige Bauweise der Fahrzeuge erlaubte darüber hinaus, unter den Treidelleinen entgegenkommender Aaken hindurchzufahren.

Auch die Unterbringung der Besatzung, die aus einem Schiffer und drei Knechten bestand, war denkbar einfach. Der Dahlhauser Bergmann Karl Krampe, der die Aaken noch aus eigener Anschauung kannte, lieferte in den Erinnerungen an seine Jugendzeit an der Ruhr eine der seltenen Beschreibungen dieser Fahrzeuge: „Die Aaks waren einfache, für den Zweck dem sie dienen sollten gebaute Schiffe, sie hatten eine Kajüte, in der sich die Schiffer Essen kochten und auch abwechselnd schliefen. [...] Die Besatzung betrug in der Regel 3 bis 4 Mann. Viele Schiffe wurden nach ihrem Steuermann benannt in der Schiffersprache, und im Volksmund wurde derselbe Baas genannt. Die anderen hießen einfach Schiffer oder Schiffsknechte, war ein Lehrjunge vorhanden so hieß er Aakjunge. [...] Hatte einer von uns das Glück, dass er für einen Schiffer oder gar für den Baas etwas hohlen mußte, Tabak, Bier oder auch Wurst zum Frühstück, so war

Schiffbauplatz von Carl Friedrich Gethmann in Blankenstein,
vermutlich von Maria Gethmann (Familienarchiv Gethmann/
Repro: LWL-Industriemuseum)
——

er glücklich, weil er glaubte, er dürfe mal auf den Aak ein bisschen herum stöwern, wenn er das gewünschte brachte. Die meiste Zeit gelang dieses auch, denn auf die demüthige Bitte desselben ‚Herr Baas lassen sie mich doch einmal auf euren Aak. Ich fasse sicher nichts an,‘ sagte die Schiffer selten nein. War der Junge auf diese Weise auf das Schiff gelangt, so sah er sich stolz nach seinen am Ufer stehenden neidischen Kameraden um. Was war auch nicht für einen Jungen auf so einem Schiff, das oft fast bis zum Meere fuhr, zu sehen. Da war die Kajüte, an deren Wänden ringsherum schmale Bänke angebracht waren, in einer Ecke stand ein kleiner Ofen, auf diesem kochte oft der bekannte Hamelek und sein so würzlicher und appetitlicher Geruch stieg einem verführerisch in die Nase. Hamelek (Kartoffelsuppe) schien bei den Schiffern nach einem geheimen Rezept gekocht zu werden. Wurde dieselbe zu Hause gekocht, so sagte der Vater ‚Ich

weiß nicht, warum ihr Frauen keine Kartoffelsuppe kochen könnt, die so gut schmeckt wie der Hamelek auf die Aakes.‘ Ferner sah man die vielen Taue, die nötig waren, um den Aak an den Stellen, wo er beladen und entladen wurde, fest zu legen. […] Da lagen lange Stangen mit zwei eisernen Spitzen und oben ein dicker gedrechselter Knopf. Diese hießen Staken und dienten dazu, das Schiff im stillen Wasser durch staken vorwärts zu bringen. Neben dem Steuer hing der Anker mit Kette, vorne und hinten lagen je zwei Quettsäcke. Diese mit Kork-Abfall gefüllten Säcke dienten dazu, um den Aak in den Schleusen dafür zu schützen, dass er bei einem etwaigen heftigen Stoß an der Schleusenmauer zwischen Aak und Mauer gelegt wurde, um so eine Beschädigung der Schiffsplanken zu verhindern. War der Aak, auf dem man mal sich eine kurze Zeit umsehen konnte, eine größere Rheinaak, so lag auch noch ein kleines Boot auf denselben oder es schaukelte sich neben oder hinter ihm auf dem Wasser. Leider hieß es bald herunter vom Schiff und etwas ängstlich schritt man über die leise schwankende Bohle wieder ans Ufer.“ So sehr die Aaken den jungen Karl Krampe auch beeindruckten – letztlich handelte es sich um einfach gebaute Fahrzeuge, die auf der Ruhr großen Gefahren ausgesetzt waren. Auf dem Fluss konnte ein Festfahren schnell zur Katastrophe führen. Der Wasserbaumeister Ludwig Henz schilderte dies sehr eindrücklich: „Das Festfahren auf zu flachen Stromstellen ist der am häufigsten vorkommende Unfall bei der Thalfahrt. Die gewöhnlichste Ursache ist, daß oft das Wasser schneller fällt, als die Fahrt vollendet, und die Schiffe tiefer geladen sind, als Wasser vorhanden ist. [...] Ein einfach festgefahrenes Schiff, welches nur wenig aus der Fahrbahn gekommen ist, wird gewöhnlich durch die ins Wasser springenden Schiffer vermittelst starker Hebel wieder in die selbe hineingeschoben. Ist das Schiff, wie es am häufigsten der Fall ist, nur mit dem Vordertheile festgefahren, dann werden wohl auf beiden Seiten [...] breite tannene Bohlen vertikal auf die Länge des Schiffes ausgesetzt und aufrecht gehalten. In dieser Art wird das Wasser auf beiden Seiten des Schiffes um wenige Zolle hoch aufgestaut, wodurch es gehoben und über die seichte Stelle hinweg wieder in die Fahrbahn gebracht wird. – Die Schiffer nennen diese Operation ‚Wasser machen'. [...]

Gefährlicher wird das Festfahren, wenn das Schiff in der starken Strömung, oder in einer Krümmung nicht im Stromstrich gehalten werden kann, sondern sich drehet. Gewöhnlich stößt dann das Hintertheil, oder nur das Ruder, an eines der Ufer und zerbricht, oder, was noch schlimmer ist, der sich schwenkende Hintertheil fährt auch fest, so daß sich das Schiff quer in den Strom legt. Das dadurch aufgestaute Wasser schlägt bald hinein und bringt es zum Sinken, wobei es immer in der Mitte durchbricht und die Ladung verloren geht."

Zu Henz' Zeit waren vier bis fünf Schiffbrüche pro Jahr nicht ungewöhnlich, die immer auch mit dem Verlust von Menschenleben einhergingen. Ohne Unglücksfälle hielt eine Ruhraak ungefähr zehn Jahre – dann wurde sie abgewrackt. 1840 befuhren 377 Schiffe den Fluss, auf denen rund 1.500 Menschen arbeiteten.

In der Kohlenschifffahrt formten sich mit der Zeit zwei Arten von Ruhraaken heraus. Schiffe, die ausschließlich auf der Ruhr zum Einsatz kamen, wurden als Nachen bezeichnet. Sie verfügten nur über die notwendigsten Einbauten und Einrichtungen. Ihre Reise endete in Ruhrort, wo ihre Kohlenladung auf Lagerplätze verfrachtet oder auf größere Schiffe umgeladen wurde, die dann ihre Reise auf dem Rhein fortsetzten. Ruhraaken, die über Ruhrort hinaus den Rhein befahren konnten, wurden als „Rüderchen" bezeichnet. Diese Bezeichnung ist insofern irreführend, weil sich die Fahrzeuge in ihren Abmessungen nicht von den Nachen unterschieden. Ob der Begriff ursprünglich als „Roerken" aus Perspektive der Rheinschiffahrt durchaus nachvollziehbar ein kleines Schiff von der Ruhr bezeichnete, sei dahingestellt. Fest steht, dass die hochdeutsche Bezeichnung Rüderchen tatsächlich in zahlreichen Baubestecken jener Zeit auftauchte. Aufgrund identischer Abmessungen war die Transportleistung der Rüderchen auf der Ruhr nicht größer als die der Nachen. Sollte die Fahrt weiter auf den Rhein gehen, so wurden in Ruhrort zusätzlich Kohlen aus den dortigen Niederlagen aufgenommen, da hier mit mehr Tiefgang gefahren werden konnte. Dass diese Zuladung bis zu 50 Prozent betragen konnte, ist ein deutliches Indiz dafür, wie sehr die geringen Wasserstände sich negativ auf die Ruhrschiffahrt auswirkten. Um mehr Ladung aufnehmen zu können, wurden die Bordwände der Rüderchen durch aufsteckbare Bretter erhöht. Außerdem kamen für die Rheinfahrt weitere Ausrüstungsgegenstände an Bord. Da war zum einen eine Ankerwinde, denn auf dem Rhein war ein sicheres Ankern ohne mechanische Hilfsmittel nicht möglich. Darüber hinaus wurde ein zweiter, kleinerer Mast gesetzt. Für diese Aufrüstung, die in der Regel in Mülheim oder Ruhrort stattfand, waren die notwendigen Konstruktionen im Rumpf bereits vorgesehen, auch wenn sie während der Ruhrfahrt nicht benötigt wurden.

SCHIFFBAUPLÄTZE

1783 berichtete der preußische Bergbeamte Friedrich Wilhelm von Reden nicht ohne Stolz, dass er auf seiner Reise durch die Grafschaft Mark das erste auf einem märkischen Schiffbauplatz entstehende Schiff im Bau gesehen hätte. Wenige Jahre nach Eröffnung der Schifffahrt begann auch der Schiffbau, sich von Mülheim ausgehend ins Ruhrtal auszubreiten.

Ein Beispiel für diese Ausdehnung war der Schiffbauplatz des Kohlenkaufmanns Carl Friedrich Gethmann unterhalb der Burg Blankenstein. Hier, an einem Altarm der Ruhr, wurden bereits kurz nach der Schiffbarmachung des Flusses Kohlennachen für die eigene Reederei gebaut. Die für den Bau bevorzugten Eichen wurden bei Bauern und

Waldbesitzern der Umgebung gekauft. Die Auswahl der geeigneten Bäume richtete sich, wie damals im Schiffbau üblich, nach der späteren Verwendung. So wurde neben gerade gewachsenen Bäumen für die langen Schiffsplanken der Bordwände zum Beispiel auch Krummholz erworben, das dann für die Spanten der Schiffe verwendet wurde, da die Ausnutzung des natürlichen Wuchses des Holzes das Gerüst des Schiffs stabiler machte. Zur Heranschaffung des Holzes wurden Tagelöhner beschäftigt. Gethmann hielt bereits 1790 akribisch die Kosten für derartige Dienstleistungen fest: Für das Tragen eines Stückes Holz für das spätere Ruder von der Stiepeler Schleuse nach Blankenstein beschäftigte er acht Männer – für die Heranschaffung des Mastes wurden drei Männer benötigt – und für das Herausziehen eines alten Nachen, der auf dem Schiffbauplatz überholt werden sollte, sogar 30. Bei derartigen Arbeiten wurde regelmäßig Bier, Branntwein und Tabak an die Arbeiter ausgehändigt. Hinzu kam der Tagelohn. Der Bau eines neuen Schiffes dauerte etwa ein halbes Jahr.

Auf den Schiffbauplätzen fehlten technische Hilfsmittel fast vollständig. Die Bretter wurden auf Schneidebänken bearbeitet und mit Hilfe von Dampf in Form gebracht. Als mechanische Hilfsmittel standen Winden zur Verfügung. Für die Schmiedearbeiten sorgten die Dorfschmiede der Umgebung. Es war nicht unüblich, dass beim Abwracken alter Schiffe die stählernen Beschlagteile gesammelt wurden, um beim Neubau einer Aak wiederverwendet zu werden. Auch die anderen Materialien wie Teer und Seile wurden nach Möglichkeit in der Nachbarschaft gekauft. Am gesamten schiffbaren Flusslauf zimmerten Schiffbauer Nachen und Rüderchen, zum Beispiel in Ruhrort, Alstaden, Steele, Stiepel und Dahlhausen. Zumeist handelte es sich um kleinere Betriebe, die in der Regel nur den Rumpf bauten. Die halbfertigen Schiffe wurden dann flussabwärts nach Mülheim oder Ruhrort gebracht, wo sie mit Masten, Tauwerk und Segeln ausgerüstet wurden. So behauptete sich Mülheim für lange Zeit als Zentrum der Ruhrschifffahrt. Hier waren Kohlenhändler, Reeder und Schiffer, aber auch Schiffbauer, Segelmacher und Seiler ansässig. Um 1850 existierten allein in Mülheim sieben Werftbetriebe, darunter die „Timmerhelling" des Schiffbauers Thielen, die im Bereich des heutigen Wasserbahnhofs lag.

Die Timmerhelling auf der Mülheimer Schleuseninsel
(Stadtarchiv Mülheim/Ruhr)

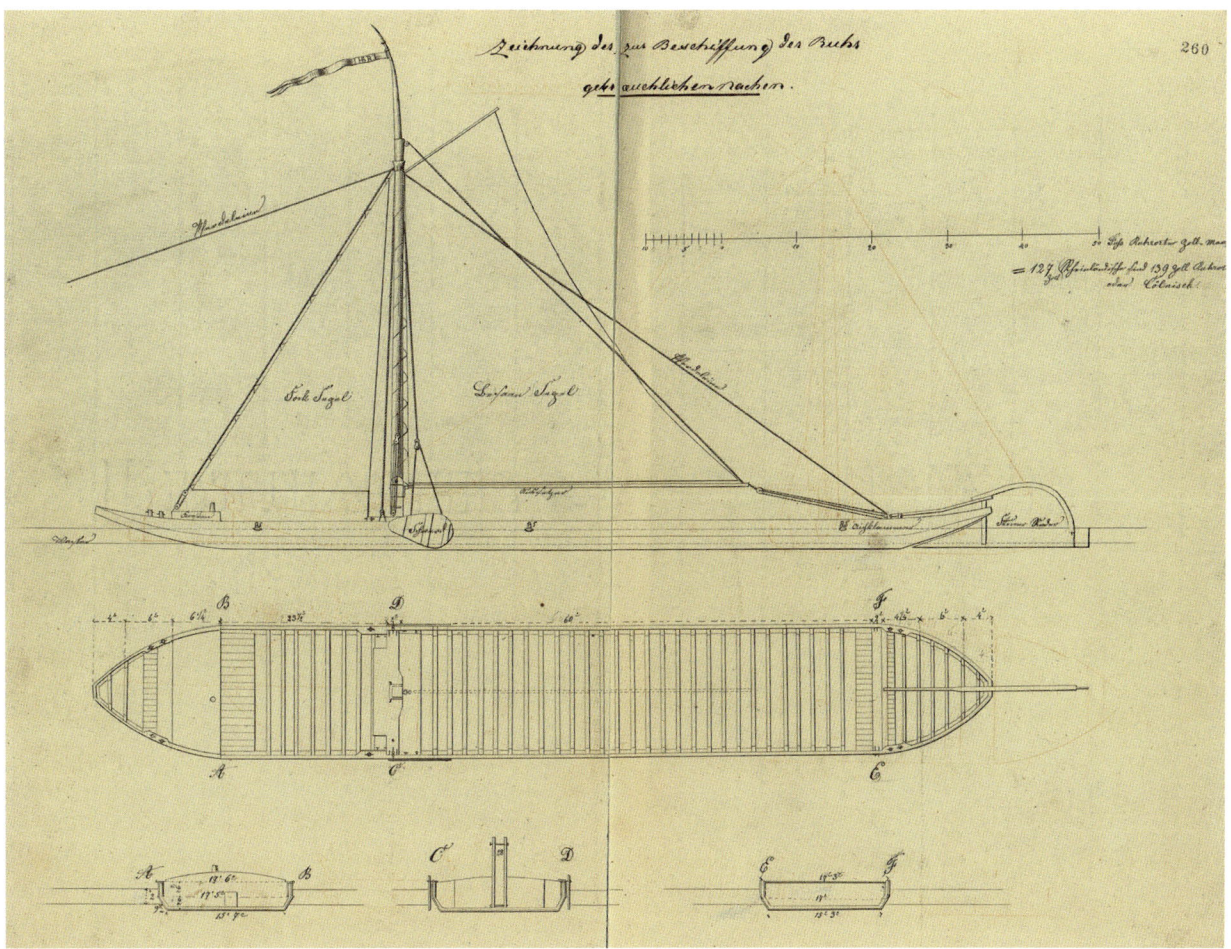

Zeichnung eines Ruhrnachen, 1840 (Hessisches Landesarchiv Wiesbaden Abt. 211, Nr. 8022, Bd. 2)

Der handwerkliche Schiffbau zeichnete sich dadurch aus, dass überwiegend nicht nach Plänen gearbeitet wurde. Vielmehr legten der zukünftige Schiffseigentümer und der Schiffsbauer die Rahmendaten des neuen Fahrzeugs in einem „Baubesteck" fest. Hierbei handelte es sich um eine vertragliche Übereinkunft, in der die Abmessungen, Materialstärken, das zu verwendende Material und der Baupreis festgelegt wurden. 1798 bestellte Wilhelm Gethmann beim Kribbenmeister Stüber in Herbede einen „neuen vollständigen untadelhaften Kohle-Nachen [...] von gutem Holze nach neuer Bauart und gewöhnlicher Länge, [...] so dass er zum Fahren ganz fertig ist." 1842 las sich das kaum anders: „Der unterzeichnete Schiffbaumeister Röttgers von Altstade übernimmt für Herrn Franz Haniel in Ruhrort ein neues ganz solides Rüderchen zu bauen [...] Die Borde dürfen höchstens aus 4 Längen bestehen und müssen durchaus gesund und gut sein. - Das Oberbord muß aus zwei trocken aufeinandergesetzten Plancken bestehen, die ungefähr gleich breit sind und deren Laschen gehörig ver-

theilt werden müssen. Zu diesem Rüderchen wird von Röttgers gehöriges starckes Eisenwerk sowie alle Schmiede Arbeit geliefert und der Preis mit Inbegriff derselben so wie des Theers, Pechs, Nägel pp. zu eilfhundert Berliner Thaler vereinbart. Wenn der Nachen in Borden steht, so steht es Herrn Haniel frei, denselben zu besichtigen & nach dem Befund ihn anzunehmen oder zu weigern, erst dann erfolgt die erste Abschlags-Zahlung, die zweite beim Einsetzen der Hölzer und die Dritte und Letzte nach vollständiger Ablieferung des Nachens in ganz gutem Zustande." Viel mehr Informationen und Absprachen brauchte es nicht. Wichtig war, dass das Schiff solide war und die Schleusen und Untiefen mühelos passieren konnte.

Dass heute trotzdem eine Zeichnung eines Ruhrnachen existiert, ist einem Zufall zu verdanken: Im Juli 1840 reiste eine Kommission aus dem Herzogtum

Montage des Ruhrnachens auf der Zeche Nachtigall, 2002, Foto:
Annette Hudemann (LWL-Industriemuseum)
———

Nassau an die Ruhr, um sich eingehend über den
Schifffahrtsbetrieb zu informieren. Man hoffte,
wichtige Anregungen für den Ausbau der Lahn zu
gewinnen, die als Abfuhrweg für die nassauischen
Erze zum Rhein eine ähnliche Rolle übernehmen
sollte wie die Ruhr für die märkische Steinkohle.
Die Erfahrungen mit dem Ausbau und dem Massen-
guttransport auf der Ruhr sollte den nassauischen
Experten wichtige Erkenntnisse liefern. In diesem
Zusammenhang entstand die Zeichnung eines Ruhrnachen, die sich heute im Hessischen Landesarchiv
Wiesbaden befindet. Da die Anfertigung von Plänen
in der Binnenschifffahrt des 19. Jahrhunderts eine
absolute Ausnahme darstellt, muss die Existenz dieses Planes als großer Glücksfall gewertet werden,
zumal kein originales Fahrzeug erhalten geblieben
ist: Die letzte Ruhraak wurde 1916 abgewrackt und
auch archäologische Funde fehlen, denn die Ruhr-
schiffahrtsverwaltung achtete darauf, dass gesun-
kene Schiffe so schnell wie möglich aus dem engen
Fahrwasser entfernt wurden. Im Unterlauf der Ruhr
tauchten zwar bis nach dem Ende des Zweiten Weltkriegs immer wieder Wrackreste auf, aber da sich
niemand dafür interessierte, wurden sie meistens
verbrannt.

Vor diesem Hintergrund stellte das Ende der
1990er Jahre entstandene Projekt, eine Ruhraak
im Rahmen einer Qualifizierungsmaßnahme für
arbeitslose Jugendliche zu bauen, eine echte Herausforderung dar. Auf Grundlage des Wiesbadener
Plans und durch die Auswertung der schriftlichen
und bildlichen Quellen war es möglich, aussage-
kräftiges und belastbares Material für die Rekonstruktion zu beschaffen. Für einige Jahre wurde die
Bootswerft Hesse in Mülheim an der Ruhr, in der
bereits zuvor ein Nachbau der Scholl'schen Ruhrfähre entstanden war, zum traditionellen Schiffbauplatz. Trotz aller Recherchen waren beim Bau
des Nachens handwerkliches Können und zu einem
großen Teil auch Improvisationsvermögen notwendig. Welche Materialstärken hatte das Holz? Wie
sahen die verschiedenen Schmiedeteile aus, wie die
Takelage, also die Masten, Taue und das Segelwerk?
Wie funktioniert das Mastumlegen? Einige Fragen
konnten in den Archiven beantwortet werden, andere in Museen und Sammlungen, die weitaus meisten aber zuletzt in langen Diskussionen zwischen
Historikern, Schiffbauern, Technikern, Schmieden
und Taklern. Während des anhaltenden fruchtbaren,
aber langwierigen Austauschs nahm das Schiff immer mehr Gestalt an. Im November 2002 schließlich verließen drei Schiffsteile auf Tiefladern die
Mülheimer Werft, um auf dem Gelände des LWL-
Industriemuseums Zeche Nachtigall in Witten eine

neue Heimat zu finden. Einen Transport auf der Ruhr verhinderte der Umstand, dass bei der Anlage des Kemnader Stausees auf den Bau einer Schleuse verzichtet worden war. Außerdem wurde, nachdem die Art der späteren musealen Präsentation geklärt war, darauf verzichtet, den Ruhrnachen abzudichten – sehr zum Missfallen der Schiffbauer, die das Schiff gerne wenigstens einmal im Wasser erlebt hätten. Das von oben in das Schiff eindringende Regenwasser soll jedoch ungehindert ablaufen können und so wurde das Schiff wenige Zentimeter über einer Wasserfläche auf dem Museumsgelände der Zeche Nachtigall aufgestellt. In den Monaten vor der Museumseröffnung wurde der Ruhrnachen vervollständigt und der Mast mit Hilfe eines eigens aus den Niederlanden angereisten Taklers aufgestellt. Am 10. Mai 2003 wurde das Schiff schließlich auf den Namen des Mannes getauft, der 1840 das grundlegende Werk zur Ruhrschifffahrt schrieb: „Ludwig Henz". Seitdem steht der aus Eichenholz gezimmerte Nachen im Mittelpunkt einer Ausstellungslandschaft zur Kohlenschiffahrt auf der Ruhr. Er ist 34,5 Meter lang, fünf Meter breit und hat eine Seitenhöhe von 1,10 Metern. Der umlegbare Mast misst 17 Meter. Alle Beschläge sind ebenso wie der Anker handgeschmiedet. Demzufolge nähert sich die Rekonstruktion so weit wie möglich an die für die Ruhrschifffahrt in der Mitte des 19. Jahrhunderts typischen Fahrzeuge an.

INDUSTRIELLER SCHIFFBAU

1817 wurde auf dem Rhein ein ungewöhnliches Schiff gesichtet. Die „Caledonia" war von Margate in Großbritannien über Rotterdam nach Koblenz gereist und damit weiter stromauf gelangt als die „Defiance", die zwei Jahre zuvor als erstes Dampfschiff auf dem Rhein oberhalb Kölns an der starken Strömung des Flusses gescheitert war. An Bord der „Caledonia" befand sich James Watt jr., Sohn des berühmten Dampfmaschinenbauers und Erfinders. Die Werbefahrt endete auf der Rückreise ungewollt in Wesel, als der Balancier einer der beiden Dampfmaschinen brach. Nachdem Watt mit Gottlob Jacobi, Direktor der Hüttengewerkschaft Jacobi, Haniel & Huyssen in Sterkrade, Kontakt aufgenommen hatte, um dort einen Ersatzbalancier gießen zu lassen, entschloss sich Watt, das Dampfschiff unter Einsatz der verbleibenden Maschine nach Ruhrort zu bringen und hier auf das dringend erforderliche Ersatzteil zu warten. Tatsächlich gelang es Jacobi, auf dem Hüttenwerk in Sterkrade unter erheblichen technischen Schwierigkeiten den neuen Balancier zu gießen und nach Ruhrort zu schaffen, wo er schließlich erfolgreich eingebaut werden konnte.

Der Ruhrnachen „Ludwig Henz" im LWL-Industriemuseum Zeche Nachtigall, Witten, Foto: Annette Hudemann (LWL-Industriemuseum)

Unmittelbar darauf begann Jacobis Geschäftspartner, der Ruhrgebietspionier Franz Haniel, sich um den Bau einer eigenen Werft zu bemühen. Den geeigneten Ort hierzu fand er schließlich im wesentlich von den Ruhrschifffahrtsabgaben finanzierten neuen Ruhrorter Hafen. Beim Ruhrschifffahrtsdirektor Ludwig von Vincke fanden seine Ideen für den Bau einer Maschinen- und Schiffbauanstalt offene Ohren und bald entstanden auf der Hafeninsel die ersten Gebäude der Werft, die wie das Sterkrader Hüttenwerk unter dem Namen Jacobi, Haniel & Huyssen firmierte. Die enge Verbindung zwischen Hütte und Werft, Maschinen-, Kessel- und Schiffbau führte bald zu beachtlichen Innovationen, zumal es Franz Haniel 1828 gelang, mit Nicholas Oliver Harvey einen erfahrenen britischen Schiffs- und Maschinenbauer nach Ruhrort zu holen. Der Erfolg stellte sich bald ein: Bereits 1830 lief in Ruhrort mit der „Stadt Mainz" der erste deutsche Rheindampfer vom Stapel. Die Bedeutung dieses Projekts lässt sich ermessen, wenn man bedenkt, dass an der feierlichen Probefahrt nicht nur der Düsseldorfer Regierungspräsident von Pestel, sondern auch Prinz Friedrich von Preußen, ein Neffe des Königs,

teilnahm. Auch wenn die Preußisch-Rheinische Dampfschiffahrts-Gesellschaft als Auftraggeberin das Schiff schon bald darauf wegen unzureichender Maschinenleistung zurückgab und umbauen ließ, war der Bau der „Stadt Mainz" ein wichtiger Schritt für die Industrialisierung der Binnenschiffahrt, der andere folgten. Acht Jahre später wurde in Ruhrort mit der „Graf von Paris" der erste eiserne Raddampfer fertiggestellt. 1845 lief in Ruhrort ein weiteres bemerkenswertes Schiff vom Stapel. Die Brigg „Die Hoffnung" war das erste eiserne Segelschiff, das von den Rheinhäfen aus die europäischen Seehäfen bedienen sollte. Dafür wurde das 30 Meter lange Schiff mit beweglichen Kielen ausgerüstet, die ihm auf hoher See mehr Stabilität verleihen sollten. Im Oktober 1845 absolvierte es erfolgreich seine einmonatige Jungfernfahrt von Köln nach Stettin. Der Liniendienst erfüllte aber nicht die Erwartungen, die in ihn gesetzt wurden und so wurde das Schiff bald verkauft. Später erwies sich „Die Hoffnung" jedoch als äußerst stabiles Schiff, das sogar Reisen nach Südamerika machte.

Bis 1899 entstanden auf der Ruhrorter Werft von Jacobi, Haniel & Huyssen, seit 1873 Teil der Gutehoffnungshütte AG, über 200 Schiffe, darunter Personen-, Schlepp- und Güterdampfschiffe sowie zahlreiche Schleppkähne. Die Bedeutung der Werft

Die Schiffswerft von Jacobi, Haniel & Huyssen in Ruhrort, um 1864
(Haniel-Archiv, Duisburg-Ruhrort)

Blick auf die Ruhrorter Häfen: Rechts unten die Reste des alten Hafens, im oberen Drittel die drei Stichhäfen mit den modernen Werftbetrieben (Hans Blossey)

für den technischen Fortschritt des deutschen Schiffs- und Maschinenbaus kann kaum überschätzt werden, doch entwickelten sich trotz der unternehmerischen Herkunft ihrer ursprünglichen Besitzer im Hinblick auf die Ruhrschifffahrt keine positiven Rückkopplungseffekte, vielmehr blieb diese in der frühindustriellen Entwicklungsphase verwurzelt. Hier galten das Augenmaß und die Erfahrung des Zimmermanns weiterhin von größerer Bedeutung als der exakt vermaßte Bauplan. Folglich waren die an der Ruhr gebauten Schiffe bald nicht mehr zeitgemäß. War ein Übergang der Ruhraaken auf den Rhein schon zu Ludwig Henz' Zeiten problematisch, weil sie bei stürmischem Wetter „häufig genug [...] zu Grunde" gingen, erwiesen sie sich spätestens mit der zunehmenden Nutzung von Dampfschleppern aufgrund ihrer Rumpfform als denkbar ungeeignet. Schon 1867 hieß es in einem Bericht an Franz Haniel: „Die jetzt üblichen Nachen [...] für die Fahrt auf Ruhr und Rhein erfordern bei der Bergfahrt auf dem Rhein wegen ihrer nur für die Thalfahrt auf der Ruhr passenden stumpfen und rechtwinkligen Form verhältnißmäßig viel mehr Zugkraft als die Schleppkähne und sind deshalb auf dem Rhein nicht zeitgemäß." Haniels neue moderne Schleppkähne, deren Rümpfe bald auch aus Eisen gebaut wurden, entstanden zwar in Ruhrort, wurden aber auf dem Rhein eingesetzt. Ruhraaken jedoch be-

stellte er weiter auf den kleinen Schiffbauplätzen in Stiepel oder Dahlhausen, die letztlich aber von der technischen Entwicklung abgeschnitten blieben. Auch der Versuch, eine moderne Schleppschifffahrt mit Dampfbooten einzurichten, unterblieb, da sich an den schwierigen Stromverhältnissen nichts änderte. Die Duisburg-Ruhrorter Häfen entwickelten sich jedoch zum wichtigsten deutschen Binnenhafen und bedeutenden Werftstandort. Der Ausbau des Ruhrorter Hafens vor dem Ersten Weltkrieg sah an den Kopfenden der drei Stichhäfen die Einrichtung von Werften vor, die heute noch Bestand haben – doch auch ihre Aktivitäten beschränkten sich auf den Rhein.

Ein weiterer Aspekt sollte hinsichtlich der Schiffbauindustrie an der Ruhr nicht vergessen werden – die Zulieferindustrie. Auch wenn der Modernisierungsprozess der Ruhrschifffahrt im 19. Jahrhundert stagnierte, gab es zahlreiche Betriebe an den Ufern

Nächste Seite: Rudersteven für einen 300.000 Tonnen-Tanker auf der Henrichshütte, 1977, Foto: Karl Heinz Kämmer (LWL-Industriemuseum)

Alexander Calvelli, Ruhrorter Schiffswerft Duisburg: Heck der „Timo-Mareike", 2004, Acryl auf Leinwand (Alexander Calvelli)

des Flusses, die für die Binnen- und Seeschifffahrt produzierten. So entwickelte sich Fröndenberg zu einem wichtigen Zentrum der Ankerkettenproduktion. An diese Tradition erinnert hier heute das Westfälische Kettenschmiedemuseum. Doch neben Ausrüstungsstücken entstanden auch konstruktive Teile für den Schiffbau an der Ruhr. So berichtete Otto Hüttemann noch 1887 in seinem Führer durch Witten und das benachbarte Ruhrtal, dass das dort ansässige Stahlwerk „Steinhauser Hütte" zehn Jahre zuvor Material für die ersten in Deutschland für die kaiserliche Marine gebauten Panzerschiffe „Friedrich der Große" und „Großer Kurfürst" geliefert habe – ein Umstand, der auch deshalb zum Zeitpunkt der Veröffentlichung des Führers den kundigen Lesern ein Begriff gewesen sein dürfte, weil die SMS „Großer Kurfürst" bereits 1878 bei einem Manöver nach einer Kollision mit 269 Mann Besatzung im englischen Kanal untergegangen- und die Erinnerung an dieses erste schwere Unglück der kaiserlichen Marine noch präsent war. Abgesehen davon war die Beteiligung der Hütte an diesem Rüstungsprojekt eine große technische Herausforde-

rung, der sich nur wenige Hüttenwerke an der Ruhr stellen konnten. Dies unterstreicht auch die Bedeutung der Steinhauser Hütte, deren Reste 2019 unvermutet in der Nähe des Wittener Hauptbahnhofs entdeckt und archäologisch dokumentiert wurden, für die Geschichte der Stahlindustrie in der Region.

Ebenfalls einen guten Namen als Produzent für die Schifffahrt hatte die wenige Kilometer stromabwärts liegende Henrichshütte in Hattingen, die sich seit Beginn des 20. Jahrhunderts auf die Produktion von großen und schweren Guss- und Schmiedestücken und Sonderproduktionen in kleinen Mengen spezialisiert hatte. Trotz des fehlenden Wasserstraßenanschlusses, der den Transport der fertigen Werkstücke auf Dauer erheblich erschwerte, gelang es dem integrierten Hüttenwerk, das alle Produktionsschritte auf engstem Raum vereinigte, über Jahrzehnte gegenüber der wachsenden Konkurrenz zu bestehen. In Hattingen entstanden neben schweren Schiffsblechen Kurbelwellen und Fundamente für Schiffsmaschinen, aber auch Schraubenwellen und Maschinengussstücke oder speziell gewölbte Bleche für den U-Boot-Bau. Auch wenn die Henrichshütte als Lieferant kaum Erwähnung in der schiffbaulichen Forschung findet, war die Lieferliste durchaus bemerkenswert. In Hattingen entstanden

Panzerbleche für das Schlachtschiff „Tirpitz", aber auch Steven für den Schnelldampfer „Europa" in den 1920er Jahren oder die großen Tankschiffe nach 1945. Schiffbau und Schifffahrt spielten also auch lange Zeit nach der Einstellung der Ruhrschifffahrt an den Ufern des Flusses eine besondere Rolle.

FAZIT

In der Industriegeschichte des Ruhrgebiets scheint der Schiffbau auf den ersten Blick eher eine untergeordnete Rolle zu spielen. Während der traditionelle Schiffbau an Lippe und Ruhr tief in der Frühindustrialisierung verwurzelt war und letztlich den Sprung ins industrielle Zeitalter verfehlte, wurde der industrielle Schiffbau, der sich schließlich in Duisburg und Ruhrort entwickelte, zwar Bestandteil der hochdynamischen Entwicklung des Reviers, spielte dennoch in der allgemeinen Wahrnehmung nur eine Nebenrolle. Letztlich entwickelte sich auf den Werften eine Massen- und Reihenfertigung von Transporteinheiten, die aus dem Stahl der Hüttenwerke nach genormten Abmessungen für den Zweck gebaut wurden, die für die Schwerindustrie notwendigen Massengüter Erz und Kohle günstig zu transportieren. Schleppkähne und Schubleichter prägten und prägen immer noch das Erscheinungsbild der Binnenschifffahrt, werden aber im Vergleich zu den Seeschiffen als meist namens- und damit identitätslose Massenprodukte industrieller Fertigung kaum wahrgenommen.

Diese Feststellung kann auch auf die frühe Ruhrschifffahrt übertragen werden. Die Ruhraaken entstanden ebenfalls nur zu dem Zweck, das Massengut Kohle zum Rhein zu transportieren. Aufgrund der besonderen Rahmenbedingungen des behördlich geregelten Verkehrs entwickelten sich, abgesehen von den Unternehmungen der beiden Kohlenkaufleute Mathias Stinnes und Franz Haniel, kaum Tradition begründende Narrative. Die Ruhrnachen erhielten an Stelle von Namen nur Nummern – und der Einfluss einiger weniger Kohlenkaufleute verhinderte in Verbindung mit der straffen Verkehrsorganisation durch Bergbehörden und Ruhrschifffahrtsverwaltung auch die Entwicklung dauerhafter familiärer Traditionslinien im Hinblick auf Schifffahrt und Schiffbau. Die Entwicklung eines selbstständigen Schifferstandes mit eigenen Aaken blieb an der Ruhr ebenso aus wie die dauerhafte Etablierung und Weiterentwicklung von Schiffbaubetrieben. Mit dem unaufhaltsamen Niedergang der Ruhrschifffahrt verschwanden gegen Ende des 19. Jahrhunderts auch die Schiffbauplätze, auf denen in handwerklicher Tradition die für den Betrieb notwendigen Aaken gezimmert worden waren.

Nur in Ruhrort gelang letztlich der Übergang vom handwerklichen zum industriellen Schiffbau. Grund hierfür war jedoch neben unternehmerischer Weitsicht von Personen wie Franz Haniel und Gottlob Jacobi der Standortvorteil, den die direkte Rheinanbindung bot. Dass wesentliche Modernisierungsschritte im Übergang vom Holz- zum Stahlschiffbau und vom Segel zur Dampfmaschine ausgerechnet an der Mündung der Ruhr stattfanden, ist letztlich auch auf die enge Verflechtung zwischen Hütten- und Werftindustrie zurückzuführen, die sich hier erstmals entwickelte. In der Experimentier- und Formierungsphase des industriellen Maschinen- und Schiffbaus Deutschlands in der ersten Hälfte des 19. Jahrhunderts war Ruhrort zweifelsfrei einer der bedeutendsten und innovativsten Orte. Während heute nicht nur die einstigen Schiffbauplätze wie die Gethmann'sche Werft unterhalb der Burg Blankenstein verschwunden und vergessen sind, scheint dieses Schicksal auch den ehemaligen Werfthafen in Ruhrort zu betreffen, nachdem die ehemalige Werftschmiede, die unter dem Namen KulturWerft zum Veranstaltungsort ausgebaut werden sollte, nach einem Brand 2011 abgerissen worden ist.

Alte Ruhraak, im Hintergrund ein moderner Dampfschlepper mit Schleppkähnen, Aquarell von Alphons Haniel (Haniel-Archiv, Duisburg-Ruhrort)

Thomas Urban

DER FLUSS ALS STANDORT

Traditionelle Familienunternehmen und Gewerbezweige an der Ruhr

WASSERKRAFT UND WASSERWEG: DIE RUHR ALS WIRTSCHAFTLICHE LEBENSADER

Was macht einen guten Standort aus? Diese Frage beschäftigt Gewerbetreibende und Unternehmer seit Jahrhunderten. Zunächst einmal geht es um einen Ort, an dem Güter gehandelt, produziert oder verarbeitet werden können. Gemeinhin gelten die Verfügbarkeit von Arbeitskräften und Ansiedlungsflächen, die Nähe zu den Absatz- und Bezugsmärkten, eine damit einhergehende günstige Verkehrsanbindung, möglichst niedrige Energiekosten oder sogar administrative Förderangebote als harte, weil gut messbare Standortfaktoren. Durch das heutige, stark ausdifferenzierte Transportwesen spielt das Vorhandensein von Bodenschätzen „vor Ort" mittlerweile eine eher untergeordnete Rolle. Den harten stehen weiche Standortfaktoren gegenüber: Sie sind an die subjektive Wahrnehmung der bzw. des Ansiedelnden gebunden und beziehen sich beispielsweise auf das „Image" eines Unternehmenssitzes. In Zeiten weltweit verdichteter, von der Digitalisierung geprägter Arbeits- und Produktionsprozesse, Verkehrs- und Warenströme sowie

überall rasch verfügbarer Ressourcen werden diese Faktoren zunehmend wichtiger.

Inwieweit traten beim Ruhr-Fluss insbesondere im 19. und 20. Jahrhundert harte oder weiche Standortfaktoren in Erscheinung, und welchen Stellenwert nimmt in diesem Kontext der Faktor Zeit ein? Welche Anforderungen stellten ansiedlungswillige Wirtschaftsakteure an den ruhrnahen Standort? Und in welcher Weise macht sich – bis heute – die Standorttreue von Familienunternehmen bemerkbar, die sich an der Ruhr ansiedelten? Diese und weitere Fragen stehen im Fokus dieses Beitrags.

Bereits vor ihrer Schiffbarmachung übte die Ruhr eine erhöhte Anziehungskraft auf Gewerbetreibende aus. Beispiele dieser frühen Aktivitäten waren größere Papiermühlen in Witten, Hattingen, (Essen-)Werden sowie in (Mülheim-)Broich. In diesen vorindustriellen Produktionsstätten wurde aus klein geschnittenen Lumpen handgeschöpftes Büttenpapier hergestellt. Für den Verarbeitungsprozess waren die Ruhr und ihre Nebenbäche von entscheidender Bedeutung: So diente das in wannenförmige Gefäße (Bütten) gefüllte Wasser dazu, die Lumpen aufzuweichen; ebenso wurde das Stampfwerk mit Wasserkraft betrieben. Führend in der Papierherstellung war die Familie Vorster: Sie betrieb den „Nachrichten über den gewerblichen Zustand der Rheinprovinz" aus dem Jahr 1836 zufolge die „vom

Ruhrfluss getrieben[e]" sowie mit rund 30 Arbeitskräften und zwei Bütten ausgestattete Broicher Mühle bereits seit mehreren Generationen. Allerdings konnten die Vertreter der Unternehmerfamilie mit dem Aufstieg der industriellen Papierproduktion auf Holzbasis seit Ende des 19. Jahrhunderts nicht mehr Schritt halten. Somit musste auch die – zunächst mit der Herstellung von Tabakpapieren als anfänglichem Nischenprodukt gut beschäftigte – Broicher Mühle in den ersten Jahren des 20. Jahrhunderts stillgelegt werden.

Ähnliche Schließungsschicksale ereilten etwa die im 19. Jahrhundert in Hattingen und Werden betriebene Blaufarbenproduktion sowie die auf zwei Standorte in Hattingen und (Mülheim-)Saarn verteilte Fertigung von Gewehren. Insbesondere der letzterwähnte der heute längst vergessenen Gewerbezweige profitierte bereits in höherem Maße von der Weiterentwicklung der Ruhr zu einem Transport- bzw. Verkehrsweg. Denn nachdem die Einzelteile für die Gewehrläufe im Hattinger Hammerwerk „Zur Ruhrmühle" sowie im dortigen Bohrwerk gefertigt und das Halbzeug anschließend ruhrabwärts verschifft worden war, erfolgte die Endmontage im ehemaligen Zisterzienserinnenkloster in Saarn.

Dort hatte ein Lütticher Unternehmer ab 1815 im Auftrag Preußens eine Gewehrfabrik errichtet. Das im Sommer häufig aufgetretene Niedrigwasser der Ruhr im Bereich Hattingen und daraus resultierende Produktionsschwankungen sowie die relative geografische Nähe zum militärischen Kontrahenten Frankreich trugen jedoch bereits in den 1860er Jahren zur Verlegung der Königlich-Preußischen Gewehrfabrik ins thüringische Erfurt bei. Am Saarner Produktionsstandort siedelte sich später eine Tapetenfabrik an.

Andere an der Ruhr ansässige Familienunternehmen und Gewerbezweige erwiesen sich als (wesentlich) langlebiger bzw. existieren zum Teil bis heute. Zu ihnen zählt zum einen das seit mehr als 260 Jahren am Stammsitz in (Duisburg-)Ruhrort bestehende, zunächst im Handel beheimatete, heutige „Family Equity"-Unternehmen Haniel. Zum anderen gehört hierzu die Familiengesellschaft Dörken: Vor mehr als 125 Jahren am Nordufer des Flusses gegründet, ist sie heute zugleich an den Ausläufern des zu Beginn der 1930er Jahre künstlich angelegten, von der Ruhr gespeisten Harkortsees ansässig. Beide Unternehmen bilden einen Schwerpunkt dieses Beitrags: Neben ihren Aktivitäten sowie ihren unterschiedlichen Beziehungen zum Fluss in Vergangenheit und Gegenwart wird vor allem das soziale Engagement als Instrument zur Untermauerung ihrer Standorttreue in den Blick genommen.

Die Vorstersche Papiermühle in Broich, undatiert (Stadtarchiv Mülheim/Ruhr, 1510.80.32.Broicher Mühle_01.)

Tapetenfabrik im Gebäudekomplex der früheren Gewehrfabrik Saarn, im Vordergrund die Ruhrtalbahn, um 1897 (Stadtarchiv Mülheim/Ruhr, 1516.47.34.06.)

Am Beispiel der Mülheimer Familie Troost und des „Königreichs Scheidt" in (Essen-)Kettwig wird zumindest schlaglichtartig das heute nicht mehr existente Textilgewerbe an der Ruhr beleuchtet. Dabei wird unter anderem an das 200-jährige Jubiläum der Tuchfabrik der Firma Joh. Wilh. Scheidt im Jahr 1920 erinnert. Der Beitrag schließt mit der Mülheimer Lederindustrie: Noch in den 1920er Jahren als „Akademie der Gerber" und deutsche „Lederstadt Nr. 1" bekannt, schlossen die letzten selbstständigen und vollwertigen Gerbereien in Mülheim an der Ruhr erst zu Beginn dieses Jahrhunderts. Ihr Wirken bleibt heute im dortigen Leder- und Gerbermuseum lebendig.

DER „RUHRORT" ALS NUKLEUS FÜR FAMILIE UND UNTERNEHMEN: HANIEL

Die Gründung der Firma Haniel lässt sich bis in das Jahr 1756 zurückdatieren. Der preußische Zollbeseher Jan Willem Noot (1708–1770) bezog mit seiner Familie vor den Toren Ruhrorts ein selbst erbautes Wohn- und Kontorhaus (Packhaus) auf einem vom preußischen König Friedrich II. gepachteten Grundstück; dort nahm er zusätzlich ein Lagerhaltungsgeschäft für Kolonialwarenhändler auf. Der Standort

an der Mündung des Ruhr-Flusses in den Rhein war gut gewählt, da hier bereits wichtige, auf dem Rhein zum Teil jahrhundertealte Handelsströme verliefen. Noots Schwiegersohn und Nachfolger Jacob Wilhelm Haniel (1734–1782), und nach dessen frühem Tod Haniels Witwe Aletta (1742–1815), bauten diese Aktivitäten zu einem eigenen Handelsgeschäft aus; dieses drehte sich zunächst um Wein und später insbesondere um Eisenwaren und Steinkohlen. Dass die direkt an der schiffbaren Ruhr gelegenen Lagerplätze, sogenannte Niederlagen, aufgrund ihrer exponierten Stelle stark umkämpft waren, zeigt der Widerstand, der Aletta Haniel von alteingesessenen Ruhrorter Kohlenhändlern entgegenschlug. Mithilfe eines Gesuchs an den preußischen König Friedrich Wilhelm III. gelang es ihr schließlich im Jahr 1800, einen solchen Platz zu erwerben.

Zu diesem Zeitpunkt arbeiteten ihre Söhne Gerhard (1774–1834) und Franz (1779–1868) im Geschäft mit und wurden kurz darauf Teilhaber. Von beiden gingen in der Folgezeit die entscheidenden Impulse zur Entwicklung der generationenübergreifenden Familiengesellschaft Haniel aus. Beide gründeten

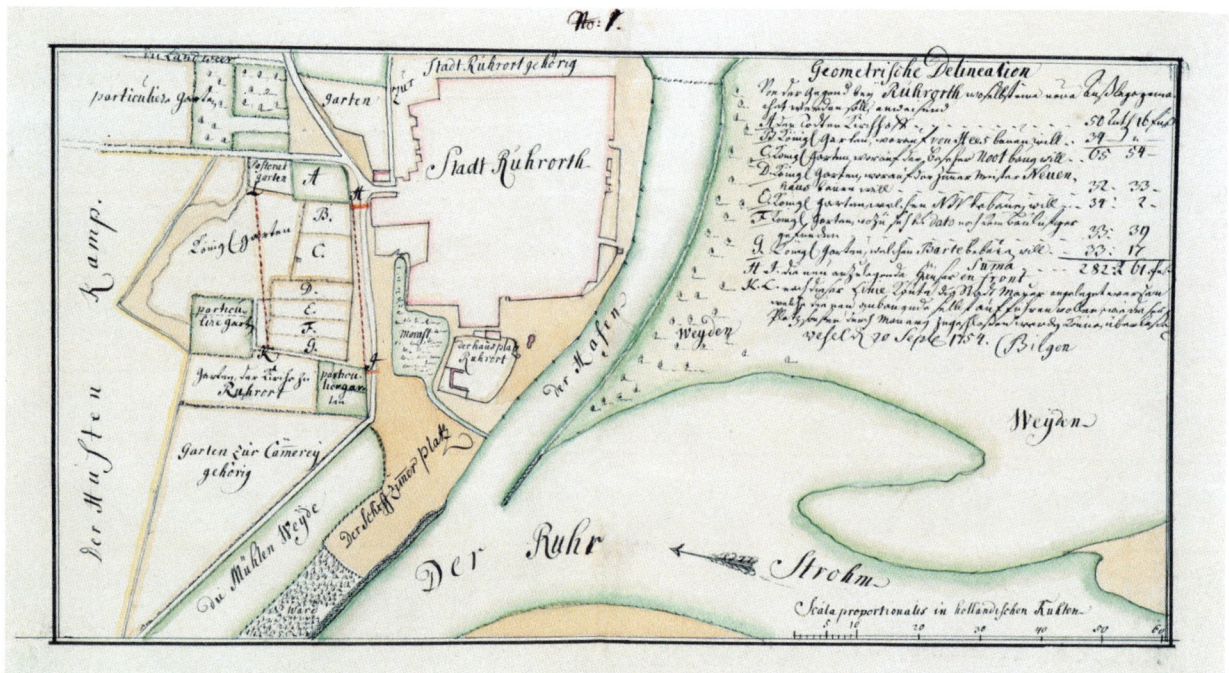

Plan von Ruhrort (Oberdeichinspektor Bilgen) mit Grundstück „C" des „Baulustigen" Jan Willem Noot, 20. September 1754, Geheimes Staatsarchiv Preußischer Kulturbesitz Berlin, GStA PK, II. HA Generaldirektorium, Abt. 18 Kleve, Tit. 55 Sekt. 1, Nr. 2, Blatt 7 (Repro im Haniel Archiv, HAF: 12035.)

———

———

Porträt Aletta Haniel, o.D. vor 1815 (Haniel Archiv, HAF: 12042.)

eigene Kohlenhandlungen und Reedereien, arbeiteten jedoch zugleich auf gemeinsame Rechnung. Zudem waren die Brüder an unweit der Ruhr gelegenen Stollenzechen beteiligt und waren Mitbegründer der ruhrferneren Hüttengewerkschaft und Handlung Jacobi, Haniel & Huyssen (später Gutehoffnungshütte Aktienverein). Zu letzterem Unternehmen zählte auch die 1829 auf der Hafeninsel in Ruhrort gegründete Werft.

Während Gerhard Haniel bereits 1834 starb, war es seinem jüngeren Bruder vorbehalten, eine konzernähnliche Organisation aufzubauen. Diese war von den geologischen Besonderheiten des aufstrebenden, weit über die Ufer des Flusses hinausreichenden Ruhrgebiets bestimmt und verlieh wiederum der Industrialisierung in der Region eine größere Prägekraft. Zu den nachhaltigsten unternehmerischen Leistungen Franz Haniels auf dem Gebiet des Bergbaus gehören sicherlich das erstmalige Durchstoßen der Mergelschicht (Schicht aus Sedimentgestein) Mitte der 1830er Jahre sowie das daraus resultierende, industrielle Betreiben von Tiefbauzechen wie der Zeche Zollverein ab Ende der 1840er Jahre.

Die auf der Ruhrorter Werft gefertigten Schiffsbauten orientierten sich in ihrer Namensgebung in der Regel nach ihrem Bestimmungsort, prominenten Zeitgenossen sowie nach den Auftraggebern. In Namen wie dem 1845 fertiggestellten Schleppdampfer „Die Ruhr", dem drei Jahre später „Die neue Ruhr" folgte, dürfte sich jedoch mehr als das bloße Einsatzgebiet gespiegelt haben. Vielmehr lässt sich hieraus auch eine symbolische Verbundenheit mit dem Fluss entnehmen, der insbesondere in den Hochzeiten des Kohlenhandels wesentlich zur Prosperität der wirtschaftlichen Aktivitäten Franz Haniels beitrug.

Bestes Beispiel für eine solche Lesart ist die erste, im Jahr 1839 bei Jacobi, Haniel & Huyssen gebaute Dampflokomotive. Auch sie wurde nach dem Fluss benannt, konnte jedoch mangels verfügbarer Strecken nicht durch den werdenden Industriebezirk fahren. Schließlich hatte Franz Haniel erst zwei Jahre später – freilich zurückgehend auf ältere Pläne Friedrich Harkorts – für den Bau einer Eisenbahnlinie durch die Region plädiert. Dabei betonte er, ein konkurrenzfähiger Kohlentransport könne künftig nicht mehr (allein) durch eine überfällige „Vervollkommnung der Ruhrfahrt" (gemeint war die Professionalisierung der Ruhrschifffahrt), sondern langfristig nur durch eine Eisenbahn von den märkischen und Essener Gruben bis nach Ruhrort erzielt werden. Das erste Teilstück der Köln-Mindener Eisenbahn zwischen Duisburg und dem Essener Norden wurde Ende 1846 feierlich eingeweiht; diese Trasse habe, so Wilhelm Lueg, „die wilde Ruhr kunstvoll und kühn überschritten". Lueg war Direktor von Jacobi, Haniel & Huyssen und eingeheiratetes Mitglied der Familie Haniel. Die Namensgebung der Lokomotive war insofern eine Art Hommage – oder bereits Reminiszenz – an einen zwar noch sehr präsenten, aber einige Schwächen offenbarenden Transportweg. Die „Ruhr" verkehrte ab 1841 übrigens fernab der Region, bei der Main-Taunus-Bahn zwischen Frankfurt und Wiesbaden.

Erste soziale Maßnahmen, die dazu dienten, den „Ruhrort" als Standort zu sichern, wurden bei Haniel ab Ende der 1830er Jahre sichtbar: So lässt sich bereits für das Jahr 1837 eine Unterstützungskasse für die Werftarbeiter im Krankheitsfall nachweisen; diese Einrichtung wurde später unter anderem auch auf die Belegschaft von Jacobi, Haniel & Huyssen ausgeweitet. Anlässlich ihrer goldenen Hochzeit im Jahr 1856 unterstützten Franz und Friederike Haniel geb. Huyssen gleich zwei soziale Projekte: Jeweils 5.000 Taler stifteten sie für den Bau einer höheren Bürgerschule sowie für ein Krankenhaus in Ruhrort. Die Haniels, ebenso vertreten durch ihren Sohn Hugo, waren nicht die einzigen Initiatoren des späteren Realgymnasiums. In der städtischen Vertretung hatten sich zudem Mitglieder der Unter-

Porträt Franz Haniel von Max Volkhart, Repro des Gemäldes, 2005, Foto: Jean-Henri Lacasse (Haniel Archiv, HAF:12364-03.)

nehmerfamilien Stinnes und de Gruyter für eine solche Bildungsanstalt eingesetzt. Die Zuwendungen an das 1859 fertiggestellte Schulgebäude, in die auch ein Stipendienfonds eingegliedert war, machte Haniel im Wesentlichen von drei Kriterien abhängig: Im Kuratorium sollte stets ein Nachfahre des Stifterpaars vertreten sein, jährlich sollten sechs unentgeltliche Stipendien an Kinder aus – heute würde man sagen – bildungsfernen Familien vergeben werden, und der jeweilige „Dirigent" (Direktor) musste Protestant sein. Gegen letztere Regel verstieß die Ruhrorter Stadtverwaltung Mitte der 1920er Jahre, als sie einen Katholiken berief. Die Familie Haniel setzte sich gegen diese Entscheidung vehement zur Wehr. Sie akzeptierte jedoch letztlich das Urteil des Reichsgerichts, das der Stadtverwaltung dieses Nominierungsrecht einräumte. Nach ihrer schweren Beschädigung im Zweiten Weltkrieg und ihrer Vereinigung mit einem anderen Gymnasium verlor die höhere Bürgerschule nach und nach an Bedeutung; der Bau diente jedoch noch bis Mitte der 1980er Jahre als Schulgebäude.

Das 1862 eröffnete Hanielstift stand in erster Linie der Ruhrorter Bevölkerung, einschließlich der einheimischen, bei Franz Haniel beschäftigten

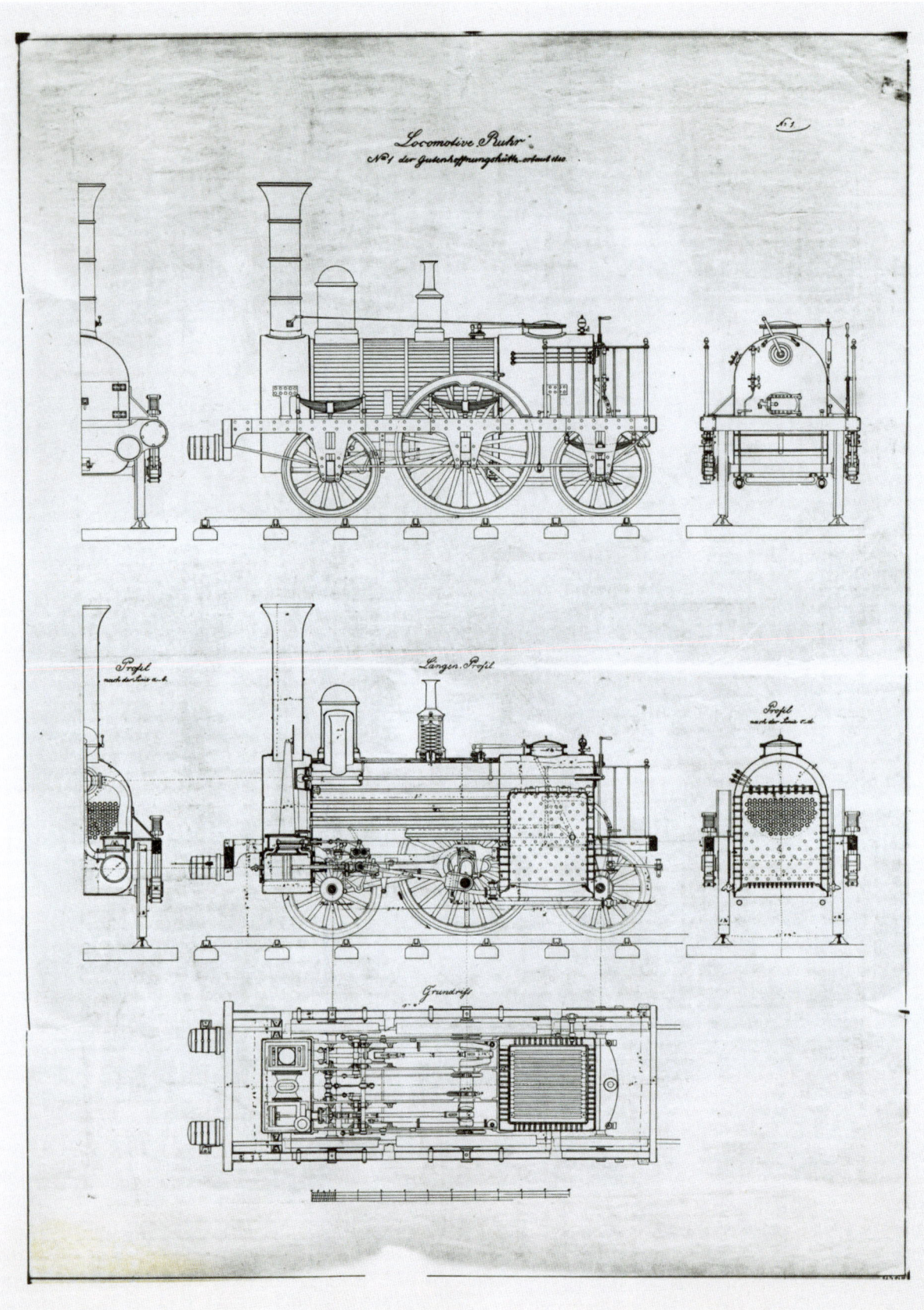

Quinta des Realgymnasiums Ruhrort, 1921, Fotograf: anonym
(Haniel Archiv, HAF:12016.)

Arbeiter, sowie der „Fremden" offen. Hiermit waren diejenigen Personen von außerhalb gemeint, die während ihres Aufenthalts in Ruhrort erkrankten. Nachrangig, weil von den freien Kapazitäten des Hauses abhängig, war hingegen die Unterbringung von erkrankten, auswärts wohnenden Arbeitern seiner Firma und der Firma Jacobi, Haniel & Huyssen. Obgleich Haniel wegen Verzögerungen beim Bauprozess zwischenzeitlich mit der Kürzung der Fördergelder gedroht hatte, nahm er keine Änderungen der Stiftungsurkunde vor. Mit regelmäßigen Zuwendungen unterstützten in der Folgezeit Mitglieder der Familie das Krankenhaus, das während des Ersten Weltkriegs als Reservelazarett diente. Aufgrund der inflationsbedingten Entwertung des Stiftungsvermögens hing die Einrichtung anschließend bis zum Ende des Zweiten Weltkriegs vom städtischen Etat ab. Nachdem in den 1950er Jahren entschieden worden war, das Hanielstift aus Wirtschaftlichkeitsgründen nicht zu erweitern, erfolgte 1977 die Schließung des ersten und bis heute einzigen Ruhrorter Krankenhauses.

Links: Zeichnung der Lokomotive „Ruhr" der Firma Jacobi, Haniel & Huyssen (Grundriss; Längenprofil), 1840, Zeichner: anonym (Haniel Archiv, HAF:00440.)

Neben der Förderung von Bildung und Krankenversorgung schaltete sich Franz Haniel in den 1850er Jahren einmal mehr in Überlegungen ein, die Verkehrsanbindung seiner Heimatgemeinde zu verbessern und damit den Knotenpunkt seiner wirtschaftlichen Aktivitäten zu stärken. Diesmal galt es, den Ruhr-Fluss durch einen Landweg zwischen Duisburg und Ruhrort zu überbrücken und damit die bislang bestehende, zunehmend an ihre Kapazitätsgrenze stoßende und Zeit raubende Fährverbindung zu ersetzen. Basierend auf ersten Plänen, die interessanterweise die Familie des Fährbetreibers selbst vorgelegt hatte, gelang es Franz Haniel 1859 im dritten Anlauf, den preußischen Staat von der Notwendigkeit und Rentabilität einer Ruhr-Brücke zu überzeugen.

Da Haniel die Finanzierung der Brücke übernahm, wurde er bei ihrer Einweihungsfeier am 21. November 1864, nur einen Tag nach seinem 85. Geburtstag, in einem Lied als Bauherr und Wohltäter gepriesen: So hieß es in einer Strophe: „Ersehnt war heiß von uns die Brück'/Schon manches lange Jahr;/Doch,

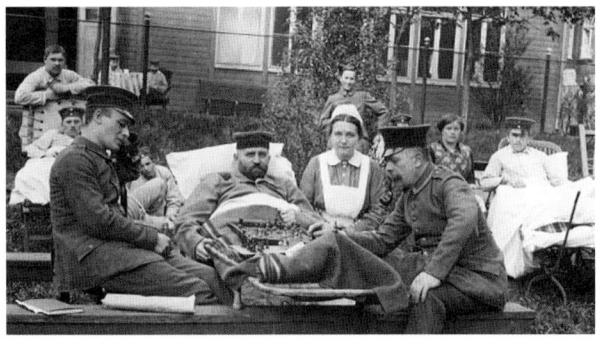

Diakonissenschwestern und verwundete Soldaten im Garten des Hanielstifts, um 1917, Fotograf: anonym, (Haniel Archiv, HAF:12326.)

ach! Zu unserem Mißgeschick/War stets das Geld zu
raar./Da sprach zum Kayser unser Franz/‚Mach' Du
nur Deinen Plan;/Das and're All' besorg ich ganz,/
Dann geht der Bau voran!'" Dementsprechend war
in der Bevölkerung auch rasch von der „Haniel-Brücke" die Rede. Auch weitere Quellen zur Zeremonie
stellten ausdrücklich heraus, dass mit dem Bauwerk
„ein lang gehegter Wunsch der ganzen Gegend in
Erfüllung" gegangen sei. Denn diese Umgebung, in
der „die Ruhr ihren Lauf beendet und ihre Wellen
mit den Wogen des vaterländischen Rheins vermischt", sei, wie man voller Pathos und Patriotismus
betonte, „ein gesegnetes Stück deutscher Erde".

Spielende Kinder in der Ruhr vor der „Haniel-Brücke", 1900,
Fotograf: anonym (Haniel Archiv, HAF:08615-058.)

Obwohl er in den Dankesworten sein lebenslan-
ges Streben für den Gemeinsinn hervorhob, war
für Franz Haniel freilich auch dieses Projekt nicht
ganz uneigennützig. So sicherte er sich auf diesem
Weg einen stets wasserfreien Übergang zwischen
beiden Städten, und er forderte vom preußischen
Staat mit Erfolg den weiteren Ausbau des Ruhrorter Hafens. Zudem erwarb er das Recht, ein sogenanntes Brückengeld erheben zu dürfen – ähnlich
einer Brückenmaut, wie sie heute beispielsweise
in Skandinavien verbreitet ist. Zwar gingen Haniels
Berechnungen, wonach sich die Baukosten durch
das Passieren des Brückenwerks wieder hereinho-
len ließen, nicht auf. Dennoch bildete das erst einige Zeit später, in den Jahren 1907 und 1948/49
durch Brückenzüge ergänzte bzw. ersetzte Bauwerk
die Grundlage für die bis heute zentrale Verkehrsverbindung zwischen dem Duisburger Hafen- und
Stadtgebiet.
Die Nachfahren Franz Haniels hielten an der Unterstützung der erwähnten Ruhrorter Einrichtungen
fest; zudem engagierten sich Familienmitglieder –
wie beispielsweise dessen Tochter Thusnelde Co-
ckerill (1830–1903) im Aachener Raum – an ihren
jeweiligen Wohnorten. Die belastungsreichen Zeiten der ersten Hälfte des 20. Jahrhunderts dürften
zu einer gewissen Stagnation bei den Stiftungsak-
tivitäten geführt haben. Dementsprechend nahm
man die Einweihung eines Kinderspielplatzes in
Ruhrort im Jubiläumsjahr 1956 zum Anlass, in der
Schenkungsurkunde nicht nur an das Stiftungswe-

Haniel Museum im Alten Packhaus, 2006, Foto: Franz Haniel & Cie. GmbH (Haniel Archiv, HAF: 02811.)

sen Franz Haniels zu erinnern, sondern auch darauf hinzuweisen, „dass es uns mit Gottes Hilfe gelungen ist, das Unternehmen nach zwei schweren Kriegen wieder erfolgreich aufzubauen".

1956 feierte die Firma Haniel ihr 200-jähriges Bestehen. Interessanterweise war es eben jenes Jubiläumsjahr, in dem Schlüsselakteure der Eigentümerfamilie die Steinkohle vermutlich erstmals mit Nachdruck als „unsicherste Vermögensanlage" einstuften – und sich bei Haniel ein grundlegender Wandel ankündigte. Wenige Jahre später, nach den ersten Feierschichten auf einigen Zechen des Ruhrgebiets, dem raschen Verkauf des Haniel-Bergwerks Rheinpreußen und des Tankstellennetzes von Rheinpreußen, fahndeten die Vertreter der Familie gemeinsam mit dem Management nach neuen Investitionsfeldern. Sie fanden diese im Pharmahandel und in der Metro. In dieser Zeit fokussierte sich die Familie auf die bereits 1917 – zunächst als Tochtergesellschaft – in Ruhrort gegründete Franz Haniel & Cie. GmbH; denn ihr Einfluss bei der Gutehoffnungshütte sank aufgrund der dort wachsenden Bedeutung von Fremdaktionären immer weiter. Am Ende dieses Prozesses standen ein schrittweiser Ausstieg aus dem Montanbereich sowie die Konzentration auf die Franz Haniel & Cie. GmbH als ein

hoch diversifizierter Handels- und Dienstleistungskonzern, bei dem seit Gründung im Jahr 1917 die Trennung von Familie und Management herrscht.

Rund 130 Jahre nach Errichtung des Hanielstifts rief die Familie eine Haniel Stiftung ins Leben. Offizieller Anlass für ihre Gründung im Jahr 1988 war das altersbedingte Ausscheiden zweier langjähriger Aufsichtsräte der Franz Haniel & Cie. GmbH, die den erwähnten Umbruch maßgeblich begleitet hatten. Folgerichtig plädierten einzelne Familienvertreter wiederum für neue Impulse. So präsentierte der designierte Aufsichtsratsvorsitzende Jan von Haeften (1931–2017) die Stiftungsidee gegenüber seinen Mitgesellschafterinnen und Mitgesellschaftern als „Vorschlag und Aufforderung an die Familie, durch verantwortliches Handeln [...] zugleich ihren Dank zu bekunden an diejenigen, die das Familienvermögen geschaffen und bisher verwaltet haben". Zudem hielt er ihr soziales Engagement für eine notwendige, Sinn stiftende Maßnahme, um auch künftig „als Großfamilie sich ständig verjüngend, vitalisierend, zusammenzubleiben – und nicht auf

Haniel Akademie, 2003, Foto: Franz Haniel & Cie. GmbH
(Haniel Archiv, HAF:12461.)

das Niveau [...] eines Aktionärs-Interessen-Vereins abzusinken". Als Bildungsstiftung fördert die Haniel Stiftung bis heute gleichermaßen bildungsbenachteiligte und leistungsstarke Kinder und Jugendliche. Zum Zeitpunkt der Stiftungsgründung war eine weitere Festigung bzw. Sichtbarmachung des Ruhrorter Stammsitzes nach innen und außen in vollem Gange: Nachdem bereits seit Ende der 1960er Jahre im alten Packhaus Zug um Zug ein Museum entstanden war, erhielt das Firmengelände zu Beginn der 1980er Jahre neben einem neuen Verwaltungsgebäude eine repräsentative Adresse; so wurde aus der „Hafenstraße 12" der „Franz-Haniel-Platz". Im Frühjahr 1993 wurde das Gebäude-Ensemble um die Haniel Akademie ergänzt. Diese Einrichtung dient seither nicht nur als Weiterbildungszentrum für den Konzern und externe Veranstalter, sondern insbesondere auch als jährlicher Versammlungsort der heute mehr als 700 Gesellschafterinnen und Gesellschafter.

Die auf Ruhrort bezogenen, im Bereich Corporate Social Responsibility gebündelten Aktivitäten des stark internationalisierten „Family Equity"-Unternehmens liegen heute – einschließlich der Arbeit der Haniel Stiftung – in den Bereichen der Bildungsförderung und Standortverantwortung. Zu ihnen gehören die Unterstützung von Partnerschulen sowie anderer Einrichtungen und Projekte wie beispielsweise dem 2009 eröffneten Jugendzentrum Ruhrorter Hafenkids (als Teil der Initiative „FaiR – Familie in Ruhrort") ebenso wie das 2010 im Rahmen des Kulturhauptstadtjahrs gegründete Kreativquartier.

Mit dem Haniel Klassik Open Air bietet das Unternehmen seit 2013 alle zwei Jahre eine kulturelle Großveranstaltung in Duisburg an, die kostenlos besucht werden kann. Schließlich hat Haniel gemeinsam mit weiteren Partnern das Social Impact Lab Duisburg ins Leben gerufen, das zwischen 2015 und 2018 Start-ups im sozial-innovativen Bereich unterstützte. Hieraus ging 2019 die Impact Factory hervor; diese professionalisiert seither die Förderung junger Unternehmen und schenkt auch ihrer Wirtschaftlichkeit größere Beachtung.

VIS-À-VIS VON VIADUKT UND RUHRSTAUSEE: DIE FAMILIEN-GESELLSCHAFT DÖRKEN

Den Grundstein des heutigen, weltweit agierenden Unternehmens legten im Jahr 1892 drei Mitglieder einer alteingesessenen Familie in der südwestfälischen Kleinstadt Herdecke: der Kolonialwarenhändler Carl Dörken sowie dessen Söhne, der 31-jährige promovierte Chemiker Dr. Carl Dörken (1861–1931) und der 23-jährige, kaufmännisch ausgebildete Ewald Dörken (1869–1947). Es ging um die Geschäftsidee, Lacke, Firnisse sowie Rostschutzfarben zu produzieren und zu vertreiben. Die Anschubfinanzierung des Vorhabens übernahmen Carl Dörken und der künftige Schwiegervater seines älteren Sohnes, Heinrich Stöcker. Die Standortwahl fiel auf ein größeres, noch unbebautes Weidegrundstück an der Landstraße zwischen Wetter und Herdecke, das vom nahe gelegenen Eisenbahn-Viadukt geprägt war. Das 1879 fertig gestellte Bauwerk, mit der die Kleinstadt an die zwischen Dortmund und Düsseldorf verkehrende Strecke der damaligen Rheinischen Eisenbahngesellschaft angeschlossen wurde, überspannte nicht nur die erwähnte Landstraße, sondern auch die benachbarte Ruhr. In dieser Konstellation spiegelten sich die damaligen Kräfteverhältnisse in der Mobilität geradezu exemplarisch: Da das von Carl Benz entwickelte, moderne Automobil mit Verbrennungsmotor im Gründungsjahr 1892 erst wenige Jahre alt war, bestimmten noch echte Pferdestärken den Landverkehr, und der Ruhr-Fluss hatte seine Bedeutung als schnellster und leistungsfähigster Transportweg der Region im späten 18. und frühen 19. Jahrhundert längst an die Eisenbahn abtreten müssen.

Rohbau des ersten Betriebsgebäudes vor Eisenbahnviadukt und Ruhr, 1893, „Ansichten aus Westfalen", Fotoatelier Stracke, Hagen, Foto: A. Hielscher (Unternehmensarchiv der Ewald Dörken AG)

Auf dem erworbenen Gelände am Rande des Ruhrtales nahmen die beiden Brüder ein Jahr später in einem ersten errichteten Gebäude – einem heutigen Start-up-Unternehmen ähnlich – die Lackfabrikation auf. Um mit der Konkurrenz Schritt halten zu können, experimentierten sie dabei früh mit natürlichen, vorwiegend importierten Rohstoffen wie Harzen, Kopalen und Leinölen. Als Abnehmer ihrer Produkte hatten Dr. Carl und Ewald Dörken zunächst insbesondere die umliegenden Betriebe der Eisen schaffenden und Metall verarbeitenden Industrie in den Flusstälern der Ruhr, der Lenne und der Volme im Blick. Allerdings dehnte sich das Vertriebsnetz rasch weit über die Region aus, sodass die Werksanlagen Zug um Zug ausgebaut wurden. Nach dem damals noch präsenten Selbstverständnis, als Unternehmer in der Nähe der eigenen Produktionsstätte zu wohnen, ließen sich beide Brüder um die Jahrhundertwende direkt am Ruhrufer nieder. Im Umfeld des Ersten Weltkriegs wurde auch die Verwaltung an den Standort verlegt. Zu diesem Zeitpunkt hatte Dörken über einen eigens entwickelten, holzölhaltigen Lack bereits einige Bekanntheit im Malergewerbe und dem verbundenen Fachgroßhandel erlangt.

In der ersten Hälfte des 20. Jahrhunderts konnte das 1929 in eine Familien-Aktiengesellschaft, die Ewald Dörken AG, umgewandelte Unternehmen kriegs- oder konjunkturbedingte Einschränkungen beim Rohstoffimport durch die Entwicklung von Ersatzstoffen auffangen. Als wachstumsfördernd erwies sich die Herstellung synthetischer Lacke auf Kunstharzbasis, mit der Dörken ab Mitte der 1930er Jahre auf die Bedingungen der NS-Autarkiewirtschaft reagierte. Mit den Industrie- und Bautenlacken kristallisierten sich fortan zwei separate Geschäftsfelder heraus. Wie in anderen Unternehmen der Ruhrregion und des gesamten Deutschen Reichs waren auch bei Dörken die Jahre des Zweiten Weltkriegs von der Übernahme von Wehrmachtsaufträgen (insbesondere Sonderanstrichmittel für Kriegsgerät), der Heranziehung von Zwangsarbeitern sowie von Betriebsschäden infolge alliierter Luftangriffe geprägt.

In den Wirren der letzten Kriegstage kam beim Beschuss des Werkes mit Karl Dörken (1897–1945) einer der beiden geschäftsführenden Inhaber der zweiten Generation ums Leben. Sein Vetter Dr. Heinrich Herminghaus (1888–1969), der in die Familie eingeheiratet hatte, leitete danach gemeinsam mit der nachgeordneten Führungsebene das

Ewald Dörken, Gemälde, undatiert (Unternehmensarchiv der Ewald Dörken AG)

Dr. Carl Dörken, Gemälde, undatiert (Unternehmensarchiv der Ewald Dörken AG)

Ewald Dörken, 1970er Jahre, Foto: Ewald Dörken AG (Unternehmensarchiv der Ewald Dörken AG)

Dr. Hellmut Herminghaus, 1970er Jahre, Foto: Ewald Dörken AG (Unternehmensarchiv der Ewald Dörken AG)

Ruhrviadukt nach Sprengung, 1945, Fotograf: anonym
(Fotosammlung Peter Altmaier)

Unternehmen und bereitete die dritte Generation in Person von Ewald Dörken (1929–2013) und Dr. Hellmut Herminghaus (1924–1995) auf die Nachfolge vor. Seit dem Jahr 1945 dürfte die Ruhr für Ewald Dörken von hoher symbolischer bzw. emotionaler Bedeutung gewesen sein. So markierte das Durchschwimmen des Flusses vom Ufer in Hagen-Vorhalle zum Herdecker Ufer für den damals 16-Jährigen den Schlusspunkt seiner Heimkehr von den Kampfhandlungen am Westwall. Zu diesen, auf beiden Seiten verlustreichen Auseinandersetzungen war er noch sehr spät beordert worden. Damit wurde die Ruhr zu einem festen Bestandteil der generationenübergreifenden Erzählungen der Unternehmerfamilie.

Das erwähnte, nahe gelegene Eisenbahnviadukt war im Übrigen zum Zeitpunkt der Flussdurchquerung nicht mehr funktionsfähig: Nationalsozialisten hatten im Frühjahr 1945 zwei Bögen herausgesprengt, und zwei Jahre zuvor hatte bereits eine durch die alliierte Bombardierung der Möhnetalsperre ausgelöste, riesige Flutwelle einen Pfeiler herausgerissen. Die Eisenbahnverbindung konnte erst 1952 wiederhergestellt werden.

Der in Mitleidenschaft gezogene Unternehmensstandort konnte, auch mithilfe der 1951 eintretenden und 1958 übernehmenden dritten Generation, erhalten und ausgebaut werden. Von weittragender Bedeutung war die Gründung der Produktsparte Bauverbundfolien Mitte der 1960er Jahre: Mit gitterverstärkten, schwer entflammbaren Unterspannbahnen für Steildächer, die im Baugewerbe die bisher vorherrschende Dachpappe ablösten, gelang Dörken auf der Basis einer von einem dänischen Unternehmen erworbenen Lizenz ein durchschlagender Erfolg. Die Ursprünge dieser Aktivitäten reichen allerdings bis Mitte der 1920er Jahre zurück, als das Familienunternehmen damit begonnen hatte, beschichtete Flächenprodukte (Dachdichtungsbahnen) für die Reichsbahn herzustellen. Infolge des ersten Ölpreisschocks des Jahres 1973 und dessen verheerenden Auswirkungen auf die Lackindustrie erlitten der Standort und mit ihr das gesamte Unternehmen eine erhebliche

Luftbild des Standorts Hagen-Vorhalle (erster Ausbau), 1998, Foto: Ewald Dörken AG, (Unternehmensarchiv der Ewald Dörken AG)
———

Schwächung. Hierzu trugen die in größerem Umfang beschlossenen Entlassungen bei, um den Kostendruck zu lindern und die Liquidität von Dörken zu sichern. Auf diese Weise schrumpfte die Belegschaftszahl allein zwischen 1973 und 1974 von 540 auf 350 Personen; sie lag damit unterhalb des Niveaus von 1939. Dass die Krise des mittelständischen Unternehmens schließlich überwunden und dessen Eigenständigkeit gewahrt werden konnte, wird neben anderen Faktoren vor allem der hohen Kooperationsbereitschaft des Betriebsrats zugerechnet, der den Stellenabbau mittrug. Wie sehr diese Krisenerfahrung in der Folge die beiden geschäftsführenden Eigentümer prägte, zeigt sich daran, dass dieser niedrige Belegschaftsstand mindestens für ein Jahrzehnt „eingefroren" wurde. Anschließend schlug sich das Wachstum auch wieder in entsprechenden Neueinstellungen nieder.

Angestoßen durch gesellschaftspolitische Impulse setzte bei Dörken seit Ende der 1970er Jahre eine Entwicklung ein, die vermutlich auch mit der Lage des Firmensitzes unweit des Ruhr-Flusses zusammenhing: das wachsende Umweltbewusstsein des Unternehmens. Bekanntlich hatten im Laufe der Jahrzehnte bzw. Jahrhunderte mehr oder weniger offen und ungeklärt eingeleitete Abwässer (vor-)industrieller Betriebe in allen Gewässern des aufstrebenden Ruhrgebiets, so auch in der Ruhr selbst, immer wieder zu teils desaströsen Verunreinigungen geführt. Diese Entwicklung führte 1913 – neben der um sich greifenden Wasserknappheit – zur Gründung des Ruhrverbands. Dessen Aufgabe ist es bis heute, mithilfe der eigenen Kläranlagen zum Gewässerschutz beizutragen.

In Herdecke stand die nach Kriegsende von einer Lackfabrik zu einem Chemiewerk erweiterte Ewald Dörken AG zunehmend unter kritischer Beobachtung von Behörden und Öffentlichkeit. Dies war besonders immer dann der Fall, wenn die dem Werk gegenüberliegende Kläranlage am Harkortsee auffällige Verschlechterungen des Ruhrwassers meldete. Auch daher nahm das Unternehmen mit Blick auf die bestehende und künftige Produktpalette einen Perspektivwechsel vor: Statt wie bisher den Schutz der mit Dörken-Produkten behandelten bzw. abgedeckten Sachwerte in den Mittelpunkt zu stellen, fokussierte es sich fortan auf die laufende Prüfung der Produktverträglichkeit für Mensch und Umwelt; und dies bereits während des Fertigungsprozesses. Somit war in den Köpfen von Ewald Dörken und dem Chemiker Dr. Hellmut Herminghaus vergleichsweise früh die Überzeugung gereift, dass ein mit der Herstellung von umweltbelastenden Produkten befasstes Unternehmen auf längere Sicht unter einen gewissen Rechtfertigungsdruck geraten würde.

Auf dieser Basis verzichtete man in den 1980er Jahren auf die weitere Herstellung hoch toxisch wirkender Drahtlacke, errichtete eine Produktionsstätte für wasserlösliche Bautenfarben und trennte sich schließlich gegen Ende des Jahrzehnts von den ohnehin nicht mehr sehr rentablen und schwer zu managenden Industrielacken. Mit den durch den Verkauf der Sparte freigewordenen Kapazitäten stärkte man – vor allem auch durch den exklusiven Deutschland-Vertrieb weitgehend lösemittelfreier Fassadenfarben eines US-Chemiekonzerns ab 1989/90 – das Bautenfarben-Segment.

Nicht zuletzt erwies es sich für das Unternehmen zur Jahrtausendwende als Glücksfall, dass es sich im Bereich der Mikroschicht-Korrosionsschutz-Systeme von der Herstellung Chrom VI-haltiger Produkte entfernt und stattdessen eigene Rezepturen zur Beschichtung von Kleinteilen entwickelt hatte. Diese strategische Entscheidung in einem bis dahin vergleichsweise kleinen Geschäftsfeld verhalf Dörken – freilich begünstigt durch eine EU-Altautoverordnung – zu einer einflussreichen Rolle als Zulieferer der Automobilindustrie.

Seit den 1990er Jahren hat das Familienunternehmen insbesondere mit einer massiven Ausweitung der zuvor auf Europa beschränkten Internationalisierung sowie mit dem Wechsel zur vierten, seit wenigen Jahren nicht mehr operativ leitenden Eigentümergeneration deutliche Veränderungen erfahren. Die Standorttreue zum Stammsitz schlägt sich in zweifacher Hinsicht nieder: Bezogen auf die Bevölkerung unterstützt vor allem die Werner Richard – Dr. Carl Dörken-Stiftung seit vielen Jahren Aktivitäten im Bereich von Sport und Kultur.

Bezogen auf das Unternehmen und ihre Belegschaft ist eine neue Ausrichtung, d.h. die Entwicklung des Stammsitzes Herdecke zum „Chemie-Cluster" sowie des seit 1998 am gegenüberliegenden Ufer der Ruhr bestehenden Standorts in Hagen-Vorhalle zum „Physik-Cluster" eingeleitet worden. In Hagen-Vorhalle sind alle bauphysikalischen Flächenprodukte vereint. Diese Organisationsstruktur soll die Wettbewerbs- und Zukunftsfähigkeit der noch immer mittelständischen Familiengesellschaft stärken.

EIN FABRIKKANAL UND EIN STOLZES JUBILÄUM: DAS TEXTILGEWERBE AN DER RUHR

In vorindustrieller Zeit lassen sich am Ufer des Ruhr-Flusses an vielen Orten des späteren Ruhrgebiets – so beispielsweise in Herdecke, Hattingen, Werden, Kettwig, Mülheim und Duisburg – Stätten des Textil-

gewerbes nachweisen. Zu ihnen gehörte auch eine Baumwollspinnerei, für deren Errichtung der Mülheimer Jungunternehmer Johann Caspar Troost II. (1759–1830) im Jahr 1791 die Genehmigung der Landgräfin von Hessen-Darmstadt, zugleich Herrin der Herrschaft Broich, erhielt. Standort der Fabrik war das Louisenthal bei Mülheim, und als Vorbild für Architektur und Betrieb diente die englisch geprägte Spinnerei Cromford des Industriellen Johann Gottfried Brügelmann in Ratingen.

Troost setzte sich von Anfang an intensiv mit den Gegebenheiten des Standorts auseinander: Sein Plan war, den Fluss und dessen kurvigen Verlauf auf Höhe des Louisenthals als Energiequelle für das Wasserrad seiner Fabrik optimal zu nutzen sowie Streitigkeiten mit anderen Wasserradbetreibern aus dem Weg zu gehen. Daher zweigte Troost von einem erst wenige Jahre alten Schleusenkanal auf

---

Unternehmerfamilie Troost mit Johann Caspar Troost II. (Bildmitte, sitzend), seinen beiden ältesten Söhnen (Bildmitte stehend, mit Zylinder sowie stehend, am rechten Bildrand), im Hintergrund die Spinnfabrik und der Fabrik-Kanal, Gemälde von Josef Winkelier, Düsseldorf, um 1828 (Stadtarchiv Mülheim/Ruhr, 1510.90.00 Troost, Familie_01a.)

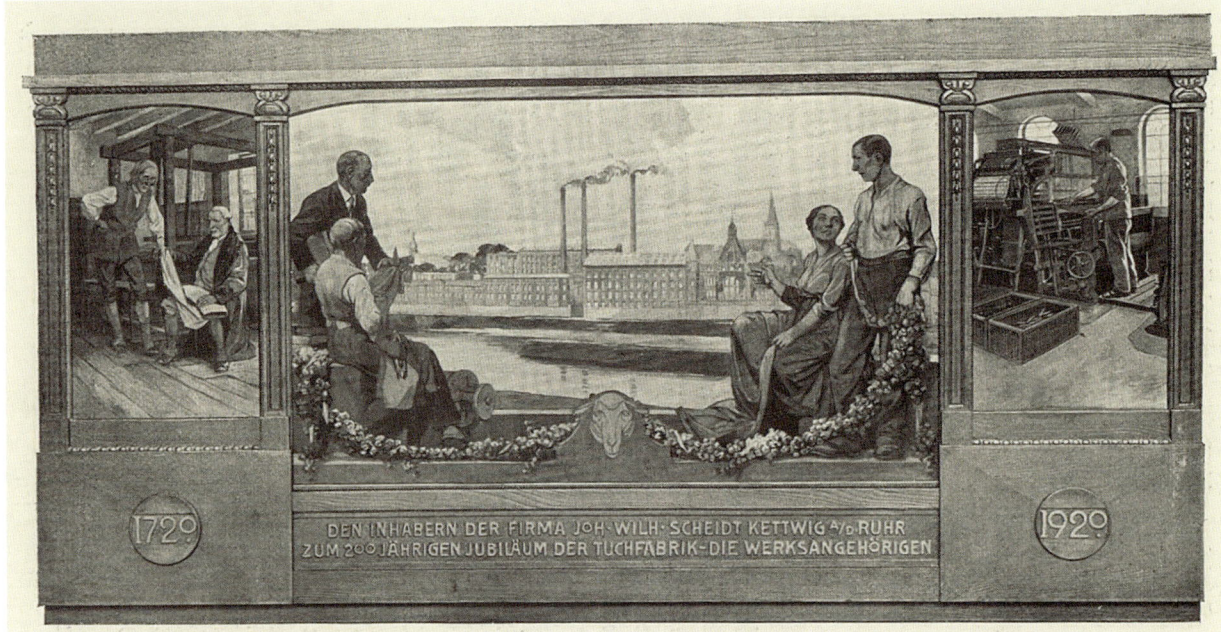

Ehrengabe der Werksangehörigen an die Inhaber der Firma Joh. Wilh. Scheidt, Kettwig, zum 200-jährigen Jubiläum der Tuchfabrik (eines von zwei Ölgemälden des Düsseldorfer Kunstmalers Oskar Detering), vor 1920, Repro in: 200 Jahrfeier der Tuchfabrik der Firma Joh. Wilh. Scheidt – 100 Jahre Heinr. Nierhaus, Essen 1920, S. 20–21

der Mülheimer Ruhrseite einen eigenen Fabrikkanal ab. Mit dem Wachstum seiner Fabrik musste er die Wasserzufuhr ständig an die veränderten Rahmenbedingungen anpassen.

Im Jahr 1817 traten erstmals die späteren Nachfolger des Gründers in Erscheinung: Seine Söhne Johann Caspar III. (1792–1848) und Ferdinand Troost (1794–1837) erweiterten das Fabrikgelände um eine Weberei, die das Garn der Spinnerei verarbeitete. Diese Fabrik zeichnete sich bereits durch einen höheren Mechanisierungsgrad aus. Nach dem Tod des Vaters führten die Söhne das unternehmerische Erbe unter dem Namen C. & F. Troost weiter. Mit diesem ersten Generationenwechsel wurde die Firma zur Familiengesellschaft.

Im Zuge der Aufteilung unter den Erben der dritten Generation verlor die in eine Aktiengesellschaft überführte Spinnerei bereits ab Mitte des 19. Jahrhunderts an Bedeutung; sie wurde schließlich in den 1870er Jahren ein Opfer der Wirtschaftskrise. Die Weberei erhielt sich demgegenüber unter anderem Namen bis ins 20. Jahrhundert. Heute finden sich im Thyssenpark in Mülheim an der Ruhr noch letzte bauliche Relikte der ehemaligen Troost'schen Produktionsstätten.

Als langlebiger erwies sich das nur wenige Kilometer ruhraufwärts gelegene, bis auf das Jahr 1720 zurückgehende Textilunternehmen Scheidt in (Essen-) Kettwig. Da das Unternehmen die bereits im 19. Jahrhundert an Intensität zugenommenen, internationalen Marktbereinigungen überstand, konnte es im Jahr 1920 sein 200-jähriges Jubiläum begehen. Dementsprechend stolz zeigte sich der frühere geschäftsführende Inhaber Ernst August Scheidt (1865–1929) über das Fortbestehen des Unternehmens über nunmehr sechs Generationen hinweg. In seiner Ansprache stufte er den Anlass als „doppelte Feier" für die Firma und Werksangehörigen sowie für die Familie ein. Allerdings fielen die Feierlichkeiten durch die Nachwirkungen des Ersten Weltkriegs eher bescheiden aus. Ein zentraler Programmpunkt hing eng mit den Kriegsfolgen zusammen: Die Firma gewährte den invalide gewordenen, früheren Werksangehörigen sowie deren Witwen eine Entschuldungsbeihilfe. Inwieweit diese tatsächlich „zur Linderung der Not der Zeit" beitrug, ist freilich nicht bekannt. Im Gegenzug überreichte eine Delegation der Werksangehörigen den Firmeninhabern zwei Ölgemälde. Auf diesen waren die Scheidt'schen Tuchfabriken vor der Ruhr-Kulisse aus Sicht von Werksangehörigen und vermutlich auch von Mitgliedern der Unternehmerfamilie symbolisch dargestellt.

Aus dem Rückblick auf die Unternehmenshistorie anlässlich der Feierlichkeiten geht hervor, dass sich der Blick auf die Ruhr im Zeitverlauf – ähnlich wie bei Haniel – wandelte. So wurde hervorgehoben, dass ein Vorfahre in den 1860er Jahren durch seinen politischen Einfluss in Berlin einen Schienenanschluss an Kettwig durchsetzen und den Bau einer Ruhrbrücke fördern konnte. Somit war es auch hier die Eisenbahn, die die Ruhr als Transportweg buchstäblich überwand.

Der geschäftsführende Inhaber Johann Wilhelm Scheidt (1877–1954) sprach 1920 zum Ende seiner Jubiläumsrede den Wunsch aus, dass es auch kommenden Generationen der Familie „vergönnt sein möge – getreu der Väter Sitte – alle Kämpfe, die die nähere und weitere Zukunft noch bringen wird, ebenso erfolgreich zu bestehen wie bisher". Dieser Wunsch des jüngeren Bruders von Ernst August Scheidt ging immerhin für etwa vier weitere Jahrzehnte bzw. eine weitere Generation in Erfüllung. Anschließend erfasste die Strukturkrise in der Textilindustrie auch das Traditionsunternehmen: Zunächst wurde 1962 nach Beschluss der siebten, durch Friedrich Arnhard Scheidt (1916–1999) vertretenen Generation die Tuchfabrik stillgelegt, 1974 folgte die Kammgarnspinnerei. Seither ist es Aufgabe der neu gegründeten Grundstücksgesellschaft Kettwig, den Gebäudekomplex, in den letzten Jahren insbesondere die Scheidt'schen Hallen der früheren Kammgarnspinnerei, zu einem attraktiven, direkt am Wasser gelegenen Unternehmens- und Wohnquartier zu entwickeln.

VON DEN BÄCHEN ZU DEN BRUNNEN AN DER RUHR: DIE MÜLHEIMER LEDER-INDUSTRIE

In ähnlich hohem Maße wie die eingangs beschriebenen, vorindustriellen Papierhersteller waren auch die Gerber auf den in der Ruhrregion noch relativ wenig gezähmten Naturwerkstoff Wasser angewiesen. Schließlich mussten die zu Leder verarbeiteten Tierfelle bzw. Tierhäute zunächst nicht nur gereinigt, sondern auch eingeweicht werden. Für diese Arbeitsschritte wurde klares und niedrig temperiertes Wasser benötigt. Da den Gerbern in Mülheim an der Ruhr, beispielsweise am Standort der heutigen Stadthalle, wegen des zunächst schwer zu beherrschenden Wasserstandes sprichwörtlich die eingehängten „Felle wegschwammen", siedelten sie sich in erster Linie an den Ufern der die Ruhr speisenden Bäche an. In den Wäldern der Umgebung fand sich zudem mit der Eichenrinde (Lohe) der geeignete Gerbstoff, und Häute waren aufgrund des reichen Viehbestands ebenfalls vorhanden. Dass es überhaupt zu einer stärkeren Ansiedlung von Gerbern am Standort Mülheim und nicht etwa im

Denkmalgeschützter Energiehof der Scheidt'schen Hallen (Grundstücksgesellschaft Kettwig mbH & Co. KG)

Vorindustrielle Gerberei in Mülheim an der Ruhr, undatiert (Stadtarchiv Mülheim/Ruhr, Rimpel Leder_02.)

benachbarten (Essen-)Kettwig kam, lag wesentlich in der Initiative von Graf Wilhelm Wirich von Daun-Falkenstein, als Herr von Schloss Broich, begründet. Dieser brach mit den althergebrachten, mittlerweile verkrusteten Innungsstrukturen und begünstigte fortan ein System von Konkurrenz und Wettbewerb. Die ersten größeren Mülheimer Gerbereien wurden um das Jahr 1800 von den Familien Pelzer und Coupienne betrieben. Beide Familien stellten am Rumbach auf handwerklicher Basis Leder für Schuhsohlen her, und sie waren durch Heirat verbunden – ein Kennzeichen vieler Unternehmerfamilien dieser Branche.

Hatte es im frühen 19. Jahrhundert bereits ein Gewinn bringendes Zusammenwirken mit der Ruhrschifffahrt gegeben, die das Beschaffen exotischer Gerbstoffe sowie einen überregionalen Absatz von Ledererzeugnissen ermöglichte, verlieh die Industrialisierung dem Gerbereiwesen eine entscheidende Schubkraft. Denn allein die neu abgeteuften Tiefbauzechen des Reviers meldeten einen enormen Bedarf an Lederprodukten an: Hierbei ging es um weit mehr als das viel besungene Arschleder,

mit dem sich die Bergleute gerade in steiler Lagerung der Kohle „verschleißfreier" durch das Grubengebäude bewegen konnten. Auch sogenanntes Gewichtsleder, für Pferdegeschirre oder Transmissionsriemen der ersten Bergwerksmaschinen, war heiß begehrt. Letzteres benötigte auch die Hüttenindustrie in großen Mengen. Hinzu kamen in Mülheim bereits seit Jahrzehnten produzierte, erfolgreiche Exportartikel wie Verdeckleder (sogenannte Lackvachetten) für Pferdekutschen.

Angesichts dieser geradezu explosionsartig ansteigenden Nachfrage stießen die bestehenden, handwerklichen Gerbereien rasch an ihre Kapazitätsgrenzen, und neue Produktionsstätten schossen wie Pilze aus dem Boden. Allein in den 1860er Jahren gründeten sich mit Lindgens, Abel und Funcke drei Lederfabriken, die in der Folgezeit gemeinsam mit Coupienne zu den Mitbegründern der Mülheimer Lederindustrie wurden. In diesem Prozess waren technische Errungenschaften wie die zu Beginn der 1880er Jahre bei Coupienne und Lindgens in den Betriebsprozess einbezogene Bandmesserspaltmaschine zentral: Die Maschine „vervielfachte" die verfügbare Rohstoffmenge, indem sie die zu verarbeitenden Rohhäute mehrfach horizontal spalten konnte.

Da sich die industrielle Lederproduktion nicht mehr länger mit dem ohnehin zum Teil knapper werdenden Wasser der Bäche bewerkstelligen ließ, verlagerten die Mülheimer Betriebe ihren Standort gegen Ende des 19. Jahrhunderts nach und nach direkt an die Ruhr. Dabei kristallisierten sich der Kassenberg in Broich sowie, in südlicher Verlängerung, die Düsseldorfer Straße in Saarn als Ansiedlungsschwerpunkte heraus. Dort hatten sich bereits seit Mitte des Jahrhunderts erste Betriebe, darunter die Ludwig Lindgens Lederwerke, niedergelassen. Wie an einer Perlenschnur aufgereiht, verlief zwischen Broich und Saarn fortan für Jahrzehnte eine „Lederstraße", die weit über die Stadtgrenzen hinaus Bekanntheit erlangte. Die stärkste Ausdehnung der Mülheimer Lederindustrie mit insgesamt 54 Produktionsstätten lässt sich für das Jahr 1924 ausmachen. Damit war Mülheim die führende Lederstadt in Deutschland und ließ andere Hochburgen wie Worms hinter sich.

Nach dem Ende der Sonderkonjunktur während des Zweiten Weltkriegs, die die Produktion wie bereits zwischen 1914 und 1918 auf Militärleder verengte, setzte ein Niedergang der Lederindustrie ein. Dieser hat mehrere Gründe: Aufstrebende, preiswertere Ersatzprodukte, allen voran Gummi und Kunststoff, hatten der Branche bereits in den 1930er Jahren Konkurrenz gemacht. Nun fand im Zuge der sichtbar werdenden Strukturkrise eine Marktbereinigung gerade mittlerer und kleinerer, kapitalschwächerer Fertigungsstätten statt. Infolgedessen schrumpfte in Mülheim an der Ruhr die Zahl der Lederfabriken bis 1960 auf zwölf Betriebe. Von dieser Entwicklung aufgeschreckt, konstatierte der Hauptgeschäftsführer der Industrie- und Handelskammer Essen zu Beginn der 1960er Jahre: „Die Mülheimer Lederindustrie kämpft nicht minder dramatisch wie die Kohle um ihre Existenz!" Und Hans-Georg Möhlenbeck, geschäftsführender Gesellschafter der 1889 in Mülheim gegründeten Lederfabrik G. Möhlenbeck & Co. und langjähriger stellvertretender Vorsitzender des Verbands der Deutschen Lederindustrie, forderte, wie der Ruhrbergbau, staatliche Strukturhilfen. Zugleich räumte er selbstkritisch ein, dass die Branche dem Kunststoff „durch eine falsche Planung" selbst „auf den Thron verholfen" habe.

Allerdings war das Problem vielschichtig und hing häufig auch mit der Unternehmensstruktur zusammen: Da es sich überwiegend um Familienunternehmen handelte, in denen Eigentum und Leitung seit Generationen nicht getrennt waren, tat man sich bisweilen schwer, andere Führungsmodelle anzuwenden, falls kein Familienangehöriger mehr für die Nachfolge bereitstand. Auch dieser Faktor beeinflusste den Konzentrationsprozess innerhalb der deutschen Lederindustrie.

Seit den 1970er und 1980er Jahren machten der Branche besonders die sich – dank eines wachsenden Umweltbewusstseins in der Gesellschaft –

Lederfabrik Lindgens am Kassenberg, 1912
(Stadtarchiv Mülheim/Ruhr, 1510.80.30 Lindgens_01.)

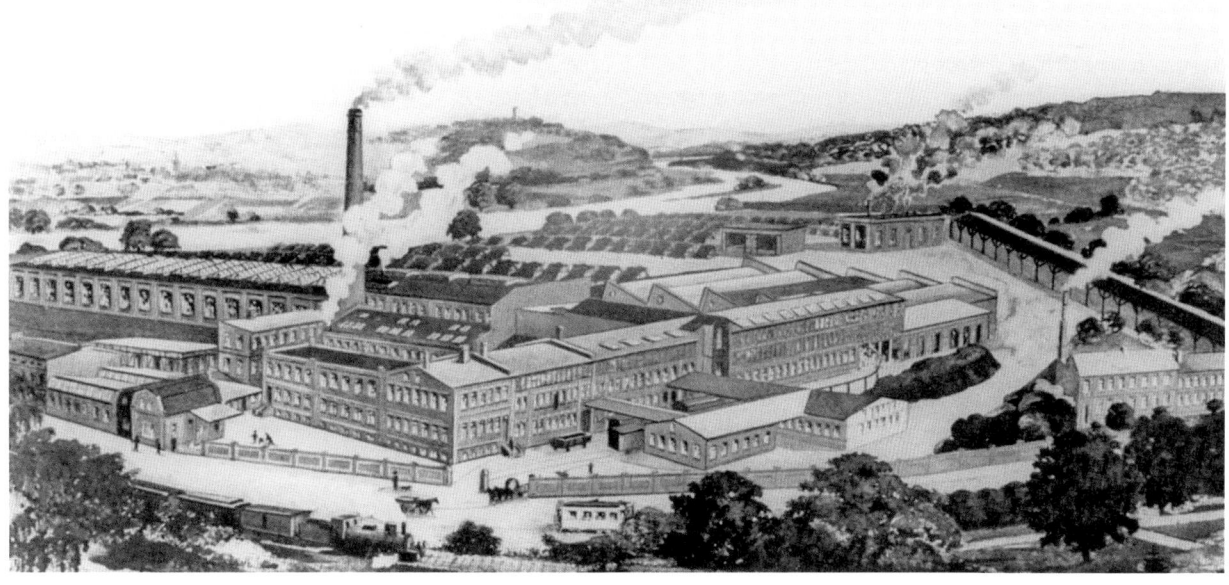

Lederfabriken am Kassenberg, undatiert, Fotograf: anonym
(Stadtarchiv Mülheim/Ruhr, 1510.80.10.01.)

verschärfenden gesetzlichen Anforderungen an den Gewässerschutz zu schaffen. In diesem Kontext erwies es sich als Nachteil, dass die meisten Leder produzierenden Betriebe in Deutschland spätestens seit Mitte des 20. Jahrhunderts von der pflanzlichen Lohgerbung auf die effizientere und schnellere, aber auch das Abwasser ungleich stärker belastende Chromgerbung umgestiegen waren. Somit blieben in Mülheim an der Ruhr Mitte der 2000er Jahre mit den Lederfabriken Lindgens und Hammann nur noch zwei der einst über 50 Produktionsstätten übrig; diese hatten jedoch zu diesem Zeitpunkt bereits ihre Eigenständigkeit verloren. Als Hersteller von Autoleder für einen internationalen, über mehrere Kontinente verteilten Kundenkreis hatte die Lederfabrik Lindgens das Interesse eines US-amerikanischen Investors geweckt.

Im Jahr 2008 stellte die Lederfabrik Hammann, die bis zuletzt an der pflanzlichen Gerbung festgehalten hatte, ihren Betrieb ein. Die ehemaligen, umgebauten Betriebsgebäude sind heute Teil des Seniorenparks „Carpe Diem". Die Lederfabrik Lindgens, die letzte vollstufige Gerberei in Mülheim an der Ruhr, verfügte nach Angaben ihres letzten geschäftsführenden Vertreters der Unternehmerfamilie, Kurtludwig Lindgens, als Mitglied des Ruhrverbands über hohe europäische Umweltstandards. Zudem profitierte die Lederfabrik von kostenlosem

Brauchwasser (sogenanntes Uferfiltrat), das zuletzt über drei Brunnenstellen mit entsprechenden Pumpenhäusern auf der Grundlage unwiderruflich geltender preußischer Wasserrechte bezogen wurde. Bereits vor dem Ersten Weltkrieg hatte man bei Lindgens auf dieses spezielle System der Wasserzufuhr zurückgegriffen und zu diesem Zweck eigene Brunnen gebohrt. Auch die benachbarte Lederfabrik Feldmann besaß ein solches Brunnenrecht und griff auf ihrem ruhrnahen Grundstück auf selbst gefördertes Wasser zurück. Andere frühere Wettbewerber waren dagegen in erster Linie auf städtisches Wasser angewiesen; dieses musste zum Teil aufwändig über den Landweg beschafft werden.

Mit der Entscheidung des neuen Eigentümers, die Nasswerkstätten von Lindgens zu einem Lohngerber nach Tschechien zu verlegen und künftig nur das Leder ab der trockenen Haut zu produzieren bzw. zu verarbeiten, endete in Mülheim das Kapitel des vollstufigen Verfahrens von der rohen Haut bis zum fertigen Leder. Nach dem Umzug der Zurichtung (diese umfasst in der Regel das Färben, Imprägnieren, Bügeln und Prägen des Leders) vom Kassenberg zum Mülheimer Hafen im Jahr 2009 verblieb auf dem Gelände der ehemaligen Lederfabrik Lindgens zunächst noch die Verwaltung. Nach Ablauf des Mietvertrags wird das Grundstück mittlerweile für eine neue Nutzung vorbereitet.

Als in den 2000er Jahren die Sichtbarkeit einer in Mülheim an der Ruhr lange Zeit prägenden Branche endgültig verloren zu gehen drohte, konnte 2003 an der Düsseldorfer Straße, unweit der Lederfabrik

Lederfabrik Abel, undatiert (Leder- und Gerbermuseum Mülheim an der Ruhr)

Lindgens, eine „Neugründung" realisiert werden. Denn in einem Gebäudeteil der bereits Mitte der 1960er Jahre stillgelegten Lederfabrik Abel (der übrige Teil wird heute unter anderem von einem Hotel genutzt) öffnete das Mülheimer Leder- und Gerbermuseum seine Pforten.

INTERVIEW mit Ina Pfeng-Bungert, Geschäftsführerin des Träger- und Fördervereins Leder- und Gerbermuseum Mülheim an der Ruhr

—

Was waren die ersten Impulse bzw. leitenden Motive zur Museumsgründung?

Ina Pfeng-Bungert: Bedingt durch die anhaltende Krise der Lederindustrie und der damit einhergehenden Schließung vieler Betriebe kam in den 1980er Jahren die Idee auf, einen Ort zu schaffen, an dem die Geschichte des Leder- und Gerberhandwerks dauerhaft lebendig gehalten werden kann. Durch die enge Verbindung zwischen der Historie von Stadt und Branche sollte an diesem Ort zugleich ein bedeutendes Stück Mülheimer Geschichte aufrechterhalten werden.

—

Welche persönlichen Beziehungen haben Sie zur Branche bzw. zum Museum?

Pfeng-Bungert: Hier spielt mein Vater Werner Bungert eine entscheidende Rolle. Nach seiner Ausbildung bei der Häute-Handelsgesellschaft war mein Vater als Lederhändler viel in der Welt unterwegs und machte sich 1970 als Groß- und Außenhändler mit seiner Firma Gerbhaut Handelsgesellschaft mbH in Mülheim an der Ruhr selbstständig. 1988 gründete mein Vater dann einen Förder- und Trägerverein, dessen Ziel es ist, ein Leder- und Gerbermuseum zu realisieren. Damit war er auch der Gründer des Museums.

—

Welche wesentlichen Hindernisse mussten bis zur Museumseröffnung im Jahr 2003 bewältigt werden?

Pfeng-Bungert: Zum einen musste ein tragfähiges Finanzierungskonzept erarbeitet werden. Es wurde eine eigene Stiftung errichtet, deren Kapital sich aus unterschiedlichsten Spenden und Fördermitteln zusammensetzt. Zum anderen gab es zunächst keine geeigneten Räumlichkeiten. Mit der Lederfabrik Abel an der Düsseldorfer Straße wurde nach längerer Suche der geeignete Standort gefunden.

Foyer des Leder- und Gerbermuseums Mülheim mit Stadtplan und Gerberei-Standorten um 1900, undatiert, Foto: Leder- und Gerbermuseum Mülheim an der Ruhr (Leder- und Gerbermuseum Mülheim an der Ruhr)

Welche Bedeutung hat für Sie der authentische Standort des Museums?

Pfeng-Bungert: Eine sehr große. In den Räumlichkeiten einer ehemaligen Lederfabrik unweit der Ruhr lassen sich die Entstehungs- und Erfolgsgeschichte der Branche ebenso wie ihr Niedergang viel unmittelbarer und letztlich „glaubwürdiger" vermitteln als an einem Standort, der diesen Bezug eben nicht hat.

Was sind die Schwerpunkte und Ziele Ihres didaktischen Konzepts und Ihrer Aktivitäten?

Pfeng-Bungert: Das Museum spiegelt in seiner Materialwahl die Lederproduktion von damals wider. Dies zeigt sich vor allem in der Verwendung von Eiche als Gerbmittel für die Lederverarbeitung sowie in der Einbeziehung des Leders als fertiges Produkt. Um an das Lederhandwerk zu erinnern und damit an die Geschichte der Stadt Mülheim, werden bereits im Vorschulalter Führungen durchgeführt. Dieser rote Faden spinnt sich über Schulkinder, Erwachsenenführungen oder auch das Arbeiten mit dem Werkstoff Leder im Rahmen von Kindergeburtstagen und Taschenworkshops als immerwährender Prozess fort.

Inwieweit werden die Ruhr und ihre Nebenbäche einbezogen?

Pfeng-Bungert: Klares, fließendes Wasser ist notwendig für den Gerbprozess. Daher bildete das Wasser der Bäche und der Ruhr die Grundvoraussetzung dafür, dass die Branche überhaupt diesen Aufstieg nehmen konnte. Das Wasser war also für die Gerber, wenn man so will, in doppelter Hinsicht das Lebenselixier. Diese zentrale Rolle wird auch den Besucherinnen und Besuchern der Ausstellung vermittelt.

Wie wichtig ist es für die Arbeit bzw. die Sichtbarkeit Ihres Museums, dass heute am Mülheimer Hafen noch Leder produziert wird?

Pfeng-Bungert: Im Mülheimer Hafen gibt es heute keine vollstufige Gerberei mehr, d.h. es wird dort leider kein Leder mehr gegerbt. Insofern ist es umso wichtiger, im Museum die Erinnerung an den kompletten Produktionsprozess wach zu halten.

Was macht Sie optimistisch, dass sich die Erinnerung an die lange Tradition der beiden Gewerke im Bewusstsein der jüngeren Generationen verankern wird?

Pfeng-Bungert: Durch die erwähnten Museumsangebote kommen die Menschen im Idealfall in verschiedenen Lebensphasen, als Kinder und Jugendliche oder später als Eltern und Großeltern, mit diesem Kapitel der Stadtgeschichte buchstäblich hautnah in Kontakt. Wenn Kinder von einer Geburtstagsfeier eine selbst gefertigte Tasche mit nach Hause nehmen, haben sie nicht nur ein einzigartiges Erinnerungsstück, sondern auch einen spielerischen Einblick in die Historie eines Handwerks erhalten.

Welche Schlagzeile würden Sie gerne zum 20-jährigen Jubiläum Ihres Museums im Jahr 2023 lesen?

Pfeng-Bungert: Ein Kleinod Mülheims wird 20!

FAZIT UND AUSBLICK

Die Ruhr war als Standort für Gewerbetreibende und Unternehmer im 18. sowie in weiten Teilen des 19. Jahrhunderts von harten Faktoren geprägt. Die angesiedelten Wirtschaftsakteure suchten und schätzten ihre Leistungsfähigkeit als Transportweg, ihre Anbindung an die Märkte, die Nähe zu den Rohstoffen im Hinterland sowie ihr Wasser als günstigen Energieträger. Wie sehr diese Kriterien gerade in der Frühindustrialisierung handlungsleitend waren, zeigt das längere Ringen Aletta Haniels mit den Ruhrorter Kohlenhändlern um einen Lagerplatz am Flussufer. Da für Haniel – nach einem anfänglich starken Ruhrbezug – der Rhein sowie die Eisenbahn seit Mitte des 19. Jahrhunderts weitaus wichtiger wurden, fokussierte man sich auf den „Ruhrort" als Ausgangspunkt aller wirtschaftlichen Aktivitäten. Mit Blick auf das in dieser Stadt von Franz Haniel begründete Stiftungswesen kamen dabei wiederum harte Standortfaktoren zum Tragen; denn letztlich ging es auch um die Bindung bestehender und die Förderung zukünftiger Firmenangehöriger.

Im weiteren Zeit- bzw. Generationenverlauf lässt sich dann ein Perspektivwechsel der angesiedelten Familienunternehmen auf die Ruhr und ihre Umgebung erkennen. Dabei wurden zunehmend weichere Kriterien angelegt: Bei Haniel wandelte sich die Sicht auf den Fluss bereits zu Lebzeiten Franz Haniels von einem unverzichtbaren Instrument zu einem Symbol des gelungenen wirtschaftlichen Wachstums. Der Stammsitz in Ruhrort ist zudem spätestens seit den 1980er Jahren für die Mitglieder der weit verzweigten Eigentümerfamilie zum gemeinsamen Nukleus mit hoher identitätsstiftender Wirkung geworden. Hieraus erklären sich auch die standortbezogenen, sozialen Aktivitäten von Familie und Unternehmen. Letzteres ist auch bei Dörken und dem Stammsitz in Herdecke festzustellen. Das Beispiel dieser Familiengesellschaft zeigt zugleich, dass es dort bezüglich der Ruhr keine harten Standortfaktoren gab: Denn das Unternehmen nutzte weder die Wasserkraft noch den Wasserweg. Die Lederindustrie besaß insbesondere seit Mitte des 20. Jahrhunderts ein regelrechtes Spannungsverhältnis zum Wasser (an) der Ruhr: Einerseits profitierten Lederfabriken wie Lindgens und Feldmann von den selbst gebohrten Brunnen, andererseits wurde die Nähe zum Fluss einigen Betrieben aus umweltpolitischen Gründen zum Verhängnis. Zu diesem Zeitpunkt hatte die Ruhr ihre Bedeutung als

harter Standortfaktor für das Textilunternehmen Scheidt längst verloren. Das Ende des „Königreichs" Scheidt hatte somit, wie zuvor angesprochen, andere, ruhrferne Gründe.

Man darf gespannt sein, welche Bedeutung der Ruhr-Fluss für künftige ansiedlungswillige Gewerbetreibende, beispielsweise in den Scheidt'schen Hallen in Kettwig, haben wird. In Zeiten, in denen eine schnelle Internetverbindung ein zentraler, harter Standortfaktor für Start-ups oder etablierte Dienstleister geworden ist und in denen „Coworking Spaces" feste Arbeitsorte zumindest ergänzen, dürfte sich die Ruhr in der Wahrnehmung noch stärker zu einer Art schmückender Naturkulisse wandeln. In dieser Kulisse werden – den weicheren Standortfaktoren entsprechend – Kunden empfangen oder zwischendurch Erholung und Zerstreuung gesucht. Dies scheint somit die wahrscheinlichste Variante, wie Menschen in Zukunft in geschäftlichen Kontexten – Herbert Grönemeyers Lied zum Kulturhauptstadtjahr lässt grüßen – „zur Ruhr" kommen.

Eingang zur Museumsausstellung, undatiert (Leder- und Gerbermuseum Mülheim an der Ruhr)

VI.
VER
KEHRS
RAUM
RUHR

—

Olaf Schmidt-Rutsch

SCHIFFBARMACHUNG UND SCHIFFFAHRT AUF DER RUHR

Mülheim an der Ruhr ist auch heute noch ein lebendiger Hafen, an dem jährlich über eine Million Tonnen Güter pro Jahr umgeschlagen werden, vor allem Eisen und Stahl, Schrott und Getreide. Der hier beginnende Ruhrschifffahrtskanal ist als Bundeswasserstraße für Schiffe von 135 Metern Länge ausgebaut, die nach wenigen Kilometern den Rhein erreichen können und auf ihrem Weg die Duisburg-Ruhrorter Häfen passieren – Europas größten Binnenhafen. Auf den gut zwölf Kilometern zwischen dem Mülheimer Hafen und dem Rhein verdichtet sich der industrielle Ballungsraum Ruhrgebiet mit seinen unterschiedlichen Verkehrsträgern in beeindruckender Weise in einem Netz von Schienen und Straßen, Häfen und Schleusen, Kanälen und Brücken. Die eigentliche Ruhrmündung geht in diesem unüberschaubaren Geflecht industrieller Verkehrssysteme fast unter und würde wahrscheinlich kaum wahrgenommen, wenn der Übergang des Flusses in den Rhein nicht seit 1992 durch die weithin sichtbare Landmarke „Rheinorange" des Kölner Bildhauers Lutz Fritsch markiert würde.

Oberhalb der Schleuse Mülheim in unmittelbarer Nachbarschaft des Wasserbahnhofs weist das Stromaufsichtsboot „Bussard" darauf hin, dass ab

hier das Land Nordrhein-Westfalen für den Unterhalt der Ruhr als Schifffahrtsweg zuständig ist. Bis zur traditionsreichen Essener Wirtschaft „Zornige Ameise" am Ausgang des Baldeneysees kann der Fluss auch heute noch von maschinengetriebenen Schiffen mit einer Länge von 38 Metern, einer Breite von 5,2 Metern und einem Tiefgang von 1,7 Metern befahren werden. Diese Abmessungen richten sich nach der Größe der zu passierenden Schleusen und unterscheiden sich kaum von denen der Ruhraaken, die den Fluss im 19. Jahrhundert befuhren. Die intensive Nutzung der Ruhr als Schifffahrtsweg währte nur etwas mehr als ein Jahrhundert, doch diese Phase hat ihre Spuren hinterlassen und den Aufschwung des Ruhrgebiets zum Montanrevier merklich geprägt.

AM ANFANG WAR DAS SALZ

Die erste urkundliche Erwähnung der Ruhrschifffahrt stammt aus dem Jahr 1033, als Kaiser Konrad II. dem Abt von Werden das Recht zur Schifffahrt einräumte. Ihren Aufschwung erlebte sie allerdings erst knapp 750 Jahre später, denn tatsächlich entwickelte sich an der Ruhr über Jahrhunderte keine nennenswerte durchgängige Schifffahrt. Schnell wechselnde Wasserstände, die den Fluss jedes Jahr

Links: Die Schleuse Raffelberg mit Kraftwerk, Ausschnitt
(Wasserstraßen-Neubauamt Datteln)

Nordhafen in Mülheim an der Ruhr, Autor: Frank Vincentz, CC BY-SA 3.0, https://creativecommons.org/licenses/by-sa/3.0/

über mehrere Monate im Jahr unbefahrbar machten – und die auch nach der „erfolgreichen" Schiffbarmachung ein grundlegendes Problem darstellten – mögen hier ebenso entscheidend gewesen sein wie der Umstand, dass Städte wie Duisburg, Mülheim, Essen oder Dortmund seit dem frühen Mittelalter an den westfälischen Hellweg angeschlossen waren. Dieser gut ausgebaute Heer- und Handelsweg verband den Rhein mit der Weser und war eine der wichtigsten West-Ost-Verbindungen Deutschlands. Obwohl gemeinhin selbst bei gut ausgebauten Straßen der Wassertransport in vielen Regionen eine Alternative zur Abwicklung des Warenverkehrs darstellte, fehlten an der Ruhr letztlich Handelsorte und attraktive Güter, die einen Ausbau des Flusses gerechtfertigt hätten. Dies schloss aber keineswegs die Entstehung eines äußerst begrenzten lokalen Schiffsverkehrs sowie den Betrieb von Fähren aus. Nur Mülheim entwickelte sich bereits seit dem 14. Jahrhundert zu einem Schifffahrtsplatz. Hier trat der aus dem Ruhrtal kommende Fluss in eine Auenlandschaft über, die ohne wesentliche wasserbau-

liche Maßnahmen zur Schifffahrt genutzt werden konnte. So konnten auf der Ruhr besonders Kohlen aus den umliegenden Bergwerken zum Rhein verschifft werden – ein Geschäft, an dem sich bald auch Schiffer aus Ruhrort und Duisburg beteiligten.

Oberhalb Mülheims wurde die Ruhr jedoch durch zahlreiche Mühlenwehre blockiert, die eine durchgängige Nutzung des Flusses behinderten. Erst als Anfang des 17. Jahrhunderts Brandenburg-Preußen als neue Macht in der Region in Erscheinung trat, kam Bewegung in die Sache. Die neuen brandenburgischen Landesherren des niederrheinischen Herzogtums Kleve mit Ruhrort und der ruhraufwärts liegenden Grafschaft Mark hatten ein lebhaftes Interesse daran, ihre beiden neuen Territorien, die weder über eine gemeinsame Grenze noch über eine direkte Verbindung zum preußischen Kernland verfügten, miteinander zu verbinden. Die Einrichtung einer Schifffahrt auf der Ruhr hätte nicht nur die weitgehend isolierte Grafschaft Mark an das Herzogtum Kleve angebunden, sondern auch den Rhein und letztlich den niederländischen Markt als Absatzweg für die Waren der neuen Besitztümer erschlossen. Zunächst allerdings verhinderten Kriege und die mit dem Projekt verbundenen hohen Kosten eine Realisierung diesbezüglicher Pläne. Hinzu kam, dass ohne die Zustimmung der übrigen an der

Ruhr liegenden Herrschaften an eine Schiffbarmachung nicht zu denken war. Neben den kleineren Abteien Essen und Werden lag mit dem Herzogtum Berg ein Territorium an der Ruhr, das unmittelbar mit dem pfälzischen Kurfürstentum verbunden war – die Verhandlungen betrafen also unweigerlich die Hochpolitik des damaligen Heiligen Römischen Reichs deutscher Nation.

Andererseits verlangte die merkantilistische Wirtschaftspolitik absolutistischer Staaten, dass Waren nach Möglichkeit im eigenen Lande produziert und Importe vermieden werden sollten. In Preußens Westen jedoch entstand die unbefriedigende Situation, dass mit der Einführung des staatlichen Salzmonopols 1732 und der Gründung der Saline Königsborn zwei Jahre später ein wichtiges Handelsgut in der Grafschaft Mark erzeugt wurde, dem es an geeigneten Absatzwegen fehlte. Nur wenige Kilometer weiter westlich hingegen, im Herzogtum Kleve, musste Salz teuer importiert werden. Es konnte daher kaum verwundern, dass die Ruhr als natürlicher Verbindungsweg zwischen beiden Herrschaften im fernen Berlin einer näheren Betrachtung unterzogen wurde. Folgerichtig untersuchte der Wasserbaumeister Konrad Henning 1735 eine mögliche Schiffbarmachung von Ruhr und Lippe. Erschien in seinem Bericht schon der Lippe-Ausbau als zu kostspielig, so rechnete sich die Schiffbarmachung der Ruhr mehr als doppelt so hoch: Angesichts der Stromverhältnisse waren massiv gebaute Schleusen notwendig, die Gefahr, dass „eine einzige Hochflut, wie sie sich oft genug ereignet, alle sorgfältig aufgeführten Bauten mit einem Schlage vernichten" konnte, war trotz des zeitgenössischen Wasserbaus und der damit verbundenen technischen Möglichkeiten jedoch noch nicht gebannt.

Erst als die Steinkohle im Laufe des 18. Jahrhunderts neben dem Salz als Handelsgut an Bedeutung gewann, rückte die Ruhr, die mitten durch das märkische Steinkohlenrevier floss, wieder in das Zentrum verkehrspolitischer Überlegungen. Ein Vorstoß märkischer Unternehmer, das Herzogtum Kleve und die Festung Wesel auf dem Wasserweg mit Steinkohle zu versorgen, scheiterte jedoch 1754 am Widerstand der übrigen Anrainerstaaten. Die Fürstäbtissin von Essen, der Abt von Werden, der Herzog von Berg und die Herrin von Broich mussten ihre Zustimmung zur Nutzung des Flusses geben und Wegerechte einräumen, waren ihrerseits aber kaum gewillt, auf ihre hoheitlichen Rechte zu verzichten. Dies betraf neben wichtigen Mühlenrechten vor al

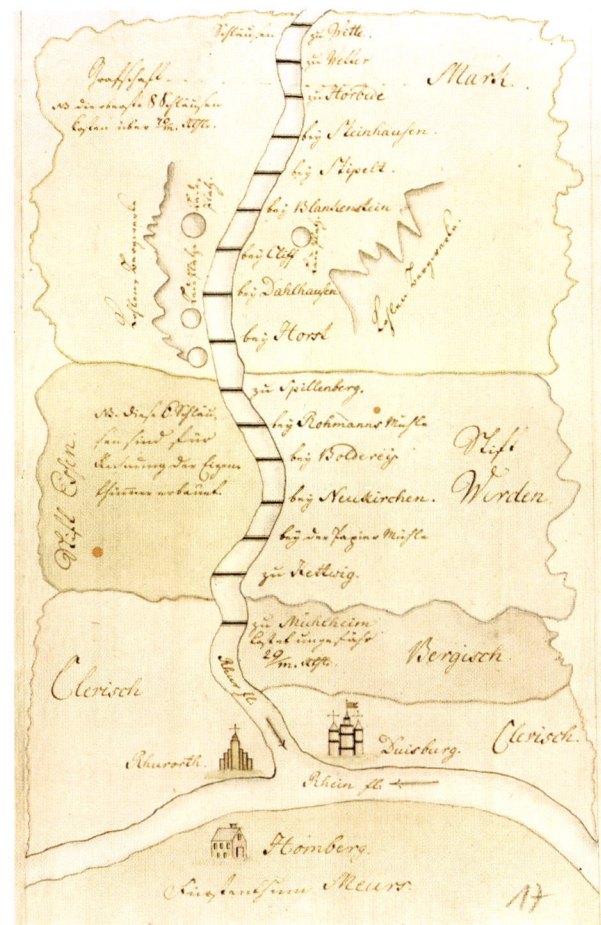

Karte der Territorien und Schleusen an der Ruhr, 1780
(Stadtarchiv Wesel, K 1008)
——

lem auch die beim Landtransport fälligen Abgaben und Zölle, während der Flusstransport aufgrund des im Westfälischen Frieden seit 1648 geltenden Rechts auf freie Schifffahrt abgabenfrei war. Unmittelbar vor Ausbruch des Siebenjährigen Krieges war der Widerstand gegen die preußischen Pläne so groß, dass nach Alternativen für den Kohlentransport gesucht wurde. Der 1766 angelegte Gahlensche Kohlenweg verband die Kohlenreviere der Mark mit der Lippe, erwies sich jedoch bald als wenig befriedigend; und auch das Projekt, die Emscher schiffbar zu machen, scheiterte, als sich schließlich an der Ruhr eine positive Wendung abzuzeichnen begann: Der Abt von Werden erteilte einem Unternehmer die Konzession, Kohle innerhalb seines Territorium auf dem Wasserweg zu befördern. Noch im selben Jahr erteilte die preußische Kriegs- und Domänenkammer in Kleve dem Unternehmen Elsbruch & Co. die Konzession zur Verschiffung märkischer Kohle

Ruhraak am Mühlenwehr bei Blankenstein, Kolorierter Stahlstich von Mayer nach Carl Schlickum, 1872 (LWL-Industriemuseum)

nach Ruhrort. Nun konnte zwar eine durchgängige Schifffahrt auf der Ruhr eingerichtet werden. Allerdings musste die Kohle an jedem quer zur Strömung errichteten Mühlenwehr von einem Schiff aufs andere umgeladen werden – mit entsprechenden Folgen für die Qualität, da die Kohle durch jedes Umladen mehr zerbröselte. Um hier dauerhaft Abhilfe zu schaffen, mussten die „Schlachten" durch den Bau einfacher Kammerschleusen umgangen werden.

Mittlerweile hatte sich der Transportbedarf deutlich vom Salz zur Kohle verschoben. Entsprechend plante man zunächst, die Ruhr ab Hattingen schiffbar zu machen, um das Kohlenrevier an den Fluss anzuschließen. 1774 begann der Bau der drei in der Grafschaft Mark gelegenen Schleusen. Wenig später fiel der Entschluss, den Fluss bis hinauf nach Langschede schiffbar zu machen, um nun auch den Salztransport der Saline Königsborn an die Ruhr anzubinden. Dies erforderte ungleich größere Ausgaben, denn einerseits wurden sechs weitere Schleusen benötigt, andererseits gab es oberhalb Hattingens zahlreiche flache Stellen im Fluss. Hier mussten einfache Buhnen, „Kribben" genannt, gebaut werden, um das Wasser in die Flussmitte zu leiten und für

eine ausreichende Fahrwassertiefe zu sorgen. An vielen Stellen mussten die Uferbereiche ebenfalls aufwändig gegen Unterspülung gesichert werden. Während im preußischen Abschnitt bald gute Fortschritte gemacht wurden, gingen die Bauarbeiten in den benachbarten Ländern nur langsam und teils lediglich unter erheblichem diplomatischen Druck voran. 1780 waren die erforderlichen 16 Schleusen endlich fertiggestellt: In der Grafschaft Mark befanden sich die Schleusen in Herdecke, Wetter, Witten, Herbede, Stiepel, Blankenstein, Hattingen, Dahlhausen und Horst, in der Abtei Essen bei Spillenburg und der Rohmannsmühle, in der Abtei Werden bei Baldeney, Neukirchen und der Papiermühle, die letzten beiden schließlich in Kettwig und Mülheim. Mit Ausnahme der unteren vier wurden sämtliche Schleusen aus Holz erbaut – dies war zunächst kostengünstig, erwies sich aber im Betrieb bald als Nachteil, da sie für Hochwasser und Eisgang anfälliger waren und entsprechend oft repariert werden mussten.

Am 5. Juli 1780 passierte die erste mit Steinkohlen beladene Aak die Mülheimer Schleuse. Wenig später kommentierte ein Zeitgenosse die erfolgreiche Schiffbarmachung: „Dem in allen seinen Unternehmungen großen Friedrich war es vorbehalten, dieses für seine Westphälischen Länder wichtige Werk

Die Schleuse in Herbede, Zeichnung von Johann Caspar Huber, 1788 (Märkisches Museum, Witten)

auszuführen. Er räumte bald die großen Hindernisße weg, die ehemals fast unüberwindlich schienen. Sein forschender Geist sah weiter, wie die Augen aller Kurzsichtigen, die nur auf den gegenwärtigen gewißen Vortheil sehen, wodurch manche für die Nachwelt heilsame Unternehmungen ins Stocken gerathen."

DAS SYSTEM KOHLENSCHIFFFAHRT

„Die Ruhr war schiffbar gemacht worden. Diese Tatsache versetzte dem ländlichen Frieden an der Ruhr einen schweren Stoß. Waren schon vorher beim Schiffbarmachen des Flusses fremde Arbeiter [...] ins Ruhrtal gekommen, so kamen jetzt noch Schiffer und Schiffsknechte, Schleusenwärter und auf den Schiffszimmerplätzen Zimmerleute zum Bauen und Reparieren der Kohlenschiffe. [...] Hierzu kamen noch die Arbeiter, die Steine brechen mussten für die Mauern um die Kohlenmagazine, die an der Ruhr gebaut wurden, sowie die fremden Maurer, die dieselben herstellten. Der Kohlenversand begann sich zu regen. Er erwachte aus seinem Schlaf. Ganz andere Möglichkeiten traten ein, wovon man sich bis dahin nichts hatte träumen lassen, denn der mühevolle Kohlentransport auf Pferdekarren und

Pferderücken hörte auf. So ein Kohlenschiff konnte ein ganz anderes Quantum laden wie die Pferde laden konnten. War es ein Wunder, dass unter diesen Umständen das Kohlengraben an der Ruhr empor kam? Man legte neue Stollen an, vorhandene wurden vergrößert. Wieder hielten fremde Arbeiter ihren Einzug ins Ruhrtal. Sie brachten andere Laute, andere Dialekte, auch andere Sitten und Gebräuche mit. Das Bild an der Ruhr war ein anderes geworden, der stille Frieden, der bis dahin an der Ruhr herrschte, war für immer dahin."

Derart eindrücklich beschrieb der Dahlhausener Bergmann Karl Krampe den tiefgreifenden Strukturwandel, den die Schiffbarmachung der Ruhr in Gang gesetzt hatte. Das betraf vor allem den Bergbau und die Kohlenschifffahrt, die sich nun rasant entwickelten. Im Vergleich dazu zeigte sich bereits zu Beginn des 19. Jahrhunderts, dass der Salztransport aus Königsborn weit hinter den Erwartungen zurückblieb und den Unterhalt der oberhalb Wittens gelegenen Schleusen nicht rechtfertigte. Folgerichtig wurden die Schleusen in Herdecke und Wetter 1801 aufgegeben. Zwei Jahre später stand die nächste grundlegende Veränderung an, als die

Die Schleuse bei Haus Cliff in Hattingen, Radierung von Johann Daniel Scheel nach A. Reutter, 1799 (Stadtmuseum Hattingen, Inv.-Nr. 42KO184)

geistlichen Herrschaften Essen und Werden aufgelöst und unter preußische Verwaltung gestellt wurden. Nach der Niederlage Napoleons fiel die gesamte schiffbare Ruhr 1814 an Preußen. Für den reibungslosen Verkehrsfluss auf dem Strom sorgte von nun an die Königlich Preußische Ruhrschifffahrtsdirektion, deren erster Direktor der westfälische Oberpräsident Ludwig von Vincke wurde. Unter seiner Leitung wurden sämtliche auf dem Fluss erhobenen Abgaben und Schleusengelder in den Unterhalt und Ausbau der Ruhrschifffahrt gesteckt, was in besonderer Weise aber dem Ausbau des Ruhrorter Hafens diente. Dort, an der Verbindungsstelle zwischen Ruhr und Rhein, entstanden großzügige Hafenanlagen und Kohlenlagerplätze. Im Vergleich hierzu waren die Ladeeinrichtungen an den Zechen eher einfach. Die Kohle wurde mit Schubkarren aus den am Fluss befindlichen Magazinen in die unmittelbar am Ufer liegenden Aaken

gebracht, die mit Hilfe von Treidelpferden stromaufwärts gezogen worden waren. Die beladenen Schiffe trieben dann zum Rhein – die Strömung reichte aus, um sie steuerfähig zu halten. Allerdings erwiesen sich die einfach gebauten offenen Fahrzeuge als ungeeignet für die Weiterfahrt. In Ruhrort wurden die Kohlen daher in der Regel in größere Rheinschiffe umgeladen.

Mit dem Eingehen des Salztransports entwickelte sich auf der Ruhr ein Einbahnstraßenverkehr: Für die Fahrt zum Rhein stand mit der Kohle ein begehrtes Frachtgut in bester Qualität und großer Menge zur Verfügung, bei der Fahrt stromauf blieben die Schiffe jedoch häufig leer. Die Folge war, dass sich Strukturen herausformten, die im Vergleich zu anderen Flussrevieren der Zeit bemerkenswerte Besonderheiten aufwiesen. Durch die Effizienz der Ruhrschifffahrtsdirektion einerseits und die Strukturen des dem staatlichen Direktionsprinzip unterworfenen Bergbaus andererseits, wachten preußische Behörden sehr genau darüber, was mit der Kohle auf ihrem Weg von der Zeche bis zu den Kohlenlagern in Ruhrort passierte. Die Behörden legten die Förderquoten der einzelnen Bergwerke fest, bestimmten den Preis der Kohle und den Transportweg. Staatliche Beamte legten die Schleusengelder und Schifffahrtsabgaben fest und kontrollierten die Beladung der Ruhrschiffe. Den Unternehmern blieben in diesem System staatlicher Kontrolle nur die Übernahme der Transportleistung und der Kohlenhandel. Angesichts derart massiver unternehmerischer Beschränkungen verwundert es nicht, dass sich eine freie Schifffahrt auf der Ruhr – einst ein wichtiges Argument für den Ausbau des Flusses – in der Realität nicht entfalten konnte. Stattdessen lag der Kohlenverkehr in den Händen einiger weniger Kohlenkaufleute, die Bergwerksanteile und Schiffe besaßen und Lohnschiffer beschäftigten. Franz Haniel und Mathias Stinnes waren die bekanntesten – nicht zuletzt, weil es ihnen bald gelang, Ruhr- und Rheinschifffahrt in ihren Unternehmen zu verbinden.

Ab 1830 nahm der Verkehr auf der Ruhr ständig zu. Ein Grund war die gestiegene Nachfrage nach westfälischer Kohle in den Niederlanden, die die eigenen Kohlenreviere durch die Unabhängigkeit Belgiens verloren hatten. Eine Ausdehnung des Absatzes im Einzugsgebiet des Rheins war auch im Interesse der Bergbehörden, der Zechenbesitzer und der Kohlenkaufleute. Um der gestiegenen Nachfrage begegnen zu können, begannen die ersten Zechen mit dem Bau von leistungsfähigen, aber teuren Tiefbauschächten, um die tiefer liegenden Kohlenflöze abbauen zu können. Das Ruhrtal bot das Bild industrieller Betriebsamkeit. Der Blankensteiner Kohlenkaufmann Carl Friedrich Gethmann verstand es,

diesen Fortschritt eindrücklich zu inszenieren. Als der preußische Kronprinz und spätere König Friedrich Wilhelm IV. im Herbst 1833 dessen weithin bekannte Gartenanlage besuchte, „schallte von den, unten am Schleusenkanal in Uniform aufgestellten Bergknappen, unter Begleitung ihrer Musik, ein fröhliches Glückauf, den Berg hinan. Die unten am Blankensteiner Berg liegenden 5 Hämmer pochten in regster Thätigkeit. Auf der Eisenbahn der Zeche ‚Carl Friedrich' kamen mit Kohlen beladen und mit Fahnen [...] geschmückt, 25 Wagen nach einander zum Vorschein." Die Wagen wurden zur Ruhr geschoben, wo ihr Weg endete, denn die Flussschifffahrt war wegen des niedrigen Wasserstands eingestellt. Der Inszenierung von wirtschaftlicher Leistungsfähigkeit einerseits standen augenscheinlich die Unzulänglichkeiten der Ruhrschifffahrt andererseits gegenüber.

Vor dem Hintergrund steigender Förderzahlen – zwischen 1830 und 1840 verdoppelte sich die Transportmenge auf der Ruhr – traten die Schwachstellen des Systems nun offen zu Tage: An den einzelnen Schleusen konnten täglich maximal 65 Schiffe geschleust werden. Zeitweise warteten jedoch bis zu 150 Aaken auf die Durchfahrt. Die Wartezeiten, und somit auch die Reisedauer, wurden immer länger. Brauchte eine Aak im Jahr 1786 noch fünf Tage für

---

Modell einer stromaufwärts gezogenen Ruhraak in der neuen Dauerausstellung des Deutschen Bergbau-Museums Bochum, 2019, Foto: Heinz-Werner Voß (Montanhistorisches Dokumentationszentrum (montan.dok) beim Deutschen Bergbau-Museum Bochum, 030030267000)

Schifffahrtsbetrieb bei Blankenstein. Zeichnung von Allan Tappe, 1873 (Privatbesitz/Repro LWL-Industriemuseum)

die Strecke von Langschede nach Ruhrort, so lag die durchschnittliche Reisezeit 1840 bei elf Tagen, obwohl die Ruhr nur noch bis Witten schiffbar war. Hinzu kam, dass der Fluss nicht das ganze Jahr über befahren werden konnte. Wenn Hochwasser oder Niedrigwasser auftraten oder Eis die Schiffe behinderte, musste die Schifffahrt eingestellt werden. Es gab Jahre, in denen die Schifffahrt über ein halbes Jahr lang ruhte. Wenn dann noch eine Schleuse wegen Bauschäden ausfiel, drohte der Transport zusammenzubrechen. Die Kohlen blieben dann in den hochwassergeschützten Lagern der Zechen, den „Niederlagen", liegen – ein Verfahren, dass letztlich nur unter staatlicher Direktive durchzuhalten war, weil es jeden eigenverantwortlich handelnden Unternehmer unausweichlich in den Ruin getrieben hätte. Sobald die Schifffahrt wieder freigegeben war, entstand hektische Betriebsamkeit. Die Schiffe wurden mit großer Eile beladen und auf die Reise ruhrabwärts geschickt. Vor den unteren Schleusen entwickelten sich folgerichtig die ersten Staus des Ruhrgebiets. Es verwunderte daher kaum, dass die betroffenen Unternehmer die staatlichen Behörden unter Druck setzten – allen voran Friedrich Harkort, dessen Eisenbahnpläne eine offene Kampfansage an die Ruhrschifffahrtsverwaltung darstellten, denn eine Lokomotive „von 8 Pferde Kraft würde innerhalb 3 Stunden 1000 Scheffel Kohle von Steele nach dem Rheine schaffen, das heißt die Ruhrschifffahrts-Cassa völlig aufs Trockene setzen." Pikant war, dass die Karte, die er 1833 seiner Denkschrift

über die Eisenbahn von Minden nach Köln beifügte, von einem Beamten der Ruhrschifffahrtsverwaltung gezeichnet wurde: Ludwig Henz, Wasserbaumeister in Hattingen, war für ihre Anfertigung von Vincke freigestellt worden. 1840 schrieb er selbst einen Bericht, der die Zustände auf dem Fluss nachdrücklich schildert und Maßnahmen entwirft, um den Zusammenbruch des Systems zu vermeiden. Henz' Schrift ist bis heute die bedeutendste historische Quelle zur Ruhrschifffahrt.

DER RUHRSTROM 1840 – EIN ZUSTANDSBERICHT

Ludwig Henz stammte von der Elbe. 1798 in Magdeburg geboren, trat er nach erfolgreicher Ausbildung an der Berliner Bauakademie 1825 in den Dienst der Ruhrschifffahrtsverwaltung. Als Wasserbaumeister in Hattingen plante und organisierte er Arbeiten an Schleusen, Uferbauwerken und Leinpfaden. Bauarbeiten standen immer unter einem enormen Zeitdruck, da sie nach Möglichkeit nur durchgeführt werden konnten, wenn die Schifffahrt während der Sommermonate wegen Niedrigwassers eingestellt werden musste. In jedem Frühjahr und Herbst fanden regelmäßig mehrtägige Befahrungen statt, um sich vom Zustand des Flusses und seiner Schifffahrtseinrichtungen ein Bild machen zu können. Auf diesen Fahrten konnten auch die betroffenen Kohlenkaufleute und Uferanlieger ihre Vorschläge vortragen.

Neben seiner eigentlichen Tätigkeit kam Henz früh mit der Eisenbahn in Berührung. Im Herbst 1830 hatte er kurz nach der Betriebseröffnung auf einer Dienstreise die Eisenbahn von Liverpool nach Manchester gesehen und darüber nach Berlin berichtet. Wenig später stellte ihn Vincke für die Bearbeitung von mehreren Eisenbahnprojekten im Rheinland und in Westfalen frei. Angesichts der geringen Zugkraft damaliger Lokomotiven war die Expertise eines Wasserbauingenieurs, der mit der Vermessung von Höhenunterschieden in der Landschaft vertraut war, von großer Bedeutung. Trotzdem gelang Henz der Karrieresprung in eine der neuen Eisenbahnaktiengesellschaften nicht. Er blieb an der Ruhr.

Um 1840 wussten die Baubeamten, die Kohlenkaufleute und viele andere, dass die Ruhr an der Grenze ihrer Leistungsfähigkeit angekommen war. Die Schiffer, Schiffsknechte, Treidler und Schleusenwärter spürten die Auswirkungen tagtäglich. Der Schifffahrtsbetrieb wurde hektischer, der Umgangston rauer. Gleichzeitig wurde die Eisenbahn von den einen als Bedrohung, von den anderen als Lösung aller Transportprobleme gesehen. Vor diesem Hintergrund veröffentlichte Ludwig Henz eine Schrift, die detailreich den Zustand der Ruhrschifffahrt schilderte und Lösungsvorschläge für die Optimierung des Verkehrs entwickelte. Sie zeichnete sich durch eine große Detailfülle aus. Er beschrieb die geschichtliche Entwicklung der Ruhrschifffahrt und ihrer Verwaltung, die bestehenden Strukturen und die Organisation des Verkehrs, die Art der Schiffe und die Gefahren der Flussschifffahrt. Vom Anfang der schiffbaren Ruhr bei Witten ausgehend, schilderte er detailliert die einzelnen Stromabschnitte und die dort auftretenden Schwierigkeiten. So berichtete er, dass beim an sich schon gefahrvollen Passieren der Hattinger Ruhrbrücke Schiffe sogar Gefahr liefen, trotz umgelegten Mastes die Unterzüge der Brücke zu berühren, oder dass die Ruhrbiegung bei Kupferdreh „vielen Schiffen und manchen Menschenleben den Untergang gebracht hat." Wenn eine Aak auf Grund lief, musste die Besatzung über Bord springen und versuchen, mit Hilfe von gegen die Strömung gerichteten Planken Wasser unter ihr Fahrzeug zu bekommen, das sonst Gefahr lief, in kürzester Zeit auseinanderzubrechen. Von derartigen Mühen und Gefahren der Schifffahrt berichtete Henz ebenso zuverlässig und anschaulich wie von der zunehmenden Überlastung der Ruhrschifffahrt.

Plan der Papiermühlenschleuse, Ludwig Henz, 1834 (GStA PK, I. HA Rep. 93 B Ministerium der öffentlichen Arbeiten, Nr. 4488)

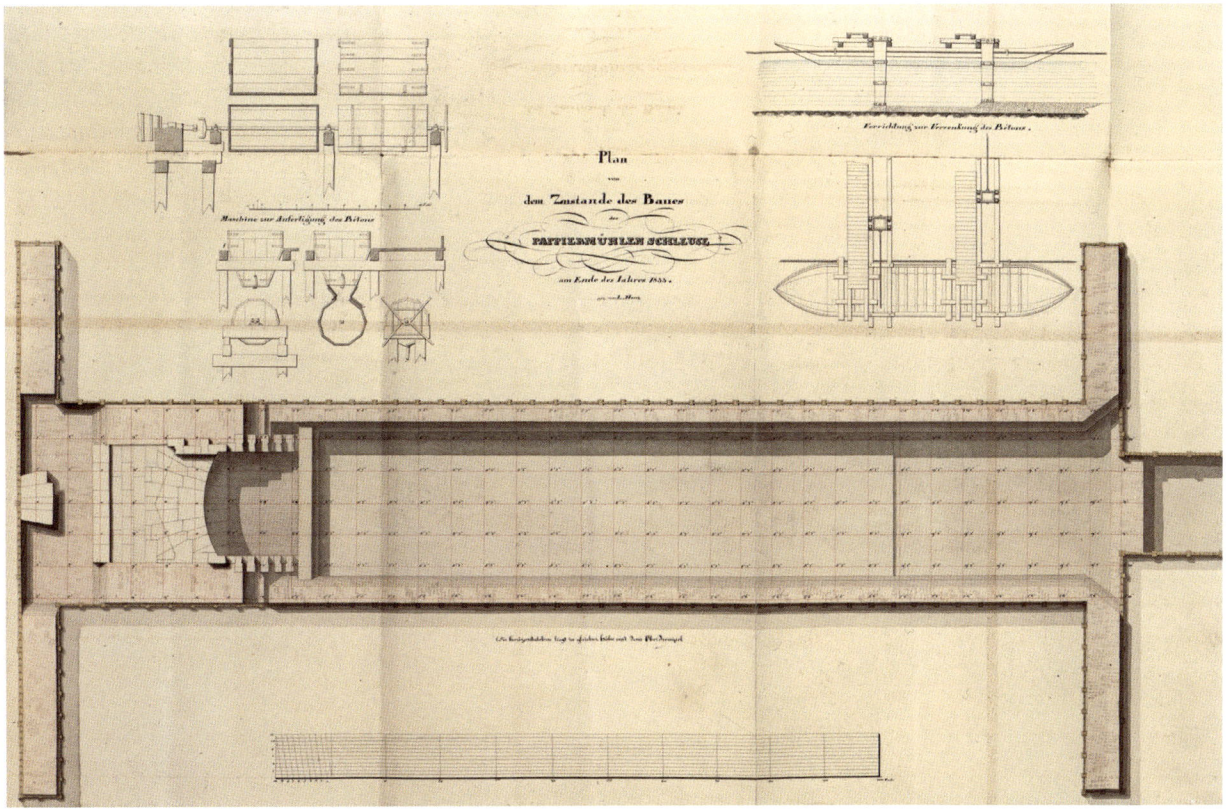

Um den drohenden Zusammenbruch des Systems, das er aus eigener Anschauung nur zu gut kannte, zu vermeiden, schlug er eine Kanalisierung der Ruhr vor. Ziel war es, die Anzahl der schiffbaren Tage pro Jahr durch eine Regulierung des Wasserstands zu erhöhen, und um dieses zu erreichen, plädierte er dafür, das Gefälle des Flussbetts so zu regulieren, dass zwischen den Schleusen kanalähnliche Haltungen ohne Strömung entstanden. Die Ruhrschleife zwischen Hattingen und Dahlhausen sollte mit einem Schiffstunnel durchstochen, der schwierige Stromabschnitt zwischen Mülheim und Ruhrort durch einen Seitenkanal umgangen werden. Dadurch hoffte Henz, den Fluss als leistungs- und gegenüber der Eisenbahn konkurrenzfähigen Transportweg für Massengüter innerhalb eines industriellen Verkehrssystems zu etablieren. Sein Projekt scheiterte jedoch an den hohen Kosten. Er selbst verließ wenig später die Ruhr, um sich endgültig der Eisenbahn zuzuwenden.

REGULIERUNG STATT KANALISIERUNG – DIE ÄRA NOBILING

Der Tod des ersten Ruhrschifffahrtsdirektors Vincke 1845 bot den Anlass, die Verwaltung des Flusses neu zu organisieren. Die Zuständigkeit wechselte von der Provinz Westfalen zur Regierung in Düsseldorf. Dies hatte den Vorteil, dass die Wasserbauverwaltung für Rhein und Ruhr nun in einer Hand lag. Leiter der Regulierungsarbeiten an beiden Flüssen wurde Eduard Adolf Nobiling, der sich an der Saar einen Namen als Wasserbaufachmann gemacht hatte und wenig später als Strombaudirektor für den preußischen Teil des Rheins und seine Nebenflüsse zuständig wurde. Die Ruhr wurde nun Bestandteil eines umfassenden wasserbaulichen Konzepts, das anstelle der von Henz favorisierten Kanalisierung die Regulierung der Flüsse anstrebte. Deutlich wurde dies etwa am Hattinger Ruhrbogen, den Henz anschaulich als einen der schwierigsten Abschnitte beschrieb, da die Schiffe hier mit großer Geschwindigkeit stromab trieben und nur mit Mühe unter Kontrolle zu halten waren. Die einzige Möglichkeit, die hier Abhilfe schaffen konnte, war

Links: Kohlentransport auf der Ruhr bei Spillenberg zwischen Heisingen und Steele, 1850 (Montanhistorisches Dokumentationszentrum (montan. dok) beim Deutschen Bergbau-Museum Bochum, 022600008001)

Buhnen am Ruhrbogen in Hattingen, 2012, Foto: Hans Blossey
(Funke Foto-Services)

seiner Ansicht nach, wie oben bereits geschildert, der Durchstich des Ruhrbogens. Der Winzer Berg sollte durch einen Schiffstunnel unterfahren werden – ein Vorschlag, der etwa zur gleichen Zeit in Weilburg an der Lahn tatsächlich realisiert wurde. Nobiling hingegen regulierte die Strömung durch quer zur Fließrichtung eingebaute Buhnen, die das Wasser in die Flussmitte leiteten und somit die Gefahren für die Schifffahrt reduzierten. So entstand die heute zwar diskutierte, aber immer noch sichtbare Buhnenlandschaft des Hattinger Ruhrbogens,

die zweifellos ein Denkmal für den Wasserbau in der Mitte des 19. Jahrhunderts darstellt und Nobilings Konzept der Regulierung statt Kanalisierung veranschaulicht.

Buhnen wurden auf weiten Strecken des Flusses zu einem derart markanten Markenzeichen der ab 1855 betriebenen Generalregulierung, dass sie an der Ruhr „Nobilingköpfe" genannt wurden. Dass die Arbeiten jedoch letztlich nicht den gewünschten Erfolg hatten, lag an der Eisenbahn. Mit der Eröffnung der Bergisch-Märkischen Eisenbahn wurde das Wittener Revier bereits 1848 an das Eisenbahnnetz angeschlossen. Unmittelbar darauf wurde die Entscheidung getroffen, die Steinhauser Schleuse aufzugeben und die Regulierung der Ruhr nur noch bis zur Schleuse Blankenstein durchzuführen. Im Rahmen dieser Arbeiten wurden neben Buhnen auch Grundschwellen zur Strömungsregulierung und Parallelwerke gebaut, Schleusen modernisiert und in Neukirchen und Holtey Schutzhäfen für die Wintermonate eingerichtet – letzterer existiert noch heute und es bedarf einiger Fantasie, sich vorzustellen, wie früher die großen Ruhraaken durch die enge Brückendurchfahrt in den Hafen bugsiert wurden. Die Maßnahmen hatten zunächst Erfolg: 1860 wurden auf der Ruhr 940.175 Tonnen Ladung transportiert – die größte Transportleistung, die jemals erbracht wurde. Letztlich blieb der Kohlenschifffahrt jedoch nur eine Schonfrist. Mit der Eröffnung der Ruhrtalbahn brach das Ladungsaufkommen schlagartig zusammen, da nun tatsächlich allen Zechen eine schnelle, zuverlässige und witterungsunabhängige Transportalternative zur Verfügung stand. Dass angesichts dieser Entwicklung der Flussschifffahrt keine Zukunftsperspektiven mehr zugebilligt wurden, erklärte der zuständige preußische Minister Maybach bereits 1879: „Erwägt man einerseits die (...) ungeheure Zunahme des Absatzes auf den Eisenbahnen, andererseits die Unsicherheit des Wasserweges auf einem Gebirgsflusse wie die Ruhr, endlich auch die außerordentliche Schifffahrt auf derselben, so unterliegt es keinem Zweifel, daß (...) es nicht geboten ist, für die Folge größere Summen, als die Unterhaltung dieser Wasserstraße in dem bisherigen Zustande erfordert, darauf zu verwenden."

DER GESCHEITERTE GROSSSCHIFFFAHRTSWEG

Die Erklärung, dass die Ruhrschifffahrt letztlich an der Eisenbahn zugrunde ging, greift jedoch zu kurz. Tatsächlich entwickelte sich Mitte des 19. Jahrhunderts zwischen Ruhr und Emscher, Rhein und Weser eine lebhafte Diskussion über die zukünftige Bedeutung von Wasserstraßen. Letztlich ging es darum, der Eisenbahn ein Transportsystem gegenüberzustellen, das dem kostengünstigen Transport von Massengütern dienen sollte. Als der Dortmunder Kreisbaumeister Carl von Hartmann 1856 den Bau eines Kanals zwischen Rhein und Elbe anregte, spielte die Ruhr in diesem Konzept durchaus noch eine Rolle. Doch bald zeigte sich, dass Verkehrspolitik immer schon auch Interessenspolitik war. Widerstand gegen Hartmanns Projekt kam von

den Eigentümern der neuen Tiefbauzechen an der Emscher. Innerhalb weniger Jahre hatte die Nordwanderung des Bergbaus die Strukturen des Steinkohlenbergbaus radikal verändert. Die modernen Bergwerke im Norden des Reviers förderten bald ungleich mehr Kohle als die Zechen des Ruhrtals. Dementsprechend folgerichtig forderte der „Verein für bergbauliche Interessen" die Kanalisierung der Emscher anstelle der Ruhr. Bis in die sechziger Jahre des 19. Jahrhunderts wurde die Diskussion geführt. Während die Befürworter eines Ausbaus der Ruhr im Rahmen des Mittellandkanalprojekts auf traditionell gewachsene Verkehrsströme verwiesen und eine „Kanalisierung des Hellwegs" forderten, wollten die Befürworter des Emscherkanals einen verlängerten Rheinhafen erwirken, um den Zechen und Hüttenwerken einen kostengünstigen Wasserstraßenanschluss zu ermöglichen. Durchzusetzen war jedoch zunächst keines dieser Projekte. Als nach der Reichsgründung die Kanaldebatte wieder aufflammte, zeigte sich, dass die Vertreter des Emschertalkanals über ihre Anbindung an verschiedene Interessensverbände über tragfähige Strukturen verfügten, um ihr Vorhaben zu realisieren.

Tatsächlich erwies sich der Weg dorthin als sehr mühevoll. Es war bezeichnend, dass in den politischen Auseinandersetzungen um die Realisierung eines westdeutschen Kanalsystems auch die Ruhr fortwährend eine Rolle spielte. Getragen wurden diese Vorstöße jedoch weniger von der Industrie als vielmehr von den an der Ruhr liegenden Gemeinden. 1886 gründete sich ein „Verein zur Canalisirung der Ruhr", der ein Jahr später eine Denkschrift des Regierungs-Baumeisters Julius Greve vorlegte. Der Zeitpunkt zur neuerlichen Diskussion war der tatsächlichen Entwicklung der Kohlenschifffahrt auf der Ruhr zum Trotz nicht ohne Bedacht gewählt, denn als der preußische Landtag im Juni 1886 dem Bau des Dortmund-Ems-Kanals zustimmte, war aus technischen Gründen zunächst keine Verbindung mit dem Rhein vorgesehen. Greve forderte daher neben der Kanalisierung der Ruhr bis Wetter auch einen Zweigkanal, der über Steele, Gelsenkirchen und Bochum direkt in das Herz des Kohlenreviers vorstoßen und einige der produktivsten Zechen anschließen sollte. Dies konnte nur als deutliche Kampfansage an die alten Konkurrenten gewertet werden. Im Zuge der anhaltenden Auseinandersetzungen um das preußische Kanalsystem geriet die Ruhr in den folgenden Jahren immer wieder in den

Das Ende der Ruhrschifffahrt: Die Mülheimer Eisenbahnbrücke um 1865
(Stadtarchiv Mülheim/Ruhr)
———

Blickpunkt verkehrspolitischer Diskussionen. Auch die definitive Entscheidung zum Bau des Rhein-Herne-Kanals 1906, der schließlich die Emschertalkanal-Pläne umsetzte, brachte das Projekt der Ruhrkanalisierung nicht zum Wanken. Stattdessen waren es vor allem die Vertreter der vom Niedergang des Bergbaus an der Ruhr betroffenen Gemeinden, die ihre Hoffnung auf eine Wiederbelebung der Schifffahrt setzten. Man betrachtete „die Wiedererschließung dieses in seinem Nutzwert billigsten Verkehrsweges als einzige Möglichkeit, das Flußgebiet einer neuen Blütezeit, einer neuen wirtschaftlichen Zukunft entgegen zu führen."

Es ist bemerkenswert, dass die erneute Diskussion um eine Schiffbarmachung der Ruhr in Verbindung mit der von Otto Intze initiierten Anlage von Stauseen nochmals auflebte. Sie schienen das geeignete Mittel zu sein, um das grundlegende Problem der extrem schwankenden Wasserstände in den Griff zu bekommen. Folglich kam es 1908 in Witten zur Gründung des „Vereins zur Schiffbarmachung der Ruhr". Sechs Jahre später stellte der Verein ein Projekt zur Diskussion, das eine Schiffbarmachung bis Wetter für 1.700 Tonnen-Schiffe vorsah. Ausgehend von den für den bereits beschlossenen Ausbau der Ruhr unterhalb Mülheims zu Grunde liegenden Rahmenbedingungen sollte großen Rheinkähnen von 85 Metern Länge, 11 Metern Breite und 2,5 Metern Tiefgang die Fahrt stromaufwärts ermöglicht werden. Entsprechend großzügig waren die neun Schleusen geplant, die eine Kammerlänge von 120 Metern bei zwölf Metern Torbreite erhalten sollten. Nachdem der Erste Weltkrieg die Pla-

nungen ins Stocken brachte, versuchte der Verein nach dem Krieg, dem Projekt über eine Anbindung an das westdeutsche Wasserstraßensystem einerseits und die mögliche Nutzung des schiffbaren Flusses und seiner Staustufen zur Energiegewinnung andererseits eine breitere Basis zu geben, allerdings ohne Erfolg. Nur die untere Ruhr bis Mülheim wurde 1927 – mit erheblichen Verzögerungen durch Inflation und steigende Baukosten – für die Frachtschifffahrt ausgebaut. Wären diese ambitionierten Kanalisierungspläne bis hinauf nach Wetter realisiert worden, hätte sich das Ruhrtal nachhaltig verändert. Einen Eindruck von der Größenordnung des geplanten Eingriffs in die Flussstrukturen vermitteln nicht nur die in Archiven aufbewahrten Pläne, sondern auch die weitgehend darauf beruhende Mülheimer Schleuse Raffelberg mit angegliedertem Kraftwerk sowie die Verlegung des Flusses bei der Henrichshütte in Hattingen.

———

SPUREN

Im August 2019 meldete der Ruhrverband, dass die Ruhr ohne die Speicherkapazität der Talsperren an manchen Stellen in den vorangegangenen heißen Sommern mehrfach trockengefallen wäre. Anders als die regelmäßig auftretenden unvermeidbaren Hochwasserlagen spielen Trockenperioden oder Eisgang in der Wahrnehmung der an der Ruhr lebenden Menschen heute kaum noch eine Rolle. Dies verweist zwar auf ein ebenso gut funktionierendes wie komplexes wasserbauliches Management, welches allerdings nicht auf die relativ kurze Periode der Ruhrschifffahrt zurückgeführt werden kann. Dieser gelang es während ihrer Existenz tatsächlich nur in sehr beschränktem Maße, dauerhaft in die naturräumlichen Rahmenbedingungen des Flusses einzugreifen. Letztlich verhinderte seit Mitte des 19. Jahrhunderts die Nordwanderung des Bergbaus den tiefgreifenden Ausbau oder gar die geplante Kanalisierung, die bei erfolgreicher Umsetzung das Erscheinungsbild der Flusslandschaft nachhaltig verändert hätte. Die neuen Wasserwege für den industriellen Massentransport entstanden im ersten Drittel des 20. Jahrhunderts im Norden des Ruhrgebiets im Einzugsbereich von Emscher und Lippe. Vom RuhrtalRadweg aus betrachtet vermittelt sich die Idylle einer Flusslandschaft, die auf weiten Strecken kaum von der Industrie gestört zu werden scheint. Stollenmundlöcher, Leinpfade, Buhnen und Schleusen werden als „Industriekultur" einer vergangenen Epoche wahrgenommen, die kaum mit der Schwerindustrie in Verbindung gebracht wird, die gemeinhin das Bild vom Ruhrgebiet prägt. Dass die Ruhr im 19. Jahrhundert tatsächlich zeitweise der am dichtesten befahrene Fluss Deutschlands war, relativiert sich aus heutiger Perspektive beim Anblick der noch vorhandenen Schleusen. Es braucht wenig Fantasie, um sich vorzustellen, wie sich die beladenen Ruhrschiffe vor diesen Nadelöhren stauten. Das Ganze hat wenig mit der Effizienz moderner industrieller Verkehrssysteme zu tun. Gerade deshalb ist die Ruhr heute ein wichtiges Denkmal der Verkehrsgeschichte des 19. Jahrhunderts. Die Spuren, die die Ruhrschifffahrt in der Landschaft hinterlassen hat, zeigen eindrücklich die Schwierigkeiten, mit denen der Transport von Gütern im Zeitalter vor der Eisenbahn zu kämpfen hatte. Die „gute alte Zeit" hat es auch hier nicht gegeben.

Es bleibt abzuwarten, ob die Anlagen der Ruhrschifffahrt im Zuge des Wassertourismus zukünftig eine neue Relevanz erhalten. Erinnert sei diesbezüglich an die Nutzung alter Schifffahrtswege in Frankreich oder Großbritannien, aber auch daran, dass bereits 1803 ein Berichterstatter neben dem wirtschaftlichen auch den touristischen Reiz des Flusses erkannte: „Wenn einst die Ruhr ganz fahrbar gemacht werden sollte, [...] so könnte der Strom auch für Reisende benutzt werden. Der Freund der Natur würde hier Seelengenuß finden."

___

Schleuse Raffelberg mit Kraftwerk (Wasserstraßen-Neubauamt Datteln)

Kai Rawe

SCHIFFFAHRT ZUM VERGNÜGEN

Mülheims Weiße Flotte

FREIZEITSPASS SEIT ÜBER 90 JAHREN

„Ein Klassiker unter den Freizeitangeboten. Auf den Fahrten der Weißen Flotte genießen Sie Ruhrtal und Region von ihrer besten Seite". So wirbt Mülheims Weiße Flotte im Sommer 2019 auf ihrer Internetseite www.weisse-flotte-muelheim.de um Fahrgäste, die zwischen Linien-, Sonder- und Charterfahrten auswählen können. Seit ihrer Gründung im Jahre 1927 ist dabei die „Stammstrecke" der Schiffe die Fahrt auf der Ruhr vom Mülheimer Wasserbahnhof nach Kettwig und zurück. Da Mülheim die einzige Ruhrgebietsstadt ist, in der der namengebende Fluss direkt durch das Stadtzentrum fließt, können die Schiffsreisenden hier auch tatsächlich direkt in der Innenstadt an Bord gehen. Sehr schnell erlebt der Fahrgast dann die – vielleicht sogar unerwartete – stadtnahe Natur entlang der Flussufer, während das Schiff in den Sommermonaten täglich im Stundentakt flussaufwärts Richtung Kettwig fährt und mit zahlreichen Haltepunkten zum aus- oder zusteigen einlädt. Neben diesen täglichen Touren bieten Sonderfahrten ein Programm, das einer „Kreuzfahrt en miniature" gleichkommt. Die Weiße Flotte bewirbt im Sommer 2019 ihre Sonderfahrten so:

Links: Reklame der 1920er Jahre, Ausschnitt (Stadtarchiv Mülheim/Ruhr)

„An über 70 Terminen lädt die Weiße Flotte Mülheim an der Ruhr zu spannenden, entschleunigenden, kulinarischen oder einfach schönen Sonderfahrten ein. Da gibt es zum Beispiel Frühstücksfahrten, Spargelfahrten, Bergische Kaffeetafeln und – um in der kulinarischen Ecke zu bleiben – die Genießerfahrten zum Niederrhein und das Martinsgansessen. Um die Kalorien wieder abzutanzen, locken die Ruhr-Disco, die Schlager-Party, Ü30- und Ü40-Partys und Ruhrort in Flammen mit DJ auf die Schiffe. Und wenn Ihnen weder nach Schlemmen noch nach Feiern zumute ist, warten noch allerlei Tagesfahrten auf Sie, die sich nach Urlaub anfühlen – eine Auswahl: Fahrt durch das reizvolle Ruhrtal, Tagesfahrt zum Xantener Dom, Panoramatour ins Bergische Land, Hafenrundfahrt Duisburg oder eine Rundfahrt durch das Mülheimer Hafengebiet."

Und wer seine eigenen Vorstellungen einer erlebnisreichen Schiffstour verwirklichen möchte, kann für Geburtstage, Hochzeiten und vieles mehr einfach ein komplettes Schiff chartern und sich dann (fast) wie auf der eigenen Yacht fühlen.

Mülheims Weiße Flotte hat also durchaus etwas zu bieten und präsentiert sich entsprechend auf den touristischen Werbeangeboten der Stadt Mülheim an der Ruhr als eine der herausragenden Freizeitattraktionen der Stadt am Fluss. Natürlich hat die Weiße Flotte im Verlauf ihrer über 90-jährigen

Geschichte zahlreiche Hochs und Tiefs erlebt. Aufbau- und Erfolgsphasen wechselten sich mit wirtschaftlichen Schwierigkeiten, Kriegs- und Notzeiten ab. Nicht zuletzt prägten in den vergangenen Jahrzehnten Veränderungen im Urlaubs- und Freizeitverhalten der Menschen im Ruhrgebiet die Geschichte der Weißen Flotte. Diese ist Teil einer viel älteren Geschichte, die der Ruhrschifffahrt im Allgemeinen und der Personenschifffahrt auf der Ruhr im Besonderen. Tief eingebettet in die Entstehung und in die fortschreitende Veränderung des Ruhrgebiets, scheint sie in gewisser Weise sogar ein Vorbote des Strukturwandels gewesen zu sein, den die Region seit dem letzten Drittel des 20. Jahrhunderts erlebt hat. Es lohnt daher durchaus, den Bogen etwas weiter zu spannen und sich mit den historischen Voraussetzungen und Gegebenheiten von über 150 Jahren Personenschifffahrt auf der Ruhr zu befassen.

ZUR ENTWICKLUNG DER RUHRSCHIFFFAHRT

Über Jahrhunderte war die Schifffahrt – und das gilt nicht nur für die Ruhr – das „logistische Rückgrat" fast aller wirtschaftlichen Betätigungen. Stra-ßen und Wege existierten kaum und wenn, dann waren sie schlecht ausgebaut. Transportfahrzeuge, die gar größere Warenmengen oder Rohstoffe in nennenswertem Umfang transportieren konnten, gab es eigentlich nicht. So lässt sich etwas zugespitzt und vereinfacht feststellen: Alles, was nicht auf einen Ochsenkarren passte, konnte über Land kaum bewegt werden. Einzig die Schifffahrt bot ein verhältnismäßig sicheres Transportmittel, mit dem auch größere Warenmengen und Rohstoffe transportiert werden konnten. Für die Ruhrzone und besonders für Mülheim an der Ruhr ist dieser Umstand ein entscheidender Faktor gewesen. Die Lage am Fluss war ein geografischer Vorteil Mülheims, der die Stadtentwicklung schon vor der Industrialisierung begünstigt hat. Bis hier her war nämlich die Ruhr flussaufwärts von ihrer Mündung aus schiffbar. Ab Mülheim gab es flussaufwärts viel zu viele natürliche und menschengemachte Hindernisse. So waren zahlreiche sogenannte Schlagden, also Wehre, die zum Beispiel für den Betrieb von Wassermühlen zum Aufstauen des Flusses benötigt wurden, eingezogen. Auch gab es Fischzäune usw., die das Befahren der Ruhr mit Lastkähnen wie den bekannten

„Timmerhelling" auf der Schleuseninsel um 1900 (Stadtarchiv Mülheim/Ruhr)

Ruhraaks (Ruhraaken) oberhalb Mülheims sehr erschwerten, musste doch an jedem Hindernis die Ladung von einem Boot unterhalb auf ein Boot oberhalb des Hindernisses umgeladen werden.

Diese Behinderung des Warenverkehrs war besonders den preußischen Kurfürsten und Königen ein Dorn im Auge. Seit den Tagen des Großen Kurfürsten Friedrich Wilhelm von Brandenburg in der Mitte des 17. Jahrhunderts hatten sich diese immer wieder vergeblich um die Schiffbarmachung der Ruhr bemüht. Der Abtransport beispielsweise von Salz aus der preußischen Saline Königsborn bei Unna, insbesondere aber der Transport der Kohle aus den preußischen Revieren der ehemaligen Grafschaft Mark, besonders der Bereich Bochum, Witten, Hattingen, war ohne eine schiffbare Ruhr sehr mühsam und wenig wirtschaftlich. Erst unter Friedrich dem Großen gelang es endlich, die Ruhr durch den Bau von Schleusen auch im Oberlauf schiffbar zu machen. Allerdings entstand hier ein großes Problem dadurch, dass zwischen dem Preußischen Abschnitt der Ruhr und der Mündung in den Rhein vier weitere Herrschaften Hoheitsrechte am Flusslauf besaßen: Die Stifte Essen und Werden und die Herrschaften Broich und Styrum. Marie Luise Albertine, die letzte Herrin von Broich, stimmte erst nach langen Verhandlungen und eher widerwillig dem Bau

einer Schleuse in Mülheim zu. Als diese 1780 eröffnet werden konnte, war sie tatsächlich die letzte der insgesamt 16 Ruhrschleusen, die für eine durchgängige Schiffbarkeit des Flusses bis Witten und darüber hinaus erforderlich gewesen war. Der anfängliche Widerstand Marie Luise Albertines legte sich übrigens rasch, als sie merkte, dass das Schleusengeld eine willkommene Einnahme für ihren Staatshaushalt gewesen ist.

Die erste Mülheimer Schleuse lag ungefähr an der Stelle, an der heute das Kahlenberg-Wasserkraftwerk liegt. Sie wurde erst in den Jahren 1843–45 wegen konstruktiver Mängel an ihren heutigen Standort verlegt und dort 1846 eröffnet.

Zwischen 1846 und 1860 passierten jährlich ca. 7.100 Schiffe, meist die bekannten Ruhraaken, mit denen Kohle transportiert wurde, die Mülheimer Schleuse. An manchen Tagen waren dies bis zu 80 (!) Aaken, die die Schleuseninsel zu einem quirligen, arbeitsreichen Ort machten. Von einer „Freizeit-Location", wie sie es heute zweifellos ist, war sie damals weit entfernt. Neben der Schleuse gab es hier in jenen Jahren noch eine sogenannte Timmerhelling. Dies

---

Schleuseninsel mit städtischem Schlachthaus (rechts) um 1900
(Stadtarchiv Mülheim/Ruhr)

Bürgermeister Wilhelm Oechelhäuser (1820–1902)
(Stadtarchiv Mülheim/Ruhr)

19. Jahrhunderts identifizieren. Auf Betreiben des damaligen Bürgermeisters Wilhelm Oechelhäuser wurde zum 30. Dezember 1852 die „Ruhr-Dampfschiffahrts-Gesellschaft" gegründet. Oechelhäusers Idee, zwischen Ruhrort und Werden einen regelmäßigen Personenschiffsverkehr zu etablieren, stieß anfangs durchaus auf Skepsis. Allerdings gelang es ihm mit einer Propagandafahrt, die Zweifler zu überzeugen. Ein aus Köln geliehenes Personenboot fuhr ruhraufwärts und wurde von einer begeisterten Menge in Werden empfangen, sodass schließlich im Mülheimer Casino Honoratioren aus Mülheim, Kettwig und Werden die oben genannte Gesellschaft gründeten. Sie gaben bei der Firma Elsner in Koblenz ein Schiff, die erste „Mülheim an der Ruhr" in Auftrag, die am 17. Juli 1853 ihre Jungfernfahrt nach Werden absolvieren konnte. Die Ruhr erlaubte damals keine tiefgehenden Schiffe und leider überschritt die „Mülheim" den vorgegebenen Tiefgang um 5,24 Zentimeter. Das ist nicht viel, allerdings bedeutete dies bei den häufig niedrigen Wasserständen der Ruhr im Sommer, dass das Schiff immer wieder stillgelegt werden musste. Eine fehlerhafte Verarbeitung des Kessels führte zu weiteren Problemen, sodass schließlich zwei neue Schiffe, die zweite „Mülheim an der Ruhr" und die „Kettwig" beschafft wurden. Doch auch diese Schiffe brachten nicht den erhofften Erfolg, sodass die Gesellschaft 1857 liquidiert werden musste.

Dieser historische Befund ist bei näherem Hinsehen recht interessant. Warum, kann man fragen, kommt eigentlich erst so spät, nämlich in der Mitte des 19. Jahrhunderts jemand auf die Idee, auf der Ruhr eine Personenschifffahrt zu etablieren – und warum scheitert diese Idee zunächst? Zunächst einmal scheint es für Menschen in größerem Stil kein Transportbedürfnis auf der Ruhr gegeben zu haben. Die zahlreichen Schleusen und die jahreszeitlich bedingten starken Schwankungen des Wasserspiegels ließen die Ruhr als „Fernreiseverbindung" für Menschen wenig interessant erscheinen. Offenbar konnte man auf der Ruhr anders als zum Beispiel auf dem Rhein ganz gut ohne eine institutionalisierte, organisierte Personenschifffahrt zurechtkommen. Dass die Personenschifffahrt in der Freizeit so lange keine Rolle spielte, hängt vermutlich auch damit zusammen, dass es keine Freizeit gab. Vor der Industrialisierung lebten die Menschen im Rhythmus der Natur und der Jahreszeiten und erledigten ihre Arbeit, wann immer sie anfiel. Es gab schlicht keine

war eine Schiffszimmerei bzw. eine kleine Werft, auf der die Familie Thielen vor allem Ruhraaks baute und reparierte. Der Freizeitwert dieses Ortes ging also gegen Null. Und dies erst recht, als ab 1874 das städtische Schlachthaus auf der Schleuseninsel errichtet wurde. Es stand ungefähr an der Stelle der alten Schleuse bzw. des Wasserkraftwerks und war ein eher unangenehmer Nachbar. Untermalt vom Tiergebrüll wurden hier Schlachtabfälle, Blut und Kot in der Ruhr entsorgt, sodass hier aus heutiger Sicht katastrophale hygienische Zustände herrschten, die mitten in der Stadt von Gestank, Unrat und Krankheitserregern bestimmt waren. Erst 1908 wurde nach der Fertigstellung des neuen Schlachthofes an der Ulmenallee dieses furchtbare Gebäude abgerissen.

ANFÄNGE DER MÜLHEIMER PERSONENSCHIFFFAHRT AUF DER RUHR

Erste Anfänge einer freizeitmäßigen Vergnügungsschifffahrt lassen sich in Mülheim seit Mitte des

Ruhr-Dampfschiff-fahrts-Gesellschaft.

Das Dampfboot „Mülheim an der Ruhr" fährt vom heutigen Tage ab bis auf Weiteres, wie folgt:

1. Fahrt. Abfahrt von Werden Morgens 5 Uhr, von Kettwig 5³/₄ Uhr, von Mülheim 6³/₄ Uhr, von Duisburg (Ruhrsperrschleuse) 7¹/₂ Uhr, von Ruhrort 7³/₄ Uhr, Ankunft in Homberg 7 Uhr 55 Minuten (zum Anschluß an den Schnellzug nach Aachen 8 Uhr 50 Minuten.)

2. Fahrt. Abfahrt von Homberg 8 Uhr Morgens, von Ruhrort 8¹/₄ Uhr, von Duisburg 8 Uhr 40 Minuten, Ankunft in Mülheim 10¹/₄ Uhr.

3. Fahrt. Abfahrt von Mülheim 1¹/₂ Uhr Nachmittags, von Duisburg 2¹/₄ Uhr, von Ruhrort 2¹/₂ Uhr, Ankunft in Homberg 2 Uhr 40 Minuten (zum Anschluß an den Zug nach Aachen 3 Uhr 20 Minuten).

4. Fahrt. Abfahrt von Homberg 3¹/₂ Uhr, von Ruhrort 3³/₄ Uhr, von Duisburg 4 Uhr 10 Minuten, von Mülheim 6 Uhr, von Kettwig 7 Uhr, Ankunft in Werden 8¹/₄ Uhr.

Mülheim a. d. Ruhr, den 20. Juli 1853.

Die provisorische Direction.

Fahrplan der 1. Saison 1853 (Stadtarchiv Mülheim/Ruhr)

Trennung von Arbeits- und Nichtarbeitszeit. Dies änderte sich erst mit der Entstehung von Manufakturen und Fabriken, die dazu zwangen, Arbeitsabläufe im Takt der Uhr zu organisieren. Nun gab es feste Arbeits- und dementsprechend auch Freizeiten. Allerdings waren die Arbeitszeiten so lang, dass die Menschen in der Regel die freie Zeit eher für die Erledigung notwendiger Dinge benötigten – bei 12-Stunden-Schichten und sechs Arbeitstagen blieb nicht mehr viel Zeit für Vergnügungsfahrten übrig. Außerdem hatte die Masse der Industriearbeiter Mitte des 19. Jahrhunderts kaum Geld für „Vergnügen" übrig, da die Lebens- und Beschäftigungsverhältnisse eher prekär waren. Und eine Fahrt mit einem Dampfer war damals im Verhältnis zu den bescheidenen Freuden des Alltags, wie einem Wirtshaus- oder Kirmesbesuch einfach viel zu teuer, als dass es sich die Masse der Bevölkerung hätte leisten können.

Es dauerte nach dieser ernüchternden Erfahrung mit der Ruhr-Dampfschifffahrts-Gesellschaft bis in die 1880er Jahre, als private Boots- und Schiffseigner erneut einen Versuch unternahmen, eine Vergnügungsschifffahrt auf der Ruhr in Mülheim zu etablieren. Als Massentransportmittel hatte die Schifffahrt seit dem Anschluss Mülheims an die Eisenbahn 1862 ausgedient, sodass nun tatsächlich das Vergnügen im Mittelpunkt der Überlegungen stand. Auch hatten sich die Beschäftigungs- und Lebensbedingungen im Verhältnis zu den Anfängen der Industrialisierung für viele Menschen in Mülheim deutlich verbessert, sodass sich auch Erholungsbedürfnisse und Freizeitverhalten der Menschen änderten. Dampf-, später diesel- und benzinbetriebene Boote befuhren nun – also seit den 1880er Jahren – die Ruhr bei Mülheim. Sie trugen so klingende Namen wie „Flora", „Prinz Heinrich", „Ruhrperle", „Ruhrtreue", „Iltis", „Rhenus" oder „Armor". Dauerhaft erfolgreich waren sie indes nicht. Aber immerhin war ein Anfang gemacht und auch wenn keiner der privaten Unternehmer zum ganz

Vergnügungsschiffe als Postkartenmotiv, kolorierte Postkarte,
Ende des 19. Jahrhunderts (Stadtarchiv Mülheim/Ruhr)

Die „Prinz Heinrich" um 1900 (Stadtarchiv Mülheim/Ruhr)

großen Erfolg durchstieß, so waren diese kleinen Ausflugsboote doch in den Jahren der vorletzten Jahrhundertwende immer wieder im Schleusenkanal und auf der Ruhr zu sehen Die „Prinz Heinrich" erlangte dabei eine gewisse Berühmtheit, weil sie irgendwann nach der vorletzten Jahrhundertwende im Schleusenkanal versenkt worden war. Jugendliche sollen angeblich während eines Festes das Schiff mit Pistolen beschossen haben. Einige Treffer unter der Wasserlinie ließen das Boot dann im Laufe der Nacht versinken. Zum Glück ist der Schleusenkanal nicht sonderlich tief gewesen, sodass das Dach noch aus dem Wasser schaute und man den Havaristen bergen konnte. Er fuhr danach noch jahrelang, bevor er schließlich 1912 wegen „Altersschwäche" abgewrackt wurde.

DIE GRÜNDUNG DER WEISSEN FLOTTE IM RAHMEN EINES INFRASTRUKTURPROJEKTS

Nach dem Ende des Ersten Weltkriegs, dem Untergang des Kaiserreichs, nach demokratisch-republikanischem Neubeginn und Ruhrbesetzung stand Mülheim an der Ruhr Anfang der 1920er Jahre am Beginn einer neuen Ära der Stadtgeschichte.
Der damalige Oberbürgermeister Dr. Paul Lembke war von der Idee angetan, an Mülheims große Tradition als Schifferstadt anzuschließen. Unter seiner Amtsführung wurde daher ein Ausbau der Infrastruktur auch auf dem Wasser umgesetzt. Der neue Hafen wurde einschließlich des neuen sogenannten Ruhrschifffahrtsweges, der zum Beispiel am Raffelberg auch den Bau einer neuen Schleuse erforderlich machte, angelegt und am 7. Oktober 1927 mit einer großen Eröffnungsfeier in Betrieb genommen.

Aus heutiger Sicht muss man jedoch wohl feststellen, dass sich die damals in den Bau dieser Schifffahrts- und Hafenanlagen geknüpften Hoffnungen nicht in dem erwünschten Maße erfüllt haben. Auch wenn einzelne Unternehmen, wie beispielsweise die Friedrich-Wilhelms Hütte davon profitierten. Noch bis in die 1960er Jahre hinein wurden hier Rohstoffe und Produkte per Schiff direkt bis an die Hütte geliefert bzw. von dort aus verschickt. Letztlich war aber langfristig doch der Duisburger Binnenhafen die logistisch günstigere Alternative, zumal der Warenverkehr ins "Binnenland" doch auch schon in den 1920er Jahren in erheblichem Maße durch Eisenbahn und zunehmend auch durch LKW-Verkehr abgewickelt werden konnte.
Zukunftsfähiger war hingegen der Bau von Wasserkraftwerken am Raffelberg und am Kahlenberg.
Im Zusammenhang mit der Weißen Flotte sind besonders die Schleuseninsel und die dort mit dem Kraftwerksbau in den Jahren 1923–26 verbundenen Veränderungen von Bedeutung. Um dem Kahlen-

Der Schleusenkanal ruhrabwärts, kolorierte Postkarte um 1900
(Stadtarchiv Mülheim/Ruhr)

Schiffsverkehr bei der Eröffnung der Schleuse am Raffelberg,
7. Oktober 1927 (Stadtarchiv Mülheim/Ruhr)

Historische Bebauung an der Schleuse vor dem Bau des Kahlenberg-
Kraftwerks, Postkarte um 1900 (Stadtarchiv Mülheim/Ruhr)

Oberbürgermeister Paul Lembke (1860–1939)
(Stadtarchiv Mülheim/Ruhr)

berg-Kraftwerk das nötige Gefälle für eine wirtschaftliche Nutzung der Wasserkraft zu verschaffen, musste die Kahlenberger Schlagd um zwei bis
zweieinhalb Meter angehoben werden. Dies wiederum hatte zur Folge, dass auch das Bodenniveau
der gesamten Schleuseninsel um mehrere Meter
angehoben werden musste, sollte dieses Gelände
nicht dauerhaft unter den Fluten der Ruhr begraben sein. Für diese Baumaßnahmen mussten auf der
Schleuseninsel einige alte, dort noch bestehende
Gebäude abgerissen werden, was den erheblichen
Widerstand der dort lebenden Eigentümer hervorrief. Dies beschrieb Heinrich Wilms 1952 in der Zeitschrift des Geschichtsvereins wie folgt:
„Der zweistöckige Fachwerkbau des ehemaligen
Schleusenwirtshauses und einige kleine einstöckige
Häuschen, die an dem hochwassergefährdeten Feld-
wege lagen, der zur ersten Schleuse – später dem städtischen Schlachthof – führte, fielen dieser Maßnahme
[also der Anhebung des Bodenniveaus, K.R.] zum Opfer.

Die Eigentümer Bohnes und Pothmann gaben ihre zäh
verteidigten Anwesen erst auf, als das Anschüttungs-
material aus den Bauzügen bereits in die Dachrinnen
prasselte; und die Bewohner des früheren Wirtshauses
mussten gelegentlich des großen Hochwassers um die
Jahreswende 1925/26 mit sanfter Gewalt auf einen
Planwagen gebracht werden, dessen Pferde bis zum
Bauch im Wasser standen.“

Später würde ungefähr dort, wo damals die baufällige Schleusenkneipe stand, der heutige Wasserbahnhof errichtet werden.

Oberbürgermeister Lembkes Vision, durch den
Ausbau der Infrastruktur zu Wasser an alte Größe
anzuknüpfen, schloss für ihn auch den Aufbau einer
Personenschifffahrt ein. Er stammte von der Meck-
lenburgischen Küste, sodass für ihn Schifffahrt und
Bootsverkehr möglicherweise eine geradezu natürliche Komponente einer Stadt am Wasser gewesen
sein könnten. Jedenfalls war es seine Initiative, die
zur Gründung der Weißen Flotte führte. Am 16.

Ansicht der Schleuseninsel nach dem Bau des Kraftwerks (im Bild rechts)
Ende der 1920er (Stadtarchiv Mülheim/Ruhr)
——

Dezember 1926 stand die Beteiligung der Stadt Mülheim an einem „Unternehmen für Schiffahrtsbetrieb zwischen Raffelberg und Kettwig" auf der Tagesordnung der hiesigen Stadtverordnetensitzung. Hier bekräftigte Oberbürgermeister Lembke deutlich, warum eine Personenschifffahrt (erst) jetzt etabliert werden könne, welche Zwecke diese verfolge und wieso die Rheinisch-Westfälische Wasserwerks GmbH als Partner hierfür angedacht sei:
„Das Unternehmen bezweckt die Einrichtung und den Betrieb einer dem Personenverkehr dienenden regelmäßigen Schifffahrtslinie auf der Strecke zwischen Raffelberg und Kettwig.
Die Einrichtung und der Betrieb dieser Linie, die früher nicht möglich war, wird jetzt möglich durch den Aufstau des R-W. [Rheinisch-Westfälischen; K.R.] Wasserwerkes auf der oberen Strecke und durch die Ausbaggerungen der Stadt und des Wasserwerkes auf der unteren Strecke von der alten Ruhrschleuse abwärts nach Raffelberg.

Das Unternehmen wird nicht nur eine erhebliche Belebung des Verkehrs von auswärts nach der Stadt, sondern auch eine Erleichterung des Verkehrs innerhalb der Stadt und schließlich durch die Erstreckung bis Kettwig eine wesentlich bessere und engere Verbindung der Stadt mit den südlich vorgelagerten Gebieten von Kettwig, Kettwig v.d.Br. [vor der Brücke; K.R.], Mintard usw. herbeiführen. Es soll dabei durch regelmäßige Fahrten nicht nur dem Ausflugsverkehr, sondern auch dem Berufs- und gewerblichen Verkehr gedient werden. (sic!) Der seit Langem gehegte Wunsch, eine der alten Schifferstadt würdige Personenschiffahrt auf der Ruhr ins Leben zu rufen, wird hierdurch verwirklicht. [...] Die erheblichen, nebeneinander laufenden, Interessen und Aufgaben, die einerseits das Wasserwerk und andererseits die Stadt an dem Ruhrflusse zu vertreten bzw. zu erfüllen haben, lassen es wünschenswert erscheinen, dass beide, Stadt und Wasserwerk, gemeinsam Träger des Unternehmens in Form einer GmbH werden."

Offenbar waren zu diesem Zeitpunkt – im Dezember 1926 – die entsprechenden Vorbereitungen über das Stadium reiner Überlegung schon deutlich hinausgegangen. Lembke kündigte nämlich ergänzend an, dass mit der Inbetriebnahme des Unternehmens noch im Mai des nächsten Jahres – 1927 – zu rechnen sei, sollte der Beschluss zur Gründung erfolgen. Dieser Beschluss wurde dann auch am 16. Dezember 1926 gefasst, wie es in dem entsprechenden Protokoll der Stadtverordnetenversammlung vermerkt ist: Die Stadt sollte sich mit „mindestens drei Viertel des etwa 300.000 Reichsmark betragenden Gesamtkapitals" an der zu bildenden Gesellschaft unter der Bedingung beteiligen, „dass der Rest,

——

Feldbahn zur Aufschüttung der Schleuseninsel, Postkarte Mitte der 1920er Jahre (Stadtarchiv Mülheim/Ruhr)

Der Schleusenkanal nach Aufschüttung der Schleuseninsel, Postkarte Mitte der 1920er Jahre (Stadtarchiv Mülheim/Ruhr)

Die neue Schleuse nach Aufschüttung der Schleuseninsel, Postkarte
gegen Ende der 1920er Jahre (Stadtarchiv Mülheim/Ruhr)

Die „Vest Recklinghausen", 1929 (Stadtarchiv Mülheim/Ruhr)

also höchstens ein Viertel, von der Rhein.-Westf.
-Wasserwerks GmbH übernommen" werde. Auf
dieser Grundlage wurde dann der Gesellschaftsver-
trag geschlossen, sodass in den folgenden Monaten an der Inbetriebnahme des „Unternehmens für
Schiffahrtsbetrieb" gearbeitet werden konnte.

WEISSE FLOTTE UND WASSERBAHNHOF

Am 8. Juli 1927 war es dann soweit: An diesem Tag
wurde der Wasserbahnhof eingeweiht und die „Mül-
heimer-Ruhrschiffahrtsgesellschaft m.b.H." nahm
ihren Betrieb mit dem Beginn des regelmäßigen
Personenschiffsverkehrs auf. Da bereits die ersten
Schiffe weiß gestrichen waren – diese Tradition
hat sich bis heute gehalten – hatte der Volksmund
schnell den Namen „Weiße Flotte" parat. Ein „Urheber" dieser Bezeichnung ist nicht bekannt. Sie hat
sich gleichwohl auch andernorts – wie zum Beispiel

auf dem Baldeneysee – für Schifffahrtsgesellschaf-
ten eingebürgert.

Die ersten Schiffe der Mülheimer Weißen Flotte, die
für je ca. 140 Personen ausgelegt waren, trugen so
klangvollen Namen wie „Mülheim" und „Kettwig –
beide ab Juli 1927 in Betrieb. Bis 1929 kamen noch
die „Oberhausen", „Vest Recklinghausen", „Mintard", „Sterkrade" und „Essen" hinzu. Diese Schiffe
scheinen alle mehr oder weniger baugleich gewesen
zu sein. 1928 wurde auch noch ein großes Doppel-
deckerausflugsschiff mit Platz für 400 Personen
in Dienst gestellt. Dieser „Superdampfer" wurde
auf den Namen des damaligen Oberbürgermeis-
ters getauft und hieß folglich „Oberbürgermeister
Lembke". Allerdings war dieses Schiff mit 34 Metern
für die Mülheimer Schleuse zu groß, sodass es nur
unterhalb der Schleuse, zum Beispiel für Fahrten an
den Rhein, eingesetzt werden konnte.

Innenraumgestaltung der Schiffe „Mülheim" und „Kettwig" durch
Emil Fahrenkamp, Innenarchitekt der Mülheimer Stadthalle, Postkarte
um 1928 (Stadtarchiv Mülheim/Ruhr)

Die „Oberbürgermeister Lembke" vor der RWW-Hauptverwaltung (links)
und der Stadthalle um 1928 (Stadtarchiv Mülheim/Ruhr)

Reklame der 1920er Jahre (Stadtarchiv Mülheim/Ruhr)

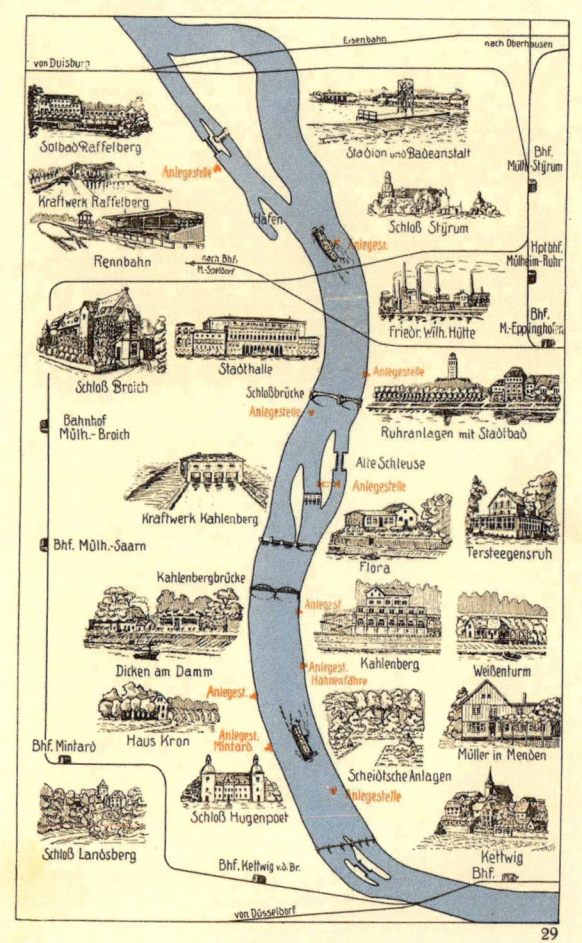

Flusskarte mit Mülheimer Sehenswürdigkeiten, 1927
(Stadtarchiv Mülheim/Ruhr)

Mit dieser Weißen Flotte aus acht Schiffen, die insgesamt 1.380 Personen befördern konnten, wurde nun sehr erfolgreich ein Ausflugs- und Vergnügungsschiffsverkehr etabliert, der auch den „kleinen Leuten" einen Sonntagsausflug vor der Haustür ermöglichte. Immerhin wurden in der Saison 1928 sensationelle 487.000 Fahrgäste befördert. Die hohe Fahrgastauslastung schien alle Hoffnungen zu übertreffen, auch wenn die Schiffe tatsächlich wohl in erster Linie zur Freizeitgestaltung dienten und nicht so sehr als alltägliches Verkehrsmittel – wie es Oberbürgermeister Lemke eigentlich in der Begründung seines Projekts ebenfalls angedacht hatte – genutzt wurden.

DER WASSERBAHNHOF

Eng mit der Weißen Flotte verbunden war und ist von Anfang an der Wasserbahnhof, der ebenfalls am 8. Juli 1927 auf der historischen Schleuseninsel eröffnet wurde. Da die Schiffe sowohl die Ruhr hinauf als auch hinunter fahren sollten, man aber die zeitaufwändige Fahrt durch die Mülheimer Schleuse umgehen wollte, wurde die Schleuseninsel bei der Planung des Betriebs der Weißen Flotte zum zentralen Ein- und Umsteigepunkt entwickelt. Je nach Fahrtrichtung und Ziel sollte hier ein bequemer

Wechsel von Schiffen aus dem Oberwasser, also dem Flusslauf bzw. dem Kanal oberhalb der Schleuse auf Schiffe im Unterwasser unterhalb der Schleuse möglich sein. Um diesen Passagierfluss zu organisieren, wurde ein kleines Empfangsgebäude von den Architekten Pfeiffer & Großmann, die im Jahr zuvor die Stadthalle errichtet hatten, als eine Art Pavillon bzw. Kiosk entworfen. Die Anlage eines Tunnels ermöglichte dabei den gewünschten Zugang zu den Schiffen im Unterwasser, die auf Höhe des Wasserbahnhofs seitlich an der Schleuseninsel anlegen konnten. Die Architekten Pfeiffer & Großmann hatten ursprünglich eine einfache Stahlbetonkonstruktion von eineinhalb Geschossen Höhe errichtet, deren Wände und Pfeiler unverputzt blieben. Neben Fahrkartenschalter, Wartehalle, Toiletten und dem bereits erwähnten Zugang zum Unterwasser, bot das Gebäude im Obergeschoss ein kleines Café

Links oben: Der Wasserbahnhof, Postkarte von 1927
(Stadtarchiv Mülheim/Ruhr)

Links unten: Luftaufnahme der Schleuseninsel, Postkarte aus den
1930er Jahren (Stadtarchiv Mülheim/Ruhr)

Rechts oben: Der Wasserbahnhof nach der Erweiterung 1929/30,
Postkarte aus den 1930er Jahren (Stadtarchiv Mülheim/Ruhr)

Rechts unten: Schiffsparade am Wasserbahnhof-Unterwasser, Postkarte
aus den 1930er Jahren (Stadtarchiv Mülheim/Ruhr)

mit 25 Sitzplätzen und einer kleinen, umlaufenden Dachterrasse. Der Bau gestaltete sich, wie spätere Umbauten auch, schwierig, da der Boden weich und für Baufundamente zu nachgiebig war. Die Ursache dafür lag in der im Zuge der Errichtung des Wasserkraftwerks erfolgten Aufschüttung des Bodenniveaus der Schleuseninsel.

Wegen seiner architektonischen Ähnlichkeit mit der seinerzeit bekannten Kölner Rhein-Gaststätte „Bastei" schlug der damalige Beigeordnete Stadtbaurat Brocke den Namen „Ruhrbastei" vor. Da sich die Mülheimer Bevölkerung jedoch mit dieser Bezeichnung – noch dazu quasi als „Zweitverwertung" in Anlehnung an ein bereits bestehendes Gebäude – nicht sonderlich anfreunden mochte, etablierte sich ziemlich schnell der von der Funktion her abgeleitete Name „Wasserbahnhof". Und so heißt er auch noch heute.

Dank des stetig steigenden Publikumszuspruchs musste bereits 1928 erweitert bzw. umgebaut werden, Pfeiffer & Großmann erhielten den Auftrag,

das bestehende Gebäude wesentlich zu vergrößern. Sie entschlossen sich, dem Pavillon an der Südseite einen halbrunden Gebäudeteil anzugliedern und das gesamte Gebäude um ein Geschoss zu erhöhen. Auf diese Weise konnten die bestehenden Gebäudeteile weiter genutzt und zugleich die Kapazitäten deutlich erhöht werden. Das Café im Obergeschoss verfügte nach dem Umbau beispielsweise über 150 statt bislang 25 Sitzplätze. Anstelle des bisherigen Flachdachs setzten die Architekten nun das bis heute – trotz verschiedener Um- und Neubauten – charakteristische, spitze Zeltdach auf das Gebäude. Diese Dachform wurde innen durch einen aus Rabitz, einem Drahtputz zur Gestaltung von Decken, Kuppeln, Wandverkleidungen usw. gefertigten Kegel aufgegriffen. Der anhaltende Erfolg des Wasserbahnhofs – und der Weißen Flotte – ließen jedoch schon bald die gerade erst gewonnenen zusätzlichen Kapazitäten erneut an ihre Grenzen stoßen. Nochmals wurde der Wasserbahnhof erweitert, indem er um eine weitere Etage aufgestockt

Werbung Anfang der 1930er Jahre (Stadtarchiv Mülheim/Ruhr)

wurde. Die charakteristische Dachform blieb dabei erhalten, wegen des unsicheren Baugrundes änderte sich jedoch die Konstruktionsweise des aufgesetzten Stockwerks. Die Erweiterung wurde in Stahlskelettbauweise, die Fachwerkfelder in Schwemmsteinmauerwerk ausgeführt. Auf diese Weise konnte mit verhältnismäßig wenig Gewicht eine stabile Konstruktion erreicht und die Kapazität des Wasserbahnhofs noch einmal erweitert werden. Nach diesem neuerlichen Umbau boten Speise- und

Gesellschaftsräume 300, Terrassen- und Gartenanlage weiterer 500 Personen Platz. Die „Deutsche Bauzeitung" beschrieb den Wasserbahnhof 1933 als ein „kleines Restaurant an der Ruhr mit freiem Ausblick und offener Terrasse, wie eine Sommerlaube gerüstartig aufgebaut. Diese frischfröhliche Form der auf schlanken Stützen schwebenden, als luftiges Zeltdach anmutenden Gaststätte gehört in solcher Auffassung an den Rand lebendigen, spielenden Wassers."

Besonders durch die Anlage des Tunnels, der den Wasserbahnhof zu einem komfortablen Umsteigeknoten für Ober- und Unterwasser machte, war dieses Bauwerk nicht nur hübsch, sondern auch praktisch.

Nach dem Ende des Zweiten Weltkriegs erlebte der Wasserbahnhof eine Innensanierung in den Jahren 1957/58. Größeren Schaden richtete 1975 ein Brand an, der das Gebäude fast völlig zerstört hätte. Schließlich wurde Ende der 1980er Jahre vor der Landesgartenschau „MüGa" 1992 eine grundlegende Sanierung der Fundamente und des Gebäudes erforderlich. Damals erhielt der Wasserbahnhof seine noch heute bestehende Form.

Mit der Weltwirtschaftskrise ab 1929 gab es für die Weiße Flotte erste Rückschläge. Die Zahl der Langzeitarbeitslosen, die kein Arbeitslosengeld mehr bekamen, sondern von der städtischen Fürsorge unterstützt werden mussten, stieg von drei Prozent im Jahre 1927 auf über 29 Prozent im Jahre 1929 an. Es wundert angesichts dieser Entwicklung nicht, dass die Fahrgastzahlen ab dem Ende der 1920er Jahre deutlich zurückgingen. Schließlich musste 1936 die „Oberbürgermeister Lembke" an die „Köln-Düsseldorfer Deutsche Rheinschiffahrt AG" verkauft werden, wo sie noch viele Jahrzehnte (mindestens bis 1986) – zuletzt als Werkstattschiff „Jan-van-Werth"

– in Betrieb war. Leider ist diesem Unternehmen heute weder etwas über die Nutzung noch über das spätere Aussehen dieses Schiffes bekannt.

1937 übernahm die Stadt Mülheim an der Ruhr die Anteile der „Rheinisch-Westfälischen Wasserwerks GmbH" an der Schifffahrtsgesellschaft, sodass die Weiße Flotte nun gänzlich unter der Regie der Stadt Mülheim an der Ruhr fuhr. Die Zeichen standen Ende der 1930er Jahre allerdings nicht günstig. Nach dem Beginn des Zweiten Weltkriegs 1939 wurden vier von sieben Schiffen beschlagnahmt. Diese sollen sogar bis in russische Gewässer gebracht worden sein. Sie kehrten jedoch nicht aus dem Krieg zurück. Im März 1940 kam schließlich die Personenschifffahrt kriegsbedingt völlig zum Erliegen.

NACH DEM ZWEITEN WELTKRIEG

Erst am 22. Mai 1947 konnte der Fahrgastbetrieb – zunächst nur mit der einzig fahrtüchtigen „Essen" – wieder aufgenommen werden. Die beiden anderen

Schleusendurchfahrt in den 1930er Jahren
(Stadtarchiv Mülheim/Ruhr)

Boote „Sterkrade" und „Mintard" mussten erst noch notdürftig für den Betrieb wieder hergerichtet werden, was bis 1949 geschah. Im selben Jahr wurde auch der Wasserbahnhof wieder öffentlich zugänglich. Seit 1945 hatte hier die britische Militärbehörde ihr Offizierscasino unter dem schönen Namen „Riverside-Club" betrieben. Schon 1948 waren auf inzwischen zwei fahrtüchtigen Mülheimer Schiffen wieder über 110.000 Fahrgäste befördert worden, 1949 bereits über 244.000. Es ging also langsam wieder aufwärts, was sich auch an der Beschaffung neuer Schiffe zeigte, die die alten Kähne nach und nach ersetzten. Zwischen 1952 und 1959 wurden vier neue Schiffe in Dienst gestellt: die „Mülheim an der Ruhr", die „Oberhausen", die „Kettwig" und die „Friedrich Freye" (damals Kämmerer und für die Betriebe der Stadt, zu denen die Weiße Flotte inzwischen gehörte, verantwortlich). Außerdem unterstützten Anfang der 1950er Jahre die Privatschiffe „Ruhrtreue" und „Flora" den Ausflugsverkehr. Wie beliebt dieser war, zeigen die Fahrgastzahlen der Saison 1951: Zwischen Mai und September wurden 275.000 Fahrgäste befördert! Die in den 1950er Jahren angeschafften Schiffe wurden alle bei der Clausen-Werft in Oberwinter gebaut, die einen Schiffstyp entwickelt hatte, dessen markante Silhouette zu einem Erkennungsmerkmal der Mülheimer Weißen Flotte geworden ist. Um die Motorengeräusche nicht auf die Fahrgasträume zu übertragen, entwickelte man einen ausschwimmbaren Antriebstender, der Motor, Getriebe, Ruder und Schraube aufnahm. Durch weitere Schallisolierung konnte die Geräuschbelästigung durch den 165 PS starken Motor im Fahrgastraum so gering wie möglich gehalten werden.

Auch das Areal auf der Schleuseninsel wurde in der Nachkriegszeit angepasst. So war 1950 vor dem Wasserbahnhof die damals größte Blumenuhr Deutschlands installiert worden. Zu manchen Gelegenheiten gab es auf der Schleuseninsel Promenadenkonzerte der Bordkapelle der „Mülheim an der Ruhr" wie beispielsweise Himmelfahrt und Pfingsten 1953, als der damalige Kapellmeister Willy Zimmermann den Taktstock schwang.

In den späten 1960er und frühen 1970er Jahren wurde die Zahl der Schiffe reduziert. Kleinere Boote wie die „Sterkrade", die „Bottrop" und die

Rechts: Schiffsverkehr unter der Florabrücke Anfang der 1950er Jahre (Stadtarchiv Mülheim/Ruhr)

Exotische Kulisse in den 1950er Jahren: Palmen zieren das Gelände am Wasserbahnhof (Stadtarchiv Mülheim/Ruhr)

---

einen zweiten gedeckten Salon, sodass nun noch ein weiteres Konferenzschiff für Sonderfahrten zur Verfügung stand. Kaffeefahrten – mit zwei Stücken Kuchen und zwei Tassen Kaffee im Fahrpreis inbegriffen –, Frühschoppenfahrten, Betriebsausflüge usw. erfreuten und erfreuen sich seit den 1970er Jahren großer Beliebtheit. Seit den 1980er Jahren leistete die Weiße Flotte mit Sonderfahrten immer wieder einen eigenen Beitrag unter anderem zum 175-jährigen Stadtjubiläum 1983 oder zum 200. im Jahre 2008, ebenso wie zu eigenen Jubiläen 1987 oder 2002, als das 60- bzw. 75-jährige Bestehen gefeiert werden konnte. Im Jahr des 90. Geburtstags 2017 wurde dann erstmalig die Geschichte der Weißen Flotte zum Gegenstand einer historischen Ausstellung. Das Stadtarchiv Mülheim an der Ruhr nahm dieses Jubiläum angesichts der Bedeutung der Weißen Flotte für die heutige Alltags- und Freizeitkultur zum Anlass, sich etwas genauer mit der Geschichte der Personenschifffahrt auf der Ruhr zu befassen. In Kooperation mit dem RWW-Museum Haus Ruhrnatur entstand so eine Ausstellung historischer Fotografien, die dann auch im Haus Ruhrnatur in direkter räumlicher Nähe zum Wasserbahnhof gezeigt werden konnte. Wie unmittelbar die

„Gladbeck" wurden verkauft, da sich ihr Betrieb auch wegen des sich ändernden Freizeitverhaltens nicht mehr lohnte. Gleichwohl wurde noch einmal ein neues Schiff gebaut. 1971 entstand die „Heinrich Thöne", benannt nach dem damaligen Oberbürgermeister, als sogenanntes „Fahrgast- und Konferenzschiff". Es zeichnete sich damals durch zwei gedeckte heizbare Salons mit voll eingerichteter Küche, Bar und Lautsprechern, die von einer zentralen Stereoanlage betrieben werden konnten, aus. Da die Zahl der Sonderfahrten nun sprunghaft anstieg, wurde ein zweites Konferenzschiff nötig. Die 1959 gebaute „Mülheim an der Ruhr" erhielt 1975

Fahrgastansturm Ende der 1950er Jahre, Postkarte mit fehlerhafter Beschriftung: abgebildet ist die „Friedrich Freye", nicht die „Mülheim an der Ruhr" (Stadtarchiv Mülheim/Ruhr)

Mülheim a. d. Ruhr
Ruhrpartie mit neuem Schiff Mülheim a. d. Ruhr

Blumenuhr und Wasserbahnhof, Postkarte aus den 1950er Jahren
(Stadtarchiv Mülheim/Ruhr)

Weiße Flotte zum Leben in Mülheim dazugehört, wurde nicht zuletzt im Rahmen dieser Ausstellung deutlich. Kaum ein Besucher, der nicht von seinen eigenen Erinnerungen zu erzählen wusste, oder der die Ausstellung zum Anlass nahm, nun auch mal wieder eine Tour auf einem der weißen Schiffe zu unternehmen.

Anfang des 21. Jahrhunderts verfügte die Weiße Flotte noch über vier Schiffe: Neben den beiden Fahrgastschiffen „Oberhausen" und „Friedrich Freye" waren es die Fahrgast- und Konferenzschiffe „Heinrich Thöne" und „Mülheim an der Ruhr". Seit dem Verkauf der „Oberhausen" 2011 – sie hat als „Eventschiff Ruhrperle" allerdings ihren Liegeplatz am Wasserbahnhof behalten und ist Mülheim damit sozusagen treu geblieben – sind es noch drei Schiffe. Diese fahren nach wie vor als Botschafter der Stadt Mülheim auf Ruhr und Rhein. Die Feststellung des Mülheimer Jahrbuchs von 1986 trifft auch nach über 30 Jahren noch zu:

„Aber die Mülheimer beweisen auch gerne ihren Gästen, für die das Ruhrgebiet der hässlichere, grau-verrußte und stinkende Teil Deutschlands ist, mit einer Fahrt auf einem Weiße-Flotte-Boot, wie wenig ihr Vor-

urteil mit der Mülheimer Wirklichkeit zu tun hat: Denn wer am Wasserbahnhof eine ‚Tour de Ruhr' startet, vergisst auf dem Fluss zwischen Aubergs Wiesen und Weiden, historischen Sehenswürdigkeiten, malerischen Städtchen und schön gelegenen Ausflugslokalen sehr schnell, dass er sich in einem Industriegebiet befindet."

Dem ist nichts hinzuzufügen.

Die „Heinrich Thöne" begrüßt seit den 1970er Jahren am Hauptbahnhof als Keramikrelief die Reisenden der U- und Straßenbahn (Stadtarchiv Mülheim/Ruhr)

Ulrich Reitz

DIE HEIMKEHR DER „BALDENEY"

Als Heinz Hülsmann im Essener Lokalteil der WAZ die kleine Notiz las, an der Küste in Niedersachsen liege die frühere „Baldeney" vor Anker und sei dabei, zu verrotten, zögerte er keine Sekunde. Hülsmann fahndete auf Ebay nach dem Schiff, wurde fündig und drückte auf „sofort kaufen". Das war morgens um sechs Uhr. „Um acht hätte es vielleicht mehrere Bieter gegeben und ich hätte das Schiff wohl nicht mehr so günstig bekommen", erzählt der Käufer. 14.800 Euro hat er für die frühere „Baldeney" bezahlt. „Ich habe da nicht lange nachgedacht. So ein Schätzken muss man einfach retten." Was er damit anfangen würde, wusste Hülsmann zu dem Zeitpunkt noch nicht. „Mir ging es darum, den Kahn erst mal in Sicherheit zu bringen - vor irgendeinem Seelenverkäufer." Von Aurich nach Emden, dann in die Ems, Übernachten an der Schleuse Papenburg, am nächsten Morgen los bei sieben Meter Tidenhub. Weiter in den Ems-Seitenkanal, schließlich über Lingen bis nach Essen. Gemeinsam mit einem Bootsmann überführte Hülsmann das 17-Meter-Schiff im Frühjahr 2020 in dessen alte Heimat. Die „Baldeney" nennt ihr Käufer ein „Kulturgut" fürs Ruhrgebiet, das einfach gerettet werden musste.

Links: Die Moornixe an der Mendener Brücke in Mülheim, 2020 (K+S Studios)

Länger als 45 Jahre fuhr die „Baldeney" als eines der beliebtesten Ausflugsschiffe über den See und den Fluss, an Bord mehr als 50 Passagiere. 1933 war sie das erste Essener Fahrgastschiff überhaupt gewesen. Dann, 1979, ging das Unterhaltungsschiff an die Mosel, wo es in „Nixe" umfirmiert wurde, kurz darauf dann nach Niedersachsen. Die Eignergemeinschaft war mit der „Moornixe", wie das Schiff

Die Fähre „Baldeney" auf dem Baldeneysee, im Hintergrund die Zeche Carl Funke, Essen, Juni 1947, Foto: Josef Stoffels (Fotoarchiv Ruhr Museum)

dann hieß, ein paar Jahre lang über den Ems-Jade-Kanal geschippert. Dann verstarb der Eigentümer, und dessen Nachfolger verlor die Fahrerlaubnis nach seinem zweiten Herzinfarkt. Für zwei Jahre lag die „Moornixe" nun schon in Mercardsmoor. Das war der Moment, als Hülsmann die WAZ las, sofort bei Ebay zuschlug, die „Moornixe" alias „Baldeney" nach Essen überführte und dort im Frühjahr und Sommer 2020 wieder fit und schön machte. Hülsmann ist gelernter Sozialpädagoge, Lokalpatriot – und Unternehmer, der in Essen eine Bootswerkstatt und die Segelschule Moby Dick betreibt. Materiell reich zu werden, entspricht nicht seinem Lebensplan. „Ich nage nicht am Hungertuch. Ich freue mich, wenn die Leute sich freuen." Hülsmann betreibt als dessen Vorsitzenden den Verein „Segeln und Freizeit e.V.". Der ist gemeinnützig und will auch Menschen, die kein dickes Portmonee haben, das Segeln ermöglichen. Und so sieht sein Plan mit der „Baldeney" aus: Der Verein bietet für Gruppen von um die zehn Menschen Fahrten auf dem See und den Seitenkanälen im Ruhrgebiet an. Diese Ausflüge werden nichts kosten, aber der Verein freut sich hinterher über eine Spende. „Damit wir die Betriebskosten herein holen, für den Sprit und die Reparaturen." Einen neuen Motor braucht die „Baldeney" wohl erst einmal nicht. Sie fährt noch mit ihrer ersten Maschine, einem 70-PS-Diesel der Marke Deutz. Gebaut hat das Fahrgastschiff 1933 die Stauf-Werft in Königswinter. Dort, unterhalb des Drachenfelses, wurden zwischen 1886 und 1967 viele solcher Schiffe gefertigt. Der Lokalbootsbau lebte von der Rheinromantik. Jedenfalls überlebte das Schiff die Werft um inzwischen mehr als 50 Jahre. Und wenn wir den Zuspruch von Ruhr-Wanderern während dessen Renovierung am Ufer in Mülheim richtig deuten, wird sich der Schiffsretter Hülsmann mit seinem Segelverein über die Nachfrage nach Ausflugplätzen auf der „Baldeney" allzu viele Gedanken nicht machen müssen.

Links: „Kapitän" Heinz Hülsmann auf seinem Schiff in der Marina Oberhausen, Foto: Gerd Wallhorn (Funke Foto-Services)

Silvia Fehse-Schmitz

ZEHN BRÜCKEN (GESCHICHTEN) ÜBER DIE RUHR...

Rund 160 Brücken überqueren die Ruhr auf ihrem knapp 220 Kilometer langen Weg von der Quelle mitten im Rothaargebirge bis zur Mündung im Duisburger Stadtteil Ruhrort. Im Durchschnitt entspricht das einer Querung alle 1,3 Kilometer. 160 Brücken sind auf den ersten Blick lediglich 160 Möglichkeiten, auf bequeme Art und Weise vom einen an das andere Ufer zu gelangen – zu Fuß oder mit dem Fahrrad, im Auto oder auf der Schiene.

Hinter jeder dieser Brücken stecken jedoch auch spannende Geschichten. Für Fans modernster Ingenieurskunst beispielsweise ist die Ruhr geradezu ein Mekka, denn beinahe alle Brückenbautypen und Konstruktionsarten, die das Statik-Lehrbuch hergibt, sind hier vertreten: Balkenbrücken, Hängebrücken, Bogenbrücken, Schrägseilbrücken, Stabbogenbrücken, Fachwerkbrücken, Brücken aus Stahl, aus Beton, aus Holz oder Stein. Christoph Schmitz, beim Landesbetrieb Straßenbau NRW unter anderem zuständig für die Planung neuer Brücken, hat allein diesen technischen Aspekten der einzelnen Ruhrbrücken zehn Jahre seiner Arbeit sowie ein knapp 600 Seiten starkes (und mehr als zweieinhalb Kilogramm schweres) Buch gewidmet.

Darüber hinaus erzählen die Ruhrbrücken ein interessantes Kapitel zur Siedlungsgeschichte. Als Transportweg und Wasserlieferant bildete die Ruhr Jahrhunderte lang die Lebensgrundlage für viele Menschen und tut dies bis heute. Sie war aber gleichzeitig – wie alle Flüsse im vorindustriellen Zeitalter – eine natürliche Barriere, die nur durch Furten oder Fähren überwunden werden konnte. Brücken machten Kommunikation und Handel zwischen hüben und drüben erst möglich, ebenso wie den überregionalen Warentransport auf Straßen und Wegen.

Heute gehören Brücken fast überall zum gewohnten Landschaftsbild. Flüsse und Täler sind scheinbar kein Hindernis mehr. Wer auf einer der vielbefahrenen Autobahnen die Ruhr überquert, der wird im Zweifel kaum bemerken, dass er gerade eine Brücke befährt. Die Fahrspuren führen beinahe nahtlos ans andere Ufer, hohe Sichtschutzwände versperren den Blick auf die Landschaft dahinter. Die Ingenieurtechnik hat sogar eine eigene Norm dafür, die definiert, was eine Brücke ist. Die DIN 1076 besagt: „Brücken sind Überführungen eines Verkehrsweges über einen anderen Verkehrsweg, über ein Gewässer oder tiefer liegendes Gelände, wenn ihre lichte Weite rechtwinklig zwischen den Widerlagern gemessen 2,00 m oder mehr beträgt."

Links: Die Kettenbrücke im Park von Haus Laer ist eine der ältesten erhaltenen Kettenhängebrücken in Europa (Silvia Fehse-Schmitz)

Als echte Verbindung im ursprünglichen Sinne – also als Überwindung einer Trennung – werden Brücken kaum noch wahrgenommen. Heute sind sie eher ein Nadelöhr im Berufsverkehr, ein Problem maroder Infrastruktur oder im besten Fall eine Selbstverständlichkeit. Doch die folgenden zehn Geschichten beweisen, dass die Brücken über die Ruhr viel mehr sind, als nur Verkehrswege. Dem Flussverlauf folgend, von der Quelle bis zur Mündung, gibt es die unterschiedlichsten Brücken(geschichten) „über" die Ruhr zu entdecken.

___

1. DER RUHRSTEG – DIE ERSTE QUERUNG

Die Ruhr ist kaum ihrer Quelle entsprungen, da queren bereits die ersten Wege ihren Verlauf. Mitten im sauerländischen Wald, nördlich der Stadt Winterberg, ist sie zwar noch nicht mehr als ein schmales Rinnsal, das die meiste Zeit des Jahres im morastigen Untergrund versickert. Dennoch überspannt eine kleine Holzbrücke den „Fluss", um Wanderer und Radfahrer trockenen Fußes auf die andere Seite zu bringen. Die Überführung ist Teil des Fernwanderwegs Rothaarsteig und wird von den Rangern des Landesbetriebes Wald und Holz NRW betreut. Norbert Hoffmann ist einer von ihnen. Gemeinsam mit zwei Kollegen hat er die Brücke 2008 eigenhändig gebaut. Und er weiß: Eigentlich ist sie ein Kompromiss, der vor allem Besucher „kanalisiert".

___

Norbert Hoffmann ist Ranger am Rothaarsteig. Er hat mit seinen Kollegen vom Landesbetrieb Wald und Holz NRW 2008 die erste Ruhrquerung nach der Quelle errichtet (Silvia Fehse-Schmitz)

Offiziell ist der Steg die erste Überführung der Ruhr nach ihrer Quelle. Die steingefasste Rinne, in die das Quellwasser spärlich fließt, liegt etwa 200 Meter hinter der Brücke und ist in den Sommermonaten ein wahrer Touristen-Magnet. Tatsächlich entspringt die Ruhr aber mehreren Quellen in dem umliegenden Naturschutzgebiet, folglich gibt es auch weitere Brücken. „Wir bemühen uns hier um eine gezielte Besucherführung und möchten den Wanderern eine der Quellen zeigen. Wenn alle Besucher abseits der Wege im Morast das eine kleine Loch im Boden suchen würden, aus dem das Wasser zuerst sprudelt, dann würde die Vegetation ziemlich leiden", erklärt Hoffmann. Andererseits aber wolle man niemanden fernhalten oder gar „aussperren". Die gut ausgebauten Wege vom Parkplatz und die kleine Brücke ebnen den Weg zur Quelle – selbst für gehbehinderte Menschen. Dafür ist sogar eine Rampe aufgeschüttet worden, sodass die Holzbrücke nun in etwa auf dem Niveau des Weges liegt.

___

2. VON MESCHEDE NACH NEW YORK

Es braucht ein wenig Phantasie, um Ähnlichkeiten zu erkennen: Die 1839 erbaute Fußgängerhängebrücke im Park von Haus Laer bei Meschede hat eine berühmte große Schwester – die New Yorker Brooklyn Bridge. Die schmale Ruhrbrücke ist eine der ältesten erhaltenen Kettenhängebrücken in Europa und steht heute unter Denkmalschutz. Ihre Baupläne gehen ursprünglich auf einen Entwurf des Ingenieurs Johann August Roebling zurück, dessen statische Konstruktionsidee damals revolutionär war.
„Johann, wer…?", mögen sich – außer einigen Brückenbau-Ingenieuren, denen der Name vielleicht geläufig ist – die meisten Menschen fragen. Denn besondere Berühmtheit erlangte der gebürtige Mülhausener in Deutschland nicht. Er wanderte 1831 in die USA aus. Weltbekannt ist jedoch das letzte Bauwerk, das er kurz vor seinem Tod im Jahr 1869 plante: Die Brooklyn Bridge, deren Fertigstellung er 14 Jahre später nicht mehr erlebte.
Und auch das hat die Brücke im Park mit der großen Schwester in den USA gemeinsam. Roebling konnte seine Pläne in Meschede ebenso wenig selbst verwirklichen wie in New York. Ein späterer Baumeister hat sie jedoch aufgegriffen und umgesetzt.

3. FÜR „FAHRZEUGE" GESPERRT

Eine gehörige Portion Humor bewies die Arnsberger Stadtverwaltung beim Bau der Jägerbrücke. Ende der 1950er Jahre musste das Vorgängerbauwerk durch eine breitere, dem zunehmenden Autoverkehr angepasste Brücke ersetzt werden. Während der Bauarbeiten ereignete sich angeblich folgende Begebenheit:

Die Baustelle war für den Fahrzeugverkehr gesperrt, Fußgänger durften jedoch passieren. Im September 1958 machte sich der Schreinermeister Josef Köster, genannt Knaarke, mit seinem Lehrling Roland Dietz vom linken Ruhrufer aus auf den Weg, um auf der anderen Flussseite einen Sarg abzuholen. Dazu hatte er einen Handkarren dabei. Unbehelligt liefen die beiden in Richtung Stadtzentrum. Auf dem Rückweg aber wurden sie von einem Polizisten angehalten, der sie mit dem beladenen Handkarren nicht über die Brücke lassen wollte: Für „Fahrzeuge" war der Weg schließlich gesperrt. Nach ergebnisloser Diskussion mit dem Ordnungshüter schulterte der Meister schließlich den Sarg, wies seinen Lehrling an, das gleiche mit dem Handkarren zu tun und die beiden passierten die Brücke als Fußgänger. Die skurrile Begebenheit sprach sich in Arnsberg schnell herum und wurde wenig später Thema im lokalen Karneval. Die Narren forderten von der Stadtobrigkeit, dem Meister Knaarke ein Denkmal

zu setzen. Und tatsächlich erfüllte der Stadtdirektor diesen Wunsch: In den beiden Brückengeländern erinnern bis heute zwei schmiedeiserne Ornamente an die Anekdote.

4. STRASSENBAHN ÜBERSTEHT BRÜCKENEINSTURZ

Es grenzt an ein Wunder, dass dieser Unfall nicht in einer Katastrophe endete: 1947 stürzte die Ruhrbrücke Herbede ein und riss eine Straßenbahn mit 20 Fahrgästen sowie einen Kleinlastwagen mit in die Tiefe. Glücklicherweise wurde dabei niemand ernsthaft verletzt. Kriegsschäden hatten das Bauwerk instabil werden lassen und schließlich zu dem Einsturz geführt.

1945 hatten deutsche Truppen auf ihrem Rückzug zwei Segmente der Brücke gesprengt. Zwar errichtete man schnell eine Behelfsbrücke, diese wurde jedoch im Februar 1946 vom Frühjahrshochwasser weggerissen. Auf dem Reststück der alten Brücke verkehrte noch immer die Straßenbahnlinie 12. Die Schäden an der Brücke waren allerdings größer als angenommen. Am 13. Januar 1947 stürzten zwei

Die schmiedeisernen Ornamente im Geländer der Jägerbrücke in Arnsberg setzen dem Meister Knaarke bis heute ein Denkmal (Silvia Fehse-Schmitz)

weitere Brückenfelder, auf denen sich der Lastwagen und die Straßenbahn befanden, über der Ruhr ein.

Der Geistesgegenwart des Straßenbahnführers ist es zu verdanken, dass keiner der Fahrgäste ernsthaft zu Schaden kam. Als die Fahrbahn zu kippen begann, stellte er die vorderen Bremsen fest und verhinderte damit, dass die Bahn in die Ruhr rollte. Auch der Lastwagenfahrer blieb unverletzt.

5. BEDEUTENDER SCHEREN-SCHNITT

Im Stadtarchiv Hattingen liegt eine ganz besondere Schere. Ihre Form erinnert ein wenig an eine alte Stoffschere, allerdings ist sie sehr aufwändig und kunstvoll verziert. Gefertigt wurde sie ursprünglich nur für einen einzigen Schnitt: Anlässlich der Eröffnung der Kemnader Brücke im Jahr 1928 durchtrennte sie in der Hand des Baurats Wellmann das symbolisch gespannte Band zwischen Bochum-Stiepel und Hattingen-Buchholz. Ein einziger Schnitt,

Straßenbahnunglück an der Herbeder Ruhrbrücke 1947,
Quelle: Dietrich Thier u. a.: Brückenschläge, Wetter 1995, S. 147,
Repro: J. Fruck (Stadtarchiv Witten, Fotosammlung 2.9.)

der das letzte Hindernis zwischen den beiden benachbarten Gemeinden endlich beseitigte.

Der Bochumer Anzeiger berichtete am 19. Juni 1928: „Dann aber blaute der Himmel und beschien ein malerisches Bild als unter Böllerschüssen von den Stiepeler Höhen hinab Regierungs- und Baurat Wellmann mit einer von der Firma Rebele dem Bürgermeister Thiel überreichten und von diesem an Wellmann weitergegebenen kostbaren Scheere das symbolisch die Brücke noch sperrende weißrote Band durchschnitt und somit offiziell die Brücke dem Verkehr übergeben wurde."

Über 50 Jahre lang verschwand die Schere anschließend aus dem Blick der Öffentlichkeit. Erst 1983 übergab der Sohn des ehemaligen Amtmannes von Blankenstein das einzigartige Stück dem Stadtarchiv Hattingen. Seitdem kommt sie bei besonderen Anlässen wieder zum Einsatz. Zur Einweihung öffentlicher Einrichtungen und Gebäude wird die Schere bis heute genutzt. Als Zeichen dafür, dass große Bauprojekte, damals wie heute, nur mit vereinten Kräften gestemmt werden können.

Die Geldgeber für den Bau der Kemnader Brücke sind jeweils mit einem Siegel auf der reich verzierten Schere verewigt. Die Oberseite der Klinge schmücken unter anderem reliefartig erhabene Plaketten der Stadt Bochum, des Kreises Hattingen

Die Schere zur Einweihung der Kemnader Brücke im Jahr 1928 wird heute noch bei besonderen Eröffnungsfeierlichkeiten verwendet (Stadtarchiv Hattingen)

sowie der Gemeinde Buchholz. Weitere finanzielle Unterstützer waren die Preußische Staatsregierung Berlin sowie die Provinz Westfalen zu Münster. Im Scherengelenk ist das Siegel der Stadt Blankenstein abgebildet, am rechten Griff das der Gemeinde Stiepel, am linken die Plakette des damaligen Amts Blankenstein.

6. BEI EGGEMANNS ÜBER DIE RUHR

Fünf-Pfennigs-Brücke wurde sie früher genannt, die Pontonbrücke zwischen Bochum-Dahlhausen und Hattingen-Niederwenigern. Das war der Preis, den Fußgänger damals entrichten mussten, um das Kassenhäuschen passieren zu dürfen. Die alte Preisliste bewahrt Luise Eggemann bis heute sorgfältig in einem Aktenordner auf, gemeinsam mit Konstruktionsplänen, Fotos und anderen Dokumenten, die

die Geschichte des Bauwerks belegen. Der Familie ihres verstorbenen Mannes gehörte die einzigartige Brücke einst, Großvater Eggemann ließ sie 1897 als Privatbrücke erbauen. Zuvor hatte die Familie das Fährrecht an dieser Stelle besessen.

Luise Eggemann, geborene Wolff, erzählt gerne von ihren Kindheitserinnerungen in Hattingen-Dumberg – heute ein Teil von Niederwenigern: „Von den Alten ist ja kaum noch jemand da, der die Zeit miterlebt hat", sagt die 89-Jährige. Deshalb hält sie die historischen Dokumente in Ehren. Ihr Geburtshaus ist das Restaurant „Esszimmer" an der Burgaltendorfer Straße, das damals nicht nur Wirtshaus, sondern auch die Poststelle für Dumberg war. Nach ihrer Heirat lebte sie mit ihrem Mann in der elterlichen Gaststätte und übernahm den Betrieb später. Die Verbindung über die Ruhr spielte schon damals eine wichtige Rolle im Leben der Menschen – insbesondere auf Hattinger Seite. Auf der Dahlhauser Zeche arbeiteten rund 400 Bergleute, die zum Teil auf der gegenüberliegenden Seite des Flusses lebten. Auch der nächstgelegene größere Bahnhof war in Dahlhausen. „Und wenn wir mal etwas Besonderes kaufen wollten, Delikatessen für die Feiertage zum Beispiel, dann bekamen mein Bruder und ich eine Einkaufstasche in die Hand und wir gingen zu Fuß rüber", erinnert sich Luise Eggemann. Sie erzählt von Bauern, die ihre Karren über die holprigen Brückenbohlen zogen, Fuhrwerke und Autos, die auf die andere Seite des Flusses fuhren.

Luise Eggemann erinnert sich noch gut an die alte Schwimmbrücke in Dahlhausen. Der Familie ihres Mannes gehörte das Bauwerk einst (Silvia Fehse-Schmitz)

—

Ölgemälde der alten Schwimmbrücke von Heinz Carls, Titel unbekannt, um 1910 entstanden. Das Gemälde befindet sich im Besitz von Luise Eggemann und ist nach der Vorlage eines Fotos entstanden, das sich ebenfalls in ihrem Besitz befindet, Foto: Silvia Fehse-Schmitz (Luise Eggemann)

Schulkinder unter 14 Jahren besaßen eine Monatskarte für 50 Pfennig, um die Ruhr auf dem Schulweg queren zu dürfen, Erwachsene zahlten das Doppelte. Die Preisliste erwähnt zudem Gespanne mit Zugtier und unbespanntes Vieh, die zum Preis von 40 Pfennig beziehungsweise 15 Pfennig passieren durften. Wer sich das Brückengeld sparen wollte, der wartete bis zum Abend, weil dann das Kassenhäuschen nicht mehr besetzt war.

Im Zweiten Weltkrieg wurde die Brücke stark beschädigt. Im Mai 1943 hatte die Möhnekatastrophe sie schon einmal beinahe vollständig zerstört, bevor deutsche Soldaten sie 1945 schließlich sprengten. Während des notdürftigen Wiederaufbaus garantierte eine polizeiliche Genehmigung der Familie Eggemann für kurze Zeit wieder das Fährrecht.

In den 1950er Jahren begannen Arbeiten an einer neuen Brücke. Im Gegensatz zum Vorgängerbauwerk war diese bereits aus Stahl statt aus Holzbohlen gebaut und für den Autoverkehr ausgelegt. Mit der Fertigstellung im Jahr 1959 verlor die Familie Eggemann allerdings alle Rechte an der neuen Brücke. Denn den Neubau hatten der Landschaftsverband Westfalen-Lippe, der Ennepe-Ruhr-Kreis und die Stadt Bochum finanziert. „Die Familie hätte die Kosten in dieser Zeit nicht stemmen können, verlor

aber damit auch ihre wichtigste Einnahmequelle", erinnert sich Luise Eggemann. „Meine Schwiegermutter hat nie verstanden, dass sie nach dem Krieg nie dafür entschädigt wurde."

Heute ist die Pontonbrücke Dahlhausen, wie sie inzwischen genannt wird, die letzte schwimmende Straßenbrücke Deutschlands und schon allein deshalb einzigartig.

7. SUIZID OHNE SCHUHE?

Diesen Einsatz werden die Essener Feuerwehrleute und Polizeikräfte so schnell nicht vergessen: Im Januar 2019 wurden sie auf die Gustav-Heinemann-Brücke in Werden gerufen. Weil sie ein paar verlassene Turnschuhe am Brückengeländer gefunden hatte, vermutete eine Spaziergängerin, dass sich jemand in die Ruhr gestürzt hätte. Mit einem Großaufgebot suchten Polizei und Feuerwehr nach dem vermeintlichen Selbstmörder. Kurze Zeit später kam dann jedoch die Entwarnung:

Die pinkfarbenen Sneakers waren der jungen Besitzerin offenbar auf dem Schulweg aus der Tasche gefallen. Mitarbeiter der Essener Entsorgungsbetriebe hatten das verlorene Paar Schuhe eingesammelt und ordentlich ans Brückengeländer gestellt, damit

es nicht unter die Räder kommt und leichter wiedergefunden werden kann. Daraus hatte die Spaziergängerin die falschen Schlüsse gezogen.

8. RUDELGUCKEN UNTER DER BRÜCKE

Freiluft-Atmosphäre mit schützendem Dach über den Köpfen und eine tolle Party-Location: Auch das kann eine Brücke bieten. Mali Sirin, Wirt der Gaststätte „Werdener Wiesn" nutzt den Treidelplatz unter der Gustav-Heinemann-Brücke in Essen-Werden gerne als Veranstaltungsort. Hier stiegen bereits eine Silvesterfeier und zwei Fußballpartys zur Weltmeisterschaft im Sommer 2018. Rund 500 Fans fieberten vor einer Großleinwand mit, als die deutsche Nationalmannschaft spielte.

Fußball-WM 2018: Die Gustav-Heinemann-Brücke in Essen-Werden ist eine angesagte Party-Location (Reiner Worm)

Ein verlorenes Paar Turnschuhe auf der Gustav-Heinemann-Brücke löste einen Großeinsatz von Polizei und Feuerwehr aus (Silvia Fehse-Schmitz)

9. GERHARD RICHTER MALTE DIE RUHRTALBRÜCKE

Die Mintarder Ruhrtalbrücke hat einige Superlative aufzuweisen: Sie ist die längste deutsche Straßenbrücke aus Stahl und zählt sicherlich zu den meistbefahrenen. In Sachen Ästhetik hält sie hingegen keinen Rekord. So stellt sie optisch einen massiven Eingriff in die Landschaft dar und ist deshalb seit Jahren recht umstritten. Vielleicht hat aber genau das den Künstler Gerhard Richter inspiriert, sie zu malen. Im Jahr 1969 entstand das Bild mit dem schlichten Titel „Ruhrtalbrücke". Es zeigt eine seitliche Ansicht des Bauwerks im Gegenlicht der Dämmerung. Der Kunstverein Ruhr holte das Gemälde 1994 für die Ausstellung „Gerhard Richter und die Romantik" nach Essen. Richter gilt als einer der bedeutendsten Künstler der Gegenwart, seine Werke erzielen bei Auktionen Millionenbeträge.

10. DIE „LIVING BRIDGE" ERWACHTE NIE ZUM LEBEN

Wohnen über der Ruhr sollte in Duisburg möglich werden. 2007 entwarf der Hamburger Architekt Hadi Teherani ein zwölfstöckiges Gebäude, das in einem halbkreisförmigen Bogen über der Ruhr gebaut werden sollte. Luxuswohnungen mit großzügigen Balkonen und Terrassen, Geschäfte und sogar ein Parkhaus waren darin vorgesehen.
„Das Projekt ‚Living Bridge' ist als ein Baustein der Strategie ‚Entwicklung am Wasser als Motor für die Stadtentwicklung und das Stadtimage Duisburgs anzusehen", heißt es in den Unterlagen zum Planverfahren. Und weiter: „Der Brückenschlag erweitert logisch und folgerichtig die gegenwärtige Entwicklung des Innenhafens und ermöglicht dadurch die zukünftige Erschließung einer scheinbar nicht endenden Uferlandschaft."

Gerhard Richter, „Ruhrtalbrücke", Öl auf Leinwand, 1969
(Gerhard Richter 2019 (0159))

Das Projekt „Living Bridge" war visionär. Zu visionär, wie sich bald herausstellen sollte, und vor allem zu teuer. Zwei Jahre nachdem der als Leuchtturmprojekt gelobte Entwurf auf der EXPO REAL 2007 in München erstmalig vorgestellt worden war, hatte sich noch immer kein Investor gefunden, der bereit war, die Kosten von 100 Millionen Euro zu stemmen. Denn an potenziellen Mietern oder Käufern für die Flächen mangelte es ebenfalls. Die Pläne verschwanden in der Schublade – und liegen dort bis heute.

Damit wurde nichts aus dem Traum von der „erlebbaren Brücke", die in direkter Verlängerung der Max-Peters-Straße den Ruhrdeich und die Ruhrschleuse am anderen Ufer verbinden sollte. Mit 230 Metern Länge, 20 Metern Breite und 43 Me-

tern Höhe hätte sich der monumentale Bogen aus Stahl und Glas über das Wasser spannen sollen. Acht Bögen aus Stahlbeton mit einer Spannweite von 25 Metern sollten das Gebäude tragen. Die unterste Ebene war als Parkgeschoss mit einem öffentlich zugänglichen Rad- und Fußweg geplant. Darüber sollten Wohnungen und Geschäfte entstehen. Gefasst werden diese Ebenen in den Plänen von zwei über die gesamte Länge und Höhe spannenden Bögen, an denen sich je eine öffentliche Treppe befindet. Der Ausblick wäre sicherlich unbezahlbar gewesen – im wahrsten Sinne des Wortes.

Die „Living Bridge" blieb eine Vision aus Stahl und Glas. Die Luxus-Brücke wurde nie gebaut (BRT)

Nikolai Ingenerf

RUHRTALBAHN(EN) IM WANDEL

Zur wechselvollen Nutzung der Eisenbahn
im mittleren Ruhrtal

Infrastrukturen erschließen Räume. Verkehrsinfrastrukturen gewährleisten den räumlich übergreifenden Austausch von Gegenständen und Ideen, verschaffen Menschen die Möglichkeit zur räumlichen Mobilität. Ihre (Be-)Nutzung ist keine statische Angelegenheit. Sie unterliegen einem permanenten Wandel und verweisen auf gesellschaftliche Rahmenbedingungen, deren Beschreibung sich nicht zwangsläufig in wirtschaftlichen Fragen erschöpfen kann. Am Beispiel der Ruhrtalbahn lässt sich nicht nur die klassische Lesart eines sich verändernden Mobilitätsverhaltens, sondern auch ein Wandel des gesellschaftlichen Geschichtsbewusstseins verdeutlichen. Der Beitrag orientiert sich deshalb an den Nutzungsszenarien, die sich am Beispiel der mittleren Ruhrtalbahn identifizieren lassen. Daraus ergibt sich eine Dreiteilung: Nach einer einleitenden begrifflichen Differenzierung und Abgrenzung folgt eine kurze Darstellung der Planung und Errichtung dieser Strecke. Anschließend wird die Nutzung der mittleren Ruhrtalbahn im Güter- und Personenverkehr in den Blick genommen, wobei ein Schwerpunkt auf das Bahnbetriebswerk Bochum-Dahlhausen als Nukleus der musealtouristischen Nutzung dieses Streckenstücks gelegt wird. An-

schließend widmet sich der Text der Umwandlung zu einer touristischen Eisenbahnstrecke, die eng verknüpft war mit dem Entstehen einer industriellen Denkmallandschaft entlang der Ruhr.

EIN RUHRTAL – DREI RUHRTALBAHNEN

Zunächst aber gilt es, einige begriffliche Unterscheidungen vorzunehmen. Der Text konzentriert sich auf die Eisenbahnstrecke als Infrastruktur und bezieht sich nicht auf die RuhrtalBahn GmbH. Hierbei handelte es sich um ein Touristikunternehmen aus Mülheim an der Ruhr, das bis zum Sommer 2019 mit historischen Zügen auf einem Teilstück der Ruhrtalbahn unterwegs war.

Dieses Teilstück wiederum war die sogenannte mittlere Ruhrtalbahn und verläuft zwischen Hattingen und Hagen. Somit rückt die eigentliche Eisenbahnstrecke wieder in den Fokus. Es deutet sich an, dass sich die historische Eisenbahnstrecke Ruhrtalbahn nicht auf jeweils einen einzigen Start- und Zielort reduzieren lässt, sondern betrieblich und historisch in drei Teilstücke zu differenzieren ist. Die zusammengenommen rund 220 Kilometer lange Strecke besteht beziehungsweise bestand erstens aus der unteren Ruhrtalbahn von Düsseldorf über Kettwig nach Steele, zweitens aus

Links: Ein Nahverkehrszug vor der Zeche Dahlhauser Tiefbau
im September 1955, Ausschnitt (Stadt Bochum)

der bereits genannten mittleren Ruhrtalbahn von Steele über Dahlhausen und Hattingen nach Hagen und drittens aus der oberen Ruhrtalbahn von Hagen über Schwerte ins Sauerland, wo sie durch Meschede und Arnsberg und vorbei an Brilon bis nach Warburg führt.

Die Ruhr gab diesen Eisenbahnstrecken nicht nur ihren Namen, sondern bestimmte im Wesentlichen auch ihren Verlauf. Eisenbahnstrecken in Flusstälern anzulegen war insbesondere in gebirgigen Regionen üblich. Die Talsohlen hatten häufig nur geringe Steigungen und auch die regionalen Wirtschaftszentren lagen oftmals in der Talsohle am Fluss. Mit diesen Vorteilen waren jedoch auch Nachteile verbunden, die den Bau einer Strecke im Gebirge erheblich verteuerten. Die Täler boten für eine Eisenbahntrasse oft nur wenig Platz in der Breite und die Radien der Flussschleifen waren häufig zu eng. Daher machte eine Streckenführung im Tal den Bau teurer Dämme, Brücken, Einschnitte oder Tunnel notwendig, was spezialisiertes Wissen und viele Arbeitskräfte erforderte, mithin die Bauzeit verlängerte und Projekte dieser Art im Vergleich zu Flachlandstrecken deutlich teurer werden ließ.

Seit Sommer 1865 befasste sich die Bergisch-Märkische Eisenbahn-Gesellschaft (BME) mit dem Bau einer Eisenbahnstrecke durch das Ruhrtal. Das Vorhaben entsprach der Unternehmensstrategie, die bereits industrialisierten Mittelgebirge des Bergischen Landes und des Sauerlandes zu erschließen und sie mit dem wachsenden Kohlenrevier nördlich der Ruhr zu verbinden.

Schon in den ersten Planungen ging die BME von zwei zunächst getrennten Strecken aus und unterschied zwischen einer unteren und einer oberen Ruhrtalbahn. Die untere Ruhrtalbahn reichte von Düsseldorf über Ratingen nach Kettwig. Von dort aus sollte sie an zwei Strecken angeschlossen werden: in Mülheim-Styrum an die ein Jahr zuvor eröffnete Strecke Witten – Duisburg und in Kupferdreh an die bereits seit 35 Jahren bestehende und seit knapp zehn Jahren der BME gehörende Prinz-Wilhelm-Eisenbahn von Steele nach Wuppertal. Die obere Ruhrtalbahn wiederum begann in Schwerte, in dessen Nähe die BME wenige Jahre zuvor ihre Strecke entlang der Lenne nach Siegen eröffnet hatte. Sie sollte über Arnsberg und Bestwig bis nach Kassel führen. Im Oktober 1865 erhielt die BME die staatliche Genehmigung zum Bau dieser Verbindung.

Die mittlere Ruhrtalbahn dagegen wurde erst im Sommer 1866 als Verbindung zwischen Dahlhausen und Herdecke in die Planungen aufgenommen. Mit ihr sollte die bis dahin getrennt gedachte untere mit der oberen Ruhrtalbahn verbunden werden.

Obwohl diese Verbindung erst spät geplant wurde, war der erste in Betrieb genommene Abschnitt aller Ruhrtalbahnen ein Teilstück auf der mittleren Ruhrtalbahn. Nach drei Jahren eröffnete die BME im Dezember 1869 eine Verlängerung der Stichstrecke Steele – Dahlhausen bis nach Hattingen. Doch schon ein halbes Jahr später folgte die obere Ruhrtalbahn mit der Eröffnung des Abschnitts von Schwerte nach Arnsberg. Es dauerte weitere anderthalb Jahre bis zum Dezember 1871, bis auch Meschede erreicht wurde. Als nächstes nahm die BME ihre untere Ruhrtalbahn von Düsseldorf über Kettwig bis nach Kupferdreh in Betrieb. Im Sommer 1872 erreichte die obere Ruhrtalbahn Bestwig im Sauerland und wiederum ein halbes Jahr später war am 6. Januar 1873 mit Warburg der Schlusspunkt erreicht. Damit waren die untere und die obere Ruhrtalbahn fertiggestellt, aber auf der mittleren Ruhrtalbahn hatte sich seit Eröffnung des Teilstücks

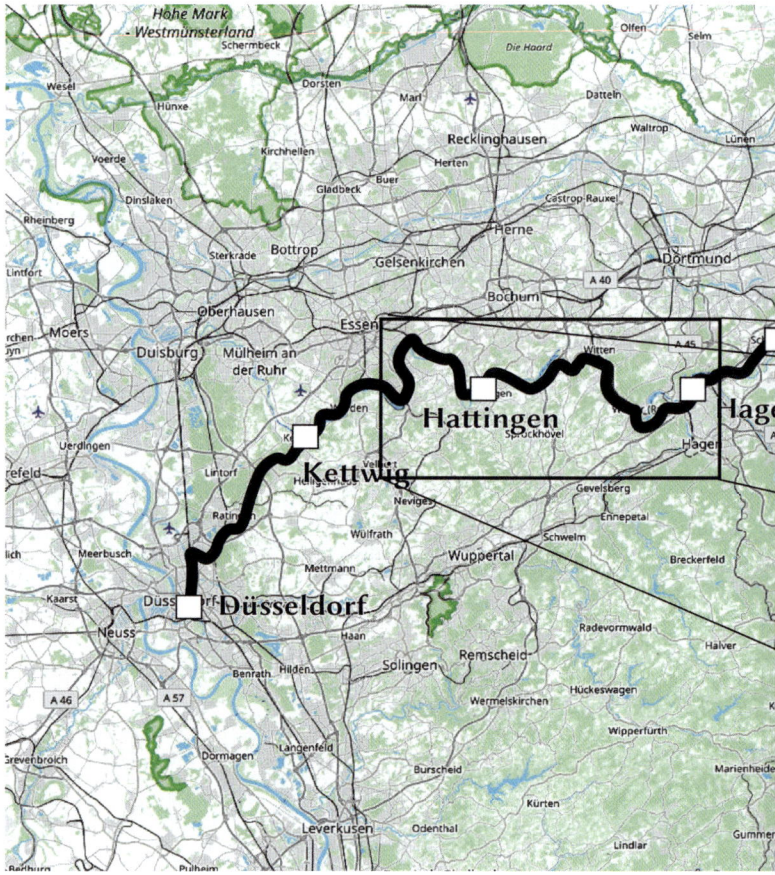

nach Hattingen nicht mehr viel getan. Es dauerte noch gut anderthalb Jahre, ehe im Sommer 1874 das letzte Stück zwischen Hattingen und Herdecke (heute Hagen-Vorhalle) eröffnet wurde. Rund neun Jahre nach Planungsbeginn hatten damit alle drei Ruhrtalbahnen ihren Betrieb aufgenommen.

DIE MITTLERE RUHRTALBAHN

Die Abfolge der Streckeneröffnungen deutet es bereits an: die mittlere Ruhrtalbahn besaß die geringste Priorität. Während die untere und obere Ruhrtalbahn vor allem überregionale Verkehrsfunktionen erfüllen sollten, blieb die mittlere Ruhrtalbahn in erster Linie eine kurze Anschlussbahn der lokalen Industrie. Das hatte mehrere Gründe. Zum einen dienten die obere und untere Ruhrtalbahn vorrangig dem An- und Abtransport großer Gütermengen ins Ruhrgebiet hinein und aus dem Ruhrgebiet heraus. Die mittlere Ruhrtalbahn hingegen begann im Ruhrgebiet und endete auch dort. Die ansteigenden Transporte, die in der wachsenden Industrieregion anfielen, konnte die BME über ihre

mehrgleisig ausgebauten und damit leistungsfähigeren Strecken weiter nördlich zwischen Essen, Bochum und Witten abwickeln. Aus diesem Grund war die mittlere Ruhrtalbahn als Verbindungsstück zwischen der oberen und unteren Ruhrtalbahn kaum vonnöten. Ihre nachrangige Bedeutung im Netz der BME lässt sich – neben ihrer späten Fertigstellung – auch daran ablesen, dass sie die einzige der Ruhrtalbahnen blieb, die – bis auf zwei kurze Abschnitte – nie ein zweites Gleis erhielt.

Wenn die Strecke auch kaum überregionale Bedeutung erhielt, waren ihre regionalen und lokalen Auswirkungen tiefgreifend. Schon seit längerem war die Ruhr als Transportweg bei den Zechenbesitzern und Unternehmern durch ihre Unberechenbarkeit zum Ärgernis geworden. Die Schifffahrt auf der Ruhr war stark vom aktuellen Wasserstand abhängig. Sommerliches Niedrigwasser oder winterliches Hochwasser und Eis konnten dazu führen, dass alle Transporttätigkeiten auf der Ruhr zeitweise

Karte der Ruhrtalbahn; Ausschnitt: Verlauf der mittleren Ruhrtalbahn (Nikolai Ingenerf)

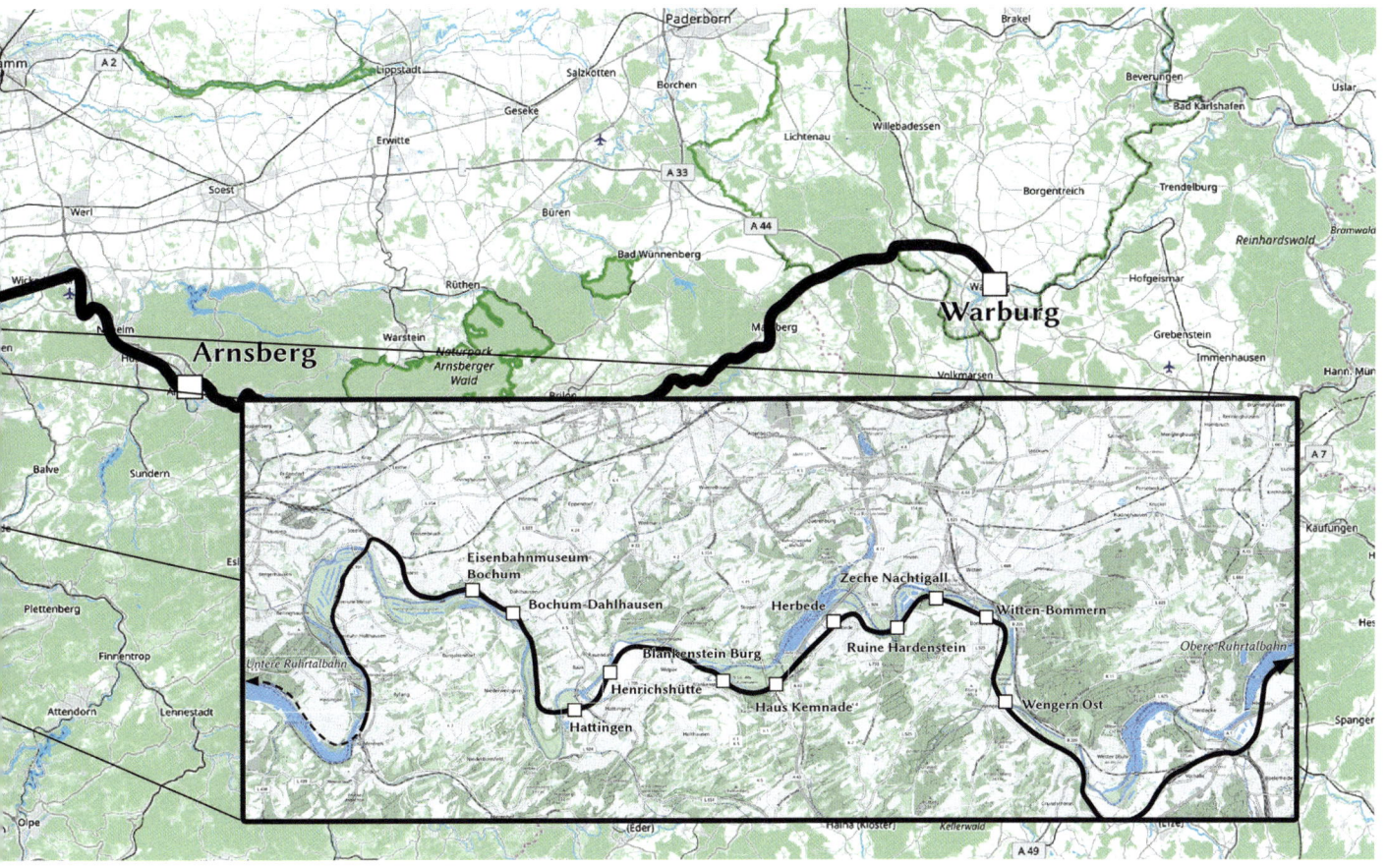

eingestellt werden mussten. Das stellte die Zechen und Betriebe im Ruhrtal immer wieder vor schwerwiegende Probleme, da sie ihre Produkte nicht oder nur unter größtem Aufwand abtransportieren konnten. Die Eisenbahn bot die Aussicht, diese umweltbedingten und damit kaum beeinflussbaren Unsicherheiten zu minimieren. Nachdem sich das neue technische System Eisenbahn Mitte des 19. Jahrhunderts in Europa vielerorts im praktischen Betrieb bewährt hatte, wurde spätestens seit 1862 ein weiterer Ausbau der Ruhr in Bergbaukreisen nicht mehr für sinnvoll gehalten.

Als im Sommer 1874 die Lücke zwischen Hattingen und Herdecke geschlossen wurde, bedeutete dies das Ende der Frachtschifffahrt auf der Ruhr. Hatten die Schiffer mit ihren Aaken 1860 noch knapp eine

Million Tonnen Steinkohle auf der Ruhr transportiert, ging die Transportmenge ein Jahr vor der Eröffnung der mittleren Ruhrtalbahn bereits auf rund 327.300 Tonnen Kohle zurück. Als 1874 die ersten Züge zwischen Hattingen und Wengern fuhren, brach das Transportvolumen auf der Ruhr schließlich vollkommen ein: nur noch 77.700 Tonnen Kohle entfielen auf die verbliebenen Schiffe – ein Rückgang um 76 Prozent. Gleichwohl zog sich die endgültige Abwicklung der Ruhrschifffahrt über eine Dekade hin: Die letzten Schiffer konnten sich immerhin noch bis 1890 auf der Ruhr behaupten.

Die Zechen und Betriebe brachten nun ihre Güter nicht mehr zum Ruhrufer, sondern zum nächstgelegenen Bahnhof. Mitunter hatten sie auch einen eigenen Gleisanschluss legen lassen, um die Waggons auf dem eigenen Gelände be- und entladen zu können. Schließlich wurden die in den Bahnhöfen Bommern, Herbede, Kemnade und Hattingen gesammelten Waggons zu den nächstgrößeren Güterbahnhöfen in Bochum-Dahlhausen und Herdecke (heute Hagen-Vorhalle) gefahren. Hier löste das

Das Aquarell von Hans Rudolf Kremer zeigt einen Personenzug der Bergisch-Märkischen Eisenbahngesellschaft nach Vohwinkel auf der Ruhrbrücke in Steele. Bildnachweis: Peter P. Kremer und Harald Vogelsang, Die Eisenbahn im Ruhrtal von Herdecke bis Duisburg. Historische Aquarelle in der Landschaft des Ruhrtals zwischen den 1860er und den 1970er Jahren (Steeler Archiv e.V., 2017)

Bahnbetriebswerk Bochum, 1956, Foto: S. Simon
(Sammlung H. Vogelsang)

Bahnhofspersonal die vergleichsweise kurzen Züge auf und stellte die Waggons zu neuen, längeren Zügen – den jeweiligen Zielorten entsprechend – zusammen. Sie transportierten vor allem Steinkohle, die zahlreiche Stollen- und Tiefbauzechen des Ruhrtals förderten. An den Bahnhöfen zwischen Dahlhausen und Bommern waren gleich mehrere Zechen angeschlossen. Neben den beiden größten Zechen Dahlhauser Tiefbau und Herbede sorgten auch die zahlreichen Kleinzechen des Ruhrtals für ein konjunkturell schwankendes, aber durchweg hohes Verkehrsaufkommen bis zum Ende der 1950er Jahre.

Weil die mittlere Ruhrtalbahn eingleisig blieb, führte das dichte Güterverkehrsaufkommen schon bald zu Interessenkonflikten mit dem sich zeitgleich entwickelnden Personenverkehr. Personenzüge, die beispielsweise auf dem Weg von Essen nach Hagen die mittlere Ruhrtalbahn befuhren, hielten in Bochum-Dahlhausen, Hattingen, Blankenstein, Herbede, Bommern (Tal)- und Wengern-Ost. Für diese Strecke benötigten sie rund 40 Minuten. Aber wie auf vielen anderen Strecken des Ruhrgebiets auch, hatte sich der Personenverkehr auch auf der mittleren Ruhrtalbahn in der Regel dem Güterzugverkehr unterzuordnen.

In den 1920er Jahren bemühten sich insbesondere die Gemeinden im Bochumer Raum intensiv um eine Verbesserung des rudimentären Nah- und Fernverkehrsangebots. Ihre Bitten reichten von einem weiteren Frühzug von Essen nach Hagen und zurück bis hin zur Einrichtung eines Schnellzughaltes in Bochum-Dahlhausen. Die zur Ablehnung führenden Gründe der zuständigen Reichsbahnbehörde – entweder Lokomotivmangel oder keine Kapazitäten im Fahrplan – machen das Primat des Güterverkehrs deutlich. In dieser Hinsicht unterschied sich die mittlere Ruhrtalbahn wesentlich von ihren Pendants im unteren und oberen Ruhrtal. Vor allem die obere Ruhrtalbahn profitierte von ihrer Verbindungsfunktion nach Kassel und verzeichnete als eine zentrale West-Ost-Verbindung schon bald einen dichten Personenverkehr. Überdies trug die kurvenreiche Strecke über Arnsberg, Bestwig und Olsberg maßgeblich dazu bei, das Sauerland als Reiseziel für Wochenendausflüge der Ruhrgebietsbevölkerung zu erschließen.

Anfang des 20. Jahrhunderts hatte der Güterverkehr auf der mittleren Ruhrtalbahn Dimensionen angenommen, die vielerorts Engpässe zur Folge hatten. Um 1910 zeichnete sich ab, dass der Bahnhof Dahlhausen für das inzwischen anfallende Verkehrsaufkommen zu klein geworden war. Über diesen Bahnhof wurde unter anderem die tägliche Förderung zweier Großzechen abtransportiert und mit der Firma Dr. C. Otto einer der wichtigsten Zulieferer für Kokerei- und Hochofenausmauerungen bedient. Dazu kamen noch kleinere metallverarbeitende Betriebe und ein Steinbruch, die ihre Produkte ebenfalls mit der Bahn transportieren ließen. 1913 wurden über 29.000 Wagen bereitgestellt, womit die Kapazitäten des Bahnhofs an ihre Grenzen gekommen waren. Die Königlich Preußische Staats-Eisenbahn entwarf erste Pläne zum Umbau des Bahnhofs, die auch den Bau eines neuen Bahnbetriebswerkes in Dahlhausen vorsahen. Ende 1913 begannen die Umbauarbeiten. Sie wurden unter

Einsatz von Kriegsgefangenen während des Ersten Weltkriegs im Dezember 1916 beendet. Im Rahmen dieser Umbauarbeiten erhielt der Bahnhof ein eigenes Bahnbetriebswerk. Hierbei handelte es sich um eine eisenbahnspezifische Abstelleinrichtung für Dampflokomotiven, bei der die Lokomotiven mit Betriebsstoffen wie Wasser und Kohle versorgt und kleinere Reparaturen vorgenommen werden konnten. Auch übernachteten hier die Lokpersonale, die abends einen Zug nach Dahlhausen gebracht hatten und am nächsten Tag mit ihrer Lokomotive einen anderen Zug zurückfuhren.

Doch erst zwei Jahre nach Fertigstellung nahm im April 1918 der erste Mitarbeiter seinen Dienst in Dahlhausen auf. Mehr als Hausmeistertätigkeiten hatte er allerdings noch nicht zu erwarten, denn bis die ersten Lokomotivführer, Heizer und Schlosser ihre Arbeit im Bahnbetriebswerk Bochum-Dahlhausen aufnahmen, sollte es noch sechs Jahre dauern. Ab 1924 waren rund 50 Personen für elf Lokomotiven zuständig. Gemessen an den 14 verfügbaren Stellplätzen im Rundschuppen war die Anlage damit nur zu rund drei Vierteln ausgelastet. Hintergrund war, dass die benachbarten älteren Bahnbetriebs-

Der Güterbahnhof Bochum-Dahlhausen, 1957, Foto: S. Simon (Sammlung H. Vogelsang)

werke in Steele und Hattingen nicht sofort stillgelegt, sondern noch rund zehn Jahre weiterbetrieben wurden. Dass die zusätzlichen Kapazitäten des neuen Bahnbetriebswerkes nur langsam genutzt wurden, dürfte – neben des Streiks der Eisenbahner während der Ruhrbesatzung 1923 durch französische und belgische Truppen – der Abhängigkeit des Transportaufkommens von der lokalen Steinkohlenförderung geschuldet gewesen sein. In der zweiten Hälfte der 1920er Jahre schlossen im Ruhrgebiet über 100 Zechen, darunter vor allem mittlere und kleinere Zechen im Ruhrtal. Die Anforderungen auf den Energiemärkten hatten sich verändert und die im Ruhrtal gewinnbare Kohlenqualität war kaum noch gefragt. Hinzu kam, dass den kleinen Zechenbetrieben für notwendige, aber umfangreiche und deshalb teure Rationalisierungsmaßnahmen das Geld fehlte.

Gleichwohl wuchs das Bahnbetriebswerk in Dahlhausen weiter, indem es schrittweise die Aufgaben der benachbarten Dienststellen in Steele und Hattingen übernahm. Als das Steeler Bahnbetriebswerk 1931 geschlossen wurde, wechselten dessen Personale und Lokomotiven nach Dahlhausen. Die Kollegen aus Hattingen folgten 1950. Zu Beginn der 1960er Jahre arbeiteten in Dahlhausen über 500 Personen an rund 40 Dampflokomotiven. Doch mit der 1958 einsetzenden Kohlenkrise gingen die Transporte auf der mittleren Ruhrtalbahn erneut zurück. Wieder waren es die noch verbliebenen Zechen im Ruhrtal, die als erste ihren Betrieb einstellten. Vor allem die zahlreichen Kleinzechen, die nach dem Zweiten Weltkrieg aus den Restbeständen der bereits in den 1920er Jahren aufgegebenen Zechen förderten, gaben auf. Die größeren Anlagen förderten dagegen zunächst sprichwörtlich „auf Halde", bevor auch unter ihnen die ersten nach wenigen Jahren geschlossen wurden. Den Anfang machte die Bochumer Zeche Friedlicher Nachbar in Linden, die in ihren letzten Jahren bis zur Schließung 1961 im Dahlhauser Güterbahnhof für ein Transportaufkommen von rund 400.000 Tonnen Kohle jährlich gesorgt hatte. Rund drei Jahre später fielen mit der Stilllegung der Zeche Dahlhauser Tiefbau 1965 weitere 300.000 Tonnen Kohle weg. Mit den damals üblichen Güterwagen für Steinkohle hatten allein diese beiden Zechen für rund 35.000 Wagen pro Jahr gesorgt. Als 1972 auch die Zeche Herbede ihre Förderung einstellte, blieb auf der mittleren Ruhrtalbahn nur noch die Henrichshütte als Großan-

schließer übrig, deren Züge im Hattinger Bahnhof abgefertigt wurden.

Aber nicht nur die Montanindustrie fiel als Transportkunde weg, auch im übrigen Güterverkehr zeichneten sich in den 1960er Jahren tiefgreifende Veränderungen ab. Schon in den 1920er Jahren hatte der Lkw sein Potenzial als Konkurrent der Eisenbahn angedeutet. Vor allem seine Flexibilität hinsichtlich der beförderten Menge und Transportziele boten aus Kundensicht handfeste Vorteile. Nachdem in den 1950er Jahren der Ausbau des Straßennetzes wieder Schwung aufgenommen hatte, sank der Transportanteil der Eisenbahn kontinuierlich. Auch die Betriebe im Ruhrtal stellten ihre Lieferlogistik zunehmend auf den flexibleren und günstigen Lkw um und konnten so auf den teuren Gleisanschluss verzichten. Allein im Güterbahnhof Bochum-Dahlhausen ging die Anzahl versendeter Wagenladungen zwischen 1955 und 1970 um 93 Prozent zurück. Die Entwicklung der Fahrgastzahlen sah nicht besser aus, was im Wesentlichen auf die einsetzende Massenmotorisierung zurückzuführen war. 1968 schloss die Deutsche Bundesbahn den Bahnhof Blankenstein Ruhr. Nur drei Jahre später stellte sie am 22. Mai 1971 den Personenverkehr auf der mittleren Ruhrtalbahn schließlich ganz ein. Der Güterbahnhof in Bochum-Dahlhausen blieb noch bis 1979 in Betrieb.

Parallel zu diesen Prozessen des Rückgangs und der Verschiebung des Verkehrsaufkommens vollzog sich auch innerhalb des technischen Systems Eisenbahn eine Art Strukturwandel. In den 1950er Jahren hatte die Deutsche Bundesbahn damit begonnen, ihre teuren, weil personalintensiven Dampflokomotiven schrittweise durch Diesel- und Elektrolokomotiven zu ersetzen. Damit wurden auch die umfangreichen Infrastrukturen, die ausschließlich für den Dampflokomotivbetrieb instand gehalten werden mussten, überflüssig. Mitte der 1960er Jahre begann die Bundesbahn deshalb, die Lokomotiven und das erforderliche Personal in Bochum-Dahlhausen zu reduzieren. 1971 arbeiteten im Bahnbetriebswerk nur noch 40 Mitarbeiter, von denen 37 Personen Güterwagen reparierten und drei als Tankwarte Diesellokomotiven betankten. 1982 wurde mit der Schließung der Wagenreparatur der letzte noch in Betrieb stehende Teil des Bahnbetriebswerkes

---

Nächste Seite: Ein Nahverkehrszug vor der Zeche Dahlhauser Tiefbau im September 1955 (Stadt Bochum)

stillgelegt. Zu diesem Zeitpunkt stand ein Großteil des Geländes bereits in der Obhut des wenige Jahre zuvor eröffneten Eisenbahnmuseums Bochum-Dahlhausen.

VOM MONTAN- ZUM TOURISMUSVERKEHR

Der Aufbau dieses Museums fiel in eine Zeit, in der sich vermehrt zivilgesellschaftliches Engagement für den Erhalt industrieller Lebens- und Arbeitsstrukturen einsetzte. Während sich die Oberhausener Siedlung Eisenheim ebenso öffentlichkeitswirksam wie erfolgreich gegen ihren Abriss wehrte, bemühte sich ein engagierter Kreis in Dortmund um den Erhalt der Maschinenhalle der Zeche Zollern II/IV. Angesichts tiefgreifender Veränderungen industrieller Arbeits- und Lebenswelten, die in der Regel mit einem Rückgang industrieller Strukturen verbunden waren, traten insbesondere im Ruhrgebiet zahlreiche Initiativen auf den Plan, die jenen Strukturen einen eigenen Denkmalwert zuschrieben.

Der Museumszug des Eisenbahnmuseums Bochum, 1996 (Stadt Bochum)

Während im Ruhrgebiet vor allem der Erhalt montanindustrieller Lebens- und Arbeitswelten im Mittelpunkt stand, entwickelte sich andernorts oftmals das Ende des Betriebes von Dampflokomotiven zum Kristallisationspunkt solcher Initiativen. So gingen die Ursprünge des Bochumer Eisenbahnmuseums auf einen 1968 ins Leben gerufenen Arbeitskreis der damals noch jungen Deutschen Gesellschaft für Eisenbahngeschichte (DGEG) zurück. Im April 1967 in Karlsruhe gegründet, war es ihr Anliegen, angesichts eines sich auch im Eisenbahnwesen intensivierenden Strukturwandels – branchenintern „Traktionswandel" genannt – eine möglichst große Vielfalt historischer Eisenbahntechnik zu erhalten. Unmittelbar nach ihrer Gründung begann die DGEG mit der Suche nach geeigneten Abstellorten für ihre bereits gesammelten und noch zu sammelnden Fahrzeuge. Fündig wurde die DGEG unter anderem in Bochum. Das damals noch in Betrieb stehende Bahnbetriebswerk Bochum-Dahlhausen bot aus Sicht der Gesellschaft einen idealen Standort. Es verfügte noch über alle für den Dampflokomotivbetrieb notwendigen Einrichtungen und seine vergleichsweise kompakten Abmessungen ließen auch einen ehrenamtlichen Betrieb realistisch erscheinen. Da passte es gut, dass es zu diesem Zeit-

Haltepunkt Blankenstein-Burg in den 1920er Jahren
(Sammlung H. Vogelsang)

punkt im Ruhrgebiet, dessen Eisenbahnnetz zu den dichtesten Europas zählen durfte, noch keine Institution gab, die historische Eisenbahnfahrzeuge sammelte und präsentierte. Zudem traf die DGEG auch hier auf Initiativen, die sich dem Erhalt historischer Eisenbahntechnik verschrieben hatten. So hatte sich bereits 1967 der Modelleisenbahn-Club Essen entschieden, einen eigenen historischen Zug anzuschaffen. Hierfür wurden Ende der 1960er Jahre mehrere Waggons restauriert. In enger Zusammenarbeit bildeten diese Wagen schließlich den Grundstock des noch heute betriebsfähigen Museumszuges des Eisenbahnmuseums.

Dessen Anfang machten indes zwei einzelne Gleise im alten Ringlokschuppen, die die DGEG von der Deutschen Bundesbahn anmietete. Die erfolgreiche Sammlungstätigkeit führte dazu, dass das Mietverhältnis schließlich auf große Teile des Geländes ausgeweitet wurde. Ziel war es, den Bochumer Standort zu einem öffentlich zugänglichen Eisenbahnmuseum zu entwickeln. Neun Jahre später öffnete das Eisenbahnmuseum Bochum-Dahlhausen im Sommer 1977 seine Tore. Der damals noch bescheidene Museumsbetrieb beschränkte sich auf zwei sonntägliche Stunden und wurde fast ausschließlich in ehrenamtlicher Arbeit verwirklicht.

Während sich die Öffnungszeiten inzwischen dem museumsüblichen Standard angeglichen haben, sind die vorwiegend ehrenamtlichen Strukturen ein Markenzeichen des Museums geblieben.

1979 trat die frisch gegründete Freizeitgemeinschaft Kemnade an das Eisenbahnmuseum heran. Sie hatte die Idee, anlässlich der Eröffnung des Kemnader Stausees einen historischen Eisenbahnverkehr zwischen Hattingen und Wengern anzubieten. Der Gedanke fand Zuspruch und nach einer gelungenen Veranstaltung bekundeten der angrenzende Ennepe-Ruhr-Kreis sowie die Städte Hattingen, Witten und Wetter ihr Interesse an einem regelmäßigen historischen Eisenbahnverkehr im Ruhrtal. Rund zehn Jahre nach Einstellung des Personenverkehrs fuhr schließlich 1981 auf der mittleren Ruhrtalbahn wieder ein Zug nach festem Fahrplan – noch dazu mit historischen Waggons. Für eine längerfristige Perspektive galt es allerdings noch, grundlegende organisatorisch-administrative Hürden zu überwinden. Denn im Januar 1983 hatte die Deutsche Bundesbahn die Stilllegung der Strecke

Postkartenmotiv Haus Horkenstein und Ruhrtalbahn (Stadt Bochum)

zwischen Herbede und Wengern-Ost beantragt. Da auf diesem Streckenabschnitt keine Betriebe lagen, die ihre Transporte noch mit der Bahn abwickelten, erwartete die DB nach der Einstellung des Personenverkehrs nun auch keinen Güterverkehr, mithin überhaupt keinen regulären Eisenbahnverkehr mehr und entledigte sich dieses Streckenstücks.

Damit waren nicht nur gelegentliche Fahrten einiger Liebhaber historischer Eisenbahnfahrzeuge betroffen. Vielmehr drohte die Entscheidung nicht weniger als die sich abzeichnende touristische Inwertsetzung des Ruhrtals in Frage zu stellen. Es folgte ein sich beinahe zehn Jahre hinziehender Verhandlungsmarathon, bei dem zahlreiche offene Fragen zu klären waren. Sie reichten von bautechnischen Einzelheiten bis hin zu komplexen eisenbahnrechtlichen Grundsatzfragen. Hierzu hatte das Eisenbahnmuseum bereits zu Beginn der 1980er Jahre den Kontakt mit der zuständigen Eisenbahnbehörde gesucht, da in Dahlhausen mit dem Schritt der Stilllegung bereits gerechnet worden war. Gleichzeitig gelang es, auf kommunaler Ebene

auf die prekäre Situation im Ruhrtal aufmerksam zu machen. Schließlich erklärte sich der Kommunalverband Ruhr (KVR, heute Regionalverband Ruhr (RVR)) bereit, das stillzulegende Streckenstück von Herbede bis Wengern-Ost aufzukaufen.

Aber erst im November 1988 konnte der KVR das Teilstück der Deutschen Bundesbahn abkaufen. Um jedoch nach Herbede zu kommen, musste weiterhin über Gleise der damaligen Bundesbahn gefahren werden. Um diesem Geflecht aus unterschiedlichen Zuständigkeiten und Betriebsvorschriften gerecht zu werden, wurde ein Jahr später durch das Eisenbahnmuseum eine eigene Gesellschaft gegründet, die schließlich im Januar 1990 die Genehmigung zum Betrieb des Streckenstücks und eines Museumszuges erhielt. Nach wechselnden Betreibermodellen Ende der 1990er Jahre befindet sich die gesamte Strecke von Hattingen bis Wengern-Ost seit 2005 im Besitz des RVR, dessen Tochtergesellschaft TouristikEisenbahnRuhrgebiet GmbH als Eisenbahninfrastrukturunternehmen für die Instandhaltung der Strecke zuständig ist.

Im Übrigen markierte die Genehmigung zur Betriebseröffnung zugleich die Rückkehr des Dampfbetriebes ins Ruhrtal. Viele der vorherigen Fahrten des Museumszuges hatten noch mit Diesellokomotiven betrieben werden müssen, da die Deutsche Bundesbahn erst Ende der 1980er Jahre von ihrer seit den 1970er Jahren gepflegten Praxis abwich, den Betrieb von Dampflokomotiven auf ihrem Streckennetz nicht mehr zu genehmigen.

Der sich intensivierende Eisenbahnverkehr mit historischen Fahrzeugen macht auf eine Tradition der touristischen Nutzung des Ruhrtals aufmerksam, die bereits im 19. Jahrhundert einsetzte. Ein Jahr nach der Eröffnung der mittleren Ruhrtalbahn errichtete die BME 1875 nahe der Ruine Blankenstein einen Bahnsteig eigens für den Ausflugsverkehr. Hier hielten die Züge nur in den Sommermonaten. Damit griff das Eisenbahnunternehmen die zeitge-

nössische Rhein- oder Burgenromantik des 19. Jahrhunderts auf. Diese insbesondere beim Bürgertum populäre Strömung romantisierte vor allem Burgen und Schlösser entlang des Rheins und überhöhte sie zum Kernelement einer deutschen Nationalidentität. In diesem Kontext entwickelten sich auch die alten Ruinen entlang der Ruhr zu touristischen Anziehungspunkten. In dieser Tradition stand auch das 1960 abgebrochene Restaurant Horkenstein in Dahlhausen, dessen Lage und Architektur die

Die Zeche Nachtigall und der ehemalige Güterbahnhof Bommern, 1980 (Regionalverband Ruhr, Bildflug 1980, Datenlizenz Deutschland – Namensnennung – Version 2.0 (http://www.govdata.de/dl-de/by-2-0))

Burgen des Rhein- und Moseltals zum Vorbild hatte. Der Haltepunkt Blankenstein Burg indes wurde 1990 wiedereröffnet, nachdem er 1965 geschlossen und weitgehend abgebaut worden war. Auch der im Zuge der touristischen Aufwertung des Ruhrtals neu errichtete Haltepunkt an der gleichnamigen Ruine Hardenstein verweist auf das Motiv der Burgenromantik.

Bei Aufnahme des touristisch-historischen Eisenbahnverkehrs stand dagegen vorwiegend die industrielle Vergangenheit des Ruhrtals im Mittelpunkt. Artefakte des Industriezeitalters hatten hier bis zu diesem Zeitpunkt nur eine untergeordnete Rolle gespielt. Zwar wurde bereits in den 1920er Jahren der vorindustrielle und kleingewerbliche Bergbau des Muttentales in heimatkundlichen Abhandlungen thematisiert, doch erst die Einrichtung eines Bergbau-Rundwanderweges in den 1970er Jahren markierte den Beginn der touristischen Erschließung der industriellen Vergangenheit des Ruhrtals. Rund drei Jahre nachdem der erste Museumszug durch das Ruhrtal rollte, begannen der Landschafts-

verband Westfalen-Lippe, die Stadt Witten und der Förderverein Bergbauhistorischer Stätten 1982 mit der Planung eines Besucherbergwerks im Ruhrtal. So wurde der ehemalige Stollen bzw. Tunnel der 1963 geschlossenen Ziegelei Dünkelberg freigelegt und für einen Besucherbetrieb hergerichtet. Die Ziegelei wiederum stand auf dem Gelände der bereits 1892 geschlossenen Zeche Nachtigall und hatte in ihrem Stollen die Restkohlen abgebaut, die Nachtigall noch stehen gelassen hatte.

Sowohl die Kohle der Zeche Nachtigall als auch die Produkte der Ziegelei Dünkelberg wurden über die Ruhrtalbahn abtransportiert. Heute liegt in unmittelbarer Nähe des Museums der Haltepunkt Zeche Nachtigall, der auf den gleichnamigen Standort des LWL-Industriemuseums verweist. Der Haltepunkt liegt auf dem Gelände des ehemaligen Güterbahnhofs Bommern. Zusammen mit einem erhaltenen Stellwerk und dem Empfangsgebäude lassen sich anhand des charakteristischen Birkenbewuchses auch heute noch die Ausmaße dieses ehemals neungleisigen Bahnhofs nachvollziehen.

Ein weiterer Standort des LWL-Industriemuseums ist die Henrichshütte in Hattingen. Bis zur ihrer schrittweisen Stilllegung in den 1980er Jahren

Transport des Reaktordruckbehälters für das Kernkraftwerk Grundremmingen, 1965 (LWL-Industriemuseum)

war sie der größte Betrieb und Frachtkunde für die Eisenbahn im mittleren Ruhrtal. Seit Anfang des 20. Jahrhunderts hatte sich das Hüttenwerk als Spezialwerk für anspruchsvollen Stahlformguss einen Namen gemacht. Aber aufgrund seiner vergleichsweise ungünstigen Verkehrslage war es in besonderem Maße vom Eisenbahntransport auf der Ruhrtalbahn abhängig. Noch 1960 expandierte die Hütte und ließ dabei sowohl die Ruhr als auch die Ruhrtalbahn verlegen. Ihre Rohstoffe und Produkte wurden in der Regel über die Ruhrtalbahn transportiert, darunter Koks, Erz und Kalk für den Hochofen oder Brammen für das Walzwerk und die Schmiede. Besonders eindrucksvoll waren in den letzten Betriebsjahren der Hütte Züge mit 1.400 Grad heißem flüssigen Roheisen, das aus Duisburg in speziellen Torpedopfannenwagen zur Henrichshütte transportiert wurde. Ihre Produkte waren oft Einzelanfertigungen mit besonderen Abmessungen und sorgten bisweilen für spektakuläre Transporte auf der Ruhrtalbahn. So dauerte im Sommer 1965 der Transport eines Reaktordruckbehälters für das Kernkraftwerk Grundremmingen für die knapp 18 Kilometer von Hattingen bis nach Witten einen ganzen Tag, weil durch Abbau zahlreicher Signale und Masten erst Platz geschaffen werden musste.

Nach der Stilllegung wurde der Gleisanschluss der Henrichshütte abgebaut, weshalb heute keine Züge mehr vom Bahnhof Hattingen auf das Gelände der Henrichshütte fahren können. Dafür entstand in fußläufiger Entfernung zum heutigen Museumseingang ein eigener Haltepunkt an der Ruhrtalbahn, sodass auch eine Anreise mit historischen Zügen möglich ist.

Doch der Eindruck einer rein touristischen Nutzung täuscht – die mittlere Ruhrtalbahn dient nachwievor dem regionalen Güterverkehr. Täglich fahren Güterzüge bis zum ehemaligen Bahnhof Blankenstein (Ruhr), auf dessen Fläche ein Schrottgroßhandel Schrott für Stahlwerke und Gießereien industriell aufbereitet. Ein Teil der Transporte wird mit der Bahn abgewickelt. Auch auf dem Gelände der Henrichshütte wickelt eine Großspedition einen Teil ihrer Transporte über die Ruhrtalbahn ab.
Die anderen Ruhrtalbahnen dagegen dienen heute in erster Linie dem regelmäßigen Personenverkehr. Während ein Großteil der unteren Ruhrtalbahn heute als S-Bahn-Strecke den Essener Süden mit Düsseldorf verbindet, wird die obere Ruhrtalbahn

noch heute in vergleichsweise dichter Taktung mit Regionalzügen bedient, die von Hagen oder Dortmund bis nach Winterberg oder Kassel fahren. Die Bedeutung für den Güterverkehr hat hier allerdings auch rapide abgenommen – nur wenige Unternehmen sind noch an die Strecken angeschlossen.

Die wechselvolle Nutzung insbesondere der mittleren Ruhrtalbahn ist beispielhaft und außergewöhnlich zugleich. Während ihre Nutzung in den ersten 100 Jahren als exemplarisches Beispiel für zahlreiche Haupt- und Nebenbahnen in Westdeutschland gelten kann, gilt dies für ihre Um- bzw. Weiternutzung als Eisenbahnstrecke nur bedingt. Der Beginn des historischen Eisenbahnverkehrs markiert gleichsam den Beginn der touristischen Inwertsetzung des Ruhrtals auf Basis seiner montanindustriellen Vergangenheit. In kommunaler Trägerschaft erschließt die mittlere Ruhrtalbahn seit den 1980er Jahren eine industriegeschichtliche Denkmallandschaft und trägt wesentlich zu ihrer Inszenierung bei.
Gleichzeitig dient sie weiterhin dem regulären gewerblichen Gütertransport mit dem System Eisenbahn. Diese doppelte Nutzung verhinderte die Umwandlung zum Beispiel in eine Fahrradtrasse, einer ebenfalls oft verwirklichten Maßnahme zur touristischen Erschließung von in ästhetischer oder kultureller Hinsicht als attraktiv geltenden Landschaften.

VII.
WASSER
WIRT
SCHAFTS
RAUM
RUHR
—

Jürgen Büschenfeld

WASSERNUTZUNG UND WASSERHYGIENE

Die Ruhr in der Phase der Hochindustrialisierung
im späten 19. und frühen 20. Jahrhundert

Alle historischen Zusammenhänge, die im weitesten Sinne mit gesellschaftlicher „Modernisierung" nach der Französischen Revolution zu tun haben, wird man in vielfältiger Weise mit den historischen Prozessen der Urbanisierung und der Industrialisierung als ihren ganz wesentlichen Faktoren verknüpfen können. Diese Prozesse lösten im 19. Jahrhundert einen fundamentalen gesellschaftlichen Wandel aus: Das Bevölkerungswachstum, der Bedeutungsverlust der alten agrargesellschaftlichen Ordnungen, das moderne Leben in den schnell wachsenden Großstädten, der Umgang der Menschen mit Industrie und Technik; all diese Faktoren stellten Staat und Kommunen vor völlig neue Problemlagen und begründeten rasch die Aufgabenfelder der sogenannten Daseinsvorsorge. Zu dieser Daseinsvorsorge gehörten selbstverständlich auch die Wasserversorgung und der Gewässerschutz.

Im Rahmen seiner Reichstagsrede am 8. Februar 1904 äußerte sich der Staatsminister Graf von Posadowsky-Wehner zu Fragen des Gewässerschutzes und zu den möglichen Gesundheitsgefahren für die Anwohner durch die „fortgesetzte Verunreinigung

unserer Ströme". Die große Schwierigkeit sei nur, so der Redner, „wie man die Interessen der Landeskultur, der allgemeinen Gesundheitspflege und der Interessen der Industrie miteinander in Einklang bringen kann." Damit hatte von Posadowsky-Wehner die Grundproblematik der Wasserver- und -entsorgung benannt, die die Menschen in den wachsenden Industrieregionen, vor allem im Ruhrgebiet, schon seit Jahrzehnten begleitete. Eine rasant expandierende Industrie beanspruchte immer größere Wassermengen. Die Kommunen waren aufgerufen, nicht nur die Versorgung der wachsenden Städte sicherzustellen, sondern auch die Abwasserbeseitigung im großen Stil zu organisieren. Dabei hielt sich hartnäckig die wissenschaftliche Bewertung, dass den häuslichen Abwässern eine größere Bedeutung zuzumessen sei als den gewerblichen Abwässern, die als „meist nicht direkt gesundheitsschädlich" angesehen wurden.

An der Ruhr gestalteten sich die Verhältnisse offenbar bereits vor dem Ersten Weltkrieg ganz besonders dramatisch. Während der Hitzeperiode 1911, so ein Mitarbeiter der Landwirtschaftlichen Versuchsstation in Münster, sei aus dem Wasser der unteren Ruhr „allmählich eine mit Chemikalien aller Art gesättigte Brühe" geworden. Fische hätten dort nicht mehr leben, Landtiere nicht mehr trinken und als Flusswasser hätte „diese Lauge" nicht mehr

Links: Gegen den Durst des Ruhrgebiets: Bau der Möhnetalsperre,
Postkarte von 1909, Ausschnitt (Ruhrverband)

bezeichnet werden können. Und dennoch seien die Wasserwerke an der unteren Ruhr auf dieses Wasser angewiesen gewesen.

Wie haben sich diese Verhältnisse über die Jahrzehnte entwickelt? Von welchen zeittypischen Hygienestandards und von welchen Maßnahmen des Interessenausgleichs wird man ausgehen dürfen? Konnten die vielfältigen Probleme gelöst werden?

TRINKWASSER – BRAUCHWASSER – ABWASSER: DIE VERSCHRÄNKUNG VON VER- UND ENTSORGUNGSFRAGEN

Die Verhältnisse an der Ruhr fügen sich ein in die breit gefächerten Diskussionen zu Wassernutzung und -entsorgung, die seit der zweiten Hälfte des 19. Jahrhunderts überall in Deutschland, in besonderem Maße in den industriellen Ballungsräumen, geführt wurden. Konnten sich die Städte noch bis zur Mitte des 19. Jahrhunderts mit der Nutzung privater Haus- oder öffentlicher Brunnen begnügen, mancherorts wurde das Wasser auch den Flüssen und Bächen entnommen, offenbarte insbesondere die Verdichtung städtischer Räume in den neuen in-

dustriellen Regionen eklatante hygienische Mängel. Wasserversorgung und die Beseitigung von Abwässern und Fäkalien entwickelten sich zu vorrangigen Problemfeldern staatlicher und kommunaler Politik.

Aber nicht nur Staat und Kommunen wurden aktiv. Auch Interessenverbände wie zum Beispiel der 1873 gegründete „Deutsche Verein für öffentliche Gesundheitspflege" (DVföG) nahmen sich der Fragen um Wasser und Abwasser an. Neben Ärzten waren dort im Wesentlichen Kommunalpolitiker, städtische Beamte und Ingenieure organisiert. Mit Blick auf das Wasser standen in der Hauptsache kommunale Infrastrukturleistungen wie zentrale Wasserversorgungen und Kanalisationen im Vordergrund. Das Wissen um die Gefahren der Infektionskrankheiten wie Cholera und Typhus hatte den Blick für die Sauberkeit der Städte zwar geschärft, aber die Konzentration auf ebendiese hatte den Blickwinkel auch verengt, weil das Gefahrenpotenzial für die Fließgewässer kaum mehr wahrgenommen wurde: Alle Abwasserarten, so ein führender Vertreter des DVföG, sollten so schnell wie möglich aus den Städten „hinausgeschwemmt" werden. Städtischer Boden war unter allen Umständen rein und trocken

zu halten.

Wenn solche Vorgaben schließlich zur Folge hatten, dass vielerorts die kommunalen Abwässer völlig ungereinigt in die Gewässer abflossen, dann hing dieses Vorgehen nicht zuletzt mit den Postulaten der zeitgenössischen Wissenschaft zusammen. Der Mainstream der wissenschaftlichen Hygiene ging nicht nur von einer überaus wirksamen Selbstreinigungskraft der Gewässer aus, sondern lehnte sogar die Annahme, dass das fließende Wasser als Überträgermedium für ansteckende Krankheiten infrage kommen konnte, strikt ab. Erst die Forschungen Robert Kochs zur Hamburger Choleraepidemie 1892 konnten hier den deutlichen Gegenbeweis antreten.

Waren mit Blick auf die Infektionskrankheiten in erster Linie Städtehygiene und die Institutionen der Gesundheitsaufsicht berührt, muss aber auch der Umgang mit anderen als kommunalen und industriellen Wassernutzungen beleuchtet werden. Vor allem für das Ruhrgebiet beklagten Fischereiverbände die Auswirkungen der „enormen Wasservergiftung, welche den Flüssen unserer Montandistrikte durch die in ungeheuren Quantitäten [...] abgeleiteten Grubenwässern, dem Wasser aus Erz-

und Kohlenwäschen beständig bereitet" würde. Die Landesverwaltung stehe dem „anscheinend vollkommen machtlos" gegenüber. Die Industrie, vor allem auch die in der Region aufblühende Chemieindustrie, kümmerte das wenig. Sie argumentierte aus einer Position der Stärke heraus: „Es hat sich herausgestellt, daß [...] der wirthschaftliche Werth der Industrien [...] ca. 1000 mal größer ist als der Werth der Binnenfischerei in Seen und Flüssen." Das geringfügige Interesse der Fischzucht müsse daher dem überwältigenden Interesse der Industrie weichen. Es sei außerdem gerechtfertigt, dass die Industrie, die durch „ihre Productions- und Steuerkraft zur volkswirthschaftlichen Erhaltung des Staates beitrage(n)" würde, mehr Schutz erfahren müsse als die Fischerei. In Gelsenkirchen hatte sich wenige Jahre zuvor ein „Verein zum Schutze gegen Schädigung durch industrielle Anlagen" mit einem ganz ähnlichen Anliegen zu Wort gemeldet

Symbole des Fortschritts im Bild: Rauchende Schlote im verdichteten Stadtraum und die Eisenbahn verkörperten die neue Zeit. Zeichnung der Essener Industrielandschaft 1867. Foto: Werner Cramer, 1930er Jahre (Fotoarchiv Ruhrmuseum)

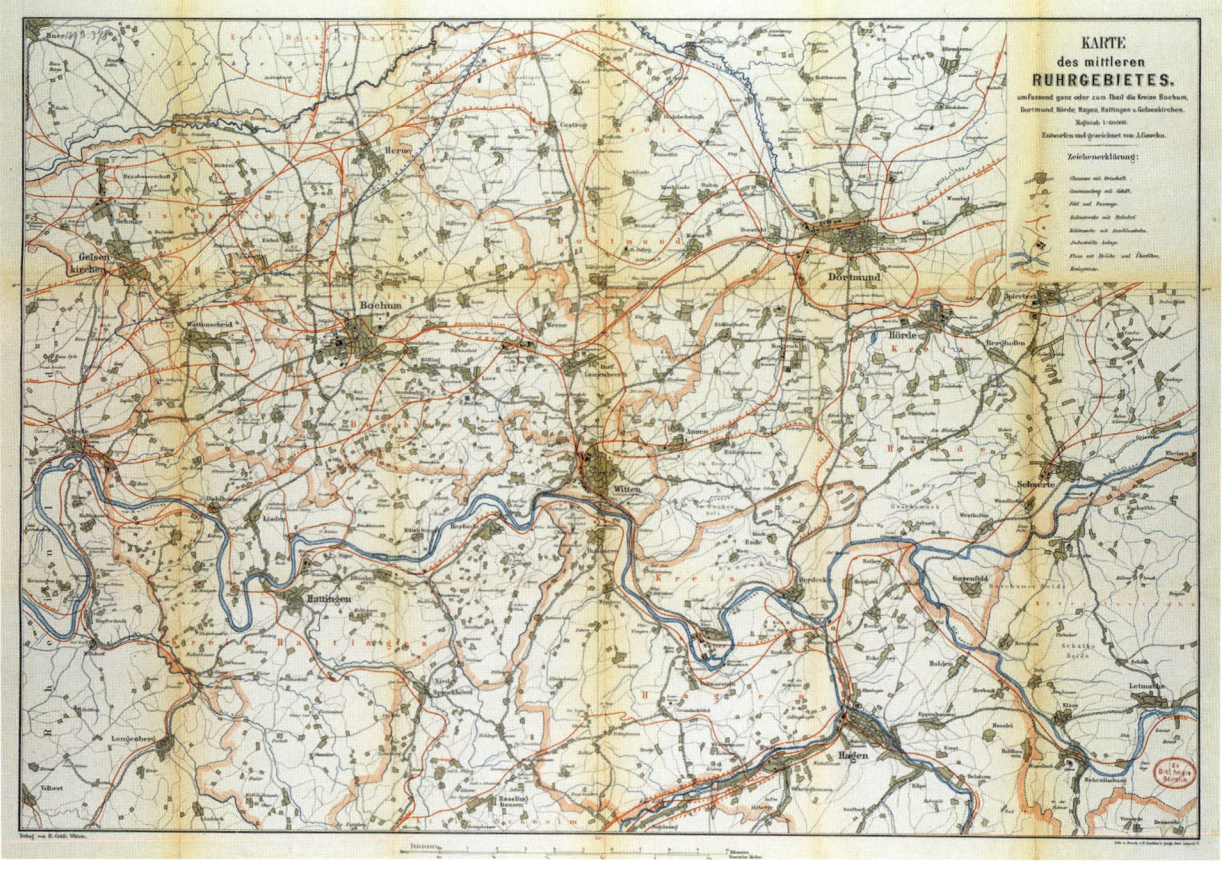

„Karte des mittleren Ruhrgebietes", Lithographie aus dem 19. Jahrhundert nach einer Zeichnung von A. Gawehn im 19. Jahrhundert
(bkp / Nr. 00003129)

und drang auf den Schutz der Grundbesitzer vor
Benachteiligungen durch den Bergbau. Und auch
die Landwirtschaft hatte sich zu arrangieren.
Zwar pflegte sie nach wie vor das Selbstbild vom
dominierenden Wirtschaftsfaktor im Deutschen
Reich, aber die Kontroverse um Agrar- oder Indus-
triestaat war zur Mitte der 1880er Jahre mit der im
Vergleich zur Landwirtschaft größeren Dynamik
der Industrie bereits entschieden. Überhaupt sei es
ganz verkehrt, meinte noch 1894 der Rittergutsbesitzer Friedrich von Sybel, „der Industrie eine größere wirtschaftliche Bedeutung beizulegen als der
Landwirtschaft und dem Grundbesitz." Der Blick
auf die konkreten Zahlen hätte ihn eines Besseren
belehren können. Wenn man allerdings die traditionelle Dominanz des agrarischen Sektors in Preußen
in Rechnung stellt, dann war das eine durchaus ver-
ständliche Fehleinschätzung.
Nicht zuletzt entlang praktischer Aufgaben und
ungelöster Alltagsprobleme gewannen in der zwei-

ten Hälfte des 19. Jahrhunderts Medizin, Naturwissenschaften und Technik neue Konturen. Die Erforschung der Natur und der Elemente hatte sich
schon in der ersten Hälfte des 19. Jahrhunderts aus
rein philosophischen Zusammenhängen gelöst. Aus
der Naturphilosophie hatte sich die Naturwissenschaft entwickelt. Rudolf Virchow, mit Blick auf
die Verwissenschaftlichung der Lebensverhältnisse
eine absolute Instanz, befand später, dass „aus den
Studirzimmern der Philosophen kein Aufschluss
über wirkliche Naturvorgänge hervorgegangen"
sei. Das wichtigste Mittel des Erkenntnisprozesses
sollte der naturwissenschaftliche Versuch sein. Die
Natur musste „zu einer Antwort über das Wesen,
die Ursachen und das Geschehen eines Vorganges"
gezwungen werden. Mit dem neuen Selbstverständnis der Naturwissenschaften und einem geradezu überbordenden Wissenschaftsoptimismus, der

Rechts: Wie trinkt man Abwasser, Querschnitt einer Stadt – Vektor
Illustration, Veranschaulichung der zum Teil verhängnisvollen Kurz-
schlüsse zwischen Wasserversorgung und Abwasserbeseitigung sowie
der Notwendigkeit zur Einrichtung von Kanalisationsanlagen, Grafik:
1880er Jahre (J. Gemmerich, gruppe-vier.de)

die Rätsel der Natur in nicht allzu ferner Zukunft zu lösen versprach, widmeten sich Medizin und Naturwissenschaft unter anderem auch den Problemen um Wasserversorgung und Abwasserbeseitigung. Fragen und Diskussionen, auf welche Art und Weise größere Städte mit Wasser zu versorgen seien und wie die Abwasserbeseitigung organisiert werden sollte, entwickelten sich zu drängenden Tagesthemen auf den kommunalen und landespolitischen Ebenen. Schließlich war es um die Gesundheitsverhältnisse in den Ballungsräumen nicht zum Besten bestellt.

Für die Beschreibung des Problemfeldes Wasser hätte es jedoch nicht einmal der wissenschaftlichen Expertise bedurft. Erfahrungswissen und grobsinnliche Wahrnehmung reichten vollkommen aus, um zu erkennen, dass viele Brunnenwässer nicht nur trüb waren, sondern auch ekelerregend schmeckten. Und auch die Ursachen für solche Befunde waren schnell zu ermitteln: Die Abwässer aus den oft in der Nähe der Trinkwasserbrunnen gelegenen Sicker- und Abtrittsgruben waren in den Grundwasserstrom gelangt.

Seit den 1870er Jahren war es mit Hilfe der Chemie möglich geworden, dem Erfahrungswissen eindeutige wissenschaftliche Befunde an die Seite zu stellen. Erst diese neuen Möglichkeiten der wissenschaftlichen Bewertung rückten das Problem in das Blickfeld des öffentlichen Interesses. Die in fast allen städtischen Brunnenwässern eindeutig nachgewiesenen hohen Anteile von Salpetersäure und Ammoniak hatten die Behörden vielerorts auf den Plan gerufen: „Aus dem seit langer Zeit verunreinigten Boden unserer Stadt scheuen wir uns, Trinkwasser zu entnehmen, weil die chemische Untersuchung unserer Brunnenwässer Resultate ergeben hat, auf Grund deren eine große Anzahl öffentlicher und Privatbrunnen von der Gesundheits-Behörde geschlossen werden mussten". Diese Einschätzung zu den Kölner Trinkwasserverhältnissen für das Jahr 1877 ist charakteristisch für alle größeren Städte in dieser Zeit. Spätestens

seitdem immer wieder Brunnenschließungen verfügt werden mussten, waren die lokalen Verwaltungen alarmiert: Wie sollten Ver- und Entsorgung in Zukunft sichergestellt werden?

Gewissermaßen als Ableitung aus wissenschaftsoptimistischen Überlegungen und den physiologischen Basisdaten der Naturwissenschaften, so jedenfalls die Diskussionen in Zeitschriften und Vereinen für öffentliche Gesundheitspflege, hatte die „angewandte Physiologie" das „Naturbedürfnis" des Menschen (Gesundheit und normale Leistungsfähigkeit) zu ermitteln. Das „Naturbedürfnis", wie Carl Reclam als erster Herausgeber der „Deutschen Vierteljahrsschrift für öffentliche Gesundheitspflege" (DVÖG) argumentierte, sei als „Norm der Gesetzgebung [...] in Maß, Zahl und Gewicht" exakt festzustellen. Und dazu gehöre auch die Feststellung „gewisser Schädlichkeiten in Luft, Wasser, Erdboden und die Grenzen ihrer Einwirkung nach Raum und Zeit." Die gesundheitsrelevanten Negativfolgen industriegesellschaftlicher Modernisierung sollten aufgefangen und auf ein Mindestmaß reduziert werden.

Die Idee, den Ressourcenschutz an „Naturbedürfnisse" des Menschen knüpfen zu können, war vor allem mit Blick auf die mehr und mehr raumgreifende Industrialisierung überaus attraktiv und verkörperte nicht mehr und nicht weniger als die Idealvorstellung von einer wissenschaftlich fundierten Grenzwertfindung. Grenzwerte sollten es neben den Kommunen auch der Industrie ermöglichen, ihre Abfallstoffe – sicher mit Einschränkungen, aber doch relativ problemlos – über Wasser, Boden und Luft ohne Schaden für den Menschen und ohne Verluste für die Industrie zu entsorgen.

Im Grenzwert, dem – so die Vorstellung – wissenschaftlich abgesicherten Ergebnis eines Vergleichs von eingesetzten Schadstoffmengen und beobachteten Wirkungen, schien der Schlüssel gefunden zu sein, endlich die alten und vielfach bis weit in die 1870er Jahre hinein noch an agrarstaatliche Verhältnisse angepassten Rechtsnormen zu überwinden. In Preußen etwa sollte es auf Drängen der Wissenschaftlichen Deputation für das Medizinalwesen noch 1877 nur dann erlaubt sein, Abwässer in die Flüsse zu entsorgen, wenn vorab eine leistungsfähige Reinigungsanlage eine unschädliche Ableitung garantieren würde. Derartige Reinigungsvorbehalte

---

Links: Wasserpumpe von Otto Stahn um 1890, Berlin-Mitte. Vor Einführung der zentralen Wasserversorgung bestimmten vor allem Wasserpumpen, wie hier in Berlin, die Straßenbilder der schnell wachsenden Städte. Häufig waren Wassergenossenschaften der Hausbesitzer für den Betrieb und die Unterhaltung der Anlagen verantwortlich.
Foto: Wolfgang Bittner (Landesdenkmalamt Berlin)

waren allerdings mit der Lebenswirklichkeit in den industriellen Ballungsräumen kaum noch in Deckung zu bringen und behinderten industrielle Entwicklungen. Hartnäckige Interventionen kommunaler und industrieller Interessenvertreter sorgten schließlich dafür, dass die Wissenschaftliche Deputation ihre Einschätzung – nicht zuletzt in der Hoffnung auf aussagekräftige Grenzwerte – innerhalb von zehn Jahren radikal veränderte.

Doch Grenzwerte blieben zunächst ohne praktische Relevanz. Von der Grenzwertdiskussion gingen seit den 1870er Jahren lediglich optimistische Zukunftserwartungen aus, aber allein diese Erwartungen haben die abwassertechnische Praxis in entscheidender Weise vorstrukturiert. Erwartungen waren zu Bausteinen des industriegesellschaftlichen Wandels geworden. Geht es um die Genese des Grenzwertmodells im Abwasserbereich, wird man den zunächst ohne Praxisbezug aus einem optimistischen naturwissenschaftlichen Selbstverständnis heraus entwickelten „Eingrenzungsmentalitäten" mehr Aufmerksamkeit schenken müssen als ihren ersten praktischen Umsetzungsversuchen.

Erst um 1900 reiften in der Praxis ganz allmählich die Einsichten in die Komplexität und die wissenschaftsmethodische Problematik, wenn nicht Unmöglichkeit, ein ganzes Bündel möglicher Verschmutzungsquellen mit den Eigengewichten und Wechselwirkungen ihrer Komponenten angemessen in den Blick zu nehmen. Viele Wissenschaftler waren inzwischen sehr skeptisch geworden.

Der Erfolg des über die Länge der Zeit aus wissenschaftlich-technischer Perspektive relativ erfolglosen Grenzwertkonzepts kann aber nur verblüffen, wenn seine politische Attraktivität unberücksichtigt bleibt. Noch vor 1900 entwickelte sich die Vorstellung von einer potenziellen Normierbarkeit des Naturbedürfnisses zu einer überaus wichtigen politischen Argumentationshilfe, wenn die Ansprüche von Gewerbeförderung, Landwirtschaft, Fischerei und öffentlicher Gesundheitspflege im Kompromiss zusammenzuführen waren.
Während die Erfolglosigkeit in der Praxis den Wissenschaftsoptimismus in der Abwasserforschung längst gedämpft hatte, erhielten Grenzwerte eine immer größere politische Bedeutung. Naturwissenschaft und Politik vollzogen gewissermaßen den Rollentausch. Während in einer noch agrarstaatlich

dominierten Gesellschaft Politik und Bürokratie dem Optimismus der Naturforschung mit großer Skepsis begegneten, so versuchte eine unter industriestaatlichen Bedingungen nach 1900 skeptisch gewordene Naturwissenschaft den übertriebenen Regulierungsoptimismus staatlicher Entscheidungsträger zu bremsen.

Für das Ruhrgebiet hatte die industrielle Entwicklung mit einem enormen Bevölkerungs- und Wirtschaftswachstum die Weichen gestellt. Konnten 1865 8,5 Millionen Tonnen Kohle gefördert werden, waren es 1874 bereits 15,2 Millionen Tonnen. Im selben Zeitraum war die Roheisenproduktion um das 2,4fache auf 417.000 Tonnen gestiegen. Und auch die Bevölkerungsentwicklung spricht eine deutliche Sprache, denn allein zwischen 1820 und 1870 verdreifachte sich die Gesamtzahl der Einwohner im sich herausbildenden Montanrevier. Emscher und Lippe schieden als Wasserversorger definitiv aus. Während der Emscher bereits mit der Nordwanderung des Bergbaus von der Ruhr- zur Emscherzone seit den 1860er Jahren durch die Abwässer der Montanindustrien das „Schicksal als Kloake des Industriegebiets" zuteil geworden war, konnte die Lippe wegen ihres hohen Salzgehalts nicht als Wasserversorger genutzt werden. Auch der Rhein schied als Alternative aus. Nicht nur die hohen Härtegrade des Wassers waren ein Ausschlusskriterium, auch Geruchs- und Geschmacksbeeinträchtigungen unterstrichen die mindere Qualität des Rheinwassers zu Trinkzwecken. Und wegen der vielfältigen Bodensenkungen in der Bergbauregion und der Verseuchung des Bodens konnte auch das Grundwasser den Trinkwasserbedarf nicht decken. Schon 1858 führten von 142 Brunnen in Essen nur noch 13 genügend Wasser. Und wenngleich in der Emscherregion um 1900 noch circa 18.000 Trinkwasserbrunnen existierten, stellten diese Brunnen wegen der zunehmenden Verschmutzung eine ernstzunehmende Gesundheitsgefahr dar.
Insofern musste sich die Wassergewinnung auf die Ruhr konzentrieren. Für die Nutzung dieses Wassers sprachen nicht nur die geringe Wasserhärte von vier bis sechs Grad deutscher Härte (dH), sondern auch die, unterstützt von den geologischen Verhältnissen, zunächst einfachen und günstigen Möglichkeiten der Wasseraufbereitung. Im Ruhrkies bewegt sich gleichlaufend mit dem Fluss ein Grundwasserstrom, der mit dem Flusswasser in Verbindung steht. Die Kiese und Sande im Ruhrtal von

einer Mächtigkeit von vier Metern an der mittleren Ruhr bei Essen und von bis zu 14 Metern an der unteren Ruhr bei Mülheim wirkten dabei als natürliche Filter. Eine erste Einrichtung, die nach diesen natürlichen Prinzipien funktionierte, war das von der Stadt Essen 1863 gegründete Wasserwerk in Steele. Weitere Werke folgten in kurzen zeitlichen Abständen. Die rasch steigenden Bedarfe – ungefähr 80 bis 90 Prozent des Wassers versorgten die expandierende Industrie – unterstrichen aber schon bald die Grenzen dieser Art von „Grundwasserversorgung". Echtes Grundwasser wurde auch nur zum geringen Teil gefördert, denn das in den Brunnen gesammelte Wasser bestand im Wesentlichen aus Uferfiltrat. Es wurde somit – wie bereits Zeitgenossen befanden – „künstliches" Grundwasser gefördert. Der Blick auf die aus der Ruhr entnommenen Wassermengen unterstreicht eine enorme Steigerung des Verbrauchs: Während 1893 90 Millionen Kubikmeter Wasser entnommen wurden, waren es 1897 bereits 135 Millionen Kubikmeter. Diese Wassermengen konnten schon allein deshalb nicht ausgeglichen werden, weil der größte Teil des Wassers als Abwasser anderen Flüssen wie Wupper, Emscher und Lippe zufloss. Insofern konnten die Wasserwerke im Ruhrtal auf Dauer nicht in der Lage sein, die Nachfrage zu decken. Sie entnahmen zeitweise sogar mehr Wasser als die Ruhr auf natürlichem Wege zuzuführen vermochte.

Konflikte waren vorprogrammiert. Mühlenbetreiber und andere Nutzer der Wasserkraft sahen ihre Existenz bedroht. Prozesse gegen die Wasserwerke wegen der Senkung des Wasserspiegels waren die Folge. Ende des Jahres 1893 protestierten 17 Wasserkraftnutzer an der unteren Ruhr beim preußischen Landwirtschaftsministerium gegen den Wasserentzug. Sie verlangten, das der Ruhr entzogene Wasser dem Fluss wieder zuzuführen, andernfalls im Flussgebiet der Ruhr Talsperren gebaut werden müssten.

Aber die Wasserquantität war nur die eine, die Wasserqualität die andere Seite der Medaille. Weil die Ruhr nicht nur als Wasserspender galt, sondern auch große Abwassermengen aufzunehmen hatte, wurde die Wasserqualität insbesondere in Trockenperioden als äußerst bedenklich eingeschätzt.

TYPHUS IN GELSENKIRCHEN

Wie sehr diese Einschätzung der Realität entsprach, davon zeugt 1901 der Ausbruch einer Typhusepidemie in Gelsenkirchen, in deren Gefolge insgesamt 3.305 Menschen erkrankten und rund 500 starben. Offenbar hatte in der zweiten Augusthälfte 1901 in Gelsenkirchen und Umgebung eine massenhafte Infektion stattgefunden, die sich bis in den September hinein in einer sprunghaft angestiegenen Zahl von Erkrankten ausgewirkt hatte. Als ein Medizinalrat seine ersten Eindrücke von den Verhältnissen beschrieb und feststellen musste, dass bei den Betroffenen keine Unterschiede hinsichtlich Alter, Geschlecht und sozialer Lage gemacht werden konnten, deutete vieles darauf hin, nach einer allen Erkrankungen gemeinsamen Ursache zu suchen. Sehr schnell war klar geworden, dass das Trinkwasser die Ursache für die Epidemie gewesen sein musste, denn alle Erkrankungen wurden in Wohngebieten registriert, für die das Wasserwerk Steele die Bezugsquelle war. Und dieses Wasserwerk befand sich im Eigentum eines privaten Versorgers, dem „Wasserwerk für das nördlich-westfälische Kohlenrevier", das die Gemeinden des Landkreises Gelsenkirchen und einen nördlichen Teil des Essener Landkreises belieferte.

Typhuserkrankungen waren in der Industrieregion an sich keine Seltenheit. Im Auftrag des Kaiserlichen Gesundheitsamtes hatten Medizinalbeamte bereits in den 1880er und 1890er Jahren die Verläufe leichterer Epidemien untersucht und sie vor allem regenarmen Jahren zugeordnet. Außerdem zweifelten die Mediziner nicht an den eigentlichen Ursachen: Für fast alle Epidemien ist bei näherer Betrachtung das Trinkwasser verantwortlich gemacht worden, und dabei habe die „Stromverseuchung die Hauptrolle" gespielt.

Von besonderem Interesse ist, dass aus derartigen Einsichten im Rahmen wissenschaftlicher Bewertungen offenbar lange keine praktischen Schlussfolgerungen gezogen worden sind. Die Gründe dafür können nicht zuletzt in grundsätzlich unterschiedlichen wissenschaftlichen Bewertungen mit Blick auf die Ursachen von Infektionskrankheiten gefunden werden: Während sich der Münchner Hygieniker Max von Pettenkofer seit den 1850er Jahren in der Bewertung eines Seuchengeschehens stets auf das Zusammenspiel der Umweltmedien Wasser, Boden

Max Josef von Pettenkofer, 1865 übernahm er den ersten Lehrstuhl für Hygiene in München, gilt als Begründer der wissenschaftlichen Hygiene. Seit den 1880er Jahren war sein Forscherleben geprägt von den Gegensätzen zur Bakteriologie. Pettenkofer lehnte die Existenz von Bakterien ab und postulierte sogenannte Miasmen, die in verunreinigten Böden lebensfähig sein sollten und sich über die Luft verbreiten würden, Foto von 1890 (bpk / Nr. 10007726)

Portrait Robert Kochs, Berlin, 1890, zusammen mit dem französischen Wissenschaftler Louis Pasteur gilt Robert Koch als Begründer der modernen Mikrobiologie. Sein differenzierter Blick auf Infektionskrankheiten wie Milzbrand, Tuberkulose, Cholera, Typhus etc. führte zu der Erkenntnis, dass spezifische Bakterien als Auslöser dieser Krankheiten anzusehen waren. Die Pettenkofer'schen Vorstellungen zu Infektionskrankheiten mussten revidiert werden. Foto: J.C. Schaarwächter (bpk / Nr. 00094497)

und Luft konzentrierte und von einem „Miasma" als einem sich über die Luft verbreitenden Ansteckungsstoff ausging, unterstrichen vor allem die bakteriologischen Forschungen eines Robert Koch die Existenz spezifischer Krankheitserreger mit dem Wasser als Medium der Übertragung. Zwar stellten sich die wissenschaftlichen Grundannahmen Pettenkofers gegen Ende des 19. Jahrhunderts im Anschluss an die verheerende Choleraepidemie in Hamburg als unzulänglich heraus, aber seine Überlegungen bildeten dennoch die wissenschaftliche Basis für die sogenannten Assanierungsprogramme der Kommunen. Zentrale Wasserleitungen und Kanalisationen sind bis heute die entscheidenden Ver- und Entsorgungstechniken.

Mit der gleichzeitigen Rezeption der Theorie von der „Selbstreinigungskraft" der Gewässer schien es allerdings möglich, auf Abwasserreinigung weitgehend zu verzichten. Technik und Natur schienen eine erfolgversprechende Verbindung eingegangen zu sein. Der Technologie der Kanalisation folgte die Physiologie des Flusses im Rahmen selbstreinigender Prozesse.

Wenngleich es diese selbstreinigenden Kräfte vor allem mit Blick auf die organischen Abwässer zumindest in Grenzen ja tatsächlich gab, wie um 1900 im Rahmen vielfältiger Versuche festgestellt werden konnte, unterstrichen die Ergebnisse der Bakteriologie seit den 1880er Jahren deutliche Zweifel an der Leistungsfähigkeit der Selbstreinigungskraft. Die Aufdeckung monokausaler Zusammenhänge zwischen spezifischen Krankheitserregern und Infektionskrankheiten ließ im Grunde genommen nur einen Schluss zu: An die Städtehygiene waren hohe Anforderungen zu stellen. Bevor Abwässer in die Flüsse geleitet werden konnten, waren sie einer leistungsfähigen Reinigungstechnik zu unterziehen.

Diese Reinigungstechnik fehlte in Gelsenkirchen, und insbesondere in trockenen Jahren konnte von selbstreinigenden Kräften keine Rede sein. Dabei hatten die bakteriologischen Vorstellungen Kochs und die älteren Überlegungen Pettenkofers eines gemeinsam: Indem sie beide ihren Schwerpunkt auf die Erforschung der Infektionskrankheiten legten und die von Pettenkofer so genannten, aber nie gefundenen Miasmen und die Kleinstlebewesen der Bakteriologen die Diskussion dominierten, wurden Schäden und Gesundheitsgefahren durch Industrieabwässer kaum wahrgenommen. So konzentrierte sich auch die zeitgenössische Auseinandersetzung mit der Epidemie in Gelsenkirchen lediglich auf den Typhus als Infektionskrankheit, nicht aber auf die viel breiter gefächerte Problematik des Gewässerschutzes.

Nach Ausbruch der Epidemie war in Gelsenkirchen schnell der Verdacht entstanden, dass das Wasserwerk unfiltriertes Ruhrwasser in die Wasserleitung eingespeist haben könnte. Zwar wiesen die Direktoren des Wasserwerks diesen Verdacht zunächst zurück, mussten aber im Oktober 1901 die Existenz eines sogenannten Stichrohres als direkter Verbindung zwischen Fluss und Förderbrunnen einräumen. Trotz dieses Eingeständnisses gab es bei den Direktoren des Wasserwerks jedoch keine Einsicht, dass es die angewendete Versorgungspraxis war, die zu den Typhuserkrankungen in Gelsenkirchen geführt hatte. „Wenn wir das Stichrohr für so bedenklich gehalten hätten, die Konsumenten warnen zu müssen", so Direktor Hegeler später im Gerichtsverfahren, „dann würden wir die Einrichtung überhaupt nicht benutzt haben." Es ist durchaus plausibel, dass der große und über seinen Tod hinaus anhaltende Einfluss Pettenkofers, der ja die Seuchengefahren durch verunreinigtes Trinkwasser immer klein geredet, wenn nicht ausgeschlossen hatte, die Wasserwerksbetreiber noch immer beeinflusste. Und auch Pettenkofers Urteil, dass den Flüssen eine leistungsfähige Selbstreinigungskraft zuzuschreiben sei, hatte den Wasserwerksbetreibern immer in die Hände gespielt. Schließlich ließen sich mit einem derartigen wissenschaftlichen Urteil hohe Kosten für die Abwasserreinigung einsparen.

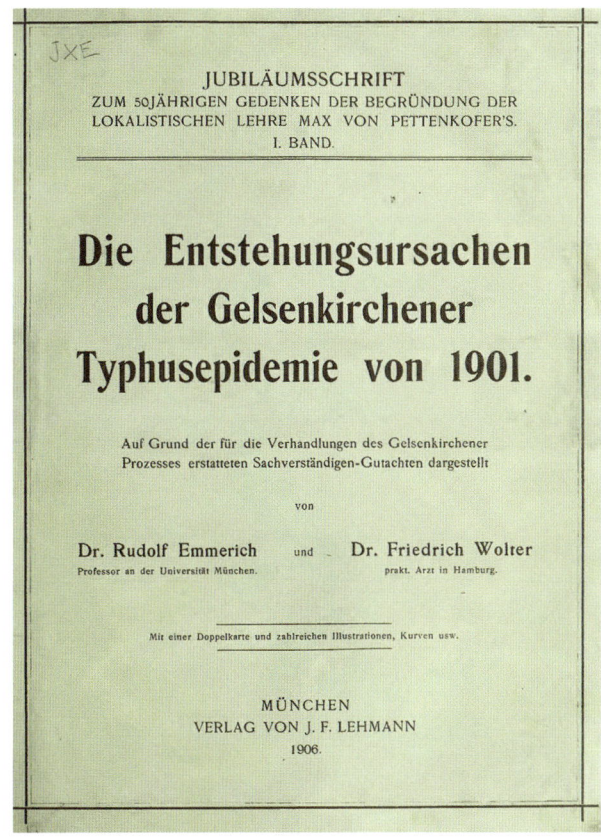

Als der wissenschaftliche Streit zwischen Pettenkofer und Koch längst zugunsten der Bakteriologie entschieden war, hielten Schüler Pettenkofers noch lange an veralteten wissenschaftlichen Sichtweisen fest. Sogar noch im Prozess um die Ursachen der Gelsenkirchener Typhusepidemie traten sie 1904 als Gutachter der Verteidigung auf, Cover einer Publikation von 1906, Emmerich/Wolter, Die Entstehungsursachen der Gelsenkirchener Typhusepidemie von 1901, Quelle: archive.org

Wenngleich die Bakteriologie inzwischen den Beweis erbracht hatte, dass Flusswasser geeignet war, pathogene Bakterien zu übertragen und Robert Koch im Prozess gegen die Direktoren des Wasserwerks als Gutachter auftrat, mochten sich die Anhänger der Pettenkofer'schen Theorien noch lange nicht geschlagen geben. Rudolf Emmerich, ein Schüler Pettenkofers, der sich den Angeklagten als sachverständiger Berater angeboten hatte, unterstützte die Verteidigung.

Im Vorfeld des Prozesses hatte das Essener Landgericht ein Obergutachten zur Klärung der Infektionswege veranlasst. Die vom Gutachter der preußischen Wissenschaftlichen Deputation für das Medizinalwesen, Max Rubner, angestrengten Untersuchungen folgten uneingeschränkt der

bakteriologischen Lehre und kamen zu der eindeutigen Bewertung, dass das Ruhrwasser „als Quelle der Infektion" anzusehen sei. Das in die Leitungen eingespeiste Wasser sei „minderwertig, verdorben und verfälscht" gewesen. Im Juli und November 1904 kam es schließlich zum „Wasserwerksprozess" vor dem Essener Landgericht. Mit den jeweiligen Gutachtern wurden noch einmal die alten wissenschaftlichen Schlachten geschlagen, die an sich längst zugunsten bakteriologischer Einsichten entschieden waren. Während bakteriologische Überlegungen, so der Bonner Hygiene-Professor Kruse, als „Theorie des gesunden Menschenverstandes" anzusehen seien, habe andererseits das Beharren der Verteidigung auf die Pettenkofer'sche Theorie die Gründe für die Epidemie „mehr in ein mystisches Dunkel gehüllt."

Zwar war den Wasserwerksdirektoren Eugen Hegeler und Karl Pfudel vorgeworfen worden, „vorsätzlich Trinkwasser derart hergestellt zu haben, daß der Genuß desselben die menschliche Gesundheit zu beschädigen geeignet ist," wodurch schwere Körperverletzungen sowie „der Tod von Menschen verursacht" worden seien. Gleichwohl konnte ein Vorsatz nicht nachgewiesen werden, sodass das Gericht – trotz der vielen Todesopfer – mit Geldstrafen von 1.500 und 1.200 Mark milde Urteile wegen fahrlässiger Verfälschung der Wasserqualität fällte.

KONSEQUENZEN UND PROBLEMLÖSUNG

Wenngleich sich der Staatsanwalt mit seiner Anklage nicht hatte durchsetzen können, fand er dennoch zu dem versöhnlichen Schlusswort, dass die insgesamt 22 Tage der Verhandlungsdauer der allgemeinen Gesundheitspflege mehr gedient hätten als im Normalfall eine Zeitspanne von 22 Jahren. Und in der Tat hatte die Epidemie alle Beteiligten alarmiert, die Wasserversorgung aus der Ruhr immer wieder auf den Prüfstand zu stellen. Der Prozess war kaum beendet, als erste Konsequenzen gezogen wurden. Über 70 Vertreter aus Industrie, öffentlichen Diensten und Versorgungsunternehmen gründeten einen Verein zur Bekämpfung der

Links: Das Hygieneinstitut in Gelsenkirchen zu Anfang des 20. Jahrhunderts, Foto um 1905 (Verein zur Bekämpfung der Volkskrankheiten im Ruhrkohlengebiet e.V., Gelsenkirchen)

Volkskrankheiten, aus dem schon 1902 ein Hygieneinstitut mit Sitz in Gelsenkirchen hervorgehen sollte. Und auch ein gerade erst 1901 gegründetes staatliches Forschungsinstitut, die „Königliche Landesanstalt für Wasserhygiene" richtete in Kooperation mit dem Gelsenkirchener Institut den Fokus auf die Wassergewinnung im Ruhrgebiet mit dem Ziel, die Beziehungen zwischen Grund- und Flusswasser zu erforschen. Folgt man dem ersten Leiter der Landesanstalt, Adolf Schmidtmann, dann definierte man sich nicht als „wissenschaftliches Institut der hergebrachten Art", sondern als Einrichtung, die „vor allen Dingen praktischen Zielen und Zwecken" diente. Und gemessen an der Forschungspraxis des frühen 20. Jahrhunderts war diese Forschungsanstalt überaus modern, da hier hygienischer Sachverstand unter Einschluss der Bakteriologie, chemisches und biologisches Wissen sowie ingenieurwissenschaftliche Expertise unter einem Dach zusammengeführt wurden. Erste Ergebnisse kamen 1905 zu dem Schluss, dass bei ordnungsgemäßem Betrieb der Wasserwerke die natürlichen Bodenfilter einen hinreichenden Schutz vor einwandernden Krankheitserregern bieten würden.

Aber auch das Verfahren der Wassergewinnung konnte modifiziert werden, indem aus Oberflächenwasser künstlich Grundwasser erzeugt wurde. Es handelte sich um ein Verfahren, das der schwedische Wasserbauingenieur Johan Gustaf Richert entwickelt und erstmals in Göteborg erprobt hatte. An dem Verfahren zeigten sehr rasch auch die Verantwortlichen des Wasserwerks für das nördliche westfälische Kohlenrevier in Gelsenkirchen Interesse, die noch mit dem Makel leben mussten, die verheerende Typhusepidemie ausgelöst zu haben.

Zeche Herkules, Essen, Alte Ansichtskarte um 1910, Autor: anonym, Quelle: Wikimedia

Wenngleich das neue Verfahren nicht unumstritten war, erhielt das Wasserwerk 1905 die Genehmigung zum Bau sogenannter Anreicherungsgräben. Hier handelte es sich um 300 bis 400 Meter lange Becken, „die in den Ruhrkies einschneiden und mit Flußwasser künstlich gespeist werden." Der Stettiner Medizinalbeamte Fritz Kirstein zeigte sich von diesem Verfahren begeistert. „Hierbei werden die bei der natürlichen Filtration vorliegenden Verhältnisse genau nachgeahmt. [...] Die natürlichen Verhältnisse werden noch mehr nachgeahmt, wenn in den Anreicherungsgräben für eine genügende Strömungsgeschwindigkeit gesorgt ist." Das Verfahren konnte aus hygienischer Perspektive als sicher gelten, war doch nach 1901 kein weiterer Typhusfall an der Ruhr bekannt geworden. In der ersten Dekade des 20. Jahrhunderts nutzten bereits viele Wasserversorger dieses Verfahren, zumal sich die geförderte Wassermenge enorm steigern ließ: Bis 1909 förderten 87 Wasserwerke an der Ruhr insgesamt rund 275 Millionen Kubikmeter pro Jahr.

Allerdings war damit die immer wiederkehrende Gefahr äußerst niedriger Wasserstände nicht gebannt. Einen Ausweg bot der bereits 1899 gegründete Ruhrtalsperrenverein. Bildete sich zunächst ein lockerer privatrechtlicher Zusammenschluss, erfolgte 1913 per Gesetz die Umwandlung in eine „Zwangsgenossenschaft des öffentlichen Rechts", der alle Wasserwerke an der Ruhr und ihren Nebenflüssen beizutreten hatten. Bis 1910 waren neun Talsperren mit 32,4 Millionen Kubikmetern für das Ruhrgebiet in Betrieb, die sowohl Wasserknappheiten als auch die Risiken durch Verschmutzung zumindest abmildern konnten. Dass diese Speicherkapazitäten kaum ausreichen würden, unterstrich die zusätzliche Bautätigkeit. Zwischen 1908 und 1912 wurde die Möhnetalsperre mit einem Fassungsvermögen von circa 130 Millionen Kubikmetern und ebenfalls bis 1912 die Listertalsperre mit einem Fassungsvermögen von 22 Millionen Kubikmetern gebaut.

Dass aber dennoch eine planvolle Abwasserreinigung im Einzugsgebiet der Ruhr schmerzlich vermisst wurde, unterstreicht die Tatsache, dass 1910 von den etwa 1.080.000 Menschen im Einzugsgebiet der Ruhr nur etwa 120.000 an Kläranlagen angeschlossen waren. Aber auch von den Einwohnern aus Arnsberg, Witten, Lüdenscheid und Mülheim waren längst nicht alle an eine Vollkanalisation angeschlossen. Oft wurden die Fäkalien nicht mit abgeschwemmt. Und nicht selten lagen Trinkwasserwerke und Abwassereinläufe dicht beieinander. Als der Wasserbiologe August Thienemann, Mitarbeiter der hydrobiologischen Abteilung der Landwirtschaftlichen Versuchsstation Münster, im Trockenjahr 1911 die Ruhr bereiste und untersuchte, stellte er fest, dass der Fluss vor allem in mittleren Bereichen und insbesondere auf einer zehn Kilometer langen Strecke vor der Mündung in den Rhein sehr stark verschmutzt war. Als Verursacher wurden unter anderem Papierfabriken und vor allem Hüttenwerke wie die Friedrich-Wilhelms-Hütte, die ihr Gaswaschwasser mit hohem Cyan-Gehalt in die Ruhr ableitete, ausgemacht. Für einen Messpunkt etwa 500 Meter unterhalb der Einleitungsstelle fand Thienemann zu einem klaren Urteil: „Die Ruhr besteht hier zur Zeit fast nur aus dem Abwasser der Hütte. Sie stellt eine braunschwarze Brühe dar, die stark nach Blausäure riecht, keine Spur Sauerstoff enthält und absolut tot ist. [...] Der Gehalt an Cyankalium macht dieses Wasser zu einem Gift für alle lebenden Wesen."

Die Wasser- und Fischereibiologie, wie Thienemann sie betrieb, hatte seit dem Ende des 19. Jahrhunderts einen enormen Aufschwung genommen, für den unter anderem auch die Forschungen der 1901 gegründeten preußischen Landesanstalt für Wasserhygiene und anderer neu gebildeter staatlicher Forschungsinstitute verantwortlich waren. Während Chemiker und Bakteriologen immer nur Momentaufnahmen hinsichtlich abgeleiteter Abwässer liefern konnten, waren die Biologen in der Lage, die Wasserbiologie und vor allem die im Wasser vorhandenen Pflanzen zu bewerten. Der Fischereibiologe Bruno Hofer schrieb 1907: „Die Sünden der Fabriken, welche unsere Gewässer verunreinigen, sind mit einer dem Biologen verständlichen Schrift am Grunde der Gewässer so fest verzeichnet, daß ihre Spuren noch nach Monaten entziffert werden können."

Was die Abwässerungspraxis an der Ruhr betraf, so schienen sich alle Abwassereinleiter gegenseitig zu bekämpfen: Der Bauingenieur Karl Imhoff bemängelte, dass von Zusammenarbeit zwischen den Einleitern keine Rede sein könnte: „Beispiele dafür sind viele kleine Nebenbäche der Ruhr, wo die im Oberlauf liegende Stadt und die Fabrikanten, Wasserkraftbesitzer und Landwirte des Unterlaufs gegenseitig bemüht sind, sich im Verwaltungswege und durch Prozesse das Leben schwer zu machen."

Insofern lag auf der Hand, dass Versorgungslösungen durch Talsperren allein nicht genügen konnten. Überlegungen zur Gründung eines gemeinsamen Abwasserverbandes waren deshalb nur folgerichtig. Nach dem Vorbild der Emschergenossenschaft verfügte das Ruhrreinhaltungsgesetz von 1913 die Bildung des Ruhrverbands, um die Abwasserverhältnisse einheitlich zu regeln. Allerdings wird man an seine Aktivitäten nicht die Maßstäbe aktueller Umweltschutzgedanken anlegen dürfen. Auch Abwasservermeidung und -reinigung waren keine vorrangigen Ziele. Der Ruhrverband legte in erster Linie Wert auf großräumige Verlagerungsstrategien. Danach war im Mündungsgebiet der Ruhr die „einfachste Aufgabe" zu erfüllen: Der Ruhrverband baute dort einen Abwassersammler, der das gesamte Abwasser der Städte Mülheim, Oberhausen und Duisburg, das infolge der starken industriellen Abgänge schwer zu verarbeiten gewesen wäre, fast ungereinigt in den Rhein entließ. Dabei entsprach es dem Beharrungsvermögen wissenschaftlicher Traditionen des späten 19. Jahrhunderts, wenn man den gewerblichen Abwässern immer noch eine relativ geringe Bedeutung beimaß, sie lediglich als „fast ebenso wichtig" wie die kommunalen Abwässer einstufte. Wählt man die Aufsätze zur Festschrift der Emschergenossenschaft als Maßstab, dann wog man sich noch bis in die 1950er Jahre hinein in der trügerischen Sicherheit, dass gewerbliche Abwässer „meist nicht direkt gesundheitsschädlich" seien, obwohl Forschungen der Fischereibiologie und der Agrikulturchemie, die seit der Wende zum 20. Jahrhundert verstärkt im Rahmen staatlicher Institute betrieben wurden, längst das genaue Gegenteil beweisen konnten.

So hatte Carl Duisberg, einer der führenden Vertreter der deutschen chemischen Industrie noch 1912 die angeblich ausschließlich positiven Effekte der Chemieabwässer unterstreichen können: Es sei ganz unnötig, so Duisberg, die Chemieabwässer aufwendig zu reinigen, denn schließlich würden die gesundheitsschädlichen Keime im organischen Abwasser durch die sauren Abläufe der Chemieindustrie zerstört. Dass Duisberg als hochrangiger Verbandsvertreter der chemischen Industrie noch 1912 derartige Standpunkte vertreten konnte, ist ein Beleg dafür, dass eine inzwischen schon Jahrzehnte andauernde Lobbyarbeit überaus erfolgreich gewesen war.

Der abschließende Blick auf die zeitgenössischen Zusammenhänge des Natur- und Heimatschutzes bringt den Umgang mit Industrieabwässern 1913 auf den Punkt: „Wir sind in der Verschmutzung bereits dahin gekommen, daß selbst weite Kreise der Industrie, die durch ihre eigenen Abwässer die Flüsse verschmutzt haben, sich über die schwere Verunreinigung der deutschen Flüsse beschweren – ein fast tragikomisches Schauspiel." Mit eiserner Hand, so ein führender Vertreter des Heimatschutzes, müsse den schlaffen Behörden und eigennützigen Industrien der Standpunkt des Gewässerschutzes klar gemacht werden.

Der Gedanke, dass die Interessenkämpfe untereinander wenig hilfreich sein würden, hatte sich in den ersten Dekaden des 20. Jahrhunderts noch nicht durchgesetzt. Gleichwohl gab es in industriellen Zusammenhängen schon seit der Wende zum 20. Jahrhundert einen Minimalkonsens: „Die paradiesischen Idylle mit reinlichen Nymphen und schlammtriefenden Flußgöttern in kristallklaren Fluten mit höchst friedlichen Uferbewohnern als Nachbarn, die das Nymphenbadewasser ungeniert tranken, sind vorüber." Man müsse anerkennen, dass „Abwässerfreiheit" zusammen mit Wasserleitung und Kanalisation eine „conditio sine qua non" für die Industrie repräsentiere.

Rechts: Die Listertalsperre, 1912 (Ruhrverband)

Unten: Gegen den Durst des Ruhrgebiets: Möhne- und Listertalsperre wurden bis 1912 fertiggestellt und konnten die Wasserentnahmen aus der Ruhr zumindest zum Teil ausgleichen. Durch Verdünnungseffekte profitierte auch die Wasserqualität der Ruhr, Bau der Möhnetalsperre, Postkarte von 1909 (Ruhrverband)

Gruß vom Bau d. gr. Möhnetalsperre

Britta Balt

DER RUHRVERBAND

Die Gewährleistung von
Wasserregulierung und Wasserqualität

VON DER „WILDEN WASSERWIRTSCHAFT" BIS ZUR GRÜNDUNG DES RUHRTALSPERRENVEREINS

Die Ruhr ist nicht nur die Namensgeberin eines der größten Ballungsräume Europas. Sie ist auch dessen zentrale Lebensader, denn obwohl die Ruhr, was ihre Länge und ihren natürlichen Abfluss betrifft, nicht mit großen Strömen wie etwa dem Rhein konkurrieren kann, war und ist sie die Hauptlieferantin von Trink- und Brauchwasser für das Ruhrgebiet. Dafür, dass die „kleine" Ruhr diese große Aufgabe zuverlässig bewältigen kann, sorgt seit über 100 Jahren der Ruhrverband.

Seine Gründungsgeschichte ist eng verknüpft mit der Industrialisierung, die das Ruhrgebiet binnen weniger Jahrzehnte so tiefgreifend verändert hat wie wohl kaum eine andere Region. Neue Verfahrenstechniken im Steinkohleabbau und in der Eisenverhüttung ließen immer neue Zechen, Kokereien und Stahlwerke entstehen. Mit der Hoffnung auf Arbeit und bescheidenen Wohlstand kamen immer

mehr Menschen zunächst aus dem Umland, später überwiegend aus den preußischen Ostprovinzen an die Ruhr. Die Bevölkerungszahlen nahmen explosionsartig zu, Dörfer und Landgemeinden wuchsen in kürzester Zeit zu Großstädten mit mehreren hunderttausend Einwohnern an.

Alle ins Ruhrgebiet strömenden Menschen, aber vor allem die Zechen und Industriebetriebe benötigten Wasser, immer mehr Wasser. Beispiel Stahlproduktion: Im Jahr 1875 entfiel allein auf die Gussstahlfabrik Krupp ein Drittel des gesamten Wasserverbrauchs der Stadt Essen. Auch der Bergbau war eine wasserintensive Industrie: Etwa zwei Kubikmeter Wasser verbrauchte die Förderung einer Tonne Steinkohle, über drei – in manchen Produktionsstätten bis zu fünf – Kubikmeter die Erzeugung einer Tonne Koks. Das althergebrachte System der Wasserversorgung aus Brunnen reichte innerhalb kürzester Zeit bei weitem nicht mehr aus, um den Bedarf zu decken. Ende des 19. Jahrhunderts entnahmen bereits mehr als 70 private und kommunale Wasserwerke jährlich 180 Millionen Kubikmeter Wasser aus der Ruhr. Fast drei Viertel davon wurden in andere Flusseinzugsgebiete wie etwa das der Emscher abgeleitet, was bedeutete, dass dieses Wasser nach dem Gebrauch eben nicht mehr in die Ruhr zurückfloss, sondern dem Fluss dauerhaft verloren ging. Dieser

Links: Die Sorpetalsperre aus der Luft. Sie gehört mit einem Stauraum von 70 Millionen Kubikmetern zu den Grundpfeilern der Wasserversorgung für das Ruhrgebiet (Ruhrverband)

„schädliche Entzug" von Wasser aus der Ruhr führte gerade in trockenen Sommern immer wieder zu gravierendem Wassermangel. Die mit Wasserkraft angetriebenen Maschinen der Hammer- und Walzwerke, Papiermühlen und Drahtziehereien standen vor allem im Spätsommer häufig still. Es war nur noch eine Frage der Zeit, bis die belastete Ruhr die Grenzen ihrer Leistungsfähigkeit erreichen würde. Bereits im Trockenjahr 1893 wurden daher erstmals Forderungen derer laut, die auf das Wasser der Ruhr angewiesen waren – Triebwerksbetreiber, Wasserwerke, Zechen- und Stahlwerksbesitzer. Sie appellierten an die Politik, der bis dahin weitgehend unkoordinierten Wasserwirtschaft an der Ruhr Einhalt zu gebieten. Die Regierung sollte entweder weniger Konzessionen für die Wasserentnahme erteilen oder aber den Bau von Talsperren finanzieren, um das der Ruhr entzogene Wasser zu ersetzen. Die niederschlagsreichen Jahre 1894 bis 1896 entspannten die Lage ein wenig und nahmen dem Konflikt zwischen den verschiedenen Nutzergruppen seine Brisanz. Doch schon im nächsten Trockenjahr 1897 wurde der Kampf erneut geführt, diesmal noch erbitterter als vier Jahre zuvor. Denn der Wirtschaftsaufschwung und der Bevölkerungszuwachs waren in der Zwischenzeit unvermindert weitergegangen, sodass mittlerweile selbst die Wasserwerke an der oberen Ruhr Mühe hatten, ausreichende Mengen für den steigenden Bedarf zu fördern – von weiter

flussabwärts gelegenen Städten wie Essen und Mülheim ganz zu schweigen.

Der Streit darüber, wo und in welchen Mengen Wasser aus der Ruhr entnommen werden durfte, endete also im ausgehenden 19. Jahrhundert aus rein praktischen Gründen: weil es mittlerweile überall fehlte. Aus dieser Notsituation heraus wurden aus einstigen Konkurrenten um das kostbare Gut Streiter für die gemeinsame Sache. Zu Jahresbeginn 1898 trafen sich im Essener Rathaus Vertreter der Regierungsbezirke Düsseldorf und Arnsberg, der kommunalen und privaten Wasserwerke, der Triebwerke, Zechen und Stahlwerke und beschlossen die Gründung eines privatrechtlich organisierten Vereins, der den Bau von Talsperren im Sauerland durch die finanzielle Unterstützung kleinerer Talsperrengenossenschaften fördern sollte. Der „Ruhrtalsperrenverein", wie er mit seiner konstituierenden Sitzung im April 1899 genannt werden sollte, finanzierte allein bis 1907 den Bau von sieben Talsperren.

Die Ruhr früher und heute: Im Trockenjahr 1911 (Bild links) war die vor dem Mülheimer Stadtbad verlaufende Ruhr fast völlig zum Versiegen gekommen, der Rest ein übelriechendes Rinnsal. Es war diese Krisensituation, die schließlich zur Gründung des Ruhrverbands führte. Über 100 Jahre später (Bild rechts) präsentiert sich die Ruhr an derselben Stelle dank der Talsperren des Ruhrverbands auch im Hochsommer üppig fließend (Ruhrverband)

DAS „SCHICKSALSJAHR" 1911
UND SEINE FOLGEN

Sieben Talsperren: Diese Zahl hatte der Aachener Professor Otto Intze, damals der führende deutsche Fachmann für Talsperrenbau, für nötig gehalten, um den Wasserbedarf des Ruhreinzugsgebiets langfristig zu decken. Intzes Kalkulation ging allerdings von zu hohen Niederschlagsmengen aus und unterschätzte zudem das rasante Wirtschaftswachstum der aufstrebenden Region. Der Intze-Schüler Ernst Link, der im Herbst 1904 als Regierungsbaurat zum Ruhrtalsperrenverein kam, berechnete daher die benötigte Wassermenge unter Einbeziehung der längsten bis dahin bekannten Trockenperiode neu und empfahl dringend den Bau weiterer, noch größerer Stauanlagen. Dem Ruhrtalsperrenverein fiel dabei eine neue Rolle zu: Statt nur andere bei der Finanzierung zu unterstützen, sollte er selbst eine Talsperre bauen, die in der Lage war, den Wasserbedarf auf Jahre hinaus zu sichern. Im Möhnetal wurde ein geeigneter Standort gefunden, und 1906 begannen die umfangreichen Planungen.

Doch noch ehe die Möhnetalsperre fertiggestellt war, zeigte sich im Sommer 1911 auf dramatische Weise, wie dringend diese neue, riesige Stauanlage benötigt wurde: Wochenlange Hitze und Trocken-

heit, gepaart mit einem hohen Entnahmegrad durch die Wasserwerke und der damals üblichen Ableitung ungeklärter Haushalts- und Industrieabwässer in den Fluss, ließen die Ruhr in ihrem Unterlauf zu einem öligen Rinnsal werden. Dem angesehenen Gewässerkundler August Thienemann, der aufgrund der verheerenden Nachrichten eigens aus Münster angereist war, bot sich ein schauriges Bild: „Die Ruhr […] stellt eine braunschwarze Brühe dar, die stark nach Blausäure riecht, keine Spur von Sauerstoff enthält und absolut tot ist." In Mülheim brach eine Typhusepidemie aus, und schließlich brachte der Wassermangel sogar die Industrieproduktion an der unteren Ruhr zum Erliegen.

Es war diese Extremsituation, die den Durchbruch brachte: Im Juni 1913 begründete ein preußisches Sondergesetz den Ruhrverband als öffentlich-rechtlichen Wasserverband mit der Aufgabe, Kläranlagen zur Reinhaltung der Ruhr zu betreiben, und verlieh zugleich auch dem bis dahin privaten Ruhrtalsperrenverein einen öffentlich-rechtlichen Status. Mitglieder der Verbände wurden per Gesetz alle Nutzer der Ruhr, also die ganz oder teilweise im Verbandsgebiet liegenden Kommunen und Kreise sowie Industrie- und Gewerbebetriebe, die in großen Mengen Abwasser ableiteten, Unternehmen der öffentlichen Wasserversorgung und

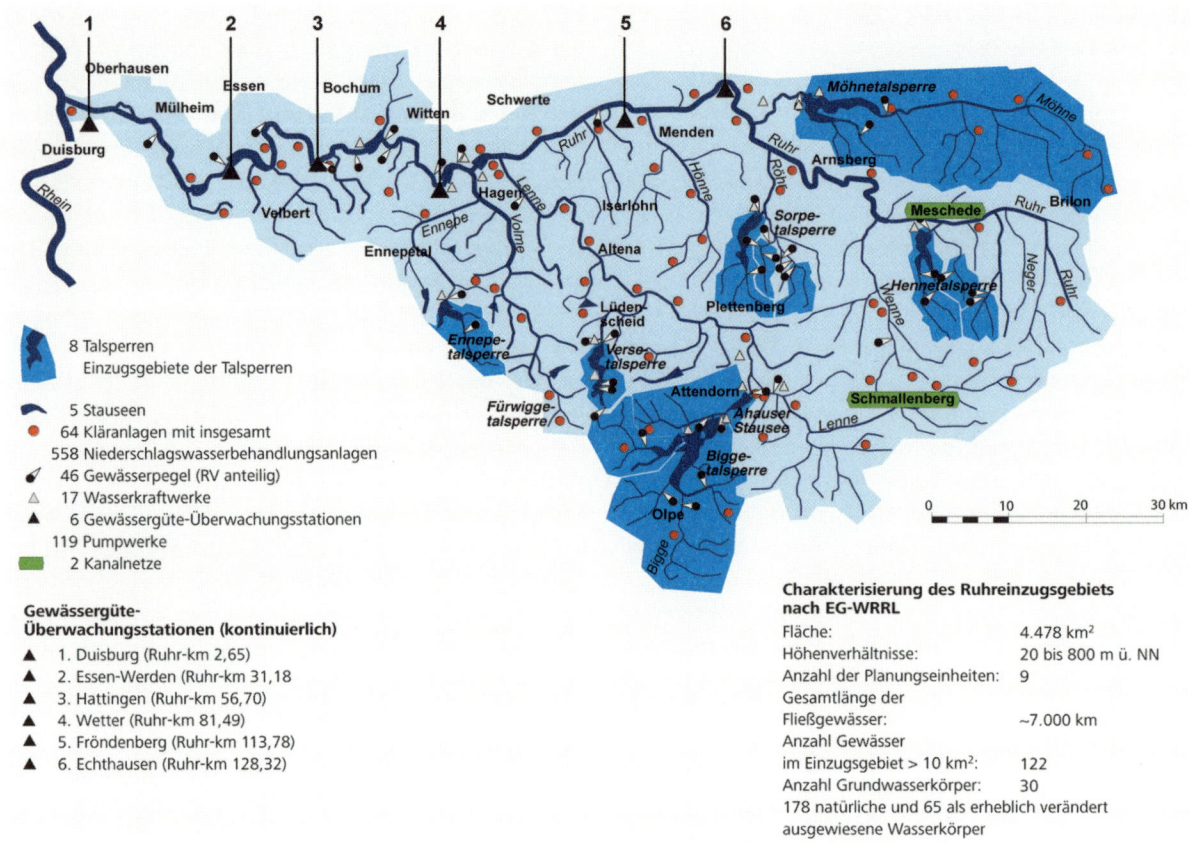

8 Talsperren
Einzugsgebiete der Talsperren

5 Stauseen

64 Kläranlagen mit insgesamt
558 Niederschlagswasserbehandlungsanlagen

46 Gewässerpegel (RV anteilig)

17 Wasserkraftwerke

6 Gewässergüte-Überwachungsstationen

119 Pumpwerke

2 Kanalnetze

Gewässergüte-Überwachungsstationen (kontinuierlich)

1. Duisburg (Ruhr-km 2,65)
2. Essen-Werden (Ruhr-km 31,18)
3. Hattingen (Ruhr-km 56,70)
4. Wetter (Ruhr-km 81,49)
5. Fröndenberg (Ruhr-km 113,78)
6. Echthausen (Ruhr-km 128,32)

Charakterisierung des Ruhreinzugsgebiets nach EG-WRRL

Fläche:	4.478 km²
Höhenverhältnisse:	20 bis 800 m ü. NN
Anzahl der Planungseinheiten:	9
Gesamtlänge der Fließgewässer:	~7.000 km
Anzahl Gewässer im Einzugsgebiet > 10 km²:	122
Anzahl Grundwasserkörper:	30

178 natürliche und 65 als erheblich verändert
ausgewiesene Wasserkörper

Der Ruhrverband ist für die ganzheitliche Wasserwirtschaft im
natürlichen Flussgebiet der Ruhr zuständig, Stand: 31. Dezember 2018
(Ruhrverband)

Triebwerksbetreiber. Eine mutige und für die damalige Zeit absolut zukunftsweisende Entscheidung, die es Ruhrverband und Ruhrtalsperrenverein erlaubte, das gesamte Flussgebiet der Ruhr unabhängig von administrativen Grenzen, politischen Gemengelagen und wirtschaftlichen Einzelinteressen als Einheit zu bewirtschaften.

Noch ein bedeutendes Ereignis fällt in das Jahr 1913: Nach nicht einmal zehnjähriger Planungs- und Bauphase wurde die Möhnetalsperre im Juni feierlich eröffnet. Mit ihrem Stauvolumen von 130 Millionen Kubikmetern war sie damals die größte Stauanlage Europas und zugleich ein spektakuläres Beispiel für die erfolgreiche Arbeit des Ruhrtalsperrenvereins. Heute hat sie einen Anteil von über 25 Prozent am gesamten Talsperrenstauraum im Ruhreinzugsgebiet und ist damit ein wesentliches Element zur Steuerung der Wasserführung

der Ruhr. Und auch wenn bis zur Fertigstellung der Biggetalsperre im Jahr 1965 noch Versorgungsengpässe in heißen Sommern auftraten – der Konflikt zwischen Ober- und Unterliegern um die Nutzung und die Qualität des Ruhrwassers gehörte endgültig der Vergangenheit an. Am 1. Juli 1990 wurden der Ruhrtalsperrenverein und der Ruhrverband zu einem Wasserwirtschaftsverband vereinigt, der den Namen Ruhrverband trägt. Er nimmt im Rahmen des Flussgebietsmanagements sowohl die Aufgaben der Wassermengen- als auch der Wassergütewirtschaft wahr.

STAUSEEN FÜR DIE RUHR UND DIE ANFÄNGE DER GEREGELTEN SIEDLUNGSENTWÄSSERUNG

Zurück in die Anfangszeit der beiden Ruhrverbände: Die drängendsten Probleme hinsichtlich der Wassermenge und Wasserqualität waren erkannt, die rechtlichen Rahmenbedingungen zu ihrer Bewältigung geschaffen. Nun kam es darauf an, Lösungen zu finden. Der Ruhrverband wollte zügig mit dem

Bau erster Reinigungsanlagen für das stark belastete Abwasser des Ruhrgebiets beginnen, doch nur wenig später brach der Erste Weltkrieg aus. Aus allen Regionen des von einer Welle der Kriegsbegeisterung erfassten Deutschen Reichs meldeten sich junge Männer in Scharen zum Fronteinsatz oder wurden zum Militärdienst verpflichtet. Auch fast alle männlichen Angestellten des Ruhrverbands wurden eingezogen, der Vorstand tagte nicht mehr. Da die Situation jedoch auch in der Stahlindustrie und im Kohlebergbau nicht viel anders war, gingen die Produktions- und Fördermengen bis 1915 auf ein Drittel des Vorkriegswertes zurück. Damit einhergehend sank der Wasserbedarf, außerdem leitete die Industrie weniger Abwasser in die Ruhr ein. Der zum Erliegen gekommene Kläranlagenbau war daher zunächst zu verschmerzen.

Dies änderte sich ab 1916 erheblich: Die Kriegsindustrie mobilisierte alle Ressourcen für die Rüstungsproduktion, und mit dem erneuten Ankurbeln der Industrie stieg die Verschmutzung der Ruhr dramatisch. Gleichzeitig schränkten die Behörden allerdings alle nicht unmittelbar kriegswichtigen Arbeiten ein, sodass der Ruhrverband lediglich mit notdürftig errichteten Erdbecken die gröbsten Verschmutzungen des Flusswassers zurückhalten konnte.

Auch in den Notjahren der Nachkriegszeit blieb eine geregelte Abwassersammlung und -reinigung schwierig. Politische Wirren, Fürsorgemaßnahmen für die im Ruhrgebiet zum großen Teil verarmte Bevölkerung und die ständig steigende Inflation beeinträchtigten die Finanzkraft der kommunalen Verwaltungen und der Industrie gleichermaßen. Der Ruhrverband zögerte daher, teure Infrastrukturmaßnahmen auf den Weg zu bringen, die seine Mitglieder möglicherweise gar nicht bezahlen könnten. Wenigstens belieferten die Talsperren des Ruhrtalsperrenvereins das Ruhreinzugsgebiet zuverlässiger als zuvor mit Wasser, auch wenn die Versorgungssicherheit von den Unwägbarkeiten des Wetters abhängig blieb. Der Abwasserpionier Karl Imhoff, seit 1913 Geschäftsführer des Ruhrverbands, erwog daher den Bau einer Kette von Pumpwerken, die Wasser aus dem erheblich wasserreicheren Rhein entgegen der natürlichen Fließrichtung ruhraufwärts befördern und so die Versorgung in Notzeiten sichern sollte. Realisiert wurden diese Pläne aus Geldmangel jedoch erst später.

Immerhin gelang es trotz der Inflation, 1921 ein großes Bauprojekt in Angriff zu nehmen. Im Mündungsgebiet der Ruhr entstand bis 1925 ein elf Kilometer langer Abwassersammler, der die Abwässer der Städte Mülheim an der Ruhr, Oberhausen und Duisburg auffing und direkt in den Rhein leitete. Dieser Sammler verbesserte die Situation an der unteren Ruhr ebenso nachhaltig wie die Kläranlage Essen-Rellinghausen, in der ab 1926 auf Betreiben von Karl Imhoff erstmals auf dem europäischen Festland das zuvor bereits in den USA und England erprobte Belebtschlammverfahren angewandt wurde. Die Kläranlage für das Abwasser von rund 45.000 Menschen zeigte die „denkbar beste Reinigungswirkung", sodass sich die biologische Abwasserreinigung durch Mikroorganismen unter Sauerstoffzufuhr rasch in ganz Deutschland verbreitete. Doch auch weiter flussaufwärts gab es schwerwiegende hygienische Probleme: Die metallverarbeitenden Betriebe des Sauerlands leiteten stark

Der 1925 fertiggestellte Abwassersammler Mülheim-Oberhausen-Duisburg (Bild oben) verbesserte die Wasserqualität der unteren Ruhr ebenso nachhaltig wie die Kläranlage Essen-Rellinghausen (Bild unten), die 1926 in Betrieb ging (Ruhrverband)

eisen- und säurehaltiges Abwasser in die Lenne, die nördlich von Hagen in die Ruhr mündet. Hier entstand durch chemische Reaktion ein zäher Schlamm, der das Wasser rot färbte. Karl Imhoff entwickelte 1926 den Plan, die Selbstreinigungskräfte des Wassers durch einen Stausee zu erhöhen und so die extremste Verschmutzung zu beseitigen. In dem See sollten sich die Eisenschlämme absetzen und von den im Winter üblichen Hochwasserereignissen ohne weitere Kosten herausgespült werden.

Der Hengsteysee wurde 1928 eingestaut. Seine Reinigungsleistung war so gut, dass Imhoff für die Zukunft eine Kette von insgesamt acht Stauseen zwischen Lennemündung und Mülheim an der Ruhr plante. Bis 1979 wurden insgesamt fünf Projekte umgesetzt, darunter der zwischen 1931 und 1933 vom Freiwilligen Arbeitsdienst (FAD) errichtete Baldeneysee im Essener Süden. Von den anfänglichen Flusskläranlagen entwickelten sich die Ruhrstauseen immer mehr zu wichtigen Sport- und

Naherholungsstätten. Der Kemnader See, im Spätsommer 1979 im Städtedreieck zwischen Bochum, Witten und Hattingen eröffnet, wurde bereits als reine Freizeitanlage konzipiert. Heute erfreut er sich so großer Beliebtheit, dass die getrennten Trassen für Fußgänger und Radfahrer 2014 durch eine dritte Spur für Inlineskater ergänzt wurden, die abends beleuchtet ist. Der Baldeneysee ist durch renommierte Veranstaltungen wie etwa die Internationale Hügelregatta weit über die Grenzen der Region hinaus als Wassersportzentrum bekannt.

DIE GLEICHSCHALTUNG VON RUHRTAL-SPERRENVEREIN UND RUHRVERBAND

Während der Ruhrverband die drängendsten Probleme der Wasserverschmutzung anging, arbeitete der Ruhrtalsperrenverein weiter daran, die Versorgungssicherheit auch in trockenen Sommern zu erhöhen. Ab 1926 war Europas größte Baustelle im Sauerland zu finden: Bei Sundern entstand die Sorpetalsperre, deren Stauvolumen von 70 Millionen Kubikmetern größer war als die Summe ihrer mittleren jährlichen Zuflüsse und die deshalb nach ihrem Ersteinstau mehr als ein Jahr zu ihrer Füllung benötigte. Um das Material für den 70 Meter hohen

Der Baldeneysee in Essen. Die Stauseen an der unteren Ruhr (Hengsteysee, Harkortsee, Kemnader See, Baldeneysee, Kettwiger See) haben heute vor allem für die Freizeitgestaltung der Menschen im Ruhrgebiet eine große Bedeutung. Ihre ursprüngliche Aufgabe als Flusskläranlagen ist hingegen nahezu in Vergessenheit geraten (Ruhrverband)

Staudamm heranzuschaffen, wurden eigens Bahngleise verlegt und ein Viadukt gebaut.

Als die Sorpetalsperre 1935 nach neunjähriger Bauzeit offiziell eingeweiht wurde, war in der Essener Hauptverwaltung von Ruhrtalsperrenverein und Ruhrverband vieles anders als zu Baubeginn. Die von den Nationalsozialisten betriebene Gleichschaltung des politischen und gesellschaftlichen Lebens hatte auch die selbstverwalteten Körperschaften des öffentlichen Rechts erfasst. Der international anerkannte Abwasserfachmann Karl Imhoff, dessen patentierte Erfindung „Emscherbrunnen" („Imhoff Tank") allein in den USA hundertfach auf Kläranlagen im Einsatz war, wurde 1934 wegen politischer Unzuverlässigkeit als Geschäftsführer des Ruhrverbands entlassen und durch einen linientreuen Nachfolger ersetzt. Außerdem erhielten die beiden bis dahin organisatorisch weitgehend eigenständigen Ruhrverbände einen Staatskommissar als gemeinsame Spitze – offiziell, um durch eine straffe Führung die bereits seit den späten 1920er Jahren geführten

Diskussion über eine stärkere finanzielle Beteiligung des Ruhrtalsperrenvereins an den Aufwendungen des Ruhrverbands zu beenden. Der Staatskommissar plante zunächst, die Genossenschaftsversammlungen als wichtigste Selbstverwaltungsorgane der Verbände abzuschaffen und stattdessen einen von ihm geleiteten Arbeitsausschuss einzurichten, was die Verbandsvorstände als eine Bedrohung für die Selbstverwaltung und damit für das zentrale Merkmal ihrer Eigenständigkeit ansahen. Nach heftigen Auseinandersetzungen setzte der Staatskommissar im Oktober 1934 den Vorstandsvorsitzenden, seinen Stellvertreter und die Geschäftsführer beider Verbände (also auch den Nachfolger des kurz zuvor entlassenen Karl Imhoff) ab.

Zwar wurden diese Entlassungen Ende 1935 wieder rückgängig gemacht, nachdem auch die zuständigen Aufsichtsbehörden eingesehen hatten, dass der zwar regimetreue, aber wasserwirtschaftlich völlig unerfahrene Staatskommissar nicht in der Lage sein würde, die mit dem wirtschaftlichen Aufschwung wieder zunehmende Verschmutzung der Ruhr in den Griff zu bekommen. Andere Entscheidungen wirkten sich hingegen massiv auf die Selbstverwaltung der Verbände aus. So sah das Gesetz über die Beitragslast vom 10. Dezember

Das Verwaltungsgebäude an der Essener Kronprinzenstraße im Jahr 1934. Die Propagandabanner lassen erkennen, dass sich die Verbände ebenso wie viele andere Institutionen und Unternehmen mit dem nationalsozialistischen Regime und dessen politischen Zielen arrangierten (Ruhrverband)

1935 vor, dass der Ruhrtalsperrenverein künftig 45 Prozent der Kosten des Ruhrverbands tragen sollte. Das Gesetz entsprach damit zwar den häufig geäußerten Forderungen nach einer stärkeren Kostenbeteiligung, setzte sich aber über die Selbstverwaltung der Verbände hinweg. Die Fachministerien waren inzwischen befugt, „die Satzungen der Verbände zu ändern sowie Zuständigkeiten und Befugnisse von Genossenschaftsorganen einzuschränken oder auf andere Stellen oder die Aufsichtsbehörde zu übertragen". Ein Erlass vom 18. Dezember 1935 schaffte die Genossenschaftsversammlung als das wichtigste Organ der Selbstverwaltung endgültig ab. Ihre Aufgaben übernahmen die staatlichen Aufsichtsbehörden, teilweise zusammen mit den Vorständen, die wiederum von eben diesen Behörden berufen wurden. Von der Selbstverwaltung, für die die Verbände so vehement gekämpft hatten, blieb kaum etwas übrig. Ruhrtalsperrenverein und Ruhrverband waren bis Kriegsende gleichgeschaltet.

TALSPERREN SICHERN DIE WASSERVERSORGUNG

Das Talsperrensystem des Ruhrverbands mit einem Gesamtstauraum von 463 Millionen Kubikmetern erreichte 1965 mit der Fertigstellung der Biggetalsperre seine heutige Gestalt. Bezogen auf ein einzelnes Flussgebiet (das der Ruhr) ist es das größte zusammenhängende Talsperrensystem in Deutschland. Die 171 Millionen Kubikmeter fassende Biggetalsperre ist die einzige, die erst nach dem Zweiten Weltkrieg gebaut wurde, auch wenn der Bau bereits 1938 beschlossen worden war. Zunächst hatten der durch die verschärften Rüstungsanstrengungen verursachte Arbeitskräftemangel, dann der Krieg selbst und schließlich die Widrigkeiten der unmittelbaren Nachkriegszeit den Baubeginn immer wieder verhindert.

Lediglich an der 1938 begonnenen Versetalsperre wurde – wenn auch mit Unterbrechungen – während des Krieges weitergebaut. Da reguläre Arbeitskräfte fehlten, setzte der Ruhrtalsperrenverein Häftlinge eines „Arbeitserziehungslagers", das 1940 in Hunswinkel südlich von Lüdenscheid errichtet worden war, auf der Baustelle ein. Die Häftlinge in Hunswinkel verrichteten schwerste Arbeiten, zehn bis zwölf Stunden am Tag, sechs Tage in der Woche. In den Kalksteinbrüchen im Versetal brachen

sie das benötigte Baumaterial mit Spitzhacken aus, schoben die Steine mit Feldbahnloren an den Sperrdamm und entleerten sie zur Fundamentierung der Talsperre, teilweise mit bloßen Händen. Bis Kriegsende lebten im Lager Hunswinkel insgesamt rund 5.000 Menschen auf engstem Raum, mindestens 550 von ihnen starben.

Der Ruhrtalsperrenverein beutete die Arbeitskraft vieler Inhaftierter für den Bau der Versetalsperre aus. Daher zahlte der Ruhrverband als Nachfolger der 1990 zusammengeschlossenen Verbände im Jahr 2000 in den Fonds der Stiftung „Erinnerung, Verantwortung und Zukunft" ein und beteiligte sich an der Identifizierung von Entschädigungsberechtigten. Im Herbst 2003 beauftragte der Ruhrverband den Bochumer Theologen Günter Brakelmann mit der Untersuchung der Geschehnisse im Lager Hunswinkel. Die wichtigsten Ergebnisse seiner Arbeit wurden der Öffentlichkeit auf in der Nähe des Staudammes angebrachten Schautafeln präsentiert.

Ein weiteres dunkles Kapitel in der Geschichte des Ruhrverbands war die Zerstörung der Möhnetalsperre. In der Nacht vom 16. auf den 17. Mai 1943, auf dem Höhepunkt der alliierten Luftoffensive gegen das Rheinisch-Westfälische Industriegebiet, riss eine eigens zu diesem Zweck konstruierte britische Fliegerbombe eine Lücke in die Staumauer. Das ausströmende Wasser raste in einer Flutwelle durch das flussabwärts gelegene Tal und richtete verheerende Schäden an. Nach offiziellen Angaben der zuständigen Gauleitung starben rund 1.600 Menschen durch die Folgen des Angriffs, darunter etwa 1.000 ausländische Zwangsarbeiterinnen und Zwangsarbeiter sowie Kriegsgefangene, die in Lagern im Möhnetal eingeschlossen waren. Bereits wenige Tage nach dem Angriff begann die „Organisation Todt", die Bautruppe des NS-Regimes, mit dem Wiederaufbau und setzte dabei fast 4.000 Zwangsarbeiterinnen und Zwangsarbeiter ein. Die Möhnetalsperre konnte bereits im September 1943 wieder eingestaut werden, die letzten Kriegsschäden an dem Bauwerk wurden allerdings erst Ende der 1950er Jahre beseitigt.

Rechts: Der Ruhrtalsperrenverein richtete 1940 das „Arbeitserziehungslager" Hunswinkel ein. Die dort untergebrachten Häftlinge wurden zur Arbeit auf der Baustelle der Versetalsperre gezwungen (Ruhrverband)

Eine britische Bombe riss im Mai 1943 eine Lücke in die Staumauer der Möhnetalsperre. Das ausströmende Wasser raste in einer Flutwelle durch das flussabwärts gelegene Tal und richtete verheerende Schäden an (Ruhrverband)

Zurück zur Biggetalsperre: Im Jahr 1957, fast 20 Jahre nach dem Baubeschluss, begannen die Arbeiten an diesem gigantischen Projekt, für das über 2.500 Menschen ihre angestammten Dörfer verlassen mussten. Der Bau selbst dauerte neun Jahre, die Finanzierung sehr viel länger. Über fünf Jahrzehnte, bis 2009, stand der „Biggepfennig" als Fixposten auf den Abrechnungen aller Trinkwasserwerke

entlang der Ruhr; dann waren die Baukosten von umgerechnet mehr als 220 Millionen Euro als Gemeinschaftsleistung aller, die Wasser aus der Biggetalsperre beziehen, bezahlt.

Bewährt hatte sich die Talsperre, die das zur Verfügung stehende Stauvolumen auf einen Schlag um 40 Prozent vergrößerte, bis dahin schon längst. Seit ihrer Fertigstellung konnte auf Notmaßnahmen wie etwa die Rückpumpkette, die noch im dramatischen Trockensommer 1959 Wasser aus dem Rhein bis Bochum-Dahlhausen ruhraufwärts befördert hatte, verzichtet werden, obwohl die Wasserentnahmen aus der Ruhr weiter anstiegen und 1974 mit rund 1,4 Milliarden Kubikmetern ihren Höhepunkt erreichten. Und auch heute noch sorgt allein das Talsperrensystem des Ruhrverbands dafür, dass den Menschen entlang der Ruhr das Wasser nicht ausgeht. Im Trockenjahr 2018, als das Ruhreinzugsgebiet von Februar bis Oktober nur 60 Prozent der sonst üb-

Die 1965 in Betrieb genommene Biggetalsperre sichert rund 40 Prozent des erforderlichen Wasserzuschusses für die Ruhr. 2015 wurde die Asphaltdichtung des Staudamms umfangreich instandgesetzt. Nach dieser größten Sanierungsmaßnahme in ihrer Geschichte ist die Talsperre für die nächsten 50 Jahre gerüstet (Ruhrverband)

lichen Regenmenge verzeichnete, wäre die Ruhr ohne die Hilfe der Talsperren bereits im Juli in der Höhe von Schwerte das erste Mal trockengefallen.

WASSERWIRTSCHAFT IM ZEICHEN DES UMWELTSCHUTZES

Etwa zeitgleich mit der Fertigstellung der Bigge-talsperre zeichnete sich ein Bewusstseinswandel in Gesellschaft und Politik ab. Nach Jahren und Jahr-zehnten der hemmungslosen Ausbeutung der na-türlichen Ressourcen gewann der Umweltschutz langsam, aber stetig an Bedeutung. Schon Ende der 1950er Jahre hatten meterhohe Schaumberge auf deutschen Flüssen viele Menschen alarmiert und dafür gesorgt, dass der Bundestag 1961 das soge-nannte Detergentiengesetz verabschiedete. Seit seinem Inkrafttreten Ende 1964 durften Wasch-mittel nur noch waschaktive Substanzen enthalten, die zu mindestens 80 Prozent biologisch abbaubar waren.

Schaumberge auf Bächen und Flüssen, wie hier in Essen-Rellinghausen, waren in den späten 1950er Jahren ein großes Problem (Ruhrverband)

Die Schaumberge auf den Flüssen verschwanden, doch die massive Verschmutzung mit immer neu-en Chemikalien und anderen Schadstoffen blieb. Gerade im dicht besiedelten und schwerindustriell geprägten Ruhrgebiet war es eine gigantische He-rausforderung, Wasser nicht nur in ausreichender Menge, sondern auch noch in guter Qualität be-reitzustellen. Dass die beiden Ruhrverbände diese neue Zielsetzung für sich erkannten, zeigt ein Blick auf die Ausgaben: 1967 wurde erstmals mehr Geld in die Abwasserreinigung als in die Talsperren in-vestiert. Anfang der 1970er Jahre beispielsweise wurde die Bochumer Hauptkläranlage im Ölbach-tal, deren Anfänge bis in die frühen 1920er Jahre zurückreichen, durch ein zentrales Klärwerk er-setzt. Zusätzlich zur mechanischen, biologischen und chemischen Reinigung erhielt es moderne Anlagen zur Klärschlammentwässerung und -ver-brennung.

Wie nötig die damaligen Investitionen waren, lässt sich eindrucksvoll an dem 1973 erstmals vom Ruhr-verband gemeinsam mit der Arbeitsgemeinschaft der Wasserwerke an der Ruhr (AWWR) heraus-gegebenen Ruhrgütebericht ablesen. „Unsere im Vergleich zu anderen Flüssen noch relativ saubere Ruhr ist heute streckenweise bis zur Grenze belas-tet", hieß es im Vorwort zur damaligen ersten Aus-gabe. „Trotz aller Anstrengungen im Käranlagenbau steigt die Belastung des Flusses (...) weiter an. (...) Die Alarmzeichen mehren sich: Wird die Flußwas-sergüte noch weiter so nachhaltig verändert, so muß dies dazu führen, daß eine in ihrer Güte ge-sicherte Trinkwassergewinnung für den Ballungs-raum Ruhr mit den hier seit langem bewährten Me-thoden der künstlichen Grundwasseranreicherung nicht mehr möglich ist!"

Auch die Eutrophierung der Gewässer, also die Belastung mit Phosphor und Stickstoff, sorgte für große Probleme. Durch das hohe Nährstoffange-bot bildeten sich Algen, die den Sauerstoffhaushalt massiv beeinträchtigten und im schlimmsten Fall zum berüchtigten „Umkippen" eines Gewässers führen konnten. Die untere Ruhr und vor allem der besonders stark betroffene Baldeneysee wurden damals mit technischen Hilfsmitteln belüftet, um zusätzlichen Sauerstoff in das Gewässer einzubrin-gen und so der fortschreitenden Eutrophierung entgegenzuwirken.

Die Ruhr war in den 1970er Jahren allerdings keineswegs der einzige Trinkwasserfluss, der unter einer erheblichen Verschmutzung zu leiden hatte: Selbst am viel wasserreicheren Rhein gab es immer größere Schwierigkeiten, aus dem Uferfiltrat sauberes Trinkwasser zu gewinnen. Auf Druck der wachsenden Umweltbewegung sah sich die Politik zum Handeln gezwungen: 1971 verabschiedete die Bundesregierung ein erstes Umweltprogramm, das auch eine Verbesserung der Gewässergüte in Deutschland vorsah, und 1976 verpflichtete das Abwasserabgabengesetz alle, die schädliches Abwasser ins Gewässer einleiteten, zur Zahlung einer entsprechenden Gebühr für jede eingeleitete Schadstoffeinheit.

VOM INDUSTRIEFLUSS ZUM LEBENS-, NATUR- UND FREIZEITRAUM

Eine entscheidende Verbesserung der Situation brachten schließlich die verschärften gesetzlichen Anforderungen an die Abwasserreinigung mit sich, die Ende der 1980er Jahre als Reaktion auf das Robbensterben und die Algenpest in der Nordsee erlassen wurden. Aufgrund dieser neuen Grenzwerte

hat der Ruhrverband innerhalb von 15 Jahren rund 1,6 Milliarden Euro in die Erweiterung seiner Kläranlagen um eine sogenannte dritte Reinigungsstufe investiert, die vornehmlich der Entfernung von Phosphor- und Stickstoffverbindungen aus dem Abwasser dient.

Dank dieses milliardenschweren Ausbauprogramms der Ruhrverbandskläranlagen, das 2005 abgeschlossen wurde, und der kontinuierlichen qualitativen Weiterentwicklung der Reinigungsleistungen, ist die Ablaufqualität des gereinigten Abwassers heute ausgezeichnet und liegt teilweise deutlich unter gesetzlichen und behördlichen Anforderungen.

Eine Begleiterscheinung der deutlich verbesserten Wasserqualität lässt sich seit einigen Jahren in den Stauseen der unteren Ruhr beobachten – sehr zum Leidwesen der dort ansässigen Wassersportler. Wo noch vor 30 Jahren hohe Nährstoffgehalte zu star-

Der milliardenschwere Ausbau der Ruhrverbandskläranlagen wirkte sich deutlich positiv auf die Gewässerqualität aus. Die Inbetriebnahme der Kläranlage Essen-Süd markierte 2005 den Schlusspunkt des Ausbauprogramms (Ruhrverband)

kem Algenwachstum und Sauerstoffmangel führten, ist das Wasser heute so klar, dass das Sonnenlicht bis zum Gewässergrund vordringen kann. Als Resultat wachsen beispielsweise im Baldeneysee heute Wasserpflanzen wie Igelkolben und Hornkraut, Ähriges Tausendblatt und Nussfrüchtiger Wasserstern, Flutender Hahnenfuß und Stachelspitzige Glanzleuchteralge. Die größten Probleme in den Ruhrstauseen verursacht allerdings die ursprünglich aus Nordamerika stammende Elodea, die nicht nur unter günstigen Wachstumsbedingungen zur Massenentwicklung neigt, sondern auch bis knapp unter die Wasseroberfläche wächst und deshalb den Wassersport besonders stark beeinträchtigt.

Aus gewässerökologischer Sicht ist es eine positive Entwicklung, dass die Ruhr und ihre Stauseen mittlerweile so sauber sind, dass sich dort wieder Wasserpflanzen heimisch fühlen. Gleichzeitig bedeutet es aber einen immensen Aufwand, die verkrauteten Seen während der Vegetationsperiode zum Segeln, Rudern, Kanufahren und für andere Wassersportaktivitäten nutzbar zu halten. Außer dem personal- und kostenintensiven Einsatz von Mähbooten, der allerdings nur kurzzeitige Abhilfe schaffen kann, ist bisher kein probates Mittel gegen die Verkrau-

tung durch die Elodea gefunden worden. In einem vom NRW-Umweltministerium geförderten Forschungsvorhaben werden aktuell Maßnahmen untersucht, die das Potenzial haben könnten, nachhaltiger gegen die Elodea-Massenentwicklung zu wirken – etwa die konkurrierende Bepflanzung mit standortgerechten Armleuchteralgen, die die Elodea verdrängen sollen und gleichzeitig mit ihrer geringen Wuchshöhe von höchstens 50 Zentimetern den Wassersport nicht beeinträchtigen. Auch die Wirkung eines sogenannten Rollenpflückers, der die Pflanzen oberflächennah ergreift und sie langsam inklusive der Wurzeln aus dem Sediment zieht, wird erprobt. Bis die Ergebnisse des Projekts vorliegen, bleibt allerdings das Mähen die einzige Möglichkeit, um dem „Fluch der guten Tat" etwas entgegenzusetzen.

Uneingeschränkt positiv war hingegen das öffentliche und mediale Echo, als im Mai 2017 – erstmals

Wasserpflanzen, die zum Teil bis an die Oberfläche wachsen, sind eine Begleiterscheinung der deutlich verbesserten Wasserqualität in der Ruhr. Bislang ist der Einsatz von Mähbooten das einzige Mittel gegen den „Fluch der guten Tat" (Ruhrverband)

Die Eröffnung der ersten offiziellen Badestelle an der Ruhr nach über 40 Jahren rief im Mai 2017 ein großes Medienecho hervor. In der Sommersaison 2017 nutzten rund 8.000 Gäste die Möglichkeit zum Baden im Baldeneysee, im Folgesommer waren es schon 20.000 (Ruhrverband)

seit 46 Jahren – das Schwimmen in der Ruhr wieder offiziell erlaubt wurde, und zwar an einer eigens dafür ausgewiesenen Badestelle im Essener Baldeneysee. Selbst ausländische Zeitungen berichteten über das unbeschwerte Badevergnügen im lange Zeit „berüchtigten" Industriefluss Ruhr. Mit der Eröffnung der Badestelle ging für viele Menschen in Essen ein Traum in Erfüllung, denn obwohl die Wasserqualität der Ruhr in den letzten Jahren immer besser geworden war, gab es dennoch bisher keine legale Möglichkeit zum Sprung ins kühle Nass. Dass die Badestelle im Baldeneysee den strengen Vorgaben der europäischen Badegewässerrichtlinie entspricht, liegt unter anderem an einem Frühwarnsystem, das im Rahmen eines Forschungsprojekts zum Baden in der Ruhr entwickelt wurde. Es sorgt dafür, dass bei Überschreiten einer bestimmten Niederschlagsmenge an ausgewählten Messpunkten vorsorglich ein zeitweises Badeverbot in Kraft tritt, da nach starken Regenfällen nicht ganz ausgeschlossen werden kann, dass Abwässer ungereinigt in den Fluss gelangen. Dadurch könnten die hygienischen Grenzwerte der Badegewässerrichtlinie temporär überschritten werden. In der ersten – eher verregneten – Saison 2017 wurden fast 8.000 Badegäste gezählt, im heißen Sommer 2018 waren

es schon rund 20.000. Das von vielen Menschen gewünschte Flussbaden in der Ruhr ist ein Erfolgsmodell, an dem auch andere Anrainerkommunen schon deutliches Interesse bekundet haben.

Und der Ruhrgütebericht? Dieser erscheint seit 1973 in ununterbrochener Folge einmal im Jahr und beschreibt transparent und nachvollziehbar die Entwicklung der Wasser- und Gewässerqualität der Ruhr, ihrer Nebengewässer und der Talsperren. Über die reine Dokumentation der Güteverhältnisse hinaus können konkrete Fragestellungen der Gewässerchemie, der Limnologie, der Siedlungswasserwirtschaft und des Flussgebietsmanagements auch in der Langzeitbetrachtung diskutiert und beantwortet werden. Für diesen konzeptionellen Ansatz des Ruhrgüteberichts und die lückenlose Dokumentation eines Flusseinzugsgebiets gab es im Jahr 2010 die auf dem Weltwasserkongress verliehene Auszeichnung „Best promoted water protection activity" der International Water Association (IWA).

—

INTAKTE GEWÄSSER UND SICHERE VERSORGUNG FÜR EINE REGION IM WANDEL

Die Gründung des Ruhrverbands, eines der größten und ältesten Wasserwirtschaftsverbände in Nordrhein-Westfalen, geschah – wie zuvor beschrieben – vor über 100 Jahren aus einer Notsituation heraus. Ausgetrocknete Flussbetten, stillstehende Maschinen und immer wieder der Ausbruch von Seuchen machten auf eklatante Weise deutlich, dass nur ein Zusammenwirken aller Nutzergruppen die hemmungslose Ausbeutung der Ruhr als Wasserressource in geregelte Bahnen lenken konnte.

Heute blickt NRW mit Stolz auf sein in Deutschland einzigartiges System der Wasserwirtschaftsverbände, deren genossenschaftliche, über die Grenzen kommunaler Verwaltung hinausreichende Organisationsstruktur den politischen Veränderungen der Vergangenheit standgehalten hat. Der Ruhrverband als selbstverwaltete Körperschaft überdauerte Kaiserreich und Weimarer Republik, zwei Weltkriege, die alliierte Besatzung und die Bonner Nachkriegsrepublik bis hin zum wiedervereinigten Deutschland. Und auch in einem gemeinsamen Europa sind die Wasserwirtschaftsverbände in NRW überaus

zeitgemäße, funktionsfähige Einrichtungen, die die in der europäischen Wasserrahmenrichtlinie geforderte flussgebietsbezogene Gewässerbewirtschaftung seit Jahrzehnten erfolgreich praktizieren. Sie werden deshalb auch den Herausforderungen, denen sich die Wasserwirtschaft in der Zukunft gegenübersieht, gewachsen sein.

Eine dieser Herausforderungen ist der demografische Wandel. Dass die durchschnittliche Lebenserwartung der Bevölkerung kontinuierlich steigt, ist eine erfreuliche Entwicklung, die allerdings mit einem künftig weiter steigenden Pro-Kopf-Verbrauch an Arzneimitteln in einer alternden Gesellschaft einhergehen wird. Schon jetzt lassen sich Arzneimittelrückstände ebenso wie Reste von Körperpflegeprodukten, Industrie- und Haushaltschemikalien sowie Pflanzenschutzmitteln in nahezu allen Gewässern nachweisen. Sie kommen zwar in sehr geringen Konzentrationen von zumeist wenigen Millionstel oder gar Milliardstel Gramm vor und können überhaupt erst seit einigen Jahren – dank entsprechender Fortschritte in der Analytik – nachgewiesen werden, aber sie sind dennoch vorhanden. Aktuell werden in der Ruhr rund 480 organische Spurenstoffe routinemäßig untersucht. Welche Strategien besonders geeignet sind, um Spurenstoffe effektiver aus dem Wasserkreislauf fernzuhalten, als dies derzeit der Fall ist, wird sicherlich noch längere Zeit Gegenstand einer öffentlichen Debatte sein. Der aktuell von verschiedenen Seiten geforderte Ausbau der Kläranlagen um eine sogenannte vierte Reinigungsstufe kann zu einer Reduzierung bestimmter Spurenstoffe beitragen, doch lassen sich mit den derzeit bekannten Methoden nicht alle Substanzen ganz aus dem Abwasser entfernen. Ein weiterer Ansatz, der es wert ist, näher betrachtet zu werden, sind Maßnahmen an der Eintragsquelle. Sie können in erheblichem Maße dazu beitragen, dass belastende Stoffe gar nicht erst ins Gewässer gelangen und demzufolge auch nicht mit großem Aufwand wieder entfernt werden müssen.

Auch mit Blick auf die Wiederherstellung der Fließgewässerdurchgängigkeit, eine der zentralen Forderungen der europäischen Wasserrahmenrichtlinie, gibt es noch einiges zu tun. Insbesondere die untere Ruhr ist durch die Stauseen und weitere Anlagen zur Trinkwassergewinnung oder Wasserkraftnutzung sehr stark in ihrer Durchgängigkeit beeinträchtigt. Der Bau von Fischaufstiegsanlagen ist eine wichtige Maßnahme, um die Flüsse als Lebensraum für Flora und Fauna sowie als Ressource für zukünftige Generationen zu erhalten. Fische wandern, um Laich abzulegen, um Nahrung zu finden, um Winterruheplätze aufzusuchen oder um zwischen den Lebensräumen verschiedener Lebensphasen hin- und herzuwechseln. Nur wenn diese artenspezifischen Bedürfnisse erfüllt sind und das Erbgut der Fische über eine längere Gewässerstrecke hinweg ausgetauscht werden kann, können sich langfristig stabile und ausreichend große Populationen entwickeln. Auch die übrige aquatische Fauna profitiert von der Erreichbarkeit weiterer Gewässerabschnitte. Viele Querbauwerke sind in den vergangenen Jahren bereits durchgängig gemacht worden. Am Wehr des Baldeneysees ist aktuell ein neuartiges, in dieser Größenordnung noch nie rea-

Mit welchen Verfahren sich Arzneimittelrückstände, Haushalts- und Industriechemikalien sowie andere Mikroverunreinigungen besser aus dem Abwasser entfernen lassen, als dies bisher der Fall ist, hat der Ruhrverband unter anderem innerhalb eines vom NRW-Umweltministerium beauftragten Forschungsprojekts in großtechnischem Maßstab auf der verbandseigenen Kläranlage in Schwerte erprobt (Ruhrverband)

lisiertes Fischliftsystem im Bau. Eine herkömmliche Fischaufstiegsanlage hätte an dieser Stelle wegen der extrem beengten Platzverhältnisse und der außergewöhnlich hohen Stauspiegeldifferenz von fast neun Metern kaum errichtet werden können.

Die größte Herausforderung, der sich die Wasserwirtschaft im 21. Jahrhundert gegenübersieht, wird allerdings aller Voraussicht nach der Klimawandel sein. Regionale Klimamodelle gehen davon aus, dass die Jahresdurchschnittstemperatur weiter steigen wird und sich die Niederschlagsmengen künftig wesentlich unregelmäßiger über das Jahr verteilen werden. Niederschläge werden vermehrt im Winter fallen, während die Sommer tendenziell eher trockener werden. Mit einem häufigeren Auftreten von extremen Regenereignissen und längeren Dürreperioden ist zu rechnen. Der Ruhrverband hat sich frühzeitig mit der Frage beschäftigt, ob seine wasserwirtschaftlichen Anlagen die Anforderungen der Metropolregion auch unter den nach heutigem Wissensstand zu erwartenden klimatischen Bedingungen im Jahr 2100 erfüllen können. Umfangreiche Simulationsberechnungen belegen, dass der

Ruhrverband auch dann noch in der Lage sein wird, eine ganze Region mit Wasser zu versorgen. Selbst im schlimmsten Fall wird es demnach in 199 von 200 Jahren nicht zu Engpässen kommen. Entscheidend ist hierbei, dass die Talsperren auch weiterhin nicht als Einzelspeicher betrachtet, sondern unter Berücksichtigung aller Nutzungsinteressen als Verbundsystem gesteuert werden.

Das Flussgebiet als Ganzes im Blick behalten, kleinräumiges Kirchturmdenken überwinden, alle Nutzer der Ressource Wasser verursachergerecht an den Kosten beteiligen: In den mehr als 100 Jahren seit der Gründung des Ruhrverbands hat sich dieser Ansatz als Erfolgsmodell für die Bewirtschaftung der Ruhr erwiesen. Ihm ist es zu verdanken, dass uns heute jederzeit Wasser in ausreichender Menge und guter Qualität zur Verfügung steht. Und dass die Ruhr auch in Zukunft weiter fließen kann.

Im Spätherbst 2018 verzeichnete das Talsperrensystem des Ruhrverbands den niedrigsten Füllstand seit den 1970er Jahren. Der Grund dafür war die hohe Beanspruchung durch die lange Trockenheit: Zwischen Februar und November waren nur 54 Prozent des sonst in diesem Zeitraum üblichen Niederschlags gefallen (Ruhrverband)

Andreas Macat

DIE WASSERVERSORGUNG IM RUHRGEBIET AM BEISPIEL DES REGIONALEN WASSERVERSORGERS RWW

Wer das Ruhrgebiet umweltfreundlich erkunden will und auf dem RuhrtalRadweg unterwegs ist, trifft in Mülheim auf einen Ort, an dem die Bedeutung des Wassers wie auch der Wasserversorgung in der Region besonders greifbar wird: Vor dem Aquarius Wassermuseum, unmittelbar am Radweg gelegen, kann man ein 2.000 Jahre altes Ausstellungsstück entdecken. Dabei handelt es sich um ein Segment einer römischen Wasserleitung, das 2017 bei Straßenbauarbeiten in Hürth geborgen worden war. Um die Stadt Köln mit bestem Quellwasser aus der Eifel zu versorgen, hatten die römischen Bauherren in nur fünf Jahren die fast 100 Kilometer lange Wasserleitung fertiggestellt – eine technische Meisterleistung, die heute als größter antiker Technikbau nördlich der Alpen gilt. Für die Wasserversorgung ihrer Städte scheuten die Römer weder Kosten noch Mühen, denn sie wussten um den Wert gesunden Trinkwassers. Kaum eine Epoche wie die römische Antike zeigt uns so klar, welche Bedeutung Wasser für die Entwicklung von Zivilisation, Wirtschaft und Kultur hat.

Das technische Niveau römischer Wasserbautechnik blieb lange Zeit unerreicht. Erst rund 1.900 Jahre später, im Zuge der Industrialisierung, wurde im Ruhrgebiet eine zentrale Wasserversorgung etabliert. Davon zeugt an diesem Ort der weithin sichtbare Styrumer Wasserturm, der den Übergang zur modernen Wasserversorgung markiert. 1893 von dem Industriepionier August Thyssen errichtet, diente er Jahrzehnte lang der Versorgung von Industrie und Bevölkerung. Seinen Erhalt als Industriedenkmal und Ausbau zum modernen Wassermuseum verdankte der Turm der Initiative des in Mülheim ansässigen Wasserversorgers RWW Rheinisch-Westfälische Wasserwerksgesellschaft mbH. Aus einem Reservoir für Wasser wurde ein Reservoir des Wissens über Wasser, in dem das Unternehmen über vielfältige Aspekte des Wassers informiert.

Und last but not least – neben Wasserturm und antiker Wasserleitung erhält man an diesem Ort auch einen unmittelbaren Einblick in die moderne Wasserversorgung. Das Gelände zwischen Radweg und Ruhr mit seinen großen Sandfilterbecken, besonders gut vom Panoramakranz des Aquarius einzusehen, dient der Wassergewinnung. Von hier aus versorgt die RWW heute mehrere Hunderttausend Menschen in Mülheim und Oberhausen mit Trinkwasser.

Links: Aquarius Wassermuseum, Mülheim, 2012, Ausschnitt (Andreas Köhring)

Römische Wasserleitung, Mülheim, Aquarius-Vorplatz, 2019
(Andreas Macat)

Am Beispiel dieses regionalen Wasserversorgers mit Sitz in Mülheim an der Ruhr soll der Frage nachgegangen werden, wie die moderne Trinkwasserversorgung im Ruhrgebiet entstanden ist. Wie ist der Zustand der Aufbereitungstechnik heute, und was sind die Herausforderungen in Zeiten des Klimawandels?

VOM BRUNNEN ZUR ZENTRALEN WASSERVERSORGUNG

Eine ausreichende Wasserversorgung ist für uns in Deutschland heutzutage eine Selbstverständlichkeit. Wir sind es gewohnt, dass wir lediglich den Hahn aufzudrehen brauchen, um jederzeit Trinkwasser in ausreichenden Mengen zur Verfügung zu haben. Bis Mitte des 19. Jahrhunderts erfolgte die Deckung des Wasserbedarfs wie in vorindustrieller Zeit häufig aus Zieh- und Schöpfbrunnen, aus Bächen und Flüssen. Städte und Ansiedlungen mit ihren engen, nicht kanalisierten Straßen ohne geregelte Abfallbeseitigung und zentrale Wasserversorgung erwiesen sich indes als potenzielle Seuchenherde. Neben sich türmenden Abfällen begünstigte die Viehhaltung, die auch in den Städten bis in die

Neuzeit üblich war, Ratten- und Fliegenplagen. Die folgenschwersten hygienischen Mängel gründeten indes auf der unzulänglichen Fäkalienbeseitigung und der mangelhaften Trinkwasserversorgung. Durch Abwässer verschmutztes Grundwasser belastete die Brunnen und führte zu einer Verunreinigung des Trinkwassers, wodurch die Ausbreitung von Infektionskrankheiten begünstigt wurde. So grassierte die Cholera seit den 1830er Jahren in vielen europäischen Städten. In London, wo auch die Schattenseiten der Industrialisierung früher als in anderen Städten erkennbar wurden, fielen 1831 der ersten Choleraepidemie rund 50.000 Menschen zum Opfer. Paris, München und Hamburg ereilte im Verlauf des 19. Jahrhunderts das gleiche Schicksal. Verarmung und soziales Elend bildeten den Nährboden, das Fehlen einer geregelten Wasserversorgung, Abfall- und Abwasserbeseitigung die Ursache für die Ausbreitung von Cholera und Typhus.

Aus heutiger Sicht erstaunt, dass der Zusammenhang zwischen verunreinigtem Trinkwasser und dem Auftreten von Epidemien nicht erkannt, zumindest aber hoch umstritten war. Noch bis in die zweite Hälfte des 19. Jahrhunderts hinein war die medizinische Lehrmeinung über die Entstehung epidemischer Erkrankungen wie Typhus, Ruhr und Cholera von der aus der Antike stammenden Anschauung beherrscht, wonach Seuchen durch üble Gerüche und Ausdünstungen des Bodens, sogenannte Miasmen, hervorgerufen würden. Erst 1892, gegen erbitterten Widerstand der Anhänger der Miasmentheorie, setzten sich die bahnbrechenden Erkenntnisse von Robert Koch durch, der Cholera-Erreger im Trinkwasser nachgewiesen hatte.

Infolge der Bedrohung durch epidemisch auftretende Infektionskrankheiten wurden Konzepte der öffentlichen Gesundheitspflege entwickelt, in deren Mittelpunkt die Wasserversorgung, Abfall- und Abwasserbeseitigung stand. Deren Umsetzung auf kommunaler Ebene zählt zu den wesentlichen kulturhistorischen Errungenschaften des 19. Jahrhunderts. So wie wir uns heute mit Klimawandel und Umweltproblemen auseinandersetzen, so bestimmte damals die Frage, wie Seuchen wirksam verhindert werden können, die Diskussion. Hygiene war das Schlagwort der Zeit.

Im Zuge der Infrastrukturmaßnahmen wurden in Deutschland ab Mitte des 19. Jahrhunderts die ersten Wasserwerke gebaut: 1848 in Hamburg, 1856 in Berlin und 1864 an der Ruhr in Essen.

In Mülheim an der Ruhr war die Situation bis ins 19. Jahrhundert hinein durch vergleichsweise günstige Bedingungen gekennzeichnet. Die Ruhr und zahlreiche Bäche standen zur Wasserentnahme zur Verfügung. In den hochwassersicheren Gebieten lieferten Brunnen Trinkwasser, in den höher gelegenen grundwasserarmen Bezirken nutzte man auch Zisternen zur Regenwassersammlung. Verbreitet waren Brunnengemeinschaften, ein eigener Brunnen oder eine Pumpe galten bereits als Zeichen von Wohlstand.

In Mülheim hatte der Ruf nach einer zentralen Wasserversorgung zunächst nichts mit Hygienemaßnahmen zu tun, sondern war dem unzureichenden Brandschutz geschuldet: Nachdem 1854 die Stadtbeleuchtung auf Gas umgestellt worden war, kam es immer wieder zu Bränden, die mangels Löschwasser nicht wirksam bekämpft werden konnten. Die Situation verbesserte sich etwas, als ein kleines Dampfpumpwerk der Rheinischen Eisenbahngesellschaft nach Fertigstellung der Strecke Osterath – Essen in Nähe des Ruhrufers errichtet worden war.

Doch dann brach auch in Mülheim 1866 die Cholera aus. Die Ärzte waren weitgehend machtlos. Desinfektionsmaßnahmen wurden durchgeführt, ein Leichenhaus gebaut, die Frage der Kanalisation erörtert. Von einer Überprüfung der Brunnen war zunächst noch nicht die Rede. Doch als 1871 zum ersten Mal Brunnen einer chemischen Untersuchung unterzogen wurden, war das Ergebnis alarmierend. „Manche Brunnen gaben nur eine trübe Flüssigkeit her, auf die [die] Bezeichnung Trinkwasser keinen Anspruch machen konnte", wie ein Chronist vermerkte. Die Ursache für die Wasserverschmutzung war klar: Da aufgrund der geologischen Gegebenheiten den wasserführenden Kiesschichten die schützende Bodendecke fehlte, drangen Abwässer oft ungefiltert ins Grundwasser. Allerorten mussten Brunnen geschlossen werden. Angesichts wachsender Einwohnerzahlen und zunehmender Umweltbelastung wurde Trinkwasser zum knappen Gut.

Der Handlungsdruck wuchs und der Magistrat beantragte den Bau einer Wasserleitung, die mit Ruhrwasser gespeist werden sollte. Die Idee basierte auf dem Prinzip der sogenannten Wasserkunst, einer bereits im Mittelalter gängigen Wasserhebevorrichtung, die jedoch als technisch unzuverlässig und überholt galt. Während moderne Anlagen dampfbetrieben waren, setzte man hier auf eine veraltete Technik. Doch das Projekt kam nicht zur Ausführung, der Antrag wurde abgelehnt. Erst zwei Jahre später wurde der Wunsch nach einer zentralen Wasserversorgung wieder auf die Tagesordnung gesetzt, wobei erstmals ein möglicher Zusammenhang zwischen „der großen Sterblichkeit der letzten Zeit" und der Wasserqualität in die Begründung einfloss.

Offen war, ob das projektierte Wasserwerk als Regiebetrieb in öffentlicher Hand oder privatwirtschaftlich geführt werden sollte; offen war darüber hinaus auch, ob man mit Wasser überhaupt Geld verdienen konnte. Die Mülheimer Stadtverordneten votierten zwar klar gegen eine städtische Trägerschaft, da sie den Betrieb eines Wasserwerks für unrentabel hielten. Doch letztlich mussten sie erkennen, dass sich keine privaten Kapitalgeber finden ließen. Anders als in der Nachbarstadt Oberhausen, wo Vertreter der Großindustrie schon 1871 mit der Gründung der Aktiengesellschaft Oberhausener Wasserwerk (AOW) die Wasserversorgung aus der Ruhr initiiert hatten, konnte das geplante Wasserwerk in Mülheim nur auf städtische Kosten gebaut werden. Die Stadt erwarb Grundstücke am rechten Ruhrufer und der sogenannten Dohneinsel, wo das Ruhrwasser über eine Sickergalerie geführt, mittels

Maschinenhalle Oberhausener Wasserwerk, Mülheim, 1898 (RWW)

Brunnen gefördert und über einen Düker (Rohrleitung) durch den Schleusenkanal zum Pumpwerk geleitet werden sollte.

Im Januar 1876 erfolgte die Inbetriebnahme mit einem spektakulären Schauspritzen der Feuerwehr. Das erste Mülheimer Wasserwerk verfügte über zwei dampfgetriebene Pumpen, die das Wasser in einen Behälter auf dem Kahlenberg leiteten. Fürs erste wurden rund 15 Kilometer Versorgungsleitung verlegt. Bei einer Einwohnerzahl von 18.000 gab es 1877 erst 356 Hausanschlüsse.

Vor allem die hohen Tarifsätze sorgten in der Öffentlichkeit für Unmut. Die Kosten schlugen mit rund zehn Prozent des Haushaltsbudgets eines Industriearbeiters zu Buche – für die meisten eine untragbare Belastung. Trotz anfänglich geringer Auslastung gelang es in der Folgezeit, den Markt industrieller Abnehmer zu erschließen und das Versorgungsgebiet über die Stadtgrenzen hinaus auszuweiten. Mehrere Zechen in Borbeck, die Arenbergsche Ak-

tiengesellschaft, die Gewerkschaft Mathias Stinnes und die Gutehoffnungshütte gehörten bald ebenso zum Kundenstamm wie die Bürgermeisterei Broich, die Gemeinden Heißen, Osterfeld, Dümpten und die Stadt Oberhausen. Obwohl man inzwischen schwarze Zahlen schrieb, blieben die Investitionen in Maschinenpark, Behälter und Rohrnetz hinter den Erfordernissen zurück. Zwar hatte man großartige Lieferverträge abschließen können, deren Erfüllung blieb aber zunehmend auf der Strecke. Zwei Probleme machten dem Mülheimer Wasserwerk zu schaffen: Die unzureichenden Fördermengen und der zu geringe Wasserdruck. Die Folge war, dass Großkunden wie August Thyssen „absprangen" und eigene Wege gingen, um den Wasserbedarf ihrer Unternehmen zu decken.

THYSSEN WIRD GRÖSSTER WASSERVERSORGER DER REGION

1871 hatte Thyssen mit dem Aufbau eines Bandeisenwalzwerks in Styrum bei Mülheim begonnen. Das Unternehmen expandierte rasch, bald kamen Röhrenwalzwerk, Verzinkerei, Stahl- und Blechwalzwerk hinzu. Das erforderliche Betriebswasser bezog Thyssen von einem Brunnen, einem aufgestauten Bach, der Mülheimer Zeche Wiesche und dem Mülheimer Wasserwerk. Ende der 1880er Jahre sah Thyssen jedoch die Versorgung seiner Werke in Styrum gefährdet. Sein Verlangen, die Kapazitäten des Wasserwerks aufzustocken, lehnte die Stadt ab. Ihr erschien das Risiko zu groß, die geforderten Investitionen wegen eines einzigen Großkunden zu tätigen.

Für Thyssen bestand akuter Handlungsbedarf. Zur Errichtung eines eigenen Wasserwerks erwarb er Grundstücke am Ruhrufer sowie das Schloß Styrum mit den dazugehörigen Besitzungen. Gebaut wurde das Wasserwerk schließlich unterhalb von Styrum, wo die Wasserqualität am besten war – pikanterweise unmittelbar neben dem Oberhausener Wasserwerk der AOW. Es wundert nicht, dass deren Eigner mit diesen Plänen nicht einverstanden waren. Man fürchtete, Thyssen werde den Oberhausenern „das Wasser abgraben" und verlangte vom Regierungspräsidenten, die Errichtung des Wasserwerks nur unterhalb statt wie angestrebt oberhalb des Ober-

hausener Werks zu genehmigen. Doch der Antrag wurde abgelehnt, und mit der Errichtung des fast 50 Meter hohen Wasserturms am Schloß Styrum ging die Anlage 1893 wie geplant in Betrieb.

Thyssen versorgte nicht nur die eigenen Industrieanlagen mit Wasser, sondern belieferte auch die Gemeinde Styrum und über eine Fernleitung auch Gladbeck, wo die Wasserversorgung nach einem Wassereinbruch der thyssenschen Zeche Graf Moltke zusammengebrochen war. 1896 kam die Gewerkschaft Deutscher Kaiser in Hamborn/Bruckhausen hinzu, 1897 Borbeck, Bottrop, Horst, Kirchhellen, Osterfeld und 1901 Dorsten. Hintergrund für die bemerkenswerte Expansion war die Auflage der Gemeinden, das Rohrverlegungsrecht an die Bedingung zu knüpfen, die angrenzenden Häuser und öffentlichen Gebäude an das Versorgungsnetz anzuschließen. Auf diese Weise stieg Thyssen innerhalb weniger Jahre zum mit Abstand größten regionalen Wasserversorger im westlichen Ruhrgebiet auf. Aus einem Hilfsbetrieb war ein lukratives

Wasserwerk Thyssen, Mülheim, 1912 (Thyssenarchiv, L43021/1)

Geschäftsmodell geworden, dem der Konzern mit Gründung der Wasserwerk Thyssen & Cie. im Jahr 1903 auch mehr unternehmerische Selbstständigkeit zubilligte. Freilich spielte die Belieferung von Privathaushalten noch eine untergeordnete Rolle, allein zwei Drittel der jährlichen Absatzmenge entfielen auf den Eigenverbrauch des Thyssen-Konzerns.

Im trocken-heißen Jahrhundertsommer 1911 spitzte sich die Versorgungslage noch einmal zu. 1899 war der Ruhrtalsperrenverein gegründet worden, um das Mengenproblem durch Talsperren in den Griff zu bekommen, die sich jedoch noch im Bau befanden, und so konnte nicht verhindert werden, dass die Ruhr im Unterlauf nahezu austrocknete. „Das Ende der Ruhr" betitelte die Mülheimer

Zeitung den auf ein historisches Tief gefallenen Wasserstand. Durch den Bau provisorischer Wehranlagen versuchten einzelne Wasserversorger das wenige Wasser in ihre Gewinnungsanlagen umzuleiten. Auf behördlichen Druck musste Thyssen die eilig errichteten Stauanlagen entfernen. Da die an der Ruhr gelegenen Brunnen kaum etwas hergaben, ließ Thyssen unter Umgehung der reinigenden Bodenpassage das Ruhrwasser direkt in das Rohrnetz pumpen, mit fatalen Konsequenzen. Wieder mehrten sich Typhusfälle, besonders in den vom thyssenschen Wasserwerk versorgten Haushalten. Es drohte akute Seuchengefahr. In dieser prekären Situation trat das auf Anregung von Robert Koch gegründete Institut für Hygiene und Bakteriologie Gelsenkirchen auf den Plan, das eine Desinfektion des Trinkwassers mit Chlorkalk forderte. Zwar war dieses Verfahren noch nicht in großem Maßstab erprobt worden, doch zeigte sich, dass dessen nun verordnete Anwendung im Mülheimer wie auch im thyssenschen Wasserwerk die Ausweitung der Typhus-Epidemie tatsächlich verhinderte.

Verlegung einer Leitung vom Wasserwerk Thyssen nach Bottrop, 1904 (Thyssenarchiv)

FUSION DER WASSERWERKE AN DER UNTEREN RUHR

Die Erfahrungen des Jahrhundertsommers führten zu der Frage, wie die Wasserwirtschaft besser organisiert werden könnte, um den verschiedenen Interessen, der Forderung nach gesundem Trinkwasser und dem enormen Wasserbedarf der Industrie, gerecht zu werden. Während man dem Mengenproblem mit dem Bau von Talsperren begegnete, bereitete die Beschaffenheit des Ruhrwassers zunehmend Sorgen. Neben der bakteriellen Belastung, die man durch Chlorbeimengung des Leitungswassers in den Griff zu bekommen versuchte, blieben Belastungen der Ruhr durch Kohlen- und Eisenschlamm aus Bergwerken und Fabriken sowie Abwässern aus städtischer Kanalisation ein Problem. Die Reinhaltung der Ruhr und ihrer Nebenflüsse erforderte den koordinierten Bau von Kläreinrichtungen. Zu diesem Zweck wurde 1913 der Ruhrverband gegründet.

Auch die chaotischen Zustände im Bereich der Wasserversorgung drängten zur Neuordnung der Branche. Anfang des 20. Jahrhunderts förderten insgesamt 109 Wasserwerke Trink- und Brauchwasser aus der Ruhr. Eine Kooperation der Wasserwerke fand praktisch nicht statt. Erste Fusionsbestrebungen deuteten sich an, als die Stadt Mülheim 1910 die Aktienmehrheit des Oberhausener Wasserwerks (AOW) übernahm, das mit Lieferschwierigkeiten zu kämpfen hatte. Zwei Jahre zuvor hatte Thyssen ein weiteres Wasserwerk in unmittelbarer Nähe des Duisburger Hüttenwerks errichtet und verlagerte nun den Schwerpunkt der Wassergewinnung an den Rhein. Zu einem ernsthaften Konflikt kam es, als die Mülheimer Stadtverordneten den Bau des Ruhrhafens und Schifffahrtskanals nach Duisburg beschlossen, der Thyssen keinen Vorteil bieten, seiner Ansicht nach aber die Friedrich Wilhelmshütte begünstigen würde. Er beklagte, dass durch die Ausführung des Kanals seinem Styrumer Wasserwerk „unübersehbarer Schaden" zugefügt würde. Die Angelegenheit bot Thyssen einen willkommenen Anlass zum Ausstieg. Auf Vermittlung von Hugo Stinnes unterbreitete er der Stadt Mülheim ein Verkaufsangebot zur Übernahme des Wasserwerks Thyssen & Cie. sowie seiner Beteiligung an der AOW, wodurch die Stadt auch Alleineigentümerin des Oberhausener Wasserwerks werden sollte.

GRÜNDUNG DER RWW

Nach zähen Verhandlungen kam es im Juni 1912 zum Vertragsabschluss: Neben Mülheim, das den finanziellen Kraftakt nicht allein stemmen konnte, waren an der Übernahme auch der Kreis Recklinghausen (mit Gladbeck und Bottrop) beteiligt sowie die Rheinisch-Westfälische Elektrizitätswerks AG (RWE), die als Weiterverteiler von Trinkwasser in das Geschäft eingestiegen war. Die Akteure beabsichtigten mit dem Zusammenschluss des Mülheimer, Oberhausener und thyssenschen Wasserwerks die Neuordnung der Wasserversorgung an der unteren Ruhr durch Gründung einer Wasserwerksgesellschaft.

Am 1.1.1913 nahm die Rheinisch-Westfälische Wasserwerksgesellschaft mbH (RWW) ihre Arbeit auf. Rund 500.000 Menschen, zahlreiche Industriebetriebe, 36 Schachtanlagen und 31 Bahnhöfe waren in dem etwa 300 Quadratkilometer großen Gebiet zu versorgen. Im Gründungsjahr förderte die RWW 35 Millionen Kubikmeter Wasser und verfügte über ein Rohrnetz von 420 Kilometern Länge mit 11.000 Hausanschlüssen.

Die Erfahrungen der vergangenen Jahrzehnte hatten dazu geführt, dass nicht nur die Menge, sondern auch die Beschaffenheit des Trinkwassers in den Fokus gerückt war. Maßnahmen waren entwickelt worden, die bald zum Standard an der Ruhr avancierten: Während man anfangs ausschließlich Uferfiltrat gewann, das im Ruhrtal nur in sehr begrenzten

Bau des RWW-Wasserkraftwerks Kahlenberg, Mülheim, 1924 (RWW)

Mengen zur Verfügung stand, setzte man seit Beginn des 20. Jahrhunderts auch die Methode der künstlichen Grundwasseranreicherung ein. Hierbei wurde das Flusswasser in Versickerungsbecken abgeleitet, in den Untergrund infiltriert und mittels Brunnen zurückgewonnen. Mit dem bakteriologischen Monitoring (Überwachung) durch das Hygieneinstitut war zudem eine Art Frühwarnsystem etabliert worden. Bei Feststellung zu hoher Keimzahlen setzten die Wasserwerke bedarfsweise Chlor zur Desinfizierung des Wassers ein.

Der Ausbruch des Ersten Weltkriegs stoppte indes alle Pläne der RWW zur Modernisierung der Wasserversorgung, die beabsichtigte Erweiterung des Maschinenparks und des Rohrnetzes kam nicht zur Ausführung. Erst ein Jahrzehnt später, nach Ende der Inflation, konnten die notwendigen Investitionen in Angriff genommen werden. Eines der ersten Projekte war der Bau eines Wasserkraftwerks an der Ruhr, das 1927 in Betrieb ging. Es lieferte Elektrizität für den Eigenverbrauch und generierte durch den Verkauf überschüssigen Stroms an RWE zusätzliche Einnahmen.

Hatte Thyssen bereits die Versorgung von Borbeck, Gladbeck und Bottrop initiiert, erfolgte nun der Ausbau nach Norden in das Lippegebiet von Dorsten und Holsterhausen. Die dafür gebaute 40 Kilometer lange Wasserleitung führte über weite Strecken durch Zechengebiet. Da sich infolge der dort üblichen Bergsenkungen Rohrbrüche häuften, suchte man nach weiteren Wasservorkommen. Mehr als 60 von der RWW veranlasste Tiefbohrungen im Raum Dorsten ließen auf ein ergiebiges Grundwasservorkommen schließen. Nachdem die Bezirksregierung der RWW das Recht verliehen hatte, jährlich 20 Millionen Kubikmeter Grundwasser zu fördern, nahm das mit einer modernen Dampfturbinenpumpe ausgestatte Wasserwerk Holsterhausen 1930 den regulären Betrieb auf. Mit einer Leistung von 5,5 Millionen Kubikmetern jährlich lieferte es rund zehn Prozent der Gesamtförderung.

Obwohl 38 Prozent des geförderten Wassers nach Oberhausen geliefert wurden, begnügte sich die Stadt anfangs mit ihrer Rolle als Zwischenhändler

Links: Flockungsanlage (Accelator) im RWW-Wasserwerk Styrum-West, Mülheim, 2008 (RWW)

RWW-Wasserwerk Dorsten-Holsterhausen, Mülheim, 2013
(Hans Blossey)

und Großabnehmer. Erst mit der Eingemeindung Sterkrades 1929 wurde sie Gesellschafter der RWW. Während der Kreis Recklinghausen Anteile an Bottrop, Gladbeck und RWE abgab, die jeweils 14 Prozent hielten, blieb Mülheim mit 47 Prozent Hauptgesellschafter. Diese Unternehmensstruktur mit überwiegend kommunalen Anteilseignern und privater Minderheitsbeteiligung sollte RWW bis 2002 behalten.

Angesichts des zunehmenden Wasserbedarfs und der beengten räumlichen Bedingungen in Mülheim, die einen weiteren Ausbau der Wassergewinnung erschwerten, kamen in den 1920er Jahren Überlegungen auf, ein großes Wasserwerk am Rhein zu errichten. Schon vor der RWW-Gründung hatte die Stadt Oberhausen einige Probebohrungen am Rhein bei Walsum durchführen lassen und Wasser mit ausgezeichneten bakteriologischen und chemischen Eigenschaften vorgefunden. Durch Grundstückskäufe am Mündelheimer Rheinbogen verfügte die RWW über eine geeignete Fläche,

wo sie zunächst ein kleines Pumpwerk errichtete. Es versorgte ab 1927 zunächst nur die Gemeinden Mündelheim und Ehingen. Doch dann, infolge der Weltwirtschaftskrise, die sich im Ruhrgebiet besonders verheerend auswirkte, ging der Wasserverbrauch der Industrie stark zurück und sank 1932 auf einen Tiefstand. Erst 1937 wurde mit dem Bau eines großdimensionierten Wasserwerks in Mündelheim begonnen. „Die Leistungsgrenze ist erreicht", hieß es in einem Bericht, „die RWW versorgt derzeit rund 700.000 Einwohner, 28 Schachtanlagen, 26 große industrielle Anlagen, 28 Reichsbahnhöfe mit Wasser". Neu entstandene „kriegswichtige" Betriebe, besonders die Kohleverflüssigungsanlagen wie die Ruhrbenzin AG in Oberhausen-Holten, benötigten große Mengen Wasser. Deshalb wurde auf eine beschleunigte Fertigstellung des Wasserwerks gedrängt. Die Förderanlagen sollten größtenteils unterirdisch ausgeführt werden und durch ein darüber gebautes kleines Bauerngehöft getarnt werden, „um eine gegen Luftgefahr möglichst gesicherte Anlage zu erreichen." 1941 wurde das Werk in Betrieb genommen, das nun auch über eine 20 Kilometer lange Leitung Oberhausen und Mülheim belieferte. Die parallel zum Rheinufer geführte Brunnengalerie förderte Uferfiltrat sowie landseitiges Grundwasser. Das so gewonnene Wasser hatte gegenüber der reinen Grundwasserförderung Vorteile: Es war wesentlich weicher und daher für die industrielle Nutzung bestens geeignet.

WASSERVERSORGUNG IN DEN WIRTSCHAFTSWUNDERJAHREN

1945 lag Mülheim in Trümmern. Trotz zahlreicher Rohrbrüche war die Wasserversorgung verhältnismäßig intakt geblieben. Tatsächlich hatte die RWW während der Kriegsjahre die Wasserversorgung weitgehend sichern und sogar ausbauen können. Mit dem Erwerb des Ruhrwasserwerks Kettwig hatte das Unternehmen 1944 auch die Lieferung nach Velbert und Wülfrath übernommen.

Da Zechen und Industrie nur allmählich wieder in Gang kamen, konnte man sich auf die Reparatur von Bauten, Maschinen und Leitungen konzentrieren, ohne Lieferengpässe befürchten zu müssen. Die Wirtschaftswunderjahre waren auch bei RWW zu spüren. Zwischen 1950 und 1955 wuchs das Rohrnetz um 450 Kilometer, hinzu kamen 20.000 neue Anschlüsse. Mit dem Aufblühen der Wirtschaft stieg der Durst der Industrie. Parallel zum Wasserbedarf nahm aber auch die Verschmutzung der Ruhr zu. Die vorhandenen Kläranlagen waren den Anforderungen nicht mehr gewachsen. Hinzu kamen neue Belastungen der Ruhr durch Algen und Mikroorganismen, wozu nun die Landwirtschaft durch Überdüngung beitrug. Das seit Jahrzehnten bewährte Verfahren der Grundwasseranreicherung durch Versickerung des Ruhrwassers in großen Filterbecken, sogenannten Langsamsandfiltern, schien lahmgelegt: Die Belastung des Wassers war so gravierend, dass die Filteranlagen oft schon nach Stunden verstopft und erst nach tagelanger Reinigung wieder in Betrieb genommen werden konnten.

Den gestiegenen Anforderungen trug die RWW Mitte der 1950er Jahre durch den Bau eines weiteren Ruhrwasserwerks Styrum-West Rechnung. Erstmals ergänzten hier Schnellfilteranlagen das klassische Verfahren der Grundwasseranreicherung. Doch deren Effizienz war geringer als man erwartet hatte. Das Problem der zunehmenden Verschmutzung der Ruhr ließ sich mit den herkömmlichen Verfahren der Trinkwasseraufbereitung nicht in den Griff bekommen.

Eine Verbesserung erhoffte man sich durch Flockungsanlagen zur Vorreinigung des Wassers, die nach einer Pilotphase ab 1963 in den Werken Kettwig und Styrum-West installiert wurden. Bei diesem Verfahren werden Inhaltsstoffe wie Ammonium, Eisen und Mangan durch Zusatzstoffe gebunden und sinken in Flocken zu Boden. Der Effekt: Optisch klares Wasser. Das Verfahren bewährte sich, hatte aber eine unerwünschte Nebenwirkung. Das aufbereitete Wasser war von guter Qualität, doch es schmeckte stärker nach Chlor als zuvor. Durch die Einführung von Aktivkohlefiltern als nachgeschaltete Aufbereitungsstufe gelang es, Chlor zu binden. Aktivkohle wirkt als Katalysator und hat die Eigenschaft, Stoffe zu adsorbieren, das heißt anzuziehen und festzuhalten – neben dem Chlorüberschuss auch andere unerwünschte Geruchs- und Geschmacksstoffe. Es war der Einstieg in ein sogenanntes Multi-Barrieren-System, bei dem mehrere Aufbereitungsstufen hintereinandergeschaltet sind, das heute in nahezu allen Wasserwerken an der Ruhr zur Anwendung kommt.

Die skizzierte Entwicklung zeigt, dass die RWW, wie alle Wasserversorger an der Ruhr, zunehmend in die Rolle des Reparaturbetriebs gerieten. Nicht die Verursacher, sondern die Wasserwerke mussten mit den Folgen zunehmender Gewässerverschmutzung umgehen. Sie sahen sich gezwungen, mit immer neuen Maßnahmen und verbesserten Aufbereitungsmethoden zu reagieren, um ihrer Aufgabe gerecht zu werden. Gleichzeitig kündigte sich mit den ersten Zechenschließungen und Rationalisierungen in der Stahlindustrie ein Strukturwandel an, der das Ruhrgebiet über Jahrzehnte in Atem halten sollte. Hatte die RWW bis dahin rund 60 Prozent des geförderten Wassers an die Industrie geliefert, gewannen nun die Privathaushalte an Bedeutung. Konnten die Wasserwerke früher von einem weitgehend konstanten Wasserverbrauch ausgehen, wirkte sich nun die gestiegene Zahl der Hausanschlüsse aus. Zu Stoßzeiten – morgens – mittags – abends – wurde nun viel Wasser benötigt, dazwischen sank der Bedarf. Die punktuellen Verbrauchsspitzen stellten neue Anforderungen an die Leistungsfähigkeit der Wasserwerke und das gesamte Verteilsystem.

Allmählich wandelte sich die RWW vom „Durstlöscher" für die Industrie zum Wasserdienstleister für die Region. Unterdessen verschwanden die Dampfmaschinen aus den Fertigungshallen der Industrie,

Diesel- und E-Loks ersetzten die Dampflokomotiven der Bundesbahn, und auch in der Wasserversorgung ging die Ära des mittlerweile unrentabel gewordenen Dampfbetriebs zu Ende. So standen die 1970er Jahre bei der RWW ganz im Zeichen der Elektrifizierung der Wasserwerke. Hochleistungsfähige, elektrisch betriebene Kreiselpumpen traten an die Stelle der „alten Damen". Eine Reminiszenz an die Zeit des Dampfbetriebs: Die 1977 demontierte „Maschine 1" aus dem Styrumer Werk ist seitdem als Ausstellungsstück auf der Mülheimer Schleuseninsel zu bewundern.

DAS MÜLHEIMER VERFAHREN

Mit der Schwerpunktverlagerung auf Privathaushalte geriet die Qualität des Trinkwassers zunehmend in den Fokus. Im nördlichen Versorgungsgebiet erschloss die RWW weitere Grundwasservorkommen mit sehr guter Wasserqualität in der Üfter Mark, baute das Grundwasserwerk in Holsterhausen aus und verlegte eine Transportleitung nach Bottrop

Moderne Pumpenhalle im RWW-Wasserwerk Styrum-Ost, Mülheim, 2011 (RWW)

und Oberhausen. Dadurch konnten die beiden Städte nun auch mit Grundwasser versorgt werden.

Nicht zufriedenstellend war indes die Situation an der Ruhr. Nach wie vor basierte die Aufbereitung auf der Verwendung von Chlor zur Desinfektion und Oxidation des Ruhrwassers, dessen Einsatz inzwischen in der Öffentlichkeit vermehrt kritisch gesehen wurde. Zudem ließ die neue Trinkwasserverordnung von 1975 den Einsatz von Chlor nur noch bei der abschließenden Sicherheitsdesinfektion zu, um einer Verkeimung des Trinkwassers im Rohrnetz vorzubeugen.

Gemeinsam mit dem Engler-Bunte-Institut, Spezialisten auf dem Gebiet der Wasserchemie, entwickelte die RWW Mitte der 1970er Jahre eine neue Methode der Trinkwasseraufbereitung, die als „Mülheimer Verfahren" in der Branche weltweit Beachtung fand. Ziel war es, den Einsatz von Chlor bei der Aufbereitung zu eliminieren und die Wasserqualität durch biologische Prozesse und die Verwendung von Sauerstoff zu verbessern.

Im Wasserwerk Dohne, dem ehemaligen Mülheimer Wasserwerk, kam die Methode erstmals im großtechnischen Maßstab zum Einsatz. Das Ergebnis

Filterhalle im RWW-Wasserwerk Styrum-West, Mülheim, 2008 (RWW)

bestätigte alle Erwartungen und war so überzeugend, dass sie in den folgenden Jahren mit einem Investitionsvolumen von 70 Millionen Deutscher Mark in allen Ruhrwasserwerken der RWW eingeführt wurde. Das Verfahren erfuhr seither zahlreiche Verbesserungen und Varianten und gilt bis heute als eines der fortschrittlichsten Aufbereitungsverfahren für Oberflächenwasser.

Das Prinzip soll am Beispiel des größten Ruhrwasserwerks der RWW, dem Wasserwerk Styrum-Ost, erläutert werden. Dieses Werk verfügt über große Wassergewinnungsflächen auf beiden Seiten der Ruhr, die vom Zentrum Mülheims bis zur Stadtgrenze nach Oberhausen und Duisburg reichen. Dort wurde das bewährte Prinzip der Grundwasseranreicherung beibehalten: Nachdem das Ruhrwasser „aus der fließenden Welle" gewonnen wird und in Langsamsandfilterbecken in der Ruhraue versickert ist, wird es nach einer mehrtägigen Bodenpassage über Vertikalbrunnen und Sammelstollen gewonnen. Nach der mechanischen und teilbiologischen Reinigung, der Entfernung von Schweb- und Trübstoffen, folgte früher die Desinfektion mit Chlor, die nun durch die sogenannte Ozonierung ersetzt wurde. Ozon, ein überaus reaktives sauerstoffähnliches Gas, bewirkt neben der Entkeimung und Geschmacksverbesserung des Wassers eine Oxidation. Enthaltene Stoffe wie Eisen und Mangan reagieren dadurch zu einem Granulat, das in dem nun folgenden Prozess in sogenannten Mehrschichtfiltern entfernt wird. Ein Vorteil des Ozons ist – neben der Geschmacksneutralität – die Eigenschaft, dass seine Moleküle bereits nach kurzer Zeit zu Sauerstoff zerfallen. Das jetzt sauerstoffreiche Wasser durchströmt im nächsten Schritt die Aktivkohlefilter. Sie haben die Aufgabe, nicht bzw. schwer abbaubare organische Stoffe, zum Beispiel Pflanzenschutzmittel, zu binden und somit aus dem Wasser zu entfernen. Zusätzlich wirken hier Mikroorganismen durch Beseitigung abbaubarer Verbindungen mit, deren Aktivität durch den hohen Sauerstoffgehalt des Wassers angeregt wird – ein raffiniert abgestimmtes Zusammenspiel der einzelnen Prozessschritte. Wurde früher im Anschluss an die Trinkwasseraufbereitung noch eine Sicherheitschlorung durchgeführt, um einer Verkeimung im Rohrnetz vorzubeugen, ist diese seit 2003 durch eine UV-Behandlung abgelöst worden. Dabei bewirkt das ultraviolette

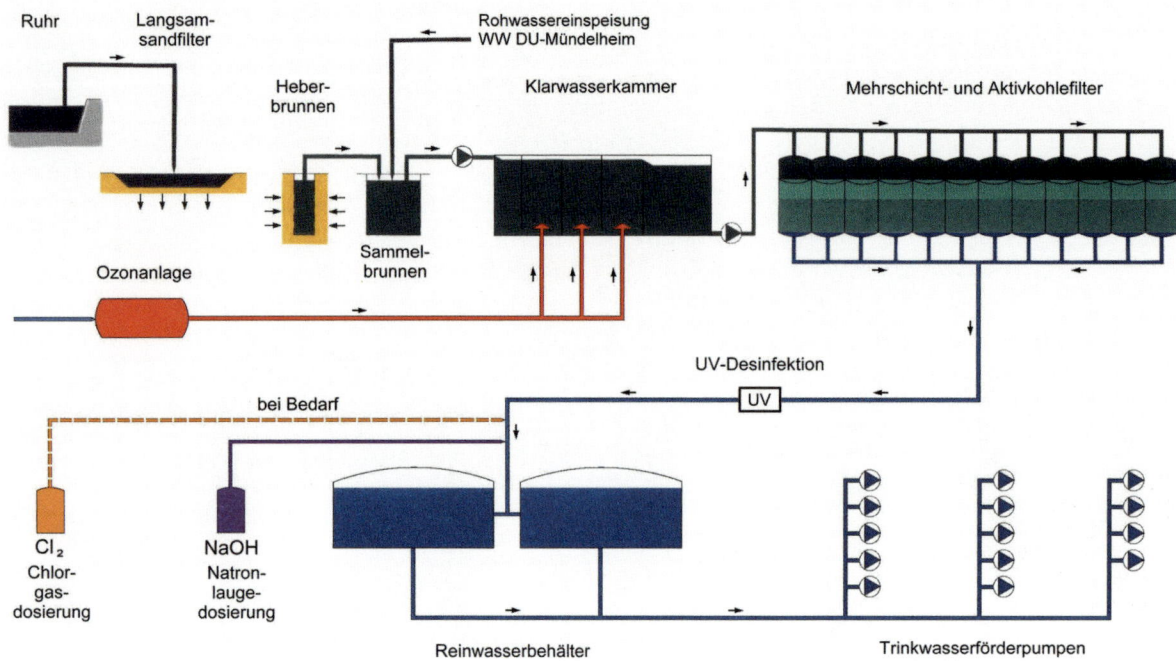

Trinkwasseraufbereitung nach dem Mülheimer Verfahren im
RWW-Wasserwerk Styrum-Ost (RWW)

Licht, dass der Zellkern von möglichen Mikroorganismen im Wasser verändert und deren Vermehrung ausgeschlossen wird.

WASSERVERSORGUNG IN ZEITEN
DES KLIMAWANDELS

Die Einführung des Mülheimer Verfahrens in allen RWW-Ruhrwasserwerken war 1983 abgeschlossen. Weitere Verbesserungen und Anpassungen an die jeweiligen geologischen und hydrologischen Bedingungen folgten in späteren Jahren, zum Beispiel die Installation von „Sickerschlitzgräben" im Werk Kettwig oder die „Kapselung" der Wassergewinnung, wo mittels unterirdischer Dichtwände der Zustrom minderwertigen Uferfiltrats und Grundwassers verhindert wird.

Wenngleich mit fortlaufender Optimierung der Aufbereitungstechnologie Schadstoffe im Ruhrwasser wirksam zurückgehalten und die Trinkwasserqualität verbessert werden konnten, setzte sich bei RWW mehr und mehr die Erkenntnis durch, dass

Investitionen in Technologie allein nicht ausreichen: Nur wenn der „Rohstoff" wirksam geschützt und die Qualität der Gewässer verbessert werden, lässt sich der Aufwand für die Herstellung gesunden Trinkwassers in einem vernünftigen Rahmen halten. Aus diesem Grund ist seit den 1980er Jahren der Umweltschutz, insbesondere der vorsorgende Gewässerschutz, ein immanentes Ziel der Unternehmenspolitik. Den Gewässerschutz zu unterstützen und den sorgsamen Umgang mit Wasser zu fördern, gehört neben den Kernleistungen mittlerweile zum Aufgabenkatalog der Wasserversorger in Deutschland.

Dieser Leitidee folgend eröffnete die RWW 1992 das Aquarius Wassermuseum und das Haus Ruhrnatur. Ziel der Häuser war und ist es, das Bewusstsein für den Umwelt- und Gewässerschutz zu schärfen und die Bereitschaft der Besucherinnen und Besucher zu stärken, sich für ökologische Belange im Zusammenhang mit Wasser einzusetzen. Die Einrichtungen erwiesen sich zudem als eine wichtige Brücke zu Umweltverbänden wie dem NABU und dem BUND. Die Gründung des Forschungsinstituts IWW Zentrum Wasser gemeinsam mit anderen Gesellschaftern aus der Wasserwirtschaft war ein weiterer Meilenstein in diese Richtung, wodurch die Forschung im Bereich Wasserchemie, -tech-

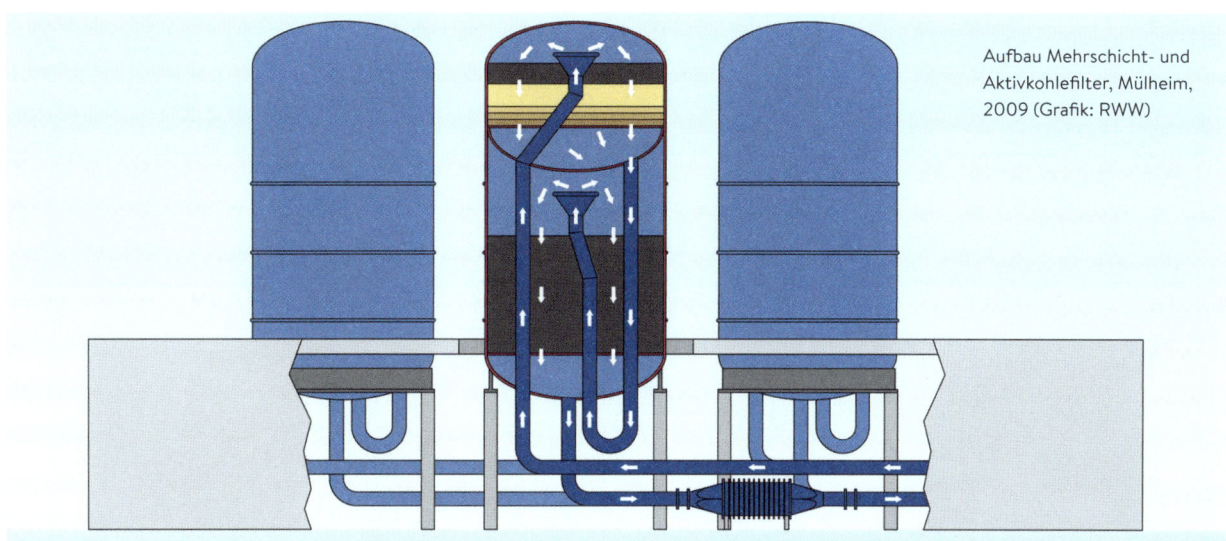

Aufbau Mehrschicht- und
Aktivkohlefilter, Mülheim,
2009 (Grafik: RWW)

nologie und Mikrobiologie in unmittelbarer Nachbarschaft der Styrumer Wasserwerke etabliert wurde. Zu einem wichtigen Instrument des vorsorgenden Gewässerschutzes wurden ab Anfang der 1990er Jahre Kooperationsvereinbarungen mit der Landwirtschaft. Dadurch soll vor allem die Nitratbelastung im Grundwasser, der Ruhr und ihren Nebenflüssen minimiert werden. Die RWW fördert seitdem effizienzbasierte Maßnahmen zur gewässerschonenden Bewirtschaftung im nördlichen Versorgungsgebiet (Dorsten, südliches Münsterland) sowie im Bereich Kettwig und Mündelheim. Gemeinsam mit anderen Wasserversorgern der Arbeitsgemeinschaft der Wasserwerke an der Ruhr e.V. (AWWR) werden zudem Gewässerschutzberater im gesamten Einzugsgebiet der Ruhr finanziert.

———

Ozongenerator Mülheim, Mülheim, 2004 (RWW)

UV-Anlage im RWW-Wasserwerk Styrum-Ost, Mülheim, 2004 (RWW)

Über den Zustand der Ruhr informieren der Ruhr-verband und die AWWR im jährlich erscheinenden Ruhrwassergütebericht. Im Jahr 2018 wurde das Ruhrwasser auf mehr als 430 organische Spuren-stoffe untersucht, darunter Flammschutzmittel, Industriechemikalien, Pestizide und Medikamente. Für die Mehrzahl der Stoffe werden die Orientie-rungs- bzw. Grenzwerte eingehalten. „Gewässer-verunreinigungen auf historisch niedrigem Niveau", so das Fazit des Berichts. Was vor Jahrzehnten noch unvorstellbar war: Die Ruhr gehört heute zu den saubersten Flüssen Europas.

Dank erheblicher Fortschritte in der Ruhrwasser-güte und moderner Technologien in der Wasser-aufbereitung ist die Trinkwasserqualität im Ruhrge-biet heute ausgezeichnet. Trinkwasser muss gemäß DIN2000 „frei sein von Krankheitserregern und darf keine gesundheitsschädlichen Eigenschaften" haben. Es „soll keimarm sein, appetitlich sein und zum Genuss anregen, es soll farblos, kühl, geruchlos und geschmacklich einwandfrei sein."
Genauer sind die Anforderungen in der Trinkwasser-verordnung definiert, die auf der EG-Trinkwasser-

richtlinie basiert, aber teilweise strengere Vorgaben als das europäische Recht vorsieht. Tägliche Proben – von den Brunnen bis zu den Hausanschlüssen – und die Kontrolle von mehr als 400 Parametern durch ein von der RWW beauftragtes Prüflabor, das IWW und das Hygieneinstitut in Gelsenkirchen lassen Gefährdungen frühzeitig erkennen. Nicht umsonst gilt Trinkwasser als das bestkontrollierte Lebensmittel.

LIBERALISIERUNG DER WASSERVERSORGUNG?

Anders als Strom ist Wasser ein Produkt, das in der Region gewonnen wird, in der es ge-braucht wird. Wasser zum Beispiel von der Nordseeküste nach Bayern zu leiten, ist we-der technisch noch ökonomisch sinnvoll. Dies ist ein Grund dafür, weshalb Privatkunden nicht wie im Energiesektor zwischen ver-schiedenen Anbietern wählen können.

Mit der Liberalisierung der Energiemärkte in der Europäischen Union stellte sich Ende der 1990er Jahre allerdings auch die Frage nach der Privatisierung der Wasserversorgung, oft begleitet von kontrovers geführten Debatten. Kritiker befürchteten niedrigere Standards und höhere Preise. Eine entsprechende EU-Richtlinie zur Förderung der Privatisierung wurde 2013 nach heftigen Protesten von Bürgerinitiativen fallengelassen. Im selben Jahr wurde der umstrittene Verkauf der Berliner Wasserversorgung an den französischen Konzern Vivandi/Veolia und RWE nach mehr als einem Jahrzehnt wieder rückgängig gemacht, die Wasserbetriebe wurden rekommunalisiert.

Anders als die Privatisierungsdebatten vermuten lassen, war die Versorgungsstruktur hierzulande jedoch immer schon durch öffentlich- und privatrechtliche Unternehmensformen gekennzeichnet. Von den rund 6.000 Wasserversorgern sind mehr als ein Drittel privatrechtlich organisiert, 20 Prozent werden als gemischt-öffentlich-privatrechtliche Gesellschaften geführt. Hierzu gehört auch die RWW, an deren Gründung bereits die RWE als privatwirtschaftliches Unternehmen beteiligt war.

2002 veräußerten die kommunalen Gesellschafter einen Großteil ihrer RWW-Anteile an den RWE-Konzern. 2019 gingen diese Anteile im Zuge der Übernahme der RWE-Tochter Innogy SE an den E.ON-Konzern über.

Was sind die Herausforderungen der Zukunft? Wie wird sich die Wasserversorgung in der Metropole Ruhr entwickeln? Vorweg eine ernüchternde Bilanz: Alle ernsthaften Wasserbedarfsprognosen der 1970er und 1980er Jahre haben sich als falsch erwiesen. Für das Jahr 2010 prognostizierten zum Beispiel die Wissenschaftlerinnen und Wissenschaftler an der Technischen Universität Berlin einen täglichen Pro-Kopf-Bedarf von 219 Litern. Tatsächlich wurden aber nur 123 Liter gebraucht – Tendenz fallend. Die Forschung hatte eine jährliche Steigerungsrate von einem Prozentpunkt angenommen, aber die in den 1990er Jahren einsetzende Kurswende nicht vorhergesehen. Denn mit wachsendem Umweltbewusstsein ging auch ein Trend zum Wassersparen einher. Haushaltsgeräte wurden ef-

fizienter, die Spartaste an der Toilettenspülung ist längst Standard. Deutschland wurde zum Europameister im Wassersparen. Allerdings verdient die vermeintlich positive Entwicklung eine differenzierte Betrachtung. Denn der überwiegende Teil unseres Wasserverbrauchs manifestiert sich nicht im Haushalt, sondern im Konsum. Berücksichtigt man die Menge an Wasser, die für die Herstellung von Lebensmitteln und Konsumgütern gebraucht wird, liegt der Tageswert pro Kopf, der auch als Wasserfußabdruck bezeichnet wird, in Deutschland bei 4.000 bis 5.000 Litern. Daran gemessen kann von Wassersparen im internationalen Vergleich keine Rede sein. Hinzu kommt, dass mehr als die Hälfte des Wassers für die von uns benötigten Produkte und Güter nicht hierzulande verbraucht wird, sondern in anderen Weltregionen, zum Beispiel in Südamerika, wo Futtermittel für die Tiermast und den europäischen Fleischkonsum im großen Stil angebaut werden. Nicht nur der Wasserverbrauch, auch Umweltzerstörungen, wie die Abholzung tropischer Regenwälder, werden auf diese Weise nach außen verlagert. Dies zeigt auch: Für eine Bewertung des Wasserverbrauchs ist die lokale Verfügbarkeit von Wasser entscheidend. Wassersparen ist in trockenen Regionen folgerichtig, im wasserreichen Ruhrgebiet ist eine differenzierte Betrachtung angezeigt.

In den vergangenen 30 Jahren war der Wasserbedarf im Ruhrgebiet rückläufig, aber wird die Tendenz auch in Zukunft anhalten? Manches spricht dafür, zum Beispiel die demografische Entwicklung. Doch selbst diese verhältnismäßig gut prognostizierbare Größe unterliegt Unsicherheiten. Ging man bisher von einer stark rückläufigen Bevölkerungsentwicklung in den Ruhrgebietsstädten bis 2040 aus, ist seit 2015 sogar ein Zuwachs zu beobachten.

Welche Auswirkungen wird der Klimawandel auf die Wasserversorgung im Ruhrgebiet haben? Wenn sich extreme Wettersituationen, Starkregen, Hitze- und Trockenperioden häufen – was bedeutet dies für die Versorgungssicherheit? Wie können Spitzenverbräuche in Trockenperioden bedient werden? Diese Fragen spielen heute für die Planung der Wasserversorger eine wichtige Rolle. Bereits die „Jahrhundertsommer" 2018 und 2019 haben gezeigt, dass trotz insgesamt rückläufiger Wasserabgabemengen in Hitzeperioden Spitzenverbräuche bedient werden müssen. Um dem Auftrag gerecht zu werden, jederzeit Trinkwasser von einwandfreier Qualität liefern zu können, sind daher ausreichende Kapazitäten der Wasserversorgungssysteme erforderlich. Doch zugleich ist eine zu geringe Auslastung nicht unproblematisch, führt sie doch zu erhöhten Kosten – für vermehrtes Spülen der Leitungen, Anpassungen der Dimensionierungen bis zum Rückbau von Netzen und Anlagen. Der in der Wasserversorgung übliche hohe Anteil an Fixkosten für die Vorhaltung des Versorgungssystems hat daher bei der RWW zu einem neuen Tarifmodell geführt, das die reale Kostensituation besser abbilden soll. Während die RWW wie die meisten Versorger früher nur einen Grundpreisanteil von etwa 20 Prozent veranschlagte, wird seit 2012 ein sogenannter Systempreis in Höhe von 50 Prozent berechnet. Im Gegenzug wurden die Mengenpreise gesenkt.

Die Herausforderungen der Wasserwirtschaft sind auch in der Politik wahrgenommen worden. 2016 wurden die Kommunen in NRW verpflichtet, alle sechs Jahre Wasserkonzepte zu erstellen und zur Genehmigung vorzulegen. Der Gesetzgeber will damit wesentliche Entscheidungen bei der Trinkwasserversorgung einer staatlichen Prüfung unterziehen. In diesen Konzepten soll nicht nur die derzeitige Versorgungssituation, sondern auch die Entwicklung unter Berücksichtigung von Einflussfaktoren wie Klimawandel und demografischer Entwicklung aufgezeigt werden.

Rechts: Hauptverwaltung der RWW in Mülheim an der Ruhr, 2017 (Birgit Kirch)

Markus Rüdel

DIE ABWASSERREINIGUNG IN DEN KLÄRANLAGEN DES RUHRVERBANDS

Ein Garant für die gute Wasserqualität der Ruhr

TECHNIK UND BETRIEB DER KLÄRANLAGEN: EFFIZIENTE ABWASSERREINIGUNG

Mit einem Netz von mehr als 60 Kläranlagen sorgt der Ruhrverband dafür, dass die Abwässer von mehr als zwei Millionen Menschen sowie zahlreichen Industrie- und Gewerbebetrieben Tag für Tag zuverlässig gereinigt werden. Der Ruhrverband plant, baut und betreibt die Anlagen der Wassergütewirtschaft aus einer Hand. Deshalb können die im Betrieb gewonnenen Erfahrungen für konsequente Weiterentwicklungen und technische Verbesserungen genutzt werden. Der Erfolg dieser engen Verzahnung lässt sich an den qualitativ guten Abläufen der Ruhrverbandskläranlagen ablesen. Auch deswegen war das Ruhrwasser in den letzten 100 Jahren noch nie so sauber wie heute.

Die Siedlungsentwässerung besteht aus drei wesentlichen Elementen: dem Kanalisationssystem, der Niederschlagswasserbehandlung und der Abwasserreinigung. Das Kanalisationssystem wird in der Regel von den Städten oder Gemeinden betrieben. Es kann seit der letzten Änderung des Lan-

deswassergesetzes im Jahr 2016 auf den Ruhrverband übertragen werden, sofern die Kommunen dies wünschen. Bei Kanalisationssystemen unterscheidet man zwischen Trennsystemen, bei denen Niederschlags- und Schmutzwasser in getrennten Kanälen gesammelt und abgeleitet wird, und Mischsystemen mit nur einem Kanal. Die Niederschlagswasserbehandlung und die Abwasserreinigung werden im Ruhreinzugsgebiet vom Ruhrverband gebaut und betrieben. Die rund 560 Niederschlagswasserbehandlungsanlagen stellen sicher, dass bei Regenwetter nicht das gesamte in der Mischkanalisation abgeleitete Wasser sofort zur Kläranlage fließt, sondern vorübergehend gespeichert und mechanisch gereinigt wird. Nach Beendigung des Niederschlagsereignisses wird das gespeicherte Mischwasser dem Kläranlagenzulauf zugeleitet.

DIE MECHANISCHE REINIGUNGSSTUFE

Der Kläranlagenzulauf wird bei vielen Anlagen zunächst mittels Pumpen in die erste Stufe der Abwasserbehandlung gefördert. Sie besteht aus Rechen, Sandfang und Vorklärung. Die Klärstufen der mechanischen Reinigung sind teilweise eingehaust oder abgedeckt, um Geruchsbelastungen zu vermeiden.

Links: Die neu errichtetete Kläranlage Duisburg-Kaßlerfeld im Sommer 1994 (Ruhrverband)

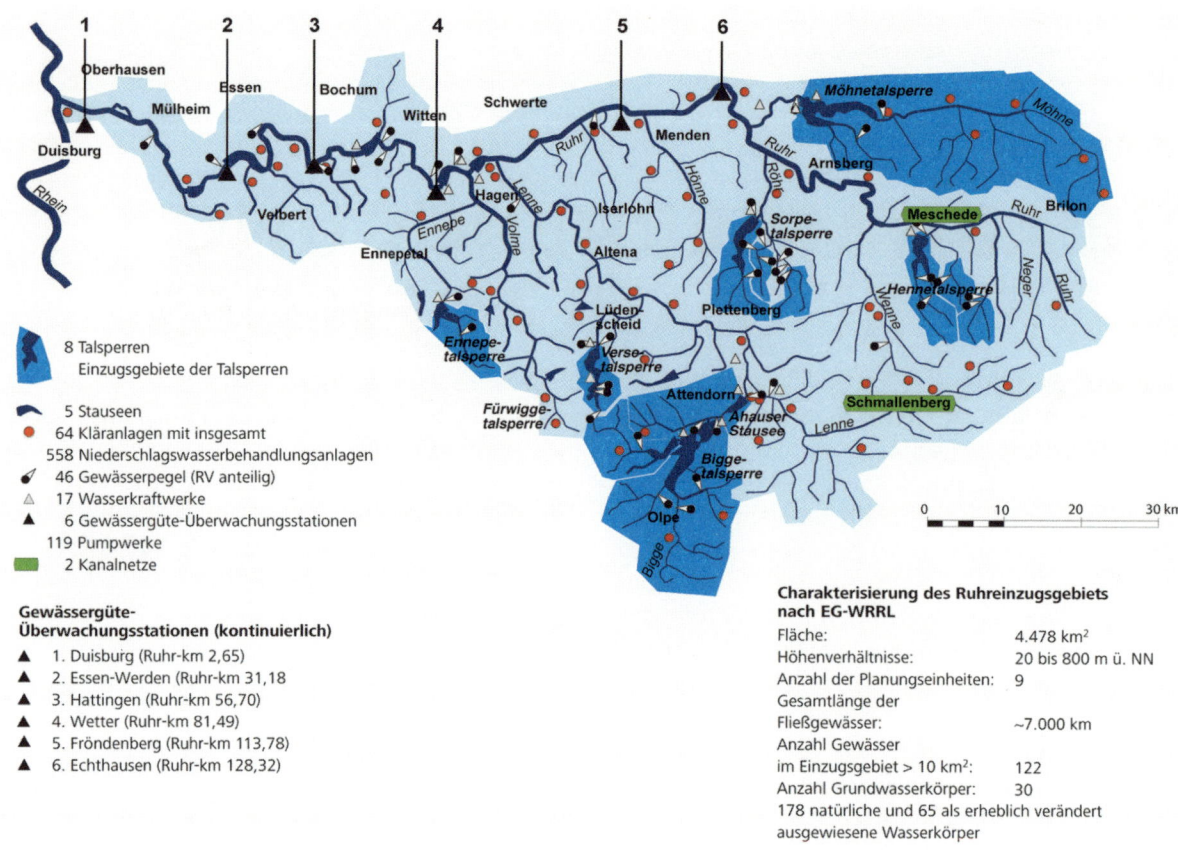

8 Talsperren
Einzugsgebiete der Talsperren

5 Stauseen
64 Kläranlagen mit insgesamt
558 Niederschlagswasserbehandlungsanlagen
46 Gewässerpegel (RV anteilig)
17 Wasserkraftwerke
6 Gewässergüte-Überwachungsstationen
119 Pumpwerke
2 Kanalnetze

Gewässergüte-
Überwachungsstationen (kontinuierlich)

▲ 1. Duisburg (Ruhr-km 2,65)
▲ 2. Essen-Werden (Ruhr-km 31,18)
▲ 3. Hattingen (Ruhr-km 56,70)
▲ 4. Wetter (Ruhr-km 81,49)
▲ 5. Fröndenberg (Ruhr-km 113,78)
▲ 6. Echthausen (Ruhr-km 128,32)

Charakterisierung des Ruhreinzugsgebiets
nach EG-WRRL

Fläche:	4.478 km²
Höhenverhältnisse:	20 bis 800 m ü. NN
Anzahl der Planungseinheiten:	9
Gesamtlänge der Fließgewässer:	~7.000 km
Anzahl Gewässer im Einzugsgebiet > 10 km²:	122
Anzahl Grundwasserkörper:	30

178 natürliche und 65 als erheblich verändert
ausgewiesene Wasserkörper

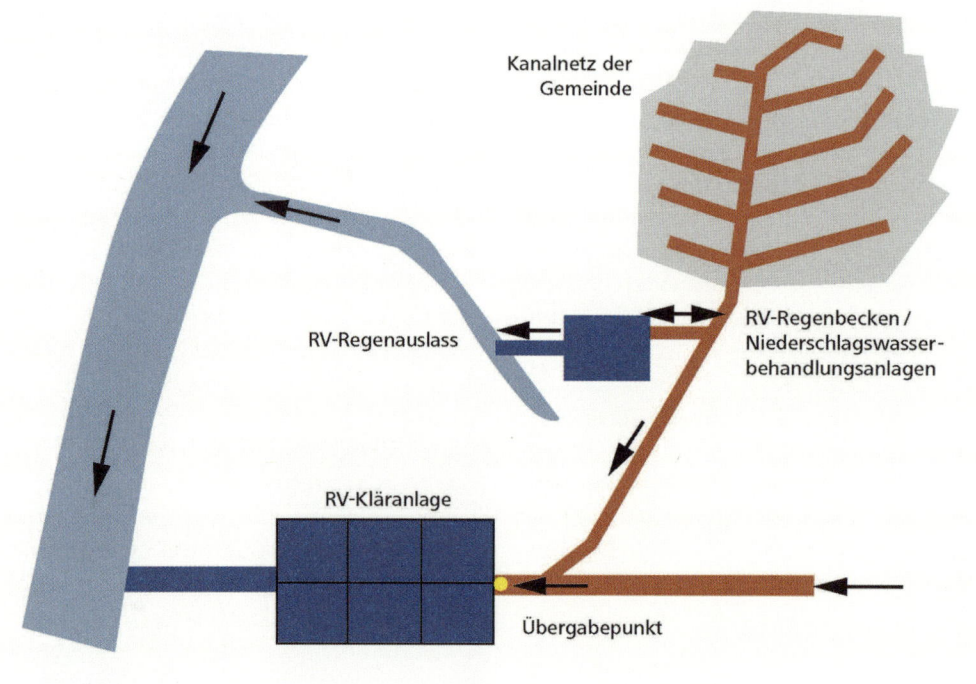

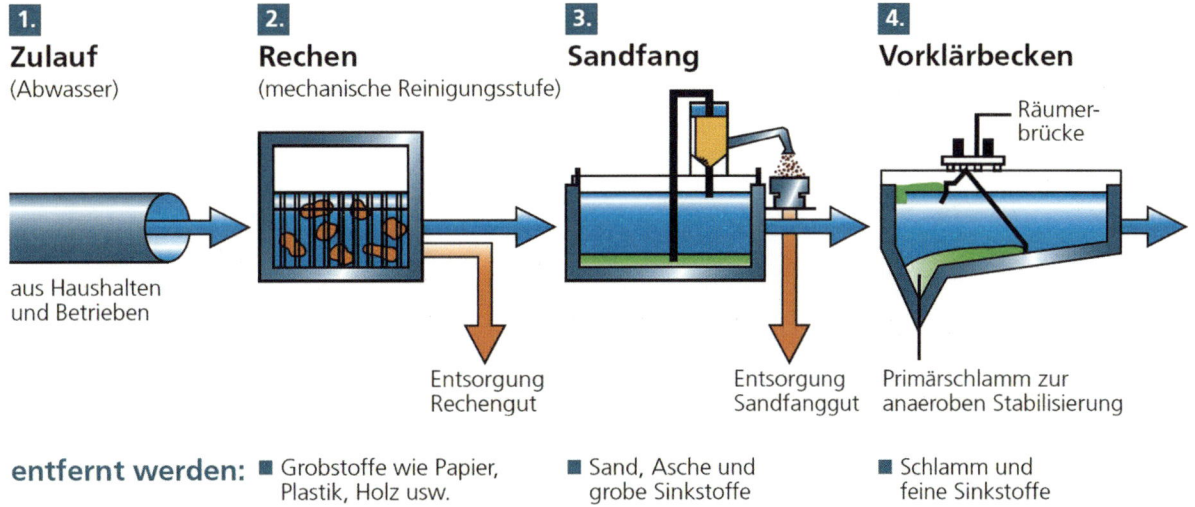

1.
Zulauf
(Abwasser)

aus Haushalten
und Betrieben

2.
Rechen
(mechanische Reinigungsstufe)

Entsorgung
Rechengut

3.
Sandfang

Entsorgung
Sandfanggut

4.
Vorklärbecken

Räumer-
brücke

Primärschlamm zur
anaeroben Stabilisierung

entfernt werden: ■ Grobstoffe wie Papier, ■ Sand, Asche und ■ Schlamm und
Plastik, Holz usw. grobe Sinkstoffe feine Sinkstoffe

Der Rechen verfügt über relativ steil im Zulauf stehende Stäbe mit einem Stababstand von vier bis zehn Millimetern. Die groben Stoffe, die sich vor dem Rechen ablagern, werden durch Abstreifmaschinen aus dem Abwasser entfernt. Anschließend werden die zurückgehaltenen Stoffe in Waschpressen gefördert, von organischen Inhaltsstoffen befreit, in Folienschläuche gefüllt und in Container abgeworfen. Das Rechengut wird in Müllverbrennungsanlagen entsorgt.

Der Sandfang hat den Zweck, Sand und andere mineralische Stoffe aus dem Abwasser zu entfernen, um Pumpen sowie mechanische Einrichtungen zu schützen. Der Sandfang besteht meist aus zwei langen Kammern, deren Geometrie so berechnet ist, dass eine Fließgeschwindigkeit von rund 0,3 Metern pro Sekunde nicht überschritten wird. Bei dieser Geschwindigkeit setzen sich die meisten mineralischen Stoffe am Boden ab und die organischen Stoffe werden weiter transportiert. Das in der Sammelrinne des Sandfangs abgesetzte Sand-Wasser-Gemisch wird zum Sandwaschklassierer transportiert. Nach weitgehender Entwässerung wird der gereinigte Sand in Container abgeworfen und entsorgt.

In den Becken der Vorklärung sedimentieren die leicht absetzbaren organischen Stoffe. Sie lagern

Die mechanischen Reinigungsstufen der Ruhrverbandskläranlagen (Ruhrverband)

Mit dem Rechen werden die groben Stoffe aus dem Abwasser entfernt. Die Reinigung des Rechens erfolgt über den Abstreifmechanismus vollautomatisch (Ruhrverband)

Links oben: Die Betriebsanlagen des Ruhrverbands: Der Ruhrverband betreibt mehr als 60 Kläranlagen und rund 560 Niederschlagswasserbehandlungsanlagen im Ruhreinzugsgebiet (Ruhrverband)

Links unten: Die Infrastruktur der Siedlungsentwässerung. (Ruhrverband)

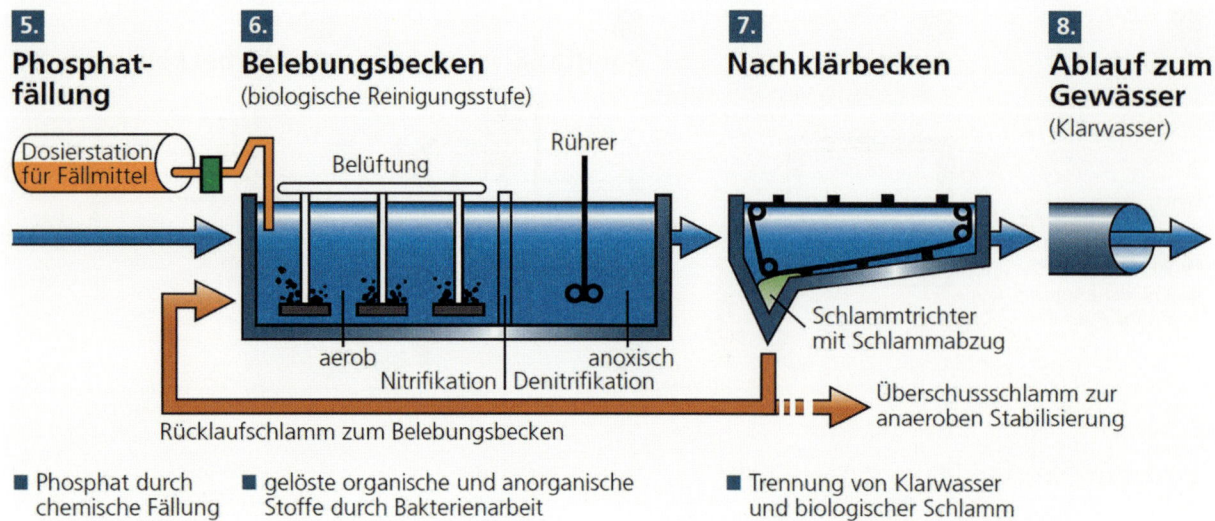

5. Phosphat-
fällung

Dosierstation
für Fällmittel

6. Belebungsbecken
(biologische Reinigungsstufe)

Belüftung

Rührer

aerob
Nitrifikation | Denitrifikation

anoxisch

Rücklaufschlamm zum Belebungsbecken

7. Nachklärbecken

Schlammtrichter
mit Schlammabzug

Überschussschlamm zur
anaeroben Stabilisierung

8. Ablauf zum
Gewässer
(Klarwasser)

■ Phosphat durch
chemische Fällung

■ gelöste organische und anorganische
Stoffe durch Bakterienarbeit

■ Trennung von Klarwasser
und biologischer Schlamm

Die biologische Reinigungsstufe im Belebungsbecken ist das Herzstück
einer Kläranlage (Ruhrverband)

sich auf der Beckensohle ab und Schildräumer schieben den Schlamm zu den Sammeltrichtern auf der Zulaufseite der Becken. Von hier aus wird der sogenannte Primärschlamm abgezogen und in die Schlammbehandlung gefördert. Auf der Wasseroberfläche der Vorklärbecken sammelt sich Schwimmschlamm, der durch Räumer in eine Sammelrinne geschoben und ebenfalls der Schlammbehandlung zugeführt wird. Die übliche Aufenthaltszeit des Abwassers in den Vorklärbecken beträgt 0,5 bis eine Stunde.

Wenn das Abwasser die mechanische Reinigungsstufe wieder verlässt, ist der grobe Schmutz entfernt. Das Wasser ist nun bereit für die biologische Reinigungsstufe – das Herzstück einer Kläranlage.

DIE BIOLOGISCH/CHEMISCHE REINIGUNGSSTUFE

In den Belebungsbecken bilden die im Abwasser enthaltenen Mikroorganismen den sogenannten Belebtschlamm. Die Vorgänge beim Belebtschlammverfahren sind genau die gleichen wie die in einem natürlichen Fluss oder See. Nur sind die abwasserreinigenden Mikroorganismen in viel größerer Zahl auf kleinem Raum konzentriert und so in der Lage, die unerwünschten Kohlenstoff- und Stickstoffverbindungen optimal abzubauen. Nitrifizierende Mikroorganismen sind für die Umwand-

lung des Ammoniumstickstoffs in Nitratstickstoff verantwortlich und denitrifizierende Mikroorganismen wandeln unter anoxischen Bedingungen (Fehlen von gelöstem Sauerstoff) den Nitratstickstoff in elementaren Stickstoff um, der über die Wasseroberfläche in die Atmosphäre entweichen kann. Die Sauerstoffversorgung des Belebtschlammes erfolgt durch Druckluft, die über auf der Beckensohle montierte Membranbelüfter eingeblasen wird. In den nicht belüfteten Beckenteilen halten Vertikalrührwerke den Belebtschlamm in Bewegung und sorgen für eine gute Durchmischung. Neben Stickstoffverbindungen enthält das Abwasser gelöste Phosphatverbindungen. Sie sind in hohem Maße für die Eutrophierung der Gewässer mitverantwortlich und müssen daher dem Abwasser entzogen werden.

Im Belebungsbecken bauen Mikroorganismen die Schmutzstoffe im Abwasser ab. Über die seitlich angebrachten Edelstahlrohre wird den Mikroorganismen, die man an der Braunfärbung des Wassers erkennt, in den Belebungsbecken der Kläranlage Essen-Süd Sauerstoff zugeführt (Ruhrverband)

In der Nachklärung und in den Schönungsteichen der Kläranlage Menden werden die Schwebstoffe aus dem gereinigten Wasser entfernt bevor es der Ruhr wieder zugeführt wird (Ruhrverband)

Bei der Eutrophierung eines Gewässers kommt es durch zu hohe Nährstoffgehalte (beispielsweise Phosphor) zu einem massenhaften Algenwachstum, das wiederum beim Absterbevorgang zu Sauerstoffmangel und in der Folge zu Fischsterben führt. Der Entzug der Phosphatverbindungen geschieht durch die Zugabe von Fällmitteln. Als Fällmittel werden in der Regel Metallsalze wie Aluminiumchlorid oder Eisenchlorid eingesetzt. Sie werden in das Belebungsbecken oder in den Rücklaufschlammstrom dosiert und reagieren mit dem im Abwasser enthaltenen Phosphat. Die so entstehenden Flocken setzen sich im Nachklärbecken ab und verbleiben im Klärschlamm.

Die Nachklärbecken sind Teil der biologischen Reinigungsstufe. In ihnen sedimentieren die Belebtschlammflocken des aus der Belebungsstufe zufließenden Schlamm-Wasser-Gemisches. Das gereinigte, weitgehend schwebstofffreie klare Wasser fließt durch meist horizontal an der Oberfläche der Becken angeordnete gelochte Tauchrohre in den Ablauf der Kläranlage. Der abgesetzte Schlamm wird mit Schildräumern in Trichterspitzen in Beckenmitte geschoben und größtenteils in die Belebungsbecken zur Aufrechterhaltung des Prozesses zurückgepumpt. Der durch Wachstum und Vermehrung der Mikroorganismen entstandene Überschussschlamm wird zur Vorklärung gefördert, wo er gemeinsam mit dem dort anfallenden Primärschlamm eindickt und der Schlammbehandlung zugeführt wird.

Insgesamt wird das Abwasser in der Kläranlage etwa einen Tag lang behandelt, bevor es gereinigt wieder an die Ruhr oder ihre Nebenflüsse abgegeben wird. Teilweise sind die Kläranlagen des Ruhrverbands zusätzlich mit sogenannten Schönungsteichen ausgestattet. Hier verbleibt das Wasser noch einmal rund zwölf Stunden, sodass auch die wenigen Schwebstoffe noch entfernt werden.

DIE SCHLAMMBEHANDLUNG

In der Schlammbehandlung werden die anfallenden Klärschlämme zunächst mechanisch oder statisch entwässert, bevor sie in den Faulbehälter gepumpt werden. In den Faulbehältern, meist 30 bis 40 Meter hohe, eiförmige Behälter, wird der Klärschlamm

bei Betriebstemperaturen um 35°C und einer mittleren Aufenthaltszeit von 20 bis 25 Tagen unter Abwesenheit von Sauerstoff stabilisiert. Dabei bauen anaerobe Bakterien (Methanbakterien) die organischen Stoffe im Klärschlamm soweit ab, dass unangenehme Geruchsemissionen bei der weiteren Schlammbehandlung nicht mehr auftreten. Bei diesem Prozess wird energiereiches Faulgas produziert, das nach einer Gaswäsche in Gasbehältern gespeichert und anschließend in Blockheizkraftwerken (BHKW) energetisch verwertet wird. Mit der in den BHKW anfallenden Wärmeenergie werden die Faulbehälter und die Gebäude beheizt. Mit dem produzierten Strom kann der Strombedarf einer Kläranlage teilweise, bei einigen Anlagen auch nahezu vollständig, gedeckt werden.

Der kontinuierlich aus dem Faulbehälter abgezogene, ausgefaulte Schlamm wird in Betonbecken, Nacheindickern, zunächst statisch entwässert. Die weitergehende Entwässerung des Schlammes erfolgt über Zentrifugen. Der entwässerte Schlamm wird auf Sattel- oder Containerfahrzeuge verladen und zur Klärschlammverbrennung des Ruhrverbands nach Werdohl-Elverlingsen transportiert. Der bei der dortigen Verbrennung entstehende Dampf wird zur Stromerzeugung genutzt. Die Klärschlammaschen werden auf verbandseigenen Aschedeponien gelagert. Bei einer zukünftige Phosphorrückgewinnung, wie sie der Gesetzgeber nach dem Jahr 2027 vorschreibt, können die Aschen wieder abgebaut und der darin enthaltene Phosphor zurückgewonnen werden.

DER BETRIEB

Derzeit sind im Bereich der Abwasserbehandlung des Ruhrverbands knapp 500 Mitarbeiterinnen und Mitarbeiter eingesetzt. Zum täglichen Betrieb der Anlagen gehören die stetige Überwachung der Reinigungsverfahren, die Kontrolle der Ablaufwerte, die Entsorgung der anfallenden Reststoffe, die Bedienung und Wartung der dazugehörigen Maschinen, Geräte und Hilfsmittel sowie die Ausführung einfacher Reparatur- und Instandhaltungsarbeiten.

Links: Bei der Ausfaulung des Klärschlamms in den Faulbehältern entsteht Faulgas, das in Blockheizkraftwerken zur Erzeugung von Strom und Wärme genutzt wird. Im Bild die Faulbehälter der Kläranlage Bochum-Ölbachtal (Ruhrverband)

Bei allen Tätigkeiten sind die Aspekte des Arbeitsschutzes und der Arbeitshygiene besonders zu beachten.

Zur Aufsicht und Regelung der Prozesse auf einer Kläranlage werden heute viele Parameter in der Abwasser- und Schlammbehandlung kontinuierlich überwacht. Die gewonnenen Daten werden dem Prozessleitsystem übermittelt, welches die Steuerung der Luftzufuhr sowie der verschiedenen Pumpen und Rührwerke weitgehend automatisiert vornimmt. Das Betriebspersonal wird durch das Prozessleitsystem automatisch über Störungen informiert. In den Betriebslaboren der Kläranlagen werden die Abwasserparameter analysiert, die nicht kontinuierlich gemessen werden können. Wichtige Betriebsdaten werden in regelmäßigen Abständen an die Zentrale in Essen übermittelt, um Plausibilitätskontrollen und statistische Auswertungen zu ermöglichen. Diese dienen zur Optimierung der Maschinen- und Verfahrenstechnik der Kläranlagen.

DIE ENTWICKLUNG DER ABWASSERREINIGUNG UND DER WASSERGÜTE IM RUHREINZUGSGEBIET

Mit der einsetzenden Industrialisierung des Ruhrgebiets in den 1860er Jahren verschlechterte sich die Wasserqualität der Ruhr. Die Bevölkerung der Stadt Essen stieg von rund 10.000 Einwohnern im Jahr 1860 auf rund 500.000 Einwohner im Jahr 1920 an. Berg- und Hüttenwerke brauchten immer größere Mengen Wasser und leiteten es verschmutzt wieder

Die wilde Abwasserentsorgung privater Haushalte, hier in Menden im Jahr 1926, war bis in die 1920er Jahre weit verbreitet und verschärfte die hygienischen Missstände (Ruhrverband)

in die Flüsse ein. Auch die wachsende Bevölkerung produzierte Abwasser, das meist ungereinigt der Ruhr und ihren Nebenflüssen zugeleitet wurde.

Im Jahr 1905 notierte der Mediziner Max Rubner: „Von Witten bis Essen kann die Ruhr (...) als Trinkwasser nicht mehr benutzt werden (...) das Wasser ist nie geruchslos, es enthält übermäßige Mengen von Ammonium, Chlor, salpetrige und Salpetersäure, lebende Würmer und Parasiten, sein Geschmack ist schal, bei großer Hitze widerlich". Allerdings scheiterten alle Versuche die Probleme zu lösen zunächst an den Einzelinteressen verschiedener Gruppen, am Geld oder an Zuständigkeitskonflikten. Im trockenen und heißen Sommer 1911 eskalierte schließlich die Situation: 1.500 Typhusopfer, Versorgungsengpässe und Gestank sorgten für ein Umdenken. Im November 1911 trat der Ruhrausschuss zusammen, in dessen Folge im Jahr 1913 der Ruhrverband und der Ruhrtalsperrenverein, der bereits 1899 auf zunächst freiwilliger Basis von Wasserwerkern und Triebwerksbetreibern gebildet worden war, als Körperschaften des öffentlichen Rechts gegründet wurden.

Von der Gründung des Ruhrverbands im Jahr 1913 bis zum Ende des Zweiten Weltkriegs

Der Ruhrverband übernahm zunächst einige mechanische Kläranlagen der Städte und Gemeinden und ertüchtigte sie. Ferner plante er für kleinere Kommunen Kanalisationsnetze und half bei deren Errichtung. Der beginnende Erste Weltkrieg verhinderte allerdings den Bau weiterer Anlagen. Erst

in den 1920er Jahren konnte der Ruhrverband mit seinen Arbeiten fortfahren. Zunächst wurde der Abwassersammler Mülheim-Oberhausen-Duisburg errichtet. Die Ableitung der Abwässer direkt in den Rhein verbesserte die Wasserqualität der Ruhr in diesem Abschnitt und damit das Rohwasser für die Wasserwerke in Mülheim deutlich. In Essen wurde die erste Belebtschlammanlage gebaut und an vielen anderen Orten errichtete man mechanische Anlagen mit Sickerbecken oder Emscherbrunnen. Ende der 1920er Jahre verfügte der Ruhrverband bereits über 64 Kläranlagen.

Jedoch konnte die Wasserqualität der Ruhr durch diese Unternehmungen nicht in dem Maße verbessert werden, wie es für die Trinkwasserproduktion entlang des Flusses notwendig gewesen wäre. Karl Imhoff, erster Geschäftsführer des Ruhrverbands, hatte daher die Idee, eine Kette von acht Stauseen in der Ruhr zu errichten. In diesen Seen sollten sich Schlämme und andere Stoffe absetzen. Ferner würde man durch die größere Oberfläche einen erhöhten Sauerstoffeintrag und eine intensivere Sonneneinstrahlung erreichen, wodurch sich die biologische Selbstreinigung des Flusswassers verbessere. 1929 wurde auf Basis dieser Ideen zunächst der Hengsteysee bei Hagen fertiggestellt. Die von Karl Imhoff angenommenen Effekte traten sehr schnell ein und die Maßnahme war ein voller Erfolg. Daraufhin wurden 1931 der Harkortsee und 1933 der Baldeneysee in Betrieb genommen – dadurch existierten bereits drei der fünf Ruhrstauseen, die man im Laufe der Jahrzehnte realisierte.

Die erste Kläranlage auf dem europäischen Kontinent, die das Belebtschlammverfahren einsetzte, wurde 1925 in Essen-Rellinghausen in Betrieb genommen (Ruhrverband)

Anhand des Summenparameters biologischer Sauerstoffbedarf, der die Belastung mit organischen Schmutzstoffen anzeigt, lässt sich die Entwicklung der Wasserqualität der Ruhr bei Essen nachvollziehen (Ruhrverband)

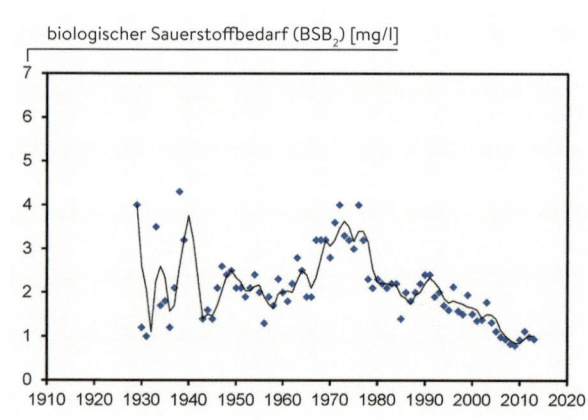

biologischer Sauerstoffbedarf (BSB$_2$) [mg/l]

In den 1930er Jahren wurden noch einige Kläranlagen errichtet und ausgebaut, bevor Bautätigkeiten durch den Zweiten Weltkrieg nicht mehr möglich waren. 1938 betrieb der Ruhrverband 70 Kläranlagen und drei Stauseen zur Verbesserung der Wasserqualität der Ruhr.

Die Entwicklung der Wasserqualität kann man am dargestellten Diagramm des biologischen Sauerstoffbedarfs (BSB), der als Summenparameter das Maß der organischen Verschmutzung anzeigt, nachvollziehen. Erkennbar sind eine geringere Belastung während der Weltwirtschaftskrise zu Anfang der 1930er Jahre, ein Anstieg bis zu Beginn des Zweiten Weltkriegs, ein deutlicher Rückgang in den Kriegsjahren und wiederum ein Anstieg in den Nachkriegsjahren. Mitte der 1970er Jahre erreichte die Belastung mit organischen Schmutzstoffen in der Ruhr bei Essen ihren Höhepunkt und nimmt seitdem kontinuierlich ab.

Der Wiederaufbau bis in die 1980er Jahre

Nach dem Krieg wurden zunächst die Kriegsschäden an den Talsperren und Kläranlagen beseitigt. In den 1950er Jahren wurde der Ausbau der biologischen Klärstufen vorangetrieben. Konnte im Jahr 1950 lediglich das Abwasser von etwa 500.000 Einwohnerwerten vollbiologisch gereinigt werden, so stieg die Zahl bis Ende des Jahrzehnts auf rund 1,9 Millionen Einwohnerwerte an. Der Ruhrverband musste jedoch nicht nur immer größere Mengen an Abwasser reinigen, sondern auch immer neue Schadstoffe aus dem Wasser entfernen. Neben den Privathaushalten trugen zunehmend industrielle Schadstoffe zur Verunreinigung der Ruhr bei. Deshalb ging 1964 die Zentrale Entgiftungsanlage in Iserlohn in Betrieb, die vor allem der Vorbehandlung flüssiger, giftiger Abfallstoffe aus der Industrie diente.

Im Jahr 1967 wurde erstmals mehr in Reinigungsanlagen als in die Wassermengenwirtschaft investiert. Der Ruhrverband widmete sich vor allem den Zuflüssen und erweiterte die vorhandenen Kläranlagen, die aufgrund der steigenden Verschmutzung an ihre Grenzen stießen. Ende der 1960er Jahre betrieb der Ruhrverband 109 Kläranlagen. 70 Kläranlagen verfügten über biologische Reinigungsstufen mit einer Gesamtkapazität von rund 3,2 Millionen Einwohnerwerten.

Trotz aller Anstrengungen waren weitere Investitionen dringend nötig, wie Hans Werner Koenig als Geschäftsführer der beiden Verbände in der 1973 veröffentlichten Denkschrift „Über die zunehmende Gefährdung der Trinkwasserversorgung aus der

Die Kläranlage Bochum-Ölbachtal nach ihrer Sanierung im Rahmen des ersten Ausbauprogramms im Jahr 1974 (Ruhrverband)

Ruhr" verdeutlichte. „Die Grenzwerte, die für einen Fluss gerade noch als zulässig angegeben werden, der Rohwasser für die Trinkwasseraufbereitung liefert, seien erreicht oder bereits überschritten."
Im Zuge des daraufhin initiierten Kläranlagenausbauprogramms wurden beispielsweise die wasserwirtschaftlichen Verhältnisse im Bochumer Ölbachtal grundlegend saniert. Die Hauptkläranlage Bochum-Ölbachtal, die seit 1922 bestand und zunächst rein mechanisch arbeitete, wurde durch ein zentrales Klärwerk ersetzt. Zusätzlich zur mechanischen, biologischen und chemischen Reinigung erhielt es moderne Anlagen zur Klärschlammentwässerung und -verbrennung.

Zunehmend erhöhten nun auch gesetzliche Anforderungen die Ansprüche an die Leistungsfähigkeit der Reinigungsanlagen. Zwischen 1972 und 1980 hatte der Ruhrverband für 260 Millionen Deutsche Mark 25 neue biologische Kläranlagen gebaut. Nun verfügte der Verband über insgesamt 120 Kläranlagen, von denen 101 Anlagen über eine biologische Reinigungsstufe verfügten. Inzwischen waren rund

90 Prozent der Bevölkerung im Ruhreinzugsgebiet an das Kläranlagensystem angeschlossen; die Wasserqualität wurde dadurch deutlich verbessert.

Beginn der 1990er Jahre bis heute

Anfang der 1990er Jahre waren abermals Investitionen in die Anlagen der Wassergütewirtschaft aufgrund verschärfter gesetzlicher Anforderungen erforderlich. Für Kläranlagen mit einer Belastung von mehr als 5.000 Einwohnerwerten wurde eine gezielte Stickstoff- und Phosphorentfernung vorgeschrieben. Ziel der Maßnahmen des Gesetzgebers war es, dass alle deutschen Gewässer mindestens die Güteklasse II erreichen sollten. Beim Ruhrverband waren davon insgesamt 83 der damals 120 Kläranlagen betroffen.
In Verlauf des darauf initiierten Ausbauprogramms der Klär- und Niederschlagsbehandlungsanlagen investierte der Ruhrverband rund 1,6 Milliarden Euro. 2005 brachte der Ruhrverband sein umfangreiches und kostenintensives Investitionsprogramm mit dem Neubau der Kläranlage Essen-Süd fristgerecht zum Abschluss. Alle Anlagen des Ruhrverbands erfüllen die gesetzlichen Standards nicht nur, sondern unterschreiten die geforderten Ablaufwerte für Phosphor, Chemischen Sauerstoffbedarf, Ammonium-Stickstoff und anorganischen Stickstoff deutlich.

Die Entwicklung des chemischen Sauerstoffbedarfs (CSB), des Phosphor- und Ammoniumgehalts in der Ruhr bei Essen von 1974 bis 2018, Jahresmittelwerte (Ruhrverband)

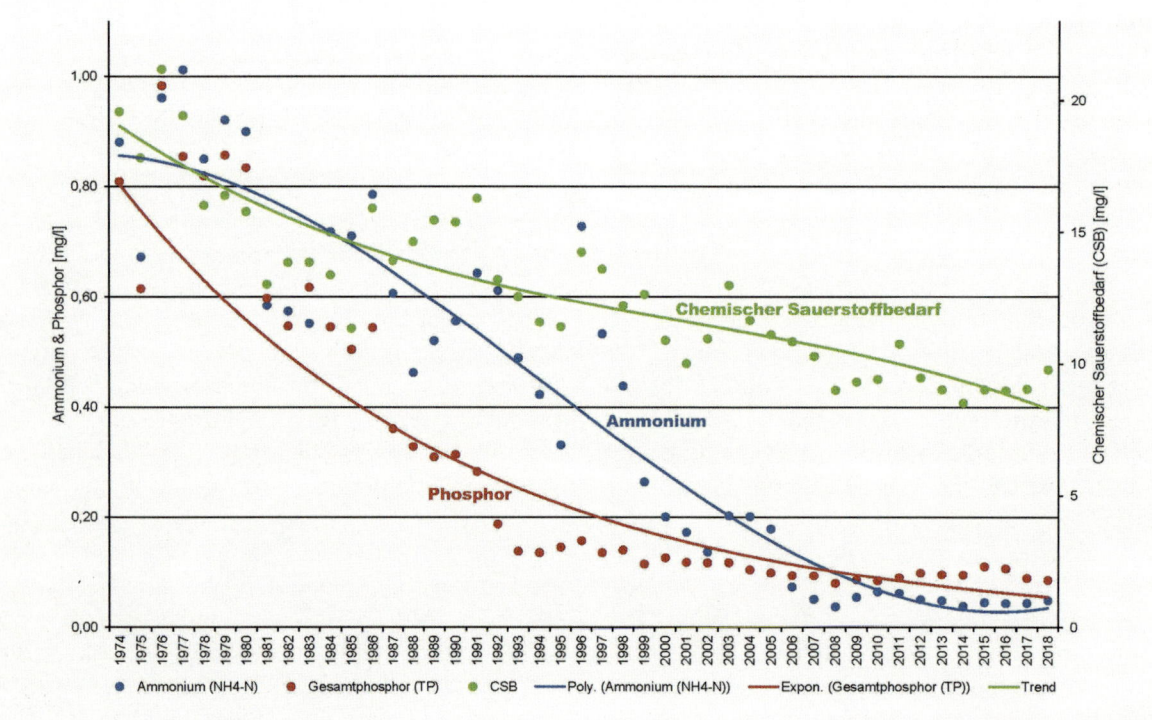

Anhand der Parameter chemischer Sauerstoffbedarf (CSB), Gesamtphosphor und Ammonium wird im Folgenden die Güteentwicklung seit Mitte der 1970er Jahre dargestellt. Der chemische Sauerstoffbedarf ist ein Maß für die organische Belastung eines Gewässers und ergänzt den bereits erwähnten Parameter BSB. Mit der kontinuierlich verbesserten Reinigungsleistung bei der Abwasserbehandlung haben sich die mittleren Konzentrationen in der Ruhr bei Essen von noch 20 Milligramm pro Liter CSB in den 1970er Jahren auf ein Niveau vermindert, bei dem inzwischen Durchschnittswerte unter zehn Milligramm pro Liter die Regel sind.

Phosphor ist der Pflanzennährstoff, der die Eutrophierung von Oberflächengewässern limitiert. Er gelangt im Wesentlichen über kommunale Abwässer und landwirtschaftliche Einträge in die Gewässer. Durch Anwendungsbeschränkungen und vor allem durch die Phosphatfällung in den Kläranlagen konnte eine deutliche Verminderung der Phosphorbelastung der Gewässer erreicht werden. Diese zeigt sich sehr deutlich an den Gehalten in der Ruhr bei Essen-Rellinghausen, wo bereits seit Anfang der 1990er Jahre im Jahresdurchschnitt Werte unter 0,2 Milligramm pro Liter gemessen werden. Seit 2006 bewegen sich die mittleren Phosphorkonzentrationen auf einem stabilen Niveau zwischen 0,08 und 0,1 Milligramm pro Liter.

Ammonium-Stickstoff ist aufgrund seiner sauerstoffzehrenden Wirkung und seiner Fischtoxizität bei höheren pH-Werten und Wassertemperaturen im Gewässer unerwünscht. Zu den Haupteintragspfaden zählen diffuse Quellen (zum Beispiel aus der Landwirtschaft) und gereinigtes Abwasser. In der Ruhr bei Essen-Rellinghausen traten in den 1970er Jahren im Winter zeitweise noch Spitzenkonzentrationen über zwei Milligramm pro Liter bei einem Jahresdurchschnitt bis zu einem Milligramm pro Liter auf. Heute ist ein Niveau erreicht, das mit durchschnittlichen Konzentrationen um 0,04 Milligramm pro Liter Ammonium eine gute bis sehr gute Gewässerqualität indiziert. Dies ist eine Auswirkung des Kläranlagenausbauprogramms in den 1990er Jahren.

AUSBLICK

Die Wasserwirtschaft an der Ruhr wird auch in den nächsten Jahren und Jahrzehnten zahlreiche Herausforderungen bewältigen müssen. Der Klimawandel wird aufgrund höherer Luft- und Wassertemperaturen, längerer Trockenphasen und vermehrten Starkregenereignissen die heutige Ökologie der Gewässer verändern. Diese Veränderungen gilt es zu beobachten und gegebenenfalls müssen geeignete Anpassungsmaßnahmen ergriffen werden. Damit Starkregenereignisse auch zukünftig schadlos aus den Siedlungsgebieten abgeleitet werden können, sind Anpassungen der städtischen Kanalisation, der Ausbau von Retentionsräumen und die Entkopplung des Regenwassers, das von befestigten Flächen in die Kanalisation fließt, erforderlich. Die Digitalisierung wird die Arbeitswelt beim Ruhrverband in den nächsten Jahren deutlich verändern. Dies betrifft Verwaltungsabläufe, die interne Kommunikation, die Projektbearbeitung und den Betrieb der wasserwirtschaftlichen Anlagen. Betriebsdaten und Steuerparameter der Kläranlagen können zukünftig aus der Ferne überwacht und eingestellt werden. Dies führt dazu, dass nicht mehr jede Kläranlage ständig mit Personal besetzt werden muss und dieses für andere Tätigkeiten eingesetzt werden kann.

In den meisten deutschen Gewässern sind heute schon Reste von Medikamentenwirkstoffen und Industriechemikalien nachweisbar. Falls diese Spurenstoffe dazu führen, dass der gute ökologische Zustand, wie er in der europäischen Wasserrahmenrichtlinie gefordert wird, nicht erreicht werden kann, müssen Verbesserungsmaßnahmen erfolgen. Dies können beispielsweise strukturelle Anpassungen des Gewässers, der Bau einer vierten Reinigungsstufe auf einer Kläranlage oder Maßnahmen an der Verschmutzungsquelle sein. Maßnahmen an der Quelle sollten dabei oberste Priorität haben, da sie nachhaltig wirken.

Die in den letzten zwei Jahren in Essen durchgeführte Kampagne „Essen macht's klar – weniger Medikamente im Abwasser" hat eindeutig gezeigt, dass die Aufklärung der Verbraucherinnen und Verbraucher erfolgversprechend ist. Wir alle können etwas für unsere Gewässer tun, indem wir beispielsweise Medikamente richtig – über den Hausmüll und nicht über die Toilette – entsorgen, auf die Einnahme nicht unbedingt notwendiger Arzneimittel verzichten, keine Kosmetika mit Plastikzusätzen verwenden und bevorzugt umweltfreundlich produzierte Lebensmittel verzehren.

Dietmar Bleidick

ALTE MÜHLEN, NEUE KRAFTWERKE

Energiegewinnung aus der Ruhr

EINFÜHRUNG

Eine ausreichende und sichere Energieversorgung gehört zu den Grundlagen des modernen Lebens. Die Verfügbarkeit und der Verbrauch von Energie sind eine Selbstverständlichkeit. Seit mittlerweile etwa 200 Jahren verzeichnet der Hunger nach Kraft, Wärme und Licht stetig neue Rekorde. Die Folge ist ein bis heute andauerndes Wachstum des weltweiten Energiebedarfs, das nur in den westlichen Industrienationen seit einigen Jahrzehnten auf hohem Niveau stagniert. Ermöglicht wurde diese Entwicklung durch die massenhafte Nutzung fossiler Energieträger. War es im Verlauf der Industrialisierung des 19. Jahrhunderts vor allem die Steinkohle, wurde Mitte des 20. Jahrhunderts das Öl zum Schmierstoff der Welt. Seit den 1960er Jahren spielt zudem Erdgas eine besondere Rolle. Heute stammen mehr als 90 Prozent der in der westlichen Welt verbrauchten Energie aus solchen Quellen. Die schlechte Umweltbilanz dieses Energiesystems steht seit etwa 50 Jahren im Mittelpunkt intensiver gesellschaftlicher Debatten. Allerdings spiegelte sich die Problemerkenntnis bislang nur unzureichend

in Aktivitäten zur Problembeseitigung. Sorgen um die Versorgungssicherheit und die Kosten bremsen den Wandlungsprozess hin zu einem regenerativen Erzeugungssystem, garantiert Energie doch neben der Funktionsfähigkeit des Wirtschaftssystems Bequemlichkeit und einen hohen Lebensstandard.

In Deutschland zeigt sich aktuell folgendes Bild: Die erneuerbaren Energien haben bislang nur im Bereich der Elektrizitätserzeugung einen nennenswerten Anteil von mittlerweile fast 40 Prozent erreicht. Da der Stromverbrauch jedoch nur 20 Prozent des gesamten Endenergieverbrauchs ausmacht, liegt der Anteil der erneuerbaren Energien bei weniger als acht Prozent. In den vergangenen drei Jahrzehnten stammten durchschnittlich rund drei Prozent der deutschen Elektrizitätserzeugung aus Wasserkraft. Die Wasserkraft deckt damit gerade 0,6 Prozent des Endenergieverbrauchs.

Dies sah in historischer Perspektive lange Zeit ganz anders aus. Die Wasserkraft war seit den Anfängen ihrer Nutzung in den Hochkulturen des Mittelmeerraumes um 200 v. Chr. über rund 2.000 Jahre die wichtigste mit technischen Hilfsmitteln gewonnene Energie in Landwirtschaft und Gewerbe. Ihre Arbeitsleistung war zwar im Vergleich zur tierischen und menschlichen Muskelkraft insgesamt

Links: Das Wasserkraftwerk Möhnesee unterhalb der Staumauer, Postkarte, 1930er Jahre, Ausschnitt

erheblich geringer, konnte sie aber lokal bei weitem übertreffen. In Europa verbreitete sich die Wasserkraftnutzung bereits im Mittelalter flächendeckend mit Schwerpunkten in hügeligen bis gebirgigen Regionen. Das Sauerland als Quellgebiet der Ruhr und ihrer zahlreichen Nebenflüsse ist ein herausragendes Beispiel für diese Entwicklung. Die seit dem 17. Jahrhundert verstärkte Verwendung der Windenergie mittels Windmühlen und die seit Ende des 18. Jahrhunderts betriebsreife Dampfmaschine erschütterten die Führungsposition der Wasserkraft zunächst nicht. Erst während der Industrialisierung verlor sie mit der Durchsetzung von Gas- und Elektromotoren nach und nach an Bedeutung, um im 20. Jahrhundert nur noch eine geringe und bald systematisch abnehmende Rolle zu spielen. Ausschlaggebend für diesen Niedergang waren zunächst die beiden großen Nachteile der Technologie: Wasserkraft ist immer standortgebunden und abhängig von dem Wetter und den Jahreszeiten. Sie kann bei Trockenheit, Überschwemmung oder Eisgang völlig ausfallen, und ihre Leistungsfähigkeit ist prinzipiell durch Struktur und Gefälle des Gewässers begrenzt, aus dem sie gewonnen wird. Ähnliche naturbedingte Probleme betreffen die Windenergie.

Die in fließendem Wasser und Wind enthaltene Energie besaß allein deswegen einen herausragenden Stellenwert, da es bis zur Verbreitung von Verbrennungsmotoren im 19. Jahrhundert keine andere Möglichkeit gab, den Energiegehalt von Kohle und Holz in Bewegung umzusetzen. Diese Energieträger dienten allein der Wärmeerzeugung, während der Antrieb von Arbeitsmaschinen durch Kraftmaschinen auf die Umsetzung natürlicher Bewegungsenergie angewiesen war. Ein weiterer Faktor beim Rückgang des Wasserkraftanteils an der Energieversorgung ist ihre natürliche Begrenztheit. Bereits in den 1930er Jahren war das Potenzial der Wasserkraft, die schon in dieser Zeit fast ausschließlich zur Elektrizitätserzeugung genutzt wurde, durch eine großflächige Einbindung aller verfügbaren Gewässer weitgehend erschöpft. Stammten Ende des Jahrzehnts noch etwa zwölf Prozent des Stroms aus dieser Quelle, ging dieser Anteil durch den Ausbau anderer Erzeugungsverfahren zwangsläufig zurück.

Vor diesem Hintergrund befasst sich der Beitrag mit der Wasserkraftgewinnung aus der Ruhr. Die Ruhr selbst war in vorindustrieller Zeit Standort

vergleichsweise weniger Wasserkraftanlagen. Dies liegt an dem relativ geringen Gefälle und an der Größe des Flusses als Hauptableiter zahlreicher Nebenflüsse in Richtung Rhein mit einem hohen Überschwemmungspotenzial. Als hinderlich erwies sich seit den 1770er Jahren zudem die in Teilen intensive Nutzung durch die Schifffahrt für rund ein Jahrhundert. Der Schwerpunkt der Ausführungen liegt daher auf der Entwicklung seit dem ausgehenden 19. Jahrhundert, als der Ausbau durch die Elektrizitätserzeugung einen deutlichen Schub erhielt. Ältere Beispiele zu Wassermühlen ergänzen die Darstellung. Um die Möglichkeiten und Rolle der Wasserkraftnutzung umfassend erläutern zu können, richtet sich der Blick auf einen größeren Teil des „Ruhrgebiets" und berücksichtigt teilweise auch die Entwicklung an Nebenflüssen im näheren Einzugsbereich. Dies gilt insbesondere für die Elektrizitätsgewinnung in Talsperrenkraftwerken, von denen keines unmittelbar an der Ruhr errichtet wurde. Die gerade an den Nebenflüssen äußerst dichte gewerbliche Wasserkraftnutzung findet dagegen nur am Rande Erwähnung und beschränkt sich auf einige Beispiele.

Zur Einführung in das komplexe und vielfältige System Wasserkraft steht am Anfang ein Überblick zu den wirtschaftlichen und technischen Rahmenbedingungen und grundlegenden allgemeingültigen Zusammenhängen. Der zweite Hauptabschnitt folgt der Ruhr von der Quelle bis zur Mündung und stellt dabei bedeutende Wasserkraftstandorte, die wichtigsten Anlagen und den Kontext ihrer Nutzung vor.

WIRTSCHAFTLICHE UND TECHNISCHE RAHMENBEDINGUNGEN DER WASSERKRAFT

Nachdem die Wasserkraft anfangs vor allem zur Verarbeitung von Getreide in Mühlen sowie für die Be- und Entwässerung genutzt worden war, eroberte sie seit dem Mittelalter weite Bereiche des produzierenden Gewerbes. An der Ruhr lassen sich die ersten Wassermühlen bereits im 12. Jahrhundert nachweisen. Wasserkraft kam überall dort zum Einsatz, wo Rohstoffe und Vorprodukte durch Zerkleinerung oder Umformung weiterverarbeitet wurden. Im 16. Jahrhundert trieb sie bereits rund 40 Fertigungsprozesse an. Im ausgehenden 18. Jahrhundert waren dann in Deutschland mehr als 100 unterschiedliche Typen von Gewerbemühlen bekannt. Dazu gehörten wasserintensive Wirtschaftszweige wie das Textil- und Bekleidungsgewerbe mit Schwerpunkten etwa in Hattingen und Mülheim, die Lederverarbeitung mit ihren Walk- und Lohmühlen sowie die Herstellung von Papier mit Hilfe von Papiermühlen und Lumpenstampfwerken. Sägemühlen und Ölmühlen zur Verpressung von Ölpflanzen waren im landwirtschaftlichen Bereich ebenfalls bald unverzichtbar und sind im gesamten Flussverlauf nachweisbar. Im Erzbergbau aller europäischen Montanreviere diente die Wasserkraft zur Wasserhaltung und Förderung und ermöglichte so erst den Übergang zu größeren Teufen.

Bei der Erzverhüttung sorgte die Wasserkraft für den Antrieb von Pochwerken und anderen Zerkleinerungsmaschinen sowie der Blasebälge von Seigerhütten, Schmelzöfen und der ersten Hochöfen. Wasserbetriebene Hammerwerke wurden schließlich zum Motor der Protoindustrialisierung des 18. Jahrhunderts und führten zur Entstehung des Kleineisengewerbes, das sich in einzelnen Regionen wie dem Sauerland und dem Siegerland zu regionalen Leitsektoren verdichtete. Schleif- und Poliermühlen kamen bei der weiteren Bearbeitung von Metallen zum Einsatz. Wichtige Gewerberegionen im Einzugsgebiet der Ruhr waren Olpe und Brilon sowie Lüdenscheid, Iserlohn und Altena, jedoch entstanden am Fluss selbst keine solchen Verarbeitungsanlagen. Weitere Anwendungsbeispiele sind die Gewinnung und Zerkleinerung von Steinen und Erden als Grundstoff der Keramik- und Ziegelerzeugung. Die Wasserkraft beflügelte wichtige Technologien wie das Bohren, Drehen und Fräsen von Metallen und Holz bzw. allgemein die Verarbeitung und Umformung von Rohstoffen. Der Begriff der „Mühle" wurde daher bald zum Synonym für

_____

Die Verteilung der Wassermotoren im Deutschen Reich, 1903, Ausschnitt. Die Karte zeigt eindrucksvoll die zunehmende Dichte der Wasserkraftantriebe in bergigen Regionen. Im Einzugsgebiet der Ruhr lag der Schwerpunkt im märkischen Sauerland. Quelle: Otto Krümmel, Petermanns Geographische Mitteilungen 49 (1903), Tafel 15

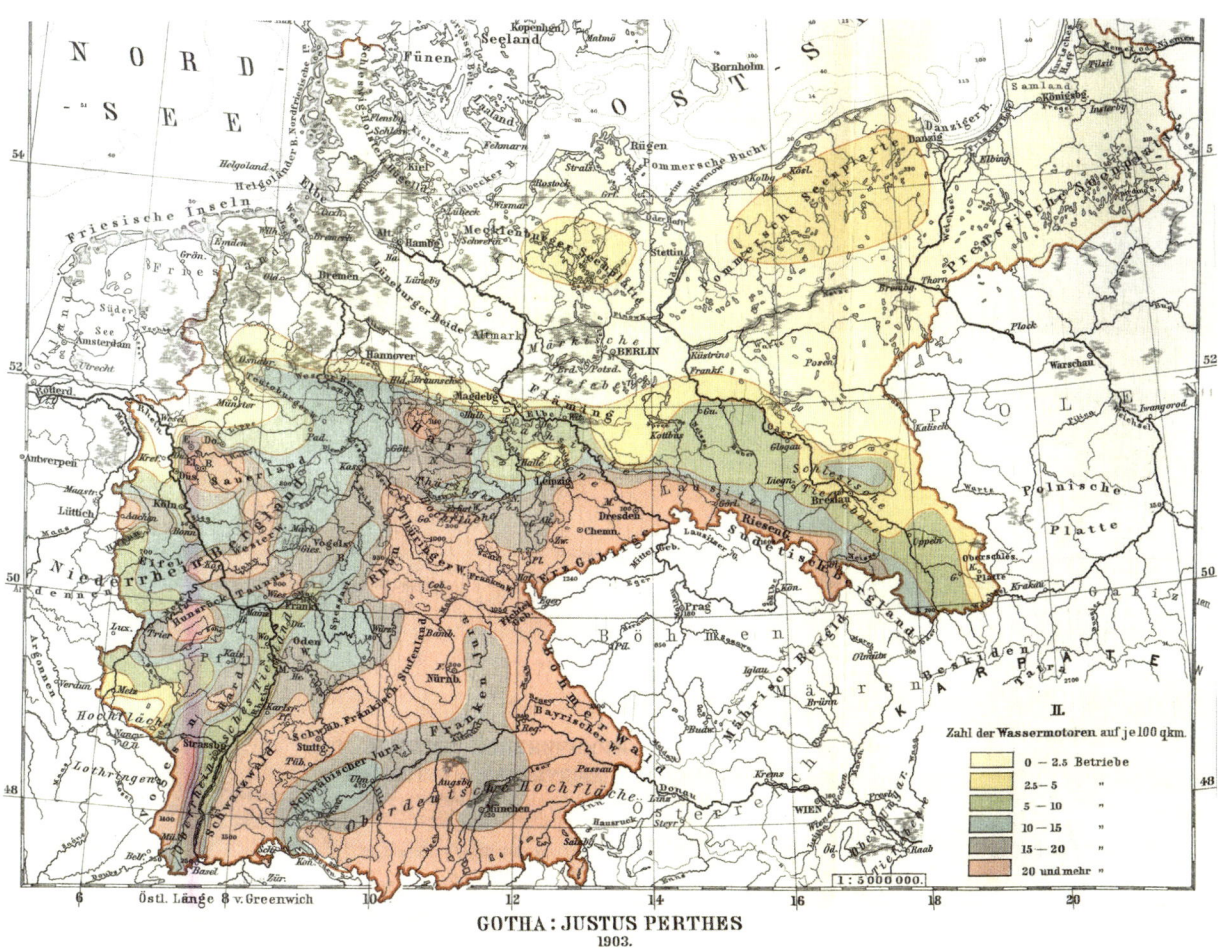

Produktionsbetriebe aller Branchen. Er kennzeichnete nun nicht mehr ausschließlich die ursprüngliche Tätigkeit des Mahlens, sondern bezeichnete grundsätzlich den Einsatz von Wasserkraft.

Damit war die Wasserkraft ein elementarer Faktor für den Übergang von der individuellen Handarbeit zur organisierten, arbeitsteiligen Produktion mit zunehmendem Einsatz von Maschinen und Verfahren zur Massenproduktion. Die intensive Energienutzung an einem Ort trug dazu bei, auch Produktionsprinzipien und Arbeit zu konzentrieren. Es entstanden Gewerbelandschaften, jedoch nicht selten mit einer Monostruktur, also abhängig von einem Wirtschaftszweig. Das machte sie äußerst krisenanfällig, und dies in doppelter Hinsicht, denn neben Absatzschwierigkeiten barg die Wasserkraft naturbedingt hohe Ausfallrisiken. Daneben änderten sich die ökonomischen Grundlagen der Wirtschaft. Die Grundausstattung der Produktionsstätten mit Gebäuden und Anlagentechnik erforderte ebenso hohes und langfristig gebundenes Kapital wie die Instandhaltung und Bezahlung von Fachkräften. Ka-

pitalistische Organisationsformen und neue soziale Hierarchien entstanden, und mit ihnen wandelten sich die gesellschaftlichen Beziehungen. All dies lässt sich beispielhaft in den erwähnten Metallgewerbelandschaften nachvollziehen.

Die große wirtschaftliche Bedeutung der Ressource Wasser erforderte bereits im Mittelalter erste rechtliche Vorschriften, die insbesondere die Verfügungs- und Zugangsrechte regelten. Der mitunter erbitterte Streit um das Wasser begleitete die Wasserkraft in ihrer gesamten Geschichte, und nicht selten bilden juristische Auseinandersetzungen zwischen den Mühlenbesitzern die ersten und wichtigsten Quellen zu einzelnen Anlagen. Im Laufe der Zeit wurde das Mühlen- und Wasserrecht zunehmend komplexer, da Wasserbedarf und Wassernutzung stark anstiegen und immer mehr unterschiedliche Interessen zu berücksichtigen waren. Flüsse und Bäche dienten eben neben der Gewinnung von Wasserkraft auch der Trink- und Brauchwassergewinnung, der Fischerei, der Schifffahrt und schließlich als bequemer Weg zur Entsorgung von Müll und Abwässern. Das große Problem lag darin, dass gewisse Nutzungsarten andere beschränkten oder sich sogar gegenseitig ausschlossen, während eine Übernutzung gar zum Zusammenbruch der gesamten lokalen Wasserwirtschaft führen konnte. Scharfe Nutzungsvorschriften und die Verteilung von

---

An den Nebenflüssen der Lenne im Raum Altena befand sich Mitte des 18. Jahrhunderts ein Zentrum der Kleineisenindustrie mit einer hohen Dichte von Wasserkraftanlagen. Quelle: J. H. Merner, Carte von der Lage deren [...] Eysen und Stahl Draht Wercken [...] von Altena im Sauer Lande, Altena 1768

zwei grundlegenden Prinzipien. Die einfachste und ursprüngliche Form war das horizontale Wasserrad, das am unteren Ende einer vertikalen Achse angebracht war. Das obere Ende war ohne Übersetzung oder andere Mittel der Kraftumlenkung mit einem Mühlstein verbunden. Horizontale Räder besaßen nur eine geringe Leistungsfähigkeit von kaum einem PS und einen Wirkungsgrad von nur fünf bis 15 Prozent. Sie wurden fast ausschließlich zur Vermahlung von Getreide benutzt und spielten für industrielle Produktionsabläufe kaum eine Rolle. Dennoch fanden sie eine durchgängige Anwendung in Gebieten mit ausreichendem Gefälle, aber nur geringem Wasserangebot.

Die drey vnd funfftzigste Figur.

Beispielzeichnung eines horizontalen Wasserrades mit senkrechter Welle zum Antrieb einer Getreidemühle. Das Wasser wurde über ein Kulissengerinne auf die an den Enden löffelförmig gebogenen Radspeichen geführt. Ramelli bezeichnete diese äußerst einfache Konstruktion als „gantz leicht und schlecht". Quelle: Agostino Ramelli, Schatzkammer mechanischer Künste, Leipzig 1620

Wasserradtypen nach Ferdinand Redtenbacher: 1. Unterschlächtiges Rad für kleine Gefälle; 2. Unterschlächtiges Kropfrad; 3. Unterschlächtiges Rad mit Überfalleinlauf für mittlere Gefälle und Wassermengen; 4. Mittelschlächtiges Rad mit Kulisseneinlauf; 5. Mittelschlächtiges Zellenrad mit Kulisseneinlauf für große Gefälle und Wassermengen; 6. Oberschlächtiges Zellenrad mit Kulisseneinlauf für große Gefälle und Wassermengen; 7. Unterschlächtiges Rad mit künstlichem Gefälle vom Oberwasser; 8. Poncelet-Rad. Quelle: Ferdinand Redtenbacher, Theorie und Bau der Wasserräder, Mannheim 1858, Tafelband, Tafel 1

Nutzungsrechten setzten entsprechende Grenzen und beeinflussten auf diesem Weg die Technologie der Wasserkraft mit dem Ziel einer möglichst effektiven Ausnutzung der zugewiesenen Wassermengen.

Die Grundlage für die Ausnutzung der Antriebskräfte des Wassers war die Entwicklung des Wasserrads als zentraler Bestandteil aller Systeme zur Umwandlung seiner Bewegungsenergie in Rotationsenergie. Das Wasserrad entzieht dem Wasser Energie, um sie als mechanische Arbeit weiterzugeben, stellt also eine typische Kraftmaschine zum Antrieb von Arbeitsmaschinen dar. Auch die in der ersten Hälfte des 19. Jahrhunderts aufkommenden Turbinen entsprechen diesem Prinzip und gehören damit zu den Wasserrädern. Der Bau von Wasserrädern folgte

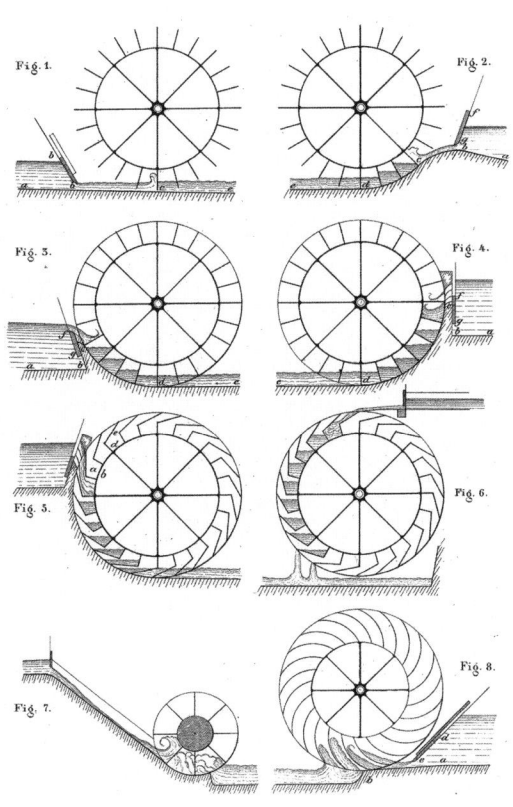

Die vier vnd funfftzigste Figur.

Die für industrielle Zwecke wichtigste Form war das vertikale Wasserrad mit horizontal liegender Achse bzw. Welle. Es existierten zahlreiche Bauarten. Die Unterschiede betrafen vor allem den Punkt, an dem das Wasser auf das Rad auftraf. Bei unterschlächtigen Rädern berührte das Wasser nur deren unteren Bereich, bei mittel- oder rückenschlächtigen trat es in Höhe der Achse ein, und bei oberschlächtigen floss es über den Radscheitel. Die Vielfalt der Konstruktionsmöglichkeiten zeigte sich auch bei der Gestaltung der wasseraufnehmenden Teile am Radumfang. Verbreitet waren vor allem Räder mit radial angeordneten Blättern. Die Wahl eines Typs orientierte sich am Kraftbedarf und Verwendungszweck sowie an den örtlichen Gegebenheiten und den finanziellen Möglichkeiten der Betreiber. Oberschlächtige Räder waren nicht für große Wassermassen geeignet, zeichneten sich jedoch durch einen hohen Wirkungsgrad von bis zu 70 Prozent aus. Unterschlächtige Anlagen erreichten dagegen nur rund 25 Prozent.

Das technische Wasserkraftsystem umfasste neben dem Wasserrad in der Regel mehrere Bestandteile. Wurden die Räder nicht direkt in einen natürlichen Wasserlauf gestellt, war ein als Graben oder Gerinne bezeichneter, künstlich angelegter Zuleitungskanal notwendig. Diese Vorgehensweise besaß mehrere Vorteile. Erstens konnten Mühlen außerhalb der direkten Einflusszone des Gewässers errichtet werden, sodass Schäden durch Hochwasser und Eisbildung vermieden wurden. Zweitens ermöglichten Zuflussbauten die Verteilung der Wassermenge auf die Fläche bzw. einen längeren Gewässerabschnitt, was den Betrieb einer größeren Anzahl von Mühlen auf engem Raum erlaubte. Dämme und Wehre stauten das Wasser auf und gehörten in Verbindung mit den Mühlenteichen zur Haltung eines Wasservorrats zu den üblichen Begleitbauten von Wasserkraftanlagen. Noch heute sind zahlreiche dieser Anlagen an der Ruhr zu finden. Einbauten (Grundwerke) in die Gerinne besaßen eine leitende oder regulierende Funktion. Über die Schütze, eine schieberartige Vorrichtung, wurde die zum Betrieb des Wasserrades optimale Wassermenge eingestellt und über den hinter der Schütze liegenden Einlauf

an das Rad geleitet, von wo es über den Abzugskanal abfloss. Reparatur- und Wartungsarbeiten konnten so in trockenem Zustand durchgeführt werden. Alle Anlagenteile bestanden zunächst weitgehend aus Holz, bis im 19. Jahrhundert die ersten eisernen Wasserräder aufkamen.

Innerhalb der Mühle wurde die Wasserkraft über ein Getriebe mit zahlreichen Zahnrädern übertragen. Damit war gewährleistet, dass die Arbeitsmaschinen selbst bei sich langsam drehendem Rad eine ausreichende Umdrehungsgeschwindigkeit erreichten. Die üblichen Raddurchmesser lagen zwischen drei und 4,5 Metern mit einer Maximalleistung von nicht mehr als drei bis fünf, maximal sieben PS. Größere Räder waren die absolute Ausnahme. Im 24-Stunden-Betrieb entsprach die abrufbare Leistung eines durchschnittlichen Wasserrades der von bis zu 30 Pferden oder 200 Menschen.

Mit der Erfindung der ersten Turbinen in den 1820er Jahren erweiterten sich die technischen Möglichkeiten der Wasserkraftgewinnung. Turbinen bestehen, vereinfacht beschrieben, aus einem weitgehend gekapselten, zylinderförmigen Behälter, in dem das Wasser über einen Leitapparat auf ein Laufrad geführt wird, das mit einer Achse verbunden ist. Auf diesem Weg kann die Energie des fließenden Wassers besser genutzt werden, sodass die Leistungsfähigkeit einer solchen Wasserkraftanlage die des Wasserrades erheblich überstieg. Seit dem ausgehenden 19. Jahrhundert setzte sich die Turbine beim Bau neuer und vor allem größerer Anlagen zunehmend durch und wurde zum Grundstein der Elektrizitätsgewinnung aus Wasserkraft. Nun trieb das Wasser nicht mehr vorrangig mechanische Verarbeitungsanlagen an, sondern Generatoren. Viele Betriebe, die bereits Wasserkraft verwendeten, taten dies auch weiterhin, sodass sie nun auf diesem Weg Strom für ihre modernen Elektromotoren erzeugten. Die neuen Wasserkraftwerke folgen entweder dem Prinzip der alten Mühlen mit Zuleitungsgräben, Dämmen und Wehren oder stehen am Flussufer bzw. überspannen den Fluss mit ihren Bauten. Sie werden als Laufwasserkraftwerke bezeichnet, da hier der Zufluss oberhalb und der Abfluss unterhalb des Kraftwerks identisch sind und mit der Wasserführung des Flusses schwanken. Teilweise wurden Flüsse und Bäche aber auch durch Staumauern zu Seen aufgestaut. Stauseen besitzen bis heute eine doppelte Funktion, denn neben

Links: Beispielzeichnung eines vertikalen Wasserrades mit senkrechter Welle zum Antrieb einer Getreidemühle sowie Kurbelwelle zum Pumpenbetrieb. Ein Zahnrad und ein Stockrad dienen zur Umlenkung der Kraft. Quelle: Agostino Ramelli, Schatzkammer mechanischer Künste, Leipzig 1620

Unterschlächtiges Staberrad zum Antrieb der Blasebälge einer Herdschmiede. Die Kraftübertragung erfolgte über ein System von Pleuelstangen, das die zwei Blasebälge pro Ofen jeweils wechselweise bediente und so eine ununterbrochene Luftzufuhr gewährleistete. Quelle: Agostino Ramelli, Schatzkammer mechanischer Künste, Leipzig 1620

der vorrangigen Speicherung und Regulierung der Wassermenge in den nachfolgenden Gewässerabschnitten ermöglichen sie auch eine optimale Stromerzeugung.

Eine Million Kilowattstunden (kWh) umweltfreundlicher Wasserkraftstrom vermeiden im Vergleich zu Strom aus konventionellen Kohlenkraftwerken CO_2-Emissionen im Umfang von etwa 900 Tonnen. Bei einem durchschnittlichen Stromverbrauch von rund 3.000 kWh pro Jahr reicht diese Menge zur Versorgung von 330 Haushalten.

WASSERKRAFT AUS DER RUHR

Wie bereits angedeutet, wird an der Ruhr seit rund 1.000 Jahren Wasserkraft genutzt. Absoluten Vorrang besaßen bis ins 18. Jahrhundert Mühlen zur

Verarbeitung landwirtschaftlicher Produkte, während sich andere Anwendungszwecke kaum nachweisen lassen. Der Bau und Betrieb von Mühlen war kostspielig. Es fielen regelmäßig Wartungs- und Reparaturarbeiten an, die zum Teil nur von Fachleuten ausgeführt werden konnten. Um die Kosten zu decken und auch Gewinn zu machen, wurde bereits im 12. Jahrhundert der Mühlenbann bzw. Mühlenzwang eingeführt, der den Grundherren das alleinige Recht zum Mühlenbetrieb (Mühlenregal) sicherte und die Bevölkerung im Einzugsbereich zwang, ausschließlich hier mahlen zu lassen. Aus diesem Grund befanden sich die landwirtschaftlichen Mühlen in erheblich größerer Entfernung zueinander als andere gewerbliche Mühlen. Solche Anlagen lagen jedoch angesichts der beschriebenen Schwierigkeiten ebenfalls bevorzugt an den Nebengewässern der Ruhr, wenn auch teilweise in unmittelbarer Nähe. Drei Beispiele mit besonderem Charakter verdeutlichen die Bedeutung der vorindustriellen Mühlennutzung.

In Witten existierten Anfang des 14. Jahrhunderts zwei Mühlen an Bachmündungen in die Ruhr. Letztere, die Bremptsmühle unterhalb des späteren Hauses Witten, entwickelte sich zu einem regelrechten Mühlenzentrum mit Kornmühle, Ölmühle und seit Anfang des 18. Jahrhunderts auch einer Papiermühle. An der Wende zum 19. Jahrhundert wurde der Bereich um den Mühlengraben zur Wiege der Wittener Industrie, denn hier errichtete Friedrich Lohmann seine erste „Stahlfabrik" mit dem schließlich nicht verwirklichten Ziel, ein Hochofengebläse mit Wasserkraft anzutreiben. Noch heute sind die Reste ehemaliger Betriebsanlagen am Mühlengraben an der gleichnamigen Straße vorhanden.

Im Raum Hattingen lagen mehrere Wassermühlen. Die ältesten entstanden unterhalb der Isenburg Ende des 12. Jahrhunderts und kurz darauf bei Haus Kliff (heute Birschel-Mühle). Dazu kamen Ende des 15. Jahrhunderts die Mühlen unterhalb der Burg Blankenstein, die Brucher Mühle bei Haus Bruch im Bereich der späteren Henrichshütte sowie später die Rauendahlsmühle, die Weilermühle und die Dumberger Mühle. Einige dieser Anlagen waren im 19. Jahrhundert bereits nicht mehr in Betrieb oder wurden auch gewerblich genutzt. In der Weilermühle entstand ab 1809 mit der Gewehrfabrik Hattingen ein im Westen Deutschlands einzigartiger Betrieb. Während der Zusammenbau der Gewehre in

Saarn (Mülheim) erfolgte, waren sämtliche vorbereitende Tätigkeiten in Hattingen konzentriert. Die Fabrik stand direkt unterhalb des Ruhrwehres auf der rechten Flussseite. Nach zunehmenden wasserkraftbedingten Betriebsstörungen wurde die Gewehrproduktion 1862 nach Erfurt verlegt.

Mülheim, das Heim der Mühlen, erhielt seinen Namen bereits im Mittelalter. Der mit Abstand dichteste Mühlenstandort im Nahbereich der Ruhr beherbergte schon zu dieser Zeit 14 Mühlen. Im 19. Jahrhundert waren es schließlich 28, die alle mit Wasserkraft arbeiteten und neben den bereits erwähnten Produkten auch zur Erzeugung von Schnupftabak und Farbstoffen dienten. Ausschlaggebend dafür war das weit verzweigte Gewässernetz im Ortsgebiet, dessen Bruchlandschaft sich auch in der Bezeichnung von Schloss Broich spiegelt. Die meisten Mühlen befanden sich an Bachläufen, die beiden bedeutendsten standen jedoch als Bannmühlen der Herrschaft Broich an der Ruhr. Die Broicher Mühle und die Kahlenberger Mühle existieren seit Mitte des 13. Jahrhunderts und erhielten bis Anfang des 15. Jahrhunderts eigene Zulaufkanäle mit Wehren. Wie in Witten bildeten die Mühlen den Ausgangspunkt der örtlichen Wirtschaft und wurden zum wichtigen Impuls für die Industrialisierung. Die Broicher Mühle bestand im 18. Jahrhundert aus drei Einzelmühlen, die auch eine Baumwollspinnerei antrieben und den einflussreichen Industriellenfamilien Vorster, van Eicken und Troost gehörten. Beide Anlagen wurden im 19. Jahrhundert infolge der Umstellung auf Dampfkraft aufgegeben. Heute befindet sich im Bereich der Broicher Mühle das Wasserkraftwerk Kahlenberg (s. u.).

Auch die Wasserkraftgewinnung in den Nebentälern der Ruhr an Ennepe, Lenne und Volme bildete in gewisser Weise den Ausgangspunkt für spätere Entwicklungen. Die zahlreichen Hammer- und Mühlteiche des Metallgewerbes waren nichts anderes als Energiespeicher und können in gewisser Weise als Vorläufer der Talsperren betrachtet werden. Ende des 19. Jahrhunderts reichten die Teiche längst nicht mehr aus, um den stetig anwachsenden Wasserkraftbedarf zu decken. Die Hauptschwäche der kleinteiligen Speicherstruktur lag in den geringen Kapazitäten, die es nicht erlaubten, in den wasserreichen Jahreszeiten größere Mengen zu bevorraten. Ein großer Teil des Wassers ging in dieser Perspektive ungenutzt verloren, während im

Sommer Knappheit herrschte. In den 1880er Jahren scheiterte ein freiwilliger Zusammenschluss der Betreiber von Triebwerken, so die zeitgenössische Bezeichnung, noch an fehlender Einigkeit. Erst als 1891 Wassergenossenschaften gesetzlich erstmals auch für gewerbliche Zwecke genehmigt wurden, änderte sich die Situation und es begann der genossenschaftliche Bau größerer Speichereinrichtungen. Wie bei den Bank-, Bau- und Konsumgenossenschaften hatte sich auch hier die Erkenntnis durchgesetzt, dass die Wasserproblematik nur durch ein gemeinsames Vorgehen gelöst werden konnte. Bei den ersten Talsperren machte man sich die Erfahrungen aus dem Teichbetrieb zunutze und übertrug das Konzept auf einen großtechnischen Maßstab. Ihr alleiniger Zweck lag anfangs in der Speicherung von Energie, nur dass nun nicht mehr kleine Bereiche der Talsohle, sondern ganze Täler umfunktioniert wurden. 1896/97 gingen mit der Heilenbecktalsperre zwischen Ennepetal und Breckerfeld und der Fuelbecketalsperre bei Altena die ersten beiden Anlagen an den gleichnamigen Bächen in Betrieb. Mit einem Volumen von weniger als einer Million Kubikmetern sind sie heute die mit Abstand kleinsten Talsperren.

Nach diesem Vorbild wurden bis 1904 die Haspertalsperre, die Glörtalsperre, die Fürwiggetalsperre und die Ennepetalsperre errichtet und bis 1906 noch die Oestertalsperre für die Plettenberger Industrie. Damit endete die Phase des an der Energiegewinnung orientierten Talsperrenbaus. Bereits 1899 hatten Triebwerksbesitzer und Wasserwerke den Ruhrtalsperrenverein gegründet, der die einzelnen Talsperrengenossenschaften unterstützte. Der Verein sollte einen Ausgleich zwischen beiden Gruppen schaffen, nachdem die Nutzer der

Das Wasserkraftwerk Möhnesee unterhalb der Staumauer, Postkarte, 1930er Jahre

Wasserkraft an der mittleren und unteren Ruhr sich zunehmend über die rasch ansteigende Wasserentnahme zur Versorgung des Ruhrgebiets beklagt hatten. Mit einem Speichervolumen von insgesamt rund 20 Miollionen Kubikmetern waren die vorhandenen Talsperren nicht dazu geeignet, die Schwierigkeiten zu beseitigen. Die Lösung bot schließlich die 1913 eröffnete Möhnetalsperre mit einem Fassungsvermögen von 135 Millionen Kubikmetern. Bis in die 1960er Jahre wurden weitere fünf Großtalsperren errichtet, darunter die Biggetalsperre mit 170 Millionen Kubikmetern und die Sorpetalsperre mit 70 Millionen Kubikmetern, sodass nun 13 Anlagen dieser Art die Wasserversorgung des Ruhrgebiets sicherstellten. Alle Talsperren wurden von Beginn an zur Elektrizitätserzeugung genutzt, teils durch eigene Kraftwerke, teils durch kleinere Turbineneinrichtungen an den Ausläufen.

Heute existieren im Ruhreinzugsgebiet 15 Wasserkraftwerke mit einer installierten Leistung von etwa 40 Megawatt (MW) und einer durchschnittlichen Jahreserzeugung von 70 Millionen kWh, was dem Strombedarf von über 20.000 Haushalten entspricht. Rund ein Drittel davon stammt aus der Biggetalsperre, wo vier Turbinen mit einer Leistung von rund 15 MW arbeiten, ein Fünftel aus der Möhnetalsperre mit ebenfalls vier Turbinen und einer Leistung von acht MW sowie ein Zehntel aus der Sorpetalsperre. Diese dient als Pumpspeicherkraftwerk von sieben MW auch zur Spitzenstromerzeugung, da Wasser bei Schwachlastzeiten, etwa nachts, aus dem unterhalb der Talsperre gelegenen Ausgleichsbecken in die Talsperre zurück gepumpt werden kann, um es bei hohem Bedarf erneut zu nutzen. Pumpspeicherkraftwerke sind bis heute die einzige Möglichkeit, großtechnisch erzeugte elektrische Energie zu speichern. Grundsätzlich dienen die Kraftwerke auch zur Deckung des Eigenbedarfs der Talsperren. Im Vergleich zu den fossilen Großkraftwerken sind die Rahmendaten dieses Teils der Ruhrwasserkraft verschwindend gering. Die installierte Leistung von Steinkohlenkraftwerken beträgt mitunter das Zehnfache des gesamten Ruhrsystems. Die größten Braunkohlenkraftwerke wie die RWE-Anlagen Neurath und Niederaußem im rheinischen Revier erreichen sogar einen 50- bis 60-fachen Wert.

Rechts: Das Wasserkraftwerk Möhnesee, um 1930
(Historisches Konzernarchiv RWE)

Zulaufgraben und Maschinenhaus des Wasserkraftwerks Steinhelle, 1929 (Historisches Konzernarchiv RWE)

Francis-Turbine im Maschinenhaus des Wasserkraftwerks Steinhelle, 1929 (Historisches Konzernarchiv RWE)

Ähnliches gilt auch für die weiteren Wasserkraftanlagen an der Ruhr, an den fünf Stauseen und den zahlreichen, vielfach bereits in vorindustrieller Zeit errichteten Wehren, die sich auf den gesamten Flusslauf verteilen. Auch hier liegt die installierte Leistung selten über fünf MW und vielfach sogar unter einem MW, während die Produktion nur selten 20 Millionen kWh übersteigt. Der Betrieb der Laufwasserkraftwerke erfolgt häufig durch Wasserwerke, die Eigenstrom erzeugen und den Überschuss in die städtischen Netze einspeisen. RWE Innogy betreibt fünf Anlagen. Den Anfang machen am Oberlauf die beiden Kraftwerke Steinhelle 1 und 2 in Wiemeringhausen. Steinhelle 1 errichtete die Vereinigte Elektrizitätswerke Westfalen AG (VEW) 1927/28 mit zwei kleinen Stauweihern, die aus Ruhr und Neger gespeist werden. Das gebrauchte Wasser fließt von hier in ein Ruhrstaubecken bei Olsberg, wo sich Steinhelle 2 befindet. Seit der Fusion von VEW und RWE im Jahr 2000 werden die Anlagen von letzterer betrieben. Am Wasserschloss Lahr, westlich von Meschede, arbeitet am Wehr eine offen liegende Wasserkraftschnecke und damit eine typische Kleinwasserkraftanlage.

Die Wasserwerke Westfalen GmbH besitzen fünf Anlagen: Das 1942 in Betrieb genommene Wasserkraftwerk Echthausen, einem Stadtteil von Wickede bereits am Mittellauf der Ruhr; das 1914 gebaute Wasserkraftwerk Fröndenberg, das nach seiner Stilllegung 1972 im Jahr 2008 reaktiviert wurde; das 1937 fertiggestellte Wasserkraftwerk Hengsen bei Holzwickede am Stausee Hengsen, der im Gegensatz zu den anderen Ruhrstauseen nicht direkt am Fluss liegt, sondern durch einen Zuflussgraben

gespeist wird; seit 1961 das Wasserkraftwerk Villigst bei Schwerte und das 1922 ans Netz gegangene Kraftwerk Westhofen bei Schwerte, das bis heute weitgehend in seiner ursprünglichen Form erhalten ist. Die Ruhr wird hier vollständig durch eine Wehranlage aufgestaut und ist durch das Kraftwerk vollständig überbaut.

Die Stadtwerke Fröndenberg betreiben drei Anlagen. Das Laufwasserkraftwerk Wickede wurde Anfang des 19. Jahrhunderts von der Wickeder Werke und Portland Cement GmbH als reine Industrieanlage errichtet, aber bereits 1913 von den Stadtwerken Fröndenberg übernommen, um später zwischenzeitlich vom Mannesmann-Konzern betrieben zu werden. Auch hier wird das Wasser an der Ruhr durch ein Wehr aufgestaut und über einen 1,3 Kilometer langen Obergraben zu den Maschinenhäusern geleitet, die pro Jahr vier Millionen kWh produzieren. Am Ortseingang von Fröndenberg liegt mit dem Laufwasserkraftwerk Schwitten die erste 1923 durch die örtlichen Stadtwerke eigenständig errichtete Erzeugungsanlage, die nach dem langjährigen Wasserwerksleiter Ernst Möller auch Möllerkraftwerk genannt wird. Wie beim Schwesterwerk in Wickede erfolgt der Wasserzufluss nach einem Ruhrstau über einen Obergraben zu den Maschinenhäusern. Das äußere Erscheinungsbild entspricht weitestgehend der ursprünglichen Form, die jährliche Durchschnittserzeugung beträgt acht Millionen kWh. Das Laufwasserkraftwerke Langschede wurde erst 1993 in Betrieb genommen und ist damit ist die jüngste größere Wasserkraftanlage an der Ruhr mit einer Erzeugung von drei Millionen kWh.

Maschinenhaus des Laufwasserkraftwerks Hengsteysee, 2019
(Dietmar Bleidick)

Maschinenhaus des Laufwasserkraftwerks und Walzenwehr am
Hengsteysee, 2019 (Dietmar Bleidick)

An der Grenze von Fröndenberg, Wickede und Menden entstand 1911 auf Initiative eines Gutsbesitzers das Laufwasserkraftwerk Warmen, das ebenfalls lange zu Mannesmann gehörte und sich heute in Privatbesitz befindet. Von Mannesmann wurde es zur Versorgung des Wickeder Röhrenwerkes eingesetzt.

Der Hengsteysee an der Grenze von Hagen und Herdecke – am Übergang zwischen Sauerland und Ruhrgebiet – ist der älteste Ruhrstausee. Zwischen 1926 und 1928 unterhalb der Mündung der Lenne in die Ruhr angelegt, besaß er zwei grundlegende Funktionen. Bedeutend war angesichts der starken Verschmutzung der beiden Flüsse mit Industrieabwässern vor allem die Wasserreinhaltung, denn durch die Verlangsamung der Fließgeschwindigkeit setzen sich die im Wasser enthaltenen Schwe-

bestoffe am Grund ab. Trotz der mittlerweile stark verbesserten Wasserqualität spielt diese Reinigungswirkung auch heute noch eine gewisse Rolle. Das über die Ruhr gebaute Walzenstauwerk bildet mit einem Höhenunterschied von fast fünf Metern zwischen Fluss und See die Basis für das von RWE betriebene Laufwasserkraftwerk Hengstey.

1930 wurde außerdem das Koepchenwerk fertiggestellt, das neben dem Kraftwerk Niederwartha in Sachsen weltweit erste Pumpspeicherkraftwerk und auch heute noch eine der leistungsstärksten Wasserkraftanlagen Deutschlands. Es ist nach dem RWE-Vorstandsmitglied Artur Koepchen benannt, der die Idee zu diesem Erzeugungskonzept entwickelt hatte. Das Speicherbecken liegt 160 Meter oberhalb des Sees und fasst etwa 1,5 Millionen Kubikmeter Wasser, was einem Energieäquivalent von fast 600.000 kWh entspricht, die innerhalb von vier

Das Pumpspeicherkraftwerk Herdecke des RWE (Koepchenwerk), 1930
(Historisches Konzernarchiv RWE)

Das RWE-Koepchenwerk am Hengsteysee, 2019 (Dietmar Bleidick)

Stunden abgerufen werden können. Die Differenz zwischen Energiebedarf und Energieerzeugung und damit der Wirkungsgrad beträgt etwa 20 Prozent. Durch den Kraftwerksbetrieb schwankt der Wasserstand des Sees um bis zu 70 Zentimeter. Das alte, seit 1986 unter Denkmalschutz stehende Kraftwerk wurde 1994 stillgelegt, nachdem 1989 ein modernes Pumpturbinenwerk den Betrieb aufgenommen hatte.

Direkt unterhalb des Hengsteysees befindet sich am Zusammenfluss von Ruhr und Volme noch das 1930 vom Ruhrverband errichtete und heute von RWE betriebene Laufwasserkraftwerk Stiftsmühle. Sein Wehr dient jedoch vorrangig der Wasserstandsregulierung des Sees.

Unterhalb des ebenfalls zur Reinigung des Ruhrwassers und als Ausgleichsbecken für den Hengsteysee zwischen 1929 und 1931 in Wetter angelegten Harkortsees liegt das nach dem bekannten Industriepionier Friedrich Harkort benannte Kraftwerk Harkort. Als Standort dient ein breiter Mühlengraben, der die Ruhr an dieser Stelle begradigt und eine Insel entstehen ließ. Das erste Kraftwerk an dieser Stelle wurde 1907/08 als Betriebsanlage der Schöntaler Stahl- und Eisenwerke Peter Harkort & Sohn errichtet. Mit dem Bau des Harkortsees baute der Ruhrverband das heutige Kraftwerk, das große Teile der Altanlage ersetzte und heute von RWE betrieben wird. Es ist das einzige Ausleitungskraftwerk an der Ruhr, eine Sonderform des Laufwasserkraftwerks, das den größten Teil des Flusswassers nutzt, während im eigentlichen Flussbett nur die notwendige Mindestwassermenge verbleibt. Nach dem Kraftwerksdurchlauf wird das Wasser wieder dem Fluss zugeführt. Ebenfalls einzigartig ist die integrierte Schleuse. Das unterhalb der Ruhrbrücke direkt an der Trennung von Fluss und Graben liegende Wehr des Harkortsees besitzt keine eigene Energiegewinnungsanlage, sondern dient der Wasserverteilung.

Bereits auf Wittener Stadtgebiet schließt sich das Wasserkraftwerk Hohenstein an. Es wurde zwischen 1922 und 1925 auf der Wittener Ruhrinsel durch die Schaufelfabrik Bredt & Co. gebaut, ging aber bereits 1928 in den Besitz der VEW über. Das

Das Wasserkraftwerk Hohenstein in Witten, 2019 (Dietmar Bleidick)

Der Wittener Mühlengraben am Ruhrdeich, 2019 (Dietmar Bleidick)

Kraftwerksensemble umfasst angesichts des für die Ruhr ebenfalls einzigartigen Standorts neben dem Maschinenhaus und dem Mühlengraben drei Wehre, davon zwei mit Schleusen. Die RWE-Anlage steht unter Denkmalschutz und arbeitet heute vollautomatisch ohne Betriebspersonal.

In Witten-Herbede befindet sich einer der wenigen Wasserkraftstandorte an der Ruhr, die bereits in vorindustrieller Zeit betrieben wurden. Ende der 1850er Jahre erwarb die heutige Fried. Lohmann GmbH Grundstücke, Wasserrechte und die Kornmühle am Mühlengraben oberhalb von Haus Herbede, um dort ein Hammer- und Walzwerk zu errichten. Wie beim älteren Wittener Stammwerk unterhalb von Haus Witten war die Wasserkraft ein wichtiger Aspekt für die Standortwahl. Der Mühlengraben wurde durch ein mächtiges Wehr von der Ruhr getrennt, um für den Maschinenbetrieb eine Fallhöhe von drei Metern zu erhalten. Heute arbeiten im Werk am Übergang zum Untergraben, der

in den Kemnader See mündet, vier Turbinenanlagen im vollautomatischen Netzparallelbetrieb. Seit 1992 werden im Jahresdurchschnitt etwa 4,5 Millionen kWh in das öffentliche Netz eingespeist, während die Versorgung des Werkes ausschließlich durch Fremdstrom erfolgt.

Der 1979 als letzter der sechs Ruhrstauseen im Süden Bochums eröffnete Kemnader See besitzt eine ähnliche Funktion wie der Hengsteysee. Eine Wasserkraftnutzung war anfangs nicht vorgesehen. Erst 2009 entschloss sich der Ruhrverband zum Bau eines Kraftwerks am Wehr, das 2011 in Betrieb genommen wurde. Nur wenig unterhalb des Sees befindet sich bei Blankenstein das zweite Laufwasserkraftwerk auf Bochumer Gebiet. Hier ergänzte die Stadt das an der alten Blankensteiner Schleuse gelegene Wasserwerk aus den 1870er Jahren 1910 um eine Kraftwerksanlage für den Pumpenbetrieb. 1996 wurde sie umfassend modernisiert und erzeugt den Strom seit Stilllegung der Wassergewinnung 2016 ausschließlich für den externen Verbrauch. Das Wehr in Dahlhausen verfügt über keine Wasserkraftanlage und stellt damit eine Ausnahme dar.

Unterhalb des Geländes der Henrichshütte in Hattingen befand sich, wie erwähnt, auf dem Gelände von Haus Kliff bereits seit dem 14. Jahrhundert eine Wassermühle, die zunächst zur Vermahlung von Getreide, später auch als Walkmühle im Rahmen der Textilproduktion eingesetzt wurde. 1861 erwarben Gottlieb und Friedrich Birschel die Anlage und errichteten 1902 die Birschel-Mühle als industriellen Mühlenbetrieb. Das duale Antriebskonzept mit Dampfmaschine und Wasserturbine spiegelte sich im Namen „Wasser- und Dampfwerke Gottlieb Birschel". Mit der Stilllegung 1955 endete auch die Wasserkraftnutzung, um mit dem Umbau der Gebäude im Jahr 2000 zu einer Seniorenwohnanlage reaktiviert zu werden.

Zu den ältesten Mühlenstandorten des Ruhrgebiets gehört die bereits im 12. Jahrhundert urkundlich erwähnte Horster Mühle in Essen direkt hinter der Stadtgrenze zu Bochum. Ursprünglich eine Öl-, Frucht- und Blaumühle zur Vermahlung des Textilfärbemittels Kobalt, übernahm der industrielle Wilhelm Vogelsang 1910 die Anlage und baute sie zu einer Karbidfabrik mit Wasserkraftwerk um, da die Erzeugung dieser Metall-Kohlenstoff-Verbindungen einen hohen Energieaufwand erfordert. Ein großes Einlasswehr teilte die Ruhr, um das gesamte Wasser für die Stromerzeugung nutzen zu können.

Die Birschel-Mühle in Hattingen, 2019 (Dietmar Bleidick)

Nach Einstellung der Karbidproduktion 1932 lief das „Wasserkraftwerk Horster Mühle" noch bis 1971 und wurde dann aufgrund eines gravierenden technischen Defekts aus Wirtschaftlichkeitsgründen stillgelegt. Nach einer Modernisierung durch die Firma Rudolph & Co. liefert die Anlage seit 1989 mit vier neuen Turbinen und Generatoren wieder Strom für rund 2.500 Haushalte.

Das mit Abstand größte Wasserkraftwerk an der Ruhr mit einer installierten Leistung von zehn MW und einer Erzeugung von 30 Millionen kWh befindet sich am Baldeneysee. Das Stauwalzenwehr des zwischen 1931 und 1933 zur Wasserreinigung und zur Energiegewinnung gebauten Sees besitzt eine Fallhöhe von neun Metern. Neben den beiden Hauptturbinen arbeitet in der Anlage eine Rückpumpturbine, die bei Bedarf Wasser wieder in den

Das Wehr der Firma Lohmann in Witten-Herbede und die ehemalige Kornmühle des Hauses Herbede aus dem 18. Jahrhundert, 1940 (Werksarchiv Lohmann)

Wasserkraftanlagen der Firma Lohmann in Witten-Herbede, rechts die ehemalige Kornmühle des Hauses Herbede, 2019 (Dietmar Bleidick)

Das Wasserkraftwerk Horster Mühle an der Stadtgrenze von Bochum und Essen, 2019 (Dietmar Bleidick)

See befördert und auch zur Stromgewinnung genutzt werden kann. Insgesamt arbeiten an der Ruhr zwischen Duisburg und Essen-Horst heute noch fünf von ehemals acht dieser Rückpumpwerke, teils in Kombination mit Kraftwerken, die den Fluss über einen Höhenunterschied von 40 Metern wieder auffüllen können. 2016 wurde die RWE-Anlage umfassend modernisiert.

Am kleinsten und flussabwärts letzten Stausee der Ruhr, dem 1950 fertig gestellten Kettwiger Stausee, betreibt RWE ein weiteres Laufwasserkraftwerk. Am Wehr mit seinem markanten Kranturm arbeiten drei Turbinen mit rund fünf MW Leistung und einer Jahreserzeugung von durchschnittlich 16 Millionen kWh. Auch hier ist ein Rückpumpwerk installiert.

Die beiden letzten Wasserkraftwerke an der Ruhr befinden sich in Mülheim. Das Wasserkraftwerk Kahlenberg wurde 1927 von der Rheinisch-Westfälischen Wasserwerksgesellschaft zur Stromversorgung der Wasserwerke Dohne und Styrum in Betrieb genommen und in den 1930er Jahren ein Rückpumpwerk angeschlossen. Der traditionsreiche Standort liegt am Schleusenkanal zwischen der Dohneinsel mit der alten Broicher Schlagd und der Schleuseninsel. Die Entscheidung zum Bau fiel bereits kurz nach dem Ersten Weltkrieg und sollte das Unternehmen unabhängig von der in dieser Zeit unsicheren und teuren Kohlestromversorgung machen. Es ist damit die erste Nachkriegsanlage überhaupt. Nach einer grundlegenden Renovierung 1988/89 verfügt das denkmalgeschützte Kraftwerk heute über drei Turbinen, die jährlich rund 20 Millionen kWh Strom erzeugen.

Denselben Gründungsimpuls besaß das Wasserkraftwerk Raffelberg, das 1926 nach dreijähriger Bauzeit ans Netz ging. Es wurde als Querbauwerk über die Ruhr in Ergänzung der vorhandenen Schleusenanlage zur Versorgung der Stadt Mülheim und der Friedrich Wilhelms-Hütte angelegt, die den Bau auch gemeinsam finanzierten. Der heutige Eigenbetrieb der Stadt Mülheim ist als größtes Laufwasserkraftwerk zugleich die letzte Stromerzeugungsanlage an der Ruhr und produziert mit vier Turbinen und einer Anschlussleistung von fünf MW etwa 23 Millionen kWh pro Jahr. Auch diese Anlage steht wegen ihrer weitgehend erhaltenen baulichen Substanz unter Denkmalschutz.

Das Wasserkraftwerk Baldeneysee, um 1950 (Historisches Konzernarchiv RWE)

Das Maschinenhaus des Wasserkraftwerks Baldeneysee, um 1955 (Historisches Konzernarchiv RWE)

FAZIT

Neben den neuen Kraftwerken verweisen zahlreiche Straßen- und Gewässernamen im gesamten Einzugsgebiet der Ruhr wie etwa der Mühlenbach unterhalb der Hohensyburg oder der Mühlenstrang in Schwerte bis heute auf die lange Wasserkrafttradition der Region. Der mit Abstand kleinste Zweig der Elektrizitätswirtschaft wird auch weiterhin eine Rolle bei der Energieversorgung spielen, doch bleiben seine Potenziale nicht nur an der Ruhr begrenzt. Am Fluss existiert bereits ein dichtes Kraftwerksnetz, und ein weiterer Ausbau ist nicht zu erwarten. Dagegen sprechen zunächst die Sensibilität des Ökosystems gegen weitere Eingriffe und wohl auch erwartbare Widerstände der Anlieger. In der Gesamtbetrachtung zeigt die Umweltbilanz der Wasserkraftwerke letztlich ein ambivalentes Bild. Den positiven Einflüssen auf die Luftreinhaltung steht eine massive Veränderung des Flusssystems mit entsprechenden Auswirkungen auf Flora und Fauna gegenüber. So versperrten Wasserkraftanlagen lange Zeit den Fischaufstieg zu den Laichplätzen am Oberlauf. Erst in den vergangenen 30 Jahren wurden alle Anlagen mit Fischtreppen ausgerüstet, um diese Problematik zu entschärfen. Neben den Wehren verbessern heute die teilweise mit besonderen Belüftungsanlagen versehenen Turbinen den Sauerstoffgehalt des Wassers. So unterstützen Wasserkraftanlagen mit ihren Stauwerken auch die Gewässerreinhaltung. Wasserkraft ist auch heute noch interessant, selbst in geringeren Dimensionen, wie die Aktivitäten der Mainzer Wasserkraft GmbH zei-

Die Papiermühle in Mülheim-Broich, Postkarte, um 1900 (Kulturbetrieb Mülheim/Ruhr, Stadtarchiv, Haus der Stadtgeschichte)

gen, die 2016 von RWE zehn Wasserkraftanlagen an der oberen Ruhr und benachbarten Flüssen erworben hat. Das Unternehmen setzt auf die dezentralen und kleinen Strukturen der Wasserkraft, während RWE sich auf größere Stadtorte konzentriert. Allerdings geht es hier um bestehende Kraftwerke. Dass neue Anlagen an der Ruhr angesichts der geringen Leistungsfähigkeit finanzierbar wären, darf dagegen bezweifelt werden. So planten die Stadtwerke Duisburg den Neubau eines Wasserkraftwerks am Ruhrwehr in Kaßlerfeld, gaben das Projekt jedoch aus betriebswirtschaftlichen Gründen 2014 auf.

Das Wasserkraftwerk Raffelberg in Mülheim/Ruhr, um 1930 (Kulturbetrieb Mülheim an der Ruhr, Stadtarchiv, Haus der Stadtgeschichte)

Turbinenanlage im Wasserkraftwerk Raffelberg, Mülheim/Ruhr, um 1930 (Kulturbetrieb Mülheim an der Ruhr, Stadtarchiv, Haus der Stadtgeschichte)

Jochen Engelhard von Nathusius

HOCHWASSERERFAHRUNGEN AN DER RUHR IN DER KOMMUNALEN ERINNERUNG

Die Erfahrungen von „Menschen am Fluss" waren und sind ambivalent. Wasser ist die Grundlage des Lebens, Energiespender und Transportweg – es kann aber auch immense Gefahren in sich bergen.

So etwa auch in Fröndenberg: Die Industrialisierung begann dort mit der Errichtung der Papierfabrik Himmelmann in einer Getreide- und Ölmühle an der Ruhr, deren Wasser die erste Energiequelle für die Produktion war.

Genau dieses Wasser wurde der Fabrik jedoch seit ihrer Gründung 1856, in einem überschaubaren Zeitraum von einhundert Jahren, gleich dreimal zum Verhängnis, als jeweils Hochwasser die Produktionsanlagen vernichtete.

Die Problematik, die das Leben an der Ruhr für lange Zeit prägte, ergibt sich aus dem Konflikt zwischen einem Zuviel und einem Zuwenig an Wasser. Diesem waren die Menschen an der Ruhr bis weit in das 19. Jahrhundert hinein schutzlos ausgeliefert, wenn durch Dürren die Ernte einging oder das Hochwasser Leben und Besitz bedrohte – in vielen Fällen auch vernichtete.

Ruhrbrücke in Fröndenberg mit Blick in die Stadt um 1910, „Idylle am Fluss" (Postkartensammlung Wendlandt, Stadtarchiv Fröndenberg/Ruhr)

Weniger idyllisch die gleiche Brücke während eines jahreszeitlich „normalen" Hochwassers zur Schneeschmelze im Januar 1922 – ohne die Rückhaltestauseen am Oberlauf der Ruhr hätte das schlimmere Folgen gehabt (Sammlung Stadtwerke, Stadtarchiv Fröndenberg/Ruhr)

Links: Hochwasserlage 1909 in Essen-Werden, Ausschnitt (Sammlung Jochen Engelhard von Nathusius)

Bis Anfang des 20. Jahrhunderts war eine Wohnbebauung in der Nähe des Flusses wegen der jährlichen Hochwasserstände zwischen November und März undenkbar.

In Ufernähe gab es Viehweiden und Gartengrundstücke; schmale, lange Streifen, die im rechten Winkel zum Flussverlauf lagen, unterhalb der Bebauung begannen und sich 300 Meter bis an das Flussufer dehnten. So waren bei Hochwasser alle Gartenbesitzer gleichermaßen betroffen.

Ein Blick auf die älteste noch erhaltene Gemarkungskarte von 1778 zeigt, wie damals in jedem Jahr mit einem Hochwasser gerechnet werden musste und wie der Mensch damit umzugehen versuchte. Zu verhindern waren die Naturgewalten, die wertvollen Boden wegschwemmten, Uferhänge auskolkten und mitgeführtes Gestein und Sand dort ablagerten, wo Kartoffeln geerntet wurden und Vieh weiden sollte, nicht.

Immer wieder kam es zu Hochwasserlagen, die auch den Flussverlauf veränderten. Von vielen sind nur Jahreszahlen überliefert: 1486, 1682, 1808, 1844, 1867 oder 1888.

Erst der Bau der Talsperren an den Ruhrzuflüssen Henne und Möhne in den Jahren 1905 und 1913 mit dem Ziel, unter anderem Regenwasser und Schmelzwasser zurückzuhalten, verbesserte die Situation. Hinzu kam ab 1934 das Stauvolumen der Sorpetalsperre, das ebenfalls zu einer Entspannung der Gesamtlage beitragen konnte. Heute können etwa 240 Millionen Kubikmeter Wasser gestaut werden, regulieren den Pegelstand und ermöglichen den Betrieb zahlreicher Turbinen zur Stromerzeugung. Trotzdem gab es in den vergangenen Jahrzehnten immer wieder Wetterlagen, in letzter Zeit zunehmend auch Starkregen, deren Wassermengen die Ruhr nicht aufzunehmen vermochte.

Im Folgenden werden beispielhaft die Auswirkungen von zwei Hochwasserlagen genauer geschildert, die eine überregionale Aufmerksamkeit erfuhren, zumal sie größere Schäden anrichteten als die alljährlichen „normalen" Hochwasserereignisse, die eher von lokaler Bedeutung waren und erst mit der Verbreitung von Tageszeitungen im ländlichen Raum ab Mitte des 19. Jahrhunderts der Bevölkerung abseits vom Fluss bekannt wurden. Zum einen die „Katharinenflut" im Herbst 1890 – noch vor dem Bau der Talsperren – und zum anderen die „Möhnekatastrophe" im Frühsommer 1943. Die Darstellung beider Hochwasserereignisse

stützt sich dabei im Wesentlichen auf die teilweise sehr gute Überlieferung in den Stadt- und Gemeindearchiven Arnsberg, Wickede (Ruhr), Fröndenberg und Schwerte.

In der ersten Hälfte des 20. Jahrhunderts ereigneten sich an der Ruhr am Karnevalswochenende 1909 sowie im Februar 1946 zwar noch zwei weitere Hochwassersituationen größeren Ausmaßes, allerdings liegt zu diesen Ereignissen keine allzu umfangreiche Überlieferung in Form von amtlichen Meldungen oder Presseberichten vor. Vor allem im Fall des Hochwassers von 1946 ist dies nicht unbedingt verwunderlich, schließlich kämpfte die Bevölkerung zu diesem Zeitpunkt ohnehin noch mit den unmittelbaren Nachwirkungen bzw. Kriegszerstörungen des Zweiten Weltkriegs.

Die, wie gerade erwähnt, im Fokus der folgenden Ausführungen stehenden Hochwasserlagen der Jahre 1890 und 1943 im Verlauf der mittleren Ruhr im Raum zwischen Arnsberg im Osten und Schwerte im Westen hatten unterschiedliche Ursachen.

Das Hochwasser von 1890, unmittelbar ausgelöst durch langanhaltenden Regen in den Mittelgebirgen östlich des Rheins, war auch eine Folge des Raubbaus an der Natur durch die Abholzung der Wälder, zunächst für Zwecke der Köhlerei und später für die Generierung von Bau- und Grubenholz im damals zunehmend von der Montanindustrie geprägten Ruhrgebiet. Infolge der Rodungen konnte das Regenwasser im Boden nicht gehalten werden und floss zu schnell ab. Die Pegelstände der

Hochwasserlage 1909 in Essen-Werden
(Sammlung Jochen Engelhard von Nathusius)

Flüsse und Bäche stiegen schnell an, jedoch nicht so dramatisch wie bei der sogenannten Möhnekatastrophe im Mai 1943, als die Staumauer des Möhnesees durch einen britischen Bombenangriff zerstört wurde und eine meterhohe Flutwelle in kurzer Zeit hohen Schaden anrichtete.

DIE KATHARINENFLUT VON 1890

Sintflutartiger Regen ergoss sich über dem Sauerland in den letzten Novembertagen 1890. Besonders schlimm war es am 24. November, dem Tag der heiligen Katharina; daher der Name des Hochwassers, das nicht nur die Ruhr berührte, sondern auch Wupper, Lenne, Sieg, Lippe und Ahse, Diemel und Lahn und ihre Zuflüsse.

„Ein Hochwasser, wie es in unserer Gegend eben nichts Seltenes ist und seit Menschengedenken nicht mehr erlebt worden ist, hat sich in der Nacht von Sonntag zum Montag eingestellt und sehr erheblichen Schaden verursacht" – so beunruhigend waren die Nachrichten in der Tagespresse. Bereits in den Tagen zuvor hatte das in Arnsberg erscheinende „Centrale Volksblatt" eindringlich gewarnt: „Es regnet weiterhin ununterbrochen, zum Theil

fällt Schnee und Hagel". „Auch die Ruhr und Lenne sind im raschen Steigen begriffen. Die Bewohner der unteren Ruhr seien somit gewarnt".

Unscheinbare Bäche wurden zu Flüssen und rissen alles mit, was nicht niet- und nagelfest war. Die wassergesättigten Böden konnten den Regen nicht mehr aufnehmen und der Wasserpegel der Ruhr und ihrer Nebenflüsse stieg unaufhaltsam an. Die von Süden der Ruhr zufließende Hönne trat über die Ufer. In Bösperde brach eine eiserne Brücke auf dem Weg zum Neuwalzwerk in sich zusammen und ein Teil des Glühhauses gleich mit. Im Drahtwerk Bösperde stand das Wasser 60 Zentimeter hoch.
Am heftigsten traf es wohl die Menschen in Fröndenberg, wo sich die Hönne mit der Ruhr vereinigt. Ein Rückstau entstand, da das Wasser nicht schnell genug abfließen konnte. Das Hochwasser der Ruhr hatte oberhalb liegende Strohberge der bereits erwähnten Pappen- und Papierfabrik Himmelmann weggespült, die hölzerne Straßenbrücke an der

Ruhrhochwasser im November 1890 in Arnsberg mit der Jägerbrücke im Vordergrund (Sammlung Katharinenflut im Stadt- und Landständearchiv Arnsberg)

Eisenbahnbrücke nach Menden über die Ruhr nach der Katharinenflut im November 1890 (Bildsammlung, Stadtarchiv Fröndenberg/Ruhr)

Gaststätte Surmann verstopft und sie zum Einsturz gebracht. Ebenso erging es der eisernen Bahnbrücke nach Menden als die Fundamente der Brückenpfeiler unterspült wurden. Nur in Langschede war die Ruhr noch passierbar, denn auch die Brücke in Wickede war zerstört worden.

Die für den Eisenbahnfernverkehr wichtige Brücke bei Westhofen stürzte wegen Unterspülung der Pfeiler ein. Darüber berichtete das „Centrale Volksblatt" folgendermaßen:

„Das bedeutendste Unglück in unserer Nähe ist (...) der Einsturz der Westhofener Brücke. Zum Glück ist hier zwar kein Menschenleben zu beklagen, alleine der Schaden für den gesamten Verkehr unserer Gegend ist ein vorläufig noch nicht absehbarer. Wie verlautet, ist es der großen Geistesgegenwart und Standhaftigkeit eines dort stationierten Bahnbeamten zu danken, daß nicht noch größeres Unglück entstanden [ist]. [Er sah] von der entgegengesetzten Seite einen Güterzug heranbrausen. Mit Lebensgefahr stürzte er über die schon schwanken-

de Brücke und durch Rufen und Winken brachte er den Zug noch glücklich eine kleine Strecke vor der Brücke zum Stehen. Nun aber kam auch von der anderen Seite eine Lokomotive! Durch Signale mit der Dampfpfeife der Güterzuglokomotive gelang es auch diese zum Stehen zu bringen – und nur kurze Zeit darauf stürzte die Brücke mit Donnergepolter zusammen. Wahrlich auch hier klingt das Lied vom braven Manne!"

Die Unterstadt Arnsbergs stand unter Wasser und die erst 20 Jahre alte Brücke der Eisenbahnlinie nach Kassel östlich des Bahnhofs wurde stark beschädigt. Großer Schaden entstand in der Eisenbahnhauptwerkstatt am Bahnhof.
„Mit Dank wollen wir gerne aussprechen, daß unsere hiesige Feuerwehrmannschaft bei dieser Wassergefahr allen Bedrängten würksame Hülfe gebracht, den durch die daherbrausende Fluth vom Straßenverkehr getrennten Häusern durch Bauen von Brücken den Verkehr wieder vermittelt sowie auch die Nachtwache übernommen hat, so das „Centrale Volksblatt".
Aus Neheim wurden Schäden in Höhe von mehr als 100.000 Mark gemeldet. „Brausend und zischend fluteten die Wogen über die Herdringer Chaussee und hielten nach dieser Seite hin den Eingang von

Hüsten (nach Neheim) besetzt, so daß niemand passieren konnte."

In Freienohl bei Meschede bildete das ansonsten beschauliche Tal eine Seenlandschaft. „Zwischen dem Bahndamm und den gegenüberliegenden Bergen in einer Entfernung von etwa 200 m stand gestern das Wasser. Die Ruhrbrücke ist nicht passierbar. Die Leute aus den am Wasser liegenden Häusern sind geflüchtet. Der Fabrikant Linneborn im Langel hat sich mit dem Kahn in das Haus des Arbeiters Klauke mit seiner Familie (...) zurückgezogen und einen Tag nebst zwei Nächten dort ausgehalten".

„Man sah mit Bedauern, daß eine Unmasse Nutzholz, schwere Balken, ganze Heu-Diemen, todte Schweine etc. von den Fluthen weggeführt wurden".

Auch in Soest standen Häuser unter Wasser, jedoch tröstete das „Centrale Volksblatt" die betroffenen Einwohner: „...schlimmer lauten die Nachrichten aus dem Möhnethale, aus Günne, Drüggelte, Körbecke, Himmelpforten; hier haben die Fluthen wahrhaft verderbenbringend getost, Brücken und Wege vernichtet, viel Hab und Gut weggeschwemmt, Menschenleben gefordert und Thieren den Untergang gebracht".

Am 28. November meldete die Königliche Eisenbahndirektion Elberfeld, dass in Folge des Hochwassers noch folgende Strecken auf unbestimmte Zeit gesperrt seien: Nierenhof-Kupferdreh-Steele, Hengstei-Westhofen, Brilon-Marsberg und Menden-Fröndenberg.

Der Verkehr werde „soweit angänig, über Hülfsrouten geleitet". An anderer Stelle heißt es: „Die Stadt Herdecke ist zu einer Insel geworden, die vom Bergisch-Märkischen Bahnhofe nicht mehr zu erreichen ist. Die Chaussee Hagen-Herdecke ist mehrere Fuß hoch überschwemmt. Der Fährdienst zwischen Wetter und Vollmarstein ist unterbrochen und die Fabriken an der Ruhr stehen unter Wasser". Der private Schaden im Raum Fröndenberg hielt sich in Grenzen, da mit der Wohnbebauung der flussnäheren Grundstücke flächendeckend erst nach dem Bau der Talsperren im Sauerland ab Anfang des 20. Jahrhunderts begonnen wurde. Die alten Höfe in der Dorfschaft Westick lagen, in weiser Voraussicht, höher als ihr Umland. Ebenso die alten Höfe in Neimen, Warmen und Frohnhausen in den Ruhrtalgemeinden im Kirchspiel Bausenhagen. Menschenleben im Fröndenberger Raum waren nicht zu beklagen. 150 Schafe eines Westicker Hofes ertranken auf ihrer Weide.

Das Arnsberger „Centrale Volksblatt" resümierte: „Hoffen wir zu Gott, daß der seit Wochen andauernde Regen aufhört, so daß wir uns mit wohltuender Gemüthsruhe und stiller Beschaulichkeit dem immer näher rückenden friedlichen Weihnachtsfeste hingeben können!" Die Essener Unternehmerfamilie Krupp spendete „für die Überschwemmten des Landkreises Essen" 3.000 Mark.

Nach dem Hochwasser einsetzender strenger Frost verhinderte vielerorts den Wiederaufbau oder verursachte weitere Schäden. Tauwetter setzte erst Anfang März 1891 ein.

„Die anhaltende Kälte der letzten Wochen", so noch einmal das „Centrale Volksblatt", „hat auch unsere sonst so stark strömende Ruhr auf längere Strecken mit einer dicken Eisschicht überzogen, was seit langen Jahren nicht der Fall gewesen ist. Viele Häuser sind ohne Wasser, da die Leitungen gefroren sind".

Erst in Untersuchungen späterer Jahrzehnte geriet der Raubbau an den Laubwäldern im Sauerland ursächlich in den Blickpunkt der Forschung. Zwar wurden die Wälder schnell aufgeforstet, allerdings in Monokulturen aus Fichten, geeignet als rasant wachsendes und gerades Grubenholz.

DIE MÖHNEKATASTROPHE IM MAI 1943

Kein anderes Ereignis des Zweiten Weltkriegs hat sich so in das kollektive Gedächtnis der Bevölkerung eingegraben wie das Hochwasser der Möhnekatastrophe in der Nacht vom 16. auf den 17. Mai 1943.

Viele Brücken hielten der Flutwelle nicht stand – tonnenschwere Reste der Eisenbahnbrücke in Fröndenberg wurden ca. 50 Meter flussabwärts getrieben (Sammlung Möhnekatastrophe, Stadtarchiv Fröndenberg/Ruhr)

Um 00:49 Uhr detonierte in zwanzig Metern Tiefe an der Staumauer des Möhnesees eine speziell für diesen Angriff konzipierte Rollbombe der britischen Luftwaffe. Die Explosion riss eine Bresche in die Mauer und der aus fast 130 Millionen Kubikmetern Wasser bestehende Inhalt der Talsperre ergoss sich in einer meterhohen Flutwelle zunächst in das Möhnetal und erreichte bei Neheim die Ruhr und die Orte flussabwärts. Erst im Raum Hattingen hatte die Flutwelle so an Kraft verloren, dass zwar der Wasserpegel deutlich anstieg, jedoch Zerstörungen wie flussaufwärts ausblieben. Im Ruhrverlauf besonders betroffen waren die Kommunen bzw. Ämter Neheim-Hüsten, Wickede (Ruhr), Fröndenberg, Schwerte, Herdecke und Witten.

Die genauen Opferzahlen schwanken zwischen 1.285 und 1.579 Toten in unterschiedlichen zeitnahen amtlichen Verlautbarungen und späteren Recherchen, darunter zwischen 679 und 1.020 ums Leben gekommene Zwangsarbeiterinnen, Zwangsarbeiter und Kriegsgefangene, die in örtlichen Industriebetrieben, bei Infrastrukturprojekten und in der Landwirtschaft Arbeitsleistungen erbringen mussten. Einen einheitlichen Abgleich zwischen Vermisstenzahlen und nicht mehr zu identifizierenden Leichen hat es nach bisherigem Forschungsstand nicht gegeben.

Der Neheimer Pfarrer Joseph Hellmann berichtete dem Paderborner Erzbischof Jaeger seine unmittelbaren Eindrücke:
„In der Nacht vom 16. auf den 17. Mai 1943 wurde um 23.50 Uhr Alarm gegeben, der bis 5 Uhr andauerte. Etwa gegen 2.00 Uhr gab es in gar nicht großer Entfernung einen gewaltigen Einschlag, und ganz kurz darauf hörte man schon ein Schreien auf der Straße: ‚Die Möhnetalsperre ist getroffen' (etwa 12 km von Neheim entfernt). Wiederum nach kurzer Zeit wurde auf der Straße gerufen: ‚Aus den Kellern heraus, das Wasser kommt!' Und nun ging alles in überstürzter Eile. Ganz kurz hörte man ein furchtbares Rauschen, so, als wenn eine Lokomotive ihren Dampf abläßt, nur in ganz gewaltigem Ausmaße. Immer mächtiger wurde das Rauschen, und schon bald kamen Leute mit dem, was sie gerade fassen konnten,

aus ihren Häusern, um in die Berge zu eilen. Die Angst steigerte sich noch, weil die feindlichen Flugzeuge über den Flüchtenden kreisten. Das Wasser war so schnell über die einzelnen Wohnungen gekommen, daß die Leute, die an der Möhne wohnten, zum großen Teil von den Fluten fortgespült wurden. Das Wasser stieg schnell 10, 12 Meter hoch und noch höher. Da auch das Elektrizitätswerk überflutet war, brannte kein Licht mehr. Die Telefonleitungen waren zerrissen. Die Wasserleitungen gaben kein Wasser mehr. Die neue große steinerne Brücke, die nach Werl führte, war bald fortgerissen und liegt jetzt tief unten auf den Ruhrwiesen vor Voßwinkel; ebenso eine andere Brücke, deren eiserne Geländer im Ohl, dem westlichen Stadtteil Neheims, liegen. Die Möhne selbst war so breit und groß geworden, dass sie dem Rhein glich und das ganze Tal als gewaltigen Strom durchflutete. Menschen, Tiere, Bäume, Möbel, Kessel aus den Fabriken, letztere an der Möhne waren völlig überschwemmt, wurden von den Fluten mit fortgerissen. – Im Möhnetal waren für einige tausend Ausländer Baracken gebaut, die wie Spielzeughäuser von den Wogen fortgerissen wurden. Zum Teil wurden mit den Baracken auch die Bewohner fortgetragen. Eine dieser Baracken brach auseinander und sämtliche Insassen ertranken. – Mehr als 30 Häuser – größtenteils 2- und 3- und mehrstöckige massive Bauten – wurden von den Fluten mitgerissen. Es war ein grausiger Anblick am anderen Morgen, die Zerstörungen anzusehen, die diese furchtbare Wasserkatastrophe angerichtet hatte und schrecklich faßte es einen ans Herz, wenn man sah und miterleben musste, wie der Mann nach seiner Frau, die Kinder nach ihren Eltern, der Bruder nach der Schwester riefen."

Prozentual zur Einwohnerzahl hatte es die Gemeinde Wickede an der Ruhr mit fast 200 Toten und 800 Obdachlosen am härtesten getroffen; die Flutwelle nahm hier den kürzesten Weg durch den Ort und zerstörte ein Wohngebiet.
Das Amt Fröndenberg mit der Kerngemeinde und 15 selbständigen Dörfern hatte 1943 eine Fläche von 2.911 Hektar, von denen von der Flutwelle 387

Erst bei eingetretener Helligkeit am 17. Mai 1943 und bei bereits stark sinkendem Hochwasser entstanden erste Bilder in Fröndenberg. Im Hintergrund das Obergeschoss (!) des Laufwasserkraftwerks am südlichen Ruhrufer. In der Nacht ragte die Uferbepflanzung kaum noch aus dem Wasser (Sammlung Möhnekatastrophe, Stadtarchiv Fröndenberg/Ruhr)

———

Ähnlich kritisch die Lage am Wasserwerk in Langschede Kilometer weiter flussabwärts (Sammlung Möhnekatastrophe, Stadtarchiv Fröndenberg/Ruhr)

———

Hektar betroffen waren. Von 3.104 Haushalten waren 941 direkt oder indirekt betroffen; von 11.884 Einwohnern 2.977; hinzuzurechnen sind etwa 1.700 Zwangsarbeiter und Kriegsgefangene. Betroffen von der Flutwelle waren auf einer Länge von 13,5 Kilometern von Osten nach Westen die Gemeinden Bentrop, Warmen, Neimen, Frohnhausen, Fröndenberg-Westick und Teile der Innenstadt, Langschede, Dellwig und Altendorf.

Erste Warnmeldungen vom Bruch der Staumauer erreichten die Fröndenberger Polizei in der Nacht gegen 1:50 Uhr durch einen Mitarbeiter der Reichsbahn.
Nach einer weiteren Meldung kurz darauf wurde gegen 2 Uhr die Feuerwehr alarmiert, die mit Signalhörnern die Bewohner des an der Ruhr gelegenen Stadtteils Westick informierte. Menschen rannten von Haus zu Haus, um Nachbarn zu wecken. Etwa um 2:45 Uhr brach die Flutwelle in breiter Front in den Ortskern ein, angekündigt durch ein „dumpfes Dröhnen und Brausen, Knacken, Krachen und Bersten" wie Zeitzeugen sich erinnern.
Eine telefonische Warnung erhielt die Belegschaft der Nachtschicht im Wasserwerk Warmen gegen 1:30 Uhr durch das Wasserwerk Wickede.

Ohne Warnung brach gegen 3:15 Uhr das Wasser in Langschede ein, wo es gegen 4 Uhr den Höchststand erreichte. Gegen 8 Uhr waren die Straßen wieder passierbar und ermöglichten eine in Augenscheinnahme der Verwüstungen im Mühlviertel und

entlang der Industrieanlagen sowie der Hauptstraße in Richtung der Fröndenberger Gemeinde Dellwig bis über das Bahngelände hinaus nach Norden.

Die Ruhrbrücke in Langschede hatte standgehalten, war jedoch wegen Zerstörung der Auffahrten und des weggespülten Straßenbelags nicht mehr passierbar. Ein Angestellter des Wasserwerks ertrank bei dem Versuch, seine Arbeitsstelle zu erreichen.

Ein Feuerwehrmann aus Lünern, einem nördlich des Haarstrangs gelegenen Hellwegdorf, erinnerte sich später:
„Wir wurden über die Sirene alarmiert. Mein Vater war damals Brandmeister. Fast alle Männer waren an der Front. Nur wenige Helfer waren noch da. (...) Einige Polen, die auf den Höfen beschäftigt waren,

———

Der Marktplatz in Langschede mit angeschwemmtem Holz unterhalb der Ruhrbrücke (Sammlung Möhnekatastrophe, Stadtarchiv Fröndenberg/Ruhr)

Reste der Straßenbrücke im Verlauf der Provinzialstraße Unna – Iserlohn in Langschede (Sammlung Möhnekatastrophe, Stadtarchiv Fröndenberg/Ruhr)

wurden auch mitgenommen. Die Abfahrt erfolgte zwischen 9 und 10 Uhr über die Wilhelmshöhe Richtung Langschede. Als wir die Wilhelmshöhe erreichten, war im Ruhrtal nur eine große Wasserfläche zu sehen. In Langschede angekommen sahen wir, dass die Ruhrbrücke (teilweise, JvN) weggerissen war. In der Wirtschaft auf der anderen Seite waren russische Kriegsgefangene einquartiert, sie waren alle ersoffen. Die erste Arbeit war die Bergung der Leichen. Sie hingen teilweise in den Bäumen. Alles war voller Schlamm. Die Leichen wurden zum Krankenhaus Fröndenberg gebracht, draußen abgelegt und mit Wasser gereinigt. Dann wurde versucht mit Eimern den Schlamm aus den Häusern zu tragen. Wir hatten unsere Verpflegung selbst mitgebracht, denn dort gab es nichts mehr. Wir verzehrten sie auf dem Dorfplatz in Langschede. Von den Frauen wurde dort Kaffee gekocht. Am 23. Mai wurden wir in Fröndenberg-Westick eingesetzt. Dort wurden Häuser vom Schlamm gesäubert und Keller, soweit möglich, ausgepumpt. Der Dreschkasten von Bauernhof Nölle-Wying war von den Wassermassen auf die Ruhrwiesen getragen worden. Die Polen aus unserem Dorf waren dort noch 14 Tage im Einsatz zum Aufräumen und zum Reparieren der Weidezäune."

Gegen 3:30 Uhr erreichten die Wassermassen die Gemeinde Dellwig, zum Glück mit Vorwarnung, denn ein Mitarbeiter der Reichsbahn alarmierte gegen 2 Uhr den Schrankenposten in Dellwig und dieser den nahegelegenen Hof Bauerhaus, dessen Besitzer die Nachbarn weckte, um das Vieh von den Weiden zu holen. Von einer Gefährdung von Menschenleben war noch nicht die Rede, was sich schnell änderte. Der Lehrer, der Bürgermeister und andere Anwohner eilten an die Ruhr, „um das Hochwasser zu beobachten", wie Lehrer Reichenbach es später berichtete. Schnell wurde ihnen die drohende Gefahr bewusst und so begannen sie auf dem Rückweg ins Dorf mit der Alarmierung und Evakuierung der Bewohner der tiefergelegenen Häuser. Unter den späteren Opfern befanden sich ein Landwirt, der ertrank sowie ein älterer Mann, der in seiner überfluteten Wohnung an einem Herzschlag verstarb.

Die westlichste Gemeinde des Amtsbezirks Fröndenberg, Altendorf, war aufgrund ihrer leicht erhöhten Lage nicht bedroht. Dennoch starben einige Bewohner bei dem Versuch, ihr Vieh von den unterhalb des Ortes gelegenen Ruhrwiesen zu retten, darunter auch der Bürgermeister, dessen Leiche später bei Garenfeld angeschwemmt wurde.

Gegen 4 Uhr knickten die Leitungsmasten der Starkstrom-Überlandleitung (25.000 Volt) ein und der grelle Blitz des Kurzschlusses beleuchtete für Sekunden die Szenerie. Zur gleichen Zeit brach in Fröndenberg das Stauwehr des Elektrizitätswerks. Bereits bei sinkendem Wasserstand stürzte die doppelgleisige stählerne Eisenbahnbrücke der Strecke nach Menden in die Wassermassen; die wenige Meter entfernte Straßenbetonbrücke war zuvor eingestürzt und die Strömung hatte die Trümmer gegen die Bahnbrücke gedrückt. Zerstört wurden damit die wichtigen Gas- und Fernsprechleitungen nach Menden.

8,20 Meter über Normal wurde später als höchster Wasserstand gemessen, und dies bei einer maximalen Breite der über die Ufer getretenen Ruhr von drei Kilometern zwischen Bösperde im Süden und dem Fröndenberger Stadtzentrum im Norden. Die Höhe der Hauptflutwelle, die durch ihre Wucht und Geschwindigkeit Brücken und Gebäude zum Einsturz brachte, Bäume entwurzelte und Massen von Schlamm, Holz und Steinbrocken vor sich her wälzte, wurde von Augenzeugen unterschiedlich zwischen drei und fünf Metern angegeben.

Gegen 6 Uhr begann der Pegel deutlich zu sinken, jedoch waren die Rettungswege zu den eingeschlossenen Bewohnern aufgrund der großen Wassermassen und deren hoher Fließgeschwindigkeit auch zur Mittagszeit noch abgeschnitten.

36 Männer, Frauen und Kinder aus dem Amtsbezirk Fröndenberg kamen ums Leben, mit eingerechnet ein vermisstes Kind.
Einige Opfer starben in Ausübung ihres Dienstes in den Wasser- und E-Werken, so zum Beispiel die Telefonistin Luise Beckmann, die am Arbeitsplatz ausharrte, bis ihr der letzte Fluchtweg versperrt war.
Eine Mutter ertrank mit ihren vier Kindern, eine Großmutter mit ihrem Enkelkind. 20 der Opfer wohnten in Fröndenberg, sieben in Frohnhausen, vier in Altendorf, zwei in Dellwig.
82 weitere identifizierte Tote aus anliegenden Kommunen wurden im Amtsbezirk Fröndenberg angeschwemmt, darunter 69 Einwohner aus Wickede und mehrere aus Günne, Halingen, Neheim-Hüsten und Bösperde. Ein Kind aus Wanne-Eickel, zwei Kinder aus Dortmund und eine Mutter mit Kind aus Berlin wurden als Evakuierte Opfer der Katastrophe.
20 weitere im Amt Fröndenberg aufgefundene Tote (nach einer anderen Quelle 26) konnten nicht

identifiziert werden und wurden in Fröndenberg beigesetzt, ebenso 24 als Ausländer identifizierte, aber nicht namentlich erfasste Tote, die in Dellwig und Fröndenberg beerdigt wurden. Bei den toten Ausländern handelte es sich um Opfer eines Arbeitslagers für Serbinnen in Neheim und um Zwangsarbeiter oder Kriegsgefangene russischer und französischer Herkunft aus zwei Baracken eines Arbeitslagers der Reichsbahn. Nach welchen Kriterien namenlos gebliebene Opfer unterteilt wurden in „unbekannt" oder „Ausländer" ist aus vorliegenden Dokumenten nicht mehr ersichtlich. Kleidungsreste und „Physiognomie nach Augenschein" scheinen die einzig möglichen Kriterien gewesen zu sein. Da die Gesamtzahl aller deutschen Vermissten nach einigen Wochen Aufräumarbeiten und intensiver Suche relativ gering blieb, kann der größte Teil der „Unbekannten" der Zahl der ums Leben gekommenen Ausländer zugerechnet werden.
Insgesamt lassen die amtlichen Zahlen, entnommen den Berichten des Amtmanns an den Landrat in

Umgeworfener „Dreschkasten" eines Hofes etwa 300 Meter vom Ruhrufer entfernt (Sammlung Möhnekatastrophe, Stadtarchiv Fröndenberg/Ruhr)

Der Hausrat wird auf der Straße gesäubert (Sammlung Möhnekatastrophe, Stadtarchiv Fröndenberg/Ruhr)

Unna und gestützt auf ausführliche Recherchen im Standesamt 1992 und 2003, den Schluss zu, dass im Amtsbezirk Fröndenberg mindestens 162 Menschen den Tod fanden, bereits als Tote angeschwemmt wurden und in einigen Fällen wahrscheinlich dort zu Tode kamen, jedoch erst weiter ruhrabwärts aufgefunden wurden.

Die genaue Opferzahl wird sich, wie bei zahlreichen Bombenangriffen des Zweiten Weltkriegs, nicht mehr feststellen lassen. Zwei Mitarbeiter der Technischen Nothilfe ertranken noch am 17. Mai an der an der Ruhr gelegenen Gaststätte Ruhrbrücke, als sie in den Vormittagsstunden versuchten, die dort Eingeschlossenen zu bergen, die sich auf das wenig später zusammengebrochene Dach des Hauses gerettet hatten.

Abseits aller Zahlen sei mit Blick auf die Rettungseinsätze noch stellvertretend aus dem Bericht des örtlichen Brandmeisters an die Fröndenberger Amtsverwaltung zitiert: „Wir werden dann sofort nach dem Westicker Feld eingesetzt. Hier holen wir

die Frau T., die drei Stunden im Wasser gelegen hat, heraus. Bei dieser Gelegenheit finden wir dann auch die Leiche der Frau Sch. aus Westick, die mit ihren vier Kindern ertrunken ist. Sodann durchkämmen wir sofort das ganze Gebiet. Zunächst holen wir die Überlebenden von den Bäumen, Masten und dergleichen herunter. Dann finden wir eine Mutter, die zwei Kinder an sich festgebunden hatte, des Weiteren eine Frau mit einem halbgeborenen Kind. Der Anblick der Leichen ist furchtbar. Meistens haben dieselben die Augen offen und die Todesangst steht ihnen im Gesicht".

Am 22. Mai fand in Fröndenberg vor dem Ehrenmal für die Gefallenen des Ersten Weltkriegs die offizielle Trauerfeier statt. Kreuze auf den Särgen waren untersagt. Angetreten waren alle Formationen von Partei und Staat und lauschten wie die Angehörigen der Opfer den Reden der Parteivertreter: „Als Hoheitsträger der Partei grüße ich Euch im Namen der Bevölkerung zum letzten Male. Ihr werdet in unseren Reihen weitermarschieren. Euer Opfer ist nicht umsonst. Ein neues Deutschland wird erstehen, das unseren Kindern ein neues und besseres Leben geben wird", so der kommissarische Kreisleiter des Hellwegkreises Otto Braunheim.

Die Ruhrstraße in Fröndenberg, etwa 150 Meter entfernt der Ruhr, im Vordergrund die Abdeckplatten von Pfosten einer Grundstückseinfriedung (Sammlung Möhnekatastrophe, Stadtarchiv Fröndenberg/Ruhr)

Bilder zeigen das Geschehen, und es wird deutlich, dass weit weniger Särge dort standen als Menschenleben zu beklagen waren. Einigen Familien war es gelungen, ihre Angehörigen bereits zuvor in Eigenregie in Familiengruften beizusetzen, während die unbekannten deutschen Toten in einem Gemeinschaftsgrab beerdigt wurden.

Noch Wochen später wurden bei Aufräumarbeiten weitere nicht mehr zu identifizierende Tote gefunden. Der schließlich Anfang der 1960er Jahre gesetzte Gedenkstein für das entsprechende Massengrab auf dem kommunalen Friedhof trägt lediglich die Inschrift „Zwanzig unbekannte Opfer der Möhnekatastrophe". Nach heutigem Wissensstand wäre die Zahl „vierundzwanzig" korrekt. Hier waren nur vermeintlich deutsche unbekannt gebliebene Opfer beigesetzt worden, während die ausländischen Opfer aus dem Amtsbezirk Fröndenberg auf dem Friedhof der evangelischen Gemeinde in Dellwig in einem Massengrab beigesetzt wurden. Erwähnenswert, da der dortige Pfarrer Walter Kurtz auch diesen Opfern, wahrscheinlich aus Frankreich, Polen, Russland, Serbien oder der Ukraine stammend, ein letztes Geleit gab, ungestört von Partei und Staat.

Etwa zwei Wochen nach der Katastrophe erhielten die Angehörigen der deutschen Opfer im Amtsbezirk Fröndenberg einen Kondolenzbrief des Amtsbürgermeisters.

Im Lagebericht des Amtsbürgermeisters an den Landrat heißt es: „Völlig zerstört wurden im Amtsbezirk elf Häuser, 122 wurden schwer beschädigt, 19 mittelschwer und 84 wurden leicht beschädigt. Weiterhin wurden zwölf Bauernhöfe schwer bis leicht beschädigt, sowie 33 Fabrikbetriebe, deren Belegschaft zwischen mehr als 1.700 bis 50 und weniger Mitarbeiter beträgt". Während die meisten Betriebe nach drei Wochen wieder unter Vollbetrieb standen, fiel die Produktion der stark mitgenommenen Papierfabrik Himmelmann für drei Monate völlig aus. In der Industrie wurde ein Verlust von insgesamt 365.000 Arbeitsstunden errechnet. Insgesamt fielen wohl zudem 170 Stück Großvieh, 130 Ziegen und Schafe, 5.000 Kaninchen, 1.800 Hühner und Küken, 170 Enten und Gänse, 72 Bienenvölker sowie über 2.600 Obstbäume der Flut

Oben und Links: Direkt in Ufernähe stehende Gebäude wie hier die Gaststätte Ruhrbrücke erlitten schwere Schäden und wurden total vernichtet
(Sammlung Möhnekatastrophe, Stadtarchiv Fröndenberg/Ruhr)

zum Opfer – Zahlenangaben, die zugleich verdeutlichen, dass in zahlreichen Privathaushalten die
Tier- bzw. Kleintierhaltung ein wichtiges Standbein
der familiären Selbstversorgung bildete. Eine kleine
Bemerkung wert ist vielleicht noch die genau erfasste Zahl der 117 unbrauchbar gewordenen Rund-
funkempfänger, die zugleich belegt, dass offenbar
etwa jeder zweite Haushalt über ein solches Gerät
verfügte.

Genau wurde die geleistete Hilfe auswärtiger Einheiten bei den Aufräumarbeiten in einer Dokumentation der Amtsverwaltung gelistet. Außer den
auswärtigen Feuerwehren und örtlichen Partei-
formationen wie SA, SS, NS-Volkswohlfahrt, NS-
Kraftfahrerkorps und männlicher wie weiblicher
Hitlerjugend waren das Einheiten der Wehrmacht,
der technischen Nothilfe und des Reichsarbeits-
dienstes. 1.504 Hilfskräfte von auswärts waren (mit
unterschiedlicher Dauer) zwischen dem 17. Mai und
dem 31. August 1943 im Amtsbezirk im Einsatz. In
dem selben Zeitraum wurden von diesen Helfern
40.020 sogenannte Tagewerke geleistet.

Eine Kuriosität am Rande: Da auch die Keller der
Amts- und Gemeindeverwaltung überschwemmt
wurden, gingen zahlreiche Akten verloren, bzw.
wurden getrocknet und tragen noch heute eine
hauchdünne Schicht Schlamm auf fast jeder Seite.
Wann immer in der Nachkriegszeit vergeblich nach
Akten gesucht wurde, gab es dafür stets die Erklärung, dass diese bei der Möhnekatastrophe verloren

gegangen seien. Dieses Argument wurde vorzugsweise dann vorgebracht, wenn es um Akten der NS-Zeit ging.

Anders als in den ruhraufwärts gelegenen Orten hatte in Schwerte die räumliche und auch zeitlich versetzte Entfernung zu Unglücksort und Unglückszeitpunkt eine rechtzeitige Warnung der Bevölkerung ermöglicht, wenngleich auch hier die Anwohner von einer Wucht und Höhe der Wassermassen überrascht wurden, die niemand für möglich gehalten hatte. Auch herrschte zunächst Unkenntnis über die Ursache des Unglücks, schließlich hatte es vorab kaum Niederschlag gegeben. Erst langsam dämmerte den Bewohnern in der Talaue, dass die Staumauer der Möhne angegriffen und zerstört worden sein müsse.

Zwischen 2 und 3 Uhr gingen Feuerwehrmänner von Haus zu Haus und warnten die Bewohner. Während in anderen Orten die Menschen oft nur ihr nacktes Leben retten konnten, ging es in Schwerte

Trauerfeier der Partei und der Amtsverwaltung für die Opfer am 22. Mai vor dem Kriegerehrenmal in Fröndenberg (Sammlung Möhnekatastrophe, Stadtarchiv Fröndenberg/Ruhr)

unter anderem um die Rettung von Gerätschaften, Lebensmitteln und Hausrat. Es kam zu größeren Sachschäden durch den Aufprall des mit der Flut angeschwemmten Treibguts auf die Häuser; dennoch waren auch hier noch drei Todesopfer zu beklagen; eine 78-jährige Frau, die in letzter Minute noch Lebensmittel retten wollte sowie ein polnischer und ein französischer Zwangsarbeiter. Ebenso ertranken wie am Mittellauf der Ruhr viele Tiere auf den tiefer gelegenen Wiesen und Weiden.

Lässt sich ein Fazit zum Thema Möhnekatastrophe ziehen? Militärstrategisch gesehen, war der Angriff der britischen Luftstreitkräfte ein Erfolg, zumal man unter Beweis gestellt hatte, jedes Ziel innerhalb des deutschen Machtbereichs punktgenau treffen zu können; allerdings mit großem Aufwand und unter Inkaufnahme hoher Verluste an Menschen. Sowohl der britischen als auch der deutschen Öffentlichkeit wurde klar, dass Hitlers „Festung Europa" kein Dach mehr besaß und verwundbar war. Zwischenzeitlich waren auf deutscher Seite auch große Ressourcen an Arbeitskräften und Material gebunden, um die Schäden zu reparieren und die Auswirkungen auf die Rüstungsindustrie an Rhein und Ruhr in engen Grenzen zu halten. Letztlich gelang es durch den

Angriff allerdings nicht, die Produktion im Ruhrgebiet längerfristig oder gar dauerhaft auszuschalten.
Unter Mobilisierung und Nutzung aller Ressourcen,
einschließlich der Heranziehung eines Heeres von
Zwangsarbeitern, gelangen bereits bis Anfang Oktober 1943 der Wiederaufbau der Sperrmauer und
die Behebung der infrastrukturellen Schäden. Dem
Durchhaltewillen der „Volksgemeinschaft", verstärkt durch Propaganda und Terrormaßnahmen des
NS-Staates, konnten die Wassermassen der gebro-
chenen Möhnetalsperre 1943 nichts oder zumindest
nur sehr wenig anhaben. Nicht dauerhafte Resigna-
tion oder Wut gegen das Regime, sondern eher eine
„jetzt erst recht-Haltung" waren die Folge.

Oben: Der Hausrat wird zum Trocknen in die Sonne gelegt
(Sammlung Möhnekatastrophe, Stadtarchiv Fröndenberg/Ruhr)

Mitte: Fröndenberger Hausfrauen und ihre auswärtigen Helfer legen
eine Pause ein (Sammlung Möhnekatastrophe, Stadtarchiv Fröndenberg/
Ruhr)

Unten: Das Wasser ist gesunken, übrig bleibt Schlamm, der innerhalb weniger Stunden steinhart trocknet, Straßen, Gärten und Wohnungen über-
zieht (Sammlung Möhnekatastrophe, Stadtarchiv Fröndenberg/Ruhr)

Scheinbare Normalität zieht ein. Auf einer Notbrücke der Gemeindewerke über die Ruhr zum Elektrizitätswerk (Sammlung Möhnekatastrophe, Stadtarchiv Fröndenberg/Ruhr)

Anders als bei anderen Bombenangriffen, sahen sich Staat und Partei 1943 gezwungen, Opferzahlen zu veröffentlichen, denn bereits wenige Tage nach der Katastrophe kursierten Gerüchte im Reich von bis zu 20.000 Toten; dem musste entgegengewirkt werden. Auch über das Geschehen selbst wurde in ungewöhnlicher Offenheit in der örtlichen Presse berichtet und bereits wenige Tage später in Leitartikeln dem „jüdischen Internationalismus" die Schuld zugewiesen. Ein geradezu klassisches NS-ideologisches und antisemitisches Deutungsmuster, das von örtlichen Parteirednern bei den Beisetzungsfeierlichkeiten aufgegriffen wurde, auch, um vom eigenen Versagen und der Erfolglosigkeit der Luftabwehr und des Meldewesens abzulenken.

Die Lage in Schwerte am frühen Morgen und ...

... um die Mittagszeit nach Abfließen des Wassers an gleicher Stelle (Bildsammlung Möhnekatastrophe, Stadtarchiv Schwerte)

Alljährlich erinnert die Gemeinde Wickede an der Ruhr an die Opfer der
Möhnekatastrophe, wie hier am 19. Mai 2019 (K+S Studios)

te, ganz unabhängig von der jeweiligen Nationalität,
die zahlreichen Menschen, die der Flutwelle entlang
der Ruhr zum Opfer gefallen sind, im Mittelpunkt
des Gedenkens stehen.

EINE SCHLUSSBEMERKUNG

Unterschiedliche „Hochwassererfahrungen" kamen
zur Sprache. Die heute noch rege Teilnahme der Bevölkerung an „runden" Gedenktagen der Möhnekatastrophe bezeugt die tiefe Betroffenheit und die
lebenslange Erinnerung an dieses prägende Ereignis.

Ein guter Freund tapezierte in den 1970er Jahren
die Zimmer im Erdgeschoss seines Hauses im Fröndenberger Stadtteil Westick, nicht weit entfernt
von der dort idyllisch dahinfließenden Ruhr. Unter
den alten Tapeten kam an den Wänden eine unterschiedliche Färbung zutage. Im oberen Drittel hell
und weiter unten eher mittelbraun, scharf waage-
recht – wie mit dem Lineal gezogen – voneinander
abgetrennt. Ihm war das bekannt, seiner Ehefrau,
aufgewachsen in der Oberstadt, eher nicht. Er klär-
te sie auf, dass dieser Farbkontrast noch den Hoch-
wasserstand von 1943 markiere, da sich bis hierhin
der Ruhrschlamm ins Mauerwerk gefressen habe.

Vier Tage nach der Katastrophe hielt der stellver-
tretende Gauleiter Albert Hoffmann in Siegen eine
Rede, in der er in typischem NS-Jargon infolge des
„Britenangriff[s] auf die Möhnestaumauer 545 ge-
fallene Volksgenossen und 56 Vermisste" beklagte,
deren „Blutopfer" der Bevölkerung unvergessen
bleiben würden. Ergänzt wurde noch, dass „unter
den ausländischen Arbeitern […] 1.026 Tote zu zählen" seien.

Leben am und mit dem Fluss – eine ambivalente
Angelegenheit, besonders dann, wenn der Mensch
in zerstörerischer Absicht oder in Unkenntnis der
Zusammenhänge in die Natur eingreift, wie an den
Ereignissen der Jahre 1943 und 1890 deutlich wird.

Es wird auch weiterhin auf britischer wie deutscher
Seite eine Erinnerungskultur zur Möhnekatastrophe
geben. Es bleibt dabei zu hoffen, dass der wesentliche Bestandteil dieser Erinnerung sich weder in
Bewunderung technischer Konstruktionen wie der
britischen Rollbombe erschöpft, die die Staumauer zum Einsturz brachte, noch den schnellen Wiederaufbau derselben einseitig in den Vordergrund
stellt. Umso wichtiger ist es, dass stattdessen heu-

Aufräumungsarbeiten in Schwerte (Bildsammlung
Möhnekatastrophe, Stadtarchiv Schwerte)

Auch hier wurde versucht, möglichst viel Hausrat zu retten und zu
trocknen (Bildsammlung Möhnekatastrophe, Stadtarchiv Schwerte)

VIII.
SPORT-
UND
FREI
ZEIT
RAUM
RUHR
—

Hans-Christoph Seidel

KOMM ZUR RUHR

Der Ruhr(gebiets)tourismus seit der Mitte des 19. Jahrhunderts

MIT DEM BAEDEKER ZUR RUHR

Menschen sind seit jeher auch zu ihrem Vergnügen gereist. Die Schwelle zu touristischem Reisen nach heutigem Verständnis wurde aber erst in den frühen Jahrzehnten des 19. Jahrhunderts erreicht. Die Bezeichnung „Tourist" fand, aus Großbritannien kommend, in den 1830er und 1840er Jahren Eingang in den deutschen Sprachgebrauch. Eine entscheidende Voraussetzung für touristisches Reisen war die Eisenbahn, die größere Menschengruppen schneller und sicherer, unabhängiger von der Witterung, an weiter entfernte Zielorte bringen konnte, als es mit den bis dahin verfügbaren Reisemitteln wie der Postkutsche möglich gewesen war.

Die Eisenbahn veränderte auch den Blick auf landschaftliche Räume, die am aus dem Zugfenster schauenden Betrachter wie in einem Film vorbeizogen. Ein Merkmal touristischen Reisens war der Reiseführer, der im Taschenformat mit sich geführt, Sehenswürdiges empfahl, dem Touristen den Weg wies und ihn mit praktischen Informationen versorgte.

Eisenbahn und Reiseführer brachten auch die ersten Touristen an die Ruhr. Der bekannteste deutsche Reiseführer im 19. und frühen 20. Jahrhundert wurde der Baedeker, begründet durch den aus einer alteingesessenen Buchdrucker- und Verlegerfamilie stammenden Karl Baedeker. Als erster Baedeker erschien 1835 die „Rheinreise", die den Reisenden auf eine Bahnfahrt von Mainz nach Rotterdam schickte, ihn auf die touristischen Sehenswürdigkeiten aufmerksam machte und romantische Abstecher nahelegte. So empfahl die sechste Auflage der „Rheinreise" von 1849 dem Baedeker-Touristen erstmals, von Düsseldorf aus, vorbei an malerischen

Baedekerhaus, 2011, Quelle: Wikipedia

Links: Zelte und Wohnwagen auf einem Campingplatz an der Ruhr, Kettwig, Juli 1958, Foto: Peter Kleu (Fotoarchiv Ruhr Museum [Ausschnitt])

Landschaften und stattlichen Burgen, einen Abstecher zur Ruhr zu unternehmen. Mit der 1841 fertiggestellten Düsseldorf-Elberfelder Eisenbahn ging es in einer Stunde nach Elberfeld und von dort in zwei Stunden auf der erst 1849 in Betrieb genommenen Teilstrecke der Bergisch-Märkischen Eisenbahn nach Dortmund. „Reisende [...]", schwärmte der Baedeker, „die schöne Landschaften, gewerbereiche Gegenden, großartigen Bahnbau beobachten wollen, werden in Deutschland kaum eine lohnendere Eisenbahnfahrt machen können." Den Höhepunkt des Abstechers konnte der Reisende erleben, der in Witten den Zug verließ und sich auf eine zweistündige Wanderung zur Burg Blankenstein begab. Hier genoss er vom Gethmannschen Garten aus eine unvergleichliche Aussicht auf ein heiteres, grünes Ruhrtal, übersät mit rotbedachten Wohnungen, von Viehherden belebt und von Waldgebirgen umschlossen (Gerhard Löbker fühlte sich in seinem Wanderführer für das Ruhrtal von Anfang der 1850er Jahre beim Ausblick vom Gethmann-

schen Garten sogar an die Voralpen erinnert). Die Schornsteine der „fleißigen Bergbaubetriebe" störten die Naturkulisse im Ruhrtal keineswegs, sondern fügten sich harmonisch ein. Das Ruhrtal bediente die im frühen 19. Jahrhundert überbordende Naturbegeisterung im deutschen Bürgertum, die eine frühe Triebfeder des Tourismus darstellte.

Eine andere Triebfeder, die bürgerliche Bildungsreise, richtete sich nicht mehr allein auf die antiken Stätten klassischer Bildung. Auch städtische Metropolen und Stätten des frühen Industriekapitalismus bargen als Reiseziele das Versprechen einer gegenwarts- und zukunftsgewandten Horizonterweiterung in sich. Die konnte der Baedeker von 1849 den von Witten nach Dortmund Weiterreisenden aber noch nicht in Aussicht stellen. Dortmund präsentierte sich als „ansehnliche Reichs- und Hanse-", aber inzwischen „ausschließlich Ackerbau treibende Stadt", in der höchstens die Reinoldi- und die Marienkirche der Aufmerksamkeit lohnten. Von der Zukunft des Industriezeitalters entdeckte der Baedeker hier noch keine Spur. Und die Rückfahrt nach Düsseldorf, die man seit 1843 mit der Köln-Mindener-Eisenbahn in 4,25 Stunden absolvieren konnte, „bietet [noch] weniger". Vorbei an Mengede, Herne, Gelsenkirchen und Essen betrachtete

Blick vom Ausflugslokal „Zur Platte" auf die Ruhr und den Baldeneysee mit Stauwehr, Essen, 14. Juni 1933, Foto: Anton Meinholz (Fotoarchiv Ruhr Museum)

Belvedere am Ruhrabhang, Quelle: Wikipedia

Postkarte Oberhausen im Ruhrgebiet, Gutehoffnungshütte,
Abt. Altes Walzwerk, 1915

der Reisende eine Landschaft, wie sie schon Tacitus in seiner Germania circa 98 n. Chr. für Westfalen beschrieben hatte: „Wald, Wiese, Kornfeld, frisches Ackerland, dazwischen einzeln zerstreut die rothbedachten Bauernhöfe". Erst am „Haltplatz Oberhausen" (der Haltplatz gab schließlich den Namen für die 1862 gegründete Gemeinde) lohnte der Ausstieg, um in der Nähe einen Blick auf „eines der großartigsten Eisenwerke in Deutschland", ein Puddel- und Walzwerk der Hüttengewerkschaften Jacobi, Haniel & Huyssen, zu werfen. Dieses blieb aber die einzige Sehenswürdigkeit des erst beginnenden Industriezeitalters auf der Eisenbahnfahrt durch ein Gebiet, das gut zwei Jahrzehnte später in ganz Europa als Rheinisch-Westfälischer Industriebezirk bekannt sein sollte.

Schon die elfte Auflage des Rheinland-Baedekers von 1860 behandelte die frühindustriellen Gewerbebetriebe im Ruhrtal aber nicht mehr nur als harmonische Einsprengsel in einer am Zugfenster vorüberziehenden Naturkulisse. Die Fahrkunst im Zechenhaus der Grube Gewalt, die Markana-Hütte in Haspe oder die Maschinenfabrik Harkort & Comp. in Wetter wurden nun als eigene Sehenswürdigkeiten präsentiert. Längs der Strecke der Köln-Mindener Eisenbahn von Dortmund nach Düsseldorf war das Zugfensterpanorama nun „allenthalben" von „stattlichen Gebäuden zu Steinkohlenzechen und Hüttenwerken" bestimmt.

Die Ruhr und das entstehende Ruhrgebiet blieben auch in den folgenden Auflagen vor dem Ersten Weltkrieg als „Ausflugsabstecher" Bestandteil des Rheinland-Baedekers. Romantische Naturfreuden spielten dabei aber eine immer geringere Rolle; stattdessen wurde der Baedeker-Reisende auf das Erleben von Industrie und Industriestädten vorbe-

reitet. Der Rheinland-Baedeker von 1931 schließlich behandelte – bezeichnenderweise namentlich nicht das Ruhrgebiet, sondern – das Rheinisch-Westfälische Industriegebiet zum ersten Mal nicht lediglich als Ausflugsabstecher, sondern in einem eigenen Kapitel und damit gewissermaßen als eigenes Reiseziel, das als Höhepunkte etwa die Inansichtnahme des riesigen Industriegeländes der Firma Krupp in Essen oder des Duisburger Hafens bieten konnte. Die Ruhr und das Ruhrtal rückten dagegen ganz an die Peripherie des Reiseziels Rheinisch-Westfälisches Industriegebiet, vielleicht einen Abstecher für die Reisenden wert, die sich eine kurze Atempause vom Meer der Industrie und Städte gönnen wollten. Blankenstein, das hochgepriesene Kleinod des Baedeker von 1849, fristete nur noch eine einzeilige Existenz als „anmutig im Ruhrtal gelegenes Städtchen", sein „Voralpenpanorama" war keiner Erwähnung mehr wert.

KEINE TRISTEN INDUSTRIESTÄDTE – FREMDENVERKEHRSWERBUNG DER RUHRGEBIETSSTÄDTE IN DEN 1920ER JAHREN

Mit dem Image der tristen Industriestadt kämpften alle Fremdenverkehrsämter der Ruhrgebietskommunen in ihren zum Teil schon vor dem Ersten Weltkrieg, vor allem aber in den 1920er Jahren herausgegebenen Stadtführern, die sich auch an Touristen, insbesondere aber an Geschäftsreisende und Neubürger wandten. Zwar priesen die Stadtführer auch die besondere Ästhetik der Industrielandschaft: Der „Führer durch Duisburg am Rhein" von 1926 forderte zum Beispiel auf, „mit dem richtigen

Blick für die großartige Schönheit eines Arbeitslebens die Stadt" zu durchwandern, „die Häfen und die Reinreede mit ihrem einzigartigen Schifffahrtsbetriebe [...] und die mächtige Silhouette der industriellen Großanlagen" auf sich wirken zu lassen. Hauptsächlich aber verwiesen die Fremdenverkehrsämter darauf, dass ihre Städte nicht (mehr) nur Industrie zu bieten hätten, sondern (inzwischen auch) Urbanität und (wieder) Natur. Duisburg lobte sein reiches „geistiges und künstlerisches Leben", die kommunale Verkehrs- und Pressestelle erklärte Bochum 1929 zum „Wirtschafts- und Kulturzentrum" von überragender Bedeutung, und das Dortmunder Verkehrsamt hob 1928 insbesondere das 1926 eröffnete Stadion Rote Erde und die benachbarte, 1925 in Betrieb genommene Westfalenhalle als Ausweis der neuen Blüte kultureller Urbanität hervor. Noch stärker betonten die Fremdenverkehrsämter die Natur als Kontrapunkt zur Industrie. Duisburg rühmte sich so schöner Grünanlagen wie kaum eine andere Industriestadt, Bochum hielt

seinen Stadtpark für den schönsten im Ruhrgebiet. Der „Führer durch Essen" von 1928 pries „die herrlichen Waldungen, Park- und Gartenanlagen" in einer der „schönsten Industriestädte unseres deutschen Vaterlandes", zu der „die ganze Welt mit Staunen und Bewunderung emporblicken muss."

Zudem hatten sich die Hellwegstädte durch Eingemeindungen in das Ruhrtal ausgebreitet und konnten nun in ihren Führern mit romantischen Wanderrouten auf ihrem Stadtgebiet werben. Noch stärker als auf das Naturerlebnis, das die neuen, an der Ruhr gelegenen südlichen Stadtteile boten, setzte die Fremdenverkehrswerbung der Hellwegstädte auf den inzwischen massentauglich gewordenen Freizeitwert der Ruhr. Durch das Ruhrtal zogen sich zahlreiche Ausflugslokale, die nicht länger auf den einsamen Wanderer, sondern auf große Zahlen Vergnügungswilliger eingestellt waren. Das Kurhaus Ruhrstein im 1915 zu Essen eingemeindeten Bredeney beispielsweise bot auf seiner Terrasse Platz für 1.000 Ausflügler, die sich dort an Pilsner Urquell oder Münchner Bieren laben und dabei täglich den Melodien der Ruhrsteinkapelle lauschen konnten. Bootsverleihe und Flussbadeanstalten luden zum wassersportlichen Vergnügen ein. Die Ruhrstauseen – der Hengsteysee (1929), der Harkortsee

Gondelteich im Stadtpark Bochum, Quelle: Geschäfts- und Industriestadt Bochum, Mittelpunkt des Ruhrgebietes, Stadtverwaltung Bochum, Verkehrs- und Pressestelle, Bochum, 1929

Anzeige für das Kurhaus Ruhrstein, abgedruckt in Wilhelm Lenz: Führer durch Essen, Essen 1928, S. 58

In den 1920er Jahren konnte sich der Arbeitertourismus nicht zuletzt durch die tariflich abgesicherte Zunahme der Urlaubstage stärker entfalten. Doch das Ruhrgebiet als Reiseziel für Arbeiter? Warum sollten Proletarier in das Ruhrgebiet reisen, fragte der Dietz Arbeiter- Reise- und Wanderführer, der erste deutsche Arbeiterreiseführer, 1932 ganz explizit. Bekommen sie hier nicht nur zu sehen, was sie aus ihrem heimischen Lebensalltag zur Genüge kennen: Industrieanlagen, Armut und Verwahrlosung? Weil er „hier unendlich viel lernen kann", lieferte der Dietz-Reiseführer eine erste Antwort mit, werde sich der „klassenbewusste" Reisende die eine oder andere schwerindustrielle Produktionsstätte anschauen wollen. Als Höhepunkt galt auch dem Dietz-Führer der Duisburger Hafen, der dem Besucher ein „großartiges Kolossalpanorama" und eine „ohrenzerreißende Kakophonie der Arbeit" biete. Hier könne der Proletarier ein Bild über den Zustand des Industriezeitalters gewinnen, ein Bild „der Kontraste zwischen der Sozialreaktion von gestern und heute und dem sozialistischen Wollen von heute und morgen". Die zweite Antwort, die der Dietz-Reiseführer dem reisenden Proletarier

Der Fotograf Josef Stoffels mit Zelt und Kanu beim Lesen einer Zeitung am Ufer des Flusses Ruhr, Essen-Bredeney, 1930, Foto: Josef Stoffels (Fotoarchiv Ruhr Museum)

(1931), der Baldeneysee (1933) – sicherten nicht nur die Wasserversorgung des Industriegebiets und die Reinigung der Ruhr, sondern erhöhten zugleich den Freizeitwert, den die Hellwegstädte ihren Bewohnern und Besuchern bieten konnten, mit ihren Badeanstalten und Wassersportmöglichkeiten noch einmal erheblich.

ARBEITERTOURISMUS IM LAND DER ARBEIT

Touristisches Reisen war im 19. Jahrhundert zunächst ein ausschließlich bürgerliches und adeliges Vergnügen, doch schon im ausgehenden Kaiserreich entwickelten sich zarte Anfänge eines individuellen und organisierten Arbeitertourismus.

Essener NaturFreunde, 1930 (NF-Archiv)

auf die Frage „Warum ins Ruhrgebiet?" gab, war die gleiche, die der Baedeker dem bürgerlichen Touristen und die städtischen Fremdenführer dem nach seiner Tagesarbeit Entspannung suchenden Geschäftsreisenden anbot: Der Gesamteindruck des Ruhrgebiets sei trotz Industrie, Rauch und Ruß „so ganz anders, so viel erfreulicher [...] als man ihn gemeiniglich erwartet". Das Ruhrtal biete viele Naturschönheiten, beliebte und lohnende Ausflugsziele sowie mit seinen Burgen klassische kultur- und kunsthistorische Sehenswürdigkeiten. Die Städte an der Ruhr lockten mit Parkanlagen, einem vielfältigen „kulturellen Überbau des Industrialisierungszeitalters" mit Museen und Theatern (auch wenn die Programme noch von reaktionärem Geist zeugen würden), vorbildlichen Siedlungen und moderner Architektur. Um das Elend des Industriekapitalismus und das Zukunftsversprechen des Sozialismus im Ruhrgebiet wissbegierig studieren und mit dem erholsamen Natur- und Freizeiterlebnis an der Ruhr verbinden zu können, stand dem proletarischen Reisenden nach und nach auch eine Infrastruktur preiswerter Unterkünfte zur Verfügung. Der vor dem Ersten Weltkrieg gegründete Jugendherbergsverband erlebte seit 1919 einen

erheblichen Aufschwung; im Ruhrgebiet förderte der Siedlungsverband Ruhrkohlenbezirk, der 1920 unter anderem gegründet worden war, um die Frei- und Grünflächen im Verbandsgebiet zu sichern, den Jugendherbergsgedanken. Der Dietz-Reiseführer gab zu Anfang der 1930er Jahre die Zahl der Jugendherbergen, in denen reisende beziehungsweise wandernde Jugendliche bis zum vollendeten 20. Lebensjahr preiswerte Unterkunft finden konnten, reichsweit auf circa 2.300 an. Für die Ruhrgebietsreise empfahl er Jugendherbergen in Dortmund, Duisburg, Essen, Gelsenkirchen, Hattingen, Hohensyburg, Mülheim an der Ruhr, Werden und Wetter, also vor allem in den Hellweg- und Ruhrstädten. An den Anfängen des Arbeitertourismus stand darüber hinaus allen voran die Naturfreundebewegung, die sich, aus Wien kommend, noch vor dem Ersten Weltkrieg in Deutschland ausbreitete und Mitte der 1920er Jahre immerhin 65.000 Mitglieder in 1.000 Ortsgruppen zählte. Die Naturfreundehäuser entstanden zumeist in der Nähe der expandierenden Industriestädte, in denen die Mitglieder der Bewegung lebten. In Essen gründete sich 1915 eine Ortsgruppe der Naturfreunde, die bis 1923, nach der Gründung von Jugendgruppen, auf circa 700 Mitglieder anwuchs. Nach langen Bemühungen gelang der Ortsgruppe 1931 die Einrichtung eines Naturfreundehauses in einem Waldgelände nahe des

Essen-Mülheimer Flughafens, in dem die Mitglieder des Naturfreundebundes von überall her auf Reisen und Wanderungen durch das Ruhrgebiet und das Ruhrtal Obdach finden konnten. Das Naturfreundehaus Ruhrtalhaus besteht noch heute.

DER KRAFT DURCH FREUDE-TOURISMUS

Die Machtübergabe an die Nationalsozialisten bedeutete für die Naturfreunde und andere Reiseorganisationen aus der Arbeiterbewegung das (vorläufige) Aus. Stattdessen schrieb sich das „Amt Reisen, Wandern, Urlaub" der „Nationalsozialistischen Gemeinschaft Kraft durch Freude (KdF)" das Ziel auf die Fahne, das bürgerliche Reiseprivileg zu brechen und das ideologische Versprechen der Volksgemeinschaft für die vom Regime umworbenen Werktätigen touristisch erlebbar zu machen. Der KdF-Tourismus zwischen 1933 bis 1939 – mit Kriegsbeginn gingen die Aktivitäten zurück – bedeutete zweifellos einen Durchbruch für den Massentourismus in Deutschland. Zwar machten die propagandistisch in den Vordergrund gerückten Kreuzfahrten nur einen kleinen Teil des touristischen KdF-Programms aus. Zum größten Teil bot KdF den „Volksgenossinnen" und „Volksgenossen" Wander- und dreitägige Kurzfahrten an. Dennoch ist die Zahl der Menschen, die mit der KdF-Organisation – oft zum ersten Mal – touristisch unterwegs waren, beeindruckend; 1938 betrug sie über zehn Millionen. Die KdF-Fahrten im Inland richteten sich auf die touristisch bekannten Gebiete, wie die Alpen, den Schwarzwald, das Riesengebirge, das Rheintal oder die Ostsee. Sie erschlossen aber auch vom Fremdenverkehr bisher nur wenig berührte Regionen, wie das Schwäbische Allgäu oder die Eifel. Das Ruhrtal oder das Ruhrgebiet indes scheinen kein prominentes Ziel von KdF-Fahrten gewesen zu sein. Zwar dürften auch KdF-Touristen mit den Schiffen der Weißen Flotte über den Baldeneysee geschippert sein, aber einen Aufschwung für den Ruhr- und den Ruhrgebietstourismus brachte der Nationalsozialismus sicherlich nicht.

RUHRGEBIETSTOURISMUS IM WIEDERAUF-BAU UND IM WIRTSCHAFTSWUNDERLAND

Trotz zerstörter Verkehrswege, zerbombter und umfunktionierter Urlaubsunterkünfte sowie neuer

Grenzen – touristisches Reisen gab es in sehr geringem Umfang für die, die es sich leisten konnten, auch in den unmittelbaren Nachkriegsjahren. Der Großstadttourismus kam nach den Flächenbombardements – und das gilt besonders für alle Ruhrgebietsstädte – allerdings für einige Jahre gänzlich zum Erliegen. Im Ruhrtal dagegen boten bereits 1949 Jugendherbergen zumindest in Blankenstein-Welper, Hattingen, Wetter, Witten und Hohenlimburg Wandertouristen wieder Obdach.

Der Aufstieg der Tourismusbranche in der Bundesrepublik Deutschland setzte etwa 1953 ein, bis in den 1960er Jahren die ersten regelrechten Reisewellen losbrachen. Auch das Ruhrgebiet rückte damit in bescheidenem Ausmaß wieder auf die touristische Landkarte Deutschlands. Dies erfolgte zunächst in gewohnten Formaten. Die Ausgabe des Kleinen Westfalen-Führers für das Münsterland von 1952/53 bezog auch das Vest Recklinghausen und das westfälische Ruhrgebiet mit ein, was westfälische Wanderreiseführer schon in den 1920er und 1930er Jahren getan hatten. Der Duktus der Darstellung hatte sich wenig verändert und sang das Hohelied der widerständigen Natur im Industriegebiet: „Wer das Vest Recklinghausen besucht, erlebt zweierlei: er spürt und sieht, wie eine Landschaft sich wandelt unter dem starken Druck der unaufhaltsam fortschreitenden Industrialisierung – er spürt und sieht aber auch, dass dieses Land sich nicht von der Industrie beherrschen und zerstören lässt." Neu war, dass neben Vorschlägen für Wander- auch Vorschläge für Rad- und Autotouren traten. Erste Stadtführer erschienen in den 1950er

Das Gesicht der vestischen Landschaft, Foto: Arnold Glander, Quelle: Walther Voigt, Westfalen-Führer Münsterland, 1952/53, S. 71

Naherholung im Ruhrgebiet: Ausflügler auf den Ruhrwiesen in Essen, um 1961, Foto: Willy van Heekern (Fotoarchiv Ruhr Museum)

Jahren wieder, weiterhin im deutlichen Bemühen dem Image der tristen Industriestadt entgegenzutreten. „Wohl über kaum eine andere Stadt bestehen so ausgeprägte Fehlmeinungen", behauptete der Stadtführer Essen Ende der 1950er Jahre unverdrossen. Auch in den ersten, in den 1950er Jahren neu erscheinenden Deutschland-Reiseführern kommt das Ruhrgebiet vor, wenn auch, wie in Nagels Reiseführer von 1954, erst ganz am Ende. Der Nagel-Tourist kam mit dem Auto in das Ruhrgebiet, vorzugsweise von Hannover aus über die in den 1930er Jahren fertiggestellte spätere BAB 2 bis zur Ausfahrt Essen-Gladbeck oder über die Bundesstraße 1. Auch er wurde belehrt, dass das Image der tristen und grauen Industrielandschaft dem Ruhrgebiet Unrecht tue, es eine Industriestadt im Grünen sei und auch Geschichte zu bieten habe. Touristischen Reiz erblickte der Nagel-Führer darin

allerdings offensichtlich wenig und ging kaum auf die Naturschönheiten und historischen Zeugnisse im Ruhrtal ein. Vielmehr „ist wohl anzunehmen, dass die Menschen, die ins Ruhrgebiet fahren, dies am wenigsten tun werden, um hier der Geschichte und Vorgeschichte nachzugehen. [...] Wer das Ruhrgebiet besucht, will das Ruhrgebiet von heute sehen." Dies glich nach Auffassung des Nagel-Führers Amerika, nicht nur optisch mit seinen Schornsteinwäldern, sondern vor allem „seelisch" mit seiner Zuwanderergesellschaft, dem „Melting Pot", der hier (vermutlich) zum ersten Mal als Element der Ruhrgebietsexotik Einzug in die regionale Reiseliteratur fand. Den Ruhe, Entspannung und Harmonie dürstenden Touristen wollte der Nagel-Reiseführer offensichtlich nicht in das Ruhrgebiet schicken, sondern den nach Gegenteiligem Suchenden: „Aus dem Ruhrgebiet wird niemand ohne starke innere Bewegung scheiden."

1959 schaffte es das Ruhrgebiet das erste Mal auf den Titelumschlag eines Reiseführers. 110 Jahre nachdem der Rheinland-Baedeker zum ersten

RUHRGEBIET

RHEINISCH-WESTFÄLISCHES
INDUSTRIEGEBIET

REISEHANDBUCH

VON

KARL BAEDEKER

MIT 19 KARTEN, 47 STADTPLÄNEN
10 GRUNDRISSEN, 178 ZEICHNUNGEN

KARL BAEDEKER · FREIBURG

1959

Cover des Ruhrgebiets-Baedeker von 1959

Mal Ausflüge an die Ruhr vorgeschlagen, 28 Jahre nachdem das Rheinisch-Westfälische Industriegebiet dort einen eigenen Abschnitt eingeräumt bekommen hatte, gab Baedeker das „Reisehandbuch Ruhrgebiet" heraus. Offensichtlich war es weniger die Nachfrage oder die Aussicht auf eine steigende Zahl von Ruhrgebietsreisenden, die dem Verlag den Anstoß gaben, das Ruhrgebiet damit „den altbekannten Reisegebieten an die Seite zu stellen". Vielmehr betont das Vorwort die „freundschaftliche Verbundenheit" Karl Baedekers mit Berthold von Bohlen und Halbach sowie das „lebhafte Interesse" und die „tatkräftige Förderung" durch Kreise der Wirtschaft und Verwaltung. So wurde auch der eigentliche Reiseteil mit Routen, Sehenswürdigkeiten, Unterkunftsmöglichkeiten etc. umrahmt von ausführlichen Einführungen zu den Kohlevorkommen, zur industriellen Struktur, zur Bevölkerung sowie einer hundertseitigen (!) Wirtschaftsübersicht. Der Reiseteil bot eine Aneinanderreihung von klassischen Stadtführern, die auf die (vorindustrielle) Geschichte, klassische Baudenkmäler, Museen und Parks hinwiesen. Das Ruhrtal behandelt der

Picknick an der Ruhr, Essen, Mai 1956, Foto: Peter Kleu
(Fotoarchiv Ruhr Museum)

Baedeker marginal, als „Must-see" erscheint es hier nicht, und selbst seine Rolle als Kontrapunkt zur Industrielandschaft ist schwächer geworden. Der Ruhrgebietsreisende, so unterstellt offensichtlich auch der Baedeker, sucht nicht bevorzugt „liebliche Wald- und Wiesenpartien", „Reste von Höhen- oder Wasserburgen" oder „alte Ortsbilder" wie sie Ruhrtal und Ruhrstädte bieten konnten. Der Aufschwung des Camping-Tourismus in den 1950er Jahren, der sich zunächst in enger Verbindung mit dem in den 1920er und 1930er Jahren populärer werdenden „Wasserwandern" mit Kanus zeigte, schlug sich aber auch im Ruhrtal nieder. Hatte der Nagel-Führer 1954 noch auf lediglich zwei Campingplätze an der Ruhr verwiesen, zählte der Baedeker fünf Jahre später bereits zehn.

Touristen aus den Niederlanden vor ihrem Wohnwagen beim Spülen von Geschirr auf einem Campingplatz am Baldeneysee, Essen, um 1961, Foto: Marga Kingler (Fotoarchiv Ruhr Museum)

Camping im Wohnwagen an der Ruhr, im Hintergrund die Zeche Heinrich, Essen, 1964, Foto: Willly van Heekern (Fotoarchiv Ruhr Museum)

Ausländische Touristen im Ruhrgebiet: Eine Familie aus Dänemark macht
Urlaub im Wohnwagen auf einem Campingplatz am Baldeneysee, Essen,
1962 (Marga Kingler/Fotoarchiv Ruhr Museum)

Eine Gruppe junger Frauen und Männer beim Zelten auf einem Campingplatz am Baldeneysee, Essen, 1963, Foto: Willy van Heekern (Fotoarchiv
Ruhr Museum)

Campingplatz am Baldeneysee im Stadtteil Fischlaken, Essen, 1962,
Foto: Josef Stoffels (Fotoarchiv Ruhr Museum)

VOM MAUERBLÜMCHEN ZUM TOURISTISCHEN NIEMANDSLAND

Der erste Reiseführer „Ruhrgebiet" bedeutete keinen Durchbruch für das Reiseland Ruhrgebiet. Im Gegenteil: Eine zweite Auflage des Ruhrgebiets-Baedekers erschien erst 1986. In den 1960er und 1970er Jahren verblühte das touristische Mauerblümchen „Ruhrgebiet" eher zum touristischen Niemandsland. Das mochte auch mit der Struktur-

krise des Bergbaus zu tun haben, die Anfang der 1960er Jahre für jeden deutlich sichtbar wurde. Waren bis dahin die rauchenden Schlote der Industrielandschaft Ruhrgebiet in der Imagination der Zeitgenossen wenigstens eng mit dem Aufstieg der deutschen Wohlstandsgesellschaft verbunden, schienen nun Zechenschließungen und Demonstrationszüge mit schwarzen Fahnen eine schwermütige Untergangsstimmung zu verbreiten. Der sich abzeichnende Wahrnehmungswandel des Ruhrgebiets von der industriewirtschaftlichen Kraftkammer zum sozialen und wirtschaftlichen Sorgenkind der Bundesrepublik beförderte die Attraktivität des Ruhrgebiets als Reiseziel offensichtlich zunächst nicht. Den Befund des touristischen Niemandslandes sah

Dietrich Springorum, der Direktor des Siedlungsverbands Ruhr, auf der Internationalen Tourismus-Börse Berlin 1975, der wichtigsten Fachmesse der bundesdeutschen Reisebranche, bestätigt. Das Ruhrgebiet und seine Städte kamen hier überhaupt nicht vor. Dabei, so Springorum, besaß das Ruhrgebiet Potenzial, um durch eine adäquate und moderne Öffentlichkeitsarbeit „Tourismus-Kitzel" zu wecken. Unter seiner Leitung begriff der Siedlungsverband (ab 1979 Kommunalverband Ruhr, ab 2004 Regionalverband Ruhr), der in den 1970er Jahren einige seiner Planungsaufgaben verlor, Öffentlichkeitsarbeit und regionale Imagewerbung immer stärker als Kernaufgaben. Springorum hielt das „Reiseland Ruhrgebiet" für keine Utopie, wenn es sich zu sich selbst als eine einmalige, progressive und artifizielle Landschaft bekenne. Das hieß für die Image- und Tourismuswerbung: weg von der „das Ruhrgebiet ist ganz anders, als Sie denken"-Logik, die grüne Oasen und historische Relikte betonte, über die andere klassische Reiselandschaften in Hülle und Fülle verfügten. Stattdessen benötige eine außergewöhnliche Reiseregion auch eine außergewöhnliche und ins Auge fallende Tourismus- und Imagewerbung, die zeigt was ist und Attraktion durch künstlerische Überhöhung, dessen was ist, entfaltet.

Die Ruhr und das Ruhrtal waren in den Image- und Tourismuskampagnen, die der Siedlungsverband in den 1970er Jahren auflegte dementsprechend eher randständig. Diese Kampagnen fanden professionell Anerkennung. Ein beim Siedlungsverband erarbeiteter Tourismus-Prospekt wurde mit der „Goldenen Reisekutsche", der profiliertesten Auszeichnung für Tourismuswerbung, geadelt. Die Kampagne „Schöne Grüße aus Ruß-Land – Treffen Sie Ihre Vorurteile" erzielte ebenso bundesweite Aufmerksamkeit wie das innovative Reiseformat „Ruhr-Tour" für drei- bis viertägige pauschale Gruppenreisen ins „Land der tausend Feuer", die als Höhepunkt eine

---

„Schöne Grüße aus Ruß-Land", Poster von 1974, Ausschnitt, Quelle: Siedlungsverband Ruhr, Dietrich Springorum, Auf der Suche nach der zweiten Zukunft, Öffentlichkeitsarbeit für das Ruhrgebiet 1968–1978, Karlsruhe/Essen 1978, S. 113

Schöne Grüße aus Ruß-Land
Treffen Sie Ihre Vorurteile

1974

Grubenfahrt oder einen Hochofenabstich boten. Aber auch diesen Kampagnen folgten keine Reiseströme in das Ruhrgebiet.

VON DER „ENTDECKUNG" DER INDUSTRIEKULTUR ZUR ROUTE DER INDUSTRIEKULTUR

In Springorums Plädoyer, Tourismus und Tourismusmarketing von einer „Das haben wir auch"- auf eine „Das haben nur wir"-Strategie umzupolen, war noch unscharf geblieben, was die Einzigartigkeit des Reiselandes Ruhrgebiet nun tatsächlich ausmachen sollte. Es dauerte bis zum Ende der 1990er Jahre, um sie auch touristisch auf einen Begriff zu bringen: Industriekultur. Der Terminus war in den 1970er Jahren in den kultur- und kunsthistorischen Sprachgebrauch eingeführt worden, allerdings noch keineswegs in Bezug auf das Ruhrgebiet. Dennoch kamen auch im Ruhrgebiet aus der Denkmalpflege heraus zwei wesentliche Impulse. 1969 wurde die Maschinenhalle der Zeche Zollern als erster Industriebau in Deutschland überhaupt unter Denkmalschutz gestellt, und 1972 gelang es einer zivilgesellschaftlichen Initiative um den Kunst- und Kulturhistoriker Roland Günter die erste Arbeitersiedlung des Ruhrgebiets, die Oberhausener Siedlung Eisenheim, vor dem Abriss zu bewahren. Auch die Gründung der Industriemuseen durch die beiden Landschaftsverbände, in Westfalen 1979 und im Rheinland 1984, die die Geschichte der Arbeit erforschen und an originalen Schauplätzen darstellen sollen, zeugte von einer erwachenden Wertschätzung der baulichen sowie kulturellen und sozialen Hinterlassenschaften des Industriezeitalters.

Das schlug sich auch in manchen Reiseführern zum Ruhrgebiet nieder, die in den 1980er Jahren neu erschienen. Das Ruhrgebietsheft des Merian-Reisemagazins von 1980, zu dem unter anderem Heinrich Böll, Max von der Grün und Jürgen Lodemann Essays beitrugen, bot viel von dem, was bald unter dem schillernden Begriff „Industriekultur" gefasst werden sollte: einen Artikel über Zechensiedlungen, deren Abriss und Privatisierung kritisiert wurde, viel Arbeiterkultur mit Tauben, Kneipe und Fußball, Bildserien des international renommierten

Rechts: Maschinenhalle der Zeche Zollern, 2013 (Marcel Doliwa)

DIE RUHR

Der Fluß, der dem Ruhr-
gebiet den Namen gab,
fließt gar nicht durch das
Industrierevier, sondern
durch eine Landschaft wie
im Bilderbuch. An den
Ufern der Ruhr hat der
Steinkohlebergbau zwar
begonnen, aber er ist
längst nach Norden ge-
wandert und ließ ein
intaktes Gewässer zurück.
Unser Foto zeigt die Ruhr
auf der Höhe von Mintard
in Richtung auf Kettwig
Foto: Rudi Meisel/VISUM

Die Ruhr im Merian „Ruhrgebiet", 1980, S. 14/15

Fotografenehepaares Hilda und Bernhard Becher zu Förder-, Wasser- und Kühltürmen, einen Artikel von Roland Günter über Industriearchitektur und die Malakowtürme sowie einen Ausflug in die konfliktbeladene Industriegeschichte des Ruhrgebiets, zum Ruhrkampf genannten blutigen Bürgerkrieg vom März 1920. Der erste DuMont-Kunstreiseführer von 1984, der noch im selben Jahr eine zweite Auflage erlebte, arbeitete zwar pflichtschuldig die klassischen Baudenkmäler der Region ab: den frühmodernen Sakralbau, die Gründerzeitarchitektur der Verwaltungsfassaden, die mittelalterlichen Dorfkirchen und die barocken Wasserschlösser. Aber das explizite Anliegen des Bandes war es, die „Denkmäler der Maloche", die Zechen und die Bergarbeitersiedlungen, aus ihrem Schattendasein zu befreien und in das ihnen gebührende kunsthistorische (und damit verbunden: sozialhistorische) Licht zu stellen. Das Ruhrgebiet scheint hier als einzigartige kunsthistorische Landschaft des Industriezeitalters auf. Die Ruhr und das Ruhrtal standen dementsprechend nur am Rande des Reiseerleb-

nisses Ruhrgebiet, das der Merian und der DuMont vermitteln wollten. Im Merian konnte der WDR-Journalist Ulrich Hinz die Ruhr wenigstens als den inzwischen saubersten industriell genutzten Fluss Deutschlands (als Kontrapunkt zu dem im selben Artikel vorgestellten schmutzigsten: der Emscher) bewerben, der viel Sehens- und Erlebenswertes zu bieten hat: Burgen, Kapellen, Städtchen, Sagen und Märchen, also Romantik. Aber eine tatsächliche touristische Anziehungskraft sah er eher nicht. Die Idyllen der Ruhr und des Ruhrtals dienten fast ausschließlich der Naherholung der Ruhrgebietsbürger, schon weil für andere gar kein Platz sei.

Ein entscheidender Schub für die Industriekultur und auch für eine auf Industriekultur ausgerichtete regionale Tourismuswerbung ging von der Internationalen Bauausstellung (IBA) Emscher Park aus, die als staatliches Förderprogramm zwischen 1989 und 1999 den Strukturwandel insbesondere im nördlichen Ruhrgebiet befördern sollte. So zeigte die Eröffnungsausstellung „Feuer und Flamme" 1994/95 im Gasometer Oberhausen, der im Rahmen der IBA zu einer der spektakulärsten Ausstellungshallen Europas umgebaut worden war, die Potenziale einer ein breites Publikum ansprechenden Inszenierung und Eventisierung von Industriekultur. Die Ausstellung von Industriegeschichte in einem Denkmal der Industriegeschichte lockte rund 460.000 Besucher an. Im Auftrag der IBA entstand auch das erste auf Industriekultur ausgerichtete Reisebuch. Roland Günter verortete das nördliche Ruhrgebiet in der absoluten Oberliga der globalen Kulturlandschaften. „Im Tal der Könige" wurde 1994 das meist verkaufte Reisebuch in Deutschland.

Die Bestandsaufnahme des von Wirtschaftsminister Wolfgang Clement 1997, zwei Jahre vor dem Ende der IBA, in Auftrag gegebenen „Masterplans für Reisen ins Revier" fiel dennoch ernüchternd aus. Das Ruhrgebiet bildete im Vergleich mit anderen Regionen immer noch das nationale Schlusslicht als Gastgeber für Touristen. Vom eigentlich boomenden Städtetourismus profitierten die Ruhrgebietsstädte deutlich weniger als andere, lediglich Essen bewegte sich wenigstens in der Nähe eines stadttouristisch bedeutsamen Zentrums. Um das Niveau von Stadttourismuszentren wie Stuttgart oder Hamburg zu erreichen, was eine Verdrei- oder Vervierfachung der Übernachtungszahlen bedeutete, schlug der Masterplan eine Strategie vor, die auf Kurzzeitreisen sowie auf ein ebenso eigenständiges wie eigenwilliges Profil setzen müsse. Die drei Bausteine dieses Profils, die im Ruhrgebiet bereits vorhanden waren, aber noch ausgebaut werden müssten, sahen die Autoren des Masterplans in der Industriekultur („Das haben nur wir"), im Entertainment („Das machen wir besser als andere") und in der Kultur („Vielfältiger als anderswo"). Um die Industriekultur bewusst hervorzuheben und medienwirksam zu inszenieren, bedurfte es eines „Stars", zu dem der Masterplan die Zeche Zollverein auserkor (die noch im DuMont-Führer 13 Jahre zuvor ein industriekultureller Standort unter vielen gewesen war). Das touristisch wichtigste industriekulturelle Projekt stellte aber die Route der Industriekultur dar, die zunächst 18 herausragende Orte der Industriekultur verbinden und zugleich als Erlebnisorte präsentieren sollte und im Frühsommer 1999 zum Abschluss der IBA eröffnet wurde.

TOURISMUSREGION RUHRGEBIET?

Die Anstöße der IBA Emscherpark für einen auf Industriekultur ausgerichteten regionalen Tourismus, der sich mit Entertainment und modernem

Cover des Prospekts „Faszination Ruhrgebiet. Touren und Reisen der IBA Emscher Park '98"

Kulturangebot verband, erfuhren eingangs/vorerst in drei neuen Institutionen eine Fortsetzung. Die Gründungen der Kultur Ruhr GmbH 1997, der Ruhr Tourismus GmbH (RTG) 1999 und der Projekt Ruhr GmbH 2000 gingen zudem in die Richtung der im Masterplan geforderten Zentralisierung von Tourismusorganisation und -marketing. Die Kultur Ruhr GmbH übernahm die Aufgabe, das Kulturangebot der Region stärker zu koordinieren, die Ruhr Tourismus GmbH wurde als operationale Basis für die touristische Vermarktung gegründet, und die Projekt Ruhr GmbH, die allerdings bereits 2007 wieder aufgelöst wurde, sollte sich auch um Tourismusförderung durch Projekte zur Entwicklung konkreter touristischer Standorte kümmern.

Das Ruhrgebiet war in der zweiten Hälfte der 1990er Jahre zweifellos die erste Region, die Industriekultur als Tourismuskonzept ernst nahm. Das sicherte ihm einen Vorsprung, den es in den 2000er Jahren weiter ausbaute. Die Aufnahme der beiden Schachtanlagen 12 und 1/2/8 sowie der Kokerei der

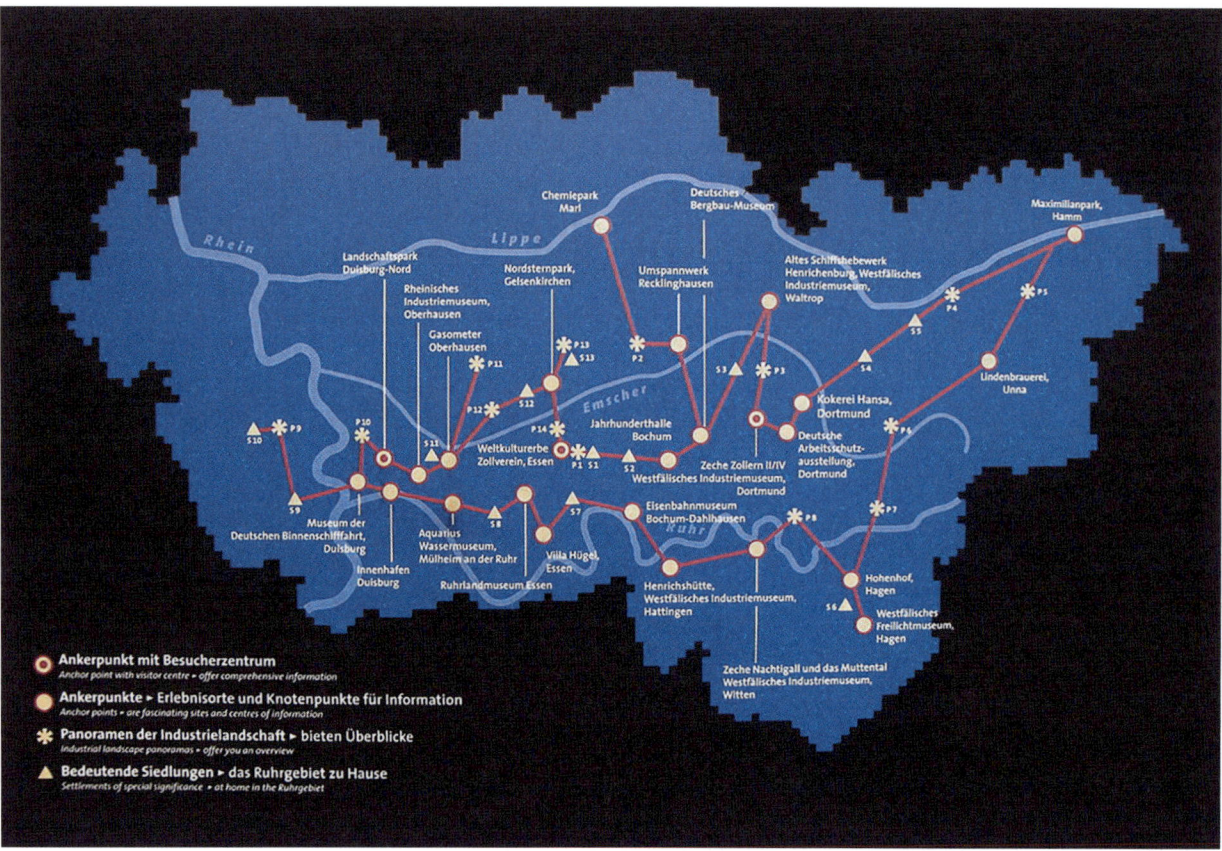

Route der Industriekultur, Informationsschild, 2009 Autor: NatiSythen,
CC BY-SA 3.0, https://creativecommons.org/licenses/by-sa/3.0/

Zeche Zollverein in die Liste des „UNESCO – Kultur- und Naturerbes der Welt" sicherte der Industriekultur im Ruhrgebiet tatsächlich einen „Star" mit internationaler Ausstrahlung. Das Rückgrat blieb die Route der Industriekultur, für die es selbst international kaum ein ähnlich ambioniertes Pendant gibt. Sie verfügt inzwischen über 25 Ankerpunkte, die 2017 allein circa sieben Millionen Besucher anzogen. Ein herausragendes Beispiel für die Verbindung von Industriekultur und klassischem Kulturprogramm ist seit 2002 das von der Kultur Ruhr GmbH getragene internationale Kunstfestival „Ruhrtriennale", das jedes Jahr für sechs Wochen Musiktheater, Schauspiel, Tanz, Kunstinstallationen und Konzerte in den „Kathedralen der Arbeit" inszeniert. Entscheidende Impulse für den Kulturtourismus im Ruhrgebiet gingen aber vor allem von der „RUHR.2010 – Kulturhauptstadt Europas" aus. Für die Verbindung von Industriekultur, Kultur und Entertainment mit Eventcharakter steht seit 2001 die „ExtraSchicht – Lange Nacht der Industriekultur",

die inzwischen an 50 Spielorten im ganzen Ruhrgebiet hunderttausende Menschen für eine Nacht mobilisiert.

Darüber hinaus ist im Autoland Ruhrgebiet seit den 2000er Jahren der Fahrradtourismus zu einem wichtigen Stützpfeiler der Tourismuswirtschaft ausgebaut worden. Der Fahrradtourismus hatte in Deutschland bereits seit den 1980er Jahren beständig an Popularität gewonnen. Auch der damalige Kommunalverband Ruhr gab bereits einige Radwanderkarten für die ländlich geprägten Randzonen des Ruhrgebiets heraus. Ein erster Impuls, die zum Vergnügen Radfahrenden auch in das altindustrielle Kerngebiet des Ruhrgebiets zu ziehen, ging wieder von der IBA Emscherpark aus, die in den 1990er Jahren den Ausbau des Emscherpark-Radwegs förderte. Zu Anfang der 2000er Jahre begann dann der energische Ausbau eines radtouristischen Netzes, das auf alten Bahntrassen oder an Kanaluferwegen auch Anschluss an die Route der Industriekultur suchte. 2003 erschien der erste Radreiseführer für das Ruhrgebiet, nachdem die hier vorgeschlagenen Touren bereits in einer WAZ-Artikelserie vorgestellt worden waren. Aktuell spannt sich das Radwegenetz im Ruhrgebiet auf etwa 1.200 Kilometer.

Insbesondere die Ruhr und das Ruhrtal profitieren vom Boom des Fahrradtourismus. Der 2006 offiziell eröffnete RuhrtalRadweg, der über 240 Kilometer von der Ruhrquelle bei Winterberg bis zu ihrer Mündung in den Rhein bei Duisburg führt, gehört inzwischen zu den beliebtesten und meistbefahrenen Radwegen in Deutschland. Die RTG bietet eine Reihe von Pauschalangeboten für mehrtägige Radtouren entlang der Ruhr. Am Industriekulturtourismus partizipiert die Ruhr dagegen eher zurückhaltend. Zwar liegen immerhin fünf der 25 Ankerpunkte nahe des Flusses oder im Ruhrtal – das Aquarius Wassermuseum in Mülheim, das Eisenbahnmuseum in Bochum-Dahlhausen, die Henrichshütte in Hattingen, die Villa Hügel in Essen-Bredeney und die Zeche Nachtigall in Witten, doch die besucherstarken Highlights liegen am Hellweg oder an der Emscher. 2017 zählten die fünf Standorte zusammen 356.000 Besucher, weniger als ein Viertel der Besucher, die Zollverein ansteuerten, und auch der Duisburger Innenhafen oder der Landschaftspark-Nord konnten jeder für sich etwa dreimal so viel Besucher registrieren wie die fünf Ankerpunkte an der Ruhr zusammen.

Zumindest für die Ruhrgebietsbürgerinnen und -bürger ist die Ruhr weiterhin, wie seit den 1920er Jahren, ein Magnet für Freizeitbeschäftigungen, die sich um das Wasser drehen. Im Mai 2017 konnte mit dem Seaside Beach am Baldeneysee sogar eine erste Badestelle wieder freigegeben werden. Insbesondere die Ruhrstauseen haben sich auch zu etablierten Standorten besucherstarker Events entwickelt, wie Kemnade in Flammen und das Zeltfestival am Kemnader See, das SMAG Sun Dance Open Air Festival am Baldeneysee, (noch jüngeren Datums) der „Tag am See" am Hengsteysee oder das Große Seefest am Harkortsee. Nicht zuletzt wirbt das Ruhrtal, auch über 150 Jahre nach Erscheinen des ersten Baedeker, der an die Ruhr führte, um den Wandertouristen auf der Suche nach romantischen Erlebnissen in unverstellter Natur und auf Wasserburgen – und zwar, jedenfalls wenn man die Zahl der in jüngster Zeit erschienenen einschlägigen Wanderführer als Anhaltspunkt nimmt, auch erfolgreich.

Ruhrgebiet und Ruhr haben sich in den letzten 20 Jahren als Reiseziel sicherlich etabliert. Im Spitzenfeld des deutschen Städtetourismus sind sie aber längst noch nicht angekommen. Die touristisch erfolgreichsten Städte zählen immer noch zwei bis 2,5 mal so viele Übernachtungen.

---

24. Ausgabe des Seefests am Harkortsee, 2019 (K+S Studios)

Frank Ahland

ANGELN ZWISCHEN SPORT UND NATURSCHUTZ

Der Sportfischerverein Witten e.V. 1932

Mehr und mehr nimmt das Ruhrtal als Erholungsraum Gestalt an. Gegenüber dem Vereinsheim des Wittener Sportfischervereins „In der Lake" fährt die Museumseisenbahn, wenige hundert Meter flussaufwärts schließt eine Fähre die letzte Lücke im Radwanderweg von der Quelle bis zur Mündung, die MS Schwalbe zieht gemächlich vorbei und wirbelt etwas Sauerstoff in das träge fließende Wasser der Ruhr. Auch Wanderer muss man nicht lange suchen, ebenso Spaziergänger mit und ohne Hund. Auf der Ruhr fahren Kanuten, Paddler und Ruderer, zudem ziehen Segler und Surfer ihre Runden auf dem nahe gelegenen Kemnader See. Schwierigkeiten haben die Angler allenfalls mit ungeübten Wassersportlern und den Kanutouristen, die nicht selten ihre Pinkelpausen in Wasserschutzgebieten einlegen.

War die Ruhr vor 250 Jahren noch ein sauberer und wilder Fluss, der es Fischen ermöglichte, vom Meer über Rhein, Ruhr und Lenne bis ins Sauerland aufzusteigen, so vereiteln dies heute zahlreiche Wehre, Stauseen, Sohlabstürze, Talsperren und Hochwasserrückhaltebecken. An der Wittener Ruhr sind es die Wehre am Kraftwerk Hohenstein, an der Herbeder Schlagd und an der Staumauer des Kemnader

Sees. Dort sind seit langem schon Fischtreppen angebracht, die es den Fischen ermöglichen, von einem kleinen Wasserbecken ins nächste zu springen und somit den Höhenunterschied zu überwinden. Vor Kurzem erst wurde am Kraftwerk Hohenstein eine kombinierte Anlage für Kanuten und Fische gebaut.

Lange bevor der Lauf der Ruhr von Grund auf verändert wurde, bot der Fluss vielen Fischarten einen idealen Lebensraum. Leitfisch war die Barbe, auch Döbel, Barsch und Hecht waren hier heimisch. Ruhrfisch stand auf dem Speiseplan vieler Anrainer. Freilich blieb das Recht zu fischen wenigen vorbehalten. Bis zum Ende des 18. Jahrhunderts teilten sich auf Wittener Gebiet die Herren von Haus Berge und von Schloss Steinhausen das Privileg zu fischen, die Fischereigerechtsame. Während die Herren nur zum Zeitvertreib fischten, beschäftigten sie zum Gelderwerb Fischer, die sie in eigenen Katen wohnen und arbeiten ließen. Zwar waren die Einnahmen aus dem Verkauf vor allem von Aalen nicht gering, doch zum Einkommen der beiden Häuser trugen sie nur wenig bei. Mit Fähre und Brücke, für die noch bis ins 20. Jahrhundert ein Brückengeld zu zahlen war, konnten die Herren der Ruhr weit mehr verdienen als mit dem Fischfang.

1880 lud der Düsseldorfer Regierungspräsident zur Bildung der ein Jahr später gegründeten

Links: Angler in Badehose und Anzug: Gruppenbild nach einem Wettfisch-Contest, Ausschnitt, 1936 (Sportfischerverein Witten e. V. 1932)

Angeln im Frühjahr 1953 (Sportfischerverein Witten e. V. 1932)

Ruhrfischereigenossenschaft nach Witten ein. Auf Wittener Gebiet gehörten umfangreiche Fischereirechte den Nachfahren des Industriellen Friedrich Lohmann, der 1815 Haus Berge mitsamt den Fischereirechten erworben hatte. Die Fischereiberechtigten durften Erlaubnisscheine ausgeben. Sie konnten ihr Recht auch verpachten, etwa an Wilhelm Dünkelberg, der die Ziegelei Nachtigall betrieb und als Rittergutsbesitzer selbst Fischereirechte besaß. Nicht länger ein Privileg des Adels, wurde der Fischfang, so er nicht den Teller füllen sollte, zu einem bürgerlichen Zeitvertreib. Wittener Bürger machten sich den Aufenthalt an und in der Ruhr zu eigen, gründeten Flussbadeanstalten und Schwimm-, Ruder- und Kanuvereine. Noch blieb man unter sich.

Auch der am 8. Oktober 1932 gegründete Angelsportverein Witten-Ruhr begann bürgerlich. „Neun sportbegeisterte Angler" seien zusammengekommen, heißt es, um miteinander zu angeln, gemeinsame Ausflüge zu unternehmen und ihre Kenntnisse und Fähigkeiten im fairen Wettbewerb zu messen. Die Dominanz des sportlichen Aspekts zeigte sich schon an der Namensgebung. Es war nicht der erste Anglerverein an der Ruhr. Den Anfang hatte 1921 der Fischereiverein Essen gemacht. 1926 folgte der Eisenbahnersportverein Hagen. Zwischen Herbede und Hattingen regte ein Hüttenarbeiter drei Vereinsgründungen an: Welper-Blankenstein 1927, Hattingen 1928 und Bochum-Herbede 1935. 1933 gründeten sich der Sportanglerverein Schwerte/ Ruhr und Umgegend und der Sportfischerverein Hagen. 1936 folgten der ASV Ruhrfähre in Oberhausen, 1939 die Sportfischer-Kameradschaft Duisburg/Rahmer See, gefolgt von weiteren Vereinen nach Kriegsende.

Doch sticht der Wittener Verein heraus. Zur Zeit seiner Gründung erreichte die Weltwirtschaftskrise ihren Höhepunkt. Nie zuvor und niemals seither zählte Witten so viele Arbeitslose. Ein bis dahin nicht gekanntes Maß an sozialer Verelendung und Verunsicherung, gepaart mit einer deprimierenden Hoffnungslosigkeit hatte sich nach drei Jahren Krise breit gemacht. Unter diesen Umständen einen Verein zu gründen und sich durch Pachtverträge mittelfristig zu binden, bedeutete mithin ein waghalsiges Unterfangen. Den ersten Pachtvertrag schloss der Verein mit seinen etwa 65 Mitgliedern 1933 ab, wenig später den zweiten. 1941 verfügte er über eine zehn Kilometer lange Strecke für 402 Reichsmark Pacht.

Der ASV Witten, Mitglied im Reichsverband Deutscher Sportfischer, gab sich eine Satzung, die der Mustersatzung des Dachverbands folgte und durch und durch dem Geist des Nationalsozialismus entsprach. Nach dem sogenannten Führerprinzip wurde der Vereinsführer nicht von den Mitgliedern gewählt, sondern vom Gauführer eingesetzt. Die Mitgliedschaft blieb „unbescholtenen deutschen Volksgenossen" vorbehalten, die „arischer Abkunft" waren: „Nichtarier sind zugelassen, wenn sie Frontkämpfer oder Angehörige von im Weltkrieg Gefallenen sind." Die Ausnahmeklausel fand freilich keine Anwendung. Erst nachdem der Gauführer mit einem „Heil Hitler und Petri Heil" den Kraftfahrer Franz Limpke als Vereinsführer bestätigt und die Staatspolizei keine politischen Bedenken gegen die Eintragung erhoben hatte, ließ sich der Verein beim Amtsgericht Witten eintragen.

Zwei Vereinsmitglieder wurden 1936 als Regimegegner abgeurteilt. Bergmann Paul Engelbrecht, Kommunist und seit 1932 im Verein, wurde nach zwei Jahren Zuchthaus entlassen. Das Angeln blieb ihm untersagt, sein Sohn Erwin sagt dazu: „Das war die traurigste Zeit für ihn, weil er da nicht mehr angeln durfte. Auch während des Krieges ist er immer an der Ruhr entlanggelaufen, er war eben so ein Naturbursche. Spazierengehen konnte man ihm ja nicht verbieten." Als das Regime dazu überging, NS-Gegner zu liquidieren, wie bei den Karfreitagsmorden 1945 in Dortmund, wurde Engelbrecht gewarnt, die Gestapo wolle ihn abholen. Er überlebte die Nazi-Zeit und betrieb alsbald aktiv die Wiedergründung des Vereins.

Am 9. September 1945 versammelten sich die Vereinsmitglieder. „In der wie gewöhnlich üblichen Tagesordnung wurden die Beitragszahlungen erledigt, Fischereiaufseher bestimmt, 20 Neuaufnahmen getätigt und die Mindestmaße der Fischarten festgesetzt", heißt es im Bericht, als wäre nichts gewesen. Tatsächlich aber war der Verein wie alle anderen Vereinigungen, Parteien und Organisationen mit dem Einmarsch der alliierten Truppen aufgelöst worden. Die Alliierten trauten den Deutschen noch nicht.

An der Ruhr dominierten in den Nachkriegsjahren anstelle der Sport- die Wildfischer, die ohne waid-

männische Kenntnisse dem Wasser Fische in großer Zahl entnahmen. Alliierte Soldaten fischten nicht selten mit Sprengmitteln, wie Erwin Engelbrecht berichtet: „Mit einer Handgranate gehen hundert Fische durch den Druck kaputt, die kommen dann hoch. Dann haben die Soldaten zwei, drei rausgefischt, die sie brauchten, und die anderen gingen ab. Und das hat meinem Vater nicht gepasst, das war eben nicht waidgerecht." Sein Vater bat den Stadtkommandanten, selbst Angler, diese Art des Fischens einzustellen und den Angelsportverein wieder zuzulassen. Engelbrecht, der als politisch Verfolgter des Nazi-Regimes das Vertrauen der Briten genoss, setzte sich durch. Kaum ein anderer Sportangler in Witten hätte die Wiederzulassung so bald nach Kriegsende erreichen können.

Alle 72 Mitglieder, die nicht tot oder in Kriegsgefangenschaft waren und derer man habhaft werden konnte, wurden angesprochen. Engelbrecht suchte sich Mitstreiter für den Vorstand, die Alliierten fragten deren politische Unbelastetheit ab. Eine Versammlung wählte Engelbrecht zum Vorsitzenden. Obwohl in der Öffentlichkeit als Kommunist bekannt, betonte er die Neutralität des Vereins: „Unsere Aufgabe ist, auf Demokratischer Grundlage zu arbeiten." 1946 waren 110 Sportfischer erfasst. Wer Mitglied werden wollte, musste zwei Bürgen benennen und pro Jahr 15 Reichsmark zahlen. Ende 1945 schloss Engelbrecht einen ersten Pachtvertrag ab, aufgrund des starken Zuwachses betrieb er aktiv und meist erfolgreich die Ausweitung der Pachtstrecke, die 1953 16 Kilometer umfasste.

Sofern sich das Vereinsleben nicht an der Ruhr abspielte, fand es rund um das Gussstahlwerk Witten statt. Hier hatte man die Gründungsversammlung in einer Wirtschaft abgehalten, die später zum Vereinslokal wurde. Und hier fanden auch die Klubabende statt, nahm der Kassierer Aufnahmescheine und Beiträge entgegen und gab die Erlaubnisscheine für das kommende Jahr aus. Um das Werk herum wohnten die meisten Mitglieder, unter denen ein Unternehmer und wenige Handwerker und Kaufleute aus dem Rahmen fielen, immerhin 20 waren Angestellte. Mehr als die Hälfte aber waren Arbeiter, meist Facharbeiter. Zu diesem Zeitpunkt war der Verein überaus proletarisch geprägt.

Auch wer nicht in der Industrie arbeitete, atmete die von Qualm durchzogene Luft. Entzündungen der oberen Atemwege zählten zu den häufigsten Krankheiten jener Jahre. Angeln zu gehen, hieß nicht allein, dem Rhythmus der industriellen

Erster Ausflug zum Möhnesee, 1948
(Sportfischerverein Witten e. V. 1932)

Arbeits- und Lebensweise der Stadt, dem Lärm, dem Gestank, der drangvollen Enge in den Wohnungen für eine Weile entfliehen zu können. Angeln bot auch die Möglichkeit durchzuatmen. Wie später noch oft ging es 1948 erstmals zu einem gemeinsamen Ausflug an den Möhnesee. Auf der Ladefläche eines alten, mit Gas betriebenen Opel Blitz saßen in drei Reihen aufgestellter Stühle rund 20 Männer mit ihrem Angelgerät, viele in umgefärbten Wehrmachtsuniformen. Auch andere nahe gelegene Ziele steuerte man an, bald schon im Reisebus.

Die Währungsreform 1948 traf den Verein hart. Da die Pacht noch vor Jahresende beglichen werden musste, der Vorstand die Beiträge aber nicht erhöhen wollte, verlangte er eine Vorauszahlung. Doch fast jedes vierte Wittener Mitglied zeigte in den Worten des Vorstands „kein Verständnis für die Lage". 24 Mitglieder wurden ausgeschlossen, andere gingen freiwillig, mancher wandte sich an den Vorstand. Ein Kriegsbeschädigter, der neben seiner Frau und vier Kindern seine Mutter versorgen musste, bat den Vorsitzenden „von Mensch zu

Mensch", ihn nicht auszustoßen, „da der Angelsport meine einzigste sportliche Gelegenheit ist, die ich ausführen kann, und bei der ich wirklich Erholung meines Körpers finde". Der Vorstand wäre ihm entgegengekommen, hätte er nicht ohne Erlaubnis weitergeangelt.

Von den 180 Mitgliedern zum Zeitpunkt der Währungsreform waren 1950 nur noch 100 geblieben. Sinkende Einnahmen aus Beiträgen bei gleichen oder höheren Kosten stellten den Verein vor eine große Herausforderung. So versuchte der Verein, die Fluktuation mit einer Aufnahmegebühr zu bremsen. Wer den Beitrag für das kommende Jahr nicht zahlte, aber später wieder aktiv werden wollte, wurde mit einer solchen Gebühr im Verein gehalten. Wer nur mal schauen wollte, blieb draußen. 1951 ließ der Vorstand die ratenweise Zahlung der Beiträge zu und ermäßigte den Beitrag für Einkommensschwache. Der Erfolg ließ auf sich warten.

Mit dem Wiederaufleben der Industrie in den späten 1940er Jahren nahm die Verschmutzung der Ruhr zu. Ein Fischsterben setzte ein. Im Februar 1949 bereisten Vertreter des Ruhrverbands und der Wasserwerke die Ruhr, in Witten stellten sie fest, dass das Wasser durch ungeklärte Abwässer verschmutzt sei: „Dringend notwendig ist ein

Erster Ausflug zum Möhnesee, 1948 (Sportfischerverein Witten e. V. 1932)

sofortiges Vorgehen gegen das festgestellte Ablassen von Öl." Das Wasser der Ruhr wechselte seine Farbe von bräunlich über grau zu schwärzlich, am Auslauf des Wittener Gussstahlwerks notierten die Experten eine „ausgedehnte dicke Ölschicht auf dem Wasser". Durch das leicht trübe Wasser ließ sich nur 27 Zentimeter in die Tiefe sehen. Zudem stieg die Keimbelastung des Wassers extrem an.

Die steigende Belastung mit Industrieabwässern schadete vor allem der Flora und Fauna der Ruhr. Fischsterben war nicht selten, die Fangergebnisse sanken. „Dennoch", so der frühere Gewässerwart Heinz Humke, „die Fische wurden auf jeden Fall verwertet, obwohl die Qualität des Wassers in den 1950er Jahren katastrophal war." Aber nicht immer ließ sich der Fisch essen. Vereinsmitglied Josef Weßolek erinnert sich: „Wenn man den Fisch, den man gefangen hat, gebraten hat, dann konnte man den wegschmeißen, und die Pfanne gleich hinterher, so stank das alles." Mitte der 1950er Jahre wurde das Wasser wieder sauberer, die Fische gesünder. Der Verein intensivierte den Fischbesatz. „Große Massenfischsterben sind in der Ruhr auch noch in den 1960er Jahren vorgekommen, allerdings nicht mehr so starke", so Humke.

Der Verein erholte sich nur langsam. 1950 verzeichnete er nur vier Neuaufnahmen, darunter Herbert Langhans, der sich an sein erstes Angelgerät erinnert: „Da war auf der Annenstraße ein Peitschenhersteller, da haben wir uns Peitschenstöcke gekauft. Die haben wir umgearbeitet als Rute. Das war alles sehr primitiv." Sein Vater Hermann, nur ein Jahr länger im Verein, wurde auf Vorschlag Engelbrechts Geschäftsführer. Beide arbeiteten sehr eng zusammen, bis Langhans 1956/57 den drei Jahre Jüngeren im Vorsitz ablöste. Wie es dazu kam, bleibt unklar. Engelbrecht wurde 1955 und 1956 im Amt bestätigt, im September 1957 bei der Feier des 25-jährigen Jubiläums war Langhans Vorsitzender. Dessen Sohn erinnert sich: „Knatsch haben die nicht gehabt. Die haben immer sehr gut zusammen harmoniert." Engelbrechts Sohn Erwin vermutet einen Zusammenhang zum Kalten Krieg, zum Verbot der KPD durch das Bundesverfassungsgericht im August 1956: „Vielleicht waren es auch politische Intrigen, weil er ja auch wieder als Kandidat für die KPD aufgetreten ist. Aber ich weiß es

Oben/Rechts: Vor der Kulisse zerstörter Industrie: Gruppenwanderung von Witten über Herbede nach Hattingen, Oktober 1948 (Sportfischerverein Witten e. V. 1932)

nicht, ich vermute es nur, weil damals versucht wurde, die Kommunisten aus den Gewerkschaften, aus allen Vereinen herauszudrängen." In der Erinnerung der Mitglieder ist der Vorgang nicht präsent, Gerüchte kursieren. Bei Langhans wie bei Engelbrecht blieb Verärgerung zurück.

Mit dem neuen Vorsitzenden blieb vieles beim Alten. Der Vorstand traf sich oft im Wohnzimmer des Vorsitzenden. Im „Büro Langhans", wie es die Mitglieder nannten, stand ein großer Schrank mit den Akten des Vereins. Wer Mitglied werden wollte, musste noch immer zwei Bürgen benennen, doch fiel die Befragung nach der politischen Vergangenheit, nach der Mitgliedschaft in der NSDAP und ähnlichen Organisationen, fort. In der ersten Hälfte der 1950er Jahre gelang es dem Verein, sich auf niedrigem Niveau zu stabilisieren. Die Mitgliederzahl stieg bis 1955 auf 131. Nicht wenige waren kriegsversehrt, andere hatten bei Arbeitsunfällen Teile ihres Körpers oder deren Beweglichkeit eingebüßt.

1960 stieß der Verein erstmals an eine von der Ruhrfischereigenossenschaft auferlegte Grenze: Je Kilometer durften höchstens acht Jahreserlaubnisscheine oder eine entsprechende Zahl an Tages- oder Monatserlaubnisscheinen ausgegeben werden. Später wurden die Regelungen gelockert, noch später die Berechnungsgrundlage verändert, an die Stelle der Uferlänge trat der Ertrag je Hektar. Wenn keine aktiven Mitglieder hinzukommen durften, so warb der Verein um passive Mitglieder, die für einen geringeren Beitrag Anwärter auf den Erhalt des Erlaubnisscheins wurden. 1963 hatten zehn Mitglieder diesen Status, 1968 32. Der Verein war mit 230 Mitgliedern größer als je zuvor, dennoch beklagte sich der Vorstand über eine mangelnde Beteiligung an den Vereinsaktivitäten. 1970 zählte der Verein 365 Mitglieder.

Machten sich Jugendliche bei den Ausflügen rar, so nahmen sie doch am Vereinsleben teil. Sie wollten sich sportlich messen. Eine Möglichkeit bot das Casting, anfangs oftmals noch als Turnierwurfsport bezeichnet. Dabei führten die Sportler meist in Sonntagskleidung Wurftechniken aus der Praxis der Sportfischerei vor. Mit Kunststoffgewichten, auch mit künstlichen Fliegen aus Stahldraht und Federhecheln mussten Scheiben in einer Entfernung von acht bis 20 Metern getroffen werden. Oder es galt, möglichst weit zu werfen. Weil sich beim Weitwurf mehrere Dutzend Meter Schnur in der Luft befanden, ging man auf Rasenflächen oder aufs Wasser und stellte sich auf Stege oder in Boote. Doch auch unter dem Laubwerk hindurch wurde geworfen. Ende der 1960er Jahre nahmen mehrere Vereinsmitglieder bei Landes- oder Deutschen Meisterschaften vordere Plätze ein.

Daneben wurde das Wettfischen zur Leidenschaft vieler jüngerer Angler. Oft nahmen über 100 Angler an den Wettbewerben teil. Anfänglich wurde nur der Angler mit dem größten Hecht König, nur wenn niemand einen Hecht gefangen hatte, zählte das größte Gewicht. Der Sieger trug bei Vereinstreffen eine Königskette, bis im nächsten Jahr ein anderer zum König wurde. In den Augen der Jüngeren waren die Älteren Pottfischer, die den Fisch nachher in der Küche verwerteten. Heinz Humke leitet die Faszination des Wettfischens aus der Lebenssituation der Angler ab: „Die Leute kamen aus der Industrie, die kamen aus dem Bergbau, die mussten nach Zeit und nach Gewicht und nach irgendwelchen Vorgaben ihre Arbeit verrichten. Die haben beim Angeln weitergemacht. Sie haben dieses Leistungsprinzip,

das sie beruflich kannten, auch in das Angeln übernommen."

Mitglied Edmund Büttner hatte selbst in australischer Kriegsgefangenschaft nicht vom Angeln lassen können. In den 1950er Jahren in den Verein gekommen, machte ihn Hermann Langhans wenig später zum Sportwart und schickte ihn zum Meeresfischen in der Nordsee. Büttner belegte den zweiten Platz: „Das Meeresfischen ist für mich eine große Leidenschaft geworden." Dennoch wollte er erst absagen, als ihn der Dachverband für einen Wettbewerb in Südwestafrika zum Kapitän der deutschen Nationalmannschaft machte. Büttner konnte freilich gegen die erfahrene Springbockmannschaft der Südafrikaner nichts ausrichten. Zurück blieben Freundschaften, sechs Mal war er seitdem in Namibia.

Angler Erich Röpke: „Beim Angeln sehen Sie Vögel und andere Tiere, die Sie sonst nie sehen würden. Ein Naturerlebnis, das kann man sonst gar nicht erleben. Angeln ist nichts zum Rumtoben, das ist was zum Genießen, zum Ausruhen. Gleichzeitig ist man konzentriert auf den Fisch, den will man überlisten." Gegen die Faszination des Angelsports kamen auch Fernseher und Pkw nicht an. „Durch die

Arbeitszeitverkürzungen hatten auf einmal sehr viele Arbeitnehmer Zeit, ihre Freizeit zu gestalten. Und da gab es dann den ersten großen Run auf die Angelvereine", wie Heinz Humke berichtet. Der Wittener Verein hatte als einer von wenigen eine eigene Frauenmannschaft. Röpke über seine Frau Fränzi: „Als ich das erste Mal mit ihr angeln war, da war es kalt, dann hat es auch noch geschneit. Da hab ich gedacht, die wird nie wieder angeln. Aber sie hat weitergemacht und Spaß daran gefunden. Sie hat alles mitgemacht, was kam, und hat manchem Experten gezeigt, dass Frauen besser angeln können als er. Sie hat sehr gut geangelt, sie hat auch im Landesverband geangelt als einzige Frau aus Witten."

Jedes Vereinsjahr begann mit der Jahreshauptversammlung. Nach dem traditionellen Anglergruß Petri Heil rief der Vorsitzende die im vergangenen Jahr gestorbenen Mitglieder in Erinnerung. Nach dem Verlesen des Protokolls der letzten Sitzung hielten der Sport-, der Gewässer-, der Turnier- und der Jugendwart ihre Berichte. Nach dem Kassenbericht hielt der Vorsitzende den Geschäftsbericht, was bedeutet, dass er penibel die eingegangene Post verlas und kommentierte. Die Mitglieder entlasteten den Vorstand und wählten einen neuen, der zumeist der alte war. Seit 1966 wurde der Vorstand auf Widerruf gewählt, er blieb solange im Amt, bis er starb, zurücktrat oder abgewählt wurde. Rücktritt war die Regel, aber erst nach einer meist sehr langen Amtszeit. Am Ende der bis zu drei Stunden langen Versammlung wurden die Veranstaltungspläne fürs kommende Jahr bekannt gegeben und Anträge behandelt.

Seit den 1970er Jahren stiegen die Kosten für den Fischbesatz deutlich. Trotz steigender Mitgliederzahlen konnte der Verein die zusätzlichen Ausgaben nicht bewältigen, ohne den Mitgliedsbeitrag zu erhöhen. Zugleich aber mussten die Gewässer hinreichend attraktiv für Angler sein. Dazu trug der 1979 fertiggestellte Kemnader See bei. Noch bevor sich das Wasser ausbreiten konnte, wachte die Stadt Bochum eifersüchtig über die Belange der sieben Bochumer Angelvereine. Da der Wittener Verein bereits „eine der längsten Angelstrecken hier im Einzugsgebiet" besitze, dürfe ihm bei der Verteilung der Jahreserlaubnisscheine kein Vorrang eingeräumt werden. Die Reaktion aus Witten ließ nicht lange auf sich warten, schließlich hatte man die Strecke seit vier Jahrzehnten gepachtet. In einer Besprechung mit den Bochumern, an der auch der Geschäftsführer der Ruhrfischereigenossenschaft

teilnahm, schlug Langhans eine einvernehmliche Lösung vor, von der beide Seiten profitierten.

An den Beratungen des 1973 in Kraft getretenen Landesfischereigesetzes war Langhans auch beteiligt. Nun wurde er zum Fischereiberater der Unteren Fischereibehörde bei der Stadt Witten. „Wenn eine Verschmutzung war an der Ruhr, dann war er gleich dahinter her", erklärt sein Sohn Herbert. Mit einem Indikatorpapier ließ sich rasch an Ort und Stelle der Säuregrad des Wassers näherungsweise bestimmen. Auch am 11. März 1976 entnahm Hermann Langhans dem Wannenbach Proben, die er der Landesanstalt für Fischerei schickte. Ein Tanklastzug war beim Abbiegen mit überhöhter Geschwindigkeit von der Herbeder Straße in den Ruhrdeich umgekippt und über dem Wannenbach liegen geblieben, 7.000 Liter Benzin waren in das Erdreich und in den Bach geflossen. Die Feuerwehr legte einen Schaumteppich auf dem Ruhrdeich und mehrere Ölabscheider und Ölsperren auf dem Wasser. Ein Teil des verseuchten Erdreichs wurde ausgetauscht, ein anderer Teil durch Chemikalien neutralisiert. Langhans äußerte sich öffentlich, der Bestand sei auf fünf Kilometer Länge beeinträchtigt, das Benzin töte nicht nur Fische, es mache das Revier auf geraume Zeit unbewohnbar.

Zählte die Ruhr in den 1950er Jahren zu den am stärksten belasteten Flüssen Deutschlands, so besserte sich die Wasserqualität allmählich. Der Ruhrverband stufte das Wasser der Ruhr auf Wittener Gebiet noch in den 1970er Jahren als kritisch ein, 1984 sah er die Lage bis zum Einlauf des Ölbachs etwas besser, doch noch immer war das Wasser mäßig belastet und verunreinigt, wenn auch deutlich besser mit Sauerstoff versorgt. Ab dem Einlauf des Ölbachs am Kemnader See war es stärker belastet. Nach dem aktuellen Ruhrgütebericht ist die Wasserqualität in Witten insgesamt gut. Der Wittener Angelsportverein hatte bereits 1957 gehofft, dass bei Gesetzgeber, Behörden und anderen Beteiligten das Verständnis für den Angelsport wachse, damit das Wasser sauberer werde und der Fischbestand wieder auf den alten Stand komme. Dass das Ziel weitgehend erreicht werden konnte, ist auch ein Verdienst des ASV und des Wirkens seines langjährigen Vorsitzenden Hermann Langhans.

Bevor 1980 der 81-jährige Langhans aus Altersgründen ausschied, hatte sich der Verein in Sportfischerverein Witten 1932 umbenannt. Damit kam er demjenigen Teil der Mitgliedschaft entgegen, der den sportlichen Aspekt hervorgehoben sehen woll-

Casting im Sonntagsstaat: Jugendliche Angler bei einem Wurfwettkampf an der Wittener Ruhr, 1952 (Sportfischerverein Witten e. V. 1932)

te. Immerhin hatten in den 1970er Jahren Wittener Sportangler an internationalen Wettkämpfen teilgenommen. Herbert Langhans über seinen Vater als Vorsitzender: „Der kannte nichts anderes. Der machte das mit geschlossenen Augen." Sein Verein dankte es ihm und ernannte ihn zum Ehrenvorsitzenden. Zu seinem Nachfolger wählten sie Hellmut Küster, mit dem die nächste Generation ans Ruder kam. Als Küster bereits 1981 sein Amt aus gesundheitlichen Gründen niederlegen musste, trat mit Herbert Prill als Vorsitzender und Rüdiger Duppke als Geschäftsführer schon die übernächste, in der Nachkriegszeit und der Bundesrepublik geprägte Generation an.

Zum 50-jährigen Jubiläum 1982 lud der Verein zu einem Jubiläumswettfischen ein, an dem zehn Vereine teilnahmen, darunter eine Mannschaft aus Südafrika. Ein Festakt mit Reden, Ansprachen, Mitglieder- und Siegerehrung folgte im Saalbau. Den Abschluss bildete der Anglerball, eingeleitet mit dem Königstanz, anschließend führte ein Conferencier durchs Programm. Nach einer Tanzgruppe und der Bekanntgabe der Gewinner einer Tombola trat spätabends eine Rockband auf. Der Unterschied zur überaus steifen Feier von 1957 mit Kammermusik, Gesang und zahllosen Ansprachen konnte größer kaum sein.

Bedeutende Veränderungen setzten ein, anstelle des „Büros Langhans" pachtete der Verein einen heruntergekommenen Getreideschober und baute ihn um. Um die Kosten niedrig zu halten, mussten möglichst viele Tätigkeiten von den Mitgliedern selbst erledigt werden. Vorübergehend wurde die Zahl der von jedem Mitglied zu leistenden Arbeitsstunden auf zehn erhöht. Schon 1960 hatte der Verein beschlossen, jedes Mitglied müsse pro Jahr fünf, später sechs Arbeitsstunden zur Pflege des Gewässers ableisten oder für jede nicht abgeleistete Stunde 10 Deutsche Mark zahlen. Nur ältere oder schwerbehinderte Mitglieder blieben befreit. Manches Mitglied verbrachte jedes freie Wochenende oder gar seinen Jahresurlaub auf der Baustelle. Diese Zusammenarbeit schuf ein zuvor so nicht gekanntes Gefühl der Gemeinschaft unter den Mitgliedern. Es verwirklichte sich, was Hermann Langhans 1963 formuliert hatte, „dass unser Verein auf solider Grundlage ein gutes Heim der Gemeinschaft ist". Am 28. November 1986 wurde das Vereinsheim des Sportfischervereins Witten 1932 seiner Bestimmung übergeben.

Der aus den Mühen der Bauphase gestärkt hervor-gegangene Verein wurde auch für Außenstehende attraktiver. Zählte der Verein 1982 vor Beginn des Baus noch rund 550 Mitglieder, so stieg die Zahl bis zum Ende des Jahrzehnts auf rund 650. 1991 waren es mehr als 700 und 1999 mehr als 800 Mitglieder. Um Spannungen zwischen den neu eintretenden und den langjährigen Mitgliedern zu vermeiden, sollten sich die Neuen mit 100 Deutschen Mark an den Baukosten beteiligen. Ohnehin mussten sie Wartezeiten bis zu drei Jahren in Kauf nehmen, ihre Übernahme in die aktive Mitgliedschaft machte der Vorstand von der Mitarbeit im Verein abhängig. Nur wer seine Arbeitsstunden ableistete und beim weiteren Ausbau des Vereinsheims mitarbeitete, konnte mit einer Übernahme rechnen.

Auch 1988, als der Verein ein Grundstück in Gedern pachtete, war die Eigenleistung der Mitglieder gefragt. Eine baufällige Hütte wurde umgebaut, in ihr sollten Mitglieder mit ihren Familien Ruhe und Entspannung finden, hier sollten Boote untergestellt werden. Als die Jugendgruppe über Pfingsten in Gedern zeltete, versuchten manche Nachbarn, sie mit Rasenmäherlärm zu vertreiben. Der damalige Jugendwart Udo Kruppa erzählt: „Wir sind standhaft geblieben. Bevor wir gefahren sind, haben wir unseren Müll da, wo wir gesessen haben, eingesammelt. Ein paar Tage später kam dann im Vereinsheim der Anruf, sie hätten nichts dagegen, wenn die Jugendlichen wiederkämen." Um erfahrene Angler dazu zu bringen, ihre Kenntnisse an die Jugend weiterzugeben, wird seit einigen Jahren im Team gefischt. Jeweils ein Jugendlicher und ein Erwachsener angeln gemeinsam. Um dem Wissenstransfer nachzuhelfen, zählen die Ergebnisse des Jugendlichen doppelt. Nicht wenige Eltern wundern sich, welche Entwicklung ihr Sprössling nimmt. Mancher, der zuvor kaum eine Minute stillsitzen konnte, bringt plötzlich drei, vier Stunden auf einem Hocker zu. Die Gemeinschaft im Verein verändert die Jugendlichen. Dazu trägt auch das gemeinsame Aalangeln in der Nacht bei, das seine Faszination selbst für Erwachsene nicht verliert.

Das Tierschutzgesetz von 1972 verbietet, einem Tier Schmerzen, Leiden oder Schäden ohne vernünftigen Grund zuzufügen. Fortan wurden die Angler von der zeitgleich erstarkenden Umwelt- und Naturschutzbewegung argwöhnisch beobachtet. Es hagelte Vorwürfe der Naturschutzverbände, Angler wurden oft ohne Grund als Fischmörder bezichtigt. Im Unterschied zur Jägerlobby reagierte die Fischerei nicht. Heinz Humke fasst die fatale Haltung zu-

Eine Seltenheit: Wittener Frauen angeln am Möhnesee, 1949
(Sportfischerverein Witten e. V. 1932)

sammen: „Die Angler waren einfach der Meinung: Was wir machen, das ist richtig." Das Wettfischen geriet endgültig in Misskredit. Die Ruhrfischereigenossenschaft drohte ihren Pächtern offen damit, im Falle der Zuwiderhandlung den Pachtvertrag aufzukündigen. Das Finanzamt warnte seinerseits die Vereine, ihnen den Status der Gemeinnützigkeit zu entziehen. Rüdiger Duppke, 1990 zum Vorsitzenden gewählt, appellierte an die Mitglieder, „unser geliebtes Hobby nicht durch unüberlegtes Handeln und Verhalten in Verruf zu bringen und den Bestand unseres Vereines zu gefährden". Mit einer Gesetzesnovelle wurde das Wettfischen 1994 vollends verboten.

Die Auseinandersetzungen mit den Natur- und Umweltschützern hinterließen tiefe Spuren. In den Worten Duppkes fühlten sich die Wittener „übers Ohr gehauen". Geblieben ist ein tiefes Misstrauen, sah man sich doch selbst seit langem schon in eben dieser Rolle handelnd. Hatte man doch seit jeher aktiven Gewässerschutz betrieben, vom Aussterben bedrohte Fischarten wieder und wieder in das Ruhrwasser eingesetzt, weder Kosten noch Mühen scheuend. Nun maßten sich Außenstehende ohne tiefe Kenntnis des Gewässers und ohne Verständ-

nis für Flora und Fauna unterhalb der Wasserkante an, als Vogelschützer aufzutreten, im Namen von Umwelt und Natur zu sprechen. Erst später verdrängten wissenschaftlich kundige Naturschützer die selbst ernannten Vogelschützer. Seitdem hat sich das Verhältnis zwischen der Fischerei und der ökologischen Bewegung deutlich entspannt. Beide Seiten zeigen keine Berührungsängste mehr, suchen aber auch nicht den Kontakt zueinander. Noch immer beherrscht ein eigenartiges Ungleichgewicht die Wahrnehmung vieler Naturschützer, noch immer werden die Belange der Fische und anderer Wasserbewohner kaum zur Kenntnis genommen, noch immer wird den Interessen der Vögel ungleich stärker entgegengekommen.

Ein Beispiel hierfür liefert die noch immer anhaltende Auseinandersetzung um den Kormoran. Im strengen Winter 1995/96 zogen tausende, gewöhnlich an den Küstengewässern überwinternde Kormorane auf der Suche nach Nahrung ins Inland.

Seitdem stehen sie auf der Tagesordnung der Vereine und Verbände der Angler. Die Wittener registrierten „erhebliche Schäden an Baumbestand, Erdreich und Fischen". Bei der Jagd greift der Vogel auch Fische an, die er nicht schlucken kann – zurück bleiben schwer verletzte Fische. Etwa 300 dauerhaft und ganzjährig an der Ruhr lebende Kormorane verschlingen jährlich rund 45 Tonnen Ruhrfisch, etwa die gleiche Menge fehlt seitdem in den Fangergebnissen der Angler. Die Wittener versuchen, größere Jungfische knapp unter dem Mindestmaß in die Ruhr einzusetzen, die sich aufgrund ihrer Größe leichter vor dem Kormoran schützen können. Seit 2006 gibt die Kormoranverordnung des Landes die herbstliche Jagd auf den Vogel frei. Zwischenzeitlich eingeschränkt, gilt seit 2018 eine ähnliche Verordnung erneut. Auch der in der Ruhr nicht heimische Wels bereitet Probleme.

Eine erhebliche Belastung stellt zudem der Riesenbärenklau (auch Herkulesstaude genannt) dar, der einst aus dem Kaukasus eingeführt wurde und

sich seither ausbreitet und andere Pflanzen zurückdrängt. Als man noch nicht um die Gefährlichkeit der Pflanze wusste, versuchte ein Wittener Jugendleiter mit seinen Jugendlichen, die Pflanze zu bekämpfen. Mit nacktem Oberkörper arbeitend, wurden sie später mit heftigen Verbrennungen ins Krankenhaus eingeliefert. Mancher Angler trägt seither Narben. Kommt die Haut mit der Pflanze in Kontakt, kann es zu Rötungen, Entzündungen, Reizungen oder eben gar Verbrennungen kommen. Zudem beeinträchtigt die Pflanze durch ihre schiere Größe den Zugang zu den Angelplätzen.

Mühsam, zuweilen verzweifelt versuchten die Wittener, sich aus der Defensive heraus in der Öffentlichkeit gegen die teils berechtigten, teils unberechtigten Vorwürfe der Naturschützer zu behaupten. Nicht wenige Angler ergriffen die Chance, sich ein solides ökologisches Wissen anzueignen. Einer von ihnen ist Manfred Lübben, Gewässerwart des Vereins. Seine Aufgabe fasst er so auf: „Über Umweltschutz hat man noch gar nicht gesprochen, da hat ihn die Fischerei schon praktiziert. Wir überwachen die Gewässer auf ihren biologischen und chemischen Zustand. Wir überwachen die Morphologie des Gewässers, den Fischbestand und seine

In Eigenarbeit umgebaut: das Vereinsheim (Sportfischerverein Witten e. V. 1932)

Weihnachtsangeln der Vereinsjugend, 1991 (Sportfischerverein Witten e. V. 1932)

Zusammensetzung, die Pflanzen im Wasser. Wir halten die Gewässer sauber, die Ufer und die Umgebung. Das alles ist angewandter Naturschutz."

Die Interessen der Fischerei und der Naturschutzverbände treffen sich, wenn es um die Wiederherstellung der Durchgängigkeit der Gewässer geht. Sie ist zentrales Anliegen der „Europäischen Wasserrahmenrichtlinie" aus dem Jahr 2000, die die Ökosysteme des Wassers schützen und nachhaltig entwickeln will. Verbindlich legt sie das Ziel fest, einen guten ökologischen Zustand der Flüsse herzustellen. Noch hindern Wehre und mangelnder Bewuchs des Flussufers viele Fische am Ablaichen. Zudem ist das Wasser zu sauber, zu klar geworden. Sichttiefen von über zwei Metern sind keine Seltenheit. Vor wenigen Jahrzehnten schwammen noch weit mehr Fischnährtierchen im Wasser, die im überdüngten Fluss gut Nahrung fanden. Ohne künstlichen Besatz wären manche heimische Fischarten nicht mehr zu finden. Auch der Klimawandel wird vor der Ruhr und ihren Bewohnern nicht Halt machen. Wird es im Sommer zu warm werden, wird es vielen Fischen an Sauerstoff fehlen. Ohnehin ist die Wassertemperatur der Ruhr in den letzten Jahren deutlich gestiegen, ein weiterer Anstieg ist zu erwarten, wodurch

die Konzentration des Sauerstoffs im Wasser weiter sinken und sich seine Zehrung beschleunigen wird. Die meisten Mitglieder nehmen die Auseinandersetzungen um den Naturschutz zwar wahr, doch bestimmen sie nicht ihren Alltag als Angler und Vereinsmitglieder. Nur gelegentlich passierte es, dass Angler von uninformierten Zeitgenossen als Fischmörder verunglimpft wurden. So blieb der Verein selbst nicht auf der Strecke. Im Gegenteil, die 1990er Jahre sind das erfolgreichste Jahrzehnt in der Vereinsgeschichte: 1999 zählte der Verein 813 Mitglieder. Inzwischen zählt der Verein zwar weniger Mitglieder, hat sich aber im Verhältnis zu manch anderem Angelverein gut gehalten, auch wenn weniger Mitglieder immer auch weniger Beiträge bedeuten. „Sicher ergeben sich Finanzierungsprobleme durch die sinkenden Mitgliederzahlen", sagt Udo Schulte, seit dem plötzlichen Tod Rüdiger Duppkes 2012 Vorsitzender des Vereins. Doch wolle man den Verein nicht auf einen Sparmodus zurückfahren, indem man etwa die Besatzmaßnahmen verringert. Trotzdem gilt es, hohe Summen für Pacht und Fischbesatz aufzubringen, ohne die Beiträge zu erhöhen. Zu seinen Jahreshauptversammlungen kommt der Verein nicht mehr im Saalbau zusammen, sondern

trifft sich im Vereinsheim. Fahrten zur Nordsee werden nicht mehr angeboten, das Interesse ließ stark nach. Zudem verzichtet der Verein auf den traditionellen Anglerball – im Jubiläumsjahr 2007 fand er jedoch statt.

Der Sportfischerverein Witten e. V. 1932 besteht nun seit über 85 Jahren, und nichts deutet darauf hin, dass es ihn bald nicht mehr geben wird. Freizeitangler, denen der Fisch als Dreingabe dient, bestimmen das Bild, obschon die Qualität des Ruhrfisches in den vergangenen Jahrzehnten erheblich gestiegen ist. Als Duppke in den 1990er Jahren anregte, dem Vorbild anderer Vereine gleich, den Sport aus dem Namen zu tilgen, zeigte sich kein Interesse an einer Veränderung. Real jedoch ist der Verein längst kein Verein der Sportangler mehr – der sportliche Aspekt bezieht sich allein auf das Casting, der Verein ist ein Angelverein. In ihm verbringen Menschen ihre Freizeit. Und als solche kommen sie vielfach in Berührung mit anderen Erholung Suchenden. Was den Reiz all dessen ausmacht, drückt Udo Schulte

Links/Unten: Fischbesatz an der Wittener Ruhr, 1951
(Sportfischerverein Witten e. V. 1932)

so aus: „Du hast vorher Hektik und viel zu tun. Und dann begibst Du dich ans Wasser und angelst dort. Da schaltest Du ab und konzentrierst Dich halt auf das, was Du da machst. Es ist etwas ganz anderes, es ist eine ausgeglichene, ruhige Tätigkeit. Und später kehrst Du mit anderen Ansichten zu Deiner Arbeit zurück."

Alle Abbildungen: Stufe für Stufe: alte und
neue Fischtreppe am Kraftwerk Hohenstein, 2018
(Sportfischerverein Witten e. V. 1932)

Jürgen Mittag

WASSERSPORT AUF DER RUHR UND DEN RUHRSTAUSEEN

Rudern, Segeln und Kanufahren
als Freizeit- und Wettbewerbssport

Wer an einem sommerlichen Wochenende die Ruhr und die Ruhrstauseen passiert, wird Zeuge eines bunten Panoramas von Wassersportaktivitäten: Unzählige Segler, Ruderer, Kanu- bzw. Kajakfahrer, aber auch Windsurfer und Stand-up-Paddler nutzen zwischen Hengsteysee und Ruhrmündung die Möglichkeit, sich in der Freizeit sportlich zu betätigen.

Vielfach finden, ausgerichtet von Vereinen und Verbänden, auch Regatten statt. Über die Wettkämpfe oder Meisterschaften der Sportlerinnen und Sportler wird – wie zum Beispiel bei der Essener Segelwoche – in den Medien eingehend berichtet. Entsprechende Freizeit- und Wettbewerbsaktivitäten auf der Ruhr sind keine exklusive Erscheinung der jüngeren Vergangenheit, sondern fanden zum Teil auch schon vor 100 Jahren statt, als sich im Zuge veränderter gesellschaftlicher Rahmenbedingungen und einer Reduzierung der wöchentlichen Arbeitsdauer Freizeit und Sport zu zunehmend wichtiger werdenden Bestandteilen des Alltaglebens im wilhelminischen Kaiserreich und in der Weimarer Republik entwickelten. Dieser Beitrag vermittelt zunächst einen Überblick zu den Anfängen und Ent-

wicklungslinien des Wassersports im Allgemeinen, um dann historische und aktuelle Begebenheiten an der Ruhr näher zu beleuchten. Den Vereinen als wichtigsten Trägern des Wassersports an der Ruhr wird dabei besondere Beachtung gewidmet.

GESELLSCHAFTLICHE RAHMEN-
BEDINGUNGEN: FREIZEIT IM WANDEL

Mit der Auflösung der ständischen Ordnung im späten 18. Jahrhundert bahnte sich ein neues Bewusstsein für Zeitstrukturen den Weg. Ursprünglich hatte nur eine kleine Oberschicht der Gesellschaft, zu der Adel, kirchliche Würdenträger und das wohlhabende Bürgertum zählten, über das Privileg verfügt, freie Zeit zur Muße zu besitzen. Im Zuge der Ausweitung der bürgerlichen Gesellschaft bildete sich schrittweise eine spezifische Vorstellung von Freizeit heraus, bei der Arbeitszeit und freie Zeit sowohl räumlich als auch zeitlich stärker voneinander getrennt wurden. Die Freizeit war dabei in ein bürgerliches Wertesystem eingebettet. Dem vorherrschenden bürgerlichen Arbeitsethos und Pflichtgefühl Rechnung tragend, diente die freie Zeit nicht primär dem Müßiggang. Vielmehr bestand der Anspruch, die Freizeit sinnvoll zu nutzen. Konzert- und Theaterbesuche, aber auch Kultur- und Bildungsreisen zählten

Links: Rudersport: Vierer mit Steuermann auf der Ruhr bei Hattingen, 2015 (Stefan Ziese)

anfänglich zu den bevorzugten Elementen bürgerlicher Freizeitgestaltung. Ab dem 19. Jahrhundert folgte dann der Sport. Mit seiner Fokussierung auf Leistung und Wettkampf in moderater Form kam bürgerlichen Sportformen wie Pferderennen und Tennis, aber auch Segeln und Rudern im Kontext der bürgerlichen Freizeitwelt alsbald eine zunehmend wichtigere Rolle zu.

Die Industrialisierungs- und Urbanisierungsprozesse im Laufe des 19. Jahrhunderts forcierten eine grundlegende Änderung der Lebenswelten immer größerer Bevölkerungsteile. An die Stelle der von Jahreszeiten beziehungsweise von Wetter- und Naturverhältnissen geprägten Tagesabläufe der Agrargesellschaft trat die strenge zeitliche Kontrolle der Arbeitsabläufe der Industriegesellschaft. In der ersten Hälfte des 19. Jahrhunderts waren Arbeitszeiten von zunächst 14 bis 16 Stunden täglich, selbst für Frauen und Kinder, keine Seltenheit. Da Industriearbeiter aufgrund der langen Arbeitstage kaum

Familienrudern um 1900, Quelle: 100 Jahre Ruder-Club Witten, S. 50 (Ruder-Club Witten)

über freie Zeit verfügten, blieb bewusst gestaltbare Freizeit zunächst ein bürgerliches Privileg. Ab Mitte des 19. Jahrhunderts ging die Arbeitszeit dann schrittweise zurück: in den 1860er Jahren lag sie bei zwölf bis 14 Stunden, in den 1880er Jahren sank sie auf etwa elf Stunden, in den 1890er Jahren auf zehn Stunden. Zugleich wurde die Sonntagsarbeitszeit eingeschränkt und die Samstagsarbeit verkürzt. Infolge dieser Entwicklung, die nicht zuletzt auf die

Zwei Segelboote und ein Kajakfahrer auf dem Baldeneysee in Essen vor dem Förderturm der ehemaligen Zeche Carl Funke, 2010 (Stefan Ziese)

Ausflugrestaurant „Ruhrthal" an der Ruhr bei Mülheim um 1910,
Quelle: Hundert Jahre Wassersportverein Mülheim (Ruhr) e.V., S. 37
(Wassersportverein Mülheim)

politische Einflussnahme der Arbeiterbewegung zurückzuführen war, aber auch durch eine partielle Übernahme von bürgerlichen Werten seitens der Industriearbeiterschaft beeinflusst wurde, avancierten Sport und Turnen in immer breiteren gesellschaftlichen Schichten zu Bestandteilen der Freizeitgestaltung.

Mit dem wachsenden Bewusstsein für freie Zeit und infolge der reduzierten Arbeitszeiten entstanden neue soziale Räume, in denen verstärkt nach Abwechslung und Unterhaltung gesucht wurde. Ebenso wie in anderen Städten rückte dabei auch für viele Bewohner der Städte des Ruhrgebiets nicht das Naturerlebnis in den Vordergrund, sondern vielmehr die Suche nach Vergnügungen. Dementsprechend wurden dann ab der Mitte des 19. Jahrhunderts zahlreiche Restaurants und Gartenlokale am Stadtrand als Vergnügungsorte bezeichnet. Diese Form von Massenfreizeitkultur unterschied sich deutlich von den traditionellen Formen der Volksbelustigung und bezog auch verstärkt den Sport mit ein. Zählten zunächst unter anderem Turnen, Radfahren und Ballspiele zu den bevorzugten Sportarten, so erfuhr mit der Wende zum 20. Jahrhundert auch der Wassersport einen Aufschwung.

HISTORISCHER WANDEL: VON DER ROMANTISCHEN KAHNPARTIE ZUM RUDERN ALS WETTBEWERBS- UND FREIZEITSPORT

Die Anfänge des Bootsbaus reichen bis in die Altsteinzeit zurück. Schon für die Antike lassen sich zahlreiche Varianten von Wasserfahrzeugen belegen, die von Menschen nicht nur für den Fischfang, sondern auch zum Transport sowie für militärische Zwecke genutzt wurden. Auf der Ruhr waren es vor allem Fährschiffe, die der Bevölkerung einen sicheren Übergang durch den von Tiefwasserzonen und sich verändernden Strömungsverhältnissen geprägten Fluss erlaubten. Obgleich in der Kunst und Literatur seit dem Mittelalter auch Beispiele für Kahnpartien zum bloßen Vergnügen zu finden sind, überwog der gewerbliche Nutzen durch die in der Regel aus Holz gebauten Lastkähne. Nachdem die preußische Regierung die Ruhr regulieren und zahlreiche Schleusen bauen ließ, um den Fluss schiffbar zu machen, dominierte zu Beginn der Neuzeit an der Ruhr ebenfalls der Einsatz von Last- und Arbeitskähnen. Von etwa 1780 bis zu den 1880er Jahren wurden die vor allem Kohle und Salze befördernden Ruhraaken flussaufwärts mit Hilfe von Pferdekraft über die bis heute erhaltenen Leinpfade getreidelt, während flussabwärts die Strömung genutzt wurde. Als nach dem Bau der Ruhrtal-Bahn die Frachtschifffahrt an Bedeutung verlor und eingestellt wurde, prägten einige Jahre lang nochmals kleinere Kähne und Fähren das Bild der Wasserfahrzeuge auf der Ruhr. Als sonntägliches Ausflugsvergnügen bildete eine romantische Kahnpartie auf der Ruhr eine Abwechslung zu den Seen und Teichen der zunehmend von der Montanindustrie geprägten Ruhrgebietsstädte.

In den 1890er Jahren nahm dann auch an der Ruhr der moderne Wassersport mit Ruderbooten in neuer Bauweise seinen Anfang. Als Ursprungsland des modernen sportlichen Ruderns gilt England. Nachdem Segelschiffe die Ruderboote aus Handel und Kriegsführung verdrängt hatten, setze sich hier in der Frühen Neuzeit schrittweise eine sportliche Dimension des Ruderns durch. Das seit 1715 auf der Themse ausgetragene Doggett's Coat and Badge-Ruderrennen gilt als älteste Ruderregatta der Welt. Auf den Namensgeber Thomas Doggett geht auch die Skull-Technik zurück. Zu Trägern des Amateursports avancierten vor allem Schulen und Universitäten. Im Jahr 1829 wurde erstmals das berühmte Rennen zwischen Cambridge und Oxford ausgetragen.

Die erste deutsche Ruderregatta fand 1844 in Hamburg statt. Infolge anhaltender Wettbewerbsbegeisterung und der Gründung zahlreicher Vereine wurde 1883 in Köln der Deutsche Ruderverband als

Dachorganisation gegründet. Im Ruhrgebiet entstanden kurz vor der Jahrhundertwende ebenfalls die ersten Rudervereine. So etwa 1892 der Ruder-Club Witten, vier Jahre später der Essen-Werdener Ruder-Club 1896 und 1898 der Ruderclub Hansa in Dortmund, der sich indes am Dortmund-Ems-Kanal ansiedelte. Bereits bestehende Sportvereine wie der Essener Turn- und Fechtklub (ETUF) 1899 erweiterten ihr Angebot um eine Ruderriege. Nach der Jahrhundertwende folgten der Steeler-Ruder-Verein 1904, der Wassersportverein Mülheim von 1906 und die Kettwiger Rudergesellschaft von 1906.

In der Entwicklung der Ruderclubs an der Ruhr spiegelt sich neben der allgemeinen deutschen Zeithistorie auch die spezifische Ruhrgebietsgeschichte wider. Der rasche Aufbau der Rudervereine wurde durch den Ersten Weltkrieg gebremst, als zahlreiche aktive Ruderer zum Militärdienst eingezogen wurden und als Soldaten im Krieg starben. Der neuerliche Aufschwung des Wassersports in der Weimarer Republik mit der Gründung von Jugend- und Frauenriegen, mit dem Aufbau von Boots- und Clubhäusern sowie der Einführung regelmäßiger Wettbewerbe wurde aufgrund der Besetzung des Ruhrgebiets durch die Franzosen und die Beschlagnahmung der Clubhäuser vorübergehend unterbunden. In den Mitteljahren der Weimarer Republik kam es zu einer Neubelebung, der durch den Baubeginn von Hengsteysee, Harkortsee und Baldeneysee wiederum zeitweilig Einhalt geboten wurde, um dann umso intensiver erneut aufgenommen zu werden. Auf den Ruhrstauseen hielten seit den 1930er Jahren auch die Segler Einzug. Zu diesem Zeitpunkt war aus dem ursprünglich ausschließlich von Begüterten betriebenen Elitesport Segeln bereits eine Breitensportbewegung geworden.

Mit der nationalsozialistischen Machtübernahme wurden auch zahlreiche Wassersportvereine an der Ruhr gleichgeschaltet, ohne dass sich am Aufschwung des Wassersports etwas änderte. Der Ausbruch des Zweiten Weltkriegs führte hingegen zu erheblichen Einschränkungen und Zerstörungen. So hatte man im Baldeneysee bereits 1941 das Wasser

Links: Ruderregatta auf der Ruhr in Essen, um 1928. Achter des Essener Turn- und Fechtclubs (ETuF) am Bootssteg, Foto: Willy van Heekern (Fotoarchiv Ruhr Museum)

Ruderregatta auf dem Baldeneysee, Essen, um 1938. Ruderer beim Hitlergruß, Foto: Willy van Heekern (Fotoarchiv Ruhr Museum)

abgelassen, um bei alliierten Luftangriffen auf die Krupp-Werke keine Orientierung zu bieten. Im Jahr 1944 wurde unter anderem das „Bootshaus Hügel" der Ruderriege des Essener Turn- und Fechtklubs durch Brandbomben vollständig zerstört.

Nach dem Zweiten Weltkrieg knüpfte man im Wassersport weitgehend nahtlos an die Traditionen der Zwischenkriegszeit an. Zahlreiche Vereine nahmen ihre Aktivitäten wieder auf. Ein verstärkter Wandel zeigte sich dann in den 1970er Jahren, als das Sporttreiben nicht mehr primär mit dem Wettkampfgedanken verbunden wurde und sich ein neues freizeitsportliches Bewusstsein durchsetzte, bei dem Freude und Spaß an der Bewegung sowie die individuelle Fitness in den Vordergrund rückten. Neben

den Vereinen kamen auch kommerzielle Sportanbieter und verschiedene subkulturelle Trends auf, die dazu führten, dass sich eine breitgefächerte Freizeitsportkultur etablierte, die heutzutage sportliche Phänomene wie Funsport, Wagnissport oder auch Gesundheitssport umfasst.

VOM HENGSTEYSEE BIS ZUR RUHRMÜNDUNG: WASSERSPORT AN DER RUHR ALS FREIZEITMAGNET

Obwohl das Ruhrgebiet sportlich in erster Linie als Fußballregion gilt, hat sich im Schatten des Ballsports auch der Wassersport seit dem Ende des Zweiten Weltkriegs als beliebter Freizeitsport für breite Bevölkerungskreise etabliert. Dies gilt vor allem für den Zeitraum ab den 1970er Jahren, als der Ruhrverband ein umfangreiches Ausbauprogramm seiner Kläranlagen einleitete und sich die Wasserqualität deutlich verbesserte. Von ihren insgesamt rund 220 Kilometern ist die Ruhr mit Ruderbooten ab dem Kilometer 102, in Höhe des Bootshauses und Zeltplatzes des Kanu- und Surfvereins Schwerte, bis zur Mündung bei Duisburg durchgehend befahrbar. Dies hindert den einen oder anderen Wagemutigen aber nicht, sich nach ergiebigen Regenfällen und

Links oben: Das Luftschiff LZ127 Graf Zepellin über der Ruhr in Essen im Juli 1930, Foto: Willy van Heekern (Fotoarchiv Ruhr Museum)

Links unten: Kanu-Regatta auf dem Baldeneysee, Essen, um 1955. Ein Achter-Canadier beim Einpaddeln, Foto: Willy van Heekern (Fotoarchiv Ruhr Museum)

Wasserpest im Hengsteysee, 2008, Autor: A. Heidemann,
https://creativecommons.org/licenses/by-sa/3.0/deed.en

bei entsprechend hohem Wasserstand auf der oberen Ruhr zu versuchen. Unter dem Motto „Hawaii sur Ruhr" nutzen Surfer eine Flusswelle bei Arnsberg sogar gelegentlich zum Wellenreiten.

Der nach dem angrenzenden Hagener Ortsteil benannte Hengsteysee kann als ältester Stausee des Ruhrgebiets auf eine lange Wassersportgeschichte zurückschauen. Neben Rudern und Kanufahren kommt dem Segeln hier eine besondere Bedeutung zu. Mit Sportvereinen wie der im Jahr 1967 gegründeten Seglergemeinschaft Hengsteysee, dem Kanu-Club Hagen 1953, der ebenfalls über eine Segelsparte verfügt, und dem Universitäts-Segel-Club Dortmund von 1971 haben zahlreiche Wassersportvereine den Hengsteystausee zu ihrem Domizil gemacht und Bootshäuser am Ufer errichtet. Moniert wird seitens der Vereine, dass zwar für die Zulassung von Segelbooten auf dem Hengsteysee Gebühren erhoben werden, für die Infrastruktur rund um den See in den letzten Jahren indes nur wenig getan wurde. Die jahrzehntelang regelmäßig durchgeführten Segelregatten auf dem Hengsteysee haben seit den 2000er Jahren vor allem unter der geringen Wassertiefe des Sees von stellenweise weniger als 50 Zentimetern und der verstärkt auftretenden Wasserpest, der aus Amerika eingeschleppten Wasserpflanze Elodea, gelitten. Wärmere Frühjahrstemperaturen und die verbesserte Wasserqualität durch den Ausbau der Ruhrkläranlagen haben dazu geführt, dass sich die Pflanze zeitweilig derart stark ausbreitete, dass der Segelbetrieb eingestellt wer

den musste. Der Einsatz von Mähbooten leistete bislang keine nachhaltige Abhilfe.

Ruderer und Kanuten sind von den klimatischen Veränderungen und dem Aufkommen der Wasserpest weniger stark betroffen. Sie müssen allerdings ihre Boote bei der Fahrt auf der Ruhr vor dem Stauwehr am Hengsteysee rechts der Schleuse und erneut vor dem Wasserkraftwerk Stiftsmühle umtragen. Dies hindert Vereine wie den 1958 gegründeten Kanuverein Wasserwanderer Hagen, der sein Bootshaus zwischen Hengstey- und Harkortsee errichtet hat, aber nicht, den eigenen Namen zum Programm zu machen. Infolge des Übergangs vom Falt- zum Polyesterboot, aber auch durch den Beschluss des nordrhein-westfälischen Landtags im Jahr 1978, die Ruhr als Wasserwanderweg auszubauen, erfuhr das Wasser- oder Kanuwandern weiteren Zuspruch. Auch der Herdecker Kanu-Club 1925, dessen berühmtester Athlet, Meinrad Miltenberger, gemeinsam mit Michel Scheuer im Zweier-Kajak 1956 erster westdeutscher Olympiasieger der Nachkriegszeit wurde, hat hier sein Domizil aufgeschlagen.

Das weithin sichtbare Ruhr-Viadukt zwischen Hagen-Vorhalle und Herdecke markiert für Wassersportler den Beginn des Harkortsees, der als Wettkampfstätte einen guten Ruf genießt. Neben dem 1967 am Ostufer des Sees gegründeten Segelverein Herdecke-Ruhr (SHR) ist der 1954 gegründete Yacht-Club Harkortsee der größte Segelsportanbieter des östlichen Ruhrgebiets. Der YCH, in dem nach der Wende zum 21. Jahrhundert weitere lokale Segelvereine aufgegangen sind, verfügt über ein Vereinsgelände am Südufer des Harkortsees mit rund 100 Wasserliegeplätzen und hat 2016 erstmals eine Katamaran-Regatta auf dem Harkortsee ausgerichtet.

Auch Kanuten richten ihre Wettbewerbe auf dem Harkortsee aus. Jährliche Kanupolo-Turniere werden vom traditionsreichen Kanu Club Wetter von 1901 ausgerichtet, der selbst mehrere Jahre in der Bundesliga spielte. Beim Kanu-Polo treffen zwei Teams mit je fünf Spielern in speziellen kleinen Einerkajaks aufeinander. Ziel des Spiels ist es, den aus Nylon bestehenden Ball werfend oder mit dem Paddel führend in das gegnerische Tor zu befördern, das sich zwei Meter über der Wasseroberfläche befindet.

Auf ihrem Weg über die Ruhr müssen Wasserwanderer ihre Boote bei Wetter und später dann erneut bei Witten umtragen. Witten bietet mit dem direkt an der Ruhr gelegenen LWL-Industriemuseum Zeche Nachtigall und der malerischen Kulisse der Burgruine Hardenstein zwei besondere Highlights für Wasserwanderer. Es folgen dann zahlreiche Bootsgassen, die es Ruderern und Kanuten bei den nun auch durch Kilometersteine ausgewiesenen Orten Herbede (69,2), Kemnade (64,2), Blankenstein (62,0), Hattingen (56,9), Dahlhausen (49,7), Steele-Horst (47,4) und Steele-Spillenburg (42,7) erlauben, ihr Gefährt auf den Bootsrutschen ohne Umtragen fortzubewegen. Bei der Nutzung der zwischen 1979 und 2003 gebauten Bootsgassen sind indes besondere Sicherheitsvorkehrungen zu beachten, da – wie bei der Hattinger Bootsgasse mit 120 Metern Länge und sechs Metern Breite – zum Teil schnelle Strömungen und hohe Wellen zu bewältigen sind.

Auf Wittener Stadtgebiet haben sich zahlreiche Wassersportvereine direkt an der Ruhr angesiedelt. Zwischen den Kilometermarkierungen 75 und 73 finden sich Vereine wie PC Ruhrinsel Witten, KC Neptun Witten, RV Bochum, RC Witten, KSC Witten, Wittener-Kanuslalom Gemeinschaft, FF Wanderfalke Witten und FF Wanderfreunde Witten, die sowohl im Freizeit- als auch im Wettbewerbssport aktiv sind. Die Renngemeinschaft Ruder-Club Witten/Hansa Dortmund hat 1983 im Vierer ohne Steuermann auf der Regattabahn in Duisburg sogar die Weltmeisterschaft gewonnen. 1985 hat dieser Ruhrvierer seinen Titel erfolgreich verteidigt und 1986 die Vizeweltmeisterschaft errungen.

Der jüngste der Ruhrstauseen, der Kemnader See, ist ebenfalls eine stark frequentierte Stätte des Wassersports. Davon, dass sich am Hafen Heveney, in einem Seitenarm des Kemnader Sees, und am Freizeitschwerpunkt Oveney auch der Freizeit- und Trendsport etabliert hat, zeugen neben zahlreichen

Blick auf die Ruhr mit Kanuten und der Burgruine Hardenstein, 2008 (Stefan Ziese)

Nächste Seite: Kleiner Sportboothafen am Viadukt über der Ruhr in Herdecke, vom RuhrtalRadweg aus gesehen, 2010 (Stefan Ziese)

Segeljollen unter anderem die Stand-Up-Paddler und die Drachenboote – lange, kunstvoll verzierte offene Paddelboote, die mit Hilfe von Stechpaddeln fortbewegt werden. Am Kemnader See können neben Kajaks und Segelbooten auch Wasserbikes, Surfbretter sowie Tret- und Ruderboote ausgeliehen werden. Der Kemnader See und die an ihm beheimateten Vereine wie der Segelverein Witten-Kemnade, der Segel- und Kanuclub Herbede, der Kemnader Segel-Club Witten und die Segler-Interessengemeinschaft Ruhrstausee-Kemnade sind Ausrichter zahlreicher Regatten, zu denen die Hattinger Segeltage und der Uni-Cup zählen. Beeinträchtigt wird das Segeln auch hier bisweilen durch die Wasserpest.

In Hattingen beginnt jener Ruhrabschnitt, der mit Blick auf die Ruhrauen und den Winzer Bogen allgemein als attraktivste Wegstrecke für Wasserwanderer gilt. Aus diesem Grund haben sich in Hattingen auch gleich mehrere Verleihstationen angesiedelt, die – zum Teil geführte – Touren unterschiedlicher Länge und Anstrengung auf der Ruhr anbieten. Die

Preise variieren ebenfalls, für eine Tagestour im 2er Kajak oder Kanu werden im Durchschnitt etwa 50 Euro aufgerufen, wobei der Rücktransport des Bootes in der Regel eingeschlossen ist. Nicht nur bei den Anrainern erfreut sich das Wasserwandern auf der Ruhr wachsender Beliebtheit, auch zahlreiche Touristen kommen mittlerweile in die Region, um die Ruhr auf diesem Wege zu erkunden. Selbst ausgefallenen Ansinnen kann Rechnung getragen werden: ob Betriebsausflug oder Schulklasse, Floßtouren oder Raftingabenteuer, die Angebote auf der Ruhr bedienen die unterschiedlichsten sportlichen Interessen und Wünsche. Wenn die Wasserwanderer längere Etappen bestreiten, passieren sie mit dem Baldeneysee den mit Abstand größten Ruhrstausee, der sich über eine Ost-West-Ausdehnung von fast acht Kilometern erstreckt. Der Baldeneysee ist das Zentrum des Wassersports an der Ruhr. Sowohl am Nord- als auch am Südufer liegt ein Bootshaus neben dem anderen, darunter auch die Vereinsheime von prestigeträchtigen Vereinen wie dem 1920 gegründeten mitgliederstarken Ruderklub am Baldeneysee und der Ruderriege des Essener Turn- und Fechtklubs, deren Gründung auf Friedrich Alfred Krupp zurückgeht. Noch vor Gründung der Ruderriege des ETUF war am

Kajak-Verleih auf der Ruhr bei Hattingen, 2008 (Stefan Ziese)

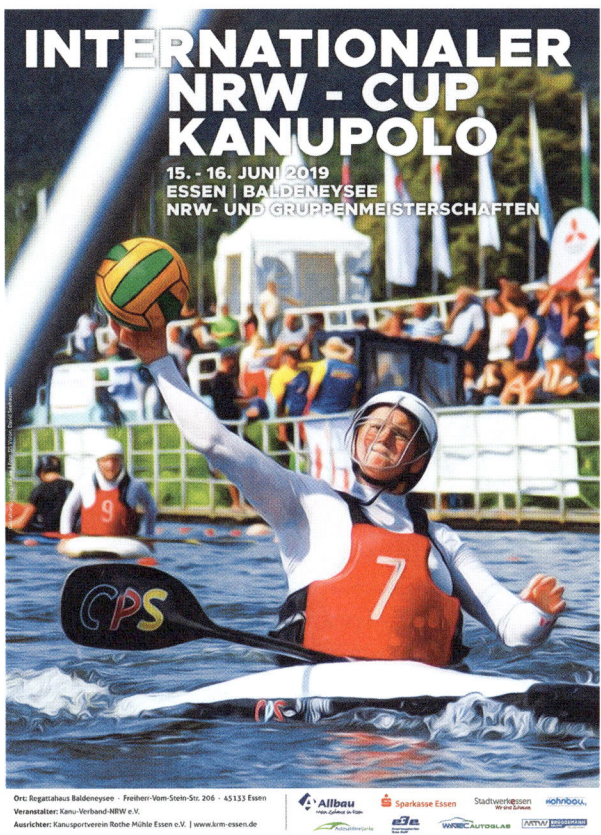

Plakat eines Kanu-Polo-Turniers auf dem Baldeneysee, 2019 (DS Vision)

Plakat zur Internationalen Hügelregatta 1995; Quelle: 100 Hügel-Ruderregatten auf Ruhr- und Baldeneysee, S. 58

13. Juni 1899 dem Verein das repräsentative Bootshaus übergeben worden. Die Firma Krupp hatte seinerzeit die Instandhaltung des Hauses übernommen und nutzte dieses auch zu Repräsentationszwecken.

Beide Vereine sind seit Jahrzehnten Rivalen im Duell um die Essener Stadtmeisterschaft, haben aber auch schon sowohl bei Männern als auch Frauen zahlreiche Weltmeister/innen und Olympiasieger/innen hervorgebracht. Weitere traditionsreiche Vereine sind der TVK Essen 1877, der Essen-Werdener Ruderclub von 1896, der Steeler-Ruder-Verein 1904 oder die Kettwiger Rudergesellschaft von 1906.

Der 1962 erbaute, sich über drei Etagen erstreckende Regattaturm am Nordufer des Baldeneysees und die daneben errichteten Zuschauertribünen haben den Wettbewerbssport Rudern weiter forciert. Das hier ebenfalls angesiedelte Regattahaus beheimatet das Landesleistungszentrum für Kanurennsport und den Bundesstützpunkt Essen. Von insgesamt sieben Essener Ruderclubs wurde 1974 der Essener Ruder-

Regattaverein (ERRV) gegründet, der sich des Ausbaus der Regattastrecke annahm, die mittlerweile über acht Bahnen und eine moderne Startbrücke mit Ampelanlage verfügt. Neben der bekannten Internationalen Hügelregatta, die im Jahre 2018 rund 1.200 Ruderinnen und Ruderer aus 13 Ländern an den Baldeneysee führte, wurden am Baldeneysee auch zahlreiche Deutsche Meisterschaften ausgetragen.

Im Kanu-Polo, das angesichts von bundesweit lediglich rund 2.000 Aktiven eine Randsportart darstellt, sind zwei Essener Vereine führend: Der KG Wanderfalke Essen gewann bereits 1930 seine erste Meisterschaft, der KSV Rothe Mühle Essen eroberte den ersten nationalen Cup 1972 und gehört gegenwärtig stets zu den Titelanwärtern. Der Essener Baldeneysee war bislang der gefragteste Austragungsort der deutschen Meisterschaften im Kanu-Polo, der regelmäßig auch zahlreiche Zuschauer für diese Sportart anzieht.

Rund um den Baldeneysee verfügen auch rund 25 Segelvereine über Wasser- und Landliegeplätze. Erste Segelregatten fanden bereits unmittelbar nach der Fertigstellung des Sees im Jahr 1933 statt. Es sollte aber einige Jahre dauern, bis nach dem Weltkrieg das Verbot des Segelsports auf dem Baldeneysee durch die Alliierten aufgehoben wurde, beschlagnahmte Boote wieder freigegeben wurden und die Aktivitäten mit der Baldeneysee-Woche ihre Fortsetzung fanden.

Vom Vorstand des 1955 gegründeten Essener Yacht-Clubs wurde mit Unterstützung von Alfried Krupp von Bohlen und Halbach, der auch den Krupp-Preis stiftete, die Essener Segelwoche aus der Taufe gehoben, die 1957 erstmals stattfand. Angesichts des regen Zuspruchs aus dem In- und Ausland entwickelte sich die Essener Segelwoche in den folgenden Jahren zu einem sportlichen Großereignis, das alternierend von verschiedenen Essener Segelvereinen ausgerichtet wurde. Seit 2009 ist die neu gegründete Wettfahrtgemeinschaft der Segler am Baldeneysee für die Ausrichtung der oftmals unter

schwierigen Windverhältnissen am Baldeneysee stattfindenden Segelwoche verantwortlich.

Zu den mittlerweile in Vergessenheit geratenen Sportereignissen auf dem Baldeneysee zählen die in den 1950er und 60er Jahren populären Motorbootrennen. Bei diesen, in unterschiedlichen Klassen ausgetragenen Wettbewerben von Rennbooten mit Außenbordmotoren, diente der Baldeneysee in den Jahren 1954, 1955, 1963, 1967 und 1968 als Austragungsort für den vom „Essener Outboard Club", zum Teil in Verbindung mit dem ADAC, ausgerichteten „Großen Preis von Deutschland". Von Mitte der 1950er Jahre bis 1978 fanden auf dem Baldeneysee auch Welt- und Europameisterschaften statt. Zu den führenden Piloten zählte der Essener Autohändler Josef Knubben, der hier 1958 vor heimischer Kulisse seinen dritten Europameistertitel errang. Für Furore sorgte Josef Knubbens Tochter Sigrid, die als deutsche Meisterin in dieser Männersportart auch jenseits des Baldeneysees größere Aufmerksamkeit erzielte.

Neben den Sportvereinen leistet seit Mitte der 1920er Jahre auch die Deutsche Lebens-Rettungs-Gesellschaft (DLRG) einen wesentlichen Beitrag zum Wassersport an der Ruhr. Am Baldeneysee

_____
Zuschauertribüne am Baldeneysee, 2019 (K+S Studios)

Motorbootrennen auf dem Baldeneysee in Essen, 18. Juni 1967.
Weltmeisterschaft in der Klasse OB, Foto: Willy van Heekern
(Fotoarchiv Ruhr Museum)

wurde zum Ende der 1920er Jahre zunächst im Haus Scheppen, im Essener Stadtteil Fischlaken, eine provisorische Station für die Wasserrettung errichtet. Mit dem Bau einer neuen Rettungsstation 1938/39 neben dem Anleger der Weißen Flotte in Essen-Heisingen erhielten der Wasserrettungsdienst und die Ausbildung einen zentralen Anlaufpunkt, der bis heute bedient wird. Auch an anderen Abschnitten der Ruhr sorgen die ehrenamtlichen Kräfte der DLRG – und anderer Rettungsorganisationen wie etwa der Arbeiter-Samariter-Bund – an Wochenenden und Feiertagen für die Sicherheit der Freizeitsportler auf der Ruhr. Großveranstaltungen wie das seit dem Jahr 2004 jährlich auf dem Baldeneysee durchgeführte Drachenboot-Festival wären ohne diese Begleitung undenkbar.

An den Sommerwochenenden lassen sich zahlreiche Zuschauer von der Wassersportbegeisterung anstecken und verfolgen mit Begeisterung die Wettbewerbe auf dem Baldeneysee. Unter der Webseite www.wfg-baldeneysee.org kann ein Überblick über alle laufenden und geplanten Regatten aufgerufen werden. Der Baldeneysee ist aber nicht nur Schauplatz zahlreicher Regatten, sondern

Motorbootrennen auf dem Baldeneysee in Essen, 28. Juli 1963.
Europameisterschaft in der Klasse C-Stock, Foto: Willy van Heekern
(Fotoarchiv Ruhr Museum)

auch Trainingsstätte des Nachwuchses. Die Vereine werben regelmäßig mit Schnuppertrainings und Probeeinheiten, um die nächste Generation für den Wassersport zu gewinnen.

Der kleine Kettwiger Stausee, den Wasserwanderer rund sechs Kilometer nach der Staustufe des Baldeneysees erreichen, wird weitaus weniger stark frequentiert als der Baldeneysee, zählt aber ebenfalls traditionsreiche Vereine wie die Kettwiger Rudergesellschaft von 1906 oder den Kanu-Sport-Club Kettwig von 1958 zu seinen Nutzern. Zwischen Essen-Kettwig und Mülheim finden sich erneut mehrere Verleihstationen für Kanus und Kajaks. Darüber hinaus werden hier auch Motorboote verliehen, die ohne Führerschein gefahren werden können, sowie pedalbetriebene Hausboote, sogenannte Escargots (Schnecken). Ein besonderer Hingucker ist der seit 2002 auf diesem Ruhrabschnitt eingesetzte Nachbau eines Wikingerschiffs mit zwölf Metern Länge.

Auch in Mülheim, dessen Zentrum direkt an die Ruhr grenzt, sind zahlreiche Wassersportvereine beheimatet, darunter die Mülheimer Ruder-Gesellschaft, die Mülheimer Kanu- und Ski-Freunde, die DJK Ruhrwacht, die Kanu-Gilde Mülheim und der Ruderclub Mülheim von 1977. Das Mülheimer Drachenbootfestival wird bereits seit 1996 ausgerichtet und gilt als eine der größten Fun-Regatten in Europa. Im Jahr 2019 nahmen 90 von Vereinen, Firmen, Schulen und Politik gemeldete Teams an den Wettbewerben teil. Auch die populären Jugendfestspiele „Voll die Ruhr", die 2020 ursprünglich bereits ihr 25. Jubiläum feiern sollten, sind mit Floßfahrt und Quietscheentenrennen dem Funsportbereich zuzuordnen.

Der idyllisch gelegene Mülheimer Wasserbahnhof auf der Schleuseninsel ist für viele Wasserwanderer die Endstation ihrer Tour auf der Ruhr. Die letzten Kilometer der Ruhr ab Mülheim werden seltener für den Wassersport genutzt, was sowohl auf den hier verstärkt einsetzenden Motorboot- und Industrieverkehr in Richtung Rhein als auch auf mehrere Schleusen zurückzuführen ist. Infolgedessen sind die zahlreichen Wassersportvereine in Duisburg auch nicht an der Ruhr angesiedelt, sondern an der Regattabahn der Wedau und der Sechs-Seen-Platte.

Rechts: Drachenboot-Rennen auf dem Baldeneysee, 2017 (Stefan Ziese)

FAZIT: WASSERSPORT FÜR ALLE

Das Ruhrtal ist nicht nur ein idyllisches Naherholungsgebiet, sondern auch ein herausragendes Wassersportdomizil. Seit über 100 Jahren nutzen Sportler den Fluss zwischen Schwerte und der Ruhrmündung bei Duisburg für ihre Wettbewer-

be und zum Freizeitvergnügen. Ein wesentliches Kennzeichen des Wassersports auf der Ruhr ist das – trotz der hohen Bevölkerungsdichte – weitgehend einträchtige Nebeneinander unterschiedlicher Wassersportarten und Interessengruppen. Zu den oftmals auszumachenden Konflikten zwischen Leistungs- und Breitensport kommt es auf der Ruhr nur selten. Die Bootshäuser stehen sowohl Leistungs- als auch Breitensportlern offen. Und auch die immer größer werdende Gruppe der informell Sporttreibenden findet an den Verleihstationen Gelegenheit, die Ruhr auf eigene Faust zu erkunden. Dies umso mehr, da Campingplätze und Einkehrmöglichkeiten im Rahmen des Wasserwanderns

auch Kurzurlaube und Mehrtagestouren erlauben. Selbst mit den Schiffen der Weißen Flotte und den zahlreichen Anglern, die vor allem am Wochenende an der Ruhr auszumachen sind, arrangieren sich die Wassersportler.

Neben überkommunalen Akteuren wie dem Ruhrverband als Wasserwirtschaftsverband, dem Regionalverband Ruhr als Zweckverband zur Regionalplanung und den regionalen Sportverbänden kommt vor allem den Vereinen eine zentrale Rolle für die Organisation des Wassersports zu. Die Vereine sind – wie die in diesem Beitrag angeführten Beispiele zeigen – an der Ruhr und den Ruhrstauseen reichlich vertreten und wichtigster Träger der Aktivitäten. Da der Wassersport in der Regel material- und kostenintensiv ist, ermöglichen die Vereine ihren Mitgliedern den Zugang zum Sporttreiben, ohne dass diese notwendigerweise größere Ausgaben tätigen müssen. Die vergleichsweise hohe Kontinuität der Mitgliederzahlen der Vereine spiegelt die anhaltende Attraktivität des Wassersports auf der Ruhr wider. Lediglich im Segeln ist in den letzten 25 Jahren ein gewisser Mitgliederrückgang auszumachen. Die zahlreichen Festschriften der Vereine, die vor allem anlässlich runder Vereinsjubiläen vorgelegt wurden, zeugen von der anhaltenden Begeisterung für den Wassersport, aber auch von einem beachtlichen Ausmaß zivilgesellschaftlicher Selbstorganisation entlang der Ruhr. Angesichts der Ausdifferenzierung im Wassersport und dem Aufkommen von Angeboten wie Drachenbootrennen und Stand-up-Paddling werden auch neue Zielgruppen für den Wassersport gewonnen. Damit ist absehbar, dass die Ruhr auch in Zukunft Wassersportler begeistern wird.

Links: Das Mülheimer Wikingerschiff „MüWi", 2019 (K+S Studios)

Ulrich Reitz

DER SPORTSEE – WASSERSPORT AM BALDENEYSEE

Es muss irgendwann ein Buch geschrieben werden über das Revier mit dem Titel: „1.000 Dinge über das Ruhrgebiet, die noch niemand weiß und auch keiner für möglich gehalten hätte". Mit einem Teil des Ruhrgebiets werden wir jetzt an dieser Stelle schon einmal anfangen, nämlich mit dem Baldeneysee. Also: Erste Frage: Wussten Sie, liebe Leser, dass der Baldeneysee mit seiner Fläche von gerade einmal zweieinhalb Quadratkilometern die höchste Wassersportdichte Deutschlands pro Quadratmeter hat? Zweite Frage: Wussten Sie, dass nirgendwo im Land so viele Kinder Segeln lernen wie in Essen? Und schließlich dritte Frage: Wussten Sie, dass der Baldeneysee so sauber ist, dass man längst dort drin schwimmen könnte, wenn man denn dürfte?

Fangen wir an mit dem Sport. Lassen wir die Tausenden von Läufern, die regelmäßig die 14 Kilometer um den See herum laufen, einmal außen vor. Auch die Fahrradfahrer, die es wie die Läufer genießen, auf dem straßenbreiten Rundumweg, der unmittelbar am Wasser entlang führt, zu radeln. Nicht reden wollen wir auch über die Inline-Skater, deren bevorzugte Strecke der Baldeneysee-Uferweg ist, weil er

eine glatte Asphaltfläche aufweist, auf der es wenig bis nichts zu holpern gibt. Reden wir also vom Wassersport.

Mehr als 6.000 Wassersportler sind hier am Baldeneysee organisiert, und zwar in mehr als 60 Vereinen. Fein säuberlich aufgeteilt zu je rund einem Drittel auf Segler, Ruderer und Kanuten. Rechnet man die organisierten Angler und Sportfischer hinzu, bringt es der Baldeneysee auf rund 10.000 Wassersportler.

Und Sport heißt hier wirklich: Sport. Also Leistung. Wettbewerb. Medaillen. Der Baldeneysee wurde im Jahr 1933 sozusagen zu Wasser gelassen, und es dauerte nicht einmal drei Monate, da startete auch schon die erste Regatta auf dem Gewässer. Und nur zwei Jahre später durfte der YCRE, der Yachtclub Ruhrland Essen, die erste Westdeutsche Olympiaausscheidung in der O-Jollenklasse ausrichten. Heute sind es neben der Essener Segelwoche, die es zu bundesweiter Bekanntheit gebracht hat, 35 weitere Regatten, in denen man Punkte sammeln kann für die Deutschen Meisterschaften. Wassersportler vom Baldeneysee waren sogar international erfolgreich.

Olympische Sommerspiele, Juli 1976, Montreal. Die Segelwettbewerbe werden auf dem Ontariosee ausgetragen. Der Veranstaltungsort heißt Kingston, Start ist im Portsmouth Olympic Harbour.

Links: Zwei sogenannte Drachen auf dem Essener Baldeneysee, 2015 (Stefan Ziese)

Wenn man die Goldmedaillen zählt, bleibt einem nur die Feststellung: die Deutschen waren am erfolgreichsten – sie holten in sechs Wettbewerben drei Mal Gold. Nun gut – im Finn-Dinnghy kam der Deutsche Jochen Schümann, wie der offizielle Medaillenspiegel von damals ausweist, aus der GDR - der German Democratic Republik, die allerdings auch damals schon ein Teil Deutschlands war, der nur eben seltsam regiert wurde. Heute aber gehört er zum Rest vom Ganzen, und darum darf dieser Erfolg als „deutsch" mitgezählt werden. In der Klasse der 470er, da findet sich allerdings ein Sportler aus Essen: Harro Bode. Den Mann kennen viele aus anderen Zusammenhängen: später brachte er es zum Vorstandschef des Ruhrverbandes – einer Institution, von der hier später auch noch die Rede sein wird.

Den Rudersport gab es schon, bevor es den Baldeneysee gab; und zwar als Leistungs- wie auch als Breitensport. Es gingen schon Weltmeistertitel an den Baldeneysee. Bei den Sommerspielen 1988 im südkoreanischen Seoul holte Ansgar Wessling im legendären Deutschland-Achter nebst sieben Kameraden Gold. Ein Jahr später waren nur noch zwei Männer aus dem Deutschland-Achter von Seoul übrig geblieben – einer war Wessling. Und der holte dann 1989 bei den Weltmeisterschaften Gold – vor dem Boot der Gerade-Noch-DDR. 1991 bei den Weltmeisterschaften war Wessling dann wieder im Achter mit dabei – und wieder gab es Gold. Nach seiner Leistungssport-Karriere baute er ab 1993 in Essen eine Kette mit Hörgeräte-Geschäften auf. Heute gehören ihm zwölf Filialen.

Max Rendschmidt ist in Bonn geboren, 1,86 Meter groß, 90 Kilogramm schwer, Bundespolizist und Kanute. Sein Heimatverein ist die KG Essen und Rendschmidts internationaler Medaillenspiegel ist eindrucksvoll. Gold bei Olympia in Rio im Zweier- sowie im 4er-Kajak. Zwei Mal Weltmeister im Vierer, zwei Mal Weltmeister im Zweier-Kajak und fünf Mal Gold bei Europameisterschaften im Zweier-Kajak. Der knapp Zweimeter-Mann Max Hoff, der ebenfalls für die KG Essen startet, brachte es bei Olympischen Spielen, Weltmeisterschaften und Europameisterschaften auf insgesamt 13 Medaillen. Im Frühjahr 2020 ließ man ihn nicht auf den See, um für die Olympiade in Tokio zu trainieren. Nicht auf den Baldeneysee – allein. Wegen Corona!

Hans-Walter Fink, Vorsitzender der IG Baldeneysee und Präsident des Yachtclubs Ruhrland Essen, 2020 (Ralph Lueger)

Historische Aufnahme einer Ruderregatta am Baldeneysee (Amt für Geoinformation, Vermessung und Kataster der Stadt Essen)

Die Kanuten tragen auf dem See ihre Bezirks- und Landesmeisterschaften aus, auch die für Schüler. Die größte, überhaupt die größte ihrer Art im nordwest-europäischen Raum ist die Internationale Kanurennsport Frühjahrsregatta.

Kanuten sind kreativ, und so kamen sie schon früh auf die Idee, im Kanu nicht mehr nur von A nach B zu fahren, sondern eine Mannschafts-Sportart zu erfinden, analog zum Fußball. Das Kanupolo entstand. Die Engländer machten es vor, die Deutschen folgten – und zwar schon vor fast einhundert Jahren: 1927. Mitte der dreißiger Jahre war dann Schluss mit dem Kanupolo – der hohen Reparaturkosten wegen. Kanupolo ist eine reichlich wüste Angelegenheit, jedenfalls ist dieser Sport Material-intensiv. Mitte der sechziger Jahre gab es ein Revival. Mit dabei: Der Vorkriegsverein KG Wanderfalke Essen. Die ersten Weltmeisterschaften in dem Sport wurden 2002 ausgetragen – und zwar in Essen.

Nun zu den Kindern, viel mehr: den Schülerinnen und Schülern. Für sie organisiert der Essener Sportbund, also die Stadt Essen, den „Segelspielplatz". Über Projektwochen und Wochenkurse in den Schulferien werden die Kinder – Voraussetzung: sie können Schwimmen – an das Segeln heran geführt. Sicher – es geht dabei um Schulsport, aber

eben auch um die Nachwuchsgewinnung für den Leistungssport. Eingebunden sind die Eliteschulen des Sports, das Essener Helmholtz-Gymnasium und die Elsa-Brandström-Schule als Partnerschule des Leistungssports. 40 Schulklassen mit insgesamt um die 1.000 Schülerinnen und Schülern kommen pro Jahr in den Genuss dieser wassersportlichen Ausbildung. Das sind mehr als in Kiel, jener Stadt an der Ostsee, die mittlerweile bekannt ist, weit über die deutschen Grenzen hinaus, als „Sailing City". Das ist der Slogan ihres Marketing-Konzepts und man muss sagen: er hat funktioniert. Wo ist eigentlich der Slogan für die Sailing-City Essen?

Im Yachtclub Ruhrland Essen auf der malerisch gelegenen Halbinsel am Lanfermann-Ufer treffen wir Hans-Walter Fink. Er ist nicht nur Präsident des Yachtclubs, sondern auch Vorsitzender der IG Baldeney. IG Baldeney, das klingt ein wenig wie IG Metall und das soll es auch. Die IG Baldeney ist zwar keine Industriegewerkschaft wie die Metaller, sondern „nur" eine Interessengemeinschaft, aber sie versteht sich durchaus auch als das, was neudeutsch eine politische „pressure group" genannt wird. Im lokalen Verfassungsgefüge, wenn man einmal höher greifen will, ist die IG Baldeney durchaus besonders. Die Stadt Essen und die Bezirksregierung Düsseldorf überlassen ihr schon seit Jahrzehnten gerne die Organisation des Sportlebens auf dem See. Es ist sogar so: Ruft jemand bei der Stadt an, mit irgendeinem sportlichen Ansinnen zum See, gibt man ihm gerne die Telefonnummer von Hans-Walter Fink, verbunden mit dem Rat: „Klären Sie das doch bitte gleich mit ihm."

Fink, im früheren, beruflichen Leben Geschäftsführer einer Gruppe von Textilhäusern in der Region, versteht sich auf die politischen und die ökonomischen Dinge. Denn ohne Politik geht es nicht, an so einem See kommen unterschiedliche politische Interessen zusammen. Oder stoßen aufeinander – je nachdem. Da gibt es zum Beispiel das Problem mit der Wasserpest. „Elodea" heißt die Wasserpflanze, die so ganz und gar nicht niedlich ist und den Wassersportlern das Leben schwer macht. Sie muss regelmäßig „gemäht" werden, damit der Baldeneysee nicht zuwächst. Was zwischen 150- und 200.000 Euro kostet – pro Jahr. Kein Wunder, dass es Streit gab, wer diese Rechnung zu zahlen hat. Der Ruhrverband, auf den die Idee zurück geht, diesen See anzulegen, und zwar mit dem Ziel, die Ruhr zu reinigen, argumentierte, sein Beitrag sei „freiwillig", denn rein wasserwirtschaftlich betrachtet sei das Mähen nicht erforderlich. Fink begann zu recherchieren, wem der See denn nun gehört, und grub im Stadtarchiv in Essen einen alten Vertrag aus. Der war 1931 geschlossen worden – und zwar zwischen dem Ruhrverband und der Stadt. Wegen der Weltwirtschaftskrise 1929 hatte die Baustelle Baldeneysee Insolvenz anmelden müssen – und das war der Moment, als die Essener zugriffen. Sie handelten mit dem Ruhrverband einen Vertrag aus. Der sieht, mit heutigen Augen gesehen, ganz putzig aus – er ist auf einer manuellen Schreibmaschine geschrieben, die Korrekturen der Tippfehler sind per Hand eingefügt, das Papier ist reichlich vergilbt und es steht darin, dass die Anlage des Sees gut 14 Millionen Reichsmark gekostet hat, was ja nicht so viel ist, eigentlich. Fink jedenfalls zahlte 20 Euro ans Archiv, und so kam auch der Autor dieser Zeilen in

Rechts: Blick auf den Hafen vom Yachtclub Ruhrland in Essen-Bredeney, 2020 (Ralph Lueger)

BALDENEYSEE ESSEN

Der Baldeneysee unter britischer Besatzungszeit, gezeichnet von britischen Soldaten, 2020 (Ralph Lueger)
———

den Genuss der Vertragslektüre. Jedenfalls ist klar: Die Essener sind beim Baldeneysee „mit im Skat" und über ein von Oberbürgermeister Thomas Kufen verhandeltes „Joint venture" zusammen mit dem Ruhrverband für das Mähen des Sees zuständig.
Offenbar waren die Essener Verwaltungsleute aber auch gewieft. In Paragraf Eins ist noch festgelegt, dass der Ruhrverband den See als „Anlage zur Reinhaltung der Ruhr gemäß §2 des Ruhrreinhaltungsgesetzes vom 5. Juni 1913" anlegt. Dass die Landespolizeibehörde die Sache 1930 genehmigte, ist auch fein säuberlich vermerkt. Dann jedoch ist festgelegt, was heute den Essener Bürgern so viel Freude bereitet. Im Wortlaut vom Mai/Juni 1931 ist dies folgendermaßen notiert:
„Die Stadt oder ihr Rechtsnachfolger ist berechtigt (...), den Stausee als Sport- und Erholungsstätte der Bevölkerung ausschließlich und kostenlos zu benutzen. Zu dieser Ausnutzung gehört auch die Benutzung des Sees zu Schiffahrtszwecken" (damals noch mit nur zwei „F").

Der Baldeneysee ist heute beinahe überflüssig. Jedenfalls gemessen an der ursprünglichen Idee, sozusagen als Auffangbecken von Schwebstoffen für die Sauberkeit der Ruhr zu sorgen. Diese Aufgabe erledigen heute Klärwerke. Interessant ist der See heute als riesengroße Freizeitanlage. Der Baldeneysee ist ein, wie es so schön heißt, weicher Standortfaktor allererster Güte. Wo gibt es schon ein solches Areal von Wasser und umgebenden Wald, mit

dünn besiedelten Hügeln, in ganz Deutschland? Von diesem Argument, sagt Fink, könnte man durchaus mehr Gebrauch machen beim Anwerben von Arbeitskräften für Essen und Umgebung. Fink hat einmal ein paar Jahre in München gearbeitet und daher weiß er, mit welcher Verve die Bayern nach Außen hin ihren Stolz auf ihr schönes Land dokumentieren. „Da hat man schon montags im Radio die Hinweise auf die Sport- und Freizeitmöglichkeiten am Wochenende hören können", erzählt er. Was das anbelangt, ist im Revier, dieser tradierten Arbeitsgesellschaft, und dessen Medien durchaus Luft nach oben.
Anders als die Menschen-Pest, hat die Wasserpest übrigens auch ihr Gutes. Sie weist hin auf die Wasserqualität. Die Elodea braucht Licht, sonst kann sie nicht wachsen. Je mehr Licht, desto besser wächst sie. Und sie wächst wirklich gut, das muss man ihr lassen. Licht aber geht nur durch sauberes Wasser. Je sauberer, desto mehr Licht geht durch. Ergo: Je besser die Elodea wächst, desto sauberer ist der See. Im Starnberger See kann man anderthalb Meter nach unten gucken. Im Baldeneysee inzwischen aber auch. Das Wasser ist klar und natürlich kann man dort drin Schwimmen. Das geschieht ja auch, aber leider nur sehr begrenzt auf einer kleinen Fläche am „Seaside Beach". Wer mit dem Boot unterwegs ist, springt an heißen Tagen am Rand des Vogelschutzgebiets schon mal in den See. Vor 30 Jahren noch hatten Segler, die kenterten, hinterher Dünnpfiff – „beschwert hat sich darüber aber auch niemand", sagt Fink. Neuerdings gibt es einen weiteren indirekten Zugang ins Wasser. Discounter bieten inzwischen SUPs, die Bretter für das „stand-up-paddling", für um die 300 Euro an. Damit begeben

sich immer mehr, vorzugsweise junge Menschen, aufs Wasser. Und je intensiver die Sonne scheint, desto unsicherer wird seltsamerweise ihr Stand auf den Brettern. Das kann man beobachten, wenn man auf der Terrasse vom Yachtclubhaus sitzt. Sportlich ließe sich auch aus dem Schwimmen einiges machen, zum Beispiel ein Baldeneysee-Triathlon. Einen Baldeneysee-Marathon gibt es ja schon.

Aus der bewegten Geschichte des Baldeneysees als internationale Sportstätte muss noch eine Begebenheit erzählt werden. Sie spielt in alter Zeit. Wer sich in dem eleganten, weißen, der Bauhaus-Architektur nachempfundenen, zweistöckigen Clubhaus des Yachtclubs umschaut, wird eine Handzeichnung des Sees und seines angrenzenden Areals entdecken. Diese Zeichnung muss aus den Jahren 1946 bis 1948 stammen. Engländer haben sie gefertigt, was man daran erkennen kann, dass von „Harbour" die Rede ist, von „boat" und von „bird protection", statt vom Hafen, von Booten und dem Vogelschutzgebiet. Der Zweite Weltkrieg hatte den Flachbau

kaum beschädigt, und so kam es, dass britische Offiziere, die Besatzungstruppen, die Chance erkannten, ihr soldatisches Schicksal durch das Segeln zu erleichtern. So beschlagnahmten sie kurzerhand das Clubhaus. Aus dieser Zeit stammt ihre ebenso liebevoll wie exakt gezeichnete Karte mit den englischen Begriffen. Vereins-Kapitän Fink erzählt, Rolf Stauder (der mit dem süffig-herben Pils), habe die Karte in seiner Zeit als Jugendmitglied des Clubs wohl „gefunden". Beim Abschied aus seinem Amt als Vorsitzender nach 27 Jahren hat er sie jedenfalls dann seinem Club vermacht.

Das Clubhaus des Yachtclubs Ruhrland Essen, 2020 (Ralph Lueger)

Jens Adamski

VOM BADEN IN DER RUHR

Der 23. Mai 2017 markierte in dem Jahr, in dem sich die Stadt Essen als „Grüne Hauptstadt Europas" feiern lassen konnte, einen besonderen Höhepunkt, da an diesem Tag die Ruhr nach über 40 Jahren erstmals wieder offiziell zum Schwimmen freigegeben wurde – wenn auch nur an einer dafür besonders ausgewiesenen Pilotbadestelle am Baldeneysee (dem sogenannten Seaside Beach Baldeney). Gerade ältere Essener Bürgerinnen und Bürger dürften sich in diesem Moment an das alte Strandbad Baldeney erinnert haben, dessen Besuch für viele von ihnen noch in den Sommermonaten der 1950er und 1960er Jahre eine Selbstverständlichkeit gewesen sein dürfte, sofern sie nicht an anderen, unbeaufsichtigten Stellen in den Stausee oder den Fluss eingestiegen oder gesprungen sind. Insofern muss es für ihr Freizeitvergnügen ein tiefer Einschnitt gewesen sein, als das Baden in der Ruhr und dem Strandbad 1971 wegen hoher Keimbelastungen verboten wurde. Was ihnen fortan blieb, war ein Besuch des Freibads Baldeney, das jedoch ebenfalls

Mitte der 1980er Jahre geschlossen und in ein trockengelegtes Licht- und Luftbad umgewandelt wurde, an dessen Stelle sich heute wiederum das Areal des Seaside Beach Baldeney befindet. Die dortige, 2017 eröffnete Badestelle erstreckt sich aktuell über eine Uferlänge von 50 Metern, drei Badestege reichen 15 Meter weit in den See hinein und der eigentliche Schwimmbereich wird von Bojen eingegrenzt. Dass hier das Schwimmen in der Ruhr nach 46 Jahren überhaupt wieder gestattet wird, liegt zum einen an der Tatsache, dass die Sauberkeit des Flusses in den vergangenen Jahrzehnten stetig zugenommen hat und zum anderen an der Installierung eines Frühwarnsystems für kurzzeitige hygienische Verschmutzungen, das Schwankungen in der Wasserqualität ausmachen und tagesaktuelle Aussagen zur (Bade-)Wassergüte treffen kann. Auf Basis der Messergebnisse entscheidet der Betreiber der Badestelle jeweils über die Öffnung oder Schließung derselben. In der ersten Badesaison nutzten insgesamt rund 7.700 Schwimmbegeisterte die Chance, um an immerhin 47 möglichen Badetagen in den Baldeneysee einzutauchen, darunter auch der Olympia-Schwimmer Christian Keller, der bereits beim Anschwimmen am besagten 23. Mai im damals etwa 19 Grad kalten Flusswasser teilnahm.

Links: Dichtes Gedränge auf der Leiter der Wasserrutsche im Strandbad Baldeney, Juli 1951, Foto: Josef Stoffels (Fotoarchiv Ruhr Museum)

Luftaufnahme des Seaside Beach Baldeney, 2017 (Marvin Klein Media)

Baden am Seaside Beach Baldeney, Mai 2017 (Stefan Ziese)

DER BALDENEYSEE ALS BÜHNE EINES VERSUCHTEN WELTREKORDS

Im August 1933 war der Baldeneysee schon einmal der Schauplatz eines spektakulären und öffentlichkeitswirksamen Freiwasserereignisses, als die damals 19-jährige Hernerin Ruth Litzig versuchte, ihren eigenen, erst ein Jahr zuvor im Rhein-Herne-Kanal aufgestellten Weltrekord im Dauerschwimmen zu übertreffen. 73 Stunden und 52 Minuten lang war sie dafür im Sommer 1932 kontinuierlich im Wasser

geblieben und nachfolgend zu einer auch überregional bekannten Berühmtheit avanciert. Kurz nach der Fertigstellung beziehungsweise Einstauung des Sees sollte dieser nun als Kulisse für den Versuch dienen, den Rekord auf 100 Stunden zu erhöhen. Nachdem der eigens für dieses Vorhaben nach Essen gekommene Herner Oberbürgermeister Albert Meister vormittags am 17. August 1933 den Startschuss gegeben hatte, absolvierte Litzig – von Marschmusik und Walzertakten begleitet und durch in regelmäßigen Abständen ins Wasser gereichte Nährstoffe (angeblich Karamellen, Haferflocken und Energietabletten) versorgt – entlang des Hardenbergufers Stunde für Stunde und Tag für Tag ihre Schwimmbahnen. Tagsüber wurde sie vom Seeufer aus von zahlreichen Schaulustigen angefeuert, die gerade am Wochenende aus dem gesamten Ruhrgebiet zum Baldeneysee geströmt waren, um dem Ereignis beizuwohnen. Allein am 20. August, einem Sonntag, sollen es 50.000 Personen gewesen sein. Um die Mittagszeit dieses Tages hatte die junge Hernerin ihren alten Weltrekord zwar eingestellt, war von ihrer neu anvisierten Rekordmarke aber noch über eine Tageslänge entfernt. So hielt Litzig in bereits stark erschöpftem Zustand weiter aus, bis sie am frühen Abend nach knapp 79 Stunden völlig entkräftet und unterkühlt aus dem Wasser gehoben wurde. Bereits ohne Bewusstsein wurde sie in das Krankenhaus Huyssenstift eingeliefert, wo sie zwei Tage später infolge eines Herzstillstands verstarb. Die Tragödie bot der Öffentlichkeit und kommunalen Presse allerlei Anlass zu Spekulationen über die „wahren" Hintergründe und Ursachen ihres Rekordversuchs und Todes; umstritten blieb dabei auch die Frage, ob und inwieweit die Dauerschwimmerin ihre letzten Stunden tatsächlich noch freiwillig im Stausee verbrachte, oder im bereits übermüdeten Zustand eher den Aufforderungen zum Durchhalten ihres Verlobten, der das Spektakel mit organisiert hatte, nachgekommen war. Im lokalen Volksmund wurde der Abschnitt des Rekordversuchs am Ufer des Baldeneysees mitunter noch für längere Zeit

Ruth Litzig, hier nach dem 1932 im Rhein-Herne-Kanal aufgestellten Weltrekord im Dauerschwimmen (Stadtarchiv Herne)

als „Ruth-Litzig-Bucht" bezeichnet. Eine positiv besetzte Werbung für das Schwimmen oder Baden in der Ruhr war der Marathon im Stausee im Sommer 1933 jedenfalls nicht – schon gar nicht in einer Zeit, in der das Flussbaden aufgrund der bestehenden Gewässerverschmutzung ohnehin schon einen schweren Stand hatte und noch vorhandene Badeanstalten an natürlichen Fließgewässern nach der Vorstellung der meisten Gemeindeverwaltungen zunehmend einem geregelten Badebetrieb „moderner Prägung" in neu errichteten Schwimm- und Freibädern weichen sollten.

DAS AUFKOMMEN DES FLUSSBADENS UND DER FLUSSBADEANSTALTEN

Bäche, Flüsse und Seen dienten dem Menschen seit jeher nicht nur als Trinkwasserquelle, sondern auch als Orte zur Erfrischung, körperlichen Reinigung und Hygiene. Der Aspekt des reinen Vergnügens oder Zeitvertreibs stand beim Baden gerade in früheren Zeiten noch nicht zwangsläufig im Vordergrund. Dabei muss man sich vergegenwärtigen, dass private Waschgelegenheiten beziehungsweise Badezimmer, die heute längst zu einer Selbstverständlichkeit geworden sind, erst seit den 1960er Jahren in Neubauwohnungen zum allgemeinen Wohnstandard gehörten, während in den zahlreichen Jahrzehnten des Industriezeitalters zuvor in den meisten Haushaltungen noch einem recht umständlich organisierten, zumeist im wöchentlichen Rhythmus stattfindenden und reihum abgewickelten Badetag in einer einfachen Zinkwanne gefrönt wurde.

Schriftquellen über das Baden im Freien tauchen in verstärktem Maße erst seit Mitte des 19. Jahrhunderts auf, als der zuvor nicht reglementierte Aufenthalt in natürlichen Gewässern in zunehmendem Maße durch behördliche Regulierungen eingeschränkt wurde, bei denen primär die Abgrenzung beaufsichtigter Badebereiche sowie die Anlage und der Betrieb besonderer Badeanlagen – beispielsweise Flussbadeanstalten, die in Deutschland seit Ende des 18. Jahrhunderts allmählich in Mode kamen – im Vordergrund standen. Die Ausweisung spezieller Badebereiche, die zugleich überwacht wurden, diente einerseits dem Bemühen, die Zahl von Badeunfällen zu verringern. Denn um die Schwimmfähigkeit der meisten Badelustigen war es im 19. Jahrhundert noch eher schlecht bestellt und unterschätzte Untiefen oder unvorhersehbare Strömungsverhältnisse im Fluss konnten rasch zum Verhängnis werden. Andererseits sprach aus offizieller Sicht auch die Sorge um Anstand und Sitte gegen einen „wilden" Badebetrieb in natürlichen und damit einsehbaren Gefilden. Das unfreiwillig gebotene Schauspiel leicht- oder gar unbekleideter Körper konnte durch umhegte und mit Zäunen als Sichtschutz umgebene – zudem auch nach Geschlechtern getrennte – Badeareale unterbunden werden. Ein sittlich angemessenes Verhalten der Badenden konnte in den Badeeinrichtungen zudem durch die stetige Kontrolle eines Bademeisters gewährleistet werden, der zudem dafür sorgte, dass die Besucher ein Eintrittsgeld entrichteten. Seit Ende des 19. Jahrhunderts wurde die Verbreitung des regulierten Badens im Freien auch von Kampagnen zur Verbesserung der allgemeinen Volksgesundheit und -hygiene gestützt, gerade im sich herausbildenden Montanraum Ruhr, um die mit der schwerindustriellen Arbeit, Urbanisierung und Wohndichte verbundenen Folgeerscheinungen abzumildern. Unverkennbar ging die Propagierung der Volksgesundheit hier mit dem Begriff der „Sozialhygiene" einher, also dem Streben nach einer sozialpolitisch legitimierten Steuerung der industriestädtischen Lebens- und Gesundheitsverhältnisse.

Die meisten Flussbadeanstalten des 19. Jahrhunderts zeichneten sich durch ein eher provisorisch anmutendes Äußeres aus und im Gegensatz zu den seit Mitte der 1920er Jahre in zunehmendem Maße errichteten Schwimm- und Freibädern war hier auch kein genormter Baustil oder ein einheitlicher architektonischer Anspruch zu erkennen. Einige waren als zu allen Seiten geschlossene, hölzerne Kastenbäder gestaltet und verfügten über Bassins mit Holzkörben, die im Fluss schwammen. Andere Flussbäder waren noch spartanischer konzipiert, stellten bestenfalls Umkleidekabinen am Ufer bereit und zeichneten sich lediglich durch mit Stegen abgetrennte Schwimmbereiche im Fließgewässer aus. Feste Konstruktionen besaßen jedenfalls Nachteile, da Eisgang oder Hochwasser nahezu alljährlich Schäden verursachen konnten. Eine Lösung bildeten hier mobile Floßbadeanstalten, die – sofern die Breite des entsprechenden Flussabschnittes dies ermöglichte – auf leeren Tonnen und Pontons, die zwischen Balken festgehalten wurden, inmitten des Stromes schwammen und mit Ketten zu beiden Seiten am Ufer befestigt waren. Den Mittelpunkt der

Floßbadeanstalten konnte dann ein von Umkleidekabinen umgebenes Bassin bilden, in das durch Holzgitter das Flusswasser hineinströmte.

FLUSSBADEN IN DER RUHR – DAS „WELLENBAD" VON GEISECKE

Ein eindrucksvolles Beispiel für die teils wechselvolle Entwicklung der Flussbadeanstalten an der Ruhr liefert die Geschichte des sogenannten Wellenbads in (Schwerte-)Geisecke, das sich im Laufe der Zeit von einer Kaltwasser-Kuranstalt zur Flussbadeanstalt mit angeschlossenem Gaststättenbetrieb wandelte.

Anfang des 18. Jahrhunderts hatte die Ruhr bei einer großen Überschwemmung im Ruhrtal, die bei Geisecke mit einem Ruhruferbruch einherging, ihren bisherigen Lauf geändert und sich ein neues Flussbett gegraben. Der zuvor am Fluss gelegenen Schwerter Stadtmühle, einer Öl- und Getreidemühle, in der die Bewohner der Stadt und des Amtes Schwerte ihr Mehl mahlen und ihr Öl schlagen lassen mussten, war durch die Verlagerung des Flusslaufs das Wasser entzogen. Daraufhin strengte die Stadt Schwerte vor dem königlichen Appellationsgericht in Berlin einen Prozess gegen den damaligen Grundherrn des betroffenen Ruhrtalgeländes, den Freiherrn von der Mark auf Haus Villigst, an, um diesen verpflichten zu lassen, die Ruhr durch das Einbauen von Dämm-Material wieder ihrem alten Ruhrbett zuzuleiten. Das Gericht entschied letztlich, dass so viel Wasser durch den Zufluss von Bächen in das alte Flussbett kommen sollte, dass die Mühle weiter betrieben werden könne. Mehrere Jahre später wurde dann angeordnet, dass in Geisecke am Abfluss der „alten" Ruhr ein Wehr gebaut werden musste, um der Mühle durch das „alte" Flussbett weiterhin genügend Wasser zum Antrieb zuzuführen. Das ursprüngliche Flussbett war aber bereits so verlandet, dass nur noch ein seichtes Gerinne als sogenannter Mühlenstrang übrig blieb. In trockenen Jahreszeiten stand die Mühle aufgrund des spärlichen Wasserzulaufs trotz des weiteren Zuflusses von Bächen teils wochenlang still, sodass sich schließlich der Mühlenbesitzer Munkenbeck, der die Mühle im 19. Jahrhundert von der Stadt Schwerte käuflich erworben hatte, gezwungen sah, quer in der Ruhr, oberhalb einer alten Furt in Geisecke, ein Holzwehr (später ein massives Steinwehr) zu errichten. Dadurch staute er den Fluss so hoch an, dass sich die erforderliche Triebwassermenge jederzeit in den Zulaufgraben seiner Mühle, den Mühlenstrang, ergoss. Letztlich entnahm Munkenbeck durch das Wehr aber nur einen Teil des gestauten Ruhrwassers, während der größte Teil der Wassermenge ungenutzt über die Wehranlage abfloss. Dieser Umstand brachte wiederum in den 1860er Jahren eine andere geschäftstüchtige Person, den Gast- und Landwirt Johann Diedrich Schulte, genannt Nölle, auf die Idee, das am Wehr überschießende Wasser der Ruhr für den Betrieb eines „Wellenbads" in Form einer Kaltwasser-Kureinrichtung zu nutzen.

Schulte-Nölle, der sich im Besitz eines Grundstücks in Geisecke befand, an dem die Ruhr an einer seichten Stelle über eine Furt überquert werden konnte, hatte bereits 1850 die offizielle Genehmigung für die Aufnahme eines dortigen Fährbetriebs erhalten, mit dem er den Bau eines Fährhauses und zugleich noch die Erlangung einer Konzession für den

Betrieb einer Gastwirtschaft zu verbinden wusste, die er innerhalb des Fährhausgebäudes unterbrachte. Im Laufe der Jahrzehnte entwickelte sich aus dem Grundgebäude der Fährhauskneipe unter dem Namen „Wellenbad" eine moderne Gaststätte, der schließlich sogar ein landwirtschaftlicher Gutsbetrieb angeschlossen wurde – die Bezeichnung verweist dabei auf die in unmittelbarer Reichweite entstehende beziehungsweise befindliche Badeanstalt. Die Kundschaft der Gaststätte rekrutierte sich zu einem guten Teil aus den Gästen des Fährdienstes, wobei – bei einer entsprechend hohen Kneipzeche – das reguläre Fährgeld auch erlassen wurde. Ansonsten waren nach den Tarifen von 1850 für ein Übersetzen pro Person vier Pfennige (ab April 1886 pro Überfahrt drei Pfennige), für jedes Schwein oder Schaf drei Pfennige (1886 ebenfalls drei Pfennige), für jedes Rind sechs Pfennige (1886 zehn Pfennige) und für ein Pferd oder Maultier ein Silbergroschen (1886 dann 15 Pfennige) zu entrichten. Diese Preise wurden von den umliegenden Bauern und Reisenden gerne in Kauf genommen, zumal vor der Einrichtung des Fährbetriebs der Übergang an der Ruhrfurt gerade bei höherem Wasserstand durch die dann zeitweilig vorherrschende starke Strömung ein riskantes Unternehmen darstellen

Postkartendarstellung des Gastronomiebetriebs des Wellenbads in Geisecke, um 1900 (Privatsammlung Horst Eichmann)

Ruhrbrücke

Wasserfall mit Badehaus

Gruss aus Wellenbad-Geisecke a/d. Ruhr

Restauration von Ww. H. Externbrink

Postkarte mit Motiven zum Wellenbad in Geisecke, um 1900
(Privatsammlung Horst Eichmann)

konnte, das manch einem Bauern mit seinem Fuhrwerk zum Verhängnis wurde. Und so hatte der Fährdienst erst ausgedient, als Heinrich Ex(s)ternbrink,
ab circa 1880 zunächst Pächter und gut ein Jahrzehnt später Besitzer des Fährhauses und der Gaststätte, im Jahre 1891 eine Drahtseilhängebrücke
errichten ließ, die fortan gegen ein Brückengeld
zwischen drei und fünf Pfennigen einen „trockenen
Fußgängerverkehr" über die Ruhr erleichterte.

Was die Idee zur Eröffnung des Heilbades betrifft,
so verschaffte sich Schulte-Nölle nach vorherigen
Verhandlungen mit dem Besitzer des Ruhrwehres
Munkenbeck Mitte der 1860er Jahre vom Dortmunder Landrat Rynsch „die Erlaubnis zum Betriebe
einer Badeanstalt resp. zur Anlegung von Wellenbä-
dern in der Ruhr an der Fähre zu Geisecke, vorbe-
haltlich des Widerrufs und unter der ausdrücklichen
Bedingung erteilt, dass die Badevorrichtungen
seitens des Schulte gt. Nölle sofort aus der Ruhr
fortgeschafft werden müssen, wenn solches poli-
zeilich als nothwendig erachtet werden sollte". Daraufhin stellte er im abschießenden Unterwasser des

Wehres ein Badehaus auf, das – gegen jede äußere Sicht abgekleidet – im Innern im Wesentlichen
wohl aus zweigeschossigen Badekabinen oder -zel-
len bestand, die im oberen Teil über einen kleinen
Raum zur Aus- und Ankleidung verfügten, der nach
unten über eine kleine Treppe zu den eigentlichen
Badekästen führte, durch die das Ruhrwasser hin-
durchströmte. Handgriffe an den Seiten der Kästen
sorgten für den notwendigen Halt. In diesen etwa
einen Meter breiten und zwei Meter langen Kästen
saß oder stand der Badegast und ließ sich im Wesentlichen für rund zehn Minuten das Wasser gegen
die Lendengegend brausen. Einschließlich der Bereitstellung eines Handtuchs kostete der kurzwei-
lige Besuch 40 bis 50 Pfennige, ein damals recht
stolzer Preis, der offenlegt, dass diese Form des Ba-
devergnügens in erster Linie eher besser gestellten
Bürgern vorbehalten blieb. Innerhalb kürzester Zeit
erlangte die Einrichtung, die vorsorglich nach jeder
Badesaison im Herbst (und bei jedem drohenden
Hochwasser) abgebaut wurde, als Kaltwasser-Kuranstalt auch über Schwerte hinaus einen guten Ruf,
sodass selbst für Kutschen aus dem Iserlohner Raum
ein Unterstand angelegt wurde. Für das gute Image
sorgten sicherlich auch ärztliche Stellungnahmen,
die die heilende Wirkung der Badeanstalt bekräftig-
ten. Dazu steht in einem Attest des Schwerter Arz-

tes Dr. Tütel: „Dem Herrn Landwirt [Schulte-]Nölle zu Geisecke bescheinige ich hierdurch, dass seine in der Ruhr angelegten Wellenbäder von der vortrefflichsten Wirkung für alle Diejenigen sind, welche an chronischen Hautausschlägen (Flechten etc.), an Hämorrhoidalbeschwerden, Unterleibsplethora, schlechter Verdauung, rheumatischen Affektionen und Krankheiten der Sozial-Sphäre [Geschlechtskrankheiten], wie Samenflüssen, chronischem Tripper, Rückenmarksschwäche, weißen Flüssen, Uterin-Infarkten etc. leiden. Die Wellen durchströmen mit starker Gewalt die Badekästen und peitschen die Körper der Badenden. Das Bad wird vielfach von mir angewandt, und ist wegen seiner Vortrefflichkeit nur zu bedauern, dass es noch allzu wenig der leidenden Menschheit bekannt ist".

Ob Dr. Tütel für diese Einschätzung an den Einnahmen beteiligt wurde, ist unbekannt. Im Dezember 1873 waren es aber nicht weniger als 22 Ärzte, darunter noch einmal Dr. Tütel, die in einem gemeinsamen Schreiben an die Königliche Direktion der Bergisch-Märkischen Eisenbahn zu Elberfeld sehr nachdrücklich die vermeintlich gesundheitsfördernde Wirkung der Kuranstalt in der Ruhr bewarben und diese sogar als Begründung für ihr unmittelbares Anliegen anführten, eine Eisenbahnhaltestelle in der Nähe des Wellenbades einzurichten. Der Brief der Mediziner knüpfte dabei an vorherige Anträge der Gemeinde Geisecke an, die sich schon seit längerer Zeit für eine lokale Bahnverbindung einsetzte und dabei seit den späten 1860er Jahren neben weiteren Argumenten ebenfalls den Verweis auf das Wellenbad und dessen starke Frequentierung durch die Bewohner der benachbarten Orte und Städte zur Begründung anführte.

Als sich um die Jahrhundertwende immer stärker das Flussbaden im Freien durchsetzte, hatte das Badehaus ausgedient und das Wellenbad in Geisecke avancierte zu einem „klassischen" Freibad im Fluss. Man badete fortan ohne Sichtschutz und Badekabinen sowohl im ruhigen Wasser oberhalb des Wehres als auch in der Strömung selbst, wobei der zuvor propagierte heilsame Nutzen der Ruhrströmung an Bedeutung verlor. Der starke Zulauf blieb dem Wellenbad neuen Stils aber auch in den kommenden Jahrzehnten erhalten. So heißt es beispielsweise in einem lokalen Zeitungsbericht vom 28. März 1931: „In den letzten beiden Jahren hatte der bekannte Ausflugsort „Wellenbad" bei Geisecke in den Sommermonaten eine immer größer werdende Zahl von

Besuchern aufzuweisen, die an beiden Ruhrufern im Luft-, Sonnen- und Flussbad Ausspannung und Erfrischung suchten. An den Wochenenden sind hier manchmal weit über tausend aus den Industrieorten des Ruhrtals zusammenströmende Badelustige gezählt worden. Infolge der Stauung der Ruhr besteht auf einer Strecke von etwa 200 Metern eine Badegelegenheit sowohl für Schwimmer als auch für Nichtschwimmer, wie es in der Umgebung keine zweite gibt. Der Pächter des Wellenbad-Restaurants ließ nichts unversucht, um den Erholungssuchenden den Aufenthalt so angenehm wie möglich zu machen". Einzelne Kritikpunkte oder Wünsche bezüglich des Komforts werden in dem Artikel eher verhalten geäußert – und am Beitragsende (durchaus zeitgemäß) auch mit dem generellen Hinweis auf die Belange der Gesundheitsfürsorge begründet: „Bisher waren Männer, Frauen und Kinder gezwungen, sich hinter Weidensträuchern und im

Ärztliches Attest von Dr. Tütel zu den vermeintlich gesundheitsfördernden Wirkungen des Wellenbads in Geisecke (Reproduktion aus der Zeitschrift „Du und Dein Werk", Ausgabe Nr. 4 von Oktober 1956, S. 116)

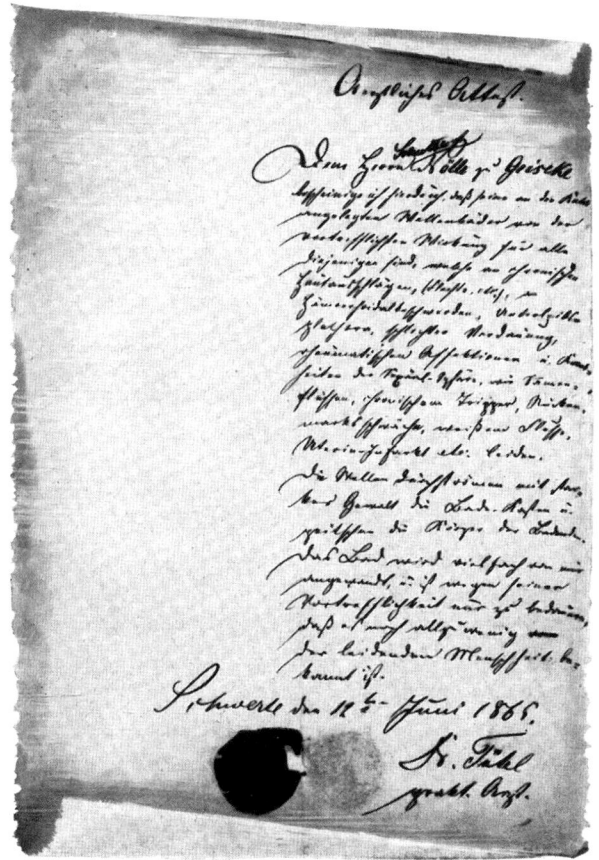

hohen Grase auszukleiden. Einige wenige Zellen für Frauen genügten in keiner Weise. Es brauchen keine kostspieligen Anlagen zu sein, aber einige Bretterverschläge würden schon gute Dienste tun. Auch wäre daran zu denken, besonders für Nichtschwimmer bessere Einstiegsgelegenheiten ins Wasser zu schaffen. An den meisten Stellen sind die Ufer recht schlammig. Zur Vervollständigung würden auch einige Sprungbretter sehr begrüßt werden. Hoffentlich greifen die zuständigen Stellen, vielleicht die Gemeindevertretung oder die Wasserwerksgesellschaft, diese Anregungen einmal auf. Zur Hebung des Fremdenverkehrs nach Geisecke und im Dienst der Volksgesundheitspflege würde es gewiss sehr dienlich sein". Am 9. August 1933 wusste die Lokalpresse schließlich zu berichten, dass „ein Umkleide- und Aufbewahrungsraum [...] eingerichtet worden [ist], sodass niemand zu fürchten braucht, dass ihm die Badesachen am Ruhrufer abhandenkommen. Außerdem hat die DLRG, Ortsgruppe Schwerte, eine Rettungswache eingerichtet und Rettungsringe an verschiedenen Stellen angebracht".

Bereits 1923 hatten die Dortmunder Stadtwerke das Wellenbad zur Vergrößerung ihres Wassergewinnungsgeländes angekauft und auch die alte Mühle in Schwerte mit ihren Wasserrechten erworben. In der zweiten Hälfte der 1930er Jahre errichteten die Stadtwerke in Hengsen östlich von Geisecke eine moderne Wasserkraftanlage, wobei das Flussbett der Ruhr neu reguliert wurde. Das alte Ruhrwehr hatte nun ausgedient und musste im Frühjahr 1938 weichen, wodurch zugleich der Badebetrieb sein Ende fand. Heute erinnern nur noch der weiterhin in Betrieb befindliche Gutshof „Wellenbad" und der Name der zum Landgasthof führenden Straße („Zum Wellenbad") an das frühere Flussbaden in Geisecke.

DER NIEDERGANG DES FLUSSBADENS

Es war eine unmittelbare Folge der Industrialisierung, dass vereinzelt bereits nach 1900, insbesondere aber in den 1920er und 1930er Jahren die meisten der älteren Badeanstalten an natürlichen Gewässern geschlossen wurden, da der Badebetrieb – gerade in Flüssen wie der Ruhr – der zunehmenden Gewässerverschmutzung nahezu machtlos gegenüberstand. Infolge der durch Emissionen beziehungsweise Abflüsse schlechter werdenden Wasserqualität konnte ein Bad im Fluss zunehmend mit Hautausschlägen sowie Magen- und Darmerkrankungen einhergehen. Wenn in der Zwischenkriegszeit überhaupt noch wenige Flussbadeanstalten neu entstanden, so besaßen diese zumeist nur eine recht kurze Bestandsdauer. Beispielhaft kann hier die 1931 eingeweihte Flussbadeanstalt in Freienohl (heute ein Stadtteil von Meschede) angeführt werden. Die vor Errichtung der Anlage vorhandene Auffassung, dass das Wasser an der hier noch recht jungen Ruhr frei von Industrieemissionen und sonstigen Schadstoffen sei, bewahrheitete sich leider nicht: Bereits 1938 sah sich der Badebetrieb im Fluss infolge ungünstiger Prüfungsberichte des Hygiene-Instituts Gelsenkirchen schon wieder mit seinem nahenden Ende konfrontiert, denn oberhalb des Flussbades wurden in einer Entfernung von nur einem Kilometer ungeklärte Abwässer in die Ruhr geleitet.

Insgesamt sorgte das Abwässer-Problem aber in der Zwischenkriegszeit zugleich, vor allem in den Jahren zwischen 1924/25 und 1935/36, für eine Hochphase und zunehmende Dominanz von Frei- und Schwimmbädern, die mit rechteckigen Becken – die im genormten Zustand auch für die Durchführung von Schwimmwettkämpfen geeignet waren – und häufig auch mit einem größeren infrastrukturellen Ausstattungsangebot (Sprungbretter und -türme, Abortanlagen, Duschen, Erfrischungshäuschen, Getränkehallen, Gastronomie, Spiel- und Liegewiesen) aufwarten konnten. Noch relativ frei von Fragen der Rentabilität galten der Bau und die Unterhaltung kommunaler Schwimmbäder (zumindest noch bis Mitte der 1990er Jahre) als eine gesellschaftsrelevante und dem Wohle der Allgemeinheit dienende Kernaufgabe der öffentlichen Hand. Die Planung von Volksbädern vollzog sich im Ballungsraum Ruhr in den 1920er Jahren nach Jahrzehnten eines weitgehend ungeordneten städtischen Wachstums und Flächenverbrauchs vor dem Hintergrund der generell unternommenen Anstrengungen zur Errichtung ausgedehnter Erholungsräume, Freizeitstätten und Sportanlagen. Zur Zeit der Weltwirtschaftskrise und in den ersten Jahren des „Dritten Reichs" erfolgte die Bauausführung der Badeanstalten auch bevorzugt als Arbeitsbeschaffungsmaßnahme oder Notstandsarbeit, wodurch sich die von den Kommunen zu tragenden Arbeitskosten einigermaßen niedrig halten ließen. Dies mag auch ein Grund gewesen sein, warum der Bau von Schwimm- und Ba-

Flussbaden am früheren Wehr des Wellenbads Geisecke in den 1930er Jahren (Privatsammlung Horst Eichmann)

deanstalten in diesen Jahren boomte. Die widrigen Umstände in der Kriegs- und unmittelbaren Nachkriegszeit gingen mit der Schließung einiger Badeanstalten einher, erst seit den 1950er Jahren setzte wieder eine neue Bauwelle ein – Flussbadeanstalten waren eher nicht dabei.

DIE RENAISSANCE DES FLUSSBADENS

Es ist unbestritten und bekannt, dass trotz der bestehenden Badeanstalten und entgegen aller offiziellen Verbote stets ein unkontrollierter beziehungsweise „wilder" Badebetrieb in der Ruhr anhielt und weiterhin anhält. Das kann als untrügliches Zeichen dafür gesehen werden, dass der Reiz des Flussbadens nie versiegt ist. Ganz im Gegenteil: Mit dem zunehmenden Umweltbewusstsein wächst der Wunsch nach einer Wiederbelebung der Fluss-

badetradition. Die Realisierung dieses Wunsches steht und fällt mit der Stetigkeit der Wasserqualität. Die EU-Badegewässerrichtlinie bestimmt über die Qualität von Badegewässern (sowie die Information der Öffentlichkeit). Maßgeblich ist hier die mikrobiologische Untersuchung und Bewertung des hygienischen Zustands und die Frage, ob es eine Einleitung von Fäkalien und damit eventuell von gesundheitsgefährdenden Bakterien gegeben hat; die Messwerte ermöglichen letztlich die Erstellung eines Badegewässeratlas. Doch während stehende Gewässer zumeist eine relativ konstante Wasserqualität aufweisen, unterliegen Flüsse aufgrund der in hoher Zahl möglichen äußeren Einflüsse viel gravierenderen Schwankungen. So kann es nach

starkem Regen zu einem Überlauf an den Kläranlagen kommen, wodurch noch ungeklärte Abwässer in das Fließgewässer gelangen. Auch von mit Gülle versorgten landwirtschaftlichen Flächen kann in diesem Fall durch Abschwemmungen eine Verunreinigung ausgehen. Folglich konnte und kann der Ruhr nicht das Prädikat zugestanden werden, ein Badegewässer nach EU-Richtlinie zu sein.

Dass an einzelnen Tagen dennoch ein Baden im Ruhrwasser möglich ist, zeigt das zu Beginn dieses Beitrags benannte Beispiel des Baldeneysees, das in den kommenden Jahren vermutlich die Aufhebung des Badeverbots an weiteren geeigneten Stellen in/an der Ruhr nach sich ziehen wird, nach vorläufigen Plänen etwa an der Ruhraue in Dahlhausen, das in früherer Zeit schon einmal über eine Flussbadeanstalt verfügte. Bezüglich der Ortswahl und Ausgestaltung potenzieller Badestellen kann man mittlerweile auf die Resultate des zwischen 2012 und 2014 durchgeführten Forschungsprojektes „Sichere Ruhr" zurückgreifen, an dem unter anderem Wissenschaftler mehrerer Universitäten und der Ruhrverband federführend beteiligt waren. Ausgehend von der Frage, ob das Baden in der Ruhr hinsichtlich der hygienischen Bedingungen in Zukunft möglich sein könnte (und wenn ja, unter welchen Bedingungen), zeigte sich im Ergebnis, dass dies grundsätzlich – wenn auch nicht immer und überall – realisiert werden könnte; die Eröffnung der Badestelle am Seaside Beach Baldeney 2017 basierte auf den im Projekt erarbeiteten Rahmenbedingungen und Kriterien für ein sicheres und rechtskonformes Baden und der Erstellung des angewandten Frühwarnsystems.

Es ist dennoch weitgehend offen, welche Szenarien sich in Zukunft mit dem Flussbaden in der Ruhr verbinden werden. Inwieweit können, sollten und werden die Flussbadetraditionen wiederbelebt werden? Inwieweit erleben die „klassischen" Varianten der Flussbadeanstalten eine Renaissance? Wird es am Fluss langfristig zur offiziellen Freigabe ausgewiesener Badestellen kommen, an denen ein Badebetrieb ohne Aufsicht führendes Personal ermöglicht wird? Oder wird es gar ein legales „Freies Baden" im gesamten Fluss – aber abseits der

Badende im Baldeneysee, August 1937, Foto: Anton Meinholz
(Fotoarchiv Ruhr Museum)

Besucherandrang an der Wasserrutsche des Strandbads Baldeney,
Juli 1951, Foto: Josef Stoffels (Fotoarchiv Ruhr Museum)

Der Sprungturm des Strandbads Baldeney, Juli 1951, Foto: Josef Stoffels
(Fotoarchiv Ruhr Museum)

Naturschutzgebiete – auf eigene Verantwortung (beziehungsweise Gefahr) geben? Und wie wäre es dann um die Installation eines tagesaktuellen Frühwarnsystems und die Kenntnisnahme der vorherrschenden Wasserqualität bestellt? Welche infrastrukturellen Anforderungen und Maßnahmen (von der Bereitstellung von Müllbehältern und der Vornahme einer örtlichen Beschilderung bis hin zur Pflege entsprechender Internetinformationen) sind für die verschiedenen Badeszenarien unabdingbar? Welche Interessenskonflikte entstehen (und müssen ausgefochten werden)? Die Chancen, dass das Flussbaden in der Ruhr auch abseits der freigegebenen Badestelle am Baldeneysee in den kommenden Jahren noch an weiteren Flussabschnitten wieder ein fester Bestandteil der aktiven Freizeitgestaltung sein kann und wird, stehen insgesamt nicht schlecht. Entscheidend wird dabei sein, dass die Ruhr weiterhin als Ökosystem und Naturgewässer wahrgenommen und respektiert wird.

Badende am Seaside Beach Baldeney, Mai 2017 (Stefan Ziese)

Alexander J. Schwitanski

DER RUHRHÖHENWEG

Eine Wanderung

Wandern ist „in": Die Feiertagsausgabe der Süddeutschen Zeitung zu Mariä Himmelfahrt 2019 bringt eine ganze Reiseseite zum Thema Wandern. Zu lesen ist von Touren um den Mont Blanc herum, entlang der portugiesischen Atlantikküste oder gar auf Pilgerwegen in Japan, von Wildblumenwiesen und pittoresken Felsformationen. Wir sind etwas beklommen. Wir wandern gern, doch unser Sommerurlaub fand auf dem Ruhrhöhenweg statt und wir fragen uns, ob unsere Erlebnisse, unsere Eindrücke und Bilder mit den in der Zeitung geschilderten mithalten können. Aber ist es das Ziel von Reisen, von Wandern insbesondere, Erlebnisse und Bilder wie in einem Quartett zu sammeln und gegeneinander zu gewichten? Es ist also vielleicht Zeit, die Wanderung auf dem Ruhrhöhenweg einmal Revue passieren zu lassen und über das Erlebte nachzudenken.

Zu zweit machen wir uns im Juli 2019 auf den Weg. Unsere Reiseplanung hält sich weitgehend an die auf der Seite www. https://www.ich-geh-wandern. de/ vorgeschlagene Etappenplanung, einer Seite, die von der Wanderatlas Verlag GmbH unter ande-

rem in Kooperation mit dem Sauerländischen Gebirgsverein unterhalten wird. Die Länge der Etappen scheint sinnvoll geplant: Zehn Abschnitte sind für den etwas über 240 Kilometer langen Weg vorgesehen. Wir werden zwischendurch kleinere Änderungen an einzelnen Etappen vornehmen, die wichtigste Änderung jedoch ist, den Weg in umgekehrter Richtung als der vorgeschlagenen zu laufen. Diese Wanderung soll für uns eine Reise sein, wir wollen also weg von Zuhause, weg von dem Bekannten und hinein ins Unbekannte, soweit das auf dieser Route möglich ist. Also starten wir in Duisburg und laufen aus dem Ruhrgebiet hinaus zur Ruhrquelle.

Unsere Reise beginnt an einem Montagmorgen mit der Zugfahrt nach Duisburg, von dort geht es mit dem Bus zum Ausgangspunkt der Wanderung. Die Endstation der Linie 933 liegt direkt vor dem Rheindeich und heißt auch so. Hier sehen wir zum ersten Mal die Wegmarkierung für den Ruhrhöhenweg.

Es ist grau an diesem Montagmorgen und das wird sich auch während unserer Wanderung kaum ändern. Einmal holen wir uns einen Sonnenbrand, sonst dominieren Wolken den Himmel und bisweilen ist es regelrecht kalt. Die Hitzewelle des Jahres 2019 setzt erst nach unserer Rückkehr ein. Auf dem Rheindeich ist es entsprechend frisch. Unweit der Einmündung der Ruhr in den Rhein setzen wir uns zu einer kurzen Frühstückspause. Die Mündung der

Links: Am Rheindeich in Duisburg: Die erste Wegmarkierung für den Ruhrhöhenweg (Alexander J. Schwitanski)

Die sogenannte Rheinorange an der Ruhrmündung (Hannah Ruff)

Ruhr ist durch die Skulptur „Rheinorange" des Bildhauers Lutz Fritsch besonders gekennzeichnet. Es handelt sich dabei um einen 25 Meter hohen und sieben Meter breiten Stahlquader, der in leuchtendem Orange lackiert ist. Trotz der auffälligen Farbe und der gewaltigen Ausmaße wirkt die Skulptur bei dem trüben Wetter eher unspektakulär. Statt einen besonderen Ort zu definieren, verliert sie sich in

Mündungspanorama (Hannah Ruff)

dem Panorama aus Brücke, Wohn- und Industriebauten. Es bleibt vor allem der Eindruck von Unübersichtlichkeit. Das Orange der Skulptur trägt im RAL-Farbsystem übrigens den Namen Reinorange. Ein 83-Tonnen-Wortspiel in Stahl.

Ab der Mündung geht es circa sechs Kilometer entlang der Ruhr. Der Weg ist zunächst gepflastert, ab dem Ruhrwehr Duisburg dann ungepflastert. Bisweilen sind Reste der alten Pflasterung des Leinpfads zu erkennen, also desjenigen Weges, auf dem früher die Zugtiere liefen, die an Seilen Lastschiffe auf der Ruhr zogen. Ein anscheinend funktionsloser Festmachring ist im Boden verankert. Der Weg wird von zum Teil abgemähten Blühstreifen begleitet, auf denen sich Krähen tummeln. Irgendwie liegt eine gewisse Tristesse über diesem Weg. Das ein oder andere Schiff tuckert leise vorbei, die vereinzelten Menschen auf dem Weg scheinen sich eher in eine Landschaft verirrt zu haben, die vor allem durch Abwendung gekennzeichnet ist. Gewerbegrundstücke öffnen sich zur Straße hin und kehren dem Wanderweg den Rücken zu. Hier in Duisburg scheint der Wandel des Ruhrtals von der Industrie- zur Freizeitlandschaft noch nicht endgültig vollzogen und schafft diese Art unentschiedener Zwischenwelt. Als die Anzahl von Brückenbauwerken zunimmt – die Route der Industriekultur spricht von der „Brückenlandschaft Ruhraue" – schwenkt der Weg nach rechts, weg vom Fluss. Wir laufen nun durch eine Eigenheimsiedlung, die wir erst später als Duisburg-Werthacker identifizieren. Wir betrachten verständnislos die Kiesgärten und wundern uns über ein Windrad, das scheinbar inmitten der Siedlung steht. Ein älteres Paar fegt die abgefallenen Blätter unter einer Linde zusammen, die die Anmutung eines dörflichen Mittelpunkts erzeugt. Das Lied von unserem schönen Land, in dem man sich zur Abendzeit unter Linden trifft und das kein schöneres Land neben sich kennt, drängt sich auf. Ein paar Schritte weiter und wir sind in einem Alptraum: Der Wanderweg windet sich tatsächlich durch das Autobahnkreuz Kaiserberg. Wir laufen neben der Autobahn, unter der Autobahn, über der Autobahn – die A3 und A40 und ihre Töchter in Gestalt verschiedener Auf- und Abfahrten verschlingen sich hier ineinander und, als sei das nicht genug, kommen Nah- und Fernverkehrsstrecken der Bahn hinzu, die aus der „Brückenlandschaft Ruhraue" hinüberdrängen. Brückenlandschaft Ruhraue: Wie friedlich Landschaftszerstörung mit Stahl und Beton klingen kann. Und wie solch ein Name die sicher

Das Ruhrwehr bei Duisburg (Alexander J. Schwitanski)

bemerkenswerten Ingenieursleistungen gleichsam aus der Landschaft heraussziert, sie freistellt und zur Sehenswürdigkeit erhebt, die Folgen und das Drumherum im Unerwähnten vergehen lassend. Das Windrad erscheint wie ein höhnischer Kommentar dazu, denkt man an die aktuellen Debatten und den Widerstand gegen den Ausbau der Windkraft. Hier jedoch meint man den Menschen alles zumuten zu können. Angeblich hatten sich das auch Mitglieder des Rats der Stadt Mülheim gedacht, denn das Windrad gehört der Stadt und steht auch auf Mülheimer Grund und Boden, jedoch dicht an der Ruhr, auf deren anderer Seite Werthacker liegt. Dagegen jedoch regte sich dann auch der Widerstand der Werthacker, die ohnehin eine recht feste Gemeinschaft zu pflegen scheinen. In zwei Anläufen wurden die eigenartige Lage der Siedlung und die Frage, was diese verbaute Landschaft mit den Menschen macht, bereits 2010 und 2014 im Rahmen der Urbanen Künste Ruhr in dem Projekt „B1/A40 Die Schönheit der großen Straße" künstlerisch thema-

tisiert. Mit zu dem Projekt gehörte die Ausrufung eines Landschaftsparks B1/A40, durch den 2014 ein Wanderweg geführt wurde, um die verschiedenen Bezüge der überbauten Landschaft deutlich zu machen. Es ist zu schade, dass heute von dem Projekt keine Spuren auf dem Wanderweg mehr zu sehen sind. Gerade ein Ort wie das Autobahnkreuz

Am Autobahnkreuz Kaiserberg (Alexander J. Schwitanski)

Kaiserberg mit der Siedlung Werthacker, dem wahrscheinlich niemand landschaftliche Schönheit bescheinigen würde, lädt zu sozialem Wandern ein, zur Wahrnehmung und Reflexion der gesellschaftlichen Wirklichkeit, statt zu einer Flucht aus dem Alltag in eine vermeintliche Idylle. Als Kunst nehmen wir jedoch nur ein Grafitto an einer Fahrbahnstütze wahr: Eine Art Pirat lächelt diabolisch in dem Inferno aus Geschwindigkeit und Lärm. Als wir den Verkehrsknoten durchquert haben, fühlen wir uns körperlich erschöpft.

Auf der anderen Seite des Autobahnkreuzes erklimmen wir über eine bereits leicht marode Treppenanlage den Kaiserberg. Es wird ruhiger, als Hintergrundgeräusch begleitet die Autobahn uns aber bis auf Mülheimer Gebiet. Der Zustand der Treppen ist ein Vorgeschmack auf den etwas morbiden Charme, den der Waldpark auf der Anhöhe verströmt. Ende des 19. Jahrhunderts wurde der Park mit einigen Bauwerken in historistischer Manier und vaterländischer Gesinnung angereichert, die heute zum größeren Teil wieder verschwunden oder nur noch in Resten zu sehen sind. Auf unserem Weg liegen noch einige der künstlich angelegten Teiche.

Die nächsten 13 Kilometer geht es durch städtische Waldflächen, immer wieder durchbrochen von Siedlungen. Obschon es sich hier um Restwälder handelt, ist der Duisburg-Mülheimer Wald ökologisch interessant. Aufgrund unterschiedlicher Bodenbedingungen hat sich hier ein Mosaik von Pflanzengesellschaften gebildet, das auch der unbedarfte Wanderer bei etwas Aufmerksamkeit wahrnehmen kann. Vom Rotbuchenwald auf trockeneren Böden über Eichenmischwald bis hin zu Erlen- und Birkenbruchwald auf feuchten, moorigen Böden ist hier alles zu finden. Es hilft allerdings, sich etwas kundig zu machen, um die Besonderheiten zu bemerken. Ein landschaftlicher Höhepunkt ist der Auberg bei Mülheim. Bis vor einigen Jahren unterhielt die Bundeswehr hier einen Truppenübungsplatz, nach deren Abzug wurde das gesamte Gebiet durch den Regionalverband Ruhr aufgekauft. Grund dafür war, dass der Auberg eine der größten zusammenhängenden Wiesenlandschaften in der Region bot, deren Artenvielfalt von der extensiven Nutzung durch das Militär in der Vergangenheit profitierte. Dies ist auch für uns nicht leicht zu verstehen. Zwar

---

Rechts: Grafitto im Autobahnkreuz (Alexander J. Schwitanski)

haben wir hier den Eindruck von Weite, sehen die offene Wiesenlandschaft, durchschreiten eine schöne Allee aus Eichen und Linden und bemerken die kleinen Inseln von Blühpflanzen inmitten der Gräser, finden dabei aber zunächst nicht allzu viel Besonderes. Peter Keil von der Biologischen Station Westliches Ruhrgebiet wird es uns später erklären. Durch die fehlende landwirtschaftliche Nutzung in der Vergangenheit seien die Böden des Aubergs nährstoffarm, sie wurden nicht gedüngt. Gerade dadurch konnten sich zahlreiche Spezialisten unter den Pflanzen ansiedeln, denen es gelingt, unter den kargen Bedingungen auf dem Auberg zu existieren. Statt vieler Individuen weniger Arten, die zudem oft kräftig wüchsen, gebe es auf dem Auberg viele Arten mit jeweils wenigen Vertretern. Außerdem seien diese Arten oft kleinwüchsig und ließen deswegen eher das Licht bis auf den Boden durch, was für viele Insekten wichtig sei. Von diesen profitierten wiederum Vögel und Reptilien. Regelmäßig führt die Biologische Station Zählungen der verschiedenen Arten durch und stellt dabei eine beeindruckende Liste auch gefährdeter Tier- und Pflanzenarten auf, die auf dem Auberg existieren. Der Gedanke liegt nah, diese Überwachung und administrative Pflege von Natur für überzogen zu halten; jedoch kreuzen wir schon auf unserer kurzen Wanderung über den Auberg einen Reitweg und einen „Flugplatz" für Modellflugzeuge. Weitere Nutzungen durch Radler, Hundehalter, Jogger kommen hinzu. Der knappe, dicht genutzte Raum verlangt nach Regeln, auch hielte sich die offene Wiesenlandschaft nicht ohne Pflegemaßnahmen. Sie würde über kurz oder lang erst durch Büsche, dann durch Bäume überwuchert. Uns liegt die etwas ketzerische Frage nach dem Wert einer solchen von Menschen gemachten, regulierten Natur auf der Zunge. Aber Peter Keil verweist darauf, dass innerhalb der engen Kulturlandschaft des Ruhrgebiets großräumige natürliche Prozesse auch durch Menschen verhindert würden. Es sei wahrscheinlich, aber nicht ausgemacht, dass bei ausbleibenden menschlichen Eingriffen auch der Auberg letztlich bewaldet würde. Aber auch natürlicherweise würden durch Schadereignisse wie Brände immer wieder offene Landschaften entstehen. Flächenbrände würde man aber im Ruhrgebiet kaum zulassen wollen. Also müsse man zur Pflege von offenen Landschaften schon selber ran.

Wir verlassen den Auberg und folgen dem Weg bergab durch bewaldetes Gelände in das Ruhrtal. Hier unterqueren wir die Brücke der Autobahn 52, die mit über 1,8 Kilometern die längste aus Stahl gebaute Straßenbrücke sein soll. Im Kontrast zur technizistischen Ästhetik der Brücke liegen in deren Schatten die Fachwerkhäuser Mintards, heute ein Stadtteil Mülheims. Sogar ein Wegkreuz gibt es hier, das die dörfliche Anmutung des Ortsteils verstärkt – im Ruhrgebiet eher eine Seltenheit. Gestört wird die Idylle aber deutlich durch den Lärm der Autobahn, dann ist eine Landstraße zu passieren und auch in der ländlichen Gegend kurz vor Kettwig bleibt man von Lärm nicht verschont. Offenbar laufen wir durch eine Einflugschneise des Flughafens Düsseldorf und die Flugzeuge mit ausgefahrenem Fahrwerk dröhnen alle paar Minuten über uns dahin. Wir empfinden den Lärm zunehmend als Ärgernis und für das Urlaubserlebnis sind die Lärmereignisse störend. Allerdings bietet das Wandern so auch einen interessanten Perspektivwechsel. Wir rauschen halt nicht im Auto durch die Landschaft oder fliegen zu tollen Destinationen, an denen dann die ersehnte Ruhe und atemberaubende visuelle Eindrücke warten, sondern setzen uns im Wandern dem Erlebnis eines hochgradig und vielfältig genutzten Raumes aus, und erfahren, welche Kosten und Nebenwirkungen diese intensive Nutzung hat. Das ist vielleicht nicht jedermanns Vorstellung von einem Urlaub, es ist aber auch eine etwas absurde Konstellation, die eigene Heimat so zu verunstalten, dass man dann fernab davon nach Erholung suchen muss. Und dafür natürlich Autobahnen, Flughäfen etc. braucht.

Von Mintard aus sind es noch circa fünf Kilometer bis Kettwig, dem Ziel unserer ersten Etappe. Der Weg führt durch Wald und Feld und wir sind überrascht, als wir in Sichtweite eines Hofes auf einen kleinen Friedhof treffen, und zwar einen jüdischen. Nie hätten wir gedacht, in dieser eher ländlichen Umgebung auf Spuren jüdischer Besiedlung zu stoßen. Die Gräber auf dem öffentlich zugänglichen Friedhof stammen aus dem späten 18. und 19. Jahrhundert. Zu dieser Zeit war der Ort Kettwig-Vor-der-Brücke eine eigenständige Siedlung, die einmal zur Reichsabtei Werden gehörte, später zum Herzogtum Berg. Erst 1936 wurde der Ort an die Stadt Kettwig abgetreten, heute ein Stadtteil von Essen. Seit der ersten Hälfte des 18. Jahrhunderts sind jüdische Einwohner in dem Ort belegt, gegen Ende des 18. Jahrhunderts sollen es zehn Familien gewesen sein. Es ist möglich, dass die Handelsstraße, die hier auf die seit dem Mittelalter bestehende Ruhrbrücke führte, den Ort für jüdische Familien attraktiv machte. Sicher ist, dass die Herrschaft im nahen Schloss Hugenpoet Schutzbriefe für die ansässigen Juden ausstellte und ihnen damit einen Rechtsstatus verlieh, was in anderen Herrschaften zu der Zeit alles andere als selbstverständlich war.

In Kettwig endet unsere erste Etappe nach ungefähr dreißig Kilometern. Wir starten hier wieder am nächsten Tag und steigen zunächst eine Anhöhe hinauf zur Laupendahler Höhe. Der Weg hinauf verläuft unter Weiden in einem dunkelgrünen Schatten. Für die Dauer des Aufstiegs stellt sich die Anmutung von Natur ein. Oben angekommen sehen wir rechter Hand zunächst den großen Komplex der MediClin Fachklinik Rhein/Ruhr, während links die Kunststoffsichtblenden der Eigenheime den Blick in das Ruhrtal versperren. Die nächsten zehn Kilometer laufen wir durch ein vormals landwirtschaftlich geprägtes Gebiet, das heute zahlreiche Pferdehöfe

Grabstein auf dem Jüdischen Friedhof bei Kettwig
(Alexander J. Schwitanski)

aufweist. Auch Äcker gibt es, einige davon sind mit Blühstreifen versehen. Die aufgestellten Schilder neben den Blühstreifen, die darauf hinweisen, dass hier etwas für die Natur getan wird, zeigen eher den Ausnahmecharakter dieser Anlagen. Neben Hummeln sehen wir zwei Falter der Art Kleiner Fuchs an den Pflanzen und sind etwas konsterniert, dass wir das Auftauchen der Schmetterlinge besonders bemerken. Die Bedeutung des Raums als Freizeitgebiet für das Ruhrgebiet machen die zahlreichen großformatigen Autos deutlich, die hier an diesem Dienstagmorgen geparkt sind. Hundehalter suchen diese Gegend anscheinend gern auf, um die Tiere frei laufen zu lassen. Wir kommen durch einen eher lichten Buchenwald, der mit Ilex – Stechpalmen – durchsetzt ist. Der Pfad schlängelt sich durch diese

hier sehr dicht stehenden Pflanzen, sodass wir uns bisweilen etwas winden müssen, um hindurch zu kommen. Die immergrüne Ilex, die gern im Halbschatten des Unterholzes der Wälder wächst und im Winter Früchte trägt, übt eine eigentümliche Faszination auf uns aus, vor allem wenn sie, wie hier, die Wege überwuchert und Portale bildet. Einen so dichten Besatz wie hier haben wir noch nicht gesehen. Leider gelingt es uns nicht, die Aura, die das Gehölz erzeugt, auf einem Foto zu bannen. Zu den zufälligen Beobachtungen dieser Wanderung gehört ein Schwarzspechtpärchen, das unmittelbar

Portal der ehemaligen Abtei Werden, heute Folkwang Universität der Künste (Alexander J. Schwitanski)

nach dem Weg durch die Stechpalmen auftaucht. Wir erreichen Werden. Kurz vor der Stadt weisen Tafeln im Wald auf zwei Burgruinen hin, die Alteburg und die Herrenburg, zwei Ringwallanlagen, die wohl aus karolingischer Zeit stammen, deren Ruinen aber so überwuchert sind, dass wir nichts von ihnen erkennen. Etwas oberhalb der Stadt machen wir Rast auf einer Bank. Eine Rötelmaus kennt keine Scheu und erklimmt in unserem Beisein den Abfallkorb neben der Bank und sucht nach Essbarem.

Werden ist ein Ort, dem man durchaus touristische Qualität zusprechen kann. Der Weg in die Stadt führt direkt an den barocken Hauptgebäuden der ehemaligen Reichsabtei vorbei. Der Ort Werden entwickelte sich um ein Kloster herum, das im 8. Jahrhundert gegründet wurde. Der Gründer war Liudger, ein aus Friesland stammender Geistlicher, der unter anderem Verbindungen zu Alkuin unter-

hielt, einem Berater Karls des Großen, und der vom Kaiser selbst mit der Missionierung der Sachsen beauftragt wurde. So wurde Liudger zum Gründer des Bistums Münster, behielt aber auch die Leitung des Klosters in Werden, das er auf eigenem Grund und Boden errichtete. Die Abtei hatte Bestand bis zur Säkularisierung 1803 und bildete innerhalb des Alten Reichs eine eigene Herrschaft, die direkt dem Kaiser unterstand. Um die Abtei herum bildete sich die Stadt Werden, die auch der Herrschaft der Abtei unterstand, bis sie im 19. Jahrhundert, nachdem Werden an Preußen gefallen war, zur selbstständigen Stadt aufstieg, ehe sie 1929 nach Essen eingemeindet wurde. Zeugen der tausendjährigen kirchlichen Herrschaft sind einerseits die schon erwähnten Klostergebäude, andererseits die ehemalige Klosterkirche.

Folgt man dem Wanderweg den Patronatsberg hinab in die Stadt, so läuft man direkt an den Klostergebäuden vorbei, die heute den Campus Werden der Folkwang Universität der Künste beherbergen. Die Studierenden hier können sich über einen der schönsten Hochschulstandorte des Ruhrgebiets freuen, an dem verschiedene künstlerische Studiengesänge aus den Bereichen Musik, Tanz und Schauspiel studiert werden können. Geht man von hier die Straße weiter hinab, gelangt man unterhalb der alten Klosterkirche auf die Abteistraße, die bereits wieder aus dem Werdener Zentrum hinausführt. Es lohnt sich jedoch, die Straße etwas hinauf zu gehen und die Kirche zu besuchen. Der spätromanische Bau wirkt im Inneren nicht besonders, vor allem die barocken Einbauten von Hochaltar und Kanzel stören den Raumeindruck. Zudem wirkt die Kirche ein wenig düster. Rechts und links neben dem Hauptaltar führen jedoch einige Stufen hinab in die sehr sehenswerte Krypta, in der sich sowohl das Grab des Heiligen Liudgers als auch die Gräber seiner ersten fünf Nachfolger befinden, die alle aus Liudgers Familie stammen. Ähnlich wie Liudger selbst waren sie allesamt Bischöfe fernab von Werden, zwei von ihnen auch in Münster, bestatten ließen sie sich jedoch hier. Von den Gräbern der Nachfolger ist nach Umbauarbeiten in der Krypta nichts mehr zu sehen, Liudger selbst jedoch bekam einen modernen

Bronzeschrein, der in der Krypta zu sehen ist. Man muss kein gläubiger Mensch sein, um die Ruhe und Klarheit des Raumes zu genießen. Auch kann man in Liudger einen anderen Wanderer begrüßen, der von Utrecht aus nach York, nach Rom und Montecassino, wiederholt nach Friesland und durch das Münsterland reiste, und das Ende des 8. Jahrhunderts. Kirche und Krypta erlauben nur schwer einen Blick in jenes Frühmittelalter – die Krypta verführt zu der Annahme, doch handelt es sich hierbei nicht mehr um den originalen baulichen Zustand. Einige Kunstschätze aus der ehemaligen Abtei werden jedoch in der sogenannten Schatzkammer aufbewahrt, einem kleinen Museum direkt bei der Kirche. Von früheren Besuchen erinnern wir insbesondere einen spätantiken römischen Elfenbeinbecher mit halbplastischen Schnitzereien und eine fränkische Reliquienschatulle, ebenfalls mit Elfenbeinschnitzereien verziert, die flächig und stilisiert Christus zeigen. Handwerklich lässt sich kaum ein größerer Gegensatz zwischen

Die Ruhr bei Werden (Alexander J. Schwitanski)

Aus dem Kruppwald in Essen (Alexander J. Schwitanski)

den beiden Behältnissen denken, doch verweisen sie eben deswegen gemeinsam auf die wechselvolle Gründungszeit der Abtei.

Wir verzichten diesmal jedoch auf einen Besuch des Museums und auch auf einen Rundgang durch den Ort und investieren die zur Verfügung stehende Zeit in Eis und Kaffee. Zeit ist leider auch auf Reisen ein knappes Gut, eine Erfahrung, die uns insbesondere beim Wandern bestürzt. Unsere frühen Assoziationen mit dem Wandern waren die von Ungebundenheit und damit der Möglichkeit, überall Halt machen zu können, wo es sich anböte. Sofern man zu der Sorte sehr spontaner Menschen gehört, denen es gleich ist, wohin sie in der Nacht ihr Haupt betten und die endlose Zeit haben, die also gleichsam auf einer ewigen Reise sind, mag dies auch zutreffen. Alle anderen müssen – oder wollen – doch am Ende

Links: Oberhalb des Baldeneysees (Alexander J. Schwitanski)

eines Tages zumeist irgendwo sein und ihre Reise ist irgendwann vorbei. Wandern als entschleunigte Bewegung bedeutet dann leider auch, dass man planen und Präferenzen setzen muss und ganz viel links liegen lässt, das in der näheren Umgebung sicher noch sehenswert wäre. Vor allem sind Abstecher beim Wandern auch einfach anstrengend.

Wir setzen also unseren Weg fort und überqueren die Ruhr. Der zweite Teil der heutigen Etappe verläuft nun nördlich der Ruhr über die Essener Ruhrhöhen. Und das bedeutet, es geht auf und ab. Landschaftlich ist der Weg durchaus reizvoll, vor allem der Kruppwald westlich von Villa Hügel hat es uns angetan. Der Wald liegt an einem etwas zerklüfteten Hang, sodass die Bäume auf verschiedenen Höhenstufen wachsen. Zusammen mit den Bruchschäden, die die Stürme Kyrill 2007 und Ela 2014 verursachten, entsteht so das Bild einer aufgelockerten, abwechslungsreichen Vegetation.

Die Sturmschäden bleiben übrigens auch auf den folgenden Abschnitten dieser Etappe, vor allem im Wald bei Heisingen, sichtbar, und es hat nach 2014 lange gedauert, bis alle Wege wieder freigegeben

Ein Schwarm Spatzen balgt sich um die Tränke auf der Weide
von Clemens Unterste-Bahrenberg (Hannah Ruff)
———

waren. Unter uns liegt der Baldeneysee, der größte der Stauseen an der Ruhr und ein beliebtes Freizeitgebiet. Der Wanderweg umgeht den weiträumigen Park von Villa Hügel, dem berühmten Sitz der Familie Krupp, von dem allerdings vom Wanderweg aus nichts zu sehen ist.

Der zweite Teil der Etappe zieht sich und unsere Pause in Werden hat zusätzlich Zeit gekostet. So ist es bereits um 17.00 Uhr herum, als wir, vom See aufsteigend, einem Hirschkäfer begegnen, der entlang des Weges fliegt. Der Käfer fliegt langsam und ist gut zu erkennen. Hirschkäfer haben eine Länge von ungefähr neun Zentimetern und gelten damit als die größten Käfer Mitteleuropas. Der Hinterleib des großen Tieres hängt beim Flug träge nach unten. Dies ist eine der faszinierenden, zufälligen Begegnungen mit Tieren auf unserem Wanderweg und gern wüssten wir, was sonst noch alles in den Büschen und Wäldern, die wir passieren, lebt. Doch für ausgiebige Beobachtungen ist bei dieser Wanderung keine Zeit.

Der Rest des Weges durch den Schellenberger Wald und von Rellinghausen nach Steele fordert uns ganz ordentlich. 27 Kilometer haben wir an diesem Tag zurückgelegt und sind dabei, wir staunen auch, über 1.000 Höhenmeter aufgestiegen. Das fällt während der Wanderung selbst nicht groß auf, da die Steigungen immer kurz und leicht zu bewerkstelligen sind. In der Summe macht es sich dann am Ende des Tages aber doch in den Beinen bemerkbar.

Am nächsten Tag starten wir von Steele aus und überqueren zunächst wieder die Ruhr, um an das südliche Ufer zu gelangen. Es ist zeitig am Morgen, doch auf dem Radweg am Fluss ist bereits einiges los, anders als auf dem Wanderweg, auf dem uns auch in den folgenden Tagen nur im Umkreis der Städte vor allem Hundehalter begegnen. Der Blick auf die Ruhr mit ihren Teichrosen und den Bunen als wilden Vegetationsinseln verschwindet nach wenigen Kilometern, als wir das ausgedehnte Gebiet der Essener Wassergewinnung umgehen müssen. Der Weg führt bei einer Kreuzung an dem alten Güterbahnhof Altendorf vorbei, der heute als Lager für einen Raiffeisenmarkt dient. Der Ort wirkt ein bisschen aus der Zeit gefallen und lässt uns etwas innehalten. Es ist eine erste Begegnung mit der älteren Industriegeschichte des Ruhrtals und nicht weit davon liegt auf dem Wanderweg ein erstes Stollenmundloch. Weiter geht es auf einer alten und ruhigen Straße, die Rufe der Paddler auf der Ruhr sind hinter sattem Gebüsch zu unserer Linken zu hören, während rechts ein Höhenzug aufragt. Dort müssen wir nun hinauf. Der Weg führt durch Felder und – endlich – riechen wir den Geruch von Kühen. Linkerhand liegt eine Weide, auf der Rinder unter einem Baum im Schatten stehen. Ein Schwarm Spatzen balgt sich um die Tränke.

Rechts liegt der Hof, umgeben von einer Bruchsteinmauer, an der Stockrosen blühen. Nach all den Reiterhöfen lässt uns dieser Anblick stillstehen. Er fasziniert uns so, dass wir uns mit dem Besitzer des Hofes, Clemens Unterste-Bahrenberg, später zu einem Gespräch treffen. Er bestätigt unseren Eindruck des Zurückweichens der Landwirtschaft und insbesondere der Viehhaltung. Auch sein eigener Hof mache da keine Ausnahme. Die vielfältige Produktion aus den Tagen seines Vaters, unter anderem mit Schweinehaltung und Rübenanbau, sei längst zurückgefahren. Die kleinen Mengen, die der Hof erzeugen könne, seien nicht rentabel. Auch die Haltung von heute noch 20 Kühen sichere kein Auskommen, ein solches erwirtschafte er eher durch Vermietungen. Für eine Ausweitung der Haltung fehlten vor allem Flächen. Einstmals an der Ruhr gepachtete Weiden habe er aufgeben müssen, da dort Platz für die Haltung von Heckrindern geschaffen wurde. Clemens Unterste-Bahrenberg baut noch Mais an, um damit Silage als Winterfutter für die Kühe zu produzieren. Ein Zukauf von Futtermitteln sei regional schwierig, da viele seiner Nachbarn ihre Maisernten über langfristige Verträge zum Beispiel an Biogasanlagen verkauften. Schließlich sei es aber die langanhaltende Tendenz zu landwirtschaftlichen Großbetrieben, die die kleinen Erzeuger unrentabel machten. An der Ruhr hatte man bereits Ende der 1960er Jahre versucht, darauf zu reagieren.

Auf der Weide von Clemens Unterste-Bahrenberg
(Alexander J. Schwitanski)

Genossenschaftlich gründeten mehr als 100 Landwirte aus dem Ruhrtal das Kutel in Essen, eine Anlage, in der die Milchkühe der angeschlossenen Betriebe gemeinsam gehalten wurden. Auch wurde die Milch in einer eigenen Molkerei gleich verarbeitet. Der Betrieb wuchs sich zu einem beliebten Ausflugsziel in der Region aus. Den Konzentrationstendenzen konnte das Kutel dann aber doch nicht widerstehen, es wurde zunächst an einen großen Milchkonzern verkauft, dann geschlossen. Heute liefert Unterste-Bahrenberg seine Milch an eine Molkerei in Everswinkel, die Teil eines großen, weitverzweigten Konzerns ist.

Es ist traurig, zu hören, dass auch die Viehhaltung auf dem Bahrenberg ein Ende nehmen wird, wenn Clemens Unterste-Bahrenberg den Betrieb aufgeben wird. Sein Tipp für das, was dann folgt: ein weiterer Pferdehof. Die Pferdehaltung ist einfacher, schließlich entfielen zum Beispiel schon die zwei festen Melkzeiten am Tag. Die Landschaft wird damit einen schönen Ort verlieren, der schon jetzt heraussticht und auch für andere Tiere wie Schwalben und Fledermäuse, die in den offenen Kuhställen nisten und jagen, ein Zuhause bietet.

Wir ziehen weiter, die gewundene Straße herab, und gelangen so zum Isenberg. Der schmale, langgezogene Höhenrücken ist mit Buchenwald bestanden und auch reichlich mit Stechpalmen durchsetzt. Ein Waldweg führt uns recht zügig auf den Rücken, auf dem die Ruine der Isenburg steht.

Von der zum Ende des 12. Jahrhunderts erbauten Burg sind nur noch einige Grundmauern zu sehen, die auch keinen Anspruch mehr auf Vollständigkeit erheben können. Im 19. Jahrhundert wurde der Berg als Steinbruch genutzt und Teile der Burg verschwanden mit der südöstlichen Bergflanke. Besonders beachtlich fand man die Reste der Burg wohl nicht, sie wurden auch erst seit den 1960er Jahren ausgegraben. Trotzdem ist die Isenburg ein besonderer Ort, der zum Verweilen einlädt und auch wir halten hier unter einem Baum eine Rast. Die Mauerreste, das mittlerweile bewohnte Haus Custodis mit seinem neogotischen Zierrat, erbaut zur Mitte des 19. Jahrhunderts, die Rasenfläche und die schönen Bäume machen aus der Ruine eigentlich einen idealen Ort für einen Mittelaltermarkt. Wahrscheinlich gibt es einen solchen hier aufgrund des Denkmalcharakters der Burg nicht.

Die Zerstörung der Burg um 1226 hat verhindert, dass diese später historistisch überformt werden konnte und so kann man an den ausgegrabenen Grundmauern Einblicke in Konstruktion und Funktion einer Höhenburg gewinnen, die einem sonst verwehrt bleiben. Dabei ist aber auch hier manches Spekulation und Rekonstruktion. Wer eine Spur historisches Interesse mitbringt, sollte die Burg an einem Sonntag besuchen, wenn das kleine Museum in Haus Custodis geöffnet hat, in dem unter anderem modellhafte Rekonstruktionsversuche der Burg zu sehen sind.

Von der Unterburg mit den ehemaligen Wirtschaftsgebäuden führt der Weg an Haus Custodis vorbei in die Oberburg, wo die Wohngebäude der adligen Familie und der Bergfried standen. Ein großer, in den anstehenden Felsen gehauener Graben sichert die Oberburg zum Rest des Sattels ab. Die Burg wurde nicht eigentlich erobert, dazu war sie auf dem schmalen Bergsporn zu gut gesichert, sondern belagert und dann zerstört. Graf Friedrich von Isenburg hatte seinen Onkel Engelbert getötet, der Erzbischof von Köln und Reichsverweser des Stauferkaisers Friedrich II. und einer der mächtigsten Männer des Reiches war. Grund für die Auseinandersetzung dürfte ein Streit um Familienbesitzungen gewesen sein. Dazu gehörten in gewisser Weise auch die Vogteirechte an der Abtei in Werden und dem Frauenstift in Essen, die der Erzbischof nun für die Kölner Kirche an sich ziehen wollte. Der Streit ging nicht gut aus für den Grafen Friedrich, seine Familie und seine Burg, und veränderte die Machtverhältnisse an der Ruhr langfristig.

Von der Isenburg führt der Weg rasch auf eine vielbefahrene Straße hinab. Diese ist nach einigen Metern zu überqueren. Allzu leicht ist hier der schmale Pfad zu übersehen, der sich in den Wald schlägt. Der Pfad umgeht hier eine gefährliche, schlecht einzusehende Kurve der Straße, Brombeeren und Ilex sorgen aber auch dafür, dass das Vorankommen nicht allzu leicht ist. Die Krone einer umgestürzten Eiche macht den Weg für einen Moment zu einer Kletterpartie. Weiter geht es nun oberhalb von Hattingen durch den Wald. Wir steigen herab, um die Bredenscheider Straße zu überqueren und müssen auf der anderen Seite am Sünsbruch wieder hinauf. Hier führt eine alte Treppenanlage auf die Höhen, wo es dann zunächst auf schmalem Grat weitergeht, bis sich der Weg wieder weitet. Es sind diese kleinen Wegabschnitte – der Aufstieg in Kettwig, der Pfad

Rechts: Blick aus der Isenburg (Alexander J. Schwitanski)

zur Umgehung der Straßenkurve, dieser Grat – die dem sonst bisweilen erlebnisarmen Ruhrhöhenweg ein wenig Spannung verleihen. Wir fühlen uns hier etwas entrückt, außerhalb der allgegenwärtigen Infrastruktur, der gepflasterten und geteerten Wege, aber die Anmutung des Geheimnisvollen bemisst sich hier nach Metern. Es sind Reststücke, Flächen, mit denen nichts anderes anzufangen war, die durch die Einschließung mit Straßen, Nutzflächen und Bebauung aus dem Alltäglichen ausgeschlossen sind.

Durch aufgelockerten Wald und entlang von Feldern, die Stadt Hattingen im Tal im Blick, laufen wir bis Blankenstein, wo wir diese Etappe beschließen. Am nächsten Tag starten wir unsere Wanderung rund drei Kilometer entfernt. Wir haben die Nacht zuhause verbracht. Das erscheint uns nur sinnvoll, solange wir in dreißig Minuten mit dem Öffentlichen Nahverkehr An- und Abreise bewerkstelligen können. Allerdings trübt das auch ein wenig unser Empfinden, auf einer Reise zu sein.

Wir starten also am nächsten Tag in Witten. Die Tour führt über Wanderwege im Wald und auf kleinen Straßen entlang von Weiden. Wir sehen Schilder, auf denen gebeten wird, die Hunde nicht auf die Wiesen koten zu lassen. Auch Clemens Unterste-Bahrenberg hatte uns erzählt, dass er Probleme mit freilaufenden Hunden habe, deren Kot auch seine Kühe krank mache. Wir selbst werden mehrfach von freilaufenden Hunden angesprungen und ein gemurmeltes „'Tschuldigung" ist schon das Höchstmaß an Verantwortung, das die Halter übernehmen wollen. Später werden wir erleben, wie ein Hund, von einer Attacke auf eine Gruppe Pferde zurückgepfiffen, über einen Graben übersetzt und seinen Sprung unschön im zugewucherten Stacheldraht der Weide abrupt beendet.

Carabus auratus im Muttental (Hannah Ruff)

Im Muttental gibt es einen gesonderten Rundwanderweg zu den Zeugnissen des frühen Bergbaus. Wir passieren nur das Tal und machen eine kleine Rast am ehemaligen Bethaus der Bergleute. Dieses 1830 gebaute Haus bot den Bergleuten der unterschiedlichen Kleinzechen im Tal im Untergeschoss eine Schmiede, wo Werkzeug ausgebessert werden konnte, und im Obergeschoss einen Versammlungs- und Gebetsraum. Heute können Besuchergruppen nach Voranmeldung unter Anleitung erste Erfahrung im Schmieden sammeln, während im Obergeschoss eine kleine Gastronomie eingerichtet wurde, die auch einen schönen Biergarten hat. Auch hier machen wir bei der Rast wieder eine Zufallsbegegnung tierischer Art: Ein Carabus auratus, vulgo Goldlaufkäfer, lässt sich blicken. Das glänzende Tier steht in einem auffälligen Kontrast zum dunklen Waldboden.

Tiere ganz anderer Art sehen wir am Schloss Steinhausen. Das auf das 13. Jahrhundert zurückgehende Schloss beherbergt heute ein Restaurant sowie eine Kunstgalerie, die mit Skulpturen aus Simbabwe handelt. Einige der sehr großformatigen Metallskulpturen finden sich am Wegrand aufgestellt. Skulpturen aus dem südlichen Afrika, hergestellt aus Altmetallen, stehen vor dem Hintergrund der Fabrik der Deutschen Edelstahlwerk, die unten an der Ruhr liegt.

Wir überqueren die Ruhr, gehen aber nicht in die Stadt Witten hinein, sondern laufen am Rande des Bahndamms weiter, bis uns eine Unterführung in den Park am Hohenstein bringt. Der Hohenstein ist ein Berg des Ardeygebirges, welches hier mit tiefen Tälern durchsetzt ist. Es folgen also mehrfache Auf- und Abstiege und kurze Strecken über die schmalen Rücken der verschiedenen Erhebungen, die, auch wenn sie mit ihren steilen Abhängen spektakulär aussehen, zum Glück nicht hoch sind. Der Aufstieg auf dem Hohenstein verläuft zunächst durch den Park, der mit Spielplatz, Streichelzoo, Wildgehege und einem Lehrbienenzentrum ein interessantes und schönes Ausflugsziel bietet. Vom Anfang des 20. Jahrhunderts datieren einige gartenarchitektonische Bauwerke, unter anderem das Bergerdenkmal, ein 20 Meter hoher Aussichtsturm in einem irgendwie historistisch-fantastischen Stil mit Blick auf die Ruhr. Das Innere des Turms ist sowohl mit Liebesschlössern an den Fenstergittern als auch mit hingekrakelten Hakenkreuzen verunziert, beides unschöne Versuche, den öffentlichen Raum mit privaten Obsessionen zu okkupieren. Wobei:

Der Begriff des Privaten passt zumindest im Fall der Hakenkreuze nicht recht. Angesichts zunehmenden rechten Terrors, rechter Gewalt und Hetze wirkt er verharmlosend; so richtig politisch ernstnehmen können wir diese dunklen nationalistischen Fieberträume aber auch nicht. Unten im Fluss ist das Wasserkraftwerk Hohenstein zu sehen, das in den 1920er Jahren errichtet wurde. Das Kraftwerk passt sich dank gelungener Architektur gut in die Landschaft ein und ist ein echter „Hingucker".

Der weitere Weg durch den Wald nach Wetter ist eigentlich ein wirklich hübscher Spaziergang, heute erwischt uns aber ein Gewitter. Es zucken keine spektakulären Blitze über uns, aber ein beständiges Gegrummel, unterbrochen von heftigerem Donner, verfolgt uns, und zwar buchstäblich. Wir hasten in plötzlich einsetzender Dunkelheit über die Berge, das Gewitter aber zieht mit uns. Über die Wege fließt plötzlich Wasser und wir sind sehr schnell durchnässt. Als wir Gut Schede erreichen, lässt der Regen langsam nach. Wir nehmen nun den Weg rechts am Gut vorbei und steigen hinab nach Wetter, um die heutige Etappe zu beenden.

Bei schönerem Wetter ist Gut Schede ein malerischer, fast unwirklicher Anblick. Haus und Hof liegen auf einer der Höhen des Ardeygebirges im Wald. Recht unvermittelt tritt man aus dem Wald heraus, läuft noch kurz durch eine Allee zwischen Weiden, bis man zwischen die schönen Landwirtschaftsgebäude tritt. Auch hier werden noch Kühe gehalten. Berühmt ist das Herrenhaus des Gutes, dessen kuppelartiges Dach das Befremdungsgefühl noch verstärkt. Es wirkt, als sei ein Ufo zwischen den alten Landwirtschaftsgebäuden gelandet, allerdings passt es sich dafür gut in das Gesamtensemble ein. Die Gutsgebäude wurden im 17. Jahrhundert errichtet, im 18. Jahrhundert wurde das Gut von der Familie Harkort erworben. Friedrich Harkort, der in der Nähe bestattet ist, gilt als einer der Pioniere der frühen Industrialisierung des Ruhrgebiets. Das Herrenhaus wurde zu Beginn des 19. Jahrhunderts neu errichtet und zu Beginn des

---

Kunst aus Altmetall bei Witten (Alexander J. Schwitanski)

Links/Rechts: Das Gut Schede (Alexander J. Schwitanski)

20. Jahrhunderts unter Mitwirkung von Henry van de Velde und Peter Behrens umgebaut. Beide hatten zuvor mit Karl Ernst Osthaus, dem Begründer des Folkwang Museums, an dessen Museum in Hagen gearbeitet. Gut Schede ist somit aufgrund seiner Geschichte, aber auch ganz sinnlich erfahrbar, ein Zeugnis für die Durchsetzung auch der ästhetischen Moderne im Ruhrgebiet, die, wie Gut Schede auch, im historischen Bewusstsein der Region etwas versteckt liegt.

Die Gebrochenheit der Moderne in Deutschland erfahren wir am nächsten Tag auf der Hohensyburg. Doch zunächst müssen wir dorthin gelangen. Wir steigen vom Bahnhof Wetter morgens durch den Wald auf den Höhenrücken des Ardey auf. Der Wald ist noch feucht vom Vortag, in diesem Jahr auch eher eine Seltenheit. Wir staunen über einen riesigen Schwefelporling, der auf einem umgekippten Baum wächst. Oberhalb des Harkortsees hat jemand in privater Initiative eine Bank aufgestellt und ein kleines Gärtchen im Wald angelegt, das einen hübschen Ort für eine kurze Rast bietet.

Wir passieren oberhalb des Hengsteysees das Koepchenwerk, eines der ersten Pumpspeicherkraftwerke Deutschlands. Das Werk wurde bereits Ende der 1920er Jahre gebaut, in den 1980er Jahren wurde ein neues Ersatzwerk direkt neben dem alten Bau errichtet. Das Kraftwerk von 1930 ist nunmehr ein Denkmal. Anders als das Laufwasserkraftwerk am Hohenstein gewinnt das Koepchenwerk den Strom nicht aus der Fließkraft des Flusses, sondern fungiert als große Batterie. In Zeiten geringen Stromverbrauchs wird die überflüssige elektrische Energie genutzt, um Wasser in ein Staubecken oberhalb des Kraftwerks zu pumpen. Steigt der Stromverbrauch,

wird das Wasser durch Rohre abgelassen, die dann wieder stromerzeugende Turbinen antreiben. Dieses Prinzip zur Speicherung elektrischer Energie ist also schon lange bekannt.

Am frühen Nachmittag erreichen wir die Hohensyburg. An der Straße, welche wir die letzten Meter zur Syburg zurücklegen, zeugen Hotels und Restaurants vom Freizeitwert, den das Areal mit der bekannten Spielbank gewonnen hat. Auch die weite Grünfläche, die nun zu Beginn der Sommerferien mit zahlreichen Tisch- und Rasenspielen zur freien Nutzung bestückt ist, lässt zunächst nicht daran denken, dass die Syburg ein Ort von erinnerungspolitischem Gewicht ist. Die lustigen Spiele – auch wenn heute nicht viel los ist – finden an einem Ort problematischer Geschichtskonstruktionen statt. Auf dem Syberg stand im 8. Jahrhundert eine Wallanlage der Sachsen, die von den Franken unter Karl dem Großen erobert wurde. Seitdem standen hier wohl fränkische Burgen sowie eine Kirche. Teil des heutigen baulichen Ensembles ist die Ruine einer Burg aus der Mitte des 12. Jahrhunderts, die sehr malerisch bewachsen ist. Direkt daneben befindet sich der 1857 im neogotischen Stil errichtete Vincke-Turm. Ludwig von Vincke war mit Eleonore von Syberg verheiratet und wurde durch die Ehe Eigentümer der Syburg. Er gehörte jedoch auch zum Kreis der preußischen Reformer um den Freiherrn vom Stein und zu denjenigen, die den zögernden preußischen König Friedrich Wilhelm III. mit ihren Berichten davon überzeugten, dass die Stimmung im Volk einen Krieg gegen Napoleon verlangte. Nach dem Wiener Kongress wurde er zum ersten Oberpräsidenten der neugeschaffenen Provinz Westfalen; bis heute wird an Vincke als Person erinnert,

Schwefelporling (Hannah Ruff)
——

der es gelang, Territorien mit unterschiedlichen Geschichten als eine Provinz in den preußischen Staat zu integrieren. Dem nächsten Integrationsschritt wird dann ein paar Schritte weiter im Kaiserdenkmal gedacht. Ab 1893 wurde neun Jahre lang an einem monumentalen Denkmal für Wilhelm I. gearbeitet, jenem preußischen König, der 1871 zum ersten Kaiser des neugegründeten Deutschen Reichs wurde. Baulich stellt sich das Denkmal heute jedoch deutlich anders dar als zu Beginn des 20. Jahrhunderts. Zwei Seitentürme und eine überbordende Krone auf dem Hauptturm verschwanden ebenso wie weiterer neogotischer Zierrat und Statuen von Personen der königlichen Familie. Die Nationalsozialisten strafften den gesamten Bau und machten die Statue Wilhelms im Sinne des Führerprinzips zur alleinigen Zentralfigur.

Der Reichseinigung 1870/71 gingen drei Kriege voraus: Preußen, verbündet mit Österreich und anderen deutschen Ländern gegen Dänemark; Preußen gegen Österreich und andere im Deutschen Bund zusammengeschlossene Länder; Preußen mit anderen deutschen Ländern ohne Österreich gegen Frankreich. Den Kriegsopfern aus der Gemeinde Syburg wird seit 1930 an einem Kriegerdenkmal innerhalb der mittelalterlichen Burgruine gedacht. Die ikonografisch an einen Soldaten des Ersten Weltkriegs erinnernde Skulptur des Denkmals wird flankiert von Tafeln, auf denen die Toten des Krieges von 1870/71, des Ersten und Zweiten Weltkriegs verzeichnet sind, welche die Gemeinde zu beklagen hatte. Das Denkmal selbst, die Skulptur des toten Soldaten begleitet von einem Adler, erhebt den Anspruch auf ein umfassenderes, nationales Kriegsgedenken über die Gemeinde Syburg hinaus.

Das gesamte Arrangement der Hohensyburg wird somit zu einer absurden Geschichtskonstruktion, in der die Toten der Weltkriege des 20. Jahrhunderts eingereiht werden in eine vermeintliche Kontinuität des Kampfes um ein Reich der Deutschen, beginnend mit den Sachsenkriegen Karls des Großen. Leider fehlt eine Historisierung dieser Geschichtskonstruktion auf dem Syberg selbst oder irgendein Zeichen einer kritischen, republikanischen Brechung. Nur mit etwas Zynismus kann man die Krieg um Krieg länger werdenden Listen der getöteten Soldaten der Gemeinde Syburg als entsprechenden Kommentar lesen.

Wir verlassen den Syberg nach einer längeren Pause und steigen durch einen lichten Wald den Berg hinab, vorbei an Haus Husen, einem Wohnturm aus dem 17. Jahrhundert, der heute dem Verband christlicher Pfadfinderinnen und Pfadfinder gehört. Der restliche Weg verläuft entlang der Ruhr, teilweise auf dem Ruhrtalradweg. Hier begegnet uns ein Gimpelpärchen. Bereits auf Schwerter Gebiet passieren wir Haus Ruhr, eine schöne Burganlage aus dem 15. Jahrhundert. Heute residiert dort die Ruhrakademie, eine private Bildungseinrichtung, an

——
Oberhalb des Harkortsees (Hannah Ruff)

der einige kreative und künstlerische Studiengänge belegt werden können. Bis Ergste läuft der Weg durch einen feuchten Wald, dann überqueren wir auf einer langgezogenen Eisenbahnbrücke die Ruhr und erreichen nach einigen Gemüsefeldern Ergste. Hier beenden wir die letzte Etappe im Ruhrgebiet. Die von „Ich-geh-wandern" vorgeschlagenen Etappen führen die Tour weiter bis Iserlohn, doch endet der Weg dort etwas abseits von möglichen Unterkünften. Wir wollen daher am kommenden Tag bis Menden laufen.

Ab Ergste verändert sich der Charakter unserer Wanderung zusammen mit der Landschaft. Dies gilt auch für das Verhältnis von Wanderweg und Fluss. Im Ruhrgebiet folgt der Wanderweg weitgehend dem Flussverlauf, auch wenn der Wanderweg zumeist abseits der Flussufer auf den Höhen liegt. Ab Ergste gewinnt der Weg jedoch mehr Distanz zum Fluss, spart einige seiner Schleifen aus und kreuzt die Ruhr mehr, als dass er neben ihr her verläuft. Statt entlang der Ruhr läuft der Weg ab Ergste zunächst durch das Elsebachtal. Wir folgen einem breiten Spazierweg, der linker Hand von einem Mischwald gesäumt ist, rechter Hand fließt der Elsebach, der später in die Ruhr mündet. Viel Wasser führt der Bach in diesem Sommer allerdings nicht. Der lockere Baumbestand wird zunächst von Eichen dominiert, durchsetzt mit Weißdorn und Eberesche. Später nehmen die Buchen zu. Nach einem Anstieg des Weges wird das Land offener. Wir wandern über kleine Straßen durch ländliches Gebiet, was auch hier bedeutet, dass auf früheren landwirtschaftlichen Flächen heute eine verstreute Bebauung mit größeren, nicht unbedingt schöneren Einfamilienhäusern vorherrscht. Vor Kalthof schon, einem Stadtteil von Iserlohn, sehen wir zum ersten Mal einen Rotmilan und hören sein langgezogenes, auf- und abschwellendes Pfeifen.

Man merkt der Gegend an, dass diese nicht primär auf Wanderer eingerichtet ist. Nach dem Elsebachtal findet sich kein Ort, an dem sich eine Rast anbietet. Vor Sümmern durchqueren wir ein an diesem Sonntag sehr stilles Gewerbegebiet, um dann endlich auf einer Grünfläche bei der Kirche Sankt Gertrudis anzuhalten. Auch der Ort selbst wirkt wie ausgestorben, selbst die Bäckerei hat geschlossen. Der weitere Weg verläuft unspektakulär bis Menden, wo wir uns etwas außerhalb des Stadtzentrums

Links: Die Einmündung der Lenne in die Ruhr (Alexander J. Schwitanski)

Die Burgruine auf dem Syberg mit Kriegerdenkmal und Vincke-Turm (Alexander J. Schwitanski)

eine Unterkunft nehmen. Abends schlendern wir in der Stadt umher auf der Suche nach einem Restaurant. Menden hat einige schöne alte Gebäude; es sollen über 150 sein, lesen wir später, die sich jedoch zu keinem geschlossenen Stadtbild zusammenfügen. Um den Kirchplatz herum werden wir bei unserer Suche fündig und kehren ein. Wir lassen uns von dem „Schnitzel Hawaii in fruchtiger Currysahnesauce" auf der Karte nicht abschrecken und werden tatsächlich mit einer soliden Mahlzeit belohnt, die aber das kulinarische Angebot der kommenden Tage erahnen lässt: Schnitzel. Wir erfahren, dass die Gastronomie im Sauerland Nachwuchs- und Ausbildungsprobleme hat, was später in einem anderen Ort bestätigt wird. Das schränke die Möglichkeiten der Karte ein, denn einerseits könne auf Klassiker wie das Schnitzel oder das Bauernomelette angesichts der Nachfrage nicht verzichtet werden. Andererseits dürfe man die Karte angesichts der Personalknappheit nicht überfrachten, sonst breche in der Küche Chaos aus. Das leuchtet ein. Zum Dessert, Pfannkuchen mit Früchten und Eis, ebenso klassisch wie schmackhaft, hören wir noch die vergnügliche Geschichte vom Nachwuchskoch, der auf die Frage nach seinen Vorschlägen für einen kreativen Nachtisch „Wackelpudding" geantwortet habe – und damit seine erst junge Karriere begrub. Von Menden aus geht es am nächsten Tag nach Arnsberg. Bereits am Mendener Stadtrand begegnen uns Zeugnisse des im Sauerland immer noch lebendigen Katholizismus; wir gehen an zahlreichen Bildstöcken und Wegkreuzen entlang. Nicht weit hinter Menden passieren wir den Skulpturenpark

Die Ruhr bei Ergste (Alexander J. Schwitanski)

am sogenannten Hexenteich. Wir wandern durch Fichtenwald und müssen auch Holzeinschlagflächen passieren. Viele Bäume sind umgestürzt; ob es sich um das in diesem Sommer viel diskutierte Phänomen handelt, dass Teile vor allem der Nadelwälder infolge von Trockenheit und einer dadurch stärker werdenden Borkenkäferpopulation darnieder gehen, oder ob es sich um reguläre Einschläge und immer wiederkehrende kleinere Schadereignisse handelt, vermögen wir nicht zu sagen. Zwei Tage werden wir nun hauptsächlich durch Wald gehen. Buchen- und Fichtenwald wechseln sich dabei ab. Für uns sind das weniger erquickliche Etappen, es ist etwas langweilig und wenig abwechslungsreich, durch diese Wirtschaftswälder zu laufen. Allerdings kommen wir nun langsam in das Gehen selbst hinein und das Gehen schafft sich in gewisser Weise die eigene Umgebung. Es wird langsam gleichgültig, wie die Umgebung ausschaut, die Gedanken laufen leer. Gleichzeitig werden wir ungeheuer neugierig.

Wir merken, wie wenig wir eigentlich wissen über das, was um uns herum wächst, und nehmen uns vor, mehr darüber zu lernen. Leider ist der Urlaub immer zu kurz und aus dem Vorsatz wird selten etwas. Zumindest wissen wir nun, dass Ackerkratzdisteln, Große Klette und Wilde Karde trotz der auf den ersten Blick irgendwie ähnlichen Blüten wenig miteinander zu tun haben. Wir hatten alles als Disteln abgelegt. Zumindest gehören Kratzdisteln und Große Klette zu den Korbblütlern, die Wilde Karde allerdings zur eigenen Familie der Kardengewächse. Alle drei wachsen an den Wegrändern in den Wäldern. Auch finden wir heraus, dass es sich bei den Pflanzen mit den seltsamen schwarzen Schoten um Besenginster handelt. Bei Meschede bemerken wir eine Vielzahl gelb-schwarz gestreifter Raupen: Es handelt sich um die Raupen des Jakobskrautbären, einer Nachtfalterart. Die Imagines, also die erwachsenen Tiere, haben wir zuvor nur beim Wandern in Tschechien gesehen, hier waren sie uns bisher noch nicht untergekommen.

In Neheim machen wir Pause vor einer kleinen Bäckerei, in der wir unseren Proviant aufstocken. Die

Im Arnsberger Wald (Alexander J. Schwitanski)

Stadt wirkt belebt und macht einen freundlichen Eindruck. Direkt am Ortseingang befindet sich die frühere Synagoge des Ortes. Das Haus wurde im November 1938 zwar geplündert, jedoch nicht zerstört. Wie eine Gedenktafel berichtet, wurden 154 Mitglieder der jüdischen Gemeinde Neheims im Holocaust ermordet. Die Gemeinde hörte damit faktisch auf, zu bestehen. Die Synagoge stand danach bis in die 1980er Jahre leer und verfiel langsam. Heute ist das Haus im Besitz des Neheimer Jägervereins, der sich neben Brauchtumspflege und Schießsport auch die Unterstützung der Denkmalpflege als Vereinszweck in die Satzung geschrieben hat. Man muss dazu wissen, dass einer der Mitbegründer des Jägervereins der jüdische Neheimer Industrielle Noa Wolff war; der Verein wurde 1834 gleichsam als Gegenmodell zur Neheimer Schützenbruderschaft gegründet, in der nur Katholiken Mitglied sein konnten. Zudem war Wolff wesentlicher Unterstützer des Baus der Synagoge und Vorsteher der Gemeinde. In gewisser Weise kann man die Weiternutzung der Synagoge durch die Neheimer Jäger als nachgeholte Bestätigung der früheren Integration jüdischer Bürgerinnen und Bürger in die deutsche Gesellschaft begreifen. Es bleibt nur zu hoffen, dass aus dem Wissen darum, dass diese Integration brüchig war und die Ermordung der jüdischen Bürgerinnen und Bürger Neheims nicht verhindert hat, der Wille zum Widerstand gegen neue Bestrebungen der Ausgrenzung und Diffamierung erwächst. Wir hatten überlegt, in Neheim zu übernachten, das Hotel, in dem wir gern ein Zimmer genommen hätten, war jedoch ausgebucht. So ziehen wir weiter nach Arnsberg und machen auch hier die Ent-

deckung, dass wir in drei Hotels abgewiesen werden, bevor wir ein Zimmer finden. Offenbar geht es dem Sauerlandtourismus nicht schlecht. In Arnsberg erzählt man uns, dass hier vor allem Radler absteigen. Arnsberg liegt ungefähr 70 Kilometer auf dem Ruhrtalradweg hinter der Ruhrquelle und ist für viele Radler die erste Tagesetappe. Vom Ruhrhöhenweg hat der Hotelier aber noch nicht gehört, was unseren Eindruck bestätigt. Der Radweg ist gut frequentiert, auf dem Wanderweg ist es eher still. Naja, was still so bedeutet. In Neheim kündigt sich die A46 an, die direkt am Stadteingang eine hässliche Abfahrt hat. Am Folgetag, als wir von Arnsberg nach Meschede laufen, werden wir die Autobahn mehrfach tangieren und je länger wir den Weg durch den Wald laufen, desto mehr nervt sie uns. Der Sauerländische Gebirgsverein, der in Arnsberg beheimatet ist, hat den Weg durch den Wald mit erkennbarer Sorgfalt beschildert. Zusätzlich zu den üblichen schwarzen Schildern mit dem weißen XR hängen oft hölzerne Wegweiser mit eingebrannter Wegbezeichnung an den Bäumen. Eine Bank ist zum Andenken an den 20. Weltjugendtag der katholischen Kirche 2005 besonders gestaltet; sie

Die alte Synagoge Neheims (Alexander J. Schwitanski)

Die Ruhr bei Neheim (Alexander J. Schwitanski)

steht an einem Ort, der „Zum schönen Ausblick" betitelt ist. Von einer Anhöhe aus schaut man auf die Hügel der Umgebung. Uns lädt der Ort trotzdem nicht zum Verweilen ein, es ist schlicht zu laut. Allerdings sind wir mit dieser Ansicht ziemlich allein. Das Gästebuch neben der Bank ist seit 2018 gut gefüllt, und wir sind anscheinend die einzigen, die sich an dem Lärm der Autobahn stören. Nicht weit weg von der Bank und fast unmittelbar neben der Autobahn existiert sogar eine Art Denkmal aus einigen aufgehangenen und bepflanzten Wanderschuhen, versehen mit einer Liebesbotschaft an das Wandern in der „Heimat" Sauerland. Wir sind etwas perplex. Ist das ein Ausdruck von Durchhaltewillen angesichts der Zerstörungen durch die Autobahn oder ein ironischer Kommentar? Allerdings entspricht die Konstellation auch ungefähr dem, was das Bundesinnenministerium auf seiner Website als Heimatpolitik bezeichnet: Strukturpolitik mit Gefühl zum Zwecke der Identitätsgenerierung. Ob Opa Schräkel sich

mit diesem Wald samt Autobahn identifiziert hätte? Opa Schräkel, eigentlich Anton Schulte, war ein Tagelöhner aus Oeventrop, das zwischen Arnsberg und Freienohl liegt. Seit 1920 bis zu seinem Tod zu Beginn der 1930er Jahre lebte er hauptsächlich im Wald und wurde zu einer Art Original, an das heute noch „Opa Schräkels Strülleken" erinnert, eine kleine Quelle, die neu eingefasst und mit einem Schaufelrad versehen wurde, das durch die Quelle angetrieben wird. Hier hatte sich der Einsiedler mit Frischwasser versorgt.

Wir wollen hier aber auch keine rückwärtsgewandte Utopie der unberührten Natur propagieren, diese wäre eine ahistorische Illusion. Dies zeigt sich bereits kurz hinter Arnsberg, als der Weg ein Stück weit dem Unterlauf des Mühlenbachs folgt, der wenig später in die Ruhr mündet. Dieser Bach war seit dem 12. Jahrhundert die Lebensader des Frauenklosters Rumbeck, er bewässerte Wiesen und Weiden für die Viehhaltung, die im früheren Auwald angelegt wurden; künstliche Teiche dienten der Fischzucht und als Rückhaltebecken für Wasser, das gleich mehrere Mühlen antrieb. Durch den bewaldeten Berghang wurden Entwässerungsgräben gezogen, um ein großes Rückhaltebecken am Oberlauf des Baches zu füllen. Köhler, eine Glashütte und ein Aschenhaus, in dem Pottasche aus verbrannten Pflanzen hergestellt wurde, waren im Wald angesiedelt. Der ständige Bedarf an Holz beförderte den Anbau bestimmter Baumarten, die bei wiederholtem Einschnitt neu und ergiebig austrieben. Diese frühe Industrie gestaltete so den Niederwald als vorherrschende Waldform des Mittelalters und der frühen Neuzeit. Menschliches Leben und Arbeiten hat somit seit jeher die Umwelt geprägt, fraglich ist nur, wie brachial die Eingriffe sind und wie weitreichend die Folgen. Im Vergleich zum früheren Niederwald sind die heutigen Hochwälder, die wenig Licht auf den Boden lassen, eher artenarm. Mehrfach begegnen wir auf unserem Weg Schildern, die darauf hinweisen, dass der Wald, den wir nun durchwandern, ein Zertifikat des PEFC vorweisen könne. PEFC bedeutet „Programme for the Endorsement of Forest Certification Schemes", es soll Wälder ausweisen, die nachhaltig bewirtschaftet werden. Um die Nachhaltigkeitskriterien gibt es durchaus Streit und PEFC ist nicht das einzige, wohl aber das größte Zertifizierungssystem für Waldwirtschaft in Deutschland. Dies auch, weil der PEFC die Antwort der Waldbesitzer auf das von Naturschutzverbänden favorisierte FSC-Siegel ist. Wir merken: Wandern ist politisch, und auch als Wanderer entkommt

Zertifizierter Wald (Alexander J. Schwitanski)

———

———

Bei Oeventrop, in unmittelbarer Nähe zur Autobahn (Alexander J. Schwitanski)

Holzwerk vor Assinghaussen
(Alexander J. Schwitanski)
———

Der Eversberg (Alexander J. Schwitanski)
———

Auf der letzten Etappe (Hannah Ruff)

Brücke über die Ruhr in Olsberg (Hannah Ruff)

Die Ruhr bei Assinghausen (Alexander J. Schwitanski)

Vor Assinghausen (Hannah Ruff)

man nicht dem Status des Konsumenten. Die Zertifikate kommen nach Selbstaussage des PEFC vor allem dem Orientierungsbedürfnis von Konsumentinnen und Konsumenten entgegen, nicht nur beim Holzkauf. Als Waldbesitzer kann man seinen Wald auch als Erholungswald mit angemessener Ausstattung an Bänken und ähnlichem zertifizieren lassen. Letztlich ist also auch das Sauerland ein hochgradig genutzter Raum, nicht nur durch Waldwirtschaft, obgleich hier angeblich ein Drittel der ungefähr 27 Millionen Weihnachtsbäume wachsen, die pro Jahr in Deutschland zum Fest verbraucht werden. Auch wir laufen an Baumschulen vorbei, in denen Jungbäume in Reih und Glied stehen. Gerade zwischen den ganz kleinen Bäumen finden sich jedoch erstaunlich viele Blühpflanzen. Was wir nicht sehen, sind die Betriebe der Metallindustrie. In Meschede versichert man uns, dass es dort viel Industrie gebe, gerade in der Metallverarbeitung. Man habe hier wahrscheinlich mehr Arbeitsplätze als im Ruhrge-

biet. Entlang des Wanderweges sieht man diese jedoch nicht.

Bereits zehn Kilometer vor Meschede verlässt der Wanderweg den Wald. Immer wieder werden wir in den folgenden zwei Tagen durch Wald laufen, doch bleiben nun stärker die Eindrücke von offenen Hügellandschaften hängen. Orte wie Eversberg mit seiner Turmruine und den zahlreichen Fachwerkhäusern verstärken nun auch das Gefühl, woanders zu sein, auf einer Reise zu sein. Die Ruhr wird nun zusehends schmaler und fließt schneller dahin. Bei Freienohl flitzt mehrfach ein Eisvogel schillernd über den Fluss.

Hinter Niedersfeld überqueren wir schließlich die B480. Die letzten Kilometer bis zur Ruhrquelle wandern wir über einen Weg durch eine Wiesen- und Weidelandschaft. Die Fluren sind durch Drahtzäune gegliedert, auf den Pfählen hocken Krähen.

Die Ruhrquelle selbst tritt unspektakulär aus dem Boden. Holzstege erlauben die Annäherung, ohne den feuchten Boden zu zertreten. Erst vor etwas über einem Jahrzehnt wurden frühere Rohre und Uferbegrenzungen entfernt, nun kann sich das

Wasser seinen Weg frei suchen. Einige Meter entfernt fließt das Rinnsal in einen ummauerten und plattierten Ring, ein Stein kennzeichnet den Ort als Quelle der Ruhr. Bereits kurz danach verliert sich das Wasser in den satten Wiesen. Der Verlauf ist nur noch zu ahnen, vor allem an den hochaufragenden weißen Blütenrispen des Mädesüß, das gern auf feuchten Böden wächst und eine typische Pflanze für Feuchtwiesen ist.

Wir verharren nicht lange an der Quelle. Wieder droht Regen. Einige wenige Kilometer folgen wir dem Rothaarsteig hinab nach Winterberg. Dann geht es mit dem Zug nach Hause. Vorerst. Der Rothaarsteig sieht interessant aus.

Vor einigen Jahren nahm der Sauerländische Gebirgsverein (SGV) eine Inventur der Hauptwanderwege vor. Dabei wurden die Wege bewertet und mit Noten versehen. Bei der Bewertung spielen Kriterien wie der Belag der Wege, ihr Abstand zu verkehrsreichen Straßen, die Erreichbarkeit, das Vorhandensein natürlicher, landschaftlicher und kultureller Reize eine Rolle. Die Bewertung des Ruhrhöhenwegs war so, dass der Weg eigentlich hätte aufgegeben werden sollen. Dies hätte zumindest bedeutet, dass der Weg durch den SGV nicht weiter markiert worden wäre. Wahrscheinlich wären auch nach einiger Zeit die schmaleren Pfade nicht mehr gangbar gewesen. Wäre dies ein Verlust gewesen? Ja. Nicht nur wegen der Bedeutung, die der SGV dem Weg zuschreibt: Er steht hier quasi für die

Wiesen an der Ruhrquelle (Alexander J. Schwitanski)

touristische Erschließung einer Region mit historischer Bedeutung für das ganze Land. Auch Bundespräsident Carl Carstens ist hier 1982 mit Jürgen Gramke, damals Direktor des Kommunalverbands Ruhrgebiet, gewandert. Für uns bietet der Ruhrhöhenweg die Gelegenheit, im verdichteten Raum des Ruhrgebiets immer wieder kleine Erfahrungen von Natur machen zu können, existiert sie auch in kleinen, verwalteten Exklaven, und einen kurzen, etappenweisen Ausbruch aus dem Alltag und der städtischen Infrastruktur erleben zu können. Der Ruhrhöhenweg bedeutet aber auch, mit Ideen vom klischeebildhaften Urlaub zu scheitern. Insofern ist der Ruhrhöhenweg hochgradig politisch und fordert zur Reflexion heraus, denn mit den ewigen Autobahnen, den städtischen Verkehrsadern und der Verbauung der Landschaft stellt der Ruhrhöhenweg das Konzept von Tourismus und damit verbundener Wünsche und Illusionen infrage.

Aber warum sich diesem Weg aussetzen? Wären nicht doch die spektakulären Felsen und fremde Landschaften in Portugal oder Japan die reizvollere Alternative? In gewisser Weise. Aber wenn wir bedenken, wieviel wir hier nicht über den Ruhrhöhenweg geschrieben haben, was alles unerwähnt blieb, was wir über die Geschichte von Orten, vom Leben und Arbeiten der Menschen, von Pflanzen und Tieren an diesem uns doch scheinbar so wohlvertrautem und unspektakulärem Weg nicht wissen, wenn dieser Weg uns also letztlich doch unbekannt ist, dann fragen wir uns, wozu wir noch unbekanntere Gegenden brauchen? Lernen wir da wirklich mehr, oder bleiben die Bilder von den weitentfernten Sehenswürdigkeiten nicht bloße, rasch konsumierte und unentschlüsselte Eindrücke? Und ist das dann reisen?

Die Ruhrquelle (Alexander J. Schwitanski)

DAS RUHRGEBIET (ALLGEMEIN)

Berger, Stefan/Borsdorf, Ulrich/Claßen, Ludger/Grütter, Heinrich Theodor/Nellen, Dieter (Hrsg.): Zeit-Räume Ruhr. Erinnerungsorte des Ruhrgebiets, Essen 2019.

Ditt, Karl/Tenfelde, Klaus (Hrsg.): Das Ruhrgebiet in Rheinland und Westfalen. Koexistenz und Konkurrenz des Raumbewusstseins im 19. und 20. Jahrhundert, Paderborn 2007.

Farrenkopf, Michael/Goch, Stefan/Rasch, Manfred/Wehling, Hans-Werner (Hrsg.): Die Stadt der Städte. Das Ruhrgebiet und seine Umbrüche, Essen 2019.

Goch, Stefan: Im Dschungel des Ruhrgebiets, Bochum 2004.

Prossek, Achim/Schneider, Helmut/Wetterau, Burkhard/Wessel, Horst A./Wiktorin, Dorothea (Hrsg.): Atlas der Metropole Ruhr: Vielfalt und Wandel des Ruhrgebiets im Kartenbild, Köln 2009.

Tenfelde, Klaus/Urban, Thomas (Hrsg.): Das Ruhrgebiet. Ein historisches Lesebuch, 2 Bde., Essen 2010.

INDUSTRIERAUM RUHR

Ditt, Karl: Aufstieg und Niedergang des Ruhrtalbergbaus: Die Zeche Nachtigall in Bommern bei Witten 1714–1892, in: Märkisches Jahrbuch für Geschichte, Nr. 103, 2003, S. 99–151.

Eversberg, Heinz: Die Entstehung der Schwerindustrie um Hattingen 1847–1857, Münster 1955.

Ewald Dörken AG (Hrsg.): 125 Jahre Dörken 1892–2017, Herdecke 2017.

Fehn, Klaus: Die hochindustrielle Kulturlandschaft des Ruhrgebiets 1840–1939. Aufbau und Blüte – Kernzonen und Peripherien, in: Ders./Hans-Werner Wehling (Hrsg.): Bergbau- und Industrielandschaften, Essen 1999, S. 51–100.

Fessner, Michael: Steinkohle und Salz. Der lange Weg zum industriellen Ruhrrevier, Bochum 1998.

Franz Haniel & Cie. GmbH (Hrsg.): Haniel 1756–2006. Eine Chronik in Daten und Fakten, Duisburg-Ruhrort 2006.

Joh. Wilh. Scheidt (Hrsg.): 200 Jahrfeier der Tuchfabrik der Firma Joh. Wilh. Scheidt – 100 Jahre Heinr. Nierhaus, Essen 1920.

LITERATUR-HINWEISE

Koetter, Gerhard: Als Kohle noch Zukunft war. Bergbaugeschichte und Geologie des Muttentals und der Zeche Nachtigall, 2. Aufl., Essen 2017.

Koetter, Gerhard: Von Flözen, Stollen und Schächten im Muttental. Ein Wanderführer durch die Bergbaugeschichte an der Ruhr, Essen 2007.

Laube, Robert: Die Henrichshütte Hattingen. Eine grüne Geschichte, Essen 1992.

Molkenthin, Ralf: Die Hochöfen der Henrichshütte. Arbeit und Technik in einem westfälischen Hochofenwerk 1854–1987, in: Märkisches Jahrbuch für Geschichte 104, 2004, S. 136–161.

Pfläging, Kurt: Die Wiege des Ruhrkohlenbergbaus. Die Geschichte der Zechen im südlichen Ruhrgebiet, Essen 1978.

Rimpel, Melanie: Mülheim an der Ruhr – Stadt der Gerber und der Lederindustrie, in: Geschichtsverein Mülheim an der Ruhr (Hrsg.): Zeugen der Stadtgeschichte. Baudenkmäler und historische Orte in Mülheim an der Ruhr, 2008, S. 74–81.

Schmidt-Rutsch, Olaf: Feuchte Träume – Die Henrichshütte und die Ruhr, in: Märkisches Jahrbuch für Geschichte 111, 2011, S. 193–208.

Telsemeyer, Ingrid (Hrsg.): Museumsführer Zeche Nachtigall. Westfälisches Industriemuseum, Essen 2005.

Tiggemann, Werner: Das Muttental bei Witten. Eine bergbaugeschichtliche Studie mit geologischen und heimatkundlichen Hinweisen, in: Der Anschnitt 17, 1965, H. 1, S. 3–29.

Wessel, Horst A. (Hrsg.): Mülheimer Unternehmer – Pioniere der Wirtschaft, Essen 2013, 2. Aufl., 2013.

Zimmermann, Erik: Auf den Spuren des Ruhrbergbaus. Bergbau- und industriegeschichtliche Wanderwege im Werdener Land, Essen 1997.

VERKEHRSRAUM RUHR

Böving, Justus: Ruhrschiffahrt und Ruhrschleusen: 200 Jahre Schleusen an der Ruhr 1780–1980, Mülheim an der Ruhr 1985.

Dietz, Wilhelm: Ruhrschiffahrt und Ruhrschleuse, in: Zeitschrift des Geschichtsvereins Mülheim an der Ruhr, H. 8, 1952, S. 12–17.

Ellerbrock, Karl-Peter u.a. (Hrsg.): 150 Jahre Köln-Mindener Eisenbahn, Essen 1997.

Exner, Joachim: Die Mülheimer Weiße Flotte, in: Mülheimer Jahrbuch 2008, S. 33–38, Mülheim an der Ruhr 2007.

Henz, Ludwig: Der Ruhrstrom und seine Schifffahrts-Verhältnisse, nebst Vorschlägen zur Erweiterung derselben, Essen 1840.

Hoffmann, Bernd Franco: Die Bergisch-Märkische Eisenbahn. Durch die Täler von Wupper, Ruhr und Volme, Erfurt 2015.

Ismer, Oscar: Die Kanalisierung der Ruhr von Mülheim aufwärts, Witten 1914.

Jochims, Frank: Der Wasserbahnhof auf der Schleuseninsel in Mülheim an der Ruhr, in: Geschichtsverein Mülheim an der Ruhr (Hrsg.): Zeugen der Stadtgeschichte. Baudenkmäler und historische Orte in Mülheim an der Ruhr, Essen 2008, S. 262–268.

Kliche, Wilhelm: Die Schiffahrt auf der Ruhr und Lippe im achtzehnten Jahrhundert, in: Zeitschrift des Bergischen Geschichtsvereins 37, 1904, S. 1–178.

Rawe, Kai: Schiff Ahoi! 90 Jahre Weiße Flotte Mülheim an der Ruhr, in: Mülheimer Jahrbuch 2018, S. 154–173, Mülheim an der Ruhr 2017.

Reimann, Simon: Binnenschifffahrt im Ruhrgebiet – Nutzung und Verdrängung durch die Eisenbahn 1780–1880, Hamburg 2009.

Schmidt-Rutsch, Olaf: Kohlenschiffe auf der Ruhr. Ein Ruhrnachen für die Zeche Nachtigall, Essen 2000.

Schmidt-Rutsch, Olaf: Die historische Entwicklung der Ruhrschifffahrt, in: Christoph Ohlig (Hrsg.): Die Entwicklung der Wasserwirtschaft im Ruhrgebiet, Norderstedt 2012, S. 47–62.

Schmitz, Christoph: Die Ruhrbrücken. Von der Quelle bis zur Mündung zwischen Einst und Jetzt, Münster 2004.

Swoboda, Rolf/Vogelsang, Harald/Klee, Wolfgang: Die Eisenbahn in Bochum, Hövelhof 2007.

Thier, Dietrich (Hrsg.): Brückenschläge – Brücken über die mittlere Ruhr im Raum zwischen Schwerte und Herbede. Bilddokumentation der historischen und neuen Ruhrbrücken, Stadtarchiv Wetter an der Ruhr 1995.

Thier, Dietrich: Die verkehrstechnischen Überlegungen zur Anbindung des mittleren Ruhrtals an Schiffahrtskanäle im 19. und frühen 20. Jahrhundert, in: Märkisches Jahrbuch für Geschichte 104, 2004, S. 189–218.

Trapp, Reinhold: Das Ende der Ruhrschifffahrt – 150 Jahre Eisenbahn, in: Duisburger Jahrbuch 1998, S. 136–141.

Vährmann, Thomas: Überregionale Verkehrsströme der Eisenbahnen. Ein Beitrag zur wirtschaftlichen Entwicklung der drei großen Eisenbahngesellschaften in den westlichen preußischen Provinzen zwischen 1850–1870, in: Wilfried Reininghaus/Karl Teppe (Hrsg.): Verkehr und Region im 19. und 20. Jahrhundert. Westfälische Beispiele, Paderborn 1999, S. 95–111.

Vogelsang, Harald: Das Bw Bochum-Dahlhausen und die Eisenbahn im mittleren Ruhrtal, Freiburg 1988.

Vogelsang, Harald: 25 Jahre Eisenbahnmuseum Bochum-Dahlhausen. Fünfundzwanzig Jahre DGEG-Eisenbahnmuseum Bochum-Dahlhausen, Werl 2002.

Weber, Wolfhard: Gedanken und Dokumente zur Ruhrschiffahrt nach 1770, in: Märkisches Jahrbuch für Geschichte 108, 2008, S. 167–188.

Wüstenfeld, Gustav-Adolf: Die Ruhrschiffahrt von 1780 bis 1890, Wetter 1995.

WASSERWIRTSCHAFTSRAUM RUHR

Bleidick, Dietmar: Artikel Mühle, in: Friedrich Jaeger (Hrsg.): Enzyklopädie der Neuzeit, Bd. 8, Stuttgart/Weimar 2009, Sp. 811–816.

Bleidick, Dietmar: Artikel Wasserkraft, in: Friedrich Jaeger (Hrsg.): Enzyklopädie der Neuzeit, Bd. 14, Stuttgart/Weimar 2011, Sp. 690–705.

Büschenfeld, Jürgen: Flüsse und Kloaken. Umweltfragen im Zeitalter der Industrialisierung (1870–1918), Stuttgart 1997.

Eiden, Christian: Versorgungswirtschaft als regionale Organisation. Die Wasserversorgung Berlins und des Ruhrgebiets zwischen 1850 und 1930, Essen 2006.

Gemeinde Möhnesee/Touristik GmbH Möhnesee (Hrsg.): Ein Jahrhundert Möhnetalsperre, Möhnesee 2013.

Imhoff, Karl: Die Reinhaltung der Ruhr, Essen 1912.

Imhoff, Karl: Der Ruhrverband, Essen 1926.

Macat, Andreas: Hundert Prozent Mülheim – Das Aquarius Wassermuseum der RWW, in: Geschichtsverein Mülheim an der Ruhr (Hrsg.): Zeugen der Stadtgeschichte. Baudenkmäler und historische Orte in Mülheim an der Ruhr, Essen 2008, S. 229–237.

Nathusius, Jochen Engelhard von: Die Möhnekatastrophe vor 60 Jahren – Dokumente aus dem Stadtarchiv, Fröndenberg an der Ruhr 2003.

Ohlig, Christoph (Hrsg.): Die Entwicklung der Wasserwirtschaft im Ruhrgebiet, Norderstedt 2012.

Ollenik, Walter/Uphues, Jürgen (Hrsg.): Von Mühlen, Schleusen und Turbinen. Ein spannender Führer zu Denkmälern der Kultur- und Technikgeschichte im mittleren Ruhrtal, Essen 2004.

Olmer, Beate: Wasser. Historisch. Zu Bedeutung und Belastung des Umweltmediums im Ruhrgebiet 1870–1930, Frankfurt am Main 1998.

Ruhrtalsperrenverein (Hrsg.): Die Möhnetalsperre. Ein Rückblick auf die Geschichte des Ruhrtalsperrenvereins und den Talsperrenbau im Ruhrgebiet, Essen 1913.

Ruhrverband/Ruhrtalsperrenverein: 1913–1988. 75 Jahre im Dienst für die Ruhr, Gütersloh 1988.

Ruhrverband (Hrsg.): 100 Jahre ganzheitliche Wasserwirtschaft an der Ruhr. Perspektiven und Chancen, Berlin 2000.

Ruhrverband (Hrsg.): Zeit im/am Fluss – 100 Jahre Ruhrverband, Essen 2013.

Siegel, André-Marcel: Der Möhnesee, in: Lena Krull (Hrsg.): Westfälische Erinnerungsorte. Beiträge zum kollektiven Gedächtnis einer Region, Paderborn 2017, S. 193–204.

Weyer-von-Schoultz, Martin: Die Gelsenkirchener Typhusepidemie und ihr gerichtliches Nachspiel, in: Jörg Vögele/Wolfgang Woelk (Hrsg.): Stadt, Krankheit und Tod: Geschichte der städtischen Gesundheitsverhältnisse während der Epidemiologischen Transition vom 18. bis ins frühe 20. Jahrhundert, Berlin 2000.

Zumbrägel, Christian: „Viele Wenige machen ein Viel". Eine Technik- und Umweltgeschichte der Kleinwasserkraft, Paderborn 2018.

SPORT- UND FREIZEITRAUM RUHR

Ahland, Frank: Aus der Stadt an den Fluss. 75 Jahre Sportfischer an der Wittener Ruhr, Essen 2007.

Auffermann, Uli: Wandern am Wasser. Ruhrgebiet, München 2013, [Die Ruhrzone, S. 21–81].

Bötefür, Markus: Angeln im Ruhrgebiet. Tricks und Tipps rund um die schönsten Angelgewässer, Essen 2017.

Eickhoff, Matthias: In 16 Etappen von der Quelle bis nach Duisburg, München 2010.

Essener Ruder-Regattaverein (Hrsg.): Hundert Hügel-Ruderregatten auf Ruhr- und Baldeneysee, Essen 2018.

Haake, Henning: Von weißen Schiffen, Rotaugen und Kanuten. Ein spannender Führer zu Freizeitangeboten auf und an der Ruhr, Essen 2008.

Henze, A.: Das Wellenbad in Geisecke, in: Du und Dein Werk, Jahrgang 3, Nr. 4, 1956, S. 114–116.

Kapteina, Felicitas (Red.): 100 Jahre Essen-Werdener Ruder-Club v. 1896 e.V. Der älteste Ruderverein an der unteren Ruhr. 23. Juni 1896 – 23. Juni 1996, Essen 1996.

Kreppke, Hans Joachim: Vom Baden, Kuren und Planschen in Bochum, in: Bochumer Zeitpunkte, Nr. 30, 2013, S. 3–33.

Noll, Horst: 125 Jahre Ruder-Club Witten. Festschrift zum 125-jährigen Jubiläum 1892–2017, Bochum 2017.

Spohn, Thomas: Über das Baden im Freien und über Freibäder in Westfalen, in: Westfalen – Hefte für Geschichte, Kunst und Volkskunde, Bd. 81, 2003, S. 187–216.

Wassersportverein Mülheim (Ruhr) e.V. (Hrsg.): 100 Jahre Wassersportverein Mülheim (Ruhr) e.V., Mülheim an der Ruhr 2006.

Dr. Jens Adamski (1975) ist Wissenschaftlicher Mitarbeiter der Stiftung Geschichte des Ruhrgebiets in Bochum.

Dr. Frank Ahland (1965) leitet das Archiv der Kreisstadt Unna.

Britta Balt (1974) arbeitet als Redakteurin in der Unternehmenskommunikation des Ruhrverbands.

Dr. habil. Dietmar Bleidick (1966) ist Privatdozent für Wirtschafts- und Technikgeschichte des Industriezeitalters an der Ruhr-Universität Bochum, freiberuflicher Historiker und Leiter des Historischen Archivs BP/Aral in Bochum.

Dr. Jürgen Büschenfeld (1955) ist Wissenschaftlicher Angestellter an der Fakultät für Geschichtswissenschaft, Philosophie und Theologie der Universität Bielefeld.

Silvia Fehse-Schmitz (1975) arbeitet als freie Journalistin und Autorin.

Dr. Gunnar Gawehn (1977) ist Historiker und arbeitete zuletzt als wissenschaftlicher Mitarbeiter am Deutschen Bergbau-Museum Bochum.

Nikolai Ingenerf (1988) ist Wissenschaftlicher Volontär im LWL-Industriemuseum –Westfälisches Landesmuseum für Industriekultur, Zeche Zollern in Dortmund.

AUTORINNEN UND AUTOREN

Andreas Macat (1959) ist Leiter der RWW-Museen Aquarius und Haus Ruhrnatur in Mülheim an der Ruhr.

Prof. Dr. Jürgen Mittag (1970) ist Universitäts-Prof. für Politik und Sport an der Deutschen Sporthochschule Köln sowie Leiter des Instituts für Europäische Sportentwicklung und Freizeit-forschung.

Jochen Engelhard von Nathusius (1957) leitet das Stadtarchiv in Fröndenberg / Ruhr.

Dr. Kai Rawe (1970) leitet das Stadtarchiv – Bochumer Zentrum für Stadtgeschichte.

Ulrich Reitz (1960) ist freier Journalist und Autor.

Markus Rüdel (1965) ist Leiter der Unternehmens-kommunikation sowie Pressesprecher des Ruhrver-bands.

Dr. Olaf Schmidt-Rutsch (1968) ist Wissenschaft-licher Referent am LWL-Industriemuseum – Westfälisches Landesmuseum für Industriekultur.

Dr. Alexander J. Schwitanski (1971) ist Archiv-leiter im Haus der Geschichte des Ruhrgebiets in Bochum.

Dr. habil. Hans-Christoph Seidel (1962) ist Geschäftsführer des Instituts für soziale Bewegungen und der Stiftung Geschichte des Ruhrgebiets in Bochum.

Dr. Thomas Urban (1975) ist Wissenschaftlicher Assistent am Lehrstuhl für Sozial- und Wirtschafts-geschichte der Universität Leipzig.

BAND 1
DIE RUHR UND IHR GEBIET – LEBEN AM UND MIT DEM FLUSS
————

BODO HOMBACH (HRSG.)

HEIMAT RUHR
FLUSS, TAL, SIEDLUNG
SEIT ANFANG DES 19. JAHRHUNDERTS

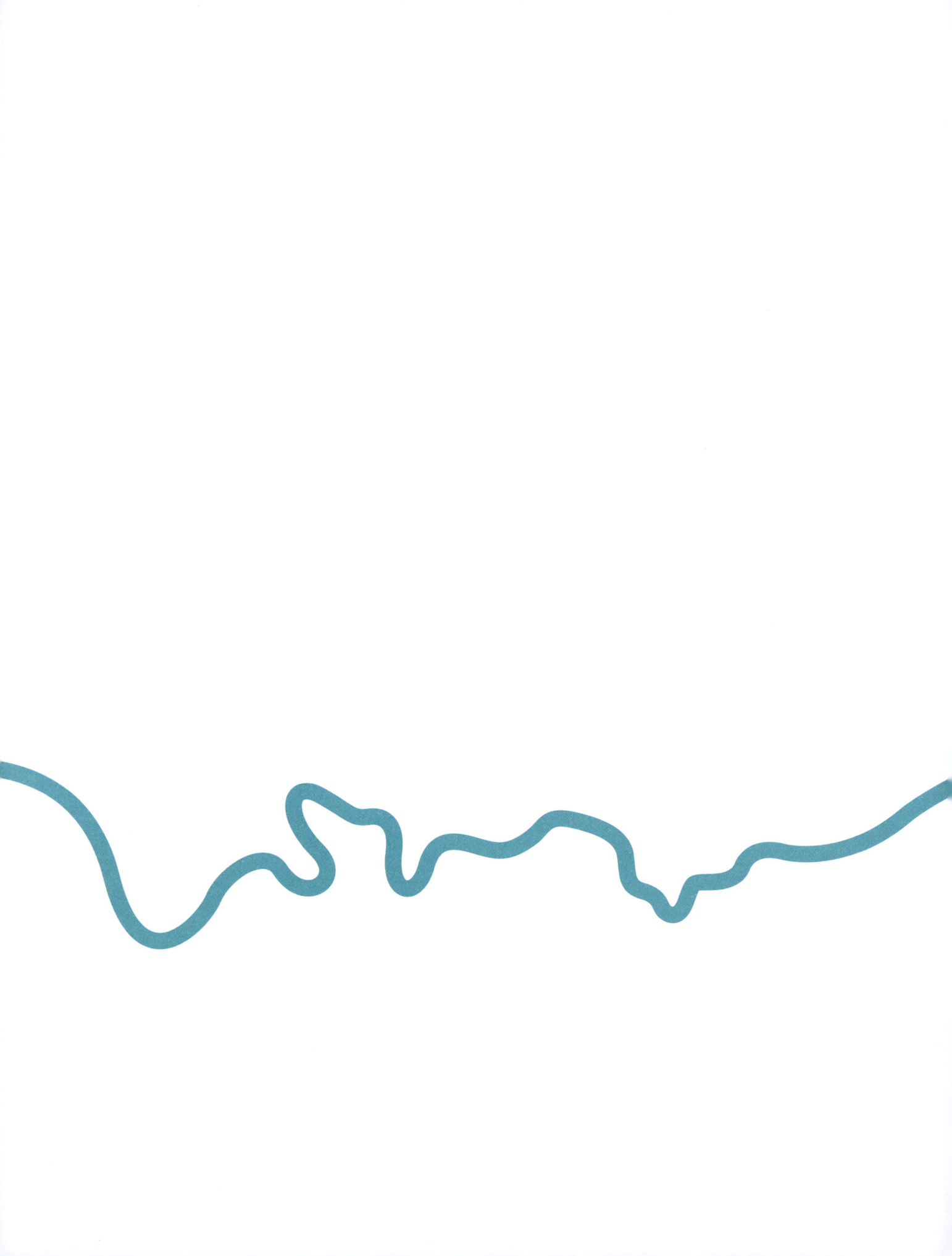

Bodo Hombach (Hrsg.)

HEIMAT RUHR

Fluss, Tal, Siedlung
seit Anfang des 19. Jahrhunderts

Die Ruhr und ihr Gebiet
Leben am und mit dem Fluss

Band 1: Heimat Ruhr – Fluss, Tal, Siedlung
seit Anfang des 19. Jahrhunderts

Herausgegeben von Bodo Hombach
für die Brost-Stiftung

In Kooperation mit der

Redaktion:
Jens Adamski, Britt Heinker, Jasmin Sandhaus

Lektorat:
Aschendorff Verlag

Gestaltung und Satz:
Frank Georgy (kopfsprung.de)

Gesamtherstellung:
Aschendorff Verlag GmbH & Co. KG

1. Auflage: 2020

Diese Publikation ist in der Deutschen
Nationalbibliografie verzeichnet. Mehr
Informationen dazu finden Sie unter
http://dnb.dnb.de

ISBN 978-3-402-24640-5
Alle Rechte vorbehalten.
Gedruckt in Deutschland.

Copyright © 2020, Brost-Stiftung, Autorinnen
und Autoren, Fotografinnen und Fotografen.

Brost-Stiftung
Zeißbogen 28
45133 Essen
Tel.: +49 (0)201 / 749936-16
www.broststiftung.ruhr

Aschendorff Verlag GmbH & Co. KG
Soester Str. 13
48155 Münster
Tel.: +49 (0)251 / 690-91 3001
E-Mail: buchverlag@aschendorff.de
www.aschendorff-buchverlag.de

Umschlagabbildung vorne:
Das Ruhr-Viadukt in Herdecke mit dem Ausflugsschiff Friedrich
Harkort, vom RuhrtalRadweg aus gesehen, 2006 (Stefan Ziese)

Umschlagabbildung hinten:
Die Ruhr bei Sonnenuntergang bei Witten, 2018 (Stefan Ziese)

Fotos innen:

Seite 8–9: Die blaue Stunde an der Ruhrbrücke Hattingen,
auch Ruhrbrücke Bochumer Straße, 2019 (Mike König)

Seite 10–11: Morgenstunde - Wildgänse in der Nähe der Ruhrbrücke Kemnader Straße, die von Bochum nach Hattingen führt, 2019 (Mike König)

Seite 12–13: Die goldene Stunde – Ein Schwan in der Nähe der
Ruhrbrücke Kemnader Straße, 2019 (Mike König)

Seite 410–411: Das Ruhrviadukt in Herdecke, 2019 (Mike König)

Seite 412–413: Bei Sonnenaufgang am Harkortsee in Herdecke, 2019
(Mike König)

Seite 420: Wildgänse im Flug in der Nähe der Ruhrbrücke Kemnader
Straße, 2019 (Mike König)

INHALTSVERZEICHNIS

III. WOHNRAUM RUHR

IV. KULTURRAUM RUHR

Bodo Hombach

DIE RUHR
UND IHR GEBIET

Vorwort? – Diese Buchbände brauchen kein Vorwort. Sie erklären sich selbst. Sie öffnen sich mühelos und sind begehbar wie die Landschaft, die sie erkunden. Sie sind viel mehr als ein reiner Faktencheck. Der Leser erfährt viel über die Geologie, Wasser, Historie, Strukturen eines Lebensraumes; über einen Fluss, der einer Region den Namen gibt und fünf Seen, die die größte Sportaktivität, Vielfalt und Dichte aller vergleichbaren Gewässer haben. Im Subtext schwingen ganz andere Dinge mit und erwachen in seiner Vorstellung: der Klang einer Sprache, die „typischen Handbewegungen" eines kollektiven Temperaments, die Eigenschaften eines sozio-psychologischen Charakters. Das Ergebnis ist kein „tümelnder" Hymnus, sondern eine farbenreiche und vielschichtige Erzählung. Ein Fluss kehrt auch nie an die gleiche Stelle zurück.

Jedes Umblättern stiftet neue Begegnungen. Es ist wie bei einem guten Roman: Der Autor begegnet seinen Figuren erst, nachdem er sie erfunden hat. Dann sind es keine Spielfiguren, sondern persönliches Gegenüber. Er fragt sie mit unerschöpflicher Neugier: „Wer bist du?", „Wie geht es dir?" und „Wohin gehst oder fließt du?".

Links: Blick von der Mendener Straße in Mülheim auf die linke Ruhrseite

Flüsse sind die dynamische Konstante einer Region. Das ist nur scheinbar ein Widerspruch. Aber wie schon ein Vorsokratiker erkannte: „Man steigt nie zweimal in denselben Fluss." – Menschen und Zeiten verändern sich. Also gibt es auch immer neue Wahrnehmungen. Die Region erlebt einen so tiefgreifenden Wandel, dass wir uns fragen: Welche neuen Bilder spiegeln sich auf diesem alten Gewässer? Was bleibt? Wo geht es hin? – Selbstredend: Das „ultimative" Buch über einen so lebendigen Gegenstand wird es nie geben.

Ich sehe von meinem Schreibtisch, während ich diesen Text schreibe, zum ersten Mal die „Moornixe", die am Ruhrufer anlegt. Die Neugier ist geweckt. Ich bitte den früheren Chefredakteur der Rheinischen Post, der Westdeutschen Allgemeinen Zeitung und des FOCUS, Herrn Reitz, die bewegte Geschichte dieses Schiffes und die Hintergründe seiner neuen Mannschaft zu recherchieren. Auch das wurde ein spannender und informativer Beitrag.

Die Ruhr leiht der Region ihren Namen, aber sie zerschneidet sie nicht. Sie begleitet sie am südlichen Rand. Deshalb wird sie im Kern auch nicht klar und hart wahrgenommen, sondern eher „weich" und atmosphärisch. Aber sie ist kein Idyll. Sie vibriert. Hier marschierten römische Legionen. Im Mittelalter

Die zugefrorene Ruhr im Jahr 1954
—

Hochöfen, Zugewanderte an Einheimische, zeitlose Natur an scharf getaktete Großtechnik, hastig wachsende Städte an bräsig-selbstbewusste Dörflichkeit. Es gab ein spannungsreiches Übertage und ein menschenfressendes Untertage. Senkrecht abgeteufte Schächte durchkreuzten die waagerechten Schichten der Jahrmillionen. Der Bodenschatz galt als billig und unerschöpflich, aber er war weder das eine noch das andere. Heute wissen wir: Der Abbau war Epoche. Die Rechnung für alle Zeiten hat einen Namen: Ewigkeitskosten.

Die früheren Kohleproduzenten stehen mittels der heutigen RAG dafür ein. Die hat den Ausstieg sozial gestaltet, betreut und verwaltet nun die verbleibenden Aufgaben. Von der Absicherung, Entwässerung, Grundstücksverwertung, -entschädigung und allem was anfällt. Außerdem tut sie Gutes für die Kohleregion.

sorgte der Hellweg für Dynamik. Die Handels- und Heerstraße erzeugte Bewegung, Spannung, Austausch. Wandernde Kaiser und die Handelskontore der Hanse wirbelten Staub auf, schufen Raum für Recht, Güter und Ideen. Dann entdeckte ein Hirte den Brennwert schwarzer Steine. Kohle und Stahl wandelten das „Revier" über Nacht in einen Austragungsort schroffer Gegensätze. Äcker stießen an

Anders als viele Kulturprovinzen in Deutschland: Das Ruhrgebiet war und ist keine Insel. Es begegnete nie nur sich selbst. Das industrielle Herz Europas war vielfach verzahnt mit dem Stoffwechsel und Kreislauf des ganzen Kontinents. Die hier gefundenen Erfindungen wurden weltweit genutzt.

—
Blick vom Bootshaus Mülheim in der Mendener Straße 74 im Jahr 1954

Die Folkwang-Idee und der Hagener Impuls und das weltweit dichteste Netz kultureller Kontakte waren visionäre Konzepte. Der Lebensraum von fünf Millionen Menschen als Soziales Kunstwerk. Jeder war angefragt. Jeder konnte beitragen. Die flache Hierarchie der vorherrschenden Gemeindestruktur verführte schwache Bürgermeister zur Kirchturmpolitik, gab den starken aber große Chancen, im lebendigen Wettbewerb über sich selbst hinauszuwachsen.

Eine solche Geschichte hinterlässt auch Schwielen und Narben. Sie zwingt zum ständigen Um- und Weiterbau. Sie macht aus der Region Reißbrett, Labor und Windkanal für Probleme, die hier interessanter sind als anderswo die Lösungen. Was hier gelingt, muss nirgendwo scheitern.

Die letzte Zeche wurde geschlossen. Der Steiger kommt nicht mehr. Die Kumpelromantik, die schon immer das harte Leben begleitete und umhüllte, ist mehr als Folklore – ist identitätsstiftend. Heute geht es um Kreativwirtschaft, Gesundheitstechnik, Digitale Revolution und Logistik. Die Sachen und Fakten sind noch immer wichtig, sie werden jedoch überlagert durch Einflusszonen, Kraftlinien und Wirkungen. Der kluge Schachspieler kämpft auch nicht um Figuren. Er knüpft ein möglichst intelligentes Netz

aus kreativen Situationen. Er hat Freude am Spiel und gewinnt es zumeist. „Wege entstehen dadurch, dass man sie geht." Franz Kafka könnte an das Revier gedacht haben, als er diesen Satz niederschrieb.

Die Ruhr hat Geschichte und Geschichten. Sie hat Brücken. Ich wohne in der Nähe der B1-Brücke und vom Garten aus sehe ich vor mir den Alltagsübergang für den „kleinen Grenzverkehr" zwischen hüben und drüben. Ich sehe Angler und Schwimmer, und zuweilen überquert eine Entenmutter mit ihrem Gefolge das Wasser vor meiner Terrasse.

Jeder Fluss hat Trennendes und Verbindendes. Damit ist er Herausforderung und Anlass für gewollte und gestaltete Begegnung. Gewiss: Am Rhein kann kein Poet das Wasser halten. Da braust es wie Donnerhall, man besingt den „heiligen Strom" oder reimt Hals über Kopf auf Wein und „frei'n". – Die Ruhr ist da eher wie bei Muttern. Sie putzt einem die Nase und sagt: „Pass auf dich auf!"

Heute undenkbar: Eine Frau geht mit Ihrem Hund auf der Ruhr spazieren, 1954

Die neu ausgebaute Mendener Brücke am 16. August 1960

Wirtschaftsmotor oder Erholungswert? Die Ruhr ist beides und noch viel mehr. Ich las einmal von einem Sprachforscher, der die indianischen Idiome Nordamerikas studieren wollte. Er verzweifelte an der ungeheuren Größe und Vielfalt des Vokabulars. Er lernte fleißig. Als er aber nun selber Sätze formte und Konversation probierte, erntete er nur prustendes Gelächter. Er hatte nicht bedacht: Für den „Fluss am Morgen" und den „Fluss am Abend" gab es völlig verschiedene Wörter. Es waren „Namen" und noch keine „Begriffe". – Uns interessieren die Menschen am Strom. Sie geben ihm die umfassende Bedeutung für ihre Lebenswelt. – Natürlich ist er auch Energielieferant und Transportmittel, Erholungsraum oder schicksalhafter Nachbar. Das spiegelt sich in den unterschiedlichen Textgenres mit wissenschaftlicher Betrachtung, Reportage-Elementen und persönlichen Beschreibungen. Der Leser fügt seine eigene Sprache hinzu.

Wir Anwohner sind mit Ruhrwasser getauft. Als Knaben im Kajakclub, mussten wir die „Eskimorolle" üben. Einmal durchs Wasser, auftauchen und dabei im Boot bleiben. – Natürlich Schwimmen. Unvergesslich der mythische Moment, als plötzlich die Angst verschwand und – im Bündnis mit der eigenen Kraft – das Wasser trug, und sogar gegen den Strom. Eine pädagogisch wertvolle Erfahrung fürs Leben und heute sogar bakteriologisch und hygienisch unbedenklich.

Natürlich darf man sich fragen, ob die monographische Betrachtungsweise dem Objekt noch angemessen ist, auch wenn sie nicht als Reportage, sondern als vielschichtiges Feature daherkommt. Alteingesessene Unternehmen sind längst nur noch ein Fähnchen auf der Weltkarte international agierender Konzerne. Ihr Schicksal entscheidet sich gar nicht in der Region zwischen Lippe, Emscher und Ruhr, sondern in den Headquarters in Helsinki, Detroit, Wien, Madrid und Shanghai. Ein BlackRock-Kunde in San Francisco (zu Deutsch: Heiliger Franziskus) schert sich den Teufel um die Kleinfamilie in Essen-Borbeck, die nicht mehr bezahlbar wohnen kann, nachdem sie aus ihrem Domizil herausspekuliert wurde.

Nivelliert die Globalisierung alle regionalen Besonderheiten? Ist die Welt wirklich „flach", wie es einst der amerikanische Pulitzer-Preisträger Thomas Friedman formulierte? Macht es unter den Bedingungen der absoluten Gleichzeitigkeit von ökonomischen Prozessen überhaupt noch Sinn, über Regionalwirtschaft zu reden? Wirkt der Versuch des Initiativkreises Ruhr nicht anachronistisch, sich mit über 50 Gesellschaften der lokalen und regionalen Wirtschaftsförderung im globalen Wettbewerb zu behaupten?

Ich habe das nie geglaubt und glaube es weniger denn je. Die regionalpolitische Lernkurve ist steil, aber alle Erfahrungen bestätigen: Investitionen in Großprojekte sind schon vor dem Start gestrandet, wenn sie nicht in einer bestehenden lokalen Struktur wurzeln und getragen werden. Auch die politische Ebene darf sich das hinter die Ohren schreiben.

Eine supranationale Errungenschaft wie die EU leidet unter dem Wiedererstarken des nationalen Ressentiments. Dessen Getöse übertönt nur seine Gestrigkeit. Frischen Wind bekommt sie jedoch durch ein pragmatisches und regionales Selbstbewusstsein. Für den Verlust an Identität und Wohngefühl durch die anonyme Apparatur der europäischen Behörden und das Demokratiedefizit ihrer Entscheidungsketten ist nur die Region die geeignete Kompensationsfläche. Hier verbringt man die meiste Zeit seines Lebens. Hier kennt man sich aus (Sprache, Feste, Rezepte). Hier hat man festen Boden unter den Füßen, und nur deshalb wagt man Schritte oder gar Sprünge. Wer tagsüber die Börsenkurse beobachtete, am Fließband stand oder sich mit den Filialen in China und Brasilien verschaltete, will am Abend noch auf der Halde joggen, sein Bier in Gesellschaft trinken und sich am Wochenende auf Schalke oder Borussia die Seele aus dem Leib schreien.

„Wir im Revier" erdet Eskapaden und Höhenflüge. Diese Bände sind ein Handbuch. Erst mit Kaffeeflecken und Eselsohren ist es voll verstanden. Großer Dank an die wunderbaren Autor*innen, Fotograf*innen, Grafiker*innen, die sich hier verbündet haben. Großer Dank an die Brost-Stiftung und zahlreiche Helfer, die es ermöglicht haben. Der Herausgeber hatte die Freuden der Zeugung; er hatte die Schmerzen der Geburt. Großer Dank schließlich an alle Leser*innen, die diesem Werk kostbare Lebenszeit widmen. Sie werden reich entlohnt.

PROF. BODO HOMBACH
ist Vorstandsvorsitzender der Brost-Stiftung

Der Dipl.-Sozialwissenschaftler war SPD-Landesgeschäftsführer in NRW, Abgeordneter des Landtags, Geschäftsführer der Preussag (Salzgitter) Handel GmbH und Geschäftsführer der Preussag (Salzgitter) International GmbH, NRW-Minister für Wirtschaft und Mittelstand, Bundesminister für besondere Aufgaben im Kabinett von Bundeskanzler a.D. Gerhard Schröder und EU-Sonderkoordinator. Ab 2002 war er zehn Jahre Geschäftsführer der WAZ-Mediengruppe (heute Funke-Mediengruppe), Essen. Seit einigen Jahren erfüllt Prof. Hombach Lehraufträge an der Uni Bonn und der FH Bonn-Rhein-Sieg und betreut als Präsident die Bonner Akademie für Forschung und Lehre praktischer Politik (BAPP). Er ist verheiratet und lebt in Mülheim an der Ruhr.

RUHR
QUELLE
1849

Jahrhundertfeier
17.9.1949.
Stadt Winterberg

Jens Adamski

DIE RUHR

Zur Biografie eines bedeutenden Flusses

Nüchtern betrachtet oder unter rein hydrologischen Gesichtspunkten sind Flüsse zunächst einmal ein wesentlicher Bestandteil des Wasserkreislaufs. Als Fließgewässer, die das Quell- und Oberflächenwasser eines bestimmten Einzugsgebietes aufnehmen, führen sie dieses unter Ausnutzung des natürlichen Gefälles dem Meer zu. Doch diese naturwissenschaftliche Bestimmung allein reicht selbstverständlich nicht aus, um ihre spezifischen Charakteristika zu benennen und die Bedeutung von Flüssen für die Pflanzen- und Tierwelt sowie den menschlichen Lebensraum zu erschließen. Seit jeher hat der Mensch mit, an und auch von Fließgewässern gelebt und das Vorhandensein von Flüssen war, ist und bleibt ein ausschlaggebender Standortfaktor für Ansiedlungen. Die Wertschätzung von Flüssen beruht dabei im Wesentlichen auf ihrer multifunktionalen Relevanz, die existenzielle, ökologische, wirtschaftliche, politische, infrastrukturelle und kulturelle Faktoren bündelt. So dienen sie als Reservoir für Trink- und Brauchwasser, Nahrungslieferant, Wasserkraft- und Energiespender. Sie fungieren als Handels-, Transport- und Verkehrswege, ebenso als Grenzmarken und Verbindungsräume. In früheren Zeiten boten sie zugleich als natürliches Hindernis an ihnen gelegenen Ortschaften und Städten Schutz vor feindlichen Angriffen. Über nahezu alle Zeiträume hinweg waren und sind sie Projektionsflächen für Kunst und Literatur, aber auch Schauplätze für kultische beziehungsweise religiöse Handlungen und Zeremonien. Heutzutage treten sie zudem verstärkt als Erholungs- und Freizeitstätten in Erscheinung.

So gesehen sind Flüsse sowohl (Mit-)Gestalter als auch Objekte der Menschheitsgeschichte: Einerseits bringen sie Räume hervor und andererseits sind sie selbst Orte von Identitätsbildungen. Wirft man einen prüfenden Blick auf die besonderen Merkmale und Eigenschaften eines bestimmten Flusses, so wird deutlich, dass sich dieser nicht nur durch seine natürlich vorgegebene geografische Verortung, seine Länge oder die Form seines Laufes von anderen Strömen unterscheidet, sondern auch durch die Geschichte der Landschaft, die er durchfließt, und die Geschichte der Menschen, die an seinen Ufern leben. Erst das Zusammenspiel beziehungsweise die Wechselwirkung zwischen der klimatisch, aber auch geologisch und geografisch bedingten Raumgestalt eines Flusses, seinen natürlichen Grundlagen und der menschlichen Einflussnahme ermöglicht die Herausstellung von „individuellen" Eigenarten und hervorstechenden, oft

Links: Jeder Fluss fängt mal klein an ..., 2020 (Martin Schlauch)

Die Ruhr als beschaulicher Bach bei Olsberg, 2007 (Stefan Ziese)
—

Auf Deutschland bezogen ist es sicherlich der Rhein, der in mehrfacher Hinsicht den größten künstlerischen und literarischen Widerhall gefunden hat. In der ersten Hälfte des 19. Jahrhunderts erfuhr der Strom mit seiner Burgenlandschaft eine ästhetisch und kulturell geprägte Idealisierung durch deutsche Dichter und Schriftsteller, die den Fluss zu einem Sehnsuchtsort der Romantik erhoben. Fast gleichsam und im Zuge der deutsch-französischen Rivalität erfolgte eine politische Vereinnahmung und „Vater Rhein" avancierte zu einem nationalen (Grenz-)Symbol und Zankapfel; die frühere Popularität des Liedes von der „Wacht am Rhein" spricht hier Bände. Nach dem Zweiten Weltkrieg und im Zuge der aufkommenden Europäischen Idee kam es dann zu einer Kehrtwende. Der Grenzfluss erschien und erscheint seither vielmehr als Drehscheibe der deutsch-französischen Verständigung und als transnationale Basis der Europäischen Einigung.

Im Vergleich zum Rhein zeigt die Ruhr, die zugleich als rechter Nebenfluss desselben fungiert, ein anderes Bild. Nationale Epen verbindet man jedenfalls nicht mit ihr. Sie steht in erster Linie namengebend für das Ruhrgebiet, den ursprünglich montanwirtschaftlich, also von Bergbau und Hüttenindustrie geprägten Ballungsraum, der sich seit Mitte des 19. Jahrhunderts – ausgehend von der Ruhr und den dortigen Steinkohlefunden – zwischen dieser und der weiter nördlich fließenden Lippe herausbildete. Sinnbildlich steht der Fluss also für die Pioniergeschichte des Ruhrreviers. Ungeachtet dessen ist die Ruhr mit ihrem Einzugsgebiet von derzeit 4.478 Quadratkilometern ein Fluss mit mehreren, sich unterscheidenden regionalen Identitäten, schließlich verbindet sie auf ihrem aktuell gut 219 Kilometer langen Weg zwischen Winterberg und Duisburg nicht nur das Sauerland mit dem Ruhrgebiet, sondern auch Westfalen mit dem Rheinland. Sie durchfließt also sowohl eher ländlich, von Agrar- und Forstwirtschaft dominierte Landschaften als auch industriell-gewerblich, urban beziehungsweise (groß)städtisch geprägte Räume und verknüpft im Bundesland NRW zugleich als Mittler die gängigen Charakteristika von westfälischer Bodenständigkeit und rheinischer Fröhlich- und Geselligkeit. Im durch mehrere Zuwanderungswellen gewachsenen Ruhrgebiet selbst, das auch nie eine politisch-administrative Einheit bildete, überschnitten sich unterschiedliche Herkunfts- und Raumidentitäten. Gemeinschafts- und identitätsstiftend wirkte hier

einzigartigen Attributen eines Fließgewässers, die sich in einer Flussbiografie niederschlagen können. Weltweit können zahlreiche Flüsse angeführt werden, deren Biografie jeweils unterschiedliche, aber klar zu benennende Besonderheiten aufweist, mit denen sie sich in ihrer Bedeutsamkeit augenfällig von anderen Wasserläufen abheben und selbst zu relevanten Erfahrungsräumen aufsteigen. So wären beispielsweise die reichhaltige biologische Vielfalt und das gesamte Ökosystem des größten zusammenhängenden tropischen Regenwalds der Welt ohne die Wassermassen des Amazonas nicht denkbar. Das Wasser des Ganges wiederum besitzt einen religiös aufgeladenen Sinngehalt und gilt in Indien als heilig und rituell reinigend. Einige Flüsse ermöglichten erst den Aufstieg mächtiger Imperien: Die ersten Hochkulturen in Mesopotamien und Ägypten verdanken ihre Entstehung Euphrat und Tigris beziehungsweise dem Nil, und auch das Römische Reich startete seine Erfolgsgeschichte am Ufer des Tiber. Infolge der ihnen zugesprochenen Bedeutung waren Flüsse vereinzelt auch gleich namengebend für ganze Staatswesen, wie im Falle der österreichisch-ungarischen „Donaumonarchie".

vorrangig das sich erst zu Beginn des 20. Jahrhunderts langsam herausbildende Bewusstsein, dass der Ballungsraum mit seinen umfangreichen Kohlevorkommen sowie seiner Eisen- und Stahlproduktion das industrielle Herzstück des Deutschen Reiches war. Die Bedeutung der „Ruhrkohle" und des „Ruhrkohlenbezirks" ging dementsprechend schon während der zweiten Hälfte des 19. Jahrhunderts zunehmend über die Aufmerksamkeit für den namengebenden Fluss hinaus. Dies wird im Jahre 1849, als die rund 674 Meter hoch und drei Kilometer nordöstlich von Winterberg gelegene Ruhrquelle erstmalig topografisch festgelegt worden ist, noch etwas anders gewesen sein. Doch schon damals umfasste man ihre Quelle mit Mauerwerk, das, um die Bedeutung und Geschichtsmächtigkeit der Ruhr herauszustellen, im Laufe der Zeit einige – mitunter „monumentalere" – Umgestaltungen erfuhr. Heute präsentiert sich die Ruhrquelle in einer aus Natursteinen halbrund gemauerten Fassung – ungeachtet der Tatsache, dass das erste Wasser der Ruhr bereits 20 Meter oberhalb des Bauwerks an die Oberfläche tritt. An diesem inszenierten Ort ist

es noch schwer vorstellbar, dass aus dem unscheinbaren Rinnsal mehrere Kilometer weiter ein stattlicher Fluss werden wird.

Der Name „Ruhr" geht auf den althochdeutschen Begriff „Rura" zurück. Während lange Zeit angenommen wurde, dass dieser Bezeichnung – wie der gleichnamigen, mit schwerem wässrigen Durchfall einhergehenden Darmerkrankung – das ebenfalls althochdeutsche Wort „(h)ruora" mit der Bedeutung „heftige/eilige Bewegung" zugrunde liegen würde, gehen einige Sprachwissenschaftler heutzutage eher davon aus, dass dem Begriff vermutlich vielmehr das indogermanische beziehungsweise alteuropäische Wort „reu/ru" mit der Bedeutung „aufreißen" oder „graben" zugeordnet werden muss. Folgt man dieser Einschätzung, dürfte die Ruhr damals als ein noch ungebändigter, mitunter rasch fließender Strom wahrgenommen worden sein, der sich ein breites oder tiefes Flussbett gegraben

_____
Die inszenierte Ruhrquelle im Februar 2020 (Martin Schlauch)

hatte. Apropos „graben": Fast scheint es so, als habe man schon in grauer Vorzeit instinktiv die richtige Bezeichnung für einen Fluss gefunden, der in späterer Zeit der bedeutendsten deutschen Bergbauregion seinen Namen geben sollte.

Vor der Industrialisierung spielte die Ruhr – ungeachtet der Tatsache, dass an den Hängen des Ruhrtals bereits im frühen Mittelalter Wehranlagen, Burgen, Adelssitze und Klöster errichtet wurden – noch keine herausragende Rolle. Dies mag man auch daran erkennen, dass die großen Ruhrgebietsstädte ihr historisches Stadtzentrum im Wesentlichen an dem weiter nördlich gelegenen Hellweg platzierten, der großen Handelsstraße des Mittelalters, die als Verbindungsstrecke zwischen Weser und Rhein zudem vielmehr parallel zur Lippe verlief. Mit der Ausnahme Mülheims, das von jeher seinen historischen Stadtkern an der Ruhr positioniert hatte (und den Fluss auch im Stadtnamen führt), schoben sich die anderen Großstädte des späteren Ballungsraums erst viel später infolge ihrer räumlichen Ausdehnung und mittels Eingemeindungen an das Fließgewässer vor. Um über lange historische Zeiträume

hinweg geführte Stadt-Fluss-Beziehungen an der Ruhr zu erkunden, muss man dementsprechend die westfälischen beziehungsweise sauerländischen Gemeinden und Städte im oberen und mittleren Ruhrtal einbeziehen, die zum Teil – so Fröndenberg oder Wickede – die Ruhr (wie im Übrigen auch das zum Ennepe-Ruhr-Kreis gehörende Wetter) ebenfalls im vollständigen Namenszug tragen.

Die gewerbliche Nutzung des Ruhrwassers erfolgte schon weit vor der montanindustriellen Revolution, von der primär der Unterlauf des Flusses betroffen sein sollte. Mühlen, Hand- und Hammerwerke nutzten das Wasser beziehungsweise die verfügbare Wasserkraft zu ihrem Betrieb. Das Textilgewerbe errichtete in Werden und Kettwig Tuchfabriken, Spinnereien und Webereien, und Mülheim entwickelte sich zu einem wichtigen Standort der Lederindustrie, die schließlich im 19. Jahrhundert von einer stetig steigenden Nachfrage des Bergbaus und der durch die regionale Kohlenförderung begünstigten Hüttenindustrie (beispielsweise der Henrichshütte in Hattingen) nach Schutzkleidung und Transportbändern profitieren konnte. Dem immer systematischer forcierten, zunächst vorrangig im Muttental betriebenen Steinkohlenbergbau war

Die Ruhr bei Meschede, 2007 (Stefan Ziese)

Die Ruhr bei Ense, 2007 (Stefan Ziese)

es dann geschuldet, dass die Ruhr einer gravierenden Beanspruchung und Wandlung unterworfen wurde. Dabei ging es zunächst darum, den Fluss als Transportweg, insbesondere zum Abtransport der Kohle, zu nutzen, was durch seine bereits in den Jahren 1776 bis 1780 erfolgte Schiffbarmachung möglich wurde. Zwischen Witten und Duisburg-Ruhrort sorgten fortan die Ruhraaken für einen kontinuierlichen Frachtbetrieb auf dem zur Wasserstraße umfunktionierten Fließgewässer, das um die Mitte des 19. Jahrhunderts zum belebtesten und meistbefahrenen Fluss Deutschlands (und vielleicht sogar Europas) avancierte. Erst die Nordwanderung des Bergbaus zur Emscherzone sowie das Eisenbahnwesen, hier neben der Köln-Mindener und Bergisch-Märkischen Bahn auch die Fertigstellung und Konkurrenz der Ruhrtalbahn, sorgten in den 1860er und 1870er Jahren für einen Niedergang der Ruhrschifffahrt, die 1890 – zumindest als Transportschifffahrt – eingestellt wurde. Was blieb, war die Personenschifffahrt mit der sogenannten Weißen Flotte, die sich auch heutzutage einer großen Beliebtheit erfreut.

In der Hochindustrialisierungsphase begann für die Ruhr dann eine belastende Epoche. Ihr Nass wurde infolge der gewaltigen wirtschaftlichen Expansion des Ruhrreviers und der damit einhergehenden Bevölkerungsexplosion zunehmend und gleichermaßen als Trink- und Brauchwasser beansprucht. Gleichzeitig diente der Fluss aber auch dem ungeklärten Müll- und Abwassertransport. Diese Doppelfunktionen konnten auf Dauer nicht gut gehen. Immer häufiger kam es zu hygienisch unhaltbaren Zuständen, zumal die Ruhr gerade in heißen Sommermonaten nicht genug Wasser führte, um allen Bedürfnissen nachkommen zu können, und ihr auch so weitaus mehr Wasser entzogen als zurückgegeben wurde. Schwere Eingriffe in das Ökosystem des Flusses wurden abermals notwendig. 1899 kam es zunächst zur Gründung des Ruhrtalsperrenvereins, dessen Hauptaufgabe darin bestand, den Bau von Talsperren an den Nebenflüssen der Ruhr im Bergischen Land und Sauerland zu fördern, um eine „Wasser-Vorratshaltung" und somit eine gleichmäßige Wasserführung im Flussbett (und damit auch eine kontinuierliche Wasserversorgung) zu gewährleisten. 1913 wurde ergänzend der Ruhrverband ins Leben gerufen, der die Errichtung von Kläranlagen vorantrieb und sich nachfolgend der Anlage von Stauseen widmete, die dazu dienten, die Fließgeschwindigkeit des Flusswassers zu verlangsamen, um so die Sedimentation mitgeführter Schwebestoffe zu ermöglichen beziehungsweise absetzbare Stoffe aus dem Wasser zu entfernen. Im selben Jahr wurde überdies auch das Ruhrreinhaltungsgesetz erlassen, das darauf hinauslief, die Ruhr fortan nur noch als Wasserlieferanten für das Ruhrgebiet zu nutzen – und diese primäre Funktion rechtfertigt es noch heute, dass diese Region ihren Namen trägt. Die wenig schmeichelhafte Rolle des „Abwasserkanals" übernahm fortan allein die Emscher inmitten des industriellen Ballungsraums, die sich dementsprechend als „hässliche Schwester der Ruhr" oder – im Ruhrjargon – als „Köttelbecke" bezeichnen lassen musste. Doch mit dem Abschluss des Emscher-Umbaus und ökologischen Erneuerungsprogramms 2021 wird auch die seit über einem Jahrhundert anhaltende Verunglimpfung dieses Ruhrgebietsflusses ein endgültiges Ende gefunden haben.

Hinsichtlich der Wasserpolitik hat die Ruhr gegenüber der Emscher also schon seit langer Zeit eine nachhaltige und umweltverträgliche Wassernutzung voraus. Zwar war auch sie in der Vergangenheit von Verlegungs-, Vertiefungs- und Begradigungsmaßnahmen betroffen, doch profitierte sie auch davon, dass die eigentliche schwerindustrielle Blütezeit nicht mehr in ihrem Uferbereich oder im

unteren Ruhrtal stattfand, sondern vielmehr in der Emscherzone, die so zum eigentlichen Kerngebiet des Ruhrreviers avancierte und teilweise bis heute die Wahrnehmung der Ruhrregion dominiert. Ungeachtet des Umstands, dass die namengebende Ruhr nur den südlichen Verlauf oder Grenzraum beziehungsweise die Ursprungsformation des Ballungsraums bezeichnet, kann es immer noch vorkommen, dass gerade auswärtige Personen „Ruhr" hören und „Emscher" denken – mit allen Assoziationen, die dieser bisher eher negativ konnotierte Erinnerungsort mit sich bringt. Dass die Ruhr zudem den größeren Teil ihrer Wegstrecke zum Rhein gar nicht im Ruhrgebiet, sondern im Sauerland absolviert, bleibt weithin ebenso unberücksichtigt und wird den heterogenen und abwechslungsreichen Landschaften, die der Fluss passiert, nicht gerecht.

Doch selbst wenn man den Blick auf den Unterlauf der Ruhr begrenzt, wird ersichtlich, dass der Fluss viel zu bieten hat: Längst sind durch Renaturierungsprogramme wichtige ökologische Lebens- und Rückzugsräume entstanden, Auenlandschaften bilden sich heraus und an Wehranlagen angelegte Fischwege sorgen für eine ungehindert flussauf- und flussabwärts führende Passage für Wander-

Die Ruhr im Dortmunder Süden (Hengsteysee), nahe der Hohensyburg, 2019 (Mike König)

Essener Segelwoche auf dem Baldeneysee, 2019 (K+S Studios)

fische. Die Ruhr ist heute im weltweiten Vergleich der Industrieregionen einer der saubersten Flüsse, in dem sich auch „anspruchsvollere" Fischarten (wieder) heimisch fühlen. Die ursprünglich primär zur Klärung des Ruhrwassers angelegten Stauseen dienen in verstärktem Maße als Naherholungsgebiete, auf denen gerudert, gepaddelt und gesegelt wird. Die Ausflugsschifffahrt mit den Schiffen der Weißen Flotte boomt und sorgt für entspannende Momente, und am Baldeneysee befindet sich seit 2017 wieder eine Badestelle, nachdem das Schwimmen in der Ruhr zuvor zu Beginn der 1970er Jahre offiziell untersagt worden war. Den gesamten Flusslauf von Winterberg nach Duisburg kann man auf dem durchgehend beschilderten RuhrtalRadweg erradeln, alternativ dazu bietet sich aber auch eine Wanderung entlang der Ruhr auf dem Ruhrhöhenweg an, der ebenfalls von der Quelle bis zum Mündungsgebiet reicht. Doch nicht nur über den RuhrtalRadweg und den Ruhrhöhenweg lässt sich die Kulturlandschaft der Ruhr erkunden, auch durch die Route der Industriekultur, und hier insbesondere den Themenpfad „Geschichte und Gegenwart der Ruhr", sind die zahlreichen, aus unterschiedlichen Jahrhunderten stammenden Sehenswürdigkeiten zwischen dem oberen und unteren Ruhrtal erschlossen. Mittelalterliche und frühneuzeitliche

Burgen, Schlösser, Klöster, Kirchen und Mühlen gehören ebenso dazu wie Prachtvillen von Industriepionieren, historische Stadtkerne, Hinterlassenschaften des frühen Bergbaus, Schleusen, Brücken und Kraftwerke, zudem säumen mehrere Kunstobjekte den Flusslauf und sein unmittelbares Umfeld. Und größere museale Einrichtungen wie die beiden LWL-Industriemuseen Zeche Nachtigall in Witten und Henrichshütte in Hattingen sowie das Aquarius Wassermuseum in Mülheim an der Ruhr oder das Museum der Deutschen Binnenschifffahrt in Duisburg erfreuen sich längst einer überregionalen Bekannt- und Beliebtheit: In dem Maße, wie das traditionelle Montanrevier Ruhr im Zuge des Strukturwandels verschwand, lebten dessen Geschichte und industriellen Kulturelemente und -denkmäler (auch im Süden des Ballungsraums) auf. Der Fluss ist gleichsam Zeuge, Akteur, Objekt und Projektionsfläche dieser Metamorphose. Und das Leben am Wasser ist wieder „in". Niemand kann bestreiten, dass immer mehr Gemeinden und Städte ihre Lage am Fluss in zunehmendem Maße als bedeutenden (mitunter gerade auch touristischen) Standortvorteil erkennen, bewerben und zelebrieren. Zweifellos kommt hier dem Strukturwandel und den damit einhergehenden Renaturierungsmaßnahmen eine zentrale Bedeutung zu. Der Fluss als ästhetisch wahrgenommener, die Sinne ansprechender Erlebnis- und Wohnort ist längst zu einem qualitativ hervorragenden, wichtigen „weichen" Standortfaktor avanciert und vermittelt (wieder) ein heimatliches Gefühl.

___

ZUR INTENTION UND STRUKTUR DER BEIDEN SAMMELBÄNDE

Fasst man alle Überlegungen zusammen, so zeigt die Ruhr ein mannigfaltiges Gesicht. Man könnte auch sagen, sie besitzt eine Vielfalt an Identifikationsmöglichkeiten. Sie verfügt über mehrere Identitäten und so vielseitig wie sie sich präsentiert, ist sie im übertragenen Sinne gleichermaßen Natur- und Wirtschaftsraum, Wohn- und Kulturraum, Industrie- und Verkehrsraum, Wasserwirtschafts-, Sport- und Freizeitraum.

Die beiden vorliegenden Sammelbände über die Ruhr und ihr Gebiet sollen diesem Identitäten-Pluralismus sowohl inhaltlich als auch formal Rechnung tragen. Dabei lag dem Buchprojekt bereits in der frühen Planungsphase die Überlegung zugrunde, dass wohl kein Fluss so selbstverständlich für die historischen, kulturellen und gesellschaftlichen Merkmale einer Region steht wie die Ruhr für das Ruhrgebiet. Schon vor langer Zeit ist sie zum Synonym für die einstmals von Bergbau und Schwerindustrie geprägte Kulturlandschaft geworden, die bei Menschen in ganz Deutschland – und darüber hinaus – sofort Assoziationen weckt: Der Fluss steht sinnbildlich für ein zentrales Stück deutscher Wirtschafts-, Gesellschafts- und Erinnerungsgeschichte – für Fördertürme und Fabrikschornsteine, aber auch für die De-Industrialisierung, den Strukturwandel und die damit einhergehenden sozialen Herausforderungen. Als Ausgangspunkt dieser Sammelbände diente zugleich die Einsicht, dass die Ruhr selbst in diesem Zusammenhang fast schon in Vergessenheit geraten ist. Denn das Gebiet, das sie durchfließt, wird in den Köpfen der Menschen eigentlich kaum mehr mit dem Fluss verbunden, der ihm seinen Namen gab. Trotz aller Bemühungen um eine Renaturierung fehlt es mitunter noch an einer Rückbesinnung auf den Fluss als einen Ort der Identitäts- und Bewusstseinsbildung und damit auch als notwendiges identifikatorisches Korrelat des wirtschaftsstrukturellen und gesellschaftlichen Wandels im Ballungsraum. Hierzu möchte dieses Buchprojekt einen Beitrag leisten und sich gleichsam in den regionalen Kontext von Initiativen und Ansätzen einfügen, die die post-industrielle Identität des Ruhrgebiets schärfen und stärken wollen.

Diese Intention beinhaltet dementsprechend auch, die historische, gegenwärtige und künftige Bedeutung der Ruhr zu vermitteln. Der Blick auf den Fluss ist bewusst multiperspektivisch und interdisziplinär angelegt, um die unterschiedlichen Facetten der Ruhr möglichst gleichwertig zu erfassen. Beide Bände beinhalten zugleich unterschiedliche Textgattungen und Beitragsformen, bei denen es sich einerseits um wissenschaftlich fundierte, aber allgemeinverständliche Darstellungen, andererseits aber auch um Dokumentationen, journalistische Beiträge oder Reportagen und Interviews handelt. Die involvierten Autorinnen und Autoren kommen demgemäß aus ganz unterschiedlichen Disziplinen und Berufszweigen: Sie entstammen den Bereichen der Regional-, Wirtschafts-, Umwelt-, Technik-, Kultur-, Kunst- und Sportgeschichte, der Geografie, Biologie und Ökologie, der Wasserwirtschaft, Stadtplanung, Raumforschung und Demografie, den Kultur- und Sozialwissenschaften, dem Archiv- und Museumswesen sowie der Literatur(wissenschaft), Schriftstellerei und dem Journalismus. Zeitlich erstrecken sich die Inhalte beider Bände im Wesentlichen auf die Spanne zwischen dem frühen 19. Jahrhundert und der Gegenwart, wobei sich der erste Band mit den inhaltlichen Schwerpunkten „Naturraum Ruhr", „Naturwirtschaftsraum Ruhr", „Wohnraum Ruhr" und „Kulturraum Ruhr" in räumlicher Hinsicht mitunter stärker auf den gesamten Lauf der Ruhr zwischen ihrem Quell- und Mündungsgebiet bezieht, während sich die im zweiten Band präsenten Kapitel „Industrieraum Ruhr", „Verkehrsraum Ruhr", „Wasserwirtschaftsraum Ruhr" sowie „Sport- und Freizeitraum Ruhr" stärker (aber auch nicht ausschließlich) auf die vielschichtige Beziehung des Flusses zum Ruhrgebiet konzentrieren. Alle Leserinnen und Leser sind jedenfalls herzlich dazu eingeladen, den Autorinnen und Autoren auf eine kleine Zeit- und Entdeckungsreise an die Ruhr zu folgen.

___

Rechts: Im Mündungsgebiet bei Duisburg, 2009 (Stefan Ziese)

I.
NATUR
RAUM
RUHR

—

Till Kasielke

DIE RUHR – EINE GEOLOGISCHE UND GEOGRAFISCHE ANNÄHERUNG

DER TALVERLAUF

Die Ruhr entspringt im Rothaargebirge am Ruhr-kopf unweit von Winterberg auf einer Meereshöhe von 674 Metern. Nach 219 Kilometern mündet sie auf einer Höhe von 20 Metern bei Duisburg-Ruhr-ort in den Rhein (Abb. 1). Abgesehen von ihren

Links: Sandstein, Kohleflöz und Schieferton (von oben nach unten) im Steinbruch „Am Kleff" in Witten-Heven. Der Schieferton wurde von einer Ziegelei abgebaut (Till Kasielke)

1: Das Einzugsgebiet der Ruhr mit den wichtigsten Nebengewässern und der Lage der Talquerschnitte A–G in Abb. 2

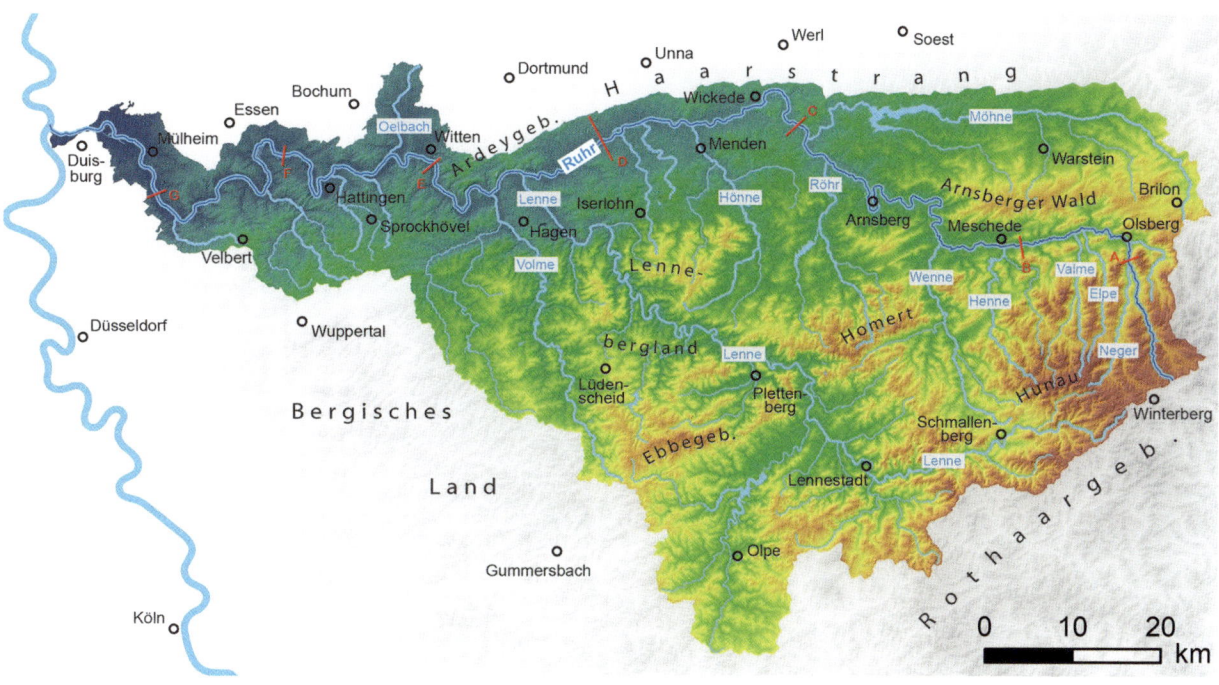

letzten Kilometern vor der Mündung ist die Ruhr ein typischer Mittelgebirgsfluss, dessen Einzugsgebiet nach Norden hin unmittelbar an die Westfälische Bucht und damit an das Norddeutsche Tiefland grenzt. Der Großteil des Einzugsgebietes gehört dem Sauerland an. Etwa ab Witten durchquert der Fluss das Niederbergisch-Märkische Hügelland, bevor er bei Mülheim das Niederrheinische Tiefland erreicht.

Von der Quelle bis zur Lennemündung bei Hagen setzt sich das Ruhrtal aus geradlinigen Abschnitten unterschiedlicher Richtung zusammen, die mit scharfem Winkel gegeneinander abgesetzt sind.

2: Längsprofil der Ruhr mit mehreren Talquerschnitten. Zur Lage der Schnitte siehe auch Abb. 1 (Grafik: Till Kasielke)

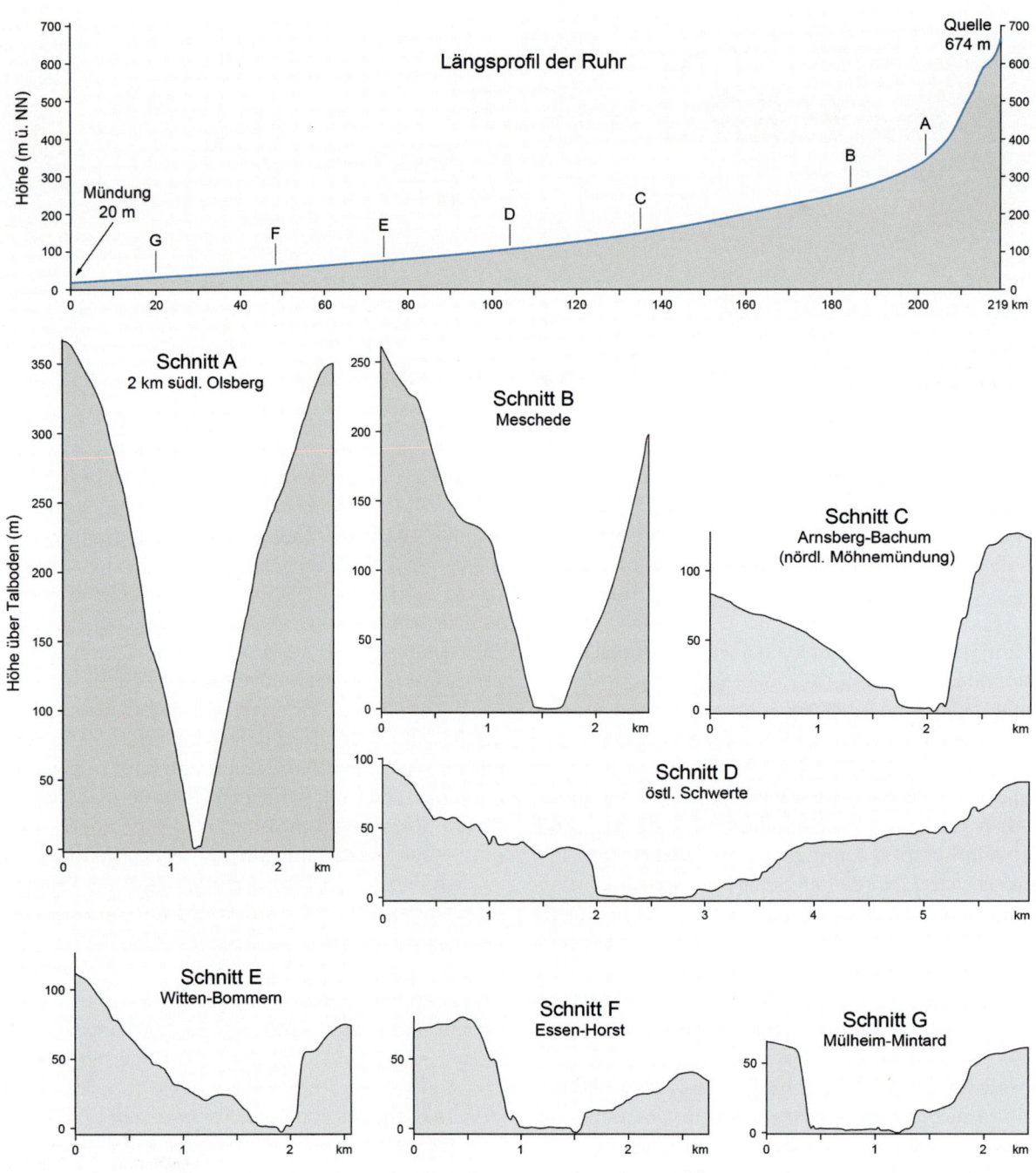

3: Blick auf die Ruhrtalbrücke bei Mülheim-Mintard. Die Höfe
im Bildmittelgrund liegen auf der Mittelterrasse (Till Kasielke)

Auf ihren ersten 20 Kilometern bis Olsberg fließt
die Ruhr dem allgemeinen Gefälle folgend in nörd-
licher Richtung. Auf dieser kurzen Strecke über-
windet sie bereits die Hälfte der Höhendifferenz
zwischen Quelle und Mündung (Längsschnitt in
Abb. 2) und hat ein enges, bis 350 Meter tiefes
Kerbtal erodiert (Schnitt A in Abb. 2). Bei Olsberg
biegt der Fluss ab und fließt bis kurz hinter Meschede in Richtung Westsüdwest, wobei sich das Tal
langsam verbreitert und sich ein ebener Talboden
einstellt (Schnitt B). Hier folgt die Ruhr einer Zone
mit weichen, leicht erodierbaren Tonschiefern. Es
handelt sich somit um ein Längstal, dessen Verlauf
der Streichrichtung der Gesteine folgt. Der nächste
Abschnitt bis Wickede verläuft hingegen in nordwestlicher Richtung und quert die geologischen
Schichten in einem Durchbruchstal, das bis Arnsberg ausgeprägte Windungen besitzt. Bei Wickede
erreicht die Ruhr ihren nördlichsten Punkt, wo sie
unmittelbar an den Haarstrang heranreicht und fast
die Nordgrenze ihres Einzugsgebiets berührt. Die
folgende Talstrecke über Fröndenberg und Schwerte bis zur Lennemündung bei Hagen ist wieder

durch die dort anstehenden weichen Ziegelschiefer
strukturell vorgezeichnet. Bedingt durch die leicht
auszuräumenden Tonschiefer weitet sich das Tal
und die Talsohle wird bis zu einen Kilometer breit
(Schnitt D). Das folgende Ruhrtal ist im Gegensatz
zu den bisher beschriebenen geradlinigen Abschnitten durch zahlreiche weite Talmäander geprägt. Wie
die Talquerschnitte E bis G in Abb. 2 zeigen, ähneln
sich die Talformen bis zum Verlassen des Gebirges
bei Mülheim. An den ebenen Talboden grenzen mal
steile, mal sanft ansteigende oder gestufte Hänge, wobei sich häufig Steil- und Flachhang gegen-
überliegen (Abb. 3). Zwischen Witten und Kettwig
prägen zudem zahlreiche von Südwest nach Nord-
ost gerichtete Bergrücken das Relief des Ruhrtals.
Ihre Entstehung ist eng an die geologische Struktur
des Untergrunds gekoppelt. Wo eine abtragungs-
resistente Sandsteinbank an der Oberfläche aus-
streicht, haben sich langgezogene Bergrücken gebildet, während die dazwischenliegenden weichen
Tonschiefer und Schluffsteine ausgeräumt wurden.
Besonders eindrücklich kann man diese Zusammenhänge am linken Ruhrufer bei Hattingen studieren
(Abb. 4). Unterhalb der Mülheimer Innenstadt verlässt der Fluss schließlich das Mittelgebirge und
tritt in das Niederrheinische Tiefland ein.

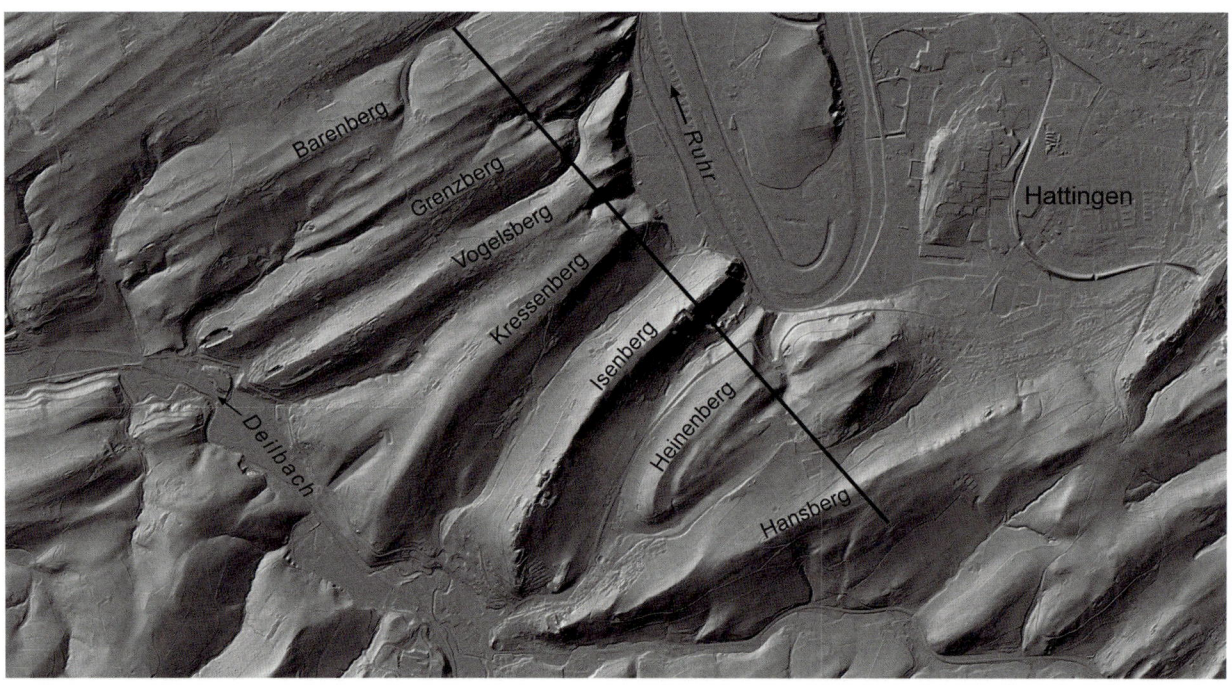

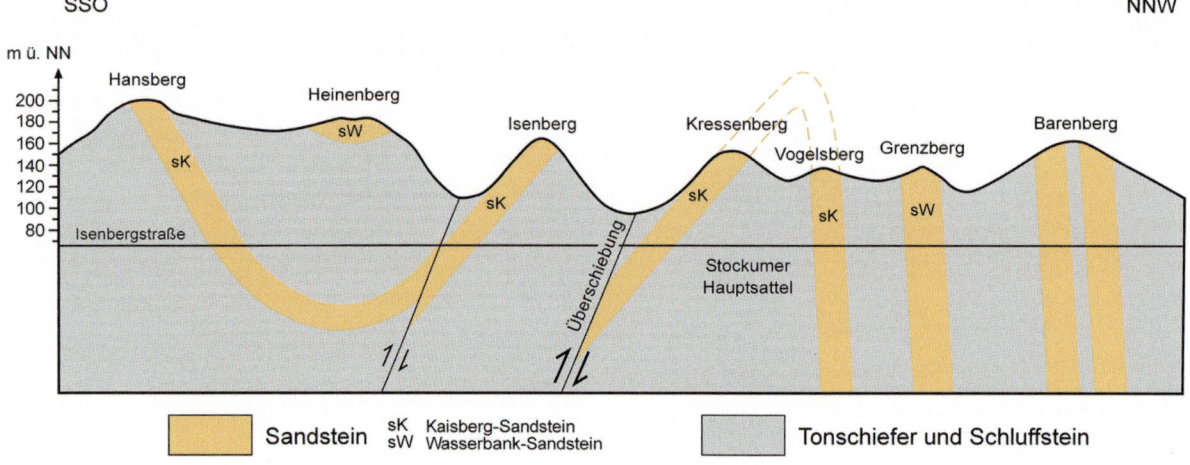

Sandstein	sK Kaisberg-Sandstein	Tonschiefer und Schluffstein
	sW Wasserbank-Sandstein	

4: Durch die geologische Struktur bestimmtes Relief am linken Ruhrufer bei Hattingen. Die schwarze Linie im Kartenbild zeigt den Verlauf des geologischen Schnittes (Grafik: Till Kasielke, Digitales Geländemodell: Land NRW, 2019, geologischer Schnitt in Anlehnung an Mügge et al. 2005)

Eine einheitliche oder allgemein verbindliche Einteilung des Flusses in Ober-, Mittel- und Unterlauf, wie wir sie beispielsweise vom Rhein her kennen, fehlt für die Ruhr. Versucht man die verschiedenen Ansätze zusammenzufassen, ergibt sich grob folgendes Bild, welches gleichermaßen den Abfluss sowie allgemeine Reliefcharakteristika berücksichtigt: Die obere Ruhr reicht von der Quelle bis etwa zur Möhnemündung bei Arnsberg-Neheim, wobei man den obersten Abschnitt bis Olsberg als Hochruhr noch gesondert ausweisen könnte. Die mittlere Ruhr endet mit der Einmündung der Lenne und umfasst damit im Wesentlichen die breite Mittelruhrsenke zwischen Wickede und Hagen. Die untere Ruhr bis zur Mündung in den Rhein entspricht weitgehend dem vom Steinkohlenbergbau geprägten Tal im Bereich der zutage tretenden Kohleflöze. Auch die fünf großen Ruhrstauseen befinden sich nach dieser Abgrenzung innerhalb des unteren Ruhrtals.

GEWÄSSEREINZUGSGEBIET UND ABFLUSS

Das Einzugsgebiet der Ruhr hat eine Größe von knapp 4.500 Quadratkilometern. Damit entwässert die Ruhr 13 Prozent der Landesfläche von Nordrhein-Westfalen. Letztlich entstammt alles in der Ruhr abfließende Wasser dem Niederschlag. Im Einzugsgebiet der Ruhr beläuft sich dieser auf durchschnittlich 1.052 Millimeter im Jahr. Davon fließt etwas mehr als die Hälfte über die Ruhr in den Rhein, der restliche Anteil verdunstet oder wird der Ruhr durch die Wasserwirtschaft entzogen. Im Mittel fließt über die Ruhr pro Minute etwa die Wassermenge eines olympischen Schwimmbeckens ab. Innerhalb eines Jahres summiert sich der Abfluss somit auf etwa 2,4 Milliarden Kubikmeter. Diese Menge entspricht in etwa dem Inhalt des Chiemsees. Trotz der Abflussregulation durch die Wasserwirtschaft unterliegt der Abfluss starken zeitlichen Schwankungen. Zwei Drittel des jährlichen Abflusses entfallen auf das Winterhalbjahr. Die geringen Abflüsse im Sommer trotz hoher Niederschläge zeigen, dass dies vor allem auf die im Sommer höhere Verdunstung zurückzuführen ist (Abb. 5). Doch auch kurzzeitig ist der Abfluss durch eine hohe Variabilität gekennzeichnet, wie der Vergleich von mittlerem Hoch- und Niedrigwasser der einzelnen Monate zeigt. Diese Schwankungen würden ohne die ausgleichende Wirkung von Talsperrenrückhalt und Niedrigwasseraufhöhung noch stärker ausfallen.

Die Gesamtlänge aller Fließgewässer im Einzugsgebiet beträgt rund 7.000 Kilometer. Die wichtigsten Zuflüsse sind mit ihren Abflussmengen in Abb. 6 dargestellt. Allein die Einmündung der Lenne bei Hagen führt fast zu einer Verdoppelung des Abflusses und nur fünf Kilometer weiter flussabwärts mündet mit der Volme das zweitgrößte Nebengewässer in die Ruhr. Streckenweise kommt es durch die Wasserentnahme aber auch zu einer Abnahme der Abflussmenge.

5: Abflussganglinie für den Pegel Hattingen. Dargestellt sind der mittlere (MQ), niedrigste (MNQ) und höchste Abfluss (MHQ) des jeweiligen Monats, gemittelt für den Zeitraum 1968–2017. Zum Vergleich die monatlichen Niederschläge in Arnsberg (1961–1990) (Grafik: Till Kasielke, Daten: Deutsches Gewässerkundliches Jahrbuch, Deutscher Wetterdienst)

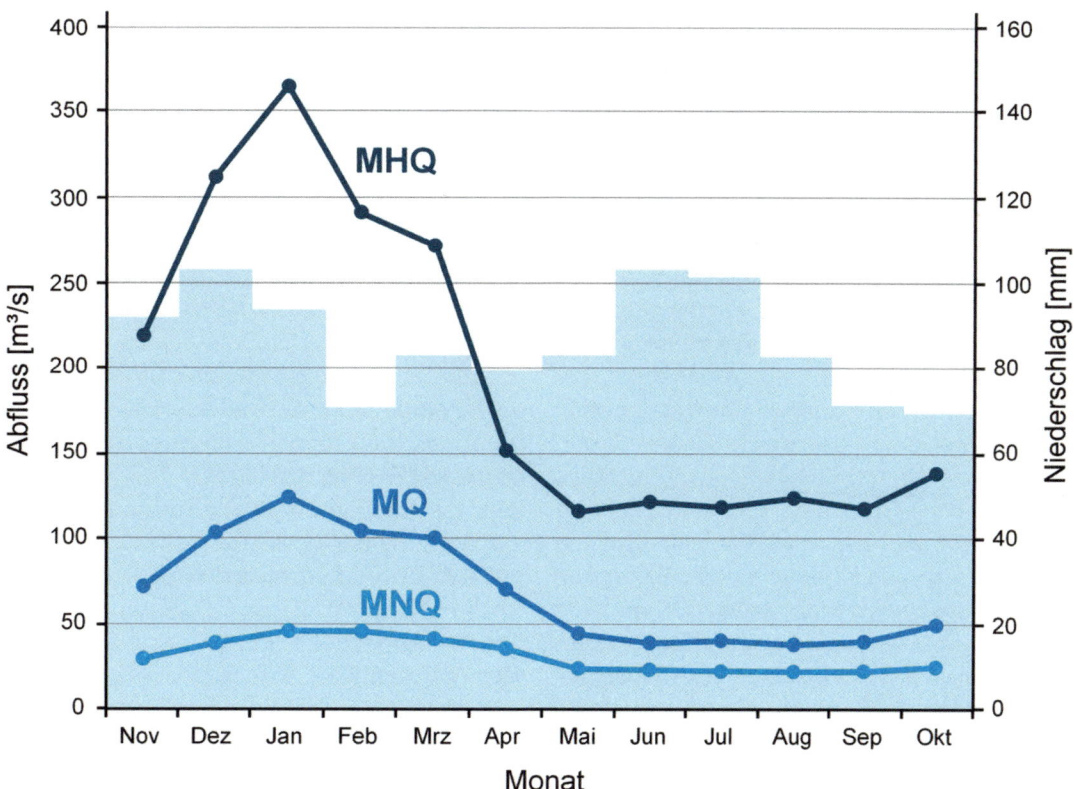

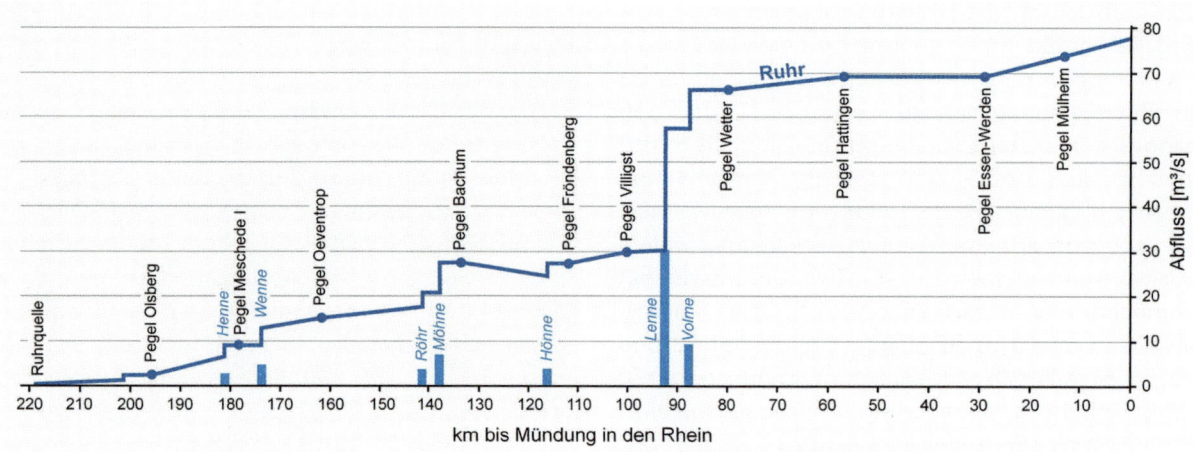

6: Zunahme des mittleren Abflusses der Ruhr von der Quelle zur Mündung sowie die wichtigsten Zuflüsse (Grafik: Till Kasielke)

Betrachtet man das Gewässernetz (Abb. 1), so fällt auf, dass die Ruhr zunächst im Osten, später sehr weit im Norden ihres Einzugsgebiets verläuft, wodurch fast alle größeren Zuflüsse von links her einmünden. Die einzige Ausnahme stellt die Möhne dar, die ihrerseits jedoch ebenfalls alle wichtigen Zuflüsse von linker Seite erhält. Das Verhältnis vom linksseitigen zum rechtsseitigen Einzugsgebiet der Ruhr beträgt 3:1. Betrachtet man für einen Moment die Möhne als den Oberlauf der Ruhr, so verschärft sich dieses Verhältnis auf 8:1.

GEOLOGIE UND TALENTWICKLUNG

Die Gesteine, in welche sich der Fluss eingeschnitten hat, stammen aus den Erdzeitaltern Devon und Karbon (Abb. 7). Sie wurden vor rund 400 bis 300 Millionen Jahren in einem Meer abgelagert, welches durch die Kollision zweier Urkontinente immer mehr eingeengt wurde, sodass sich der Meeresboden nach und nach zu einem großen Gebirge auffaltete. Im Oberkarbon existierte nur noch ein schmales Meeresbecken, in welchem die Flüsse aus dem angrenzenden Gebirge den mitgeführten Sand und Ton sedimentierten, wodurch ein riesiges Delta entstand. In dieser flachen Küstenlandschaft wuchsen die Waldmoore, die das Ausgangsmaterial der Steinkohle bereitstellten. Gegen Ende des Karbons wurden schließlich auch diese Ablagerungen aufgefaltet und Teil des Gebirges, das jedoch bereits

im Perm, also unmittelbar nach seiner Entstehung, wieder vollständig abgetragen wurde. Lediglich im Untergrund blieben die Gesteine als Gebirgsrumpf erhalten. Ein Teil des Abtragungsschutts ist uns im sogenannten Mendener Konglomerat überliefert (siehe Perm in Abb. 7). In der Kreidezeit breitete sich ein tropisches Flachmeer über Norddeutschland aus, das auch weite Teile des heutigen Ruhrtals bedeckte. Die entsprechenden Ablagerungen sind hier jedoch später wieder abgetragen worden. Sie blieben großflächig nur weiter nördlich im Bereich des Münsterländer Kreidebeckens erhalten. Heute verläuft die Südgrenze der Kreide etwa am Nordrand des Einzugsgebiets der Ruhr. Besonders markant ist der aus kreidezeitlichem Kalkstein aufgebaute Höhenzug des Haarstrangs.

Auch im folgenden Tertiär war das heutige Bergisch-Sauerländische Gebirge noch eine niedrige, kaum reliefierte Ebene, die nur als flacher Schild aus der teils vom Meer bedeckten Umgebung herausragte. Diese mitteltertiäre Rumpffläche bildete den Ausgangspunkt für die Entstehung des Ruhrtals. Im späten Tertiär setzte die zunächst langsame Hebung des heutigen Rheinischen Schiefergebirges ein. Die Ruhr reagierte hierauf mit der Einschneidung eines zunächst flachen und breiten Muldentals, wodurch der Talverlauf weitgehend festgelegt wurde. Nun begann vermutlich auch die Entstehung der vielen nach Nord und Nordwest gerichteten Nebentäler sowie des obersten Ruhrabschnitts bis Olsberg, deren Richtung der heutigen Abdachung des Gebirges entspricht.

Mit verstärkter Hebung des Gebirges im Quartär, also in den letzten 2,5 Millionen Jahren, schnitt sich die Ruhr etappenweise tiefer in das Gebirge ein, wobei die Tieferlegung immer wieder von Phasen

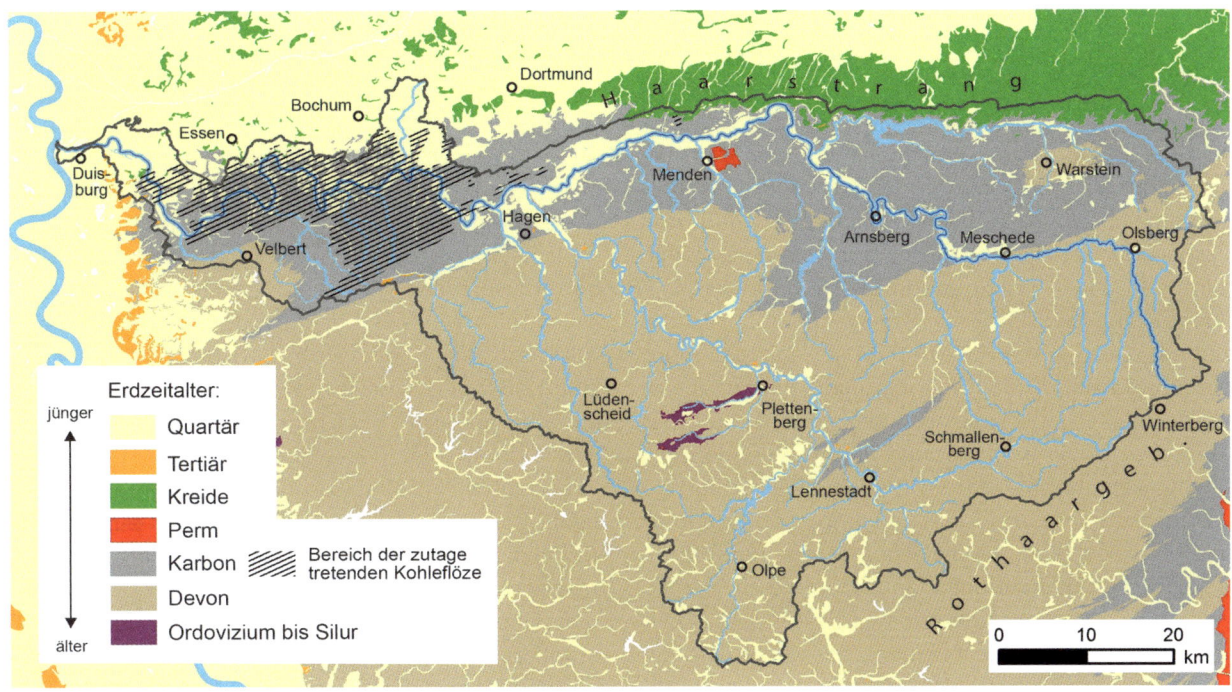

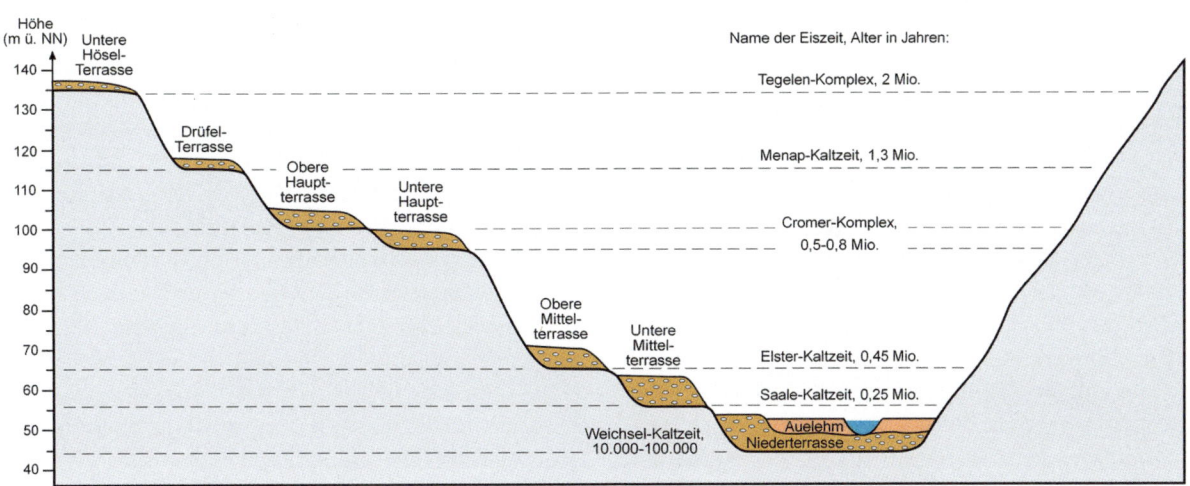

unterbrochen wurde, in denen am Talboden mehrere Meter mächtige Schotter abgelagert wurden. Bei der nachfolgenden Einschneidungsphase blieben diese Schotter stellenweise als sogenannte Terrassen an den Talrändern erhalten. Sie gerieten dann mit der anhaltenden Gebirgshebung in immer größere Höhen, während sich am tiefergelegten Talboden neue Terrassen bilden konnten (Abb. 8). Die Terrassen sind von besonderer Bedeutung für die Rekonstruktion der Flussgeschichte. Sie geben nicht nur Auskunft über ehemalige Fließwege und die Breitenausdehnung der Ruhr, sondern machen auch die Geschwindigkeit der Einschneidung des

7: Geologische Karte des Ruhreinzugsgebietes (Kartografie: Till Kasielke; Datengrundlage: Geologischer Dienst NRW, 2019)

8: Schematische Darstellung der Ruhrterrassen im Raum Essen (Grafik: Till Kasielke)

Ruhrtals nachvollziehbar. Von den ältesten Terrassen sind nur vereinzelte Kiesvorkommen erhalten. Großflächig verbreitet sind hingegen die Hauptterrassen (Abb. 9). Besondere Aufmerksamkeit erhalten seit langer Zeit die Kiese der oberen Hauptterrasse zwischen Bochum und Castrop-Rauxel, die als Castroper Höhenschotter bezeichnet werden.

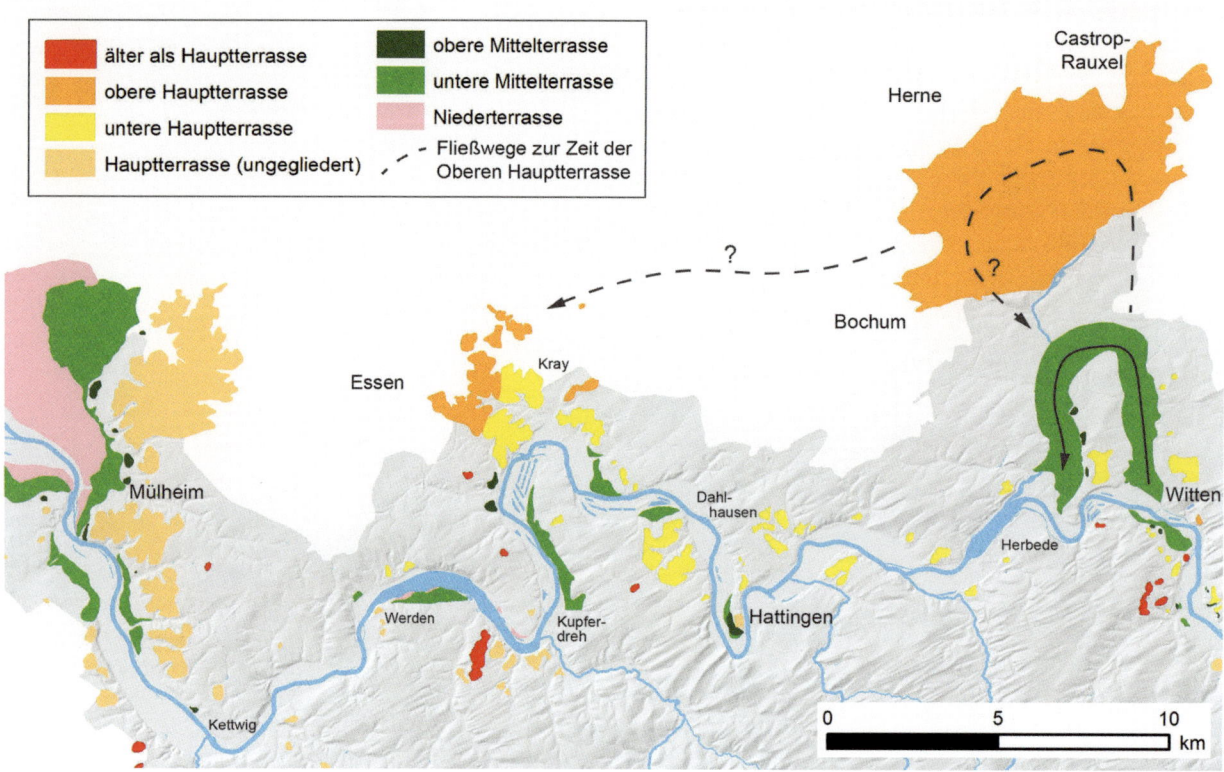

9: Karte der Ruhrterrassen zwischen Witten und Mülheim (Kartografie: Till Kasielke, Datengrundlage: Geologischer Dienst NRW, 2019)

Schotter vermutlich gleichen Alters finden sich auch weit nördlich des heutigen Ruhrtals in Essen. Sie belegen, dass die Ruhr sich vor etwa einer halben Million Jahren zumindest streckenweise noch weit von ihrem heutigen Tal entfernte und bis ins heutige Einzugsgebiet der Emscher reichte. Die genauen damaligen Fließwege sind jedoch bis heute ungeklärt. Zwei Szenarien sind in der Karte der Flussterrassen eingetragen. Die nächst jüngeren Ablagerungen der unteren Hauptterrasse halten sich hingegen bereits recht gut an den heutigen Ruhrlauf. Eine bedeutende Laufverlagerung stand der Ruhr jedoch noch bevor: Kiese der unteren Mittelterrasse bezeugen, dass die Ruhr zu Beginn der vorletzten Eiszeit ab Witten in einem großen Bogen nach Norden über Bochum-Langendreer floss, um über das heutige Oelbachtal wieder zurück ins heutige Ruhrtal zu gelangen. Zum Höhepunkt der Eiszeit erreichte das nordische Inlandeis aus Skandinavien kommend die Ruhr. Die Eismassen drangen in den alten Talbogen ein und zwangen die Ruhr, sich weiter südlich einen neuen, kürzeren Lauf zwischen Witten und Herbede zu suchen, den die Ruhr nach

dem Abschmelzen des Eises beibehielt. Zeitweise stauten die ins untere Ruhrtal eingedrungenen Eismassen auch den gesamten Abfluss auf und das Tal verwandelte sich in einen riesigen Stausee, der flussaufwärts bis nach Arnsberg reichte.

Während der letzten Kaltzeit wurde schließlich die Niederterrasse über die gesamte Breite der Talsohle aufgeschottert. Zu Beginn unserer heutigen Warmzeit vor rund 10.000 Jahren glich der Talboden somit einer weiten Schotterfläche. Auch für die folgenden Jahrtausende prägten diese Schotter das Bild der Ruhr, die bei jedem Hochwasser die Kiesbänke umlagerte und regelmäßig ihren Lauf veränderte. Heute sind die Schotter unter einer bis zu mehrere Meter mächtigen Schicht aus feinkörnigem Lehm begraben (Abb. 10). Nach bisherigen Datierungen setzte die Ablagerung dieses Auelehms erst im späten Mittelalter ein. Von dort an wurde bei jeder Überflutung der Aue eine millimeterdünne Schicht Lehm abgesetzt. Als Auslöser hierfür kommt nur der Mensch in Frage, der durch Rodung der Wälder überhaupt erst die Abschwemmung des Bodens von den Hängen ermöglichte. Wahrscheinlich stand diese Entwicklung im Zusammenhang mit dem seit dem Hochmittelalter verstärkten Erzbergbau im Einzugsgebiet, der mit einem hohen Bedarf an Holzkohle einherging. Der fruchtbare Auelehm, welcher die heutige Grundlage für die Landwirtschaft der Ruhraue darstellt, ist somit nur eine unbeabsichtigte Folge des menschlichen Eingriffs in die Natur. Der Auelehm schützte die darunterliegenden Kiese vor weiterer Umlagerung und bewirkte somit eine zunehmende Stabilisierung der Aue, jedoch blieb die Ruhr ein wilder, unberechenbarer Fluss. Beim historischen Hochwasser im Jahr 1486 verlagerte die Ruhr bei Bochum-Stiepel ihr Bett, wodurch Haus Kemnade, das einst auf Stiepeler Ruhrseite erbaut wurde, fortan auf der anderen Seite des Flusses lag. Im 16. Jahrhundert beschrieb der Kartograf Johannes Corputius die Ruhr wie folgt: „Die Ruhr, so gewunden, strömt in so vielen Umwegen einher, daß sie, wenn sie sich ihren Weg durch die Felder bricht, in kurzer Zeit zwei oder drei Morgen Land hier durch die Überschwemmung fortreißt und dort wieder anspült und kurz darauf wieder umgekehrt, wie es ihr paßt." Noch 1781 berichtet die Königlich Preußische Wasser- und Uferordnung für den Ruhrstrom in der Grafschaft Mark, dass die Ruhr immer wieder die Ufer abträgt und an anderen Stellen neues Land anspült, mitunter auch gänzlich ihren Lauf verlagert.

DIE BEDEUTUNG FÜR DEN MENSCHEN

Dennoch dürfte die Ruhr seit jeher auch anziehend auf die hier lebenden Menschen gewirkt haben. Trotz aller Widrigkeiten bot sie häufig bessere Transportmöglichkeiten als das miserable Wegenetz über Land. Die Wasserkraft diente dem Antrieb zahlreicher Mühlen und der Fischreichtum sicherte insbesondere den armen Bürgern einen Großteil des Lebensunterhalts. Zudem legten die Talhänge und tief eingeschnittenen Seitentäler den Zugang zu begehrten Rohstoffen frei. Älter als die Gewinnung von Steinkohle war der Abbau und die Verhüttung von Erzen. Von herausragender Bedeutung für das Ruhrgebiet ist natürlich die Steinkohle, die im Ruhrtal direkt an der Geländeoberfläche zutage tritt und daher bereits im Mittelalter mit einfachen Methoden zu gewinnen war. Über Jahrhunderte konzentrierte sich der Steinkohlenbergbau auf das Ruhrtal. Ab dem 19. Jahrhundert wanderte der Bergbau dann nach Norden in die Emscherzone und später bis an die Lippe. Dennoch wurde weiterhin auch an der Ruhr Steinkohle gefördert. Erst 1973 endete der Kohlebergbau im Ruhrtal mit der Stilllegung der

Zeche Carl Funke/Pörtingsiepen am Baldeneysee. Nicht zu vergessen ist auch der sogenannte Ruhrsandstein, der aufgrund seiner Festigkeit ein begehrtes Baumaterial lieferte. Zahlreiche historische Bauwerke im südlichen Ruhrgebiet sowie die vielen kleinen und größeren Sandsteinbrüche im Ruhrtal zeugen von der einstigen Bedeutung dieses Rohstoffs. Auch die weichen Tonschiefer wusste man zu nutzen; sie wurden gemahlen, mit Lehm und Wasser vermischt und dann zur Ziegelherstellung verwendet. Heute dient die Ruhr, abgesehen von der landwirtschaftlichen Nutzung der Aue, vor allem der Wasserversorgung des Ruhrgebiets und der Naherholung.

10: Auelehm über Ruhrschotter (Till Kasielke)

Michael Sell

DIE RENATURIERUNG DER RUHR

DIE FOLGEN DER INDUSTRIALISIERUNG

2018 war sowohl für die Ruhr als auch das Ruhrgebiet ein symbolträchtiges Jahr: Während am 12. Juli Langarmbagger unter großem Medienecho in die Ufersteine der Ruhr zwischen Witten und Wetter griffen – und zwei Monate später bei Mintard – wurde im September in Bottrop die letzte Schicht auf Prosper-Haniel gefahren. So fielen das Ende der Ruhrkohle und der Startschuss für die ersten größeren Renaturierungen am guten alten Kohlefluss im Ruhrgebiet in den gleichen heißen Sommer. Zudem lagen die Baustelle und die Anfänge des Kohlebergbaus im vielbesuchten Muttental nur wenige Kilometer auseinander. Mehr als ein Zufall und Schnittpunkt einer viele Jahrhunderte währenden Schicksalsgemeinschaft von Mensch, Kohle und Fluss, in dem letzterer vom naturnahen Ökosystem zum unerlässlichen Wasserlieferanten, Transportgehilfen, Allzweckentsorger und Namensgeber der boomenden bis darbenden Montanindustrie umfunktioniert wurde.

So vielseitig der ökonomische Nutzen war, den das aufstrebende Ruhrgebiet aus seinem Fluss zu ziehen wusste, so vielfältig waren auch die ökologischen

Schäden, die dieser als Langzeitfolgen davontrug. Das, vor allem durch die Arbeit des Ruhrverbands, am besten bekannte Problem war die heute unvorstellbare Verschmutzung mit Abwässern aus Bergbau, Industrie und Siedlungen und seine Sanierung vor allem durch milliardenschwere öffentliche Investitionen in Kanäle und Kläranlagen. Schon sehr früh zeigte der gebeutelte Fluss hygienische Mängel und unübersehbare Qualitätsbelastungen von der Cholera bis zum Fischsterben, die zum Anlass einer seitdem mehr als hundertjährigen und milliardenschweren – durch den Ruhrverband und die Wasserwerke symbolisierten – Sanierungsoffensive wurden.

Die berühmten Fluss-Beschreibungen des preußischen Kammerherrn Max von dem Borne (1883) zeichnen geradezu ein Horrorgemälde von der Ruhr, wie es Hieronymus Bosch nicht üppiger hätte ausmalen können. Ausbauten, Wasserverschmutzungen und illegale Nachstellungen gehen dabei Hand in Hand; hier nur ein kleiner Auszug davon: „Die Ruhr ist in hohem Grade günstig für das Gedeihen von Salmoniden, und wurde früher viel von Lachsen und Meerforellen besucht, die bis über Arnsberg hinaus aufstiegen. Dies hörte ganz auf, als bei Mülheim, auf Broicher Gebiet, ein 2 1/2 m hohes Wehr errichtet ward, das mit drei Lachsfangen versehen ist." […] „Bei Wengern und Herbede sind

Beginn der Renaturierung der Ruhr in Wetter, 12.07.2018
(Frauke Viebahn)

Gerbereien, zu Witten eine Salmiakfabrik, zu Wicke-de, Herbede und Witten sind Mühlen mit Turbinen. Die Grubenwasser, welche der Ruhr aus den Stein-kohlenbergwerken zufliessen, thun keinen grossen Schaden, weil dort der Fluss bereits sehr wasserreich ist. In diesem Theil des Flusses ist durch Bergleute häufig mit Dynamit gefischt worden. Von Hattingen abwärts haben die Buhnenbauten der Fischerei ge-schadet; dort giebt es viele Fischottern und Reiher." Zumindest Krankheiten, Gerüche und Seifenberge zwangen als allgemein und öffentlich nicht zu über-sehende Belastungen und Belästigungen zu sicht-baren Erfolgen in der Gewässergüte der Ruhr. Die technischen Mittel hierzu wurden – wie in einem immerwährenden Wettlauf der Evolution zwischen Räuber und Beute – immer komplexer und aufwän-diger. Wurden zu Beginn kleine Teiche und die gro-ßen Ruhrstauseen als Absetzbecken gebraucht, wa-ren es später hochkomplexe Großkläranlagen und Wasserwerke im industriellen Maßstab, sodass das Wasser der Ruhr zunehmend wieder klar und trink-bar wurde.

Angesichts der mittlerweile wieder guten Wasser-qualität weit weniger publik waren und sind dagegen die Folgen des historischen Ausbaus durch Aufstau, Begradigung, Verkehr, Schifffahrt, Industrie und

Siedlungen. Von den ersten mittelalterlichen Fisch-und Mühlenwehren (Schlagden) bis zu den großen industriellen Kraftwerksturbinen addierten sich die Sohlstufen, Wehre und Sperren im gesamten Ruhr-lauf bis auf heutzutage über 110 amtlich gezählte Anlagen, wie sie etwa im wasserwirtschaftlichen Informationssystem ELWAS des Landes NRW do-kumentiert sind.

Als Voraussetzung für die Kohle- und Salzschifffahrt wurde ab ca. 1780 von Duisburg bis Witten, mit we-niger Aufwand noch bis Fröndenberg, ein einheitli-ches begradigtes, dauerhaft fixiertes Flussbett mit Regelbreite, Uferausbau, Leitwerken, Buhnen und Wehrschleusen geschaffen, dem eine Vielzahl von Nebenarmen, Flussschlingen und flachen Buchten zum Opfer fiel. Ein echter moderner Kanalbau, des-sen bereits baufertige Detailpläne vom Beginn des 20. Jahrhunderts einen heute schaudern lassen, ist dem Ruhrtal immerhin erspart geblieben.

Die Aue bildet den von Natur aus regelmäßig von Hochwässern überfluteten Talboden beidseitig des Flusses, wo Fische laichen, Nährstoffe abge-lagert werden und spezifisch an Überflutungen angepasste Pflanzen leben, so zum Beispiel in den Auwäldern. Ein natürlicher und notwendiger Prozess also, der mit der Besiedlung der Aue durch den Menschen zu ersten Konflikten führte. Waren historische Weidenutzungen mit Schafen und Rindern, oft als gemeinschaftliche Allmende, ebenso wie die alten, klug auf hochwasserfreien Geländehöhen erbauten Hofanlagen noch auenverträglich, wurde die Ruhraue mit jedem neuen Industrie- und Siedlungsstandort ein gutes Stück kleiner – und das meist irreversibel. Als Folge verschlechterte sich die Rückhaltung und Dämpfung der Hochwässer (Retention) und die lokalen Abflüsse wurden reißender.

Auch die zwangsläufig am Fluss anzusiedelnden Anlagen der Wasserwirtschaft wie Kläranlagen und Wasserwerke blieben nicht ohne Konsequenzen für die ursprüngliche Aue. So führte der gewaltige, noch vor wenigen Jahrzehnten stets steigende Wasserbedarf dazu, dass ein Großteil der Ruhraue zwischen Mülheim und Arnsberg als Wassergewinnungszone mit komplexen Filterbeckengalerien und streng überwachten Schutzzonen ausgewiesen werden musste. Der heute unvorstellbare Wasserbedarf der Industrie und die anfängliche Nähe zur Steinkohle ließen die früher von Siedlungen meist gemiedene Ruhraue zum Bauland werden, sodass sie in ihrer Ursprünglichkeit in vielen Städten heute kaum noch erkennbar ist.

Hierzu trugen auch die Verkehrswege bei, denn mit dem Aufkommen der Eisenbahnen, der großen Provinzialstraßen im 19. Jahrhundert und der späteren Autobahnen genau entlang des hochwasserfreien Auenrandes (zum Beispiel A 1, 40, 43, 46, 445) wurden Altarme, Randsümpfe und Nebenbäche bis zur Unkenntlichkeit verfüllt oder verrohrt. Zu den Querbauwerken im Fluss kamen zahlreiche, erstmals haltbare Brücken aus Stein und Stahl hinzu. Manchmal wurde gleich die gesamte Ruhr umgelegt wie beim Bau der A 1 oder noch 1960 in Hattingen, um der nur 27 Jahre später stillgelegten Henrichshütte größere Flächen zu bieten. Auf weitere ökologisch relevante Aspekte des Ruhrumbaus wie die heute überwiegend als Freizeitanlagen dienenden Ruhrstauseen, die technische Wassermengensteuerung der Ruhr mit Abgaben in andere Einzugsgebiete oder die für einen Ballungsraum erforderliche Hochwasserrückhaltung und Niedrigwasserbeaufschlagung durch Talsperren soll hier nicht weiter eingegangen werden.

Hohensteinwehr in Witten, im Bildhintergrund das Viadukt, 2019 (Frauke Viebahn)

Buhnen unterhalb der Kemnader Brücke, im Bildhintergrund
die Burg Blankenstein in Hattingen, 2019 (Frauke Viebahn)

Die Nordwanderung des Bergbaus tat ein Übriges,
nahm Emscher und Lippe in ihre Dienste und das
Ruhrtal wandelte sich zur „Sonnenseite" des Ruhrgebiets, zum grünen Süden, wo man wieder Natur
tanken, die Arbeitswoche bei einer Bootstour vergessen und sogar Campingurlaub machen konnte.
Dies ist in kurzen Zügen das Basiswissen Heimatkunde und das Credo über die weitgehend bewältigte
Umweltsanierung an der Ruhr, oft etwas unterlegt
mit einer gewissen sozio-kulturellen Verklärung der
alten Kohlezeiten, in denen trotz allgegenwärtiger
musealer Aufbereitung die desolate Landschaft und
die ökologischen Spätfolgen, auch und gerade an
der Ruhr, nur eine Randnotiz bilden.

ANFÄNGE DES LANDSCHAFTS-
UND GEWÄSSERSCHUTZES

Soweit wirtschaftliche Interessen an der Nutzung
der Natur, beispielsweise die Fischerei, durch Was-
serbaumaßnahmen oder den Fluss selbst eingeschränkt wurden, gab es schon in früheren Jahr-

hunderten, wie viele Gerichtsakten bezeugen,
energische Proteste. So wurden zum Beispiel bereits beim industriellen Ausbau der Wehre wie am
Hohensteinwehr in Witten im Jahre 1925 Fischtreppen gefordert und eingebaut, was aus heutiger Sicht
geradezu ökologisch-revolutionär wirken mag. Dass
die Anlage heutigen Standards nicht genügt und
wie viele ihrer Generation keiner Erfolgskontrolle
unterzogen wurde, wirkt dabei fast nebensächlich.
Nur wenige hundert Meter nebenan regte sich einige Jahre vorher außerdem starker Protest gegen
den Bau des Ruhr-Viaduktes, einer 20 Meter hohen
Beton-Stahlbrücke für die Eisenbahn, welche die
idyllische Ardeypforte um 700 Meter überspannen
sollte. Letztlich wurde sie daher mit Bruchstein ver-
kleidet und gilt heute in der Industriekultur als „ein
Viadukt wie aus dem Bilderbuch". Weitere Beispiele
historischer Bürgerproteste bis weit in die Nachkriegsjahrzehnte, ob zu Schlammdeponien, Auto-
bahnbrücken, Stauseebauten, Waldrodungen oder
Seilbahnen lassen sich unschwer finden.
Wie ernst es eine Gesellschaft mit ihrem Naturschutz meint, lässt sich auch an der Anzahl und Größe von Schutzgebieten ablesen, in denen der Natur
ein wirklicher Vorrang vor störenden menschlichen Nutzungen gewährt werden kann. Dies sind

NSG „Alte Ruhr und Katzenstein" in Hattingen, 2019 (Frauke Viebahn)

in Deutschland vor allem Naturschutzgebiete, während Landschaftsschutzgebiete vornehmlich der Erhaltung ästhetischer Kulturlandschaftsbilder dienen und die Premiumklasse der Nationalparks sicher keine Option für einen industriellen Ballungsraum darstellt. Aber historische Nationalparks in Übersee und Naturschutzgebiete anderswo in Deutschland sind dennoch ein Symbol für den historisch weltweit gewachsenen Naturschutzgedanken seit dem 19. Jahrhundert. So wirkt es aus heutiger Sicht geradezu befremdlich, dass das erste Naturschutzgebiet in der Ruhraue erst nach dem Zweiten Weltkrieg, im Jahr 1950 („Alte Ruhr und Katzenstein" bei Hattingen-Blankenstein) ausgewiesen wurde und das zweite, ein verlandeter Baggersee bei Menden-Schwitten („Auf dem Stein"), weitere zehn Jahre auf sich warten ließ.

Die seinerzeit sehr fortschrittliche Politik der Erhaltung der großen unbebauten Freiräume zwischen den Ruhrgebietsstädten als Regionale Grünzüge durch den Siedlungsverband Ruhrkohlenbezirk (SVR) und seine Nachfolger bis zum heutigen Regionalverband Ruhr (RVR) sicherte nachhaltig die meisten Grünverbindungen vom Ruhrtal nach Norden, doch wurde das Ruhrtal selbst mehr der Wasserwirtschaft überlassen. Im Zuge des sogenannten Wirtschaftswunders der Nachkriegsjahrzehnte standen die Vorzeichen für Fluss und Aue zunächst nicht günstig. Kriegsschäden wie die Möhnekatastrophe führten zu einer baulichen Rundumsanierung, die Landwirtschaft sollte nie mehr Hunger zulassen, Kriegszerstörungen, Flüchtlingsströme und industrielles Wachstum kurbelten wie früher den Bau von Siedlungen an. Erst die Umweltbewegung in den 1970er Jahren führte an der Ruhr – im Nachhinein spät, aber nicht später als anderswo im Lande – zu zunehmenden Bürgerprotesten und unzähligen Initiativen gegen Großprojekte. Als Folge führten viele neue Naturschutzgruppen, aber auch Naturschutz- und Wassergesetze zu einem allmählichen Umdenken und erstmals zielgerichteten Schutzprogrammen.

Das Ablösen der alten durch die neue Denkweise war dabei ein zähes Ringen: So wurde beispielsweise noch zu Beginn der 1990er Jahre ein dynamisches Prallufer samt Uferschwalbenkolonie in Witten mit Leitwerken befestigt, während gleichzeitig überall im Lande Auenprogramme für einen umfassenden Schutz und Neustart der Flüsse aufgestellt wurden.

Oben: NSG „Alte Ruhr und Katzenstein" in Hattingen, 2019
(Frauke Viebahn)

Unten: In den 1990er Jahren eingebautes Leitwerk an der Ruhr
in Witten, 2018 (Frauke Viebahn)

Gerade diese Auenprogramme gaben manchen Impuls und es entstanden erste Umbauprojekte, die freilich – dem Zeitgeist entsprechend – auf naturnahe Formgebung durch gebaute Natur und üppige Bepflanzung setzten und den Formenschatz noch frei von späteren, genau begründeten Leitbildern „erdachten". Diese historischen Wechsel vom brutalen Totalausbau über diverse Zwischenformen pflanzenbegrünter Kanalisierung bis zur aktuellen Erkenntnis frei fließender, möglichst variabler Flusstypen nach Vorbild von Mutter Natur ist aber beileibe kein Ruhrgebietstypikum. Überall im Lande, vor allem in den westfälischen und rheinischen Tiefländern, weisen die Flüsse geradezu museumshaft ein Nebeneinander verschiedenster Pflege- und Ausbaugenerationen auf, ein getreues Abbild der

Strömungen und Vorzeichenwechsel auch in den Köpfen der zuständigen Generationen von Planern, Flusswärtern und Behörden.

KASSENSTURZ UND MASTERPLÄNE FÜR DIE ÖKOLOGIE

Wie bei den Schutzgebieten so kam auch für die Fließgewässer der stärkste Anschub für eine moderne, systematische und vor allem verbindliche ökologische Schutz- und Entwicklungspolitik aus Brüssel und Straßburg, wo im Jahre 2000 die Wasserrahmenrichtlinie der Europäischen Gemeinschaft (EG-Wasserrahmenrichtlinie) verabschiedet wurde. Es brauchte zwar noch einige Jahre, bis diese in jeder nationalen Vorschrift und Amtsstube Nachhall fand, aber die Vorbereitungen und Bestandsaufnahmen wurden auf breiter Front ins Werk gesetzt. Erstmals mussten für alle größeren Fließgewässer Schäden und Defizite kartiert und bewertet werden, jeweils in einem Abgleich zwischen dem theoretischen Naturzustand und dem, was man vor Ort vorfand. Neben biologischen Indikatoren wie Fischen, Wasserpflanzen und Wirbellosen am Gewässergrund wurden chemische Belastungen und erstmalig auch die Form und Struktur des Flusses selbst bewertet – im Detail nachzulesen im Fachinformationssystem ELWAS der Wasserwirtschaftsverwaltung in NRW (elwasweb.nrw.de).

Die Ergebnisse für fast alle Bäche und Flüsse im Land – und die Ruhr im Besonderen – waren ernüchternd, wenn auch bei der Vorgeschichte nicht überraschend. So erreichte 2004 kein Abschnitt zwischen Arnsberg und Winterberg die beste Stufe der Naturnähe und nur ein einziger (500 Meter) die zweitbeste von insgesamt sechs Stufen. Analog einer Zeugniszensur hatten insgesamt nur 0,05 Prozent von 219 Kilometern die Note „gut" erreicht – ausgerechnet an einem ungeplanten Uferabbruch bei Füchten – und das, obwohl der gute ökologische Zustand das eigentlich verbindliche Ziel der Richtlinie ist. Wasserpflanzen und Fische spiegelten ein ähnliches Bild wider: die neu erstarkte Wasserqualität war zwar erheblich besser, half über die Strukturmängel aber auch nicht hinweg. So nüchtern der Kassensturz ausfiel, so unrealistisch war er als alleinige Basis für planmäßige Renaturierungen. Ein

Uferabbruch am „Füchtener Bogen" nördlich von Neheim, 2007 (Frauke Viebahn)

Großteil der technischen Merkmale der Ruhrnatur wie ein nahezu durchgehender Ausbau und Aufstau durch die Wehre, Schifffahrt, Talsperrensteuerung und Kraftwerksableitungen war denn auch untrennbar mit den wasserwirtschaftlichen Funktionen für das Ruhrgebiet und seine Menschen verbunden. Für derartige Flüsse sieht die Rahmenrichtlinie den Status als „erheblich verändert" vor und passt auch die ökologischen „Zensuren" und Ziele für den Flussabschnitt an dieses Handicap an. „Nicht erheblich verändert" sind danach im Ruhrgebiet nur die Ruhrbögen bei Hattingen-Winz und Schwerte-Ergste, darüber hinaus der gesamte Oberlauf Oberstrom von Echthausen. Eigentlich fallen diese Abschnitte auch jedem Spaziergänger sofort auf, weil der Fluss nur dort sichtbar, munter und ungestaut fließt und sprudelt.

Kurzum und ohne die auf Schrankesstärke angewachsenen bundesdeutschen und landeseigenen Zahlen- und Regelwerke sowie Pläne zum Thema Renaturierungen (www.flussgebiete.nrw.de) weiter bemühen zu müssen: Die Defizite waren sonnenklar, die Spielregeln auf die Bedürfnisse des Ruhrgebiets abgestimmt, aber wo sollte man bei den übrigen 99,95 Prozent auf gut 219 Kilometern Flusslänge anfangen? Als Lösung wurde ein System von großen („Strahlursprüngen") und kleinen („Trittsteinen") Flussabschnitten mit hochwertiger produktiver Natur geplant, das auf weniger gut entwickelbare

Nachbarabschnitte ausstrahlt, zum Beispiel durch ein Abwandern von Jungfischen. Die dazwischen liegenden Abschnitte mit ihren Staustufen mussten zumindest für Fische durchgängig werden, damit diese überhaupt von Trittstein zu Trittstein kommen können. Außerdem führte der zunehmende Zeitdruck der EG-Richtlinie mit Frist bis 2015 (Verlängerung 2027) zur Erarbeitung von „Umsetzungsfahrplänen". In diesen wurden für die drei großen Ruhrabschnitte und die Nebenflüsse die notwendigen Renaturierungen und Verbesserungen in Übersichten nach Art, Umfang und Zeitraum gestaffelt. Diese Pläne wurden in allen Städten veröffentlicht und an runden Tischen intensiv diskutiert und abgestimmt, wobei viele wertvolle Anregungen von den örtlichen Experten wie denen der Umweltbehörden, Naturschutzverbände und Fischerei eingingen. Die Projekte standen damit fachlich in den Startlöchern, doch an der Ruhr mangelte es vielerorts an Ufer- und Auengrundstücken im öffentlichen Besitz als Voraussetzung zum konkreten Planungsstart. Hinzu kamen riesige Liegenschaften der Wasserwerke mit Filterbecken, Brunnengalerien und Schutzzonen allseits herum. Einzelne Pionierprojekte waren zudem bereits lange vor den Masterplänen umgesetzt worden, so gut die damaligen

Die Ruhr in Schwerte an der Rohrmeisterei, 2018 (Viebahn / Sell)

Bedingungen es eben zuließen. Die Chronik der Projekte zeigte einen regelrechten Frühstart am Oberlauf in Arnsberg, während das Ruhrgebiet doch einen vergleichsweise langen Anlauf brauchte.

Schotterbank in der renaturierten Ruhr südlich von Neheim, 2019 (Frauke Viebahn)

LEITBILDER: ZURÜCK ZUR NATUR, ABER WIE WEIT?

Wie die Ruhr selbst einmal aussah, wie sie Bett, Ufer und Aue formte und welchem wilden Wandel sie unterworfen war, weiß man aus der geografisch-hydrologischen Forschung, die danach für alle Flüsse in Nordrhein-Westfalen sogenannte Leitbilder aufstellen konnte. Danach gehört die Ruhr, kurz gesagt, zum amtlichen Typus des „schottergeprägten Mittelgebirgsflusses", bundesweit mit der Typ-Codierung 9.2 markiert, die etwa auch für Teile der Sieg, Lahn, Naab und Mulde zutrifft. Noch genauer wissen wir über die Ruhr und ihre Formengeschichte aus den Forschungen des Bochumer Geografen Till Kasielke Bescheid. Diese haben aufgezeigt, wie die Ruhr über das Mittelalter durch eingeschwemmte Auenlehme aus dem teilweise gerodeten Sauerland immer mehr eingeengt wurde und ihr Gesicht von einem vielarmigen Schotterbett zu einem fast einarmigen Gerinne mit Nebenärmchen, Flutmulden und Hochwassertümpeln („Blänken") wandelte. Die großen berühmten, für alle Ruhrstädte belegten gewaltigen Bettverlagerungen des Mittelalters gingen in der Folge zwar zurück. Flussdynamik, das Grundprinzip eines jeden Naturflusses, war jedoch immer noch sehr gut möglich: Das Abkalben und Auswandern von Prallufern, das Ablagern von Sand- und Schotterbänken an Gleithängen, die man an der Ruhr als „Grant" bezeichnete, das Einreißen von Flutrinnen bei Hochwasser und das stetige Kommen und Gehen von Grund- und Hochwasser in der Aue.

Hier setzt nun die moderne Renaturierung der Ruhr an, wobei der Begriff im Wortsinn streng genommen von einem vollständigen „Zurück zur Natur" als Leitbild ausgeht, was ein Pro und Contra zum Begriff der Renaturierung auslöst. Der Teufel steckt dabei im Detail: Eine echte Renaturierung ist angesichts heutiger industrieller Zwangspunkte vom Stauwehr über die Bebauung bis zum Hochwasserschutz von Leitungen und Straßen auch nur noch in wenigen Abschnitten denkbar. Kommt das Leitbild beim Planen in der geschilderten Realität an, ist es ohnehin noch zum örtlich realistischen, abgestimmten Entwicklungskonzept umzuformen. Aber wenn die Renaturierung diesen solide abgeprüften (Teil-)Weg zurück zur Natur und nicht das ideale Ziel in den Vordergrund stellt, ist der Begriff durchaus zulässig und auch griffiger als die sprachlich korrekte, aber etwas unbestimmte Bezeichnung „Ökologische Verbesserung".

Sei es drum, beide Begriffe spiegeln die Geschichte der einschlägigen Bemühungen auch an der Ruhr wider. Dort dachte man nach ersten vorsichtigen Umbauprojekten in den 1980er Jahren zunehmend mehr in ganzheitlichen Renaturierungen, in denen Entfesselung, Dynamik und Nutzungsrücknahme ständig an Gewicht gewannen. Dies wird auch aus dem in der Folge unternommenen Versuch einer Chronologie der wichtigsten Projekte an der Ruhr deutlich, freilich ohne Anspruch auf letzte Vollständigkeit und Systematik, die bei der Vielzahl der Akteure und der Länge der Fließstrecke zwangsläufig auf der Strecke bleiben. Der Fokus liegt hierbei auf konkreten Umgestaltungen der Ruhr, da andere re-

levante Projekte wie die Durchgängigkeit für Fische und der Naturschutz in den Auen anderen Kapiteln vorbehalten sind.

DIE CHRONIK DER PROJEKTE: ANFÄNGE UND AKTEURE

Bis zur Jahrtausendwende sind Projekte am Fluss an einer Hand abzählbar. Zu nennen wäre als erstes Projekt wohl die Absperrung einer Flussbucht bei Haus Oefte in Essen und ihre anschließende Ausgestaltung als Biotop (damaliges Staatliches Umweltamt Duisburg) im Jahr 1987, wobei unmittelbar an der Schifffahrtsstraße starke bauliche Sicherungen erforderlich waren. Bereits in den 1990er Jahren konnte das Land das aufgegebene Wasserwerksgelände im Winzer Bogen, den späteren Standort der ersten Heckrinder an der Ruhr, erwerben. Auf der rund zehn Hektar großen Fläche Oefte in der Ruhraue bei Essen-Kettwig hat der Ruhrverband im Frühsommer 1999 eine ehemalige Ackerfläche landschaftlich umgestaltet. Zwischenzeitlich hat sich hier ein ausgedehnter dichter Auwald entwickelt. Die gesamte Fläche wurde als Kompensation sowohl für Waldumwandlungen im Sinne des Forstrechts als

Die Flussbucht nördlich des Golfplatzes Oefte in Essen-Heidhausen, 2019 (Frauke Viebahn)

Ruhr (Landesgewässer) in Mülheim unterhalb der Mendener Brücke, 2019 (Frauke Viebahn)

auch für bereits erfolgte und zukünftige Eingriffe in Natur und Landschaft von den entsprechenden Behörden anerkannt („Ersatzflächen-Pool").

Für die zukünftige Entwicklung an der Ruhr prägend wurde aber ein ebenso schlichter wie konsequenter Vorfall zwischen Ense und Bachum zu Beginn der 1990er Jahre, wo die Ruhr bei Hochwasser auf mehreren hundert Metern einen Uferausbau zerstörte und eine natürliche Lehmsteilwand ausbildete. Vorausschauende Mitarbeiter der Oberen Wasserbehörde in Arnsberg wie Joachim Drüke setzten die einfache Belassung der Situation als Naturexperiment durch, verzichteten auf die damals übliche und gründliche Reparatur mit Wasserbausteinen und ließen die dynamische Entwicklung wissenschaftlich beobachten. Als deren Folge entstand das einzige amtlich als naturnah bewertete Streckenstück(chen) der gesamten Ruhr, unter anderem mit der größten Uferschwalbenkolonie.

Um zu verstehen, wer für Wasserbau und Renaturierungen an der Ruhr eigentlich zuständig ist, mag ein kleiner Exkurs in die Welt der Wasserverwaltung nützlich sein. Gängige Volksmeinung an der Ruhr ist, dass „der Ruhrverband das macht". Nur, der Ruhrverband ist für sehr vieles zuständig, von den Kläranlagen über die Stauseen bis zu den Talsperren;

Ausbau, Pflege und Renaturierung der Ruhr sind allerdings nicht seine Aufgabe. Wasserrechtlich ist die Ruhr von der Möhnemündung bis nach Duisburg ein herausragendes Binnengewässer, nämlich ein Gewässer erster Ordnung, bis Mülheim-Schlossbrücke als Kategorie I. Landesgewässer, darunter als Kategorie II. Bundeswasserstraße wie auch der Rhein. Zwischen Mülheim und Rellinghausen besteht zudem noch die Landeswasserstraße. Für die großen Landesgewässer steht das Land NRW selbst in der Pflicht, wobei die westfälische Ruhr von der Bezirksregierung Arnsberg verwaltet, kontrolliert und entwickelt wird. Von Essen abwärts übernimmt den Part die Bezirksregierung in Düsseldorf, die mit ihren Schiffen bis Witten zusätzlich für die Unterhaltung der Fahrrinne und der Schleusen sorgt. Dieser kurze Blick mag reichen, um die Kompetenzvielfalt zu verdeutlichen und die Hauptakteure an der Unteren und Mittleren Ruhr zu identifizieren. Ab der Möhne bis hinauf zur Quelle wird es übersichtlicher: Als Gewässer zweiter Ordnung sind nun die Anliegerkommunen für Unterhaltung und Ausbau zuständig und das Land für die Planverfahren

Renaturierter Ruhrstau in Velmede (Bestwig), 2019 (Frauke Viebahn)

der Renaturierung. Das Grundprinzip der Zuständigkeiten macht also durchaus Sinn: Je größer ein Fluss flussabwärts wird, desto eher sind Eigentum, Pflichten, Risiken und Entwicklung bei größeren und leistungsfähigeren Körperschaften bis hin zum Bund anzusiedeln.

ARNSBERG UND DER OBERLAUF: MODELLPROJEKTE UND BLAUPAUSEN

Etwa seit dem Jahr 2003 steigen nach langen konzeptionellen Beratungen und Planungen die Aktivitäten am Ober- und Unterlauf deutlich an. Am Oberlauf der Ruhr, zwischen Olsberg und Arnsberg, ist die Wassergewinnung weniger dominant, die Hochwasserprobleme sind größer und die Zuständigkeit für die Ruhr liegt bei den Städten. Dort hatte die Entwicklung dank griffiger Planungskonzepte für Hochwasserschutz und Ökologie, engagierter Landesunterstützung und vor allem weit blickender städtischer „Kümmerer" wie dem damaligen Arnsberger Umweltbeauftragten Gottfried Scheja schon früher eingesetzt. Dabei liefert gerade eine

Anliegerkommune wie Arnsberg vorbildlich den Beweis dafür, wieviel geschultert werden kann, wenn Stadt, Förder- und Genehmigungsbehörden sowie vor allem die Bürgerinnen und Bürger von der Renaturierung überzeugt sind und an einem Strang ziehen. Von 2003 bis 2018 sind sage und schreibe 14 große Umbauprojekte von jeweils mehreren hundert bis tausend Metern durchgeführt worden. Mittlerweile konnten etwa 20 von 30 Kilometern Ruhr im Stadtgebiet einschließlich Vororten wie Oeventrop, Hüsten und Bachum naturnah umgestaltet werden. Hinzu kam der fischgerechte Um- und Rückbau, also der Abbau diverser Industrie- und Kraftwerkswehre.

Das Grundprinzip des Ruhrumbaus war dabei immer gleich und gilt mittlerweile geradezu als Blaupause für Umbauten nahezu am gesamten Fluss: Angestrebt wurde ein leitbildgerechter schwach gewundener Mittelgebirgsfluss mit breiten Schotterbänken und Nebenarmen. Hierzu wurden als Initialmaßnahmen („Hilfe zur Selbsthilfe") die Ufer-

Rechts oben: Renaturierte Ruhr in Arnsberg Oeventrop, Wildeshausen, 2019 (Frauke Viebahn)

Rechts unten: Renaturierte Ruhr in Arnsberg, Binnerfeld, Steg „Zu den Ruhrwiesen", 2019 (Frauke Viebahn)

steinschüttungen ausgebaut, wo keine Sicherung erforderlich war, das Bett variabel verbreitert, Nebenarme vorgezeichnet, die alten Uferbäume auf Inselgruppen erhalten und andere als liegendes Totholz angekettet. Den Rest musste die Ruhr selbst übernehmen, was sie nach den ersten Hochwässern auch ausgiebig tat. Plötzlich lagen die Schotterbänke ganz woanders flussabwärts, Nebenrinnen brachen zum Hauptfluss durch und neue Inseln bildeten sich im Kehrwasser der toten Stämme. Die Natur ließ sich bei diesen Jahrhundertchancen nicht lange bitten: Barben, Äschen und Elritzen fanden endlich neue Laichgruben im flach überrieselten Schotter, andere Spezialisten unter den Fischen wie Nase und Quappe siedelten sich wieder an, Jungfischmassen bevölkerten die flachen, vor Räubern sicheren Gleitufer und Gänsesäger brüteten zum ersten Mal im Sauerland. Ob sie in vorindustrieller Zeit dort schon vorkamen, weiß man leider nicht. Erinnerungen an Loire und Isar wurden in manchem Touristen am RuhrtalRadweg wach, dem mit einem neuen Café-Restaurant in Neheim zudem eine stilechte Rast am Ufer geboten wurde. Mehrfach erhielt das Projekt namhafte Umweltpreise und Ehrungen, wie 2013 und 2019 im Rahmen der UN-Dekade für Biologische Vielfalt. Wichtig war bei allen Bestrebungen und Ehrungen stets der üppige Mehrwert für Bürgerschaft, Tourismus, Kultur und Soziales, wie an vorbildlichen „Grünen Klassenzimmern", schattigen Parkanlagen und kreativen Kunstinszenierungen am und im Fluss abzulesen ist.

Nicht zu vergessen bei aller berechtigten Leuchtturmwirkung der altehrwürdigen, gut situierten Regierungsstadt Arnsberg sind aber auch die Erfolge in der Nachbarschaft an der Oberen Ruhr. So konnte die nur ein Fünftel so große Kleinstadt Olsberg ebenfalls als Renaturierungspionier bereits 2005 eine fast vier Hektar große Auenfläche samt Ruhrlauf an der Förderschule renaturieren. Heute befindet sich dort eine wunderschöne naturnahe Parkanlage mit Blumenwiesen voller Insekten und einer quirlig gewundenen Ruhr. Man würde sie wie selbstverständlich als ein alt-uriges Stück Sauerland empfinden, würden nicht ansprechend gestaltete Infotafeln auf die noch ganz junge Vita verweisen. Im Gegenteil, die sauerlandtypischen Fichtenmono-

bestände auf den umgebenden Berghängen wirken nun viel künstlicher als der „neue" Fluss tief unten dazwischen. Übrigens hat man an der obersten Ruhr in Winterberg aus der Fichten-„Not" eine Tugend gemacht und begonnen, die Fichten am Ruhrbach zu fällen, um sie als Totholzbuhne zur naturnahen Eigendynamik wieder einzubauen.

Auch Bestwig weiter flussab muss sich nicht verstecken: Besonders am Hennenohl ist ab 2015 vorbildhaft eine Kombination aus alten Freizeitanlagen, umgestaltetem Wehrteich und neuer Flussaue entstanden, deren Freizeitwert für Einheimische und Gäste unübersehbar ist. Durch geschickte Wegeführung konnte aber auch für die neue Flussnatur ein ruhiges Refugium für Fische, Vögel und Pflanzen geschaffen werden, wo Fisch- und Menschenkinder sich im allseits beliebten Flachwasser aus dem Wege gehen können. Überhaupt, das Flachwasser mit seinen Kieseln: Es scheint ein Urbedürfnis von uns allen – auch schon von den alten Griechen – zu sein, einen Stein flach über das Wasser flitschen zu lassen. Vom Schulkind bis zum Wasserbauingenieur wird da keine Ausnahme gemacht, wenn sie ans Kiesufer treten. Und da man nur flitschen kann, wo der Kies nicht wegkanalisiert wurde, ist dieser geradezu ein Symbol für den Freizeitwert naturnaher Flüsse.

NEUORDNUNG DER WASSERWERKE ALS GROSSCHANCE FÜR DIE AUEN AM MITTELLAUF

Der Wasserbedarf des Ruhrgebiets sank zur Jahrtausendwende zwar zunehmend, jedoch bei weiter steigenden Anforderungen an die sehr teure Aufbereitungstechnik für das Trinkwasser. Die Wasserversorger konzentrierten sich auf wenige, aber dafür ausbaufähige Wasserwerke. So kam es schon ziemlich kurz nach der Veröffentlichung der Umsetzungsfahrpläne zu einem radikalen Umschwung in der Flächenpolitik mit einer epochalen Großchance für den Auenschutz: Viele auslaufende Wasserwerksflächen zwischen Bochum und Bachum wurden dem Land von den Wasserversorgern Gelsenwasser und DEW 21 zum Kauf angeboten. Die dortigen Wasserwirtschaftler erkannten die einmaligen Potenziale, konnten die notwendigen Mittel mobilisieren und ab 2013 auch Flächen ankaufen. Unterhalb von Arnsberg, am Landesgewässer Ruhr, legte die Bezirksregierung daher ab 2013 bei

Links oben: Renaturierte Ruhr in Olsberg, 2019 (Frauke Viebahn)

Links unten: Renaturierte Ruhr in Velmede (Bestwig) am Hennenohl, 2019 (Frauke Viebahn)

Wickede selber los, nachdem die ersten ehemaligen Wasserwerksflächen erworben werden konnten. In den Jahren 2013 und 2014 wurde bereits der 2,1 Kilometer lange Abschnitt oberhalb des sogenannten Trommelwehres in Wickede für rund 1,2 Millionen Euro mit Schotterbänken, Aufweitungen und Totholz renaturiert. Oberhalb der Strecke war – wie in vielen Fällen – auch ein neues Umgehungsgerinne für Fische zu bauen und gleichzeitig das Restwasser im Projektabschnitt zu erhöhen. Wickede I heißt das erste einer langen Reihe geplanter Projekte an der Mittleren Ruhr von Witten über Schwerte und Fröndenberg bis nach Wickede, die Gewässerentwickler Ulrich Detering von der Bezirksregierung im Fokus hat. Der zweite, kurz vor der Ausführung stehende Renaturierungsabschnitt von über drei Kilometern erstreckt sich vom Trommelwehr bis auf das Fröndenberger Stadtgebiet.

RENATURIERUNGEN AM UNTERLAUF: ERSTE SCHRITTE UND GROSSE DISKUSSIONEN

Damit führt der Weg ruhrabwärts bis zum Ruhrgebiet, wo die Projekte im gleichen Zeitraum der zwei Dekaden von 2000 bis 2020 – verglichen mit Arnsberg und Co. – nur sehr verhalten ans Laufen kamen. Anfangs war die Verpflichtung zum Ausgleich landschaftlicher Eingriffe durch Baumaßnahmen noch eine wesentliche Triebfeder, die dann bereits für ökologische Verbesserungen genutzt wurden. So wurde 2003 vom Ruhrverband auf der rund acht Hektar großen Ruhrinsel Rellinghausen eine Inselauenlandschaft als Teilkompensation für den Bau der Kläranlage Essen-Süd geschaffen. Hierzu mussten ein Campingplatz entfernt und zur Erreichung des Auenniveaus großflächige Aufschüttungen abgegraben werden. Standortgerechte Gehölzbestände blieben erhalten. Mit der Anlage von Auengewässern wie Flutmulden und einem Altarm wurden vielfältige Rückzugsmöglichkeiten für Fische geschaffen. 2010 wurde die Verbindung zur Ruhr voll wiederhergestellt beziehungsweise aufgebaggert.

2005 nahm erstmals ein Bagger die Ufersteine in die Schaufel, weil in Witten für den Bau einer flussquerenden Gasleitung der AVU GmbH (Gevelsberg) als Ersatz eine Uferentfesselung erforderlich wurde. Auch das für die Stadtwerke Witten 2007

Renaturierte Ruhr in Wickede oberhalb des Trommelwehres, 2019 (Frauke Viebahn)

erarbeitete Ökokonto (amtliches Konto für Landschaftsaufwertungen als Ausgleich für Eingriffe) im aufgelassenen Wasserwerksgelände in Gedern sah neben Wilden Weiden, Blänken und Leitufern auch den Rückbau alter Leit- und Deckwerke am Ufer vor. Da auch die Nebenbäche und ihre Mündungen in die Ruhr zu Gräben degradiert worden waren, nahmen sich vielerorts die Städte ihrer an wie beispielsweise in Arnsberg, Schwerte, Bochum oder vorläufig zuletzt 2017 am Mühlenbach in Mülheim-Saarn mit größeren Auentümpeln. Dort wurden auch 200 Meter der alten Uferbefestigungen Unterstrom der Saarner Brücke per Schiff herausgebaut.

Die fachlich-sachliche Notwendigkeit naturnaher und nachhaltiger Gewässerentwicklung ist angesichts des Zustands unserer Gewässer unbestritten, auch auf die Erfordernisse des Klimawandels hin, der mehr kühlende Gewässerflächen im Ballungsraum erfordert, mehr Auenvegetation zur Bindung des Kohlendioxids (CO_2) und breite Auen zur Rückhaltung von zunehmenden Extremabflüssen. Solch plausible Argumente dürfen aber nicht darüber hinwegtäuschen, dass die Vermittlung von Renaturierungen in der Öffentlichkeit kein Selbstläufer ist. Im Umland des Ruhrgebiets, am Niederrhein und im Münsterland, sind es oft landwirtschaftliche Interessen, die einem Abschied von den für die Landwirtschaft kanalisierten Flüsschen der Nachkriegsjahrzehnte in einer doch noch sehr grünen Hochproduktionslandschaft entgegenstehen. Die urbane Bevölkerung an der Ruhr ist dagegen in dem Gefühl groß geworden, dass man die Folgen des Bergbaus – vor allem im Vergleich zur Emscherregion – längst bewältigt hat, das Wasser der Ruhr wieder ebenso blau ist wie der Himmel über ihr und man zu Recht stolz ist auf die geschaffene Ruhrnatur im Einklang mit der industriellen Vergangenheit. Dies ist auch die Folge einer Heimatkunde, Geschichtskultur und Außendarstellung, welche die gewaltigen Fortschritte in Wasserqualität und Erholungsangebot in den Vordergrund stellte und die sonstigen Ausbeutungen und Umformungen des namengebenden Flusses wie den Bergbau drum herum mehr als Fortschritts- denn als Umweltthema behandelt hat. Folglich wird die Buhne des Ruhrausbaus schon mal zum besseren Biotop verklärt als eine natürliche Kiesbank, die es als Anschauungsobjekt im Ruhrgebiet lange Jahre freilich gar nicht mehr gab.

Altarm an der Ruhrinsel in Essen-Rellinghausen, 2019 (Frauke Viebahn)

Der notwendige erweiterte Diskurs über den Fluss und seine „wahre" Natur ist nicht erst im Genehmigungsverfahren zu führen und erfordert so manches Mal auch bei den klassischen Akteuren noch einen weiteren Gedankenaustausch. Kommt dann zu Recht oder zu Unrecht das Gefühl auf, nicht frühzeitig und transparent über Projekte informiert worden zu sein, kann der Widerstand gegen Renaturierungen bei einzelnen Projekten mit dem gegen übliche Bauprojekte durchaus gleichziehen. Das zeigt sich zum Beispiel im Widerstand gegen stets temporäre Baustellenverkehre und Radwegesperrungen. Leider sind dann manchmal auch die heutigen Sitten der Banalisierung, Politisierung und Verrohung der öffentlichen und medialen Kommunikation im Netz nicht weit, deren weitere Verbreitung sich hier verbietet.

RENATURIERUNGEN AM UNTERLAUF: ERSTE GROSSPROJEKTE IN BOMMERN, WENGERN UND MINTARD

Es sollte noch bis zum Jahre 2018 dauern, bis man auch im Ruhrgebiet mit ernsthaften Umgestaltungen am alten Kohlefluss selbst begann und zwar nahezu zeitgleich zwischen Mülheim-Mintard und Essen-Kettwig einerseits sowie zwischen Witten-Bommern und Wetter-Wengern andererseits. Bei Mintard wurde in sechs Monaten ein alter Arm der Ruhr („Ruhrspiek") um 900 Meter ausgebaggert und nach Oberstrom verlängert. So entstand eine kleine Insel, als Rückzugsort für Vogel- und andere Tierarten. Erstmals wurden an der Schifffahrtsstraße auch die massiven Steinschüttungen entlang der Uferlinie ausgebaut, alte Uferbäume auf Inseln erhalten und damit eine vielgestaltige, buchtenreiche und breitere Ruhr auf der linken Seite entwickelt. Durch den Anschnitt der Ruhrschotter in den nun „weichen" Ufern kann jetzt hoffentlich bei Hochwässern eine an der Unteren Ruhr bisher nicht mehr gekannte Eigenentwicklung einsetzen.

Das Projekt bei Witten und Wetter geht in seiner Komplexität weit über die bisherigen Einzelprojekte an der Ruhr hinaus, da es neben zum Teil beidseitigen Um- und Ausbauten der Ufer auf 4,5 Kilometern Länge auch Renaturierungen von mehreren Nebenbächen, Anlagen großer Auenblänken und die Installierung von Wilden Weiden und Aussichtshügeln

Renaturierung des Mühlenbaches in Mülheim-Saarn, 2019 (Frauke Viebahn)

für Besucher am RuhrtalRadweg umfasst. Die erste Phase wurde im Frühjahr 2019 abgeschlossen, nachdem schon 2017 die überhitzte Baukonjunktur zu einem Jahr Verzögerung geführt hatte und 2018 unter anderem Hochwässer und unerwartete Kampfmittelfunde den Zeitplan durcheinander gebracht hatten. Die nächsten Bauphasen erfolgten seit 2019 in Gedern und anschließend gegenüber von Bommern, nahe dem Museum Nachtigall. Die Ruhr wurde auf mehreren Teilstrecken um bis zu 30 Meter auf insgesamt 100 Meter Breite erweitert, mehrere Gleitufer sowie diverse Prallhänge aus Auenlehm entstanden, die bereits erste (gewollte) Abbrüche nach dem Januarhochwasser 2019 zeigten. Die Änderungen der Ufer werden mit Drohnenfotos dokumentiert, die Entwicklung von Fischen, Vögeln und Pflanzen durch ein wissenschaftliches Monitoring (Begleituntersuchung). Faszinierend ist bereits jetzt, wie gut Eisvogel und Uferschwalbe die entfesselten Ufer zum Höhlengraben nutzen und ihren alten Brutbestand erheblich steigern konnten. Die neuen Aussichtshügel wurden bereits vom Wetteraner Bürgermeister als neue Aushängeschil-

Renaturierte Ruhr im NSG Mintarder Aue in Mülheim, 2019 (Frauke Viebahn)

der der Stadt für ein besonderes Naturerlebnis willkommen geheißen. Angler und Naturschützer sind in seltener Einigkeit gleichermaßen begeistert von neuen Bächen und wilden Ufern.

VERBESSERUNG DER DURCHGÄNGIGKEIT: FREIE FAHRT FÜR FISCHE?

Das vielleicht augenfälligste Defizit für die Natürlichkeit der Ruhr stellen wohl die Wehre dar: Je nach Bauwerkstyp diskret rauschend oder brutal herabstürzend, wird die Ruhr auch für Laien erkennbar – und für die Fische fühlbar – zerschnitten, gestaut oder umgelenkt. Angefangen mit mittelalterlichen hölzernen „Schlagden" just für den Fischfang bis hin zu den Industrieturbinen der 1920er Jahre mit ihren unbegrenzten Wasserrechten hat sich das Problem quasi über 1.000 Jahre aufgebaut. Viele der industriellen Anlagen besitzen das Recht, in ihren Turbinen das gesamte Mittelwasser „abzumahlen". Liegt das Kraftwerk an einem Fabrikkanal oder Obergraben (Mühlengraben) bleibt oft nur ein armseliges „Restwasser" im sogenannten Mutterbett, dem eigentlichen Fluss. Ab Schwerte aufwärts gibt es hierfür dramatische Beispiele, während im

Ruhrgebiet der wuchtige Rückstau des nächsten Wehres Unterstrom meistens über die Wasserknappheit im Mutterbett hinwegtäuscht.

Nachhaltig und ökologisch einigermaßen verträglich ist diese regenerative Energie daher nur, wenn an allen kritischen Stufen am Kraftwerk und im Mutterbett auch Fischaufstiege vorhanden sind und die abwandernden Fische mit dichten Rechen vor einer Turbinenpassage und deren häufig tödlichen Folgen geschützt werden. Das Spektrum geschädigter Fische reicht von einer Betäubung über schwerste Wirbelsäulenschäden bis zum Fischhack. Das ist nicht nur ein äußerst abstoßender Anblick, sondern für wandernde Arten auch ein statistisch wirksamer Bestandsschwund, der sich bei jedem Wehr addiert und so zum Beispiel entscheidend zum Niedergang des Aales beigetragen hat. Die Anbringung dichter Rechenstäbe vor dem Turbineneinlauf, bevor er zu stark wird, ist daher ökologisch unverzichtbar. Sie ist oft aber auch Gegenstand endloser Diskussionen zwischen Kraftwerksbetreiber und Behörde über die infolge der Stauwirkung entgangenen Verstromungsgewinne.

Die Probleme sind nicht neu und Lösungen wurden mit dem Preußischen Fischereigesetz schon beim Bau der historischen Ruhrkraftwerke angemahnt. Als Folge mangelnder Durchgängigkeiten zahlreicher Wehre ergeben sich noch heute alljährlich für viele Tonnen Fische umfangreiche Besatzpflichten. Die damals bereits installierten Beckenpässe wurden erst spät als nicht passierbar identifiziert, unter anderem als Folge der mit jedem Jahrzehnt schnell wachsenden Kenntnisse über Fischverhalten und optimale Konstruktionsweisen. Anfangs standen noch Beckenpässe im Vordergrund, die als lange Treppe miteinander verbundener Wasserbecken die oft gewaltige Sohldifferenz von einigen bis mehreren Metern (beispielsweise Raffelberg 6,85 Meter, Echthausen 5,70 Meter) in viele kleine fischgerechte Stufenschritte auflösen sollten. Später erkannte man die oftmals viel zu hohe Strömungsenergie in diesen Kammern, die für den Fisch schnell zur Achterbahn wurden. Auch die für das Auffinden der Anlage entscheidende Lockströmung war oft an der falschen Uferseite oder inmitten der tosenden Turbinenabläufe zur Unauffindbarkeit verdammt. Neu-

ere, nach umfänglichen Regelwerken konstruierte Anlagen wurden daher, wenn es der Platz zuließ, als eine steinig-rauhe Rampe mit vielen Ruhebecken wie am Spillenburger Wehr in Essen gestaltet. Später kamen wie ein naturnaher schlängelnder Bach als Umgehungsgerinne ausgeführte Anlagen hinzu. Beide Typen bieten auch den oft verkannten, nur als Fischnahrung wahrgenommenen wirbellosen Tieren wie Wasserschnecken oder Larven von Eintagsfliegen die Möglichkeit zum geschützten, strömungssicheren Aufstieg. Besonders unter sehr engen Platzverhältnissen kommen der Mäander-Fischpass mit verknüpften Schachtrinnen und vor allem der Schlitzpass zum Tragen, der aus zahlreichen verbundenen Becken mit senkrechten Öffnungen besteht und je nach Gelände mit vielen oder wenigen Auffaltungen der Achse das Gefälle abbauen kann. Warum dieser Aufwand? Mittlerweile weiß man, dass nicht nur die großen Meerforellen und Lachse zum Laichen aufwärts wandern (was durch zahlreiche Alaska-Dokus längst mediales Gemeingut ist). Nein, nahezu alle Fischarten wandern mehr oder weniger ausgedehnt, saisonal gestreut, längs im Fluss und quer in die Aue – wenn sie können. Hierunter sind auch die kleinsten und schwimmschwächsten, wie die Groppe in der Forellenregion, die schon an fünf Zentimetern Betonkante auf der Sohle scheitern kann, weil sie als Bodenfisch keine Schwimmblase entwickeln musste. Die Konsequenz für Fischbiologen und Wasserbauingenieure: Durch die Kammern müssen die größten und die kleinsten Fische hindurch, die Treppenstufen muss die Groppe meistern können, die Strömungsenergie muss überwindbar sein, die Ausströmung klar definiert, der Ausstieg oben darf nicht direkt zurück in eine tödliche Turbine führen usw. Auch ist es manchmal leider nicht mit einer Aufstiegsanlage getan, weil der Fluss in einen Obergraben mit Kraftwerk und ein Wehr mit Mutterbett gespalten wurde, sodass zwei Aufstiege erforderlich werden.

Im Juli 2019 waren nach den Umsetzungsfahrplänen für den Ruhrfluss zwischen Olsberg und Duisburg etwa 60 größere fischrelevante Querbauwerke verzeichnet; bis zur Quelle kommen noch etwa 90 meist kleinere hinzu, die fast ausschließlich als durchgängig bewertet werden. Dies gilt auch für die knapp 30 Anlagen zwischen Neheim und Olsberg, die in den letzten Jahrzehnten aufgrund enger und engagierter Zusammenarbeit zwischen Behörden, Kommunen und Wehrbetreibern mit Fischaufstiegen versehen werden konnten. Am Unter- und

Links oben: Renaturierte Ruhr in Witten-Bommern, 2019 (Viebahn/Sell)

Links unten: Steilufer mit Uferschwalben-Röhren in dem renaturierten Abschnitt der Ruhr in Witten, 2020 (Frauke Viebahn)

Mittellauf mit ihren gut 30 Großwehren heißt es dagegen trotz zahlreicher Initiativen und jeweiliger Millioneninvestitionen bislang noch nicht „freie Fahrt für Fische", obwohl seit dem Jahre 2000 große Fortschritte gemacht wurden. Der Ruhrverband installierte 1999 (Stiftsmühle), 2004 (Harkortsee), 2008 (Hengsteysee) und 2011 (Kemnader See, zusätzlich zur Anlage von 1979) aufgrund der sehr engen Platzverhältnisse überwiegend Schlitzpässe, am Harkortsee zudem ein naturnahes Umgehungsgerinne. Auch die Wasserwerke Westfalen als Tochter der Gelsenwasser AG und der Dortmunder Energie- und Wasserversorgung GmbH rüsteten alle fünf Laufwasserkraftwerke mit aufwendigen Fischaufstiegsanlagen aus: Fröndenberg (2000), Westhofen (2011), Hengsen (2013), Echthausen (2013) und Villigst (2014). Während das Stauwehr Fröndenberg mit einem Mäander-Fischpass ausgerüstet ist, wurden die übrigen Aufstiege als Schlitzpässe angelegt.

SCHLITZPÄSSE, FISCHLIFTE UND FISCHWANDERUNGEN

Die neuesten Beckenpässe wurden am Wasserkraftwerk Stiepel (2018) und am Kraftwerk Hohenstein (Witten, 2019) eröffnet. Es verbleiben noch etwa acht Anlagen ganz ohne Aufstiege oder ohne funktionierende Aufstiege, darunter Kraftwerke kleinerer Stahlunternehmen und Stadtwerke, für die nun auch Planungsüberlegungen anlaufen, aber auch Großanlagen mit besonderen technischen Herausforderungen. Besondere strategische Bedeutung für eine Optimierung haben dabei einige nicht durchgängige Wehre der untersten Ruhr in Duisburg (Ruhrwehr), Mülheim (eingeschränkt) und Essen (Kettwiger See, Baldeneysee), weil sie schon die Pforte vom Rhein in das Ruhrsystem verstellen. Die Absturzhöhen von 8,52 (Baldeney) und 6,20 Metern (Kettwig) und die engen Platzverhältnisse der Wehre standen in den vergangenen Jahrzehnten bisher an den beiden Stauseen dem Bau „einfacher" Anlagen im Wege, aber auch die öffentliche Wertschätzung der Problematik. Mit der Wasserrahmenrichtlinie weckte die scheinbar aussichtslose Lage neues Interesse und mobilisierte weitere Unterstützungen. Machbarkeitsstudien und Diskussionen in der Fachwelt zeigten auf, wie an Großstaudäm-

men in Lachsflüssen von Nordamerika, Frankreich, Österreich, der Schweiz und anderen fischereiintensiven Ländern erstmals seit den 1950er Jahren spezielle Fischlifte für den Aufstieg der Fische sorgten. Am Laufwasserkraftwerk Grenzach-Wyhlen bei Lörrach war 2005 der bis dahin größte Fischlift im Rhein in Betrieb gegangen.

Weitere Anlagen mit zum Teil Fallhöhen von über zehn Metern wurden an kleineren Schwarzwaldflüssen geplant, doch die vom Ruhrverband gebaute Anlage am Baldeneysee (Fertigstellung Frühjahr 2020) bleibt in mehrfacher Hinsicht einzigartig und innovativ: Gleich zwei Lifte, das erste Beobachtungsfenster für die Öffentlichkeit an einem Ruhrwehr und ebenso die erste automatische Zählanlage für Fische an der Ruhr stellen einen Meilenstein für die Fischwanderungen an der Ruhr und die Bewältigung einer schweren Umweltschädigung dar. Die angesichts der kalkulierten Investitionssumme von bis zu vier Millionen Euro aufgekommene Kritik einzelner Gruppen verblasst vor dem Hintergrund all der Umweltfolgekosten von Altlasten bis zum Grundwasser, die das Ruhrgebiet und die gesamte Nation für den enormen wirtschaftlichen Nutzen nun einmal zu zahlen haben. Umgerechnet auf die 86 Jahre Baldeneysee als größtes Fischhindernis an der Ruhr oder die durchgängigen nächsten 86 Jahre ergibt sich zum Beispiel ein umgelegter Preis von 127 Euro pro „Schadenstag"; die neue Touristenattraktion am Infopoint und der zukünftige Zuwachs an Erträgen für die Ruhrfischereigenossenschaft (RFG) ist hier nicht einmal eingerechnet.

Wenn durch fischbiologische Untersuchungen nachgewiesen wird, dass die Lifte funktionieren, strebt der Ruhrverband einen weiteren Fischlift in Kettwig an. Seit der Lachs im Sommer 2009 von der Ruhrfischereigenossenschaft und dem Landesamt für Natur, Umwelt und Verbraucherschutz NRW (LANUV) wieder laichend bei Raffelberg nachgewiesen wurde, ist klar, dass sich die Wasserqualität erholt hat. Auch finden die laichwilligen Altlachse endlich einen richtigen Weg vom grönländischen Nordatlantik durch die seit 2018 für die Fische geöffneten Haringvlietschleusen – und nicht nur durch Irrwege im Rotterdamer Hafen – wieder den Rhein hinauf. Das Mut machende Lachsprojekt der Internationalen Kommission für den Schutz des Rheines (IKSR) hat mit niederländischer, deutscher und schweizerischer Beteiligung viele Millionen für Fischwege an Staustufen mobilisiert und wartet nun auf entsprechende Anlagen in Frankreich. Auch die

Links: Schlitzpass an der Ruhr in Ostwig, 2019 (Frauke Viebahn)

Ruhr wird nach Öffnung der letzten Barrieren ihren Teil zur Wiederkehr des Lachses beitragen, ist sie doch bis in den Oberlauf und die Nebenflüsse sein historisches Terrain.

Zum „Zielartengewässer Lachs" des Landes NRW hat die Ruhr es freilich nicht geschafft, da Aufstauungen und Ausbauten viele der einstigen Laichplätze für immer verschwinden ließen, obwohl sie beispielsweise bis 1880 noch bei Witten und Arnsberg vorkamen. Außerdem werden die durchaus noch oder wieder vorhandenen potenziellen Laichplätze wie die überfluteten Schotterbänke in Arnsberg mit einer ungünstigen Vermehrungsbilanz eingestuft, da die Tiere bis dorthin mehr als sechs Wasserkraftanlagen überwinden müssten. Anstrengungen an weitgehend frei fließenden Nachbarflüssen wie Wupper, Sülz und Sieg genießen da höhere Prioritäten und Effizienzen für den Populationsaufbau. Ähnliches gilt für den Aal, der auch langfristig vor allem mit der Fülle der Abstiegsprobleme an den Ruhrwehren zu kämpfen haben wird. Unabhängig vom ersten, sehnsüchtig erwarteten Lachs wird aber sicherlich die gesamte übrige wanderaktive Fisch- und Neunaugenfauna der Unteren Ruhr mit über 30 Arten regelrecht Schlange stehen, wenn der Lift auffährt und dem „Riverwatcher" hoffentlich üppige Kundschaft beschert.

NATURSCHUTZ: NEUE GEBIETE UND ERSTARKTE GESETZE

An der Ruhr dauerte es nach dem ersten Naturschutzgebiet noch über 30 lange Jahre, bis nach Umbau des alten Reichsnaturschutzgesetzes von 1935, der erstmaligen systematischen Kartierung der Landschaft durch den damaligen Kommunalverband Ruhrgebiet (KVR) um 1980 und der Erstellung der Landschaftspläne für die einzelnen Kommunen neue Zeiten für Schutzgebiete anbrachen. Heute decken über 20 Naturschutzgebiete die meisten empfindlichsten Teile der Aue zwischen Duisburg und Fröndenberg ab, wobei nicht mehr knorrige Buchen, mystische Hülsen und bizarre Felsen im Mittelpunkt stehen, sondern großflächige Grünländer, Auengehölze und Altarme.

Links oben: Moderne Fischtreppe am Hohensteinwehr in Witten, 2019 (Frauke Viebahn)

Links unten: Stauwehr am Baldeneysee in Essen; auf der linken Bildseite Einbau des Fischliftes, 2019 (Frauke Viebahn)

Ein vorläufig letzter Schub ging auf die Fauna-Flora-Habitat-Richtlinie (kurz: FFH-RL) der Europäischen Gemeinschaft von 1992 zurück, nach der europaweit alle gefährdeten Lebensräume – ganz oben die landesweit bedeutsamen Auwälder in Mülheim und Essen – durch die Mitgliedsstaaten verbindlich zu schützen waren.

Die unterschiedliche regionale Verteilung der Gebiete fällt aber schon auf, wenn die gestauten und von Fernstraßen durchzogenen Auen in Saarn und Heisingen „Euro-League" sind, Ähnliches zwischen Bochum und Fröndenberg aber völlig ignoriert wurde. Die Gründe dafür liegen in der leidigen historischen Verwaltungszäsur zwischen dem Rheinland und Westfalen beziehungsweise den heutigen Bezirksregierungen, dem Engagement der Naturschutzverbände, den seinerzeit noch geltenden Flächenansprüchen der Wasserwirtschaft und einem unterschiedlichen Bemessungsproporz für die nur 50 Kilometer kurze rheinische Ruhr im Vergleich zu den 169 Kilometern in Westfalen, die im Hochsauerland noch mit Natur gesegnet sind.

Wichtiger als die regionale Repräsentanz ist aber das Einhalten der Spielregeln in den Gebieten selbst, weil Naturschutzgebiete – im Gegensatz zu Landschaftsschutzgebieten – die Erholungsnutzung zwar anstreben, aber nur, wenn sie verträglich für Pflanzen und Tiere geschieht. Verbote, Zäune und Kontrollen sind da keine Schikane, sondern unverzichtbar, wenn etwa die jährlich über 120.000 Radfahrer plus unzähliger Spaziergänger mit oder ohne Hunde auf dem RuhrtalRadweg ohne Schaden durch die Naturschutzgebiete oder an ihnen entlang geführt werden sollen. Der oder die Einzelne sieht sich dabei stets als unkritisch nach dem Motto „Einer ist Keiner", führt aber natürlich auch kein wissenschaftliches Monitoring durch, ob der Besuch oder das Picknick am coolen stillen Ufer verwaiste Eisvogelküken, geflüchtete Zwergtaucher und zertretene Muscheln zurücklässt, selbst wenn der Plastikmüll wieder artig mitgenommen wird.

Die Realität sieht oft anders aus für Amtspersonen oder ehrenamtliche Landschaftswächter und kann schon mal leicht bis zur persönlichen Bedrohung reichen. Ein paar Kostproben aus der Realität: Der Ranger im Überseetraumnationalpark ist eine filmreife Autoritätsperson, der Ordnungsamtsmitarbeiter im örtlichen Naturschutzgebiet nur Typ „Sheriff" oder „Bademeister". Amtliche Bestandszahlen zur verarmten Fauna sind – ganz im Zeitgeist – nur Fake-News. Leute rufen entgeistert beim Umweltamt

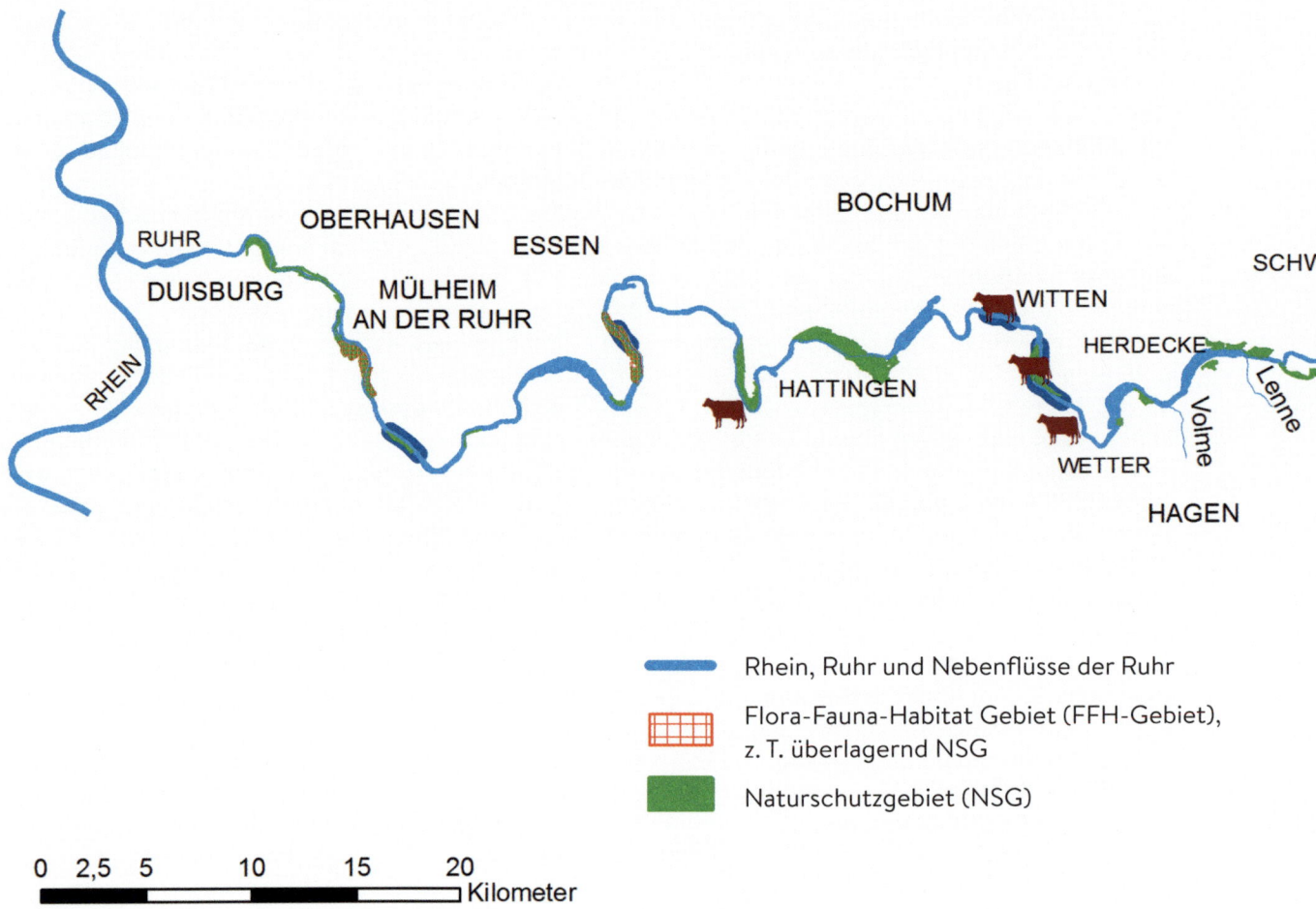

Rhein, Ruhr und Nebenflüsse der Ruhr

Flora-Fauna-Habitat Gebiet (FFH-Gebiet), z. T. überlagernd NSG

Naturschutzgebiet (NSG)

0   2,5   5   10   15   20
Kilometer

an, wie es denn möglich sei, für freilaufende Hunde im Naturschutzgebiet ein Knöllchen zu bekommen, das sei ja schließlich nicht der Stadtpark. Und ortsübliche Weidezäune an Rinderweiden und Radwegen sind im Extremfall auf einmal „DDR".

Unabhängig von solchen medialen Trends, die natürlich auch vor dem Naturschutz nicht Halt machen, stehen aber die gesellschaftliche Anerkennung sowie die rechtliche und materielle Basis des Naturschutzes seit den 1980er Jahren auf viel solideren Beinen. In fast jedem Ortsteil entstanden Naturschutzgruppen, oft als Untergliederungen der großen Verbände NABU und BUND, die bei Eingriffen in die Landschaft beteiligt werden müssen und viele örtliche Biotop- und Artenschutzprojekte betreiben. So gibt es Biologische Stationen in jedem Kreis an der Ruhr – insgesamt neun –, die sich mit wissenschaftlichem Know-How um die Kontrolle, Pflege und pädagogische Vermittlung der Naturschutzgebiete kümmern. Schließlich ist auch das Naturschutzrecht durch europäische Einflüsse viel strenger geworden: In FFH-Gebieten, besonders den Auwäldern, sind keine Verschlechterungen mehr erlaubt und europäisch geschützte Tier- und Pflanzenarten sind bei allen Planungen vorab auf mögliche Störungen und Schäden zu begutachten. Demzufolge darf zum Beispiel an der Ruhr kein Steilufer, kein alter Höhlenbaum oder kein Röhricht mehr beeinträchtigt werden, ohne dass der entsprechende Ort vorher mit einer Artenschutzprüfung auf Eisvögel, Fledermäuse oder Wasserrallen, Schutz- und Ersatzmaßnahmen durchgecheckt worden ist.

Infolge all dieser vermehrten Aktivitäten amtlicher und ehrenamtlicher Naturschützer wissen wir auch viel mehr über den Zustand unserer Flora und Fauna. Rote Listen zeigen Status und Trends wie das fast völlige Verschwinden von Feldlerche und Kiebitz, Kreuzkröte und Kammmolch aus den Ruhrauen an und sind die harte Faktenbasis für Schutzprogramme und Renaturierungen.

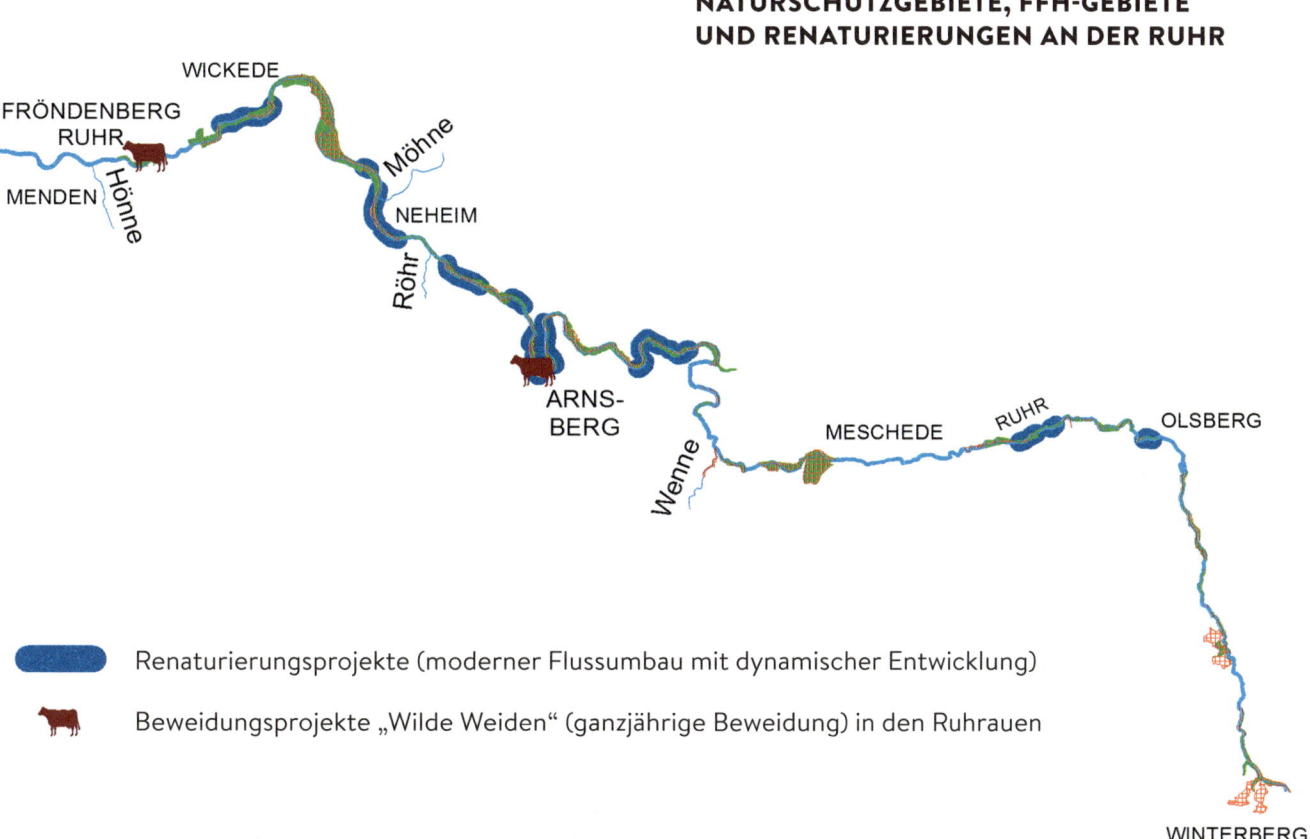

NATURSCHUTZGEBIETE, FFH-GEBIETE UND RENATURIERUNGEN AN DER RUHR

Renaturierungsprojekte (moderner Flussumbau mit dynamischer Entwicklung)

Beweidungsprojekte „Wilde Weiden" (ganzjährige Beweidung) in den Ruhrauen

BIOTOPENTWICKLUNG – WILDE WEIDEN AN DER RUHR

Schutzgebiete und Renaturierungen an der Ruhr, Stand August 2019, Kartenentwurf: Frauke Viebahn, Schutzgebiete: nach Daten LANUV, 2019 (Frauke Viebahn)

Die Idee der „Wilden Weiden" in den Flussauen ist ebenso faszinierend wie einleuchtend. Sie wurde in den 1980er Jahren von unseren auch im Naturschutz sehr kreativen niederländischen Nachbarn entwickelt und von Soester Naturschützern an westfälische Verhältnisse angepasst und weitergedacht. Die Grundthese war, dass sich die Landschaft Mitteleuropas nach dem Ende der Eiszeit nicht in einheitlich dunkle Wälder entwickelte, in denen kleine und große Tiere aus forstlicher Sicht nur eine Neben- oder sogar Schädlingsrolle als Baumvernichter spielten. Vielmehr gibt es reichlich wissenschaftliche Argumente aus Paläontologie und Botanik, die dafür sprechen, sich die Wälder schon immer halboffen mit vielen Lichtungen, Einzelbäumen und Waldweiden vorzustellen, in diesem Status gehalten durch umherziehende Herden oder Gruppen von Rothirschen, Wildpferden, Wisenten, Auerochsen und Elchen. Diese Hypothese der „Megaherbivoren" (großen Pflanzenfresser) wird in Teilen immer noch diskutiert, etwa was die Rolle des Menschen bei der Vernichtung eiszeitlicher Großtiere (Mammut etc.) angeht oder die Frage, wie weit die charismatischen Bilder grasender Bisonherden in Nordamerika oder afrikanischer Baumsavannen, mit einzigartiger Großtiervielfalt bis zum Horizont, auch für Mitteleuropa als Referenzen taugen. Unabhängig davon hatten die Niederländer bereits drei entscheidende Ableitungen für das Pflegemanagement ihrer Stromauen gezogen. Auch ohne das eiszeitliche Mammut bemühen zu müssen, dürften die im Mittelalter ausgerotteten Großtiere wie der 1627 verschwundene Auerochse dem Wald ihren

Stempel aufgedrückt haben. Wenn nicht mehr die Wildtiere, dann hatten zumindest die Weidetiere und Beweidungen der historischen Hutungen (Weiden) und Allmenden Öffnungen der Wälder zur Folge. Wenn man große Flächen nachhaltig und extensiv pflegen muss, lichte Auwälder, feuchte Weiden und flache Ufer, dann stellen Herden robuster Weidetiere, die sich ganzjährig weitgehend selbst versorgen, die bessere Alternative dar als die ständige Organisation und Kontrolle von maschinellen Pflegearbeiten durch unterschiedlichste Vertragspartner. Vergessen darf man dabei nicht, dass die natürliche Abwanderung der Herden bei Nahrungsmangel in unserer heutigen, kleinparzellierten Kulturlandschaft freilich kaum noch realisierbar scheint, sodass der Mensch wie bei jeder Weidewirtschaft mit Zufütterungen und Entnahmen eingreifen muss. Und nicht zuletzt gehören natürlich auch Großtiere zu einer naturnahen Flussaue dazu wie Libellen, Elritzen, Eisvögel und Flutender Hahnenfuß. Warum dann nicht nach Arten schauen, die dort einst auch heimisch waren?

Nachdem die empfindlichen schwarz-bunten Hochleistungsrinder kaum noch in den kleinteiligen und

wieder urwüchsigen Schutzgebieten zu halten waren, wurden landschonende Dauerbeweidungen mit robusten Haustierrassen oder urwüchsigen Wildformen nach Vorbildern aus den Niederlanden und der Lippeaue eingerichtet, die in geringer Dichte, aber dafür ganzjährig draußen sind. Die Auswahl der Rassen folgte dabei oft dem Angebot lokaler Pächter. Bekanntestes und ältestes Beispiel an der Ruhr sind wohl die Heckrinder im Winzer Bogen bei Hattingen. Heckrinder allgemein firmieren manchmal auch – zoologisch nicht richtig – unter der Bezeichnung „Auerochse", da sie Abbildzüchtungen des ausgerotteten „Ur" unter Verwendung historischer Zeichnungen und primitiver Hausrindrassen (Hochland- und Steppenrinder etc.) darstellen. Die Heckrinder werden nach neuesten Erkenntnissen niederländischer Forscher zur Entwicklung eines „Taurus- oder Taurosrindes" anderenorts mit größeren, meist spanischen „Primitiv-Rassen" eingekreuzt, da der Auerochse wohl doch um einiges wuchtiger war als die heutigen Heckrinder. Dahinter steckt die Notwendigkeit, in großen europäischen Wildnisgebieten des Projekts „Rewilding Europe" ein extrem robustes, historisch-ökologisch stimmiges Wildrind einsetzen zu können, das auch Wolfsrudeln und allen Witterungen ganz ohne menschliche Hilfe trotzen kann.

NSG und FFH-Gebiet Mülheim-Saarn unterhalb der Mendener Brücke, 2019 (Frauke Viebahn)

Zurück zur Ruhr: Wo es nicht zu Wilden Weiden kommt, sind aber auch traditionelle Haustierrassen wie Moorschnucken oder Rotes Höhenvieh gerne gesehen, zumal die Präsenz von Weidentieren im Freien aufgrund ökonomischer Trends an sich schon zur Seltenheit wird. So sind vielerorts auch Schafsherden im Einsatz gegen Neophyten (Neubürger) wie am Kemnader See, wo sogar eine Pflegeherde angeschafft wurde, weil die Rasenpflege maschinell nicht mehr zu schultern war.

Die zoologische Authentizität als Ur und die Notwendigkeit der Abwehr von Wolfsrudeln als Vision (vorläufig) einmal dahin gestellt, als eindrucksvolle Großtiere und Lieferanten von Qualitätsfleisch innerhalb einer nachhaltigen Landwirtschaft am Ballungsraumrand sind Robustrinder allemal ein Erfolgsmodell. Neben den Winzer Stieren zieht auch in der Fröndenberger Kiebitzwiese seit 2009 eine Reihe von Heckrindern durch die Ruhrsümpfe und hält die Aue halboffen. In Wickede und ab 2013 dann Witten-Gedern wurde eine schwarz-zottelige Kreuzung aus Galloways und Zwergzebus etabliert, die besonders geländegängig, leicht sowie trittfest ist und dabei an Bilder von Büffelherden in afrikanischer Grassavanne erinnert. Alle diese urigen Landespfleger entlang der Ruhr haben einen ihrer Hauptjobs bereits mit Bravour erledigt und den Riesenbärenklau, aber auch sonstige, ähnlich aggressive Neophyten fast hundertprozentig aus den Flächen beseitigt. Zugute kommt ihnen dabei ihr Heißhunger auf saftiges Grün nach einem langen Winter auf den dann noch ziemlich kahlen Ruhrwiesen. Die frischen Blattrosetten fallen ihnen im März als erstes zum Opfer, wodurch sie ihren eingestallten Hausrinderkollegen einen entscheidenden Vorteil voraushaben. Weitere Projekte haben in 2019 begonnen mit Dauerbeweidungen in Witten-Bommern und Wetter-Wengern sowie im Langen Feld in Arnsberg, wo man sich für Schottische Hochlandrinder entschied. Geplant ist nach den angeführten Vorbildern darüber hinaus zum Teil eine Anreicherung mit europäischen (Quasi-)Wildpferden wie den Koniks oder Dülmenern, um den Fraßdruck ausgeglichener zu entwickeln. Wer weiß, vielleicht ziehen in einigen Jahren geradezu symbolisch ein paar Taurusrinder durch die grün-blauen Ruhrauen und die Lachse über die Schotterbänke, wo sie und die gute alte, lange gezähmte Ruhr wieder so wild werden dürfen, wie wir sie lassen?

Heckrinder in der Fröndenberger Kiebitzwiese, 2019 (Frauke Viebahn)

Ulrich Reitz

EU-WRRL ODER WARUM DIE STERNSTUNDE FÜR DIE RUHR IN BRÜSSEL SPIELT – EIN FLUSS UND DIE POLITIK

Ein journalistischer Einwurf

Weshalb ist die Ruhr heute so sauber wie noch nie in den vergangenen 200 Jahren? Weshalb wird die Ruhr auch noch immer sauberer? Weshalb können wir allen Ernstes darüber reden, dass wir irgendwann in der Ruhr auf ihrer gesamten Länge wieder Schwimmen können?

Stefan Zweig hat in seinen Betrachtungen über die „Sternstunden der Menschheit" unvergessliche Texte über die Wendemarken bei bedeutenden geschichtlichen Ereignissen geschrieben. Diesen literarischen Anspruch können wir nicht erheben, aber Stefan Zweigs Frage, angewendet auf die Geschichte der Ruhr, soll hier doch erlaubt sein: Was war eigentlich der entscheidende Punkt, dass aus der Ruhr nicht nur ein sauberer Fluss wurde, sondern auch einer, der das gesamte Ökosystem, die Tier- wie die Pflanzenwelt, um ihn herum verändert, zur Freude der Menschen, die im Ruhrtal wohnen oder hierhin kommen, um ihre Freizeit dort zu verbringen?

In Düsseldorf treffen wir die Regierungspräsidentin. Birgitta Radermacher hat ihre Fachleute zum Gespräch mitgebracht, und die antworten auf die Fra-

ge, wem die Ruhr eigentlich gehört, so: „Uns, dem Land." So ein Selbstbewusstsein muss man auch erst einmal haben, aber Radermacher hat recht. Fast. Denn der letzte Teil der Ruhr, von der Mündung in Duisburg bis nach Mülheim, gehört dem Bund: Dort ist die Ruhr Bundeswasserstraße, und die gehört der Bundesregierung, also Berlin. Allerdings wird sie sozusagen verwaltet vom Land Nordrhein-Westfalen. Verwaltungstechnisch ist die Ruhr geteilt: formalrechtlich ist von der Mündung bis Mülheim der Bund verantwortlich, von da an bis zur Quelle nahe Winterberg das Land. Das Land wiederum gibt die operative Verantwortung weiter an die Regierungspräsidien. Von Mülheim bis kurz vor Bochum ist der Düsseldorfer Regierungspräsident zuständig, von da an bis zur Quelle der in Arnsberg.

Und wie wurde die Ruhr nun so sauber, wie sie ist? Radermachers Experte Detlef Reinders erinnert sich: „Mit Europa fing es erst richtig an." Genauer: Mit der Europäischen Wasserrahmenrichtlinie, kurz EU-WRRL. Dieses bahnbrechende Werk aus dem Jahr 2000 hatte einen Vorlauf von rund 15 Jahren, und es entstand nicht aus dem Nichts. Sondern aus Katastrophen. Stefan Zweig hätte vielleicht geschrieben: An der Quelle zu diesem sauberen Fluss und seiner einmaligen Geschichte auf dem Weg zu einem Idyll für Mensch und Tier stand ein verheerender Brand. Vielleicht werden wir nie ergründen, was unsere Geschichte nach vorne treibt: die menschliche Vernunft oder die menschliche Unvernunft, ohne die Katastrophen gar nicht möglich gewesen wären.

Lassen wir die Literatur. Es ist die Nacht zum 1. November 1986. Im Baselland, in dem Ort Schweizerhalle, er gehört zu den beiden Orten Muttenz und Pratteln, bricht ein Inferno los. Im Lagerhaus 956 jagt eine Explosion die nächste, dicker, schwarzer

Rauch steigt in den Himmel über dem Rhein. Das Lagerhaus samt angrenzendem Gelände gehört der Firma Sandoz, die dem verheerenden Unfall, der als eine der größten Chemie-Katastrophen in Europa in die Geschichte eingehen sollte, seinen Namen gab. 1.350 Tonnen Chemikalien verbrennen bei Sandoz und bei Flusskilometer 169 fließen sie mitsamt tausenden Kubikmetern Löschwasser in den Rhein. Der Gestank ist nur schwer zu ertragen, die Brühe aus hochgiftigen Substanzen wie Quecksilber, Insektiziden und Pestiziden färbt den Strom in ein unnatürliches Rot. Über einen Rückblick auf die Katastrophe setzt die „Stuttgarter Zeitung" die Schlagzeile: „Als der Rhein so rot wie tot war."

Vielleicht war ohnehin 1986 das Wendejahr schlechthin für die Umweltpolitik. In diesem Jahr passierte nicht nur „Sandoz", sondern auch die Atom-Katastrophe von Tschernobyl, und der verheerende Chemie-Unfall in Seveso lag auch erst kurz zurück. Diese drei Ereignisse veränderten das Bewusstsein in der Bevölkerung, und keineswegs nur in Deutschland. In den Folgejahren erreichte die Umweltpolitik eine Bedeutung wie noch nie in der Geschichte.

Erst diese Ereignisse erklären, weshalb sich alle europäischen Staaten auf ein Gesetz für sauberes Wasser einigen konnten. Das war ein Politikum allererster Güte. Die Regierungspräsidentin macht das klar mit dem Vergleich aus einer anderen, der nahöstlichen Krisenregion: „Wasser kann ein Grund werden für Kriege." Das sollte in Europa auf gar keinen Fall passieren. Aber auch jenseits der ganz großen Frage von Krieg und Frieden bedeutet es einen enormen Eingriff nicht nur in die Umwelt, sondern auch die Wirtschaft, wenn Staaten sich auf grenzüberschreitende Regeln für sauberes Wasser und natürliche Flüsse, Seen und das Grundwasser einigen. Wer einmal an den dauerbewässerten italienischen und spanischen Gemüsefeldern vorbei gefahren ist, versteht schnell, dass Wassergüte und Wasserpreise den Wettbewerb beeinflussen. Wettbewerb und Umwelt sind bis heute Konkurrenzfelder, auch wenn Umweltpolitiker gerne versichern, dass sauberes Wasser ein wichtiger Wettbewerbsvorteil sei. Das mag stimmen, aber sauberes Wasser zu bekommen, ist sehr teuer. Dazu nur eine Zahl aus Nordrhein-Westfalen: Die Landesregierung

Regierungspräsidentin Birgitta Radermacher
(Bezirksregierung Düsseldorf)

Front-Ansicht des Hauptgebäudes der Bezirksregierung Düsseldorf (Bezirksregierung Düsseldorf)

lässt sich die Maßnahmen zur Säuberung und Renaturierung der Flüsse im Land rund 80 Millionen kosten, und die Landesregierung wird finanziert von den Bürgern. Keine Regierung hat ein eigenes Portmonee, die Allgemeinheit zahlt – und der zusätzliche „Wasserpfennig" ist schon längst kein Pfennig mehr: Zwischen fünf und acht Cent kostet es, aus dem sauberen Grund- und Oberflächenwasser einen Kubikmeter Wasser zu entnehmen. Grundlage für den „Wasserpfennig" ist wiederum die Europäische Wasser-Richtlinie.

Mit diesem Betrag werden etwa auch Bauern entschädigt, dafür, dass sie mit Düngemitteln so verantwortlich umgehen, dass sich eventuelle Schäden für das Grundwasser in Grenzen halten. So etwas nennt man eine Lenkungsabgabe, vereinfacht formuliert: Wer der Umwelt (dem Wasser) hilft, wird dafür bezahlt. Das ist die Idee hinter einer ökosozialen Steuer: Der Staat kassiert sie nicht, um damit zu machen, was er für richtig hält, zum Beispiel Schulden zu tilgen, sondern die Abgabe fließt an die Verursacher von Schmutz, um sie zu mehr Reinlichkeit zu bewegen. Diese Idee hat inzwischen sogar das Bundesverfassungsgericht in seiner Entscheidung über den „Wasserpfennig" abgesegnet. Was nun wieder nicht heißt, dass sich irgendjemand mit dem Verzicht auf die „Wohltat" gleichzeitig ein Recht zur Verschmutzung einkaufen könnte: Für sauberes Wasser sorgt nicht nur eine Lenkungsabgabe, sondern es sorgen auch Strafen dafür. Die Vorschriften, was Betriebe oder Bauern in die Ruhr einleiten dürfen, sind streng und wer dagegen verstößt, muss das teuer bezahlen.

Das grundsätzliche Ziel, wer es mag: die Vision für die Ruhr, beschreibt Regierungspräsidentin Radermacher so: „Aus dem reinen Transportweg einer Industrieregion wird nach und nach ein naturnahes Fluss- und Auengebiet, in dem sich heimische Pflanzen und Tiere genauso wohlfühlen sollen, wie erholungsuchende Menschen. Den Anstoß gab die europäische Wasserrahmenrichtlinie – mit Leben gefüllt und umgesetzt wird sie mit den Ideen und dem Einsatz der Mitarbeiterinnen und Mitarbeiter der Bezirksregierung."

Kommen wir also zu diesen Ideen – nicht allen, aber einigen. Studieren, wohin zeitgemäße ökologische Wasserpolitik führen kann, lässt sich etwa an der Mintarder Aue am Rand von Mülheim.

Anfang 2018 rückten Arbeiter mit schwerem Gerät an. Sie rodeten großräumig das Gelände, veränderten die gesamten Uferstrukturen, schufen flache Uferzonen, definierten, wie es heißt, „strömungsberuhigte" Bereiche, warfen Schotter- wie Kiesbänke auf und legten Inseln an. So reaktivierten sie einen Altarm der Ruhr. Das Ziel für Fauna und Flora war anspruchsvoll: Eisvögel und Flussregenpfeifer, Kiebitze und Schwalben, Fledermäuse, Libellen und Frösche, Schmerle, Döbel, Äsche, Aal, Schleie und Barbe sollten in der Ruhr wieder heimisch werden. Die Kosten für das alles wurden auf eine Million Euro beziffert, was sich, gemessen am erwarteten Erfolg, einigermaßen bescheiden ausnimmt. Wer dort heute, in der Mitte des Jahres 2020, entlangwandert, kann eine wachsende Zahl von Fotografen mit sehr großen Objektiven beobachten, die von den Ufern aus die reichhaltig gewordene Tier- wie Pflanzenwelt dokumentieren. Was zeigt, wie Jürgen Klingel vom Dezernat für Wasserwirtschaft der Bezirksregierung erklärt, dass Naturschutzgebiete durchaus für die Allgemeinheit geöffnet sind. Tabu sind sie „nur" für das, was die Umwelt bedroht. Beim Versuch, in der Mintarder Aue wild zu Campen, sollte man sich also besser nicht erwischen lassen.

Wer die Ökologie der Ruhr verbessern will, muss dafür sorgen, dass Fische von der Mündung bis möglichst weit zum Flussende durchkommen können. Dafür gibt es Fischlifte. Eine Fischaufstieg-Anlage wurde für Duisburg geplant, eine weitere am Baldeneysee bei Werden. Dort gibt es jetzt einen Hydro-Fischlift, und der funktioniert nach der Darstellung von Detlef Reinders von der Düsseldorfer Bezirksregierung so: „Der Einstromdämpfer führt das Wasser in den Schwimmkolben, der horizontal durchströmt wird. Durch den Einstieg im Unterlassen strömt das Wasser aus, die Fische schwimmen gegen die Strömung in den Schwimmkolben hinein." Jetzt ist der Fisch sozusagen im System eingeschlossen, es folgt die Liftfahrt des Getiers. Der Experte: „Der Einstromdampfer führt das Wasser weiterhin in den Schwimmkolben, der Einstieg ist jedoch geschlossen. Der Wasserstand in der Zylinderkammer steigt an und der Schwimmkolben wird in rund drei Minuten bis zum Ausstieg angehoben." Zum Vergleich: Die Liftfahrt von Null auf 454 Meter dauert im derzeit höchsten Turm der Welt, dem Burj al Arab in Dubai, 60 Sekunden. Spötter würden sagen: Da ist aber noch Luft nach oben für den liftenden Fisch!

Zu einem der ehrgeizigsten Projekte gehört die Renaturierung der Ruhr bei Hattingen auf einer Länge von gleich sieben Kilometern. Aus diesem Großprojekt lässt sich lernen, dass die Art zu Regieren

Die Mintarder Aue bei Essen-Kettwig. Die Renaturierung des Ruhrabschnitts ist so weit fortgeschritten, dass der Altarm wiederhergestellt ist und vom Ruhrwasser durchflossen wird, 2018 (MMB/Below)

heute völlig anders ist als noch vor einigen Jahrzehnten. Könnte es damals geheißen haben: „Regierung first", so heißt es heute: „Konsens first." In den Zeiten der Industrialisierung seit der zweiten Hälfte des 19. Jahrhunderts bis zum Ende der 1970er Jahre war es gesellschaftliche Übereinkunft, dass die wirtschaftliche Entwicklung im Ruhrgebiet und damit auch an der Ruhr Vorrang genießen sollte vor allen anderen Erwägungen, von Einzelinteressen ebenso wie vor der Umwelt. Das Regieren beschränkte sich darauf, die Wachstumsinteressen der Industrie und der anderen Wirtschaftsbetriebe einschließlich der Landwirtschaft in Bezug auf die Ruhr durchzusetzen. Das ist heute ganz anders. Heute geht es beim Regieren darum, eine Vielfalt von Interessen zu moderieren und daraus einen Plan zu formen. Das letzte traditionelle Kohlenschiff (eine Aake) fuhr vor 130 Jahren, 1890, über die Ruhr, und der Gegensatz zwischen Wirtschaft und Umwelt hat an Dramatik sicherlich verloren. Aber was das bedeutet: eine saubere und lebenswerte Umwelt, darüber gehen die Ansichten weit auseinander. Nicht anders ist es in Hattingen, im sogenannten Winzerbogen. Die Situation dort beschreibt Jürgen Klingel von der Bezirksregierung so: „Die Ruhr ist in früheren Zeiten zur Schiffbarma-

chung in ein schmales Bett gezwängt und mit tausenden von Buhnen und Längsbauwerken befestigt worden." Diese Befestigungen hätten dazu geführt, dass die Ruhr sich sozusagen tief in den Boden grub und den Kontakt zu ihrer Aue verloren hat. Die Folge laut Klingel: „Ein derartig ausgebauter Fluss kann den gewässertypischen Arten kaum geeigneten Lebensraum bieten." Die Schlussfolgerung liegt auf der Hand: Buhnen weg!

Nun gibt es aber in Hattingen das, was man heutzutage eine „lebendige Bürgergesellschaft" nennt. Die entsprechende Initiative findet die Buhnen prima und fürchtet um den Charakter „ihrer Ruhr". Wer sich die Luftaufnahmen von dem Ruhrbogen bei Hattingen anschaut, kann Verständnis für den „Initiativ-Kreis zum Erhalt des Ruhrbogens" aufbringen. Also wurde diskutiert und verhandelt, und am Ende stand ein Kompromiss zwischen Regierung und Bevölkerung, Experten und Bürgern. Es sollen so viele Buhnen wie möglich erhalten bleiben, ohne das Ziel „Zurück zur Natur" zu gefährden.

Politisch ist natürlich die Frage interessant, ob es eigentlich einen Unterschied macht, ob eine Rot-Grüne oder eine Schwarz-Gelbe Regierung das Land politisch steuert. Das ist ganz sicher so, einerseits, aber andererseits vielleicht doch ganz anders, als man meinen könnte. Die derzeitige Regierungspräsidentin gehört der CDU an, und ihre Antwort auf diese Frage lautet so: Der Unterschied sei „direktiv oder konsensual". Will sagen: Je grüner Umweltpolitik agiert, desto mehr direkte Eingriffe in die Balance der verschiedenen Interessen von Bürgern, Wirtschaft und Ökologen gibt es. Je liberal-konservativer Umweltpolitik agiert, desto mehr moderierter Konsens, Freiwilligkeit und Eigeninteresse der Betroffenen findet statt. Das mag sein, wir können das hier nicht im Einzelnen überprüfen. Auf alle Fälle klingt es, so wie Birgitta Radermacher es fasst, ein wenig akademisch und bemüht diplomatisch. Nach dieser Methode muss es allerdings in der Realität nicht unbedingt zugegangen sein. Als wir vertraulich noch einmal nachfragen, wie das etwa war, nachdem die erste Landesregierung 2005 von Rot-Grün auf Schwarz-Gelb gewechselt hatte und die grüne Umweltministerin Bärbel Höhn, an der sich nacheinander die Sozialdemokraten Johannes Rau, Wolfgang Clement und Peer Steinbrück in vier Landeskabinetten abgearbeitet hatten, aus dem Amt geschieden war, wird uns auf den langen Gängen des neobarocken Bezirksregierungsgebäudes der damalige machiavellistische Slogan zugeflüstert: „Wir zerschlagen das Königreich Höhn."

Das ist die eine Antwort auf die Frage, welche Unterschiede es gibt, je nach der politischen Farbe einer Landesregierung. Die andere Antwortet lautet: Regierungen kommen und gehen, Beamte bleiben bestehen. Diejenigen, die sich in den Regierungen und den an sie gedockten Behörden um die Wasserwirtschaft kümmern und denen die Ruhr am Herzen liegt, tun dies Jahre, manche sind schon seit Jahrzehnten damit beschäftigt. Und die haben ein Ziel, das sich auch nicht grundsätzlich ändert, nur weil der Dienstherr entweder sozialdemokratisch-grün oder christdemokratisch-liberal denkt. Ins Allgemeine gewendet:

Der deutsche Beamtenstaat mag eine zähe Angelegenheit sein, aber er verhindert auch Revolutionen. Die Europäische Wasserrahmenrichtlinie als „Sternstunde der Menschheit" zu bezeichnen, wäre vielleicht dann doch vermessen. Aber dass es sich um eine Sternstunde für die Ruhr gehandelt hat, wird man guten Gewissens sagen können.

2027 soll die neue Ruhr fertig sein. Rund 40 Jahre nach der Katastrophe in der Schweiz. Wenn man bedenkt, dass es mehr als 150 bis 200 Jahre dauerte, die Ruhr zum Wohl(stand) seiner Nutzer zu versauen, sind 40 Jahre, um zur Freude seiner Anwohner alles wieder schön zu machen, keine schlechte Bilanz.

Die Ruhr mit den typischen Buhnen bei Hattingen, 2015 (Stefan Ziese)

Michael Sell

DIE RUHR ALS LEBENSRAUM FÜR TIERE UND PFLANZEN

Flora und Fauna, also Pflanzen- und Tierwelt, sind als Anhaltspunkte der Biodiversität (Artenvielfalt) und des Ökosystems der Ruhr genauso bedeutsam wie sie als Lebewesen und Naturerlebnis attraktiv und faszinierend für uns Menschen sind. Ihr Wohl und Wehe hängt von Nutzung, Flussgestalt, Abfluss, Naturnähe und Inhaltsstoffen der Ruhr ab, deren Auf und Ab sie unbestechlich widerspiegeln. So muss denn auch eine Übersicht über die Flora und Fauna der Ruhr einen wilden Bogen schlagen von einst riesigen Auenwäldern über das wechselvolle Schicksal der Ruhrfische bis zur lang ersehnten Rückkehr ausgestorbener Vogel- und Säugetierarten.

FLORA

Wasserpflanzen

Von der Flussmitte bis an den Rand der Aue bildet sich an einem nicht verbauten Ruhrabschnitt – wie an jedem naturnahen Fluss in Mitteleuropa – eine

Links: Naturnahe Ruhr bei Neheim mit Wasserpflanzen
(Frauke Viebahn)

Abfolge verschiedener Lebensräume (Biotope) und Pflanzengesellschaften aus. Sie beginnt mit Moosen auf der Ruhrsohle und den Wasserpflanzen, die oftmals durch ihre prächtigen Blüten an der Wasseroberfläche auffallen. Typisch für die schnellfließende Ruhr im Sauerland ist der Flutende Wasserhahnenfuß mit bis zu sechs Meter langen unter Wasser treibenden Trieben und schwimmenden weißen Blütenteppichen. An der oft gestauten Unteren Ruhr, bevorzugt in ruhigen Buchten mit schlammigen Boden, sind dagegen die fälschlicherweise oft als Seerosen titulierten gelben Teichrosen oder Mummeln der eindeutige Blickfang, bei vielen Wassersportlern als Hindernis jedoch nicht sonderlich beliebt. Mit der stark reduzierten Wassertrübung haben auch die Wasserpflanzen wieder ihr natürliches Reich zurückerobert und profitieren von reichlich Licht und Nährstoffen an der Gewässersohle. Besonders an den Ruhrstauseen macht ihr Boom seit etwa zwanzig Jahren Probleme, weil dort vor allem die wuchernde Kanadische Wasserpest die Fahrrinnen verstopft. Das Mähboot „Manatee" des Ruhrverbands, benannt nach einer südamerikanischen Seekuh, steht im Zentrum der Sisyphosaufgabe, den Wuchs der Wasserpest zu begrenzen – unterstützt von biologischen Bekämpfungsstrategien wie dem Einbringen von Rotfedern, einer Fischart, die sich von dieser Pflanze ernährt.

Röhrichte und Uferstauden

Am freien, nicht durch Steine verbauten Ufer schließt sich der nächste Vegetationsgürtel an, der mit einjährigen Kräutern wie Wasserpfeffer und Zweizahn dort beginnt, wo die kiesigen Ufer für wenige Sommermonate trocken fallen. Zweizahnarten pflanzen sich durch Samen mit Hakenborsten fort, die im Fell von Ufertieren hängen bleiben und auf diese Weise transportiert werden. Kein Wunder, dass sie bei menschlichen Ufergästen äußerst unbeliebt sind, machen sie doch keinen Unterschied zwischen dem Fell einer Bisamratte oder der Jeans eines Anglers. Folgt man der Vegetation landseitig, das Ufer hinauf, verläuft entlang der Mittelwasserlinie ein Flussröhricht (Pflanzengesellschaft im Flachwasser), in dem das äußerst biegsame und überflutungstolerante Rohrglanzgras die Hoheit hat, ein hohes hartes Gras, das früher nur als „Pferdeheu" taugte. Ist das Ufer wie auf vielen Strecken verbaut, findet sich allerdings nur noch ein kümmerlicher Rest der typischen Uferflora zwischen den Steinen.

Ufergehölze und Auwälder

Oberhalb des Mittelwassers schlägt die Stunde der Hölzer, denn nun können sich dort dauerhaft die Auenspezialisten unter den Bäumen und Sträuchern durchsetzen. Angesichts der oft nur noch schmalen und lückenhaften Ufergehölzgürtel entlang der Ruhr ist es heutzutage kaum vorstellbar, dass die gesamte Ruhraue von Natur aus eine lichte Waldlandschaft wäre, die allerdings schon seit Jahrtausenden von Landwirtschaft und Siedlungswesen reduziert wurde. Der Auwald besteht im Idealfall zum einen aus der Weichholzaue mit Weiden, Schwarzerlen und Schwarzpappeln in Flussnähe, die monatelange Überflutungen aushalten. Sie ist an der Ruhr noch an den alten Silberweiden und den dichten Gebüschen aus strauchigen Weiden zu erahnen. In der höher gelegenen, alljährlich bis unregelmäßig überschwemmten Aue schloss sich zum anderen der Hartholzauwald mit flutungstoleranten Eichen, Kirschen, Eschen und Ulmen, an der Ruhr vor allem auch mit Hainbuchen, an. Die größten Auwaldreste der Ruhr finden sich aktuell noch in der Heisinger Aue in Essen. Mit der Eintiefung der Ruhr und der Eindeichung der Aue ist freilich vielerorts kein echter Auwald mehr möglich. So wurden heimische

Flutender Wasserhahnenfuß in der Ruhr (Frauke Viebahn)

Auwaldrest in der Heisinger Aue (Frauke Viebahn)

Buchen und selbst nicht heimische Nadelhölzer angepflanzt, die von Natur aus das Grund- und Hochwasser scheuen.

Altwasser und Tümpel

An wenigen, tief gelegenen Stellen wäre die Aue von Natur aus waldfrei, weil sich bei hohen Wasserständen auch die wassertolerantesten Baumarten nicht halten können. Dies ist natürlich, wie in der Ruhr selbst, auch in ihren alten Nebenarmen (den Altarmen) der Fall, die nach Unterstrom (in Fließrichtung unterhalb) noch mit dem Fluss verbunden sind. In einem derartigen Altarm oder lokal „Spiek", vor allem aber in den nicht mehr mit der Ruhr verbundenen Altwässern, gedeiht eine Vielzahl untergetauchter Wasserpflanzen, die sich in der Strömung des Hauptflusses gar nicht halten könnte. Armleuchteralgen, Laichkräuter, Tannenwedel, Wasserstern, Horn- und Tausendblatt zeichnen sich durch feinste biegsame Halme und Wedel aus, die regelrechte Unterwasserwäldchen bilden, in denen wiederum Libellen, Molche und bestimmte Fischarten ideale Laichplätze finden. Wenn die Altwässer von Quellbächen durchflossen werden, die das schlammige Hochwasser später hinausspülen, finden sich auch seltene Laichkrautspezialisten für beste Wasserqualität ein, wie es beispielsweise bei den längst unter dem Kemnader See verschwundenen Altwasserteichen vor Haus Oveney der Fall war. Im Flachwasser der Altarmufer oder der Blänken (grund- oder hochwassergespeiste Tümpel) bilden sich Röhrichte aus Sumpfgräsern wie Schilf, Wasserschwaden oder Rohrkolben aus, deren Grasgrün von bunten Tupfern der Uferhochstauden wie Blutweiderich, Mädesüß, Sumpf-Schwertlilie, Zottiges Weidenröschen, Wasserdost und Gilbweiderich aufgelockert wird. Wenn die Altwässer über viele Jahrhunderte verlanden, können sich Bruchwälder entwickeln, Wälder mit stets hohem Wasserstand, in denen die Erlen eine Vorherrschaft erlangen. An den aufgestauten Ruhrabschnitten bildet sich oft eine Zwischenform als Sumpfwald aus einem fluttoleranten Auwald und einem grundwassertoleranten Bruchwald heraus. An einigen Stellen entstanden sogar, bei hohem Grundwasserstand, Niedermoorstandorte in verlandeten und mit abgestorbenem Pflanzenmaterial verfüllten Ruhrarmen wie am Spiek in Witten.

Wirtschaftsgrünland

Die Ruhraue mit ihren fruchtbaren Überschwemmungsböden lud trotz all ihrer Hochwassergefahren schon früh zur Landnahme durch Rodungen und Allmendeweide oder Grasschnitt ein. So bildeten sich vielerorts sogenannte anthropogene (menschengemachte) Ersatzgesellschaften an Stelle der ursprünglichen Auwälder aus, je nach Bodenstandort vor allem Grünländer wie Glatthaferwiesen und Feuchtweiden, an Hochwassertümpeln und Altwässern auch Flutrasen und Schwadenröhrichte. Diese früher nur extensiv genutzten, also oft spät oder nur einmal gemähten Wiesen oder Weiden mit geringer Viehdichte, verschwanden wie allerorts mit zunehmender Mechanisierung und Intensivierung der Landwirtschaft weitgehend aus der Ruhraue. Als die an Kräutern und Insekten artenreichsten Biotope der Kulturlandschaft genießen die verbliebenen Extensiv-Grünländer inzwischen einen hohen Schutzstatus und sind als Wiesen oft in alten Wassergewinnungsanlagen zu finden. Dort hat der Schutz des Grundwassers vor Überdüngung (Eutrophierung) auch dem Erhalt magerer bis mittlerer Glatthaferwiesen genutzt (gute Beispiele hierfür gibt es etwa in Essen, Bochum und Schwerte).

Neophyten

Anstelle der vielerorts beseitigten Ufergehölze und vor allem in nicht mehr gepflegten Wiesenbrachen kamen Neubürger (Neophyten, d.h. nach 1492 in Europa eingeführte Pflanzenarten) auf wie der Riesenbärenklau, das Drüsige Springkraut und der Japanische Staudenknöterich, um nur die bekanntesten Vertreter zu nennen. Aufgrund des großen Medieninteresses herrscht manchmal sogar der Eindruck vor, als seien sie die eigentlichen und einzigen Pflanzen des Ruhrtals, was ein Blick auf so manche flussnahe Brache zwischen Duisburg und Arnsberg zu bestätigen scheint. Hierfür ist in erster Linie der seit mindestens fünf Jahrzehnten mittlerweile omnipräsente Riesenbärenklau (auch Herkulesstaude genannt) verantwortlich. Ursprünglich aus Abchasien (Kaukasus) stammend, hat er sich wohl als dekorative Zierpflanze den Weg aus den Gärten und die Flüsse hinunter gebahnt, gefördert durch eine unfreiwillige Allianz einzelner Imker und Jäger, durch Mähfahrzeuge und Souvenirsammler. Pro Staude

———

Altarm in Mülheim-Saarn (Frauke Viebahn)

Blutweiderich am Ruhrufer (Frauke Viebahn)

und die ganzjährigen Beweidungen mit Robustrindern in den Naturschutzprojekten Winz und Gedern haben ihn auf wenige Flächenprozente heruntergefressen. Aber die Aufmerksamkeit darf nicht nachlassen und eine nachhaltige Flächennutzung ist von Vorteil, weil jedes neue Hochwasser reichlich Nachschub an Staudensamen liefert.

Hinsichtlich der schieren Masse dürfte jedoch das Drüsige Springkraut den ersten Platz einnehmen. Es ruft bei Spaziergängern gemischte Gefühle hervor, einerseits wegen des vermeintlich süßlich-herben Verwesungsgeruchs sowie der aufdringlichen Springfrüchte und andererseits wegen einer volkstümlichen Wertschätzung für seine Blütenpracht. Übrigens wird das Drüsige oder Indische Springkraut aufgrund seiner Blütenpracht – je nach Postleitzahl – mal als Ruhr- oder mal als Emscherorchidee tituliert. All dies hat der Japanische Staudenknöterich nicht zu bieten, der sich durch seine unglaubliche Zähigkeit und Austriebskraft an Schutt- und Steinböden auszeichnet, und mittlerweile meist strengen Entsorgungsvorschriften auf Baustellen unterliegt. Ein Vorbote für all die Neophyten, die jährlich neu an Bootsrümpfen, Gummistiefeln, Vogelfüßen und Gartenmüll den Weg in das Ruhrtal finden.

FAUNA

Wirbellose

Die Tiere der Ruhr, das sind neben all den Naheliegenden, Auffälligen und Charismatischen unter den Vögeln und Fischen auch und besonders die Heerscharen kleiner und kleinster Lebewesen tief unten im Wasser, auf der Gewässersohle, allgemein so wenig sichtbar wie bekannt. Unter dem Wortungetüm „Makrozoobenthos" – selbst die Profis kürzen den Begriff „MZB" ab – versammeln sich alle wirbellosen Kleintiere, die mit dem bloßen Auge gerade noch erkennbar sind: Würmer, Schnecken, Muscheln, Wasserkäfer, Asseln, Larven diverser „Fliegen" und Libellen, Flohkrebse und Egel, um nur die wichtigsten Gruppen zu nennen. Doch unscheinbar darf hier keinesfalls mit unbedeutend verwechselt werden: Ihre Rolle im Ökosystem Ruhr ist genauso vielfältig wie entscheidend, bilden sie doch beispielsweise für einen Großteil der Fische und viele Vögel sommers wie winters die unersetzliche Nahrungsbasis. Fehlen

rund 15.000 bei Hochwasser schwimmfähige Samen, im Hochwasserschlick bezüglich des Wachstums von null auf drei Meter in nur drei Monaten aufschießend und Verbrennungen zweiten Grades durch toxische Säfte zufügend sind Kenndaten für sein ökologisches Invasionspotenzial wie gesundheitliches Risiko gleichermaßen. Der Riesenbärenklau ist nicht zu verwechseln mit dem heimischen, nur halb so großen, aber auch eine deftige „Wiesen-Dermatitis" auslösenden Wiesenbärenklau.

Der große Verwandte besetzt die ungenutzten gehölzfreien Landschaftsreste der Aue und bildet dort bis zu sportplatzgroße monotone Einartbestände und verdrängt so die vielfältige, heimische Flora und Fauna. Doch hat man an der Ruhr zwangsläufig mehr Erfahrung mit der Bekämpfung als anderswo im Lande, wo der Rat von der Ruhr gehört wird: Gründlich gepflegte Wiesen, Weiden und Wege lassen ihn nicht aufkommen, schattige Auwaldpflanzungen bieten eine robuste Konkurrenz, sensible Sümpfe wurden von Naturschützern ausgemäht

Riesenbärenklau in der Ruhraue (Frauke Viebahn)

Drüsiges Springkraut am Ruhrufer (Frauke Viebahn)

sie, auch nur in Teilen, weil das Wasser belastet oder das Ruhrstück kanalisiert ist, bleiben folglich auch bestimmte Fischarten aus.

Diese Anzeigewirkung als „Indikatoren" macht man sich übrigens schon lange in der Wasserwirtschaft zu nutzen. Wenn die berühmten buntgestreiften „Gewässergütekarten" der Ruhr und ihrer Nebengewässer heute ihren Namen endlich zu Recht tragen, dann hat man das vor allem an den statistisch durchgeprüften und international normierten Serien von Kleintieraufsammlungen erkannt. Statt weniger Arten robuster Abwasserspezialisten herrscht nun an der Sohle vielerorts wieder die Vielfalt sauerstoffliebender Flussexperten. In den vergangenen Jahrzehnten hat man dann auch gelernt, die Tierchen nicht nur als Helfer bei der Wassergütebewertung einzusetzen, sondern darüber hinaus bei der Bestimmung der Gewässerstruktur, also der Naturnähe und Vielfalt der Ufer und Sohle. Dort zeigen sie noch so manches Defizit wie Staueffekte oder fehlendes Totholz auf, während das Wasser selbst schon kaum noch Anlass zur Sorge gibt.

Manche Bewohner der nassen Unterwelt geraten dann doch, sogar recht spektakulär, in den Blick der Spaziergänger, wenn die Larvenzeit vorbei ist und die flugfähigen Tiere aus dem Wasser schlüpfen. Vorneweg die Gebänderten Prachtlibellen, deren dunkelblau gestreifte Männchen – Schmetterlingen gleich – ab Ende April winzige Reviere an den Ruhrufern und auf den schwimmenden Hahnenfußmatten besetzen und heftig verteidigen. Wo die Strömung schneller und der Bach noch kiesiger ist wie an Nebenbächen und der oberen Ruhr, kommt die Blauflügel-Prachtlibelle hinzu. Beide Arten haben während der Abwasserbelastung sehr gelitten und danach die Flüsse in den vergangenen Jahrzehnten erfolgreich wiederbesiedelt. Auch die Federlibelle ist häufig zu beobachten: Sie legt ihre Eier in Teichrosen ab und dürfte somit von den vielen Stauhaltungen mit ihren Schlammablagerungen profitiert haben. Unter den übrigen Libellenarten, im Wittener Ruhrtal etwa drei Dutzend, die sich über Stauweiher, Gartenteiche und Baustellentümpel verteilen, finden sich dagegen nur wenige reine Fluss- und

Auenspezialisten. Zu nennen wären hier beispielsweise die Weidenjungfern, die ihre Eier in über die Ufer hängende Weidenzweige ablegen, sodass die Larven ins Wasser fallen, oder die Granataugen, die auf Laichplätze in Tauchpflanzen der Altarme angewiesen sind. Auf die echten Spezialisten für die großen Flüsse mit breiten Schotterbänken warten die Zoologen dagegen noch. Die in NRW einst häufigste Flussjungfer, die Kleine Zangenlibelle, ist mit dem Ausbau der Flüsse vielerorts verschwunden und an der Ruhr laut offiziellem Atlas der Libellen von NRW (Stand 2019) bisher nicht wieder aufgetaucht.

Auch viele der anderen unscheinbaren wirbellosen Tiere auf der Ruhrsohle treten erst mit ihrem kurzen Leben als Erwachsene in das Rampenlicht über dem Fluss. So gilt bei den Zuckmücken die Präsentation der Partnersuche: Millionen Männchen versammeln sich dabei in Tanzschwärmen über den Ruhrstauseen gleich einem „smoke on the water". Für die erwachsenen, nicht zum Fressen ausgerüsteten Eintagsfliegen endet der Hochzeitsschwarm oft tatsächlich nach nur ein oder zwei Tagen im Spinnennetz eines Brückengeländers. Die Mückenschwärme wiederum sind der Grund für die großen Ansammlungen der Mauersegler und Schwalben über der sommer-

lichen Ruhr und für verschiedene Fledermausarten, welche quasi die Nachtschicht beim Mückenfang an Stauseen und Wehren übernehmen. Nicht anders als bei Pflanzen, Fischen, Krebsen und Vögeln ist auch beim MZB längst eine Welle von invasiven Neubürgern über den Rhein und seine Schifffahrt bis in die Ruhr geschwappt. So klimpern abertausende leere Schalen der asiatischen Körbchenmuscheln an den Ruhrstränden, welche im Verdacht stehen, die Algennahrung anderer Arten weg zu filtern. Ob Wandermuscheln vom Schwarzen Meer oder Wasserschnecken aus Neuseeland: die Liste der tierischen Neubürger (Neozooen) wird immer länger, ohne dass wir ihre Auswirkungen auch nur erahnen. Auch die einheimischen Arten unterliegen vielfältigen Missverständnissen, sind doch die Großmuscheln, die im Schlamm ausgetrockneter Teiche und Altwässer sichtbar werden, Teich- oder Flussmuscheln – und keinesfalls Flussperlmuscheln, die in ganz NRW nur noch in einem einzigen Eifelbach überleben konnten.

___
Gebänderte Prachtlibelle am Ruhrufer (Frauke Viebahn)

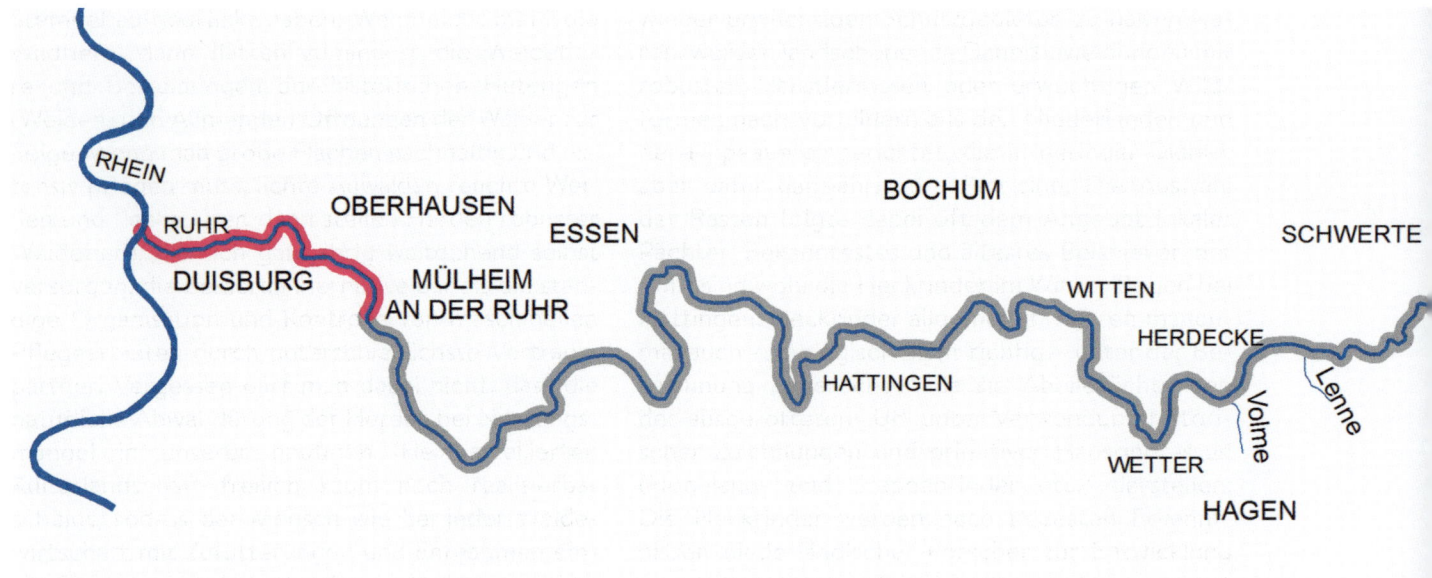

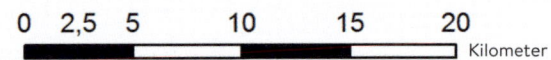

0   2,5   5   10   15   20
Kilometer

Krebse

Flusskrebse sind ein Symbol kristallklarer Flüsse und „Krebsbäche" sowie authentischer Gastro-Kultur gleichermaßen. Wen wundert es da, wenn Spaziergänger freudig berichten, dass man ihnen reichlich Krebse an einer Brücke des Muttenbaches (Witten) gezeigt habe. Nur ist der Edelkrebs längst ausgestorben an der Ruhr, der Leckerbissen für Jedermann gehört der Vergangenheit an. Die vielen Krebse, die man an Brücken und Ufern der Ruhr und ihrer Nebenbäche sichtet, sind ausnahmslos eingeschleppte Arten, meist aus Nordamerika. Eine von ihnen, der Signalkrebs mit seinen leuchtend roten Scheren, kann einem sogar an Land begegnen, wenn er eine kilometerlange Wanderung zum nächsten Gewässer unternimmt. Und er hatte, wie seine amerikanischen Verwandten, eine tödliche Fracht im Gepäck, die Erreger der Krebspest, die zur nahezu flächenhaften Ausrottung der dagegen nicht immunen und ohnehin von Gewässerverschmutzung dezimierten heimischen Krebse führ-

te. Viele Anstrengungen werden daher auch an der Ruhr unternommen, um darüber aufzuklären, wie man heimische Krebse züchten und aussetzen sowie nicht-heimische Arten entnehmen kann. Alles zum Zwecke eines hoffentlich bald wieder vorherrschenden Krebsbach-Idylls, das auch bestens ohne Gastro-Kultur auskommt.

Fische

Ruhrfische sind die Ruhrtiere schlechthin. Sie sind dem Fluss zeitlebens auf Gedeih und Verderb verbunden, jedermann ein Begriff und immer einen Blick von der Brücke wert. Sie sind traditionelle Freizeitobjekte großer Traditionsvereine und zahlloser zahlender Petrijünger, quasi Ruhropfer und Ruhrstolz gleichermaßen und zunehmend im Fokus moderner Gewässerökologie zum Wohle der Ruhr. Die Geschichte der Ruhr und ihrer Nutzung hat sich stets durchgepaust auf die Fische, besonders ihr Wanderverhalten und ihre Gesundheit, von

**ÜBERSICHTSKARTE DER RUHR
MIT FISCHREGIONEN**

WICKEDE

FRÖNDENBERG
RUHR

MENDEN

Hönne

Möhne

NEHEIM

Röhr

ARNS-
BERG

Wenne

MESCHEDE

RUHR

OLSBERG

WINTERBERG

Legende

⎯⎯ Rhein, Ruhr und Nebenflüsse der Ruhr

⎯⎯ Oberer Forellentyp Mittelgebirge

⎯⎯ Unterer Forellentyp Mittelgebirge

⎯⎯ Äschentyp Mittelgebirge

⎯⎯ Oberer Barbentyp Mittelgebirge

⎯⎯ Unterer Barbentyp Mittelgebirge

Fischregionen der Ruhr, Stand August 2019 (Kartenentwurf: Frauke Viebahn; Quelle: ELWAS, 2019. Farbdarstellung zwecks Lesbarkeit verändert)

der Anlage der ersten hölzernen Fischschlagden (Fangwehre) im Mittelalter über den Bau fester Steinwehre bis zur langen Geschichte des Industrieflusses mit Abwasser, Turbinen und Schifffahrtsausbau. Mit Blick auf die Fische bleiben die vielzitierten Zimmermädchen in Herdecke (und anderswo an den Flüssen) in plastischer Erinnerung, die sich bei ihren Herrschaften über die tägliche Lachsration beklagten, sowie die dramatischen historischen Schilderungen über die Fischerei-Verhältnisse des preußischen Kammerherrn Max von dem Borne von 1883, der unter anderem von Dynamitfischerei, dem Bau der großen Wehre und einer aus heutiger Sicht nahezu grotesken Abwassermixtur berichtet. Die Längsgliederung der Flüsse nach den Fischgemeinschaften, den sogenannten Fischregionen, ist ein Klassiker der Ökologielehrbücher. Auch für

die Ruhr gibt es derartige, vom Bundesland NRW noch erheblich verfeinerte Kartendarstellungen, alles durch historische Auswertungen und präzise Gewässererforschungen gut belegt. Die Abfolge entlang des Flusses lautet von oben nach unten wie folgt: Quelle bis Wiemeringhausen – oberer Forellentyp Mittelgebirge; Wiemeringhausen bis Olsberg – unterer Forellentyp Mittelgebirge; Olsberg bis Möhnemündung – Äschentyp; Möhnemündung bis Mülheim/Ruhr – oberer Barbentyp Mittelgebirge; Mülheim bis zum Rhein – unterer Barbentyp Mittelgebirge. Kurz gesagt, fällt die Ruhr damit in den Bergen des Hochsauerlandes der Forellenregion zu, im Raum Arnsberg der Äschenregion und auf den übrigen Strecken des Mittel- und Unterlaufes der Barbenregion. Unter naturnahen Verhältnissen würden somit die Fischgemeinschaften zwischen der Möhnemündung und Mülheim ein und demselben Mittelgebirgstyp entsprechen, was weitgehend auch dem bundesweiten Gewässertyp „Großer Fluss des Mittelgebirges" zwischen Arnsberg und Duisburg entspricht. Übrigens wird nach diesen Einteilungen

die Ruhr erst ab Olsberg zum Fluss (silikatischer, fein- und grobmaterialreicher Mittelgebirgsfluss), während sie oberstrom davon noch als silikatischer Mittelgebirgsbach heranströmt. Wen interessieren diese akademischen Kategorisierungen überhaupt? Die Kenntnis präziser, wissenschaftlich untermauerter Leitbilder ist entscheidend für die künftige Zielrichtung der Wiederentwicklung und Renaturierung.

So ist und war die Ruhr ein Mittelgebirgsfluss, die Barbe und viele andere Kies- und Schotterlaicher sind von Natur aus prägend, die sauerstoffbringende Strömung ist so existenznotwendig wie der Kies und Schotter (regional „Grant") als Substrat zum Laichen und Leben, sei es an flachen Gleitufern, in flach überrieselten Untiefen oder im Sommer trocken fallenden Blänken (flachen Tümpeln). Doch wo sieht die Ruhr aus wie sie aussehen sollte? Dies ist ein Problem, das sie mit ihren landesweiten Gattungsverwandten wie der Sieg, aber auch vielen bundesweiten Beispielen des gleichen Flusstyps (zum Beispiel Mosel, Lahn, Obermain, Altmühl, Regen, Saale, Unstrut, Obere Mulde) gemeinsam hat. Schiffbarmachung, Stauwehre und Begradigung haben Struktur und Ökologie so grundlegend geändert, dass nur noch wenige Stellen, (ur)alte Karten

Ruhr in Olsberg unterhalb der Einmündung des Gierskoppbaches (Frauke Viebahn)

___

und historische Gemälde die einstige Schotter- und Windungspracht verheißen lassen.

Im schnellströmenden, nur wenige Meter breiten Bergbach der Forellenregion dominieren zwei extrem sauerstoffbedürftige Arten, Bachforelle und Koppe, in der artenarmen oberen Region nur mit zwei Begleitarten, in der unteren schon mit acht Strömungsspezialisten. Bis in die untere Region schafften es auch die großen Langdistanzwanderfische Lachs, Meerforelle und Aal. Im Äschentyp mit seinem schottergeprägten Kleinfluss, Nebenrinnen und Buchten steigt die Artenzahl stark an auf 23. Sechs Arten dominieren dort als Leitarten, neben der namengebenden Äsche vor allem Bachforelle, Koppe, Elritze, Schmerle und Döbel, allesamt Kieslaicher, also Arten, die groben, gut durchströmten Kies zum Laichen brauchen. Bereits hier taucht auch die ebenfalls kieslaichende Barbe als Begleiter auf,

___

Rechts oben: Äsche (Bernd Stemmer)

Rechts unten: Barbe (Bernd Stemmer)

die in den Folgeabschnitten bis zum Rhein namengebend ist. Auch kommen in den schmalen Auen bereits erste Fluss-Auenfische vor, die regelmäßige Wanderungen von der Ruhr in die überflutete Aue und zurück unternehmen, wie beispielsweise der Hecht („Hechtwiesen").

In der Oberen Barbenregion ab der Möhnemündung kommen aufgrund der zunehmenden Größe des Flusses und des abnehmenden Gefälles als Laichplätze sandig-schlammige Weichböden auf der Sohle hinzu. Die breitere Aue beherbergt im Naturzustand Stillgewässer als Altwässer und -arme. Entsprechend finden sich auch vermehrt Krautlaicher an Wasserpflanzen und reine Auenfische ein, die nur in ruhigen Stillgewässern in der Aue vorkommen wie das Moderlieschen, dessen Name Programm ist für Unscheinbarkeit und hohe Sauerstofftoleranz. Die Folge dieser Lebensraumvielfalt unter Naturbedingungen ist eine ebenso hohe Artenvielfalt verschiedenster Spezialisten, unter denen sich viele der bekanntesten Angelfische wie Hecht, Schleie, Flussbarsch, Rotauge und Döbel finden.

In der Unteren Barbenregion schließlich sinkt die Strömungsgeschwindigkeit noch stärker ab, sodass Hartböden und schnell durchströmte Flusspartien praktisch fehlen und mit ihnen etwa auch die Äsche. Dagegen treten Bewohner der trägen sauerstoffarmen Stromunterläufe wie die Brassen, aber auch die Wanderfische Maifisch und Flunder stärker in Erscheinung. Übrigens wird man eine ganze Reihe populärer Angelfische wie Karpfen, Regenbogenforelle oder Wels in diesen Leitbildern vermissen, da es sich um durch den Menschen aktiv eingeführte Arten handelt. Hinzu kommen fast ausgestorbene einheimische Arten wie die Quappe, die erfolgreich erbrütet und von der Ruhrfischereigenossenschaft wieder eingesetzt wurden. Fast noch stärker wirkt inzwischen jedoch die Faunenverfälschung durch eingewanderte Arten wie die verschiedenen Grundeln aus der Region Schwarzes Meer, die mit dem Ballastwasser von Frachtschiffen über Donau und Rhein eingeführt wurden. Von ihnen hat beispielsweise die invasive Schwarzmaulgrundel bereits in Massen die Ruhr erobert und wurde als Laichräuber für einheimische Grundfische zum großen Problem. So sind es mittlerweile mehr als 30 Arten, welche die Ruhrfischereigenossenschaft als Ruhrfische führt und Neuzugänge sind jederzeit möglich.

Amphibien und Reptilien

Dass die wilden, an Tümpeln reichen Flussauen einst die Hochburg der Amphibien, also der Frösche, Kröten und Molche bildeten, ist ebenso einleuchtend wie schwer vorstellbar, wenn man heute über weite Teile der Ruhraue blickt. Am ehesten noch kennen wir die Krötenzäune und Straßensperren, die den Erdkröten und Grasfröschen den gefahrvollen Weg zu den Ruhraltarmen sichern. Die von Fischen verschmähte Erdkröte stellt übrigens den eher konservativen Besiedlungstyp dar, der Jahr für Jahr in großer Treue den gleichen Altarm zum Laichen ansteuert. Eine riskante Strategie, die nur in einem konstanten Gewässerumfeld Sinn macht und nicht unbedingt bei einem sehr wechselhaften Flussgeschehen.

Ihre Verwandte, die an der Ruhr leider fast ausgestorbene Kreuzkröte, macht das genaue Gegenteil: Wenig am alten Platz hängend, aber hochflexibel und -mobil, kann sie jede neue und noch so kurzlebige Hochwasserpfütze mit ihren schnell wachsenden Kaulquappen erobern. Leider hat ihr diese Taktik über die Jahrzehnte nicht wirklich geholfen, als sie von der Aue in die Zechenbrachen ausgewandert ist, die mittlerweile längst verbuscht oder überbaut sind. In ähnlicher Weise dient noch manches altes Filterbecken als Refugium für durchaus kopfstarke Populationen von Amphibien. Darunter findet sich auch der seltene Kammmolch, den man heute auch mit moderner genetischer Nachweistechnik der DNA-Spuren (Moleküle mit Erbinformationen), wie man sie aus vielen Krimis kennt, aufspüren kann. Auch der sommerliche Balzgesang der Wasserfrösche ist aus dem Ruhrtal nicht mehr wegzudenken, nachdem er zwischenzeitlich fast verschwunden war. Eine nicht überhörbare Erfolgsgeschichte, während sich in den stillen Siepentälchen der waldigen Ruhrhänge eine Horrortragödie anbahnt. Die prächtigen schwarz-gelben Feuersalamander, die während ihrer Lebensjahrzehnte in so mancher Regennacht noch dem automobilen Tod entgangen sind, werden zunehmend Opfer einer tödlichen Pilzseuche, die von Ostasien aus über Belgien und die Eifel ab 2017 auch Essen und damit die Ruhrberge erreicht hat. Die Übertragungswege sind nicht belegt, im Prinzip kann jeder Wassertropfen an einem Enten- oder Hundebein, Jägerstiefel oder Wanderschuh die Pilzsporen vom Eifelausflug mitgebracht haben. Für Amphibienkundler gelten jedenfalls schon seit Jahren strengste Hygienevorschriften bei Arbeiten im

Grünfrosch in Mülheim-Menden (Frauke Viebahn)

Wasser. Unter den bei uns ohnehin sehr artenarmen Kriechtieren (Reptilien) ist nur die absolut harmlose Ringelnatter an den Gewässern der Ruhraue unterwegs, wo sie schwimmend Fröschen und Wasserinsekten nachstellt, im Hochsommer aber auch in Komposthaufen einwandert und für manch mediale Panik mit nachfolgendem Feuerwehreinsatz sorgt. Weit häufiger wird man allerdings exotische Reptilien wie die nordamerikanischen Schmuckschildkröten zu sehen bekommen, die sich vielerorts auf schwimmenden Baumstämmen sonnen und den Blick von der Radwegbrücke mit einer Prise Florida würzen. Doch die Idylle trügt, die Schildkröten sind nur ein Bruchteil exotischer „Heim-" Tiere und Pflanzen, die mit mehr oder weniger unsicherer und folgenreicher Zukunft in und an unseren Gewässern landen, nicht wenige übrigens am letzten Schultag, wenn das Tier zu groß oder die Suche nach der Ferienbetreuung zu lästig wird.

Vögel

Vögel an der Ruhr? Ja sicher, stets anwesend, vielfältig und kopfstark, lärmende Schwärme und scheue Einzelgänger: Bilder vom letzten Sonntag im Ruhrtal drängen sich auf. Ob allgegenwärtige, wenn auch in ihrem Bestand schwächelnde Stockente, fast allgegenwärtige Kanadagans, ob winternde Lachmöwe oder balzende Haubentaucher, Vögel gehören wie die Fische tief unter ihnen zu unserem Fluss, sei es als bunter, nicht näher bestimmter Farbtupfer im Hintergrund des Spaziergängers oder als Zielobjekt fernrohrbewaffneter „Bird-Watcher". Sie sind Freizeitobjekt begeisterter Beobachtergruppen, Naturschutzthema und mit ihrer Artenfülle ein Spiegelbild der Ökologie und wechselvollen Geschichte der Ruhr, eine nähere Betrachtung wirklich lohnend. Bei über 300 nachgewiesenen Brut- und Gastvogelarten allein in einer typischen Ruhrstadt wie Witten sei die Darstellung und Erläuterung der einzelnen Arten an dieser Stelle gerne all den kundigen Kursen, Abhandlungen und engagierten Experten vor Ort überlassen, auch den attraktiven Ausstellungen wie in Haus Ruhrnatur in Mülheim.

Hier dagegen soll der Versuch unternommen werden, die Vogelwelt vor dem Hintergrund des Wandels im Ruhrtal zu sortieren, Probleme und Chancen

Uferschwalben an einer Steilwand (Bernd Stemmer)

anzusprechen, Hinweise zu geben auf Vertiefungen und Erlebnisse, die reichlich geboten werden. Wer also waren die typischen Flussvögel, bevor Schifffahrt sowie Industrie und Siedlung die Ruhr zähmten und belasteten? Von der Ruhr konkret wissen wir dieses mangels historisch-biologischer Beschreibungen bisher nur sehr lückenhaft, können aber auf Material benachbarter oder vergleichbarer Flüsse zurückgreifen. Danach hatten sich am Fluss selbst vor allem die Spezialisten für Steil- und Prallufer angesiedelt, während andere Arten die flachen Gleitufer und Schotterbänke bevölkerten. Uferschwalbe und Eisvogel gruben armlange Höhlen in die aufrechten Lehmwände der Flussbögen und Talhänge (Kliffs), die Bruten gut geschützt vor allen Feinden, aber nicht vor dem Abkalben der Wand bei Hochwasser, wenn es zur Unzeit kam. Dann gab es Ersatz- und Ausweichbruten, denn die Flussvögel sind allesamt Pioniere für stets wechselnde, hochdynamische Ufer, mit Fluch und Segen des Flusses untrennbar verknüpft. Ausbau und Buhnen haben diese fein angepasste Uferbesiedlung abrupt zerstört, wie zahlreiche Beispiele noch bis weit in das

20. Jahrhundert hinein belegen. Ein Beispiel ist die Gewässerverschmutzung, denn ein „im-Trüben-Fischen" funktioniert für optisch orientierte Jäger wie den Eisvogel nicht. Hinzu kam mancherorts eine heute unvorstellbare Nachstellung, wenn seine Sitzwarten auf Zaunpfählen mit Mausefallen vernagelt wurden, um den lästigen Fischereikonkurrenten zu beseitigen.

Den Spezialisten am Flachufer gegenüber ging es auch nicht besser. Flussregenpfeifer und Flussuferläufer brauchen im Frühjahr breite trockenfallende Schotterbänke ohne Gebüschaufwuchs. Vielleicht ist ja auch der seit kurzem im Sauerland brütende, auf fischreiche Schotterflüsse angewiesene Gänsesäger ein Rückkehrer in eine alte Heimat? Wie dem auch sei, für alle Arten waren die Stauwehre, Begradigungen und Ausbaggerungen ihr sicheres Ende. Während die Wandbrüter an wenigen Stellen mit defektem Uferverbau überlebt haben, sind die Bankbrüter schon aus unserer Vorstellung verschwunden. Von allen Spezialisten hat der Eisvogel mit der wieder verbesserten Wasserqualität noch am besten wieder Fuß gefasst, die Uferschwalbe muss teilweise mit Sandhaufen oder Löchern in Spundwänden Vorlieb nehmen und der Regenpfeifer findet auf Baustellen und Flachdächern einen

Eisvogel auf einer Sitzwarte am Ruhrufer (Gerald Sell)

gelegentlichen „Ersatz", der oft mehr eine Falle als eine Chance ist. Ein Besuch an den letzten mitteleuropäischen Wildflüssen von der Klasse einer Weichsel oder Loire führt uns aber schlagartig vor Augen, welche Vielfalt von Vögeln auch auf den gemeinhin als öde empfundenen Sand- und Schotterbänken floriert. Nahezu fußballfeldgroße Schotterbänke (lokal „Grant") sind auch bei uns auf historischen Karten nachzuweisen. Wer weiß, vielleicht hat es dort sogar noch Seeschwalben- und Möwenkolonien wie an den oben genannten Superflüssen gegeben?

Auch „neben" der Ruhr, in der noch regelmäßig überschwemmten Aue, war eine Vielfalt an Spezialisten zu Hause, die heutzutage angesichts der vielen Bahnlinien, Straßen und Gewerbeflächen kaum noch zu erahnen ist. Buchten und offene Altarme, an der Ruhr „Spiek" genannt, Altwässer, Randsümpfe und flache Blänken (Lachen) boten heimlichen Röhrichtbewohnern wie Wasserralle, Bekassine, Teichrohrsänger oder Stillwasservögeln wie dem Zwergtaucher sumpfig unzugänglichen Unterschlupf. Auf den weitläufigen, nur extensiv genutzten Rinder- und Schafsweiden lebten – nomen est omen – Schafstelzen, Wiesenpieper, Wachtelkönige und Kiebitze. An den kleinen wilden Mündungsdeltas der

einmündenden Nebenbäche durchsuchten Wasseramsel und Gebirgsstelze Gischt und Turbulenzen nach Insekten. Der Großteil all dieser Auenvögel ist an der Ruhr mittlerweile nur noch an wenigen Stellen, meist in Naturschutzgebieten, zu finden. Gleiches gilt für die für Laien kaum überschaubare Vielfalt an durchziehenden Schnepfen- und Entenvögeln. Auf ihrem Weg in die beziehungsweise von der Tundra machen sie im April oder September oft nur für wenige Stunden im Ruhrtal Rast und sind dann – je nach Anspruch – stets sportliche Herausforderung oder visueller Leckerbissen für die wartenden Vogelkundler. Zum Tal gehören die Hänge und deren felsig-steile Hangwälder, zum Beispiel des Ardey. Hier lebten noch bis in das 19. Jahrhundert Haselhuhn, Kolkrabe, Uhu und der Graureiher

Nächste Seite:

Links oben: Kiebitz im Feuchtgrünland (Bernd Stemmer)

Links unten: Graureiher in Brutkolonie (Frauke Viebahn)

Rechts oben: Gänsesägermännchen auf der Ruhr (Bernd Stemmer)

Rechts unten: Kanadagans am Ruhrufer (Frauke Viebahn)

in Kolonien. So manche Art wurde Opfer gezielter Nachstellungen in einem heute unvorstellbaren Ausmaß, als „Raubvögel" und „Fischräuber" kulturell verfemt und amtlich verfolgt, ablesbar an ihrer Abwesenheit noch bis weit in das 20. Jahrhundert hinein. Die aktuelle Erholung vieler Arten als Folge des Endes der regelrechten Vernichtungsfeldzüge ist aber ebenso erkennbar. Folglich sind die Graureiher und Kormorane allgegenwärtig und wieder in Brutkolonien auf Inseln zu finden, letzterer nach steilem Anstieg seit den 1990er Jahren mit gesättigtem Bestand, aber nicht ohne heftige Diskussionen über seine Wirkung auf bestimmte Fischarten (zum Beispiel die Äsche) in den kanalartig ausgebauten Gewässer- und Stauseeabschnitten, wo die Fische keine Rückzugsverstecke haben. Auch der charismatische Uhu lässt nach fast einem Jahrhundert der Abwesenheit wieder seine weittragenden Rufe aus den letzten Steinbrüchen schallen und der urige Kolkrabe ist in die Ardeyberge zurückgekehrt. Am Wasser gab es auch weitere gegenläufige Trends, denn mit dem Bau der Ruhrstauseen von den 1920er Jahren an bis zur Einstauung des Kemnader Sees 1977 entstanden riesige dauerhafte Stillwasserflächen, die es so an der Ruhr vorher nicht gegeben hatte. Die nah gelegene Ruhr-Universität Bochum ermöglichte am Kemnader Stausee praktischerweise auch ein Forschungsprojekt zur Vogelbesiedlung desselben. Tausende von nordischen Tauchenten wie Tafel- und Reiherente sammeln sich dort in den Winterhalbjahren, um die Würmer und Insektenlarven aus dem nährstoffreichen Bodenschlamm heraufzuholen. Gänsesäger und Schellenten tauchen im turbulenten Unterwasser des Wehres nach Fischen und Muscheln. Vor allem in Frostwintern kommen seltene Irrgäste aus der Tundra von Seetauchern über Eiderenten bis zu Schneeammern hinzu. Am spektakulärsten aber waren die riesigen Möwenschwärme: An den, heute aufgegebenen, großen zentralen Mülldeponien des Ruhrgebiets von Hamm bis Bottrop fanden sich vor allem Silbermöwen von der Nordseeküste und Lachmöwen aus Nordosteuropa ein, die sich allabendlich, den Pendlern auf den Autobahnen gleich, auf den Weg zu ihren Schlafplätzen auf den großen Wasserflächen machten. Die Brutvögel der Stauseen bleiben dagegen wegen des steinernen Uferausbaus und der sommerlichen Freizeitnutzung eher unscheinbar, sieht man einmal von den einst eigens vom damaligen Siedlungsverband Ruhrkohlenbezirk zur Zierde ausgesetzten Höckerschwänen

und vom eigentlich nicht flusstypischen Haubentaucher ab, der heute mit seinem skurrilen „River Dance" zum bewährten Blickfang zwischen Buhnen und Wehren geworden ist. Ein vorläufig letztes Vogelkapitel an den Ruhrstauseen wurde mit der Pflanzengattung Wasserpest aufgeschlagen, die zur unerschöpflichen Nahrungsquelle vieler pflanzenfressender Schwimmvögel wie Höckerschwan, Blessralle, Pfeif- und Schnatterente wurde.

Auffälliger als alle Vorgenannten und geradezu physisch wahrnehmbar sind beim Sonntagsspaziergang natürlich die Scharen großer Gänse, ob am Campingplatz, an der Fütterung oder auf den weiten Auenwiesen, gefühlt an nahezu jedem Uferabschnitt. Drei Arten – Grau-, Kanada- und Nilgans – bilden die große Masse, die letztlich, wenn auch artweise verschieden, auf ausgesetzte oder in Westeuropa entflohene Parkvögel zurückgehen und etwa seit dem Jahr 2000 einen regelrechten Boom erlebt haben. Die Nordrhein-Westfälische Ornithologengesellschaft zählte im Sommer 2017 beispielsweise über 9.000 Kanadagänse in NRW mit einem deutlichen Schwerpunkt an Urbangewässern des Ruhrgebiets und erkannte durchaus auch eine Stabilisierung der Bestände. Mit der Verkotung von Liegewiesen und einem hohen Fraßdruck auf Auengrünland haben sich die Gänse vielerorts unbeliebt gemacht, die Nilgans auch mit der aggressiven Besetzung von Brutplätzen anderer Großvögel. Wissenschaftliche Untersuchungen, etwa in Duisburg, zu möglichen Kontrollmethoden haben bisher nur aufzeigen können, dass gezielte, aber sehr aufwändige Entnahmen von Eiern wegen der Zuwanderung aus der Umgebung nur einen schwachen Effekt haben. Sie können aber bei kleineren Stadtgewässern durchaus zur Beruhigung der Lage beitragen. Auch die Bejagung hat wegen der Lernfähigkeit der Vögel und der vielfältigen Ausweichmöglichkeiten ihre Grenzen. Erfolgreich scheint das Umschalten von „Gänse"-Rasen auf für Gänseschnäbel ungeeignete Hochgraswiesen zu sein, wo es die Nutzung zulässt. Doch unabhängig von aller Gänseproblematik, sind alle Stauseen von Kettwig bis Geisecke sowie die Naturschutzgebiete am RuhrtalRadweg auch heute immer noch ein lohnendes Ausflugsziel für Laien- und Profibeobachter, denen die Beobachterforen im Internet jeden Neuankömmling quasi fernglasfrisch servieren.

Säugetiere

In einer Zeit, in der der Wolf von heißen Diskussionen begleitet langsam, aber unaufhörlich am Nordrand des Ruhrgebiets Fuß fasst und vereinzelt sogar Wildkatze und Luchs in den Ruhrbergen des Hochsauerlands gesichtet werden, stellt sich die Frage nach charismatischen Säugetieren direkt an der Ruhr fast zwangsläufig. Fischotter und Biber sind da zu nennen, beide Opfer tragischer Ausrottungsgeschichten, aber mit Hoffnung auf einen eventuellen Neustart an der renaturierten Ruhr.

Was im Augenblick an der Ruhr als „Biber" durchgeht, ist nur die massige südamerikanische Biberratte oder Nutria, ein ehemals aus Zuchten entwichenes Pelztier, das sich entlang der Ruhr in wenigen Jahrzehnten milder Winter massiv ausgebreitet hat und an manchem Ufer zur sonntäglichen Touristenattraktion – Fütterung inklusive – geworden ist. Nicht toleriert werden allerdings ihre Wühlschäden an Deichen und Hochwasserdämmen; auch der Naturschutz beklagt zunehmend den Verlust seltener Wasserpflanzen, die ihrem Dauerappetit zum Opfer fallen. Ähnlich lebt die nur ein Zehntel so schwere Bisamratte, ein ehemals gezielt ausgesetztes nordamerikanisches Pelztier, das auch den heimischen Großmuscheln schwer zugesetzt hat. Natürlich zieht es darüber hinaus viele weitere Säugetiere unserer Landschaft, von der Wanderratte über den Iltis bis zum Dachs, in die nahrungs- und wasserreichen Ruhrauen. Diese können von größeren Arten wie den zunehmenden Wildschweinen und vor allem Rehen problemlos durchquert werden, wie schon am Kemnader See beobachtet wurde.

Doch zurück zu Biber und Otter: Beide waren einst weit verbreitet an den Groß- und Kleinflüssen des Landes. Dem Biber gerieten schon am Ende des Mittelalters sein dichter Pelz, seine päpstliche Deklaration als wohlfeile Fastenspeise und sein Bibergeil zum Verhängnis, das mit der bekannten Salicylsäure (aus den Weiden"Salix"-Ästen) als Schmerzmittel eine durchaus medizinische Wirkung hatte. Der Otter wurde bis zum Ende des 19. Jahrhunderts als Fischräuber behördlich verfolgt („Tod den Ottern"); allein die beiden Brüder Schmidt, berühmte Otterjäger aus Schalksmühle, sollen bis zu 1.700 Exemplare erlegt haben! Noch 1890 wurde ein Otter an der Ruhr bei Witten, an einer warmen Grubenwassereinmündung, beobachtet. Doch längst sind neue Zeiten angebrochen. Der Biber kommt nach Aussetzungsaktionen wieder bei Wesel und Hamm vor, neuerdings sogar südlich von Essen. Und der Fischotter ist seit ein paar Jahren von Norden her wieder bis an die Lippe bei Haltern und Lünen vorgedrungen. Hoffentlich wird er noch seinen Weg in das südliche Ruhrgebiet finden, wo ihn dann eine frisch renaturierte Ruhr, mit wieder sauberem Wasser und diesmal ganz ohne Otterjäger, willkommen heißt.

Nutria, auch Biberratte oder Sumpfbiber genannt (Bernd Stemmer)

II.
NATUR
WIRT
SCHAFTS
RAUM
RUHR
—

Jens Adamski

DIE RUHRFISCHEREI-GENOSSENSCHAFT

Wenn die Ruhr heutzutage in Anglerkreisen – und darüber hinaus – wieder als ein gutes Fischgewässer bezeichnet wird, so ist dies auch ein Verdienst der Ruhrfischereigenossenschaft (RFG), die sich seit ihrer Gründung im Jahre 1881 die Sicherung einer nachhaltigen Fischerei an der Ruhr sowie den Schutz und die Förderung der im Fluss befindlichen Fischbestände zur Hauptaufgabe gemacht hat. Ihre Geschichte ist dabei unmittelbar mit der vielseitigen und verstärkten Beanspruchung der Ruhr und dem damit verknüpften Schicksal ihrer Fischfauna verbunden. Und so ist es auch kein Zufall, dass sich die einzelnen Fischereirechtsinhaber an der Ruhr – aus durchaus kaufmännischem Eigeninteresse – zu einem Zeitpunkt zu einer Genossenschaft zusammenfanden, als die traditionelle fischereiwirtschaftliche Nutzung des Flusses durch den forcierten industriellen Aufschwung des Ruhrgebiets, die geradezu explosionsartige Bevölkerungszunahme und die damit im verstärkten Maße einhergehende Einleitung von (ungeklärten) Abwässern zunehmend in Gefahr geriet. Der Zusammenschluss diente also einerseits dazu, die Schlagkraft im Interessenkampf um den Erhalt der heimischen Fischbestände

zu erhöhen, bot aber zugleich die Möglichkeit, die Fischereirechte neu zu ordnen, gegenseitig eine fischereiliche Übernutzung oder einen Raubbau am Fischbestand zu verhindern und untereinander allgemeinverbindliche Hege- und Besatzmaßnahmen abzustimmen. Vor dem Hintergrund, dass die naturräumlichen Voraussetzungen zum ganzjährigen Fischfang in der Ruhr aufgrund der mitunter stark schwankenden Wasserstände eher ungünstig waren, unterlag die organisatorische Flussfischerei ohnehin – trotz zeitweise ertragreicher Fangmengen am unteren und mittleren Flussabschnitt – besonderen Verhältnissen, die eine Vernetzung und gemeinschaftliche Bewirtschaftung der Flussbereiche nahelegten.

DIE GRÜNDUNG DER RUHRFISCHEREIGENOSSENSCHAFT

In rechtlicher Hinsicht fußte die RFG auf dem bereits 1874 erlassenen „Fischereigesetz für den preußischen Staat", das die bis dahin in Preußen geltenden verschiedenartigen Rechtsvorschriften auf dem Gebiet der Fischerei kodifizierte und die Rechtsgrundlage zur Gründung von Fischereigenossenschaften bildete. Demnach konnten die Berechtigten eines größeren zusammenhängenden

Die Geschäftsstelle der Ruhrfischereigenossenschaft am Stauseebogen 23 in Essen-Heisingen, 2020 (Jens Adamski)

Fischereigebiets „[b]ehufs geregelter Aufsichtsführung und gemeinschaftlicher Maßregeln zum Schutze des Fischbestandes und [...] auch [b]ehufs gemeinschaftlicher Bewirthschaftung und Benutzung der Fischwasser [...] auf Grund eines landesherrlich zu genehmigenden Status zu einer Genossenschaft vereinigt werden". Aufgrund dieser gesetzlichen Bestimmung wurde nach vorhergehenden Gründungsverhandlungen am 2. März 1881 durch König Wilhelm von Preußen die „Rheinisch-Westfälische Ruhr-Fischereigenossenschaft" mit Sitz in Broich bei Mülheim (seit 1973 „Ruhrfischereigenossenschaft"; seither befindet sich die Geschäftsstelle der RFG am Ufer des Baldeneysees in Essen-Heisingen) ins Leben gerufen, deren Genossenschaftsbezirk laut Statut fortan „den Ruhrfluß von der Mündung der Lenne in die Ruhr bei Hohensyburg bis zum Ausfluß der Ruhr in den Rhein bei Ruhrort" umfassen sollte. Anders als es der Name eigentlich vermuten lassen würde, oblag also schon der als Betreuungs- und Schutzgenossenschaft gebildeten Rechtsvorgängerin der heutigen RFG nicht die Aufsicht über

die Fischerei entlang des gesamten Flusses. 1952 wurde das Genossenschaftsgebiet zwischenzeitlich auf Anregung des nordrhein-westfälischen Ministeriums für Ernährung, Landwirtschaft und Forsten in seiner Funktion als Oberste Fischbehörde bis zur flussaufwärtigen Gemeindegrenze von Arnsberg erweitert, aber bereits 1979 verringerte sich das Genossenschaftsgebiet der RFG durch ein Urteil des Oberverwaltungsgerichts Münster, das diese durchgeführte Erweiterung infolge einer nicht in ausreichendem Maße berücksichtigten und erfolgten Beteiligung von Fischereirechtsinhabern im Arnsberger Bezirk für rechtswidrig erklärte, auf das bereits 1881 festgelegte Areal. Was die Gebietsänderungen betrifft, kam es jedoch 1981, im Jahr ihres 100-jährigen Jubiläums, noch zu einem Zusammenschluss des RFG-Bereichs mit dem des Fischereibezirks Hagen, sodass heute die Fischereirechtsinhaber an der Ruhr von ihrer Mündung in den Rhein bis zur flussaufwärtigen Gemeindegrenze der Stadt Hagen und an den sonstigen Fließgewässern im Gebiet der Stadt Hagen (dies betrifft insbesondere die Lenne, Volme und Ennepe) Mitglieder der RFG sind; die Gesamtfläche ihrer fischereilich genutzten Genossenschaftsgewässer beträgt damit rund 1.330 Hektar – und 300 Kilometer Uferlänge.

HERAUSFORDERUNGEN UND PROBLEMFELDER

Nachdem am 21. April 1881 die erste Generalversammlung der Rheinisch-Westfälischen Ruhr-Fischereigenossenschaft in Mülheim an der Ruhr stattgefunden hatte, die zugleich mit der Konstituierung der Genossenschaftsorgane einherging, konnte die eigentliche Arbeit beginnen. Dazu gehörte die Aufsicht und Koordinierung des Transports, der Verteilung und Einsetzung von Fischbrut im Genossenschaftsgebiet; eine Organisationsarbeit, die nachfolgend auch die Auswertung des Erfolgs derartiger Besatzmaßnahmen und eine Berichterstattung über den Aufwuchs der Fische einschloss. In diesem Zusammenhang kümmerte sich die Genossenschaft zugleich um die Ausweisung amtlich festgesetzter Laich-Schongebiete, was einerseits eine unmittelbare Zusammenarbeit mit den vom Regierungspräsidenten angestellten und staatlich besoldeten Fischereiaufsehern und andererseits die Bekämpfung des sogenannten Fischfrevels beinhaltete. Denn gerade vor und um die Jahrhundertwende wurde nicht selten auch während der Schonzeit illegaler Fischfang betrieben, mitunter sogar mit Dynamit oder auch Karbid gefischt. Für die Anzeige und Ermittlung von Schwarzfischern wurden von der Fischereigenossenschaft Prämien ausgezahlt, und diese Geldvergütungen galten nicht nur für die Feststellung menschlicher Fischfrevler, sondern auch für die nachgewiesene Erlegung von tierischen Fischräubern wie Fischottern oder Graureihern, die als „Fischereischädlinge"

massiv verfolgt wurden. In heutiger Zeit ist es der Kormoran, der aufgrund seines starken Bestandszuwachses in Deutschland – und an der Ruhr – für die Ruhrfischereigenossenschaft zu einem anhaltenden Reizthema avanciert ist. Doch der mitunter von Vogel- und Naturschützern erhobene Vorwurf, das von der RFG geforderte Kormoranmanagement, das eine gezielte Verringerung des Brutbestandes beziehungsweise der Gesamtpopulation – bei gleichzeitiger Erhaltung der Art – zum Ziel hat, solle mittels einer flächendeckenden Bejagung lediglich der Beseitigung eines unliebsamen Konkurrenten der Fischereirechtsinhaber und Angler dienen, greift zu kurz. Denn zum einen gelten sowohl die Richtlinien der Europäischen Union als auch deutsche Naturschutzgesetze zur Bewahrung und Sicherung der biologischen Vielfalt auch für die (gefährdete) Fischfauna, und zum anderen verpflichten die Landesfischereigesetze, deren Anwendung und Durchsetzung geradewegs im zuständigen Arbeitsbereich der RFG liegt, zu Maßnahmen, die den Erhalt eines artenreichen heimischen Fischbestandes sichern. Ein wichtiger Schritt in diesem Sinne ist die im Juni 2018 in Kraft getretene „Verordnung zum Schutz der natürlich vorkommenden Tierwelt und zur Abwendung erheblicher fischereiwirtschaftlicher Schäden durch Kormorane" des Landes NRW (Kormoran VO-NRW), die eine Bejagung von adulten Kormoranen auf die Zeit vom 16. August bis 1. März

---

Gelb umrandet: Das heutige Genossenschafts- beziehungsweise Einzugsgebiet der RFG (Ruhrfischereigenossenschaft)

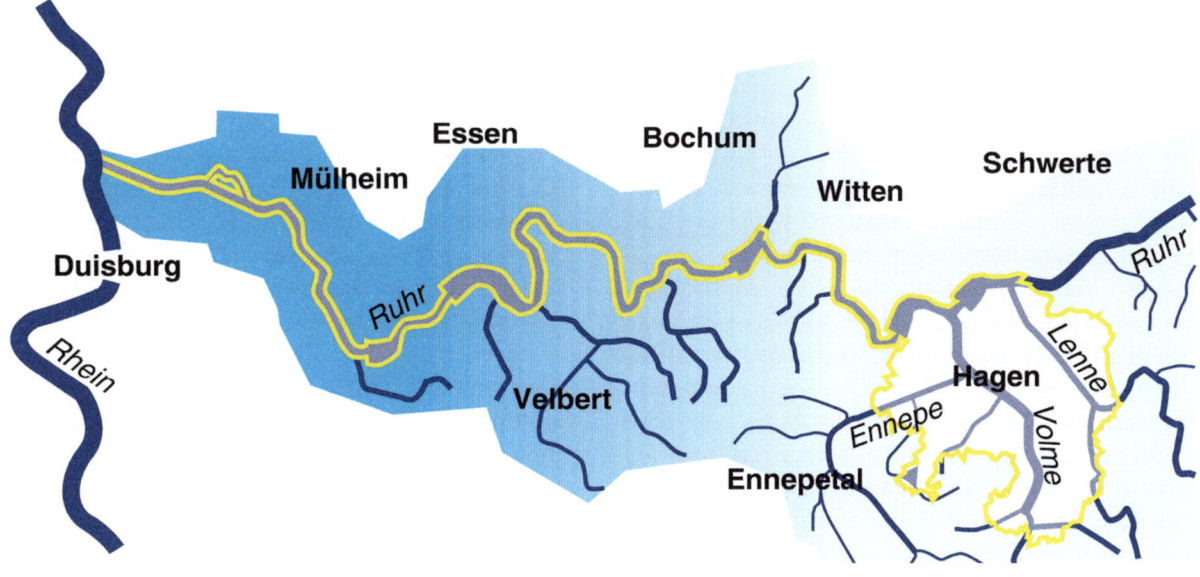

Präpariertes Exemplar eines Kormorans in der Geschäftsstelle der Ruhrfischereigenossenschaft, 2020 (Jens Adamski)
—

keit des Fließgewässers und Ruhreinzugsgebiets, und versperrten so Wanderfischen die erforderlichen Auf- und Abstiege im Fluss. Zugleich führten Flussbegradigungen, die Befestigung der Ufer, Trockenlegungen und die Verfüllung von Altarmen dazu, dass auch den zumeist nicht weit wandernden Fischarten in der Ruhr potenzielle Laichhabitate verloren gingen. Ein tiefgreifender Wandel innerhalb der Fischfauna war so nahezu unausweichlich, ebenso wie das damit einhergehende Engagement der Fischereigenossenschaft zugunsten der (auch nachträglichen) Anlage oder Anbringung von Fischpässen und Fischtreppen. Bereits in den Jahren vor dem Ersten Weltkrieg, in denen die Rheinisch-Westfälische Ruhr-Fischereigenossenschaft seitens der zuständigen Behörden noch zu allen wasserbaulichen Maßnahmen an der Ruhr um eine Stellungnahme gebeten wurde, hatten diese Bemühungen durchaus Erfolg, beispielsweise bei den sogenannten Aalleitern (schmale, mit Reisig ausgekleidete Rinnen und Rohre zwischen Unter- und Oberwasser, die stetig mit Wasser beschickt wurden), die den jungen Aalen zur Überbrückung von Staustufen dienten. Auch heute gehört der Einsatz der RFG für eine möglichst vollkommene Herstellung der Durchgängigkeit (beziehungsweise Durchwanderbarkeit) der Genossenschaftsgewässer und die Gewährleistung sicherer Fischwechsel, insbesondere an Wasserkraftanlagen, zu ihren wesentlichsten Aufgaben, zumal die Entwicklung möglichst großer, untereinander verbundener Flussabschnitte der einzige Weg zu sein scheint, um auch weitgehend unabhängig von Besatzmaßnahmen eine nachhaltige Fischerei an der Ruhr zu sichern.

Mindestens dasselbe Hauptaugenmerk der Fischereigenossenschaft galt seit ihrer Gründung aber auch dem Kampf gegen die Verschmutzung der Ruhr, die sowohl die Fischbrut als auch die bereits ausgewachsenen Tiere – und damit auch die Existenz der Ruhrfischerei – mehr als einmal bedrohte. Hier zeigte sich über mehr als ein Jahrhundert hinweg in besonderem Ausmaß, wie stark der ökologische Zustand des Flusses und die Lebensbedingungen der Fischfauna mit der Industrie- und Siedlungsgeschichte des Ruhrgebiets verknüpft waren. Denn mit den schädlichen Abwassereinleitungen der Gemeinden und Industriebetriebe, die sich bis in das 20. Jahrhundert hinein häufig noch in ungeklärtem Zustand in den Fluss ergossen (die Klärtechnik, so bereits vorhanden, beschränkte sich lange Zeit

beschränkt und den Abschuss in Schutzgebieten allgemein ausschließt; die RFG steht diesbezüglich in beratendem Kontakt mit Jagdausübungsberechtigten und beobachtet im Genossenschaftsgebiet die Auswirkungen auf den Fischbestand.

Ende des 19. und zu Beginn des 20. Jahrhunderts sah sich die Fischereigenossenschaft an der Ruhr infolge der übermäßigen industriellen Beanspruchung des Flusses allerdings noch mit ganz anderen Problemlagen konfrontiert als dem auf den heutigen Fischbestand einwirkenden „Fraßdruck" eines täglich rund 500 Gramm Fisch fressenden Kormorans. Zwar wurde auch vor der eigentlichen Herausbildung der Montanwirtschaft an der Ruhr gewaschen, gemahlen, getreidelt oder transportiert, aber im Zuge der Hochindustrialisierung gerieten die Fischbestände und mit diesen gleichsam die Ruhrfischerei zunehmend in Bedrängnis. Zahlreiche Wehrbauten, Querbauwerke und Ketten von Stauhaltungen ermöglichten eine stetige Wasserversorgung und die Nutzung der Wasserkraft als Energiequelle, führten aber zugleich zu einer mangelnden beziehungsweise nicht mehr intakten Durchgängig-

Besichtigung der Fischpassanlage bei Ruhr-Wehr II in Mülheim an der Ruhr durch die Rheinisch-Westfälische Ruhr-Fischereigenossenschaft am 20. Mai 1920 (Ruhrfischereigenossenschaft)

zudem überwiegend auf mechanische Verfahren), gingen fast am gesamten Lauf der Ruhr Fischerkrankungen und – gerade in Jahren, in denen die Ruhr ohnehin nur eine geringe Wassermenge mit sich führte – ständige Fischsterben einher. Klagen, Pressemeldungen und behördliche Mitteilungen über folgenschwere Verunreinigungen begleiteten die genossenschaftliche Arbeit regelmäßig bis in die 1930er Jahre hinein (und in abgemilderter Form auch darüber hinaus). So prognostizierte beispielsweise das Mülheimer Volksblatt am 31. Juli 1929 „Das Ende der Ruhrfischerei" und kommentierte: „Seitdem das letzte große Fischsterben in der unteren Ruhr war, hat die Fischerei fast nichts mehr auf sich. [...] Die Delikatesse für den hiesigen Bezirk, gebratene und eingelegte Ruhrfische, wird ganz von der Speisekarte verschwinden. Vor etwa 20 Jahren gab es noch in den Wirtschaften an der Ruhr als Spezialität Ruhrfische, und heute müssen sich die Gäste mit eingelegten Heringen und Rollmöpsen begnügen. Welch eine Ironie des Schicksals."
Die Rheinisch-Westfälische Ruhr-Fischereigenossenschaft machte die Geschehnisse publik, schalte-

te sich öffentlichkeitswirksam ein, unterrichtete die zuständigen Behörden und erhob Forderungen zur Abhilfe. Ein unmittelbarer Erfolg war dem Bemühen der Genossenschaft zwar nicht beschieden, aber im Zusammenspiel mit den Aktivitäten des 1913 gegründeten Ruhrverbands gelang es zumindest nach und nach die Behörden und – nach dem Zweiten Weltkrieg – die Regierungsverantwortlichen des Landes Nordrhein-Westfalen für die Reinhaltung der Ruhr in größerem Umfang zu sensibilisieren. Hatten die Belastungen der Ruhr und ihrer Nebenflüsse zwischenzeitlich im Zuge des „deutschen Wirtschaftswunders" noch einmal zugenommen, sodass erneut ein „Umkippen" der Fließgewässer drohte, kam schließlich in den 1970er und 1980er Jahren bezüglich des vorherrschenden Umgangs mit Gewässern die Einleitung eines stetigen Umkehrprozesses in Gang, in dessen Verlauf sich gegen und seit Ende des letzten Jahrhunderts mittels sogenannter Renaturierungsprojekte auch die Zielsetzung einer naturnahen Entwicklung von Flüssen und Bächen durchsetzte. Das Engagement der RFG für einen intakten Unterwasserbiotop mit einer artenreichen Fischfauna zahlte sich letztlich also aus.

ORGANISATORISCHE NEUREGELUNGEN

In organisatorischer Hinsicht bedeutete das 1972 beschlossene und ein Jahr später in Kraft getretene Landesfischereigesetz eine Neuerung. Das Gesetz bestimmte unter anderem Art und Inhalt der Fischereirechte (und der Hegepflicht) und regelte die Voraussetzungen und Möglichkeiten ihrer Übertragung durch den Abschluss von Pacht- oder Fischereierlaubnisverträgen. Kraft Gesetzes wurden im Gebiet jeder Gemeinde alle Fischereirechte an fließenden Gewässern zu einem gemeinschaftlichen Fischereibezirk zusammengefasst. Die bereits bestehenden Fischereigenossenschaften, so auch die Rheinisch-Westfälische Ruhr-Fischereigenossenschaft, blieben dabei bestehen und erhielten über den bestehenden Status der Schutzgenossenschaft hinaus den einer Wirtschaftsgenossenschaft. Die Ruhrfischereigenossenschaft – wie sie sich fortan nannte – als Fischereiberechtigte (und weiterhin Körperschaft des öffentlichen Rechts) machte es sich dementsprechend zur Aufgabe, die Fischereirechte durch den Abschluss von Pacht- und Fischereierlaubnisverträgen mit den ortsansässigen Angelvereinen über Ruhrabschnitte wahrzunehmen.

Kontrollbefischung in Mülheim an der Ruhr, Raffelberg, 2010
(Ruhrverband)

Diese Verbindung mit den pachtenden Angelvereinen führt(e) nicht zuletzt zu einer engmaschigen und praxisbezogenen Kooperation an der zu betreuenden, gut 93 Kilometer langen Ruhrstrecke zwischen Duisburg und Hagen, was sich exemplarisch an der Abstimmung von Fischbesatzplänen, der regelmäßigen Durchführung von Kontrollbefischungen oder auch der Funktionsüberprüfung von Fischwegen zeigt.

Dass sich das gemeinsame Vorgehen zugunsten einer nachhaltigen fischereilichen Nutzung auszahlt, wird mitunter auch dadurch deutlich, dass der Fangertrag in dem von der RFG verwalteten Genossenschaftsgebiet im Jahre 2018 – trotz der in diesem Jahr lang anhaltenden Hitzeperiode, dem niedrigen Wasserstand und einer hohen Kormorandichte – bei 17,5 Tonnen Fisch lag. Und das Streiten für die Ausübung der Angelei gehört ebenso zu den Bestimmungen der Ruhrfischereigenossenschaft wie der Erhalt der gut 30 verschiedenen Fischarten, die aktuell in der unteren und mittleren Ruhr leben, sowie Programme zur „Wiedereinbürgerung" oder Bestandssicherung selten gewordener Arten wie der Quappe, Elritze oder Nase.

DIE RUHRFISCHEREIGENOSSENSCHAFT – EIN INTERVIEW MIT STEFAN JÄGER, SEIT NOVEMBER 1994 GESCHÄFTSFÜHRER DER RFG

Was verbindet Sie persönlich mit der Ruhr?

Stefan Jäger: Meine Eltern stammen aus dem Ruhrgebiet. Mein Vater hat in der Ruhr Schwimmen gelernt. Ich selbst bin in Gelsenkirchen geboren, habe lange in Dortmund gelebt und an der Ruhr-Universität Bochum studiert.

Wie sind Sie zur RFG gekommen und Geschäftsführer derselben geworden?

Jäger: Meine Diplomarbeit im Studiengang Biologie habe ich beim Ruhrverband in Essen durchführen können. Neben Untersuchungen zum Gesundheitsstatus und zur Parasitierung von Fischen der Ruhr habe ich die Funktionsfähigkeit des Fischweges am Kemnader See untersucht. Darüber entstand der Kontakt zur RFG, zumal der Vorsitzende der RFG auch damals bereits Vorsitzender des Vorstands des Ruhrverbands war. Nachdem mein Vorgänger als Geschäftsführer der RFG, Hermann Josef Koch, Ende 1994 aus Altersgründen ausscheiden musste, hatte mich der damalige Vorsitzende, Dr. Fritz Bergmann, zu einem Vorstellungsgespräch eingeladen. Das Ergebnis ging für mich sehr gut aus!

___

Welche Fähigkeiten erfordert diese Position?

Jäger: Als Biologe musste ich mich in die Grundlagen der Buchführung und in rechtliche Fragen einarbeiten. Die Arbeitsfelder sind vielfältig und damit auch die Ansprechpartner. Unsere Kunden sind die Angelvereine. Sehr häufig habe ich mit Fischerei- oder Wasserbehörden zu tun und zu allen Ansprechpartnern muss ich sprachfähig sein. Sie können sich vorstellen, dass die Vorstandsmitglieder eines Angelvereins aus dem Ruhrgebiet in der Regel eine andere Sprache sprechen, als der Verwaltungsbeamte bei der Bezirksregierung.

___

Können Sie skizzieren, wie der Verlauf eines typischen Arbeitsmonats für Sie aussieht?

Jäger: Insbesondere die Buchhaltung, die Abwicklung der Ausschüttung an unsere Mitglieder und der Postverkehr sind Arbeitsbereiche in der Geschäftsstelle, die kontinuierlich anfallen. Hierbei werde ich von meiner Kollegin Christine Adomeit aufs Beste unterstützt. Ansonsten ist die Arbeit im Wesentlichen saisonal geprägt. Im ersten Quartal werden die Fangergebnisse der Angelvereine aus dem Vorjahr ausgewertet und mit den Vereinen die Hegemaßnahmen für das laufende Jahr abgestimmt. Zu diesen Maßnahmen zählt auch der Fischbesatz bei einer eingeschränkten natürlichen Fortpflanzung, zur Wiedereinbürgerung von Fischarten oder, was erfreulicherweise selten vorkommt, nach Fischsterben. Außerdem muss geprüft werden, ob die Regelungen des Pachtvertrages im Vorjahr eingehalten worden sind. Ganz wichtig ist die fristgerechte Zahlung der Pachtsumme an die RFG. Im zweiten Quartal erfolgen die Rechnungslegung und die Rechnungsprüfung. Gleichzeitig beginnen ab April die Besatz-

maßnahmen, bei denen ich nach Möglichkeit vor Ort bin. Die Besatzsaison erstreckt sich je nach Fischart bis in den Spätherbst. Außerdem findet im April/Mai in der Regel eine der zwei Sitzungen des Vorstandes der RFG statt. Diese müssen entsprechend vorbereitet und mit dem Vorsitzenden abgestimmt werden. Zeitgleich findet die Vorbereitung der gerade schon erwähnten Ausschüttung statt, die unseren Mitgliedern abhängig vom Wert ihres Fischereirechtes zusteht. Anfang September beginnen dann die Vorbereitungen für die Sitzung der Genossenschaftsversammlung. Mit der Einladung wird den Mitgliedern auch der zu erwartende Ausschüttungsbetrag mitgeteilt. Zum Jahresende ist der Tätigkeitsbericht zu erstellen.

___

Stefan Jäger, Geschäftsführer der Ruhrfischereigenossenschaft, 2020 (Jens Adamski)

Welche Hauptaufgaben erfüllt die RFG?

Jäger: Die Hauptaufgaben ergeben sich aus dem Landesfischereigesetz (LFischG) und der Satzung. Die RFG nimmt die ihren Mitgliedern zustehenden Befugnisse hinsichtlich der Wahrnehmung der Fischereirechte sowie die ihnen im fischereilichen Interesse obliegenden Verpflichtungen nach Maßgabe des geltenden Rechts unter Berücksichtigung der Interessen der Mitglieder und allgemeiner fischereilicher Belange wahr. Hierzu zählen insbesondere der Abschluss von Fischereipacht- und Fischereierlaubnisverträgen sowie die Erfüllung der Hegepflicht. Zum besseren Verständnis: An allen Fließgewässern in NRW gibt es Fischereirechte. Inhaber des Fischereirechts sind an Bundeswasserstraßen in der Regel der Bund und an Gewässern 1. Ordnung das Land Nordrhein-Westfalen. Ansonsten sind die Eigentümer der Gewässergrundstücke Fischereirechtsinhaber. Ferner gibt es sogenannte selbstständige Fischereirechte. Um eine ordnungsgemäße fischereiliche Bewirtschaftung zu gewährleisten, hat der Gesetzgeber – ähnlich wie beim Jagdgesetz – entschieden, dass nicht jeder Inhaber eines Fischereirechts für sich über die Nutzung bestimmen kann, sondern dass hierzu auf Gemeindeebene die Inhaber der Fischereirechte zu einer Fischereigenossenschaft zusammengeschlossen werden. Das bedeutet auch, dass ein Inhaber eines Fischereirechts nicht einfach an seinem Gewässergrundstück angeln kann oder dies auch nicht einfach einem Dritten gestatten darf. Dies kann nur die Fischereigenossenschaft regeln. Die fischereilichen Belange werden im Rahmen wasserrechtlicher und naturschutzrechtlicher Verfahren von der RFG als Träger öffentlicher Belange wahrgenommen. Hierzu zählen beispielsweise Planfeststellungs- und Plangenehmigungsverfahren, die bei Maßnahmen zum Ausbau von Gewässern gesetzlich vorgeschrieben sind. Exemplarisch sind die umfangreichen Renaturierungsmaßnahmen in der Ruhraue, die Errichtung von Fischwegen aber auch die Reaktivierung oder Neuerrichtung von Wasserkraftwerken zu nennen. Na-turschutzrechtlich ist die Ausweisung neuer Naturschutzgebiete im Zuge der Landschaftsplanung wichtig. Die Stellungnahmen der RFG werden in enger Abstimmung mit den betroffenen Fischereirechtsinhabern und den Angelvereinen erstellt, wobei die Geschäftsstelle rechtlich beraten wird.

———

Wie finanziert sich die Arbeit der RFG?

Jäger: Die RFG finanziert sich über die Einnahmen durch die Verpachtung der Gewässerstrecken an die Angelvereine beziehungsweise den Verkauf von Fischereierlaubnisscheinen. Der Gewinn wird nach Abzug aller Kosten an die Mitglieder am Jahresende ausgeschüttet.

———

Wer sind die wichtigsten institutionellen Kooperationspartner der RFG?

Jäger: Zunächst ist die untere Fischereibehörde (UFB) der Stadt Essen als Aufsichtsbehörde zu nennen. Dann die anderen zuständigen UFB im Genossenschaftsgebiet. Als Träger öffentlicher Belange wird die RFG im Zuge wasser- und naturschutzrechtlicher Verfahren beteiligt, wenn ihre Belange betroffen sind. Somit sind die unteren Wasser- und Naturschutzbehörden, die entsprechenden Dezernate bei den Bezirksregierungen Arnsberg und Düsseldorf sowie das Umweltministerium nicht nur Kooperationspartner, sondern zuständige Verwaltungsebenen. Ein besonders wichtiger Ansprechpartner ist der Ruhrverband, das Mitglied der Ruhrfischereigenossenschaft mit den meisten Fischereirechten, der – wie bereits erwähnt – im Vorstand der RFG vertreten ist und in der Regel auch den Vorsitzenden stellt, der somit zugleich mein Vorgesetzter ist. Von großer Bedeutung ist auch die Mitgliedschaft im Verband der Fischereigenossenschaften NRWs als Stimme aller im Landesgebiet bestehenden Fischereigenossenschaften. Zudem arbeiten wir sehr eng mit den Fischereiverbänden in NRW als Interessenvertreter der Angler zusammen.

Gibt es institutionelle Gegenspieler der RFG, und wenn ja, woran entzünden sich im Allgemeinen Interessenkonflikte?

Jäger: Institutionelle Gegenspieler sind sehr häufig die anerkannten Naturschutzvereinigungen in NRW. Während die RFG und die pachtenden Vereine den Gedanken „Schutz durch Nutzen" leben, präferieren die Naturschutzverbände sehr häufig den Schutz mit der Käseglocke. Da wird der Mensch nahezu aus der Natur ausgesperrt. Das scheint für uns im Ballungszentrum Ruhrgebiet keine gute Lösung zu sein. Klare Differenzen sehen wir bei der Bewertung der vom Kormoran verursachten Schäden am Fischbestand. Auch die Bewertung der Angler als Störer am Gewässer teilen wir in aller Regel nicht. Denn da, wo Angelbeschränkungen sinnvoll sind, beispielsweise an Brutröhren von Eisvögeln oder an Nestern von Haubentauchern, verzichten die Angler gerne auf ihr Recht. Es gibt aber auch Verbindendes: Gemeinsam setzen wir uns für eine saubere Ruhr ein. Mit biologischen Stationen haben wir Projekte, wie die Funktionsüberprüfungen von Fischwegen, durchgeführt. Wir versuchen zudem gemeinsam, die ungehemmte Entwicklung der Ruhr zur „Partymeile" einzudämmen.

———

Wäre es gerechtfertigt, die RFG als „Schutzpatron" der Ruhrfische zu bezeichnen?

Jäger: Ich würde die Bezeichnung so nicht wählen. Hier spielen die Angelvereine eine mindestens genauso große Rolle. Hier kommt wieder „Schutz durch Nutzen" ins Spiel: der einzelne Fisch, der vom Angler ordnungsgemäß geangelt, geschlachtet und als hochwertiges Nahrungsmittel Verwendung gefunden hat, ist für die Nutzer Motivation, den gesamten Fischbestand vor Schädigungen, sei es durch Verschmutzung, Gewässerverbau oder Überfischung, zum Beispiel durch Schwarzangler oder eben auch durch Kormorane, zu schützen. Und davon profitiert die gesamte heimische Wasserlebewelt, von der Libellenlarve, über den Eisvogel, den Graureiher bis zum Haubentaucher.

Wie bewerten Sie aus Sicht der RFG die kommerzielle beziehungsweise freizeitliche Nutzung der Ruhr?

Jäger: Die Nutzung der Ruhr durch ortsansässige Vereine, wozu ja auch die Angelvereine gehören, hat sich über Jahre eingespielt. Meist läuft es gut. Man kennt und respektiert sich. Natürlich gibt es auch mal Ausnahmen, aber das lässt sich moderieren. Schwer wird es, wenn die Anzahl derjenigen Wassersportler und Bootstourer auf der Ruhr Überhand nimmt, die keine Anbindung bei den ansässigen Vereinen haben. Hier gibt es einen Trend, den wir als Entwicklung zur „Partymeile" beschreiben. Wenn kommerzielle Anbieter beispielsweise Fahrten auf Partyflößen anbieten und die Kunden mit Kleinbussen ans Wasser gefahren werden und es dabei keine zeitlichen und mengenmäßigen Beschränkungen gibt, ist das Chaos vorprogrammiert.

———

Wie stellen Sie sich die zukünftige Entwicklung der Ruhr vor und was wünschen Sie sich für den Fluss?

Jäger: Der Fischbestand der Ruhr ist langfristig nachhaltig durch eine ordnungsgemäße Angelei nutzbar. Die Besatzmaßnahmen können weiter reduziert werden, weil die Fische ihre Lebensräume, die sie zur Fortpflanzung, zum Aufwachsen und zum Schutz bei Hoch- und Niedrigwasser benötigen, erreichen können. Hierzu bedarf es an allen Wehren funktionsfähiger Fischwege. So könnte in der Ruhr als ehemals bedeutender Lachsfluss auch wieder der Lachs angesiedelt werden. Die derzeitige weitgehend ungeregelte Überfischung der Bestände durch den Kormoran, der bekanntlich keine Schonzeiten und -maße seiner Beutefische kennt, wird durch ein europäisches Kormoranmanagement messbar reduziert.

Mein Bild im Kopf: Am Grillplatz des Kanuvereins neben dem Naturschutzgebiet verspeisen die Wassersportler mit den Naturschützern und den Anglern frisch gefangene und zubereitete Fische aus der Ruhr!

Michael Gosmann

WEINANBAU IM ARNSBERGER LAND

Historische Anhaltspunkte entlang der Ruhr

Die 13 anerkannten deutschen Weinanbaugebiete mit den besten Weinlagen befinden sich hauptsächlich im südlichen Teil unserer Republik (Ahr, Baden, Franken, Hessische Bergstraße, Mittelrhein, Mosel, Nahe, Pfalz, Rheingau, Rheinhessen, Saale-Unstrut, Sachsen und Württemberg). Bekannte Flusstäler spielen dabei eine besonders große Rolle. Die sonnenverwöhnten Hänge an Rhein und Mosel, Main und Neckar oder an der Ahr, aber auch im Osten Deutschlands an Saale und Elbe lassen herrliche Weine wachsen.

So ist es kein Wunder, dass einer der frühesten Historiker Westfalens, der Kartäusermönch Werner Rolevinck (1425–1502) in seinem in Latein verfassten „Buch zum Lobe Westfalens" (1474) markige Worte zur Charakterisierung seiner Heimat fand. Bekannt geworden ist sein Wortspiel „Westphalia ... terra est non vinifera, sed virifera" – „Westfalen ist kein Rebenland, sondern ein Reckenland". Ohne Zweifel sah Rolevinck am Ausgang des Mittelalters, dass die Produktion von Wein eben keine herausragende Eigenschaft Westfalens war.

Links: Luftbild vom Arnsberger Schlossberg, Westhang, Ausschnitt. Im Zentrum der Abbildung der „Historische Weinberg", links mit Winzerhütte und Arbeitshütte und den 25 Weinstockreihen, teilweise eingefasst mit weiteren Weinstöcken, 2018 (Hans Blossey)

Dieses uralte Wortspiel schien so plausibel, dass es sich über Jahrhunderte den Generationen einprägte und nicht in Zweifel gezogen wurde. Wenn diese Charakterisierung für Westfalen als Ganzes steht, wie viel stärker würde sie dann auf seinen südlichen mittelgebirgigen Teil, das Sauerland zutreffen? Hier ist das Klima rauer als am Hellweg, an der Lippe oder im Münsterland, die Sonne scheint hier seltener, der Winter dauert länger und der Regen fällt öfter.

Doch es lohnt sich trotzdem einmal näher hinzusehen, speziell im Arnsberger Land – in unserem Sinne in etwa der Bereich der spätmittelalterlichen Grafschaft Arnsberg. Konnten hier in historischer Zeit Weinstöcke überleben und gedeihen? Hat es Weinanbau gegeben und finden sich noch heute Anzeichen davon? Und wie sieht es aktuell aus bei steigenden Durchschnittstemperaturen und längeren Sommern – also im Zeichen des globalen Klimawandels?

HISTORISCHER WEINANBAU IM RUHRTAL – EINE SPURENSUCHE IN DER GRAFSCHAFT ARNSBERG

Eine nur oberflächliche Sammlung von Hinweisen auf möglichen Weinbau im bezeichneten Gebiet zeigt schnell, dass Rolevincks Urteil zu überdenken ist: Denn auch hier spielt ein Fluss, die Ruhr, eine bedeutende Rolle. Ihre Quelle befindet sich nordöstlich von Winterberg, von wo aus sie zuerst in nördliche Richtung strebt, um dann hinter Bigge ihren Lauf dauerhaft nach Westen zu lenken. Damit bietet das Ruhrtal viele sonnige Süd- und Südwesthänge, oft in geschützten Lagen.

Hinweise auf Weinbau in der Grafschaft Arnsberg finden sich insbesondere im Verlauf der Ruhr. Recherchen in historischen Unterlagen oder die Überprüfung von Flur- und Straßennamen sind dabei hilfreich. Beginnen wir in Meschede, dem wichtigen Markt- und Stiftsort der Grafschaft, der im 14. Jahrhundert Freiheitsrechte erhalten hatte. Im Jahr 1268 wird ein Dietrich Winzer (vinitor) – wohl ein Knappe der Äbtissin von Meschede – genannt, der möglicherweise eng mit dem Weinbau in Verbindung stand. Ein deutlicherer Hinweis findet sich im Jahr 1555, als der Mescheder Bürger Jakob Kremer mit Teilen eines Weingartens (Wingarden) oberhalb

—

Josua und Kaleb tragen an einer Stange eine riesige Weintraube. Motiv nach einer alttestamentlichen Erzählung aus dem 4. Buch Mose, Kapitel 13 und 14. Holzintarsienarbeit der Werkstatt Burg, Gelsenkirchen, von 1938. Detail von der Kommunionbank der Arnsberger Propsteikirche St. Laurentius, der ehemaligen Wedinghauser Klosterkirche (Michael Gosmann)

des Weges zum Dominikanerinnenkloster Galiläa belehnt wird. Schon da wird die enge Verbindung zwischen Klöstern und kirchlichen Einrichtungen mit einem regionalen Weinbau deutlich. Es verwundert daher nicht, dass sich noch heute am Verwaltungssitz des Hochsauerlandkreises die Straßenbezeichnung „In den Weingärten" erhalten hat.

Folgt man der Ruhr weiter nach Westen, lässt sich bereits nach zehn Kilometern in der alten Freiheit Freienohl ein weiterer Weingarten nachweisen. Johann Valkenborch, von 1544 bis 1566 Propst des Prämonstratenserinnenklosters Rumbeck, berichtet über ihn. Aus dem Verzeichnis der Ländereien der Freienohler Pastorat erfahren wir zum 17. November 1703, dass dieser Weingarten am Plastenberg lag, südöstlich der Freiheit am rechten Talhang der Ruhr. Dazu passt, dass die Freienohler Bürger eine Prozession zu Ehren des Heiligen Urban (25. Mai), des Patrons der Winzer und der Weinberge, abhielten (nachweisbar 1716 und 1737).

Nur ein kleines Stück flussabwärts, fünf Kilometer unterhalb der Freiheit Freienohl, hatte der letzte Graf von Arnsberg, Gottfried IV. († 1371), Mitte des 14. Jahrhunderts am rechten Ruhrufer eine Wasserburg errichten lassen. Sie lag direkt am Fuße des 462 Meter hohen Lattenberges, der zum wild-

reichen Arnsberger Wald, dem bevorzugten Jagdgebiet der Grafen und später der Kölner Kurfürsten, gehörte. So erhielt die Wasserburg den Namen „Wildshausen". Als Zubehör der Burg werden 1377 ausdrücklich Weinberge erwähnt. Auch weitere Burgen und Adelssitze im Sauerland verfügten über eigene Weingärten.

Direkt an den erhaltenen Gräften der alten Wasserburg entlang führt heute der RuhrtalRadweg, dem auf der Reise entlang der Ruhr getrost gefolgt werden kann. Man erreicht nach weiteren fünf Kilometern die alte Kaiser-Wilhelm-Brücke von 1909, die heute nur noch Fußgängern und Fahrradfahrern dient. Sie führt zur linken Ruhrseite, auf der bald das ehemalige Prämonstratenserinnenkloster Rumbeck in den Blick kommt. Es ist eine Gründung der Arnsberger Grafen. Seine Lage im Ruhrtal würde auch hier Weinanbau möglich machen, allerdings fehlen – abgesehen von dem zuvor erwähnten Bericht des Propstes Johann Valkenborch – bisher Nachweise.

Die Ruhr strebt nun Arnsberg zu. Vorher jedoch muss sie – von Südosten kommend – in einem ersten Bogen den Arnsberger Lüsenberg (265 m ü. NHN) umfließen; das Flussbett ändert dabei seine Richtung um 180 Grad. An der Ostseite der Altstadt entlang fließt die Ruhr dann nach Süden. Hierbei passiert sie das romantisch hoch über dem Tal direkt auf der Abbruchkante zum Fluss hin liegende einstige Prämonstratenserkloster Wedinghausen, ebenfalls eine Stiftung der Arnsberger Grafen von 1173. In den Gärten und Ländereien im unmittelbaren Umfeld des Klosters wurde sicher nicht nur Hopfen zum Bierbrauen angebaut. Auch Weinanbau wäre hier denkbar. Und tatsächlich lässt sich im erhaltenen Klosterarchiv ein Hinweis für Weinanbau finden. Mit einem in Rom datierten Schreiben vom 6. Juni 1432 beauftragte kein geringerer als Papst Eugen IV. (1383–1447, Papst seit 1431) den Dekan des Soester St. Patrokli-Stiftes dafür zu sorgen, dass alle dem Kloster Wedinghausen entfremdeten Güter diesem wieder zurückgegeben werden. Neben Einnahmen, Wiesen, Äckern und Grundstücken werden ausdrücklich auch die abhanden gekommenen Weinberge („vineas") genannt. So werden im noch erhaltenen Weinkeller des Klosters – sinnigerweise direkt unter der Klosterbibliothek gelegen – die Chorherren wohl nicht nur importierte Edelweine gelagert haben.

Die Ruhr begleitet den ehemaligen Klosterwald und die Klosterländereien einige Kilometer und umfließt in einem großen Bogen den sogenannten Klosterberg und das Eichholz (240 m ü. NHN). Dann schwenkt sie direkt nach Norden und setzt ihren Lauf an der Westseite der Altstadt fort. So bildet sie die charakteristische Arnsberger Doppelschleife der Ruhr. Der westliche Schleifenbogen umzieht die auf einem Höhenrücken gelegene Altstadt und lässt so fast eine Halbinsel entstehen. Im Norden dieses Höhenrückens stand seit der Zeit um 1100 die mächtige Burg der Grafen von Arnsberg. Sie war von ihrer Lage her gut geschützt durch die steilen West- und Ostabhänge sowie die im Tal verlaufende Ruhr.

Für den Westhang unter der Burg bis zur Ruhr war Anfang des 19. Jahrhunderts und ist noch heute der Flurname „Der Weinberg" geläufig. Wieder findet sich der Wein in enger Verbindung zu einer wichtigen landesherrlichen Burg. Zweifelsohne war diese west-süd-west-exponierte Hanglage für Weinbau ganz besonders geeignet.

In Urkunden der Grafen von Arnsberg begegnet uns in den Jahren 1272 und 1279 ein Arnsberger Bürger mit dem Namen Konrad der Winzer (Conradus vinitor). Da er als Zeuge auftritt, muss er sehr angesehen gewesen sein. Möglicherweise war er auch Mitglied des Arnsberger Stadtrates. Eine besonders herausgehobene Stellung hatte er dann fünf Jahre später 1284 inne. Er war Bürgermeister der Stadt und bekleidete so als Vertreter und Leiter der Stadt das höchste Amt. Ob er allerdings die Weinstöcke am Westabhang des Schlossberges selbst anbaute, lässt sich nicht nachweisen.

Begleitet man die Ruhr in ihrem Lauf nach Westen knapp zehn Kilometer weiter, gelangt man zu dem bereits 802 in Quellen genannten uralten Ort Hüsten an der Einmündung der Röhr in die Ruhr. Der wichtige Ort, der 1360 vom letzten Arnsberger Grafen Gottfried IV. († 1371) Freiheitsrechte erhielt, bildet die Eingangspforte in das geschäftige Röhrtal. Es sei erlaubt, einen Blick in dieses Flusstal zu riskieren. Denn gut sechs Kilometer oberhalb Hüstens liegt die Freiheit Hachen mit ihrer uralten Burg, deren Ruinen heute noch von vergangener Pracht künden. Der Graf von Arnsberg erwarb sie im Jahre 1232 von den Grafen von Dassel und bei dieser Gelegenheit gelingt der älteste Nachweis

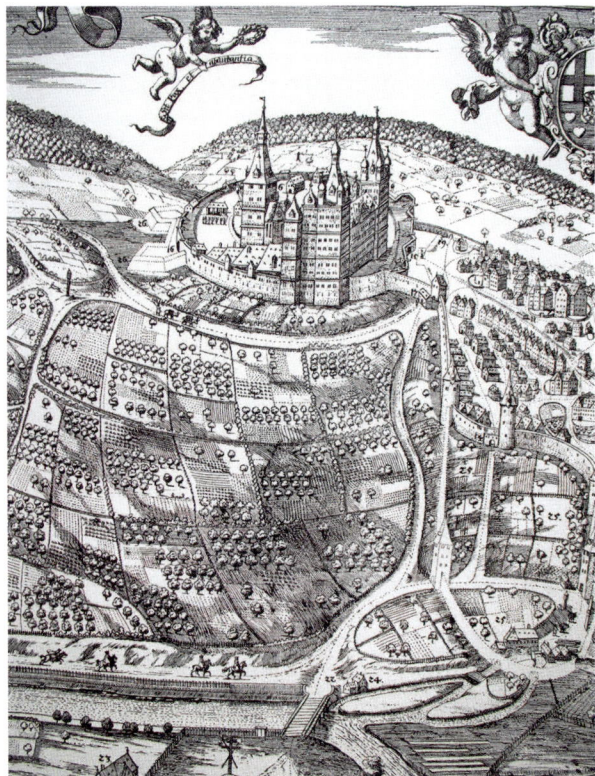

Das kurfürstliche Schloss Arnsberg auf einer Westansicht der Stadt Arnsberg (Detail aus einem Kupferstich von Christoph Metzger nach Rudolf von Essl, 1669). Der Westabhang unter dem Schloss bis zur Straße nach Hüsten bzw. zur Ruhr (unten) hieß „Der Weinberg" (Stadtarchiv Arnsberg)

ten Totenberg existiert heute die Straße „Am Weinberg", doch wurde sie erst 1950 so benannt. Sie zweigt in nordwestlicher Richtung von der „Werler Straße" ab, der schon im Mittelalter existenten historischen Wegeverbindung zwischen den Städten Neheim und Werl. Bei Geländeuntersuchungen 1937/38 wurden am südwestexponierten Totenberg bis zu sieben 15 bis 20 Meter breite und über 200 Meter lange völlig ebene Geländeterrassen festgestellt. Sie verlaufen fast parallel und lassen sich nach damaliger Expertenmeinung an dieser Stelle sehr gut durch früheren Weinanbau erklären.

Zu diesen vermuteten „Weinberg-Terrassen" passen urkundliche Nachrichten seit 1203, dass das Prämonstratenserinnenkloster Oelinghausen am Totenberg einen Hof beziehungsweise Güter besaß. So ist es wahrscheinlich, dass entweder die Stadt Neheim, Neheimer Bürger, die Neheimer Pfarrkirche St. Johannes Baptist oder das Kloster Oeling-

Flurname „Der Weinberg" zur Kennzeichnung des Westhanges unter der Arnsberger Schlossruine, Quelle: Urkatasterkarte der Stadt Arnsberg von 1820, Flur 1, Blatt 1, Ausschnitt. (Repro: Stadtarchiv Arnsberg)

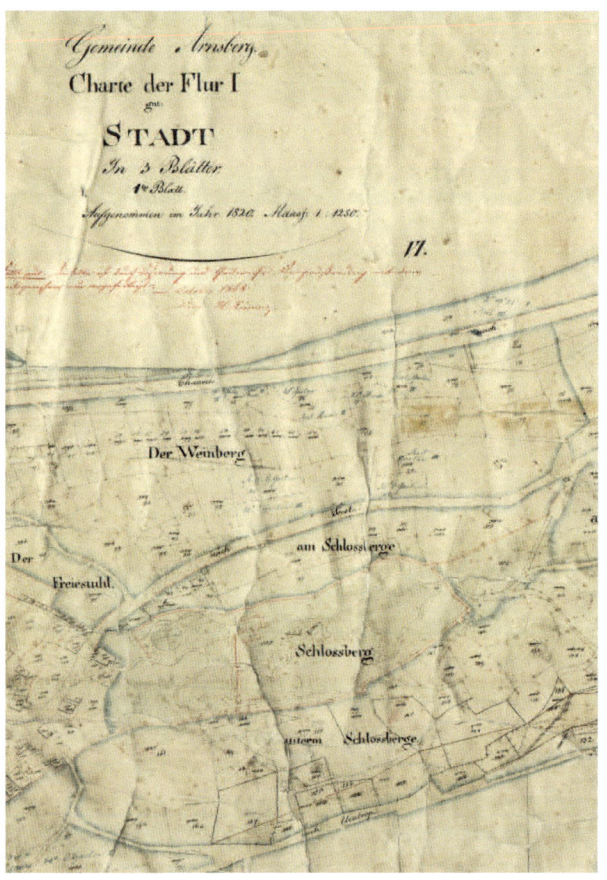

von Weinbergen („vineis") in der Grafschaft Arnsberg. Denn auch zur Burg Hachen, wie bereits bei den Burgen Arnsberg und Wildshausen, gehörten Weinberge offenbar zur „Grundausstattung". Ein Blick zum Hellweg auf die kurkölnische Stadt Werl zeigt, dass direkt westlich des kurfürstlichen Schlosses noch heute der „Weingassenpfad" (1900: Weingasse) auf alten Weinbau verweist. Burgen bzw. Schlösser und Weinbau scheinen eng miteinander verknüpft gewesen zu sein.

Zurück ins Ruhrtal, denn die nächste wichtige Stadt ist Neheim, an der Mündung der Möhne in die Ruhr gelegen. Der strategisch bedeutende Ort war bereits 1263 von den Arnsberger Grafen stark befestigt worden. Doch hat Graf Gottfried IV. von Arnsberg erst 1358 Neheim offiziell Stadtrechte sowie 1360 einen neuen Jahrmarkt verliehen. In archivalischen Quellen ließ sich hier bisher kein Hinweis auf Weinanbau finden. Aber dennoch wurde er anscheinend im Umfeld der Stadt betrieben. Am sogenann-

Höllinghofen in einer Ansicht von Süd-Westen, ca. 1825, Zeichnung: A. Kramer, 1927 (Stadtarchiv Arnsberg)

hausen am Totenberg in ausgesprochen günstiger Hanglage Weinbau betrieben haben. Ab 1962 erhielt dort eine weitere neue Straße den Namen „Zum Rebstock". Beide halten die Erinnerung an den hier vermuteten Weinbau fest.

Galt Neheim als gräflich-arnsbergisches Bollwerk, das den Zugang zum Ruhrtal wie auch ins Möhnetal kontrollierte, so war damit noch nicht die Grenze der Grafschaft erreicht. Das Dorf Vosswinkel zwischen Neheim und Wickede gehörte ebenfalls zur Grafschaft und die dortige, schon am Ende des 12. Jahrhunderts erwähnte alte Kirche war dem Heiligen Urban geweiht. Somit könnte auch hier in der Nähe Weinanbau vermutet werden. Und tatsächlich muss man nicht lange nach Indizien suchen: Das naheliegende romantische Schloss Höllinghofen war im 15. Jahrhundert ein bescheidener Adelssitz. Als sein Eigentümer das adelige Haus 1456 an zwei seiner Neffen verkaufte, wird als Zubehör des Hauses auch ein „Wyngarden" erwähnt. Seine Lage wird östlich der heutigen Siedlung Stockei vermutet, oberhalb der Höllinghofer Verwaltung. Nach

Einschätzung von Historikern soll es sich bei dem erwähnten Weingarten um eine regelrechte Rebenkultur gehandelt haben.

Höllinghofen liegt etwas abseits vom eigentlichen Flusslauf an der linken Ruhrseite. Fast gegenüber am rechten Ruhrufer blickt man durch die weite Talaue auf das repräsentative adelige Haus Füchten. Bis zu Anfang des 19. Jahrhunderts zählte es zu den vornehmsten Rittergütern erster Klasse im kurkölnischen Sauerland. Im 14. Jahrhundert saßen hier Mitglieder der Adelsfamilie der „Wölfe von Lüdinghausen", die in der Grafschaft Arnsberg als Vasallen und Burgmänner eine wichtige Rolle spielten. Da das Rittergut ausgedehnte Ländereien an den nach Westen exponierten, vom Ruhrtal sanft ansteigenden Hängen besaß, wäre auch hier im Mittelalter Weinanbau sehr gut denkbar gewesen. Ein eindeutiger Beleg fehlt jedoch.

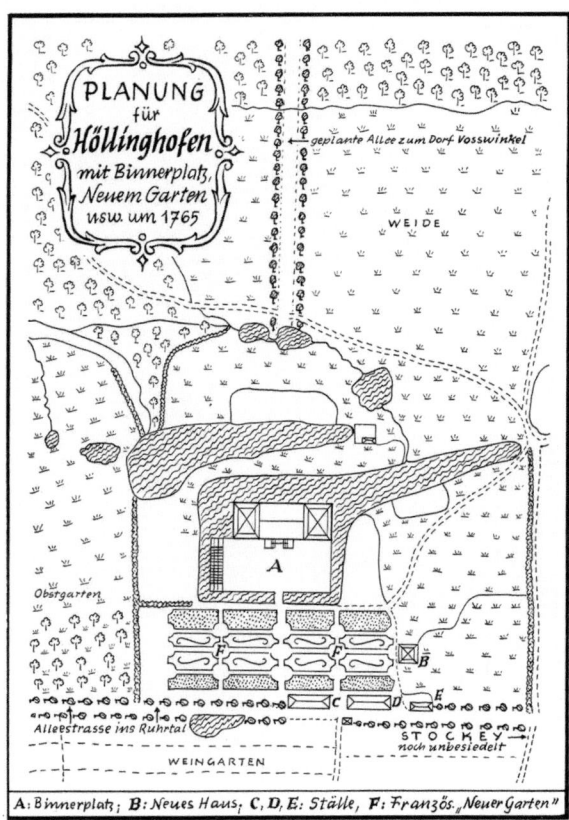

Grundriss des Hauses Höllinghofen, Planung von 1765. Am unteren Rand die Angabe „Weingarten", die mit der vermuteten Lage des Wyngarden von 1456 übereinstimmt, Quelle: Friedrich von Klocke, Die Familie von Boeselager, Münster 1977, S. 264.

⸻

Folgt man der Ruhr weiter, dann gelangt man zur heutigen Gemeinde Wickede. Das Dorf lag im Grenzsaum der Grafschaft Arnsberg und auch hier findet sich heute im Ortsteil Wiehagen die Straßenbezeichnung „Im Weingarten" an einem südexponierten Hang. Nicht zufällig scheint auch hier die Nähe zu einem alten, sehr bedeutenden Kloster gewesen zu sein. Denn keine 700 Meter entfernt lag das vormalige Prämonstratenserstift Scheda. Da wir nicht nur die enge Verbindung zwischen Burgen und Weinbau sondern auch zwischen Klöstern und Weinbau festgestellt haben, so ist es sehr wahrscheinlich, dass die Schedaer Chorherren dort schon im 12. Jahrhundert Wein angebaut haben.

Hinter Wickede verlässt die Ruhr den Kernraum der früheren Grafschaft Arnsberg und wendet sich nach Westen zum märkischen Fröndenberg. Die an dieser Stelle vorgestellten Hinweise auf historischen Weinanbau im Ruhrtal im „Arnsberger Land"

sind sicher unvollständig. Sie sollten jedoch genügen, um darzulegen, dass Werner Rolevinck mit seiner anfangs wiedergegebenen Einschätzung nicht richtig gelegen haben kann.

Daraus ergeben sich Fragen: Warum wurde so viel Weinbau in eher suboptimalen Lagen betrieben? Hatte er sich im Mittelalter über ganz Westfalen ausgebreitet? Lag es am besseren Klima, an einer Wärmeperiode, die jedoch mit ersten Vorboten seit Anfang des 14. Jahrhunderts langsam zu Ende ging? Bescherte die sogenannte kleine Eiszeit vom Anfang des 15. Jahrhunderts an bis in das 19. Jahrhundert hinein Europa größere Kälte und längere Winter? Die Klimaforscher sind sich darüber nicht einig, zumal die regionalen Unterschiede doch erheblich waren.

Sicherlich war der Transport guter ausländischer Weine im Mittelalter teuer und gefährlich. Da boten lokal angebaute Weinstöcke, auch wenn sie vielleicht nicht die Qualität erbrachten, die in den klassischen Anbaugebieten üblich war, mehr Versorgungssicherheit. Dies war insbesondere bei der Verwendung von Messwein wichtig, da eine Messfeier ohne Wein nicht stattfinden konnte. Zudem sicherte der vom Kölner Erzbischof angeregte Westfälische Landfriede von 1385 ausdrücklich alle Winzer sowie alle Wein- und Hopfengärten. Ein Indiz dafür, dass der Weinbau in Westfalen in dieser Zeit keine geringe wirtschaftliche Bedeutung hatte.

Natürlich kamen im Vergleich zu heute auch andere Trinkgewohnheiten dazu. Es war üblich, Wein mit Wasser zu vermengen. Oder man süßte den heimischen Wein mit Honig und Säften und trank ihn als sogenannten Würzwein. So waren auch weniger gute Weine genießbar.

⸻

WEINANBAU IM 19. JAHRHUNDERT

Wie sah es aber in der jüngeren Vergangenheit aus, nachdem fast alle Klöster im Arnsberger Raum durch die Säkularisation von 1803 verstaatlicht und aufgelöst worden waren? Sie fielen als Betreiber oder Nutzer von Weinbergen aus. In der Romantik zogen sich viele Bürger ins Private zurück, suchten in schönen Gärten Entspannung und pflegten hier Geselligkeit. Beispielhaft hierfür sind die klassizistischen Gartenhäuser in den Arnsberger Bürgergärten, die vor Jahren liebevoll restauriert wurden. In den Gärten, an den Gartenhäusern und gerade an eigens zur Pflege von Weinranken erbauten Lauben und Laubhütten wurde mit Eifer Wein gezogen.

Dazu passt eine Meldung im Arnsberger Kreisblatt vom 4. Mai 1866: Selbst in Arnsberg „fand man schon am 29. April die ersten Gescheine [Blütenstände] an mehreren Weinstöcken, was hier gewiß eine Seltenheit ist." So wurden in der Regierungsstadt im 19. Jahrhundert – wenn auch nicht gewerbsmäßig – von Bürgern an geeigneten Stellen Weinstöcke angebaut oder an Hauswänden und Bruchsteinmauern Weinranken gepflegt.

Bis heute hat sich dieser private Weinanbau gehalten, und in einem Arnsberger Karnevalslied von 1948 schmetterten die Narren im Kehrreim: „Wenn der Wein bei uns in Arnsberg blüht, dann sind wir ständig blau! Das Herz sowie die Nase glüht, grad wie die Himmelsau." Zwei Beispiele aus dem Arnsberger Ortsteil Oeventrop beweisen, dass die Hänge des Ruhrtals immer noch von Hobbywinzern genutzt werden. So wächst am dortigen Oderweg in einem Privatgarten die Rebsorte Dornfelder, die im Jahr 2000 immerhin 50 Liter Rotwein erbrach-

te. Ein anderer Weinliebhaber an der Kurlandstraße baute 2007 einen Frühburgunder an, der einen Alkoholgehalt von 13 Prozent erreichte. Diese Beispiele aus dem Ruhrtal ließen sich sicherlich durch weitere ergänzen.

___

DER „NEUE" WEINBERG AM HISTORISCHEN ALTEN WEINBERG IN ARNSBERG

An historischer Stätte, dem „Weinberg" westlich unterhalb der Arnsberger Schlossruine, hat der Verein der Freunde der Altstadt Arnsberg 1991 e.V. seit 2003 mit Hilfe vieler engagierter Partner wieder einen Weinberg angelegt. Die von der Stadt Arnsberg zur Verfügung gestellte Fläche wurde ab Oktober 2003 gerodet und hergerichtet. Im Gelände selbst und zur Schlossstraße hin wurden Bruchsteinmauern angelegt oder historische wieder restauriert. Ein alter Zugang wurde ausgebaut. Im November 2004 erfolgte dann der erste symbolische Spatenstich und im Frühjahr 2005 wurden 700 Rebstöcke

___

Blick aus dem Ruhrtal auf den historischen Weinberg am Westhang unter der Arnsberger Schlossruine, 2019 (Michael Gosmann)

Blick vom Arnsberger Schlossberg über den historischen Weinberg hinweg ins Ruhrtal. Auf dem gegenüberliegenden Römberg stand bis in die Mitte des 14. Jahrhunderts die Alte Burg oder Rüdenburg, 2019 (Michael Gosmann)

gepflanzt (Riesling Bianco 30 Prozent, Chardonnay 30 Prozent, Sauvignon Blanc 30 Prozent, Traminer zehn Prozent, als Nachpflanzungen blauer Limberger und Regent). Die Gesamtfläche des Weinberges beträgt circa 3.000 Quadratmeter, doch davon wird nur auf rund 1.000 Quadratmetern Wein angebaut. Auf dem Rest entstanden eine Streuobstwiese, eine Kräuterspirale und ein Gemüsehochbeet. Nicht fehlen durften eine runde Wein- und eine Arbeitshütte.

Im Rahmen des 15. Altstadtfestes am 15. Mai 2005 fand die kirchliche Weihe eines im Weinberg von Sponsoren errichteten Bildstockes statt. Von privater Seite wurde eine Holzfigur des Heiligen Urban, des Patrons der Winzer und der Weinberge, gestiftet. Trotz des strengen Winters 2005/2006 konnten im ersten Lesejahr noch 25 Kilo Trauben geerntet werden. Das zweite Lesejahr 2007 erzielte durch Mehltau und wenig Sonne keinen nennenswerten Ertrag. Die Weinlese im Folgejahr erbrachte im August 2008 immerhin 50 Flaschen „Histori-

scher Weinberg", die erstmals im Januar 2009 verkostet werden konnten.

Es heißt, der Winzer müsse pro Jahr um jeden Weinstock 17-mal herumgehen. Diese aufwändige Pflege ist ohne die gemeinnützige Beschäftigungsinitiative „Neue Arbeit Arnsberg", die seit Beginn des Projekts mitwirkt, nicht zu leisten. Der Arnsberger Altstadtverein allein könnte die erforderlichen Arbeiten nicht stemmen und ist daher für jede Hilfe dankbar.

Eine eigene „Weinberg AG" des Arnsberger Gymnasiums Laurentianum arbeitet seit Sommer 2012 intensiv mit. Hier engagieren sich Schülerinnen und Schüler der Klassen fünf bis sieben. Ihr didaktisches Konzept der „Bildung für nachhaltige Entwicklung" und die Initiative der AG wurden 2014 mit einem UNESCO-Siegel ausgezeichnet.

Anerkennung kommt von vielen Seiten. Im Jahr 2016 stiftete ein Arnsberger Künstler eine Stele für den Weinberg. Auf einem 350 Jahre alten Eichenbalken aus einem Fachwerkhaus in Oberkirchen hat er 35 handgelesene uralte Kieselsteine von der Ostsee angebracht. Als „Weinwächter" steht die Stele nun vor den beiden Weinberghütten.

Das Projekt „Historischer Weinberg" wurde von Anfang an von der Arnsberger Bevölkerung interessiert verfolgt und rege unterstützt. Bei den jährlichen Altstadtfesten oder bei besonderen Gelegenheiten wie der interkommunalen Aktion „Offene Gärten im Ruhrbogen" ist der Weinberg für jeden zugänglich. Interessante Informationen und Führungen werden aber auch außerhalb solcher Termine angeboten.

So mancher wird beim Titel dieses Beitrages ungläubig den Kopf geschüttelt und gedacht haben: Weinanbau im Sauerland? – das ist schlecht möglich! Aber es gab ihn und gibt ihn tatsächlich heute noch oder wieder. Und die Ruhr mit ihren sonnigen Talhängen hat ihn an vielen Stellen erst ermöglicht, den Weinanbau im Arnsberger Land!

Oben: Im Weinberg unter der mächtigen Ringmauer der Arnsberger Schlossruine wurden zwei Hütten errichtet, links die Winzerhütte und rechts die Arbeitshütte, 2019 (Michael Gosmann)

Links: Der Bildstock mit dem Hl. Urban wird von Weintrauben eingefasst, 2019 (Michael Gosmann)

Friederike Scholten-Buschhoff

DIE LANDWIRTSCHAFT IN DER RUHRZONE IM 19. JAHRHUNDERT

„Die Gegenden durch welche mein Weg führte, gehörten einer anmutigen und sanften Natur an, besonders bei Stehlen an der Ruhr (...) Nicht sattsehen konnte ich mich an der saftig frischen Vegetation, den prachtvollen Eich- und Buchenwäldern, die rechts und links die Berge krönen, zuweilen sich über die Straße hinzogen, dann wieder in weite Ferne zurückwichen, aber überall den fruchtbarsten Boden bekränzten, braun und rot schattiert, wo er frisch geackert war, hell oder dunkelgrün schimmernd, wo junge Untersaat und frischer Klee ihn bedeckten. Jedes Dorf umgibt ein Hain schön belaubter Bäume, und nichts übertrifft die Üppigkeit der Wiesen, durch welche sich die Ruhr in den seltsamsten Krümmungen schlängelt" (Hermann Fürst von Pückler-Muskau, 1826).

DAS RUHRTAL ALS AGRARZONE

Ähnlich wie im übrigen Raum Deutschlands, machte auch in der Ruhrzone im 18. Jahrhundert die Landwirtschaft den maßgeblichen Anteil an der Wirtschaft aus. Förderlich hierfür waren die natürlichen

Grundlagen, wozu zum einen die ausgeprägt nährstoffhaltigen, schweren Löss- und Lehmböden zählten. Diese äußerst fruchtbaren Böden führten zu einer stärkeren landwirtschaftlichen Bewirtschaftung, primär zum intensiven Getreideanbau. Zum anderen schufen auch die überdurchschnittlichen Niederschläge und durchweg mittleren Temperaturen günstige Rahmenbedingungen für den Landbau. Mehr über die genaue Nutzflächenverteilung der Ruhrtalzone lässt sich durch die erste Katastralabschätzung Preußens aus den Jahren 1822 und 1835 erschließen: Hierbei wurden sowohl die Nutzflächen Westfalens als auch des Rheinlandes erstmalig präzise erfasst. Dies bildete die Grundlage der Besteuerung. Der Anteil der landwirtschaftlichen Nutzfläche lag im Mittel bei rund 60 Prozent, womit er niedriger ausfiel als beispielsweise in der benachbarten Hellwegzone mit circa 78 Prozent. Hinzu kam aber der im ersten Drittel des 19. Jahrhunderts noch beträchtliche Waldbestand von ungefähr 34 Prozent (Eichen-Buchenwälder). Die direkten Täler der Ruhr wurden als Weideland für die Viehhaltung im Rahmen der Gemeinheiten (sogenannte Marken) bewirtschaftet, die etwa ein Drittel der landwirtschaftlichen Fläche ausmachten. Kennzeichnend für diese Flächen waren Strauchlandschaften mit viel Niederholz, die allerdings durch Überweidung und Verbiss oftmals stark in Mitleidenschaft

Links: Das Ruhrtal, Bleistiftzeichnung von Alfred Rethel, um 1830, Quelle: 3., erweiterte Auflage des Bandes „Das Ruhrgebiet vor hundert Jahren. Gesicht einer Landschaft" (Erstauflage) 1956, Ardey Verlag

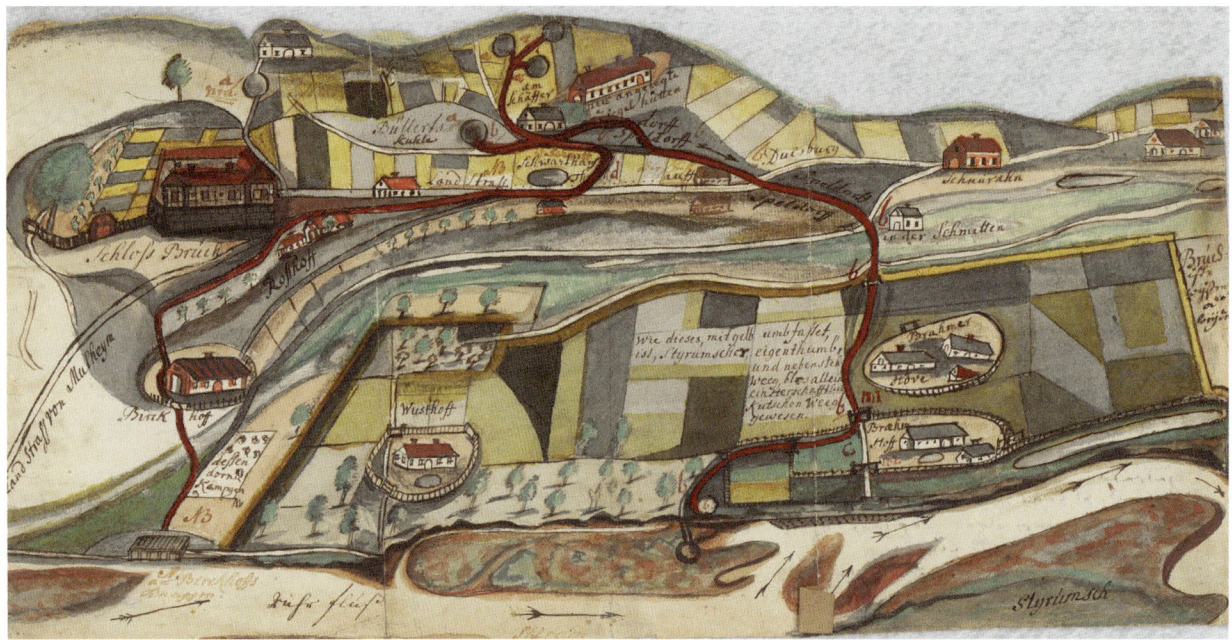

Kartenzeichnung des Ruhrufers bei Broich (Mülheim) 1748. Oberhalb der Ruhr (unterer Bildrand) liegen einige Höfe verstreut inmitten von Acker- und Weideflächen (Landesarchiv NRW – Abteilung Westfalen – Archivsignatur (Kurzform: „LAV NRW W, Sig.", z. B.: LAV NRW W, W 051/Karten A Nr. 12598.))

———

gezogen wurden. Das Hinterland diente primär als Ackerland. Zwischen 1800 und 1850 nahm die landwirtschaftlich genutzte Fläche in der Ruhrtalzone stetig zu: Ödland und Waldflächen wurden sukzessive in landwirtschaftliche Fläche umgewandelt. Dies war sowohl eine Folge der Aufteilung der Gemeinheiten ab dem Ende des 18. Jahrhunderts als auch eine Konsequenz der steigenden Nachfrage nach landwirtschaftlichen Produkten.

Die Landwirtschaft des Ruhrtals produzierte, wie in der Vormoderne üblich, bis gegen Ende des 18. Jahrhunderts zunächst noch primär subsistenzwirtschaftlich – also für den heimischen Verbrauch. Subsistenzkrisen, verstanden als demografische Folgen klimatisch bedingter Ernteausfälle, nahmen dabei bis zur Mitte des 19. Jahrhunderts zum Teil einen erheblichen Einfluss. Dies zeigte sich daran, dass die Sterberate kurzfristig sehr deutlich auf Einkommenskrisen reagierte und langfristig keine Gleichgewichtsbeziehung zwischen dem Einkommen und der Sterberate entstand. Der extensive Ackerbau blieb bis in die zweite Hälfte des 19. Jahrhunderts noch der wichtigste Produktionszweig. Die bedeutendste Feldfrucht in der Ruhrtalzone war der Roggen. Sein Nährwert liegt zwar etwas unter dem

des Weizens, allerdings stellt der Roggen – bei gleichem Ertrag – auch geringere Anforderungen an Nährstoffe, Bodenbearbeitung und Pflege. Roggen wurde in der Regel als Wintergetreide gepflanzt, war gegenüber Trockenheit, Nässe und Frost unempfindlich und wurde hauptsächlich zu Brot verarbeitet, daneben war er auch Hauptbestandteil in der Kornbrennerei. Nur im Notfall, bei Misswuchs der Haferernte beispielsweise, wurde er als Viehfutter verwendet. Weizen hingegen war dort, wo er denn angebaut werden konnte, vor allem ein bevorzugtes Exportgetreide, denn aufgrund des höheren Verkaufspreises waren die relativen Frachtkosten geringer. Wie beim Roggen, ist auch der Anspruch des Hafers an den Boden vergleichsweise gering. Sein Einsatzgebiet beschränkte sich nicht nur auf die Verfütterung, oftmals ersetzte der deutlich günstigere Hafer bis zum Aufkommen der Kartoffel Brot und Fleisch. Der Haferanbau dominierte zwar in vergleichsweise fruchtlosen Zonen, wie zum Beispiel im Bergischen Land oder Siegerland, aber auch in der Ruhrzone wurde er vielfach, auch aufgrund des Bedarfs der Viehwirtschaft, angebaut.

Mit der Dominanz des Ackerbaus war eine Vielzahl ländlicher Nutzungssysteme verbunden, die regional zwar variierten, aber für ein stetiges Nebeneinander von intensiv und extensiv genutzten Flächen sorgten. Zunächst wurde bei den Fruchtfolgen maßgeblich zwischen Wechsel- und Dauersystemen unterschieden. Entweder fand auf der Nutzfläche ein

Wechsel zwischen dem mehrjährigen Ackerbau und der mehrjährigen Nutzung als Weide oder zur Holznutzung statt (Wechselsystem), oder der Ackerbau wurde dauerhaft betrieben (Dauersystem). Mögliche Dauersysteme sind sowohl der kontinuierliche Anbau derselben Getreidesorte (Einfeldsystem) als auch ein Wechsel zwischen den Früchten inklusive einer einjährigen Brache (Mehrfeldsystem). In der Ruhrzone bevorzugten die Bauern die Dreifelderbrachewirtschaft. Hierbei ist das Ackerland eines Dorfes in sogenannte Gewanne (größere Flurstücke) eingeteilt, worin mehrere Besitzer Parzellen besaßen. Die Gewanne wiederum waren in drei Fluren zusammengefasst, die im Dreijahreszyklus bearbeitet wurden. Somit wurde jede Flur innerhalb eines gegebenen Jahres anders genutzt.

Der Getreideanbau selbst war in der Frühen Neuzeit ein sehr kleinteiliger Arbeitsprozess: Das Pflügen zum Entfernen von Unkraut und zur Ziehung von Saatfurchen war mühsam und variierte stark durch Bodengüte und Geräte. Darauf folgte das Düngen mit, wenn möglich, Viehdung, was wiederum eine intensive Viehwirtschaft voraussetzte (alternativ wird auch von Asche als Düngemittel berichtet). In der Ruhrzone wurde die Viehwirtschaft bis ins 19. Jahrhundert hinein vor allem im Rahmen der Gemeinheiten betrieben. Nach dem Säen wurde der Boden geeggt, um diesen eben und mürbe zu machen. Ein paar Monate später erfolgte schließlich die Ernte der Pflanzen: Das Getreide musste als erstes (mit der Sichel oder Sense) gemäht, dann zu Garben gebunden und mithilfe von Wagen weggebracht werden. Auf dem Feld selbst wurden dann die Reste der Halme nachgeharkt.

Der Prozess des Dreschens, der primär in Scheunen stattfand, war schließlich eine der wichtigsten Arbeiten in der bäuerlichen Welt. Der arbeitsaufwendige Prozess, der im Untersuchungszeitraum größtenteils noch ohne besondere technische Hilfsmittel erfolgte, fand in den Wintermonaten statt – in diesen Monaten ruhte die Arbeit auf dem Feld und man konnte sicher sein, dass alle Ernteerträge des vergangenen Sommers zur Verfügung stehen. Das Herausbringen der Körner aus den Ähren geschah vorwiegend mithilfe einfacher Handgeräte

Die Bodenfruchtbarkeit im Ruhrgebiet, Quelle: Paul Wiel, Die Landwirtschaft des Ruhrgebietes, in: Mitteilungen des Rheinisch-Westfälischen Instituts für Wirtschaftsforschung Essen, 6. Jahrgang 1955, Heft 3/4, S. 51–74, S. 55

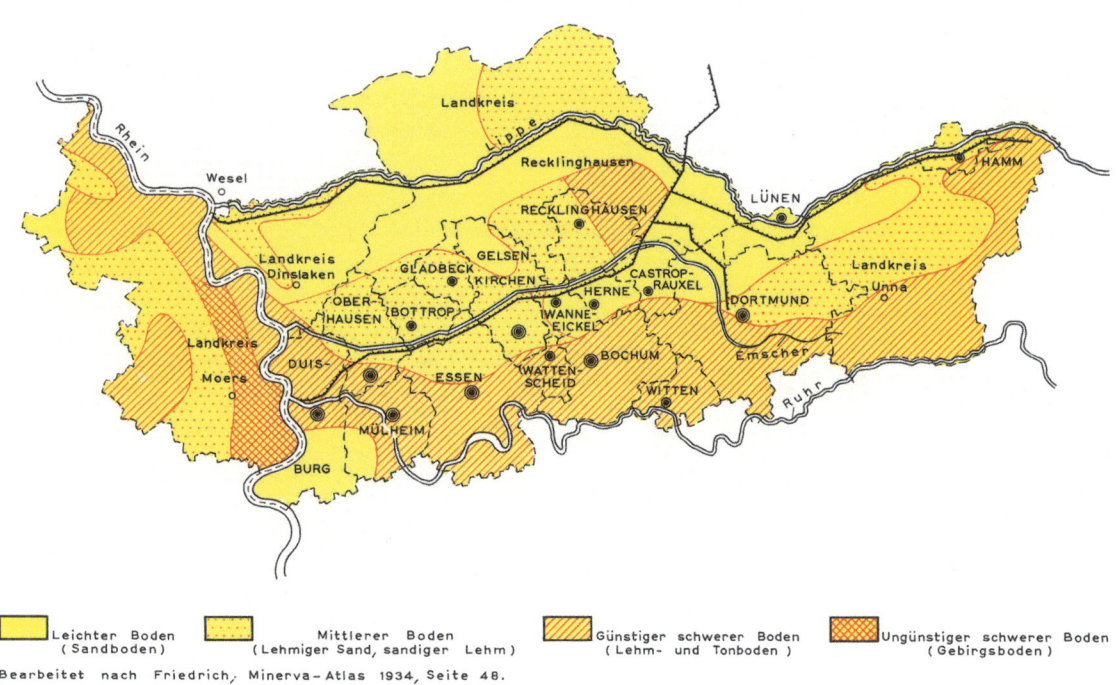

BODENFRUCHTBARKEIT IM RUHRGEBIET

Leichter Boden (Sandboden) — Mittlerer Boden (Lehmiger Sand, sandiger Lehm) — Günstiger schwerer Boden (Lehm- und Tonboden) — Ungünstiger schwerer Boden (Gebirgsboden)

Bearbeitet nach Friedrich, Minerva–Atlas 1934, Seite 48.

wie einem Flegel, Dreschsparren, Dreschstock oder mittels der Technik des Austretens durch Huftiere. Gedroschen konnte das Getreide dann vielfach eingesetzt werden: entweder wurde es in diesem Zustand verkauft, verfüttert oder in einer Mühle gemahlen, um es in der Folge zu Brot oder Grütze weiterzuverarbeiten. Viele Mühlen entlang der Ruhr nutzten als Antrieb auch die Wasserkraft des Flusses. Der erwirtschaftete landwirtschaftliche Output unter Berücksichtigung der dafür aufgewandten Arbeit und des Bodeneinsatzes ist jedoch für einzelne Regionen kaum näher zu bestimmen.

Unter diesen Bedingungen entwickelte sich die Ruhrzone aber schon gegen Ende des 18. Jahrhunderts zu einem frühen Zentrum der Getreideproduktion für den gesamten westfälischen Raum – wenngleich sich das Produktionsausmaß im 19. Jahrhundert noch deutlich steigern sollte. Dabei gilt es bei den Betrieben der Ruhrzone primär zwischen vier Betriebsgrößenklassen zu unterscheiden: Die Parzellen- und Kleinstbetriebe (bis zwei Hektar) waren im Nebenerwerb landwirtschaftlich tätig, ähnlich auch die kleinbäuerlichen Betriebe (zwei bis fünf Hektar). Hinzu kamen Mittel- und Großbauern (fünf bis 20 beziehungsweise 20 bis 50 Hektar) und zuletzt die Großgüter (mehr als 50 Hektar). Im gesamten Raum Westfalen wuchs allein im 19. Jahrhundert die Anzahl kleinerer Betriebe sukzessive an (vor allem Betriebe unter 1,5 Hektar): 1858 lag ihr Anteil bei mehr als 50 Prozent mit einer steigenden Tendenz. Dieser Trend trat in der Ruhrzone als industriellem Entwicklungsraum verstärkt hervor – so wird angenommen, dass hier der Anteil der Kleinbetriebe in der Mitte des 19. Jahrhunderts bei über 80 Prozent lag. Parallel dazu stieg auch die Anzahl der Betriebe von knapp 15.000 auf fast 17.000 (gesamtes Ruhrgebiet). Bis zum Beginn der Industrialisierung war die Agrarregion der Ruhr jedoch nur schwach besiedelt. Stark verbreitet waren neben den Dorfsiedlungen im Ruhrtal auch Haufensowie Einzelhofsiedlungen.

Das Landhandwerk war hier im Übrigen schon immer eng mit der Landwirtschaft verflochten. Aufgrund der natürlichen Bodenschätze war bereits vor der ersten Phase der Industrialisierung die

Links: Die um 1830 erbaute Scheune des Hofes Biggeleben in der Fröndenberger Wohnlage Westick, etwa 150 Meter von der Ruhr entfernt, Bild um 1900 (Stadtarchiv Fröndenberg/Ruhr)

Produktion von Halbwaren (der Abbau von Steinkohle setzte bereits im Mittelalter ein) eine alternative (Neben-)Erwerbstätigkeit zur Landwirtschaft. Die Vielzahl der Kleinstzechen, gelegen in den Seitentälern und an den Hängen der Ruhr, wurde zum Beispiel oft von Kleinbauern als Nebenerwerb geführt. Parallel zur Landwirtschaft etablierten sich im 18. Jahrhundert in der Region zudem auch Gewerbe wie die Textilfertigung und Unternehmen wie beispielsweise Wollspinnereien, Tuchfabriken, Seidenwebereien oder Ledermanufakturen.

DER ABSATZ LANDWIRTSCHAFTLICHER PRODUKTE

Während die frühere historische Forschung noch davon ausging, dass eine marktbezogene Bauernwirtschaft erst ein Resultat der Industrialisierung war, wurden in der neueren Agrarforschung ausreichend Belege dafür gefunden, dass bereits Ende des 18. Jahrhunderts viele landwirtschaftliche Betriebe nicht mehr ausschließlich subsistenzwirtschaftlich ausgerichtet waren – so auch in der Ruhrzone. Wie erwähnt, gab es bereits vor der Hochphase der Industrialisierung sowohl in den nah gelegenen Städten als auch den benachbarten märkischen und bergischen Protoindustriezonen eine wachsende Nachfrage nach landwirtschaftlichen Produkten. Dadurch etablierte sich ein reger Handel für Getreide, Vieh, Fleisch, Eier sowie Butter. Dieser Handel der landwirtschaftlichen Produkte war ein wesentlicher Faktor und Förderer für die Entwicklung der landwirtschaftlichen Produktion im Ruhrgebiet. Zentrale Orte für den Handel waren Städte wie Dortmund, Witten, Hattingen und vor allem Herdecke und Mülheim. Ihre Kornmärkte, die teilweise bereits seit dem 14. Jahrhundert bestanden, verknüpften die Agrarzonen an der Ruhr (und in den nahe gelegenen Börden) beispielsweise mit dem Eisen verarbeitenden bergisch-märkischen Raum südlich der Ruhr.

Ein wesentlicher Faktor für den Handel war aber neben der Existenz der Märkte in stetig zunehmendem Maße auch die Infrastruktur: Die Schiffbarmachung der Ruhr Ende des 18. Jahrhunderts begünstigte in der Ruhrzone den Warentransport zu Wasser und schuf eine Verbindung zum Rhein. Zudem blieb der Landhandel von entscheidender Bedeutung: Hier versorgten Krämer und Höker die Bevölkerung im Mittel- und Nahbereich mit Waren. Limitiert wurde der Landhandel allerdings noch bis ins 19. Jahrhundert hinein durch den schlechten Zustand der Wege und die begrenzte Verfügbarkeit von Straßen sowie Chausseen.

DIE AGRARMODERNISIERUNG

Unumstritten hat die industrielle Entwicklung in der zweiten Hälfte des 19. Jahrhunderts einen erheblichen Anteil an der landwirtschaftlichen Entwicklung in der Ruhrzone. Allerdings gab es bereits vor ihrer Hochphase wichtige Produktivitätsschübe, die nicht unbeachtet bleiben sollten. Forschungen zum gesamten westfälischen Raum beweisen, dass die westfälische Landwirtschaft, zu der auch die Ruhrzone zählt, im ersten Drittel des 19. Jahrhunderts – also bereits vor der industriellen Hochphase – deutliche Outputsteigerungen verzeichnete. Dies gilt als erste Phase der Agrarmodernisierung (bis 1850). Ihr Beginn ist zwar nicht eindeutig zu datieren; der Agrarhistoriker Michael Kopsidis geht aber zumindest für die Zeit nach 1830 von jährlichen Wachstumsraten für die Ruhrzone von 2,07 Prozent aus, was über dem westfälischen Durchschnitt von 1,75 Prozent lag. Bei den mittleren und großbäuerlichen Betrieben ist für den Zeitraum von 1830 bis 1880 ein Zuwachs der agrarischen Wertschöpfung von 138 Prozent zu verzeichnen. Spannend daran ist die Tatsache, dass dies zunächst ohne eine merkliche Veränderung der Betriebsstrukturen und -ausrichtungen oder einen nennenswerten technischen Fortschritt geschah. Wesentliche Erklärungen hierfür waren vielmehr ein erhöhter Arbeitseinsatz, die Einführung des Kleeanbaus (der Anteil lag 1822/35 bei 11,9 Prozent an der gesamten landwirtschaftlichen Fläche) sowie die Erweiterung der landwirtschaftlichen Fläche um immerhin 13 Prozent. Impulse für diese Entwicklung kamen aus den steigenden Absatzmöglichkeiten im Rahmen der oben genannten nahe gelegenen städtisch-industriellen Märkte, die durch die frühe Schiffbarmachung der Ruhr deutlich schneller erreicht werden konnten. Denn nicht nur industrielle Produkte, sondern auch landwirtschaftliche Erzeugnisse konnten auf diesem Weg deutlich schneller und kostengünstiger gehandelt werden. Der „demand-push" (deutlich gesteigerte Nachfrage) führte somit zur erstmaligen Bildung eines westfälischen Binnenmarktes ab den 1850er Jahren (Marktintegration) – verstärkt

durch Prozesse der Urbanisierung sowie Handels-
liberalisierung. Eine wachsende Marktabhängigkeit
lässt sich auch an der Tatsache ablesen, dass die
Preise für landwirtschaftliche Produkte, allen voran
für Getreide, nicht mehr zwangsläufig von lokalen
Veränderungen abhängig waren. Die Agrarmodernisierung führte also schon in der ersten Hälfte des
19. Jahrhunderts zu einem Übergang von der traditionell extensiven, ertragsarmen Betriebsform hin
zu einer intensiven Fruchtwechselwirtschaft und
Viehhaltung, die durch Marktkräfte maßgeblich getrieben wurde.

DAS AUFKOMMENDE INDUSTRIEREVIER VERÄNDERT DIE LANDWIRTSCHAFT IN DER RUHRZONE

Ab der zweiten Hälfte des 19. Jahrhunderts gingen
schließlich die Prozesse der Agrarmodernisierung
und die landwirtschaftlichen Anpassungen an die
Bedingungen der Industrieagglomerationen Hand
in Hand und sind nicht mehr klar voneinander zu
trennen. Wesentliche Merkmale der Veränderungen
der Landwirtschaft in der Ruhrzone waren dabei die
Anpassung der Betriebsgrößen sowie -ausrichtung
und Produktionsintensivierungen. Nachfolgend sei-
en hier die wesentlichen Entwicklungen benannt:
Wie in anderen Teilen Deutschlands auch, führte
die industrielle Expansion zur Landflucht der Bevölkerung in die Industriestädte. Faktisch bedeutete dies starke quantitative Verluste bei der in der

Landwirtschaft tätigen Bevölkerung. Ein Großteil
der Voll- und Nebenerwerbsbetriebe löste sich auf.
Erkennbar ist dies an der Verteilung der Betriebsgrößenklassen. Ende des 19. Jahrhunderts lag der
Anteil der Parzellen- und Kleinstbetriebe (kleiner
als zwei Hektar) bei über 50 Prozent. Die Verstädterung sowie industrielle Landforderung, also die
Hinzunahme von Flächen für industrielle Zwecke,
drängten somit den bäuerlichen Großbesitz zurück. Es gab vermehrt sogenannte Arbeiterbauern
als Kleinbauern, die ihren stark in der Größe reduzierten Hof neben ihrer Tätigkeit als Berg- oder
Hüttenarbeiter lediglich im Nebenerwerb weiter-
führten. In der Regel war diese Form der landwirtschaftlichen Betätigung zugleich der Übergang hin
zu einer vollen Industriearbeiterexistenz.

Der industriellen Entwicklung gegenüber deutlich
anpassungsfähiger zeigten sich die immer weniger
werdenden mittel- und großbäuerlichen Betriebe in
unmittelbarer Reviernähe. Durch die ab den 1850er
Jahren stetig wachsende Bevölkerung (allein in
Dortmund stieg die Bevölkerung – nach dem heutigen städtischen Gebietsstand – von rund 20.000
(1820) auf 110.000 (1871) und dann 172.000 (1885)
Einwohner an) und die entsprechende Zunahme der
Nahrungsmittelnachfrage, vergrößerte sich der
Markt für landwirtschaftliche Produkte geradezu
explosionsartig. Hinzu kam, dass sich seine Schwerpunkte allmählich weg von einer primär getreide-
lastigen Ernährung entwickelten. Die Arbeiter der
Schwerindustrie verlangten stetig mehr kalorien-
reiche Nahrung mittlerer Qualität in Form von Kartoffeln, Getreide, fettem Fleisch und Gemüse.

Dies veränderte die landwirtschaftlichen Produk-
tionsverhältnisse und der Landwirt der Ruhrzone
entwickelte sich zum sogenannten Industriebauern:
Das Vieh, vor allem das Rindvieh (sowohl seine
Produkte als auch dessen Verarbeitung) rückte ins

Darstellung der absouten und prozentualen Entwicklung der landwirtschaftlichen Nutzfläche im Ruhrgebiet sowie in den Regierungsbezirken
Münster und Arnsberg zwischen 1822/35 und 1878/82 (Michael Kopsidis:
Marktintegration und Entwicklung der westfälischen Landwirtschaft
1780–1880. Marktorientierte ökonomische Entwicklung eines bäuerlich
strukturierten Agrarsektors, 1996, Tab. 12a und 12b, S. 166–167)

Region	Absolute Entwicklung in Hektar				Prozentuale Entwicklung			
	Anbauland	Wiesenland	Weide (Heuw.)	Kulturland (o. Huden, m. Heuw.)	Anbauland	Wiesenland	Weide (Heuw.)	Kulturland (o. Huden, m. Heuw.)
Ruhrgebiet	1.555	433	1.939	3.927	3,6	9,0	31,3	7,2
Summe (Regierungsbezirke Münster & Arnsberg)	49.373	12.363	31.220	92.956	9,3	13,4	30,8	12,8

betriebliche Zentrum – primär in Form von Stallhaltung, um auf den Wiesenflächen den Futterbau erhöhen zu können. Allein zwischen 1822/35 und 1878/82 steigerte sich der Anteil der Weideflächen im gesamten Ruhrgebiet um 31,3 Prozent – alle anderen landwirtschaftlichen Flächen wuchsen deutlich weniger.

Damit setzte sich die bäuerliche Veredelungswirtschaft (die Herstellung von Fleisch, Milch und Butter) durch. Beispielsweise entstand so auf den stadtnahen Betrieben die sogenannte Abmelkwirtschaft, also die Gewinnung und der Verkauf von Frischmilch. Dies ließ auch die Kuhhaltung von 1828 bis 1883 um 20,8 Prozent ansteigen. Die ab Ende des 19. Jahrhunderts einsetzende ungünstige Entwicklung der Getreidepreise beförderte noch den Trend zur Veredelungswirtschaft in der Ruhrzone –

gerade auch, weil durch den Import äußerst günstiger Futtergerste aus Russland ein ideales Futtermittel zur Verfügung stand.

Durch die Gemeinheitsteilungen und Kultivierungsmaßnahmen nahmen auch in der Ruhrzone die Ödflächen und extensiv genutzten Ackerweiden und Holzungen immer weiter ab. Zwar forderte die fortschreitende Industrialisierung und Verstädterung Landfläche – dies bezog sich allerdings in der Ruhrzone vor allem auf die Waldflächen, die als Konsequenz gerodet wurden. Somit konnte die landwirtschaftliche Fläche sogar bis zum Beginn des 20. Jahrhunderts stetig wachsen. Parallel dazu fand aufgrund der Impulse der Veredelungslandwirtschaft auch eine Verschiebung vom Ackerland zum Grünland statt. Ein weiterer Vorteil der starken industriellen Nachfrage nach Holz und Flächen war, dass die Bauern Krisenzeiten durch die hohen Boden- und Holzpreise, zum Beispiel durch den Verkauf einer Parzelle oder eines Stück Waldes, immer besser kompensieren konnten.

Dem Getreideanbau blieb zwar auch während der Industrialisierung der größte Anteil der Ackerfläche vorbehalten, aber er ging dennoch zugunsten des Hackfruchtanbaus (primär Hafer und Gerste) zurück. Der Anbau der Kartoffel erweiterte die

Die Steigerung der Hektarerträge in Kilogramm zwischen 1822/35 und 1878/82, einmal für das Ruhrgebiet und einmal für den Gesamtraum der Regierungsbezirke Münster und Arnsberg (Michael Kopsidis: Marktintegration und Entwicklung der westfälischen Landwirtschaft 1780–1880. Marktorientierte ökonomische Entwicklung eines bäuerlich strukturierten Agrarsektors, 1996, Tab 11a, 11b & 11c, S. 157–158)

	Weizen			Roggen			Gerste		
	1822/35	1878/82	%-Veränderung	1822/35	1878/82	%-Veränderung	1822/35	1878/82	%-Veränderung
Ruhrgebiet	627,42	1.396,4	122,6	986,6	1.203,8	22	1.128,49	1.439,2	26,6
Gesamtraum Regierungsbezirke Münster & Arnsberg*	598,36	1.247,9	108,6	837,39	1.027,1	22,6	901,78	1.135,7	25,9
* = Sandmünsterland, Kernmünsterland, Hellweg, Ruhrgebiet, Niedersauerland und Sauer-/Siegerland									

	Hafer			Klee			Kartoffeln		
	1822/35	1878/82	%-Veränderung	1822/35	1878/82	%-Veränderung	1822/35	1878/82	%-Veränderung
Ruhrgebiet	897,75	1.344,8	49,8	2.250,37	3.744,2	66,4	-	7.574,8	-
Gesamtraum Regierungsbezirke Münster & Arnsberg*	716,43	1.100,7	53,6	1.839,08	3.560	93,6	-	6.874,6	-
* = Sandmünsterland, Kernmünsterland, Hellweg, Ruhrgebiet, Niedersauerland und Sauer-/Siegerland									

Futtergrundlage der dominanter werdenden Viehwirtschaft erheblich. Der Vorteil lag sowohl in den deutlich höheren Erträgen pro Flächeneinheit als auch in dem vielfältigen Einsatz seiner Abfallprodukte als Viehfutter oder Gründünger. Hinzu kam, dass die Integration der Hackfrüchte in die Fruchtfolge als natürliche Düngung auch zwangsläufig zur Intensitätssteigerung der landwirtschaftlichen Produktion beitrug. Gebremst wurde diese Entwicklung allerdings durch die bereits erwähnte Landflucht und die daraus resultierende Arbeitskräfteknappheit, denn der Anbau von Hackfrüchten war in der Regel sehr arbeitsintensiv. Ein ertragreicher, gewerblicher Gemüse- oder Obstanbau wurde im Übrigen in manchen industrialisierten Gebieten aufgrund der immer stärker werdenden Rauch- und Rußlast nahezu unmöglich.

Allgemein konnten sowohl die landwirtschaftlichen Produkte als auch die Betriebsmittel durch die zunehmend besser werdende Verkehrsinfrastruktur immer einfacher transportiert werden. Nicht nur dem Flusstransport, sondern vor allem der Eisenbahn war dies zu verdanken. Die Ersparnisse aus den stetig sinkenden Frachtkosten flossen in Form von Arbeitslohn, Futter, Dung und Geräten zurück in den Betrieb. Dies beförderte wiederum eine landwirtschaftliche Produktivitätssteigerung. Hinzu kommt, dass die Vermarktung der industriebäuerlichen Produkte einen Markt betraf, der letztlich aufgrund der großen Nachfrage sehr dankbar war. Nicht nur die großen Absatzmöglichkeiten des Ruhrgebiets hatten einen produktivitätssteigernden Effekt auf die Landwirtschaft der Ruhrzone. Auch der zunehmend anfallende Viehdung konnte zur Steigerung der Bodenerträge genutzt werden. Förderlich für die landwirtschaftliche Produktion war zudem, dass die Abfallprodukte der Industrie (beispielsweise die bei der Stahlerzeugung entstandenen Phosphate und bodenlöslichen Stickstoffverbindungen) als erste künstliche Düngemittel der Landwirtschaft unmittelbar zur Verfügung standen und gewinnbringend eingesetzt werden konnten. Berechnungen, die sich zwar auf das gesamte Ruhrgebiet und nicht allein auf die Ruhrzone beziehen, belegen die Produktivitätsgewinne: So stieg beispielsweise der Hektarertrag des Weizens von 627,4 Kilogramm (1822/35) auf 1.396,4 Kilogramm (1878/82) – ein Zuwachs um stolze 122,6 Prozent. Mit diesen Ertragssteigerungen lag das Ruhrgebiet über dem Durchschnitt des Gesamtraums der

Regierungsbezirke Münster und Arnsberg. Ähnlich hohe Erträge sind einzig für das Kernmünsterland dokumentiert.

Die Landwirte veränderten im Zuge der Industrialisierung nicht zuletzt auch ihre Nebenerwerbstätigkeiten: Während sich das Weben, Bierbrauen oder Branntweinbrennen zu städtischen Gewerben entwickelten, engagierten sich die Landwirte parallel zur Landwirtschaft nun häufiger als Fuhrunternehmer, beim Gebäudebau oder bei der Anlage von Wegen und Straßen.

Doch im Laufe des 19. Jahrhunderts zeigte sich auch, dass die regionale Landwirtschaft den Bedarf des expandierenden Industrreviers nicht mehr alleine decken konnte. So wuchs zwar beispielsweise die Fleischproduktion des gesamten Ruhrgebiets zwischen 1828 und 1883 um mehr als das Dreifache – dennoch fiel der Pro-Kopf-Verbrauch an Fleisch aufgrund der wachsenden Bevölkerung um fast die Hälfte. Um den Grundbedarf weiterhin decken zu können, wuchsen die aus entfernteren Gegenden importierten Nahrungsmittelmengen zunehmend an. Diese wurden dann auf zentralen Märkten wie Hattingen und Herdecke weitergehandelt.

Während sich der Beginn der Erfolgsgeschichte des „Industriestandorts Ruhr" noch vorrangig auf die regionale landwirtschaftliche Produktion und Versorgung stützen konnte, änderte sich dies also mit dem stetigen Wachstum des Ballungsraums Ruhrgebiet gravierend. Fest steht aber auch, dass die Anfänge der industriellen Entwicklung ohne die Grundlage der vielschichtigen landwirtschaftlichen Struktur entlang der Ruhr so nicht umzusetzen gewesen wären.

Dieter Barth

LEBENSMITTEL AUS DER REGION FÜR DIE REGION

Ökologisch-nachhaltige Landwirtschaft an der Ruhr

IM SPANNUNGSFELD VON TRADITION UND MODERNE

Die Ruhr – nach rund 220 Kilometern in den Rhein mündend und deutschlandweit für den größten Ballungsraum namensgebend – hat eine Landschaftsform gebildet, die noch heute stark landwirtschaftlich genutzt wird.

Aber das Agrarland im Einzugsgebiet der Ruhr entwickelte sich im Laufe der letzten Jahrzehnte recht unterschiedlich. Allein der landwirtschaftlich genutzte Flächenanteil schwankt regional zwischen 15 und 80 Prozent. Hier wirtschaften die Betriebe unter besonderen Herausforderungen, vor allem der Konkurrenzkampf um die Fläche ist existentiell. Der extreme Druck durch Ausdehnung gewerblich-industrieller Unternehmen und anhaltenden Flächenanspruch für kommunale Infrastrukturmaßnahmen wie Verkehr und Wohnen bleibt spürbar und allgegenwärtig.

Landwirte sind sich ihrer Verantwortung bewusst, wenn es um „Biodiversität", also Arten- und Insektenvielfalt, Schutz von Grund- und Oberflä-

chen-Wasser sowie Nachhaltigkeit zum Wohle von Nutztieren geht. Boden, Wasser, Luft, Pflanzen, Tiere und natürlich Elemente der Kulturlandschaft sind lebenswichtige Güter, die nicht minimiert und „geschädigt" werden dürfen.

Dabei steht der bäuerliche Berufsstand im Spannungsfeld zwischen Tradition und Moderne mit der Option, sich veränderten gesellschaftlichen Rahmenbedingungen und einem neuen Zeitgeist anzupassen. In weiten Teilen der Bevölkerung stößt eine eher industriell geprägte Landwirtschaft auf Ablehnung und Widerstand. Um nicht die eigene Existenz zu gefährden, sind daher von Seiten der Landwirte Veränderungen und auch Korrekturen sowie Anpassungen in der Bewirtschaftung unumgänglich.

Für den Absatz landwirtschaftlicher Produkte und Dienstleistungen ist es von großem Vorteil, dass in der Region Ruhr über fünf Millionen Menschen als Kunden direkt vor den Hoftoren der Landwirte und Gärtner leben. Hier gibt es enge Kontakte zwischen Erzeugern und Verbrauchern.

In der Diskussion „Landwirtschaft und Gesellschaft" können Landwirte und Gärtner ihre fachlichen Argumente und Stärken einbringen: Sie sind schließlich die ausgebildeten professionellen Experten,

Links: Die Ruhr prägt Landschaft und Landwirtschaft (Dieter Barth)

wenn es beispielsweise um Kreisläufe und Zusammenhänge beim Wirtschaften in und mit der Natur geht.

Dabei ist es wichtig, dass die bäuerlichen Familien „geerdet" bleiben und ihren Gemeinsinn sowie ihre Verantwortung über Generationen hinweg im Blick behalten.

Den landwirtschaftlichen Strukturwandel im Land an der Ruhr zeichnet eine besondere Dynamik aus. Nicht wenigen überlebenden Betrieben ist es gelungen, im Umfeld urbaner Landwirtschaft zukunftsgerichtete Konzepte umzusetzen, wie die zwei nachfolgenden Beispiele aufzeigen.

BIOHOF OHLER MÜHLE – LEBEN UND WIRTSCHAFTEN GANZ NATURNAH

Die Familie Friedrich und Melanie Deckert mit Tochter Marieke (8) und den Söhnen Julius (11), Lasse (9) und Philip (6) lebt auf dem Biolandhof Ohler Mühle ziemlich abseits von Verkehrsgewühl und lauter Zivilisation, der nächste Ort Hennen (Iserlohn) ist immerhin zwei Kilometer entfernt. Die naturbe-

Die sechsköpfige Familie Deckert (Melanie Deckert)

lassene Ruhr fließt gerade mal 200 Meter an der Hofstelle vorbei. Und genau hier ist auch die Mitte des gut 230 Kilometer langen RuhrtalRadwegs, der von fahrradliebenden Touristen und Naturfreunden immer mehr genutzt wird.

Schon fast paradiesisch mutet die Einzelhoflage inmitten der vielfältigen Ruhrtal-Auenlandschaft an, wo für die Bewirtschaftung die strengen Auflagen eines Wasserschutzgebietes gelten. „Wir unterscheiden hier drei Wasserschutzzonen", erläutert Betriebsleiter Deckert, und ergänzt:

„Ein Teil unserer Grünlandflächen darf erst ab Juni abgemäht und das Ackerland nicht mit synthetischen Dünge- und Pflanzenschutzmitteln behandelt werden".

Dabei hat das nachhaltige Wirtschaften nach den Richtlinien des organisch-biologischen Landbaus schon Tradition – der Betrieb ist seit 1980 dem Bioland-Verband angeschlossen. Auch mit der Übergabe des elterlichen Betriebes im Jahre 2013 an den Sohn Friedrich (Jahrgang 1979), der 2005 sein agrarwissenschaftliches Studium in Kiel abschloss, hat sich an der Bioland-Mitgliedschaft nichts geändert, die eine jährlich einmal durchgeführte Verbandskontrolle miteinschließt.

„Das System der Kontrolle finde ich gut, auch mit wechselnden Kontrolleuren und der notwendigen Distanz", wie Deckert Junior urteilt.

Mit der Zeit haben sich die betrieblichen Schwerpunkte verändert: Der Biolandhof Deckert wirtschaftet heute ganz ohne Tiere, zuvor gehörten u.a. 40 Kühe mit Nachzucht zum Bestand. Der frei gewordene Boxenlaufstall wird jetzt als Lagerhalle für Landmaschinen, Brennholz und als Abstellraum für Kanuboote von Familie und Freunden genutzt.
Der 1985 gegründete Hofladen mit umfangreichem, auch zugekauftem Sortiment gehört der Vergangenheit an.
Von den 90 Hektar, davon 52 Hektar Ackerland mit Roggen, Weizen und Kleegras und 38 Hektar Grünland, sind sechs Hektar Eigentum und 84 Hektar für noch 17 Jahre vom Land Nordrhein-Westfalen gepachtet. „Eine stabile Partnerschaft, die uns Sicherheit gibt", so Deckert. Zum wirtschaftlichen Auskommen trägt auch bei, dass Friedrich Deckert noch „nebenher" bezahlter Geschäftsführer der European Green Exhibitions (EGE) mit Sitz in Unna ist, die bundesweit vor allem regionale Agrar- und Forstmessen organisiert.

Das Wohngebäude des Biohofes (Friedrich Deckert)

Weil auf Mineraldünger verzichtet wird, hat Betriebsleiter Deckert Verträge mit einem Legehennenhalter und einem Champignonzüchter geschlossen, die die Lieferung von Hühnermist und Champost garantieren. In Zukunft soll die Fruchtfolge durch den Anbau von Ackerbohnen und Hafer

Leben auf dem Hofe, technikbegeistert von klein auf (Friedrich Deckert)

noch erweitert werden, um so die Stickstoffzufuhr zu steigern und die Ackerböden fruchtbarer zu machen.

Im Vergleich mit den konventionell wirtschaftenden Betrieben fallen die Erträge auf der Ohler Mühle deutlich niedriger aus: „Wir werden in diesem Jahr etwa 35 bis 45 Dezitonnen beim Weizen und 30 bis 40 Dezitonnen beim Roggen ernten", schätzt Deckert auf Grund der bisherigen Vegetationsentwicklung. In herkömmlicher Bewirtschaftung lassen sich Erträge von 90 und mehr Dezitonnen pro Hektar erzielen.

Das vom landwirtschaftlichen Lohnunternehmen Bliese Viehweger geerntete Bio-Brotgetreide wird an zwei Großhändler in Willebadessen und Iburg/Osnabrück vermarktet, die damit Bäckereien versorgen. „Wir ziehen Proben vom Getreide und handeln jedes Jahr aufs Neue die Erzeugerpreise aus", sagt Betriebsleiter Deckert, der die geringeren Erträge je Hektar durch höhere Erlöse für Bioqualitäten wettmachen muss und davon überzeugt ist, dass im Zuge des Strukturwandels der Preisdruck auf den Ökomärkten zunehmen wird.

Eine Besonderheit ist auch die Pflege und Nutzung der Grünlandflächen entlang der Ruhr. In Kooperation mit Schäfermeister Martin Rudack aus Dortmund übernimmt von April bis Oktober eine Schafherde mit 600 Tieren die Beweidung. Deckert: „Das geht ohne schriftliche Verträge, hier gilt die mündliche Absprache, also eine reine Vertrauenssache". An dieser auch arbeitswirtschaftlich guten Regelung wollen beide Partner weiterhin festhalten.

Deckert ist ein Landwirt, der vor allem nach vorne schaut und sich über die Entwicklung des Biohofes Gedanken macht: „Wir müssen in Zukunft mehr die besondere Lage des Betriebes nutzen, etwa in Form gastronomischer Angebote und Ferien auf dem Bauernhof. Auch die Einrichtung von Kursen für Manager auf dem Hof ist überlegenswert", so Deckert.

Fitness ist ebenso ein Thema für den Betriebsleiter, der vor gut einem Jahr eine „Körperschmiede" auf dem Dachboden des Hautgebäudes eingerichtet hat. Hier kommen Freunde und Bekannte aus der

Umgebung als „WhatsApp"-Runde zusammen, um sich im Zirkeltraining mit zehn Stationen individuell fit zu machen bzw. zu halten.

„Die Gespräche und der lockere Austausch ‚beim Bier' mit Kollegen aus anderen Branchen ist für mich ein wertvoller Ausgleich", sagt Deckert, der auch ein persönliches Fazit für seine Situation zieht: „Am besten an meinem jetzigen Leben gefällt mir der Einklang mit Natur und Familie, ohne dass wir auf die Nähe zu den umliegenden Zentren wie beispielsweise Dortmund und Münster verzichten müssen".

PACHTBETRIEB SCHULTE MIT MUTTERKUH-HALTUNG UND RINDFLEISCHERZEUGUNG

Lust auf Landwirtschaft – mit dieser leidenschaftlichen Einstellung agieren Birgit und Bernd Schulte auf Haus Rutenborn, einer aus dem 14. Jahrhundert stammenden Wasserburg im Ruhrtal von Schwerte-Geisecke. Hier befindet sich seit 1986 nach Heirat und Übernahme des landwirtschaftlichen Pachtbetriebes ihr Lebensmittelpunkt.

Das besondere Interesse und ausgeprägte Fürsorge-Empfinden des Ehepaars Schulte gilt den 38 Mutterkühen samt Kälbernachwuchs.

Mutterkuhhaltung ist die wohl natürlichste Haltungsform in der Zweisamkeit von „Mutter und Kind", die man auf deutschen Bauernhöfen eher selten antrifft. „Dafür besonders geeignet sind die Rinder der Charolais-Rasse mit ihrem sehr ruhigen Charakter", weiß Birgit Schulte, die nach der Ausbildung zur Hotelfachfrau und dem Erlernen

Die Pächter von Haus Rutenborn: Birgit und Bernd Schulte (Petra Drees-Hagen)

Links: Einfahren der Getreideernte (Friedrich Deckert)

Rinderherde der Rasse Charolais (Petra Drees-Hagen)

Besuchergruppe auf Haus Rutenborn (Petra Drees-Hagen)

der ländlichen Hauswirtschaft schon lange als unentbehrliche, gleichberechtigte Expertin gilt. Ihr Ehemann ist staatlich geprüfter Landwirt.

In den Wintermonaten werden die Mutterkühe im Stall auf Stroh gehalten und auch die Kälber geboren. „Das Hinführen der Neugeborenen an die Biestmilch der Mutter ist die für uns wohl wichtigste Betreuungsaufgabe", sagt Aufzuchtexpertin Birgit Schulte. Nach etwa drei Wochen gewöhnen sich die Jungkälber dann auch an Futtergaben wie Heu und Gerstenmehl („gequetschte Gerste").

Von jeder Kuh wird pro Jahr ein Kalb geboren. Die Nutzungsdauer der Mutterkühe, die während der Aufstallung mit hofeigenem Futter (Grassilage und Getreide) gefüttert werden, liegt bei durchschnittlich zehn Jahren.

Ein Highlight für Mensch und Tier im Jahresrhythmus ist der erste Frühlingstag, an dem die Mutterkühe mit ihren Jungkälbern aus dem Stallgebäude entlassen und auf die hofnahen Ruhrwiesen mit reichlich Frischfutterangebot geleitet werden. Bis Mitte des Jahres gesellt sich dann auch der über's Fleischrinder-Herdbuch vermittelte Deckbulle dazu, der nach vier Jahren Dienstzeit „ausgetauscht" wird. „Das ist unser einziges Nutztier, das wir zukaufen, alle anderen Tiere stammen aus der eigenen Nachzucht", wie die Schultes betonen, auch mit dem Zusatz, dass die genetische Veranlagung des Bullen „hornlose Rinder" garantiere.

Der Verkauf von Rindfleisch an Verbraucher ist ein wichtiger Einkommensbestandteil des Betriebes Schulte. Es gibt zwei Schlachtperioden: Jeweils im November und Februar. Die zehn bis zwölf Monate alten, um die 230 Kilogramm schweren Rinder werden in einem Lohnbetrieb in Unna geschlachtet und dann auf Haus Rutenborn von einem Metzger in küchenfertige „Achtelpakete" (ca. 25 Kilogramm) für die Verbraucherkundschaft zerlegt.

„Wir setzen fast ausschließlich auf Mund-zu-Mund-Propaganda und bieten Qualitätsfrischfleisch vom Rind an, das weder Kalb- noch Jungbullenfleisch ist", so Betriebsleiter Schulte.

Die Direktvermarktung von jährlich über 100 selbst aufgezogenen Enten zur Wintersaison liegt in Händen von Birgit Schulte, die mit den Gemüsekulturen im eigenen Garten (plus Gewächshaus) auch einem arbeitsintensiven Hobby nachgeht.

Das Besondere der „landwirtschaftlichen Bodenpolitik" auf Haus Rutenborn: Für die Nutzfläche von insgesamt 180 Hektar (60 Hektar Grün- und 120 Hektar Ackerland) sind Verträge mit 30 Verpächtern unterzeichnet worden. Die Pachtverträge mit unterschiedlichen Laufzeiten – in der Regel zwischen acht und zehn Jahren – wurden mit öffentlichen Trägern (Kreis Unna, Land NRW) und hauptsächlich privaten Verpächtern ratifiziert. Schwierige Situationen ergeben sich für die Pachtfamilie Schulte immer dann, wenn bei Vererbung die Erben ihre Pachtflächen verkaufen wollen.

Positiv ausgewirkt hat sich laut Betriebsleiter Schulte die Kooperation mit den Wasserwerken Westfalen. Auf Grund der im Ruhrtal-Wasserschutzgebiet eingeschränkten Bewirtschaftung – z.B. Düngeverbot oder fest terminierte Schnitt- bzw. Pflegemaßnahmen bei der Grünlandnutzung – werden Fördermittel für Bodenproben und Fortbildung zur Verfügung gestellt.

Betriebsleiter Schulte – ehrenamtlich als Ortslandwirt und Ortsverbandsvorsitzender aktiv – gilt als ausgewiesener Ackerbauspezialist, was auch seine über 20-jährige Mitgliedschaft im Arbeitskreis „Ackerbau" der Landwirtschaftskammer auf Kreisebene unterstreicht.

Mit Anwendung der „fünfgliedrigen Fruchtfolge" wird ein Niveau erreicht, das Spitzenerträge bei Getreide und Leguminosen (Hülsenfrüchten) verspricht und zudem höhere Flächenprämien folgen lässt. Beim Ackerbau (rund 120 Hektar) folgen auf Gerste Zwischenfrucht, Mais, Weizen, Roggen und Ackerbohnen.

Wer beim nicht einfachen Anbau von Roggen Erträge von über 80 Dezitonnen pro Hektar erzielt, gehört – wie Bernd Schulte – zu den Champions der Agrarwirtschaft.

Die Absatzstruktur der Ackerbaufrüchte ist recht vielseitig. So wird die Wintergerste als Futtergetreide an Schweinemäster in der Nachbarschaft verkauft, der Roggen an die Sendker-Mühle in Kamen geliefert und der Weizen ebenfalls als Brotgetreide an Großhändler in der Region vermarktet.

„Unsere Maisernte dient ausschließlich zur Biogasgewinnung. Wir haben mit der Stadt Lünen einen Vertrag geschlossen, die den Mais zur Energie verarbeitet und uns das anfallende Gärsubstrat als Dünger für die Ackerflächen liefert", erläutert Betriebsleiter Schulte.

Der Einsatz von moderner Agrartechnik wird nach ökonomischen Vorgaben gesteuert. So übernehmen Lohnunternehmen das Düngen mit Kalk oder Gärsubstrat und das Pressen von Stroh bzw. Silage (Silofutter), während die Bodenbearbeitung der Flächen mit betriebseigenen Maschinen erledigt wird. „Für die Getreideernte setzen wir einen Mähdrescher ein, den wir mit unserem Nachbarbetrieb angeschafft haben", so Schulte.

Die Schultes wissen das „abwechslungsreiche Leben" auf dem Hof im Ablauf der unterschiedlichen Jahreszeiten be

sonders zu schätzen. Was ihnen gar keinen Spaß macht, ist die ausufernde Bürokratie, wenn „jeder Handgriff dokumentiert werden muss".

In der landwirtschaftlichen Öffentlichkeitsarbeit und im Dialog mit gesellschaftlichen Gruppen sehen sie eine wichtige Aufgabe. So erhalten Schulklassen und Verbraucher bei Hofführungen immer wieder praxisnahe Einblicke und Vorstellungen davon, wie Landwirtschaft heute funktioniert.

NATURNAHE LANDWIRTSCHAFT HAT ZUKUNFT

Der Strukturwandel in der Landwirtschaft wird sich fortsetzen, mit der Verlagerung auf eine mehr ökologisch-nachhaltig ausgerichtete Wirtschaftsweise. Davon profitieren werden nicht zuletzt die naturnah wirtschaftenden Betriebe an der Ruhr. Trotz aller Globalisierungsbestrebungen bleibt auch in Zukunft die heimische Landwirtschaft ein wichtiges, unverzichtbares Kulturgut für unsere Gesellschaft.

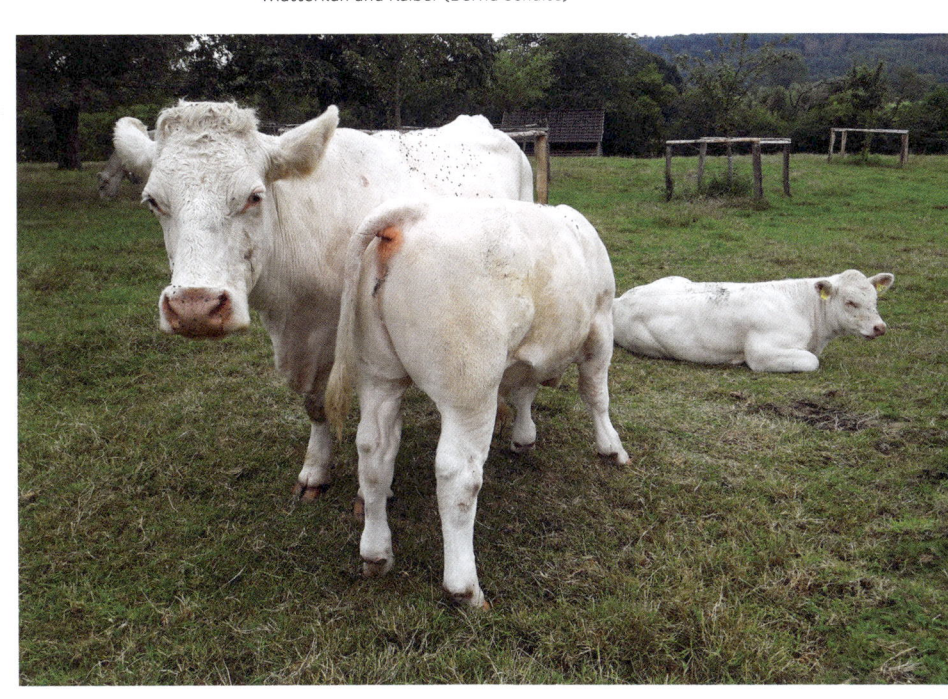

Mutterkuh und Kälber (Bernd Schulte)

Silvia Fehse-Schmitz

LEBENSKÜNSTLER, LANDSCHAFTSPFLEGER, LECKERBISSEN...

Die Heckrinder vom Schultenhof

In Hattingen, mitten im Ruhrtal, liegt der Schultenhof. Seit 1232 ist die Familie hier ansässig (Silvia Fehse-Schmitz)

Es ist ein wahres Paradies mitten im Ruhrgebiet: Flussauen, eine nahezu unberührte Wiesenlandschaft soweit das Auge reicht und keine Menschenseele weit und breit. Auf der wildromantischen Ruhrhalbinsel in Hattingen-Winz könnte man ins Träumen geraten – begegnete man nicht irgendwann zwangsläufig den vierbeinigen Bewohnern, die das Idyll für sich beanspruchen. Auf dem 130 Hektar großen Gelände grast eine Rinderherde –

Links: Die Auerochsen-Herde lebt wild und weitgehend ohne menschliches Eingreifen in den Ruhrauen (Silvia Fehse-Schmitz)

genauer gesagt eine Gruppe wild lebender Heckrinder, gemeinhin auch als Auerochsen bezeichnet. Die Tiere bewegen sich hier völlig frei, beinahe ohne Begrenzung durch Zäune und Gatter.

Das Areal, von drei Seiten durch den Fluss begrenzt, ist seit 1993 ein Naturschutzgebiet. Ein Großteil davon gehört dem Land Nordrhein-Westfalen, das Anfang der 1990er Jahre ein neues ökologisches Landschaftskonzept für die Ruhrauen in Auftrag gab. In unmittelbarer Nachbarschaft befinden sich die landwirtschaftlichen Flächen des alteingesessenen Schultenhofs der Familie Schulte-Stade. Da lag es nahe, miteinander zu kooperieren. Der Landwirt nutzt die naturbelassenen Weiden für seine Tiere, diese wiederum halten die Flächen offen und verhindern die Ausbreitung von Gehölzen. Eine perfekte Win-win-Situation.

GRÖSSTE AUEROCHSENHERDE IN NORDRHEIN-WESTFALEN

Durch die Beweidung passt sich die Vegetation dem wechselnden Wasserstand der Ruhr an und es entwickelt sich eine hohe Biodiversität. Verschiedene bedrohte Vogelarten und Insekten finden hier Nistmöglichkeiten, seltene Wiesenpflanzen können sich ausbreiten. Die robusten Heckrinder eignen sich besonders gut für diese Naturhaltung. Sie sind anspruchslos, widerstandsfähig gegen Krankheiten und kommen mit den landschaftlichen Gegebenheiten an der Ruhr bestens klar. Drei Tiere waren Ursprung der heutigen Herde, darunter ein Zuchtbulle. Aktuell ist der Bestand – rund 45 Mutterkühe mit ihrem Nachwuchs – die größte Auerochsenherde in Nordrhein-Westfalen. Die Idee der „Landschaftspflege durch Beweidung" ist nicht neu. Einzigartig aber ist, dass die Wildherde gleichzeitig integraler Bestandteil eines erfolgreichen wirtschaftlichen Konzepts zur nachhaltigen Fleischproduktion ist. Alles, was der Hof produziert, wird entweder im eigenen Catering-Betrieb verarbeitet oder geht als Wurst- oder Fleischspezialität in den Direktverkauf. Dazu betreibt der Hof zwei eigene Metzgereien – eine auf dem Gelände und eine weitere in der Hattinger Innenstadt – und beliefert die Gastronomie der Messe Essen. Er ist einer von drei Catering-Partnern und unter anderem zuständig für die Bewirtung in der Grugahalle, die bis zu 10.000 Besucher fasst.

Hofinhaber Alfred Schulte-Stade ist überzeugter Biobauer (Silvia Fehse-Schmitz)

Hofinhaber Alfred Schulte-Stade ist ein Medienprofi. Zahlreiche Magazine, Zeitungen und Fernsehsender haben bereits über den Schultenhof und dessen ökologisch nachhaltigen Betrieb berichtet. Der Hof gilt als Modellbeispiel in der Diskussion um Tierwohl-Labels und Öko-Landbau. Schulte-Stade hat Interviews gegeben, in zahlreiche Kameras gelächelt und seine besondere Philosophie stetig aufs Neue propagiert. Denn er weiß, dass sich allein mit Bauernhof-Romantik kein Geld verdienen lässt. Er mag ein Idealist sein, aber in erster Linie ist er Geschäftsmann. Wer Ethik propagiert, muss sie sich leisten können. Das heißt, es braucht ein wirtschaftlich tragfähiges Konzept, um Naturschutz und artgerechte Tierhaltung im großen Stil betreiben zu können. Und genau dieses Konzept macht den Erfolg des Schultenhofs aus. Oder andersherum: Der wirtschaftliche Erfolg macht Ökologie im großen Stil erst möglich. Seit 2006 ist der Hof Bioland-zertifiziert und unterliegt damit den besonders strengen Auflagen des Öko-Labels. Bioland ist einer der Anbauverbände in Deutschland mit den höchsten Ansprüchen an Ökologie und Nachhaltigkeit in der Landwirtschaft. Für Alfred Schulte-Stade gerade hoch genug: Auf seinem Hof kommen keine Pestizide oder chemisch-synthetischen Düngemittel zum Einsatz. Und natürlich sind die artgerechte Haltung der Tiere und die nachhaltige Fleischproduktion oberste Prinzipien. Das gilt nicht nur für die Auerochsenherde, sondern auch für die Simmentaler Hausrinder, deren Kälber in Mutterkuhhaltung aufwachsen, die Bunten Bentheimer Schweine, die fast ausschließlich mit Eicheln gefüttert werden, und die zahlreichen freilaufenden Hühner, die zum Hof gehören.

FREIE LIEBE UNTER RINDERN

Die wilde Auerochsenherde lebt am und mit dem Fluss, weitgehend unbehelligt von Menschen. Die Tiere fressen, was an Gräsern und Kräutern in den Flussauen wächst und bekommen lediglich im Winter ein wenig Heu zugefüttert, wenn die Temperaturen zu tief und der Schnee zu reichlich fallen. Und selbst dieses Futter stammt von den hofeigenen Weiden. Die Rinder kommen selbst in der kalten Jahreszeit ohne Stall oder Unterstand aus. Ihr raues Winterfell schützt sie vor Kälte, Schnee und Eis. Die Familienplanung funktioniert hier ganz ohne Zuchtbuch – die Abstammungslinie seiner Rinder hat

Auerochsen-Herde (Silvia Fehse-Schmitz)

Alfred Schulte-Stade im Kopf: „Ich sehe die Tiere jeden Tag. Ich weiß wann die Bullen geschlechtsreif sind und welche Kuh gerade brünstig ist." Eingreifen muss er trotzdem nicht, der Nachwuchs wird per „Natursprung" gezeugt. So nennen Fachleute die freie Liebe unter Rindern, die es in der konventionellen Rinderzucht kaum noch gibt. Nicht einmal bei der Geburt brauchen die leichtkalbigen Wildkühe menschliche Hilfe. Nach neun Monaten Tragezeit sondern sie sich von der Herde ab und suchen sich einen geschützten Platz zum Kalben.

Ihre Rassebezeichnung „Heckrinder" verdanken die Tiere übrigens den Gebrüdern Heinz und Lutz Heck. Nachdem der Auerochse 1827 für ausgestorben erklärt worden war, unternahmen die beiden Zoologen in den 20er und 30er Jahren des 20. Jahrhunderts den Versuch, Auerochsen rückzuzüchten. Sie kreuzten verschiedene Hausrinderrassen, bis die Tiere ähnliche Merkmale aufwiesen wie deren ausgestorbene wilde Vorfahren. Heute ist der Name „Heckrind" umstritten, da die züchterischen Bemühungen der Hecks im „Dritten Reich" unter ande-

rem von Hermann Göring unterstützt wurden. Die Bezeichnung „Auerochse" ist streng genommen aber auch nicht korrekt, weil es sich lediglich um eine phänotypische Nachzüchtung handelt. Und besonders gut getroffen sind die Ur-Rinder in dem modernen Abbild offenbar auch nicht, wie man heute weiß: Die wilden Vorfahren waren wahrscheinlich ein wenig größer, kräftiger und langbeiniger. Ob Heckrind oder Auerochse – den Tieren ist es wohl egal.

NEUGIERIGE BESUCHER SIND UNERWÜNSCHT

Die Kälber kommen mit hellbraunem Fell zur Welt und dunkeln in ihrem ersten Lebensjahr nach. Dadurch sind sie unmittelbar nach der Geburt im hohen Gras gut getarnt und kaum zu erkennen. Die ausgewachsenen Stiere sind zum Teil fast schwarz, die Kühe meist dunkelbraun. Mit ihren beeindruckenden geschwungenen Hörnern wirken die bulligen Tiere Respekt einflößend – auch wenn sie gutmütig grasend über die Wiesen trotten und von zweibeinigen Besuchern kaum Notiz zu nehmen scheinen. Näher als 50 Meter kommt man der

Herde allerdings nicht, bevor die Tiere allzu neugierigen Beobachtern ihre Kehrseite zuwenden und gemächlichen Schrittes von dannen ziehen. Setzt sich eine der erfahrenen älteren Kühe in Bewegung, folgen die übrigen. Wenn die kindliche Neugier dem Menschen gegenüber sich schließlich dem Herdentrieb beugt, springen auch die Kälber hinterher.

Den Tierarzt sehen die Rinder zum ersten Mal, wenn sie „an den Haken" sollen, wie Alfred Schulte-Stade es nennt. Zur Lebendbeschau. Anschließend werden sie wie Wild geschossen. Es sei fast unmöglich, die Wildrinder auf einen Hänger zu bugsieren und zum Schlachthof zu fahren, erklärt Schulte-Stade, abgesehen davon, dass es für die Tiere erheblichen Stress bedeutet. Ein gezielter Treffer und der leblose Körper sackt zusammen – die übrigen Tiere grasen dabei beinahe ungestört weiter. „Ein einzelner Schuss bringt kaum Unruhe rein", so Schulte-Stade. Und schließlich wirkt sich das auch auf die Fleisch-

qualität aus: Je entspannter das Tier, desto besser das Steak. Stress verändert den pH-Wert in den Muskeln und dann lässt sich das Fleisch nicht mehr gut lagern – es wird wässrig.

Das frisch erlegte Tier wird anschließend im eigenen Schlachthaus fachgerecht in Hälften zerlegt und hängt dann rund drei Wochen im Kühlhaus ab, bevor das Fleisch in den Verkauf oder ins betriebseigene Catering geht. Kühe bringen bis zu 650 Kilogramm auf die Waage, Bullen noch etwas mehr. Allerdings erreichen die männlichen Tiere in Hattingen kaum ihr Maximalgewicht. Die Tatsache, dass man ihnen ihre Männlichkeit lässt, bezahlen sie mit einem recht kurzen Leben: Höchstens zwei Jahre alt werden sie, dann kommen sie vor die Flinte. „Wissen Sie, das ist wie beim Menschen: Im Alter werden die Kerle manchmal komisch", verrät Schulte-Stade lachend. Das heißt, die Stiere sondern sich von der Mutterkuh-Herde ab und führen ein Einzelgänger-Dasein, was zu Reibereien und Rivalitäten führen kann. Einige der Kühe sind hingegen schon über 20 Jahre alt und kalben noch immer. Zum Vergleich: Eine Milchkuh wird üblicherweise nicht älter als fünf bis sechs Jahre.

———

Das Fell der Kälber dunkelt im ersten Lebensjahr nach (Silvia Fehse-Schmitz)

KEINE CHANCE FÜR DEN RIESENBÄRENKLAU

Dass die Tiere ihren Job als Landschaftspfleger gut machen, zeigt sich unter anderem daran, dass sich der Riesenbärenklau hier kaum noch ausbreiten kann. Die mannshohe invasive Staude, die inzwischen vielerorts ein Problem darstellt, ist für den Menschen giftig und kann bei Berührung zu unangenehmen Verbrennungen auf der Haut führen. Für Kühe hingegen sind die Blätter und Stängel aufgrund ihres hohen Selen-Gehalts ein wahrer Gaumenschmaus. Sie fressen die Pflanze bis zum Boden herunter. Im Gegensatz zu Schafen, die zur Beweidung solcher Flächen eingesetzt werden, knabbern sie nicht nur die jungen Triebe ab, sondern machen gleich der ganzen Staude den Garaus. In den hohlen Stängelresten sammelt sich anschließend Wasser, das die Pflanze vollständig bis zur Wurzel langsam verfaulen lässt, sodass sie nicht wieder austreiben kann.

Eine weitere Delikatesse für die Rinder sind die jungen Triebe der Buchen und im Herbst deren Bucheckern. So lang der Hals reicht, fressen sie von unten alle Zweige und Blätter ab und verpassen den Baumkronen dadurch eine schnurgerade Unterkante. Kein Landschaftsgärtner würde das mit der Heckenschere besser hinbekommen. Die raue Rinde der Stämme wird von den Tieren gerne zur Körperpflege genutzt, im Sommer spenden die Baumriesen beim Wiederkäuen Schatten.

Vorwitzig und neugierig gegenüber Besuchern sind vor allem die Halbstarken (Silvia Fehse-Schmitz)

Für ihren „Job" als Landschaftspfleger in den Ruhrauen sind die robusten Auerochsen bestens geeignet (Silvia Fehse-Schmitz)

Im Sommer spenden die großen Buchen beim Wiederkäuen Schatten
(Silvia Fehse-Schmitz)

Eine der seltenen Situationen, in denen menschliches Eingreifen nötig wird, entsteht, wenn im Frühjahr Hochwasser droht. Sobald der Pegel der Ruhr eine gewisse Höhe erreicht hat, ist schnelles Handeln gefragt. Denn innerhalb kürzester Zeit überschwemmt die Ruhr hier fast die gesamte Halbinsel. Der Fluss schwappt über die flache Uferkante wie Suppe über den Tellerrand und flutet die Ebene in gut zwei Stunden. Entgegen der landläufigen Meinung können Kühe zwar schwimmen – im Sommer nutzen sie den Fluss sogar gerne für ein kühlendes Bad – besonders ausdauernd sind sie dabei jedoch nicht. Ebenso wenig mögen sie es, keinen Grund mehr unter den Hufen zu spüren.

Wenn das Wasser kommt, dann zeigt sich einmal mehr, dass die Heckrinder tatsächlich wenig mit dem gutmütigen Fleckvieh gemein haben, das auf eingezäunten Weiden steht. In Wildwestmanier versuchen Helfer dann, die Tiere in Richtung der wenigen höhergelegenen Flächen zu bewegen. Meist mit dem Geländewagen. „Wir locken die Tiere vor allem mit Futter ins Trockene. Wenn man versucht, sie zu sehr zu treiben, bringt das meist nur Unruhe in die Herde. Die Tiere laufen dann in alle Rich-

tungen, nur nicht dahin, wo wir sie haben wollen", so Schulte-Stade. Die besonderen topografischen Gegebenheiten der Ruhrschleife und die jährlichen Hochwasser kennt er von Kindesbeinen an. „Wir sind hier sogar früher oft in der Ruhr schwimmen gegangen", erinnert er sich.

TRADITION UND KONTINUITÄT ALS ERFOLGSREZEPT

Dasselbe haben auch seine Vorfahren wahrscheinlich schon über Generationen hinweg getan. Die Familie Schulte-Stade ist seit 1232, also beinahe acht Jahrhunderte, auf dem Hof ansässig. Durch die Gunst des Grafen von der Isenburg erlangten die „Schulte ob de Stade" bereits im Mittelalter verschiedene Privilegien, unter anderem die Jagd- und Fischereirechte an der Ruhr. Noch heute scheint die Burgruine auf dem Isenberg über die Flusslandschaft zu ihren Füßen zu wachen und erinnert die Hofinhaber an ihre langjährige Verbundenheit zur heimatlichen Scholle.

Immer übernahm der älteste Sohn die Landwirtschaft und immer hieß er Alfred – Kontinuität war das Erfolgsmodell. Vor rund 40 Jahren stand das Konzept jedoch kurz vor dem Scheitern. Der designierte Hofnachfolger arbeitete als Küchenchef bei

Opel, der Vater setzte sich zur Ruhe und wollte den Hof aufgeben. Doch dann kam alles anders: Der Junior entschied sich um und damit für den Hof. Als er 1983 wieder neu aufbaute, was der Vater gerade geordnet abgewickelt hatte, erklärten ihn viele für verrückt – allen voran der Senior selbst: „Mein Vater wollte mich enterben", erinnert sich Schulte-Stade. Bio-Fleisch und nachhaltige Landwirtschaft standen Anfang der 1980er Jahre noch längst nicht so hoch im Kurs wie heute. Der Begriff „Öko" steckte damals eher in einer Schublade mit Müsliessern in selbstgestrickten Schlabberpullovern und Birkenstocks.

Dabei hatte der Vater den Grundstein gelegt: So hatte auch er schon auf Bio-Landbau gesetzt, bevor es überhaupt einen Namen dafür gab. Er verwendete keine Pestizide und brachte keine Gülle auf den Feldern aus. Und neben der Landwirtschaft unterhielt er ein kleines Hotel. Allerdings besaß er nur die Immobilie, der eigentliche Betrieb war verpachtet. „Von Hotellerie oder Gastronomie hatte mein Vater keine Ahnung", so Schulte-Stade. Die

Landwirtschaft mit der Gastronomie zusammenzubringen, das war später seine (entscheidende) Idee. Dadurch entstand ein geschlossener Kreislauf. Hier geht alles in die direkte Weiterverarbeitung oder den hofeigenen Verkauf. „Ohne die Gastronomie könnte der Hof heute nicht überleben", weiß der Chef. Die wirtschaftlichen, politischen und gesellschaftlichen Rahmenbedingungen seien für die Landwirtschaft in den vergangenen Jahren immer schwieriger geworden. Zu viele Einfluss-Faktoren bestimmen inzwischen den globalen Lebensmittelmarkt und damit auch die Preise für landwirtschaftliche Erzeugnisse.

Wie man eine große Küche organisiert und viele Menschen verpflegt, das hat der ausgebildete Koch von der Pike auf gelernt. Nach seiner Lehre in einem Restaurant arbeitete er als Zeitsoldat bei der Bundeswehr im Offizierskasino und fing dann in der Opel-Gastronomie an. Bis er dort 1983 den Job an den Nagel hängte, hatte er sich zum Küchenchef hochgearbeitet und 170 Mitarbeiter in 14 Kantinen unter sich. Opel beschäftigte damals knapp 22.000 Menschen. Acht Jahre lang liefen der Job bei Opel und der heimische Hof parallel, bis er irgendwann einen Schlussstrich zog, frei nach dem Motto: Ganz oder gar nicht. Seine Entscheidung für den Hof hat er nie bereut. Was als kleiner Partyservice neben der Landwirtschaft begann, ist inzwischen zu einem Event- und Veranstaltungscatering geworden, das Großveranstaltungen und Kongresse mit hofeigenen Erzeugnissen bewirtet.

Tochter Christina ist bereits in seine Fußstapfen getreten: Nach einer Gastronomie-Ausbildung im Essener Jagdhaus Schellenberg stieg die 32-jährige auf dem väterlichen Hof ein. Die Aufgaben teilen

———

Auch die furchterregendsten Hörner waren einmal Hörnchen
(Silvia Fehse-Schmitz)

———

Das ökologisch nachhaltige Konzept des Schultenhofs ist wegweisend
(Silvia Fehse-Schmitz)

sich Vater und Tochter; während der Senior sich schwerpunktmäßig um die Tiere kümmert, regelt Christina die administrativen Dinge, das Catering-Geschäft sowie vertragliche Angelegenheiten. Der Betrieb beschäftigt heute insgesamt 87 Mitarbeiter in der Landwirtschaft, der Gastronomie und im Verkauf. Da braucht es auch gute Management-Qualitäten und ein Gespür für das richtige Marketing.

IM SOMMER IST SCHONZEIT FÜR DIE AUEROCHSEN

Die Auerochsen-Spezialitäten sind ein echter Verkaufsschlager. Ob als Schmorbraten, Tafelspitz oder Roastbeef, „es schmeckt alles gut", versichert Alfred Schulte-Stade. Viele Kunden schätzen vor allem den leichten Wildgeschmack. Das Fleisch hat zwar einen geringeren Fettanteil als das eines

Im Hofladen gibt's leckere „Schweinereien" im Glas (Silvia Fehse-Schmitz)

Hausrinds, dafür ist es aber reich an geschmacks-intensiven Proteinen. Das liegt auch daran, dass die Tiere nicht in Rekordzeit ihr Schlachtgewicht erreichen müssen, sondern langsam und natürlich zulegen dürfen. „Die Nachfrage nach Fleisch aus artgerechter Tierhaltung wächst insbesondere bei der jüngeren Generation enorm", weiß Christina Schulte-Stade.

Zum nachhaltigen Konzept gehört natürlich auch, dass das gesamte Tier verarbeitet wird – nicht nur die Steaks. Daran, dass es nicht immer alles gibt, haben sich die Kunden inzwischen gewöhnt. Mehr als ein Filet hat ein Tier eben nicht, dafür aber ebenso leckere Bratenstücke, Beinscheiben oder Gulasch-Fleisch. Im Sommer wird gar nicht geschlachtet, erst ab Oktober beginnt dann wieder die Auerochsen-Saison in der Küche und im Verkauf. Das Angebot regelt hier die Nachfrage. „Filet-Shops", wie er sie nennt, Supermarkt-Fleischtheken, in denen nur Grillfleisch zum Discountpreis angeboten wird, ärgern Schulte-Stade. Zu solchen Preisen könne niemand Fleisch aus artgerechter Tierhaltung produzieren, aber offensichtlich sei das noch immer vielen Kunden nicht bewusst oder sogar egal. Deshalb lässt er so oft wie möglich Besucher auf den Hof und erklärt ihnen seine Arbeit. Die „Auerochsen-Safari" beispielsweise, die er regelmäßig anbietet, hat bereits Tradition. Auf einem Traktor-Anhänger, der mit Sitzbänken zum Safari-Mobil umgebaut wird, geht der Hofherr dann mit seinen Gästen auf Expedition in die Ruhrauen. Transparenz steht auf dem Schultenhof an erster Stelle: „Bei mir kann jeder in die Futterkiste gucken", sagt der überzeugte Ökolandwirt. Heu und Silage für den Winter produziert er selbst – ohne Kunstdünger, ohne Gülle und ohne Pflanzenschutzmittel. Seine besondere Form von „Erlebnisgastronomie" kommt bei den Menschen gut an. Betriebe wie der Schultenhof haben dazu beigetragen, Biofleisch aus der ideologischen Nische herauszuholen: Massentauglich, aber ohne Massentierhaltung.

Rechts: Hier wacht der Chef. Der Zuchtbulle ist die Nummer eins in der Herde (Silvia Fehse-Schmitz)

III.
WOHN
RAUM
RUHR

—

...en. ...wie den ...rgebiets als be-

...lativ wenige Bewohner ne... Zusammenhang mit dem Ruhr... Bergbau (10 %) oder das Arbeite... sondere Eigenschaften.

...Natur...

DIE BESONDERHEITEN DES RUHRGEBIETS *)

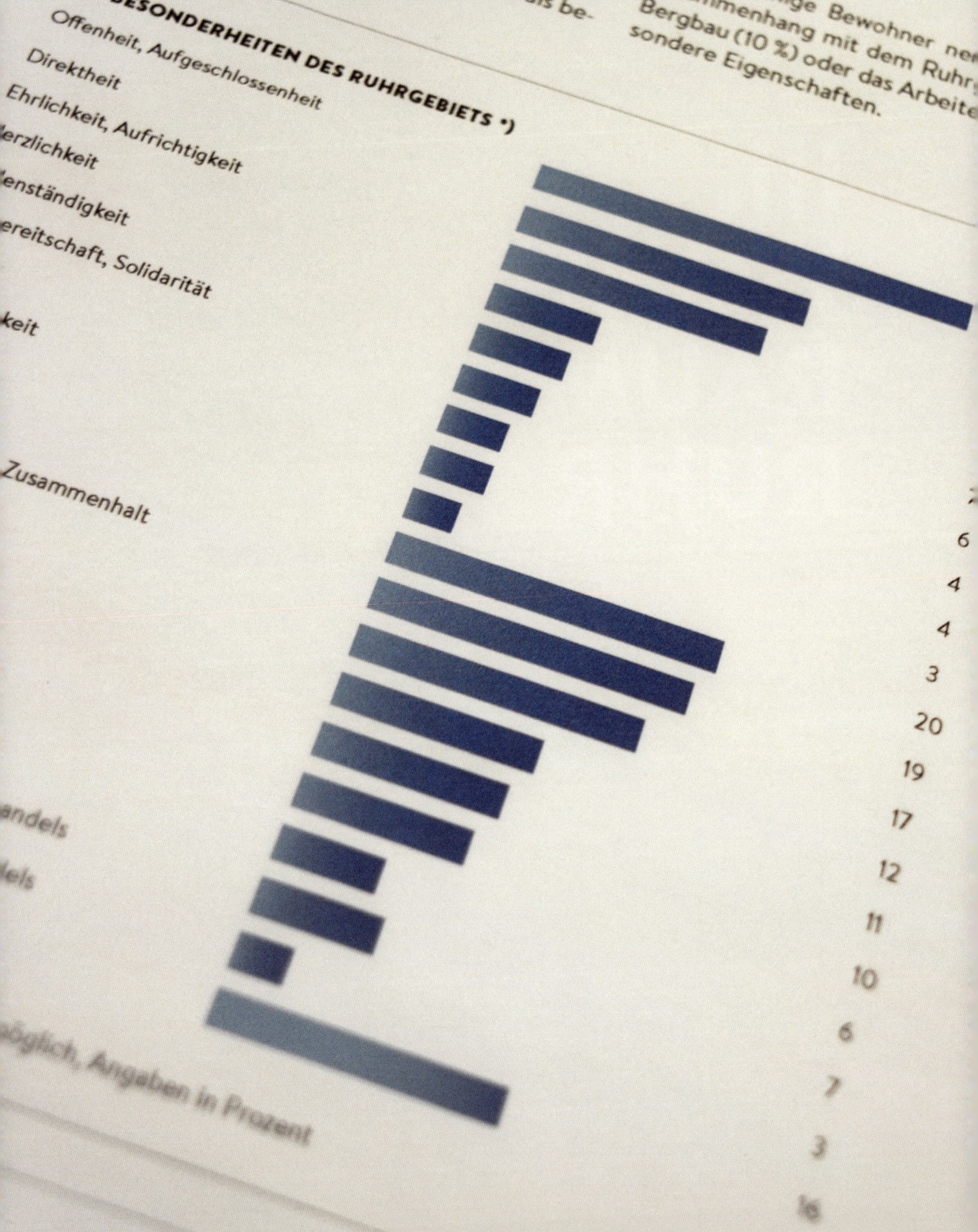

Offenheit, Aufgeschlossenheit
Direktheit
Ehrlichkeit, Aufrichtigkeit
...erzlichkeit
...enständigkeit
...ereitschaft, Solidarität
...keit
Zusammenhalt
...andels
...dels
6
4
4
3
20
19
17
12
11
10
6
7
3
16

...öglich, Angaben in Prozent

Manfred Güllner, Peter Matuschek

HEIMAT RUHRGEBIET

Ergebnisse einer repräsentativen
Bevölkerungsbefragung

1. VORBEMERKUNG

Im Rahmen einer repräsentativen Befragung hat forsa im Auftrag der Brost-Stiftung untersucht, was die Bewohner des Ruhrgebiets unter dem Begriff „Heimat" verstehen, welchen Stellenwert „Heimat" für sie hat und inwiefern Heimatgefühl und heimatliche Verbundenheit verloren gehen. Außerdem wurde ermittelt, wie verbunden sich die Bürger im Revier mit dem Ruhrgebiet fühlen und wie das Ruhrgebiet und seine Bewohner eingeschätzt werden.

Um dies zu ermitteln, hat forsa vom 29. Oktober bis 19. November 2019 insgesamt 1.006 nach einem systematischen Zufallsverfahren ausgewählte Bewohner des Ruhrgebiets ab 18 Jahren mithilfe computergestützter Telefoninterviews befragt. Einige der Fragen wurden zusätzlich auch im gesamten Bundesgebiet an 1.035 ebenfalls nach einem systematischen Zufallsverfahren ausgewählte Bürgerinnen und Bürger gestellt, um die Ergebnisse im Ruhrgebiet und im „Rest der Republik" miteinander vergleichen zu können.

2. IDENTIFIKATION MIT DEM WOHNORT

Die Frage, ob man gerne in einer Stadt bzw. Gemeinde wohnt, ist ein einfacher, aber sehr aussagekräftiger Indikator für die Verbundenheit der Bürger mit ihrem Wohnort, denn in die Beantwortung dieser Frage gehen vielfältige Aspekte ein.

Wenn auf diese Frage 80 Prozent der Bewohner des Ruhrgebiets angeben, gerne in ihrem Wohnort zu leben, ist dies im Vergleich zu anderen Städten und Regionen in Deutschland ein recht guter Wert.

Allerdings bildet dieser Wert die durchschnittliche Zufriedenheit im gesamten Ruhrgebiet ab, während die Wohnzufriedenheit durchaus unterschiedlich ist.

IDENTIFIKATION MIT DEM WOHNORT

Es wohnen gerne in ihrem Wohnort

Ruhrgebiet insgesamt	80
Männer	81
Frauen	80
18- bis 29-Jährige	79
30- bis 44-Jährige	77
45- bis 59-Jährige	80
60 Jahre und älter	82
Wohndauer:	
seit Geburt	84
später zugezogen	75

3. DIE BESONDERHEITEN DES RUHRGEBIETS

Auf die offene und ohne jede Antwortvorgabe gestellte Frage, was das Ruhrgebiet ihrer Meinung nach ausmacht und was das Besondere am Ruhrgebiet und seinen Menschen sei, wird von den Bewohnern des „Reviers" eine Vielzahl von zumeist positiven Eigenschaften genannt.

Hervorgehoben wird vor allem die Offenheit und Aufgeschlossenheit (29 %), die Direktheit (19 %) sowie die Ehrlichkeit und Aufrichtigkeit (17 %) der Menschen im Ruhrgebiet. Einige Befragte nennen auch die Herzlichkeit (7 %), die Bodenständigkeit (6 %), die Hilfsbereitschaft bzw. Solidarität (5 %), die Toleranz und Freundlichkeit (jeweils 4 %) sowie den Humor (3 %) der Bewohner des Ruhrgebiets als besondere Merkmale der Region.

Für 20 Prozent sind die Vielfalt von Menschen und Kulturen, für 19 Prozent der spezielle Menschenschlag und der Zusammenhalt untereinander das Besondere am Ruhrgebiet.

17 Prozent sehen die Kultur bzw. Sprache der Region, 12 Prozent die Städte und den Verkehr, 11 Prozent die landschaftliche Vielfalt bzw. das Nebeneinander von Stadt und Natur als das Besondere am Ruhrgebiet an.

Relativ wenige Bewohner nennen heute noch im Zusammenhang mit dem Ruhrgebiet Industrie und Bergbau (10 %) oder das Arbeitermilieu (6 %) als besondere Eigenschaften.

Auf die konkrete Frage, welche Eigenschaften in besonderem Maße auf die Bewohner des Ruhrgebiets zutreffen, wird in erster Linie ihre Direktheit (80 %) genannt.

Darüber hinaus halten die Bewohner des Ruhrgebiets sich auch mehrheitlich für bodenständig (72 %), offen (70 %), ehrlich (67 %), humorvoll (56 %) und fleißig (55 %).

Eher selten schreiben die Bewohner im Ruhrgebiet sich und ihren Mitbewohnern die Eigenschaften bescheiden (19 %), schräg (18 %), stur (15 %), rückständig (5 %) oder naiv (4 %) zu.

Die älteren Bürger im Ruhrgebiet halten die Bewohner in der Region noch etwas häufiger als die jüngeren für offen und fleißig.

DIE BESONDERHEITEN DES RUHRGEBIETS *

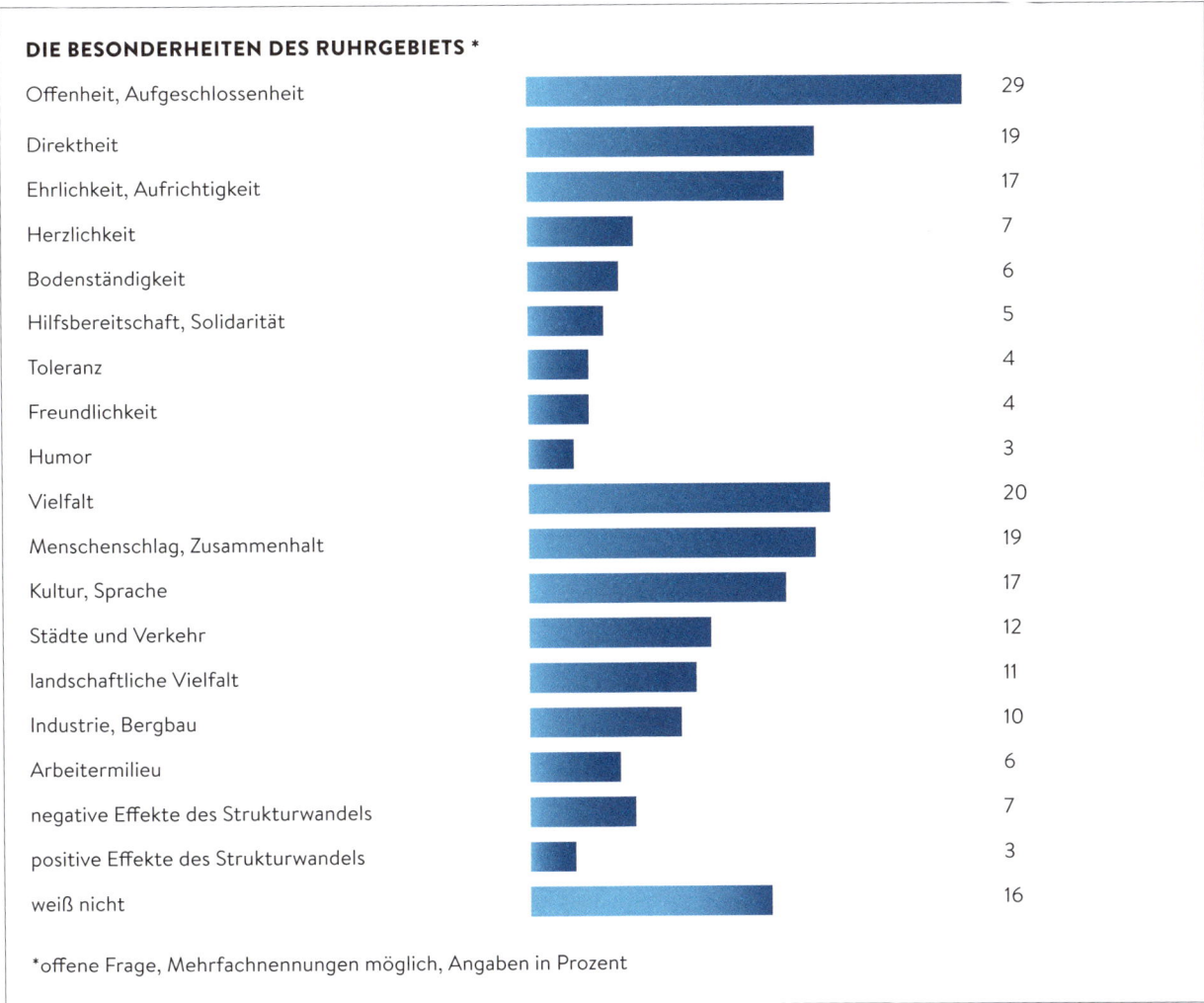

Offenheit, Aufgeschlossenheit	29
Direktheit	19
Ehrlichkeit, Aufrichtigkeit	17
Herzlichkeit	7
Bodenständigkeit	6
Hilfsbereitschaft, Solidarität	5
Toleranz	4
Freundlichkeit	4
Humor	3
Vielfalt	20
Menschenschlag, Zusammenhalt	19
Kultur, Sprache	17
Städte und Verkehr	12
landschaftliche Vielfalt	11
Industrie, Bergbau	10
Arbeitermilieu	6
negative Effekte des Strukturwandels	7
positive Effekte des Strukturwandels	3
weiß nicht	16

*offene Frage, Mehrfachnennungen möglich, Angaben in Prozent

EIGENSCHAFTSPROFIL DER MENSCHEN IM RUHRGEBIET

Auf die Bewohner des Ruhrgebiets trifft in besonderem Maße zu:	Ruhrgebiet *) insgesamt %	18-bis 29-Jährige %	30- bis 44-Jährige %	45- bis 59-Jährige %	60 Jahre und älter %
- direkt	80	87	86	77	78
- bodenständig	72	66	77	73	70
- offen	70	57	65	69	79
- ehrlich	67	65	72	69	63
- humorvoll	56	57	54	58	56
- fleißig	55	52	45	52	65
- bescheiden	19	19	20	18	20
- schräg	18	23	22	21	11
- stur	15	33	19	12	11
- rückständig	5	12	6	4	5
- naiv	4	6	4	3	4
*) Prozentsumme größer 100, da Mehrfachnennungen möglich					

4. DER WANDEL DES RUHRGEBIETS

Rund die Hälfte der Befragten (49 %) meint, das Ruhrgebiet hätte sich in den letzten Jahren zum Vorteil verändert. Etwas mehr als ein Viertel (28 %) ist der Meinung, das Ruhrgebiet hätte sich eher zum Nachteil verändert. 21 Prozent sehen keine Veränderung.

Dass sich das Ruhrgebiet zum Vorteil verändert habe, meinen etwas häufiger als der Durchschnitt die über 60-jährigen Bewohner des Ruhrgebiets (56 %).

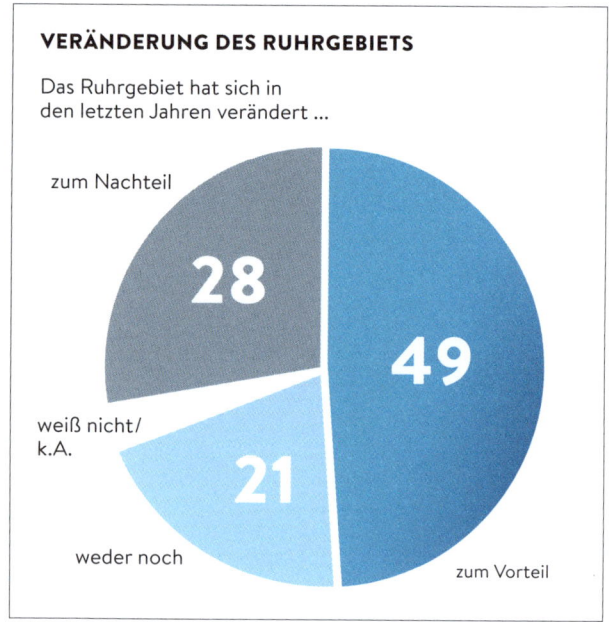

VERÄNDERUNG DES RUHRGEBIETS

Das Ruhrgebiet hat sich in den letzten Jahren verändert ...

zum Nachteil — **28**

weiß nicht/k.A.

weder noch — **21**

zum Vorteil — **49**

5. WAS IST „HEIMAT"?

Die Bewohner des Ruhrgebiets wurden auch ohne jede Vorgabe danach gefragt, was für sie persönlich Heimat ausmacht bzw. was für sie zur Heimat dazugehört.

Für die große Mehrheit der Bürger im Ruhrgebiet (70 %) machen in erster Linie Familie, Freunde und Bekannte Heimat aus.

37 Prozent sagen, Heimat sei für sie ein Ort des Wohlbefindens bzw. das Gefühl, zu Hause zu sein. Für 31 Prozent ist ihr Wohnort bzw. die gewohnte Umgebung Heimat.

19 Prozent verbinden mit Heimat ihren Geburtsort oder Kindheitserinnerungen.

16 Prozent assoziieren mit Heimat eine gemeinsame Mentalität, Sprache, Kultur oder Religion. Für 12 Prozent ist Heimat Landschaft und Natur, für 8 Prozent bedeutet sie Versorgungssicherheit bzw. (politische) Stabilität.

Das Heimat-Bild der Bewohner im Ruhrgebiet ähnelt damit weitgehend dem der Bundesbürger insgesamt. Allerdings bringen die Bewohner im „Revier" noch etwas häufiger als die Bürger im gesamten Bundesgebiet Familie, Freunde und Bekannte sowie den eigenen Wohnort mit Heimat in Verbindung.

Frauen verbinden Heimat noch häufiger als Männer mit der Familie, Freunden und Bekannten (77 gegenüber 64 Prozent) sowie mit einem Ort des Wohlbefindens (41 gegenüber 33 Prozent).

Dass der Wohnort bzw. die gewohnte Umgebung die Heimat ist, geben am ehesten die über 60-Jährigen an.

Über 30-Jährige verbinden mit Heimat häufiger den eigenen Geburtsort bzw. Kindheitserinnerungen als die unter 30-Jährigen.

Auf die konkrete Frage, welchen Bezugsrahmen sie am ehesten als ihre Heimat bezeichnen würden, benennen die meisten im Ruhrgebiet (44 %) den Ort, wo ihre Familie und Freunde sind.

Für 25 Prozent ist die Region, für 23 Prozent die Stadt bzw. Gemeinde, in der sie leben, ihre Heimat. Nur wenige Befragte (7 %) bezeichnen Deutschland insgesamt als ihre Heimat.

Die Bewohner, die seit Geburt im Ruhrgebiet leben, bezeichnen deutlich häufiger die Stadt bzw. Gemeinde, in der sie leben, als Heimat als die später Zugezogenen.

ASSOZIATIONEN ZUM BEGRIFF „HEIMAT"

	Ruhrgebiet insgesamt, %	Deutschland insgesamt*, %
Familie, Freunde, Bekannte	70	60
Ort des Wohlbefindens; Gefühl, zu Hause zu sein	37	38
Wohnort, gewohnte Umgebung	31	23
Geburtsort, Kindheitserinnerungen	19	15
gemeinsame Mentalität, Sprache, Kultur, Religion	16	21
Landschaft, Natur	12	13
Versorgungssicherheit, (politische) Stabilität	8	7
regionale Besonderheiten (Orte, Essen, Produkte)	5	6
Arbeitsort	3	2
Ruhrgebiet	3	-
* offene Abfrage, Mehrfachnennungen möglich		

ASSOZIATIONEN ZUM BEGRIFF „HEIMAT" (NACH ALTERSGRUPPEN)

	Ruhrgebiet insgesamt*	18- bis 29- Jährige %	30- bis 44- Jährige %	45- bis 59- Jährige %	60 Jahre und älter %
Familie, Freunde, Bekannte	70	68	73	69	71
Ort des Wohlbefindens; Gefühl, zu Hause zu sein	37	37	40	40	34
Wohnort, gewohnte Umgebung	31	29	25	29	37
Geburtsort, Kindheitserinnerungen	19	9	20	18	22
gemeinsame Mentalität, Sprache, Kultur, Religion	16	11	14	18	16
Landschaft, Natur	12	12	14	11	12
Versorgungssicherheit, (politische) Stabilität	8	1	6	8	10
regionale Besonderheiten (Orte, Essen, Produkte)	5	7	7	5	4
Arbeitsort	3	4	3	4	3
Ruhrgebiet	3	5	1	3	3
* offene Abfrage, Mehrfachnennungen möglich					

PERSÖNLICHER BEZUGSRAHMEN VON „HEIMAT"

	Es würden alles in allem am ehesten als ihre Heimat bezeichnen			
	den Ort, wo Familie und Freunde sind, %	die Region, in der sie leben, %	die Stadt bzw. Gemeinde, in der sie leben, %	Deutschland insgesamt*, %
Ruhrgebiet insgesamt	44	25	23	7
Männer	38	31	22	8
Frauen	50	19	24	6
18- bis 29-Jährige	53	17	20	8
30- bis 44-Jährige	46	26	26	1
45- bis 59-Jährige	42	29	21	8
60 Jahre und älter	42	23	23	10
Hauptschule	39	22	28	10
mittlerer Abschluss	40	23	28	9
Abitur, Studium	46	27	19	6
Wohndauer:				
- seit Geburt	37	27	31	6
- später zugezogen	51	24	14	9
* an 100 Prozent fehlende Angaben = „weiß nicht"				

6. DER STELLENWERT VON „HEIMAT"

Heimat oder das Gefühl heimatlicher Verbundenheit hat für die große Mehrheit (71 %) der Bewohner
des Ruhrgebiets – quer durch alle Bevölkerungs-
und Wählergruppen – einen hohen Wert.

Nur eine Minderheit (27 %) gibt an, dass dies für sie
nicht so wichtig ist.

Für die übergroße Mehrheit der befragten Bewohner im Ruhrgebiet (91 %) ist Heimat auch ein grundsätzlich positiver Begriff.

Nur wenige Befragte (6 %) meinen, Heimat habe
einen eher negativen Beigeschmack.

PERSÖNLICHER STELLENWERT HEIMATLICHER VERBUNDENHEIT		
	Heimat oder das Gefühl heimatlicher Verbundenheit hat für Sie persönlich einen hohen Wert	
	ja, %	nein, ist nicht so wichtig*, %
Ruhrgebiet insgesamt	71	27
Männer	70	27
Frauen	72	26
18- bis 29-Jährige	74	21
30- bis 44-Jährige	72	26
45- bis 59-Jährige	72	26
60 Jahre und älter	69	30
Hauptschule	73	25
mittlerer Abschluss	72	26
Abitur, Studium	69	28
Wohndauer:		
- seit Geburt	78	21
- später zugezogen	64	33
Anhänger der: CDU	82	16
FDP	72	26
SPD	73	25
Grünen	64	33
Linke	59	38
AfD	71	27
* an 100 Prozent fehlende Angaben = „weiß nicht"		

MEINUNGEN ZUM BEGRIFF „HEIMAT"

	Heimat ist für Sie eher ein positiver Begriff	
	ja, %	nein, Heimat hat einen eher negativen Beigeschmack*, %
Ruhrgebiet insgesamt	91	6
Männer	91	6
Frauen	91	5
18- bis 29-Jährige	91	6
30- bis 44-Jährige	92	6
45- bis 59-Jährige	92	4
60 Jahre und älter	90	7
Hauptschule	95	4
mittlerer Abschluss	95	3
Abitur, Studium	89	7
Anhänger der: CDU	96	2
FDP	93	5
SPD	91	6
Grünen	89	8
Linke	80	14
AfD	92	8
* an 100 Prozent fehlende Angaben = „weiß nicht"		

7. „HEIMAT" IM KONTEXT GESELLSCHAFTLICHER VERÄNDERUNGEN

Rund die Hälfte der Bürger im Ruhrgebiet (51 %) hat den Eindruck, dass durch die zunehmende Globalisierung und Digitalisierung sowie durch die Zuwanderer und den sich vollziehenden Strukturwandel die Verbundenheit mit der Heimat und das Heimatgefühl immer mehr verloren gehe.

42 Prozent aber meinen, dass diese Entwicklungen keinen Einfluss auf die Heimatverbundenheit hätten. Diese Meinung teilen überdurchschnittlich häufig die Jüngeren sowie die Anhänger der Grünen und der Linkspartei. Von den Anhängern der AfD meint hingegen fast jeder, dass die Verbundenheit mit der Heimat durch verschiedene gesellschaftliche Veränderungen immer mehr verloren gehe.

Offen und ohne Vorgaben wurden die Befragten um eine Einschätzung gebeten, woran es liegen könnte, dass manchmal der Eindruck entsteht, dass so etwas wie Heimatgefühl oder heimatliche Verbundenheit verloren gehe.

17 Prozent der Befragten führen dies auf zunehmende Anonymität bzw. Einsamkeit zurück. 15 Prozent begründen das mit Veränderungen in der Arbeitswelt, 11 Prozent mit dem Zuzug von Ausländern.

Jeweils 10 Prozent sehen in häufigen Wohnortwechseln bzw. einer zunehmenden Mobilität, in einem allgemeinen gesellschaftlichen Wandel sowie in Veränderungen in der Region Gründe für einen Verlust des Heimatgefühls.

Als weitere Gründe für einen Verlust der heimatlichen Verbundenheit werden Werteverlust und Egoismus (9 %), Schnelllebigkeit und Hektik (8 %), Entfremdung und Entwurzelung (8 %) oder die Globalisierung (7 %) vermutet.

VERLUST VON „HEIMATGEFÜHL" DURCH GESELLSCHAFTLICHE VERÄNDERUNGEN?

	Durch die zunehmende Globalisierung und Digitalisierung sowie durch die Zuwanderer und den sich vollziehenden Strukturwandel gehen die Verbundenheit mit der Heimat und das Heimatgefühl immer mehr verloren	
	ja, %	nein, das hat alles keinen Einfluss auf die Heimatverbundenheit*, %
Ruhrgebiet insgesamt	51	42
Männer	57	39
Frauen	46	45
18- bis 29-Jährige	40	55
30- bis 44-Jährige	53	41
45- bis 59-Jährige	56	38
60 Jahre und älter	49	43
Hauptschule	56	38
mittlerer Abschluss	57	37
Abitur, Studium	48	45
Anhänger der: CDU	56	38
FDP	60	34
SPD	47	46
Grünen	34	57
Linke	41	52
AfD	98	2

* an 100 Prozent fehlende Angaben = „weiß nicht"

GRÜNDE FÜR EINEN VERLUST DES HEIMATGEFÜHLS

	Ruhrgebiet insgesamt*, %	18-bis 29-Jährige, %	30-bis 44-Jährige, %	45- bis 59-Jährige, %	60 Jahre und älter,%
Anonymität, Einsamkeit	17	10	13	19	18
Veränderungen in der Arbeitswelt	15	8	12	14	18
Zuzug von Ausländern	11	12	11	10	12
Wohnortwechsel, zunehmende Mobilität	10	13	13	9	9
gesellschaftlicher Wandel	10	15	8	9	10
Veränderungen in der Region	10	11	13	7	10
Werteverlust, Egoismus	9	5	9	9	9
Schnelllebigkeit, Hektik	8	9	11	7	7
Entfremdung, Entwurzelung	8	8	9	8	8
Globalisierung	7	13	4	7	7
Verfall der eigenen Sprache, Kultur	6	6	5	6	7
Fehlen/Verlust von Familie, Freunden, Bekannten	6	7	7	6	4
Digitalisierung, Internet, neue Medien	5	5	5	6	5
politische/wirtschaftliche Situation	4	6	3	6	4
Verhalten der Menschen untereinander	3	2	1	3	4
fehlendes Sicherheitsgefühl	3	0	3	3	3
Veränderungen des Umfelds	3	2	4	1	3
nichts/weiß nicht	24	27	24	24	22

*offene Abfrage, Mehrfachnennungen möglich

Wilfried Pastors

„DIE RUHR VERBINDET DIE GENERATIONEN"

Ein Interview mit Maximilian Freiherr von Fürstenberg

Maximilian Freiherr von Fürstenberg (47) ist Vater von fünf Kindern, Familienoberhaupt sowie Leiter des dazugehörigen „Betriebes" derer von Fürstenberg. Seinen Start ins Leben hat die Journalistin Katrin Kroemer einmal in einem gelungen Porträt wie folgt beschrieben: „*Es grenzt fast an ein Wunder, dass es dieses Kind wirklich bis ins Leben geschafft hat. Zur Welt nämlich kommt Maximilian als Sohn des Freiherrn Adolf von Fürstenberg und seiner Gattin Yvonne am 5. Juni 1972 als Sieben-Monats-Kind. Keine Selbstverständlichkeit, dass der kleine Kerl das in den 1970er-Jahren übersteht. Bis er zum stattlichen Stammhalter derer von Fürstenberg herangewachsen ist, übersteht er mit nur sieben Jahren auch noch eine Meningitis. Überlebt als einziger von damals vier Krankheitsfällen die gefährliche Gehirnhautentzündung ohne jede Nachwirkung. So besucht er in Düsseldorf die Maximilian-Grundschule...*"

Beim Treffen zum Interview im Kaminzimmer von Schloss Hugenpoet ergänzt der studierte Historiker und Archäologe die Schilderung lächelnd mit weniger dramatischen Kindheitserinnerungen.
„Wir sind als Kinder im Schlosspark herumgestromert, haben im Teich gefischt und der alte Pächter

hat viele Sachen durchgehen lassen, die eigentlich nicht erlaubt waren. Einer meiner Onkel war Pfarrer, er hielt in der Schlosskapelle die Sonntagsmesse, wenn er zu Besuch war. Und natürlich wurden mit allen Vettern und Cousinen hier im Schloss die großen Familienfeste gefeiert."
Trotz jahrelanger Schulaufenthalte im Schwarzwald sowie des Studiums in Köln und Bonn betrachtet Maximilian Freiherr von Fürstenberg das Ruhrgebiet als seine Heimat.
„Schloss Hugenpoet ist der Kristallisationspunkt der Familie. Hier leben wir seit 200 Jahren, hier kommen wir her, das ist Heimat. Auch wenn die Familie heute über die ganze Welt verstreut ist."

Wie beschreiben Sie Freunden und Gästen, die zum ersten Mal in die Region kommen, deren Reiz?

Maximilian Freiherr von Fürstenberg: Hier auf Schloss Hugenpoet, mitten im Grünen, sage ich gerne: ‚Willkommen im Ruhrgebiet, 500 Meter von hier fließt die Ruhr'. Die meisten Besucher verknüpfen mit dem Ruhrgebiet immer noch das Klischee von rauchenden Schloten, Zechen und verschmutzter Umwelt.

Links: Baron von Fürstenberg vor dem Schloss Hugenpoet
(Ralf Schultheiß)

Es gibt sicher weniger schöne Ecken, aber die Gegensätze machen diese Region so spannend.

———

Wie ist Ihr ganz persönliches Verhältnis zum Fluss, der dieser Region den Namen gab?

Fürstenberg: Als Kind stand ich regelmäßig an und in der Ruhr. Oft mit hochgekrempelten und dennoch nassen Hosen suchte ich im seichten Strom und mit einem Kescher nach Schätzen aller Art.
Bei Streifzügen durch die Ruhrauen faszinierten mich schon früh die einheimischen Orchideen, deren Standorte ich in einem kleinen Notizbüchlein markierte.
Als begeisterter Dinosaurier-Fan hatte ich in meiner Tante außerdem eine Verbündete auf der Suche nach Schachtelhalmen, die gerne an der Ruhr gediehen. Diese uralten Gewächse existierten schon vor der Zeit der Dinosaurier und wuchsen in Form von riesigen Bäumen.
Auch die Ruhrquelle war immer ein besonderes Reiseziel. Da unsere Familie ursprünglich aus dem Sauerland kommt und wir heute noch regelmäßig die Ferien dort verbringen, stellt die Ruhr auch für die Kinder schon eine Verbindung der Generationen dar.

———

Aus dem Essener Süden heraus blickt man wohl anders auf das Ruhrgebiet als zum Beispiel aus Gelsenkirchen-Schalke...

Fürstenberg: Man muss die historische Entwicklung betrachten. Der Kohleabbau zog im Laufe der Jahre immer weiter nach Norden, der Süden wurde wieder grün. Und wer es sich leisten konnte, zog hier hin.
Ich möchte die Dinge auch nicht schönreden, wir befinden uns im größten Ballungsraum Europas und stehen vor gewaltigen Aufgaben im Strukturwandel. Dabei sind die Herausforderungen besonders hoch, weil viele Arbeitsplätze in der sogenannten alten Industrie verloren gingen, im Digitalzeitalter neue geschaffen werden müssen.
Im Zuge dieser Entwicklung sind viele Kommunen in die Pleite geschlittert, sodass sie kaum noch Zukunft gestalten können.

Aber man sollte dabei auch nicht vergessen, was bereits erreicht und von den Menschen hier geleistet wurde. Ich habe noch als Kind erlebt, wie bis nach Düsseldorf wegen Smogalarms die Schule ausfiel. Viele Halden sind inzwischen begrünt, Zechengelände wurden renaturiert, es gibt ein gut ausgebautes Radwegenetz.
Heute kann man sich nur noch schwer vorstellen, wie riesig groß die Industrieanlagen waren. Das Werksgelände von ThyssenKrupp dehnte sich auf einer Fläche aus, die ungefähr dem heutigen Essener Stadtzentrum entsprach. Die Menschen im Ruhrgebiet können stolz sein auf das, was schon geschafft wurde.

———

Bezeichnen Sie sich selbst auch als „Ruhri"?

Fürstenberg: Ein niedlicher Begriff, der mir aber ehrlicherweise noch nie untergekommen ist. Die Ruhr hat einer ganzen Region den Namen gegeben, die nicht vollständig an ihren Ufern liegt, wenn man sich den Verlauf des Flusses anschaut. Deshalb ist für die Menschen hier der Fluss auch weniger Kristallisationspunkt als ihre Stadt. Wir sind „Essener", ich fände „Ruhrpöttler" als Bezeichnung der Herkunft noch passend.

———

Die Rheinländer gehen anders mit ihrem Fluss um, es gibt Lieder, Gedichte und Sagen rund um den Rhein. Was unterscheidet die Menschen an Rhein und Ruhr?

Fürstenberg: Das Rheinland war immer Durchgangsland, hier siedelten schon die Römer. Die Bedeutung des Rheins als Handelstraße war viel größer als die Bedeutung der Ruhr. Andererseits hat der Handel auch den viel zitierten Klüngel hervorgebracht, man schaut, wie man am besten durchkommt. Man feiert sich und seinen Fluss. Der Ruhrgebietsmensch ist ein traditioneller Malocher, eher unromantisch, aber ohne Umschweife gerade aus. Ehrlich und verlässlich, während der Rheinländer das Unverbindliche perfektioniert hat.

Trotz vieler Probleme erklären „Ruhrpöttler" in Umfragen immer wieder, sie wollten hier nicht weg.

Fürstenberg: Der Ruhrgebietsmensch liebt seine Zeche, seinen Fußballklub und seine Stadt. Für viele ist mit der Schließung der Zeche ein Stück Heimat verloren gegangen. Aber man lebt die Werte einer 150-jährigen Bergbautradition weiter. Die Arbeit unter Tage hat die Menschen geprägt, sie wissen was es heißt, aufeinander angewiesen zu sein und sich aufeinander verlassen zu können.
Es wäre hilfreich bei der Gestaltung der Zukunft, wenn diese Grundeinstellung dazu führen würde, dass die Städte ihre Abgrenzung überwinden und mehr das große Ganze im Auge hätten.

———

Halten Sie den Strukturwandel für politisch klug gemanagt?

Fürstenberg: Ich denke, die föderale Struktur in Deutschland ist ein großes Hemmnis. Nordrhein-Westfalen und damit auch das Ruhrgebiet müsste heute mehr vom Länderfinanzausgleich profitieren. Das Geld aus dem Ruhrgebiet hat in den 1950er und 60er Jahren den Aufbau von ganz Deutschland finanziert. In wirtschaftlicher Hinsicht ist der Föderalismus eine Vollkatastrophe, ganz zu schweigen vom Bildungssystem.
Ich würde mir von den regionalen Politikern auch mehr Selbstbewusstsein wünschen. Es ist immer leichter, zu sagen was nicht funktioniert und gegen etwas zu sein, als für die Gestaltung der Dinge Verantwortung zu übernehmen. Als Unternehmer muss ich das auch, wenn ich erfolgreich sein will.

Wo liegen für Ihren „Familienbetrieb" die größten Herausforderungen?

Fürstenberg: Es geht einerseits um den Erhalt und Betrieb von Schloss Hugenpoet, darüber hinaus verfügt unsere Familie über größeren Waldbesitz. Hier müssen wir uns auf den sich abzeichnenden Klimawandel einstellen, der Generationen-übergreifend zu massiven finanziellen Verlusten beiträgt. Weder ich noch meine Kinder werden mit unseren Wäldern noch Geld verdienen, vielleicht mal die Enkel.

———

Luftaufnahme des Schlosses (Schloss Hugenpoet)

Parkanlage des Schlosses (Schloss Hugenpoet)

Warum nicht?

Fürstenberg: Forstwirtschaft ist auf längere Nutzungszyklen angelegt. Eine Fichte können sie nach 80 Jahren ernten, Buchen nach 120 und Eichen nach rund 200 Jahren. Es werden also Ressourcen für die nächste oder übernächste Generation geschaffen.
Die Nadelhölzer sind so etwas wie der Geldmotor, um den gesamten Prozess am Laufen zu halten. Aber seit dem Sturm Kyrill 2007 kamen in dichter Folge die Tiefs Emma, Cynthia, Niklas, Frederike, Eberhard sowie die Borkenkäfer-Kalamität. Alle unsere Fichten sind Geschichte!

Dennoch gibt es weltweit bis in höchste Regierungskreise Zweifler am Klimawandel...

Füstenberg: Mit Blick auf die Wälder gab es schon immer schwierige Phasen. In den 1980er Jahren beobachteten wir im Schwarzwald ein großes Waldsterben, es gibt Bilder in Familienalben, da stehen die Menschen nach einem Tornado zwischen unzähligen umgestürzten Bäumen. Aber die Wettereinschläge waren nie so verheerend wie in den letzten zehn bis 15 Jahren. Es gibt eine eindeutige Häufung von Extremwetterphasen, Regenmengen von 50 bis 60 Litern in der Stunde sind keine Seltenheit mehr.

Der bestimmende Einfluss der Westwind-Drift schwächt sich ab, der Golfstrom mäandert und verliert an Kraft. Dadurch halten sich die Hoch- und Tiefdruckgebiete länger an einem Ort. In Skandinavien wird es wärmer, wir kämpfen mit Trockenperioden, während es in Italien immer weiter regnet.

Können Sie als Waldbauer darauf noch angemessen reagieren?

Fürstenberg: Wir versuchen jetzt die Anpflanzung sogenannter Fremdländer. Also von Bäumen, die hier bei uns eigentlich nicht heimisch sind. Wie die Douglasie, ein Nadelbaum, der mit Trockenheit offenbar besser zurechtkommt als die Fichten. Aber man muss genau beobachten, wie sich die Mischung im Wald auf das gesamte Öko-System auswirkt. Wichtig ist vor allem, intensiv nach technischen Möglichkeiten zu suchen, um den CO_2-Ausstoß so schnell wie möglich drastisch zu reduzieren. Wir nutzen große Flächen für Fotovoltaik, haben bei Schloss Hugenpoet eine Biogasanlage errichtet und im Haus werden Luftwärmepumpen eingebaut.

Was hat Sie veranlasst, das Schloss als Hotel- und Gastronomiebetrieb wieder selbst zu übernehmen?

Fürstenberg: Auch traditioneller Familienbesitz unterliegt dem Wandel, Schloss Hugenpoet muss sich ständig neu erfinden.
Meine Großeltern haben noch selbst hier gelebt, nach Kriegsende beherbergte das Schloss die Sammlung des Folkwang-Museums. Essen war zerbombt, aber hier konnten die Menschen in Friedenszeiten auch die Kunstschätze wieder betrachten.
1955 entschloss sich die Familie aus dem großen Haus ein Hotel zu machen, in dem es in den 1960er und 70er Jahren rauschende Feste gegeben hat. Es war die Zeit der großen Industriemagnaten, der erfolgreiche Wiederaufbau schaffte Wohlstand.
Das hat sich in den letzten Jahren stark verändert, wir stehen vor der Frage, wie können wir unter den gegebenen Rahmenbedingun-

gen die Qualität am Standort halten? Welche gesellschaftlichen Megatrends müssen wir im Auge behalten?

Wir versuchen einen Spagat zu schaffen zwischen hochpreisiger Sterneküche und einem Angebot, das sich jeder leisten kann. Das Ambiente ist einzigartig, wir möchten junge und ältere Menschen mitnehmen. Bälle im Schloss sind ein unvergessliches Erlebnis.

Über allem steht mein Anspruch, das Haus für kommende Generationen zu erhalten. Ich werde nie sagen, das Schloss lässt sich nicht wirtschaftlich unterhalten, also verkaufen wir doch einfach. Hier liegen die Wurzeln meiner Familie, meine Vorfahren haben damals das Sauerland verlassen und hier eine neue Heimat gegründet.

——

Der Begriff „Heimat" ist in den letzten Jahren bei uns ins Zentrum politischer Debatten gerückt. Wie ist er für Sie besetzt?

Fürstenberg: Der Begriff ist im Deutschen einmalig, er wird in keiner anderen Sprache mit dieser Konnotation verwendet.

——

Blick vom Rosengarten auf die Südseite des Schlosses (Hauter und Eichentopf)

Ich verstehe, dass sich Menschen im Zeitalter der Globalisierung auf die Frage zurückbesinnen: Wo komme ich denn eigentlich her? Damit lässt sich aber keinesfalls Ausgrenzung rechtfertigen. Der Heimatbegriff unterliegt dem gleichen Wandel wie Tradition und Arbeitsleben. Es geht nicht darum, die Asche zu bewahren, sondern darum, das Feuer weiter zu geben!

Wenn wir die Zukunft mit offenen Augen gestalten wollen, sollten wir auch Menschen aus anderen Kulturen zu uns einladen. Das Ruhrgebiet war immer multikulti. Hier ist jeder willkommen, der mit anpacken will und Errungenschaften unserer Gesellschaft, wie ein friedliches Nebeneinander der Religionen, akzeptiert.

——

Wenn eine gute Fee Ihnen drei Wünsche für die Zukunft des Ruhrgebiets erfüllen könnte, welche würden Sie äußern?

Fürstenberg: Das Ruhrgebiet soll zu einer einheitlichen Identifikation finden und noch mehr zusammenwachsen. Außerdem wünsche ich mir eine wirtschaftliche Erstarkung, zum Beispiel durch die Ansiedlung von erneuerbaren Energien. Und schließlich sollten sich die Menschen mehr auf die gemeinsame Kultur besinnen. Aus dem Bewusstsein, wie schön es hier ist, erwächst neue Stärke.

VITA

Maximilian Freiherr von Fürstenberg, geboren am 05.06.1972, besuchte die Max-Schule in Düsseldorf, anschließend folgten das Gymnasium und Internat Birklehof im Schwarzwald mit Abschluss Abitur. Nach dem Zivildienst am Theodor-Fliedner-Werk in Mülheim an der Ruhr begann er mit dem Studium der klassischen Archäologie, Ur- und Frühgeschichte sowie Alten Geschichte an der Universität zu Köln und der Rheinischen Friedrich-Wilhelms-Universität Bonn mit Abschluss Magister Artium. Seit 2002 ist er mit Stephanie Gräfin Adelmann von Adelmannsfelden verheiratet. 2007 übernahm der Freiherr den Familienbetrieb, 2014 folgte dann die Übernahme des Hotelbetriebs Schloss Hugenpoet.

Baron von Fürstenberg ist außerdem im Vorstand der Ruhrfischereigenossenschaft tätig und somit für die Pflege, Verpachtung der Fischereirechte und Bewirtschaftung der Ruhrgewässer mitverantwortlich.

Marco Rudzinski

VILLEN UND LANDHÄUSER AN DER RUHR

Stätten großbürgerlicher Repräsentation
des aufkommenden Industriezeitalters

Gewohnt wird an der Ruhr und mit Blick auf den Fluss schon seit Urzeiten. Das „bessere" Wohnen an ihren Ufern fußt wie so viele andere Facetten der Flussgeschichte mehr oder weniger auf der Industrialisierung. Dieser Beitrag widmet sich den Stätten großbürgerlicher Repräsentation, die in dieser Zeit entstanden sind: den Villen und Landhäusern an der Ruhr. Räumlich wird dabei nur das mittlere und untere Flusstal zwischen Hagen und Duisburg berücksichtigt, denn gerade hier siedelten sich im Zuge der Industrialisierung viele Unternehmer an – größtenteils mit ihren Betrieben, aber eben auch ohne sie. Ihren Wohnsitzen, die in einigen Fällen gar die Entstehung gehobener Wohnviertel in der unmittelbaren Umgebung beförderten, gilt das Augenmerk.

Vor der Industrialisierung waren die Sphären von Arbeit und Wohnen noch nicht getrennt. Wie die Handwerker gingen auch Fabrikanten oder Kaufleute ihrem Gewerbe in dem Gebäude nach, in dem sie wohnten. Im bergisch-märkischen Raum waren solche Bürgerhäuser im Kern Fachwerkbauten, deren Fassaden zunächst durchweg schieferverkleidet, im Laufe der Zeit dann etwas aufwändiger

gestaltet waren. Die Villa in der heute geläufigen Form ist eine Erfindung des 19. Jahrhunderts. Auf italienische Villen wie englische Landsitze zurückgehend, avancierte sie zum Ideal des großbürgerlichen Wohnhauses schlechthin. Mit ihr ließ der Bauherr das alte Bürgerhaus hinter sich und konnte Geschmack, Lebensstil, mitunter Bildung und letztlich immer auch den eigenen Wohlstand unter Beweis stellen.

KLASSIZISTISCHE VILLEN ZWISCHEN BURGEN UND FABRIKEN

Am Anfang dieser Entwicklung stand ein klassizistischer von Friedrich Schinkels Bauten angeregter Typ, der durch Symmetrie wie proportionale Klarheit sowohl Schlichtheit als auch eine gewisse Strenge ausstrahlte. Eines der frühen, erhaltenen Beispiele im Ruhrtal entstand in den 1840er Jahren in ländlicher Umgebung oberhalb der Schleuse von Essen-Horst. Nach einem späteren Besitzer ist das Gebäude als Villa Vogelsang bekannt. Wie die meisten Bauten, die uns begegnen, entstand sie nach Süden ausgerichtet über dem Nordufer der Ruhr. Damit erfüllte sie sogar das ältere italienische Ideal der Hanglage einer Villa. Der Entwurf, nach dem die Repräsentationsräume wie ein Wintergarten zur

Links: Die Villa Julius Scheidt in Essen-Kettwig in ihrer heutigen Nutzung als Kindergarten, Foto: Reinhold Budde (Regionalverband Ruhr)

Flussseite hin lagen, soll von einem Schüler Schinkels aus Berlin gekommen sein. Das ist zum einen ein Indiz für dessen Qualität, verdeutlicht zum anderen aber auch das Fehlen geeigneter Baumeister für solche Gebäude entlang der Ruhr zu dieser Zeit. Bauherr war Friedrich Ludwig Niemann, Pächter der benachbarten Burg Horst. Sein in einen weitläufigen Park eingebettetes Neubauprojekt, dessen flankierende Türme zur Flussseite einen besonderen Eindruck hinterlassen, weist Niemann bereits als vermögenden Bürger aus. In späterer Zeit war er temporär sogar in der Lage als stiller Teilhaber bzw. Gläubiger den Aufstieg von Krupp mitzufinanzieren.

Etwa zur selben Zeit entstand ruhrabwärts in einer ähnlichen Lage die ebenfalls erhalten gebliebene Villa des späteren Geheimen Kommerzienrates Julius Scheidt in Essen-Kettwig. Dort waren die Scheidts die führende Fabrikantenfamilie, die für ihre Textilproduktion auf die Wasserkraft der Ruhr angewiesen war. 1837 hatte der technischen Neuerungen gegenüber aufgeschlossene Julius Scheidt an ihren Ufern eine neue Fabrik errichtet. Ein gutes Jahrzehnt später suchte der erfolgreiche Unternehmer nunmehr die Wohnsituation seiner Familie zu verändern und den mehr denn je als beengt empfundenen Verhältnissen in der Altstadt zu entrinnen.

Auch wenn die frühen Villenerbauer eine Trennung von geschäftlicher und privater Sphäre anstrebten, wollten sie ihrem Betrieb zumeist weiterhin nahe sein: Einerseits um ihn ständig unter Kontrolle zu haben, andererseits um rasch vor Ort zu sein, wenn es nötig war.

Davon war dann auch die Wahl des Standorts abhängig. Scheidt gelang dabei in gewisser Weise die Quadratur des Kreises. Das zuvor noch landwirtschaftlich genutzte, für sein neues Haus erworbene Grundstück grenzte unmittelbar an seine Fabrik und lag am Rand von Kettwig. Dort entstand nach Plänen des Düsseldorfer Akademie-Professors Rudolf Wiegmann ab 1846 ein an italienische Vorbilder angelehnter Villenbau im Stil der Neorenaissance, also einer Form des Historismus, die der Darstellung bürgerlicher Bildung entsprach. Zur Straßenseite und somit zur Stadt hin schlicht und niedrig gehalten, entfaltete der auf einem massiven Sockelgeschoss errichtete symmetrische Bau vor allem mit der rückwärtigen Front zur Ruhr-Seite seine imponierende Wirkung. Dabei wurde auf jedes Ornament verzichtet. Einzig die zwei Flachgiebel an den Ecken gliederten die Fassade. Der zum Flussufer abfallende Hang wurde durch drei Gartenterrassen gehalten, deren oberste als Flanier- und

Zeitgenössische Lithographie von Fabrik und Villa Julius Scheidt mit der Ruhr im Vordergrund (Rheinisch-Westfälisches Wirtschaftsarchiv Köln, 60A F1595)

Aufenthaltsort diente. Die beiden unteren hatten Nutzgartencharakter. Durch Treppen verbanden die Terrassen das Haus mit der Ruhr. Ein Verwandter des Bauherrn bezeichnete die Anlage verzückt als „schwebenden Garten an der Ruhr". Ideal sollte möglichst auch der Ausblick von diesem Ort aus sein. Auf einem der Firma gehörenden Grundstück auf der anderen Flussseite wurden zahlreiche Pappeln gepflanzt, um unschöne Gebäude im Hintergrund zu verdecken und das Landschaftsbild somit zu optimieren.

Für ihre Bewohner erfüllte die Villa eine Doppelfunktion: Zum einen diente sie zuvorderst dem privaten Wohnen. Dabei wurden die Räume mit mehrfachen Funktionen, wie es sie noch im alten Bürgerhaus gegeben hatte, in der Villa von solchen mit spezieller Aufgabe ersetzt. Zum anderen gab es Räumlichkeiten mit zeitweise öffentlicher Bestimmung. Denn die Villa war auch ein Ort der Repräsentation oder der repräsentativen Häuslichkeit, wie es einmal ausgedrückt worden ist. Das hatte selbstverständlich Folgen für die Ausgestaltung des Raumprogrammes. So waren im Erdgeschoss –

Ein Salon in der Villa Julius Scheidt in der zweiten Hälfte des 19. Jahrhunderts (Rheinisch-Westfälisches Wirtschaftsarchiv Köln, 60A-F1798)

Die in den 1960er Jahren abgerissene Villa Wilhelm Scheidt von der Ruhr-Seite mit dem katholischen Kirchturm von Essen-Kettwig im Hintergrund, um 1895 (Rheinisch-Westfälisches Wirtschaftsarchiv Köln, 60A-F1919)

Großer Saal in der Villa Wilhelm Scheidt (Rheinisch-Westfälisches Wirtschaftsarchiv Köln, 60A-F1557)

meist gruppiert um einen Saal oder eine Halle – die Repräsentationsräume des Hauses angeordnet. Die privaten Wohn- und Schlafräume befanden sich im Obergeschoss, während im Souterrain die Wirtschaftsräume und im Dachgeschoss die Unterkünfte für die Hausbediensteten lagen. Dementsprechend war auch die Aufteilung im Hause Julius Scheidt, der dort schon aufgrund der unmittelbaren Nähe zu seiner Fabrik immer wieder wichtige Geschäftsfreunde empfing. Die Inneneinrichtung war noch relativ schlicht gehalten und dem behaglichen Stil der Biedermeier-Zeit verpflichtet. Am Tisch des Speisezimmers fand eine Großfamilie mit bis zu zwölf Mitgliedern Platz, der Saal war hingegen für Gesellschaften bis zu 18 Personen ausgelegt.

Die Fortentwicklung des Villenbaus im Ruhrtal ließ sich ein Vierteljahrhundert später in unmittelbarer Nachbarschaft studieren. Denn dort baute Wilhelm Scheidt, der seinem Vater Julius 1874 in der Firmenleitung nachgefolgt war, genau um diese Zeit direkt

neben seinem Elternhaus ein eigenes Wohnhaus. Es entstand zwar ebenfalls im Neorenaissance-Stil, allerdings lässt sich eine Reihe von Unterschieden zum Hause Julius Scheidt feststellen. Bemerkenswert ist zunächst, dass verschiedene andere Villenbauten in Düsseldorf und Köln Pate für den Neubau standen, der durch den Kölner Architekten Heinrich Deutz realisiert und von Wilhelm Scheidts Schwiegervater, einem vermögenden bergischen Industriellen, finanziert wurde.

In ihrer Größe und Ausstattung atmete die Villa bereits den Zeitgeist der Gründerjahre. Wo zuvor noch vergleichsweise Nüchternheit waltete, war die Zurschaustellung von Luxus nun keineswegs mehr verpönt. Die Aussicht auf den Fluss war bei der Planung von Belang. Über die Terrasse wurde eine zusammenhängende, an das elterliche Anwesen angrenzende Gartenlandschaft rund um die Villa zugänglich. Wenn Wilhelm Scheidt, der seiner Firma Amerika als neues Hauptabsatzgebiet erschloss, mit Rücksicht auf die kleinbürgerliche Kettwiger Nachbarschaft nach außen eigentlich nicht zu viel Luxus demonstrieren wollte, gelang das nur bedingt. Denn die mit einem Turm versehene Villa über der Ruhr erweckte schon den Eindruck einer Trutzburg, die den Wohlstand, die soziale Stellung und das unternehmerische Selbstverständnis des Erbauers nicht verhehlte. Ein durchaus erwünschter herrschaftlicher Charakter war ihr daher nicht abzusprechen.

Nach innen zeigte sich das durch einen fortgesetzten Differenzierungs- und Individualisierungsprozess im Raumprogramm: Die Repräsentationsräume wurden etwa durch eigene Zimmer für den Hausherrn und die Hausfrau ergänzt. Großbürgerlicher Wohnstil drückte sich auch in fortschrittlichen Heizungs-, Beleuchtungs- und Sanitäreinrichtungen aus. Kostspielige Umbauten und Renovierungen folgender Jahrzehnte führten – nicht nur im Hause Scheidt – zu mancherlei historistischer „Verschlimmbesserung".

In Kettwig komplettierte Ende der 1870er Jahre ein gleichfalls nach Plänen von Heinrich Deutz erbauter Witwensitz für Wilhelm Scheidts Schwester in unmittelbarer Nachbarschaft die Phalanx der Scheidtschen Wohnhäuser auf den Ruhrhöhen inmitten einer Parklandschaft. Für ihre Umgebung dürfte dieses Quartier mit seiner Größe und Ausstrahlung ein klares Zeichen für den Führungsanspruch der Scheidts gewesen sein.

Villa Hügel mit der Gasanstalt an der Ruhr in den 1870er Jahren
(Historisches Archiv Krupp Essen, SH 4a/6)

EIN BESONDERES LANDHAUS: DIE KRUPPS UND IHR DOMIZIL AUF DEM HÜGEL

Für die Scheidts in ihren idyllisch oberhalb der Ruhr gelegenen Villen stellte die Tätigkeit ihrer benachbarten Textilfabrik keine nennenswerte Belästigung dar. Das sah bei anderen Industrien freilich ganz anders aus. Insbesondere die Schwerindustrie machte ihren Nachbarn sehr zu schaffen. Dazu zählte am Rande von Essen auch Alfred Krupp selbst, dessen Gussstahlfabrik Mitte des 19. Jahrhunderts rasant wuchs. Über Jahrzehnte wohnte er mit seiner Familie in sehr bescheidenen Verhältnissen – das Fachwerk-Stammhaus ist als Nachbau bis heute erhalten – an ihrem Rand, ehe er aufgrund gestiegener Repräsentationsbedürfnisse ein neues villenartiges Wohnhaus inmitten eines großen Gartens mit Bootsteich nach seinen eigenen Plänen baute. Aus seiner Lage leitete sich die Bezeichnung „Gartenhaus" ab. Das neue Domizil war vergleichsweise aufwändig, die erlesene Innenausstattung in Berlin erworben worden. Es diente sowohl der Familie als Wohnsitz als auch dem Empfang wichtiger Geschäftsbesuche. An das Gebäude war ein großzügiger Wintergarten angesetzt, aus dem heraus sein Schöpfer das Werk stets vor Augen hatte. Allerdings war auch das Gartenhaus umgeben von Fabrikanlagen samt ihren qualmenden Schloten. Als dann noch der neu in Betrieb genommene Hammer

„Fritz" das Geschirr im Schrank zum Tanzen brachte, suchten die Krupps ihr Heil in der Flucht aus diesem misslungenen Scheinidyll, wo sie nur drei Jahre gewohnt hatten.

Nicht zuletzt mit Rücksicht darauf, dass sein einziger Sohn und Erbe kränklich war, schlug Alfred Krupp nun eine andere Richtung ein: Die Ruhrhöhen südlich der Stadt weckten sein Interesse, da er seinen künftigen Wohnsitz als „Mittel der Lebensverlängerung für mich und die meinen" begriff. Fündig wurde er 1864 im heutigen Stadtteil Essen-Bredeney, wo er ein über 30 Hektar großes landwirtschaftliches Anwesen mit schönem Ausblick auf das Ruhrtal erwarb, das im Kern aus einem ehemaligen Waldgebiet der säkularisierten Abtei Werden bestand. Der Vorbesitzer hatte inmitten dieses Areals auf einem kahlen Hügel den Klosterbuschhof errichtet. Mit dessen Ankauf wurde Alfred Krupp, der später bevorzugt von seinem „Bredeneyer Gut" sprach, zu einem ländlichen Gutsherrn. Das vorhandene Haus wurde villenartig ausgebaut und mit einem Belvedere versehen, sodass die Krupps rasch einziehen und der unwohnlichen Fabrikumgebung entrinnen konnten. Von Anfang an war es aber nur als Provisorium gedacht, denn der Gussstahlfabrikant trug sich mit größeren Plänen, die er hier realisieren wollte.

Krupps kilometerweit von der Fabrik entfernte Ansiedlung in Bredeney und sein dortiges Projekt sind insofern außergewöhnlich, da zu dieser Zeit die mangelhaften Verkehrs- wie Kommunikationsverbindungen die Unternehmer noch dazu veranlassten, nahe bei ihren Betrieben zu wohnen. Alfred Krupp sah für sich hierin indes keinen Hinderungsgrund: Als passionierter Reiter bewältigte er die Entfernung zur Fabrik selbst schnell und problemlos. Zusätzlich setzte er anfangs reitende Boten ein. Der technischen Entwicklung folgend existierte ab 1867 dann aber schon eine Telegrafie-Verbindung, an deren Stelle 20 Jahre später das Telefon trat. Von der anderen Seite betrachtet, lässt sich Alfred Krupps Umzug auf den Hügel auch als Ausdruck fortschreitender Organisation und Delegierung von Aufgaben des Tagesgeschäfts verstehen, was die ständige Anwesenheit des Fabrikherrn nicht mehr erforderlich machte.

Obere Halle der Villa Hügel, 1889 (Historisches Archiv Krupp Essen, SH 14/3)

Was Alfred Krupp für seinen Hügel plante und schließlich auch realisierte – und nach ihm noch zwei weitere Generationen – war in Qualität und Dimension an der Ruhr und weit darüber hinaus einzigartig. Das Prädikat eines „Bürgerschlosses" für das Ergebnis erscheint daher keineswegs übertrieben. Von der Grundüberlegung her wollte Krupp nicht allein einen neuen Wohnsitz für sich selbst, sondern auch für zukünftige Generationen schaffen. Dessen „Comfort der kleinen Häuslichkeit" sollte einerseits dem Erhalt der eigenen Arbeitskraft und Gesundheit seines Erben dienen, andererseits sollte er aber auch der „großen Gesellschaft mit ersten Ansprüchen" genügen. Denn von Anfang an war dem Anwesen auch eine firmenpolitische Rolle zugedacht, die sich im Bauprogramm widerspiegelte. Neben einem herrschaftlichen Wohnhaus samt Wintergarten sowie einer großen Terrasse mit Laubengängen war nämlich ein eigenes Logierhaus für hochrangige Geschäftspartner vorgesehen. Ihre Unterbringung in firmeneigenen Quartieren im Umfeld der Fabrik war bei Krupp schon seit den 1840er Jahren üblich gewesen. Auf dem Hügel entstand nun in der Folge ein Beherbergungsbetrieb erster Klasse, dessen Gäste der Hausherr an den Annehmlichkeiten seines Privatanwesens teilhaben ließ. Das war eine durchaus geschickte Maßnahme zur Bildung und Pflege eines Vertrauensverhältnisses.

Als Vorbild für den Komplex der Villa und des Logierhauses, dessen Planung 1869 in eine konkrete Phase trat, könnte in gewisser Weise das Anwesen des Bankiers David Hansemann am Berliner Tiergarten gedient haben. Aber eben nur in gewisser Weise, denn das Ergebnis war sehr eigen: Sich gegen Baufachleute und herrschendes Architekturverständnis durchsetzend, plante Alfred Krupp einen Bau, dessen formale Gestaltung der aus seiner Sicht bequemen Funktion untergeordnet war. Ästhetik und architektonische Formensprache waren für ihn zweitrangig, sodass sich diese sehr persönliche Schöpfung des Bauherrn stilgeschichtlich kaum einordnen lässt.

Krupp, Symbolfigur eines ganzen Zeitalters, plante ausgesprochen modern: Der Bau wurde im Inneren durch eine neuartige Eisenkonstruktion getragen. Ein aufwändiges Klima- und Heizsystem diente ebenfalls dem Zweck der Lebensverlängerung der Familie, erwies sich aber als derart störanfällig, dass das Heiz- und Belüftungssystem innerhalb von etwas mehr als 40 Jahren gleich zweimal komplett er-

Obere Halle der Villa Hügel nach dem letzten Umbau, nach 1914 (Historisches Archiv Krupp Essen, SH 14/12)

neuert werden musste. Wie etwa zur selben Zeit in der Villa Wilhelm Scheidt stattete Krupp sein Haus mit Badezimmern und Toiletten aus – übrigens auch für die zahlreichen Bediensteten. Bei Krupp, den Scheidts und allen anderen Villenbesitzern diente die Haustechnik nicht allein dem Komfort der Bewohner, sondern war auch ein Element der Repräsentation. Bei Besuchern des Hauses sollten ihre auf modernstem Stand gehaltenen Einrichtungen vor und hinter den Kulissen Bewunderung hervorrufen.

Die Ziegel für den Bau stammten aus eigener Produktion. Den für die Verblendung der relativ nüchternen Außenfassade benötigten Sandstein bezog Krupp allerdings nicht wie andere Bauherren aus den Vorkommen des Ruhrtals. Er verbaute vielmehr hochwertigeres Material, das aus den Brüchen von Chantilly bei Paris kam. Nach knapp drei Jahren Bauzeit konnte das von einem Belvedere gekrönte Haupthaus Anfang 1873 bezogen werden. Bereits zu dieser Zeit sprach man von der Villa Hügel, die aus der Entfernung betrachtet majestätisch auf ihrer namensgebenden Erhebung über dem Flusstal thronte.

Villa Hügel und Nebengebäude aus der Vogelperspektiv, um 1930
(Historisches Archiv Krupp Essen, SH 5/34)

Das Innere des Hauses präsentierte sich zur Zeit Alfred Krupps luftig-hell und – wie die Villa des fast gleichaltrigen Julius Scheidt – vergleichsweise schlicht eingerichtet. Heizung und Belüftung waren dem Techniker Krupp wichtiger als Wandschmuck und Mobiliar. Vielmehr noch: Da er als Hüttenmann das Feuer zu fürchten gelernt hatte, verzichtete er möglichst auf Holz.

Die Holzeinbauten und -vertäfelungen, wie sie der Besucher heute erblickt, sind ein Ergebnis von Umbauten der folgenden beiden Generationen. Jede ließ den mit 269 Zimmern ausgestatteten, über 8.000 Quadratmeter großen Bau nach ihren von familiären Bedürfnissen und Zeitgeschmack geprägten Vorstellungen umgestalten. Die Funktion des Logierhauses für Gäste, des heute sogenannten Kleinen Hauses, wandelte sich zum Nebenwohnsitz für den „nicht regierenden" Teil der Familie. Vor allem Margarethe Krupp bewohnte ihn in verschiedenen Lebensphasen insgesamt über Jahrzehnte hinweg. Nach dem Tod ihres Schwiegervaters Alfred ließen sie und ihr Ehemann Friedrich Alfred Veränderungen im Raumprogramm und in der Ausstat-

tung vornehmen, die nun vor allem in den Repräsentationsräumen zeitgemäß üppiger ausfiel. Auch die beginnende Sammlungstätigkeit im Bereich der Kunst schlug sich dabei nieder. Ihre heutige Gestalt erhielt die Villa Hügel durch letzte Umbauten unter Gustav und Bertha Krupp kurz vor dem Ersten Weltkrieg. Der Verbindungstrakt zwischen den beiden Häusern wurde erneuert. Im Erdgeschoss entstand ein eindrucksvoller Gartensaal, darüber eine Gemäldegalerie zur Präsentation der gewachsenen Sammlung. Die 103 Hauptwohnräume wurden vermehrt mit angekauften Antiquitäten ausgestattet und im Keller des Haupthauses wurde bereits ein Schwimmbad eingebaut.

Was Repräsentation anging, wussten die Krupps, was sie sich und ihren Gästen, darunter wiederholt der letzte deutsche Kaiser Wilhelm II., schuldig waren. Das galt nach innen wie nach außen. Denn auch dieser Bereich der Villa Hügel spielte seine Rolle. Sofort nach Fertigstellung des Hauses widmete sich Alfred Krupp gezielt – wiederum nach eigenen Vorstellungen – seiner Umgebung. Südlich der Villa entstanden am Hang über der Ruhr zwei Terrassengärten. Der obere, mit Pavillons versehen, schloss sich über wenige Stufen erreichbar direkt an das Gebäude an. Der untere wurde mit Teich, Grotte, Rasen und Bäumen gestaltet. Umgeben waren sie von einem Park, in dem Krupp ausgewachsene Bäume anpflanzen ließ. Zu dieser Zeit schon über 60 Jahre alt, wollte er die Anlage noch zu seinen Lebzeiten genießen können. Nachdem Gärten und Park auf der zuvor kahlen Hügel-Kuppe rasch einwuchsen, war ihm und seinen Gästen das auch möglich. Denn selbstverständlich stand den Hausgästen der Park für Spaziergänge und andere Aktivitäten – später ließ sich hier etwa Tennis spielen oder reiten – offen. So wurde der Park zum wichtigen Bestandteil eines großzügigen Freizeitangebots, das den Besuchern des Hauses offeriert wurde. Die folgenden Generationen werteten den Park mit Blick auf seine Außenwirkung hin mit exotischen Gewächsen noch weiter auf.

Alfred Krupp wollte weder in seiner Planung noch in seiner Lebensführung auf dem Hügel von irgendwelchen Nachbarn behindert oder gestört werden, schon gar nicht durch solche industrieller Natur. Auge, Ohr und Nase sollten hier keine Beeinträchtigung erfahren. Vor diesem Hintergrund arrondierte er frühzeitig das Areal. Noch vor Bezug der Villa wurde der Grundbesitz innerhalb weniger Jahre mehr als verdreifacht. Dieser Komplex erlaubte es, den Besitz als multifunktionales Landgut zu bewirtschaften: Neben dem Wohnhaus samt Parkanlagen als Kern des Ganzen existierten Stallungen und Reitbahn, Gärtnereien sowie ein ausgeprägter land- und forstwirtschaftlicher Betrieb, dessen Flächen bis an den Fluss reichten. Am Ruhrufer existierten zudem eine eigene Gasanstalt und ein Wasserwerk zur Versorgung des Besitzes wie auch der Gussstahlfabrik. So wurden mit der Zeit Hunderte Beschäftigte für die Hügel-Verwaltung tätig, für die mit der vorgelagerten Kolonie am Brandenbusch schließlich sogar eine eigene Wohnsiedlung entstand. Die Erzeugnisse des Hügel-Betriebs dienten dem alles andere als kleinen Krupp-Haushalt bzw. wurden an die Beschäftigten verkauft.

Die Lage des Anwesens, das später zudem durch den umgebenden Krupp-Wald abgeschirmt war, setzte ein Zeichen der Abgrenzung. Nur aus der Ferne, etwa vom Ruhrtal aus, war die Villa in ihrer Respekt einflößenden Wirkung für die Masse der Menschen zu erblicken. Sie strahlte Exklusivität aus und bildete somit einen frühen Höhepunkt großbürgerlicher Selbstdarstellung. Im Sinne ihres Standorts war die Villa Hügel zudem ein frühes regionales Beispiel für ein unternehmerisches Landhaus, dessen Bezug mit einer bewusst großen räumlichen Trennung vom Fabrikgeschehen einherging. Mag sie in ihrer

Dimension auch unerreicht geblieben sein, entwickelte sich das großzügige Landhaus mit eigenen Parkanlagen inmitten einer landschaftlich natürlichreizvollen Umgebung fortan zu einem Idealtyp des Industriellenwohnsitzes im Ruhrgebiet.

Vervollständigt wurde der Mikrokosmos Hügel 1888 durch eine eigene Station an der das Ruhrtal durchziehenden Eisenbahnlinie, die Krupp für sich, seine Gäste sowie die Hunderten von Beschäftigten erwirkte. Diese Verkehrsverbindung erhöhte die Attraktivität des Tals als bevorzugter Wohnort mehr, als dass sie störend wirkte. Galt die Eisenbahn damals doch als Symbol der Modernität schlechthin.

HISTORISTISCHE INDUSTRIELLEN- UND STADTVILLEN

Es ist nicht auszuschließen, dass sie auch die Errichtung der heute nicht mehr existierenden Villa Franzenshöhe, einer „kleinen Schwester" der Villa Hügel, positiv beeinflusste. Erbaut wurde sie 1876 in jenem Teil Unterbredeneys, der heute zu Essen-Werden gehört. Bauherr war der Essener Fabrikant und Gewerke Ewald Hilger. Er benannte das großzügige Anwesen auf einer Anhöhe oberhalb der Ruhr und des Bahnhofs Werden im Andenken an seinen Schwiegervater Franz Schmid, einen Bauunternehmer und Gewerken. Die inmitten eines Parks gelegene, mit verschiedenen Nebengebäuden versehene Villa ging später auf die Essener Bankiers Moritz Beer und danach Georg Hirschland über.

Ein anderes, deutlich früheres Beispiel für die verbesserte Verkehrssituation im Ruhrtal als Motiv für einen Villenbau bildet das mit achteckigem Turm und Erker bis heute auffällige Wohngebäude oberhalb des Nordufers in Essen-Werden. Unmittelbar nach Fertigstellung der die Ruhr querenden Königsbrücke ließ der bis dahin in Werden ansässige Unternehmer und Gewerke Joachim Friedrich Bruns 1855 nach Plänen eines Krefelder Architekten die leicht gotisierende Villa am damals ebenfalls noch zu Unterbredeney gehörenden Korinthenberg erbauen. Über die Brücke hinweg konnte er seine geschäftlichen Interessen in Werden ohne Weiteres wahrnehmen. Als Bruns in den 1860er Jahren nach Düsseldorf zog, veräußerte er sein Haus an den Werdener Tuchfabrikanten Matthias Wiese, dessen Betrieb sich ebenfalls auf der anderen Ruhrseite befand.

Eine im wahrsten Sinne des Wortes eigene Lösung zur Überwindung der Ruhr als Hindernis zwischen

seiner Hagener Schraubenfabrik südlich des Flusses und seiner Villa Niedernhof am Nordufer in Herdecke ersann schließlich Wilhelm Funcke III.: Da der Fluss ansonsten nur an anderer Stelle per Fähre zu überqueren war, baute er eine private Hängebrücke zwischen zwei steinernen Türmchen bis an das andere Ufer. Dort befanden sich Stall und Remise, von wo aus er in die Firma fahren konnte. Der weitläufige Waldpark, der das Anwesen umgab, versank in den 1920er Jahren zum Teil im Stau des neuen Hengsteysees. Die Brücke wurde wie die Stallgebäude entfernt. Übrig blieb lediglich eines der Türmchen, das, vom Volksmund als „Mäuseturm" bezeichnet, bis heute aus dem Wasser des Sees herausragt. Erhalten blieb am Seeufer ebenfalls die im ausgehenden 19. Jahrhundert im neugotischen Stil auf einer befestigten Terrasse mit Ruhr-Aussicht erbaute Villa. Ihr wehrhaftes Erscheinungsbild mit angedeutetem Turm und Zinnen brachte ihr den Beinamen „Funckenburg" ein.

Die Kombination von Villa und unmittelbar benachbartem Industriebetrieb findet sich indes auch weiterhin. Imposante Beispiele im Ruhrtal bilden etwa das 1882 in einem Übergangsstil zwischen Spätklassizismus und Neorenaissance auf einer Insel errichtete Haus des Stahlindustriellen Ernst Lohmann in Witten-Herbede. Aus seinen drei Geschossen waren einerseits die Ruhrwiesen, andererseits aber das bis heute bestehende Werk zu überblicken. In direkter Nachbarschaft erbaute Friedrich Brinkmann, Inhaber der schon seit 100 Jahren nicht mehr existierenden Ruhrtaler-Brauerei, 1895 auf der gegenüberliegenden Straßenseite seine ansehnliche Villa, die bereits ganz im Neorenaissance-Stil gehalten war. Etwa zur selben Zeit entstand der Wohnsitz des Gießerei-Besitzers Carl Bönnhoff in Wetter. Bereits in den 1870er Jahren war im Anschluss an das Werk die Villa von Dr. Carlos Otto, einem Kokereifachmann, ruhrabwärts in Bochum-Dahlhausen errichtet worden.

Die skizzierte Entwicklung blieb nicht allein auf Villen von Unternehmensinhabern beschränkt. Auch Manager der Kapitalgesellschaften, die mit der Industrialisierung mehr denn je entstanden, legten bei ihren Dienstwohnungen wie Privathäusern Wert

auf eine wirkungsvolle Ausstattung. Ein interessantes Beispiel für die gesteigerten Wohnansprüche dieser Gruppe bilden die Villen des Generaldirektors Fritz Baare im nördlich der Ruhr gelegenen Bochum. Während sein unmittelbar gegenüber dem Werkstor gelegener Dienstwohnsitz um die Jahrhundertwende in mehreren Etappen u.a. mit prächtigem Festsaal und überdimensionalem Wintergarten zu einer großbürgerlichen Villa ersten Ranges ausgebaut wurde, stellte ihm der Bochumer Verein für Bergbau und Gussstahlfabrikation als sein Arbeitgeber im wenige Kilometer entfernten Höntrop zusätzlich eine zweite Dienstwohnung zur Verfügung. Ihre ländliche Lage wurde bald darauf durch die Stilllegung der benachbarten Hüttenzeche weiter aufgewertet, sodass der Firmenleiter neben der Unterkunft im unmittelbaren Dunstkreis von Fabrik und Hauptverwaltung zusätzlich über ein schnell erreichbares und mit den Jahren ebenfalls aufwändig ausgebautes Landhaus verfügte.

Da Fabriken und dazugehörige Villen im Ruhrtal, wie im Beispiel Scheidt, auch im städtischen Weichbild oder daran angrenzend lagen, finden sich

Eingangsseite der Villa Ernst Lohmann in Witten-Herbede,
Foto: Reinhold Budde (Regionalverband Ruhr)

Links: Die Villa Niedernhof am Hengsteysee in ihrer heutigen Nutzung als Café, Foto: Reinhold Budde (Regionalverband Ruhr)

Straßenfront der Villa Josef Thyssen an der Dohne in
Mülheim/Ruhr, Foto: Reinhold Budde (Regionalverband Ruhr)

Dieser stilistische Kanon erweiterte sich in der Phase des Historismus und nicht selten vermengten sich die unterschiedlichen Richtungen dabei schließlich miteinander, wie man es in den Villenvierteln beobachten konnte. Sie verlagerten sich nun auch im innerstädtischen Bereich zu abseits der Industrieanlagen gelegenen, städtebaulich prominenten Stellen, wo sich großbürgerliche Repräsentation in einem exklusiveren Umfeld praktizieren ließ. So geschehen etwa in Mülheim an der Ruhr, wo sich die Friedrichstraße und in ihrer Verlängerung die Dohne südlich der Innenstadt den Ruf einer „Straße der Millionäre" erwarben. Auf der anderen Seite der Innenstadt dominierte dagegen die Industrie mit all ihren Unzuträglichkeiten, von denen sich nach 1880 Fabrikanten, Kaufleute und Bankiers zunehmend zurückzuziehen suchten. An Friedrichstraße und Dohne war man unter sich, der Innenstadt und den Betrieben aber immer noch nah genug. Während auf der einen Straßenseite gediegene Mehrfamilienhäuser für das Bürgertum entstanden, wurden gegenüber veritable Villen gebaut. Zu den prominenten Anliegern gehörte August Thyssens jüngerer Bruder Josef, der sein engster Mitarbeiter sowie Kompagnon war. Persönlich äußerst sparsam, errichtete Josef Thyssen aus Repräsentationsgründen ab 1898 im neobarocken Stil die zu dieser Zeit wohl prächtigste Stadtvilla in Mülheim – bereits elektrifiziert, mit eichenvertäfelten Räumen und Wintergarten. Das unterhalb einer hohen Terrasse gelegene parkartige Grundstück mit Teich, der zuvor der Fabrikation der bedeutenden Baumwollspinnerei Johann Caspar Troost gedient hatte, reichte bis zur Ruhr. Oberhalb des Flusses am Kahlenberg ist das 1913 durch den führenden Mülheimer Lederfabrikanten Jean Baptiste Coupienne errichtete, später durch Hugo Stinnes jun. bewohnte Haus Urge ebenfalls durch barocke Formensprache geprägt – angelehnt an den schwiegerelterlichen Schlossbau des Erbauers.

dortige Villenviertel anfangs nicht selten in Kombination mit der Industrie. So etwa in Witten, wo an der Ruhrstraße ein frühes Villenquartier ohne den für seine Entstehung Anlass gebenden industriellen Gegenpol erhalten geblieben ist. Die Häuser lagen zur Zeit ihrer Entstehung an der Verbindung zwischen Ortskern und Fluss, wo sich die Industrie ansiedelte. Die Villen der Wittener Ruhrstraße erreichen gewiss nicht alle Dimension und Standard der sonstigen hier erörterten Beispiele. Jedoch bildeten sie eine großbürgerliche Nachbarschaft, die auch ein Motiv für die ambitionierte Gestaltung der Häuser bedeutet haben mag. Das gilt umso mehr, als die Bauherren hauptsächlich aus der Familie Lohmann stammten und somit verwandt waren. Mitglieder dieser wichtigen Stahlerzeugerdynastie des Ruhrtals errichteten seit den 1860er Jahren ihre Villen dort in der Formensprache des Klassizismus und der Renaissance.

ALTE HERRENSITZE UND EXKLUSIVE REFUGIEN

Ansonsten zogen die an sich im Ruhrtal zahlreich vorhandenen Schlösser und Herrensitze das Großbürgertum kaum an, zumal es ja viel Wert auf Komfort und moderne Haustechnik legte. Insofern sind zwei Ausnahmen wiederum bezeichnend: 1896 erwarb der Elberfelder Bankier und spätere

Chemiefaser-Industrielle Hans Jordan in Herdecke-Ende den gleichnamigen, am Westhang des Ardeygebirges über der Ruhr gelegenen Stammsitz der Familie von Mallinckrodt. Die Anlage bestand aus mehreren historischen Gebäuden. Nach einigen Jahren ersetzte Jordan das aus der ersten Hälfte des 19. Jahrhunderts stammende einfache Herrenhaus 1903/04 durch einen in seiner Gesamtform neugotisch, an flämischen Vorbildern orientierten Neubau. Das neue Herrenhaus Mallinckrodt, in dessen Gestaltung noch verschiedene andere Stilrichtungen einflossen, bot somit Wohnkomfort auf der Höhe der Zeit. Jordan machte das vormalige Adelsgut zu seinem Familiensitz, auf dessen Gelände auch ein Privatfriedhof entstand.

Der prominenteste großbürgerliche Schlossherr im Ruhrtal war allerdings August Thyssen. Mit dem Schloss von Styrum bei Mülheim, wo er 1871 mit einem Walzwerk unter der Firma Thyssen & Co. die Basis für seinen Montankonzern gelegt hatte, erwarb er bereits 1890 einen der alten Herrensitze am Fluss. Dabei ging es ihm allerdings nicht um das Gebäude an sich, das schließlich als Dienstwohnung

für Direktoren diente. Er benötigte das dazugehörige Gelände vielmehr für seine Wasserwerke; nahebei errichtete er einen Wasserturm. August Thyssen selbst blieb einstweilen in seinem Haus, einer konventionellen gründerzeitlichen Fabrikantenvilla zwischen der Mülheimer Innenstadt und seinen Werken, wohnen. Diese offenbarte mit der Zeit allerdings mehr denn je die Nachteile ihrer andererseits so vorteilhaften Nähe zu den Fabrikanlagen. Mit 60 Jahren entschloss sich der an sich wie sein Bruder sparsame Industrielle seine Wohnsituation noch einmal zu verändern. Als geschiedener Familienvater, dessen erwachsene Kinder längst das Haus verlassen hatten, erwarb er 1903 Schloss Landsberg bei Essen-Kettwig. Einige Jahre zuvor hatte sich auch Wilhelm Scheidt für das Objekt interessiert, das die Vorbesitzer aus der Ursprungsfamilie der Landsbergs nur noch zeitweise als Sommersitz

Schloss Landsberg nach Vollendung des Umbaus durch August Thyssen im Sommer 1904, Foto: Heinrich Lichte (thyssenkrupp Konzernarchiv, Duisburg)

bewohnt und zuletzt verpachtet hatten. Als Thyssen sie erwarb, war die im 17. Jahrhundert von einer Höhenburg zu einem Schloss umgestaltete Anlage am Südufer der Ruhr in keinem guten Zustand. Aber sie entsprach seinen Anforderungen an einen Alters- und künftigen Familiensitz: In ruhiger und gesunder Lage über der Ruhr inmitten von Wald gelegen, war Mülheim mit seinen Werken von Landsberg aus immer noch verkehrsgünstig erreichbar. Und es bot Potenzial für Thyssens Repräsentationsverpflichtungen. Der seinem Selbstverständnis nach zutiefst bürgerliche Unternehmer, der alles andere als ein Anhänger aristokratischer Lebensart war, vermochte aufgrund seiner ökonomischen Möglichkeiten den Adelssitz in einer Weise zu modernisieren, dass er als eindrucksvoller Wohnsitz Wirkung entfaltete. Dabei sollte er– kaum verwunderlich – auch der geschäftlichen Repräsentation dienen.

Zur selben Zeit, zu der der Mallinckrodt-Neubau verwirklicht wurde, gestaltete Thyssen Schloss Landsberg um. Dafür zog er renommierte Kräfte hinzu. Die Pläne für den Umbau, bei dem historisierende Renaissance-Elemente und Jugendstil eine gelungene Verbindung eingingen, lieferte der Architekt Otto Lüer aus Hannover. Im Erdgeschoss des Schlosses wurden die Repräsentationsräume eingerichtet, deren Anzahl vergleichsweise überschaubar war. In einem angesetzten Neubau belegten der große Speisesaal und ein vorgelagerter, ganz im Jugendstil gehaltener Wintergarten sowie die modernen Gästezimmer, eine großzügige Terrasse und die zeitgemäße Küche die Transformation vom Schloss hin zu einem großbürgerlichen Wohnsitz. Als Inbegriff der Modernität erschien ein 1900 auf der Pariser Weltausstellung präsentiertes Jugendstil-Badezimmer, das im Gästetrakt eingebaut wurde. Im ausgedehnten Park gab es für die Besucher, zu denen immer wieder Familienangehörige zählten, zudem einen Tennisplatz.

So stand das runderneuerte Schloss Landsberg, das als zweitgrößter Industriellenwohnsitz des Ruhrgebiets betrachtet werden darf, im Kontrast zum einfachen persönlichen Lebensstil seines Bauherrn. Aber auch ein August Thyssen wusste eben, worin seine repräsentativen Verpflichtungen bestanden und wie er sich als einer der führenden Ruhrindustriellen präsentieren konnte. Geleitet wurde er wie Krupp bei seinem Hügel-Projekt zudem von einem dynastischen Gedanken, der sich später auch in der von der Folgegeneration eingerichteten Fa-

miliengrablege im Bergfried des Schlosses niederschlug. Im Vergleich zu den Krupps auf ihrem Hügel bewegte sich Thyssens „Hofhaltung" in Landsberg allerdings in einem deutlich bescheideneren Rahmen.

Im letzten Jahrzehnt vor dem Ersten Weltkrieg verstärkte sich bei hochrangigen Unternehmern nochmals die Tendenz zum Rückzug in abseitige, exklusive Refugien. Möglich war das in erster Linie durch weiter verbesserte Verkehrsverbindungen, die der zunehmenden Benutzung des Automobils entgegenkamen. Städte und Werke, in deren Dunstkreis das Wohnen immer mehr an Qualität verlor, waren somit gut erreichbar. Am Unterlauf der Ruhr entstand so etwa zwischen Mülheim und Duisburg eine Villenkolonie, die entsprechend ihrer Lage in einem ausgedehnten Waldgebiet als Broich-Speldorfer Wald- und Gartenstadt bezeichnet wurde. Bei den dort auf immens großen Grundstücken realisierten Anwesen zeichnete sich eine stärker individualisierte, nicht selten die Weltanschauung des Bauherrn widerspiegelnde Formensprache ab: Der Alterssitz des ultrakonservativen Bergbauindustriellen Emil Kirdorf, der unter seinem martialischen Namen Streithof in der Anlage tatsächlich Anklänge an einen Bauernhof mit einem biedermeierlichen Haupthaus zeigte, sollte „kerndeutsche" Werte transportieren. August Thyssens anglophiler Sohn Fritz baute sich hingegen in der Nachbarschaft ein englisches Landhaus in Reinkultur. Der Mülheimer Kommerzienrat Gerhard Küchen orientierte sich beim Grundriss seiner Villa ebenfalls an englischen Landhäusern und gab ihr nach außen ein gemäßigt neobarockes Erscheinungsbild. Der Bau des von der Familie Hugo Stinnes in dieser Umgebung geplanten gigantischen Villenprojekts mit dem Namen Haus Rott wurde hingegen durch den Ausbruch des Ersten Weltkriegs vereitelt.

In diese Reihe gehört schließlich auch das ursprünglich als Alterssitz gedachte Haus Ende, das der Geheime Kommerzienrat Robert Müser 1912/13 in Herdecke nördlich der Ruhr auf einem Hügel des Ardeygebirges errichten ließ. In die Planung soll der Generaldirektor der Harpener Bergbau AG verschiedene Eindrücke seiner zahlreichen Auslandsreisen eingebracht haben. Das Ergebnis war eine außergewöhnliche Kombination aus amerikanischem Landsitz – Müser hatte als junger Mann selbst jahrelang in den USA gelebt – und französischem Barockschloss. Der prunkvolle Neobarock des Anwesens war mit verschiedenen Jugendstilelementen durchsetzt.

Mit dem Ersten Weltkrieg ging die Zeit der großen Villenbauten an der Ruhr zu Ende. Insofern erscheint es in gewisser Weise bezeichnend, dass ein letztes Projekt dieser Art nie seinen eigentlichen Zweck erfüllt hat: Der Charlottenhof oberhalb Kettwigs wurde 1929/30 als großzügig-konventionelle, an Schlossvorbildern orientierte Villa errichtet. Der Erbauer, der Industrielle Friedrich Flick, hat das in seiner Lage oberhalb der Ruhr auf die benachbarten Wohnsitze der Krupps und Thyssens bezogene Anwesen allerdings nie mit seiner Familie bewohnt. Stattdessen übersiedelte er aufgrund der Nähe zu seinem mitteldeutschen Industriebesitz und dem politischen Machtzentrum nach Berlin.
Der Zweite Weltkrieg und die Nachkriegszeit bedeuteten schließlich zumeist eine Zäsur hinsichtlich der Nutzung der großen Villenbauten an der Ruhr zu ihrem eigentlichen Zweck. Relativiert hat sich

ein Stück weit auch die Exklusivität ihrer Standorte. Früh schon begannen diese nämlich auf weitere bürgerliche Kreise anziehend zu wirken. So kommt es, dass sich in Essen, Mülheim oder Herdecke die besten Wohnviertel in der Umgebung großbürgerlicher Villen(-quartiere) des Industrialisierungszeitalters entwickelt haben. Aber das ist wieder eine andere Geschichte.

Neobarocke Gartenfront des Hauses Küchen im Broich-Speldorfer Wald in Mülheim/Ruhr, heute Teil eines Hotels, Foto: Reinhold Budde (Regionalverband Ruhr)

Agnieszka Derda

ZWISCHEN RUHRROMANTIK UND LANDESGARTENSCHAU

Gärten, Parks und Landschaftsgestaltung entlang der Ruhr

Der Flusslauf der Ruhr und ihre unmittelbare Umgebung sind reich an kulturellem und künstlerischem Erbe. Angefangen bei den Burgen des frühen Mittelalters, über die Schlösser der Frühen Neuzeit, bis hin zu den monumentalen Bauten des Industriezeitalters. Dazwischen jedoch verbergen sich blühende Landschaften, die die Ruhr zu einem grünen Band quer durch Nordrhein-Westfalen machen. Zu den historischen Gartenanlagen der Schlösser und Burgen gesellen sich ebenso städtische Parkanlagen des 20. Jahrhunderts wie auch renaturierte Auenlandschaften. Gemeinsam prägen sie das abwechslungsreiche Bild der Region und bieten entlang des Ruhrverlaufs ein breites Spektrum an Freizeitangeboten und Naherholungsgebieten für die dicht aneinandergereihten Ruhrgebietsstädte.

Durch den Rückgang der industriellen Güterschifffahrt auf der Ruhr konnten hierzu ursprünglich durchgeführte Uferbegradigungen zurückgebaut werden, wodurch sich die Fließgeschwindigkeit des Wassers zugunsten der Flora und Fauna reduzierte. Im Zuge der schrittweisen Renaturierung des Fluss-

laufs, wie erst kürzlich bei den Ruhrauen in Essen-Kettwig, entstehen neue Naturräume innerhalb des bebauten Stadtgebiets.

Doch einen Großteil der gestalteten Grünflächen entlang der Ruhr bilden öffentliche Parkanlagen wie die der MüGa – Mülheimer Gärten an der Ruhr –, die 1992 im Rahmen der Landesgartenschau entstand und sieben Kilometer entlang der Ruhr verläuft. Daneben finden am Fluss jedes Jahr die Tage der „Offenen Gartenpforte" statt, bei denen zumeist Privatbesitzer Interessierte dazu einladen, ihre kunstvoll gestalteten Gärten zu besuchen und gärtnerische Kleinode zu entdecken, die sonst der Öffentlichkeit verborgen blieben.

DIE ENTWICKLUNG DER GARTENKUNST IM LAUF DER JAHRHUNDERTE

Gärten und Parks sind ein wichtiger Bestandteil der städtischen Architektur und der Stadtbaugeschichte im Allgemeinen. Sie dienen der Repräsentation einzelner ebenso wie der Erholung vieler. Die Gartenkunstgeschichte beschäftigt sich mit der künstlerischen Gestaltung privater oder öffentlicher Freiräume. Die Idee des Gartens als Kunstwerk wird hauptsächlich auf die Zeit der Renaissance und des Barocks (16. und 17. Jahrhundert) zurückgeführt.

Links: Der Künstlergarten Schlieper-Lübbert in Hattingen, 2011, Ausschnitt (Marion Nickig)

Von den Hängenden Gärten Babylons bis hin zu den Gärten des antiken Roms erzählen uns vornehmlich Beschreibungen und einige wenige Mosaikbilder. Erschwerend kommt hinzu, dass die Gartenkunst eine sehr vergängliche Kunstform darstellt, die zahlreichen Einflussfaktoren unterliegt. Wird ein Garten nicht gepflegt, sind seine Spuren nach kürzester Zeit verwischt. Nach nur wenigen Jahren ist von der angelegten Struktur kaum noch etwas zu erahnen. Zu den wichtigsten Zeugnissen der Gartenkunst gehören somit Beschreibungen, Skizzen, Pläne und Fotografien.

Seit dem frühen Mittelalter entstanden Burgen zur Sicherung von Territorien und Handelswegen. Mittelalterliche Gärten an Klöstern und Burgen dienten hauptsächlich der Versorgung mit Lebensmitteln oder der Zucht von Heilpflanzen. Die Pflanzen waren in regelmäßigen, geometrischen, meist rechteckigen Strukturen angeordnet und von niedrigen Hecken eingefasst. Aufgrund der Abgeschlossenheit des Terrains (begrenzt durch Festungs- oder Klostermauern) passten sich Gärten dem vorgegebenen Platz an und nahmen wenig gestalterischen Bezug auf die umgebende Architektur. Im Verlauf der Zeit entstanden Gärten, die nicht allein zur Versorgung der Burgbewohner mit Obst, Gemüse und Heilkräutern genutzt wurden, sondern teils kunstvoll gestaltet waren und der Regeneration, meist einiger weniger privilegierter Personen, dienten. Ein Großteil dieser Gärten ist heute nicht mehr erhalten. Stattdessen befinden sich neben den noch vorhandenen Ruinen häufig Denkmäler aus dem 19. Jahrhundert sowie ausgedehnte Waldareale.
Neben mittelalterlichen Anlagen gehören auch die Gärten der Renaissance zu den seltener erhaltenen Gartenformen in Deutschland. Die Wiederentdeckung der Antike beeinflusste sowohl die Kunst als auch die Architektur. Entlehnte Formen und Themen, die man antiken Architekturtraktaten oder Fresken entnahm, wurden für die Gestaltung von Gärten verwendet, da man sich hier auf keine existierenden Vorbilder berufen konnte. Ende des 15. Jahrhunderts entstanden – ausgehend von Norditalien – außerhalb der großen Städte wie Venedig und Padua Villen, die hauptsächlich der Sommerfrische (ital. villeggiatura) dienten. Der italienische Adel zog sich in den Sommermonaten aufs Land zurück, um dem Trubel, der Hitze und dem Gestank der Stadt zu entfliehen. An diese nach antiken Vorbildern errichteten Villen schlossen sich neben ertragreichen

Feldern und Weinhängen auch kunstvoll gestaltete Gärten an. Aufgrund der häufig gegebenen Hanglage – da man die Ebenen vorrangig für den Ackerbau nutzte –, wurden die Gärten in aufeinander folgenden Terrassen angelegt. Villengärten bestanden aus unterschiedlichen, meist quadratischen Gartenräumen, deren verbindendes Gestaltungsmittel das Wasser zum Beispiel in Form von Bassins, Fontänen, Wasserspielen, Kaskaden oder Kanälen war. Ein weiteres häufig vertretenes Gestaltungsmittel waren Heckenparterre, genauer sogenannte Knotenparterre. Diese bestanden aus circa knie- bis hüfthohen Buchs- oder Eibensträuchern, deren Zuschnitt bewirkte, dass sie ineinander verflochtenen Bändern ähnelten. In der Kunstgeschichte ging man lange Zeit davon aus, dass italienische Renaissancegärten grüne Gärten waren, allein gestaltet durch Rasen, Hecken und Zypressen. Dieser Irrglaube entstand im 19. Jahrhundert, als zahlreiche Renaissancegärten neu entdeckt und rekonstruiert wurden. Nach Jahrhunderten der Verwahrlosung sind letztlich nur Hecken, Sträucher und Bäume geblieben. Heute herrscht allgemein die Meinung vor, dass auch in diesen Gärten eine üppige Farbgestaltung durch Blumen erzielt worden ist. Aus diesen Villengärten entwickelten sich im Laufe des Jahrhunderts opulente Repräsentationsgärten, die zunehmend Platz vereinnahmten und immer stärker auf ein konkretes Gebäude – die Residenz – Bezug nahmen. Die Gärten wurden gleichsam als eine Verlängerung der repräsentativen Räumlichkeiten gesehen, und die durch Hecken abgetrennten „Gärtenräume" dienten mitunter sogar als Ballsäle oder Schlupfwinkel für geheime und romantische Treffen. Diese Form der Gärten war noch bis weit ins 17. Jahrhundert hinein beliebt.
Mitte des 17. Jahrhunderts, mit dem französischen König Ludwig XIV., hielt in Europa ein neuer Gartenstil Einzug. Auf die aneinandergereihten Gärtenräume des Italienischen Gartens folgte der Französische Garten, der die Fläche zu einem großen Gartenraum schuf, bei dem die Residenz nun als zentraler Bezugspunkt diente. Charakteristisch für die barocke Gartengestaltung sind langgestreckte symmetrisch aufgebaute Broderieparterre (aus Buchsbändern, Kies, Schlacke und Ziegelsplitt gestaltete Ornamentbilder) mit einem zentralen Bassin, die von sogenannten Bosketts (ital. Wäldchen) eingerahmt werden. Beispiele für einen authentischen Barockgarten am direkten Ruhrufer, wie sie wahrscheinlich an den Schlössern Broich oder Styrum bestanden, sind unglücklicherweise nicht mehr

vorhanden. Jedoch finden sich im weiteren Ruhrgebiet einige Beispiele für diese prägende Epoche – in Kamp-Lintfort wurde beispielsweise 1990 der barocke Klostergarten des Klosters Kamp rekonstruiert. Die Gärten des barocken Zeitalters wurden durch den Repräsentationswillen des Adels und des Klerus sowie wenigen besonders wohlhabenden Bürgern geprägt. Der Zutritt zu diesen Gärten war nur privilegierten Personen vorbehalten, auch wenn es Ausnahmen gab: Den Bürgern der Stadt Paris beispielsweise war es bereits Ende des 17. Jahrhunderts gestattet, die Gärten der Tuilerien zu besuchen – unter der Voraussetzung, dass der König nicht zugegen war und sie ordentlich gekleidet waren.

Aus den einheitlich gestalteten Barockgärten entwickelte sich dann mit Beginn des 18. Jahrhunderts der Englische Garten. Durch sanfte Nivellierungen des Geländes wurden dort künstliche Täler, Flüsse, Seen und Auen geschaffen, eingerahmt von Baum- und Strauchgruppen (engl. Clumps, Shrubs) und akzentuiert durch Pavillons, Tempel und Skulpturen. Besonders in Deutschland und England wurden französisch geprägte Gärten dem neuen Zeitgeschmack geopfert und in Landschaftsgärten umgeformt. Vereinzelt wurden aristokratische Gärten und Parks der Öffentlichkeit zugänglich gemacht; ein zentrales Motiv dabei war die Belehrung des Volkes durch das Vorbild der vermeintlich besseren bzw. kultivierteren Lebensführung und -gestaltung. Durch die extreme Expansion der Städte, hervorgerufen durch die Industrialisierung ab Mitte des 19. Jahrhunderts, verschmolzen Landschaft und Stadt zur heutigen Stadtlandschaft. Auf diese Weise mussten viele historische Strukturen von Klöstern, Schlössern und Burgen den wachsenden Städten, neuen Werken oder dem Ausbau des Straßen- und Schienennetzes weichen. Das 19. Jahrhundert war geprägt durch eine neue Form der Identitätssuche und das Aufkommen der nationalstaatlichen Idee. Ausdruck fand dieses Streben in der Romantik, ausgelebt in Literatur, Kunst, Kultur und auch der Architektur und Gartenkunst. Mittelalterliche Burgen, größtenteils nur noch als Ruinen erhalten, wurden als nationale und identitätsstiftende Denkmäler konserviert und inszeniert. Als wichtige Auftraggeber traten nun auch Großindustrielle und das aufstrebende Besitz- und Bildungsbürgertum auf. Mit Hilfe historisch angelehnter Stilmittel separierten sie sich vom einfachen Bürger und setzten ihre soziale Stellung mit der des Adels gleich. Durch die wachsende Bevölkerungsdichte wurden die Städte

um 1900 gezwungen, öffentlich zugängliche Grünflächen zu schaffen. Volksgärten und Parks dienten nun auch im verstärkten Maße der Erholung der in der Stadt lebenden Arbeiter, was eine Neuerung darstellte. Nach dem Ersten Weltkrieg beschleunigte sich die Volksgartenbewegung und wurde von den großen Städten Köln, Hamburg und Düsseldorf ins Ruhrgebiet hineingetragen. Bewegung, Sport und Spiel wurden zum zentralen Thema der öffentlichen Gärten. Diese Entwicklung hat sich in ihren Grundzügen bis in die zeitgenössische Gartengestaltung erhalten. Seit dem Ende des Zweiten Weltkriegs wechseln sich geometrische und fließende Formen innerhalb eines landschaftlich gestalteten Parks ab. Gleich blieben jedoch, über die Jahrzehnte hinweg, die Spiel- und Sportmöglichkeiten in den Parkanlagen.

All diese Entwicklungsstufen der Gartenkunst lassen sich auch entlang der Ruhr entdecken. Wo sich vormals nur Adel oder Klerus einen Ort der Ruhe und Repräsentation schufen, können wir nun vielerorts dem Trubel der Ruhrmetropolen entfliehen. Gärten waren von jeher ein Ort der Besinnung, des Nachdenkens und der Verbindung von Mensch, Kunst und Natur. Der Ruhr flussabwärts folgend sollen hier nun dreizehn ausgewählte Gartenanlagen vorgestellt werden, die zumindest einen kleinen Teil jener Gärten und Parks abbilden bzw. repräsentieren, die sich entlang der Ruhr entdecken lassen.

DIE GRÜNANLAGE BLEICHSTEIN

Der Name Bleichstein stammt vermutlich schon aus dem Mittelalter, hier wurde bis ins 19. Jahrhundert die Wäsche in der Sonne gebleicht. Die Bleichwiese diente bereits in der zweiten Hälfte des 19. Jahrhunderts als Austragungsort für Turnerwettkämpfe. Nach dem Ersten Weltkrieg wurde der Bleichstein für den Herdecker Sportverein freigegeben, fortan fanden hier auch Fußballspiele statt. In den 1970er Jahren entstand ein Neugestaltungsplan für die Anlage. Den Hintergrund dafür bildeten die gestiegenen Bevölkerungszahlen sowie der Wunsch nach einer besseren Verkehrsanbindung und abwechslungsreicheren Freizeitmöglichkeiten. Begrenzt wurde die Anlage durch die neuangelegte B54. Des Weiteren entstanden auf dem Gelände ein Gymnasium, eine Realschule, eine Hauptschule und eine Sporthalle mit Hallenbad sowie Parkplätze. Darauf folgte die Errichtung eines Deichwerks, das die Sportanlagen

Das Sport- und Freizeitzentrum Bleichstein, 2019 (Agnieszka Derda)

vor dem Hochwasser der Ruhr schützen sollte. Erst Ende der 1970er Jahre erfolgte die Grüngestaltung der Anlage. Dazu zählten eine große Rasenfläche, Spielplätze, Kleinspielfelder, Tischtennisplatten und Grillplätze. Die Funktionalität der Grünanlage stand bei der Planung des Geländes im Vordergrund. So wurde zugunsten einer kostengünstigen und für die Zukunft flexiblen Aufteilung auf in der Pflege aufwändige Gestaltungselemente wie kunstvoll gestaltete Blumenbeete verzichtet. Dennoch erfreut sich die Grünanlage Bleichstein einer großen Beliebtheit. Dank der reduzierten gärtnerischen Gestaltung konnte die Anlage im Laufe der letzten 30 Jahre flexibel an die geänderten Freizeitgewohnheiten der Bevölkerung angepasst werden (beispielsweise durch Freeclimbing-Möglichkeiten oder Halfpipes). Die offene Form, die gute Verkehrsanbindung, die unmittelbare Nähe zur Ruhr und die damit verbundenen Freizeitmöglichkeiten wie das Segeln locken nicht nur ortsnahe Herdecker in die Grünanlage des Sport- und Freizeitzentrums Bleichstein.

DIE PARKANLAGE DER BURG VOLMARSTEIN

Die Burg Volmarstein in Wetter, bereits 1100 von Friedrich I., Erzbischof von Köln, errichtet, verfiel seit dem 14. Jahrhundert zusehends. Erst im 19. Jahrhundert, im Zuge der aufkommenden Burgenromantik, besann man sich wieder auf die Burg, die zu diesem Zeitpunkt bereits in Ruinen lag und zum Teil sogar abgetragen worden war. 1825 bis 1850 wurden die noch vorhandenen Mauerreste der Burg von den Besitzern, der Familie Grafen von der Recke-Volmarstein, gesichert und saniert. Die noch bestehenden Ruinen, mitsamt des circa 18 Meter hohen Turms, wurden in eine kleine Parkanlage integriert, woraufhin hier ein beliebtes Ausflugsziel mit einem herausragen Blick auf die Ruhr und das Ruhrtal entstand. Mittels der konservierten Mauerreste, einem dichten Baumbestand, Rasenflächen und Spazierwegen werden die Grundzüge der ehemaligen Burghöfe gartenkünstlerisch nachgezeichnet. Der südlichste Burghof der Burg Volmarstein wurde 1883 mit kreisrund angelegten Hecken, einem mittelalterlichen Bergfried nachempfunden, gestaltet, in deren Zentrum ein Kriegerdenkmal für die Gefallenen des Frankreich-Feldzugs von 1870/71 errich-

tet worden ist. Von dieser Terrasse blickt man auf die Unterburg und den Ort Volmarstein. Auf dem unteren Gelände, auf der Fläche der Unterburg, befinden sich heute Wohnhäuser und ein Restaurant mit einer großen Terrasse. Die nördlichen, grünen Burghöfe bilden nach außen abgeschlossene Landschaftsräume mit einem kleinen Spielplatz und Bänken. Im Süden jedoch bietet sich von den Ruinen aus ein weiter Rundumblick auf das darunterliegende Ruhrtal.

Blick auf die Burg Volmarstein in Wetter, 2019 (Agnieszka Derda)

DER WITTENER STADTGARTEN

Der Stadtpark von Witten gründet sich auf das Haus des Gerichtsherren Franko von Witten (auch Haus Berge oder Haus Witten genannt), erbaut Ende des 15. Jahrhunderts. Im 16. Jahrhundert erfolgte der Umbau des Wohnhauses mit Turm zu einer befestigten Burganlage. Nach einem Brand im 17. Jahrhundert wurde das Anwesen durch den Wittener Gerichtsherrn Wennemar von der Recke zu einer barocken Vierflügelanlage ausgebaut. Im Zuge des Wiederaufbaus wurden zusätzlich ein Wassergraben ausgehoben und ein geometrischer Parterregarten angelegt. Ein Gemälde von 1705 zeigt den adeligen

Wohnsitz, ausgestattet mit einem Parterregarten und einer Orangerie. 1788 erwarb der Fabrikant Johann Friedrich Lohmann das Gelände und errichtete in der Gartenanlage eine Stahlfabrik. Aus der Orangerie wurden im 19. Jahrhundert schließlich Mietwohnungen, deren Mieter den zwar inzwischen verwilderten, aber wahrscheinlich noch erhaltenen Garten zur Selbstversorgung nutzten. Mitte des 19. Jahrhunderts wurden die Reste der regelmäßigen Gartenanlage zu einem landschaftlichen Park umgeformt, wobei sich die geometrischen Strukturen in naturähnliche Landschaften verwandelten. Als Architekt dieses Parks wird der Düsseldorfer Gartenbau-Direktor Maximilian Friedrich Weyhe genannt (späteste Erstellung wahrscheinlich 1846). Kurze Zeit später erfolgte jedoch eine erneute Umgestaltung des Gartens, als 1868 die Familie Lohmann hier eine klassizistische Villa errichten ließ. In den 1950er Jahren wurden der Villengarten und der Landschaftspark zusammengeschlossen und als Wittener Stadtgarten eingeweiht. Die Lohmannsche Villa, die während des Zweiten Weltkriegs bis auf die Außenmauern ausbrannte, wurde rekonstruiert und dient heute als Standesamt. Ebenso zerstört wurde 1844 das Haus Berge, dessen Ruinen erst in den 1990er Jahren unter Schutz gestellt und in einen modernen Glas- und Stahlbau integriert wurden. In einem Reisebericht von 1881 wurden die Gestalt des Gartens, der Villa und der Burg gelobt, ebenso wie die zahlreichen Aussichten über das Flusstal der Ruhr und ihre Felsenufer. Die Ausblicke des Gartens sind inzwischen dem zum Teil unkontrollierten Wachstum der Bäume und Sträucher sowie dem Fortschritt bzw. dem damit einhergehenden Ausbau der Bahntrassen zum Opfer gefallen. Dieses Schicksal teilt der Wittener Stadtgarten leider mit vielen historischen Gärten entlang der Ruhr.

DER BOTANISCHE GARTEN
DER RUHR-UNIVERSITÄT BOCHUM

Die 1965 eröffnete Ruhr-Universität Bochum war die erste neu errichtete Universität der Nachkriegszeit in Nordrhein-Westfalen – und zugleich die erste im gesamten Ruhrgebiet. Zu Beginn fehlte es noch an einem einheitlichen Gesamtkonzept zur Gestaltung der Anlage. 1966 wurde ein Wettbewerb ausgerufen, den das Neusser Landschafts-

architektenpaar Rosemarie und Georg Penker mit seinem Konzept zur Gestaltung des Unigeländes und des neu entstehenden Kemnader Stausees gewann. Das Konzept der Penkers sah unter anderem vor, die vorhandene Vegetation zu erhalten und mit Hilfe zweier Achsen die Gebäuderiegel mit dem Tal der Ruhr zu verbinden. Aus Kostengründen hat man nur eine der beiden Achsen realisiert. Auf der westlichen Seite entstanden nur angedeutete Nivellierungen des Geländes mit weiten Rasenflächen. Das südliche Hanggelände wurde als Standort für einen Botanischen Garten auserkoren. 1971 erfolgte die Nutzungsfreigabe der ersten Flächen. Im südwestlichen Teil des Botanischen Gartens entstanden bereits 1972 die sogenannten Freiflächen. Auf 13 Hektar Fläche sind so auf Terrassen kleine Biotope gebildet worden, die, in Gruppen sortiert, die unterschiedlichen Vegetationen verschiedener Kontinente veranschaulichen. Im Osten des Gartens entstanden drei Schaugewächshäuser, 1977 das Tropenhaus, 1988 das Wüstenhaus und 2001 das Savannenhaus. Südöstlich der Gewächshäuser entstand

Blick von der Ruhr-Universität Bochum in das Ruhrtal, 2019
(Agnieszka Derda)

zudem 1990 zum 25. Jubiläum der Universität und als Zeichen der Partnerschaft zwischen der Ruhr-Universität Bochum und der chinesischen Tongji-Universität in Shanghai ein Chinesischer Garten. Dieser wurde von Architekten der Tongji-Universität gestaltet und von chinesischen Facharbeitern angelegt. Der Botanische Garten ist über Spazier- und Wanderwege mit dem Waldstück des Kalwes und dem Kemnader See verbunden. Aufgrund seiner Größe (13 Hektar, davon 3.500 Quadratmeter Gewächshausfläche) und der Pflanzenvielfalt (2011 wurden 15.000 Arten gezählt) gehört der Botani-

Der Chinesische Garten der Ruhr-Universität Bochum, 2014
(ASAKE The Photo Community)

sche Garten der Ruhr-Universität Bochum zu den bedeutendsten Botanischen Gärten Deutschlands. Seit seiner Entstehung dient der Botanische Garten der Ruhr-Universität Bochum zugleich der wissenschaftlichen Forschung sowie der Rekreation der Studenten, und bietet einen ausgezeichneten Ausblick auf das Ruhrtal.

DER LANDSCHAFTSPARK DES GETHMANNSCHEN GARTENS

Der Landschaftspark des Gethmannschen Gartens befindet sich an einem stark abfallenden Hang über der Ruhr. Die Gestalt des Gartens hat sich seit seiner Gründung kaum verändert. Hier befinden sich heute noch Relikte der Grotten und Ausstattungselemente des 19. Jahrhunderts. Der Tuchhändler und Unternehmer Carl-Friedrich Gethmann pachtete 1808 an der Burg Blankenstein in Hattingen ein Grundstück und legte dort eine Gartenanlage an, die bis etwa 1817 schrittweise erweitert wurde. 1821 errichtete er zudem ein klassizistisches Wohnhaus im Bergischen Stil (Fachwerk und Schieferverkleidung) an der heutigen Hauptstraße. Die Sichtachsen des Landschaftsparks verbanden diesen mit dem Privatgarten, dem Wohnhaus und der umgebenden Landschaft zu einer Einheit. Der Park, der an den Privatgarten der Familie Gethmann grenzte, wurde bereits in den 1830er Jahren der Öffentlichkeit zur Verfügung gestellt. Insofern zählt Carl-

Gethmanns Garten, Belvedere, 2019 (Agnieszka Derda)

Friedrich Gethmann zu den Ersten in Deutschland, die einen öffentlichen Park anlegen ließen.

Drei Terrassen in geometrischer Gestaltung führten vom Wohnhaus der Familie über einen Pavillon den Hang hinauf zum später angelegten öffentlichen Park (1821–1855). Von hier, einem runden Platz genannt Wilhelmshöhe, gelangte man Richtung Osten über eine Obstallee zum Friedrichsberg (ein künstlich angelegter Schneckenberg). Richtung Norden spazierte man über eine Tannenallee zum sogenannten grünen Zimmer – einem von Tannen gesäumten rechteckigen Platz. Entlang beider Alleen öffnete sich immer wieder die Bepflanzung und bot Ausblicke in die Landschaft mit markanten architektonischen Blickpunkten. Der älteste Teil des Parks befindet sich im Osten der Anlage direkt am Hang des Ruhrtals. Dem Zeitgeschmack des frühen 19. Jahrhunderts entsprechend ist hier die Ausstattungsdichte des Parks höher. Im Sinne eines Romantischen Gartens zielten diverse Gestaltungselemente auf dramatische Ausblicke ab und sollten beim Betrachter einen stetigen Stimmungswechsel auslösen. Der Landschaftsraum wird auf kleiner Fläche verdichtet, überhöht, verklärt und in Szene gesetzt. Zu den noch vorhandenen Gestaltungsmitteln des Parks gehörten zahlreiche Aussichtpunkte mit Blick auf das Ruhrtal. Einen dieser Aussichtpunkte – den Belvedere – beschrieb Gethmann selbst in den 1850er Jahren in einem Brief: „Schön muss es sein, in der düsteren Nacht auf dem Belvedere zu stehen, die Ruhr geheimnißvoll rauschen zu hören und jene fünf Stahlhämmer [hydraulische, durch die Ruhr betriebene Hämmer unterhalb des Hanges, A.D.] ihre Funken gen Himmel sprühen zu sehen." Bis 1928 verblieben Park und Privatgarten im Familienbesitz, bis der Park an das damalige Amt

Gethmanns Garten, Blick auf die Burg Blankenstein, 2019 (Agnieszka Derda)

Blankenstein verkauft wurde und schließlich 1970 in den Besitz der Stadt Hattingen überging. Leider sind viele Blickverbindungen zum Flusslauf der Ruhr durch ein unkontrolliertes Wachstum der Bäume und Sträucher verloren gegangen; und auch die Ausstattungen wirken mittlerweile verwahrlost und bedürften einer sachgemäßen Aufarbeitung.

DER KÜNSTLERGARTEN SCHLIEPER-LÜBBERT IN HATTINGEN

Neben historisch gewachsenen und zeitgenössischen Gartenanlagen und Parks schmücken auch zahlreiche private Gärten den Fluss. Jedes Jahr zwischen Mai und September finden die Tage der „Offenen Gartenpforte" statt. Hier präsentieren sich liebevoll gestaltete Kleingärten und künstlerisch ausgestaltete, parkähnliche Gärten von privaten Gartenliebhabern, wie zum Beispiel der Künstlergarten Schlieper-Lübbert in Hattingen-Winz-Baak. Die Bauingenieurin Antje Schlieper kaufte vor mehr als 30 Jahren das kleine Fachwerkhaus eines ehemaligen Milchbauern in Winz-Baak. Rings um das Gebäude legte sie einen kunstvollen Naturgarten mit Kräuter-, Gemüse- und Blumenbeeten an. Umgeben wird der Garten direkt an der Ruhr von weidenden Heckrindern und Fleckvieh. Seit 2005 verleiht der Künstler Hartmut Lübbert dem Garten mit seinen Werken eine besondere Gestalt. Moderne Skulpturen, künstlerische Bänke aus alten Baumstämmen, prachtvolle Stauden und das weidende Vieh verschmelzen mit der Ruhr und ihren Auen zu einem gemeinsamen „Kunstwerk", das von verschieden gestalteten Sitzflächen und -orten immer neue Blickwinkel auf den Garten, die Auen und die Skulpturen von Hartmut Lübbert erlaubt.

Der Künstlergarten Schlieper-Lübbert in Hattingen, 2011
(Marion Nickig)

DIE PARKANLAGE IM UMFELD
DER VILLA HÜGEL

Ein herausragendes Beispiel für den „Garten" eines Großunternehmers aus dem 19. Jahrhundert ist die Parkanlage, die nahe der bekannten Villa Hügel der Familie Krupp angelegt wurde. Der neue Familiensitz der Krupps wurde von Alfred Krupp 1864 initialisiert. Zusammen mit seinem Werksarchitekten Ferdinand Barchewitz und seinem Obergärtner Friedrich Bete erarbeitete er eigenständig Entwürfe für Villa und Garten. Die gesamte Anlage der Villa Krupp folgte dem Konzept einer italienischen Landvilla: Ein repräsentatives Wohnhaus mit kleineren, künstlerisch gestalteten Gärten in unmittelbarer Nähe des Gebäudes, sowie naheliegenden, landwirtschaftlich genutzten Arealen. Hier befanden sich Gemüse- und Obstbauflächen sowie Fischteiche und sogar eine Viehzucht. Zusätzlich ent-

stand an der Ruhr ein eigenes Wasser- und Gaswerk, das zeitweise auch die Fabrik versorgte. Der Gestaltungszustand des Parks von 1910 blieb bis nach dem Zweiten Weltkrieg erhalten. Nach Ende des Krieges stiftete Alfried Krupp von Bohlen und Halbach das Anwesen und dessen Park der Allgemeinheit. Im Zuge der Errichtung des Vereins Villa Hügel e.V. 1961 wurden das Haus und der Park „bereinigt", das heißt, es wurden nur die notwendigsten Ausstattungselemente beibehalten, um die Instandhaltungskosten so gering wie möglich zu halten. Durch den Eingriff gingen allerdings der ursprüngliche Charakter der Anlage und Alfred Krupps „Dreizonen-Garten" verloren. Entstanden ist ein stilisierter Garten im englischen Landschaftsstil mit schönem Blick auf den Baldeneysee.

DER GARTEN DES TEEHAUSES
DINGERKUS IN ESSEN-WERDEN

Der Garten des Teehauses Dingerkus in Essen-Werden ist ein entzückendes Beispiel eines bürgerlichen Gartens des späten 18. Jahrhunderts. 1790 erwarb Johann Everhard Dingerkus – seit 1759 Kanzleidirektor der Fürstabtei Werden – vor der Stadtmauer ein Grundstück auf dem Pastoralberg. Auf dem bis zur Ruhr reichenden Gelände entstand ein Garten, dessen wichtigste Ausstattung ein zentral gelegener Teepavillon auf dem höchsten Punkt des Berges war. Die genaue Gestaltung des Gartens ist bis heute leider nicht bekannt, da es darüber keinerlei Aufzeichnungen gibt. Lediglich auf zeitgenössischen Stadtansichten Werdens lassen sich

___
Die Villa Hügel in Essen, Verbindung von Villa, Garten und Landschaft, 2017 (Agnieszka Derda)

___
Blick auf das 1894 erbaute Spielhaus, genannt „Spatzenhaus", von Bertha und Barbara Krupp, 2017 (Agnieszka Derda)

Das Gartenhaus Dingerkus in Essen, 2019 (Agnieszka Derda)

ter des Gartens erhalten. In den 1950er und 1960er Jahren wurde der Dingerkus'sche Garten als Schulgarten genutzt, während sich im Untergeschoss des Teehauses eine Schreinerei befand. Im folgenden Jahrzehnt übernahm dann die Folkwangschule das Gelände, ließ es jedoch so stark verfallen, dass dem Teehaus später beinahe der Abriss drohte. 1994 wurde schließlich der Denkmalwert des Teehauses bestimmt und 2000 der Dachstuhl und der Holzboden des ersten Stockwerks durch das Land NRW saniert. 2010 gründete sich aus privater Initiative ein Verein zur Erhaltung des Teepavillons. Der Freundeskreis Gartenhaus Dingerkus e.V. sorgte für eine umfassende Restaurierung des Gebäudes und gestaltete den verwilderten Garten im Sinne seines Schöpfers neu. 2017 konnten das Gartenhaus und der Garten feierlich wiedereröffnet werden. In vereinfachter Form entstanden hier Terrassen aus Trockenmauern. Der obere Teil auf Höhe des Pavillons wird bestimmt durch Zierpflanzen, während weiter unten Nutzpflanzen gedeihen. Im Teesalon des Pavillons befinden sich zu allen Seiten große Fenster, die lange einen Ausblick über den Garten hinaus auf das Ruhrtal und seine Auen boten. 1900 wurde jedoch das neue Amtsgericht errichtet, das die Sichtachse des Gartens zum Fluss bis heute versperrt.

DIE MÜLHEIMER GÄRTEN AN DER RUHR

Ein für die Gärten und Parks Mülheims wichtiges Projekt war die Landesgartenschau von 1992. Den Entwurf der Landschaftsarchitekten Horst Wagenfeld und Wolfgang R. Mueller bestimmten als Hauptaugenmerk ihrer Konzeption die von dem Fluss geprägte Geschichte und Lage der Stadt Mülheim an der Ruhr. Wagenfeld und Mueller gestalteten insgesamt eine Gesamtfläche von 65 Hektar. Neben neu angelegten Gartenarealen erfolgten die Sanierung einstiger Deponien und Gewerbeflächen und die Umnutzung alter Industriegebäude – ein ehemaliger Ringlokschuppen wurde so beispielsweise zu einem modernen Veranstaltungszentrum umgebaut. Glücklicherweise waren zu diesem Zeitpunkt nur etwa vier Prozent des Mülheimer Uferbereiches verbaut, was die einzigartige Möglichkeit bot, das gesamte Stadtgebiet mit Hilfe der Uferauen zu verknüpfen. Leitlinien der Gestaltung wurden die Flusslinie und die dazu parallel verlaufende, bereits stillgelegte Ruhrtalbahn. Sieben Kilometer

auf dem Pastoralberg mehrere parzellierte Grundstücke erkennen, die möglicherweise alle mit ähnlichen Pavillons ausgestattet waren. Bekannt ist, dass es sich bei dem Dingerkus'schen Garten nicht um einen reinen Lustgarten gehandelt hat, sondern dieser auch der Versorgung mit Obst und Gemüse diente. Dies bezeugen überlieferte Briefe zwischen Johann Everhard Dingerkus und seiner Tochter, in denen sie dem Vater von den Ernteerfolgen berichtet. Die Hanglage des Geländes machte eine Terrassengestaltung sinnvoll. Umgeben von Birnen- und Pflaumenbäumen, führten wahrscheinlich gerade, von Kübelpflanzen gesäumte Wege zum Teehaus, in dessen Beletage (der Etage mit dem besten Ausblick, auch Piano nobile genannt) sich ein Salon befand. Der Garten wurde bereits um 1870 verkauft und gelangte 1880 schließlich in den Besitz der Stadt Werden. Diese errichtete auf der Fläche des Gartens ein Amtsgericht und eine Reichsbank, wodurch der Garten einen Großteil seiner Fläche einbüßte. Von dem ehemals fast 3.800 Quadratmeter großen Grundstück sind nur etwa 500 Quadratme-

des Ruhrufers, vom Schloss Styrum bis zum Kloster Saarn, wurden mittels eigens angelegter Grünflächen miteinander verbunden. Hinzu kamen zwei weitere Kilometer der Ostruhranlage, samt Rathausgarten, Hellwegpark, Luisental und Thyssenpark, ergänzt durch die Ruhrauen. Erstmals wurde keine große zusammenhängende Fläche gartenarchitektonisch gestaltet, stattdessen entstanden entlang des Flusses viele verschiedene Einzelgärten, deren wichtigstes verbindendes Element die Ruhr war. Schloss Styrum, der Styrumer und Broicher Damm, Steinhofer Bruch, Stadthallengarten und die neuangelegten Anlagen des Schlosses Broich bis zum Schlossberg bildeten den Kernbereich der Gartenschau. Vom Styrumer Schloss ausgehend führt ein Wanderweg entlang der Ruhrtalstrecke durch ein ehemaliges Industriegebiet, weiter über die frühere Eisenbahnbrücke auf die andere Flussseite zum Stadthallenpark in der Innenstadt. Auf diese Weise werden beide Seiten der Stadt über die Ruhr hinaus miteinander verbunden. Im Zentrum der Mülheimer Landesgartenschau, direkt an der Ruhr neben der Stadthalle, entstand ein moder-

ner Stadtpark. Sein Hauptgestaltungsmotiv ist das Wasser: Springbrunnen, Teiche und kleine Kanäle führen den Besucher tiefer in den Park hinein bis an das Ufer der Ruhr. Hier entstand mit zahlreichen Spielplätzen, Sitzmöglichkeiten und einem multifunktionalen Pavillon ein Ort der Begegnung und Erholung. Zahlreiche Gartenräume der MüGA waren jedoch finanziell zu kostspielig um sie dauerhaft erhalten zu können und wurden nach Ende der Landesgartenschau zurückgebaut.

DER PARK DES KLOSTERS SAARN IN MÜLHEIM

Der historische Hof des Klosters Saarn in Mülheim an der Ruhr wurde im Zuge der Landesgartenschau von 1992 nachempfunden und durch die zeitgleiche Neugestaltung der Ruhrauen zu einem weitläufigen Park erweitert. Die beinahe vollständig erhaltene Klosteranlage ist die einzige noch vorhandene Zisterzienserinnenabtei nördlich der Mainlinie. Gegründet wurde sie 1214 auf einer hochwasserfreien Terrasse an der Ruhr, in unmittelbarer Nähe des Stadtkerns. Über die genaue Ausgestaltung dieses Abtei- oder Klostergartens ist nur wenig bekannt.

MüGa, Mülheim an der Ruhr, Wasserspiele, 2019 (Agnieszka Derda)

Das Kloster Saarn in Mülheim an der Ruhr, 2019 (Agnieszka Derda)

Ausschnitt des Landschaftsgartens der Villa Thyssen in Mülheim an der Ruhr, 2019 (Agnieszka Derda)

In der Regel befanden sich diese auf einem rechteckigen Grundriss und wurden mittels regelmäßiger Strukturelemente in kleinere Abschnitte unterteilt, in denen Nutz- und Heilpflanzen angepflanzt wurden. Im 17. Jahrhundert wurde das Zisterzienserinnenkloster in ein adeliges Damenstift umgewidmet. Dies führte schließlich auch zum letzten größeren Ausbau der Anlage. Es ist anzunehmen, dass die Grünanlagen von jenen rein dem Nutzen untergeordneten Gärten der Zisterzienser zu repräsentativen Flaniergärten für die adeligen Damen umgestaltet worden sind. Bei den Erneuerungsarbeiten zur Landesgartenschau hat man jedoch darauf verzichtet, die historischen Gärten originalgetreu zu rekonstruieren, da durch den Bau der Bundesstraße in den 1970er Jahren und infolge eines Bahndamms die Gestalt der zum Kloster gehörenden Gartenflächen massiv verändert worden war. Stattdessen entschied man sich dazu, klösterliche Grundzüge der Anlage in modernen Gestaltungsformen anzudeuten. So wurden im Klosterhof Formhecken gepflanzt, die die historische Struktur nachzeichneten. Mit der Gestaltung der benachbarten Ruhrauen wurde das Kloster in die Gesamtgestaltung der Landesgartenschau miteinbezogen.

DER LANDSCHAFTSGARTEN DER VILLA JOSEPH THYSSEN

Joseph und Klara Thyssen ließen sich zwischen 1898 und 1900 nach Plänen der Berliner Architekten Heinrich Kayser und Karl von Großheim in Mülheim an der Ruhr eine Villa im neobarocken Stil errichten. Zur Villa gehörte ein weitläufiger Park im engli-

schen Landschaftsstil. Villa und Park befanden sich bis 1981 noch im Familienbesitz, bis das Zentrum für Innovation und Technologie (Zenit GmbH) diese bis 2004 als Firmensitz übernahm. Heute befindet sich hier nach zwischenzeitlichem Leerstand die Thyssen'sche Handelsgesellschaft. Der Park wurde ebenfalls im Zuge der MüGa 1992 überarbeitet und ist seit der Landesgartenschau für die Öffentlichkeit zugänglich. Zentrales Motiv des Landschaftsgartens ist der Stauteich einer ehemaligen Textilfabrik direkt an der Ruhr. Da sich keinerlei Aufzeichnungen finden lassen, in denen ein Planer für den Garten genannt wird, ist anzunehmen, dass es sich hier auch um einen Entwurf des Architekten des Wohnhauses handeln könnte. Der auf relativ kleinem Grundstück angelegte Garten ist mit den stilistisch typischen Elementen eines Landschaftsgartens ausgestattet: geschwungene Wege, Wiesenflächen, Baum- und Strauchgruppen neben besonderen Solitärbäumen. Ein gleichsam bewusstes wie gelungenes Gestaltungsmittel des Gartens bilden die Ausblicke auf die Ruhr und ihre Auen.

DIE GÄRTEN VON SCHLOSS BROICH

Die Gestalt von Schloss Broich vereint mittelalterliche Wehrhaftigkeit und barocke Repräsentation. Die Gärten der Schlossanlage haben leider nicht bis heute überdauert. Im Mittelalter zählte die Burg zu einer der größten des Niederrheins. Die strategisch günstige Lage auf einer Anhöhe über der Ruhr schützte vor Hochwasser und bot gleichzeitig eine nahe gelegene Furt über den Fluss. Hier befand sich auch einer der wichtigsten Handelswege des 11. und

12. Jahrhunderts: der Hellweg. Der burgähnliche Ausbau des Schlosses erfolgte im 15. und 16. Jahrhundert. 1645 wurde die Anlage schließlich durch Graf Wilhelm Wirich im Barockstil umgebaut. Zur gleichen Zeit entstand auf dem südlich angrenzenden Gelände ein Garten im französischen Stil. Auf dem „Prospect des Schloses Bruch und Mühlheim sambt gegend" [sic] von 1775 sieht man deutlich die regelmäßigen Strukturen eines barocken Gartens. Durch den Ausbau des Eisenbahn- und Straßennetzes wurden große Teile des Gartens zerstört. Im Zuge der Landesgartenschau in Mülheim an der Ruhr 1992 wurde das Gelände von Schloss Broich neu gestaltet.

Prospect des Schloses Bruch und Mühlheim sambt der gegend, ca. 1775, Urheber: Johann Jacob Becker, kolorierte Fassung des originalen Stichs von Kurt Wickrath, 1970er Jahre (Stadtarchiv Mülheim / Ruhr)

DIE AUSSENANLAGE VON SCHLOSS STYRUM

Zu den in die Konzeption der MüGA eingebundenen Gärten zählte, wie schon kurz erwähnt, auch die Außenanlage des Schlosses Styrum. Wie bei Schloss Broich sind die Gartengestaltungen der Schlossanlage Styrum über die Jahrhunderte hinweg mehrfach überformt worden und schließlich gänzlich verschwunden, bis sie 1992 – ebenfalls zur Landesgartenschau – ein erneutes Erwachen und eine zeitgenössische Prägung erfuhren. 1289 wurde hier der Stammsitz der Grafen von Styrum, ein Zweig des Grafenhauses von Limburg, eingerichtet. Mitte des 17. Jahrhunderts erfolgte der Ausbau der mittelalterlichen Anlage zu einem barocken Schloss. Wegen massiven Verschuldungen im folgenden Jahrhundert wechselte das Schloss mehrfach seinen Besitzer. Bis 1890 wurde das Gelände eher bäuerlich genutzt, bis August Thyssen das Schloss zusammen mit den weitreichenden Besitzungen erwarb und seinem Generaldirektor und dessen Familie als Wohnsitz zur Verfügung stellte. Ein umfassender Umbau erfolgte in den 20er und 30er Jahren des 20. Jahrhunderts. Hierbei wurde

Das Schloss Styrum in Mülheim an der Ruhr, 2019 (Agnieszka Derda)

das Herrenhaus erweitert und der unmittelbar vor dem Gebäude liegende Garten im formalen Stil umgestaltet. Prachtvolle Kreationen wie Teppichbeete (opulente dreidimensionale Blumenbeete) des späten 19. Jahrhunderts wurden zu einfachen und klaren geometrischen Formen reduziert. 1959 stiftetet der Baron Thyssen-Bornemisza das Schloss mitsamt des Gartens der Stadt Mülheim, um fortan als Altentagesstätte zu dienen. Im Zuge der MüGa wurden Durchbrüche in der Schlossmauer geschaffen, um eine Blickverbindung zwischen Schloss, Garten und den Ruhrauen zu erzielen. Die historischen Parkstrukturen erfuhren eine zeitgenössische Aufarbeitung und Ausstattung mit Bänken und Spielplätzen. Die Umgestaltungen infolge der MüGa sollten primär dazu beitragen, das zuvor stark industriell geprägte Styrum durch offene, grüne Rückzugsflächen lebenswerter zu gestalten. Durch die dezentrale Organisation der MüGa erfuhr letztlich ganz Mülheim eine weitreichende Umstrukturierung seiner Grünflächen und durch Fuß- und Radwege eine Anbindung der Stadt an den Fluss.

DAS GRÜNE BAND ENTLANG DER RUHR

Die Gärten und Parks entlang der Ruhr bestechen häufig durch ihre exponierte Hanglage. Leider sind die meisten der historischen Anlagen in der Vergangenheit nur leidlich gepflegt und in Stand gehalten worden, sodass das Hauptgestaltungselement dieser Gärten viel zu oft verloren gegangen ist: Die Aussicht auf das Ruhrtal und den Fluss selbst.

Die hier vorgestellten Beispiele zeigen anschaulich die Vielfalt der gestalteten Gartenlandschaften entlang der Ruhr. Die Ruhrregion ist reich an kulturhistorischem Erbe. Dieses Erbe wird durch die Einwohner der Ruhrmetropolen und Besucher mit Leben gefüllt. Ganz gleich ob Großprojekte wie das der MüGa, oder aber das Engagement kleiner Vereine wie es das Beispiel des Gartenhauses Dingerkus verdeutlicht – sie alle leisten einen wichtigen Beitrag zu einem gesunden Stadtklima. Sie schaffen Lebensräume für Vögel und Insekten, verbinden die unterschiedlichsten Menschen miteinander, sind Orte für Sport und Freizeit und gleichzeitig Stätten des Rückzugs.

All dies zusammengenommen bilden die Gärten und Parks entlang der Ruhr ein einzigartiges Naherholungsgebiet, das sich inmitten der am dichtesten besiedelten Region Europas befindet. Historischer Prunk und Pracht gehen heute Hand in Hand mit Natur und Ruhe. Eine intensivere Pflege der historischen Anlagen könnte weiterhin dazu beitragen, die Stätten im Ruhrtal für den Tourismus noch attraktiver zu machen, indem man stetig darauf hinweist, dass diese noch deutlich mehr zu bieten haben als umfunktionierte Industriebrachen.

Die Ruhr in Essen-Werden, 2019 (Agnieszka Derda)

Renate Kastorff-Viehmann

SIEDLUNGSPLANUNG UND WOHNKULTUR IM RUHRTAL WÄHREND DES 19. UND 20. JAHRHUNDERTS

ANNÄHERUNG UND ERINNERUNG

Seit meiner Kindheit ist mir die Ruhr näher als die Emscher oder die Lippe. Nicht nur, weil ich in Essen-Haarzopf aufgewachsen bin, einem ehemals recht ländlichen Vorort auf den westlichen Ausläufern des Ardeys, die eine Wasserscheide zwischen Ruhr und Emscher bilden. Aber das wusste ich damals noch nicht. Viel mehr erinnere ich mich an die Sonntagsausflüge zur Ruhr, manchmal als zwei-, dreistündige Wanderungen durch eins der malerischen Täler hinab bis zum Fluss, dem Wolfsbachtal auf Essener Gebiet oder dem Forstbachtal in Mülheim. Zu Fuß ging es ebenfalls nach Haus Schuir am steilen, kurvigen Schuirweg. Später, im Auto mit den Eltern dann viele Fahrten zum Baldeney-See, zum Café Schwarze Lene oder zu den Ausflugsrestaurants im Hespertal. Dort hatte ehemals eine Schmalspurbahn mit Pferdebetrieb zunächst alte Erzgruben erschlossen, ab 1872 dann einen Schacht der Steinkohlenzeche Pörtingsiepen. Aber die wenigen eindeutigen Zeugen der frühen Industrialisierung im Hespertal konnte ich nicht zu einem Bild zusammenfügen.

Links: Kotten im Nachtigallental (Essen) nahe der Margarethenhöhe, Foto: Theodor Arres, Quelle: Max Paul Block, Der Gigant an der Ruhr, Berlin 1928, S. 142

Ich wusste jedoch von Anfang an von der Krupp'schen Fabrik, und dass das Ruhrgebiet in Gänze durch Bergbau und Schwerindustrie geprägt war. Vom Dachfenster in Haarzopf konnten wir bei Dunkelheit den Hochofenabstich in Oberhausen beobachten; viel näher lagen Zeche Humboldt und Zeche Rosenblumendelle, deren Fördertürme über die Bäume des nahen Waldparks ragten. Aber das gehörte für mich zur Industrie im Norden. Von alten Stollen und Kohlenwegen in Haarzopf wurde zwar erzählt, aber die Spuren der frühen Industrialisierung konnten wir Kinder natürlich nicht deuten. Nicht zu übersehen waren hingegen die dunklen Ziegelbauten ehemaliger Textilfabriken in Werden, wenn man die Velberter Straße bergan fuhr, oder in Kettwig nahe der Ruhrbrücke die Scheidt'sche Fabrik. Es war dann auch Alt-Kettwig mit dem malerischen Stadtbild zum Fluss hin, mit der steilen Kirchtreppe, die von der engen, von schmalen Häusern gesäumten Ruhrstraße hinauf zur Hauptstraße führt, das über Jahre meine Vorstellung von den kleinen Städten im Ruhrtal geprägt hat: romantisch, beschaulich, mit viel Fachwerk oder Schiefer an den schmalen Gebäuden, in schöner Umgebung, nahe am Fluss. Dass die Ortskerne von Hattingen, Wetter und Herdecke weit mehr als Kettwig oder das nahe Werden eine Anmutung vorindustriellen Seins vermitteln können, kam mir damals nicht in den

Sinn. Jedoch wusste ich von beeindruckenden alten Kirchen, wie die Abteikirche und die Peterskirche in Werden, späterhin auch von der weiter entfernten Dorfkirche in Stiepel oder der Peterskirche nah der Hohensyburg, aber auch von Adelssitzen im Ruhrtal, wie Haus Oefte, Schloss Hugenpoet, Schloss Landsberg oder Schloss Broich und Haus Kemnade, die von der politischen und kulturellen Bedeutsamkeit der Ruhr seit mehr als tausend Jahren erzählen.

Die Schuljahre auf dem Carl-Ziegler-Gymnasium in Mülheim, der „Perle an der Ruhr", haben nicht dazu geführt, mein Bild vom Ruhrtal zu revidieren. Zwar waren die Baulichkeiten der Friedrich-Wilhelms-Hütte nördlich der Altstadt und die vielen Lederfabriken auf der linken Ruhrseite nicht zu übersehen. Aber es gab bzw. gibt nahe der Ruhr auf Mülheimer Stadtgebiet auch alte Dörfer und Klöster wie Saarn, Menden und Mintard. Und nicht zuletzt den Kirchenhügel, wo man – wenn man an der „richtigen" Stelle steht – glauben könnte, dass die Zeit stehen geblieben ist.

Ein Blick auf Alt-Kettwig, Foto: Anton Meinholz, Quelle: Max Paul Block, Der Gigant an der Ruhr, Berlin 1928, S. 161

Es war aber nicht allein mein ungeübtes Auge, das mich die Relikte der frühen Industrialisierung übersehen und stattdessen vor allem die landschaftliche Schönheit der Ruhr und ihrer Seitentäler sowie die märchenhaften Orte am Fluss wahrnehmen ließ. Es waren – vor mehr als fünfzig Jahren – ganz einfach schon viele Zeugen der Industriegeschichte entweder von Gestrüpp überwuchert oder sogar verschwunden. Ähnlich wie heute in den alten englischen Industriegebieten, den Midlands oder South Wales. Zwar berichten die engen steinernen Ruhrschleusen (aus der Zeit um 1830) anschaulich über einstige Bedeutsamkeit; aber auch sie liegen versteckt. Industriearchäologie und Industriekultur waren vor 50, 60 Jahren noch kein Thema in Deutschland. Von den zig Kleinzechen bzw. Stollenzechen, die sich zur Mitte des 19. Jahrhunderts allein auf heutigem Mülheimer Gebiet befanden, von den Werften, Magazingebäuden und Lagerplätzen am dortigen Flussufer war schon damals kaum etwas geblieben, was hätte neugierig machen können. Auf dem Leinpfad entlang der Ruhr ging man hingegen schon seit den 1920er Jahren in schönster Umgebung spazieren.

Selbst größere Arbeiterkolonien sucht man vergebens nahe der Ruhr; sie stehen nicht auf der

Talsohle, sondern am Hang oder auf der Höhe, wie beispielsweise die ab 1899 für die Bergarbeiter der Zeche Wiesche errichtete Kolonie an der Mausegatt- und an der Kreftenscheerstraße in Mülheim-Heißen. Stattdessen liegen verstreut in den ländlichen Gebieten zur Ruhr hin immer noch viele alte Hofstellen und niedrige Kotten aus Fachwerk oder aus Bruchstein. Solche Kotten konnten nach der Markenteilung seit dem ausgehenden 18. Jahrhundert errichtet werden, in Mehrzahl stammen sie aber aus dem 19. und beginnenden 20. Jahrhundert. Oftmals abgelegen auf den Ruhrhöhen oder in einem der verwunschenen Seitentäler an schmalen Wegen zu finden, früher oft nur nach längerem Fußmarsch den steilen Hang hinab oder hinauf zu erreichen, sind es heute begehrte Wohnimmobilien.

FRÜHE INDUSTRIALISIERUNG – FRÜHE STADTERWEITERUNG

Die Ruhr wurde 1776–1780 als erster Fluss in Europa vermittels hölzerner Wehre und Schleusen ganzjährig schiffbar gemacht. Vom Projekt waren mehrere Territorien betroffen; die Initiative ging jedoch von der Preußischen Staatsregierung aus, die im Rahmen der Gewerbeförderung einerseits den Transport des Salzes der Saline in (Unna-) Königsborn vereinfachen und zweitens Ruhrort an der Mündung der Ruhr in den Rhein als Handelsplatz weiter entwickeln wollte. 1748 war dort schon ein staatliches Kohlenlager eingerichtet worden. Die erste rudimentäre Erweiterung Ruhrorts mit dem stattlichen Packhaus (dem Stammhaus der Familie Haniel, heute Haniel-Museum) als Nucleus geschah 1754/56 auf dem Gelände einer königlichen Domäne, gegenüber der Altstadt – mit nur sechs Neubauten an der Straße zum Rheindeich. 1782 folgte eine zweite, umfänglichere Stadterweiterung „Auf dem Hustenkamp", wieder auf dem Gelände der königlichen Domäne. Diesmal mit drei Parallelstraßen, einer Querstraße und einem länglichen, rechteckigen Marktplatz, der Bauflächen für Rathaus und Kirche bot, die aber dort nicht realisiert wurden. Zudem wurde er mit Maulbeerbäumen bepflanzt – die preußischen Spinnereien hofften jedoch vergebens auf Seidenkokons aus Ruhrort. Auf den 79 Hausparzellen der „Ruhrorter Neustadt", die von der Fläche her viermal so groß wie die Altstadt war, sollten „Baulustige" massive Gebäude entlang der Fluchtlinien („auf der vorderen Front") in Reihe und ohne

Bauwich errichten. Recht ähnlich den spätbarocken preußischen „Kolonistenstädten" oder Wiederaufbauten nach Bränden – wie z. B. damals in Rheinsberg. Ein schönes, eigentlich die Zeit der frühen Industrialisierung beschönigendes Bild der Ruhrorter Neustadt bieten die zweigeschossigen Häuser in der unteren Fabrikstraße, die jedoch erst in den 1830er und 1840er Jahren gebaut wurden.

Damit sich Schiffer, Kohlenhändler und Tagelöhner in der Ruhrorter Neustadt auch umgehend niederließen, wurden ihnen Steuererleichterungen gewährt. Trotzdem lief die Besiedlung nur schleppend. Der wirtschaftliche Aufschwung nach Gründung des Zollvereins führte aber dazu, dass 1835/36 ein weiterer „Plan zur Vergrößerung der Stadt zwischen dem Hafen, der Landwehrstraße, der Woje und der Chaussee" (nach Meiderich) erarbeitet wurde. Ruhrort war bedeutend geworden; die dortige Altstadt, bei weitem nicht so malerisch wie Alt-Kettwig oder Alt-Hattingen, sondern in ihren Fachwerkbauten durch die Überschwemmungen bzw. durch die Lage an zwei Flüssen immer in der Bausubstanz gefährdet, verschwand in den 1960er Jahren ohne viel Nachhall.

Im benachbarten Duisburg, im 18. Jahrhundert nicht durch den Kohlenhandel und die Schifffahrt oder gar durch die Metallindustrie wirtschaftlich geprägt, sondern durch Tuch- und Tabakmanufakturen, wurde um 1790 erstmals über eine Stadterweiterung diskutiert. Aber erst 1838, nach dem Bau des Rheinkanals in Regie der Stadt und nach der Ansiedlung erster Betriebe am Rheinufer und am Rheinkanal, wurde von Seiten der Bezirksregierung in Düsseldorf ein Stadtbauplan angefertigt, der sowohl neue Fluchtlinien in der Altstadt als auch ein Stadterweiterungsgebiet vorsah. Aufgrund von diversen Interessen sowie von gesetzlich garantierten Rechten der Grundeigentümer und mehrerer „Reklamationen" gegen einzelne Festsetzungen dauerte es jedoch bis 1850, bis dieser Bauplan bzw. „Alignementsplan" (= Fluchtlinienplan) der Stadt Duisburg genehmigt wurde. Er definierte sowohl ein kleineres Baugebiet westlich der Altstadt und südlich des Rheinkanals (also in Richtung Rhein), als auch ein größeres Gebiet zwischen der Altstadt und dem Bahnhofsgelände. Im dortigen Dellviertel, das sich um einen unregelmäßig geschnittenen sechseckigen Marktplatz erstreckt, entstanden vorwiegend zweckmäßige, zwei- oder dreigeschossige Gebäude mit drei bis fünf Fensterachsen und

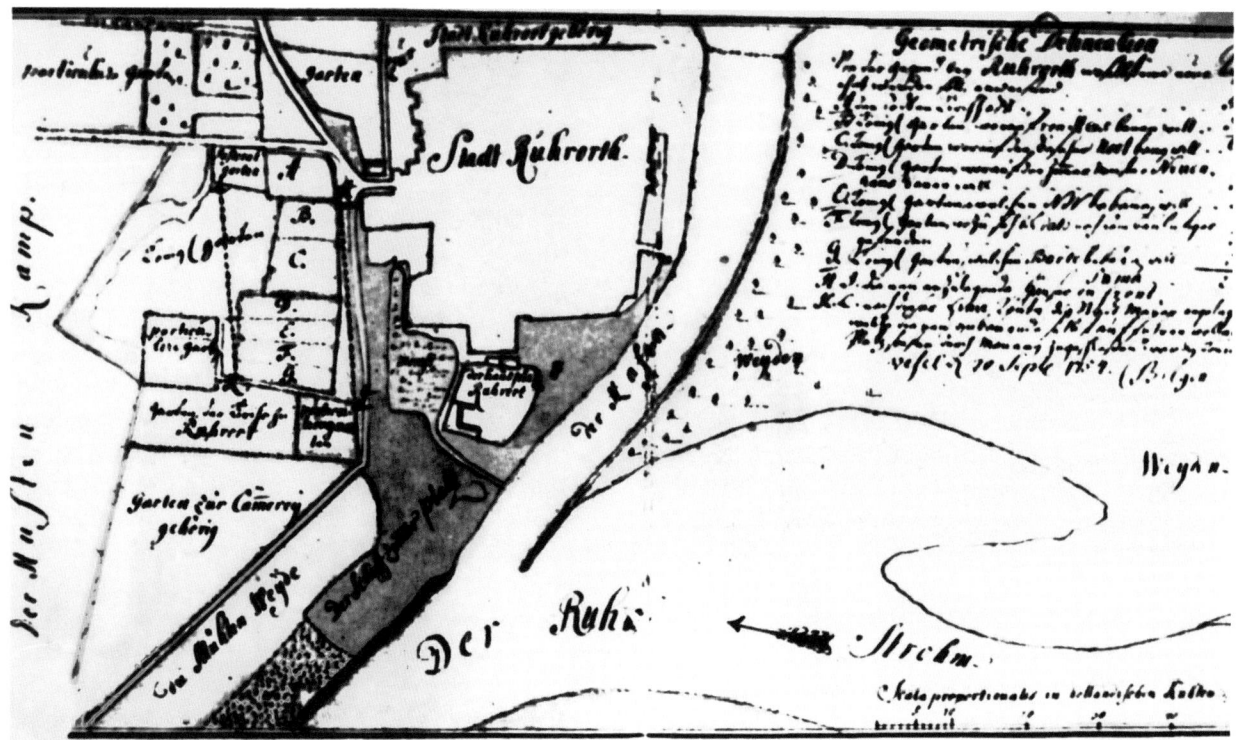

Oben: Plan der Stadt Ruhrort mit der Stadterweiterung von 1754,
Quelle: Renate Kastorff-Viehmann, Frühe Stadtbaupläne in Ruhrort und
Duisburg – Der Weg zur öffentlich-rechtlichen Planung im Ruhrgebiet,
S. 191, in: Gerhard Fehl und Juan Rodriguez-Lores, Stadterweiterungen
1800–1875, Hamburg 1983, S. 185–203 (Stadtarchiv Duisburg,
Bestand 70, Nr. 58)

Unten: Die Ruhrorter Neustadt nach dem Plan von 1782, Quelle: Renate
Kastorff-Viehman, Frühe Stadtbaupläne in Ruhrort und Duisburg – Der
Weg zur öffentlich-rechtlichen Planung im Ruhrgebiet, S. 191, in: Gerhard
Fehl und Juan Rodriguez-Lores, Stadterweiterungen 1800–1875,
Hamburg 1983, S. 185–203 (Stadtarchiv Duisburg, Bestand 70, Nr. 70)

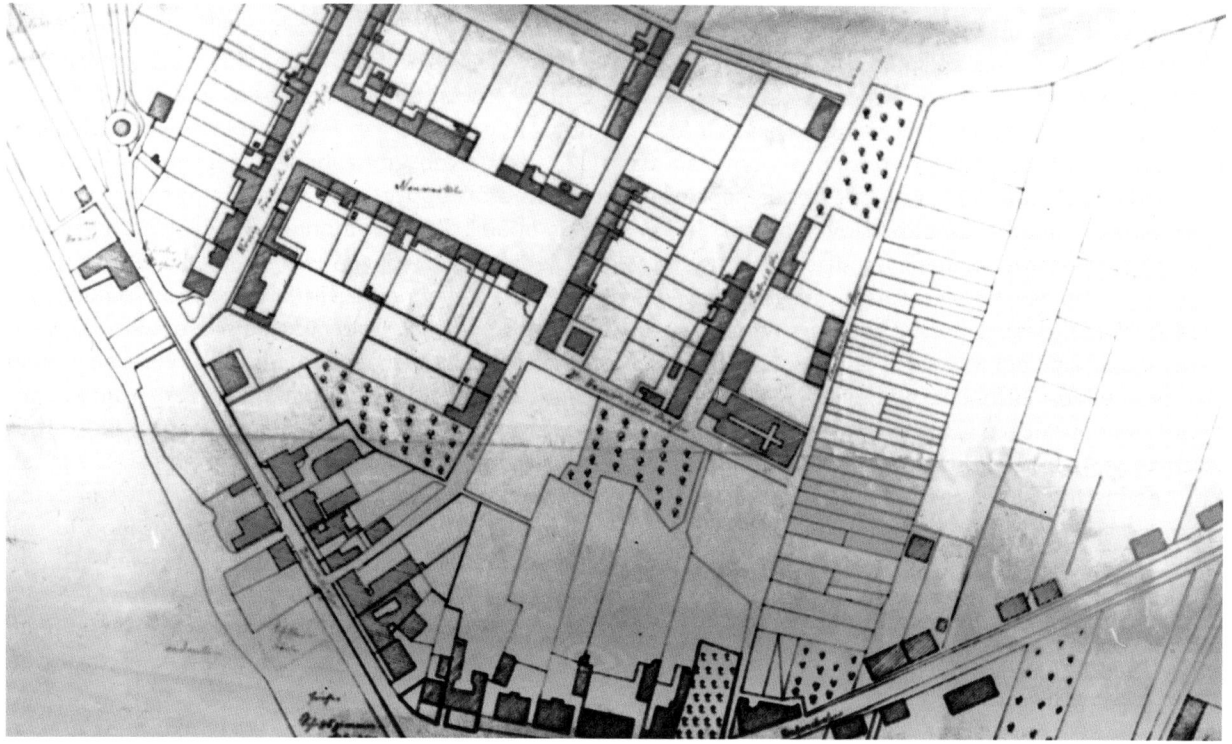

einfachen Grundrissen für Arbeiterfamilien. Während entlang der nahen Düsseldorfer Straße repräsentative Villen gebaut wurden, ähnlich der Huyssenallee in Essen. Das südlich angrenzende Hochfeld, das bis zum Rhein reicht, wurde ab 1863 planmäßig über Fluchtlinien erschlossen. Duisburg-Hochfeld ist – vergleichbar der Dortmunder Nordstadt – eins der großen, alten, dicht bebauten proletarischen Stadterweiterungsgebiete des Ruhrgebiets.

Während Duisburg, gleichwohl mit dem Stadtgebiet an die Ruhr angrenzend und mit der Altstadt näher am Lauf der Ruhr denn am Rhein gelegen, sich mit dem Hafen und der Industrie zum Rhein hin orientierte, war Mülheim bis zum Ende des 19. Jahrhunderts die Industriestadt an der Ruhr. Groß geworden durch Bergbau, Kohlenhandel und Ruhrschifffahrt sowie durch eine Vielzahl von Lohgerbereien (aus denen sich während des 19. Jahrhunderts Lederfabriken entwickelten), seit Ende des 18. Jahrhunderts zudem durch die Troost´sche Baumwollspinnerei am Fluss (schon in den 1820er Jahren ein Großbetrieb), war Mülheim um 1900 ökonomisch kaum weniger bedeutend als die Hauptorte am Hellweg. Jedoch

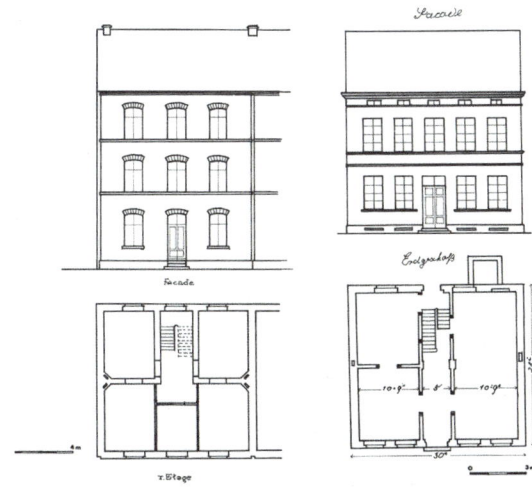

Wohnhäuser aus dem Duisburger Stadterweiterungsgebiet – links: Sedanstraße 1 (1887), rechts: Werthauser Str. 190 (1864), Bauzeichnungen (Umzeichnungen) nach Bauakten im Bauaktenarchiv der Stadt Duisburg, Quelle: Renate Kastorff-Viehmann, Wohnungsbau für Arbeiter. Das Beispiel Ruhrgebiet bis 1914, Aachen 1981, S. 55
——

——

Ruhrorter Häuser aus den 1830er Jahren in der unteren Fabrikstraße

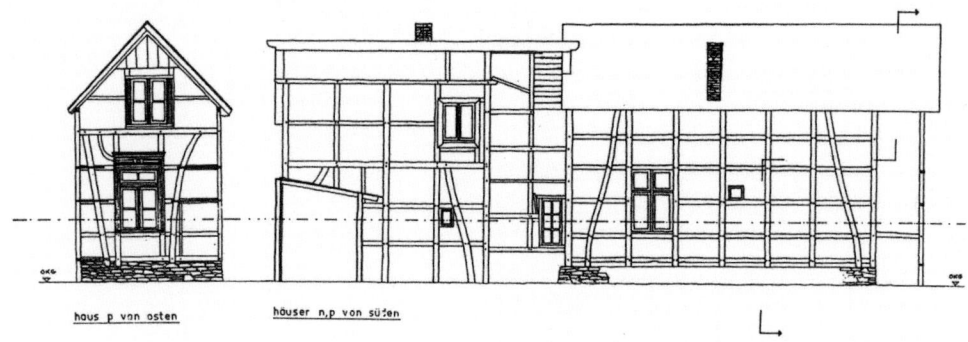

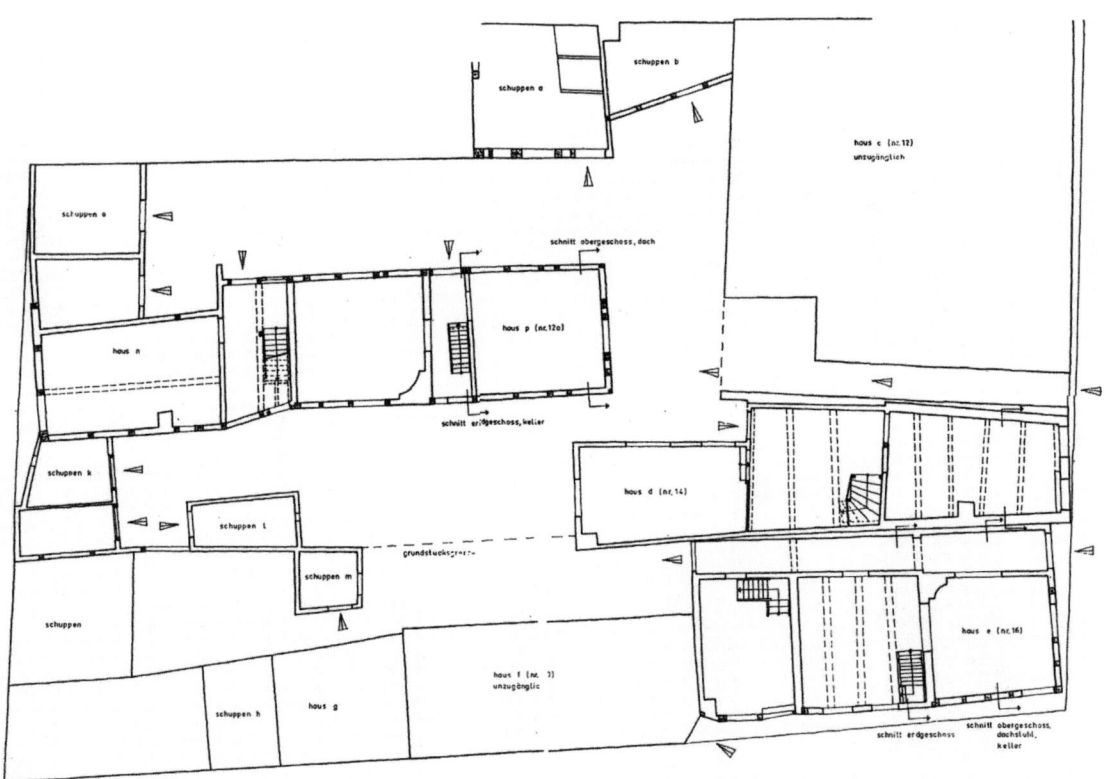

Planzeichnung zu kleinen Gebäuden aus dem beginnenden 19. Jahrhundert auf einem Hof des Kirchen-
hügels in Mülheim, Aufmaß von W. Schenke und M. Herrmann, Quelle: Renate Kastorff-Viehmann,
Wohnungsbau für Arbeiter. Das Beispiel Ruhrgebiet bis 1914, Aachen 1981, S. 70

mangelte es anfangs lange an Verbindungswegen zu den umliegenden Ortschaften und Zechen sowie an ordentlichen Straßen. Der Ort selbst war ohne Struktur; die Häuser erschienen wie „hingeworfene Würfel".

Um der Stadt ein ihrer Bedeutung entsprechendes „Gesicht" zu verpassen, beauftragte der Mülheimer Magistrat 1829 den bei der Regierung in Düsseldorf tätigen Architekten Adolph von Vagedes (1777–1842) mit dem Entwurf eines Stadtbauplanes. Basierend auf einem orthogonalen Straßennetz für die Stadterweiterung legte Vagedes um den alten Kern einen rechteckigen „Kranz" aus drei repräsentativen Alleen. Zudem plante er nördlich der Altstadt einen großen Marktplatz, der über eine vierreihige Allee mit dem äußeren Alleenkranz verbunden werden sollte. Ohne viel Rücksichtnahme auf die Leistungsfähigkeit der Obrigkeit und die Flächenansprüche der Industrie, stattdessen dem Leitbild absolutistischen Städtebaus verpflichtet, war dieser Plan schon zur Zeit des Entwurfs veraltet. Der damaligen Realität weit angepasster erschien ein

In den 1920er Jahren in Mülheim auf dem Kirchenhügel, Foto: Anton Meinholz, Quelle: Max Paul Block, Der Gigant an der Ruhr, Berlin 1928, S. 282

Bebauungsplan von 1841/43, der ein recht schematisches Baugebiet mit einem Gitter ähnlichen Straßennetz nördlich der Altstadt und östlich der Friedrich-Wilhelms-Hütte (deren Hochofenanlage 1841 in Betrieb ging) vorsah. Aber abgesehen von der schon 1838/39 auf Aktien (und unter maßgeblicher Beteiligung von Mathias Stinnes) angelegten Aktienstraße nach (Essen-)Borbeck wurde auch von diesem Plan kaum etwas verwirklicht. Typisch für Mülheim bis ins 20. Jahrhundert wurde eine schrittweise Ausdehnung der Baugebiete beiderseits der wichtigen Hauptstraßen – also derjenigen Verbindungen, deren Fehlen noch um 1827 beklagt worden war.

STÄDTE AM FLUSS: MÜLHEIM UND WITTEN

Mülheim hat trotz aller wirtschaftlichen Bedeutsamkeit und trotz seines wohlhabenden, vielfach unternehmerisch tätigen Bürgertums, das schon im 19. Jahrhundert die Stadt dominierte, keine richtige City ausbilden können. Vielleicht, weil die Stadt mit knapp 100.000 Einwohnern Anfang des 20. Jahrhunderts nie eine wirklich große Stadt wurde, vielleicht auch, weil kurz nach 1900, als die

„City-Bildung" allgemein ein Thema der Stadtent-wicklung wurde, Essen und Duisburg ganz einfach vorbeizogen. Stattdessen findet man im Umfeld des Stadtzentrums viele Zeugnisse bürgerlichen und sogar großbürgerlichen Wohnens aus der Zeit vor 1914: Angefangen bei den sparsamen Reihen-häusern aus der Zeit um 1800 auf dem Kirchenhü-gel über die zweckmäßigen Häuser für Schiffer, die an der Straße „Auf dem Dudel" nahe der Ruhr um 1840 ebenfalls „in Reihe" gebaut wurden, bis hin zu ganzen Straßenzügen mit sehenswerter gründer-zeitlicher bzw. historistischer Architektur. Beein-druckende stadtnahe Villen (u. a. für Mitglieder der Familien Thyssen und Coupienne, um nur zwei Na-men zu nennen) entstanden an der Friedrichstraße und ihrer Verlängerung, der Dohne, der alten Land-verbindung nach Kettwig. „Straße der Millionäre" wird dieser Straßenzug nahe der Ruhr auch genannt. Häuser mit fein gestalteten Fassaden, abwechs-lungsreiche Straßenbilder, die Ruhr mit der Ufer-promenade und dem nahen Casino, die nahen wald-reichen Hügel, die Ruinen von Schloss Broich, dies alles lässt das industrielle Alt-Mülheim um 1830 oder 1850 vergessen. Im Zentrum nahe der Ruhr-brücke kann man selbst heute noch glauben, in ei-nem Kurbad zu sein und nicht in einer ehemals hoch-industrialisierten Stadt. Vielleicht hat ein ähnlicher Gedanke schon die Mülheimer Architekten Pfeifer & Großmann (Arthur Pfeifer, 1878–1962, und Hans Großmann, 1879–1949) zur Mitte der 1920er Jahre dazu bewogen, eine Stadthalle zu bauen, die in ihren Baumassen, ihrer stilistischen Haltung und – soweit es die „Schauseite" betrifft – in ihrer Orientierung zum Fluss hin mehr einem venezianischen Renais-sance-Palazzo ähnelt denn einem ausdrucksstark modulierten modernen Zweckbau. Schon mit ihrem nach einem Wettbewerbserfolg von 1913 bis 1915/16 realisierten Neubau des Rathauskomplexes hatten die Architekten Pfeifer & Großmann ganz im Sinne der Bürgerschaft versucht, der Stadt ein repräsen-tatives Forum zu geben, das stilistisch die Zeit „um 1800" anklingen lässt.

Ähnlich wie Mülheim wuchs Witten schon vor 1800 mit der Steinkohlenförderung in Stollenzechen und mit der Ruhrschifffahrt zu einem sehr regen Indus-trieort. Die Eröffnung der Ruhrtalbahn, die 1872 bis 1876 gebaut wurde, trug zum weiteren Ausbau des Industriestandortes bei. Und ähnlich wie in Mülheim sind die Lage „an Berg und Fluss, die bewegte Ge-staltung des Geländes und die verschwenderische

Fülle der Naturschönheiten (...) Elemente, aus de-nen sich das Stadtbild aufbaut", wie 1926 der Witte-ner Stadtbaurat Georg Bewig (1875–1949) schrieb. Fotos aus damaliger Zeit und ebenfalls aus den Jahren nach dem Zweiten Weltkrieg zeigen jedoch nicht nur die landschaftliche Schönheit, sondern auch eine Vielzahl von Schloten, Fabrikhallen und Fördertürmen. Denn im Umkreis von Witten bzw. in der Stadt selber waren nach 1838 nicht nur meh-rere bedeutende Tiefbauzechen abgeteuft worden, sondern auch die Glashütte Gebrüder Müllensiefen und viele Eisen produzierende und verarbeitete Be-triebe beheimatet, von denen einige sogar schon um 1820 gegründet worden waren. Gemeinsam mit ausgedehnten Gleisanlagen prägen ihre Standorte bis heute die räumliche Struktur der Stadt.

Wie in Mülheim waren im Umkreis von Witten die Verkehrsverhältnisse bis weit in die erste Hälfte des 19. Jahrhunderts hinein notleidend. Deshalb wurden auch hier zum Gütertransport Straßen auf Aktien gebaut, einmal von Witten nach Wetter und zum anderen von Crengeldanz nach Herbede. Die Län-dereien beiderseits der neuen und der alten Haupt-straßen und Landwege boten leicht zu erschlie-ßende Baugebiete für den Mietwohnungsbau. Die Unternehmer mit ihren Familien hingegen siedelten sich gerne in bevorzugten Lagen nahe der Ruhr an – auch darin gleicht Witten Mülheim. Beeindruckend ist das Ensemble der meist spätklassizistischen Vil-len (die ältesten datieren aus den 1860er Jahren) im Bereich der unteren Ruhrstraße, darunter mehre-re Villen von Angehörigen der Fabrikanten-Familie Lohmann.

Blättert man durch die Denkmalliste der Stadt Wit-ten, so findet man neben den Zeugen der Industri-alisierung aus dem 18. bis zum 20. Jahrhundert und vielen Bauernhöfen und Kötterhäusern, die im gesamten Stadtgebiet verstreut liegen, vor allem Wohngebäude: angefangen beim Bergmannskot-ten, dem Steigerhaus und vielen Arbeiterwohn-häusern – darunter vier in der Hüttenstraße, die aussehen, als hätte man sie aus dem Rossendale Val-ley nördlich von Manchester nach Witten versetzt –, über sehr ansehnliche städtische Miethäuser bis hin zu einer Vielzahl kleiner und großer Villenbauten. Der dominierende Bau in der Stadt und im Stadt-zentrum ist bis heute jedoch das Rathaus. Zwar gibt es noch einige eindrucksvolle öffentliche Gebäude aus der Vorkriegszeit; aber von Alt-Witten ist wenig erhalten. Denn die Stadt war im Zweiten Weltkrieg zweimal das Ziel großer Luftangriffe: Zuerst im Dezember 1944, damals verloren 334 Menschen ihr Leben und rund 5.000 Personen ihre Wohnung. Der zweite große Angriff wurde im März 1945 geflogen; dabei starben weitere 118 Menschen aus Witten; 18.000 Personen wurden obdachlos. Der Kern der Stadt lag in Trümmern. Erklärlich, dass die heutige Innenstadt von Witten vorwiegend durch Bauten aus der Nachkriegszeit geprägt wird.

ARBEITERWOHNEN: KOLONIE UND „MENAGE"

Die meisten Kleinzechen, die im Einzugsbereich der Ruhr betrieben wurden, hatten nur wenige Beschäftigte. Oftmals handelte es sich nicht um einen ganzjährigen Betrieb, sodass landwirtschaftliche Arbeiter, die auf den umliegenden Höfen untergebracht waren, saisonal tätig werden konnten. Aber auch mehrstündige Arbeitswege waren keine Ausnahme. Besser gestellte Bergleute, Knappen, die eine Ausbildung genossen hatten und bis zur Mitte des 19. Jahrhunderts einen Status ähnlich den Staatsbeamten besaßen, konnten nach der Markenteilung seit Ende des 18. Jahrhunderts Land erwerben und in den ehemaligen Marken einfache kleine Häuser (Kotten) errichten. Noch 1875 standen im Bergrevier Dahlhausen (zu Bochum) bei einer Belegschaft von 4.370 Mann nur 54 Häusern mit 118 Wohnungen in Zechenbesitz mehr als 850 Häuser gegenüber, die den Bergleuten und ihren Familien selbst gehörten. Im Bergrevier Witten gab es damals bei einer Belegschaft von 1.827 Bergleuten 272 Eigenhäuser gegenüber 33 Werkshäusern mit 118 Wohnungen. Nahe den alten Zechen, an den alten Landwegen und an den Höhen beiderseits der Ruhr verstreut befinden sich immer noch viele solcher ehemaligen Bergmannskotten – in denen jedoch keine Bergleute mehr wohnen.

Ein verbindlicher Bautyp Bergarbeiterhaus oder Arbeiterwohnhaus existierte zu Beginn der Industrialisierung im Ruhrgebiet nicht; genauso wenig gab es eine regionsspezifische Industriearchitektur. Auf Kleinzechen behalf man sich mit einfachsten hölzernen Gerüsten und Schuppen. Wurde solide gebaut, orientierte man sich zunächst an landwirtschaftlichen Anwesen. Ein schönes Anschauungsbeispiel für frühe Tagebauten bietet die Zeche Jo-

hannes Erbstollen im südwestlichen Stadtgebiet von Dortmund. Dort begann 1784 die Förderung; um 1850 wurde die Zeche mit dem Abteufen eines Tiefbauschachtes modernisiert und ausgebaut. Heute noch aufstehende Baulichkeiten der Zeche Johannes Erbstollen erinnern weit mehr an einen großen Bauernhof denn an ein Bergwerk. Auf Zeche Nachtigall hingegen (heute eine Außenstelle des LWL-Industriemuseums und Teil des Bergbauwanderweges Muttental südlich der Ruhr auf heutigem Wittener Gebiet) zeigen die teilweise rekonstruierten Betriebsgebäude schon eine prägnante Industrie- bzw. Zechenarchitektur aus der Zeit um 1850.

Die Flächenaufteilung der Stadt Mülheim a. d. Ruhr: Dargestellt sind das bebaute Stadtgebiet und vorhandene Grünflächen und -anlagen – darunter der weiträumige Wald im Westen, nach Duisburg hin, große Teile der Ruhrauen und viele Bachtäler – sowie geplante Grünanlagen. Bei Letzteren handelte es sich vorwiegend um Landschaftsbereiche, die der Vernetzung von Bachtälern dienten. Der Plan wurde 1924 unter dem Dezernenten Artur Brocke (1884–1933) aufgestellt. Quelle: Die Gartenkunst, Jg. 1926, S. 119

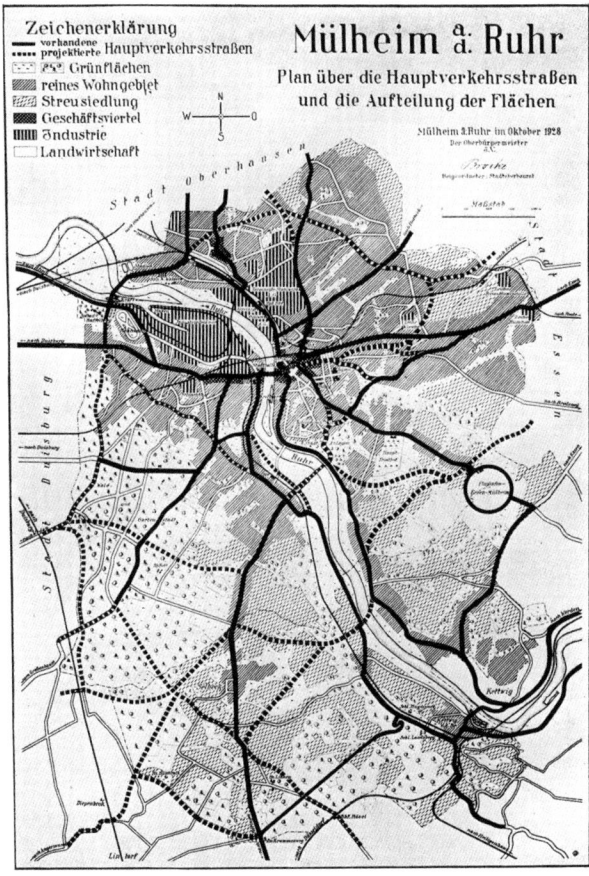

Die ersten Arbeitersiedlungen im Ruhrgebiet, Eisenheim bei Oberhausen und der Alte Clarenberg bei Hörde, entstanden in den 1840er Jahren, jedoch nicht für die Belegschaft von Zechen, sondern bei Hüttenwerken. Beide Male wurden zunächst zweistöckige Zeilen (ähnlich den englischen terraces)

Doppelhaus der Zeche Hannibal bei Dahlhausen aus dem Jahr 1875, Quelle: Die Einrichtungen zum Besten der Arbeiter auf den Bergwerken Preußens, im Auftrag seiner Excellenz des Herrn Ministers für Handel, Gewerbe und öffentliche Arbeiten und nach amtlichen Quellen bearbeitet, Berlin 1876, Bd. 2, Tafel XXII

gebaut, auf dem Alten Clarenberg sogar in engster Reihung und in back-to-back-Anordnung der einzelnen Hausteile. Querlüftung war nicht möglich. Mit der verstärkten Nachfrage nach Arbeitskräften und umfangreichen industriellen Investments wurde jedoch die Entwicklung zweckentsprechender Bautypen dringend. Im Bergbau des Ruhrgebiets setzte sich schließlich für fast vierzig Jahre das eineinhalb- bis zweigeschossige, traufständige „Vierfachhaus" mit Kreuzgrundriss durch („back-to-back"), errichtet aus dunklem Ziegel, mit hohem Sockel und deutlichem Drempel. Küche und Stube befinden sich im Erdgeschoss, ein oder zwei Kammern unter dem

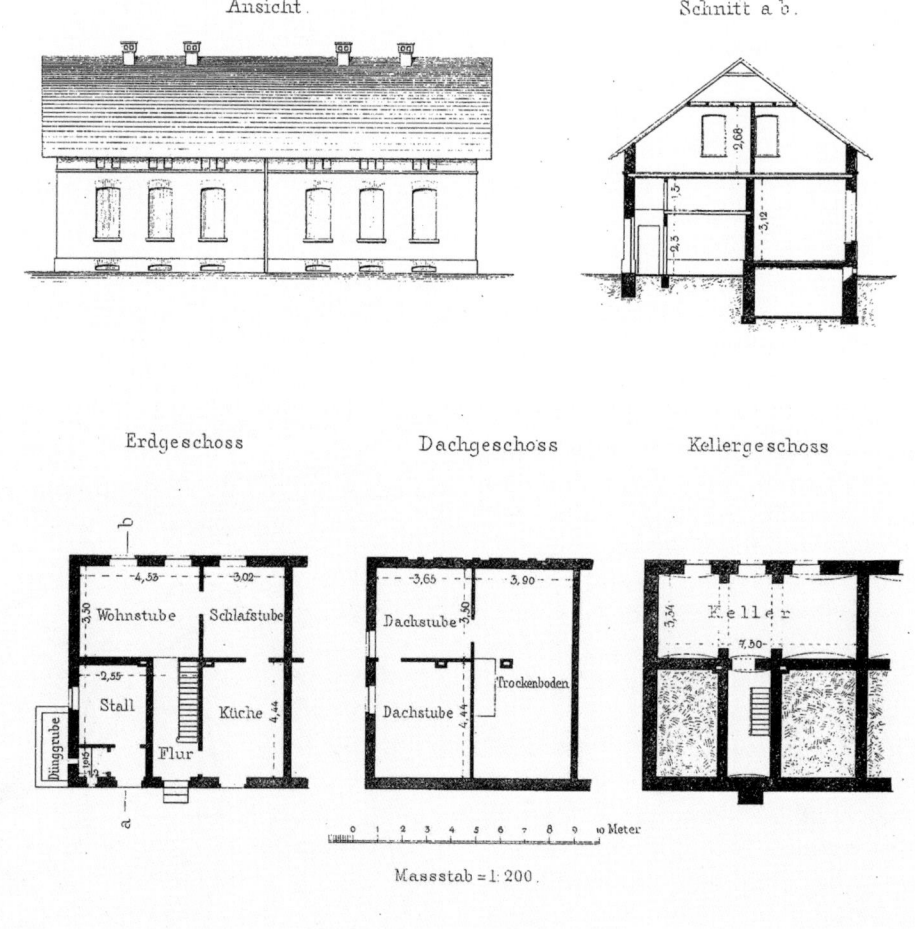

Dach. Ergänzt wurden die Hausviertel regelmäßig um seitliche Anbauten für Stall und Abtritt oder um eine rückwärtige Reihe. Vom Typ her ähnlich, aber geräumiger waren die Zweifamilienhäuser, die die Zeche Hannibal nahe Dahlhausen 1875 errichten ließ.

Die Eigner der Bergbauunternehmen starteten mit dem Bau von Unterkünften und Kolonien, als es Tiefbau-Zechen mit mehreren hundert Bergleuten gab und Wohngelegenheiten bei Privaten nicht ausreichend zur Verfügung standen. Man konkurrierte vor allem um Stammarbeiter. Wohnungsbau in Werksregie geschah jedoch häufiger im mittleren und nördlichen Ruhrgebiet als in den Bergrevieren an der Ruhr. Ungeachtet, dass um 1850 nicht wenige Bergwerke im unmittelbaren Einzugsbereich der Ruhr zu den größten Schachtanlagen im Ruhrgebiet zählten, wie Gewalt, Vereinigte Hagenbeck, Franziska Tiefbau oder Pörtingsiepen. Noch um 1900 nahm die Zeche Hamburg und Franziska (Konsolidierung in 1895) aus Witten-Annen hinsichtlich der Fördermenge Platz 29 ein. Insofern verwundert es nicht, dass im 1876 erschienenen zweiten Band über „Die Einrichtungen zum Besten der Arbeiter auf den Bergwerken Preußens", herausgegeben im „Auftrag seiner Excellenz des Herrn Ministers für Handel, Gewerbe und öffentliche Arbeiten und nach amtlichen Quellen bearbeitet", ein recht großes Schlaf- und Speisehaus der Zeche Hamburg bei Annen abgebildet ist. Der spartanische, U-förmig angelegte, dreiflügelige Zweckbau mit dreigeschossigem Mittelteil und zweigeschossigen vorderen Seitenflügeln entstand 1873-1876. Im Garten, entlang der hinteren Grundstücksgrenze, erstreckte sich zudem eine hölzerne, zum großen Teil offene Halle für den Aufenthalt bei schönem Wetter, aber auch mit einer kleinen Kaffee-Kochstube. Seitlich angeordnet waren die Aborte und ein Waschraum für die Bergmannskleidung.

Das Schlaf- und Speisehaus in Annen erinnert sowohl von der Anlage als auch von der einfachen architektonischen Gestaltung her auf den ersten Blick an ein englisches Arbeits- oder Werkhaus, in dem Männer und Frauen sowohl getrennt nach Geschlecht und Alter als auch nach der Zuordnung als „unverschuldet arm" oder als „der Belehrung und Erziehung bedürftig" (d.h. der Erziehung zur Arbeit) sowie getrennt von ihren Kindern untergebracht wurden. Das Schlaf- und Speisehaus in Witten-Annen (das in unmittelbarer Nähe der ehemaligen

Schächte Wilhelm und Adolf heute noch zu finden ist) war jedoch nur für arbeitsfähige Männer gedacht, die sich zu mehreren die Schlafräume teilen mussten. An die 150 Bergleute konnten dort untergebracht werden, bei Bedarf durch das Aufstellen von Doppelstockbetten sicher noch mehr.

Derartige Arbeiter-Kost- und Logierhäuser, deren Schlafräume oder -säle mehr an Gefängniszellen denn an wohnliche Stuben erinnern, waren im Ruhrgebiet weit verbreitet. Sowohl Ledige als auch Familienväter aus entfernteren Gegenden konnten dort beherbergt werden. Berühmt-berüchtigt sind die großen Arbeiterkasernen oder „Menagen" mit strenger Hausordnung auf der Krupp'schen Gussstahlfabrik und beim Bochumer Verein. Weniger bekannt ist die Ende der 1850er Jahre errichtete „Kaserne" der Paulinenhütte in Dortmund nahe der Dorstfelder Brücke, wo an die 100 Ledige durch die Frauen der ebenfalls im Gebäude wohnhaften Familien versorgt werden konnten. Die erste derartige Anlage im Rheinisch-Westfälischen Industriegebiet war die Arbeiter- Wohnungs- und Speiseanstalt der Schraubenfabrikanten Funcke & Hueck von 1855 in Hagen, jedoch nicht nahe der Ruhr sondern am Ufer der Volme gebaut. Nicht Männer waren hier die ausschließlichen Adressaten, sondern Familien. Denn erstens sollten diese vor dem Wucher der örtlichen Kolonialwarenhändler geschützt und zweitens Frauen und Mädchen durch Speiseanstalt und Kinderkrippe von der Last des Haushalts befreit werden – um schlussendlich in der Schraubenfabrik von Funcke & Hueck mitarbeiten zu können.

Kost- und Logierhäuser wurden bis in die Zeit vor dem Ersten Weltkrieg gebaut. Wie z. B. bei der 1852 gegründeten Eisenhütte Phoenix in (Essen-) Kupferdreh, die 1855 erste Siedlungshäuser bauen ließ und noch 1908 an der Straße Phoenixhütte ein ansehnliches Logierhaus eröffnete (wenige Jahre, bevor der Standort Kupferdreh geschlossen wurde). Recht unbekannt ist das in der zweiten Hälfte der 1880er Jahre errichtete „Bergmannsheim" der Gewerkschaft Selbecker Erzbergwerke auf den südlichen Ruhrhöhen bei Mintard. An der Chaussee von Mülheim nach Düsseldorf gelegen, standen gegenüber dem Bergmannsheim drei Doppelhäuser für Steiger, die – von der Wohnfläche her zwar größer bemessen als ein durchschnittliches Arbeiterwohnhaus – doch als einstöckige Ziegelbauten mit niedrigem Sockel, schmalen Fens-

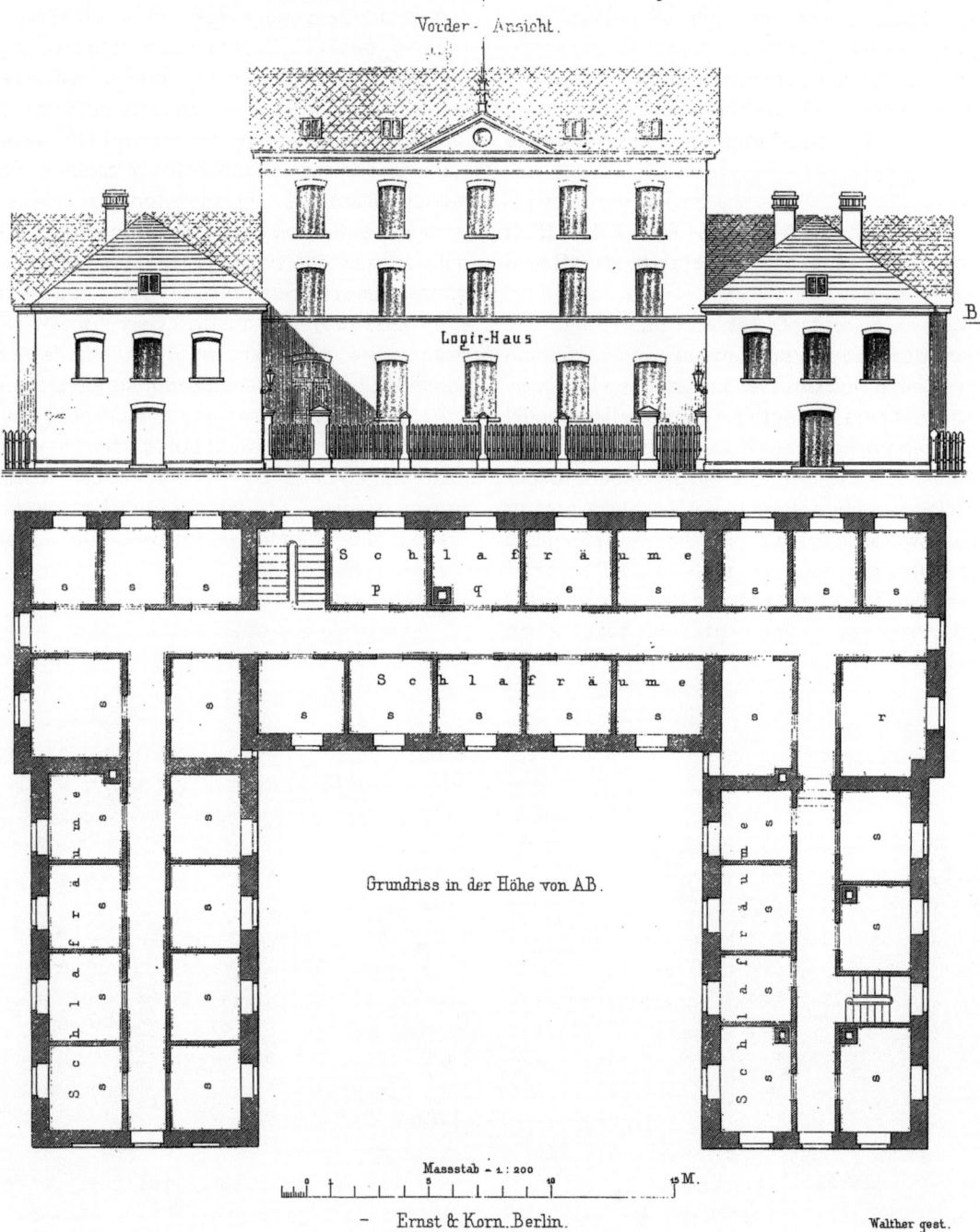

Schlaf- und Speisehaus der Zeche Hamburg bei Annen, 1873–1876, Quelle: Die Einrichtungen zum Besten der Arbeiter auf den Bergwerken Preußens, im Auftrag seiner Excellenz des Herrn Ministers für Handel, Gewerbe und öffentliche Arbeiten und nach amtlichen Quellen bearbeitet, Berlin 1876, Bd. 2, Tafel XXVII

tern, sparsamen Pfeilervorlagen und einfachem Traufgesims das Bild eines typischen Bergarbeiterhauses aus dem letzten Drittel des 19. Jahrhunderts vermitteln.

In (Bochum-) Dahlhausen, wo es übrigens ebenfalls einen Bergbauwanderweg gibt, wurden vor 1876 für die Zeche Hasenwinkel an der Steinhalde vier zweigeschossige, verputzte Werkswohnhäuser errichtet. Im oben schon erwähnten Bericht über „Die Einrichtungen zum Besten der Arbeiter auf den Bergwerken Preußens" liest man Folgendes: „Sehr zweckmäßige, wenngleich theure, massive Vierfamilienhäuser hat die Zeche Hasenwinkel im Revier Dahlhausen für je 6.000 Thlr. einschl. Stallungen erbaut; jede mit einem besonderen an einer Hausecke gelegenen Eingang versehene Wohnung hat unten 2 Zimmer, oben 2 Zimmer, 2 Bodenräume, einen geräumigen Keller und ein 6 Meter vom Gebäude entfernt liegendes Stallgebäude" – sicherlich nicht für Tagelöhner sondern für Bergmänner gedacht, die zur Stammbelegschaft gehörten. Nicht weit davon entfernt entstanden kurze Zeit später in (Bochum-) Linden für die Zeche Friedlicher Nachbar

13 einfachste, kubisch wirkende zweigeschossige Arbeiterwohnhäuser aus rotem Ziegel unter flach geneigtem Pappdach als Vierfachhäuser mit Kreuzgrundriss.

Kleinere Kolonien bei den Zechen an der Ruhr wurden bis in die Zeit vor 1914 gebaut. Genannt seien außerdem noch zwei größere Siedlungen im Essener Süden, die zwischen 1900 und 1910 entstanden: die Siedlung zur Zeche Carl Funke in Heisingen und die Gottfried-Wilhelm-Kolonie (zum gleichnamigen Schacht) in Rellinghausen. Letztere mit schönen Straßennamen nach den Flözen Finefrau, Mausegatt und Silberbank. Obwohl man auch in Rellinghausen von der „Kolonie" spricht – im Gegensatz zum alten Ort, zum Dorf –, wird bzw. wurde im Straßenraum und vermittels der abwechslungsreich und malerisch gestalteten Wohnhäuser die Anmutung von Heimat heraufbeschworen.

Ein Blick in die Kolonie Gottfried Wilhelm, Essen-Rellinghausen, 2019 (Renate Kastorff-Viehmann)

PARKSIEDLUNGEN – GARTEN-
SIEDLUNGEN – WALDSIEDLUNGEN

Als die Krupps im Januar 1873 die Villa Hügel in schönster Landschaft oberhalb der Ruhr bezogen, mussten sie noch die Kutsche benutzen, wollten sie ihre Besitzung verlassen und zur Fabrik oder in die Stadt gelangen. Kein Problem bei mehreren Hundert Beschäftigten allein für den Service der Familie und den Betrieb der Villa. Mit der Einrichtung von Straßenbahnlinien seit den 1890er Jahren änderte sich die Situation von Grund auf: Auch weniger begüterter bürgerlicher Klientel aus der Kernzone des Reviers war es nun vergönnt, im Lebensalltag die Annehmlichkeiten der Ruhrhöhen zu genießen. Eine erste Villen-Kolonie entstand 1894 bis 1914 am Ruhrstein in Essen-Bredeney, in Fußwegentfernung vom Park der Villa Hügel. Weitere folgten. Ein sehr ambitioniertes Investment stellt die Gründung der Broich-Speldorfer Wald- und Gartenstadt AG im Jahr 1906 dar, jedoch nicht für Arbeiter oder Kleinbürger, sondern für Großbürger – für „Millionäre". Wenige Kilometer westlich der Ruhr bzw. der Mülheimer Altstadt entstanden dort in einem Waldgebiet auf großen Grundstücken herrschaftliche Villen und Landhäuser. Diesmal war es aber nicht allein die Straßenbahn, die die komfortable Erschließung der Broich-Speldorfer Wald- und Gartenstadt zuließ, sondern das Automobil.

Das Vorbild englischer Landhäuser und moderner englischer Lebensform in der Parksiedlung beeinflusste aber nicht nur die Wohnwünsche des Bürgertums seit dem ausgehenden 19. Jahrhundert. Im Sinne der Weitergabe kultureller Errungenschaften sollten auch ausgewählte, „würdige" abhängig Beschäftigte ein Leben in Park- und Gartensiedlungen genießen können; auch dazu bot England schon um 1890 hinreichend Vorbilder. Im Arbeiterwohnungsbau des Ruhrgebiets wurde das Konzept Parksiedlung erstmals im 1893 begonnenen Krupp'schen Altenhof mit kleinen malerischen Cottages in (Essen-) Rüttenscheid realisiert. Der Altenhof wurde ab 1907 nach Süden in Richtung des Essener Stadtwaldes durch einen zweiten Bauabschnitt erweitert. Federführender Architekt war der Krupp'sche Baudirektor Robert Schmohl (1855–1944).

Links: In der Krupp'schen Siedlung Altenhof 2 – errichtet 1907–1914, Quelle: Richard Klapheck, Neue Baukunst in den Rheinlanden, Düsseldorf 1928, S. 59 (Historisches Archiv Krupp, Essen)

Unter der Oberleitung des auf der Besitzung Hügel tätigen Baurats Marx waren auch dort ab 1895 vielgestaltige Cottages mit Zierfachwerk, vorkragenden Giebel, Eingangsloggien und Erkern für Bedienstete der Krupps gebaut worden – die meisten in der kleinen malerischen Siedlung Brandenbusch oberhalb des Hügel-Parks. Ähnlich wie bei großen englischen Landsitzen des 18. Jahrhunderts, hoch über der Ruhr bei den Krupps, steht das „pictoresque Dorf" mit kleinen Gebäuden in romantischem Heimatstil und inmitten von Gärten vor den Toren des klassizistischen Herrenhauses.

Die kompletteste und berühmteste Gartensiedlung im Ruhrgebiet ist jedoch die als „Gartenstadt" titulierte Siedlung Margarethenhöhe im Essener Süden, die ab 1909 nach den Plänen des Architekten Georg Metzendorf (1874–1934) entstand. Die Häuser im nationalen Heimatstil mit typisierten Ausbauelementen und Ornamenten, das üppige Grün der Haus- und Vorgärten, abwechslungsreiche Platz- und Straßenräume vermitteln in Summe das Bild eines friedlichen Ortes fernab der Schwerindustrie. Perfekt in vieler Hinsicht, ist die Margarethenhöhe das Beispiel konservativer Wohnungsreform vor 1914.

Fast gleichzeitig mit der Margarethenhöhe arbeitete Metzendorf an der Siedlung Hüttenau unmittelbar oberhalb der Ruhr in Blankenstein (heute zu Hattingen). „Die Gartenstadt Hüttenau ist eine gemeinnützige Genossenschaft mit beschränkter Haftung. Sie wurde im Oktober 1909 geboren. Die Ursache für ihre Entstehung lag in der Tatsache, daß die Industrie in den Gemeinden Welper und

Ein Blick in die Kolonie Brandenbusch – Besitzung Hügel, 2019 (Renate Kastorff-Viehmann)

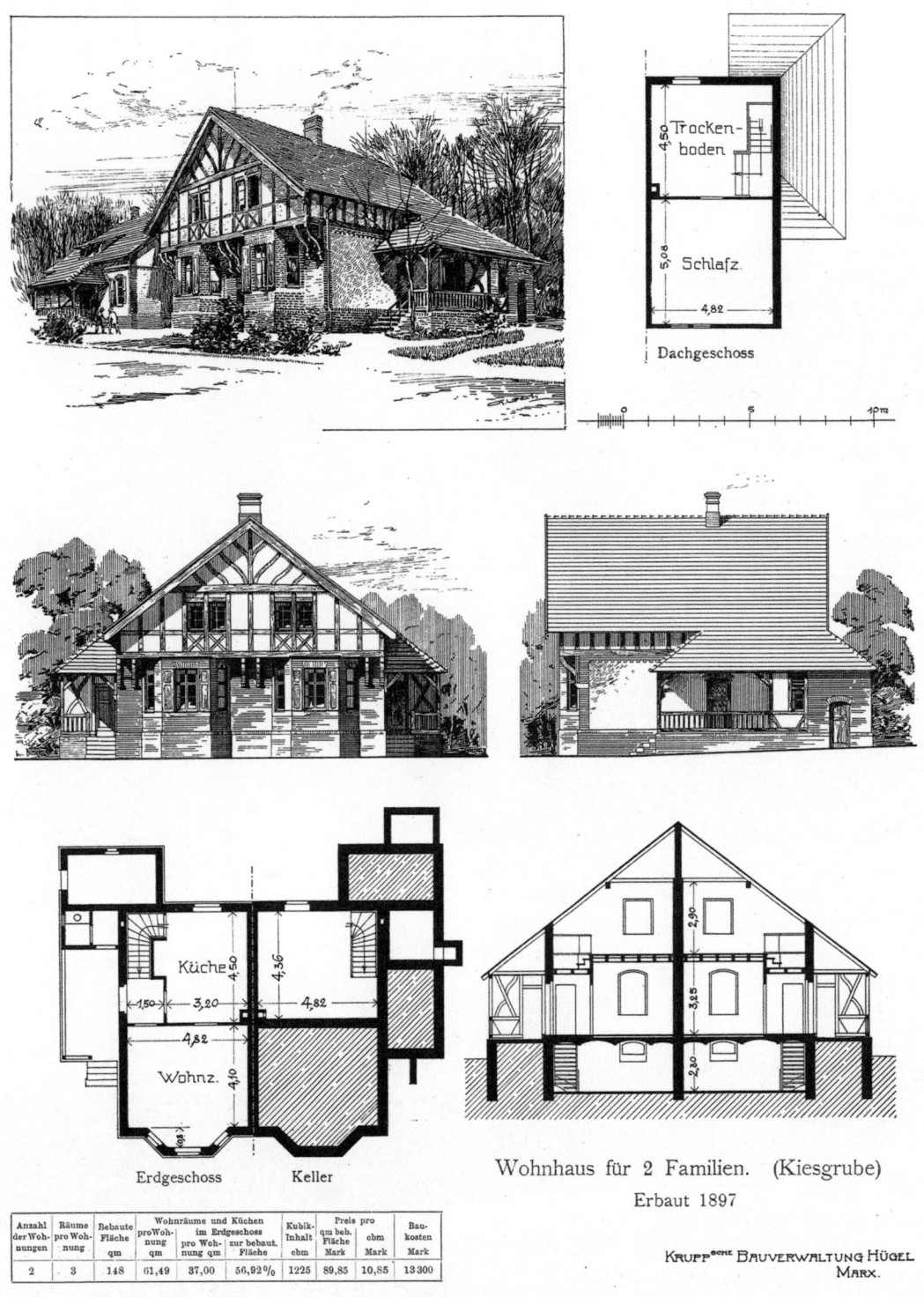

Dachgeschoss

Erdgeschoss   Keller

Wohnhaus für 2 Familien. (Kiesgrube)
Erbaut 1897

KRUPP'sche Bauverwaltung Hügel
Marx.

Anzahl der Wohnungen	Räume pro Wohnung	Bebaute Fläche qm	Wohnräume und Küchen			Kubik-Inhalt ebm	Preis pro		Bau-kosten Mark
			pro Wohnung qm	im Erdgeschoss pro Wohnung qm	zur bebaut. Fläche		qm beb. Fläche Mark	ebm Mark	
2	3	148	61,49	37,00	56,92%	1225	89,85	10,85	13300

BESITZUNG HÜGEL

103

Blankenstein eine sehr lebendige Entwicklung nahm", schrieb Metzendorf 1920, als schon rund 2.000 Personen in Hüttenau wohnten. Vom Konzept her sollte Hüttenau als selbstständige genossenschaftliche Siedlung (die eine kleine ältere Kolonie mit einbezog) mit Kirche, Volkshaus, Schule, Gemeindegasthaus, Turnhalle, Badeanstalt und mit einem Sportplatz ausgestattet werden.

In der städtebaulichen Anlage angepasst an die Topografie und von den Straßen und Platzräumen her vielgestaltig, beschränkte sich Metzendorf bei den Wohngebäuden der Siedlung Hüttenau auf wenige Typen, die er abwechslungsreich zu variieren und zu gruppieren wusste: einmal das zweigeschossige giebelständige Haus mit seitlicher „englischer Gaube" und abgeschlepptem Eingangsbereich, dann das Doppelhaus mit breitem Mittelrisalit unter hohem Giebeldreieck und schließlich der zweigeschossige Kubus unter einem Zelt- oder Walmdach. Alle ohne besonderen Bauschmuck errichtet und eher ländlich anmutend.

Der erste Bauabschnitt der Margarethenhöhe war hochkomplex und stilistisch zeitgemäß; in der Haltung eines nationalen Heimatstils verwies er jedoch weder auf Regionales noch bekannte er sich augenscheinlich zur Idee des Zweckbaus – was z. B. beim frühen Arbeiterwohnungsbau der Fall gewesen war. Zwar korrigierte Georg Metzendorf seine im Kern eklektische (= stilisierende) Haltung Schritt für Schritt mit den weiteren Bauabschnitten der Margarethenhöhe und ebenfalls mit der Gartenstadt Hüttenau. Es waren dann aber einerseits die sich langsam abzeichnende, nicht zuletzt erneut durch Vorbilder in England beeinflusste Reformbewegung in Architektur und Design, und andererseits die Schönheit der Landschaft an der Ruhr, die schon kurz nach 1900 zu Entwürfen für landschaftsbezogenes Bauen inspirierten. Darunter den Architekten Heinrich Tessenow (1875–1950), der weit entfernt vom Rheinisch-Westfälischen Industriegebiet arbeitete und lebte. In seinem 1909 erschienenen Buch „Der Wohnhausbau" veröffentlichte er jedoch

———

Links: Malerisches Cottage für zwei Familien auf der Besitzung Hügel – errichtet 1897, Quelle: Wohlfahrtseinrichtungen der Gussstahlfabrik von Fried. Krupp zu Essen a. d. Ruhr, Band 2, Ausgabe 1902, S. 103 (Historisches Archiv Krupp, Essen)

———

In der Kolonie Hüttenau, Hattingen, Quelle: Georg Metzendorf, Kleinwohnungsbauten und Siedlungen, Darmstadt 1920, S. 133 (Rainer Metzendorf)

Entwürfe zu einem ländlichen Einfamilienhaus, zum Haus eines Industriearbeiters im Ruhrtal und zu einem Arbeiterwohnhaus an einem Bergabhang bei Mülheim.

Die Entwürfe von Tessenow waren einfach und zeitlos, sie passten sich in die Ruhr-Landschaft ein, sind aber kaum als landschaftstypisch im Sinne eines ruhrländischen Heimatstils zu bezeichnen. So es diesen überhaupt gegeben hätte, hätte man mit Fachwerk, Schiefer und vielleicht noch mit Bruchstein hantieren müssen. Eindeutig als Vorbilder für damaliges regionales bzw. landschaftstypisches Bauen gedacht waren hingegen jene Häuser, die Richard Riemerschmid (1868–1957) von 1907–1910 auf Vermittlung des Mäzens Karl Ernst Osthaus in Hagen-Emst am „Wasserlosen Tal" baute – zwar näher zur Lenne denn zur Ruhr gelegen, von dieser aber auch nur vier oder fünf Kilometer Luftlinie entfernt. Geplant war eine Walddorf-Siedlung mit 87 Reihenhäusern für Textilarbeiter, realisiert wurde eine einzige Hausgruppe mit elf ein- und zweigeschossigen Gebäuden unter Mansard- und Krüppelwalmdach, die Wohnungen mit guter Ausstattung, die Fassaden in grob behauenem regionalen Bruchstein.

LANDESPLANUNG – STADTPLANUNG – GRÜNPLANUNG

Als Robert Schmidt (1869–1934), der 1920 erster Direktor des im selben Jahr gegründeten Siedlungsverbandes Ruhrkohlenbezirk wurde, im Jahr 1912 seine „Denkschrift betreffend Grundsätze zur Aufstellung eines General-Siedelungsplanes für den Regierungsbezirk Düsseldorf (rechtsrheinisch)" veröffentlichte, sprach er vom „funktionierenden Grossstadtorganismus" als Entwicklungsziel im Industriegebiet. Gleich zu Beginn der Denkschrift setzte er die strukturellen Probleme, die Potenziale des Reviers und die Volksgesundheit in ein sich gegenseitig bedingendes Verhältnis. Und Volksgesundheit, die bedurfte nicht nur der guten medizinischen Versorgung, der Versorgung mit sauberem Trinkwasser (aus der Ruhr), der besseren Abwasserentsorgung (über die Emscher) und zureichender Wohnverhältnisse, sondern verlangte auch nach Licht und Luft in der Stadt: sowohl zum Abtransport der Rauchgase als auch zur Regeneration der Bevölkerung. Multifunktionale Volksparks, Stadtwälder,

Kleingartenanlagen, Sport- und Spielplätze sowie Grüngürtel wurden damals – zu Beginn der 1920er Jahre – in den meisten Gemeinden des Ruhrgebiets entweder schon angelegt bzw. aufgeforstet oder doch zumindest konzipiert. Denn in der „wüsten" Kernzone des Reviers gab es um 1900/1910 zwar einige ältere Volksparks, aber keine größeren Waldstücke oder andere zeitgemäße Erholungsgebiete. Am bekanntesten wurden der Buer´sche Grüngürtel und die Anlagen beim Kaiserberg sowie die Wedau in Duisburg. Für die Orte im südlichen Industriegebiet bedeuteten das Tal und die bewaldeten Höhen beiderseits der Ruhr hingegen ein großes Plus. Man lebte dort ja in weiten Teilen schon in schönster, für Freizeit und Erholung geeigneter Umgebung.
In der Tat hatte Robert Schmidt schon 1911 mit seinem Team einen Plan über die „Praktische Ausführung der Grünanlagen in der Stadt Essen" vorgelegt, der nicht nur die erhaltenen malerischen Bachtäler im Süden der Stadt vernetzt und geschützt wissen wollte, sondern das Plangebiet über die bewaldeten Ruhrhöhen bis zu den Ruhrauen ausdehnte – obwohl diese zum größten Teil 1911 noch gar nicht zum Stadtgebiet gehörten.

Hermann Ehlgötz (1878–1943), als Städtebau-Dezernent in Essen Nachfolger von Schmidt, war ein Pragmatiker, der die Standorte und Flächenansprüche der Industrie als Planungsgrundlagen ohne Wenn und Aber respektierte. Insofern ist es nicht verwunderlich, dass er im 1927 veröffentlichten „Generalsiedlungsplan für den Raum Essen" (der 1929 vom Rat der Stadt verabschiedet wurde) ein recht drastisches Stadtschema abdruckte, das den Norden für die weitere industrielle Entwicklung frei gab und im Süden Wohnen, Erwerbsgärtnereien, Landwirtschaft, Wälder sowie weitere Einrichtungen und Flächen für Freizeit und Erholung vorsah. Eigentlich ganz logisch, wurden im Zuge der Nordwanderung und der Stilllegungswelle des Bergbaus während der 1920er Jahre doch immer mehr Schächte in den südlichen Revieren aufgegeben. Wenige Jahre später – während der Weltwirtschaftskrise – erhöhte sich zudem durch den Bau der Ruhrstauseen die Attraktivität des südlichen

Rechts: Das Stadt-Schema für Essen von 1927: Generelle Ziele: Gewerbe im Norden – Wohnen und Freizeit im Süden, Quelle: Hermann Ehlgötz: Der Generalsiedlungsplan für den Raum Essen, Erster Teil, Essen 1927, S. 150 (Stadt Essen)

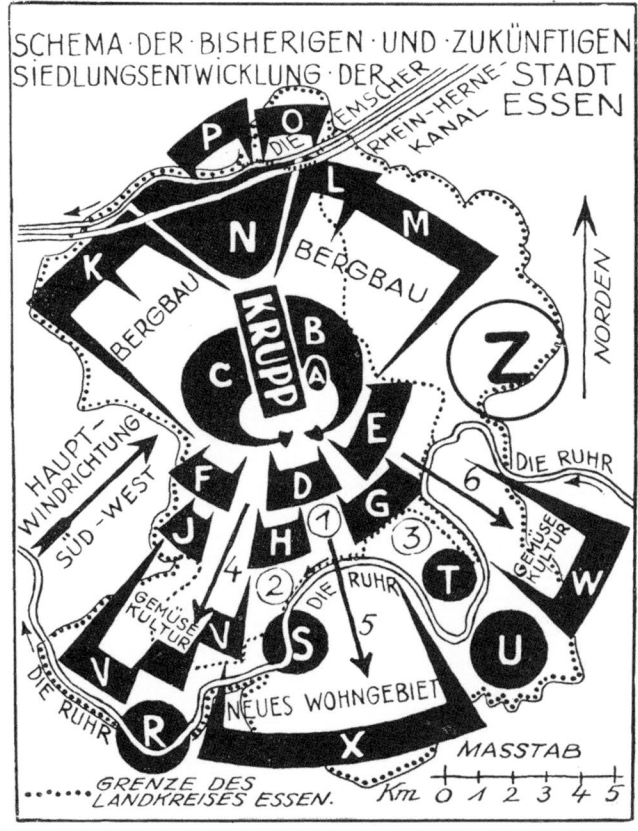

SCHEMA·DER·BISHERIGEN·UND·ZUKÜNFTIGEN SIEDLUNGSENTWICKLUNG·DER·STADT ESSEN

ZEICHENERKLÄRUNG ZUM ENTWICKLUNGSSCHEMA:

A Mittelalterlicher Stadtkern, 9.—18 Jahrhundert

Krupp: Gußstahlfabrik, gegründet 1812

B Stadterweiterung im 19. Jahrhundert (Hochbauweise)

C Stadterweiterung im 20. Jahrhundert (Hochbauweise)

D Rüttenscheid, eingemeindet 1905 (Hoch- und Flachbauweise)

E Huttrop, eingemeindet 1908 (Villen, Flachbauweise, Parkfriedhof)

F Fulerum, eingemeindet 1910 (Flachbauweise, Zentralfriedhof Südwest)

G Rellinghausen, eingemeindet 1910 (Flachbau, Stadtwald, Schellenberger Wald)

H Bredeney, eingemeindet 1915 (Villen, Flachbau, Kruppscher Wald, Plattenwald)

J Haarzopf, eingemeindet 1915 (Flachbau, Streusiedlung, Landwirtschaft)

K Borbeck, eingemeindet 1915 ⎫ Bergbau mit zuge-
L Altenessen, eingemeindet 1915 ⎬ höriger Siedlung
M Stoppenberg, Katernberg, ⎪ in Hochbau (Orts-
Schonnebeck, Frillendorf ⎭ kerne) und Flach-
bau (Siedlungen)

N Industrie-Neuland, Gewerbegebiet, Krupp- und Stadthafen, Zechenhäfen

O Karnap (Bergbau mit zugehöriger Siedlung, vorwiegend Flachbau)

P Neues Wohngebiet für das Industrie-Neuland

R Vorort Kettwig, ⎫ ⎧ Textilindustrie,
Kettwig v. d. Brücke ⎬ Klein- ⎨
S Vorort Werden, ⎪ wirt- ⎪ Holzindustrie,
Unterbredeney ⎪ schafts- ⎩
T Vorort Heisingen ⎬ zentren ⎧ Bergbau, Zement-
U Vorort Kupferdreh ⎭ ⎩ u. Steinindustrie

V Schuir und Kettwig- ⎫ Streusiedlung, Landwirt-
Land (eingemeindet ⎬ schaft, Gemüsekulturen
1915 ⎪

W Überruhr, Altendorf ⎭

X Werden-Land, neues Flachwohngebiet mit Schnellbahnanschluß

Z Kray, Steele, Königssteele (Kleinwirtschaftszentrum mit Bergbau)

1 Stadtwald

2 Kruppscher Wald und Plattenwald

3 Schellenberger Wald

4, 5, 6 Geplante Schnellverbindungen zum Stadtkern

Reviers für Freizeit und Erholung gravierend. Ferienhäuser, Badeanstalten, Ruderclubs und Seglerheime entstanden an den Ufern.

Ehlgötz wagte allem Realismus zu Trotz im Planwerk für Essen jedoch auch Utopisches zu veröffentlichen: nämlich das Konzept zu einem höchst ambitionierten „Grünflächensystem für den Raum Essen". Der „funktionierende Grossstadtorganismus", wie ihn Schmidt vorhergesehen hatte, war wortwörtlich genommen und schien greifbar nah. Nicht nur, dass alle Bau- und Industrieflächen, egal ob im Süden oder im Norden, wie Inseln in Grün eingebettet scheinen, noch mehr: Ein knappes Drittel vom Raum Essen – der gesamte Süden – ist laut Plan fast nur noch Grünraum, Natur und Ruhr.

Die Widmung der Ruhrlandschaft für Freizeit und Erholung wurde nach dem Zweiten Weltkrieg zum erklärten Ziel der Regional- und Landesplanung. Schon die Bestandserfassung des Siedlungsverbandes von 1938 zur „Gesamtverkehrsplanung für den Ruhrkohlenbezirk" sah im Ruhrtal keine neuen Standorte für die Industrie vor, dafür jedoch reichlich Sportanlagen und größere Gaststätten. Die verbreitete Motorisierung führte schließlich zwei, drei Jahrzehnte lang – bis in die 1970er Jahre – zu einer regelrechten Wochenend-Eroberung der Landschaft und der malerischen Orte an der Ruhr durch Ausflügler.

Aber die Realität zeigte sich zunächst doch weit bescheidener als die Planungsutopien – nicht nur im nördlichen Revier. So hatte schon 1923 ein Studienrat Franz Prebeek aus Arnsberg unter dem Titel „Ruhrlandschaft" geklagt, dass die Industrie auch im Tal der Ruhr „in wenig glücklichem Sinne" in die dortige Landschaft eingegriffen habe: „Industrielle Werke zumal in ihrer wechselreichen Häufung, bergen als Gesamtbild hohe künstlerische Werte. Die mitschreitende Verschandelung einst hübscher Ortschaften ist eine verhängnisvolle Beigabe. Hüsten, Neheim, Wickede, Fröndenberg, Schwerte, Wetter und Witten sind traurige Beispiele. Nichts ist großzügig gestaltet, noch der Struktur der Landschaft angeschmiegt. Dieses Nichtskönnen beherrscht das Bild". Es war das vernichtende Urteil eines Zeitgenossen, der einerseits ein Naturfreund war, und der andererseits ein Faible für eindrucksvolle moderne Industriearchitektur besaß, davon im Tal der Ruhr selber aber wenig vorfand. Stattdessen sah er auch dort verwüstete Landschaft und

beschädigte Ortsbilder. Aber anstatt nur zu klagen, beschworen zeitgleich Journalisten, Grafiker, Poeten und Heimatfreunde aus dem Revier den neuen „Ruhrmenschen" im „Ruhrland" (und meinten damit das gesamte Revier): Vor allem, um der fortschreitenden Landschaftszerstörung durch vernünftige Planung, durch Heimatschutz und durch ein neuartiges, regional angepasstes Raum- und Industrielandschaftskonzept zu begegnen. Denn das Rheinisch-Westfälische Industriegebiet sollte weit mehr sein als eine funktionierende Stadtregion – nämlich Heimat des „Neuen Ruhrmenschen". Parallel dazu wurde versucht, über die Gestaltung der Region und die Modellierung eines neuen Typs Mensch ein stabiles Regionalbewusstsein zu befördern. Den ersten Anstoß gab die Ruhrbesetzung zu Beginn der 1920er Jahre. Man wollte den Besatzern vereint entgegentreten. Einmal ins Rollen gebracht, wurde das Konzept weiterverfolgt und an der „Corporate Identity" im Revier gearbeitet – gerne mit schönen Bildern vom Ruhrtal.

NEUE SIEDLUNG – NEUES BAUEN

Um der Krise der Moderne Herr zu werden, votierten die Einen für eine regionsspezifische Identität von Mensch, Natur und Industrie, die im Erfolgsfall anschaulich ablesbar in Architektur und Landschaft gewesen wäre. Manche vertrauten dabei auf liberales Denken gefährdende weltanschauliche Orientierungen und wollten die Weimarer Republik scheitern sehen. Dazu lenkten sie das Denken in Richtung autoritärer Herrschafts- und Lebensformen der Vergangenheit. Andere arbeiteten unbeirrt für den sozialen Fortschritt, bauten Stück für Stück die soziale Stadt und die neue Siedlung, vertrauten auf die Kultur und die Architektur der Moderne und schauten gerne nach Amerika. Soweit es neue Architektur und neue Siedlungen betraf, wurde auch gerne einmal nach Holland geblickt. So geschehen in Duisburg, wo zwischen 1925 und 1927 unter dem Baudezernenten Karl Pregizer (1872–1956) drei exzeptionelle Siedlungen des Neuen Bauens, nämlich die Dickelsbachsiedlung, die Siedlung Ratingsee und die Diergardt-Siedlung, nach Entwürfen aus dem Hochbauamt (Architekten waren Heinrich Bähr und Hermann Brauhäuser) von der Duisburger Gemeinnützigen Baugesellschaft errichtet wurden. Als vierte Siedlung des Neuen Bauens in Duisburg, im Rückblick als Bauhaus-Siedlung tituliert, entstand 1928-1930 in Duisburg-Neudorf die Ein-schornstein-Siedlung mit zentraler Heizanlage im Zentralgebäude und mit weiteren Gemeinschafts-einrichtungen. Geprägt wird das dortige Siedlungs-bild von Ferne zwar durch den hohen Schornstein, aber mehr noch durch die in der Höhe und in der Front gestaffelten langen, zwei- und dreigeschossi-gen Zeilenbauten in strenger Ausrichtung. Während als Architekten die Ruhrorter Johannes Kramer und Walter Kremer fungierten, war für die Grünplanung das Büro des renommierten Gartenreformers Leb-recht Migge (1881–1935) zuständig.

Für Traditionalisten müssen diese vier Duisburger Siedlungen ein Affront gewesen sein: Typisierte Wohnungen und Gebäude, lange Zeilen, keine Or-namente, flache Dächer, ohne Anmutung von Hei-mat, nicht „wesenhaft deutsch". Für die Bewohner hingegen, die aus den alten, dicht bebauten Arbei-terquartieren kamen, waren sie ein Segen: end-lich Licht und Luft, Gärten und Spielplätze für die Kinder, endlich funktional gegliederte Wohnungen oder Reihenhäuser, endlich Küche, Bad und moder-ne Haustechnik.

Zu denjenigen, die auf die soziale Stadt und die neue Siedlung vertrauten, gehörte auch der Archi-tekt Josef Rings (1878–1957), der 1912 nach Essen kam, um im Krupp'schen Baubureau die Abteilung für Kleinsiedlungsplanung zu leiten. Ab 1919 war er in Essen selbstständig tätig. Als überzeugter Woh-nungsreformer wurde Rings mehrfach von Bauge-nossenschaften und gemeinnützigen Wohnungs-baugesellschaften beauftragt. Ein Ergebnis dieser Zusammenarbeit ist die sowohl vom Publikum als auch von der zeitgenössischen Architekturkritik hochgelobte, 1920 bis 1925 realisierte Eyhofsied-lung des Gemeinnützigen Bauvereins Essen Stadt-wald, oberhalb des Annen-Tals gelegen, das zur Ruhr hinunter führt. In dieser Siedlung wurden ein-zig die Eingangsbereiche der Gebäude gestalterisch betont. Ansonsten war bzw. ist die „Stadtwaldsied-lung", die man über einen Torbau betritt, in ihrer lo-gisch und eindrucksvoll an die Topografie angepass-ten Anlage mit der inneren, geweiteten Achse und den einfachen, kubisch wirkenden Baukörpern un-ter Zelt- oder Walmdächern ein frühes, heute meist übergangenes Beispiel moderner Architektur. Ent-worfen wurde die Siedlung 1919 – einige Jahre be-vor Begriffe wie Neue Sachlichkeit, Neues Bauen oder gar International Style gebräuchlich wurden. Ähnlich sparsam konzipiert wurde die ebenfalls 1919

In der Einschornstein-Siedlung in Duisburg-Neudorf, 2019 (Renate Kastorff-Viehmann)

geplante (und bis 1926 realisierte) Siedlung Saarn-berg in Mülheim. Sie liegt im Vorort Saarn auf ei-ner Anhöhe gut einen Kilometer Luftlinie von der Ruhr entfernt. Planer waren die schon mehrfach erwähnten Mülheimer Architekten Pfeifer & Groß-mann. Aber während Josef Rings in Essen-Stadt-wald beinah kompromisslos modern baute, gaben Pfeifer & Großmann den vom Baukörper her eben-falls ungegliederten Häusern und Hausgruppen auf dem Saarnberg vermittels weiter Dachüberstande, Fensterläden, Gesimsbändern, Sockelausbildungen und seitlichen Anbauten die Anmutung eher traditi-oneller, heimatlich wirkender Wohnhausarchitektur. Pfeifer & Großmann zeichneten 1929 auch als Ar-chitekten eines modernen, horizontal gegliederten, viergeschossigen, mehrflügeligen Wohnblocks in Mülheim am Luisental, errichtet im Bauhausstil, auf Gelände der ehemaligen Troost'schen Textilfabrik. Am Luisental konnte das betuchte Publikum „in bes-ter Lage" Vier- bis Sechs-Zimmer-Mietwohnungen beziehen: mit unverbaubarem Blick auf die Ruhr, den Schleusenkanal und die ebenfalls in den 1920er Jahren errichtete Trinkhalle am Wasserbahnhof.

Modell der Siedlung im Forstbachtal, Quelle: Heinrich de Fries, Werkbundsiedlung Mülheim-Ruhr, in: Die Form, Jg. 1929, S. 373–386

Meiner Kenntnis nach handelt es sich bei der Wohn-
anlage am Luisental übrigens um den einzigen modernen Wohnblock aus der Zeit der Weimarer Republik, der unmittelbar an der Ruhr stand bzw. immer
noch steht.

Der prominenteste Architekt im Ruhrgebiet während der 1920er Jahre war Alfred Fischer (= Fischer-
Essen, 1881–1950), der sich nach dem Ersten Weltkrieg ohne Wenn und Aber zur Moderne bekannte.
Bevor er als Architektur-Lehrer ins Rheinland bzw.
ins Ruhrgebiet kam, war auch er (wie Heinrich Tessenow, s. o.) in den Naumburger Werkstätten von
Paul Schultze-Naumburg tätig gewesen. Fischer,
der ab 1933 keine nennenswerten Aufträge mehr
erhielt, machte sich im Ruhrgebiet vor allem als
Industriearchitekt einen Namen, er baute jedoch
auch mehrere Villen in Essen-Bredeney, zudem
1929-1930 das dortige Lyzeum und 1932 die moderne Reitsporthalle in Essen-Stadtwald – auf den
Ruhrhöhen, recht nahe der Villa Hügel.

Fischer war als aktives Werkbund-Mitglied während der 1920er Jahre im Vorstand vom Deutschen
Werkbund – und sicher genauestens über die Werkbund-Siedlung 1927 zum Thema „Die Neue Wohnung" auf dem Weißenhof bei Stuttgart informiert.
Das Vorbild wird nicht nur ihn inspiriert haben.
Denn 1929 traten er und neun weitere Kollegen aus

dem Rheinland und dem Ruhrgebiet gemeinsam an
die Öffentlichkeit, um für eine Werkbund-Siedlung
in Mülheim zu werben. Es war ein ambitioniertes
Vorhaben, hangabwärts auf einer Anhöhe am Forstbachtal in schönster Landschaft nahe der Ruhr.
Die Siedlung am Forstbachtal mit 20 modernen
Einzel- und Reihenhäusern zum stolzen Preis von
rund 18.000 Mark auf städtischem Grund sollte
einen Impuls für die Architektur im gesamten Industriegebiet geben. Von der Idee her vielleicht
vergleichbar dem „Hagener Impuls" bzw. der Initiative von Karl Ernst Osthaus in Hagen rund 20
Jahre zuvor. Aber der Zeitpunkt war schlecht gewählt; am Forstbachtal wurde nie eine Werkbund-
siedlung realisiert. Stattdessen wurde nur drei, vier
Kilometer Luftlinie entfernt in den 1930er Jahren
die Richthofensiedlung gebaut. Sie liegt auf einem
Plateau der Ruhrhöhen beim damals zum zentralen
Landeplatz für das Rheinisch-Westfälische Industriegebiet ausgebauten Flughafen Essen-Mülheim.
In der Mülheimer „Fliegersiedlung" findet man konventionelle, giebelständige Wohnhäuser mit Satteldach – ähnlich vielen Einfamilienhausgebieten der
Nachkriegszeit.

Rechts: Werkbundsiedlung beim Forstbachtal in Mülheim – Hausgruppe
von Alfred Fischer, Quelle: Heinrich de Fries, Werkbundsiedlung
Mülheim-Ruhr, in: Die Form, Jg. 1929, S. 373–386

Haus Fischer 1 bis 4. Der beginnenden vorerwähnten Platzerweiterung nach Westen zu entsprechend, hat der Architekt hier vier gleiche Hauskörper gestaffelt gewissermaßen als Ostwand aufgestellt. Diese Häuser stellen also Typen dar, die durch rhythmische Anordnung wieder als Einzelobjekte sich herausheben. Interessant ist auch die klare Trennung zwischen Wohngeschoß und Schlafgeschoß. Im Sockel sind Waschküche und W. C. zu finden, im Erdgeschoß Eingang, Diele, Küche und das geräumige Wohnzimmer, im Obergeschoß drei Schlafräume von guten Proportionen, ferner Bad mit W. C. Kein Bett steht längs der Außenwand. Die ruhige, einfache und saubere Anordnung des Ganzen wird besonders in der Isometrie deutlich.

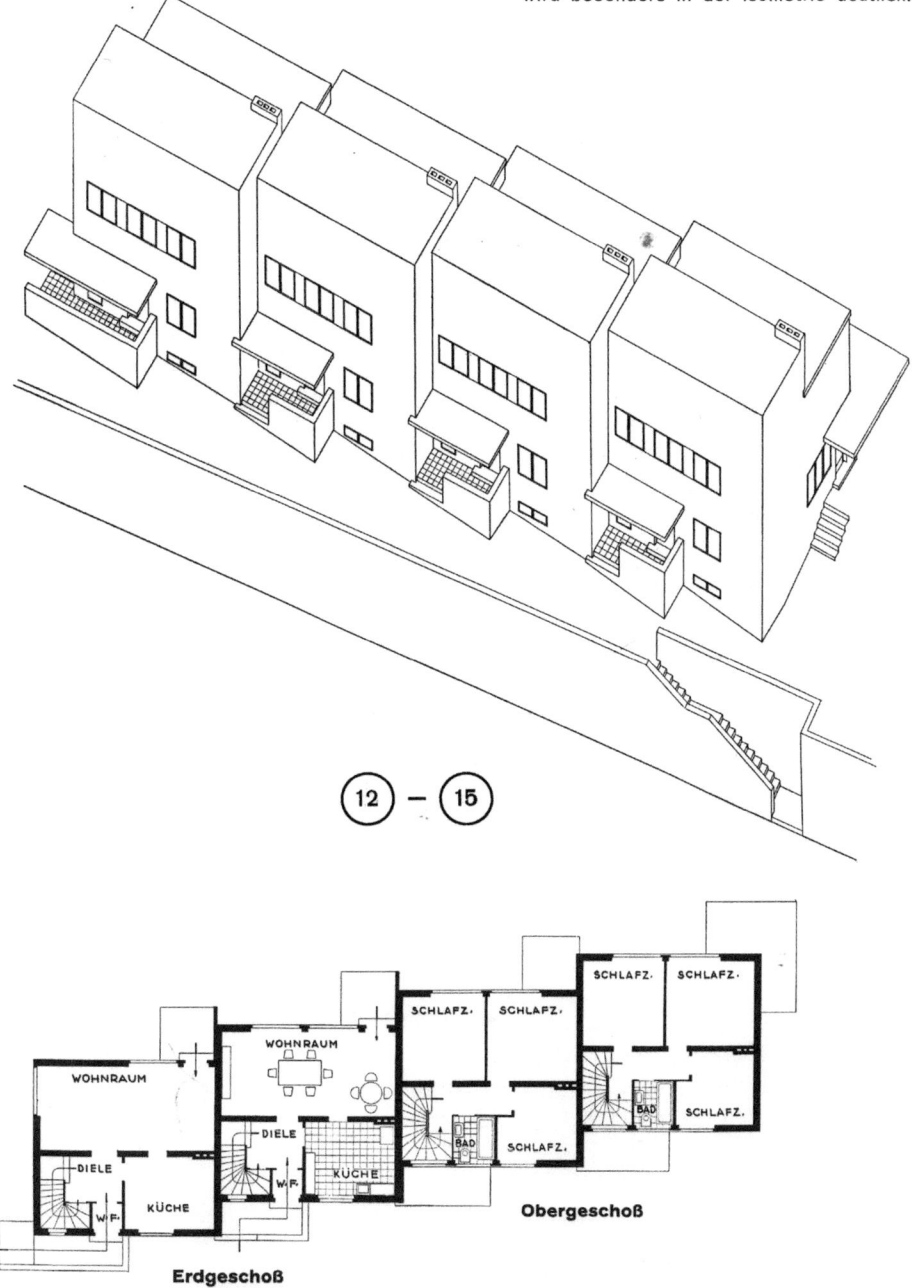

Erdgeschoß

Obergeschoß

GENOSSENSCHAFTLICHER UND GEMEINNÜTZIGER WOHNUNGSBAU

Nicht alle, aber viele der beachtenswerten Wohnungsbauvorhaben aus der Zeit der Weimarer Republik hatten den Status der Gemeinnützigkeit. Errichtet wurden sie für Menschen mit geringem Einkommen. Als gemeinnützig ausgewiesene Siedlungen konnten im Gegensatz zu Projekts privater Bauträger über Mittel der Landesversicherungsanstalten gefördert werden. Nach der Einführung der Altersversicherungen und der Versicherungsanstalten im Deutschen Reich sowie einer Änderung des Genossenschafts-Gesetzes in 1889 (die Haftung betreffend) erfolgte eine erste Welle von Gründungen. Spar- und Bauvereine oder Genossenschaften wurden in vielen Gemeinden ins Leben gerufen, darunter in Witten, Hattingen und (Bochum-)Linden.

„Die Gartenstadt Hüttenau ist eine gemeinnützige Genossenschaft mit beschränkter Haftung", schrieb Georg Metzendorf, der Architekt von Hüttenau, in seinem Buch zu „Kleinwohnungsbauten und Siedlungen". Und weiter: „Eine Genossenschaft verbürgt in ihrer eigentümlichen inneren und äußeren Gestalt ein freies schalten der Ansiedler, ein unbekümmertes Sichausleben der Persönlichkeit, aber sie ist meistens mittellos". Ersteres betraf einen Gedanken, der absolut nichts mit dem älteren Arbeiterwohnungsbau im Ruhrgebiet gemein hatte; da ging es vor allem um preiswerte Unterbringung, um die Bindung an das Werk und um sichere Mieteinnahmen. Allenfalls dachten die Bauherrn im Werkswohnungsbau noch an die Stützung der christlichen Familie, an soziale Kontrolle und an die

Entpolitisierung ihrer Arbeiterschaft. Jetzt – schon vor 1914 – ging es aber um persönliche Freiheit und um die Verfügung über Eigenes bzw. um Eigentum. Die Lösung lag, so Metzendorf, im gemeinschaftlichen Handeln. Dies ist eine Idee, die schon früher Utopisten um 1800 angetrieben und die auch die ersten gemeinnützigen Bauträger im 19. Jahrhundert umgesetzt hatten (obwohl von den Förderern der ersten Stunde in England – Philanthropen – nicht an Eigentumsbildung gedacht wurde). Bei Hüttenau entschieden sich die Initiatoren für eine Genossenschaft. Um handlungsfähig zu sein, bedurfte diese der finanziellen Unterstützung durch die Großindustrie sowie durch die Landesversicherungsanstalt Westfalen. Die Gemeinden Welper und Blankenstein bürgten für das Vorhaben. Denn Eile war geboten; es mangelte an gut ausgestatteten Wohnungen für Facharbeiter, während die Belegschaft der Henrichshütte innerhalb weniger Jahre von 1.300 auf 6.000 Mann angestiegen war.

Auch die Verwaltung der Stadt Witten vertraute auf Gemeinnützigkeit und Genossenschaft, als zeitgemäße Siedlungen mit angemessenen Wohnungsstandards entstehen sollten. Einen Anfang machte man 1913/14 mit 73 Wohneinheiten in den kleinstädtisch wirkenden „bergischen Häusern" der Wohnungsgenossenschaft Crengeldanz. Gebaut wurde die Siedlung von der Gartenstadt Crengeldanz GmbH, einer Gemeinschaftsgründung der Westfälischen Straßenbahn und der Stadt Witten. Wenig später folgten die städtische Siedlung Witten-Ost und Geschosswohnungen in der Nähe des Bahnhofes, gebaut von der Siedlungsgesellschaft Witten.

Staatliche Wohnungsbau-Förderungsprogramme wurden in Deutschland erstmals 1918 aufgelegt. Wieder hatte der Wohnungsmangel den Anstoß gegeben, wieder waren Genossenschaften und gemeinnützige Wohnungs- bzw. Siedlungsgesellschaften die Adressaten. Um angesichts der Not der Menschen schnell zu helfen, und um die Mittel im Sinne einer geordneten Stadtentwicklung und einer koordinierten Wohnungspolitik einzusetzen, entschieden sich damals viele Gemeinden für eigene kommunale Siedlungsgesellschaften. So auch die Stadt Hagen, wo 1919 die Hagener Gemeinnützige Wohnungsgesellschaft gegründet wurde. Das ehrgeizigste Projekt dieser Gesellschaft war die 1926/27 errichtete Cuno-Siedlung (benannt nach Bürgermeister Wilhelm Cuno) am Kuhlerkamp, einem Hang im westlichen Stadtgebiet.

Gartenstadt (Witten-) Crengeldanz, Schottstraße um 1915,
Foto: Alois Baur (Stadtarchiv Witten, Best. Nachl. AB 016.)

Die Cuno-Siedlung ist – wie viele denkmalgeschützte Objekte im Ruhrgebiet – auf der Netzseite der Route Industriekultur aufgelistet.

Während der Weltwirtschaftskrise wurden jegliche Mittel immer knapper. Die für den Kleinwohnungsbau zur Zeit der Weimarer Republik so wichtige Förderung wurde stark gekürzt; für ambitionierte Siedlungsreform, für neue Siedlungen und für Gemeinschaftseinrichtungen fehlte das Geld. Die Förderprogramme wurden umgelenkt: Zeitgemäß waren ab 1931 einfach geplante Kleinsiedlungen mit sparsamer Erschließung, mit fast primitiv zu nennenden, eingeschossigen Wohngebäuden in einfachster Konstruktion, mit rund 35 Quadratmetern Wohnfläche im Erdgeschoss und ohne viel technische oder sanitäre Ausstattung, mit Satteldach und Stallanbau, ergänzt um reichlich Gartenland zur Selbstversorgung. Ebenfalls gefördert wurden Gartenaufbausiedlungen und Nebenerwerbssiedlungen, in denen ein beträchtlicher Teil der Lebenshaltungskosten erwirtschaftet werden sollte. Das Ende des Industrialismus wurde heraufbeschworen. In der Not bot das Land eine Zuflucht. Selbst die Planer des Siedlungsverbandes sprachen nicht mehr vom „funktionierenden Grossstadtorganismus", sondern förderten das Siedeln in halbländlichen Randgebieten. Einige dieser Kleinsiedlungen wurden im südlichen Revier realisiert, auf billigem Grund und Boden bzw. auf ehemals landwirtschaftlichen Flächen. Vergleichbar einfach hergestellte Kleinsiedlungen wurden nicht nur während der gesamten 1930er Jahre errichtet, sondern als Heimstättensiedlungen auch noch in der Zeit nach dem Zweiten Weltkrieg gebaut – jedoch meist mit großzügiger bemessenen Gebäuden. Bauträger waren hier wie dort entweder gemeinnützige Siedlungsgesellschaften oder Siedler-Genossenschaften.

NACH 1945: GROSSSIEDLUNGEN UND SOZIALER WOHNUNGSBAU

Konsens nach 1945 war, dass erst einmal die zerstörten Städte wieder aufgebaut werden mussten. Und in der Tat herrschte ein riesiger Wohnungsmangel. Noch verstärkt durch die große Zahl an Flüchtlingen und Heimatvertriebenen, die ins Ruhrgebiet strömten. In Hattingen z. B. stellten sie um 1960 rund 30 Prozent der Einwohner.

Wieder wurden staatliche Förderprogramme aufgelegt, um den Aufbau zu beschleunigen. Ausgewiesene Träger des gemeinnützigen Wohnungsbaus konnten bzw. mussten weiterarbeiten. Aber auch für Private gab es Förderungen, um mit Mitteln des sozialen Wohnungsbaus bezahlbare Mietwohnungen zu schaffen. Entsprechende Richtlinien und Standards waren schon während des Krieges festgelegt worden. Auf dieser Basis wurden sowohl in den alten, dicht bebauten Quartieren auf Ruinengrundstücken neue Wohnhäuser erstellt (über Wiederaufbaumittel) als auch in neu ausgewiesenen Baugebieten mehrstöckige Zeilenbauten mit angemessener Ausstattung errichtet: beispielsweise in Hagen am Spielbrink oder in Hattingen im Ravendahl und in der Südstadt, wo insbesondere die Hattinger Wohnstätten aktiv wurden. Derartige Siedlungsbereiche sind architektonisch wie städtebaulich meist recht gleichförmig. Aber obwohl sie oft verkehrsgünstig oder zentral gelegen sind, besitzen sie in den Abstandsflächen meist angenehme Grünflächen. Man wohnt dort ruhig und ungestört. Soweit diese Bereiche nicht zu Spekulationsobjekten wurden, sind dort auch die Mieten bezahlbar. Die meisten Bewohnerinnen und Bewohner – darunter viele ältere Leute – leben deshalb sehr gerne in diesen Siedlungen. Egal, wie beliebt das Einfamilienhaus „auf der grünen Wiese" in der Nachkriegszeit wurde. Oder noch schöner: der Bungalow an den Hängen über der Ruhr.

Obwohl das Ruhrgebiet trotz der sich abzeichnenden Strukturkrise des Bergbaus bis in die 1970er Jahre als „Boomtown" galt, blieb das Einfamilienhaus im südlichen Revier für die meisten Familien unerreichbar – ungeachtet, dass dort manche neuen Baugebiete ausgewiesen wurden. Die verbreitete Automobilität und neue öffentliche Verkehrsmittel wie die S-Bahn-Ruhr eröffneten jedoch neue Möglichkeiten. Große Siedlungsprojekte, darunter Großsiedlungen mit mehr als 1.000 Wohneinheiten im Sozialen Wohnungsbau wurden vielerorts geplant und gebaut. Von der Politik wie auch von der planenden Verwaltung waren sie als Massenwohnungsbau neuer Quantität gedacht. Man sprach sogar von einem „Zukunftsland": mit durchgrünten Siedlungen in ruhiger, gesunder Lage, oft mit dem inneren Ring einer Haupterschließung und abzweigenden Wohnstraßen und Wohnwegen angelegt, mit ausreichend Läden ausgestattet, manchmal sogar mit einer Einkaufsstraße, mit Schulen, Parks und Sportplätzen, mit gut geschnittenen modernen Wohnungen mit

Balkon in meist vier- und mehrgeschossigen, hö-hengestaffelten Zeilen, ergänzt um einzelne Hoch-häuser als städtebauliche Dominanten. Als Bauträ-ger trat regelmäßig die Wohnungsbaugesellschaft Neue Heimat auf, die auch in Essen federführend drei Großsiedlungen verwirklichte – die einzigen im südlichen Ruhrgebiet: die Siedlungsbereiche Frei-senbruch- Süd und -Ost und das Hörsterfeld.

In den bis weit in die Nachkriegszeit des Zweiten Weltkrieges durch Landwirtschaft und kleine Ze-chen strukturell geprägten südöstlichen Essener Vororten Horst (bis an die Ruhr reichend) und Freisenbruch (nördlich anschließend) wurde eine neue Oststadt mit mehr als 6.200 Wohneinheiten realisiert. Als Erstes entstanden ab 1966 auf den Standorten Freisenbruch-Süd und Freisenbruch-Ost mehr als 3.750 Wohnungen. Eine Haldenland-schaft des alten Bergbaus konnte in die Freiflächen der Siedlung Bergmannsfeld (in Freisenbruch-Ost) integriert werden. Auf dem Hörsterfeld in Horst, kaum einen Kilometer Luftlinie von der Ruhr ent-fernt, wurden dann ab 1973 rund 2.500 weitere Wohneinheiten errichtet. Die Lage in schönster Ruhrlandschaft und guter Luft, die modernen Woh-nungen, das Vertrauen in aufgeklärte, moderne Menschen als Mieter, dies alles verhinderte nicht, dass die Utopien, die mit diesen Großsiedlungen verbunden waren, brüchig wurden. Die „heile Welt", das sind heute nicht Freisenbruch-Süd und Freisen-bruch-Ost oder das Hörsterfeld, das sind die Ruhr-landschaft und das anmutige Ruhrtal mit den his-torischen, beschaulich wirkenden Städten und den kleinen Häusern.

Rechts: Hörsterfeld-Hochhaussiedlung, Essen,
Foto: Hans Blossey, 2016 (Funke Foto-Services)

Achim Dahlheimer

LEBEN AM WASSER – IMMER MIT DER RUHR

Leben am Wasser lässt einen tief durchatmen, zur Ruhe kommen und Kraft tanken. Mit dem Blick auf das Wasser verbindet man auch immer ein Stück Erholung, Urlaub, Freiheit und Entspannung. Wohnen am Wasser stellt eine besondere Qualität dar. So oder ähnlich liest es sich in Prospekten zu neuen Wohnquartieren an der Ruhr.

Die Realität in der Vergangenheit war eine andere: Die zunächst – bis zum Beginn der Industrialisierung in der zweiten Hälfte des 19. Jahrhunderts – noch kleinen Städte und Orte haben den Fluss als Lebensader gesucht, als Trinkwasserreservoir und dann als Transportweg, insbesondere für die Kohle. Von einer romantisch geprägten Idealisierung des Ruhrtals keine Spur. Bedeutete der Fluss doch auch Feuchtigkeit und Schimmel, die in den Gemäuern emporkrochen, Ratten im Keller und Fäulnis im Gebälk. Nicht selten gehörten Flussrandbewohner seinerzeit zum Prekariat der Stadtgesellschaft.

Erst viel später geriet die Ruhr in den Fokus von Stadtentwicklung und Repräsentationsplanung. Deren früher baulicher Ausdruck war beispielsweise die 1873 bezugsfertige Villa Hügel der Industriellen-

familie Krupp in Essen-Bredeney: hoch über dem Fluss, eingebettet in eine kleine Parklandschaft mit freiem Blick ins Ruhrtal.

Seit Mitte des 19. Jahrhunderts bis zum beginnenden „Abschied der Maschinen" Ende der 80er Jahre des 20. Jahrhunderts dominierten die industriellen Nutzungsformen, vor allem der Bergbau und die Eisen- und Stahlproduktion, den Ruhrverlauf in der gesamten Region. Erst danach wurden die ungeheuren Chancen für die Stadtentwicklung wiederentdeckt, die sich aus dem Rückzug der Industrie ergeben. Insbesondere die Internationale Bauausstellung Emscher Park (IBA) stellte zwischen 1989 und 1999 grundsätzliche Fragen zur Zukunftsentwicklung im Ruhrgebiet:

Was ist ein tragfähiger regionalplanerischer Rahmen für die künftige ökonomische Entwicklung? Was bestimmt die Qualität einer Region in einer Epoche, in der Schwerindustrie rasant an Bedeutung verliert? Was ist der gemeinsame Bezugsrahmen für eine Gesellschaft, die von einer zunehmenden Ausdifferenzierung der Lebensstile und Lebensformen gekennzeichnet ist?

Die IBA hatte ganz praktische Antworten: Die Aufwertung der geschundenen Landschaft (Emscher

Links: Neues Wohnviertel am Kettwiger Ruhrufer (Büro TuWas!)

EINSCHLÄGIGE FALLBEISPIELE EINER GELUNGENEN NEUNUTZUNG

Luftaufnahme der Rohrmeisterei und der Innenstadt von Schwerte (Stiftung Rohrmeisterei)

Ein Beispiel für die gelungene (Wieder-)Belebung des Flussufers findet sich in Schwerte: 1890 wurde die Rohrmeisterei in den Schwerter Ruhrauen als Pumpstation zur Trinkwasserversorgung im östlichen Ruhrgebiet errichtet. Später wurde das Gebäude von den Dortmunder Stadtwerken zur Reparatur des Trinkwasser-Rohrsystems genutzt und erhielt so seinen Namen. Die Rohrmeisterei steht mit ihrem großen Tonnendach und ihrer charakteristischen Ziegelarchitektur heute unter Denkmalschutz. Es ist eines der bedeutenden Zeugnisse der zu Stein geworden imposanten Industriekultur des Ruhrgebiets. Gebäude und Grundstück liegen im Flusstal und in nur 500 Meter Entfernung von der Schwerter Innenstadt.

In einem beispielhaften Prozess der Projektentwicklung gelang es vielen engagierten Schwerter Bürgern, Vereinen und Unternehmen, die Umnutzung der Rohrmeisterei zum Bürger- und Kulturzentrum zu realisieren. Sie ging als solche im Jahr 2004 in ihr erstes Betriebsjahr und avancierte zu einem bedeutenden Zukunftsbaustein in der Stadtentwicklung mit dem Ziel, den Ort zur Ruhr hin zu öffnen. Heute ist die Rohrmeisterei ein lebhaftes Veranstaltungszentrum, das Jugendliche ebenso anzieht wie das Bildungsbürgertum. Die dort eröffnete Gastronomie ist darüber hinaus ein, auch bei Nutzern des RuhrtalRadwegs, beliebter Treffpunkt. „Das Potenzial der Lage am Fluss haben wir anfangs unterschätzt", räumt der Geschäftsführer der Stiftung Rohrmeisterei, Tobias Bäcker, freimütig ein.

Im Hattinger Ruhrtal entstand nach der Schließung des Stahlwerks Henrichshütte 1987 ein ebenso erlebenswerter Ort der Industriekultur und -geschichte mit Museum, Gastronomie und Veranstaltungsräumen, in denen heute Kongresse ebenso wie Konzerte stattfinden. Rund 100.000 Menschen jährlich besuchen den Standort und schätzen die Nähe zur Ruhr, zum RuhrtalRadweg und zur historischen Altstadt Hattingens.

28 Rad-Kilometer weiter westlich: auch hier machen Bürger Stadt. Der Alte Bahnhof in Essen-Kettwig

Rechts: Industriemuseum in der Henrichshütte in Hattingen (Büro TuWas!)

Landschaftspark), der respektvolle Umgang mit dem industriellen Erbe und dessen, insbesondere kulturelle, Nachnutzung und der Bau neuer Siedlungen für alle Bevölkerungsgruppen (Gartenstädte). Damit löste die IBA eine grundsätzliche Diskussion über die Formen und Qualitäten der Stadtentwicklung im Ruhrgebiet aus. Und immer mehr Städte erkannten auch, welche Möglichkeiten sich mit der Öffnung zum Fluss für das Leben und Wohnen ergeben. Vielleicht ein Grund mehr, warum sich die Menschen heute so wohl im Ruhrgebiet fühlen. 82 Prozent leben, nach einer repräsentativen Erhebung aus dem Jahr 2019, gerne im Ruhrgebiet. Unter den 18- bis 29-jährigen liegt der Anteil sogar bei 89 Prozent. Ein hoher Identifikationswert, bedenkt man, dass dieser im Bundesdurchschnitt bei 75 Prozent liegt.

wurde bis 1873 im Stil des Rundbogenklassizismus gebaut. Zum Ende des 20. Jahrhunderts standen große Teile des Bahnhofs leer und der damalige S-Bahn-Haltepunkt wurde immer mehr zum Schandfleck. Es bildete sich eine bürgerschaftliche Interessengemeinschaft, der es, mit Unterstützung der örtlichen Politik und des Landes Nordrhein-Westfalen, gelang, den Bahnhof nach baulicher Wiederherstellung ab 2003/04 als populäre Begegnungsstätte für Kultur, Sport und viele andere Veranstaltungen im Ruhrtal zu etablieren.

Und so geben die neuen Kulturstätten am Fluss, von der Rohrmeisterei über das Industriemuseum in der Hattinger Henrichshütte bis zum Alten Bahnhof in Kettwig, dem Leben in den Städten und Stadtteilen an der Ruhr einen anderen, vitalen Charakter.

DAS ENTWICKLUNGSPROJEKT „FLUSS-LANDSCHAFT MITTLERES RUHRTAL"

Gleichwohl zeichnet sich das Ruhrtal in seiner heutigen Gestalt durch Heterogenität aus: Naturraum einerseits, Lebensraum andererseits. Urbane Abschnitte treffen auf weniger urbane Örtlichkeiten in Flussnähe. Burgen und Schlösser aus der vorindustriellen Zeit gehören ebenso zum vielschichtigen Bild des Ruhrtals wie seine Stauseen, die sich mit ihrer gut ausgebauten touristischen Infrastruktur zu stark frequentierten Hotspots, vor allem für sportliche und kulturelle Ereignisse, entwickelt haben. Musik und Kleinkunst an Harkort- und Hengsteysee, das „Zeltfestival Ruhr" und „Kemnade in Flammen" am gleichnamigen See und schließlich das „Sundance Open Air" am Baldeneysee. Der Entspannungsfaktur kommt hier dennoch nicht zu kurz, so finden sich an den Seen überall auch Plätze der Ruhe, Beschaulichkeit und des Rückzugs vom Arbeits- und Stadtleben.

Die vier Ruhrstädte Hattingen, Herdecke, Wetter und Witten haben sich 2017 gemeinsam auf den Weg gemacht, interkommunale Projektideen für den mittleren Ruhrabschnitt zu entwickeln und zu qualifizieren. Dazu wurde eine interdisziplinär angelegte Entwicklungsstudie namens „Flusslandschaft Mittleres Ruhrtal" in Auftrag gegeben, die mittlerweile vorliegt. Ein wichtiges Motiv für die Zusam-

Das neue Quartier „Ruhr-Aue" in Herdecke (Büro TuWas!)

Wohnen unter dem Ruhr-Viadukt in Herdecke (Büro TuWas!)

menarbeit ist die Erkenntnis der beteiligten Städte, dass das Ruhrtal dringend neue und konkrete Entwicklungsimpulse benötigt. Organisatorisch wird die Kooperation von einem alle zwei Monate tagenden Lenkungskreis geführt. Die – durchaus vorbildliche – Kooperation wird dadurch erleichtert, dass die vier Partner alle dem Ennepe-Ruhr-Kreis angehören. Das regionale Konzept für die Flusslandschaft „Mittleres Ruhrtal" soll als interkommunales Projekt in die geplante Internationale Gartenausstellung (IGA) 2027 im gesamten Ruhrgebiet eingebracht werden.

Das Ruhrtal verfügt über einen Landschaftsverbund, der im Kontrast zum industriell geprägten Emschertal ein kulturlandschaftliches Bild im rhythmischen Wechsel von kompakten Siedlungs- und Freiraumstrukturen aufweist.

Das Entwicklungskonzept will zweifellos vorhandene infrastrukturelle Defizite im Raum beseitigen. Den Städten des „Mittleren Ruhrtals" fehlt es oftmals an qualifizierten, komfortablen Anbindungen zum Flussraum. Teilweise präsentieren sich die Städte mit Industrie- und Gewerbeanlagen zum Fluss. Die Verknüpfung der zentralen Stadtlagen an den Natur- und Erholungsraum der Ruhr wird eine vordringliche Zukunftsaufgabe bleiben.

BEISPIELE EINER QUALITATIVEN QUARTIERSENTWICKLUNG ENTLANG DER RUHR

Der Rückzug der Industrie aus dem Ruhrtal eröffnete neue Perspektiven für die Siedlungsentwicklung am Fluss. Es entstanden und entstehen neue Quartiere, wo einstmals Schlote rauchten und Maschinen liefen.

Nächste Seite: Neues Wohnviertel am Kettwiger Ruhrufer (Büro TuWas!)

Unterhalb des eindrucksvollen Ruhr-Viadukts, das Herdecke mit Hagen-Vorhalle verbindet, breitet sich heute das Quartier Ruhr-Aue aus. Die neue Siedlung in Herdecke steht maßgeblich für die Wandlungsprozesse im Ruhrtal. Nach mehr als zwei Jahrhunderten erfolgreicher Tuchindustrie war 1966 Schluss mit der Produktion an der Ruhr. Die dort ansässige Habig AG wurde abgewickelt, 1.500 Menschen standen auf der Straße, 16 Hektar Betriebsgelände lagen brach. Später erwarb die in Oelde ansässige WESTFALIA Seperator AG das Gelände und baute hier ein völlig neues Melktechnik-Programm auf. Auf den Wiesen zur Ruhr weideten „Test-Kühe". Das Gelände war komplett eingezäunt und abgesperrt. Das Wasser erreichte man nur über Hinterhofwege. 2005 schließlich kam auch hier das Aus. Die WESTFALIA verlegte das Werk in den Kreis Unna. Und erneut stand das Werk in Herdecke still. Da waren sie wieder: die 16 Hektar ungenutzter Fläche in bester Lage. Eine Herausforderung für eine

kleine Stadt wie Herdecke mit seinen rund 24.000 Einwohnern. Die Stadt nahm sie an: Wohnen und Handel als attraktive Möglichkeit, die Stadt durch Bebauung und neue Wegebeziehungen mit dem Fluss zu verbinden.

Ein längerer Prozess begann, eingeleitet mit einer internationalen Entwurfswerkstatt, verschiedenen städtebaulichen Ideen und Plänen, einer Veränderung der Besitzverhältnisse und schließlich einem Ergebnis. Es entstand ein großes Wohnquartier mit mehr als 200 Wohneinheiten: luxuriöse Eigentums- und Mietwohnungen auf drei bis vier Geschossen, kleine Reihenhäuser für junge Familien und geräumige Einfamilienhäuser am Quartiersrand. Alles in gehobener Wohnqualität, elegante Wohnungszuschnitte, Fußbodenheizung, großzügige Terrassen und Balkone mit Blick auf die Ruhrwiesen und eine komfortable Fahrzeugunterstellung. Die Vermarktung war ein Leichtes, denn Wohnen am Wasser ist populär.

Auf einer Veranstaltung des Bundes Deutscher Architekten (BDA) wurde die Atmosphäre im Ruhr-Aue-Quartier so beschrieben: „Im Seniorenheim

Die andere Seite der Ruhr: Mietwohnungen aus den 1960er Jahren in Essen (Büro TuWas!)

singt eine Oma ein zartes Liedchen, man hört es durchs offene Fenster. Auf der Ruhr-Terrasse im Café macht ein Radfahrer Pause und löffelt genüsslich sein Eis. Obendrüber dreht irgendwo ein Zahnbohrer. Und die italienische Friseurin an der Ecke steht in der Salontür und regt sich gerade lautstark auf: „Brutto Stupido!". Mehr Leben geht gerade nicht."

In Herdecke ist die komplexe Aufgabe – also die Schaffung eines Wohnquartiers auf einer attraktiv gelegenen Brache an der Ruhr, die parallele Aufwertung des städtischen Zentrums, die Rückeroberung von Naturraum am Fluss und der Bau neuer Wege und Plätze am Wasser – gelungen. Insgesamt ein Beispiel dafür, wie sich öffentliche und privatwirtschaftliche Investitionen sinnvoll ergänzen können.

Allerdings, räumt auch der BDA ein, das Wohnen im neuen Quartier sei nur etwas für Käufer „mit dickem Portemonnaie". Dementsprechend stellt sich die Frage, warum nicht auch zu Gunsten einer sozialen Durchmischung erschwinglichere Wohnungen für ein weniger gut betuchtes Klientel in die Ruhr-Aue mit einbezogen worden sind.

Am Ruhrufer in Essen-Kettwig, rund 700 Meter vom Zentrum des Ortsteils mit seinen historischen Fachwerkhäusern entfernt, stehen nun 125 hochwertige Mietwohnungen und zehn Doppelhäuser zur Miete. Beworben werden die Wohnungen mit edler Ausstattung, freiem Blick auf das Wasser, Echtholzparkettfußböden, hochwertiger Sanitärausstattung, elektrischen Rollläden und bodentiefen Fenstern. Alles natürlich lichtdurchflutet. Und ein Gewinn für den Essener Süden und seine Bewohner.

Fragwürdig bleibt auch hier, warum das Wohnen am neuen Standort nur für gehobene Einkommensgruppen möglich ist. Natürlich ist Stadtplanung kein Wunschkonzert, aber in jedem Fall eine Frage der Haltung. Und einen Anteil von Wohnungen mit geringeren Mietpreisen in guter Lage müssen die politisch Verantwortlichen in den Städten wollen und sich dafür auch einsetzen. Genau an dieser Haltung fehlt es allerdings häufig.

Wer sehen möchte, wie unterschiedlich sich die Siedlungstypologie auch im Ruhrtal darstellt, braucht in Kettwig nur die Uferseite zu wechseln

und steht vor modernisierten Beständen des geförderten Wohnungsbaus aus den 1960er Jahren.

Immer mal wieder kommt auch im Ruhrtal eine alte Idee an die Oberfläche: schwimmende Häuser auf dem Fluss zu bauen. Ein eigener Steg, 100 bis 140 Quadratmeter zum Leben, die Natur vor der Haustür, die Großstadt im Rücken. So der Traum. Ein Unikat wäre die Umsetzung dieser Idee allerdings nicht. In den zum Lausitzer Seen-Gebiet transformierten ehemaligen Braunkohle-Landschaften in Brandenburg gibt es dergleichen schon seit Jahren.

Letztlich gelangen wir in den Mündungsbereich der Ruhr in den Rhein im Duisburger Hafenstadtteil Ruhrort. Hier ist es in den letzten drei Jahrzehnten gelungen, die Qualitäten des historischen Ortskerns herauszuarbeiten und den Ort zu revitalisieren, unter Wahrung der stadtbildprägenden, teilweise denkmalgeschützten Bauten. Dazu gehören das im Jugendstil erschaffene Hallenbad von 1910, die alte Schifferbörse sowie das Backstein-expressionistische Tausendfensterhaus. In diesen Kulissen entstanden das Deutsche Museum für Binnenschifffahrt und 10.000 Quadratmeter neue Flächen für Dienstleistung und Gewerbe. Und vis-a-vis, im ehemaligen Innenhafen, entstand parallel ein Mischgebiet für neues Wohnen und Arbeiten.

Gar nicht weit entfernt fließt die Ruhr in einer großen Schleife in den Rhein. Die Mündung wird markiert durch die 25 Meter hohe Stahlskulptur RHEINORANGE des Kölner Künstlers Lutz Fritsch. Die Stele gilt heute als Zeichen für einen Ort, an dem sich mit Ruhr und Rhein nicht nur zwei Flüsse, sondern auch die Lebensadern von zwei Kulturräumen, Westfalen und Rheinland, begegnen. An einer guten Quartiersentwicklung zeigen jedoch, wie zuvor anhand lokaler Beispiele dargelegt, die Kommunen beider Gebiete ein hohes Interesse.

Peter Erik Hillenbach

IDENTITÄTEN UND PROMENADEN

Wie kann die Ruhr identitätsstiftend sein, wenn sie doch in den meisten Ruhrgebietsstädten gar nicht sichtbar ist? In der Tat ist das Ruhrgebiet viel eher ein Emschergebiet und die vielen sympathischen Klischees oder auch unausrottbaren Vorurteile, die die Welt vom Ruhrgebiet hat, stammen aus seinem wesentlich raueren Norden. Steigerlied und Bergmannsromantik, Trinkhallen („Buden") und rauchende Schlote gehören gefühlt eher nach Katernberg und Bismarck, Sodingen und Scharnhorst. Der Süden, wo die Kohle im Tagebau gewonnen wurde, fiel nach der Party im Muttental bald wieder ins grüne Idyll zurück; wie Perlen an der Kette reihen sich dörfliche Strukturen an der Ruhr aneinander, mit viel Platz dazwischen. Man hat den Eindruck, die einzelnen Dörfchen – Villigst oder Wengern, Winz oder Horst, Werden oder Mintard – hätten einander nicht allzu viel zu sagen.

Ich habe drei ganz unterschiedliche urbane Ansätze besucht, wie die Kommunen sich der Ruhr nähern und sie ins Stadtgeschehen einzugliedern suchen. Beeindruckend gelungen ist dies an der Promenade in Arnsberg, wo der altstadtnahe Natur-Erlebnis-

Links: Ruhrblick, Natur-Erlebnis-Raum Arnsberg, 2019
(Peter Erik Hillenbach)

Raum an der Ruhr Spielwiese und Naturlehrgelände in einem ist. Flüsterbrücke und Lavendellabyrinth, Weidenzentrum und „trockener Flusslauf", Barfußpfad und „blaues Klassenzimmer" – gar nicht so marktschreierisch und sensationsheischend, wie sich das vielleicht liest, sondern sehr behutsam und entschleunigend präsentiert sich dieses wundersame Gelände. Kitagruppen und die Schulklassen von den Eichholz-Schulen am gegenüberliegenden Ufer können hier ebenso unter freiem Himmel lernen wie Pflanzenliebhaber Stauden entdecken

Natur-Erlebnis-Raum Arnsberg, 2019
(Peter Erik Hillenbach)

Landschaftsfenster, Natur-Erlebnis-Raum Arnsberg, 2019
(Peter Erik Hillenbach)

oder Fischfreunde sich auf Schautafeln über heimische Ruhrfische informieren: Groppe und Quappe, Äsche und Elritze, allein diese Wörter zu kennen, bereichert den geneigten Menschen. Unterschlupf für Vögel und Insekten gibt's natürlich ebenfalls reichlich. Das harmonisch gestaltete Ufergelände ist ein Musterbeispiel dafür, was nachhaltige Stadtplanung sein könnte.

Ganz anders, aber auf seine Weise auch nicht uncharmant, präsentiert sich der Promenadenweg am Ufer der zum See gestauten Ruhr in Kettwig. Anders als an den Freizeit-lastigen und trubeligen Ufern von Kemnader und Baldeneysee geht es hier gemächlich zu, die nächste Fachwerk-Silhouette ist nicht weit. Hier flaniert man am Wasser entlang, womöglich mit einem Eis auf der Hand, oder ist auf dem Weg in eins der Cafés in der Kettwiger Altstadt. Am besten versinnbildlicht wird diese Entdeckung der Langsamkeit durch das Gastschiff „Thetis".
Das ist ein am Ufer vertäuter Kahn mit Bullaugen und Tischen auf dem Oberdeck. In letzter Zeit, verbunden mit dem Ausbau des Promenadenwegs, ist

noch eine Terrasse auf dem Land dazu gekommen. Wer hier den prima Kuchen probiert, den Schwänen zusieht und sich dazu von den Wellen schaukeln lässt, für den ist die Essener Innenstadt weit weg. Und beim Gang durch die Kettwiger Altstadt wird dies auch beim Blick auf die Geschäfte bestätigt: Edelboutiquen, Delikatessenläden, Weinlokale, Chocolaterien – und in der Fleischtheke des bestens bestückten „Rewe Lenk" auf der Hauptstraße, wo früher auch der Zwei-Sterne-Koch Berthold Bühler von der Kettwiger „Résidence" einkaufte, liegen doch tatsächlich Schulter, Bauch, Stielkotelett und Bratwurst vom Ruhrtaler Freilandschwein!

Mülheim an der Ruhr trägt den Fluss seit eh und je stolz im Namen, auch hier gibt es eine Ruhrpromenade. Die liefert einerseits verlässliche Bilder für Touristen, wenn nämlich die Ausflugsdampfer am Wasserbahnhof in die Schleuse einfahren und

Das Gastschiff „Thetis" an der Uferpromenade in Essen-Kettwig, 2019
(Peter Erik Hillenbach)

Typische Einkaufsstraße in Essen-Kettwig, 2019 (Peter Erik Hillenbach)

Die Altstadt Essen-Kettwig, 2019 (Peter Erik Hillenbach)

Erzeugnisse des Ruhrtaler Freilandschweins in einer Supermarktauslage in Essen-Kettwig, 2019 (Peter Erik Hillenbach)

langsam auf das nächstniedrige Niveau herabgelassen werden. Andererseits durchquert die Ruhr hier wie nirgends sonst die City. Nicht nur das Rathaus, Finanz- und Ordnungsamt haben Ruhrblick, auch der kleine Stadthafen mit einer „Ruhrbania" genannten Marina samt Bootsverleih ragt geradezu in einen belebten Platz mit Eiscafé und Steakhaus hinein. Die Ruhrpromenade öffnet die Innenstadt zum Fluss hin – das hat noch jedem urbanen Lebensgefühl gut getan. Und so ist die Ruhrpromenade, die sich durch eine kleine Grünanlage am Ufer entlang erstreckt, mit Flaneuren, Kinderwagenmüttern und Radfahrern belebt und außerdem von einer ganzen Reihe gut besuchter Lokale mit Terrasse und Blick aufs Wasser gesäumt. So richtig „schön" ist das streckenweise vielleicht nicht, weil mancher nur mäßig anmutige Neubau und manche eher verwechselbare Systemgastronomie dabei ist. Macht aber nichts, die Bäume sind hoch, das Wasser glitzert, die Zeit vertrödelt sich von allein – welche Stadt im Ruhrgebiet hätte diese Ruhr nicht auch gern in ihrem Zentrum?

Die Ruhr-Schleuse in Mülheim an der Ruhr, 2019 (Peter Erik Hillenbach)

Die „Ruhrbania" Marina in Mülheim an der Ruhr, 2019
(Peter Erik Hillenbach)

Die Fluss-Promenade in Mülheim an der Ruhr, 2019
(Peter Erik Hillenbach)

Ruhrperle, Promenade, Mülheim an der Ruhr, 2019
(Peter Erik Hillenbach)

Chantal Louis

ANGELKÖNIGIN AUF URLAUB

Fotos: Valerie Jacob

Die Spätnachmittagssonne glitzert auf der Ruhr. Rechts der Steintreppe, die zum sich kräuselnden Wasser hinunterführt, dümpeln blau-weiße Tretboote, in die heute niemand mehr steigen wird. Keine hundert Meter weiter flussaufwärts beginnt die bewaldete Brehminsel, kurz danach folgt hinter einem riesigen Stauwehr der Baldeneysee. Und links, also flussabwärts, geht über der Werdener Brücke demnächst die Sonne unter und scheint mit ihrem warmgelben Licht auf Jutta Motzek und ihre Angelruten.

„Herrlich iss dat hier!" ruft Jutta mit ihrer Reibeisenstimme so voller Inbrunst, dass es bis zum anderen Ufer dröhnt, und streckt den Rücken ihres sehr kleinen, rundlichen Körpers durch, so gerade wie es eben geht.

Hier, auf dieser Treppe, ist ihr Lieblingsplatz. „Ich sach immer: Dat iss hier wie Urlaub für mich!" Anderen Urlaub, solchen, für den man zahlen muss, kann sich die 62-jährige Frührentnerin schon seit Jahren nicht mehr leisten. Deshalb kommt sie hierher und angelt.

Am schönsten findet sie es, wenn nachher, sobald es ganz dunkel ist, alle weg sind. Die Spaziergänger, die hier noch ein bisschen Lauschigkeit mitnehmen; die Besucher des kleinen Biergartens „Werdener Wies'n", die an einem der letzten und schon kühlen Septemberabende in Liegestühlen noch ein letz-

tes Outdoor-Pils trinken. Jutta mag es, wenn es still wird und die Laternen auf der Brücke angehen. „Und hier inne Treppe iss auch Licht eingebaut, so gelbe Streifen. Schön iss dat!" Noch aber ist es hell, und auf einer Treppenstufe lümmelt sich auf seiner Hundedecke entspannt Pikachu, Jutta Motzeks steinalter Jack Russell, der nach einem Pokémon benannt ist, und blinzelt mit seinen halbblinden Augen in die tiefstehende Sonne.

Für einen ist es mit der Flussidylle allerdings jetzt schlagartig vorbei: Aus einem kleinen Styropor-Kistchen, das mit Erde gefüllt ist, nimmt Jutta Motzek einen Regenwurm. „Jetz kommt das Eklichste", erklärt sie und spießt ihren Angelhaken in den Wurm. Der ist nun der Länge nach durchbohrt, was selbst ein Regenwurm mutmaßlich nicht überlebt, und selbst wenn, fliegt er jetzt mit Schmackes am Ende von Juttas Angelrute mitten in die Ruhr und segnet dort früher oder später das Zeitliche. Jutta taucht ihr grün-weiß kariertes Geschirrhandtuch ins Wasser und wischt sich die erdigen Hände ab. Im Kistchen wimmeln die Würmer. „Dat iss dat Ätzende", sagt sie. „Wenne da ma'n Butterbrot essen willz – na, guten Appetit!"

Aber die unappetitliche Wurmsache trübt Jutta Motzeks Freude am Angeln nicht wirklich. Mindestens einmal die Woche, im Sommer manchmal auch dreimal, setzt sie sich mit Pikachu, genannt Pi, in ihren kleinen, auch nicht mehr jungen Fiat und ruckelt mit dem „Gurkenauto" an die Ruhr. „Ich muss raus", sagt sie. „Nur inne Bude hängen, dat kann ich nich."

Die „Bude" von Jutta Motzek ist eine Welt für sich. Sie liegt in Frohnhausen, einem alten Essener Arbeiterstadtteil, ungefähr zehn Kilometer von der Ruhr entfernt. Der Fluss, der hier entlangfließt, sind die Autoschlangen auf der A40, die in Hörweite liegt. Wer Jutta Motzeks wunderliches Reich betritt, darf sich tatsächlich über nichts wundern. Es ist, vorsichtig ausgedrückt, unübersichtlich. Die Rentnerin teilt ihre Wohnung mit hunderten Gegenständen, die jeden Quadratzentimeter Ablagefläche einnehmen: Kerzen, Platten und Dosen, Windmühlen, Wimpel und Wecker. Vor allem aber ist Juttas Welt bevölkert mit Tieren. Sehr viele Teddys verschiedener Größen, Holzgiraffen und Porzellanelefanten, der kleine Maulwurf und ein riesiges gelbes Gummibärchen wohnen hier. Das Gummibärchen thront auf der Abdeckung des Aquariums, denn neben den Stoff-, Holz- und Plastiktieren gibt es auf diesen rund 50 Quadratmetern auch eine ganze Menge lebendige Tiere. Fische, klar. Aber auch die Nymphensittiche Mona Lisa und Eddie Murphy sowie fünf Wellensittiche. Mona Lisa hat Jutta Motzek davor gerettet, von einer Bekannten, die ihrer

überdrüssig war, ausgesetzt zu werden. „Ich hab se gefragt, ob se noch ganz frisch iss! Die kann doch draußen nich überleben, die Elstern und die Dohlen holen sich die!" Als Mona Lisa in der Küche von Jutta Motzek unglücklich schien und ihr den ganzen Tag die Nerven zerkreischte, setzte sie ihr Eddie Murphy an die Seite. Jetzt ist Ruhe.

Und dann gibt es da noch ein Meerschweinchen namens Chloé, auf dessen Käfig Juttas Pokale glänzen. Seit 14 Jahren ist sie Mitglied im Heisinger Angelverein, der korrekt „Fischereiverein Essen e.V." heißt. Seit zwölf Jahren ist sie dort „Angelkönigin". Die Männer im Verein finden das nicht immer lustig. „Iss ja schon peinlich, wenn ne Frau wat angelt und der Mann nich", sagt Jutta und grinst.

Die Schnur von Juttas großer Angel zuckt. „Da! Da! Da!" ruft die Angelkönigin. „Wenn die richtig rausschlägt, isset n Karpfen." Jutta kurbelt. Nach viel Kurbelei schwebt ein recht kleiner Fisch über dem Wasser und landet schließlich auf der Treppe. Es ist leider kein Karpfen, sondern eine „Drecksgrundel". Jutta flucht. Denn die Grundel ist nur ein paar Zentimeter klein, „zieht sich aber den ganzen Wurm rein". Jutta hasst das. „Jetzt kricht se einen auf'n Ballong", erklärt sie. Dann schlägt sie dem Fisch mit einem Gegenstand, der aussieht wie eine

kleine Taschenlampe, der aber aus massivem Stahl und ein „Fischtöter" ist, auf den Kopf. Auf diese Weise betäubt, wird die Grundel mit einem Messer abgestochen und liegt nun tot auf der Treppe in der Abendsonne. Später kommt sie in eine Plastiktüte und wird eingefroren. Jutta nimmt sie dann bei einem der nächsten Male als Köder. Angeln ist nichts für zarte Gemüter.

Es ist nicht so, dass Jutta Motzek das nichts ausmacht. „Am Anfang dachte ich: Ich kann doch keinen Fisch totmachen", erzählt sie von ihren ersten Erfahrungen als Anglerin. „Aber nützt nix – musse ja." Damals hatte sie ein Bekannter zu einem Forellenteich mitgenommen. Das fand sie gut, aber es kostete jedes Mal 13 Euro. Also beschloss sie: „Jetzt mach ich n Angelschein!" Jutta Motzek lernte alles über Fischarten, Fischmaße, Fischkrankheiten. Über die Wasserqualität des ehemals stinkenden, quasi toten Industrieflusses, der heute zu den saubersten Flüssen Deutschlands gehört. Und eben auch darüber, wie man Fische, wenn man sie denn schon totmacht, möglichst kurz und schmerzlos umbringt. „Man sollte nen Herzstich machen", erklärt Jutta. Und: „Ein Fisch muss richtig gelandet werden." Deshalb hat sie neben der kleinen und der großen Angelrute auch einen Kescher. Wenn ein

richtig großer Fisch anbeißt, holt sie den mit dem Netz ein, nicht am Angelhaken. „Dat iss doch sonst qualvoll für die Tiere", sagt sie. „Dat tut man nem Karpfen nich an."

Als Jutta Motzek ihren ersten Fisch des heutigen Angeltages einholt, hat sich eine Gruppe junger Menschen auf dem oberen Teil der Treppe niedergelassen. Asiatische Gesichter sind darunter und eine dunkelhäutige Frau mit schwarzen Locken. Sie trinken ihr Sundowner-Pils, lachen, und sind kurz irritiert, als Jutta Motzek der Grundel den Garaus macht. Sie sprechen Englisch miteinander. Es sind Studenten der Folkwang-Uni, die in Essen-Werden einen Standort hat. Über 1.600 junge Menschen aus aller Welt studieren hier Musik, Tanz, Design. Die „Schildkröten" – so ihr Spitzname, weil einige von ihnen mit Cello oder Kontrabass auf dem Rücken durch die Straßen laufen – tragen bei zum Flair des Stadtteils. Und durchaus auch zum Wohlstand, denn so manche Familie vermietet für gutes Geld ein Zimmer oder ein Apartment an die Studenten aus Japan, Brasilien oder Finnland. Und so manches hippe Café hätte ohne das kreative Jungvolk vermutlich gar nicht erst aufgemacht.

Aber nicht nur die Folkwang Universität der Künste macht Werden zur „Ruhrperle". Zwölf Essener

Stadtteile dürfen diesen Titel tragen, und einer schillert, um im Bild zu bleiben, mehr als der andere. Denn was Außenstehende normalerweise nicht wissen: Es sind gerade die Örtchen an der Ruhr, die als besonders hübsch und idyllisch gelten. Nicht nur, weil sie direkt am Fluss liegen. Sondern, weil sich dort, an der Wasserstraße, im 19. Jahrhundert die Zechen und Fabriken ansiedelten. Die spülten zwar viel Dreck in die Ruhr, aber auch Geld in die Orte. Der Dreck ist heute verschwunden und die Ruhr wieder klar, aber das Geld blieb. Hier, in Essen-Werden, stehen ganze Straßen unter Denkmalschutz. Hier wohnt man, wenn man es sich leisten kann, in einem der entzückenden Fachwerkhäuschen oder in einer Eigentumswohnung in der renovierten alten Tuchfabrik mit Blick auf die Ruhr. Hier isst man in stilvollen Restaurants veganen Flammkuchen oder französische Perlhuhnbrust.

Weil das so ist, hat Jutta Motzek Essen-Werden im wahrsten Sinne des Wortes den Rücken gekehrt. Wenn sie auf ihrer Treppe sitzt und angelt, liegt vor ihr die Ruhr und hinter ihr der Stadtteil, aus dem sie kommt, in den sie aber nicht mehr geht.

„Da vorne bin ich zur Schule gegangen", sagt sie und nickt flussaufwärts. „Und im Riverside waren wir tanzen und haben Werden unsicher gemacht. Ich war ja auch ma jung." Das Riverside gibt es immer noch, die Diskothek von damals heißt heute „Location" und liegt keine 100 Meter von Juttas Angelplatz entfernt. Aber: „Mich zieht nach Werden inne Stadt nix mehr rein", schimpft die gebürtige Werdenerin. „Heutzutage iss da doch nur noch Folklore und Tourismus. Da geht et nur noch um Knete, Knete, Knete!" Der Stoff- und Tuchmarkt, den Werden als alter Tuchmacherort jedes Frühjahr veranstaltet? Herbstliches Werden? Der Weihnachtsmarkt? „Da musse dir doch 20, 30 Euro inne Tasche stecken!" Champignons für acht Euro? Da geht die Frührentnerin doch lieber in Frohnhausen „n Döner für Dreifuffzig essen". Ihren Kaffee darf sie sich selbst mitbringen, das hat sie mit dem Dönermann geregelt. Jutta Motzek ist nicht in einem der denkmalgeschützten Häuser mit den Stuckschnörkeln aufgewachsen, sondern in einer der einfachen Arbeiterwohnungen ohne Flussblick. Je weiter man aus dem Ruhrtal die Werdener Straßen bergauf geht, desto schlichter werden die Behausungen. Ihr Vater hat „inne Holzfabrik gearbeitet", Tochter Jutta machte eine Lehre als Einzelhandelskauffrau, bestand aber die Prüfung nicht. Mit 18 ging sie weg aus Werden. Ihr erster Mann, mit dem sie einen Sohn bekam, prügelte sie ins Frauenhaus. Ihr zweiter, der Vater

ihrer Zwillingstöchter, war freundlicher, aber auch von ihm ist sie seit 15 Jahren getrennt. Ihr Ex-Mann arbeitete „bei Krupp am Band", Jutta putzte und pflegte alte Menschen im Bekanntenkreis.

Irgendwann schickte sie das Jobcenter wegen diverser Krankheiten von Asthma bis Bandscheibenvorfall in Frührente. Ihre Rente ist dementsprechend mickrig. Sie stockt sie mit Grundsicherung auf. Und mit Fisch.

An der Angelschnur zuckt es wieder. Jutta kurbelt. Diesmal zieht sie ein schleimiges, grünes Knäuel Algen aus dem Wasser. „Sonne Kacke", flucht sie. „Der hat sich den Wurm gepackt und iss weg." Aber ein paar Minuten später zuckt es wieder. Diesmal ist es ein Barsch. Jetzt kennt man das schon: Fischtöter, auf den Ballong, Herzstich. Und dann auf die Treppe. Dort wird der Barsch vermessen. 22 Zentimeter. „Dat iss ne schöne Mahlzeit!" freut sich Jutta. „Der kommt in Folie, Wildgewürz, Kartöffelkes bei – dat is'n Superessen!"

Jeden Montag gurkt Jutta Motzek zur Essener Tafel im Huttroper Wasserturm und versorgt sich dort mit Lebensmitteln. Am Anfang hat sie sich dafür geschämt, aber inzwischen ist die Tafel-Community zu einer festen Größe in Juttas Leben geworden. Ihren Termin für die Essensausgabe hat sie um halb eins, aber sie geht immer schon drei Stunden früher hin, um halb zehn. Zum Quatschen. Die, die sie in der Schlange trifft, kennen das: Immer irgendwie malocht, irgendwie das eine oder andere Pech gehabt, irgendwie jetzt alles mehr oder weniger kacke, aber muss man durch.

2014 hatte das Schicksal Jutta Motzek einen Schlag versetzt, der entschieden härter war als die anderen. Ihr Sohn Sascha starb, erst 36 Jahre jung, an Bauchspeicheldrüsenkrebs. Das hat ihr den Boden unter den Füßen weggezogen, so sehr, dass sie merkte, wie ihr alles entglitt, auch der Zustand ihrer Wohnung. „Ich geh unter", alarmierte sie ihre Freundinnen und Freunde. Irgendwer kam dann auf die Idee, sie solle sich doch bei der der Sendung „Extrem sauber" bewerben. Das Konzept des RTL 2-Produkts: Eine zwanghaft putzwütige Person trifft auf eine andere Person im Chaos.

Und so startete Janina aus Berlin den gut gemeinten Versuch, Jutta aus Essen davon zu überzeugen, etwa zwei Drittel ihres ausufernden Hausstandes auf den Müll zu schmeißen. Sie scheiterte auf ganzer Linie. Jutta zeigte Janina, wer die Herrin im Haus ist. „Dafür hab ich malocht!" schimpfte sie, wenn wieder eine Glastropfen-Skulptur ausgemistet werden sollte. Aber aller Renitenz zum Trotz: Am Ende

spendierte RTL 2 Jutta eine Fototapete in der Küche – ein Nordseestrand, über dem eine Möwe kreist.

Einmal, da hatte Jutta ihren Angelschein noch gar nicht lange, hat sie eine Leiche aus der Ruhr gefischt. Es dauerte einen Moment, bis sie begriff, dass da Haare waren und ein Kopf. „Ey, ich hab nen Toten am Haken!" rief sie ihren Angelkumpels zu. Dann rannte sie zum nächsten Gebüsch und kotzte ihr Frühstücksbrot aus. Ein paar Tage später erfuhr sie aus der Zeitung, wer der Mann gewesen war: Ein Rentner, 76, der mit einem Sprung von der Kampmannbrücke seinem Leben ein Ende gesetzt hatte. Die Brücke verbindet die Essener Stadtteile Heisingen und Kupferdreh, auch beides Ruhrperlen.

Der Arzt musste Jutta Schlaftabletten verschreiben, „ich hatte Alpträume hoch drei". Doch auch wenn ihr der Leichenfund schlaflose Nächte bereitet hat, Jutta Motzek kann den Mann verstehen. „Dat passiert, wenn man als Rentner nur noch inne Wohnung sitzt", sagt sie. Deshalb geht Jutta angeln. „Ich bin ja hier schon lange weg, aber et zieht mich immer wieder nach Werden." Hier, auf ihrer Treppe, ist tagsüber immer was los. „Hier sitzen ja auch viel die Studenten", sagt die Rentnerin. Mit denen unterhält sie sich gern, „und wenn dat mit Händen und Füßen iss, dat iss doch egal."

Langsam wird es kühler und dunkler. Jutta legt dem dösenden Pikachu eine Decke über. Unglaubliche 20 Jahre alt ist Pi, ein wahrer Methusalem. „Ich hab den mit vier Wochen gekricht und mitte Pulle aufgezogen. Du biss Mamas Junge!" Sie weiß, dass ihr kleiner, fast blinder und schon reichlich wackeliger Gefährte nicht mehr ewig bei ihr sein wird. Sie tätschelt Pi und setzt sich wieder vor ihre Angeln. Die Folkwang-Studenten brechen langsam auf, ihre Bierflaschen lassen sie liegen.

„Gleich iss die Sonne weg, dann kommen die Ratten." Tatsächlich. Zuerst wuseln kleine Mäuse über die Treppenstufen, dann trappelt eine struppige Bisamratte aus den Büschen. Jutta Motzek liebt Tiere, ganz klar, aber Ratten in ihrer Nähe muss sie nicht haben. „Ksch! Ksch! Ksch!" macht sie und die Bisamratte huscht wieder ins Gebüsch. Ein paar Minuten später ist sie aber zurück und wird aufs Neue von Jutta vertrieben. Pi schafft es ja nicht mehr.

Oft sitzt Jutta, die Angelkönigin, hier die ganze Nacht bis zum nächsten Morgen. Nachts, wenn es auf dem Wasser ganz ruhig ist, beißen die meisten Fische, und die größten. Als klar war, dass sie hier viele Nächte ganz allein sitzen würde, hat sie den kleinen Waffenschein gemacht, sicher ist sicher. Sie dürfte Angreifer mit Pfefferspray und Gaspistole

vertreiben. Bisher ist aber nie was passiert. Nur die Ratten sind ihr ein bisschen unheimlich, aber auch die haben ihr noch nie was getan.

Wenn Jutta die Nacht dann mit einer Thermoskanne Kaffee überstanden hat, läuft sie im Morgengrauen mit Pikachu über die Brehminsel. Die acht Hektar große Ruhrinsel ist mit ihren Spiel-, Fußball- und Grillplätzen eine Art umspülter Stadtpark für die Werdener. Früher weideten dort die Kühe und Schafe der Werdener Abtei, Ende des 19. Jahrhunderts erwarb dann einer der neuen Tuchfabrikanten die Insel. Der Fabrikant hieß keineswegs Brehm, wie man vielleicht vermuten könnte, der Name hat einen jahrhundertealten Ursprung: Bis 1928 wurde die Insel noch als „Priem" bezeichnet, und das heißt so viel wie „wasserumspielter Saum". Der Tuchfabrikant jedenfalls ließ die Brehminsel mit Bäumen aufforsten und siedelte sogar Pfauen dort an. Die verließen, wenn ihnen danach war, die Insel über die schmale Brücke und spazierten durch die Werdener Gassen.

„Da zieht wat!" Noch zweimal zuckt es an Juttas Angel. Das erste Mal ist es wieder eine kleine Grundel, die als Köder in der Gefriertruhe landen wird. Das zweite Mal ist es nochmal ein Barsch. Mit Zwiebel und ein bisschen Wein mag Jutta den auch gern.

Was sie nicht mag, ist Zitrone am Fisch. „Viele machen dat ja." Jutta nicht.

Die Sonne ist jetzt fast hinter der Brücke verschwunden. Bevor es ganz dunkel wird, sammelt Jutta Motzek noch die Bierflaschen der Folkwang-Studenten ein und stopft sie in ihre Angeltasche. „Manchmal sammel ich hier vier oder sechs Euro." Gegen acht will sie heute auch gehen, sagt sie. Denn morgen ist im Verein „Abangeln", also das letzte Angeln, bevor die Saison zu Ende geht. Wenn sie sich heute die Nacht um die Ohren haut, ist sie morgen total übermüdet.

Aber wer gegen zehn über die Werdener Brücke läuft, kann im Dunkel der Treppe ein winziges, weißliches Licht erkennen. Es ist Jutta Motzeks Kopflampe, die sie sich für 30 Euro geleistet hat, um beide Hände für ihre Ruten freizuhaben. Es scheint, als wollte die Angelkönigin die Nacht doch noch mit ihrer großen Liebe verbringen.

Lucas Vogelsang

STEGER, AN DER RUHR

Fotos: Philipp Wente

Zuerst ist da diese Stimme. Und dann ist da der Fluss. In beiden liegen Geschichten.

Die Stimme und der Fluss, sie erzählen vom Tod. Steger hat überlebt.

Er ist 74 Jahre alt und wurde hier geboren. Camping-Platz in Witten-Bommern, zwischen dem Ufer, an dem die Boote liegen und dem Radweg, der die Gäste bringt, verschwitzt und durstig.

Steger wartet am Schlagbaum, rot-weiß, Kapitäns-mütze, in den Augen ein Lächeln. Er nimmt den Besucher gleich mit, zeigt auf die Wege und auf die Wagen, die Türen sind verschlossen, der Platz liegt unter Planen, abgedeckt gegen die Neugier und gegen das Wetter. In der Nacht kam der Schnee, fünf Zentimeter bestimmt. So etwas hat auch Steger selten gesehen, einen Winter wie diesen. Außer ihm ist niemand hier. Er atmet durch, lauscht.

Selbst das Wasser liegt still. Der Fluss, kein Ton, keine Schritte. Die große Ruhe im Winter, sagt er, die kann ich genießen.

Das Geld verdient Steger im Sommer. Aber der Winter, das ist seine Zeit. Im Winter bereitet Steger den Frühling vor, mit dem Pinsel in der Hand. Streicht die Stühle und die Wände. Die Toiletten und die Ruderboote. Im Winter werden die Farben für den Sommer gemischt. Dann kommen die Reparaturen, die kleinen Dinge, die lockeren Schrauben. Im Winter stopft Steger die Löcher des Herbstes. Bis das

Bild wieder stimmt. Der Platz muss auch in diesem Sommer wieder so aussehen, als hätte es den Sommer zuvor nie gegeben. Steger war Schreiner, Zimmermann bis zur Rente.

Er öffnet die Tür zur Werkstatt, nährt das Feuer im Ofen, spürt die Wärme im Gesicht. Der Ofen ist aus Metall, er hat ihn vor 40 Jahren von einem Schrotthändler gekauft, seitdem legt er Holz nach, schürt er die Glut. Eine Antiquität, sagt Steger, bald so alt wie ich. So leicht geht der Ofen nicht aus.

Und Steger erzählt. Seine Stimme füllt diesen Raum, auch sie scheint aus Metall, blechern. Er könnte mit dieser Stimme Holzplanken schleifen, jede Geschichte winterfest machen. Steger ist in diesem Haus aufgewachsen, als Kind schon über die Wiese gelaufen, in der Ruhr getaucht, gegen jede Warnung. Er ist am Platz die dritte Generation. 1911 haben die Großeltern hier gepachtet, die Nachen feiner Herren gepflegt. Der Platz wurde zum Erbe, die Mutter führte ihn bis sie starb, sie wurde 92 Jahre alt. Seitdem ist Steger hier Chef, die Schlüsselgewalt, der Platzwart.

Er kennt jede Ecke und jede Macke. Und auch jede Geschichte. Steger erinnert sich noch.

Ganz früher, 50er Jahre, da war er selbst noch ein Kind, wurden drüben auf der anderen Seite des Flusses ganze Stücke aus einem hellen Felsen gesprengt. Dort, hinter Bäumen, lag der Steinbruch,

Rauen hieß der. Ruhrsandstein, sagt Steger. Ganz feines Zeug. Der Felsen sah aus wie die Felsen auf Rügen, wie aus den Bildern vom Friedrich.

Jedenfalls hörten sie damals das Dröhnen zuerst, den Bohrer. Das war die erste Warnung und unten wurde die Straße gesperrt, die parallel lief zum Fluss. Die 226, sagt Steger. So hieß die wohl damals. Dann haben die Männer da drüben am Felsen ihr Horn tönen lassen, laut wie ein Fliegeralarm. In die Tröte geblasen, sagt Steger. Das Signal, kurz danach Dynamit. Und hier wusste gleich jeder Bescheid. Seine Eltern, hier unten in der Wirtschaft, mussten dann die Gläser festhalten, so sehr hat das alles gewackelt. Dann schwappte das Bier aus den Gläsern und sie haben die Zündung noch am Abend in den Knochen gespürt. Diesen Knall, so fürchterlich laut. Dagegen, sagt Steger, konntest du jedes Gewitter vergessen.

Der Steinbruch ist längst geschlossen. Wenn Steger heute am Ufer steht, zwischen den Hütten und den Fahnen davor, kann er den Sandstein noch sehen, den hellen Felsen. Er liegt dort ganz ruhig, als wäre nie was gewesen. Steger, solche Dinge weiß nur noch er. Er kann die Zeit bezeugen, er war immer schon hier. Kann die Gäste am Gang schon erkennen, die Radfahrer nach hundert Kilometern Ruhrtal. Der Arsch wund, sagt Steger, die Zunge bis zum Boden. Die lässt er, wenn nichts mehr frei

ist, auch mal bei sich übernachten, Ehrensache. Radfahrer schickt Steger nicht weg. Das sind so Dinge, die hat er gelernt mit den Jahren, die hat ihm der Platz beigebracht.

In der Werkstatt hängt sein Leben an den Wänden, dazu die Erinnerungen der anderen, Uhren aus vergangenen Zeiten, Geschenke aus vergessenen Kellern, ausgestopftes Getier. Und blinde Krüge für wirklich staubige Kehlen. An den Decken die Fahnen. Die Borussia aus Dortmund, die Hertha aus Berlin. Steger ist Schalker, seit 60 Jahren, egal.

Als Geschäftsmann, sagt er, darf man nicht wählerisch sein. Er hat auch Kölner hier und Bayern, die ganze Bundesliga.

Sie sitzen dann gemeinsam am Tresen. Und Steger schenkt Veltins aus, das Bier vom Assauer, das königsblaue mit der dunklen Seele. Die einen schwören darauf, die anderen verschlucken sich dran. Kämpfe, mit dem Hahn ausgetragen. Glaubensfragen, sie kümmern ihn nicht, aber er kümmert sich drum. Steger schenkt Veltins aus und macht den Dortmundern gern einen Trauerrand um die Flasche. Damit sie nicht sehen müssen, was sie da trinken. Kleinigkeiten, da musste auch erstmal dran denken. Und hängt doch mal der Haussegen schief, nimmt er einen Hammer und richtet ihn, oder er haut einen raus, trifft dabei den Nagel auf den Kopf. Ganz einfach im Grunde. Das ist sein Platz, am Ende macht er doch die Regeln.

Es gibt nicht viele. Die wichtigste sorgt für Ruhe am Abend. Sorgt für einen erholsamen Schlaf auch bei offenem Fenster. Am Tage reißt Steger gern Witze, in der Nacht versteht er keinen Spaß. Zehn Uhr, sagt er, Schnauze halten. Das heißt Fernseher aus, Radio aus. Wer sich daran nicht hält, kann packen. In Hattingen ist ein anderer Platz. Aber wer sich benimmt, der kann bleiben. Gerne auch länger. Der kann hier jeden Sommer und auch den zweiten Frühling verbringen. Mit vielen Campern, sagt Steger, bin ich gemeinsam alt geworden. Gut gebräunte Antiquitäten, mit denen trinkt er noch einen, holt weiter aus, mit dem Schwung aus der Jugend. Manche kommen immer wieder, andere plötzlich nicht mehr. Manchmal geht der Winter vorbei und hinterlässt eine leere Stelle. Ein Gast plötzlich fort.

Wie hatte der Assauer mal gesagt, wenn der Schnee schmilzt, sieht man, wo die Kacke liegt. Das Sterben, die große Scheiße.

Aber irgendwann wächst auch darüber Gras, und Steger nimmt den Pinsel und malt über altes Holz. Erledigt, was noch zu tun ist. Vermietet die Stelle dann neu. Im Sommer ist es voll hier, die Leute dicht beieinander, da ist kaum Platz, schon gar nicht fürs Sentimentale. Acht Euro die Nacht für den Wagen, vier Euro die Nacht pro Person. Daran ist nicht zu rütteln.

Steger war immer schon hier. Er nimmt die Sachen gelassen. Das Wasser bringt ihn nicht aus der Ruhe, nicht mal das hohe. Der Fluss, der über die Ufer tritt, als meinte er es persönlich, Steger ist ihm nicht gram. Hochwasser, das passiert ihm alle paar Jahre. Seine eigenen Gezeiten, auch sie gehören am Ufer dazu. Er lebt damit, es überrascht ihn nicht mehr. Das Wasser, sagt Steger, kündigt sich an. Ein ungebetener Gast, der sich um Öffnungszeiten nicht schert. Es kommt meist spät in der Nacht, dann hört Steger das Rauschen unter dem Fenster. Dann steigt der Pegel. Nach langen Regenfällen oder früher im Frühjahr, wenn der Schnee im Sauerland zu schmelzen begann. Meist verhindert die Talsperre die ganz große Flut, hält dann dicht und gibt das Wasser im Sommer erst ab, damit die Ruhr nach Wochen der Dürre nicht plötzlich trocken liegt, schmächtig in ihrem Bett. Nur ab und an kann auch sie das Wasser nicht halten.

Steger deutet doppelt und lacht. Die ist alt, sagt er dann. Und es klingt nach Verständnis. Aber wenn sie überläuft, sagt er, dann bekommen wir hier richtig nasse Füße. Wenn das Wasser kommt, erzählt Steger, dann steht es bald so hoch, dass er und seine

Frau ohne Stiefel nicht mehr vor die Türe kommen. Manchmal paddeln sie auch, von Stelle zu Stelle. Man kann auf dem Gelände dann Kajak fahren, sagt Steger. Dann ist das hier, in Witten-Bommern, wie in Venedig, nur die Kreuzfahrtschiffe fehlen und die Italiener in ihren Gondeln.

2007, da ging es ganz schnell. Und 2011 waren von der Treppe vor seinem Haus nur noch die obersten Stufen zu sehen. Die Flut stand bei ihm auf der Schwelle, Oberkante, Unterlippe, er ließ sie dort stehen. Andere, sagt er, würden flüchten. Aber wenn man so lang am Wasser lebt wie wir, ist man entspannt. Sein Haus steht auf Pfeilern, auf großen Fundamenten, sie schweben ein bisschen über dem Boden. Das Wasser fließt darunter hindurch. Das rauscht gut, sagt Steger. Da denkst du nachts, du schläfst aufm Meer.

Die Nächte im Wasser sind jedoch kurz. Steger, er steht dann alle zwei Stunden auf und schaut nach dem Pegel, schaut nach, ob er gestiegen oder gefallen ist. Sein Dialog mit der Ruhr. Ganz unaufgeregt, er weiß ja, dass sie nicht ewig bleiben wird. Die Ruhr ist eine Dame, in der Regel achtet sie auf ihre Linie. So eine Flut, hohes Wasser im Garten, dauert meist nicht länger als zwei bis drei Tage. Dann beruhigt sich der Fluss, fließt wieder ab. Zurück bleibt der Schlamm. Die Böden und Wände ganz braun. Reste, die schnell zu stinken beginnen. Wenn das Wasser geht, jetzt ganz frei nach Assauer, kann man sehen, wo man schrubben muss. Steger geht dann gleich raus, um zu sprühen. So nennt er das. Die Reinigung unter Hochdruck, das bleibt sonst, zieht in jede Ritze, ins Fundament. Das, sagt Steger, bekommst du nie wieder weg. Wenn der Schlamm erstmal trocken ist, dann hat Steger ein Problem.

Wenn der Fluss über die Ufer tritt, holt er den Eimer und die Gummistiefel aus dem Schuppen. Und

Fotos von damals, Witten in Weimar, das Wasser bis zum Hals, hängt dann auch die Geschichte vom Tod. Die Familie, die einmal war. Ein Zeitungsartikel über den Fluss als Ursache.

Der Großvater, sagt Steger, der Bruder, der Vater, alle in der Ruhr ertrunken. Der Großvater 1927, da hatte das Fischen gerade begonnen. Der ältere Bruder 1943, im Hafen. Ein Kind noch. Steger hatte ihn früh überlebt. Den Vater fand er Jahre später am Morgen. Herzanfall, sagten die Ärzte. Vielleicht auch ein Schlag auf den Kopf, er wurde 67 Jahre alt. Ich bin immer noch hier, sagt Steger. Die Ruhr, in dieser Geschichte ist sie ein gieriger Fluss.

Die Ruhr, sagt Steger, hat ihre Tücken, ruhig ist sie nicht. Die Leute, sagt Steger, sehen nur das Oberwasser, aber darunter lauert die Strömung. Letztens haben sie wieder einen gefunden, der war weiter oben ins Wasser gesprungen, konnte kaum schwimmen, dann kamen die Taucher.

Steger, er hat das zu oft erlebt. Die Vermissten und das Verschwinden, das Hoffen und Bangen. Wenn einer fortbleibt, bis zum Abend nicht wiederkommt, wirklich nicht mehr auftaucht, dann muss er raus auf den Fluss, mit dem Seil in der Hand. Das war immer schon so. Er weiß, wie schnell das gehen kann. Ein falscher Tritt, eine Unachtsamkeit, die Steine sind glitschig am Ufer, das Wasser ist flach, aber

wenn das Schicksal an die Scheibe klopft, findet er dort auch eine Schippe, von der er springen kann. Vor zwölf Jahren saß ihm der Krebs in der Kehle. Ein Knoten, den kein Seemann öffnen konnte. Ein Stimmband, sagt Steger, musste ich opfern. Seitdem raucht nur noch der Ofen, Steger legt Feuerholz nach. Die lange Rede strengt ihn an, er muss sich dann erstmal erholen. Und wenn er am Kiosk steht, einhundert Leute an heißen Tagen. Gläser, die klingen und Kinder, die schreien, dann schlägt er mit einem Flaschenöffner auf die Theke, verschafft sich Gehör. Laut, sagt er, kann ich nicht mehr. Die Leute verstehen das. Und ihn sowieso.

Steger hält inne, lässt nun den Raum für sich sprechen. Die Wände, den Staub. Dort, zwischen alten

... und dazu hausgemachter Kartoffelsalat mit Beilage!! ab 5.50 €

darum geht es dann nicht. Es sind schon Menschen in Pfützen ertrunken, das Gesicht voran, bis da keine Bläschen mehr waren.

Steger hat hier schon alles gesehen. Er war oft genug draußen, um nach den Menschen zu suchen. Er hat ihre Namen gerufen, auch wenn er wusste, dass ihn die meisten eh nicht mehr hören. Er weiß genau, wie die Leichen aussehen, nach Tagen im Fluss. Körper, die irgendwann angespült wurden, dann in Ufernähe trieben, verfangen im Schilf. Das Finden hat ihn der Vater gelehrt, ausgerechnet. Das Schicksal, mitunter liebt es die böse Pointe. Sie sind dann gemeinsam nach draußen gefahren, eine Handbreit Ahnung unter dem Kiel. Und der Vater legte einen Ball in die Strömung, folgte dem Fluss, bis sich der Ball plötzlich nicht mehr bewegte, ganz still auf dem Wasser lag, als wäre er an etwas hängen geblieben. Eine traurige Boje. Dort, sagt Steger, lagen dann meistens die Körper.

Er hat sie später selbst aus dem Wasser gezogen. Da, sagt er, war alles dabei. Alle Arten und Sorten. Von gerade ertrunken bis schon lange verwest. Menschen, vom Fluss bearbeitet. Das Leben Schicht für Schicht abgetragen. Wie abgenagt, wie ausgelutscht. Da ist am Ende kein Mensch mehr übrig.

Bald soll man hier wieder baden dürfen. Auf eigene Gefahr. Steger hat da so seine Bedenken. Die Ruhr, sagt er, ist kein Freibad. Und sowieso, wenn man an der Ruhr lebt, muss man doch mit allem rechnen. Leben und Tod. Steger kommt mit beidem zurecht. In seinem Schrank hängen zwei Krawatten. Eine silberne für die Hochzeiten der Enkel, die Geburtstage der Freunde. Und eine schwarze für die stillere Feier. Die, sagt er, kann man in meinem Alter ganz gut gebrauchen. Dann lacht er und wechselt das Thema. Genug von der Trauer. Die zieht doch nur runter, wie Wackersteine im Magen, grundlos betrübt. Es gab ja hier schließlich noch ganz andere Tage. Und Nächte, randvoll mit Musik. Dann saßen sie hier, er und die Gäste, mit dem Plattenspieler am Fenster. Runde um Runde. Steger hat immer gerne getanzt. Und er hat hier die wildesten Sachen erlebt.

Einmal, noch nicht so lang her, kamen die Leute in Scharen, hatten Ferngläser dabei, starrten aufs Wasser. Suchten einen Delfin, tollkühne Flossen. Da, sagt Steger, war der Teufel los. Den Delfin hat es nie gegeben. Eine Erfindung der Zeitung, am 1. April. Früher gab es noch Märchen am Fluss. Früher, sagt Steger, gab es mehr Jungfrauen hier.

Verstehst du? Er lacht, der Schalk im Nacken des Schalkers. Dann geht er nach draußen.

Im Wasser nur Ratten.

In seinem Rücken das Schild. Steger hat dem Platz seinen Namen gegeben, den schraubt keiner ab. Und der Name soll bleiben, so ist es geplant. Steger wird noch Steger sein, wenn er selbst nicht mehr ist. Das hat er geklärt. Er hat an alles gedacht. Wenn er selbst nicht mehr ist, dann übernimmt hier einer der Enkel. Steger hat den Fluss schon weitergegeben, das nasse Erbe, den Schlamm.

Aber, sagt er, solange ich noch die Füße vorein- ander kriege, so lange kann ich noch was machen. Einen Nagel in die Wand, eine Runde über den Platz. Der Winter nicht mehr als ein Schulterzucken.

Wenn die Saison vorüber ist, jedes Jahr Anfang Oktober, fährt Steger hoch in den Norden. Zu den Ostfriesen. Da sind ihm die Leute geheuer, da muss er nicht viele Worte verlieren, morgens allein in der Brise. Am Meer, sagt er, muss sich niemand verklei- den. Das Meer ist das Gegenteil von Trubel.

Die Ostfriesen gefallen ihm. Sie kennen das Schwei- gen. Männer am Wasser, Männer wie er. Dann steht Steger am Strand und atmet noch mal durch, bevor der Winter kommt. Er ist gerne dort oben, nur für immer dort bleiben, das könnte er nicht. Da wäre das Heimweh zu groß. Dort oben am Meer vermisst er den Fluss. Zuhause ist Witten, die Familie am Platz. Hier hat er gelebt, hier wird er auch sterben. Generationen am Fluss.

Der Frühling beginnt, wenn die Radfahrer kommen. Steger wird auf sie warten, vorne am Schlagbaum. Mit seiner Stimme. Am Fluss.

Peter Erik Hillenbach

RUHRIG BY NATURE

Köche, Restaurants und Produzenten
und ihr Bekenntnis zur lokalen Küche

Ein Traumthema, wie geschaffen für mich! Es geht um die heimische Gastronomie, um hübsch gedeckte Restauranttische mit Blick auf die Ruhr, und um fleißige Landwirte in der nahezu toskanischen Hügellandschaft, die sich zwischen den südlichen Vororten unserer Ruhrgebietsstädte und dem Bergischen Land ausbreitet. Um die Beziehung zwischen Köchen und Produzenten, um regen Austausch in kulinarischen Angelegenheiten, um das Voranbringen regionaler Kochkunst. Meine Kompetenz auf diesem Gebiet ist unbestritten: Privat besuche ich Wochenmärkte und Hofläden und stehe anschließend stundenlang am Herd; beruflich habe ich über ein Dutzend Jahre die lokalen Restaurantführer „Essen geht aus", „Dortmund geht aus" und „Bochum geht aus" entwickelt und geführt. Heute verantworte ich bundesweite Fachmagazine für Gastronomie, Hotellerie und Großküchentechnik. Und weiß deshalb ganz sicher: Der Megatrend „regionale Küche" hat Deutschland erfasst; mal mehr, mal weniger intensiv überbieten sich die Restaurants in deutschen Regionen mit der Präsentation heimischer Gerichte. Dagegen hat sich „bio" als Trend womöglich deutlich abgeschwächt. Die Leute wol-

len eher wissen, woher ihr Essen kommt, ob das Gemüse vom benachbarten Bauern stammt oder die Tiere artgerecht gehalten werden. Der Kunde oder Gast fragt heute viel mehr nach, sowohl im Lebensmittelgeschäft als auch im Gasthaus. Wer als Obsthändler, Metzger oder Wirt auf diese Fragen gute Antworten hat, nutzt ein mächtiges Vermarktungsinstrument, das Storytelling.

Die Aufgabe ist hiermit klar: Ich will untersuchen, ob es eine regionale Küche im Ruhrgebiet gibt, genauer gesagt im Ruhrtal, und ob Lebensmittel aus dem Ruhrtal in den hiesigen Restaurantküchen verwendet werden. Falls ja: Wird dies auch kommuniziert, werben die Restaurants auf ihren Speisekarten mit regionalen Produkten? Eine lösbare Aufgabe, denke ich. Schließlich kenne ich die heimische Szene. So verfolge ich seit vielen Jahren die Entwicklung der Genussmeilen in den größeren Städten: „Essen... verwöhnt" mit teilnehmenden Restaurants aus Baldeney, Werden und Kettwig, „Bochum kulinarisch" mit Häusern aus Hattingen und Stiepel, „Dortmund à la Carte" und „Gourmedo" mit den Toplokalen aus dem Dortmunder Süden und Schwerte. Darüber hinaus gibt es Vereinigungen wie „Westfälisch genießen" sowie Institutionen und Medien, die sich dem Austausch zwischen Gastronomie, Hotellerie und den Produzenten von Food und Beverages (Speisen

Links: Koch Patrick Jabs bei der Arbeit in seiner Kochschule
„lecker werden", 2019 (Peter Erik Hillenbach)

Das Restaurant „Braubrüder" in Arnsberg, Stillleben mit Bier, 2019
(Peter Erik Hillenbach)

und Getränken) verschrieben haben, allen voran das Westfalen Institut und das Westfalen Magazin. Und alle Beteiligten betonen unentwegt, wie wichtig doch das Regionale sei. Ja, dann kann das doch nicht so schwer sein, meine Thesen mit Praxisbeispielen zu belegen.

Sie können sich nicht vorstellen, wie viele Speisekarten ich daraufhin gewälzt habe, wie viele Lokale ich im Laufe des Sommers 2019 besucht habe. Längs der Ruhr schätze ich die Zahl der gastronomischen Betriebe auf dreistellig und beginne systematisch am Anfang. Gerade 1,3 Kilometer jung ist die Ruhr ab der Quelle, da ist auch schon der erste Imbiss zu besuchen: Die Ruhrquellenhütte in Winterberg bietet jedoch nur bunte Salatteller der Saison und Flammkuchen – weder Garnelen noch Mozzarella scheinen mir authentisch „ruhrig" zu sein.

Im „Gasthof Zur Post" in Olsberg finde ich unter dem Menüpunkt „Heimat auf dem Teller" immerhin Himmel und Erde, Hirschragout mit Waldpilzen und Sauerländer Bachforelle. Wenn da jetzt noch

stehen würde, wie die Erzeuger heißen, gäb's hier schon die ersten Pluspunkte zu verteilen. Ab zum nächsten Lokal: Wäre der kunterbunte Bikertreff „Highway Man" statt in Velmede in Berlin Mitte beheimatet, wäre der Herkunftsnachweis für Burger, Steaks und Highway-Schnitzel eine Selbstverständlichkeit – im Sauerländer Outback vertut man die Chance. Und so geht das weiter von Bestwig über Meschede nach Arnsberg. Mediterran können sie alle, auch mal exotisch-indisch angehaucht oder aus dem Wok, Krüstchen und Schweinemedaillons dominieren die bürgerlichen Speisekarten, mal gibt's was vom Hasen oder Reh. Aber niemand wirbt ausdrücklich mit einem heimischen Erzeuger und dessen Spezialitäten.

Bis ich nach Arnsberg komme. Ein schmuckes Ruhrstädtchen und immerhin Regierungssitz, das sich an exponierter Stelle bewusst und durchdacht zum

Fluss hin öffnet. Hier fallen mir gleich die „Braubrüder" auf, ein Hort der Bierkulinarik in zentraler Altstadtlage. Man setzt hier auf das Grevensteiner von Veltins, mithin ein Bier aus der unmittelbaren Nachbarschaft, und findet für die Gerichte auf der legeren Gasthauskarte durchaus ansprechende mundartliche Namen. Ob der „Sauerländer Heiopei" bei den Burgern oder der „Sauerlandmeister" bei den Schnitzeln, es ist ein kleiner Anfang – wenn auch zunächst nur sprachlich mit Begriffen wie „Nuckelpinne", „Schmachtlappen", „Giebelfrigger" oder „Bollerkopp". Produkte aus der Nähe finde ich hier nur bei der „Westfalenknifte" genannten Sauerland-Pizza, die immerhin Sauerländer Knochenschinken vorzuweisen hat. Ein lokales Produkt aus dem Einzugsbereich der Ruhr, das ausdrücklich auf einer Speisekarte ausgelobt wird! Ich bin fast ein wenig euphorisch.

Noch besser wird's in der „Gasthausbrauerei Arnsberger Mühlenbräu", der jüngsten Brauerei im Sauerland. Die Quereinsteiger Melanie und Christian Krick haben erst im April 2016 eröffnet und setzten von Beginn an auf regionale Produkte. Ihre selbstgebrauten naturtrüben Biere – Pils, Weizen und dunkles Mühlenbier – passen prima zum selbst gebackenen Bierbrot und zum Schnitzel. Das Schweinefleisch stammt von Bauer Korte aus Menden, dessen Hof unmittelbar an der Ruhr liegt: ein Familienbetrieb seit dem 11. Jahrhundert mit angeschlossenem Hofladen. Lachen Sie nicht, Heiner und Maria Korte gönnen ihren Schweinen einen Fünf-Sterne-Stall mit höhenverstellbaren Hüttendächern, Auslauf im Freien, Sonnenterrasse und Aromaöl-Duschen – mit Scheuerbürsten lassen sich die Tiere die Öle in die Haut einmassieren, während tagsüber Eins Live und abends WDR 4 läuft. Na, wenn das kein Storytelling ist.

Meine Euphorie legt sich schnell. Wickede und Fröndenberg sind gastronomisch ein Schuss in den Ofen, obwohl mit Forellenzüchter Baumüller und der „Hofkäserei Wellie" doch gleich zwei regional

Koch Patrick Jabs mit Assistenten in seiner Kochschule „lecker werden", 2019 (Peter Erik Hillenbach)

Patrick Jabs bei der Arbeit, 2019 (Peter Erik Hillenbach)

Gericht des Tages: Fischfilet mit Stielmus und Kartoffelstampf, 2019
(Peter Erik Hillenbach)

bekannte Erzeuger im Ruhrtal zwischen den beiden Örtchen beheimatet sind. Familie Baumüller aus dem Strullbachtal züchtet und räuchert seit 1969; Forelle aus eigenen Teichanlagen, Lachsforelle, Saibling, Aal, Lachs und saisonal auch Karpfen stehen auf dem Frischfischprogramm. In der „Fisch-Stube" werden die Besucher verköstigt, ihre Ware vertreiben Frank und Burga Baumüller über den Hofladen und über Wochenmärkte der Umgebung. Namhafte Gastronomien der Region führen Baumüllers Fisch auf der Karte, darunter „Overkamp" in Dortmund, „Zum Neuling" in Bochum und „Eggers" in Sprockhövel – in unmittelbarer Nachbarschaft kennt man den Propheten im eigenen Lande offenbar weniger. Bei Tobias Wellie im nahen Fröndenberg-Warmen stammt die Milch von schwarz-bunten Kühen in artgerechter Haltung. Wellie macht daraus Quark, Butter, Joghurt, Frischkäse und natürlich ein schönes Sortiment an Kuhmilchkäsen. Allein ihre Namen wie „Bockshornjäger", „Der Schwatte" oder „Räucherling" wecken Neugier, erst recht jedoch lokale Benennungen wie „Fröndenberger Kümmelchen", „Hellweger" oder „Rambachhopser" – wie geschaffen für einen glanzvollen Auftritt auf den Speisekarten der Ruhr-Restaurants. Da muss der Gastronom nichts mehr machen, die Geschichte erzählt sich fast von selbst. Aber von wegen. Ich lerne, je näher ein Restaurant an der Ruhr liegt, je schöner der Ruhrblick, desto öder, vorhersehbarer und Ruhr-ferner liest sich die Speisekarte. Schnitzelparaden, kleinbürgerliche Curry-Exotik und immer wieder „mediterrane Spezialitäten". Die Steilvorlagen, die interessante Erzeuger in diesem Abschnitt der Ruhr liefern, werden nicht eingeköpft.

Eine Ausnahme ist die „Schwerter Senfmühle" von Senfmüller Frank Peisert. Er hat den alt eingesessenen Familienbetrieb kurz vor der Jahrtausendwende von seinem Vorgänger Wilhelm Adrian übernommen und betrieb das Senfmachen zunächst nur als Hobby, damit der vertraute Schwerter Senf nicht ausstirbt. Längst haben nicht nur die Schwerter „ihren" Senf wiederentdeckt; die Webseite listet bundesweit Städte und Restaurants auf, deren Küchenchefs dieses originäre Ruhrtal-Produkt verwenden. Darunter auch die Rohrmeisterei, der direkte Nachbar der Senfmühle, sowie etliche Lokale in Arnsberg, Hagen, Herdecke, Hattingen, im weiteren Ruhrgebiet und Westfalen. Na also, geht doch! Wobei es sicher ein Unterschied ist, ob es sich um ein verderbliches Lebensmittel wie Gemüse, Fleisch, Fisch oder Käse handelt oder eben um verschraubte Senfgläser mit langer Haltbarkeit.

Was ich hier für das Ruhrtal einfordere, funktioniert in anderen Regionen Deutschlands durchaus. Die Entwicklung geht jedoch nicht von heute auf morgen und das Tal der Ruhr ist nun wahrlich kein ausgewiesenes Farmland. Es gibt immerhin Beispiele, bei denen eine ebenfalls kulinarisch und gastronomisch nicht sonderlich auffällige Region nach einiger Vorarbeit richtig gute Ergebnisse vorzeigen kann. Schleswig-Holstein etwa, landwirtschaftlich nicht gerade so verwöhnt wie Baden oder die Pfalz, hat mit dem Verein „Feinheimisch" vieles richtig gemacht. Im Jahr 2007 gegründet, verfolgt die Vereinigung das Ziel, Gastronomen und Erzeuger zusammenzubringen und einen verbindlichen Anteil heimisch erzeugter Produkte auf die

Speisekarten zu setzen. Wo es doch in Schleswig-Holstein nur Kartoffeln und Schweine gibt – dachte man. Wichtig für die Entwicklung von „Feinheimisch" war, dass hier von Beginn an der Tourismusverband und das Landwirtschaftsministerium mit im Boot saßen. Erzeuger, Gastgewerbe, Tourismus-Marketing und Politik, man kann sich vorstellen, dass dieses Baby schnell wuchs. Heute gehören 39 Lokale und Hotels vom Dorfkrug bis zum Zwei-Sterne-Restaurant, 64 Produzenten und 48 Fördermitglieder aus Gesellschaft und Industrie zum feinheimischen Kosmos – und das kulinarische Portfolio reicht vom Angler Sattelschwein bis zur Rosenkonfitüre, von der Heidschnucke bis zum Deichkäse, vom Räucherfisch bis zum Landbrot, vom Milcheis bis zum Apfelsaft. Paradiesisch!

Warum tut sich dagegen das Ruhrtal so schwer, mit seinen Pfunden zu wuchern? Wir überspringen etliche Ruhrkilometer und besuchen Patrick Jabs in Essen-Werden. Den Patrick – wir kennen uns schon lange – habe ich mir als Guide ausgesucht, weil er Spitzenkoch ist, weil er eine hochklassige Koch-

schule betreibt, weil er der Slow-Food-Bewegung nahesteht und weil er einen Acker im Ruhrtal bewirtschaftet.

Jabs kochte unter anderem bei Heinz Winkler, Eckart Witzigmann und vor allem als Chef Poissonnier bei Dieter Kaufmann, dem Zwei-Sterne-Koch aus Grevenbroich, bekannt für seine produktnahe Küche. Mit dem eigenen Restaurant „Bliss" brachte Jabs in den Nullerjahren eine Portion lässigen Glamour nach Rüttenscheid.

Seine Kochschule heißt „lecker werden", liegt keine 300 Meter Luftlinie von der Ruhr entfernt, und ist laut dem Ruhrgebiets-Foodblog „Genussbereit", den „Der Genießer" Peter Krauskopf betreibt, „halb Gasthaus, halb Loft, halb Kantine, halb Feinkostgeschäft, halb Kochschule, halb Partylocation". Patrick betreibt sie zusammen mit seiner Frau Stefanie. Sie müssen hier freitags und samstags den Mittagstisch probieren, wenn es Werdener Bratwurst mit Stielmus und Kartoffelstampf gibt, das ist das Mindeste!

———
Im Hofladen des „Mittelhammshof", 2019 (Peter Erik Hillenbach)

Die Auslage im Hofladen des „Mittelhammshof", 2019
(Peter Erik Hillenbach)

Hochbeete im Garten von Patrick Jabs, 2019 (Peter Erik Hillenbach)

Artischockenaufzucht im heimischen Garten, 2019
(Peter Erik Hillenbach)

Stichwort Slow Food: Das ist ein internationales Genießer-Netzwerk, das sich nach dem Credo „Gut, sauber, fair" für regionale und saisonale Erzeugnisse einsetzt und für den Erhalt alter Pflanzensorten und Tierrassen kämpft. Patrick ist der einzige Koch im Ruhrgebiet, der Mitglied der sogenannten Slow Food Chef Alliance ist.

Stichwort Acker: Tja, der Acker. Auf dem steht Patrick Jabs im heißen Juli 2019 etwas enttäuscht und präsentiert sein Gemüse. Leider nicht sehr üppig, der Trockenheit geschuldet. Jabs hat eine Parzelle auf dem traditionsreichen „Mittelhammshof" in Fischlaken gepachtet, in Sichtweite des Baldeneysee-Südufers. Die Geschichte des heutigen Bioland-Hofes geht bis ins Jahr 1803 zurück; Betreiber Dr. Günter Maas ist der Fünfte der Maas/Hamm-Bauerndynastie. Er stellte den Hof schon in den 1990ern auf ökologischen Landbau mit Direktvermarktung um und gilt als Pionier dieser Bewegung. Was Patrick Jabs nicht von den Feldern des „Mittelhammshofs" bezieht, zieht er im eigenen kleinen Garten hinter seiner Kochschule. Da stehen Hochbeete mit Fenchel und Zucchini, da wachsen allerhand Kräuter, und sogar Artischocken haben es zur Reife gebracht. Im Kühlhaus auf der Rückseite der Kochschule lagern zudem Knochenschinken aus dem Münsterland, die guten Bratwürste der Fleischerei Bremen in Werden und weitere regionale Produkte. Was Patrick sonst noch für die Kochschule, für Caterings und den Mittagstisch am Freitag und Samstag benötigt, wird dreimal die Woche frisch vom Markt in Kettwig und Werden geholt. Er hat da diesen Gemüsebauern, Michael Busch aus dem niederrheinischen Korschenbroich, bei dem er seit Jahren Salate, Obst und Gemüse kauft.

Gemeinsam mit Patrick gehe ich meinen kleinen Fragenkatalog durch. Wir sind uns einig, dass regionale Produkte auf der Speisekarte einen Mehrwert für den Gast liefern. Nur, was sind regionale Produkte im erweiterten Ruhrgebiet? Wir erstellen einen Warenkorb und kommen zu den gleichen Ergebnissen wie seinerzeit im Jahr 2008 vor der „Kulturhauptstadt RUHR.2010", als ich Teil einer kulinarischen Expertenrunde war und die Küche des Ruhrgebiets im Vorfeld des Großereignisses überhaupt erst einmal zu definieren war.

Der Warenkorb für das Ruhrtal setzt sich aus westfälischen wie rheinischen Erzeugnissen gleichermaßen zusammen. Typische Gemüse sind Stielmus, Steckrübe, Kohl, Gartengemüse, durchaus auch Spargel. Regionale Kartoffelsorten wie „Rheinische Mäuse" gesellen sich dazu. Beeren, Pilze, Walnüsse, Haselnüsse stehen ebenso auf dem Speiseplan wie Äpfel, Birnen und Pflaumen. Schon vor der Zeit des Bergbaus war Kleintierhaltung angesagt: Huhn, Taube, Lamm, Karnickel, Ziege und Schwein. Daraus ergaben sich Fleischrezepte und Schlachtprodukte wie Blutwurst, Potthast, Panhas, später kam auch die berühmte Currywurst dazu. Schwerter Senf nicht zu vergessen. Forelle, Flusskrebs und Lachs gehören in einen sauberen Fluss – vor der Industrialisierung waren sie in der Ruhr zuhause und kommen unbedingt in unseren Warenkorb. Sogar den Zander zählen einige dazu.

Reiche Ausbeute: Frisches Gemüse vom Kettwiger Wochenmarkt, 2019 (Peter Erik Hillenbach)

Koch Patrick Jabs beim Einkauf auf dem Kettwiger Wochenmarkt, 2019 (Peter Erik Hillenbach)

Patrick Jabs beim Einkauf auf dem Kettwiger Wochenmarkt, 2019
(Peter Erik Hillenbach)

Insbesondere der Flusskrebs war in der vorindus-triellen Ruhr so häufig vertreten, dass sich die Knechte, Mägde und sonstige Bedienstete jener Zeit in ihren Arbeitsverträgen versichern ließen, diese Viecher nicht zu häufig auf ihrem Teller finden zu müssen. So wird es zumindest erzählt und ist in vielen Büchern nachzulesen – allerdings findet man ähnliche Legenden auch in Ostpreußen, Pommern, Sachsen und anderen Regionen, Historiker haben sie hinreichend widerlegt. Dennoch: Flusskrebs muss sein!

Und was machen wir nun mit unserem kulinarischen Portfolio? „Wenn ich als Restaurantbetreiber Pro-dukte aus diesem Warenkorb verwenden würde, würde ich das auf meine Speisekarte schreiben", sagt Patrick. Und gibt auch gleich Tipps für das richtige Anpreisen, das Wording. Bei ihm im „lecker werden" heißt das dann „Ackergrün" oder „Feldge-müse", vor allem auch deshalb, weil er beim Schrei-

ben der Karte oft noch gar nicht weiß, welches Ge-müse nächste Woche in welchen Mengen erntereif sein wird. Beim kulinarischen Fest „Rü… Genuss pur!" hat er einmal an die 2.000 Portionen nur vom Feld serviert, ohne Kartoffeln. Jabs empfiehlt Gas-tronomen auch, gewaschene Wildkräutersalate und

„Feldmanns Grüner Markt" in Essen-Schuir, 2019 (Peter Erik Hillenbach)

Gemüse vom Bauern zu beziehen, denn wenn man diese Erzeugnisse selbst wäscht, verbraucht man Unmengen an Wasser. Noch ein Tipp, wenn man nicht weiß, wohin mit dem vielen Gemüse: durch Pickeln (essigsauer Einlegen) haltbar machen und im Winter anbieten, wenn man kaum frisches hat.

Alle Tipps und alles Wissen nützen jedoch wenig, wenn es auf der einen Seite zwar regionale Erzeuger gibt, die ungewöhnliche oder qualitativ überzeugende Lebensmittel mit großem Storytelling-Potenzial produzieren – die Gastronomie aber nicht zugreift. Woran liegt das bloß? Ich habe mit Patrick Jabs einige Erzeuger in Schuir und Umgebung besucht, mir ferner von ihm noch weitere Adressen nennen lassen. Da kommt allein im Essener Süden einiges zusammen, nicht nur das Gemüse von „Feldmann's Grüner Markt". Bauer Kammesheidt züchtet zum Beispiel Galloway-Rinder, mit Jungbauer Cord Kammesheidt tauscht sich Jabs in Sachen „Nose to Tail"-Philosophie, also der vollständigen Verwertung aller Bestandteile des geschlachteten Tieres, aus. Gleich nebenan liegt die Straußenfarm von Uwe Schlieper, auf der die Strauße ganzjährig auf großen Weiden mit Offenstall leben. Man kann hier einerseits Straußeneier und das Fleisch kaufen, das zur Hochzeit des Rinderwahnsinns und anderer Fleischskandale der Renner war, andererseits lässt sich in der angeschlossenen Gastronomie „Die Farm" auch eine kulinarische Auszeit bei Straußensteak und Straußenburger nehmen. Nicht minder exotisch sind die Rhönschafe, die Bernd und Doris Bassmann am Oberlauf des Oefter Bachs züchten – während die Ruhrtaler Freilandschweine von Züchter Alexander im Brahm in Kettwig vor der Brücke zwar ganz normale Schweine sind, sich in der Haltung jedoch fundamental von ihren bemitleidenswerten Artgenossen unterscheiden. Sie dürfen sich nämlich suhlen, in der Erde wühlen und im Stroh spielen. Im Gegenzug liefern sie qualitativ hochwertiges Fleisch – und waren schon Thema in so mancher WDR-Sendung.

Der Hof „Bauer Kammesheidt" in Essen-Schuir, 2019
(Peter Erik Hillenbach)

Fleischautomat mit Ruhrtaler Freilandschweinprodukten, 2019
(Peter Erik Hillenbach)

Nach meinen Beobachtungen gibt häufig die Spitzenküche Anstöße, meldet Bedarf an und fordert Qualität. Ein sehr gutes Beispiel ist Sascha Stemberg vom Sternerestaurant „Haus Stemberg" in Neviges, neun Kilometer Luftlinie vom Kupferdreher Ufer der Ruhr entfernt. Abgesehen von bodenständigen Klassikern der Hausmannskost, darunter „Kuhlendahler Perlgraupensuppe" oder „Stemmis Blutwurst mit Birnen, Bohnen und Speck", finden sich auf der Karte zur Saison Spargel vom gegenüberliegenden Hof, ferner Spezialitäten wie die Käse von den Windrather Höfen, keine vier Kilometer entfernt, sowie Wagyu Beef und bestes Perlhuhn aus heimischer Zucht. Diese internationalen Spitzenprodukte bezeichnet Sascha Stemberg als „regional", weil die Züchter in der Nachbarschaft wirken und er im ständigen Austausch mit ihnen steht. Selbstverständlich weist er diese Erzeuger auch namentlich auf der Speisekarte aus – vorbildlich!

Ein anderer Sternekoch aus der Region ist Michael Dyllong vom Restaurant „Palmgarden". Das liegt hoch über der Ruhr auf der Hohensyburg im Dortmunder Süden. Von allen Speisekarten der Region ist hier optisch das Bekenntnis zum Ruhrtal am prägnantesten – der schematisierte Verlauf der Ruhr schlängelt sich nämlich an den einzelnen Gängen des Degustationsmenüs entlang. Anders als Sascha Stemberg vertraut Michael Dyllong den heimischen Produzenten jedoch nicht: Stör und Steinbutt, Artischocke und Passionsfrucht werden beim Delikatessenhändler eingekauft, veredelte Produkte aus der Region haben leider keine Chance. Schade.

Ich habe dann aus Trotz einen extrem leckeren, sehr bodenständig angerichteten Wurstteller verputzt. Astreine Leberwurst und Blutwurst aus eigener Herstellung, dazu Bratkartoffeln, Spiegelei und Gürkchen. Zu Gast bei Familie Brinkmann im „Landgasthaus Brinkmann" zu Witten-Gedern, rustikal eingerichtet mit hölzernem Mobiliar, Fliesenboden und bäuerlicher Dekoration. Vorne raus die Landstraße und die Ruhraue, hinten raus der Garten mit der Gänseschar unter Apfelbäumen. Direkter Nachbar ist der „Biohof Kornkammer Haus Holte" mit seinen Kartoffelspezialitäten. Und die Speisekarte bei Brinkmanns? Hausmacher Sülze, Strammer Max mit Westfälischem Knochenschinken, ab Ende Oktober auch Gänsebraten von den hofeigenen Freilandgänsen, den Gederander Ruhrtal-Gänsen. Die werden auch extra annonciert, genauso wie die Kräuter aus dem eigenen Hofgarten. Also alles richtig gemacht! Und die Kartoffeln beziehen Sie doch sicher direkt vom Biohof nebenan, oder? „Nee", lacht da Frau Brinkmann, „das sind Apothekenpreise." Ansichten einer gestandenen Gastronomin.

Ansichten eines gestandenen Gastronomen: Hendrik Peek ist Küchenmeister und betreibt das kultige Restaurant „Mausefalle" in der Mülheimer Altstadt, keine 500 Meter von der Schlossbrücke über die Ruhr entfernt. Er sagt: „Ich habe Schwierigkeiten, Erzeuger von der Ruhr zu finden, die die Qualität und Menge liefern können, die wir in der Küche benötigen. Ausnahmen gibt es, zum Beispiel der Jäger, der mir ein frisches Reh bringt, das sicher aus der Ruhr getrunken hat." Peek hat schlechte Erfahrungen mit heimischen Erzeugern gemacht,

„Landgasthaus Brinkmann" in Witten-Gedern, 2019
(Peter Erik Hillenbach)

obwohl er auf sie zugegangen ist: „Ich habe einen Fleischproduzenten, dessen Rinderherden direkt an der Ruhr stehen, angefragt – er hat sich nicht zurückgemeldet. Ich habe einen hiesigen Züchter von Freilandschweinen kontaktiert – nicht zurückgemeldet." Kräuter und Gemüse bezieht Hendrik Peek aus dem eigenen Garten, darunter Artischocken, Minimöhren, Topinambur und auch Blumen für sein Restaurant. Ein heimischer Jäger bringt häufig Wildschwein, gewurstet wird in der eigenen Küche. „Konventionelles Hausschwein verwende ich kaum. Ich habe schon Caterings für 80 Personen gemacht und das einzige, was nicht selbst produziert war, war der Käse." Peek vermisst bei den Bauern der Umgebung die Offenheit und Kommunikationsbereitschaft, die andere Erzeuger durchaus an den Tag legen: „Bei meinen Winzern klappt das doch auch. Hätten wir einen Bauern direkt nebenan, wir würden garantiert kooperieren. Aber das Netzwerk fehlt."

Der Schlussakkord gebührt Heinz Bruns, der mir einige noch offene Fragen beantwortet. Bruns ist Gastronom und betreibt die „Burgstuben Haus Kemnade" im gleichnamigen Hattinger Wasserschloss, außerdem sitzt er im Präsidium des Deutschen Hotel- und Gaststättenverbandes (DEHOGA Westfalen). Er ist selbst Sohn eines Landwirts und zudem Jäger. „Regional bedeutet auch Wild, Jäger sind regionale Erzeuger. In Hattingen und im Ennepe-Ruhr-Kreis werden sicher 80 bis 100 Tiere im Jahr an Schwarzwild geschossen, ebenso Enten, Gänse und Rehe." Ehrensache, dass er das ganze Tier nach „Nose to Tail"-Manier nutzt; seine Gäste

Das Restaurant „Mausefalle" in der Altstadt von Mülheim an der Ruhr, 2019 (Peter Erik Hillenbach)

lieben nicht nur die Wildschwein-Bolo, auch Ragout und Rouladen vom Wild. Aus Gastronomensicht sieht Heinz Bruns einige Hindernisse für die Verwendung heimischer Erzeugnisse. So habe er einmal 100 Gössel – Gänseküken – gekauft, um selbst Gänse zu mästen. Obwohl diese Freilandgänse alle aus der gleichen Zucht stammten, wogen manche nur 2,5 Kilogramm, andere an die sechs – so kann kein Küchenchef verbindliche Garzeiten und Portionsgrößen kalkulieren. In anderen Fällen spielen die Behörden nicht mit. So dürfe Bruns heutzutage keine selbst gesammelten Steinpilze aus den heimischen Wäldern von Pilzsammlern kaufen, das sei illegal. Also geht man doch wieder zum Händler, der womöglich Ware von weither anbietet. Und Gemüse? Die landwirtschaftlichen Betriebe im engen Ruhrtal sind ihm zu kleinteilig, sagt er, deshalb bezieht er Spargel, Kartoffeln und Erdbeeren vom Bauern in Coesfeld. Was aber das Schlimmste sei: „Wir haben hier in den südlichen Stadtteilen Reitställe ohne Ende. Alles, was hier auf den Feldern angebaut wird, geht an die Reitställe!" Bruns träumt von einem lokalen Netzwerk: „Fünf Gastronomen und fünf Landwirte unter einem Hut, dazu ein Hofladen – das ist ein Spleen von mir."

Und so lautet auch mein Fazit: Im Ruhrtal schlummert sehr viel ungenutztes Potenzial. Es gibt einerseits ungewöhnliche Erzeuger mit hochwertigen Produkten, die sich mit dem Besten messen können, was hierzulande produziert wird. Es gibt auf der anderen Seite gehobene Gastronomien und engagierte Küchenchefs, die sich dringend für regionale Erzeugnisse interessieren und diese häufiger einsetzen würden, wenn sie in gleichbleibender Qualität und ausreichender Menge vorhanden wären. Was fehlt, ist ein gepflegtes Netzwerk aus Erzeugern und Gastronomen und eine (digitale) Infrastruktur – sinnvollerweise ist dies eine Plattform, über die Bauer, Gastronom und Küchenchef miteinander in Kontakt kommen und sich gegenseitig anregen. Das wäre Nachhaltigkeit, mit Leben gefüllt! (Greta Thunberg wäre stolz auf uns.) Das Ganze müsste von einer engagierten Landespolitik und vom interessierten Tourismus- und Stadtmarketing gewünscht und unterstützt werden – Grünkohl- und Wirsingrouladenfahrten mit dem Dampfer über den Baldeneysee, die das Stadtmarketing Essen unter „Gourmet-Veranstaltungen" listet, sind gewiss nicht der Weisheit letzter Schluss. Da geht noch mehr!

IV.
KULTUR
RAUM
RUHR

—

Katarzyna Nogueira

VON NIXEN, ZWERGEN UND RIESENGESTALTEN

Sagenerzählungen entlang der Ruhr

„Ehe die Ruhr in die Rheinprovinz eintritt, zwischen Hattingen und Steele, macht sie eine kurze und scharfe Biegung. Fast scheint es, als fürchte sich der stille Strom vor dem geräuschvollen Treiben der großen Fabrikstädte, denen er nun entgegengeht, als wolle er wieder zurückkehren in die einsamen Berggründe Westfalens, die ihm Heimat sind. Aber nur kurze Zeit! Dann besinnt er sich und geht kühn und mutig seiner Bestimmung entgegen, den Menschen und der Industrie zu dienen mit seinen Wassern und Wellen. An jener Biegung hat die Ruhr ihren besonderen Reiz. Dort erhebt sich der gewaltige Isenberg und drängt sich weit in das breite Tal hinein. Seine Abhänge sind schroff und steil, sein Rücken ist so schmal, dass er zu einem Wege kaum den Raum gewährt. An seinem Fuße hämmert und pocht die Hand des Steinschlägers, auf seiner Höhe schlummert und schläft unter Mauern und Ruinen, zwischen Bäumen und Gebüsch die geheimnisvolle Sage!" (so der Heimatforscher Otto Schell im Jahre 1897)

Was können uns Geister, Flussnixen und Zwerge über die Ruhr und ihre Menschen erzählen? Was steckt hinter Sagenerzählungen rund um furchteinflößende Teufelserscheinungen, versunkene

Links: Burg Hardenstein, Ausschnitt, 2008 (Stefan Ziese)

Schätze und streitende Riesen? Wer denkt, dass derartige Geschichten allein der Fantasie entspringen, liegt falsch. Denn obgleich Sagen die Realität bis ins Fantastische hinein übersteigern, steckt in ihnen immer auch ein kleiner Funken Wahrheit. Anders als Märchen entstehen Sagen nicht aus der reinen Vorstellungskraft einzelner Personen, die die Geschichten erdenken und schriftlich fixieren. Vielmehr entwickeln sich Sagengeschichten über Generationen mündlicher Erzähltradition hinweg. Sie sind in ihrer Erzählung fluide und passen sich an den jeweiligen Erzählkontext an. Damit fungieren sie auch als Spiegel ihrer Zeit, denn sie ermöglichen uns Rückschlüsse auf die Beziehung der Menschen zu ihrem Lebensraum, verdeutlichen herrschende Moralvorstellungen, warnen vor gefährlichen Orten, überformen reale Begebenheiten und liefern Erklärungsversuche für scheinbar Unerklärliches.

Das Rheinland und Westfalen, das Ruhrgebiet und das Sauerland sind allesamt von einer besonders wechselvollen Geschichte geprägt, die ihre Spuren auch in den regionalen Sagenerzählungen hinterlassen hat. Konflikte zwischen germanischen Stämmen und Römern, die Christianisierung, Kämpfe zwischen Sachsen und Franken sowie das Hervorkommen neuer Industriezweige, Lebensrhythmen und Technologien sind nur einige wenige Beispiele. Soziale und kulturelle Veränderungen, Konfliktsituationen und Grenzverschiebungen bildeten schon immer einen fruchtbaren Raum für die Entstehung neuer Sagenerzählungen über mysteriöse Gestalten, eigenartige Verhaltensweisen oder neue Feindbilder. Gleiches gilt für natürliche Grenzräume, zu denen auch Flüsse wie die Ruhr zählen. Geprägt von Hügeln und Tälern, dichten Wäldern und Auen sowie Schlössern und Burgen regt die Ruhr bis heute die Fantasie der Menschen an. Zugleich war und ist sie eng mit dem Lebensalltag ihrer Bewohner verbunden. Denn sie ist nicht nur Grenzraum, sondern auch Passage und Transportweg. Obgleich in ihren Tiefen Gefahren lauern können, ist sie dennoch von großem Wert, spendet Wasser und Leben. All dies zeigt sich auch in ihren Sagengeschichten. Nichtsdestotrotz wird sie – anders als Rhein, Elbe oder Donau – nur selten als eigener Erzählraum konstruiert. Der Beitrag widmet sich daher der Frage, welche Geschichten rund um den Fluss entstanden sind. Welche dieser Erzählungen wurden weiter tradiert? Welche Einblicke gewähren sie uns in die jeweiligen Regionen entlang der Ruhr? Vor allem aber auch: Wieviel Ruhr steckt in den Ruhrsagen?

ERZÄHLRÄUME ENTLANG DER RUHR

Ruhrsagen, verstanden als mündlich tradierte Erzählungen, in denen die Ruhr einen räumlichen und inhaltlichen Fokus bildet, sind über den gesamten Flusslauf verteilt. Mit ihren mehr als zweihundert Kilometern Länge durchzieht die Ruhr Regionen unterschiedlicher historischer wie landschaftlicher Prägungen und Erzählkontexte. So ist beispielsweise das gleichnamige Ruhrgebiet von zwei Großlandschaften, dem Rheinland und Westfalen überlagert, die als Erzählräume je eigene Besonderheiten herausgebildet haben. Das Ruhrrevier hingegen, eine vergleichsweise junge Region, existierte zur Hochzeit der Sagenerzählungen, im Zuge der Romantik zwischen dem 18. und beginnenden 19. Jahrhundert,

Die Ruhr bei Witten, 2006 (Stefan Ziese)

Tafel vom Altarflügel eines Marienaltars mit der heiligen Barbara
(LWL-Landesmuseum für Kunst und Kulturgeschichte Münster)
————

Sie machen vor allem die Welt des frühen Bergbaus mit seinen ganz eigenen und neuen Erfahrungswelten sowie Gefahren zum Thema.

Auch heute sind es vor allem die bergbaulichen Erzählungen, die zunächst mit dem Ruhrgebiet in Verbindung gebracht werden, obgleich auch ältere, vorindustrielle Erzähltraditionen existieren. Vor allem die Legende der heiligen Barbara von Nikomedien (heute İzmit) ist bis heute eng mit den bergbaulichen Traditionen des Reviers wie auch anderer Bergbauregionen verbunden. Die Erzählung variiert in einzelnen Aspekten, thematisiert in ihrem Kern jedoch stets die Standhaftigkeit des christlichen Glaubens. Einer Version der Legende nach wuchs die kluge und schöne Barbara als Tochter eines wohlhabenden, heidnischen Kaufmanns in Nikomedien auf. Um seine Tochter vor christlichen Einflüssen zu beschützen, sperrte er sie in einen Turm. Abgesondert von der Welt begann Barbara jedoch sich mehr und mehr dem christlichen Glauben zuzuwenden. Und so weigerte sich die mittlerweile getaufte Barbara eines Tages einen nicht-christlichen Ehemann zu nehmen. Der zornige Vater drohte sie zu bestrafen, doch Barbara wurde in ihrem Glauben nur noch weiter bestärkt. Sie floh vor seinem Zorn und suchte Schutz, als sich plötzlich und auf wundersame Weise vor ihr ein Felsspalt öffnete. Sie flüchtete hinein und wog sich zunächst in Sicherheit, doch ein Hirte, der sie zuvor gesehen hatte, verriet ihr Versteck und die tragische Geschichte nahm ihren Lauf: Barbara erlitt Folter und wurde letztlich durch ihren eigenen Vater enthauptet. In einigen Versionen dieser Legende bestrafte Gott den Hirten für seinem Verrat und verwandelte ihn in einen Stein, in anderen Versionen in einen Mistkäfer. Der Vater sei zur Strafe von einem Blitz getroffen worden. Manche Versionen berichten auch von Bergleuten, die Barbara zu schützen versuchten. Bis heute wird ihrer als Schutzpatronin der Bergleute an jedem 4. Dezember gedacht. Im Unterschied zu Sagen stehen in Legenden meist heilige oder zumindest moralisch besonders vorbildliche Personen im Mittelpunkt. Auch sie können mündlich tradiert werden, sind aber als Lebens- und Heiligenerzählung immer auch schriftlich fixiert und in christliche Glaubenstraditionen eingebunden.

Eine bis heute noch weit verbreitete Geschichte ist auch die Sage über den Ursprung des Steinkohlenbergbaus an der Ruhr. Wie viele andere Sagen liegt auch diese in unterschiedlichen Versionen vor. Einer Variante zufolge hütete einst ein armer Hirtenjunge

in der Form noch gar nicht. Erst ab Mitte des 19. Jahrhunderts führte die zunehmende Industrialisierung der Region nach und nach zur Auflösung ländlicher Strukturen und zur Herausbildung eines stetig wachsenden, industriellen und urbanen Ballungsraums.

Diese Entwicklung lässt sich auch in den bislang zur Region verschriftlichten Sagensammlungen erkennen: Denn während sich diese ab den 1830er Jahren zunächst auf die Regionen Rheinland und Westfalen sowie auf einzelne Ortschaften konzentrierten, taucht 1910 in einer Veröffentlichung des Bibliothekars und Volkskundlers Paul Bahlmann erstmals der Sagentypus der „rheinisch-westfälischen Industrieland-Sagen" auf. Ein Bewusstsein für das Ruhrgebiet als Region erwächst jedoch erst ab dem frühen 20. Jahrhundert. Explizit dem „Ruhrgebiet" widmen sich die ersten veröffentlichten Zusammenstellungen sagenhafter Erzählungen ab den 1970er Jahren.

Blick auf die Ruhr in Herbede, um 1780. Rechts sind zwei Mundlöcher
zu sehen (Märkisches Museum Witten)

im Wittener Muttental seine Schweine. Es war kalt
und so zündete er sich ein kleines Feuer an. Als die
Dämmerung eintrat und sich der Hirtenjunge auf
den Heimweg machen wollte, sah er, dass das Feuer noch immer flackerte. Davon überzeugt, dass es
in der feuchten Erde bald erlöschen würde, verließ
er das Muttental. Doch am nächsten Morgen, als er
erneut mit seinen Schweinen durch das Tal schritt,
erschrak er, denn noch immer glühte die Feuer-
stelle, obgleich kein Holz mehr vorhanden war. Er
erkannte bald, dass es die schwarzen Steine im Erdboden waren, die weiter glühten. Und so rannte er
zurück in sein Dorf, um von dieser Entdeckung zu
berichten. Fortan konnten sich die Dorfbewohner
mit Hilfe der Kohlensteine Wärme in ihre Hütten
holen. Das erste Bergwerk „Op de Mutte" entstand.
In einer späteren Erweiterung dieser Ursprungssa-
ge um den Hirtenjungen wird die Tragweite dieser
Entdeckung nochmals stärker zum Ausdruck gebracht. Denn auch für den armen Schweinehirten
läuteten die schwarzen Steine fortan ein besseres
Leben ein. Den mittlerweile jungen Mann erreichte
die Nachricht, dass ein Burgfräulein einen Ehemann
suchte. Sie würde denjenigen zum Mann nehmen,
der ihr die schönsten Edelsteine zum Geschenk
mache. Der Schweinehirt beschloss, das Burgfräulein für sich zu gewinnen. Vor Ort wunderte sich
diese jedoch zunächst über sein Erscheinen, da er
ihr lediglich drei schlichte schwarze Steine in einer

Holzkiste brachte. Doch nachdem er die Steine
entzündete und diese daraufhin in den herrlichsten
Farben aufleuchteten, gewann der Hirte Herz und
Hand des Burgfräuleins. Andere Versionen dieser
Sage verlagern eine ganz ähnliche Geschichte nach
Bochum-Stiepel oder auch nach Essen-Werden.
In ihrer ersten Verschriftlichung 1871 verortete
der Sprachwissenschaftler, Sagen- und Mundart-
forscher Johann Friedrich Leopold Woeste die Erzählung zwischen Hattingen und Langenberg. Ihm
selbst soll diese Geschichte mündlich zugetragen
worden sein. Denkbar wären viele Orte, liegen sie
doch alle in der Nähe des Ruhr-Flussufers, wo die
Kohlenflöze dazu neigen, an die Oberfläche zu treten. Doch ungeachtet des genauen Fundortes verdeutlicht die Sage die immense Bedeutung, die der
Entdeckung der Steinkohle für die Region und ihre
Menschen zukam.

Vom Ruhrgebiet unterscheidet sich der Erzählraum des Sauerlandes in vielfacher Hinsicht. Allein
landschaftlich zeigt sich die Ruhr hier, an ihrem Ur-
sprungsort, mit einem deutlich schmaleren Flusslauf, der sich durch die bis heute als „Land der
tausend Berge" bekannte Region schlängelt. Vergleichsweise dünn besiedelt, ist das Sauerland zugleich von dichten Wäldern und Schiefergebirgen
geprägt. Für lange Zeit schien es nur schwer zu
durchdringen zu sein. Und eben diese aus dichten
Wäldern, Bergen und Tälern geprägte Naturlandschaft war es, die die Entstehung von Sagenerzählungen begünstigte. Auch der frühe Erzbergbau
ließ Geschichten von rätselhaften Erscheinungen in
Stollen, von verborgenen Schätzen oder im Unter-

grund lebenden Zwergen entstehen. So lassen sich bis heute allgemein westfälische sowie spezifisch sauerländische Sagen finden.

Wie verhält es sich hier mit der Ruhr selbst? Erste Versuche den Fluss als Erzählraum zu konstruieren, unternahm der aus dem Bergischen Land stammende Heimatforscher Otto Schell ab den 1890er Jahren, indem er den Sagenerzählungen einzelne Flussabschnitte zuordnete. Auch zu den Zuflüssen der Ruhr, wie der Lenne, sind bereits früh Sagenerzählungen zusammengestellt worden. Mit Paul Bahlmann, Bibliothekar und Volkskundler, geriet 1913 schließlich das Ruhrtal in den Blick. Zuletzt veröffentlichte der Diplom-Theologe und Sagenforscher Dirk Sondermann 2005 eine Zusammenstellung von Ruhrsagen entlang des gesamten Flusslaufes. Der Beitrag knüpft an diese Vorarbeiten an, legt den Schwerpunkt aber vor allem auf jene Sagengeschichten, bei denen der Ruhr selbst nicht nur räumlich, sondern auch inhaltlich eine zentrale Rolle zukommt.

ÜBER URSPRUNGS- UND ENTSTEHUNGSSAGEN

Sagen erfüllen unterschiedliche Funktionen. Als Ursprungs- und Entstehungssagen, auch ätiologische Sagen genannt, bieten sie Erklärungsansätze für die Entstehung von Orten und Städten, Bergen oder Flüssen. Eine solche Entstehungssage, die den Ursprung einer historischen Entwicklung in den Fokus rückt, ist die zuvor erwähnte Geschichte des Schweinehirten, der unweit des Ruhrufers den Nutzen der Steinkohle entdeckte. Auch liefern Ursprungssagen fantastische Erklärungen für gängige Naturereignisse oder besondere Naturphänomene. Selbst um die Namensgebung der Ruhr ranken sich Sagengeschichten, die von den herkömmlichen Erklärungen abweichen. Meist wird ihr Name vom griechischen Wort „rheo" (ich fließe) oder vom lateinischen Wort „ruo" (ich stürze, ich eile) abgeleitet. Auch ein germanischer Ursprung des Flussnamens scheint denkbar. Zu Beginn des 16. Jahrhunderts hielt der Gelehrte Johannes Trithemius, Abt der Benediktinerabtei Sponheim in Rheinland-Pfalz, folgende Erzählung zur Namensgebung der Ruhr fest: Der Frankenkönig Clodmar hatte drei Söhne. Sein Nachfolger sollte sein Sohn Farabert werden. Über die Friesen sollte sein Sohn Ricanor herrschen. Von seinem dritten Sohn, Rorich, soll sich

schließlich der Name der früher auch als Rora oder Rura bekannten Ruhr ableiten lassen. Denn Rorich soll zwischen Werden und Duisburg ertrunken sein. Um seiner zu gedenken, trug der Fluss fortan seinen Namen.

Zahlreiche weitere Erzählungen über die Ursprünge und Namensgebungen von Naturerscheinungen und landschaftlichen Besonderheiten begegnen uns entlang der Ruhr. Für einige davon werden Hünen verantwortlich gemacht, die in manchen Geschichten gar zu geheimnisvollen und furchteinflößenden Riesen heranwachsen, die die Ruhr mühelos mit nur einem Schritt überqueren konnten. An den Ufern der Ruhr sollen sich diese Riesengestalten besonders wohl gefühlt haben. Sie waren vor allem für ihre überbordende Streitlust, ihre Unberechenbarkeit und ihren Argwohn bekannt. Auf dem Mechtenberg bei Wattenscheid, auf dem Horkenstein an der Ruhr sowie auf dem Tippelsberg bei Eickel lebten einst drei dieser Riesen. Der Riese vom Horkenstein beschloss eines Morgens sich ein Riesenei zum Frühstück zuzubereiten. Er bat seinen Nachbarn vom Mechtenberg darum, ihm hierfür eines herüberzuwerfen. Doch leider verfehlte das Ei sein Ziel und fiel nahe der Ruhr auf einem Hügel bei Dahlhausen zu Boden. Eiweiß und Eigelb flossen die Erhebung hinab in den Fluss. Tage lang nährten sich die Bewohner an der Ruhr davon und selbst in den Rhein soll das aufgeschlagene Riesenei getrieben worden sein, wo sich die Bewohner noch lange Eierkuchen daraus zubereiteten. Bis heute trägt die Erhebung an der Ruhr den Namen Eiberg. In einer später verschriftlichten Variante dieser Sage heißt es, dass die drei Riesen stets zerstritten waren. In ihrem Zorn bewarfen sie einander mit riesige Felsbrocken, die die Menschen später als Findlinge in

Heute findet sich der Horkenstein an einer Kreuzung unweit der Hattinger Altstadt, 2019 (Katarzyna Nogueira)

der Umgebung verteilt antrafen. Eines Tages begann der benachbarte Riese vom Horkenstein damit die Ruhr zuzuschütten, um für sich einen Fischteich anzulegen. Da dieses Vorhaben nicht mit seinen Nachbarn abgesprochen war, kam es erneut zum Streit zwischen den riesenhaften Bewohnern an der Ruhr. Besonders den Riesen vom Mechtenberg überkam die Wut, sodass er einen Felsbrocken nahm und ihn seinem Nachbarn entgegenschleuderte. Doch es war der letzte Felsbrocken und so griff der Riese anschließend zu seinem Frühstücksei und schleuderte ihm dieses ebenfalls entgegen. Das Riesenei soll zwischen Höntrop und Oberdahlhausen aufgeprallt sein. Die Eimasse habe sich der Sage nach über den Untereiberger Bach in die Ruhr bis nach Essen und schließlich auch bis Duisburg ergossen. Nicht nur soll es hierdurch bei Dahlhausen zu Überschwemmungen gekommen sein, die Ruhrbewohner sollen sich auch noch lange von dieser Eimasse ernährt haben. Der Horkensteiner Riese flüchtete infolge des Streits vor der Wut seines Nachbarn. Überreste seines begonnenen Deiches sollen noch heute in der Nähe des ehemaligen Bergwerks Dahlhauser Tiefbau zu finden sein. Die gängigen Erklärungen für die Namensherkunft des Eiberges orientieren sich beispielsweise an der althochdeutschen Bezeichnung für Aue, wie „auwia". Auch die Bezeichnung „ey" bedeutet so viel wie „Flusniederung". Ebenfalls bei Dahlhausen fließt der namensgleiche Eybach in die Ruhr. Riesengestalten tauchen in zahlreichen Erzählkulturen auf. Meistens verkörpern sie die rohen Kräfte der Natur. Riesen können in dieser Funktion Stürme verursachen, Berge versetzen, Flüsse umleiten oder wie hier für Flussdeiche und andere Erscheinungen am Fluss verantwortlich gemacht werden.

Oftmals ging die Figur des Riesen in späteren Sagenerfassungen in die Figur des Teufels über, welcher die Geschichten schließlich in eine religiöse Konnotation überführte. So soll auch im folgenden Beispiel zunächst ein Riese im Mittelpunkt der Erzählung gestanden haben. In der heute bekannten Version ist es jedoch der Teufel selbst, der dafür verantwortlich gemacht wird, dass sich in Dahlhausen ein großer Felsbrocken – der sogenannte Horkenstein – befand, der heute als Steindenkmal am Rande der Hattinger Innenstadt zu finden ist: Im kleinen Dorf Wenigern stand einst eine Kapelle mit einem Muttergottesbild. Es war der heilige Ludgerus, der die Kapelle errichtet haben soll. Tag und Nacht betete er darin und schon bald wallfahrten die Leute

in Scharen aus dem Umland nach Wenigern. Der Teufel, erzürnt von derartigen Entwicklungen, griff im Morgenland nach einem großen Stein, mit dem er die Kapelle vernichten wollte. Er nahm den Stein auf seinen Rücken, zog mit einem Sprung über das Schwarze Meer, bis er Dahlhausen erreichte. Dort begegnete ihm ein Junge. Diesen fragte er: „Sage, wie weit ist es noch nach Wenigern, wo der heilige Ludgerus weilt?" Der Junge, der im Umland Schuhe verkaufte, witterte durch die Pläne des Teufels den Verlust seiner Kundschaft. So sprach er: „Der Weg ist noch grausig lang. Ich sag die Wahrheit!" Erzürnt fragte der Teufel: „Was für ein Wasser sehe ich denn da? Ist das nicht die Ruhr?". „Nein", antwortete der Junge, „was soll das anderes sein, als der Jordan? Wir sind doch im gelobten Land!" Da fluchte der Teufel und ließ den Stein wütend fallen. In einer anderen Version ist es der heilige Ludgerus selbst, der dem Teufel sein Kreuz entgegenstreckt und ihn damit vertreiben kann. Deutlich spiegeln sich hier gesellschaftliche und religiöse Spannungen, so beispielsweise in der Tatsache, dass in der Erzählung ein erstarkendes Christentum im Abendland eine „teuflische" Bedrohung aus dem Morgenland erfährt. Auch der junge Händler, welcher in einigen Quellen als jüdischer Händler gar abwertend als „Schacherjude" – dem es lediglich um den Erhalt seiner Kunden gegangen sei – bezeichnet wird, zeigt die Einflechtung gesellschaftlicher, in diesem Falle antisemitischer, Vorurteile in die Sagengeschichte, welche erstmals Ende des 19. Jahrhunderts verschriftlicht worden ist. Der Stein selbst fand zu Beginn des 18. Jahrhunderts die erste Erwähnung. Die tatsächliche Herkunft des Horkensteins bleibt ein Rätsel. So bestand längere Zeit die mittlerweile durch ein Gutachten widerlegte Theorie, dass es sich dabei um einen vorzeitlichen Opferaltar heidnischer Priester handeln würde. Darauf würde vor allem eine als „Blutrinne" interpretierte Einkerbung deuten. Andere vermuten, dass es sich aufgrund seiner ursprünglichen Lage vielmehr um einen Stein zur Bestimmung des Sonnenuntergangs vor der Sommersonnenwende handeln würde. Bis 1876 befand sich der über 20 Tonnen schwere Felsen aus Ruhrsandstein in Dahlhausen, ehe er versetzt und nach Hattingen gebracht worden ist.

DIE BURGEN VOLMARSTEIN, HARDENSTEIN UND KLIFF

Zahlreiche Burgen, Schlösser und alte Ruinen sind nahezu über den gesamten Flusslauf der Ruhr verteilt. Mit ihren teils wechselvollen Geschichten bildeten sie die idealen Projektionsflächen für das „einfache Volk". Denn was genau hinter den Mauern geschah, blieb diesem oftmals verborgen. Nicht mit jeder Burg lässt sich jedoch auch eine Sage in Verbindung bringen. Dafür scharen sich um manch andere unzählige Geschichten. Dazu zählt beispielsweise die Burg Volmarstein in Wetter an der Ruhr, die heute nur noch als Ruine erhalten ist. Um die durch den Kölner Erzbischof um 1100 errichtete Burg ranken sich diverse Sagenerzählungen, bei denen Zwerge und Zwergenkönige, Ruhrnixen und weiße Jungfrauen eine zentrale Rolle spielen.

So leitet sich zum Beispiel der Name Volmarstein der Sage nach vom Zwergenkönig Volmar ab, der die Burg selbst aus einem Felsen geschlagen haben soll. In einer Zeit, in der die Menschen aufhörten an Zwerge und Geisterwesen zu glauben, sich verstärkt dem christlichen Gott zuwandten und die Zwerge zu beschimpfen begannen, beschloss er mit seinem Volk das bewohnte Ruhrufer zu verlassen und in ein

Ruine der Burg Volmarstein mit Blick auf die Ruhr, um 1930
(LWL-Medienzentrum für Westfalen)

nahegelegenes und menschenleeres Tal zu ziehen. Hier errichtete er mit der Burg Volmarstein ein neues Zuhause für sich und sein Zwergenvolk, das fortan über den Ort wachen sollte. Auch Flussnixen sind in der Sagenwelt eng mit der Geschichte der Burg Volmarstein verbunden: Einst trieb ein Hirte, der im Dienst des Grafen von Volmarstein stand, seine Viehherde auf die Ruhrwiesen. Dort traf er auf eine Ruhrnixe. Er erlag ihr und beschloss, für immer mit ihr zu ziehen. Lange Zeit lebten der Hirte und die Nixe auf dem Grund der Ruhr bei Volmarstein. Doch sehnte er sich immer auch nach seinem alten Leben und bat die Nixe folglich eines Tages um Erlaubnis, die Oberwelt zu besuchen. Die Nixe gestattete ihm diesen Wunsch. Allerdings musste er geloben, nach einer festgesetzten Frist zu ihr zurückzukehren, da ihm sonst ihre Rache drohen würde. In der alten Heimat angekommen, vergaß er jedoch schon bald sein altes Leben am Grund der Ruhr und entschied, an der Oberfläche zu bleiben. Erneut trat er als Hirte in den Dienst des Grafen. Und so kam es, dass ihn an einem heißen Sommertag ein so großer Durst überkam, dass er aus einer Wasserlache nahe der Ruhr trank. Daraufhin zog ihn die rachsüchtige Nixe in das Wasser und ertränkte ihn zur Strafe für seinen Schwurbruch.

Auch andere Nixensagen rund um Volmarstein greifen ein ganz ähnliches Motiv auf und präsentieren die Flussnixe als verführerisches und zugleich gefährliches Wesen. So vernahm der Reck von Volmarstein auf dem Weg von einem Turnier in Syburg nach Volmarstein plötzlich bezaubernde Töne aus den Tiefen der Ruhr. Er lauschte den fremdartigen Melodien, bis plötzlich eine Nixe aus dem Fluss aufstieg. Verzaubert von ihrer Schönheit, beschloss er noch an Ort und Stelle, die Ruhrnixe zu heiraten. Sechs Tage einer Woche musste er fortan mit der Nixe in den Gewässern der Ruhr leben. Nur den siebten Tag durfte er an Land verbringen. Um ihn für immer an sich zu binden, schenkte sie ihm eine goldene Kette, die er fortan immer tragen sollte. Doch als diese bei einem Kaiserturnier riss und zu Boden fiel, war der Zauber gebrochen und die Erinnerung an sein Leben mit der Wassernixe aus der Ruhr verblichen. So verging die Zeit und Reck von Volmarstein verliebte sich in eine anmutige Königstochter. Die Rache der Ruhrnixe für diesen Verrat folgte noch an seinem Hochzeitstag. Vor den Augen aller erschien sie während der Zeremonie und fasste ihn am Arm, auf dass er tot zu Boden fiel. Begegnungen mit Ruhrnixen gilt es den beiden Sa-

Skulptur einer Fluss-Nixe, entstanden im Rahmen des Arnsberger Kunstsommers (Fachdienst Kultur der Stadt Arnsberg)
——

gen nach wohl eher zu meiden. Nicht umsonst leitet sich das Wort Nixe einer etymologischen Ableitung nach vom lateinischen Begriff „necare" (töten) ab. Denn trotz ihrer Anmut und Schönheit bringen sie in den Sagengeschichten stets Gefahr, Tod und Verderben. Auch die wohl bekannteste Flussnixe, die im Rhein lebende Loreley, zog mit ihrem betörenden Gesang die Schiffe mitsamt der Mannschaften in den Abgrund. In anderen Erzählungen verlangen sie zumindest einmal im Jahr ein menschliches Opfer, welches sie in die Tiefen des Flusses reißen. Sie repräsentieren die Schönheit und zugleich die Gefahren des Flusses. Ebenso erzählt man sich entlang der Ruhr auch von Erscheinungen weißer Frauen und Jungfern. Als Geisterwesen sollen sie bis heute in der Nähe von Schlössern und Burgen aktiv sein. Auch unweit der Burg Volmarstein sollen am Hohenstein zwei weiße Jungfern wachen, die stets des Nachts am Ufer der Ruhr entlang spazieren und dabei bis zum Wiedkamp und wieder zurück gehen. Zu hören sind sie bereits aus weiter Ferne, da sie mit ihren eisernen Ketten rasseln. Ein mutiger Hirte, welcher ihnen einst begegnete, schien von ihrem Spuk nur wenig beeindruckt und soll mit den Kuhketten rasselnd gerufen haben „Das kann ich wohl besser!". Die weißen Jungfern brachen ihm daraufhin das Genick. Unzählige weitere Geschichten sind

mit der Burg Volmarstein verbunden. Sei es der Teufel selbst, der zu Gast gewesen sein soll, oder eine wunderschöne Fee, die der Burg und ihren Bewohnern Glück und Unglück spenden konnte. Immer aber schien das Schicksal der Burg und seiner Anwohner von fremden Wesen bestimmt. Gleiches gilt auch für das nächste Beispiel.

Neben Volmarstein ist auch die Burg Hardenstein in Witten-Herbede ein von zahlreichen Sagenerzählungen geprägter Ort. Im 14. Jahrhundert soll hier der Ritter Neveling von Hardenberg gelebt haben. Ebenfalls in der Burg wohnhaft war zu jener Zeit der Zwergenkönig Goldemar (auch: Volmar). Mit dem Ritter Neveling verband ihn eine enge Freundschaft und nicht selten kam es vor, dass ihn Goldemar vor Feinden und Intrigen warnte und ihm damit zu einer glücklichen Zukunft verhalf. Auch brachte die alleinige Anwesenheit des Zwergenkönigs der Burg und ihren Bewohnern Glück und Wohlstand. Goldemar selbst konnte man zwar hören, den Augen jedoch blieb er stets verborgen, sodass niemandem seine genaue Gestalt bekannt war. Ein neugieriger Küchenjunge der Burg Hardenstein heckte daraufhin einen Plan aus, um den Zwergenkönig wenigstens einmal zu Gesicht zu bekommen. Da es dem Küchenjungen bekannt war, dass der Zwergenkönig gerne noch zu später Stunde in die Küche schlich, um eine Kleinigkeit zu essen, verstreute er Asche und Erbsen auf dem Küchenboden, um zumindest seine Fußabdrücke oder, wenn er auf den Erbsen ausrutschen würde, dank der Asche seine Gestalt zu erahnen. Vielleicht würde gar seine Tarnkappe zu Boden fallen, sodass er den Zwergenkönig in Gänze betrachten könne. Nachfolgend nahm die Geschichte einen tragischen Lauf: Goldemar kam des Nachts in die Küche, rutschte wie geplant auf den Erbsen aus und verlor seine Tarnkappe. Der Junge trat aus seinem Versteck hervor und erblickte den vor Wut schäumenden Zwerg. Dieser packte sich daraufhin den Jungen, brach ihm den Hals, hieb ihn in Stücke und bereitete sich aus diesen in einem großen Kochtopf eine Mahlzeit zu. Noch in derselben Nacht verließ Goldemar die Burg und kehrte nie mehr dorthin zurück. Über der Eingangstür zu seiner Kemenate hinterließ er in schriftlicher Form einen Fluch, nach dem von nun an der Burg kein Glück mehr beschieden sein sollte, solange nicht zeitgleich drei Generationen derer von Hardenberg zusammen in der Burg leben würden. Da nachfolgend nie drei Generationen der Hardenberger zusammen in der Burg residierten, wurde die Sage von Goldemar und seinem Fluch in späterer Zeit gerne als Erklärung dafür herangezogen, dass die Burg Hardenstein nach und nach verfiel und das Geschlecht der Hardenberger im Mannesstamme

ausstarb. Spieß und Rost mit denen Goldemar sein Mahl zubereitet hatte, sollen sich noch bis 1651 auf der Burg befunden haben. Als „Goldemars Kammer" wird bis heute noch der Kaminraum im Südwest-Turm bezeichnet. Hier soll Goldemars Kochtopf eingemauert worden sein. Obgleich die Burg Hardenstein erst ab 1355 erbaut worden ist, reicht die Sagenwelt rund um die Figur des Zwergenkönigs Goldemar bis in das 13. Jahrhundert zurück. Sie ist mit teils nur fragmentarisch erhaltenen literarischen Erzählungen verwoben, darunter beispielsweise mit einem Heldengedicht über Dietrich von Bern des Autors Albrecht von Kemenaten.

Auch über die Figur des Zwergenkönigs hinaus handelt es sich auch bei der Burg Hardenstein um einen Ort, an dem sich Sagenerzählungen verdichten. Er ist zudem ein gutes Beispiel dafür, wie Sagengeschichten noch bis in das 20. und 21. Jahrhundert hinein nachwirken können. Denn auch noch 600 Jahre nachdem der Fluch gesprochen worden ist, wirkte sich dieser auf das

Ruine der Burg Hardenstein in Witten-Herbede, 2019
(Katarzyna Nogueira)

Skulptur des fallenden Zwergenkönigs Goldemar kurz vor seiner Entdeckung durch den Küchenjungen in Witten, 2019 (Katarzyna Nogueira)

Leben der dort lebenden Menschen aus. Bis zum Ende der 1950er Jahre befand sich ein Fachwerkhaus in den Mauern der Vorburg von Hardenstein. Es diente lange als Gaststätte und Wohnhaus, doch mieden vor allem schwangere Frauen diesen Ort. Ebenfalls hüteten sie sich davor, hier ihre Kinder im Rahmen einer Hausgeburt zur Welt zu bringen. Zu groß war noch die Angst, dass sich der Fluch auch auf ihre Kinder auswirken könnte. Kam doch einmal ein Kind in der Vorburg zur Welt, so war es zumeist schnell erkrankt und kurz nach der Geburt verstorben. Diese Erweiterung der Hardensteiner Sage erfuhr der Sagenforscher Dirk Sondermann von einer Anwohnerin, deren Wohnhaus vor nun über zwanzig Jahren abgerissen worden ist. Sie macht auf besondere Weise deutlich, wie alte Sagengeschichten noch lange nachwirken können. Ende der 1980er Jahre erfasste Sondermann zudem folgende Sage zur Hardensteiner Burg: An einem Sommertag spielten einst zwei Jungen unterhalb der Ruine von Hardenstein am Ufer der Ruhr, als plötzlich ein Gewitter über sie hereinbrach. In einem anliegenden Stollen suchten sie Schutz. Der Stollen führte Wasser, welches in den angrenzenden Fluss mündete. Von Neugierde gepackt zog es sie tiefer in den Stollen hinein. Schließlich erreichten sie ein hohes Gewölbe mit Mauerresten und alten Balken. Leichen und Skelette lagen auf dem Boden. Einige davon waren mit rostigen Ketten an die Balken gebunden. Hatten sie etwa das Verlies der Burg Hardenstein gefunden? Eine mit Eisen beschlagene

Holztruhe befand sich in einer Nische des Gewölbes. Die Jungen zerschlugen das Schloss und waren von den Reichtümern, die sich ihnen darboten, wie geblendet. Gierig stürzte sich der erste Junge auf den Schatz, als er plötzlich Fesseln an seinen Arm- und Fußgelenken spürte, die ihn am Ort festhielten. Vor Schreck lief der zweite Junge davon und ließ seinen Freund zurück. Dieser fing aus Verzweiflung an, Gott um Hilfe anzuflehen, bis er in eine erlösende Ohnmacht fiel. Als er erwachte, konnte er sich plötzlich wieder frei bewegen. Doch die zuvor unsichtbaren Fesseln waren nun sichtbar geworden. Zwar in Freiheit, musste er diese fortan bis an sein Lebensende tragen.

Glück und Unglück, Reichtum und Armut liegen in den Sagengeschichten um die Ruhrburgen nah beieinander. Dass Glück und Reichtum vergänglich sein können, lehrt auch die Geschichte der übermütigen Herrin der Burg Kliff bei Rauendahl in Hattingen. Die Burg existiert heute nicht mehr, nur noch wenige Mauerreste des Hauses Kliff sind noch zu sehen. Ihre unmittelbare Lage an der Ruhr bot einen idealen Ausgangspunkt zur Beobachtung und Kontrolle von Fischfang und Schifffahrt sowie zentraler Ruhrübergänge. Ihr Name „Kliff" resultierte von der Erhebung, auf der sie sich befand. Eine steile Klippe schützte die Steinbauten vor Hochwasser und Feinden. Das Glück meinte es gut mit der Herrin von Kliff. Ihr gehörte nicht nur Land soweit das Auge reichte, sondern sie wurde auch aus dem Umland mit reichlich Abgaben versorgt. „Unser Reichtum wird nie versiegen", sprach sie einst voller Zuversicht. Als ihre Begleiterin auf die Vergänglichkeit alles Irdischen hinwies, zog die Herrin ihren Ring vom Finger, warf ihn in die Ruhr und erwiderte: „Ebenso wenig, wie dieser Ring wieder nach oben steigt, wird unser Glück zusammenbrechen!" Wenige Tage später brachte ihr die Köchin der Burg einen Ring, den sie im Magen eines Fisches aus der Ruhr gefunden hatte. Seither verarmte die Burg zunehmend. Später, so erzählte man sich, sei die Burgherrin als Bettlerin durch das Hattinger Umland gezogen. Als moralisierende Geschichten warnen Sagen wie diese vor Habgier und Übermut. Als wahrer Kern der Geschichte werden die historischen Personen Dorothea Lowisa Klamor und ihr Gemahl Ferdinand Sigismund, Herr von Kliff, vermutet, die, wie auch spätere Burgherren von Kliff, für ihre Verschwendungssucht bekannt gewesen sein sollen. Belegt ist, dass die Burg aufgrund der Verarmung ihrer letzten Besitzer zunehmend verfiel.

DIE RUHR ALS ORT VON SCHUTZ UND GEFAHREN

Die Ruhr kann als natürlicher Grenzraum vor Bedrohungen und Feinden schützen. Ihre Tiefe und Strömung bergen aber auch Unheil. Beides spiegelt sich in den Ruhrsagen wider, die von Erfolgsgeschichten berichten oder vor Gefahren warnen. Nicht immer sind diese im Fluss selbst verborgen. Denn auch gutes und schlechtes, oftmals zugleich christliches und heidnisches Verhalten, kommen mitsamt ihren Folgen in den Sagengeschichten zum Ausdruck. Dass edles Verhalten auch daher rühren kann, dass man dem Teufel selbst eine gute Tat entgegenbringt, zeigt die Geschichte von der ledernen Brücke in Arnsberg: Zwei Burgen standen sich hier einst an der Ruhr gegenüber. Auf der einen Seite die Burg des Grafen von Arnsberg auf dem Schloßberg und auf der anderen Seite die „Alte Burg" auf dem Rüdenberg. Beide Burgherren verband eine tiefe Freundschaft und auch ihre Kinder waren einander versprochen. Als eines Abends Konrad von Rüdenberg von der Jagd zurückkehrte, traf er auf dem Weg auf einen fremden Jüngling, der sich verlaufen hatte. Von Rüdenberg lud ihn zu sich nach Hause ein, sodass er sich wärmen und am nächsten Morgen eine Fähre nach Hause nehmen konnte. Dankend nahm der Jüngling das Angebot an. Kurz vor Mitternacht saßen alle gemeinsam bei Tisch und tranken Wein als der Jüngling plötzlich aufstand und sprach: „Meine Stunde ist da. Auch in der Hölle weiß man Gastfreundschaft zu schätzen." Er verließ die Burg und ließ die Bewohner erstaunt zurück. Wenige Tage später befand sich ein feindliches Heer im Anmarsch auf die Burg der Rüdenberger. Weder der Arnsberger Graf noch sein Sohn waren anwesend, um helfen zu können, und so war die Burg ein leichtes Ziel. In seiner Not beschloss Konrad von Rüdenberg seine Tochter zu ihrem eigenen Schutz zu töten, sollten die Feinde die Burgmauer erklimmen. Die Nacht brach herein und durch die Burg ging ein Hämmern und Klopfen. Als die Morgensonne erwachte sah der Burgherr, dass die Geräusche nicht von den Feinden kamen, die bereits die Mauern durchstoßen hatten. Zwischen den beiden Burgen war plötzlich eine lederne Brücke über die Ruhr gespannt. Schnell retteten sich die Bewohner zu den Nachbarn hinüber. Doch als die Feinde ihnen zu folgen versuchten, brach die Brücke unter tosendem Lärm und höllischem Gelächter zusammen und die feindlichen Truppen stürzten allesamt in den Fluss.

Und tatsächlich: Auch in der Hölle weiß man gute Gastfreundschaft zu schätzen. Diese Sage existiert nicht nur im Sauerland, sondern in verwandten Versionen auch in der Eifel, in Thüringen oder im Vogtland.

In manchen Sagen reicht bereits allein ein Gebet oder ein Gelöbnis aus, um „von oben" Hilfe zu erlangen. Die Entstehung der um 1710 errichteten St. Antonius-Kapelle, welche sich noch heute am Ufer der Ruhr bei Ostwig befindet, ist, wenn man der Sage Glauben schenken mag, an eine solche Situation gebunden: Die St. Antonius-Kapelle soll auf den Freiherrn von Hanxleben zurückgehen, als dieser einst Hilfe für seine schwerkranke Frau holen wollte. Ein schlimmes Unwetter hatte die Ruhrbrücke zerstört, sodass es ihm zunächst nicht möglich schien, seiner Frau zu helfen. Als er jedoch gelobte, eine Kapelle zu errichten, gelangte er nicht nur mühelos durch das brausende Wasser an das andere Ufer, sondern seine Frau fiel auch noch in einen tiefen Schlaf, der sie gesunden ließ.

Häufiger noch erscheint der Fluss allerdings als Ort von Gefahren. Auch an der Ruhrquelle selbst, im Hochsauerlandkreis, soll es immer wieder zu mysteriösen Erscheinungen gekommen sein, vor denen es sich in Acht zu nehmen gilt. So speist eine Nebenquelle der Ruhr zwei sumpfige Teiche. Einer dieser Teiche, dicht mit Wasserpflanzen bedeckt, soll so tief, nahezu grundlos, sein, dass ein ganzer Heuwagen mitsamt Pferden darin versinken könnte. Vorsicht ist an der Ruhrquelle zudem auch aus anderen Gründen geboten. Denn am Ort, an dem die Ruhr entspringt, soll sich des Nachts ein großer schwarzer Hund herumtreiben. Zu erkennen ist er vor

Burg und Stadt 1588, Quelle: Braun & Hogenberg, Civitates Orbis Terrarum, Band IV, 1588

allem an seinen glühenden Augen und seiner feurigen Zunge. Seine Heimat wird in Winterberg oder Küstelberg vermutet. Trotz seines angsteinflößenden Anblicks hat er jedoch den Erzählungen nach bislang keinem Menschen ernsthaft geschadet. Gesehen wurde und wird er vor allem von jenen, die ihn am meisten fürchten. Auch entlang des weiteren Flusslaufes soll es immer wieder zu eigenartigen Vorkommnissen gekommen sein: Mangels Brücken an der Ruhr waren an vielen Stellen Fährmänner dafür verantwortlich, die Bewohner von einem Ufer zum anderen zu bringen. Die Sage vom Fährmann August aus Herdecke erzählt vom Teufel selbst, der um eine Überfahrt bat. „Fährmann, hollöwer!", also „Fährmann, hol rüber!", rief eine unheimliche Stimme vom anderen Ufer. Durch den Nebel an den Ruhrwiesen sah der Fährmann am anderen Ufer lediglich eine große und dunkle Gestalt. Schon mehrfach hatte er diese Stimme in den vergangenen Tagen rufen gehört, aber niemanden gesehen. Als die Gestalt auf seine Frage, wer da sei, nicht antwortete, rief der Fährmann: „Dann bleib in Gottes Namen da, wo du bist." Kaum hatte er den Namen Gottes ausgesprochen, fuhr ein Blitzstrahl aus der Erde. Begleitet von einem immensen Geheule verschwand die Gestalt von einer Sekunde auf die andere. Da dämmerte es dem Fährmann, wer da wohl um eine Überfahrt gebeten hatte.

VON HEXENMEISTERN UND TEUFELSERSCHEINUNGEN

Mitte des 17. Jahrhunderts erlebte der Glaube an Magie und Hexerei einen traurigen Höhepunkt. Zahlreiche Hexen- und Teufelssagen sind letztlich auf reale Gerichtsfälle zurückzuführen. In ihren fantastischen Übersteigerungen tauchen nicht nur Hexen, sondern auch Teufelsgestalten und verwunschene Tiere, meist begleitet von unerklärlichen Naturphänomenen, auf. Auch entlang der Ruhr sind viele dieser Erzählungen noch erhalten, fanden hier doch sogenannte Wasserproben am Flussufer statt, die klären sollten, ob es sich bei der oder dem Angeklagten auch tatsächlich um Hexen oder Hexenmeister handelte. Den Test bestehen konnte jedoch nur, wer zum Beweis des Menschseins auf den Grund des Flusses sank. So auch in der Sagenerzählung vom Hexenmeister Bottermann in Witten. Dieser soll seinen mit Weinfässern beladenen Wagen von sieben schwarzen Katzen den Steeler

An den Fall von Arndt Bottermann erinnert bis heute ein Wandbild an einer Hausfassade gegenüber der Bottermannstraße in Witten, 2019 (Katarzyna Nogueira)

Berg hinaufziehen haben lassen, woraufhin man ihm den Prozess machte. Trotz einer Abmachung mit dem Teufel überstand Bottermann die Wasserprobe nicht. Denn anstelle einer versprochenen unsichtbaren Eisenstange, reichte ihm der Teufel nur eine Nähnadel zur Rettung. Nach Folter und Überredung gestand er seine Tat, wurde gehängt und auf dem Hexenring am heutigen evangelischen Friedhof verbrannt. Arndt Bottermann war nachweislich ein Bauer aus Witten, dem 1647 in übler Nachrede vorgeworfen wurde zwei Pferde durch Magie getötet zu haben. Um sich von diesen Gerüchten zu befreien, stellte er schließlich sogar selbst den Antrag, zur Wasserprobe zugelassen zu werden, die, wie auch in der Sage selbst, letztlich mit seinem Tode endete. An anderen Orten wie Essen-Rellinghausen bezeugen bis heute Straßennamen wie „Hexentaufe" (damals auch als „Hexenpoth" bekannt) weitere solcher für derartige Wasserproben genutzten Orte an der Ruhr. Auch nach Essen-Steele lassen sich ganz ähnliche Erzählungen verorten. Hier sollen sich in ferner Zeit zahlreiche Hexen aufgehalten haben. Noch heute wird die Bucht am Fuße des Schellenberges „Hexentaufe" genannt. Verdächtige wurden hier je am rechten Daumen und linken Zeh sowie am linken Daumen und rechten Zeh zusammen und an einen Strick gebunden, um sie der Wasserprobe zu unterziehen. Damit haben die sagenhaften Geschichten um Hexen und Teufelserscheinungen oftmals einen wahren Kern. Der Teufel übernimmt hier nicht nur die Position des Bösen, sondern stellt zugleich auch die Personifizierung des Todes selbst dar.

RUHRSAGEN UND SAGENERZÄHLUNGEN HEUTE

Ohne Frage kommt Ruhrnixen und Riesen heutzutage eine weitaus geringere Bedeutung zu. Und in welchem Ausmaß Sagen auch heute noch mündlich tradiert werden, lässt sich nur schwer sagen. Durchaus noch in neue Erzählkulturen eingebunden sind moderne Sagen. Angelehnt an den englischen Begriff „urban legends" werden sie trotz ihres mündlichen Charakters auch urbane Legenden genannt. Es handelt sich bei ihnen meist um Wandersagen, die bestimmte Erzählmotive aufgreifen und diese in neue – örtliche – Kontexte setzen. Sie werden mündlich, vor allem aber über das Internet und seine sozialen Netzwerke verbreitet. Diese Formen moderner Sagen erzählen von besonderen oder unglaublichen Geschichten, die „ein Bekannter" oder „eine Bekannte" irgendwo einmal erlebt oder gehört haben soll, und ähneln damit dem Genre der Schauer- und Ammenmärchen.

An der Ruhr aber gibt es durchaus Initiativen und Projekte, die sich der Sammlung, Aufarbeitung und Tradierung regionaler Sagenerzählungen widmen. So beispielsweise im durch Dirk Sondermann 2003 gegründeten Institut für Erzählforschung im Ruhrgebiet (www.iefr.de). Hier kam es zu zahlreichen Veröffentlichungen verschiedener Sagensammlungen zur Ruhr und Emscher sowie von Kinderbüchern über die Sagenwelt in Bochum, Hattingen oder Wattenscheid. Überdies engagiert sich das Institut in der mündlichen Erzähltradition, bietet Lesungen und Sagenwanderungen an. Im Rahmen der RUHR.2010 entstand mit der Internetseite „Sagenhaftes Ruhrgebiet" (www.sagenhaftes-ruhrgebiet.de) nicht nur eine virtuelle Kollektion regionaler Sagenerzählungen, sondern auch eine konkrete und mit GPS-Koordinaten verbundene Kartierung. Ähnliche Projekte finden sich auch im Sauerland, wie beispielsweise auf dem Sauerland-Waldweg, einem 240 Kilometer langen Wanderweg, der durch die dichten Wälder des Sauerlandes führt. Unter dem Motto „zauberhaft mystisch" werden die Wanderrouten von Texttafeln begleitet, die sich der

regionalen Sagenwelt widmen und von kleinen Wichten, Hexen und Knüppelhunden berichten. Durch Initiativen wie diese bleibt der Sagenschatz entlang der Ruhr auch weiterhin erhalten.

RUHRSAGEN – EIN INTERVIEW MIT DEM SAGENFORSCHER DIRK SONDERMANN

Können Sie sich bitte vorstellen und uns erzählen, wie sich Ihr Interesse an der Sagenwelt entwickelt hat?

Dirk Sondermann: Mein Name ist Dirk Sondermann, ich bin Diplom-Theologe und Autor und bringe vor allem Bücher über die Sagen der Region heraus. Außerdem biete ich auch Lesungen an, die diese Thematik streifen. Ich habe mich schon seit meiner Jugend mit der Epoche der Romantik beschäftigt. Und in der Romantik kam Sagen und auch Märchen natürlich ein ganz besonderer Stellenwert zu. Zu

Diplom-Theologe und Sagenforscher Dirk Sondermann (Dirk Sondermann)

Beginn habe ich mich vor allem mit jenen Sagen auseinandergesetzt, die fernab des Ruhrgebiets lagen, bis ich gemerkt habe, dass es durchaus auch hier in der Gegend spannende Sagen gibt. Das fand ich absolut faszinierend, denn als Kind hört man von den Großeltern immer nur Sagen wie „der Rattenfänger von Hameln" oder „Rübezahl". Doch als ich dann merkte, dass die Burgen und Schlösser der eigenen Region ebenfalls sagenumwoben sind, da war ich vollkommen fasziniert. Ich selbst hatte eher das Bild der „geschichtslosen" Industriemetropole im Kopf, was so natürlich nicht stimmt. Selbstverständlich haben wir auch hier eine weitreichende und äußerst interessante Geschichte. In der Schule kommt man damit aber nicht in Berührung. So bin ich dann zu den Sagen gekommen. Mir stellt sich jetzt die spannende Aufgabe bei jeder Sage zu prüfen, wieviel wahre Geschichte in ihr steckt. Die Sage ist ja keine direkte Geschichtsschreibung. Den Inhalt kann man also nicht immer zu 100 Prozent als Wahrheit ansehen. Aber das bedeutet im Umkehrschluss nicht, dass diese Geschichten immer gleich zu 100 Prozent unwahr sind. Damit beschäftige ich mich jetzt seit über 40 Jahren. Das wird nicht langweilig. Im Gegenteil, je mehr man in die Materie eintaucht, desto spannender wird es.

—

Sie haben zahlreiche Sagenbücher veröffentlicht und im Rahmen dieser Arbeit auch bestimmte Erzählungen erstmalig verschriftlicht.

Sondermann: Genau, damals wohnte ich noch in Bochum und ich habe immer darauf gewartet, dass mal ein Bochumer Sagenbuch herausgebracht wird. Das gab es schon für Essen und Dortmund. Und im Laufe der Zeit habe ich auch selber mehr und mehr Sagen gesammelt. Irgendwann wollte ich nicht mehr warten, sondern versuchte stattdessen es selber umzusetzen. Ich bin immer weiter in die Materie eingetaucht und habe insbesondere schriftliche Aufzeichnungen, Bücher, Zeitungen, Handschriften und so weiter ausgewertet. Darüber hinaus habe ich wie schon

damals die Gebrüder Grimm Landwirte und Gutsbesitzer besucht und sie gebeten, mir Überlieferungen und Geschichten aus ihrer Gegend zu erzählen. Die besonders glanzvollen Momente waren dann natürlich die, wenn auch Sagen dabei waren, die bis dahin noch nicht verschriftlicht worden waren. Das war dann wie Ostern und Weihnachten zusammen. Das ist für mich immer ein besonderes Highlight. 1991 habe ich das Bochumer Sagenbuch herausgebracht und das Interesse ist nicht abgeflacht. Ich habe anschließend weitere Sagenbücher veröffentlicht, wie zum Beispiel das Buch über die Ruhrsagen.

—

2003 gründeten Sie das Institut für Erzählforschung im Ruhrgebiet, welches sich auch an der RUHR.2010 beteiligte. Mit was für einem Projekt nahmen Sie am Kulturhauptstadtjahr teil?

Sondermann: Ich habe mich mit einem Sagenprojekt für die RUHR.2010 beworben. Die Ergebnisse dieses Projekts sind noch heute im Internet aufzufinden. Damit ist es eines der wenigen Projekte der Kulturhauptstadt, die heute noch greifbar sind. Das klappt aber auch nur aus ehrenamtlichem Engagement heraus. Ich finde es sehr wichtig, dass es für das Ruhrgebiet eine solche Seite gibt. Hier sind alle 53 Orte des Ruhrgebiets aufgelistet und mit Sagen vertreten. Natürlich konnten wir nicht alle Sagen aufnehmen, das ist immer auch eine Geldfrage. Eine Spezialität meiner Arbeit und auch der Internetseite ist nicht nur die Erforschung und Verschriftlichung von Sagen, sondern auch ihre örtliche Lokalisierung. Wir haben also versucht für jede Sage die Stadt, den Ort und die Straße zu bestimmen und diese darüber hinaus mit GPS-Koordinaten zu versehen. Das ist heute vielleicht nichts Besonderes, stellte aber damals, als wir damit in den 1990er Jahren anfingen, durchaus eine innovative Herangehensweise dar. Und heute können wir damit den Ort der Sage auch dann noch nachvollziehen, wenn die Straße umbenannt oder das Gebäude abgerissen worden ist.

Gibt es noch Projekte, die Sie zukünftig gerne umsetzen würden?

Sondermann: Was ich mit der Internetseite für das Ruhrgebiet gemacht habe würde ich gerne ausweiten und auf die Sagen Nordrhein-Westfalens erweitern, damit die Leute in jeder Ortschaft der Region ihre Sagen nachlesen, online recherchieren und anschließend die entsprechenden Orte aufsuchen können. Das sagenhafte Nordrhein-Westfalen.

—

Warum sollten wir uns auch heute noch mit Sagen beschäftigen?

Sondermann: Für mich ist es wichtig, dass es nicht allein um eine Art der Sammelleidenschaft geht. Sondern für mich ist es auch wichtig zu sehen, wie Sagen für die heutige Gesellschaft aktualisiert und nutzbar gemacht werden können. Das geht nicht immer auf direkte, durchaus aber auf indirekte Art. Ein Beispiel: Das Bochumer Sagenbuch wurde zum Teil ins Russische übersetzt. Sie können sich sicher vorstellen, dass das Buch jetzt nicht der Verkaufsschlager in Russland selbst ist. Die werden sich kaum für Bochumer Sagen interessieren. Aber es gibt natürlich hier im Ruhrgebiet viele Zuwanderer aus Russland, die jetzt in Bochum leben. Und diese Menschen lernen jetzt durch die Bochumer Sagengeschichten die Geschichte ihrer eigenen bzw. ihrer neuen Heimat kennen, erfahren die historischen Orte und können auch die Sprache weiter verbessern. Also drei Fliegen mit einer Klappe. Und das ist ein Beispiel dafür, wie Sagen in der Gegenwart konkret nutzbar gemacht werden können. Nicht nur für Zuwanderer, sondern natürlich auch für die Menschen, die schon immer hier gewohnt haben. Sagen können das Interesse für die eigene Region neu wecken. Und da gibt es ja nicht nur das Historische. So eine Sage erschließt einem ja auch die eigene Heimat auf eine emotionale Art und Weise. Sie eröffnet emotionale Zugänge zu der jeweiligen Örtlichkeit. Zumindest geht das mir so, wenn ich weiß, dass es eine Sage gibt, die sich um einen bestimmten Ort dreht.

Werden Sagengeschichten Ihrer Meinung nach auch zukünftig noch eine Rolle im Leben der Menschen spielen?

Sondermann: Solange erzählt wird, wird es auch Sagen geben. Heute gibt es ja auch moderne Sagen. Es gibt urbane Legenden und Ähnliches. Erzählt wird immer. Es ist ein Grundbedürfnis des Menschen, Erklärungen für wahre oder halbwahre Tatbestände zu finden. Viele Sagen wirken heute noch verhaltensbeeinflussend. Zum Beispiel die Sage der Burg Hardenstein, die vom Zwergenkönig Goldemar erzählt, der die Burg mit einem Fluch belegte: Ehe nicht drei Generationen der Familie von Hardenstein gleichzeitig am Leben sind, bleibt die Burg verflucht. Folglich liegt der Fluch immer noch über der Burg, da es seither keine drei Generationen zugleich gab. Auf einem Burgfest traf ich eine junge Frau mit einer komischen Tätowierung am Unterschenkel. Ich sprach sie an und es stellte sich heraus, dass sie dieses Symbol auf einer Mauer der Burg Hardenstein gesehen hatte. Sie deutete es als Schadensabwehrzeichen, als ein Zeichen, welches die Bewohner an der Mauer angebracht hätten, um sich vor dem Fluch zu schützen. Die junge Frau dachte sich also, dass ein solches Zeichen sicher auch von ihr böse Kräfte fernhalten könnte. Das fand ich unheimlich spannend. Denn letztendlich stellt auch das in gewisser Weise die Aktualisierung einer alten Sage dar.

—

Bilden Sagen auch einen touristischen Faktor?

Sondermann: Ja, natürlich, ganz wesentlich. Ganze Regionen leben davon, wie zum Beispiel das Rheinland. Das ist ja auch immer wieder mein Anliegen. Ich möchte durch die Verbreitung der Sagen Interesse am Ruhrgebiet wecken und auch Touristen für die verschiedenen Örtlichkeiten unserer Region begeistern. Wir haben beispielsweise eine wunderschöne Burgenstraße entlang der Ruhr. Viele Burgen sind auch sagenumwoben. Was am Rhein funktioniert kann auch hier an der Ruhr funktionieren. Warum auch nicht?

Silvia Fehse-Schmitz

FLUSSTAUFE

Die Füße in der Ruhr, der Segen von oben

An diesem Pfingstmontag ist die kleine Kirche in Hattingen-Blankenstein bis auf den letzten Platz besetzt. Gefeiert wird ein Familiengottesdienst für sieben Kinder, die das Sakrament der Taufe empfangen und damit in die Gemeinde aufgenommen werden sollen. Eltern, Großeltern, Geschwisterkinder, Paten und Freunde sind zusammengekommen. Lange müssen die Familien sich nicht in die schmalen Holzbänke drängen, denn der wichtigste Teil des Gottesdienstes soll anderswo gefeiert werden – am Ruhrufer unterhalb der Kirche, wo die Kinder unter freiem Himmel mit Flusswasser getauft werden.

Auf dem Bootssteg des Rudervereins ist alles dafür vorbereitet: Die Taufschale, ein silbernes Kännchen und eine Kerze stehen bereit. Und so zieht die gesamte Taufgemeinde vom Kirchplatz den steilen Weg hinunter zur Ruhr und versammelt sich auf den Wiesen am Ufer zu einem lockeren Stelldichein. Einige stehen, andere setzen sich lieber ins Gras.
Der Platz ist idyllisch, der Blick auf die Flusslandschaft traumhaft, das Wetter perfekt. Nacheinander treten die Eltern und Taufpaten mit dem jeweiligen Täufling auf den Steg. Mit der Kanne schöpfen die

Links: Die evangelische Gemeinde Nierenhof tauft einmal im Jahr mitten in der Ruhr (Silvia Fehse-Schmitz)

Die kleine Kirche an der Burg in Blankenstein ist voll besetzt beim Taufgottesdienst (Silvia Fehse-Schmitz)

Paten Wasser aus der Ruhr, mit dem die Kinder anschließend getauft werden – die Allerkleinsten zum Teil unter Protestgeschrei, die etwas älteren zeigen schon neugierig Anteilnahme am Geschehen. Der Ritus folgt der üblichen Liturgie eines Familiengottesdienstes – nur der Ort ist eben besonders.

JAHR DER TAUFE LÖSTE EINEN REGELRECHTEN „TAUF-BOOM" AUS

So außergewöhnlich diese Feier auf den ersten Blick zu sein scheint, sie ist bei weitem nicht die einzige ihrer Art. Inzwischen feiern zahlreiche Gemeinden entlang der Ruhr regelmäßig Flusstaufen und bieten den Täuflingen und ihren Familien damit einen ganz besonderen Rahmen für ihre Feier. Pfingsten ist das beliebteste Datum dafür. Nicht nur weil zwischen Mitte Mai und Mitte Juni das Wetter bei einer Open-Air-Veranstaltung meistens mitspielt: Nach biblischer Überlieferung taufte Petrus an Pfingsten in Jerusalem 3.000 Menschen und begründete damit die erste christliche Gemeinde. Dieses erste XXL-Taufevent gilt als die Geburtsstunde der christlichen Kirche.

Auf dem Bootssteg des Rudervereins stehen die Taufschale und eine Kanne zum Schöpfen des Ruhrwassers bereit (Silvia Fehse-Schmitz)

Das Jahr 2011 rief die Evangelische Kirche in Deutschland (EKD) zum „Jahr der Taufe" aus. Auch die Kirchenkreise und Gemeinden entlang der Ruhr nahmen dies zum Anlass, besondere Gottesdienste zu veranstalten und lösten damit fast schon einen „Tauf-Boom" aus. Die Taufen an und in der Ruhr kamen besonders gut an und gehören seither – neben konventionellen Taufgottesdiensten – vielerorts zum Gemeindeleben dazu.

Eines der größten Flusstauffeste veranstaltete der evangelische Kirchenkreis Hattingen-Witten im Jahr 2012. Mehrere Gemeinden feierten hier zusammen und nahmen dabei 69 Kinder und Erwachsene in die Gemeinschaft der Kirche auf. 16 Pfarrer und über 100 ehrenamtliche Helfer waren bei dem Open-Air-Event im Einsatz. Im Vorfeld hatte der Kirchenkreis eine regelrechte Werbekampagne für das Tauf-Fest gestartet und rund 500 Familien an-

Das sagt die Bibel dazu:

Von der Taufe an Pfingsten berichtet die Apostelgeschichte (Apostelgeschichte 2, 37–41)

Dieses Wort traf die Zuhörer mitten ins Herz, und sie fragten Petrus und die anderen Apostel: „Brüder, was sollen wir tun?" Petrus antwortete: „Kehrt jetzt um und macht einen neuen Anfang! Lasst euch alle auf den Namen Jesu Christi taufen! Dann wird Gott euch eure Schuld vergeben und euch seinen heiligen Geist schenken. Was Gott versprochen hat, ist für euch und eure Kinder bestimmt und für alle, die jetzt noch fern sind und die der Herr, unser Gott, hinzurufen wird." Petrus beschwor und ermahnte sie noch weiter: „Lasst euch retten vor dem Verderben, das über diese schuldbeladene Generation hereinbricht!" Viele nahmen seine Worte zu Herzen und ließen sich taufen. Etwa dreitausend Menschen führte der Herr an diesem Tag der Gemeinde zu.

Pfarrerin Annette Krüger und Pfarrer Uwe Crone nahmen mit der Taufe an der Ruhr sieben Kinder in die Gemeinde auf (Silvia Fehse-Schmitz)

geschrieben – mit entsprechend großer Resonanz. Ein ähnliches Großevent zelebrierten die Bochumer Gemeinden Stiepel, Wiemelhausen und Werne gemeinsam im Jahr 2017. 27 Täuflinge standen hier im Mittelpunkt und feierten anschließend zusammen mit ihren Familien am Ruhrufer. Die Jugend der Deutschen Lebens-Rettungs-Gesellschaft (DLRG) hatte das Tauf-Wasser zuvor eigens mit dem Boot aus dem Fluss geschöpft, weil es dort keinen Steg gibt und die Uferkante nicht flach genug ist, um direkt am Wasser zu taufen. Auch hier brauchte es 80 Ehrenamtliche, die bei den Vorbereitungen und während der Veranstaltung halfen.

TAUFGOTTESDIENSTE MITTEN IN DER RUHR

Es gibt jedoch Gemeinden, die noch einen Schritt weiter gehen – im wahrsten Sinne des Wortes. Denn immer häufiger werden auch Taufgottesdienste in die Ruhr verlegt. Zumindest der Täufling, der Pfarrer oder die Pfarrerin und meist auch die Paten stehen dabei im Fluss. Die Ganzkörpertaufe, also die Taufe durch das Untertauchen des Täuflings im Wasser, ist sicherlich die ungewöhnlichste Form der Flusstaufe – zumindest an der Ruhr. Es ist der Taufritus der christlichen Urkirche und wird bis heute üblicherweise in der orthodoxen Kirche, in freikirchlichen Gemeinden und bei den Baptisten praktiziert. Grundsätzlich möglich ist die Ganzkörpertaufe jedoch auch in der protestantischen Amtskirche.

Das sagt die Bibel dazu:
Der sogenannte „Taufbefehl" steht im Matthäus-Evangelium (Matthäus 28, 19–20)
Darum geht nun zu allen Völkern der Welt und macht die Menschen zu meinen Jüngern! Tauft sie im Namen des Vaters und des Sohnes und des Heiligen Geistes, und lehrt sie, alles zu befolgen, was ich euch aufgetragen habe. Und das sollt ihr wissen: Ich bin immer bei euch, jeden Tag, bis zum Ende der Welt.

Immersionstaufe wird sie in der Theologie genannt und symbolisiert das Begrabenwerden und Wiederaufstehen mit Jesus Christus. Das dreimalige Benetzen mit Wasser, wie es heute in den meisten

Jetzt wird's ein bisschen nass. Die kleine Jana Theresa nimmt es gelassen (Silvia Fehse-Schmitz)

christlichen Gemeinden üblich ist, war ursprünglich eine Praxis, die in Zeiten von Wassermangel entstand. Nur wenn es in der Nähe kein Gewässer gab oder der Wasserstand dazu nicht ausreichte, dann wurde der sinnfällige Akt des Untertauchens durch ein eher symbolisches Übergießen (Affusion) oder Besprengen (Aspersionstaufe) ersetzt.

Durch die Taufe ist die kleine Jana Theresa nun in die christliche Gemeinschaft aufgenommen (Silvia Fehse-Schmitz)

Die Pfarrerinnen und Pfarrer des Evangelischen Kirchenkreises Hattingen-Witten tauften 2012 bei einem gemeinsamen Tauffest an der Ruhr 69 Kinder und Jugendliche (Nicole Schneidmüller-Gaiser, Evangelischer Kirchenkreis Hattingen-Witten)

Das Wasser ist und bleibt jedoch das wichtigste Symbol bei der Taufe: Taufkerze und Taufkleid sind verzichtbar, nicht aber das Wasser. Es steht sinnbildlich für das Reingewaschen werden von allen Sünden – meint also keine körperliche Wäsche, sondern eine geistige. Das griechische Wort für Taufe lautet „baptízein" (βαπτίζειν) und bedeutet so viel wie „ein- oder untertauchen". Warum also nicht diesen uralten Brauch wieder aufleben lassen?

Insbesondere bei älteren Kindern, Jugendlichen und Erwachsenen trifft dieser Ritus offenbar einen Nerv und macht die Taufe zu einem ganz unvergesslichen Erlebnis. Der Wunsch, in der Ruhr getauft zu werden, wird in den Gemeinden immer populärer. Die Wittener Pfarrerin Heike Bundt bietet regelmäßig Immersionstaufen in ihrer Gemeinde an. Sie steigt dazu jedes Jahr zu Ostern mit den Täuflingen in die Ruhr und das schon seit etwa 15 Jahren. Dr. Christian Klein, Pfarrer in Wickede, stand 2019 im Talar im hüfthohen Wasser, um vor rund 100 Gottesdienstteilnehmern zwei Mädchen in die Gemeinde aufzu-

nehmen. In Schwerte hat sich der Trend ebenfalls durchgesetzt. Hier wird regelmäßig in der Ruhr getauft und anschließend im Haus Villingst bei Kaffee und Kuchen gemeinsam gefeiert.

Es scheint im Trend zu liegen, neben dem konventionellen Taufgottesdienst auch neue Formen zu finden – zumindest in den evangelischen Gemeinden. Die katholischen Pfarreien tun sich meist schwer damit, das Sakrament der Taufe auf diese Weise zu spenden. Denn getauft wird in der katholischen Kir-

Der Ruhrgottesdienst der Evangelischen Gemeinde Nierenhof blieb auch von oben nicht immer ganz trocken (Silvia Fehse-Schmitz)

che mit Weihwasser. Nach katholischer Glaubenslehre wandelt die priesterliche Weihe das Wasser, es ist also anschließend nicht mehr dasselbe. Das mag bei einem mit Wasser gefüllten Gefäß funktionieren, ist bei einem fließenden Gewässer aber nur schwer vorstellbar. In der evangelischen Kirche ist das Wasser, mit dem getauft wird, hingegen ein Symbol. Es wird vorab nicht gesegnet oder geweiht. Ob Leitungs- oder Flusswasser verwendet wird, spielt daher keine Rolle.

DIE INDIVIDUELLE MOTIVATION IST HÖCHST UNTERSCHIEDLICH

Was macht die Faszination von Flusstaufen aus? Ist es eine besondere Form von ganz weltlicher Heimatverbundenheit, die sich hier in den christlichen Glauben mischt? Der Wunsch, in eine Gemeinschaft aufgenommen zu werden und dazu zu gehören ist schließlich kaum denkbar ohne einen Ort, mit dem diese Gemeinschaft verbunden ist. Ist die Motivation, sich in oder zumindest an der Ruhr taufen zu lassen vergleichbar mit dem Wunsch mancher Paare, im Stadion des Lieblingsfußballvereins getraut zu werden? Weil dann irgendwie alles zusammenkommt, was Heimat bedeutet und wichtig ist im Leben?

Vielleicht ist es von alledem ein bisschen. Verschiedene Gründe und die unterschiedlichsten individuellen Motivationen kommen hier zusammen. Viele Jugendliche spricht in erster Linie das Gemeinschaftserlebnis an. Zusammen mit anderen getauft zu werden, ist ihnen lieber, als bei einer Einzeltaufe allein im Mittelpunkt zu stehen. Zumal bei den meisten die Vorstellung von der klassischen Kindstaufe im Säuglingsalter vorherrscht, mit der sie sich nur schwer identifizieren können. Parallel besuchen einige den Konfirmandenunterricht, um sich dann, meist im Alter von 14 Jahren, konfirmieren zu lassen.

Die Tauffeste sind aber auch ein attraktives Angebot für Familien mit kleinen Kindern, die der Kirche nicht besonders nahe stehen. Der Rahmen ist hier bereits gesetzt, die Umgebung vertraut. Die buchstäbliche „Schwellenangst" wird den Kirchenfernen genommen, indem keine Schwelle existiert, weil der Gottesdienst open Air gefeiert wird. Die Gemeinden versuchen so, all jene Schäfchen einzusammeln, die den vermeintlich „richtigen" Zeitpunkt für die Taufe, meist im ersten Lebensjahr des Kindes, „verpasst" haben. Insbesondere in den Gemeinden, die nach der Taufe auch ein gemeinsames Fest anbieten – oftmals finanziert durch Spendengelder – fühlen sich Familien angesprochen, die sich sonst kein größeres Fest leisten könnten.

Für Laura ist die Ganzkörpertaufe in der Ruhr ein ganz besonderes Erlebnis (Silvia Fehse-Schmitz)

NICHT NUR „EIN BISSCHEN TAUFE"

Aber es gibt auch diejenigen, die sich genau solch ein Tauffest wünschen – für ihre Kinder oder für sich selbst – und von sich aus auf die Gemeinde zugehen. Die zwölfjährige Laura aus Essen und der dreizehnjährige Frederik aus Velbert zum Beispiel haben sich bewusst dazu entschieden, sich in der Ruhr taufen zu lassen. Beide sind in der evangelischen Gemeinde Nierenhof seit langem aktiv. Gemeinsam mit fünf weiteren Jugendlichen und acht kleineren Kindern, die am Ufer getauft werden, lassen sich die beiden während des Ruhrgottesdienstes mitten im Fluss taufen. Auf den Wiesen am Ruhrufer unterhalb der Isenburg in Hattingen feiert die Gemeinde einmal im Jahr diesen großen Gottesdienst mit vielen auswärtigen Besuchern.

Laura hatte den Taufgottesdienst an der Ruhr im Jahr vor ihrer eigenen Taufe zusammen mit ihrem Vater und ihrer Oma schon einmal als Besucherin miterlebt. Und sie wusste seitdem: Das will ich auch! Als Baby haben ihre Eltern sie segnen lassen, weil sie überzeugte Verfechter der Gläubigentaufe sind – das ist Familientradition. Jetzt kann und will Laura selbst entscheiden. Sie empfindet das Untertauchen als eine sehr ursprüngliche und natürliche Form der Taufe. Schließlich sei schon Jesus auf diese Weise im Jordan getauft worden, argumentiert sie. Den Taufspruch aus dem Psalm 121 hat sie sich selbst ausgesucht: „Ich blicke hinauf zu den Bergen,

Das sagt die Bibel dazu:

Das Matthäus-Evangelium erzählt von der Taufe Jesu durch Johannes (Matthäus 3, 13–17).

Um diese Zeit kam Jesus von Galiläa her an den Jordan, um sich von Johannes taufen zu lassen. Johannes versuchte, ihn davon abzubringen und sagte: „Ich müsste von dir getauft werden, und du kommst zu mir?" Aber Jesus antwortete: „Sträub dich nicht: Das ist es, was wir jetzt zu tun haben, damit alles geschieht, was Gott will." Da gab Johannes nach. Sobald Jesus getauft war, stieg er aus dem Wasser. Da öffnete sich der Himmel und er sah den Geist Gottes wie eine Taube auf sich herabkommen. Und eine Stimme aus dem Himmel sagte: „Dies ist mein Sohn, ihm gilt meine Liebe, ihn habe ich erwählt."

woher kommt mir Hilfe. Meine Hilfe kommt vom Herrn, der Himmel und Erde gemacht hat." Auch darin drückt sich Ursprünglichkeit aus.

In ihrer Heimatgemeinde ist Laura schon lange aktiv, doch erst mit der Taufe wird sie auch offiziell ein vollwertiges Mitglied der christlichen Gemeinschaft. Das möchte sie mit allen Sinnen erleben und ein sichtbares Zeichen setzen. Ähnlich empfindet auch Frederik. Seine Eltern haben ihm die Entscheidung überlassen, ob er sich taufen lassen möchte oder nicht. Er hat sich dafür entschieden. Jetzt will er der Gemeinde zeigen, dass er es wirklich ernst meint. Im Fluss untergetaucht zu werden, ist gefühlt eben nicht nur „ein bisschen Taufe", sondern „Taufe voll und ganz". Aus tiefster Überzeugung und mittendrin in der Ruhr. Ein schönes Gefühl, findet Frederik. Diese Entschlossenheit drückt auch sein Taufspruch aus: „Ich sage Dir noch einmal: Sei tapfer und entschlossen! Lass Dich durch nichts erschrecken und verliere nie den Mut; denn ich bin bei Dir, wohin Du auch gehst!" (Josua 1,9)

Bis zur Hüfte stehen die Täuflinge und ihre Begleiter Hand in Hand im flachen Fluss. Es nieselt ein wenig an diesem Sommertag; der Himmel ist bedeckt, aber das Wasser ist warm. Als Pfarrer Dirk Scheuermann sie tauft, tauchen sie, gehalten von den helfenden Händen rechts und links, rückwärts ins Wasser und werden wieder hochgezogen. Am Ufer stehen die übrigen Gottesdienstbesucher, darunter die Familien und Freunde, und verfolgen den Moment gespannt. Am Ende klatscht die Gemeinde am Ufer, um die neuen Mitglieder willkommen zu heißen. Es herrscht eine ganz besondere Stimmung am Ruhrufer. Anschließend gibt es Kaffee und selbst gebackenen Hefezopf für alle, der Himmel reißt auf und die Sonne bricht durch. Hätte es in Strömen geregnet, wäre der Gottesdienst in die Kirche verlegt worden und die Besucher hätten nur ein Video von den Flusstaufen zu sehen bekommen. Dieser Plan B ist jedoch auch in den vergangenen Jahren noch nie zum Tragen gekommen. Offenbar machen die Veranstalter alles richtig.

Rechts: Frederik meint es ernst mit dem Glauben. Das will er der Gemeinde mit seiner Flusstaufe zeigen (Silvia Fehse-Schmitz)

INTERVIEW MIT PFARRERIN HEIKE BUNDT

Heike Bundt, Pfarrerin der Evangelischen Trinitatiskirchengemeinde Witten, tauft einmal im Jahr mitten in der Ruhr. Und das schon seit 15 Jahren. Am Ostersonntag tauscht sie den Talar gegen einen Neoprenanzug und steigt mit den Täuflingen in den Fluss. Im Gegensatz zu vielen umliegenden evangelischen Gemeinden, die zwar mit Ruhrwasser aber „an Land" taufen, praktiziert sie die sogenannte Immersionstaufe durch Untertauchen. Üblich ist dies sonst nur bei den Baptisten. Im Gespräch erzählt sie, wie es dazu kam und was für sie Taufe bedeutet.

—

Flusstaufen scheinen sich in den vergangenen Jahren zu einem Trend entwickelt zu haben. Sie taufen schon seit 15 Jahren regelmäßig Jugendliche und Erwachsene in der Ruhr. Wie ist die Idee dazu entstanden?

Heike Bundt: In einem meiner Konfirmanden-Jahrgänge gab es vor vielen Jahren einige ungetaufte Jugendliche, denen ich dieses besondere Erlebnis schenken wollte. In diesem Rahmen wurde die Idee zur Ruhrtaufe bei uns geboren. Im Konfirmanden-Unterricht ist die Taufe der erste Themenblock, mit dem wir uns beschäftigen. Wir sprechen zum Beispiel über die Taufsymbole Wasser, Kerze und Taufkleid aber auch über verschiedene Bibelstellen zur Taufe.

—

Es gibt Kritiker, die befürchten, dass bei einer Flusstaufe eher der „Event-Charakter" im Vordergrund steht und das Sakrament der Taufe dadurch banalisiert wird. Was sagen Sie dazu?

Bundt: Das kann ich nicht nachvollziehen. Die Flusstaufe ist eine sehr ursprüngliche Form der Taufe und ein sehr intensives Erlebnis. Wir treffen uns dazu in der Osternacht, wenn die Sonne aufgeht. Wer morgens um halb sechs in die 15 Grad kalte Ruhr steigt, der hat sich bewusst für diese Form der Taufe entschieden. So etwas muss man wirklich wollen. Ich mache das ausschließlich mit älteren Kindern und Erwachsenen – allein aus Sicherheitsgründen. Dreißig Kilo Körpergewicht sollte

der Täufling schon mitbringen. Zum Teil gehen auch die Paten mit ins Wasser, wenn sie den Täufling begleiten.

———

Die meisten anderen Gemeinden feiern an Pfingsten ihre Tauffeste. Warum haben Sie sich für die Osternacht entschieden?

Bundt: Ostersonntag ist der Tag der Auferstehung Jesu. Das komplette Untertauchen im Wasser symbolisiert diesen Akt: Man ist weg von der Erdoberfläche und steigt dann durch die Taufe neu geboren aus dem Wasser. Pfingsten ist ein beliebtes Datum, weil an Pfingsten die erste in der Bibel überlieferte christliche Taufe stattfand. Die Taufe Jesu wird in der Bibel schon vorher erwähnt – Jesus ging zu Johannes, um sich von ihm im Jordan taufen zu lassen – das ist aber noch keine christliche Taufe. Jesus selbst hat übrigens nie getauft.

———

Die Ruhrtaufe in Ihrer Gemeinde setzt voraus, dass sich der Täufling selbst dafür entschieden hat. Sind Sie generell eine Befürworterin der Erwachsenentaufe?

Bundt: Nein, nicht unbedingt. Meine Kinder sind zum Beispiel im Säuglingsalter getauft worden. Sie sollten die Taufe als Geschenk erleben. Prinzipiell ist das in jedem Alter möglich. Wie wichtig das Bewusstsein ist, wirklich dazu zu gehören, erlebe ich häufig in Gesprächen mit älteren Geflüchteten, die nicht wissen, ob sie als Kind getauft wurden. Oft ist keine Taufurkunde vorhanden und in der Verwandtschaft gibt es niemanden, der eine Kindstaufe bezeugen kann. Das verunsichert diese Menschen sehr. Von denen, die eine Ruhrtaufe mitgemacht haben, höre ich oftmals viele Jahre später noch, dass es ein tolles Erlebnis war.

———

Im Interview erzählt die evangelische Pfarrerin Heike Bundt, wie sie über Flusstaufen denkt (privat)

Die Thäler der Ruhr und Lenne.

Das Land der Ruhr ist der Stolz, die Krone unseres Vaterlandes; die frischen rauschenden Berggewässer des Stromes sind das silberne Stirnband dieser Krone. Es ist ein ganz anderes Reich, als das durchmessene; aus dem lieblichen Bilde des Lippethales, worein die Geschichte uns nur romantische Gestalten webte, treten wir über in ein Epos, das von den Kämpfen urweltlicher Gewalten spricht, die sich Porphyrkolosse zum Denkmal aufgetürmt haben. Eine tiefe Waldeinsamkeit, wo unter den hohen Buchen- und Eichenwipfeln nur der Köhler seine Meiler schürt, wo nur zuweilen eine einzelne braungelbe Zigeunergestalt schleichend das Laub der Pfade aufraschseln macht, der Arnsberger Wald zwischen Möhne und Ruhr, bildet den vermittelnden Übergang. Er führt aus dem anmutigen, mildfruchtbaren Gelände des Möhnethales zu der großartigen und wildmalerischen Natur der obern Ruhrufer, wo bald dunkle Felsen, die sich über Thalkessel voll formgewaltiger Trümmer, wie Proteus über seine Robbenherde beugen, keine Seltenheit mehr sind, wo die Adler und die Uhus horsten, in das Land der tropfsteinglänzenden Klüfte, der von allen Höhen niederkollernden und spritzenden Bergwässer; aus den Tiefen dröhnt da das dumpfe Pochen der Hammerwerke, schwere Rauchsäulen rollen sich über die Felszacken auf oder zerstieben

Joachim Wittkowski

LITERARISCHE BESICHTIGUNGEN DER RUHR

„Die Ruhr": Literarische Besichtigungen der Ruhr sind ein Spiegel vielfältigen Wandels. Was man unter „Ruhr" versteht, ist dabei keineswegs von vornherein ausgemacht. In literarischen, journalistischen und wissenschaftlichen Texten, die einen Bezug zu Westfalen haben, hat das Wort „Ruhr" unterschiedliche Bedeutungen, eine engere und zwei weitere. Im engeren Sinn ist „Ruhr" der Name des im Hochsauerland bei Winterberg entspringenden und in Duisburg in den Rhein mündenden Flusses. Im weiteren Sinn bedeutet „Ruhr" dann aber „Land an der Ruhr" (so ein Buchtitel von Walter Vollmer aus dem Jahr 1935 und der Hefttitel der ersten „Merian"-Ausgabe zum Ruhrgebiet aus dem Jahr 1958). Damit ist zunächst das unmittelbar am Fluss gelegene Gebiet, das Ruhrtal, gemeint. In einem noch weiter gefassten Sinn steht der Ausdruck aber auch für das gesamte Ruhrgebiet. Ein um 1920 erschienenes „Ruhr-Album" zeigt in seinem farbigen Leporello außer Bildern vom Fluss vor allem städtische Ansichten, beispielsweise aus Castrop, Herne, Dortmund und Witten (und rechnet großzügig selbst Düsseldorf zur „Ruhr", noch dazu mit

einer Rheinansicht!). Diese Verwendung des Wortes „Ruhr" lässt sich die Jahrzehnte hindurch bis in die Gegenwart verfolgen. Das zeigt der Titel des 1929 erschienenen Romans „Brennende Ruhr" von Karl Grünberg ebenso wie der eines Films von Ferdinand Khittl aus dem Jahr 1957, „Feuer an der Ruhr", und die Bezeichnung „Metropole Ruhr".

Dieses erweiterte Verständnis zeigt sich auch an der Begriffsgeschichte des Ausdrucks „Ruhrgebiet". Im ursprünglichen Sinn meint „Ruhrgebiet" das Gewässereinzugsgebiet der Ruhr. Doch der Ausdruck hat eine Bedeutungserweiterung erfahren und bezeichnet über die Wasserscheiden hinweg das gesamte Industriegebiet an Lippe, Emscher und Ruhr. Dieses erweiterte Begriffsverständnis ist Ergebnis eines längeren Prozesses und keineswegs konkurrenzlos gewesen. „Das große Conversations-Lexicon für die gebildeten Stände" von Joseph Meyer enthält im fünften Supplement-Band von 1854 die bislang früheste bekannte Erwähnung des Ausdrucks „Ruhrgebiet", bezeichnenderweise noch nicht mit einem eigenen Stichwort, sondern im Artikel zum Rhein. Hier wird unter „Ruhrgebiet" noch das Einzugsgebiet der Ruhr verstanden, das im Süden „mit den Gebieten der Wupper und Sieg, im Osten mit denen der Eider und Diemel, im Norden mit dem der Lippe, im Westen mit dem R[hein]" eine geografische Grenze bildet; so können als

Links: Ferdinand Freiligrath, Levin Schücking: Das malerische und romantische Westfalen, Neu bearbeitet von Levin Ludwig Schücking, Vierte Auflage, Paderborn, Schöningh, 1898, S. 330

wichtigste Orte Arnsberg im Osten, Duisburg und Ruhrort im Westen genannt werden. Doch schon 1867 lässt sich im zwölften Band der „Allgemeine(n) deutsche(n) Real-Encyklopädie für die gebildeten Stände" aus dem Brockhaus-Verlag die Verwendung des Terminus „Ruhrgebiet" im Sinne der Steinkohleabbauregion nachweisen (Steinkohlen „kommen in der Rheinprovinz [...] am besten und reichlichsten im Gebiet der untern Ruhr vor; Westfalen förderte im Ruhrgebiet" große Mengen). In der Fachsprache des Bergbaus grenzt man aber spätestens 1871 das Ruhrgebiet ungefähr im heutigen Sinn ab, wie eine „Zusammenstellung der Zechen dieses Reviers" unter dem Titel „Die Steinkohlen des Ruhrgebietes" zeigt. Mit der 14. Auflage von „Brockhaus' Konversations-Lexikon" aus dem Jahr 1895 ist dieses Begriffsverständnis dann auch im allgemei-

nen Sprachgebrauch angekommen, auch wenn für das „Rheinisch-Westfälische Kohlenbecken" „die Ausdehnung nach Osten und Norden noch nicht ganz bekannt" gewesen ist.

Gleichwohl hat sich der Ausdruck „Ruhrgebiet" damit noch nicht vollständig durchgesetzt. Der Duden nimmt ihn erst in der zehnten Ausgabe von 1929 auf. Doch auch die konkurrierenden Ausdrücke kommen, sieht man vom bis in die Gegenwart bekannten „Rheinisch-Westfälischen Industriegebiet" ab, nicht ohne den Wortbestandteil „Ruhr" aus: „Ruhrkohlengebiet" oder „Ruhrland" mögen hier als Beispiele dienen. Bemerkenswerterweise bezieht das Begriffsverständnis von „Ruhrgebiet" nun nicht mehr das von der Ruhr durchflossene Sauerland mit ein, sondern bezieht sich nur noch auf die „Kernzone des Rheinisch-Westfälischen Industriegebiets" im Bereich zwischen Ruhr und Lippe, Moers und Hamm („dtv-Lexikon", 2006). Der Ausdruck „Ruhrgebiet" hat damit seine Bedeutung auf der einen Seite zwar erweitert, auf der anderen hingegen verengt.

Ob „Ruhr" oder „Ruhrgebiet": Es fragt sich, wie es dazu gekommen ist, dass die Ruhr einer Region, die einesteils über das Einzugsgebiet des Flusses deutlich hinausreicht, anderenteils Gebiete, die in seinem Einzugsgebiet liegen, ausschließt, den Namen gegeben hat. Ein Blick in die regionale Literaturgeschichte gibt darüber Aufschluss.

„Ruhr-Album", „Witten", Fotograf: anonym, Quelle: Ruhr-Album, Essen, Gebr. Moonen, ca. 1920

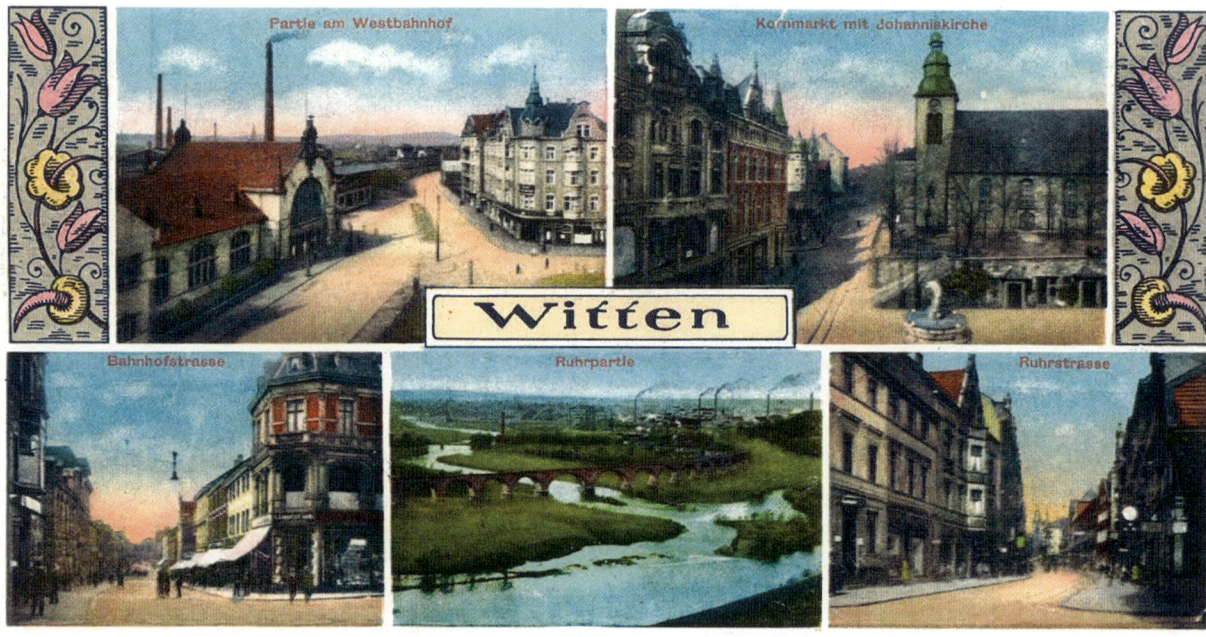

DIE EIGENTÜMLICHEN REIZE DER RUHRGEGEND: ERSTE POETISIERUNGEN DER RUHR

Die Ruhr ist in der Literatur bis zur Wende zum 19. Jahrhundert nicht präsent. Eine frühe Erwähnung findet sich aber 1797 bei dem ehemaligen Verwaltungsbeamten und Gutsbesitzer Christian Friederich Meyer (1748–1834) in seinen „Ansichten einer Reise durch das Clevische und einen Theil des Holländischen über Crefeld, Düsseldorff und Elberfeld". Meyer, der ansonsten literarisch nicht in Erscheinung getreten ist, bemerkt zur Ruhr nur wirtschaftlich pragmatisch, dass „die vortheilhafte Kommunikation" des Rheins mit der Ruhr der „Erleichterung der Transporte der Märkischen Producte, und insbesondere der in hiesiger Gegend so wohlthätigen Steinkohlen" diene. Eine ästhetische Qualität bleibt bei Meyer dem „schönen großen Rheinstrom" vorbehalten. Es passt also ins zeitgenössische Bild, dass der Theologe und Schriftsteller Friedrich Adolph Krummacher (1767–1845) zu seinem „Die Gegend zwischen Werden und Kettwich" überschriebenen Artikel im „Westfälische(n) Anzeiger" vom 22. August 1806 anmerkt: „Man sagt, Westfalen sey so unpoetisch, daß man um Verzeihung bitten müßte, wenn man ihm etwas poetisches überreichte. Das ist aber nicht an dem, – wenigstens viele seiner Gegenden sind es nicht, und von denen muß man anständig, d. i. [das ist] poetisch reden." Westfalen hat für Krummacher im frühen 19. Jahrhundert also ein Imageproblem. Dies bestätigt sich in der zehnbändigen Reihe „Das malerische und romantische Deutschland" (1836–1842), in der Westfalen kein eigenständiger Raum eingeräumt wird. Es galt also, gegen die Geringschätzung Westfalens anzuschreiben. Und so befindet Krummacher: „In den südlichen Gegenden Westfalens gehören vor allen die Ruhrgegenden zu den schönsten. Sind sie gleich keine große Epopee, wie die Rheingegenden von Bonn nach Mainz hinauf, so gestalten sie doch hie und da sich zum kleinen Epos, das nicht minder seine eigenthümlichen Reize hat."
Neben dem Lob für die Landschaft an der Ruhr gibt Krummacher mit diesem Satz auch eine Linie der Emanzipation vom Rheinland vor. Auch wenn nicht immer der direkte Vergleich mit dem Rhein gezogen wird: Das Bemühen, die Vorzüge der Landschaft in betonter Weise hervorzuheben, wird auch noch am Ende des 19. Jahrhunderts mitbestimmend für die Darstellung der Ruhr. Eine besondere Bedeutung kommt dabei den literarischen Reisebeschreibungen zu, die für das 19. Jahrhundert die wichtigste Quelle zur Ruhr in der Literatur darstellen.

Zu Beginn des 19. Jahrhunderts nimmt sich das Lob der Ruhr dabei noch zurückhaltend aus und vermeidet Superlative. Johann Adolph Engels (1764–1828), Kaufmann und Autor, ist 1813 in seinem Bericht „Die Reise nach Werden" gleichwohl beeindruckt von Natur, Bebauung und Geschäftigkeit im unteren Ruhrtal: „Da liegen im bunten Gemisch Häuser, Thürme, Felder, Wiesen, Berge, Flüsse, und mehr als eine Aussicht befriedigt das unermüdete Auge; – und wie belebt ist die ganze Gegend! Auf dem Strom fahren Kohlenschiffe auf und nieder. – Der Chausseeweg ist mit Fuhrkarren angefüllt, am Fluß ladet der Schiffer Kohlen aus; hier arbeitet eine Menge Menschen in den nahen Gärten [...]." Ähnlich sieht der Jurist und Autor Friedrich Rautert (1780–1858) in seinem „historische(n) Gemälde" in Versen („Die Ruhrfahrt", 1827) Natur und Wirtschaft als harmonisches Ganzes:

„Das Thal, das seine Woge stolz durcheilet,
Der hohe Felsen, der das Thal umschanzt,
Der dichte Wald, wo Philomele weilet,
Die grüne Matte, wo die Heerde tanzt,
Der Erde Tiefen selbst, wo Erze rasten:
Das Alles giebt dem Flusse reiche Lasten."

Dem Schifffahrtsweg Ruhr hat zwanzig Jahre zuvor, 1807, auch der Theologe und Schriftsteller Johann Heinrich Christian Nonne (1785–1853) in seinen ebenfalls lyrischen „Wanderungen durch Duisburgs Fluren" Aufmerksamkeit gewidmet: „In kleinen Nachen schickt Westphalens Mark / Uns seine Kohlen auf der Silberfluth / Der wellenreichen Ruhr". In solchen Darstellungen bleibt das Poetische allerdings an der formalen Oberfläche. Insofern ist Krummachers Forderung hier noch nicht eingelöst.
Auch die „Bemerkungen auf einer Reise durch Westphalen, bis an und über den Rhein" des Pfarrers und Schriftstellers der Aufklärung Johann Moritz Schwagers (1738–1804) aus dem Jahr 1804, die die Ruhr nur wenig berühren, bieten nicht mehr als eine erste Annäherung an die Flusslandschaft, die aber immerhin „Eisen- und Stahlhämmer", „Ruinen" kennt und ein dem Autor verblüffendes Landschaftsbild mitteilt: „[...] bald sahen wir auf der einen Seite die steile Wand hinan, bald rollten wir Steine den Absturz hinunter in die Ruhr, und dünkten uns in der Schweiz zu seyn."

„Blankenstein", Stahlstich von H. Winkler nach Carl Schlickum, Quelle:
Ferdinand Freiligrath, Levin Schücking, Das malerische und romantische
Westphalen, Barmen: Langewiesche, Leipzig: Volckmar, 1840/1842

GLEICH EINER SILBERSCHLANGE:
DIE ROMANTISCHE RUHR

Die erste umfängliche, im Sinne Krummachers poetisch zu nennende Darstellung der Ruhr findet sich
bei Ferdinand Freiligrath (1810–1876) und Levin
Schücking (1814–1883) in ihrem reich bebilderten
Panorama „Das malerische und romantische Westphalen". In diesem in zehn Lieferungen von 1839 bis
1841 und zumeist mit einem gestochenen Titelblatt
von 1842 versehenen Werk wird die bisherige Ton-
lage des Lobs der Ruhr mit einer bildreichen Sprache überboten: „Das Land der Ruhr ist der Stolz, die
Krone unsres Vaterlandes; die frischen rauschenden
Berggewässer des Stromes sind das silberne Stirnband dieser Krone." Auf der literarischen Reise von
der Quelle bis zur Mündung entwerfen sie ein Bild
der Ruhr, zu dem neben der Natur vor allem die
Historie gehört, die der Landschaft Bedeutung und
Rang verleiht. Als Zeugen der als bedeutend dargestellten Geschichte werden vor allem Schlösser und

Ruinen genannt, die sich harmonisch in das Landschaftsbild einfügen. Und so geht es zunächst ins
Sauerland, „zu der grossartigen und wildpittoresken
Natur des linken Ruhrufers, wo bald gigantische
Felsen [...] keine Seltenheit mehr sind". Das Ruhrtal bei Meschede hat für Freiligrath und Schücking
„angenehme Dimensionen, die Berge haben anmu-
thig wallende Formen, sind ausserordentlich schön
bewaldet und reich an lieblichen Contrasten durch
hochstämmiges und junges Laub- und Nadel-Holz –
die Ruhr macht einen allerliebst coquetten Bogen",
und „an dem Ruhrufer entlang läuft eine der ebens-
ten und schönsten Chausseen Deutschlands": Um
keinen geringeren Anspruch geht es. Und doch leide
die Örtlichkeit an einem „Mangel des charakteristisch Hervorstechenden", wie es etwa dem „Städtchen Eversberg" zugeschrieben wird, „wo die schöne Ruine eines Schlosses der Grafen von Arnsberg"
Bedeutsamkeit spendet. Freiligrath und Schücking
machen aus der Not eine Tugend und würdigen „die
scheinbar geringen Mittel, durch welche eine der
reizendsten Gegenden gebildet wird".
Es sind runde Formen, Wechsel in der Landschaft,
Wälder und nicht zuletzt der Fluss mit seinen Windungen, die in der Darstellung von Freiligrath und
Schücking den Reiz der Ruhr ausmachen, dazu

Ruinen. So ist es nicht verwunderlich und zudem zeittypisch, dass sich die Autoren „in eine süsse Romantik hinein" träumen und das Malerische und Romantische in ihrer Darstellung der Ruhrlandschaft wiederholt betonen: „Von Volmarstein an, weiter hinab zeigt euch die Ruhr eine Reihe ewig wechselnder glänzender Landschaftsbilder der pittoreskesten Scenerie", heißt es beispielsweise. An anderer Stelle wird ein solches Landschaftsgemälde literarisch detailliert vorgestellt: „Die Ufer der Ruhr behalten im Ganzen [...] den schon beschriebenen, freundlich milden Charakter. Nach vielen Windungen strömt sie endlich wieder ganz westlich, doch hinter Fröndenberg sich mit leiser Abweichung dem Süden zuwendend. Fröndenberg ist ein Frauen-Stift, die Staffage in einem Bilde der zartesten Lieblichkeit – Wiesenteppiche so sanft und grün wie ein Elfenthal, von einer zahllosen Viehheerde friedlich durchweidet, der Fluss wie ein springendes Kind, über tausend Kiesel rauschend, an grösseren Steinen artig Wellchen kräuselnd oder eigensinnig aufspritzend." Und als romantische Zutat: „Hinter Steinhausen erblickt ihr, versteckt von einer Bergwand, unten am Ufer, fast vom Flusse bespült, die malerischen Trümmer von Hardenstein, einem Rittersitze derer von Hardenberg [...]."

Die Stahlstiche, die „Das malerische und romantische Westphalen" nach Vorlagen von Carl Schlickum (1808–1869) illustrieren, zeigen dem entsprechend romantische Szenerien. Die Darstellung von Blankenstein – „mit Arnsberg und Hohensyburg der Ruhrufer schönster Punkt" – visualisiert exemplarisch das auch textlich beschriebene Inventar der romantischen Landschaft: den „aufspritzend(en)" und im Verlauf des Tals eine Wendung nehmenden Fluss, Bote, einen Berg, die Ruine einer Burg, einen Baumbestand am Hang, einen kleinen Ort mit Kirchturm.

Doch der „unnennbar lieblichen Landschaft" droht in den 1840er Jahren durch die beginnende Industrialisierung ein Verlust an Romantik. Freiligrath und Schücking stellen die Veränderung des Landschaftsbilds 1840 noch weitgehend neutral dar, sind von der wirtschaftlichen Bedeutung sogar eingenommen: „In der Nähe von Hardenstein ist eine jener Zechen, welche in so grosser Menge den Kohlenreichthum des Ardeys und der Ruhrufer ausbeuten und auch

———
„Wetter an der Ruhr", Stahlstich von H. Winkler nach Carl Schlickum, Quelle: Ferdinand Freiligrath, Levin Schücking, Das malerische und romantische Westphalen, Barmen: Langewiesche, Leipzig: Volckmar, 1840/1842

ohne Erzadern und Stufen eine Goldmine für das ämsig betriebsame Land sind. Von Witten an wird die Ruhr schiffbar, und trägt auf Wimpelflatternden Fahrzeugen den Reichthum ihrer Gestade in vielen Millionen Centnern dem Rhein, dem Westen und Süden Deutschlands und den Niederlanden zu; diese Barken, die Kohlendepots, die Eisenhämmer und andre Anlagen einer grossartigen Industrie machen von nun an bis zur Mündung bei Ruhrort den Fluss zur Pulsader eines bewegten lauten Lebens."

Noch wird die Industrie also nicht als bedrohlich empfunden. Der Stahlstich zu Wetter setzt den Fluss in romantischer Manier ins Bild, zeigt im Vordergrund eine Viehweide und Fischer. Das rechte Bilddrittel zeigt ein auf einem Hügel gelegenes Schloss. Die Darstellung einer burgähnlichen Anlage auf der rechten Bildseite lässt einen aus zwei Kaminen der Burg und eines Nebengebäudes aufsteigenden Rauch erkennen.

Was die Druckgrafik nicht zu erkennen gibt, teilt der Text mit. Es ist die Industrie, die hier einen ersten Schatten auf die Idylle wirft: „Wetter, einst ein Schloss der Grafen von der Mark, hat in den Mauern seiner Feste eine Eisengiesserei die Romantik schmälern sehen müssen". Der Rauch steht symbo-

lisiert mithin für den Einbruch des Modernen und Kommerziellen in die auch bei Freiligrath und Schücking von der einen oder anderen „heydnische(n) Fabel" umwobenen Welt der Schlösser, Burgen und ihrer Ruinen.

MIT DER EISENBAHN ÜBER DAS RUHRTAL: SPÄTROMANTISCHE ENTDECKUNGEN

Als Levin Schückings Enkel Levin Ludwig Schücking (1878–1964) „Das malerische und romantische Westfalen" 1898 „(n)eu bearbeitet" in vierter Auflage herausbringt, ist der Einfluss der Industrie umso deutlicher geworden. Der (aus der zweiten, „umgearbeitete(n)" Auflage von 1872 übernommene) Stahlstich zeigt deutliche Spuren der Überarbeitung. Zwar verharren die Fischer in der ihnen 1840 zugewiesenen Pose, stehen die Kühe unverändert an ihrem Fleck, sind die Bäume nicht gewachsen, sondern sogar ein wenig gestutzt, um den

„Wetter an der Ruhr", Stahlstich von Carl Mayers Kunstanstalt nach Carl Schlickum, Quelle: Ferdinand Freiligrath, Levin Schücking, Das malerische und romantische Westfalen, Neu bearbeitet von Levin Ludwig Schücking, Vierte Auflage, Paderborn, Schöningh, 1898

Blick auf die im Hintergrund sichtbare neu gebaute Brücke freizugeben, doch aus der Burg ist deutlich erkennbar eine Fabrikanlage mit hohen Schloten geworden, aus denen dunkler Rauch quillt. (Nur das Spiegelbild der Burganlage in der Ruhr hat die Jahrzehnte unverändert überstanden. Die Ruhr, so möchte es scheinen, wird damit zum Spiegel für ein Bild aus romantischer Vergangenheit.) Der Wandel ist aber noch tiefgreifender, als es der Stahlstich zeigt. Levin Ludwig Schückings revidierter Text offenbart das größere Ausmaß der Veränderung: „Die Ruhr strömt in silbernen Windungen, rechts die Höhen des Ardeygebirges bespülend, und schlägt jetzt ihren Bogen um die Freiheit Wetter, die von dem alten Schloß überragt wird, das, einst eine Burg der Grafen von der Mark, in späterer Zeit ein Amtshaus, dann eine Eisengießerei des 1880 gestorbenen Volksmannes Harkort in sich aufgenommen hat und, nachdem diese verlegt worden ist, mit den eingeworfenen Fensterscheiben und dem wüsten Hofe, auf dem alte Maschinenteile, Eisenstücke und Schlacken umherliegen, einen gar traurigen Eindruck macht."

Levin Ludwig Schücking vermeidet es aber, die Ruhr und die Landschaft an der Ruhr insgesamt als Opfer der Industrialisierung darzustellen. Wie sein Großvater und Ferdinand Freiligrath spricht er von der „wildmalerischen Natur der obern Ruhrufer", sieht den Fluss bei Meschede „einen allerliebst zierlichen Bogen" schlagen, lobt die „beherrschenden Höhen auf dem südlichen Ufer der Ruhr" bei Werden und in Fröndenberg „ein Denkmal alter Zeit in einem Bilde von großer Lieblichkeit". Der tradierten Wahrnehmung einer romantischen Landschaft stellt er dann aber eine jüngere, durch die Eisenbahn vermittelte zur Seite: „Die lieblichste Rundsicht über das Ruhrthal wird uns hier [in Herdecke] gewährt von dem Bahnhofe der rheinischen Bahn. Diese Bahn, seit 1879 eröffnet, bietet auf der kurzen Strecke Hörde–Hagen eine Reihe der schönsten landschaftlichen Reize. Zwischen Hörde und Herdecke wird die mächtige Höhe der Haar, hier das Ardey genannt, in scharfen Einschnitten und langem Tunnel (947 m) durchfahren, und ein stattlicher Viadukt führt uns über das Ruhrthal in scharfer Krümmung um den Kaisberg in das Volmethal nach Hagen zu. Kaum eine Eisenbahnstation mag soviel landschaftliche Schönheit bieten, als diese zu Herdecke [...]." Die Bewunderung der Ingenieursbauwerke Tunnel und Viadukt betrifft nicht nur ihre Ausmaße und technische Meisterschaft, sondern auch die in tech-

nischer wie in ästhetischer Hinsicht bewunderte „Krümmung", die sich als bahntechnische Entsprechung zu den natürlichen Windungen der Ruhr verstehen lässt; in ganz ähnlicher Weise hat 1856 Levin Schücking in seinem Reiseführer „Von Minden nach Köln", einem Beitrag zu „Brockhaus' Reise-Bibliothek für Eisenbahnen und Dampfschiffe", beschrieben, wie die Ruhr „nach kühner Bogenwendung zwischen Vollmarstein (links) und Wetter (rechts) hindurch" fließt.

Für Levin Schücking bietet die Eisenbahn seinerzeit vor allem die Möglichkeit, während einer einzigen Zugfahrt eine Vielzahl an Eindrücken zu sammeln. Mit diesem Argument empfiehlt er, in Dortmund für die Fahrt in westlicher Richtung von der Köln-Mindener zur Bergisch-Märkischen Bahn zu wechseln: „Man hat den Vorteil der unendlich interessantern Fahrt durch das Ruhrthal [...] –, eine Gegend, die vom anziehendsten Gemisch von Gärten und Wiesen, schimmernden Landsitzen, Siedelungen der Fabrikarbeiter, Industrieanlagen vom kleinen Mühlenwerk bis zur riesigen Spindelkaserne und Webstuhlpalast, von Brücken und farbenglänzenden Färbereien und Bleichereien unübersehbar weit bedeckt und malerisch überstreut ist."

Fünfzehn Jahre später, 1871, erscheint „Ruhr und Lenne. Eine Fahrt durch das südliche Westfalen" des Lehrers, Funktionärs und Politikers Gustav Natorp (1824–1891). Ähnlich wie später Levin Ludwig Schücking bemerkt Natorp, dass die Eisenbahn nicht nur mehr, sondern darüber hinaus neue Seherlebnisse ermöglicht. Arnsberg hat es ihm dabei besonders angetan: „Unser Zug überschreitet in westlicher Richtung den Fluß, durchschneidet unmittelbar darauf einen durch den Schloßberg führenden Tunnel von 72½ Ruthen, läuft nach dem Austritt aus dem Tunnel über eine zweite Ueberbrückung der Ruhr und schlägt sodann auf dem Obereimer Viaduct mit dem Flusse eine fast nördliche Richtung ein. Der Wechsel der Landschaftsbilder zu beiden Seiten des Tunnels ist überraschend." Die durch die Eisenbahn vermittelte Landschaftsästhetik folgt dabei allerdings demselben auf Abwechslung basierenden Muster wie die Fußwanderung, für die eine Straße bei Wetter das Beispiel gibt. Hier wird der wechselnde Blick auf das Tal, den Fluss, „senkrecht aufragende Felsen", Bauernhäuser, Weiden und „das blaue Wasser des Flusses" geschildert, der sich als „ganz besonders freundlich dem Auge" darbiete. Mit all dem bleibt Natorp weitgehend der romantisierenden Anschauung verhaftet. Lediglich der „Besuch des an der Mündung der Ruhr gelegenen Ruhrort" durchbricht dieses Muster, denn „Ruhrort's Hafen-Verkehr hat in neuerer Zeit bedeutende Dimensionen angenommen". Zwar liegt die „Pforte des eigentlichen Ruhrthales" für Natorp erst ein Stück weiter ruhraufwärts bei Mülheim, gleichwohl durchbricht das ökonomisch bestimmte Thema Schifffahrt hier die spätromantische Sichtweise.

SCHMUTZIGE STINKIGE GRUBEN: NEUE BLICKE AUF DIE RUHR

Zu Beginn des 20. Jahrhunderts zeigen sich im literarischen Bild der Ruhr widersprüchliche Wahrnehmungen. Der Dortmunder Heimatdichter Karl Prümer (1846–1933) gibt in seinem Band „Unsere Westfälische Heimat und ihre Nachbargebiete"

„Hohensyburg (Blick ins Tal)", Fotograf: anonym, Quelle: Karl Prümer, Unsere Westfälische Heimat und ihre Nachbargebiete, Leipzig, Ziegenhirt, 1909

1909 die in seiner Zeit am deutlichsten traditionsverhaftete Darstellung. „Das silberne Band der Ruhr" liegt bei ihm noch im „lieblichen bergwaldumrauschten Ruhrtal". Mit einem „ziemlich steilen Ruhrberge" hier und Bergen dort, die „[w]ellenförmig abgerundet" die Landschaft prägen, mit Schlössern und Ruinen, die vorzugsweise einer „sagenumwobenen Burg" gehören, zeichnet Prümer „die ganze Schönheit des landschaftlichen Bildes" so romantisch nach, wie es im vorangegangenen Jahrhundert üblich war.

Die Eingriffe, die die Industrialisierung in die Ruhrlandschaft bedingt hat, schränken deren Schönheit für Prümer nicht ein. Wie Levin Ludwig Schücking findet er Gefallen an Eisenbahnkonstruktionen: „Einen besonderen Reiz gibt der Landschaft der mächtige und doch in seiner Bauart schlanke, leicht gebogene Eisenbahnviadukt, mit seinen malerischen Bogen [...]." Natur und Technik werden hier als im Einklang stehend beschrieben. Für Hohensyburg gilt dies nicht nur optisch: „Durch saftgrüne Weiden ziehen im großen malerischen Bogen Ruhr und Lenne ihres Weges, vorbei an bergigen Höhen

und gewerblichen Betriebsstätten, an friedsamen Bauernhöfen und wogenden Kornfeldern. Winzig erscheint das Weidevieh auf den Ruhrweiden. Da rasselt der Dampfwagen über die Flußbrücke, plötzlich verstummt das Geräusch, als habe ihn der Erdboden verschlungen, aber nur ein unscheinbarer Hügel deckte den Schall, denn kaum ist er überwunden, so schnaubt und braust das Dampfroß weiter ins Land." Die dem Text beigegebene Fotografie im Stil der Stahlstiche des 19. Jahrhunderts visualisiert das Beschriebene bis hin zum Detail des soeben die Ruhrbrücke passierenden Zuges, der eine lange Dampffahne hinter sich herzieht. Wo sich Prümer kein ästhetischer Blickwinkel anbietet, bleibt die schlichte Bewunderung der Technik, etwa wenn er bei Meschede „eine recht sehenswerte, mächtige Talsperre mit gewaltigen Mauern" bestaunt.

Die Perspektive der Bergarbeiterdichter Heinrich Kämpchen (1847–1912) und Ludwig Kessing (1869–1940) ist eine andere, die Textgattung auch: Beide Autoren schreiben Lyrik. Ludwig Kessings Sicht der Natur an der Ruhr steht durchaus noch in der literarischen Tradition. Berge und Täler, Wälder und „Herden […] auf grünen Weiden", dazu „Burgruinen" und selbst ein rauschendes Mühlrad. Kessings Blick auf die Ruhr wäre überaus konventionell – wenn er nicht die Folgen der Industrialisierung als krassen Widerspruch zur geradezu kitschigen Idylle aufzeigte. „O anmutreiches Tal!", heißt es im Gedicht „Des Morgens Wanderung", und zugleich „Da weh, ein Schacht!" Im selben 1924 erschienenen Band „Auf zum Licht!" findet sich zudem ein Gedicht, das diesen Kontrast sinnfällig ausgestaltet:

„Im Ruhrrevier

Das ist meine Heimat[:]
Berg und Hügelhöh'n,
Anmutreiche Täler,
Drin die Herden gehn,
Grüne Ackerbreiten,
Eich- und Buchenwald,
Dörflein, drin am Abend
Süß die Glocke schallt.

Das ist meine Heimat:
Damm und Schienengleis,
Schlote, Schachtgerüste,
Strebend auf im Kreis,
Wolken Dampfs – ein Flüßlein
Bogenüberspannt.

Ja, das ist die Heimat,
Ist mein Heimatland."

Auch für Heinrich Kämpchen bedeutet die Ruhr Heimat. Und wie Kessing schaut auch Kämpchen auf „Berg und Tal", „Wald und Au", „Dorf und Weiler" und schmückende Ruinen. So stellt es das Gedicht „Heimat" aus dem 1909 erschienenen Band „Was die Ruhr mir sang" dar.

Kämpchen vergleicht die Ruhr – wie Krummacher ein Jahrhundert zuvor – mit dem Rhein. „Zuviel der Schönheit" sieht er dort („Rheinfels"), die „ragenden Burgen und Dome", den „prangenden Wein / An seinen felsigen Hängen" („Pfingsten im Ruhrtal"). Dem heimatverbundenen Kämpchen kann der Rhein die Ruhr aber nicht ersetzen: „immer zog es zurück mich nach dir, / Mein Ruhrtal, mein einziges schöne" („Pfingsten im Ruhrtal").

Doch ist Kämpchens Freude an der Ruhr getrübt. Denn die Rohstoffgewinnung macht vor Eingriffen in die Landschaft nicht halt. „Die fortdauernde Ausbeutung des Isenberger Steinbruchs hat den stolzen Bergkegel, das alte Wahrzeichen unseres schönen Ruhrtals, nach der Hattinger Seite hin schon zerstört", merkt er in einer Fußnote zum Gedicht „Maiengang" im 1904 erschienenen Gedichtband „Neue Lieder" an. Als Bergmann hat Kämpchen aber vor allem miterlebt, wie die Industrialisierung tief in die Arbeits- und Lebensverhältnisse der Bergleute eingeschnitten hat. Im bereits 1899 erschienenen Gedichtband „Aus Schacht und Hütte" findet sich ein Gedicht, das die soziale Perspektive in Bezug zum spätromantischen, die Naturschönheit betonenden Blick auf die Ruhr setzt und dessen Wert relativiert:

„Schmerz im Mai

So liegst du wieder in der Berge Kranz,
Mein Heimaththal, in deinem schönsten Glanz!
Smaragd und Gold, wohin mein Auge blickt –
Mit allen Reizen seh' ich dich geschmückt.

Hell blitzt die Ruhr auf deinem grünen Grund,
Die alten Burgen ragen in der Rund' –
Ja, du bist schön – und wie ein Märchenbild
Ausbreitet sich dein lachendes Gefild.

Und doch umflort mein Auge sich beim Schau'n
Der Maienpracht auf deinen güld'nen Au'n.
Malt sie der Lenz auch noch so farbenbunt,
Ich schau' die Qual tief in der Erde Grund.

Denn unter mir und deiner Fluren Pracht
Dehnt sich das Reich der grauenvollen Nacht.
Und flötet hier die Nachtigall im Hain,
Dort unten dröhnt's von brechendem Gestein.

Dort kracht's und knallt's beständig fort und fort,
Im Pfeilerbau, im Querschlag und vor Ort.
Und würzt, mein Thal, dich milder Maienduft,
Dort unten herrscht der Moderhauch der Gruft. –

Ja, du bist schön, mein trautes Heimaththal,
Im Morgengold, im Abendsonnenstrahl,
Doch deinen Söhnen, fern vom Tageslicht,
Den armen Knappen frommt die Schönheit nicht."

Ein Sonderfall sind die Texte von Karl Krampe (1858–1934). Von Krampe, der wie Kämpchen und Kessing Bergmann war, ist eine aufschlussreiche Erinnerungsprosa überliefert. Die vermutlich Ende der 1920er Jahre entstandenen Texte sind erst 2006 unter dem Titel „Geschichten aus dem Ruhrtal" von Olaf Schmidt-Rutsch aus dem Nachlass herausgegeben worden. Auch Krampe thematisiert einen scharfen Kontrast. Anders als Kämpchen sieht er vor allem einen Verlust des ihm Heimatlichen und einen kulturellen Wandel. Seine erinnerten Eindrücke von der Ruhr haben dabei eine andere Qualität, beziehen sich auf eine einmal erlebte Lebenswelt. „1870 war an der Ruhr und auf der Ruhr noch Leben", beginnt er seinen „Rundgang". Darunter versteht er vor allem die vorindustrielle wirtschaftliche Betriebsamkeit, an der neben den Kleinzechen die Ruhrschifffahrt einen wesentlichen Anteil hatte: „An beiden Seiten der Ruhr, von Mühlheim bis Zeche Nachtigall bei Witten, waren Kohlenmagazine. Die Kohlen wurden von den einzelnen Zechen auf sogenannten Schleppbahnen mit Pferden, teils auch mit Schleppern, zu den Magazinen gebracht. Der Fluss selbst war von vielen Kohlenschiffen, Aaks genannt, belebt. Auf dem Leinpfad zogen die Treidelpferde die leeren Schiffe stromaufwärts. Stromabwärts wurden sie von der Strömung getragen." Der Fluss ist für Krampe eine Lebensader, durch die „Korn- und Ölmühlen, Hammerwerke und Schmelzöfen betrieben" werden können („Kötter") und die unmittelbar zur Ernährung der Menschen an der Ruhr beiträgt: „Aus der Ruhr und einigen fischreichen Bächen holten sich die Bewohner oft Fische und Krebse." („Aus der Vergangenheit von Linden-Dahlhausen").

Mit dem Bau der Ruhrtalbahn in den 1870er Jahren verändert sich für Krampe der Charakter der Ruhr. Von einer Ästhetik der Eisenbahn will er nichts wissen, im Gegenteil: Die Bahn ist ihm ein „ganz schlimmer Feind der Landschaft", schreibt er in seinem „Rundgang". „Kein Haus, kein Schloss, kein Garten, kein Feld, keine Wiese, kein noch so schöner Wald kann sie aufhalten. Was in ihrem einmal angenommenen Weg liegt, ist dem Tod verfallen. Berge werden von ihr durchschnitten oder mittels Tunnel durchbohrt, Täler angefüllt. Über Flüsse, tiefe Täler und Straßen werden hässliche Brücken geschlagen, die mit ihren Eisenrippen aussehen, als wären sie das fleischlose Gerippe eines großen Ungeheuers."
Der Ausbau des Schienennetzes geht einher mit dem Ende der kleinen Zechen zugunsten der größeren Schachtanlagen. Das alles hat Auswirkungen, die Krampe als Verlust beschreibt: „Wo sind die vielen Wälder geblieben? Bis auf einen geringen Rest abgehauen. Die klaren Bäche in den Nebentälern der Ruhr sind zu schmutzigen stinkigen Gruben geworden, die nun statt klarem Quellwasser das Schmutzwasser von Zechen und Fabriken zur Ruhr führen und auch diesen Fluss zu einem großen, schmutzigen Kanal machen. Er liegt wie tot da. Kein Schiff, keine Treidelpferde beleben ihn mehr." Krampe benennt zudem ökologische Folgen: „Die Singvögel, der Hase, Dachs und Fuchs haben fast alle das Ruhrtal und die Nebentäler desselben verlassen." Als Nahrungslieferant taugt die industriell gewandelte Ruhr wegen der „vielen Schmutzwässer, die in immer größer werdenden Mengen der Ruhr zugeführt wurden", nun nicht mehr, „der Fischfang an der Ruhr [hat] noch kaum etwas zu bedeuten" („Fischfang an der Ruhr"). Rauch, der Geruch von Schwefel, die „feurige Lohe" („Rundgang") der nahgelegenen Hochöfen und Kokereien, die Architektur der neuen Wohnbebauung für hinzugezogene Arbeiterfamilien – all dies lässt die Folgen der fortgeschrittenen Industrialisierung für Krampe negativ erscheinen. Hinzu kommt, dass „fremde Arbeiter" „andere Dialekte, auch andere Sitten und Gebräuche" mitgebracht haben („Die Schulten und Schultenhof"). Karl Krampes Resümee all dieser Wandlungen lautet daher: „Das Bild an der Ruhr war ein anderes geworden, der stille Frieden, der bis dahin an der Ruhr herrschte, war für immer dahin."

Rechts: „Die Ruhr bei Werden", Fotograf: anonym, Quelle: Georg Schwarz, Kohlenpott, Ein Buch von der Ruhr, Berlin, Büchergilde Gutenberg, 1931

Krampe markiert mithin den Wandel, den die Industrialisierung für die Ruhr bedeutet, ausgesprochen drastisch und zudem aus einer anderen Perspektive als seine Zeitgenossen. Als mit dem Rhein vergleichbare Schönheit taugt sie ihm nicht.

RUHR UND EMSCHER: AUFGABENTEILUNG UND IMAGE ZWEIER FLÜSSE

Der Bergmann Karl Krampe ist noch ein zweites Mal Zeitzeuge eines tiefgreifenden Wandels geworden: der Nordwanderung des Bergbaus im letzten Viertel des 19. Jahrhunderts, der er selbst gefolgt ist. Auch dieser Prozess hat Folgen für die Ruhr gehabt, über die Krampe jedoch keinen Bericht mehr gibt. Hier setzt der Schriftsteller und Journalist Georg Schwarz (1896–1943) an, der in seinem Text-Bild-Band „Kohlenpott" aus dem Jahr 1931 reflektiert,

„Der Wasserbedarf der Industrie ist groß. Eine umfassende Bewirtschaftung der natürlichen Wasserläufe hat jeden kleinen Bach in einen Kanal verwandelt." Foto: Heinrich Hauser, Quelle: Heinrich Hauser, Schwarzes Revier, Berlin, S. Fischer, 1930 (Wolfgang-Peter Geller)

wie die Landschaft abermals in der Folge industrieller Entwicklung Veränderungen unterworfen worden ist. Schwarz ruft ein kollektives Erinnerungsbild auf: „Als wir noch Kinder waren, floß die Ruhr in lieblichen Windungen – ein gemächlicher, friedlicher Fluß – unten vorbei." Bis zum Beginn der 1930er Jahre habe es einen deutlichen Wandel gegeben. Nur noch bei Werden und Kettwig, so schildert es Schwarz, sehe die Ruhr „wie ein richtiger romantischer Fluß" aus; dort könne man sich an den „prächtigen Ausblicken von schutzgeländerten Felsvorsprüngen ins Ruhrtal" und am „herrlichen alten Wald" erfreuen – was ein wenig kontraststarkes Schwarz-Weiß-Foto eines anonymen Fotografen belegen soll. Doch hat die Ruhr für Schwarz grundsätzlich einen anderen Charakter bekommen. Was für Krampe die Schönheit der Ruhr und des angrenzenden Lands zerstörte, große Zechenanlagen und schmutziges Wasser, ist für Schwarz bereits wieder Vergangenheit. Die Ruhr bei Kettwig kann auch deshalb als schön empfunden werden, weil dort lediglich „die zart im Blau der Ferne verschwimmenden Konturen des Fördergerüstes von Heisingen" sichtbar sind. Das Wasser der Ruhr ist nicht mehr, wie von Kramp beklagt, verschmutzt, sondern liefert

den Einwohnern des Ruhrgebiets Trinkwasser aus einer ganzen Reihe von Stauseen, deren technische Ausstattung der Ruhr verlorene Qualität zurückgibt. „Man steht auf der Brücke, die kühn den See überspannt", berichtet Schwarz vom Hengsteysee, der erst wenige Jahre zuvor, 1926–1929, angelegt worden war. „Die Ruhr, die [...] trüb und schmutziggelb aussieht, setzt im Staubecken an Filtern die von den Industrie-Abwässern eingeschleppte Verschmutzung ab und ist im Seebecken selbst schon hell und klar." Schwarz hebt den Nutzen der nun betriebsmäßig bewirtschafteten Ruhr hervor, verweist auf Strandanlagen und Wassersport und ist sich zudem sicher, dass die „großen Wasserflächen" der Stauseen „das Klima verbessern" werden.

Schwarz' Rehabilitierung der Ruhr geht indes nicht so weit, dass er sie mit dem Rhein vergleicht. Stattdessen setzt Schwarz sie in einen scharfen Kontrast zur Emscher, die die Negativfolie bietet. Die Emscher spielte in der Literatur des 19. Jahrhunderts keine Rolle. Lediglich bei Gustav Natorp wird sie mit Blick auf die Wasserscheide zwischen ihr und der Ruhr erwähnt. Ihre literarische Spur findet sich erst zu Beginn des 20. Jahrhunderts: „Und prächtig blüht's am Emscherstrand", heißt es in Heinrich

Kämpchens Gedicht „Den Freunden im ‚Finsterlande'" (womit der Kreis Recklinghausen gemeint ist) aus dem Band „Was die Ruhr mir sang". Doch schon 1909, als dieser Band erschien, war die Emscher kaum noch in einem natürlichen Zustand, nahm Abwässer auf, wurde zunehmend zur Kloake, die seit 1906 begradigt und kanalisiert wurde. Schwarz beschreibt sie als Gegenbild zur Ruhr: „[...] die Emscher war noch vor vierzig Jahren ein fischreicher Fluß, der viele Fischer ernährte. Heute sammelt die Emscher die Industrieabwässer des Reviers. Pechschwarz ist ihr Wasser, eine stinkende Kloake [...]. Das Emscherbett wurde betoniert, ihr Lauf reguliert, Kläranlagen wurden gebaut, um das Land vor Hochwasserschäden zu bewahren und seine Bewohner vor Krankheiten." Der von Schwarz drastisch dargestellte Kontrast von Ruhr und Emscher ist in der literarischen Rede über das Ruhrgebiet bis in die Gegenwart präsent.

„Bäche in ihrem natürlich gewundenen Lauf trifft man erst jenseits der Ruhr.", Foto: Heinrich Hauser, Quelle: Heinrich Hauser, Schwarzes Revier, Berlin, S. Fischer, 1930 (Wolfgang-Peter Geller)

„Ruhrschleife bei Essen", Foto: Chargesheimer, Quelle: Böll/Chargeshei-
mer, Im Ruhrgebiet, Köln/Berlin, Kiepenheuer & Witsch, 1958, Abbildung
hier nach nah dem Original: Köln, Museum Ludwig, Sammlung Fotografie,
Inv.-Nr. ML/F 1981/0346, Print (Rheinisches Bildarchiv rba_213255)

Eine bemerkenswerte Ausnahme davon ist der fast
gleichzeitig, 1930, erschienene bebilderte Reporta-
geband „Schwarzes Revier" des Schriftstellers und
Fotografen Heinrich Hauser (1901–1955). Die Ruhr
kommt bei Hauser nur als Randnotiz vor, der Emscher hingegen widmet er ein ganzes Kapitel. Nicht
zufällig spart er auch für den Titel seines Buchs die
Ruhr aus, denn angesichts der „Wanderung der Industrie" scheint ihm „die Bezeichnung ‚Ruhrgebiet'
geographisch gar nicht mehr zutreffend", das „Zentrum der Schwerindustrie" liege schließlich „in der
Emschergegend". Hauser hat dem Kapitel über die
Emscher den Titel „Abenteuer eines kleinen Flusses" gegeben. Wie Schwarz geht er auf die Vergangenheit der Emscher als eines natürlichen Flusses
ein (und ergänzt somit die Darstellungen des 19.
Jahrhunderts): „Solange man denken konnte, war
zwischen Ruhr und Lippe die Emscher geflossen, ein
kleiner, ziemlich wasserarmer Fluß. […] Das Gelände
war Feld und Wiesenland, ziemlich eben, das geringe Gefälle nutzten ein paar Wassermühlen aus."

Die frühe Bewirtschaftung habe zur Versumpfung
beigetragen, diese wiederum die Ausbreitung von
Krankheiten begünstigt. Seit Mitte des 19. Jahrhunderts habe der Bergbau der Emscher Wasser entnommen und Abwasser zugeführt. Das Gelände der
Emscher sei weiter versumpft, sodass sich „Typhus,
Ruhr und Malaria" ausbreiten konnten. „Ein neues
System der Kanalisierung wurde ausgearbeitet, mit
genügend Gefälle, mit glatten Wänden, mit Aus-
mauerung auch der Nebenflüsse." Nun sei das „Em-
scherwasser vergiftet", sodass die Fische nicht nur
in der Emscher, sondern an ihrer Mündung auch im
Rhein verendeten.

Hausers Emscherdarstellung erinnert in Teilen an
Krampes Schilderung der Ruhr, der lapidar die Ursache der Flussverseuchung benennt: „Das Kapital
hielt seinen Einzug ins Ruhrtal." („Die Schulten und
Schultenhof") Davon gibt „Schwarzes Revier" auch
einen wohlkomponierten bildlichen Eindruck wieder. Die Fototafeln zeigen weder die Ruhr noch die
Emscher selbst, dafür aber ungenannte, in ihrer Anonymität typische Bäche. Als Folge der industriellen

Rechts: „Im Hochsauerland", Foto: Erich vom Endt, Quelle:
Otto Steinert (Hg.), Begegnung mit dem Ruhrgebiet. Düsseldorf/
Wien, Econ, 1967 (Erich vom Endt)

Nutzung von Ruhr und Emscher finde man „Bäche in ihrem natürlich gewundenen Lauf [...] erst jenseits der Ruhr", während die „umfassende Bewirtschaftung der natürlichen Wasserläufe [...] jeden kleinen Bach in einen Kanal verwandelt" habe. Der Kontrast der von der Industrie unberührten Landschaft jenseits des Ruhrgebiets einerseits und der von ihr konsequent genutzten Landschaft samt ihren Wasserläufen im Ruhrgebiet andererseits könnte nicht deutlicher ins Bild gesetzt werden.

„DIE RUHR": GEBIET DREIER FLÜSSE

In der zweiten Hälfte des 20. Jahrhunderts sind es erneut Bild-Text-Bände, die die Ruhr und ihr Gebiet literarisch reflektieren. Den Anfang machen 1958 der spätere Literatur-Nobelpreisträger Heinrich Böll (1917–1985) und der Fotograf Chargesheimer (1924–1971/72, eigentlich Karl-Heinz Hargesheimer) mit ihrem Band „Im Ruhrgebiet". Der gemeinsame Blick des Schriftstellers und des Fotografen richtet sich vornehmlich auf die Industrielandschaft und ihre Menschen. Das Ruhrgebiet habe in Ermangelung einer umfänglichen Geschichte noch „keine Patina". Selbst der Name „Ruhrgebiet" erscheint Böll eine Verlegenheitslösung, denn, so lautet sein hypothetischer Befund, es trage diesen Namen, „weil man keinen anderen [...] fand". Für die Ruhr, die er „einen hübschen Fluß mittlerer Größe" nennt, interessiert sich Böll aber nur aus zwei Gründen: Zum einen, weil mit dem Überschreiten einer Ruhrbrücke bei Duisburg ein „Lichtwechsel" wahrnehmbar werde, „die Luft bitter" zu schmecken beginne, die „Häuser dunkel" seien; so legt er es einer jungen Frau in den Mund, deren Gefühl, daheim zu sein, von diesen Eindrücken getragen wird.

Zum anderen hat Böll die „hübschen Nester im Ruhrtal von Werden bis Wetter, die Seen" als Erholungsraum im Blick, der für das Gros der Bewohner des Ruhrgebiets verkehrstechnisch nur „qualvoll" zu erreichen sei. Die Ruhr und das Ruhrtal werden in Bölls Betrachtung aus dem Ruhrgebiet geradezu ausgegliedert.

Böll/Chargesheimers literarischer Bild-Band ist, neben dem Hausers, bis heute das meistdiskutierte Buch über das Ruhrgebiet. Der Schriftsteller und Literaturkritiker Jürgen Lodemann (geboren 1936) nennt ihn im von dem Fotografen Otto Steinert (1915–1978) herausgegebenen Bild-Text-Band „Begegnung mit dem Ruhrgebiet" aus dem Jahr 1967 einen „bewußt und gekonnt einseitigen Bildband", weil er „aus dem Angebot die letzte rußige Abenteuerlichkeit" gewählt habe. Dem setzt Lodemann unpathetisch seine eigene Sicht entgegen. „,Emscher', ,Ruhr' und ,Lippe' – diese drei Namen zum Beispiel sind älter als 3000 Jahre", lautet seine markante Entgegnung auf die von Böll ausgemachte Geschichtsarmut des Ruhrgebiets. Die Flusslandschaft der Ruhr ist für ihn mehr als nur eine prägnante Grenzmarkierung: „Eines der schöneren deutschen Flußtäler ist gerade die Ruhr. [...] Sanft geschwungene, buchenbewaldete Hügel, umrahmend Fluß- und Seeflächen – unbestritten erfüllt das noch immer die klassische Vorstellung von schöner deutscher Landschaft. Die achtstufige Treppe künstlich gestauter Ruhr-Seen hat zu ihren Seiten fast keine Fabriken, um so mehr Campingplätze, Bootshäuser, Wanderwege. [...] Es wäre nicht vermessen, zu sagen, daß die schönste Landschaft innerhalb eines deutschen Großstadtgebietes geradewegs der Zentrale des ,Pferchs' gehört, Essen. Zehn Kilometer langer Baldeneysee zwischen runden, weichen Laubwaldhöhen, wer, außer Berlin, bietet mehr?"

Lodemann hebt zwar, neben dem Freizeitwert, die landschaftliche Schönheit hervor, folgt damit aber keinem überkommenen Muster, sondern setzt sie ins großstädtische Verhältnis. Nicht der Rhein gibt den Maßstab, sondern die Millionenstadt Berlin. Auch die Beziehung von Ruhr und Emscher setzt er in den großstädtischen Kontext: „Die Emscher (althochdeutsch: ambiscara) wurde zur Abwasserrinne, zur Cloaca maxima des Reviers, die Ruhr dagegen mit ihren Zuflüssen zum Reservoir für das Trink- und Gebrauchswasser." Lodemann formuliert also keinen wertenden Vergleich, sondern eine Perspektive aus der Sicht des städtischen Systems Ruhrgebiet.

Die von Otto Steinert ausgewählten Fotos für die „Begegnung mit dem Ruhrgebiet" verstehen sich als Ergänzung, zuweilen auch als Kontrast zum Lodemann-Text. Das zeigt beispielsweise ein Foto Erich vom Endts (geboren 1935) von der sauerländischen Ruhr, also von einem Gebiet der Ruhr, das nicht im textlichen Fokus dieses Buchs steht.

Auch Peter Thomann (geboren 1940) setzt mit der den Hintergrund beherrschenden Industrieanlage seiner „Ruhr-Romantik bei Mülheim" fotografisch einen eigenen Akzent.

Bild und Text ergänzen sich bei Hans Dieter Baroth (1937–2008, eigentlich Dieter Schmidt), Bergmann, Journalist und Schriftsteller, der „Das

Revierbuch" 1985 als Autor wie als Fotograf gestaltet hat. Baroth stellt die Belastung nicht nur der Emscher, sondern auch der Ruhr durch die Industrie in den Vordergrund. Dies machen seine Eindrücke von der Ruhrmündung deutlich: „Rechts von mir übergibt die Ruhr dem Rhein fast unauffällig ihr dunkles Wasser. [...] Es wirkt auf mich, als habe der so geschundene Fluß keine Kraft mehr, denn seine Schönheit, die er noch im Sauerland und bei Essen, am Baldeneysee hatte, ist ihm in Duisburg genommen worden."

Die am Baldeneysee gelegene ehemalige Zeche Carl Funke auf einem seiner Fotos des Baldeneysees zeigt indes, dass auch diese Schönheit eine wiedererlangte ist und der Fluss eine Industriegeschichte hat.

Fünfzehn Jahre später, im Jahr 2000, haben der Schriftsteller Ralf Thenior (geboren 1945) und die Fotografin Frauke Eigen (geboren 1969) einen Foto-Essay zum von Herbert Knorr und Annet van der Voort herausgegebenen Band „Mythos Zeitenwende" beigetragen, der nicht die Region, sondern das Gewässer zum Thema hat: „Die Ruhr". Thenior erzählt darin die Geschichte des Flusses und folgt ihm von der Quelle am Ruhrkopf bis zur Mündung

bei Duisburg-Ruhrort. Auf der Ruhr habe es, so mutmaßt er, „sicher immer schon" Boote gegeben, doch erst „mit dem aufkommenden Bergbau gegen Ende des 18. Jahrhunderts werden die wirtschaftlichen Möglichkeiten des Flusses entdeckt". Diesen ersten Wandel stellt Thenior deutlich heraus: 1842, in dem Jahr also, auf das „Das malerische und romantische Westphalen" datiert ist, sei die Ruhr „der meistbefahrene Fluss Europas" gewesen. Infolge des Bergbaus sei sie „zu einem schmutzigen Fluss" geworden, was wiederum zu Problemen bei der Trinkwasserversorgung geführt habe. Kläranlagen seien entstanden, ein „Wasserversorgungssystem", das „als eines der fortschrittlichsten der Welt" angesehen worden sei – zweiter Wandel. Dem folgt ein dritter Wandel: „Die Ruhr ist fast überall, wo man ihr begegnet, ein gepflegter, beinah idyllischer Fluss, dem man die industrielle Vergangenheit, die wasserwirtschaftliche Bürde kaum ansieht; selbst die Talsperren, die Stauseen sind zu Freizeitbereichen für Erholung und

---

„Ruhr-Romantik bei Mülheim", Foto: Peter Thomann, Quelle: Otto Steiner (Hg.), Begegnung mit dem Ruhrgebiet, Düsseldorf/Wien, Econ, 1967 (Peter Thomann, aus der Serie „Die Ruhr von Quelle bis Mündung", 1962)

Entspannung ausgebaut." Die Strukturwandlungen sieht Thenior nicht als epochal an, sondern als Konstanten: „Jeder Augenblick ist eine Zeitenwende." Und was dem 19. Jahrhundert die Eisenbahn, ist der Gegenwart das Auto. In einem Erinnerungsbericht beschreibt er, wie das Warten im Auto auf die Passage des Gegenverkehrs vor einer einspurigen Brücke die Chance eröffnet, „das winterliche Fließen betrachten zu können". Die Ruhr ist für Thenior von der Quelle – „Viele kleine Wasserläufe bilden einen Bach, dann einen Fluss, wo aber ist die Quelle?" – bis zur Mündung ambivalent. Wie das Wasser am Punkt des Aufeinandertreffens der Ruhr, des von ihr abgezweigten Mühlengrabens und des Kemnader Sees von „unterschiedlicher Bewegung und Dichte" ist, so scheinen ihm Ruhr und Rhein am Mündungspunkt unterschiedlichen Charakters: „Ich sehe[,] wie das Wasser des Rheins an dieser Stelle ein Stück weit in das Ruhrbett hineinströmt, einen Strudel bil-

det, etwas weiter draußen zurückkommt – die Ruhr wirkt fast bewegungslos im Vergleich mit dem Strömen des großen Flusses." Im Dialog mit Theniors Text portraitieren Frauke Eigens Ruhrwasser-Fotos den Fluss, der in diesem Foto-Essay zum Träger eines Mythos vom permanenten Wandel wird. Und märchenhaft-mythisch ist auch das Bild, mit dem Thenior die drei Flüsse des Ruhrgebiets bedenkt. „Zwei schöne Schwestern" sind ihm Ruhr und Lippe, die Emscher „die ungeliebte Stiefschwester, das Aschenputtel".

Die Geschichte der drei Fluss-Schwestern aber, so möchte es scheinen, ist noch nicht zu Ende erzählt.

„Essen, Baldeneysee. Im Hintergrund die seit Jahren stillgelegte Zeche Carl Funke", 1982, Foto: Hans Dieter Baroth, Quelle: Hans Dieter Baroth, Das Revierbuch, Köln, Kiepenheuer & Witsch, 1985 (Fotoarchiv Ruhr Museum)

Rechts: Ohne Titel, Foto: Frauke Eigen, Quelle: Ralf Thenior (Text), Frauke Eigen (Fotos), Die Ruhr, in: Herbert Knorr/Annet van der Voort (Hgg.), Mythos Zeitenwende. Male - Zeichen und Spiegel der Zeit, Bönen, Kettler, 2000 (Frauke Eigen)

Ruhr-Hymne 2010

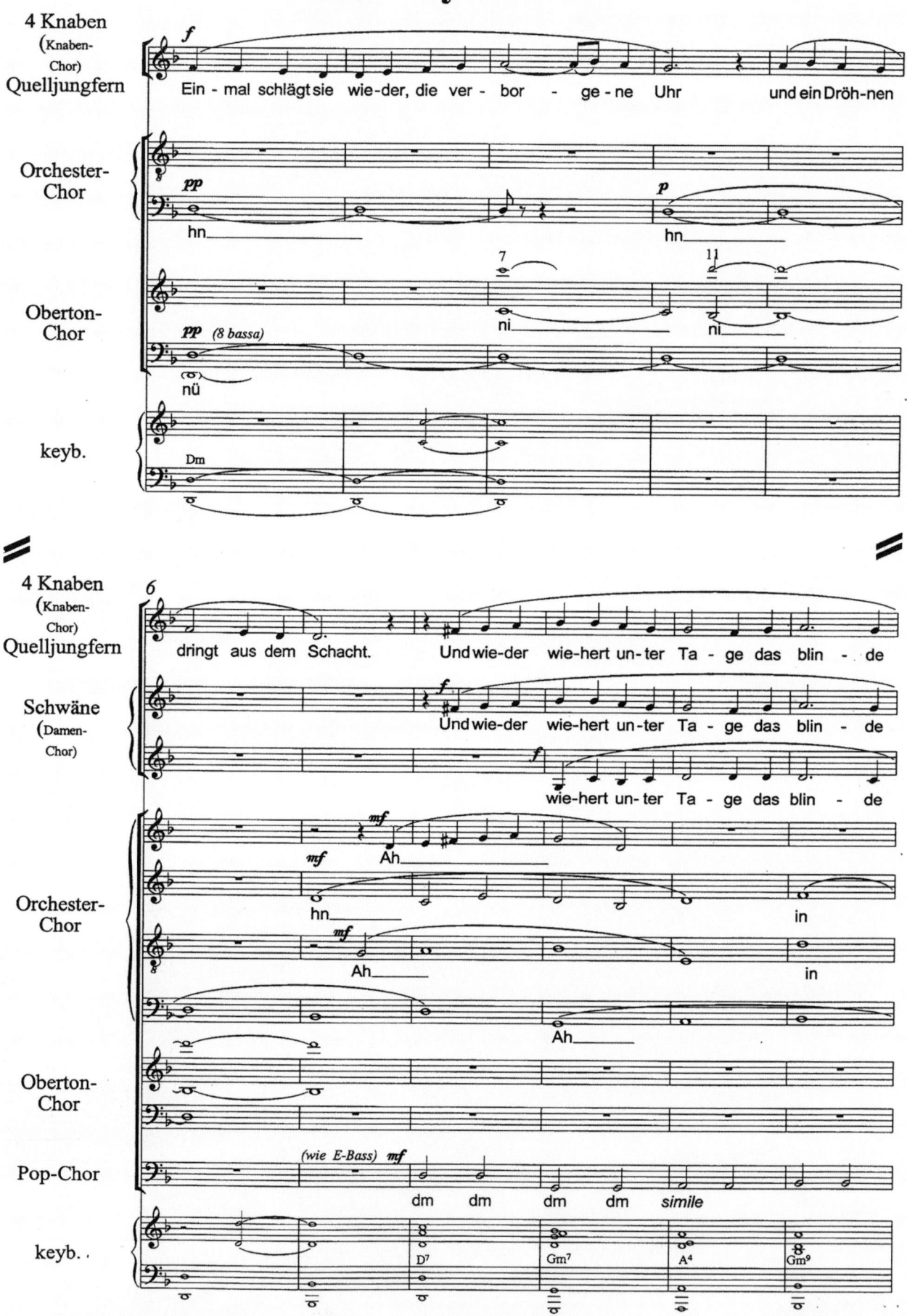

Markus Bruderreck

AUF DEM ZEITSTRAHL UNTERWEGS

Die Ruhr-Oper „Das Hexenflosz"

„Aus den Betten! Fluch und Schande! Zeter! Feuer! Mordio!" Aufgebracht zerrt der Bürgermeister Margarita aus seinem Haus. Es ist tiefe Nacht, die Hunde bellen und heulen den Mond an. Das Vieh in den Ställen klirrt in seinen Ketten in dem sonst so stillen Dorf an der Ruhr. Bald werden alle Bewohner auf den Beinen sein. „Diebeshexe" nennt der Bürgermeister das Mädchen, das aufopfernd bei seiner kranken Tochter gewacht hat: „Die Hexe stahl das Heilige, das holzgeschnitzte Standbild". Gemeint ist die Schutzmantelmadonna, die aus der Kapelle des Dorfes verschwunden ist. Eine dunkle Gestalt, soviel kann man als Zuschauer wahrnehmen, hat sie zuvor aus der Nische genommen, ist mit ihr zum Dorfbrunnen gegangen und daraufhin im Bürgermeisterhaus verschwunden.

Dieser Raub setzt die Handlung der Oper „Das Hexenflosz" in Gang. Den Titel schreibt die Schriftstellerin Dorothea Renckhoff, die das Libretto der Oper verfasst hat, mit „sz": Ein Kniff, der dem Zuschauer zeigt, dass die Handlung weit in die Vergangenheit führt. „Das Hexenflosz" spielt im Jahr 1700, immer noch verbrennt man vermeintliche Hexen, auch an der Ruhr. „Foltert sie dünn wie Papier" schreien die

Carl Röhling, Illustration zum Märchen „Die schwimmende Insel", aus: Heinrich Seidel, „Wintermärchen", Union Deutsche Verlagsgesellschaft, Stuttgart, Berlin, Leipzig, 2. Auflage (ca. 1902), S. 49. Bild und Märchen gaben Anregungen zu Renckhoffs „Hexenfloz"-Libretto

Links: Der Schluss des „Hexenfloszes", populär bearbeitet vom Komponisten Peter Gotthardt

Einblattdruck zu einer Hexenverbrennung in Derenburg (Grafschaft Reinstein) im Ost-Harz 1555. Der Teufel entführt eine der Hexen vom Scheiterhaufen, Quelle: Rainer Decker, Hexen, Primus-Verlag, Darmstadt, 2010, S. 36

Frauen des Dorfes. Doch stattdessen nutzen die Bewohner ein Floß als Scheiterhaufen. Ohnehin soll es ja in Flammen gesetzt werden, um die Osterzeit zu feiern. Margarita wird auf das schaukelnde Holz gesetzt. „Eia, süßes Feuer! Hexentod auf der Ruhr!" kreischen die Menschen. Das Floß setzt sich zwar in Bewegung, doch das Feuer fällt in sich zusammen, bis nur noch ein Glimmen übrig ist. Zum Schrecken aller treibt das Floß stromaufwärts: Kein Zweifel, Margarita ist eine Hexe! Der Bürgermeister selbst allerdings ist es, der die Madonnenstatue gestohlen und im Brunnen versenkt hat. Er ist von Sorge getrieben, denn sein eigenes Kind ist schwer krank. Margarita soll ihm als „Brandopfer" dienen, damit Gott Gnade walten lässt.

EIN CHOR-PROJEKT FÜR „RUHR.2010"

Das Thema der Oper „Das Hexenflosz", die mit dieser kraftvollen Szene beginnt, ist eine Zeitreise auf der Ruhr. Sie führt die Hauptfigur Margarita durch die Jahrhunderte. Ein märchenhaft-fantasievoller Bilderbogen fächert sich auf, der viel von der Ruhr und den Menschen am Fluss erzählt und von den Dingen, die sich über Generationen hinweg kaum verändert haben. Die Entstehung dieses Werkes, vertont von dem Berliner Komponisten Peter Gotthardt, war mit vielen Rückschlägen und Schwierigkeiten verbunden. Die größte Enttäuschung aber: alle Bemühungen der Verantwortlichen wurden am Ende nicht mit einer Uraufführung belohnt. „Das Hexenflosz" fiel durch das Raster der musikalischen Programmpolitik des Kulturhauptstadtjahrs 2010, für das die Oper ursprünglich konzipiert wurde. Freilich konnten viele geplante Projekte jeglicher

kultureller Couleur am Ende nicht realisiert werden. Angesichts der Tatsache, dass das „Hexenflosz" jedoch ein äußerst großformatiges Vorhaben darstellte, schmerzte das Scheitern besonders. Die Entstehung der geschätzt rund zweieinhalb Stunden langen Oper brachte allerdings auch ohne diese Verwicklungen manche Probleme mit sich.

Alles begann mit einer ungewöhnlichen Grundidee von Dirigent Hans Jaskulsky. Schon seit Jahrzehnten setzt er sich für die Chormusik ein, nicht nur in NRW, sondern auch auf Bundesebene und weltweit. Der Schüler von berühmten Lehrern wie Hellmuth Rilling, Nikolaus Harnoncourt und Eric Ericsson leitete von 1979 bis 2016 als Universitätsmusikdirektor den Chor und das Orchester der Ruhr-Universität Bochum. Von 2011 bis 2018 war er zudem Präsident der Bundesvereinigung Deutscher Chorverbände und erhielt im letzten Jahr dieser Tätigkeit für seinen Einsatz das Bundesverdienstkreuz. In seiner Karriere als „UMD" initiierte er von 1995 an in Bochum und im Ruhrgebiet mehrere Chorfestivals, die Spitzenensembles aus Europa und der Welt an die Ruhr brachten. Besonders dem a-cappella-Gesang, also dem Chorgesang ohne Instrumentalbegleitung, gehörte dabei seine Aufmerksamkeit. Für das Kulturhauptstadtjahr 2010 war ebenfalls wieder ein „Chorfestival Ruhr a cappella" geplant. Für diesen Rahmen plante Jaskulsky, eine Auftragskomposition zu vergeben. Das neue Werk sollte gemäß der „RUHR.2010"-Idee mit der Ruhr und dem Ruhrgebiet zu tun haben und Fragen nach der Identität der dort ansässigen Menschen stellen. Seit Mitte des 19. Jahrhunderts ist die Ruhrregion ein Migrations-

Der Dirigent Hans Jaskulsky dirigiert im Auditorium Maximum der Ruhr-Universität Bochum (Eberhard Dauber)

gebiet. Ein „Melting-Pot", mit allen Schwierigkeiten, Chancen und Vorteilen. Librettistin Dorothea Renckhoff dreht in ihrem Text die Zeit allerdings noch weiter zurück, ins Mittelalter und in die Römerzeit. Das neue Werk sollte, sowohl thematisch als auch musikalisch, das Gestern mit dem Heute verbinden.

EINE ALTE GATTUNG LEBT WIEDER AUF

Geplant war, dass ein zunächst noch zu suchender Komponist auf eine Musikform zurückgreifen sollte, die zu einer Zeit aktuell war, als die Gattung Oper selbst noch gar nicht das Licht der Welt erblickt hatte: Das Madrigal. Dieser mehrstimmige Gesang wurde dabei lediglich von einem kleinen Ensemble als Stütze begleitet, das den Sängern harmonische Orientierung bietet. Zu jener Zeit übernahm diese Rolle das Cembalo oder die Orgel sowie ein verstärkendes Bassinstrument wie die Viola da Gamba. Madrigale waren besonders im 16. und 17. Jahrhundert äußerst beliebt und instrumental in der Regel klein besetzt. Komponisten schilderten darin alltägliche Dinge, die den Menschen näher waren als zum Beispiel die damals allgegenwärtige Kirchenmusik. Oft ging es in Musik und Text um die ganze Bandbreite menschlicher Emotionen, besonders natürlich um die Liebe. Italienische Komponisten wie Adriano Banchieri, Orazio Vecchi oder Alessandro Striggio formten im ausgehenden 16. Jahrhundert schließlich aus ihren Madrigalen vollständige dramatische Abläufe. In diesen sogenannten Madrigalkomödien experimentierten sie mit heiteren Stoffen, die zum ersten Mal in der Musikgeschichte eine zusammenhängende Handlung erzählten. Eine Inszenierung auf der Bühne spielte dabei zunächst noch keine Rolle. Die vokale A-Cappella-Kunst des Madrigals brachte schließlich Claudio Monteverdi, der „Erfinder der Oper", zu Beginn des 17. Jahrhunderts zu einer nie gekannten Blüte und zu einem grandiosen Abschluss.

DAS „HEXENFLOSZ" UND IHRE SCHÖPFER

Für diese bahnbrechende Idee einer neuen Oper erteilte die Stadt Bochum – anknüpfend an die Chorfestivals der Ruhr-Universität – einen Kompositionsauftrag für Musik und Text, der mit 60.000 Euro dotiert war. Als Regisseur holte Hans Jaskulsky den 1953 in Bayreuth geborenen Peter P. Pachl

Claudio Monteverdi (1567-1643), Madrigalkomponist und Schöpfer der ersten Oper der Musikgeschichte. Porträt von Bernardo Strozzi, um 1630, Quelle: https://de.wikipedia.org/wiki/Adriano_Banchieri

Peter P. Pachl, Berlin, 2019 (Markus Bruderreck)

an Bord – einen vielseitigen und umtriebigen Liebhaber des Musiktheaters, der sich als Intendant und Autor unermüdlich für vergessene Werke und Opernprojekte abseits des üblichen Repertoires einsetzt. Librettistin Dorothea Renckhoff ist in Witten geboren und lebt in Köln. Auch sie hat reichlich Theatererfahrung, die sie unter anderem zu Zeiten Hans Schallas und Peter Zadeks am Bochumer Schauspielhaus sammeln konnte. Im Jahr 1989 beendete sie ihre Karriere als Dramaturgin, um als freie Schriftstellerin zu arbeiten. „Das Hexenflosz" ist nicht ihr erster Operntext: Bereits 1998/99 entstand für den Kölner Komponisten und Bandleader Harald Banter das Libretto zu dessen Oper „Der blaue Vogel". Renckhoffs Geschichten und Romane sind oft im Märchenhaften und Fantastischen angesiedelt: Sie war also zweifellos die Richtige, um eine „sagenhafte" musikalische Zeitreise auf der Ruhr in singbare Worte zu verwandeln. Auch der Komponist des „Hexenfloszes" war bald gefunden. Peter Michael Gotthardt hat vor allem im Osten Deutschlands einen eminenten Ruf als Filmkomponist: Ein überaus versierter, im sehr guten Sinne routinierter Musiker. Gotthardt, geboren 1941 in Leipzig, hat fünf Jahrzehnte lang – von 1965 bis 2015 – an die 500 Partituren für DEFA-Spielfilme und für das Fernsehen geschaffen. Herausragend ist ein Streifen, der in Ost und in West eine besondere Karriere machte: „Die Legende von Paul und Paula" (Regie: Heiner Carow) von 1972/73. Gotthardts Lieder zu den Texten von Ulrich Plenzdorf sind vielen auch heute noch ein Begriff.

INS LEBEN ZURÜCKGEKÄMPFT

Der Komponist Peter Gotthardt ist ein Künstler, der stilistisch Grenzen sprengt und in keine musikalische Schublade passt. Im Gespräch gibt er Auskunft über seinen Werdegang und die schwierige Arbeit am „Hexenflosz".

———

Stimmt es, dass Ihr Musikstudium eher ungewöhnlich ablief?

Peter Gotthardt: Ich habe Klassik studiert, aber ich hatte mehrere Hauptfächer an der Hochschule, was im Grunde gar nicht geht: Klavier, Korrepetition, Partiturspielen, Komposition, Dirigieren. In keinem Fach habe ich

einen Abschluss. Ich hatte das Glück, dass mir keiner der Professoren gesagt hat: „Jetzt entscheide dich doch mal". Ich habe nichts ausgelassen, war Pianist beim Ballett und Kabarett. Sänger habe ich auch begleitet. Als ich begann, Filmmusik zu schreiben – da war ich noch Student – habe ich gemerkt, dass ich all diese Fähigkeiten brauche. Ich wurde dann zwar noch Korrepetitor an der Komischen Oper Berlin, habe aber dann schnell begriffen: das ist es nicht.

———

Woher kommt die stilistische Vielfalt ihrer Stücke, die keine Unterschiede machen zwischen GEMA-Kategorien wie „ernst" und „unterhaltend"?

Gotthardt: Ich kämpfe jetzt schon mehrere Jahre mit der GEMA, denn ich werde dort immer noch mit „unterhaltend" eingestuft. Was aber heute längst nicht mehr der Fall ist, denn mein Filmmusik-Oeuvre ist abgeschlossen. Ich habe immer parallel komponiert: Musik für den Film, dann wieder eine Kantate oder Kammermusik. Mich hat auch „Deep Purple" sehr stark beeinflusst, ich habe viele Stücke für Rockgruppen und Orchester komponiert. Der Altmeister Leo Spies, ein Komponist, hat einmal den schönen Satz geprägt für uns Studenten: „Ihr seid ja bloß zu feige, C-Dur zu schreiben". Zu denen gehörte ich aber nicht.

———

Komponieren Sie ihre Musik am PC oder traditionell, mit Bleistift oder Tinte?

Gotthardt: Wenn ich für Orchester und Chöre schreibe, arbeite ich am Schreibtisch. Ich mache mir mit dem Bleistift Skizzen und übertrage diese dann bald in den Computer. Das hat viele Vorteile. Es sieht ordentlicher aus, man hat optisch einen besseren Überblick. Und man kann schneller korrigieren. Alles bleibt erhalten.

———

Wie kam es zu ihrer Arbeit am „Hexenflosz"?

Gotthardt: Das entwickelte sich alles langsam. Hans Jaskulskys Ziel, sein Ehrgeiz und sein Wunsch an mich war, eine Oper ohne

Orchester zu schreiben. Da musste ich erst einmal 14 Tage mit mir spazieren gehen, um herauszufinden, ob ich mich in der Lage dazu sehe. Das Projekt hat mich aber vor allem deshalb interessiert, weil ich vom Film komme und in der Lage bin, die Stile der verschiedenen Jahrhunderte nachzuempfinden. Da fühle ich mich einfach zuhause.

———

Ließe sich das „Hexenflosz" musikalisch vereinfachen oder umarbeiten, um es „aufführbarer" zu machen?

Gotthardt: Ich könnte mir vorstellen, dass man daraus eine konventionelle Besetzung macht, mit Orchester, mit Chor, mit Solisten. Die wäre dann möglicherweise im Alltag des Theaters praktikabler. Es wäre allerdings aber auch eine Arbeit, bei der man wieder bei null anfangen muss. Und: Es würde eine ganz andere Musik werden.

———

Während der Komposition des „Hexenfloszes" wurden Sie ernstlich krank ...

Gotthardt: Ich hatte einen Hirnschlag! Nach meiner Intensivbehandlung habe ich mich sofort wieder an den Rechner gesetzt. Fünf Minuten, zehn Minuten, dann verschwamm alles, ich musste Pause machen. Ich habe mein Hirn aber sofort wieder gefordert, es trainiert. Das war mein Glück. Die Arbeit hat mir wahnsinnigen Spaß gemacht.

———

Haben Sie im „Hexenflosz" aus eigenen oder fremden Stücken zitiert?

Gotthardt: Nein. Die Musik ergab sich einfach so, durch die Handlung. Aber ich weiß das natürlich aus eigenem Erleben: Du hörst etwas und es gefällt dir, also ab damit in den Kopf, in die hinterste Ecke. Dann suchst du später nach einer Idee, findest was und sagst dir: „Das gefällt mir, das nehme ich". Und es ist ausgerechnet das, was man vorher im Kopf abgelegt hat. So passiert's eben!

KONZEPT UND ZUSAMMENARBEIT

Wie nun eine Oper für Chöre planen? Für dieses Vorhaben machten sich alle Beteiligten des Projekts gemeinsam ans Werk. Es wurde bald klar, dass für die adäquate Umsetzung des „Hexenflosz"-Texts insgesamt acht Chöre nötig sein würden. In seiner Oper weist Peter Gotthardt ihnen unterschiedliche Aufgaben zu. Drei Chöre sind „backstage" tätig, also unsichtbar: Ein Popchor, der für Vitalität sorgt, ein Obertonchor, der mit einer speziellen Gesangstechnik dem Klang Glanzlichter aufsetzt und ein gemischter Chor, der die Orientierung gebende Rolle des „Orchesters" übernimmt. Auf diese Weise – quasi durch die Hintertür – kommt das Orchester damit also in die Oper zurück. Dieser gemischte Backgroundchor ist über Kopfhörer mit einem Keyboard verbunden, das die korrekte Tonfindung sicherstellt und es erst möglich macht, dass alle Sänger im Takt bleiben. Das Keyboard also, das für den Zuschauer auf keinen Fall zu hören sein soll, ist entscheidend dafür, dass die Chorsänger auf der Bühne sicher agieren. Dort sind weitere Chöre ins Spiel eingebunden: zwei Herrenchöre, ein Damenchor, ein Knabenchor sowie ein großer Spielchor. Hinzu kommen ein Ensemble von 13 Solistinnen und Solisten sowie Geräuschmacher und Kleinstinstrumente wie Trommeln, Flöten, eine Stimmpfeife und ein Signalhorn.

Die Entstehung einer Oper ist ein Prozess, bei dem alle Beteiligten meist in engem Kontakt miteinander stehen. Nachdem das Libretto fertig war – es trägt in der gedruckten Version das Datum 11. Mai

———

Der Komponist Peter Gotthardt bei der Partiturübergabe des „Hexenfloszes" am 29.6.2010 im Musischen Zentrum der Ruhr-Universität Bochum (Sabine Hoeper)

Oberbürgermeisterin Ottilie Scholz erhält am Dienstag, 29. Juni 2010,
in Bochum aus den Händen von Peter Gotthardt, Peter P. Pachl
und Dorothea Renckhoff die Partitur der Ruhr-Oper „Das Hexenflosz",
Foto: Ingo Otto (Funke Foto-Services)
———

2009 – komponierte Peter Gotthardt meist in
chronologischer Folge alle 14 Szenen seiner „Vocal-
Oper a cappella für Chöre und Solisten", wie „Das
Hexenflosz" im Untertitel heißt. Mit der Librettistin
kämpfte er um Änderungen im Text und Zusätze,
umgekehrt äußerte Dorothea Renckhoff ihre Ideen,
die nicht selten „Nichtänderungswünsche" waren.

———

Blick in die Bochumer Jahrhunderthalle, die zwischenzeitlich als
Aufführungsort für die Ruhr-Oper „Das Hexenflosz" vorgesehen war.
(Bochumer Veranstaltungs-GmbH)

Auseinandersetzungen dieser Art sind nicht ungewöhnlich, bei der Entstehung einer Oper sind sie sogar eher üblich. Renckhoff erstellte für Gotthardt
zudem eine Art Glossar, das den Charakter des Ensembles und der Chöre sowie ihre Funktion näher
beschreibt. Gotthardt diskutierte auch mit Peter
Pachl fast jedes Wochenende in Berlin über das
bereits Komponierte. Dann aber setzte eine ernste
Erkrankung Peter Gotthardts der Komposition zunächst ein jähes Ende: Die pünktliche Vollendung
der Oper stand auf der Kippe. Das gesamte Werk
wurde erst spät fertig, im Frühjahr 2010. Die feier-
liche Übergabe der Partitur an die damalige Oberbürgermeisterin Ottilie Scholz fand dann am 29.
Juni 2010 statt, im Musischen Zentrum der Ruhr-
Universität. Das alles war für sich genommen schon
viel zu spät, um noch eine adäquate Einstudierung
sicherzustellen. Zu jenem Zeitpunkt war aber die
Oper als Programmpunkt der „RUHR.2010" ohnehin schon längst Geschichte.

Von den vielen Stromschnellen, die das „Hexenflosz" am Ende zum Kentern brachten, war die Ablehnung der Opernidee durch das Gremium der
Kulturhauptstadt Ruhr entscheidend. Zusagen aller
beteiligten Chöre lagen schon 2009 vor, allesamt
namhafte Profisänger, die Bochum nicht zuletzt
durch ihre Mitwirkung an den A-Cappella-Festi-
vals bereits gut kannten. Durch die Ablehnung ver-
schob sich die geplante Uraufführung des „Hexenfloszes" ein erstes Mal. Die einmalige Möglichkeit,
das ungewöhnliche Stück mit dem großzügigen
„RUHR.2010"-Budget von 400.000 Euro auf die
Beine zu stellen, war vertan.

EINE TRAURIGE „NICHTAUFFÜHRUNGSGESCHICHTE"

Zunächst geplant war eine Inszenierung in der Bochumer Jahrhunderthalle. Ein besonderer Ort, der
auch für das „Hexenflosz" Möglichkeiten zu ungewöhnlichen szenischen Lösungen geboten hätte. Die Ruhr als Zeitstrahl wäre hier auch räumlich
darstellbar gewesen. Ursprünglich hatte Peter
Pachl die Idee, das Publikum mit dem Hexenflosz
mitlaufen oder -fahren zu lassen, zu den einzelnen
Stationen der Handlung. Zudem hätte sich das industrielle Flair der Hallenarchitektur überzeugend
mit der Ruhrgebietsgeschichte und der Handlung
der Oper zu einem künstlerisch stimmigen Ganzen
verbunden.

Um die Oper als Projekt zu retten, wurden nun andere mögliche Inszenierungsorte geprüft. Einen ersten Ausweichtermin fasste Hans Jaskulsky zunächst für April 2011 ins Auge. Für eine Aufführung des „Hexenfloszes" in der entweihten Bochumer Christ-König-Kirche fasste Bühnenbildner Robert Pflanz schon im Oktober 2009 neue Konzepte. Der Zeitstrahl wäre in diesem Rahmen zu einer Art Laufsteg verwandelt worden – rechts und links davon das Publikum. Auf den Emporen hätte der Orchesterchor Platz gefunden. Der Raum erwies sich am Ende jedoch als zu klein. Auch die für September 2011 geplante „Hexenflosz"-Aufführung im Auditorium Maximum der Ruhr Universität – für zwei Vorstellungen war ein Budget von 130.000 Euro vorgesehen – kam aus finanziellen Gründen nicht zustande. Das Land NRW hätte finanzielle Mittel hierfür nur gewährt, wenn auch die Stadt Bochum ihren Teil dazu beigetragen hätte. Die aber, zu jener Zeit wie so viele Städte im Ruhrgebiet notorisch klamm, konnte ihre Zahlungszusage nicht einhalten. Die nicht fließenden Gelder hatten einen Rückzug

Robert Pflanz, Konzept zur Aufführung des „Hexenflosz"
in der Christ-König-Kirche in Bochum, Stand Oktober 2009

anderer Geldgeber zur Folge. Die Spendenlaune potenzieller Unterstützer war zudem durch das finanziell aufwändige Kulturhauptstadtjahr vollständig erschöpft, die Chancen für weitere Fördermittel standen schlecht. Dass die Oper Finanzierungsprobleme hatte, vermeldete die „Westdeutsche Allgemeine Zeitung" bereits im Januar 2010: „Im Hexenfloß klafft ein großes Loch", hieß es in einer Überschrift. „Dass mich die oben dargestellte Situation hier in unserer Region sehr enttäuscht und frustriert, brauche ich kaum zu sagen", schrieb Hans Jaskulsky im Oktober 2010 in einem „Brandbrief" an alle Beteiligten. „Das Ruhrgebiet hat eine einmalige Chance verpasst." Zu einer Farce geriet dann später noch eine für Oktober 2012 geplante Aufführung einzelner Szenen der Oper in der NRW-Landesvertretung beim Bund in Berlin. Peter Gotthardt schuf dafür eigens eine neue Version seiner Musik, an der auch Saxofone beteiligt sind. Mehrfach wurde der Termin verschoben und schließlich abgesagt. Die Erfahrung, dass die Handlung des „Hexenfloszes" die Menschen zu packen versteht und auch ohne Musik und Bühne gut funktioniert, machte dagegen die Librettistin Dorothea Renckhoff bereits im Mai 2010. Damals trug sie die ersten Szenen im

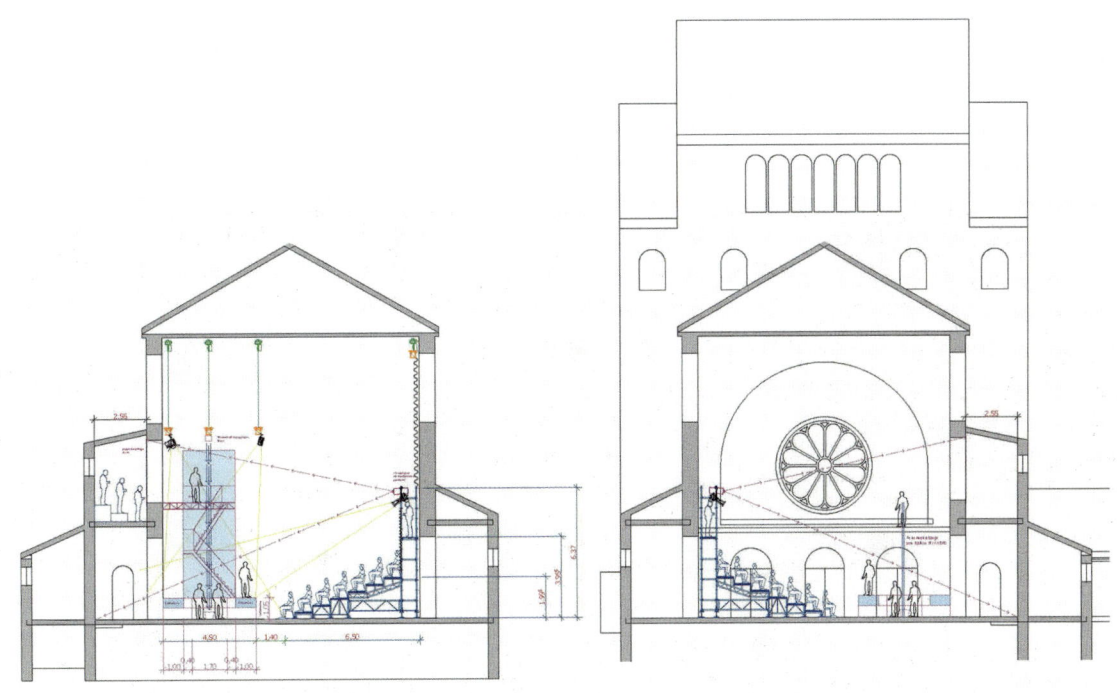

Querschnitte M 1/200

Rahmen einer Lesung in der Gomannschen Mühle in Sonsbeck vor. Über 50 Autoren, die bei der „RUHR.2010" mitwirkten, präsentierten an diesem Tag in zahlreichen Städten ihre Texte.

VERSCHÜTTETE BRUNNEN, DUNKLE SAGEN – DIE HANDLUNG

Renckhoffs Hauptfigur Margarita erlebt das mythische Schicksal aller ewig wandernden, pilgernden, migrierenden Menschen. Was ist der Sinn des Lebens? Wo finde ich eine Heimat? Diese wahrlich zeitlosen Fragen treiben die Hauptfigur um. Auf ihrer Reise hat Margarita Begleiter. Die Bergwerksdämonen haben die überraschende Fähigkeit, ebenso schnell zu altern wie sich verjüngen zu können. Sie sind Beobachter, die das Geschehen kommentieren. Auch den Wellen der Ruhr hat Dorothea Renckhoff eine eigene Stimme gegeben. Immerzu murmeln sie „Niealleia, nieallei" vor sich hin. Die musikalischen Motive, die Peter Gotthardt für sie gefunden hat, lässt der Komponist durch die Stimmen des Damenchors wandern. Nicht nur im Notenbild, sondern auch akustisch wird man hier an ein unaufhörliches Fließen und Sich-Wiegen erinnert. Auch ein Stück Todessehnsucht ist mit diesem Wellengesang verbunden. Ein weiterer Wegbegleiter

Ein schwarzer Bergteufel, rechts unten, arbeitet mit einem Strahlstock in einem norwegischen Bergwerk. Aus: Olaus Magnus, Historia de gentibus septentrionalibus, Buch 6, Kap. 10, 1555.

Margaritas ist der unberührbare Libellenritter, halb Tier, halb silbern gepanzerter Recke. Er treibt sie an auf ihrer Suche nach der Schutzmantelmadonna und nach dem Brunnen, in dem die Statue versenkt wurde. Das Motiv des Brunnens spielt in der gesamten Oper eine wesentliche Rolle, als Sinnbild für ein unverfälschtes, reines Verhältnis zur Natur. Ein Brunnen steht hier für viele, und alle seien sie miteinander verbunden, wird Margarita gesagt. Eher garstige Gesellinnen sind die Jungfern vom Hohenstein, die einen Hirten in ihren tödlichen Nebel hüllen. Im Mittelalter begegnet Margarita zudem Reck von Volmarstein, einem Ritter, der um die Ehre seiner Dame kämpft. Beide Sagen, die Dorothea Renckhoff hier aufgreift, ranken sich um Burg Volmarstein. Als Ruine thront sie heute bei Wetter weithin sichtbar über der Ruhr. Ritter Reck ist so edelmütig, dass seine Kumpane über ihn spotten und ihn schließlich erschlagen. Für diese Tat werden sie von Schwänen angegriffen. Einer von ihnen entpuppt sich als Lilalea, sie war die Dame des Ritters Reck. Sie wird Margarita in der Oper immer wieder zur Hilfe kommen. Behängt mit einem Goldschatz, strandet Margarita bald auf einer Furt in der Ruhr, in der Höhe des späteren Schlosses Broich; wir schreiben das Jahr 100. Von den verblüfften Menschen am Ufer wird sie für die Göttin Freya persönlich gehalten.

Es sind nicht nur Sagen von der Ruhr, die Dorothea Renckhoff in ihrem Libretto verarbeitet. In der siebten Szene zum Beispiel greift sie eine Sage auf, die in

ZAUBERHAFTES PATCHWORK

Das Lebensthema der Schriftstellerin Dorothea Renckhoff sind Märchen und Sagen, nicht nur von der Ruhr. Im Interview erzählt sie, wie es zu dieser Passion kam und welche Themen, Texte und Motive sie im „Hexenflosz" verarbeitet hat.

——

Vielen Kindern werden von klein auf Märchen vorgelesen oder erzählt. War das bei Ihnen auch so?

Dorothea Renckhoff: Immer habe ich alle Leute gequält: „Erzähl' mir was", solange ich noch nicht lesen konnte. Ich habe auch eine eigene Fee, die mir mein Großvater geschenkt hat, da war ich noch nicht drei. Wenn wir spazieren gingen, durch so ein Wäldchen, war da eine alte geschlossene Trinkhalle. Er hat es immer geschafft, sich davonzumachen, bevor wir ankamen. Ich habe nichts gemerkt. Als er zurückkam, sagte er: „Lass uns mal gucken, ob du lieb warst und die Fee etwas für dich zurückgelassen hat". Und dann lag da irgendeine kleine Süßigkeit. Und ich war fest davon überzeugt, dass diese von meiner Fee stammte. Später, wenn man älter ist, liest man dann E. T. A. Hoffmann. Und so bilden sich diese Vorlieben aus. Meine Märchen sind allerdings keine reinen Kindermärchen, bei meinen Romanen geht es auch immer ins Fantastische hinein.

——

Die Librettistin Dorothea Renckhoff (www.musenblaetter.de)

Haben Sie in Ihr Libretto auch alte Dichtung mit einfließen lassen?

Renckhoff: Ja. Bei den Texten der Bergwerksdämonen zum Beispiel, sie führen oft in eine neue Szene hinein. Da gibt es diesen Choral „Wach auf, mein Herz, und denke, dass dieser Welt Geschenke sind nur ein Augenblick." Das ist ein altes Barockgedicht, nicht aus dem Ruhrgebiet. Oder der Kehrreim „Es kann ja nicht immer so bleiben, hier unter dem wechselnden Mond." Das ist ein Lied, das in der ersten Hälfte des 19. Jahrhunderts sehr populär war. Oder die Szene, die zur Römerzeit spielt: Dort singen die Dämonen „Animula, vagula, blandula", also „Seelchen, irrendes, zärtliches". Das soll Kaiser Hadrian vor seinem Tod gedichtet haben. Jedenfalls steht es auf seinem Grabstein.

——

Und welche Texte stammen von der Ruhr?

Renckhoff: Zum Beispiel der Vers „Das ist der Klosterpütt, draus kommen die kleinen Kinder". Das stammt aus Herdecke, da gab es wirklich diesen Klosterpütt und diese Sage. „Zogen zwei Herren nach Blankenstein" ist ein Kinderlied, das im Ruhrgebiet viel gesungen wurde. Und dann sind noch Sagen verarbeitet wie „Die Jungfern vom Hohenstein".

——

Woher haben Sie die Idee zu den Bergwerksdämonen genommen, die in der Oper stets an Margaritas Seite sind?

Renckhoff: Sie finden sich im Bewusstsein, im Legendenschatz und im Glauben aller Bergwerksgebiete, die gibt's sowohl im Ruhrgebiet als auch in Oberschlesien. Sie haben einen unterschiedlichen Charakter. Mal sind sie ganz lieb und beschützen die Menschen, es gibt aber auch die Variante, da sind sie sehr gefährlich und verursachen die sogenannten Schlagenden Wetter. Es sind lebendige Legendengestalten geblieben, bis in Zeiten, die uns nahe sind.

——

Auch der Libellenritter ist eine Figur, die Margarita begleitet.

Renckhoff: Libellen leben in unmittelbarer Nähe des Wassers. Und ich fand diese Figur so schön, ein Zwischending aus einem Tier mit Chitinpanzer – Libellen sind ja Raubtiere – und einer schönen Gestalt wie einem silbernen Ritter. Im Sagenbereich sind Libellen die Begleiter der Göttin Freya. Die Quelljungfern sind eine andere, kleinere Libellenart. Die gibt's wirklich, die heißen so! In der Oper werden sie von dem Knabenchor gesungen.

—

Das „Hexenflosz" führt oft in die Vergangenheit. Aber was ist mit der aktuellen Szene in der Oper, die bei einem Pop-Konzert am Kemnader Stausee spielt?

Renckhoff: Da hatte ich diese schöne thematische Überkreuzung, was das Thema Ehre betrifft. Reck von Volmarstein, die Sagenfigur, war ja schon aus Gründen der Ehre gestorben. Und jetzt will hier der Vetter der jungen Türkin Seyran ihr ebenfalls aus diesem Grund etwas antun. Das Thema Ehrenmorde war 2008 und 2009 sehr präsent in den Medien. Und gerade, dass sie hier lernen und auf die Schule gehen will und das nicht soll, fand ich als Thema ganz, ganz wichtig.

vielen Teilen Europas bekannt ist. Die „Wilde Jagd" besteht aus düsteren Reitern, die Gestorbene ins Totenreich bringen. In der deutschen Variante werden sie von Frau Holle angeführt. Die Szene wechselt dann abrupt in die zeitliche Gegenrichtung. Das Floß strandet in der Gegenwart an den Ufern der Ruhr, wo gerade ein Pop-Konzert stattfindet – eine dankbare Aufgabe für den in der Oper zu hörenden Pop-Chor. Die Bergwerksdämonen halten sich bei diesem höllischen Lärm die Ohren zu und sorgen für ein Erdbeben, das dem Getöse ein Ende bereitet. Im 18. Jahrhundert, genauer gesagt im Siebenjährigen Krieg, erlebt Margarita dann das brutale Vorgehen der Werber für die Armee Friedrichs des Großen. In einer weiteren Szene, nun wiederum im 19. Jahrhundert, nehmen wir teil an einer deutsch-italienischen Hochzeit. Hier feiern die ersten „Gastarbeiter" des Ruhrgebiets, die einst für den Bau der Ruhrtalbahn in die Region gekommen waren. Schließlich strandet Margarita erneut in der Gegenwart. Dort findet sie jedoch nur einen Brunnen, der zugeschüttet ist.

Die letzte Szene der Oper führt dann in die Zukunft, die nichts Gutes birgt. An der Quelle der Ruhr wabern giftige Dämpfe über einem Sumpf. Ein Götze tritt auf, vor einem Scheiterhaufen. Stumpfe, steinzeitliche Menschen, befreit von allem Wissen, übergeben Bücher und CDs dem Feuer. Gemeinsam mit all ihren Begleitern gelingt es Margarita jedoch, diesen Götzen zu bezwingen. Margarita erfährt von den Dämonen, dass sie selbst die Schutzmantelmadonna ist, nach der sie so lange gesucht hat. Das Ende der Oper bleibt offen und es entstehen Freiräume für Utopie und Hoffnung.

Den Schlussgesang des „Hexenfloszes" hat Peter Gotthardt zwei Mal bearbeitet, als knappe „Ruhr-Hymne" und als siebenminütiges Chorstück. Für ihn bot die bunte, bilderbuchartige Handlung der Oper zahllose Möglichkeiten zur musikalischen Ausgestaltung. Dorothea Renckhoffs Libretto war ihm auch eine Fundgrube für musikalische Lautmalereien. In seiner Vertonung bellen und jaulen die Hunde, es muhen die Kühe, es schnarchen die Dorfbewohner mit Lust. Gotthard zieht alle Register des Chorgesangs, reizt alle kompositorischen Mittel aus – auch recht avantgardistische. Der Auftritt der Jungfern vom Hohenstein zum Beispiel kommt eher einer Klangkomposition nahe. Wie in einer klassischen Oper streut Gotthardt zwischen die Szenen auch Arien für die Hauptfiguren, ein Requiem und eine Totenklage. Am Ende gelingt ihm eine Partitur, die auch in seinem Schaffen – schon allein aufgrund ihrer Länge – einzigartig dasteht.

—

„SAGENHAFTE" HOMMAGE AN EINEN FLUSS

Eine Aufführung des „Hexenfloszes" wäre, unter günstigeren Umständen wie jenen um das Kulturhauptstadtjahr 2010 herum, ohne Zweifel realisierbar und an Orten wie der Bochumer Jahrhunderthalle sicher konzeptuell am besten aufgehoben. Realistisch ist solch ein Vorhaben aber nicht, es sei denn die „Ruhrtriennale" würde das Stück in ihr Programm aufnehmen. Angesichts der Programmpolitik des Festivals in den letzten Jahren erscheint dies jedoch unwahrscheinlich. Eine andere Möglichkeit liegt viel näher. Warum „Das Hexenflosz" nicht dort aufführen, wo das Genre sowieso zuhause ist? Infrastruktur und Logistik, die an anderen Orten erst teuer importiert, installiert und gangbar gemacht werden müssen – vom Caterer bis hin zum erstklassigen Soundsystem – sind in einem Opernhaus oder einem Theater sowieso bereits vorhanden. Warum also nicht hier mit Margarita auf große Fahrt gehen?

Das „Hexenflosz" ist eng mit der Geschichte der Ruhr und des Bergbaus verflochten. Das ist Segen und Fluch zugleich, aber natürlich auch Ausdruck der thematischen Vorgabe. Dorothea Renckhoff hat das fantasievolle Gewirke ihres Textes aus zahlreichen Einzelheiten zusammengesetzt, die oftmals konkret auf die Ruhr und den Bergbau verweisen. Der deutsche Brautvater singt zum Beispiel in der zwölften Szene: „Es lebe hoch die Ruhrtalbahn! Ihr Bau zog viele Bauarbeiter an. Von Italiens schöner Flur kamen sie an unsre liebe Ruhr". Konkrete Spielorte zu verallgemeinern wäre nicht möglich ohne Sinnverlust, ebenso Adaptionen des Stoffes, die an-

dere Flüsse zum Gegenstand haben. Dorothea Renckhoff und Peter Gotthardt müssten sich in diesem Fall aufs Neue an die Arbeit machen und ein neues Werk schreiben. Auf die Ruhr beziehen sich auch die geheimnisvoll-bewegenden Zeilen, die Renckhoff für den hymnischen Schluss des „Hexenfloszes" gefunden hat. Sie beschreibt das Flusstal als „fremdes, rätselhaftes Land". Wie heißt es im Libretto? „Noch manches Geheimnis liegt verborgen an den Ufern der Ruhr."

Peter Nicolai Arbo, Die Wilde Jagd des Odin, 1872,
Nationalmuseum für Kunst, Architektur und Design Oslo

Sonja Pizonka

„WER EINE HERRLICHE GEGEND KENNEN LERNEN WILL…"

Die Ruhr in der bildenden Kunst ab 1800

1955 war die Ausstellung „Das Ruhrgebiet vor hundert Jahren" auf Schloss Cappenberg in Selm zu sehen. Anhand von Gemälden, Zeichnungen, Drucken, Skulpturen, Büchern, Medaillen und Alltagsgegenständen wurde die Vergangenheit der Region dokumentiert, die in hundert Jahren gravierende Veränderungen erfahren hatte. So heißt es im Katalog: „Heute trägt diese Landschaft eines der grössten Industriegebiete der Erde und hundert Jahre haben genügt, ihr Bild so vollständig umzuwandeln, dass die Menschen jener Zeit Dorf und Stadt nicht wiedererkennen, ja selbst Berg, Tal, Quell und Fluss nicht mehr finden würden." Die Ruhr als Namensgeberin des Ruhrgebiets und als Ort der Frühindustrialisierung war ein wiederkehrendes Thema der Ausstellung. Etwas mehr als ein Drittel der Werke in der Abteilung „Landschaft" zeigten das Motiv der Ruhr, weitere Darstellungen des Flusses waren in den Sektionen „Schlösser", „Städte", „Burgen und Ruinen" sowie „Technik" zu sehen. Auch bei den Illustrationen im Katalog ist der Fluss mit zwölf Ansichten bei insgesamt 57 Abbildungen prominent vertreten.

Links: Hermann Kätelhön, Ruhrtal, 1920, Radierung, Probedruck, Museum Folkwang, Essen, Foto: Jens Nober

Bei vielen dieser Ruhr-Darstellungen handelt es sich um Druckgrafiken, darunter zahlreiche Werke von Johann Heinrich Bleuler und Carl Schlickum. Auf der Titelseite wurde ein Ausschnitt aus William Heaton Rudolphs Gemälde „Das Ruhrtal bei Blankenstein" (um 1840) verwendet. Ausgehend von diesen Künstlern und ihren Werken lohnt es sich, exemplarisch zu verfolgen, welche Werke seitdem zur Ruhr produziert wurden und wie sich dieses Motiv in der Kunst in den mehr als 200 Jahren seit dem Jahr 1800 verändert hat. Dabei ist zu bedenken, dass die Ruhr dem Ruhrgebiet zwar den Namen gegeben, die Metamorphose zur Industrieregion sich jedoch nördlich von ihr vollzogen hat. Wenn im Katalog von 1955 also vom vollständigen Wandel des Ruhrgebiets die Rede ist, so hat dieser Wandel die Ufer der Ruhr nicht im gleichen Maße betroffen. Stattdessen zeigte sich an der Ruhr ab 1900 eine Flusslandschaft, die sich am Rande einer prosperierenden Industrieregion befand.

UNTER EINEM WEITEN HIMMEL

Seit dem späten 18. Jahrhundert betrieb der Maler und Landschaftszeichner Johann Heinrich Bleuler in der Schweiz einen Verlag für druckgrafische Ansichten. Dieser Verlag hatte neben den begehrten

Johann Heinrich Bleuler, Ruhrlandschaft bei Mülheim mit Blick auf Saarn, um 1810, kolorierte Umrissradierung

Blättern zum Rhein auch Darstellungen der Wupper, der Lenne und der Ruhr im Angebot. Die kolorierten Drucke aus der Bleuler'schen Werkstatt zeigen unter anderem Ansichten der Ruhr bei Burg Blankenstein, Burg Volmarstein und Burg Wetter. Die Ruhr fungiert bei diesen Bildern als breiter Strom unter einem weiten Himmel, der einen Großteil des jeweiligen Bildes einnimmt. Obwohl nicht immer topografisch exakt, weisen diese Werke detailreich ausgeführte ortsspezifische Bauwerke und Landschaftsstrukturen auf, sodass sich die dargestellten Gegebenheiten gut identifizieren lassen. Dargestellt ist ein vielgestaltiges Leben am und auf dem Fluss: Ruhraaken und Fähren sind zu sehen, ebenso Stadtansichten, Mühlen sowie Burgruinen auf den Ruhrhöhen. Diverse Staffagefiguren (die bei Landschaftsdarstellungen als anonymes Beiwerk die Bilder beleben und Größenverhältnisse verdeutlichen) sind locker über den Bildraum verteilt. Insgesamt wirken Bleulers Werke zur Ruhr wie Illustrationen zu einer Beschreibung von J. F. Wilhelmi, der in seinem 1828 erschienenen Reisehand-

buch „Panorama von Düsseldorf und seinen Umgebungen" notierte: „Wer eine herrliche Gegend kennen lernen will, findet hier reiche Befriedigung; denn alles, was eine heitere Landschaft zu schmücken vermag, ist hier in einem Bezirke von wenigen Stunden vereint anzutreffen: ein liebliches Thal, von heitern Bergen bekränzt, Ritterburgen und Ruinen, fruchtbare Fluren und duftende Wiesen und dabei blühender Gewerbefleiß und Handel." Insgesamt folgen die Bilder den kompositorischen und zeichnerischen Standards, die für Flussdarstellungen in der populären Druckgrafik des frühen 19. Jahrhundert gelten. Sie zeigen mit den Staffagefiguren an den Ufern und zu Wasser eine auch bei anderen zeitgenössischen Flussansichten übliche produktive Betriebsamkeit. Die damals zunehmende Nutzung der Ruhr als Transportweg wird lediglich durch einzelne detailreich wiedergegebene Schiffe abgebildet. So ist auf dem Blatt „Ruhrlandschaft bei Mülheim mit Blick auf Saarn" (um 1810) eine Ruhraak zu sehen, mit der gewöhnlich Kohlen transportiert wurden. Es geht bei Bleulers Ansichten jedoch nicht darum, das Einzigartige einer Region in realistischer Manier herauszuarbeiten, sondern vielmehr um die motivische Einbettung der Ruhr in die gut verkäuflichen zeitgenössischen

Flussdarstellungen, bei denen die Druckgrafiken zum Rhein mit ihren Höhenzügen und Burgen als Vorbilder dienten.

DIE GESCHMÄLERTE ROMANTIK

In diesem Stil fertigte auch der aus Eilpe stammende Künstler Carl Schlickum die Vorlagen für die Stahlstiche in der 1840/41 veröffentlichten Reisebeschreibung „Das malerische und romantische Westphalen". Dieses Buch erschien bis 1898 in insgesamt vier Auflagen und brachte gerade auch dank seiner zahlreichen Illustrationen den westfälischen Landstrich einer breiteren Öffentlichkeit nahe. In dem ursprünglich von Ferdinand Freiligrath begonnenen, dann von Levin Schücking hauptverantwortlich unter Zusammenarbeit mit Annette von Droste-Hülshoff vollendeten Buch wird in erzählerischer Weise über die Region unter Zuhilfenahme von Dichtung, Sagenstoffen und Landschaftsschilderungen berichtet. Das Werk wurde bei jeder Auflage überarbeitet und durch neue Abbildungen erweitert.

Schlickums ganzseitige Illustrationen zeigen in der Erstausgabe auf sechs Bildern die Ruhr. Die Anzahl der Ansichten dieses Flusses variiert von Auflage zu Auflage, auch erfuhren einige Ansichten Anpassungen an die jeweiligen Gegebenheiten. Die Darstellung der Burg Wetter ist hinsichtlich der Frage, wie in den Bildmedien mit den Veränderungen an der Ruhr umgegangen wurde, besonders aufschlussreich. Burg Wetter gehörte seit 1818 den Fabrikanten Friedrich Harkort und Heinrich Kamp und wurde als Sitz der Mechanischen Werkstätte Harkort & Co verwendet. In der ersten Auflage ist die industrielle Nutzung des historischen Gemäuers anhand der Kamine zu erkennen. Diese Darstellung einer Fabrik bettete Schlickum in eine Szenerie, die durch Staffagefiguren am Ruhrufer belebt wird. Auf der anderen Seite des Flusses befindet sich die detailreich wiedergegebene Burg Wetter. Für die Staffagefiguren scheint diese zur Fabrik gewandelte Burg kein Anlass zu sein, innezuhalten und das Bauwerk eingehender zu betrachten. Auch Schückings Text kommentiert die aktuelle Funktion lediglich bedauernd in einem Satz: „Wetter, einst ein Schloss der Grafen von der Mark, hat in den Mauern seiner Feste eine Eisengiesserei die Romantik schmälern sehen müssen, welche noch ungestört über dem herrlichen Punkte von Volmarstein schwebt." In der zweiten Auflage von 1872, die nach Schlickums Tod erschien, sodass die Veränderungen von anderer Hand ausgeführt wurden, ist der mangelnde Bezug zwischen der Rahmenszenerie und der aktualisierten Ansicht der Fabrik noch auffälliger. Weitere Schornsteine und Umbauten sind hinzugekommen, am linken Bildrand ist eine neue Brücke sowie eine industrialisierte Stadt zu erkennen. Die Rauchwolken, die in den Himmel steigen, sind jedoch lediglich schmale gewundene Linien. Figuren und Fluss wurden weitgehend unverändert übernommen. Damit bleibt nicht nur die Grundstruktur des Bildes von 1840 erhalten, auch das Phänomen des Neuen, der kontinuierliche Ausbau zur Fabrik, bleibt unkommentiert.

Carl Schlickum, Burg Wetter, Stahlstich, 1840/41, Stadtarchiv Wetter, Foto: Rainer Rothenberg (Fotoarchiv Ruhr Museum)

Carl Schlickum, Burg Wetter, Stahlstich, 1872, Quelle: Wikimedia Commons

Alfred Rethel, Die Harkortsche Fabrik auf der Burg Wetter, 1834,
Öl auf Leinwand, Dauerleihgabe der Demag Cranes & Components
GmbH an das Museum für Kunst und Kulturgeschichte der Stadt
Dortmund (DEMAG)
——

Bereits 1834, und damit fünf Jahre bevor Schlickum den Auftrag für die Illustrationen des „malerischen und romantischen Westphalen" erhielt, hatte auch Alfred Rethel das Gemälde „Die Harkortsche Fabrik auf der Burg Wetter" angefertigt. Er konzentrierte sich jedoch auf die vom Fluss abgewandte Seite. Die Ruhr ist in diesem Gemälde nur fern links im Hintergrund zu sehen, im Fokus steht die zum Eisenwerk umgebaute Burg. Fast die gesamte Bildfläche einnehmend, präsentiert sich das Gebäude als eine Art Palimpsest. Und wie bei einem Palimpsest, das eigentlich ein Schriftstück bezeichnet, bei dem aus Materialmangel die bestehende Schrift für neue Aufzeichnungen sichtbar abgekratzt wurde, wurden einzelne historische Strukturen der Burg Wetter abgetragen und erkennbar durch neue Elemente ersetzt. Mittels genauer Wiedergabe der Details gelingt es Rethel, die schrittweise Verwandlung ei-

nes Bauwerks durch Umnutzung offenzulegen. Der Künstler schuf auf diese Weise ein Sinnbild für den schleichenden Industrialisierungsprozess, bei dem das Alte als Steinbruch des Neuen dient. Damit zeigen die Darstellungen von Ost- und Westseite der Fabrik auf Burg Wetter auch zwei künstlerische Sichtweisen, die gegensätzliche Antworten auf die Frage gefunden haben, welchen Stellenwert die Industrie in der Landschaft einzunehmen hat. Bei Schlickum legen sich die Veränderungen der Ruhrlandschaft als nachträgliche Ergänzungen über das bereits Bestehende, die Menschen im Vordergrund bleiben davon unberührt. Sie und der Fluss bilden weiterhin eine Einheit, bei der sich allein der Hintergrund verändert hat. Bei Rethel rückt die Industrie ins Zentrum der Aufmerksamkeit und drängt nicht nur die umgebende Landschaft an den Bildrand, sondern entfernt sie auch aus dem Bewusstsein. Das, was im „malerischen und romantischen Westphalen" den Kern der (Bild-)Erzählung ausmacht, die Verbindung von historischer Burg und Flusslandschaft, ist bei Rethel eine Randnotiz, deren Relevanz wie das Burggemäuer mit der Steigerung der Produktion schwinden wird.

DER SCHÖNSTE PUNKT DES RUHRTALS

Die Industrie spielt im ca. 1840 entstandenen Gemälde „Das Ruhrtal bei Blankenstein" des englischen Malers William Heaton Rudolph kaum eine Rolle. Rudolph entschied sich für einen Bildaufbau, bei dem er weder das Wasser noch die Ufer der Ruhr zum Hauptmotiv seines Gemäldes machte, sondern vielmehr einen weiten Blick über das Flusstal hinweg inszenierte. Die mittig im unteren Bilddrittel platzierten Rückenfiguren lenken den Blick über das Tal zum Horizont und verdeutlichen die Dimensionen der Landschaft. Etwas mehr als die Hälfte des Bildes wird durch den Himmel bestimmt, der durch niederländische Vorbilder inspiriert sein mag, schließlich hatte Rudolph sich im niederrheinischen Kleve unweit der niederländischen Grenze niedergelassen. Der Maler wählte wahrscheinlich einen Standpunkt in Gethmanns Garten, von dem auch noch um 1900 fotografierte Postkartenmotive im Umlauf waren, die der Komposition des Gemäldes sehr ähneln. Im Baedeker von 1854 wird die Aussicht vom Garten folgendermaßen beschrieben: „[d]er schönste Punct des Ruhrthals in dem Städtchen Blankenstein ..., nämlich die unvergleichliche stundenweite Aussicht vom Gethmann'schen Garten auf das heitere, grüne breite Ruhrthal, mit zahllosen rotbedachten Wohnungen übersäet, von Viehheerden belebt, von Waldgebirgen eingeschlossen, tief unten ... der Fluss über ein langes Wehr seine Wogen schäumend und brausend wälzend, – das Wanderziel aller Naturfreunde der nähern und weitern Umgebung". Carl Friedrich Gethmann hatte 1808 einen vom englischen Landschaftspark inspirierten Garten angelegt, der mit seinen eigens angelegten Aussichtspunkten sowohl den Blick auf Ruine und Ruhrtal als auch auf die nahe gelegene Henrichshütte ermöglichte. Rudolph entschied sich für den Blick Richtung Ruine, die im Baedeker erwähnten „rotbedachten Wohnungen" sind auf seinem Gemälde allerdings nicht zu sehen, wie überhaupt bis auf die Ruine Blankenstein kaum zivilisatorische Spuren zu erkennen sind. Das Bild ist durch ein

William Heaton Rudolph, Das Ruhrtal bei Blankenstein, ca. 1840, Öl auf Leinwand, Museum für Kunst und Kulturgeschichte, Dortmund, Foto: Madeleine-Annette Albrecht

abwechslungsreiches Zusammenspiel von Licht und Schatten und verschiedene, fein abgestufte Farbwerte bestimmt. Auf diese Weise entsteht eine zeitlos anmutende Bildstimmung. Die rege Tätigkeit, welche die Werke von Bleuler und Schlickum charakterisiert, ist bei Rudolph nicht zu finden. Die Begegnung mit dem Fluss ist eine Begegnung mit der Weite der Landschaft, die sich ohne jede Gliederung durch Gebäude und Straßen tief in den Bildraum erstreckt. Dass Rudolph diesen Blick wohl an einem angelegten Aussichtspunkt, einem „Wanderziel aller Naturfreunde", gefunden hat, verdeutlicht, dass er nicht der „Entdecker" dieser bildwürdigen Aussicht über das Ruhrtal ist. Vielmehr nutzt er diesen etablierten Ort, um mit seinem Bild den Eindruck einer unberührten Landschaft zu erwecken. Damit bedient auch er wie Bleuler und Schlickum das damals populäre Motiv der Ruinen- und Burgenromantik, das ein wesentliches Element der Darstellung der Ruhr vor 1900 ist.

Kurz vor der Jahrhundertwende wählte Fritz Böcker bei seinem Aquarell „Witten 1897" die Darstellung der Industrie am Ruhrufer als Motiv. Böcker arbeitete zwar nicht hauptberuflich als Künstler, war jedoch ein produktiver Maler in seiner Freizeit. Das Aquarell zeigt die Ruhr und die industriell geprägte

Stadt Witten. Das Zentrum der Stadt mit den Türmen der Johanniskirche und Gedächtniskirche ist jedoch links in den Hintergrund gerückt, das Bild wird dagegen von den Schornsteinen der diversen Betriebe am Ruhrufer bestimmt. Im Vordergrund ist eine Naturstaffage platziert, in die links und rechts eine Vignette eingefügt ist, die jeweils eine Szene aus einem Eisenwerk beziehungsweise Bergwerksstollen zeigt. Während Carl Schlickum die Fabrik auf der Burg Wetter als Teil einer Flusslandschaft zeigte, so aquarellierte Böcker die Industrie im Zusammenhang mit der Stadt am Fluss. Bei Böcker sind es nicht Rathaus, Kirche und Stadtmauer, welche die Identität des Ortes verdeutlichen, sondern die Bauwerke der Industrie, an denen die Stellung Wittens als Wirtschaftsstandort abzulesen ist. Dieser Eindruck wird noch verstärkt, indem die Betriebe am Flussufer detaillierter wiedergegeben werden als der eigentliche Stadtkern. Dennoch lautet der im Vordergrund niedergeschriebene Gemäldetitel schlicht „Witten 1897". Der Zusatz der Jahreszahl verleiht dem Aquarell zudem die Anmutung einer Momentaufnahme – sie deutet darauf hin, dass die Stadt im nächsten Jahr oder Jahrzehnt schon wieder anders aussehen kann und diese Ansicht nur eine von vielen Phasen einer bewegten Stadtgeschichte zeigt. Dem entspricht auch das Bemühen des Malers um eine topografisch genaue Wiedergabe. Zwar verlieren sich manche Details aufgrund der Aquarelltechnik, insgesamt zeigt sich jedoch

Fritz Böcker, Witten, 1897, Aquarell, Märkisches Museum, Witten

ein differenziertes Stadtbild. Die Ruhr ist in dieser Darstellung weder jener Fluss, der bei historischen Stadtansichten das Kennzeichen einer florierenden Handelsstadt ist, noch der einstmals bedeutende Transportweg, auf dem die Kohle bis 1890 befördert wurde. Sie ist in Böckers Bild vielmehr ein vermittelndes Element zwischen Naturstaffage im Vordergrund und Stadtansicht im Hintergrund, wobei der Vordergrund weniger eine Uferbegrünung darstellt, sondern vielmehr den Rahmen für die Vignetten bildet. Der Fluss ist bei Fritz Böcker ein Element der Gesamtkomposition aus Industrie, Landschaft und Stadt, die verschiedenen Aspekte der städtischen Existenz ordnen sich jedoch eindeutig dem Motiv der Industrie unter.

LICHTE ATMOSPHÄRE UND HANDWERKLICHES KÖNNEN

Die Ruhr als Kulturlandschaft steht für den Maler Christian Rohlfs in seinem Werk „Das Ruhrtal bei Herdecke" (um 1902) nicht im Vordergrund. Weder

historische Siedlungsspuren noch die Lage des Flusses im Industriegebiet oder das Leben am Gewässer spielen in diesem Gemälde eine Rolle. Allein Fluss und Uferlandschaft dienen als Motiv, doch auch sie sind der Maltechnik nachgeordnet. Der bereits 51-jährige Christian Rohlfs hatte vor seinem Umzug nach Hagen als Künstler in Weimar gelebt, bis ihn 1901 der junge Kunstsammler Karl Ernst Osthaus in die westfälische Industriestadt einlud. Osthaus stand zu diesem Zeitpunkt kurz vor der Eröffnung seines neu gegründeten Museums in Hagen, dem er den Namen Folkwang gab (und dessen Gebäude heute das Osthaus-Museum beherbergt). Auch eine Malschule war geplant, deren Leiter Christian Rohlfs werden sollte. Rohlfs wechselte daraufhin den Wohnort und studierte bei Osthaus die kürzlich erworbenen Werke, darunter auch das Gemälde „Die Seine bei Saint-Cloud" (1900) des

---

Christian Rohlfs, Das Ruhrtal bei Herdecke, ca. 1902, Öl auf Leinwand, Museum Ostwall im Dortmunder U

Albert Renger-Patzsch, Ohne Titel (Winter an der Ruhr bei Witten), 1931, Bromsilbergelatineabzug, Museum Folkwang, Essen, Foto: Jens Nober (VG Bildkunst)

———

französischen Pointillisten Paul Signac. Der Pointillismus, auch Neoimpressionismus genannt, war ein junger künstlerischer Stil, bei dem die Bilder aus einzelnen, nebeneinander angeordneten Punkten und Strichen zusammengesetzt wurden. Die Maler verfolgten das Ziel, Licht- und Farbeindrücke mit der „Technik einer prismatischen Farbenzerlegung" (Signac) festzuhalten. Die Methode basierte auf neuen Erkenntnissen zur Farbwahrnehmung und veranlasste die Künstler dazu, die etablierten Verfahren der Farbgestaltung noch einmal zu hinterfragen. Rohlfs, der zuvor bereits impressionistisch gemalt hatte, schuf daraufhin in der Zeit um 1902 mehrere Bilder der Ruhr in dieser pointillistischen Technik, bei der die bewegte Wasseroberfläche wie auch Licht und Schatten auf den Ruhrhöhen Impulse für eine intensive Auseinandersetzung mit der Wirkung verschiedener Farbkombinationen lieferten. Karl Ernst Osthaus betrachtete Rohlfs pointillistische Werke als eine Zwischenphase innerhalb einer größeren künstlerischen Entwicklung. Fast zwanzig Jahre später urteilte er über diese Werke: „Besonders die getüpfelten Bilder lassen die Meisterhandschrift seltsam vermissen. Aber bald hatte er sich zurück gefunden, und die folgenden Jahre sahen Werke entstehen, in denen die Kühnheit der Pinselführung dem Zauber der Farbe nicht mehr nachgab." Bei Rohlfs ist die Ruhr ein Phänomen, dem es mit dem neuen Malstil beizukommen gilt. Seine Bilder zum Fluss zeigen jeweils unterschiedliche Standpunkte, Ausschnitte und Varianten im Farbauftrag. Auf diese Weise löste sich Rohlfs, anders als Bleuler, Schlickum, Rudolph oder Böcker, vom Erzählerischen des Motivs und ließ die lichte Atmosphäre am Fluss zum Thema des Bildes werden. Damit sind Rohlfs pointillistische Darstellungen der Ruhr auch frühe Beispiele des Erfolgs von Osthaus' Absicht, ortsfremde Künstler ins Ruhrgebiet einzuladen und sie mit Beispielen moderner Kunst zu neuen künstlerischen Ideen anzuregen.

Ebenso wie Christian Rohlfs entschloss sich auch der Maler und Grafiker Hermann Kätelhön im Ruhrgebiet künstlerisch tätig zu werden. Kätelhön stammte aus Hofgeismar bei Kassel und hatte nach seiner künstlerischen Ausbildung in Karlsruhe und München in Willingshausen als Druckgrafiker gearbeitet. Dort schuf er Werke, die Landschaftsansichten und Szenen des bäuerlichen Lebens zeigen. 1920 bezog er ein Atelier in der Essener Gartenstadt Margarethenhöhe. Kätelhön porträtierte Persönlichkeiten der Montanindustrie und fertigte in seiner druckgrafischen Werkstatt Ansichten der Hütten und Zechen des Ruhrgebiets an. Er begab sich auch an die Ruhr, um den Fluss und seine Umgebung festzuhalten. Bei der Radierung „Ruhrtal" (1920) wird der Blick des Betrachters über die Baumwipfel hinweg zur Ruhr geleitet und dann zum Horizont geführt, an dem die Industrieschlote als schmale Striche in Erscheinung treten. Beim Blick auf Kätelhöns Darstellungen aus dieser Zeit fällt auf, dass sowohl ein Motiv wie die Landschaft an der Ruhr als auch eine Industrieanlage mit den gleichen stilistischen Mitteln dargestellt werden. Anders als etwa die Künstler der Kölner Progressiven suchte er niemals eine neue Bildsprache für die Darstellung der Industrie, sondern griff in erster Linie auf das handwerkliche Können eines akademisch ausgebildeten Künstlers zurück, um detailgenaue Darstellungen von Industrie und Landschaft anzufertigen. Seine Werke sind jedoch nicht notwendigerweise exakte Abbilder des Vorgefundenen, sondern sorgfältig angelegte Bildkompositionen. Dieses Vorgehen lässt sich als ein konservatives Verfahren interpretieren, bei dem jedes Bildmotiv mit der gleichen künstlerischen Methode bewältigt werden kann. Kätelhön blendete weder Industrie noch Landschaft in seinem Werk aus und zelebrierte genauso wenig die Brüche innerhalb der Strukturen der Industriestädte. Seine Werke zeichnen sich durch die Gleichbehandlung von Landschaft und Industrie aus.

FLUSS UND FÖRDERTÜRME

1926 entstanden im Auftrag des Siedlungsverbands Ruhrkohlenbezirk (SVR) erste Luftbilder des Ruhrgebiets. Als Mittel der Raumplanung ergänzten sie das vorhandene Kartenmaterial und veranschaulichten das dichte Gewebe der urbanen Funktionen Verkehr, Gewerbe und Wohnen in der Region. Ende der 1920er Jahre begann auch der in Würzburg geborene Albert Renger-Patzsch sich intensiv mit der fotografischen Darstellung der Ruhrgebietsstädte zu beschäftigen. Nach einem Chemiestudium hatte Renger-Patzsch sich schon früh für die Arbeit als Fotograf entschieden. Nach Stationen in Hagen, Berlin und Bad Harzburg ließ er sich 1929 in Essen nieder. In dieser Zeit verstärkte er seine 1927 begonnene, acht Jahre umfassende Arbeit an seinem selbst gewählten Projekt über Ruhrgebietslandschaften. Diese Aufnahmen thematisieren die Resultate eines rasanten, weitgehend ungeplanten Städtewachstums, bei dem Bauernhöfe neben Industrieanlagen und Brachflächen neben Wohngebieten in einer von Eisenbahnschienen durchschnittenen Landschaft existieren. In diese Serie ordnen sich auch Bilder der Ruhr ein. Bei „Ohne Titel (Winter an der Ruhr bei Witten)" (1931) bildet der Fluss eine dunkle Diagonale innerhalb einer verschneiten Uferlandschaft. Während Kätelhön vom erhöhten Standpunkt sowohl die Industriebauten als auch die Ruhr darstellte, wählte Renger-Patzsch einen engen Bildausschnitt. Es fällt deshalb schwer, den Aufnahmeort ohne den Titel zu identifizieren. Wie auch Rohlfs konzentrierte sich Renger-Patzsch allein auf die Darstellung von Wasser und Ufer. Er nutzte die winterliche Jahreszeit für eine kontrastreiche Bildgestaltung mittels Schwarzweiß-Fotografie. Renger-Patzsch suchte nach einer originär fotografischen Darstellung. Als Vertreter der Neuen Sachlichkeit, einer nüchternen, detailgenauen Bildsprache, rückte er deshalb die Oberflächen und Strukturen der aufgenommenen Objekte ins Zentrum der Aufmerksamkeit und maß ihnen eine Bedeutung zu, die eine Einordnung in einen größeren räumlichen Kontext unnötig machte.

Renger-Patzsch arbeitete bevorzugt in Serien und notierte zum Thema Landschaftsfotografie: „So sollten wir die Wiedergabe der ‚Landschaft als Dokument' wie eine Verpflichtung auffassen, die für uns mehr Reiz hat als die Aufnahme pompöser Sonnenuntergänge. ... Die Kunst, vorzugsweise die Malerei und die Zeichnung, ist imstande, den Charakter einer Landschaft in einem einzigen Bild überzeugend darzustellen. ... Der Photograph wird ... meist auf Bildserien angewiesen sein, um das Wesen einer Landschaft dem Beschauer zu erschließen." Da er die Möglichkeit zu einer gestalterischen Verdichtung innerhalb eines Bildes für die Fotografie als nicht gegeben sah, verfolgte er also das Konzept, eine Landschaft durch eine Vielzahl an Einzelbildern zu charakterisieren. Deshalb fügt sich ein Bild wie

Max Peiffer Watenphul, Landschaft an der Ruhr, 1935/36, Öl auf
Leinwand, Von der Heydt-Museum, Wuppertal, Foto: Antje Zeis-Loi,
Medienzentrum Wuppertal (Archiv Peiffer Watenphul)
––––

„Ohne Titel (Winter an der Ruhr bei Witten)" in eine
Abfolge mehrerer Fotografien ein, bei denen jedes
Bild einen Aspekt des Ruhrgebiets behandelt. Jede
Fotografie kann in dieser Serie auch allein stehen,
im Zusammenhang aller Bilder bildet sich jedoch
die Komplexität der fotografierten Region ab. Der
Fotografie „Ohne Titel (Winter an der Ruhr bei Witten)" kommt in diesem Zusammenspiel die Aufgabe
zu, jenen Fluss zu zeigen, an dem die Entwicklung
des Ruhrgebiets begann. Die Ruhr ist auf diesem
Bild jedoch einfach nur ein Gewässer mit abge-
steckten Weideflächen an den Ufern, nichts deutet
auf ihre Bedeutung für die Geschichte des Industriegebiets hin.

Wie Albert Renger-Patzsch interessierte sich auch
Max Peiffer Watenphul für die Darstellung der Industriestädte. Nach seinem juristischen Studium,
das er mit einer Doktorarbeit über Kirchenrecht
abschloss, verzichtete er auf das Referendariat,
um eine künstlerische Laufbahn zu beginnen. 1919
bis 1922 war er Schüler am neu gegründeten Bau-
haus in Weimar. Ursprünglich inspiriert von Paul
Klee, entwickelte er einen naiven, flächigen Malstil
mit reduzierter Formensprache. Ab 1927 arbeitete er etwa vier Jahre als Lehrer an der Folkwangschule in Essen und lebte, unterbrochen von mehreren Aufenthalten in Italien, von 1933 bis 1937 im
Elternhaus in Hattingen. In dieser Zeit malte Peiffer Watenphul Ölgemälde, die das Ruhrgebiet zum
Thema haben. Bei seinem Gemälde „Landschaft an
der Ruhr" (1935/36) erweckt Peiffer Watenphuls
künstlerische Strategie, auf die Zentralperspekti-
ve zu verzichten und die Licht- und Schattenwerte
seiner Bildelemente zu vereinfachen, den Eindruck,

als könnte fast jedes Objekt innerhalb des Bildes auch an eine andere Stelle verschoben werden. Wie die beliebig kombinierbaren Prospekte eines Bühnenbildes wirken bei Peiffer Watenphul Vorder-, Mittel- und Hintergrund. Die verschiedenen Bildebenen gleichen Elementen, die zur gegenseitigen Steigerung miteinander kombiniert worden sind. Die grünen Pflanzen im Vordergrund, die Ruderer im Mittelgrund und die daran angefügten Industriebauten unter einem Himmel voller Rauch ergeben ein technisches Wimmelbild, das zugleich die Siedlungsstruktur der Industrieregion offenlegt. Auf sinnfällige Weise korrespondiert dies mit dem realen Erscheinungsbild der planlos gewachsenen Siedlungen im Ruhrgebiet. Zu sehen ist ein Nebeneinander, bei dem Flusslandschaften überformt werden und Wohnhäuser in direkter Nachbarschaft zu Zechen- und Hüttengeländen stehen. Auch wenn die Anwesenheit der Ruderer im Bild amüsant wirkt, verweisen sie doch auch auf die räumliche Enge in diesem Industriegebiet, in dem selbst die Naherholung vor einer Kulisse aus Fabriken stattfindet. Motivisch ähnelt Peiffer Watenphuls Gemälde den Ruhrlandschaften von Albert Renger-Patzsch. Doch während Renger-Patzsch sich mit der neusachlichen Fotografie unweigerlich auf eine außerhalb

liegende Wirklichkeit bezieht, entsteht bei Peiffer Watenphul durch den naiven Malstil der Eindruck einer irrealen, frei erfundenen Fantasielandschaft. Unterstützt wird diese Bildwirkung durch die Entscheidung für das seltene Motiv der Industrie an der Ruhr. Vollkommen frei hatte Peiffer Watenphul die Ansicht der Landschaft an der Ruhr nicht entwickelt, sondern sich vom Ruhrufer in Hattingen und der Henrichshütte inspirieren lassen, das Motiv aber um mehrere Fördertürme ergänzt.

DAS FUNKTIONAL OPTIMIERTE GEWÄSSER

Eine völlig andere Sicht auf die Ruhr ist bei den Gemälden des Malers Carl Altena zu sehen. 1894 in Courl (heute Dortmund-Kurl) geboren, hatte Altena die Düsseldorfer Kunstakademie besucht und ab 1920 als technischer Zeichner bei der Gutehoffnungshütte in Oberhausen gearbeitet. 1925 richtete er sein Atelier in Mülheim an der Ruhr ein und

---

Carl Altena, Blick in das Ruhrtal, ca. 1950, Tempera auf Karton, Kunstmuseum Mülheim an der Ruhr, Foto aus: Jan Baleka, Carl Altena, Oberhausen 1992

war fortan als freischaffender Künstler tätig. In der Nachkriegszeit erhielt er Aufträge für Decken- und Wandgemälde in diversen Mülheimer Gebäuden. Darüber hinaus hielt er seine Wahlheimat in zahlreichen Gemälden und Zeichnungen fest. Altena war ein Maler, der das Etablierte schätzte; er malte gegenständlich, nutzte Ölfarbe auf Leinwand, mied das Abstrakte und arbeitete im Rahmen der Gattungen Figur, Stillleben und Landschaft. Er besuchte Frankreich, Luxemburg und Belgien, fand dort Motive und Farben, die von seiner vertrauten Umgebung an der Ruhr abwichen, suchte aber auch da nicht die leuchtende Farbigkeit, sondern blieb seiner gedeckten Palette treu. Ausstellungen seiner Werke fanden zumeist in Mülheim statt, wiederkehrendes Motiv dabei: die Ruhr.

Es war nur ein begrenzter Flussabschnitt, der ihm immer neue Motive bot. Er reagierte empfindlich auf etwaige Veränderungen, schrieb Beschwerdebriefe an die Mülheimer Stadtverwaltung, als Bäume ans Ruhrufer gepflanzt wurden. „Carl Altena war kein Naturmensch, er unternahm keine Ausflüge in die Landschaft und keine Wanderungen", vermerkt sein Biograf Jan Baleka. „Von den Landschaften war es einzig und allein nur die Ruhraue, die er bei der Suche nach Motiven durchstreift hatte und deren Wandel er im Laufe der Jahrzehnte erlebte." Innerhalb einer selbstgewählten Begrenzung der malerischen Mittel und der Gattungen schuf Altena ein Bild der Ruhr, das Ambivalenzen meidet. Während in den 1950er Jahren ein Künstler wie Gustav Deppe abstrahierte Maschinen- und Industriebilder malte und der Fotograf Chargesheimer 1958 gemeinsam mit dem Schriftsteller Heinrich Böll durch die Veröffentlichung des Bildbandes „Im Ruhrgebiet" provozierte, schuf Altena ein ruhiges, sonnenbeschienenes Bild der Ruhr. Altena suchte keinen

Gerhard Richter, Ruhrtalbrücke, 1969, Öl auf Leinwand
(Gerhard Richter 2019 (0159))

neuen Zugang zum Motiv der Flusslandschaft, sondern zeigte, wie das Gemälde „Blick in das Ruhrtal" (vor 1950) veranschaulicht, die Ruhr als landschaftlich reizvolles Ausflugsziel. Im Bild sind zwar keine Personen zu sehen, allein das Boot vermittelt Bewegung, doch zeigen sich an fast jeder Stelle des Flusses Eingriffe in die Landschaft, so etwa die Uferbefestigung, die Brücke oder die Häuser. Die Ruhr ist bei diesem Gemälde ein funktional optimiertes Gewässer in der Nähe einer Großstadt. Das Unberechenbare oder Ungeordnete, seien es nun die Natur, die Industrie oder Spuren historischer Bebauung, haben in dieser Darstellung keinen Platz.

Auch Gerhard Richters Gemälde „Ruhrtalbrücke" (1969) handelt von einem Bauwerk in Flussnähe. Der 1932 in Dresden geborene Maler Richter hatte nach seiner Flucht aus der DDR an der Düsseldorfer Kunstakademie studiert. 1962 begann er offiziell seine künstlerische Laufbahn und schuf in mehreren Jahrzehnten ein umfassendes Werk, das unter anderem die Beziehungen zwischen Malerei und Fotografie sowie Gegenständlichkeit und Abstraktion auslotet. Er ist einer der erfolgreichsten und bekanntesten deutschen Künstler. In den 1960er Jahren war Richter mit der Fotokamera unterwegs, um neue Motive für seine Gemälde zu suchen. Eines dieser Motive war die seit drei Jahren fertiggestellte Ruhrtalbrücke im Mülheimer Stadtteil Mintard, die als Teil der Autobahn A 52 die Städte Essen und Düsseldorf verbindet. Das Bauwerk war ein wesentlicher Beitrag zur Verkehrsplanung in NRW, ein Symbol des technischen Fortschritts. Mit einer Länge von 1.830 Metern und einer Höhe von 65 Metern überbrückt es seit seiner Einweihung das Ruhrtal. Zum geplanten Abriss und Ersatz durch einen Neubau bezog auch Gerhard Richter Stellung und nannte die Brücke „ein großartiges Bauwerk". Richters Ölgemälde zeigt im unteren Viertel die Brücke, die als schmale waagerechte Linie, gestützt auf schlanke Pfeiler, die Hänge rechts und links der Ruhr verbindet. Das Ruhrtal unter der Brücke ist in dunklen Farben wiedergegeben, nur der Fluss ist durch den Einsatz hellerer Töne hervorgehoben. Dreiviertel des Bildes sind der Darstellung des Himmels vorbehalten. Das Werk zeigt mit der Brücke ein Dokument technischer Eleganz, aber auch einen massiven Eingriff in die Landschaft des Ruhrtals sowie eine Ursache der Lärmbelästigung.

Dabei offenbart sich im Zusammenspiel von Fluss und Brücke nicht nur ein formaler Kontrast von Natur und Technik, sondern auch das Aufeinandertreffen zweier Verkehrswege. Die Ruhr mit ihrem geschwungenen Verlauf begegnet der modernen, effizienten Verkehrsverbindung für die Lieferung diverser Waren quer durch Europa. Der Wandel der Wirtschaft zeigt sich in einer modernen Ausformulierung des Landschaftsbilds. Doch diese Interpretation trifft nur bei einer Fokussierung auf den unteren Bildbereich zu. Der größte Teil des Gemäldes wird von der Darstellung des Himmels eingenommen, sodass Gundula Sibylle Caspary feststellt: „Richter dagegen relativiert die Brücke unter der Dominanz des Himmels zu einer dezenten Ergänzung der Landschaft und nivelliert sie in der leichten Diffusion des Malerischen zu einem Strich, als wolle er die leicht konkave Horizontlinie damit begradigen." Folgt man dieser Interpretation, ergibt sich im Bild folgende Hierarchie: Zuunterst der gewundene Flusslauf und die verdunkelte Landschaft, darüber sich erhebend das filigrane technische Bauwerk und all das einem dominierenden Himmel untergeordnet. Wie bereits bei Schlickum und Peiffer Watenphul kommt dem Himmel eine besondere Bedeutung zu; diesmal steigen keine Rauchwolken auf, um die Veränderung der Landschaft durch die Industrie beziehungsweise Technik zu visualisieren, diesmal liegt die Technik sauber und gerade als Trennlinie zwischen Himmel und dem Flusstal. Die Ruhr ist in diesem Bild ein alter Transportweg und ein Stück Landschaft, das sowohl im räumlichen wie im historischen Sinne von der Brücke überwunden wird.

KOMPLEXE BEZIEHUNGEN

Das Ruhrtal als Naherholungsgebiet ist eines der Themen aus Joachim Brohms zwischen 1980 und 1983 entstandener Foto-Serie „Ruhr". Der 1955 in Dülken geborene Brohm hatte Visuelle Kommunikation an der Universität Essen GHS/Folkwang studiert. Inspiriert von der amerikanischen Farbfotografie der 1970er Jahre, bereiste er mit der Kamera die Städte des Ruhrgebiets. Brohm fand seine Motive in urbanen Randzonen und Gewerbegebieten. Ebenso fotografierte er Szenen an Orten der Freizeit, im Revierpark und an der Ruhr. Die Motive der Ruhr zeigen den Fluss als Ort, an dem meist eine große Anzahl von Menschen sich bei Spaziergang, Picknick oder Wassersport erholt. Das Bild mit dem

Titel „Essen" zeigt den Fluss als Ort sportlicher Betätigung. Der Komplementärkontrast aus roten Kanus und grünen Wiesen ist das einzig Auffällige an dieser Aufnahme. Brohm nutzt eine ruhige Bildsprache, die auf den ersten Blick ebenso lapidar wirkt wie die fotografierten Alltagsszenen. Räumliche Distanz zum Motiv und eine flächige Komposition ohne radikale Bildausschnitte zeichnen die Fotografien aus. Waren die Ruderer bei Peiffer Watenphul noch bizarre Fremdkörper vor industrieller Kulisse, ist bei Brohm keine Widersprüchlichkeit mehr zu erkennen. Das Freizeitvergnügen auf dem Wasser war an der Ruhr in den 1980er Jahren sowohl Selbstverständlichkeit als auch Errungenschaft für ein Ruhrgebiet, das sich im Strukturwandel von der Industrie- zur Dienstleistungsregion befand. Die Ruhr allerdings hatte zu diesem Zeitpunkt ihre Bergbau-

vergangenheit schon lange hinter sich gelassen. Sie war deshalb schon früh zum Rückzugsort geworden und hatte der Bevölkerung des Ruhrgebiets immer auch perspektivisch aufgezeigt, wie ein Leben ohne verrauchten Himmel und industrielle Zersiedelung sein würde. Brohms fotografische Gestaltung entspricht diesen bescheidenen Wünschen, seine Fotos vermitteln Ruhe und Selbstverständlichkeit. Der heutige Betrachter weiß zudem, dass dieser Wandel schließlich auch im Norden des Ruhrgebiets ansatzweise tatsächlich erfolgt ist.

Betrachtet man die verschiedenen Werke zur Ruhr, fällt auf, dass die unterschiedlichen Aspekte – seien es Burgen, Industrie, Naherholung, Natur, Aussicht oder Schifffahrt – in der ein oder anderen Form weiterhin relevant für die künstlerische, kommerzielle oder private Bildproduktion bleiben. Insbesondere die Fotografie hat neue Zugangsweisen zur Darstellung einer Flusslandschaft eröffnet. Das zeigt sich nicht nur bei Renger-Patzschs Fokussierung auf

Joachim Brohm, Essen, aus der Foto-Serie Ruhr, 1982, C-Print, Museum Folkwang, Essen, Foto: Jens Nober (VG Bildkunst)

Johann Hinger, Ruhrtallandschaft, 2005, Öl auf Leinwand, arsmundi
(Johann Hinger)

einen engen Bildausschnitt, sondern auch bei der bewusst distanzierten Bildgestaltung, die Joachim Brohms Werke auszeichnen. Gerhard Richters Darstellung der Ruhr ist dabei nicht nur ein Werk, das in einer Zirkelbewegung Fotografie, Malerei und Landschaftsdarstellung zusammenführt, sondern auch ein Gemälde, das nicht dem Fluss, sondern der Brücke gewidmet ist und dennoch einen wichtigen Beitrag zur Darstellung der Ruhr leistet.

Den Druckgrafiken um 1800 entsprechen heute die Fotografien, die zur touristischen Vermarktung der Region verbreitet werden. In diesen modernen Pendants sind Bildkompositionen zu finden, die den ausgewählten Gemälden, Grafiken und Fotografien mitunter sehr ähnlich sind. Das Thema der Industrie und des Bergbaus bleibt weiterhin relevant, wenn die erhaltenen historischen Bauten am Ruhrufer Teil aktueller fotografischer Aufnahmen werden. Diese Architekturen sind allerdings nunmehr Erinnerungsstücke, die sich wie die Burgruinen in die Landschaft einfügen. Auch Gemälde entstehen weiterhin zu diesem Thema, häufig im Spannungsfeld der existierenden Bildüberlieferung und der komplexen Beziehungen von Malerei und Fotografie. So veröffentlichte der 1947 in Linz geborene Maler Johann Hinger 2006 einen Katalog zu seinen Ölgemälden, Aquarellen und Zeichnungen zum Ruhrgebiet, bei denen fotorealistische, in feinen Farbabstufungen gefertigte Gemälde die Ruhr zeigen. Der Fluss und sein Gebiet ähneln aufgrund der intensiven Farbigkeit und der Reduktion auf wesentliche Grundelemente einer Ideallandschaft. Die Ruhr allerdings bleibt in allen ausgewählten Werken ein Fluss, der seine Identität zumeist aus dem Geschehen am Ufer bezieht. Sie ist kein Fluss der Superlative, weder besonders breit, tief oder gewunden. Sie ist stattdessen je nach Epoche der Fluss der Romantik, der Industrie und der Freizeit.

Silvia Fehse-Schmitz

WIE PASST DER FLUSS INS MUSEUM?

Die Darstellung der Ruhr in den
Museen des Ruhrgebiets

Wer den Namen hoch oben an der Fassade zu entziffern versucht, muss um die Ecke lesen: „Ruhr" steht auf der Schmalseite des Gebäudes geschrieben. Mit dem Wort „Museum" läuft der Schriftzug auf der Längsseite weiter: „Ruhr Museum". Doch kaum ein Besucher wird vermuten, dass es in diesem Museum allein um den Fluss Ruhr geht – schon deshalb nicht, weil es sich in der ehemaligen Kohlenwäsche der Zeche Zollverein, Schacht XII, in Essen befindet. Vielmehr liegt die Assoziation mit dem „Ruhrgebiet" nahe, der Region also, der der Fluss ihren Namen gegeben hat. Wer die Dauerausstellung im Innern besucht, findet diese Vermutung auf den ersten Blick bestätigt.

In anderen Museen entlang des Flussverlaufs sieht es ähnlich aus. Die thematischen Schwerpunkte sind vielfältig. Es geht um Schifffahrt und Transport, um Industriegeschichte, um Bergbau und das Leben am und mit dem Fluss. Museen gibt es viele, ausschließlich mit der Ruhr beschäftigen sich nur wenige. Der Fluss ist die Lebensgrundlage für die gesamte Region. Im Bewusstsein der Menschen jedoch ist er meist weniger präsent – und das spiegelt auch seine Darstellung in den Museen wider.

Links: Das Ruhr Museum ist in der ehemaligen Kohlenwäsche der Zeche Zollverein untergebracht, (Fotoarchiv Ruhr Museum [Ausschnitt])

Ist der Name „Ruhr Museum" also Etikettenschwindel? Und falls nicht: Was kann an einem Fluss so „museal" sein, dass es wert ist, hier ausgestellt zu werden? Die Antwort auf die erste Frage lautet: Nein, wo Ruhr draufsteht, ist auch Ruhr drin. Der Fluss spielt in vielen Bereichen der Dauerausstellung eine Rolle, selten jedoch ist es eine Hauptrolle. Der Besucher muss nicht nur um die Ecke lesen, sondern manchmal auch um die Ecke denken.

NATUR- UND KULTURGESCHICHTE DES RUHRGEBIETS

Die Ruhr bildet hier die thematische Klammer für die dargestellte Natur- und Kulturgeschichte des Ruhrgebiets. Die zweite Frage nach dem musealen Potenzial der Ruhr selbst ist deshalb nicht so einfach zu beantworten. Man muss ein wenig suchen, um ihr unmittelbar in den Exponaten zu begegnen. Bei der Suche unterstützen kann Museumspädagogin Angelika Wuszow. Sie begleitet Besuchergruppen und Schulklassen durch das Museum und kennt die Geschichten zu den Exponaten wie keine andere. Und sie weiß, wie die Menschen im Ruhrgebiet ticken: „Ich komme aus Essen und bin auch hier zur Schule gegangen. Wenn ich als Kind mit meinen Eltern in Urlaub gefahren bin und andere Leute

Wasserproben aus Ruhr und Emscher sind im Ruhr Museum ausgestellt
(Fotoarchiv Ruhr Museum)

fragten, wo wir herkommen, dann haben wir meist sehr vage geantwortet: ‚Bei Düsseldorf‘. Das Bewusstsein, dass man wieder zum Pott steht, ist erst mit dem Strukturwandel gekommen – also in einer Zeit, wo viel Identität stiftendes – Dinge, die das Ruhrgebiet eigentlich ausmachen – schon bröckelten", erklärt sie. Der Rundgang durch das Museum soll Abhilfe schaffen.

Je tiefer man in die Ausstellung eintaucht – und das ist im Ruhr Museum wörtlich gemeint, denn der Rundgang beginnt im obersten Stockwerk – desto weiter entfernt man sich von der Gegenwart. Einen kleinen Bereich „Ruhr pur" gibt es ganz zu Beginn der Ausstellung: In einem Regal stehen ordentlich aufgereiht und sortiert nach den Entnahmestellen von der Quelle bis zur Mündung jeweils zehn Schraubgläser mit Wasserproben aus Ruhr und Emscher. Das Wasser ist erstaunlich klar, abgesehen von ein paar Algen, die wie grüne Schleier in den Gläsern schweben und wenigen Schwebstoffen, die sich auf den Böden abgesetzt haben. Die Proben

stammen aus dem Jahr 2009. Die Wasserqualität war nicht immer so gut, wie sie sich hier darstellt. Die Proben veranschaulichen die positiven Auswirkungen des Strukturwandels auf beide Flüsse, denn bis in die 1990er Jahre noch galt die einfache Formel: Die Ruhr liefert das Wasser, die Emscher ist das Klo des Ruhrgebiets. Das erläutert eine Tafel an der Seite folgendermaßen:

„Ruhr und Emscher – der eine Fluss gab dem Ruhrgebiet seinen Namen, der andere sein Leben. Die Ruhr ist das am intensivsten genutzte Gewässer. Aus ihr werden Bevölkerung und Industrie mit Trink- und Brauchwasser versorgt. Die Ruhr-Seen und idyllischen Ufer sind Ziel von Spaziergängern und Freizeitsportlern. Der Charakterfluss des Reviers ist aber auch die Emscher oder das, was von ihr blieb. Bergsenkungen störten ihr natürliches Gefälle und ließen keine unterirdischen Abwasserleitungen zu: 360 Kilometer der Emscher und ihrer Zuflüsse wurden eingedeicht und zu einem offenen mit Pumpen gesteuerten Abwassersystem. Die ökologische Umgestaltung der Emscher ist eines der Symbolprojekte des neuen Ruhrgebiets und soll bis 2020 abgeschlossen sein."

MINERALWASSER MADE IM RUHRGEBIET

Ein echtes Aha-Erlebnis steht im gleichen Regal direkt darunter. Kaum jemand weiß: Rund 15 verschiedene Mineralwassersorten werden im Ruhrgebiet abgefüllt. Sie stammen aus Grundwasserreservoiren, die durch wasserundurchlässige Schichten von Oberflächenwässern wie der Ruhr getrennt sind und deshalb eine durchgängig gute Qualität aufweisen. „Ruhr und Emscher müssen die Restabwässer verschiedener Einleiter aufnehmen. Abwässer an der Ruhr werden vor der Einleitung geklärt. Das Schmutzwasser der Emscher wird zukünftig in einem unterirdischen Kanalsystem abgeleitet", so die weitere Erläuterung.

Ganz leise kommt der Fluss in einem weiteren Exponat daher: Die „Sounddusche" macht das Ruhrgebiet hörbar: Wer sich über den im Fußboden eingelassenen Plaketten bewegt, hört vertraute Klänge aus den unterschiedlichsten Quellen: Das mechanische Schleifen eines Kohlenhobels, den Lärm einer vielbefahrenen Autobahn, das Gurren und Flügelschlagen in einem Taubenschlag, laut aufbrausenden Stadionjubel, den besonderen Geräuschpegel einer „Muckibude" und eben auch das leise Plätschern der Ruhrquelle. Ob Klischee oder treffendes Soundportrait mag jeder Besucher selbst entscheiden.

In der Fotosammlung des Museums ist auf historischen und aktuellen Aufnahmen die idyllische Seite der Ruhr zu sehen. Badeausflüge mit der ganzen Familie, Spaziergänge am Ufer der Ruhr-Seen, Wassersport. Die Ruhr war und ist ein beliebtes Naherholungsgebiet, das einen den Alltag vergessen lässt und eine Reihe von Freizeitmöglichkeiten bietet.

Was macht den Fluss am Ende aus? Ist es seine wirtschaftliche Bedeutung? Seine Rolle als Transportweg? Sein Freizeitwert? Ist es sein Verlauf? Seine historische oder politische Bedeutung? Das Museum, das die Ruhr im Namen trägt, greift zumindest einige Aspekte auf und überlässt es am Ende dem Besucher, sich ein eigenes Bild davon zu machen.

DIE MUSEEN DER RWW – MITTEN IN DER RUHR

Klarer ist der Fokus in zwei Mülheimer Museen. Die Rheinisch-Westfälische Wasserwerksgesellschaft (RWW) betreibt zwei interaktive Ausstellungen an ihrem Stammsitz – das Haus Ruhrnatur und das Aquarius Wassermuseum. Hier ist der Fluss nicht nur thematisch allgegenwärtig – er fließt unmittelbar an den Gebäuden vorbei. Das Haus Ruhrnatur steht auf einer Insel inmitten der Ruhr. Die RWW hat das denkmalgeschützte ehemalige Bootshaus zu einem attraktiven Ausflugsziel mit einem Erlebnisrundgang zum Thema Wasser umgebaut. Das Aquarius Wassermuseum ist ein ehemaliger, inzwischen denkmalgeschützter Wasserturm, der einst das nahegelegene Walz- und Röhrenwerk von August Thyssen versorgte.

Die Ruhr ist das Kapital des Wasserversorgers RWW, schließlich beliefert sie mehrere Städte im westlichen Ruhrgebiet mit Trinkwasser, das aus dem Fluss gewonnen wird. Der museumspädagogische Schwerpunkt liegt deshalb weniger auf

Unter der „Sounddusche" können Besucher das Ruhrgebiet hören (Fotoarchiv Ruhr Museum)

heimatkundlichen Aspekten als vielmehr im Um-welt- beziehungsweise vorbeugenden Gewässer-schutz. Nicht ganz uneigennützig, denn je stärker sich der Stellenwert der Ruhr in den Köpfen veran-kert und je weniger der Fluss durch menschlichen Einfluss verschmutzt wird, desto weniger aufwändig und teuer ist die Aufbereitung des Wassers. Deshalb setzt das didaktische Konzept schon bei den Kleins-ten an: „In Mülheim weiß jedes Kind, wo das Trink-wasser herkommt" – davon ist Christa Schragmann, Mitarbeiterin im Haus Ruhrnatur, überzeugt. Beide Museen setzen nicht allein darauf, dass Besucher ihren Sonntagsausflug in den interaktiven Ausstel-lungen verbringen, sondern bieten darüber hinaus Unterrichtseinheiten für Schulklassen und Vorträge für Erwachsenengruppen an.

NASSE HÄNDE SIND ERWÜNSCHT

Im Haus Ruhrnatur ist der Name Programm. Im Mittelpunkt steht die Ökologie des Flusses, die die großen und kleinen Besucher hier mit allen Sinnen erleben können. Im Erdgeschoss steht ein großes Wasserbecken, das zum Experimentieren einlädt – nasse Hände sind erwünscht. Eine Pumpe bringt das Wasser in Bewegung und simuliert die Fließkraft. Je nachdem, wie die dicken Kiesel im Becken liegen, entstehen unterschiedliche Strömungen. Das gro-ße Aquarium erlaubt einen Blick unter die Wasser-oberfläche: hier leben verschiedene Fischarten, die auch in der Ruhr schwimmen. Rotaugen, Karpfen und Flussbarben schauen durch die Scheibe und sind insbesondere für Kinder ein besonderer An-ziehungspunkt. Unter dem Mikroskop werden auch kleinere Wasserbewohner besser sichtbar: Insek-tenlarven und Schnecken zum Beispiel.

Im oberen Bereich der Ausstellung wird das Ruhr-Portrait um weitere Facetten erweitert. Die Auswir-kungen von Bevölkerungswachstum und Industriali-sierung werden ebenso thematisiert wie moderne

---

Die Fotosammlung des Ruhr Museums zeigt die idyllische Seite des Flusses (Fotoarchiv Ruhr Museum)

Haus Ruhrnatur, Foto: Andreas Köhring
(RWW Rheinisch-Westfälische Wasserwerksgesellschaft mbH)

Renaturierungsmaßnahmen und erneuerbare Energien als mögliche Alternative zur Steinkohle. Zu allen Exponaten im Haus gibt es Faktenblätter, die die Besucher in einer handlichen Sammelmappe mit nach Hause nehmen können. So entsteht ein „nachhaltiges" Nachschlagewerk im doppelten Sinne, mit dem sich auch später noch Wissen über bestimmte Gebiete vertiefen lässt.

DAS AQUARIUS WASSERMUSEUM – EIN MULTIMEDIALES ERLEBNIS

Das Aquarius Wassermuseum hingegen setzt ganz auf multimediale Exponate, um sich dem Thema Wasser zu nähern. Sie erschließen sich dem Besucher per Chipkarte. Zahlreiche Filme, Simulationen und Animationen lassen sich damit starten und erzählen Wissenswertes zum Thema Wasser. Ganz oben, über dem ehemaligen Wasserspeicher des Turms, bietet sich ein direkter Blick auf den Fluss und das Wassergewinnungsgelände mit den Sandfilterbecken am Ufer. In über 40 Metern Höhe liegt den Besuchern ein 360-Grad-Panorama zu Füßen – ganz ohne mediale Hilfsmittel.
Weiter unten können diese Eindrücke noch ver-

tieft werden. Auf einer virtuellen Fahrradtour, die entlang des Flussverlaufs von der Mündung bis zur Quelle führt, treten die Besucher selbst in die Pedale und machen an verschiedenen Stationen halt. Eine Panoramakarte an der Wand gegenüber zeigt an, wo das „Ruhrmobil" gerade unterwegs ist. Per Einspielfilm lassen sich so beispielsweise das Solbad Raffelberg und die RWW-Ruhrwasserwerke in Styrum besichtigen.
Darüber hinaus bietet das Aquarius-Team regelmäßig Programme für Schulklassen an. Hier steht das eigene Entdecken und Experimentieren im Mittelpunkt. Besonders beliebt: Ein Projekttag zum Thema Trinkwassergewinnung. Schon die Grundschüler lernen hier in einfachen Filterversuchen, wie aufwändig die Wasseraufbereitung ist. Aus Papier und Sand bauen sie einen einfachen Filter. Was bleibt hängen? Welche Stoffe passieren den Trichter und verbleiben im Wasser, das sich unten im Becherglas sammelt?
Zwei Merksätze nehmen die Viertklässler nach einem spannenden Vormittag mit nach Hause: „Die Natur reinigt sich selbst." Das heißt, organische

Aquarius Wassermuseum, Foto: Andreas Köhring
(RWW Rheinisch-Westfälische Wasserwerksgesellschaft mbH)

Das Ruhrlandpanorama im Aquarius Wassermuseum bietet einen
360-Grad-Blick ins Land (Silvia Fehse-Schmitz)

Schwebstoffe bleiben an der Oberfläche hängen, wenn das Wasser langsam versickert. So funktionieren auch die Filterbecken unmittelbar vor der Tür des Museums. Aber: „Die Natur reinigt unseren Dreck nicht." Menschengemachte Verschmutzungen wie die bunten Pigmente aus dem Farbkasten lassen sich durch einfache Sandfilter nicht beseitigen.

WICHTIGSTER TRANSPORTWEG FÜR KOHLE

Einen guten Überblick darüber, was die Ruhr heute ausmacht, bieten die Museen im Ruhrgebiet also allemal. Doch was wäre ein Museumsbesuch ohne einen Rückblick in die Historie? Die jüngere Geschichte des Flusses ist eng verknüpft mit der Schifffahrt. Wo sich heute nur noch Ausflugsschiffe und Freizeitwassersportler mit kleinen Booten tummeln, fuhren einst Frachtkähne den Fluss entlang. Für die Entwicklung der Deutschen Binnenschifffahrt spielte die Ruhr zwar nur eine kurze, jedoch extrem bedeutungsvolle Rolle – als Transportweg für Kohle. Zwischen 1770 und 1780 wurde sie zu einem schiffbaren Fluss ausgebaut und war über hundert Jahre lang einer der am stärksten befahrenen

Wasserwege Deutschlands. Eine ganze Reihe von Museen widmet sich mit unterschiedlichen Schwerpunkten dieser spannenden Zeit der Industrialisierung.

Das Museum der Deutschen Binnenschifffahrt in Duisburg-Ruhrort zeigt vor allem die technische Seite des Schiffbaus von der Vorgeschichte bis zum modernen Frachtverkehr. Die ehemalige Ruhrorter Badeanstalt, erbaut zwischen 1908 und 1910, ist allein aus architektonischen Gründen sehenswert und beherbergt heute eine umfangreiche Sammlung von Exponaten zur Wirtschafts-, Technik- und Sozialgeschichte der Binnenschifffahrt.

Verschiedene Bauweisen und Antriebsarten werden anhand zahlreicher Modelle, Fotos und Schautafeln eingehend erläutert. Der Ruhr begegnet man im Erdgeschoss der ehemaligen Herrenschwimmhalle. Es geht um den Kohletransport.

Um die wertvolle schwarze Fracht von den Kohlezechen in die Duisburger Häfen zu transportieren, benutzte man spezielle Plattbodenschiffe mit wenig Tiefgang – sogenannte Ruhraaken. Sie waren schmal

Die ehemalige Badeanstalt in Duisburg-Ruhrort beherbergt das Museum der Deutschen Binnenschifffahrt (Silvia Fehse-Schmitz)

genug, um die zahlreichen Schleusen auf der Ruhr befahren zu können. Da sie noch keinen Motorantrieb besaßen, mussten sie flussaufwärts getreidelt werden, oder sie nutzten, zumindest flussabwärts, den Wind um zu segeln. Mit dem Bau der Eisenbahn in der zweiten Hälfte des 19. Jahrhunderts wurde der Kohletransport jedoch zunehmend auf die Schiene verlagert. Die Frachtschifffahrt verlor an Bedeutung und wurde 1890 schließlich ganz eingestellt. Im Museum zu sehen ist das Modell einer typischen Ruhraak.

„Die Abmessungen der 14 Ruhrschleusen gaben die Maße der flachen offenen Ruhraaken vor, die bei 86 Zentimetern Tiefgang 175 Tonnen Ladung fassten. Etwa 400 Schiffe gaben 1.500 Schiffern, 250 Treidlern und 300 Trägern Arbeit. Trotz ihrer Kanalisierung blieb die Ruhr an durchschnittlich 150 Tagen im Jahr nicht befahrbar. Deshalb entstanden an ihren Ufern zahlreiche Magazine zum Zwischenlagern der Kohle", heißt es auf der Erläuterungstafel daneben.

KOHLETRANSPORTE BEGRÜNDETEN DEN ERFOLG VON HANIEL

Nur ein paar hundert Meter weiter gibt es im Haniel-Museum noch mehr über den Kohletransport auf der Ruhr zu entdecken – diesmal aus der Perspektive eines ehemaligen Montanunternehmens. Im Jahr 1756 begann die Geschichte der Haniel-Unternehmensgruppe hier mit einem Lagerhaus für Kolonialwaren, in dem sich heute das Museum befindet. Lange Zeit lebte und arbeitete die Familie Haniel im sogenannten Ruhrorter Packhaus. Franz Haniel, ein Enkel des Firmengründers, kam 1779 in diesem Haus zur Welt und gilt als eine prägende Figur der deutschen Industrialisierung. Das Museum ist nur auf Anfrage zu besichtigen und umfasst eine Sammlung von über 3.000 Exponaten zur Unternehmens- und Wirtschaftsgeschichte. Das Traditions- und Heimatbewusstsein im Unternehmen ist groß. In den umliegenden Gebäuden befindet sich noch heute die Hauptverwaltung des Konzerns.

Auch hier ist zwischen verschiedenen anderen Schiffsmodellen der Miniaturnachbau einer Ruhraak ausgestellt. „Unser heutiger wirtschaftlicher Erfolg gründet sich letztendlich auf Kohletransporten", erklärt Marco Heckhoff, Haniels Hüter der Geschichte. In den 1780er Jahren stieg Haniel

---

Die Ruhraak war ein spezielles Plattbodenschiff zum Kohletransport auf der Ruhr (Silvia Fehse-Schmitz)

in den Kohletransport ein. Das Unternehmen investierte in eigene Schiffe und führte neben dem Kohlehandel eine erfolgreiche Reederei. „Darüber hinaus erklären wir unseren Besuchern auch auf der Tonspur, welche Bedeutung Rhein und Ruhr für die Geschichte Haniels haben", so Heckhoff. Ein großes Luftbild von der Ruhrmündung in den Rhein zeugt davon.

Wer nicht „nur gucken", sondern auch „anfassen" möchte, ist wiederum im LWL Industriemuseum auf der ehemaligen Zeche Nachtigall genau richtig. Das Museum in Witten zielt vor allem auf jüngere Besucher ab und möchte Industriegeschichte so anschaulich wie möglich darstellen.

Hier liegt unter anderem der nachgebaute Ruhrnachen „Ludwig Henz", benannt nach einem Hattinger Wasserbaumeister, der sich um 1840 mit der Verkehrsentwicklung des Ruhrtals beschäftige. Das Museumsschiff entstand zwischen 1999 und 2002 im Rahmen einer Qualifizierungsmaßnahme für arbeitslose Jugendliche nach alten Baubeschreibungen und Plänen. Im Innern des mehr als 35 Meter langen und fünf Meter breiten Holzschiffs können Besucher nachempfinden, wie sich das Leben an Bord abspielte und mit welchen Herausforderungen es die Schiffer auf der Ruhr zu tun hatten. Von der Zeche Nachtigall bis zu den Ruhrorter Häfen war es ein weiter Weg, auf dem die Schiffe zahlreiche Schleusen passieren mussten. Auch die Schiffbarmachung wird hier thematisiert und darf auf einem Wasserspielplatz nachempfunden werden – alles andere als „trockene" Fakten, die auf diese Weise vermittelt werden.

HEIMATKUNDE, SAGEN UND MYTHEN

Neben den großen Museen zur Industrie- und Wirtschaftsgeschichte des Ruhrgebiets, zur Schifffahrt und zum Eisenbahntransport findet man zahlreiche kleinere städtische Museen, die heimatkundliche Aspekte aufgreifen und das Leben an und mit der Ruhr dokumentieren. Zu den Kuriositäten zählt dabei sicherlich ein Exponat im Heimatmuseum Fröndenberg. Hier ist ein ausgestopfter Sägefisch mit dem stolzen Namen Napoleon zu besichtigen. Seine Geschichte ist sagenumwoben: Angeblich hat ihn der Verwalter des Stifts Fröndenberg im 13. Jahrhundert aus der Ruhr gefischt. Man feierte, so die Geschichte, zu dieser Zeit das Gedenken des verstorbenen Klostergründers Menricus. Die Äbtissin des Stifts hatte große Sorge, nicht alle Gäste, die zu diesem Anlass zahlreich ins Kloster strömten, bewirten zu können. So bat der Verwalter den verstorbenen Menricus um Beistand und fing daraufhin einen Wal in der Ruhr, der als Mahl für alle reichte. Als Beifang landete auch der Sägefisch im Netz.

Eine andere Erklärung besagt, dass der Fisch aus dem Kuriositätenkabinett des Apothekers Eugen Eick-Kerssenbrock stammt, bei dem das Exponat später gefunden wurde. Wahrscheinlicher ist die letzte Herleitung, allerdings nicht einmal halb so spannend!

Der rekonstruierte Ruhrnachen im LWL-Industriemuseum, Foto: Annette Hudemann (LWL-Industriemuseum)

Pia Eiringhaus

INDUSTRIEKULTUR UND INDUSTRIENATUR AN DER RUHR

KER, WAT IS DAT GRÜN HIER!

In den Darstellungen des Ruhrgebiets wird die Ruhr häufig und gerne als blaue Ader bezeichnet und ihre naturbelassenen Flusslandschaften gelten als grüne Lunge der Region. Sie hat also einen ganz besonderen Stellenwert für die gegenwärtige Wahrnehmung des grünen Ruhrgebiets, fließt sie doch aus dem Sauerland entspringend durch den südlichen Teil des ehemaligen schwerindustriellen Ballungsraums und lässt Besucher*innen von nah und fern staunen. Anzumerken ist jedenfalls, dass die Ruhr den typischen Negativbildern vom grauen und schmutzigen Ruhrgebiet – einst geprägt durch Kohle und Staub, Asche und Ruß – diametral entgegensteht, und somit letztlich auch die gegenwärtig sehr dominanten Erzählungen und landschaftlichen Bildwelten des Grünen Wandels, der neuen Natur auf Industrieflächen oder des überraschenden Grüns mitzuprägen bzw. zu bestätigen scheint. Diese „Wandlungserzählungen" sind in den Repräsentationen der Region keine Seltenheit. So hat sich der Verweis auf das unverhoffte Grün im ehemaligen Industrie-Schutzgebiet zum wirkungsstarken Bild für das Regional-

marketing und die Tourismusindustrie entwickelt. „Das Ruhrgebiet hat in den vergangenen Jahrzehnten einen grünen Wandel vollzogen. Viele ehemalige Zechen sind schon oder werden noch in Parks umgewandelt", heißt es auf der RVR-Homepage mit Blick auf die Internationale Gartenausstellung 2027, ein Großereignis, das bereits 2018 eingeworben wurde und zahlreiche Gartenbauprojekte sowie Events zu Umwelt, Klima und Energie im Ruhrgebiet stattfinden lässt.

Die Idee vom neuen Grün stößt auch in der regionalen Populärkultur auf Interesse. Der Autor und Kabarettist Frank Goosen hat der Pottkultur durch seine sympathisch-selbstironische Überspitzung von regionalen Eigenarten ein künstlerisches Gesicht gegeben – sei es die direkte Art der ansässigen Ruhris, der beliebte Gastarbeiter-Schmelztiegel-Mythos, die Fußballvernarrtheit oder einfach die Liebe zur Currywurst. Mittlerweile verweist auch er mit gewohntem Augenzwinkern auf das ewige „Oh, das ist aber grün hier bei euch im Pott", stellt er doch die zentrale Frage: „Was wird am Ruhrgebiet am meisten überschätzt? Das viele Grün! Wir können es nicht mehr hören, wenn die Zugereisten sagen: Ich hätte nie gedacht, dass es hier so viele Bäume gibt! Ja, stellt euch vor, wir haben sogar fließend Wasser!" So wirkungsstark also die Erzählungen vom grünen Wandel sind, so wenig eindeutig bleibt letztlich der

Natur im Landschaftspark Duisburg-Nord, Duisburg, 2016
(Pia Eiringhaus)

flugsbericht bayerischer Radler in beinah aufklärerischer Manier, „vom ‚Ruhrgebiet‘, von Schloten und Schlacke, ist wenig zu entdecken. Stattdessen: Viel Idylle." Mit dem Verweis auf die „hochgezogenen Augenbrauen der Skeptiker" erklären die munteren Radler, das „sei ja kein Widerspruch." Die Ruhr ist also gerade für die Darstellungen der Region als romantisch-ländliche, oder klassische Naturlandschaft ein beliebtes, wenn nicht sogar notwendiges Vorzeigemotiv. Gleichermaßen spielt sie in der regionalen, stark auf die Industrievergangenheit ausgerichteten Erinnerungskultur eine weniger präsente Rolle und ist nur selten Gegenstand von umwelthistorischen, landschaftstheoretischen oder erinnerungskulturellen Untersuchungen. Basierend auf dieser Beobachtung widmet sich der folgende Beitrag dem Fluss Ruhr im Kontext von Industriekultur und Industrienatur und fragt nach ihrer Rolle für die gegenwärtigen Strukturwandelerzählungen zwischen Industrie, Kultur, Geschichte und Natur. Zunächst werden die regionalen Renaturalisierungsnarrative im Ruhrgebiet mit Blick auf die Bedeutung der Industriekultur skizziert und ihre historische Entwicklung nachvollzogen, woraufhin die Orte, an denen die Ruhr mit Industriekultur und Industrienatur zusammenwirkt, in den Fokus rücken. Beleuchtet werden die Themenroute 12 „Geschichte und Gegenwart der Ruhr" auf der Route Industriekultur sowie die beiden an der Ruhr gelegenen Industriekultur-Standorte Zeche Nachtigall und Henrichshütte, die gleichsam Stationen der Themenroute 24 „Industrienatur" sind.

DIE ENTSTEHUNG DER ERZÄHLUNG VON DER GRÜNEN METROPOLE RUHR

Die rapide Industrialisierung im Ruhrgebiet ging an der Ruhr nicht spurlos vorbei und auch sie hat ihr ländlich-natürliches Erscheinungsbild durch zahlreiche Eingriffe einbüßen müssen. Gleichsam steht dies in keinem Verhältnis zur landschaftlichen Verformung des nördlichen Ruhrgebiets und den dortigen Industrielandschaften, waren es doch gerade diese Flächen, die die wirkungsstarken Bildwelten des schmutzigen, düsteren und trostlosen Ruhrgebiets langfristig geprägt haben. Noch bis in die 1980er Jahre dominierten sie das Image der Region nach innen und außen und überschatteten dabei weitestgehend die Landschaften des südlichen Ruhrgebiets, und folglich auch der Ruhr.

Platz, den die Ruhr als blaue Ader der Region mit einer langen historischen Tradition dabei einnimmt. Als naturlandschaftliches Aushängeschild des südlichen Ruhrgebiets fungiert sie häufig als beliebter Gegenentwurf zu den bekannten Schreckbildern von Schwerindustrie und Umweltzerstörung. Das bäuerlich anmutende Ruhrtal, die idyllischen Auen des Ruhrufers oder die Ruhr als attraktiver und vielseitiger Sport- und Freizeitraum liefern ausreichend Bildmaterial, um auch die letzten Skeptiker vom grünen und naturbelassenen Ruhrgebiet zu überzeugen. So bewirbt die Agentur „Metropole Ruhr Tourismus" die Themenradtour „Reiseland Ruhr | #2| Grüne Schleife" als ein einzigartiges Naturerlebnis zwischen neuer Natur und besonderer Landschaft, Bahntrassen und Feldwegen, Hochöfen und Industriedenkmälern – und natürlich entlang der Ruhr. Besonders ist hierbei der Kontrast, der zwischen der Ruhr als Naturraum und den materiellen Hinterlassenschaften der Industrievergangenheit, der sogenannten Industriekultur, entsteht. Auch Erfahrungs- und Reiseberichte von außerhalb greifen neuerdings über die Ruhr auf das Bild des verkannten grünen Ruhrgebiets zurück, so betont ein Aus-

Ungeachtet der zahlreichen Grünzüge im Süden reüssierte ein Bild vom Ruhrgebiet, das weniger durch einladende Naturflächen und Naherholung, sondern durch zahlreiche hektargroße, mittlerweile stillgelegte und somit funktionslose Brachflächen geprägt blieb – und dabei weitestgehend negative Assoziationen wie Entfremdung und Stigmatisierung hervorrief. Dieses Bild ist streckenweise bis heute wirksam und die Landschaft im Ruhrgebiet wird erst zögerlich als positiver Referenzpunkt oder regionaler Identifikationspunkt wahrgenommen. Obwohl sich die ökologische Situation verändert und die Lebensqualität durch zahlreiche Maßnahmen verbessert hat, blieb das negative Image vom Pott, wo man „nicht einmal die Wäsche draußen zum Trocknen aufhängen konnte", lange in den Köpfen der Menschen verankert. Demgegenüber macht gerade der Fluss Ruhr besonders deutlich, dass sich die Landschaften im Ruhrgebiet nicht auf stereotype Schreckbilder reduzieren lassen, sondern sich in der Gegenwart, aber auch in der Vergangenheit auf vielfältige Weise entwickelt, gestaltet und verändert haben. Die Ruhr verdeutlicht also die Diversität der regionalen Landschaften und stellt dabei einen klaren Gegenentwurf zum Bild des „Industriemolochs" dar. Dennoch ist die Idee des verkannten,

überraschenden Grüns in den gegenwärtigen Renaturierungserzählungen stark präsent, da gerade das standhafte Hässlichkeits-Stigma der Region eine Geschichte notwendig machte, die bestehende Negativwahrnehmungen aufgreift und für eine Umdeutung anschlussfähig macht. Das erforderte, den überraschenden Wandel von schwarz zu grün, also die Extremtransformation von Schwerindustrie zu Naturregion, hervorzuheben – eine Transformationserzählung, die sich zwar primär auf die Landschaften des nördlichen Ruhrgebiets bezieht, aber interessanterweise heutzutage für die gesamte Region, einschließlich der Ruhr, wirksam wird.

Für diese Erzählung der ökologischen Extremtransformation ist neben den zahlreichen Projekten des Regionalverbands Ruhr ganz maßgeblich auf die Arbeit der Internationalen Bauausstellung (IBA) Emscher Park (1989–1999) zu verweisen. Die IBA wurde vom Land NRW initiiert, in Kooperation mit regionalen und lokalen Akteuren realisiert und neben den Landesmitteln auch durch Bund und EU-Gelder mit insgesamt 35 Millionen D-Mark finanziert. Das groß angelegte Strukturprojekt richtete

Graues Ruhrgebiet: Kontrast zum Grün, Westpark, Bochum, 2015
(Simon Retzmann)

sein Augenmerk gerade auf die schwierigsten Teile des Ballungsraums, war es doch vor allem die Emscherzone im nördlichen Ruhrgebiet, die in Sachen Image weit hinter der etwas südlicher gelegenen Hellwegzone (zwischen Duisburg und Dortmund von West nach Ost) hinterher hinkte. Denn bereits seit dem Ende des 19. Jahrhunderts hatte sich der Ruhrbergbau kontinuierlich in Richtung Norden ausgedehnt: während also das Emschergebiet weiter industrialisiert wurde, konnte sich die südlich gelegene Ruhrzone bereits früher von den Auswirkungen der Schwerindustrie „erholen". Die IBA fokussierte sich auf das nördliche Ruhrgebiet, wohingegen das südliche Ruhrgebiet mit der Ruhr als natürliche Grenze zum südlich angrenzenden Bergischen und Märkischen Hügelland im Hinblick auf Landschaft, Natur und Image wohl weniger „hilfsbedürftig" war. Demnach überrascht es wenig, dass die Ruhr zu Zeiten der IBA in den 1990er Jahren nicht im Fokus des Interesses lag, war sie doch explizit kein Teil der „Problemzone" der Region. Heutzutage spielt sie demgegenüber eine ganz zentrale Rolle für die regionale Renaturierungserzählung der Grünen Metropole Ruhr, ist sie doch ein beliebtes Motiv für die Visualisierung und Bewerbung der unterschätzten, verkannten Naturlandschaften.

GESCHICHTE WIRD INDUSTRIEKULTUR, LANDSCHAFT WIRD INDUSTRIENATUR

Ein ganz wesentlicher Aspekt, der die Ruhr für die Erzählungen der Grünen Metropole anschlussfähig gemacht hat, liegt wohl in den zahlreichen Hinterlassenschaften der industriellen Vergangenheit. Diese prägen nicht nur das nördliche Ruhrgebiet, sondern eben auch die ländlichen Landschaften rund um die Ruhr. So ist die Region, für deren historische Entwicklung die Ruhr ganz zentral ist, in den letzten 150 Jahren erst aus den Strukturen der Schwerindustrie erwachsen. Die Strukturen umfassen dabei nicht nur die regionale Infrastruktur sowie Umwelt-, Wirtschafts- und Sozialstruktur, sondern auch die regionale Kultur und Mentalität, die stark vom Aufstieg und Niedergang der schwerindustriellen Arbeit geprägt sind. Was also Frank Goosen heutzutage satirisch-spielerisch mit Pottkultur und Ruhri-Eigenart darstellt, beschreibt das Phänomen

Links: Jahrhunderthalle und Industriekultur, Bochum, 2015
(Simon Retzmann)

Kleines Gewächs vor der Henrichshütte, Hattingen, 2019
(Nikolai Ingenerf)

der starken regionalen Identifikation der Lokalbevölkerung mit „ihrem" Ruhrgebiet. Der Stolz auf
die harte Maloche, die direkt-ehrliche Art der Menschen und die Idee einer besonderen Bergmann-
Solidarität entstammen weniger Goosens Fantasie,
sondern verdeutlichen – wenn auch in stark über-
spitzter Form – die ausgesprochene Relevanz der
Schwerindustrie für das soziale und kulturelle Leben
der Menschen über Generationen hinweg. Diese
starke regionale Identifikation mit der Industriegeschichte manifestiert sich im berühmt-berüch-
tigten Konzept der Industriekultur, ein heute weit
verbreitetes Schlagwort, das letztlich durch die IBA
mit dem Ziel der regionalen Imageverbesserung auf
neue Weise in Szene gesetzt wurde. Entstanden aus
der besonderen Allianz der Denkmalpflege und der
Sozialgeschichte hat die Industriekultur heute als
Schirmkonzept für mehr oder minder alle kulturellen und materiellen Hinterlassenschaften der industriellen Vergangenheit reüssiert.
Im Ruhrgebiet meint Industriekultur nicht nur die
materiellen Zeitzeugen der Industrievergangenheit, sondern auch die umfassende Geschichte des
Industriezeitalters sowie die dazugehörigen typischen Lebens- und Gesellschaftsformen. Sie reicht
von den „Klassikern" wie Industriedenkmälern und

Industriebauten, Fördertürmen und Hochöfen, Arbeitersiedlungen und Halden, bis hin zu Landschaften, Freiflächen, Gärten und Parks. Sie umfasst thematisch ausgerichtete Konzerte, Lesungen, Events
und Kunstinstallationen und fungiert als Marke-
tinglabel für die Kreativindustrie wie Flohmärkte,
Wohnaccessoires oder Food-Franchise. So sind das
Bottroper Modelabel „Grubenhelden" oder der Bochumer Imbiss „Pottfritts" nur zwei der zahlreichen
Beispiele dafür, wie präsent die kulturelle Bedeutung der Industrievergangenheit in der Alltagskultur
der Region ist. Diese allgegenwärtige und vielseitige Bezugnahme auf die regionsprägende Industriegeschichte als Industriekultur hat vor allem durch
öffentlichkeitswirksame Meilenstein-Projekte wie
die Ernennung der Essener Zeche und Kokerei Zollverein zum UNESCO-Weltkulturerbe im Jahr 2001
und der „RUHR.2010 – Kulturhauptstadt Europas"

Rechts: Industrie und Natur an der Jahrhunderthalle, Bochum, 2015
(Simon Retzmann)

einen immensen Schub bekommen. Gleichsam spielt das Konzept der Industriekultur – oder die kulturelle Inszenierung von Industriegeschichte – eine ganz wesentliche Rolle für die Darstellung der Ruhr und ihrer Flusslandschaften im gegenwärtigen Tourismusmarketing, verweisen doch die regionalen Reise-, Wander- und Erlebnisführer immer auch auf die industriegeschichtlichen Aspekte rund um die Ruhr und betonen den besonderen Reiz des Kontrastes zwischen ländlich anmutender Idylle und Industrierelikten. Hier zeigt sich zum einen, wie zentral, wenn nicht überlagernd, die Industrievergangenheit und ihre Kulturalisierung bzw. Kommodifizierung für die regionale Identität im Ruhrgebiet ist. Zum anderen wird deutlich, dass über die Industriekultur die doch so gegensätzlichen (Natur-)Räume des nördlichen und südlichen Ruhrgebiets zusammenrückten und ein gemeinsamer Verbindungspunkt entstanden ist. Demnach hat gerade die Industriekultur die integrative Erzählung der industriekulturell geprägten Grünen Metropole Ruhr ermöglicht, die sowohl die Transformation des industriell überformten Nordens als auch das umweltbewusste Image der Ruhrzone im Zentrum zusammenbringt.

Im Mittelpunkt dieser integrativen Renaturierungserzählung steht das Konzept der Industrienatur, eine Wortschöpfung der IBA, die als ursprünglich ökologischer Terminus die auf den stillgelegten Produktionsflächen entstandene Vegetation beschreibt. Industrienatur ist dabei weit mehr als Flora und Fauna auf alten Brachen, sondern stellte als Begriffs- und Konzeptschöpfung einen Versuch dar, die regionsspezifische Industrielandschaft neu lesen zu lernen ohne die Spuren der industriellen Vergangenheit auszuschreiben. Während nun die Ruhr und ihre Flusslandschaften in der Entstehungsphase der Industrienatur in den 1990er Jahren eine marginale Rolle spielten, erscheint es umso bemerkenswerter, dass die gegenwärtige Vermarktung der Ruhr nicht ohne das Konzept der Industrienatur auszukommen scheint. Vice versa bildet die Ruhr mittlerweile eine zentrale Landmarke der regionalen Industrienatur, allem voran mit Blick auf das Bild der verkannten Naturräume im gesamten Ruhrgebiet. So prägen die verschiedenen Konzepte, Begriffe und Vorstellungen, die sich rund um die Industrienatur entwickelt haben, die Darstellungen der Ruhr sowohl auf der bereits benannten industriekulturellen Themenroute 12 als auch an den Standorten Zeche Nachtigall und Henrichshütte. Es finden sich verschiedene

symbolische Facetten, die von dem ökologischen Mehrwert der industriespezifischen Vegetation über eine neue Naturästhetik, romantisierte Naturbilder und nostalgische Ruinenromantik bis hin zum umfassenden ökologisch-ökonomischen Zukunftsversprechen einer sich wandelnden Industriegesellschaft reichen. Identifizieren lassen sich vier übergeordnete Themen: Versöhnung, Ökologie, Identifikation und Ästhetik. Sie bilden den Kern für das, was sich als Industrienaturdiskurs beschreiben lässt. Im Zentrum steht der Slogan von der „Naturrückeroberung der ehemaligen verletzten Industrieflächen", eine romantische Beschreibung für die Renaturierung der radikal industrialisierten Landschaften im Ruhrgebiet.

Nach der Stilllegung zahlreicher Industrieanlagen ist auf den Flächen eine neue Vegetation entstanden und das ehemals verletzte Verhältnis von Region und Umwelt hat mit dem Ende der Montanindustrie ein versöhnliches Ende gefunden. Versöhnung wird weiter durch die neue ökologische Relevanz der Spontannatur vermittelt, so sind attraktive Schlagwörter wie Biodiversität, Pflanzengemeinschaften und Rote Liste-Arten ein fester Bestandteil aller Darstellungen der Natur im Ruhrgebiet. Die Betonung des neuen botanischen und biologischen Wertes von Industriebrachen versöhnt die „verletzte" Vergangenheit mit der „erneuerbaren" Zukunft und schreibt die Umweltschäden der Industrialisierung in eine größere Naturentwicklung ein. Weiter erfreuen sich nicht nur Flora und Fauna an dem neuen Grün, sondern auch die Menschen aus der Region: die Industrienatur hat ihnen Naherholungsräume zurückgegeben, steigert also den regionalen Freizeit- und Naherholungswert sowie das Identifikationspotenzial mit der „Heimat Ruhrgebiet". Die Landschaften in der Region sind nicht mehr materieller Ausdruck von Entfremdung und Verfall, sondern stehen für regionale Einzigartigkeit und erfolgreiche Transformation im Strukturwandel. Zuletzt betont das Industrienatur-Marketing die ganz neue, ungewohnte Ästhetik der Industrienatur.

So gelten Industriebrachen und stillgelegte Produktionsflächen in der Regel als wenig attraktiv, weshalb das unverhoffte Grün inmitten von altem, funktionslosem Eisen auf neue Weise attraktiv gemacht werden musste. Dies erforderte neben der engen Allianz mit Kunst und Lichtinszenierungen auch die Schaffung von völlig neuen Begriffen und Bildassoziationen: Kategorien wie „schön" und

Wasserturm im Sonnenuntergang, Bochum, 2015 (Simon Retzmann)

„hässlich" wurden durch Zuschreibungen wie „markant", „eigenwillig" und „unverwechselbar" ersetzt. Die folgende Betrachtung der Themenroute 12 „Geschichte und Gegenwart der Ruhr" sowie der Zeche Nachtigall und der Henrichshütte soll beleuchten, auf welche Weise die Renaturierungserzählung mittlerweile auch die gegenwärtige Präsentation der Ruhr als zentrale Landmarke der industriekulturellen Grünen Metropole Ruhr prägt.

DIE RUHR AUF DER ROUTE DER INDUSTRIEKULTUR

Die Themenroute 12 „Geschichte und Gegenwart der Ruhr" verortet die Ruhr auf der berühmten „Route der Industriekultur", einem Netzwerk aus zahlreichen Denkmälern, Stationen, Aktivitäten und Themen – sogenannten Ankerpunkten – das in der Zeit zwischen 1989 und 1999 entstanden ist.
Gäste und Lokalbevölkerung können über die Route Industriekultur eine Reise durch die Vergangenheit des Ruhrgebiets unternehmen und sich anhand der zahlreichen Besucherzentren über die Spuren der Industrievergangenheit, der industriellen Gesellschaftsformen und Alltagskulturen informieren und

die facettenreiche Industriegeschichte spielerisch erleben. Die Ruhr wird als Teil des industriekulturellen Gedächtnisses verstanden und als Naturraum in die übergreifende kulturelle Inszenierung von Industriegeschichte integriert. Erneut wird deutlich, dass die gegenwärtige Präsentation der Ruhr als Freizeit-, Sport- und Erholungsraum auf dem Zusammenspiel von Natur und Industrie basiert, folglich das Markante und Unverwechselbare ihrer Landschaften, präzise das Nebeneinander von Industriehinterlassenschaften und ländlich anmutender Kulisse, hervorhebt. Demnach finden sich auf der Darstellung der Themenroute 12 auch die Elemente, die für das Diskursfeld der Industrienatur zentral sind: Versöhnung, Ökologie, Identifikation und Ästhetik. Mit Blick auf die versöhnliche Erzählung der Geschichte von Region und Umwelt liegt in der Themenroute 12 „Geschichte und Gegenwart der Ruhr" ein starker Fokus auf der erfolgreichen Renaturierung des Flusses. Der Informationsflyer des Regionalverbands beschreibt diese Entwicklung dahingehend, dass die Industrialisierung die „Flusslandschaften stark veränderte und vor neue

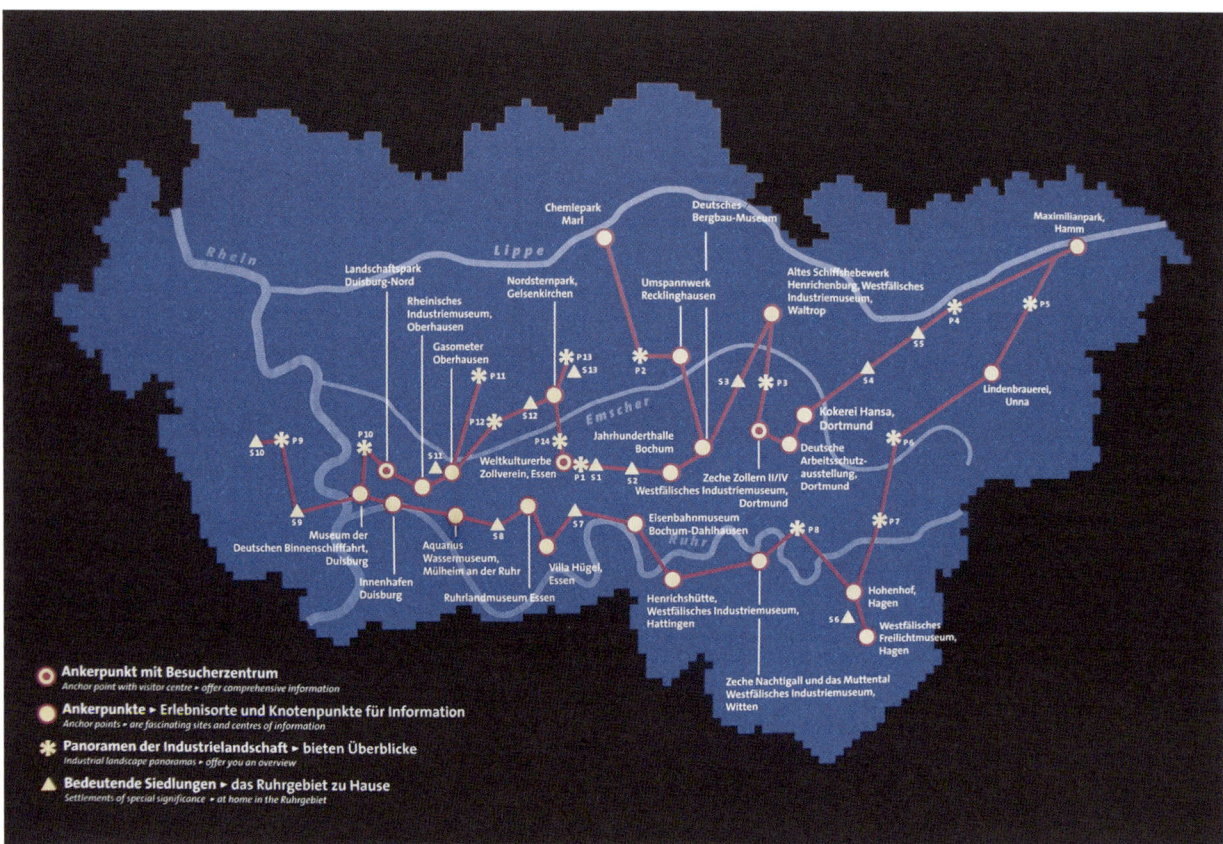

Route der Industriekultur, Informationsschild, 2009, Autor: NatiSythen, CC BY-SA 3.0, https://creativecommons.org/licenses/by-sa/3.0/

Herausforderungen stellte", der Fluss heute aber wieder einen hochwertigen ökologischen Zustand erreicht habe. In der Vergangenheit wurde die Ruhr zugunsten der Industrialisierung durch Steinvorsprünge begradigt und schiffbar gemacht und es wurden Staustufen und Wehre errichtet. Erst die Europäische Wasserrahmenrichtlinie aus dem Jahr 2000 bildete den Auftakt für eine neue Wasserpolitik in der Region, woraufhin das Land Nordrhein-Westfalen und der Regierungsbezirk Arnsberg zahlreiche Maßnahmen zur Renaturierung der Flusslandschaft Ruhr durchgeführt haben. Wenn also die Themenroute 12 für die industrielle Überformung der Flusslandschaft das neutrale Verb „verändern" verwendet, zeigt sich der Erzählfluchtpunkt der gegenwärtigen Renaturierung. Diese neutralisierende bis harmonisierende Wortwahl ist für das Versöhnungsnarrativ von Region und Umwelt prägend, präsentiert sie doch die ökologischen Konsequenzen der Industrialisierung weniger als

Extremfall, sondern als Bestandteil einer größeren Entwicklung hin zu einem neuen Ökologiebewusstsein der Zukunft. Gleichsam schlägt die Themenroute 12 die Brücke zwischen der damaligen und gegenwärtigen Bedeutung der Ruhr: betont wird, dass die Ruhr bereits seit der beginnenden Industrialisierung für die Wasserversorgung der Region unentbehrlich war, und heute in dieser Funktion weiterhin unentbehrlich ist. Dabei zeigen sich begriffliche und bildliche Parallelen zwischen der Darstellung der Ruhr als Landmarke der Route Industriekultur und der Bewerbung der Industrienatur. Wie auch auf den Industriebrachen sind an der Ruhr und in den Ruhrauen neue, wertvolle Lebens- und Rückzugsräume für Tiere und Pflanzen sowie eine neue Biodiversität entstanden. Die für den Industrienaturdiskurs typischen Begrifflichkeiten wie „extreme Standortbedingungen" oder „Artenvielfalt" prägen also auch die Darstellungen der Ruhr als industriekulturelle und ökologische Flusslandschaft.
Im Hinblick auf das Diskursfeld der Identifikation sticht hervor, dass die Onlinevorstellung der Themenroute 24 „Industrienatur", die im folgenden Kapitel noch genauer beleuchtet wird, mit der generellen Bedeutung der Ruhr sowohl für die Ent-

wicklung der regionalen Landschaft als auch für die Bewohner*innen beginnt: die Ruhr habe der Region nicht weniger als ihren Namen gegeben, was wiederum ihr starkes Identifikationspotenzial für die Lokalbevölkerung aufzeige. Hier ist das Motiv der Ruhr als Flusslandschaft und „Wiege des Ruhrgebiets" wesentlich, wobei gerade ihre Bedeutung für die vor- und frühindustriellen Zeiten, insbesondere als Wasser- und Energielieferant für diverse Handwerke, Fertigungen, Gewerbe- und Industriezweige, stark hervorgehoben wird. Während die Darstellungen der Industrienatur häufig erst mit der postindustriellen Zeit der Region einsetzen, gestaltet sich die identitätsstiftende Erzählung der Flusslandschaft Ruhr zeitlich und kausal offener: nicht nur wird die besondere Bedeutung der Ruhr für die Industrialisierung, sondern gerade auch für die vorindustrielle Zeit hervorgehoben. Gleichsam sind gegenwärtige Repräsentationen der Ruhr eng mit dem Konzept der Industriekultur verbunden, so habe erst die besondere Verbindung von Landschaft und industriellen Hinterlassenschaften das Innovativ-Charakteristische der Flusslandschaft entstehen lassen. Wenn also die Ruhr im Informationsflyer explizit als Kulturlandschaft beworben wird, zeigt sich, wie zentral die kulturelle Inszenie-

rung von Industriegeschichte für die Ruhr als Anknüpfungspunkt der regionalen Identifikation ist. Museale Niederlassungen am Flussufer und künstlerische Artefakte im Umland integrieren die Ruhr und Industriekultur, vereinen also Kultur, Geschichte und Kunst. Vergleichbar zu den Prozessen der Reästhetisierung der stillgelegten Industriebrachen im Norden scheint es fast, als müsse auch die „natürliche Natur" der Ruhr erst durch kulturelle Setzungen wie Kunstskulpturen, Events und Musealisierung auf neue Weise inszeniert werden, um für das Zukunftsbild der Kultur- und Naturmetropole Ruhr anschlussfähig zu werden. Letztlich hat sich auch die für das Konzept der Industrienatur zentrale Idee einer neuen Naturästhetik auf die Bewerbung und Vermarktung der Ruhr als Naherholungsraum übertragen. Es finden sich die typischen Begriffe wie „Einzigartigkeit" und „Besonderheit", und betont wird ihr ganz spezieller Reiz. Gerade der interessante Kontrast zwischen dem ländlich erscheinenden Ruhrtal und den dort erfahrbaren Spuren der Industrialisierung macht die Ruhr als Ausflugs-

Route Industrienatur, Informationstafel, Hattingen, 2019
(Nikolai Ingenerf)

ziel attraktiv. Besucher*innen können sich durch den naturlandschaftlichen Charme faszinieren lassen, während sie die historischen Spuren der frühen Steinkohlenförderung, der Schifffahrt oder des Eisenbahnbaus erkunden. So vermittelt beispielsweise die Tour „Von der Quelle bis zur Mündung" den „einzigartigen Reiz dieser Flusslandschaft", wahlweise zu Fuß, mit dem Fahrrad oder auch – sofern bzw. soweit eine Passierbarkeit zu Wasser möglich ist – per Faltboot, Kanu oder, beispielsweise auf den Stauseen, Fähre. Inszeniert werden kontrastreiche Elemente, die das innovative der Ruhr als Naturraum ausmachen.

DIE STANDORTE ZECHE NACHTIGALL UND HENRICHSHÜTTE

Der Reiz der Verbindung zwischen Industriekultur und Industrienatur an der Ruhr wird weiterhin an den beiden Landmarken Zeche Nachtigall und

Die Zeche Nachtigall im grünen Muttental, Witten, 2019 (Nikolai Ingenerf)

Henrichshütte deutlich. Die Standorte sind sowohl Ankerpunkte auf der Route Industriekultur als auch der Themenroute 24 „Industrienatur", einem Netzwerk, das analog zur Route Industriekultur die verschiedenen Industrienatur-Stationen miteinander verbindet und die zahlreichen, über das gesamte Ruhrgebiet verstreuten Freiräume, Parks und Naherholungsflächen für Besucher*innen erfahrbar macht. Mit Fokus auf Natur und Landschaft bündelt sie die besonders „schönen und interessanten Industriebrachen" und zeigt „die Vielfalt der regionalen Industrienatur".

Die Themenroute 24 „Industrienatur" wurde bereits in den 1980er Jahren als IBA-Projekt entwickelt und 1999 in Kooperation mit dem Regionalverband (damals Kommunalverband) eröffnet. Bereits zum Abschluss der IBA im Jahr 1999 umfasste die Route 13 Themenführungen, die mit attraktiven Titeln und einschlägigen Slogans wie „Die Wüste lebt", „Nach uns der Urwald" oder „Vom Strand zur Halde" auf sich aufmerksam machten. Mit heute insgesamt 19 Stationen hat der Regionalverband Ruhr die Route Industrienatur nach dem Ende der IBA verstetigt. An der Zeche Nachtigall und der Henrichshütte trifft die Ruhr sowohl auf die regionale Geschich-

Steinbruch hinter der Zeche Nachtigall, Witten, 2019 (Nikolai Ingenerf)

te als Industriekultur als auch auf die Landschaft als Industrienatur.

Die Wittener Zeche Nachtigall stellt einen Prototyp für die Entwicklung des frühen Kohleabbaus im Ruhrgebiet dar.

Bereits im 18. Jahrhundert entwickelte sie sich zu einer der bedeutendsten Anlagen und gehörte zu den ersten Tiefbauzechen an der Ruhr. Heute ist sie Teil des Verbunds der Industriemuseen des Westfälischen Landschaftsverbandes und wird museal eindrucksvoll als die „Wiege des Ruhrbergbaus" inszeniert, ein beliebter Terminus, der, wie im Kontext der Themenroute 12 ausgeführt, auch für die Vermarktung der Ruhr gerne und häufig verwendet wird. Die Idee der „Wiege" integriert den Industriestandort Zeche Nachtigall und die Ruhr in eine gemeinsame Erzählung des Strukturwandels. Die nach Themen gegliederte Dauerausstellung zeigt Aspekte wie „Der Weg in die Tiefe" oder „Der Weg ins Industriezeitalter" und informiert die Besucher*innen über die Anfänge der Industrialisierung sowie über die besonderen geologischen Voraussetzungen des Areals und seine vielfältigen Nutzungen während der letzten 300 Jahre. Gleichsam ist an dem Stand-

ort auch die Entstehung der neuen Natur sehr präsent, so ist die Zeche Nachtigall Teil des neun Kilometer langen Bergbaurundwegs Muttental.

Betont wird, dass die Natur im Muttental südlich der Ruhr zwischen alten Stollen und Zechenanlagen zurückgekehrt ist und dort „heimische Wildpflanzen, Reptilien, Amphibien, Greif- und Wasservögel", aber auch „zugewanderte Tier- und Pflanzenarten verschiedener Kontinente" zu Fuß erkundet werden können. „Wo einst Bergbau, Ziegelei und Kohleschifffahrt das Landschaftsbild an der Ruhr prägten, hat die Natur längst ihr verlorenes Terrain zurückerobert." Hier zeigt sich das bekannte Bild von „Verfall, Rückeroberung, Versöhnung", das die Renaturierung der einst naturlosen Flächen in den Fokus stellt und die Anerkennung der durch menschliche Einflüsse entstandenen Flusslandschaften einfordert. Standortspezifisch an der Zeche Nachtigall ist das besondere Zusammenspiel zwischen Industriegeschichte und neuer Natur durch die vielen verschiedenen Tiere, die auf dem ehemaligen Zechengelände leben. Die Onlinevor-

Wasserreiher im Muttental, 2019 (Gunnar Gawehn)

stellung der Landmarke durch den Regionalverband beschreibt mit blumiger, naturromantischer Sprache, wie „Turmfalken im Schornstein brüten", wie „die Schleiereule unter dem Dach des Ringofens ihre Jungen aufzieht" oder wie „die Blindschleichen am warmen Schotter an den Gleisen ein Sonnenbad nehmen".

Diese Darstellungsformen stellen die erfolgreiche Renaturierung in den Vordergrund und klammern die Negativfolgen, die beispielsweise von den Mitarbeiter*innen des NABU Oberhausen immer wieder ins Bewusstsein gerufen werden, gezielt aus. Problematisiert wird beispielsweise, dass einige Grundstückseigentümer die damals der Natur überlassenen Flächen mittlerweile für eine Neunutzung zurückfordern, was wiederum den Artenschutz auf neue Weise gefährdet. Biodiversität und Ersatzlebensräume werden also nach außen vermarktet, aber das Konzept der „Natur auf Zeit" greift. Ungeachtet dieser Interessenskonflikte suggerieren die Darstellungen, dass Artenschutz, Biodiversität und Ersatzlebensräume trotz oder gerade aufgrund der industriellen Vergangenheit entstanden sind und es zeigt sich, dass sich das Verhältnis des Ruhrgebiets zu seiner Umwelt von dem Extrem des Defizits in das andere Extrem des ökologischen Vorbilds verschoben hat. Gleichsam kommen die Beschreibungen von neuen Tier- und Pflanzenarten nicht ohne den Verweis auf Industrierelikte aus: so ist das Besondere am brütenden Falken, dass er dies im Schornstein tut. So ist das Interessante an den Reptilien, dass sie sich auf stillgelegten Bahngleisen sonnen. Die Repräsentationen der Zeche Nachtigall basieren auf dem harmonischen Zusammenspiel von neuer Landschaft als Industrienatur und Geschichte als Industriekultur, folglich der Versöhnung von Region und Umwelt.

Dieselbe Verbindung zwischen Industrie und Natur zeigt sich auch am Standort der Henrichshütte, ein ehemaliges Hüttenwerk, das heute als LWL-Industriemuseum Henrichshütte Hattingen betrieben wird. Als ehemals traditionsreiches Hüttenwerk im Ruhrgebiet zeigt es die Geschichte von Eisen und Stahl und macht diese über vielseitige Besucherangebote erfahrbar.

Das Industriemuseum vermittelt die Geschichte

Bienenstöcke an der Zeche Nachtigall, Witten, 2019 (Gunnar Gawehn)

des Ortes über verschiedene Themenführungen, sogenannte Wege, die neben Titeln wie „Der Weg des Eisens" oder „Der Weg des Stahls" eben auch den „Grünen Weg" beinhalten. Die Beschreibung des Grünen Weges auf der Henrichshütte zeigt inhaltliche und sprachliche Parallelen zu der Darstellung der Industrienatur an anderen Standorten, so dominieren auch dort naturromantische Begriffe, wie die „Entwicklung der Natur nach ihren eigenen Regeln". Auch hier findet sich das Sinnbild von der Rückeroberung der Natur, es heißt: Wo 150 Jahre lang Funken sprühten, wenn die Henrichshütte das flüssige Eisen ausspuckte, hat sich die Natur heute ihre Räume zurückerobert. Bedient werden sowohl die Faszination für die Industriegeschichte als auch die klassischen Vorstellungswelten von wilder, ungezähmter Natur. Das neuartige Zusammenspiel von beidem macht den Reiz des Standorts aus. Vergleichbar zur Darstellung der Zeche Nachtigall bewirbt der Regionalverband Ruhr auch den Standort Henrichshütte mit den bekannten ökologischen Schlagwörtern, spricht von extremen Standortbedingungen und neuer Biodiversität. Demnach brütet in Hattingen „der Greifvogel im Schatten des Hochofens", es „gedeihen wärmeliebende Pflan-

zen im Schutz von warmen Mauern" und es keimen „Birken- und Weidensprösslinge zwischen rostigen Produktionsanlagen". Auch die sogenannten „Überlebenskünstler" finden sich auf dem Areal: Pflanzen, die unter extremen Lebensbedingungen auf nährstoffarmen Schutt- und Schlackeböden und bei hohen Temperaturen bis zu 60 Grad wachsen und gedeihen. Die Informationstafeln verweisen auf diese Arten in naturromantischer Manier, beispielsweise mit den „Tricks der Brachenpflanzen".

Weiter wird betont, dass an der Henrichshütte „Pflanzenspezialisten aus aller Welt blühen". Solch blumige Erzählungen von internationalen Exoten erzeugen dabei nicht nur naturromantische Bildwelten, sondern verknüpfen die Idee des botanischen Multikulturalismus mit relevanten gesellschaftlichen bzw. politischen Kategorien wie Einwanderung und Integration. Dies schlägt die Brücke zwischen der Industrienatur und den bestehenden regionsspezifischen Charakteristika wie dem „Schmelztiegel Ruhr" oder der „typischen Ruhrgebietsoffenheit", ein erzählerischer Kunstgriff, der nicht nur an der

Henrichshütte, sondern auch an anderen Industrienatur-Landmarken wie dem Zollverein Park angewendet wird. Naturromantik und ökologische Nachhaltigkeit rücken mit soziokulturellen Selbstbildern der Region zusammen. An beiden Standorten, der Zeche Nachtigall und der Henrichshütte, werden Industriegeschichte, Industriekultur, Flusslandschaft und Industrienatur integriert. Als Landmarken der Route Industriekultur (bzw. auch der Route Industrienatur) wird hier eine Erzählung vorangetrieben, die die Idee des kulturell und ökologisch zukunftsfähigen Ruhrgebiets festschreibt. Die Ruhr und ihr ländlich wirkendes Umland mitsamt der Industrierelikte sind ein ganz maßgeblicher Bestandteil dieser Erzählung.

DIE RUHR UND DIE REGIONALE GESCHICHTSKULTUR – EIN AUSBLICK

Der Blick zur Route Industriekultur und Industrienatur sowie zu den exemplarischen Standorten Zeche Nachtigall und Henrichshütte zeigt die Bedeutung,

Die Henrichshütte in Hattingen, 2019 (Nikolai Ingenerf)

die die Ruhr und das Ruhrtal für die gegenwärtige regionale Renaturierungserzählung von der Grünen Metropole einnehmen. Dabei ist für die jeweiligen Repräsentationen von landschaftlicher und ökologischer Transformation allem voran die Idee der unterschätzten, verkannten Naturlandschaften entlang der Ruhr wesentlich. Bemerkenswert ist, dass die zentralen Elemente der Renaturierungserzählung der IBA, ursprünglich auf die Imageverbesserung der Emscherzone ausgelegt, auch die gegenwärtigen Darstellungen der Flusslandschaft Ruhr prägen. So ist für die Bewerbung der Ruhr das besondere Zusammenspiel von Industriegeschichte und Naturlandschaft, von neuer Naturästhetik und klassischen Naturbildern, von kultureller und ökologischer Zukunftsfähigkeit sowie von regionaler Identitätsstiftung ganz essenziell. Übergreifend bildet die Idee der postindustriellen Versöhnung des ehemals verletzten Verhältnisses von Region und Umwelt auch die Basis für gegenwärtige Darstellungen der Ruhr. So haben sich die etablierten Bildwelten und Begriffe der regionalen Versöhnung auf die Präsentation von Ruhr und Ruhrtal übertragen und die Flusslandschaft wurde erzählerisch in das Zukunftsbild des kulturellen und ökologischen, gleichsam neuen Ruhrgebiets eingegliedert. Als

blaue Ader des südlichen Ruhrgebiets hat sie einen festen Platz im industriekulturellen Routenkonstrukt, in dem die Vergangenheit, Gegenwart und Zukunft von Industrie, Kultur, Natur und Landschaft auf neue Weise gedeutet und miteinander in Verbindung gebracht werden. Gleichzeitig zeigt sich die starke Wirkungsmacht und Homogenität gegenwärtiger Renaturierungserzählungen, deren Begriffe, Bilder und Konzepte sogar für die Ruhr und das südliche Ruhrgebiet – ein Raum, der letztlich ein Kontrastbild zur industriell überformten Emscherzone darstellt – zum Tragen kommen. Demgegenüber liefert gerade die naturlandschaftliche Diversität der Ruhr und ihres Umlandes, ihre heterogene historische Entwicklung und Bedeutsamkeit, ein großes Potenzial, die lineare, teilweise holzschnittartige Ökologisierungserzählung „von schwarz zu grün" zu diversifizieren. Dies erscheint dringend notwendig und fordert zukünftige Abhandlungen dazu auf, dem Fluss mit Blick auf die regionale Geschichtskultur eine prominentere Rolle zu geben, um die Art und Weise, wie die Geschichte und Gegenwart von Region und Umwelt erzählt wird, auszuweiten und den komplexen Realitäten der Region im Strukturwandel gerecht zu werden.

Überlebenskünstler auf dem Gelände der Henrichshütte, Hattingen, 2019 (Nikolai Ingenerf)

Jens Adamski

KUNSTOBJEKTE UND LICHTINSTALLATIONEN AN UND IN DER RUHR

Wenn man im Ruhrgebiet eine Umfrage abhalten und danach fragen würde, welches unmittelbar an der Ruhr gelegene Kunstwerk den Menschen am ehesten in den Sinn kommt, dann hätte die in Duisburg an der Einmündung der Ruhr in den Rhein errichtete „Rheinorange" des Bildhauers Lutz Fritsch sicherlich gute Aussichten, am häufigsten benannt zu werden. Seit 1992 übt diese orangefarben lackierte Skulptur am Rheinkilometer 780 die Funktion einer monumentalen Landmarke aus, die trotz ihrer reduzierten und nüchtern gehaltenen Form schon aus weiter Ferne sichtbar ist. Über 80 Tonnen schwer, 25 Meter hoch und sieben Meter breit ist diese Stele aus Stahl, wobei ihr Durchmesser gerade einmal einen Meter beträgt. Fritsch, dessen unter freiem Himmel positionierte Arbeiten zumeist in einem direkten Bezug zu ihrer Umgebung stehen, verweist mit dem verwandten Material auf den industriellen Standort, auf die Industriegeschichte und traditionelle Hüttenindustrie vor Ort. Die in leuchtendem Orange strahlende Farbigkeit des Stahlquaders lässt diesen wie einen Leuchtturm inmitten des Hafengeländes und der Industriekulisse erscheinen. Der Raumkünstler verfolgte dabei nach

eigenen Worten das Ziel, „eine Farb-Form-Situation zu finden, die auf diesen vielfältigen Ort eingeht, die unterschiedlichsten Erlebnismöglichkeiten des Ortes zulässt, auf den Ort aufmerksam macht, ihn zeigt [...]. Die Skulptur in ihrem Erscheinungsbild, mal Linie, mal Fläche, bezieht Position zu den jeweiligen, immer wechselnden Hintergründen, je nach Position und Blickrichtung des Betrachters im Raum."

KUNSTINSTALLATIONEN IM ÖFFENTLICHEN RAUM

Der von Lutz Fritsch angesprochene örtliche Bezug und das Wechselspiel zwischen Kunstobjekt und Raum sind generell zwei herausragende Elemente der Inszenierung von Kunst im öffentlichen Raum. Sie gelten auch für die meisten anderen der an der Ruhr (oder direkt im Wasser) befindlichen Kunstinstallationen und die sie umgebende Flusslandschaft. Die natürliche Szenerie bietet den Wind und Wetter trotzenden Werken jedenfalls eine passende Bühne, um sich in angemessener Form präsentieren zu können. Diesen Anknüpfungspunkt haben die im freien Raum für jedermann zugänglichen Plastiken und Skulpturen ihren in Museen gezeigten Pendants voraus, die nicht unmittelbar im Alltagsgeschehen zu sehen sind und denen man gemeinhin – häufig nach der Barriere, zuvor eine Eintrittskarte lösen zu müssen – mit einer größeren Distanz gegenübertritt. Denn während ein Museums- oder Sammlungsbesuch mit einer bewussten Entscheidung verbunden ist, erfolgt die Wahrnehmung von Installationen im öffentlichen Raum auch spontan und beiläufig, unvermittelt und ohne Vorbereitung. Daher vermögen es Freiskulpturen (sofern sie eine Beachtung finden) einerseits, alle Bevölkerungsschichten ohne Umwege zu erreichen beziehungsweise mit ihrer Ausgestaltung zu konfrontieren, als Teil einer facettenreichen Kulturlandschaft an der Ruhr auf ebendiese aufmerksam zu machen und im besten Fall neben Zustimmung und Anerkennung kollektive Identifikationspotenziale hervorzurufen. Andererseits kann ihr Erscheinungsbild mitunter auch als optische Zumutung betrachtet werden, Widerspruch, Kritik oder Spott hervorrufen. Kunst war und ist jedoch nie unumstritten und so ist es in gewisser Hinsicht ein Privileg der Kunst im öffentlichen Raum, dass sie nicht ausschließlich eine dekorative, ästhetische und auf ihre Umgebung bezugnehmende Funktion ausübt, sondern zugleich den Betrachter zum Innehalten und Nachdenken, zur Reflexion und Kontroverse anregen kann. Offensichtlich scheint jedoch, dass autonome und abstrakte Außenplastiken, also Werke, die als „Fremdkörper" ohne Bezug zum öffentlichen Raum installiert worden sind, eine häufigere Ablehnung erfahren als „ortsspezifische" Objekte, bei denen der Künstler darum bemüht war, die vorhandene Lokalität und deren Besonderheit, historischen Hintergrund oder aktuellen Kontext bei der Konstitution seines Werkes miteinzubeziehen.

Den meisten an (und in) der Ruhr gelegenen Kunstobjekten ist es eigen, dass sie sich auf ihr natürliches räumliches Umfeld und die regionale Lebenswelt einlassen. Dadurch werden auch Betrachter abseits der etablierten Kunstszene angesprochen und involviert, wodurch die Kunst im öffentlichen Raum ihre partizipative Eigenschaft entfalten kann. Es lohnt sich jedenfalls, die Vielfalt der frei zugänglichen Kunstlandschaft entlang des Flusses stärker in das Bewusstsein der Allgemeinheit zu rücken.

Unten/Rechts: Ein Hochspannungsmast als Leuchtturm in Essen: Kunst am RuhrtalRadweg (Kunstpfad Ruhr), 2019 (Stefan Ziese)

KUNSTOBJEKTE AN DER RUHR…

Sieht man sich die Entstehungsjahre der Kunstinstallationen in unmittelbarer Flussnähe an, so fällt auf, dass die meisten davon erst in den letzten zwei Jahrzehnten entstanden beziehungsweise in Szene gesetzt worden sind, insbesondere im und um das Jahr 2010, also im zeitlichen (und inhaltlichen) Kontext der Programmatik der Kulturhauptstadt Europas RUHR.2010. Vor dem Hintergrund, dass das Kulturhauptstadtjahr im Ruhrgebiet als ein Weg gesehen wurde, den laufenden Strukturwandel und die Transformation der Region an Emscher und Ruhr über kulturelle Veranstaltungen und künstlerische Projekte zu versinnbildlichen, überrascht dies nicht. „Wandel durch Kultur – Kultur durch Wandel" lautete dementsprechend auch das leitende Motiv von RUHR.2010. Es war ein passender Zeitpunkt, um die Bedeutung und Identität schaffende Qualität des Flusses über die Mittel der Kunst in das öffentliche Bewusstsein zu rücken und diesen gleichsam als räumlichen Bestandteil der jeweiligen Installation zu betrachten.

Der sogenannte Kunstpfad Ruhr, dessen Stationen sich seit Mitte 2010 zwischen Winterberg-Niedersfeld und Mülheim an der Ruhr entlang des Flusslaufs beziehungsweise – genauer gesagt – entlang des naheliegenden RuhrtalRadweges mit dem Fahrrad erschließen lassen, ist ein bekanntes Beispiel für die Kunst im freien Raum, die im Rahmen des Kulturhauptstadtjahres entstanden ist. Die Grundlage lieferte ein Wettbewerb für Studierende von Kunst- und Designstudiengängen der Region, der von dem Energieunternehmen RWE initiiert worden war. Ausgehend von dem Umstand, dass zahlreiche technische Einrichtungen des Konzerns das Ruhrtal säumen, wurden unter dem konzeptionellen Motto „Kunst als verbindendes Element zwischen Natur und Technik" Vorschläge und Ideen prämiert und umgesetzt, mit denen einige der hier vorhandenen Netz- und Gasstationen, Kraftwerke, Hochspannungsmasten, Umspannanlagen oder Gasmerkpfähle künstlerisch aufgewertet werden sollten. Insgesamt 60 Studierende beziehungsweise junge Kunstschaffende der Freien Akademie der bildenden Künste und der Universität Folkwang (beide in Essen), des Design-Studiengangs der Dortmunder Fachhochschule und der Kunstakademie

Münster beteiligten sich, elf Konzepte wurden schließlich von einer aus externen Kunstexperten und RWE-Technikern bestehenden Jury ausgewählt und an 17 Standorten realisiert. Die Bandbreite der umgesetzten Werke, die neue Sichtweisen auf das Thema Energie eröffnen soll(t)en, ist vielfältig. Darunter befinden sich unter anderem eine mit einer Video-Installation versehene Ortsnetzstation im sauerländischen Niedersfeld, eine moosbegrünte, in Naturstein und Pflanzen eingebettete Gasstation in Uentrop oder hintereinander gesetzte pinkfarbene Gasmerkpfähle entlang des Radwegs, die zugleich mit Wortsilben bestückt sind, welche sich in der Abfolge zu Denksprüchen zusammensetzen lassen. Schon aus größerer Entfernung fällt ein Strommast in Essen-Überruhr ins Auge, an den bunte und lichtdurchlässige Plexiglasscheiben montiert wurden, die den Masten bei entsprechender Sonneneinstrahlung wie einen Leuchtturm aussehen lassen.

Während die einzelnen Stationen des Kunstpfads Ruhr mehrere Kilometer auseinander liegen, lassen sich die entlang des Wickeder Ruhrufers aufgestellten Installationen und Objekte des dortigen Kunst- und Lyrikweges in Gänze zu Fuß und kurzer Zeit erkunden. Der auch in das Touristik-Programm der Gemeinde Wickede aufgenommene Weg, der im August 2011 eröffnet werden konnte, basiert auf einem kommunalen Projekt des Arbeitskreises „Generationen in Bewegung", der vor Ort das Ziel verfolgt, junge und alte Menschen miteinander in Kontakt zu bringen. In generationenübergreifender

Zusammenarbeit beziehungsweise unter unmittelbarer Beteiligung eines Kindergartens und eines Seniorenzentrums wurden in mehreren Workshops die am Kunst- und Lyrikweg präsentierten Kunstgegenstände geschaffen. Thematisch beziehen sich diese – wie auch die vereinzelt am Weg platzierten Tafeln mit ausgewählten Gedichten – in erster Linie auf den Fluss, die Generationen und die heimische Wirtschaft (die, insbesondere Gelsenwasser, auch bei der Finanzierung des Vorhabens half). Im Unterschied zum Kunstpfad Ruhr gehen die auf rund einem Kilometer Länge arrangierten Kunstobjekte am Wickeder Ruhrufer also auf die direkte Beteiligung der Bürgerschaft zurück, wodurch sich die Werke einer hohen lokalen Akzeptanz sicher sein können. Nachrangiger ist daher, dass hier bewusst und primär Amateur- oder Laienkünstler zu Werke gingen; eine positive Ausstrahlung besitzen die zumeist aus Ton und Holz gestalteten und zum Teil bemalten Tiergruppen, Köpfe, Stelen und Skulpturen allemal. Besonders fantasievoll erscheinen hier die Skulptur des sogenannten Elefantenschwans, eines Mischwesens, das aus dem Holz von am Ruhrufer gefällten Pappeln gefertigt worden ist, oder der „Stammbaum-Baumstamm", der das altersübergreifende Konzept des Kunstweges aufgreift und mit seinen zum Himmel gerichteten Wurzeln zugleich auf die künftigen Generationen verweist, deren Geschicke untrennbar mit der Geschichte und dem Erbe ihrer Vorfahren verbunden sind.

Im Oktober 2016 ergänzten schließlich noch die Mitglieder des Wickeder Karnevalsvereins den Kunst- und Lyrikweg mit der sogenannten Fisch-Skulptur-an-der-Ruhr, einer Stele aus Eichenholz, in die auf der rechten Seite wie Fischköpfe aussehende Steinskulpturen eingesetzt worden sind.

Unten/Rechts: Kunstobjekte und Installationen entlang des Kunst- und Lyrikweges in Wickede an der Ruhr, 2019 (Jens Adamski)

Zwei Stelen für Steele, 2020 (Jens Adamski)

Die Plastik soll einerseits an die Ruhrfische und andererseits an die alljährliche symbolische See- beziehungsweise Flussbestattung des „Möppel- kens" (einer toten Forelle) in der Nacht von Kar- nevalsdienstag auf Aschermittwoch erinnern, die seitens des Wickeder Karnevalsvereins an der ört- lichen Ruhrbrücke zur Verabschiedung der närri- schen Zeit durchgeführt wird.

Da die Ruhr geradewegs hinter den am Ufer be- heimateten Installationen fließt, können einige von diesen – je nach Tageszeit und den vorherrschen- den Lichtverhältnissen – in Verbindung mit dem Fluss eine besondere Stimmung erzeugen, sodass der Kunst- und Lyrikweg von einigen seiner Besu- cher auch gerne als „Meditationspfad" bezeichnet wird.

Bürgerschaftliches Engagement leitet(e) auch in Essen-Steele das Vorhaben, an der dortigen Ruhr- promenade einen Skulpturenpfad einzurichten. Den Auftakt machte 2010/2011 unter dem Slo- gan „Zwei Stelen für Steele" ein abstrakt gestal- tetes, aus zwei separaten Stahlstelen bestehendes

Objekt des Stahlmetzes und -bildhauers Ulrich Krä- mer. Das Material für die beiden nebeneinander positionierten Stelen, die jeweils (ein wenig guten Willen und Vorstellungsvermögen vorausgesetzt) einem stark abstrahierten menschlichen Torso ähneln, entstammte ursprünglich einer anderen Skulptur Krämers, die er mit Plasmaschneidern zer- legt und unter großer Hitzeeinwirkung verformt hatte. Die versinnbildlichte menschliche Form der beiden Stelen, die von der lokalen Bevölkerung mit- unter auch mehr oder weniger liebevoll als „Döner- spieße" bezeichnet werden, erschließt sich auf den ersten Blick nicht zwangsläufig; doch bei genauerer Betrachtung verweisen sowohl die auf beide Ob- jektkörper aufgeschweißten Linien, die als Blutbah- nen oder Adern gedeutet werden können, als auch die auf den Stelen befindlichen X- und Y-Symbole, die auf die Geschlechtschromosomen bei Mann und Frau hinweisen, auf ihren hominiden Charakter.

Im Vergleich zu Krämers Kreation fällt die Deutung der 2013 rechtzeitig zur 1.075-Jahrfeier Steeles er- richteten Skulptur des Bildhauers Bernd Moenikes durchaus leichter. Seinem rund zweieinhalb Meter

Links: Die sogenannte Fisch-Skulptur-an-der-Ruhr am Kunst- und Lyrikweg in Wickede an der Ruhr, 2019 (Jens Adamski)

Beiläufig zu entdecken: Der „Ruhrspringer" aus der Perspektive eines vorbeikommenden Fußgängers, Essen-Steele, 2020 (Jens Adamski)

hohen und aus Eichenholz gefertigtem „Ruhrspringer" kann man das menschliche Antlitz jedenfalls nicht absprechen. Dynamisch und agil wirkt die scheinbar zum Sprung in den Fluss ansetzende Figur auf ihrem eineinhalb Meter hohen Betonsockel, der zugleich dafür sorgt, dass der Skulptur bei etwaigem Hochwasser nasse Füße (oder genauer gesagt ein nasser linker Fuß) erspart bleiben.

...UND IN DER RUHR

Mit einem trockenen Untergrund dürfen die unmittelbar im Flussbett der Ruhr verorteten Kunstinstallationen und -objekte nicht rechnen. Bei ihnen ist der räumliche Bezug zum Wasser, ohne das die meisten dieser Objekte ihre Wirkung und/oder Aussagekraft einbüßen würden, besonders offensichtlich. Sucht man nach öffentlicher Kunst im Fluss, so wird man zuvorderst an der oberen Ruhr, insbesondere im Umfeld von Arnsberg, fündig. Ungefähr seit Beginn der Jahrtausendwende laufen hier Maßnah-

men zur Umsetzung eines regionalen Konzeptes zur naturnahen Entwicklung der Ruhr, die eine Verbesserung der ökologischen Situation und des Hochwasserschutzes, eine Aufwertung des Stadtbildes und die „Erlebbarmachung des Flusses" zum Ziel haben. Die kommunalen Anstrengungen führten dazu, dass ein neues, positives Bewusstsein für die Ruhr entstand und die Bürgerschaft sich zunehmend mit dem Fließgewässer identifizierte. Dies drückte sich dann auch in künstlerischen Projekten im (und am)

Ruhrwächter, Arnsberger Ruhrabschnitt, 2009 (Karl Hosse)

Die Ruhr-Nixe von Arnsberg, 2019 (Friedrich Freiburg)

Da bläst er! Der Ruhr-Wal bereichert die Arnsberger Flussgalerie, 2014 (Friedrich Freiburg)

Wasser aus, die bisher häufig im Rahmen des jährlich stattfindenden Arnsberger Kunstsommers zur Geltung kamen. So waren zu dem im August 2009 gestarteten Kunstprojekt „Wächter der Ruhe – Wächter der Ruhr" alle Bürgerinnen und Bürger durch die Werkstattgalerie „Der Bogen" dazu aufgerufen, sich zu beteiligen: Von den teilnehmenden Personen wurden Gipsmasken ihrer Gesichter genommen, die nachfolgend mit Beton ausgegossen

und mit einer Gewindestange versehen wurden. Diese Gesichter wurden dann über ein Jahr hinweg als stumme Behüter beziehungsweise Wächter des Arnsberger Ruhrabschnittes zwischen Uentrop und Neheim in den Fluss eingesetzt.

Vor dem Hintergrund der Kunstsommerwochen bereicherten auch immer wieder Kunstwerke des Bildhauers Friedrich Freiburg die Arnsberger Flussgalerie, die sich optimal in ihre Umgebung einfügten. Dazu gehört zum einen sicherlich die aus Beton

Der Eisbär in der Ruhr, Arnsberg, 2008 (Friedrich Freiburg)

Oben/Rechts: Die Kunstinstallation „Gemeinsam" im Kemnader See, 2016 beziehungsweise 2018 (Stefan Ziese)

gegossene und rund eine Tonne wiegende Ruhr-Nixe, die sich in ansprechender Art und Weise rücklings in der Nähe der sogenannten Bazillenbrücke im Wasser rekelt, zum anderen der noch imposantere (zweiteilige, aus Vorderteil und Schwanzflosse/Fluke bestehende) weiße Ruhr-Wal, der insgesamt stolze fünf Tonnen auf die Waage bringt und 2010 mit Hilfe eines Krans im Fluss positioniert werden musste. Dieser Moby Dick der Ruhr hat seinen Betrachtern zwischen Frühjahr und Herbst eine besondere Schau zu bieten, da er in diesem Zeitraum alle paar Minuten eine knapp zehn Meter hohe Wasserfontäne aus seinem „Atemloch" in die Luft bläst.

Eine besondere Freude bereitete den Arnsbergern über viele Jahre hinweg auch Freiburgs „Eisbär in der Ruhr", den er anlässlich des Kunstsommers 2005 in Verbindung mit den damals gleichzeitig stattfindenden Wasserwochen kreiert hatte und mit dem der Künstler mahnend auf die Folgen der Klimaerwärmung und das Abschmelzen der Polkappen aufmerksam machen wollte. Bei Hochwasser neigte

der Bär mitsamt seiner Eisscholle allerdings ab und an zu (unfreiwilligen) Fluchtversuchen und trieb mitunter ein paar Kilometer stromabwärts, bevor er im unteren Uferbereich irgendwo zum Halten kam. Heute befindet sich der Eisbär wieder im Außenbereich von Freiburgs Atelier.

Dass Arnsberg eine gewisse Vorreiterrolle bezüglich der innerhalb des Flussbetts platzierten Kunstobjekte zukommt, liegt neben dem kommunalen Engagement allerdings auch daran, dass die Ausmaße der Ruhr im Sauerland, also insbesondere ihre dortige Breite und Tiefe, den Skulpturen eine vom Ufer aus gut sichtbare Position ermöglichen. Inmitten der Ruhrstauseen wären weder die „Ruhrwächter" noch die lebensgroßen Betonskulpturen von Friedrich Freiburg oberhalb des Wasserspiegels zu erkennen. Künstler, die hier eine Kunstinstallation wirksam in Szene setzen möchten, müssen die Wassertiefe noch stärker berücksichtigen. Wie hier eine Lösung aussehen kann, zeigt die vom Ruhrverband gestiftete Stahlplastik „Gemeinsam" des Bildhauers Heinrich Brockmeier. Im Jahr 2000 fertigte Brockmeier, dessen Interesse vorrangig der menschlichen Figur in verschiedensten Ausgestaltungsformen gilt, diese aus 16 Teilen bestehende

Das Projekt „Ruhr-Atoll" von 2010 lässt grüßen: Das U-Boot im Duisburger Innenhafen, 2020 (Katarzyna Nogueira)

Skulpturengruppe, die im Kemnader Stausee, im Becken des Hafens Heveney, ihren Standort gefunden hat. Auf langen, stelenartigen Pfählen stehen die in ihrer Form abstrakt reduzierten menschlichen Gestalten über dem Wasser, deren Köpfe mitunter auch gerne von Vögeln als Aussichts- und Ruheposten genutzt werden.

Dass sich auch die Wasseroberfläche der Ruhrstauseen selbst als eindrucksvolle Kunstplattform eignet, offenbarte das von Mai bis Oktober 2010 auf dem Baldeneysee installierte Projekt „Ruhr-Atoll" des Konzeptkünstlers Norbert Bauer. Ursprünglich bereits für das Jahr 2007 geplant, bot schließlich RUHR.2010 einen willkommenen Rahmen, um das vormals als „Folkwang-Atoll" bezeichnete Vorhaben zu verwirklichen. Anfangs war die Verankerung von 25 künstlerisch gestalteten Inseln vorgesehen, die sich unter dem Leitmotiv „Kunst ist Energie –

Energie ist Bewegung" primär der thematischen Vernetzung von Kunst, Wissenschaft, Energie und Ökologie widmen sollten. Je ein Künstler und ein Wissenschaftler sollten sich gemeinsam um die Umsetzung einer zwischen 100 und 150 Quadratmeter großen Atoll-Insel im Stausee kümmern. Aufgrund finanzieller und technischer Schwierigkeiten konnten letztlich allerdings nur vier künstliche Inseln realisiert werden, die vom Ufer aus mit einem Tret- oder Ruderboot angesteuert werden konnten und von denen drei Atolle auch für eine direkte Erkundung beziehungsweise Begehung zur Verfügung standen. Nachhaltig im öffentlichen Raum präsent blieb über das Kulturhauptstadtjahr hinaus wiederum nur eines der Objekte: Der 16 Meter lange Nachbau eines amerikanischen Atom-U-Bootes, bei dem bereits seine von der Meidericher Schiffswerft ruhraufwärts in den Baldeneysee führende Fahrt (angetrieben von einem Arbeitsschiff des Ruhrverbands) ein von vielen Schaulustigen begleitetes Ereignis war. Aus der Außenwand des aus dem Wasser hervorragenden Turms des Bootes hatten seine „Erbauer", der Künstler Andreas

Martin Kaufmann und der Medienwissenschaftler Hans Ulrich Reck, den vom Philosophen Immanuel Kant geprägten Lehrsatz „Ich kann, weil ich will, was ich muss" herausgesägt, der – durch das Tageslicht begünstigt – im Innern des begehbaren Turmes aufleuchtet. Entlang der beziehungsweise in die durch das Aussägen entstandenen (Fenster-)Öffnungen fügt sich zudem eine auf drei Ebenen angeordnete Collage aus zahlreichen einzelnen Fotos, die – Dias gleich – den Innenraum auskleiden und optisch dominieren. Die Bildinhalte selbst dokumentieren, dem Leitspruch entsprechend, die stetige Gemengelage des menschlichen Handelns zwischen Freiheiten, Sehnsüchten, Notwendigkeiten und Nöten. Der zum Sinnieren einladende U-Boot-Nachbau ist heutzutage im Duisburger Innenhafen zu bestaunen (und weiterhin zu betreten).

———

LICHTKUNST AN DER RUHR

Eine im Wesentlichen temporäre, zumindest aber tageszeitlich gebundene Eigenart besitzt auch die Lichtkunst im öffentlichen Raum. Nur in der Dämmerung, in der Phase der „blauen Stunde" beziehungsweise bei Dunkelheit kann diese Kunstform

ihre Effekte zur vollen Geltung bringen. Widerstrahlende Lichtreflexionen des Wasserspiegels sind von zusätzlichem Reiz für alle Lichtkünstler und insofern ist es naheliegend, dass in den vergangenen Jahren immer wieder auch Orte an der Ruhr oder der Fluss selbst zur Lichtkunstbühne avancierten.

Mystisch wirkende, vielleicht auch sagenumwobene Landschaftsmarken an der Ruhr eignen sich besonders für ein mittels Licht und Beleuchtung hervorgehobenes Erscheinungsbild, so wie beispielsweise die direkt am Ufer der Ruhr gelegene Burgruine Hardenstein in Witten. Dessen war sich auch der sich für den Erhalt der spätmittelalterlichen Burganlage einsetzende Verein der „Burgfreunde Hardenstein" bewusst, als er 2009 zusammen mit der Stadt und den Stadtwerken eine nächtliche Beleuchtung der Ruine umsetzte, die zwischenzeitlich infolge von Vandalismus, der mit einer Zerstörung der angebrachten Leuchtstrahler einherging, unterbrochen wurde. Die Burgruine animierte auch den Künstler Andreas M. Kaufmann dazu, diese im

———

Illuminiertes Walzen-Stauwehr des Laufwasserkraftwerks Hengstey, 2018 (Lichtkunst.Ruhr)

Die beleuchtete Burgruine Hardenstein im Winter 2010 (Stefan Ziese)

Rahmen von RUHR.2010 kurzzeitig als Leinwand für seine Lichtarbeit „Dem Ort seine Sprache" zu verwenden, bei der er nach Sonnenuntergang mit leistungsstarken Außenprojektoren umgangssprachliche Ausdrücke des Ruhrgebiets (in der Form ganzer Wortblöcke) auf das Außengemäuer projizierte, die sich als verschwommene Silhouette im Wasser widerspiegelten.

Dass sich die Kombination von Lichtkunst und Wasser gerade im Umfeld der unmittelbar am Fluss gelegenen Ruhrstädte eignet, erwies sich 2008, als Mülheim vor dem Hintergrund seines 200-jährigen Stadtjubiläums das Lichtkunstfestival „Ruhrlights" ausrichtete. Rund ein Dutzend internationale Künstlerinnen und Künstler, die sich zuvor mit den örtlichen Gegebenheiten vertraut gemacht hatten, sorgten mit ihren Lichtinstallationen für eine effektvolle und eindrückliche Inszenierung städtischer Lokalitäten. Eine besondere Atmosphäre am Fluss bewirkte dabei die Arbeit „Morgana" von Ute und Arend Zwicker. An der Schlossbrücke schufen die Architektin und der Künstler einen be-

leuchteten Wasservorhang, der abends für ein paar Stunden sichtbar wurde. Dafür befestigten sie an der Brückenkante ein Kunststoffrohr, in das zuvor in kleinen Abständen Löcher gebohrt worden waren, sowie darüber montierte Scheinwerfer. Mittels einer Pumpe wurde das Ruhrwasser in das Rohr befördert, worauf sich nachfolgend durch den Einsatz der Strahllampen eine feine Wasser-Lichtwand von einer Uferseite zur anderen spannte. Je nach Windstärke bewegte sich der erhellte Wasserschleier wie eine Gardine hin und her und sorgte auf dem Wasserspiegel für eine ungleichförmige Silhouette. So entstand ein Lichtkunstwerk, das die Bezüge zwischen Lokalkolorit, Architektur, Fluss und öffentlichem Raum beherzigte und noch über das Jahr des Mülheimer Stadtjubiläums hinaus fortwirkte.

Angesichts des Erfolgs der temporären Lichtkunstwerke von 2008 entschlossen sich die acht Ruhrtalstädte Duisburg, Mülheim an der Ruhr, Essen, Bochum, Hattingen, Witten, Dortmund und Hagen dazu, das Lichtkunstfestival zum Abschluss des Europäischen Kulturhauptstadtjahres 2010 auf den gesamten Längenabschnitt des Flusses auszuweiten, der im Ruhrgebiet liegt. Unter der kuratorischen Leitung von Söke Dinkla, der Künstlerischen

Leiterin des Kulturhauptstadtbüros RUHR.2010 der Stadt Duisburg, formierte sich in einer Allianz von renommierten Kunstschaffenden und kommunaler Stadtentwicklung das internationale Festival „Ruhrlights: Twilight Zone", das mit 13 unterschiedlichen Lichtkunstkonzepten und 16 Installationen zwischen Duisburg und Hagen aufwartete (darunter unter anderem auch das in diesem Beitrag bereits angeführte Projekt von Andreas M. Kaufmann in Witten), die zeitversetzt im September 2010 realisiert wurden. Ziel der Lichtinszenierungen war es, das kreative Potenzial der Ruhrregion sichtbar zu machen und die im Fortgang befindliche Transformation der ursprünglichen Industrie- in eine reichhaltige Kulturlandschaft zu visualisieren.

Längst nicht alle Projekte von „Ruhrlights: Twilight Zone" wandten sich konkret dem Fluss zu. Unmittelbar mit der Ruhr verbunden war jedenfalls die in direkter Nähe zum Mülheimer Wasserkraftwerk durchgeführte Lichtinstallation „Reale Formulierungen" der Künstlerin Siegrun Appelt. Als „Landschaftsmalerei mit Licht" bezeichnete Appelt ihre Arbeit selbst. Hier bewegten in der Dunkelheit starke Strahler – ähnlich wie Suchscheinwerfer – ihr Licht in unterschiedlicher Intensität großräumig

Ruhrlights 2008: Die Lichtkunstinstallation „Morgana" an der Schlossbrücke in Mülheim an der Ruhr, 2008 (Walter Schernstein)

Ruhrlights 2010: „Reale Formulierungen" – Landschaftsmalerei mit Licht beim Mülheimer Wasserkraftwerk, 2010 (Walter Schernstein)

über das Wasser und die Uferbereiche, die im Fokus des Lichteinfalls ein fremdartiges, beinahe unwirklich erscheinendes Profil oder Gepräge erhielten. Die nur ausschnittartige Beleuchtung des natürlichen Landschaftsraums brachte so in gewisser Weise eine besondere Ästhetik hervor und die im Lichtkegel erfassten Pflanzen schienen für diesen einen Moment als Hauptprotagonisten der Installation eine spezielle Art von Eigenleben zu bekommen, während der Betrachter der Vegetation tagsüber keine besondere Aufmerksamkeit geschenkt hätte.

Von den ihrem Wesen nach eigentlich eher flüchtigen Ruhrlights-Werken hat sich am Baldeneysee noch die skulpturale Uhrenlandschaft „Time" gehalten, die der Medienkünstler Christoph Hildebrand auf dem dortigen Regattaturm arrangiert hatte. Insgesamt 20 in verschiedene Richtungen ausgerichtete Rundscheibenuhren unterschiedlicher Größe finden sich dort, die in unterschiedlichen Geschwindigkeiten laufen und deren bei Dunkelheit leuchtenden Zifferblätter stetig voneinander abweichende Uhrzeiten anzeigen. Entkoppelt von der realen Zeit scheint es so, als würden die vom rechten Kurs abgekommenen Uhren die gesellschaftlichen Phänomene von Behäbigkeit und Lethargie einerseits sowie von Schnelllebigkeit und Hetze andererseits aufgreifen. Vielleicht sind die sich im unterschiedlichen Tempo drehenden Zeiger aber auch ein dezenter Hinweis auf die sich mal schneller und mal langsamer wandelnden Verhältnisse im Revier, wer weiß?

Links: Die Uhrenlandschaft „Time" am Regattaturm des Baldeneysees, 2019 (K+S Studios)

Sarah Meyer-Dietrich

DIE RUHR ALS BÜHNE

Jeden Sommer treten in Witten auf der Ruhr Drachenboot-Teams gegeneinander an. Sie machen den Fluss zur Bühne für eine Mischung aus Sport und Volksfest. Entsprechende Rennen gibt es in Essen und Mülheim. Auch andere Feste wie „Kemnade in Flammen" oder Musikfestivals wie „Ruhr Reggae Summer", „Zeltfestival Ruhr" und „SMAG Sundance Open Air Festival" nutzen die Ruhr und ihre Stauseen als Bühne. All diese Veranstaltungen entfalten aber nur bedingt ruhrgebietsweite Strahlkraft und eine identitätsstiftende Wirkung.

Andererseits gibt es im Ruhrgebiet Festivals und Kulturinstitutionen mit großer Strahlkraft, die die „Ruhr" im Namen, aber sonst unmittelbar nichts mit dem Fluss zu tun haben: „Ruhrtriennale", „Ruhrfestspiele", „Klavier-Festival Ruhr", „Urbane Künste Ruhr", das RuhrMuseum sowie die Netzwerke der RuhrBühnen und RuhrKunstMuseen, um nur einige Beispiele zu nennen. „Ruhr" meint hier nur noch die Region, nicht mehr den Fluss an sich.

Wie aber könnten kulturelle Ruhrevents der Zukunft aussehen? Events, die den Fluss selbst in Szene setzen und wieder mehr ins Bewusstsein der Bevölke-

rung rücken? Events, die so die Identifikation mit der Ruhr-Region fördern? Um das zu beantworten, werfen wir zunächst einen Blick zurück und fragen danach, ob und wodurch bisherige Großevents im Ruhrgebiet identitätsstiftend wirkten. Es folgen Blicke nach rechts und links, um nach Best-Practice-Beispielen als Inspiration aus anderen Ländern und Städten zu suchen. Beim Blick in die Region stellt sich anschließend die Frage, welche Narrative solche Ruhrevents aufgreifen könnten. Zuletzt geht es mit dem Entwurf beispielhafter Ideen um den Blick in die Zukunft.

Drachenbootrennen auf dem Baldeneysee in Essen, 2019 (K+S Studios)

Links: Hengsteysee-Brücke am Hengsteysee bei Nacht, Ausschnitt, Herdecke 2018 (Lichtkunst.Ruhr)

Rechts oben: Mülheim als Ruhr-Venedig, Gondelfahrt bei der
ExtraSchicht 2019 (Lokomotiv Fotografie, MST)

Rechts unten: Kulinarischer Treff bei den Ruhranlagen in Mülheim, 2019
(K+S Studios)

Links oben: Kemnade in Flammen, 2019 (K+S Studios)

Links Mitte: Ruhr Reggae Summer, Mülheim an der Ruhr, 2019
(K+S Studios)

Links unten: Zeltfestival Ruhr, Bochum, 2009 (Stefan Ziese)

EIN BLICK ZURÜCK:
IDENTITÄTSSTIFTENDE FAKTOREN

Identifikation mit der Region, das zeigen die Kulturhauptstadt „RUHR.2010" und Aktionen wie die „ExtraSchicht" oder der „Tag der Trinkhallen", kann durch Festivals und Events gestärkt werden. Was aber ist das Geheimrezept, das diese Events so wirkmächtig macht? Betrachten wir zunächst die Form, die solche Events annehmen:

Zum einen dürfte die identitätsstiftende Wirkung darin begründet sein, dass solche Events unvergessliche Bilder schaffen, die in den Köpfen der Menschen nachwirken. Unvergessen zum Beispiel die Bilder der Kulturhauptstadt: die riesigen gelben Ballons, die bei der Aktion „Schacht-Zeichen" auf ehemalige Schachtanlagen hinwiesen, der für das „Stillleben A40" zur Flaniermeile umfunktionierte Ruhrschnellweg und der Innenraum der Arena auf Schalke, der beim „! Sing – Day of Song" dicht an dicht mit Ruhrgebietschören gefüllt war. Starke Bil-

Stillleben A40, Bochum, A40 bei der Abfahrt Bochum-Hamme, 2010 (Sarah Meyer-Dietrich)

der produziert auch jedes Jahr die „ExtraSchicht", für die ehemalige Industrieanlagen bunt illuminiert und kulturell bespielt werden. Künftige Ruhrevents sollten ebenfalls die Produktion starker Bilder zum Ziel haben.

Wirkmächtig sind sicherlich auch Partizipationsmöglichkeiten: Beim „Stillleben A40" konnte man an einer der Biertischgarnituren das Programm mitgestalten. Beim „Day of Song" als Teil des riesigen Chors das Steigerlied mitsingen. Eine spannende Form für künftige Ruhraktionen wären daher partizipative Projekte.

Und schließlich spielt für das Ruhrgebiet mit seiner polyzentrischen Struktur die räumliche Ausdehnung eine Rolle. Events, die ein ruhrgebietsweites Wir-Gefühl produzieren, sind zumeist die, die an den Stadtgrenzen nicht halt machen: Das „Stillleben A40" verband über den Ruhrschnellweg eine Vielzahl von Ruhrgebietsstädten. Die „Schacht-Zeichen" verteilten sich über das Ruhrgebiet und beeindruckten durch die schiere Dichte. Die „ExtraSchicht" verbindet durch Shuttlebusse ruhrgebietsweit Industriedenkmale. Und am „Day of Song" wurde auf Plätzen im ganzen Ruhrgebiet zeitgleich das Steigerlied angestimmt. Lokale Events hingegen erregen ruhrgebietsweit nur wenig Aufsehen und konkurrieren – wie die Drachenbootrennen in Witten, Mülheim und Essen – um die Aufmerksamkeit der Besucher. Für künftige Ruhrevents bietet sich also eine städteübergreifende Festivalform an.

Identifikation durch Beteiligung? Das Stillleben A40, Bochum, A40 bei der Abfahrt Bochum-Hamme, 2010 (Sarah Meyer-Dietrich)

EIN BLICK NACH LINKS UND RECHTS: BEST-PRACTICE-BEISPIELE – FLÜSSE ALS BÜHNEN

So viel vorerst zur Form. Wie sieht es mit den Inhalten aus? Die eingangs erwähnten Ruhrevents könnten beinahe an jedem beliebigen Fluss in jeder beliebigen Stadt stattfinden. Der Grund: Keins von ihnen setzt sich inhaltlich mit dem Fluss oder der Region auseinander. Im Gegensatz zu den nun folgenden Best-Practice-Beispielen aus aller Welt, die Flüsse durch inhaltliche Auseinandersetzung ganz konkret inszenieren.

Flussgeschichte erinnern

Eine Reihe von Festivals und Kunstaktionen zeichnen sich durch die Auseinandersetzung mit der Geschichte der Flüsse und ihrer Umgebung aus. Ein Beispiel ist das Festival „Totally Thames". Hier wurden 2019 in der Ausstellung „Foragers of the Foreshore" Funde sogenannter mudlarkers gezeigt, also von Menschen, die im Schlamm des Flusses nach wertvollen Gegenständen suchen. Anhand dieser Funde wurde die Geschichte Londons erzählt. Ein anderes Projekt des Festivals war „The Barking Stink". Hier konnte der in früheren Zeiten durch Industrieabwässer erzeugte Gestank der Themse im Londoner Stadtteil Barking gerochen werden. Die Geschichte des Flusses wurde so als Sinneseindruck lebendig.

Mit der maritimen Geschichte seiner Stadt setzt sich das „Elbfest Hamburg" auseinander. Hier können alte Schoner, Dampfer und kleine Segelschiffe besichtigt werden, dazu gibt es ein Begleitprogramm im Hafenmuseum. Auch die flankierenden Kunstaktionen setzen sich mit der Schifffahrt auseinander. 2018 wurde zum Beat eines Schiffsmotors Gitarre gespielt, das Open-Air-Kino zeigte nostalgische Hafenfilme, die mobile „Forschungsstation zur Schiffsehnsucht" ging der Frage nach, was Menschen an Hafen und Schiffen fasziniert.

An einen besonderen Tag wird mit dem „Elbe Day" erinnert: Am 25. April 1945 trafen auf der zerstörten Elbbrücke amerikanische und sowjetische Armeeeinheiten zusammen und besiegelten symbolisch das nahende Ende des Zweiten Weltkriegs. Beim „Elbe Day" in Torgau gibt es am 25. April jedes Jahr Live-Musik und andere kulturelle Veranstaltungen, die nicht unmittelbar mit diesem geschichtsträchtigen Tag verbunden sind. Es finden aber auch

Lesungen, Vorträge und Ausstellungen statt, die konkret an die Geschichte erinnern oder aktuelle Fragen um Krieg, Frieden und Verteidigungspolitik thematisieren.

Ein Projekt, das sich dem kollektiven Gedächtnis widmet, ist das „Project Nero" des Künstlers Alexander Schellow. Es spürte dem Fluss Kifissos in Athen nach, der im Zusammenhang mit der Konstruktion des Schnellwegs Leoforos Kifisou fast vollständig überbaut wurde. In Gesprächen mit der Bevölkerung rekonstruierte Schellow das kollektive Gedächtnis in Bezug auf diesen Fluss, der in der Erinnerung der älteren Athener noch immer eine große Rolle spielt.

Den Fluss feiern

Eine weitere Möglichkeit, den Fluss in Szene zu setzen, ist die Feier des Gewässers unabhängig von seiner Geschichte. „Totally Thames" begeht die „Celebration of the River Thames". Das Festival „Bordeaux fête le Fleuve" feiert die Garonne: An Bord von Hausbooten, Yachten und Daycruisern können Besucher das Festivalprogramm miterleben. Es finden Ruderrennen, Regatten, Bootsrundfahrten und der Schwimmwettkampf „Traversée de Bordeaux" statt. Seemannschöre, Orchester und das Tanzfestival „Dansons sur les quais" ergänzen das Programm.

Das Musikfestival „Río Mundi" in Córdoba im Umfeld des Guadalquivir feiert gleich mehrere bedeutende Flüsse: Jede der neun Bühnen ist einem anderen Fluss gewidmet – im Jahr 2019 waren es Amazonas, Donau, Ganges, Guadalquivir, Hudson, Mississippi, Niger, Rhein und Themse – und ermöglicht den Besuchern Einblicke, die für die Kultur der Einzugsgebiete dieser Flüsse typisch sind.

Den Fluss schützen

Ein weiterer Ansatz konzentriert sich darauf, den Fluss oder die Gewässer zu schützen. Ein Beispiel dafür ist das „Clearwater Festival", auch „The Great Hudson River Revival" genannt. Es wurde in den 1960er Jahren vom Musiker Pete Seeger ins Leben gerufen. Damals war der Hudson nach Jahrzehnten der Verschmutzung faktisch für tot erklärt worden. Mit Konzerten, die Seegers im Tal des Hudson veranstaltete, sammelte er Spenden zur Revitalisierung des Flusses. Heute hat das Festival einen festen Platz am Fluss – im Croton Point Park im Dorf Croton-on-Hudson. Musik-, Tanz-, Erzählveranstaltungen und Workshops ziehen jedes Jahr Tausende von Menschen an. Die Einnahmen fließen in die Umweltforschung.

Ein Festival, das zwar nicht allein dem Schutz der Gewässer dient, aber ein Beispiel in puncto Nachhaltigkeit darstellt, ist das „Wonderfruit Festival" in Pattaya, Thailand. Es lockt mit Kunstinstallationen, Musik, Wellness, Streetfood und einer malerischen Naturkulisse am Wasser, hinterlässt keinen Müll und soll einen umweltbewussten Lebensstil fördern. Bühnen und Aufbauten sind aus nachhaltig geerntetem Holz, recyceltem Plastik oder Bambus gefertigt. Eine der Bühnen besteht sogar aus Reis, der im Anschluss gegessen wird. Das Trinkwasser stammt aus den umliegenden Flüssen. Flaschen und Becher sind biologisch abbaubar. Erlöse kommen teilweise der Umwelt zugute, wie zuletzt der Pflanzung von Mangrovenbäumen in Myanmar.

Starke Fluss-Bilder

Starke Bilder werden jedes Jahr am „St. Patrick's Day" in Chicago erzeugt. Ökologisch angeblich unbedenkliche Farbe färbt an diesem Tag den Chicago River grün ein.

Die Kunstinstallation „New York Waterfalls", die 2008 vom Künstler Olafur Eliasson auf dem East River in New York City realisiert wurde, lieferte ebenfalls eindrückliche Bilder. Die künstlichen Wasserfälle wurden nach Sonnenuntergang illuminiert. Weitere Beispiele für einprägsame Bilder am und auf dem Wasser sind einige Kunstinstallationen des Künstlers Christo und seiner verstorbenen Frau Jeanne-Claude. Da wären zunächst die „Floating Piers", eine temporäre Installation auf dem Iseosee in Italien im Jahr 2016. Mit leuchtend gelbem Stoff bespannte schwimmende Stege führten von Sulzano aus auf die Insel Monte Isola und um die Insel Isola di San Paolo herum. Auch „The London Mastaba", eine 20 Meter hohe, aus 7.506 bunt bemalten Metallfässern bestehende Pyramide auf dem See im Hyde Park, lieferte 2018 beeindruckende Bilder. Das Projekt „Over the River", bei dem Teile des Arkansas River in Colorado mit Stoff überspannt wer-

New York Waterfalls, New York City, East River, 2008
(Sarah Meyer-Dietrich)

den sollten, gab Christo nach jahrelanger Planung auf, da er mit Donald Trump als US-Präsident nicht einverstanden war – Entwürfe zeigen aber, dass auch dieses Projekt mit starken Bildern aufgewartet hätte.

Partizipation auf der Fluss-Bühne

Abschließend werden ausgewählte Projekte vorgestellt, die den Fluss zur Bühne für Partizipation machen. So wurde in Hamburg mit Hilfe von Crowdfunding und ehrenamtlicher Arbeit die „Schaluppe" gebaut, initiiert vom sogenannten Verein für mobile Machenschaften. Ob Konzert, Kino, Protestaktion oder Lesung, wer sich beteiligen möchte, kann das Schiff auf der Elbe für nicht-kommerzielle Aktionen nutzen.

Ähnlich funktioniert das ebenfalls auf Hamburgs Gewässern schwimmende und aus Stahlpontons bestehende „Archipel". Es umfasst eine Urlaubsinsel, die Bibliothek der Zukunft, eine Schule mit Innenräumen und eine Barkasse, mit der die Plattformen geschleppt werden können, und dient für alle, die möchten, als unabhängiger Freiraum zur Erprobung von Kommunikation und Selbstorganisation von Projekten und Aktionen. Dahinter steht ein offenes Kollektiv, gefördert durch öffentliche Mittel und Stiftungsgelder.

Ebenfalls durch ein offenes Kollektiv organisiert wird die „Anarche", die auf der Spree in Berlin verkehrt. Sehr viel stärker politisch gefärbt, dient das Schiff als „Arena schwimmender Spontandemos und Medium sozialer Bewegungen" mit Kurs auf eine „befreite Gesellschaft!"

Best-Practice-Beispiele aus der Region

Beim Blick nach links und rechts darf nicht vergessen werden, auch im Ruhrgebiet nach gelungenen Beispielen für Fluss-Kunstaktionen zu suchen.

Dazu gehört das „Ruhr-Atoll". Dieses „RUHR.2010"-Projekt des Konzeptkünstlers Norbert Bauer gab als Aufgabe vor, „unter Ausnutzung regenerativer Energieressourcen wie Wasser, Wind, Sonne und Kreativität Kunstwerke zu generieren". Es entstanden vier künstliche Inseln auf dem Baldeneysee, vom Ufer aus mit Tretbooten zu erreichen, entworfen von verschiedenen Künstlern. Das Projekt ist ein gutes Beispiel für die Auseinandersetzung mit dem Thema Nachhaltigkeit. Zudem entstanden mit den vier „Inseln", von denen eine wie ein Eisberg, eine andere wie ein U-Boot geformt war, eindrückliche Bilder.

Ruhr-Atoll 2010, ICEBERG, Autor: Henning Pietsch, CC BY-SA 3.0, https://creativecommons.org/licenses/by-sa/3.0/

Monument for a forgotten future, Gelsenkirchen, wilde Insel zwischen Emscher und Rhein-Herne-Kanal, 2012 (Sarah Meyer-Dietrich)

Turm des Künstlers Tadashi Kawamata, Castrop-Rauxel, Wasserkreuz, 2012 (Sarah Meyer-Dietrich)

Das zweite Beispiel aus der Region, die „Emscherkunst.2010", war eine Ausstellung im öffentlichen Raum, ebenfalls anlässlich der „RUHR.2010". Die Emscher verläuft nördlich der Ruhr, diente über Jahrzehnte hinweg als offener Abwasserkanal und wird aktuell mit immensem Aufwand umgebaut, um künftig wieder sauberes Wasser in einem naturnah umgestalteten Bett führen zu können. Im Rahmen der Emscherkunst beschäftigten sich Künstler mit dem Fluss und der Region. So entstanden teils temporäre, teils dauerhafte Kunstwerke, darunter ein Holzturm des Japaners Tadashi Kawamata, der sich mit Vergänglichkeit auseinandersetzt, der künstliche Fels „Monument for a forgotten future", aus dessen Innerem Musik erklingt, und die Installation „Warten auf den Fluss", die die Rückkehr der Emscher thematisiert. 2013 und 2016 folgten weitere Ausstellungen, aktuell wird die Ausstellung zum Emscherkunstweg weiterentwickelt. Insgesamt steht die Emscherkunst für starke Bilder und eine intensive Auseinandersetzung mit der Geschichte, Gegenwart und Zukunft des Flusses.

Auch das dritte Beispiel aus der Region ist ein „RUHR.2010"-Projekt. Allerdings eines, das nur in der Kulturhauptstadtbewerbung vorkam, aber nicht realisiert wurde: „Land for free" sollte Menschen Brachland zwischen Emscher und Rhein-Herne-Kanal zur Verfügung stellen – als Raum für Ideen, Wünsche und Träume, eine Stadt der Möglichkeiten. Auch wenn das Projekt nicht zur Umsetzung kam, ist es ein gelungenes Konzept für Partizipation.

EIN BLICK IN DIE REGION: SUCHE NACH RUHR-NARRATIVEN

Im nächsten Schritt stellt sich die Frage, welche Inhalte Ruhrevents transportieren könnten und sollten – mit anderen Worten: welches Narrativ sie nutzen könnten.

Vorindustrielle Geschichte
Durch die starke Fokussierung auf Industriekultur und Industrialisierung wird der vorindustriellen

Geschichte an der Ruhr oft wenig Aufmerksamkeit geschenkt. Verschiedene Städte entlang der Ruhr und des Hellwegs waren aber schon früh mehr als Dörfer und haben eine entsprechend lange Vorgeschichte. Eine Erzählung der Ruhr, die mit einem Ruhrevent transportiert werden kann, beginnt also möglicherweise schon in einer Zeit, von der die Burgen, Schlösser und Herrensitze entlang des Flusses genauso zeugen wie historische Schriften und archäologisches Material.

Bergbaugeschichte

Im Rahmen der „RUHR.2010" und bei Aktionen wie der „ExtraSchicht" wurde oft das Narrativ vom Industriegebiet, das sich durch den Strukturwandel zur Kulturmetropole mausert, genutzt: Ehemalige Zechen, Kokereien und Stahlwerke werden zu Museen, Theatern, soziokulturellen Zentren. Dieses Narrativ funktioniert besonders für die Emscherzone – einem Landstrich, der vor der Industrialisierung durch Moorlandschaften, Dörfer und Bauern-

schaften geprägt war und erst durch die Wanderung des Bergbaus von der Ruhr aus weiter nach Norden dichter besiedelt wurde. Trotzdem bietet die Bergbaugeschichte auch in Bezug auf die Ruhrzone Ansatzpunkte zur Inszenierung. Der Fokus könnte hier auf dem Narrativ vom Ruhrtal als der Wiege des Ruhrbergbaus weit vor der Industrialisierung liegen.

Einwanderungsgeschichte

Die Geschichte der Ruhr ist auch eine Geschichte der Zuwanderung. Oft wird für das Ruhrgebiet der Begriff „Melting Pot" bemüht, der das Zusammenleben verschiedener Kulturen stark idealisiert. Doch auch wenn – oder gerade weil – dieses Zusammenleben nicht reibungslos und vorurteilsfrei abläuft, können Internationalität und Multikulturalität ein sinnvolles Narrativ für ein Ruhrfestival sein.

Ein oft bemühtes Narrativ: die Bergbaugeschichte, ExtraSchicht, Bochum, Deutsches Bergbau-Museum Bochum, 2012 (Sarah Meyer-Dietrich)

Das Ruhrgebiet als Melting-Pot?, Gelsenkirchen, Tepe-Weg, 2013
(Sarah Meyer-Dietrich)

Postindustrielle Gegenwart: Kultur, Natur

Für die Identifikation mit der Region darf die Gegenwart nicht aus den Augen gelassen werden. Natürlich bietet sich hier das genannte Kulturhauptstadt-Narrativ von der postindustriellen Kulturmetropole an. Ein anderer Ansatzpunkt ist die Entwicklung einer ehemals durch Industrie verschmutzten Region, die in einen naturnahen Zustand zurückversetzt wird. Wenn mit Blick auf die Emscher dieses Narrativ schon aufgrund der tradierten Bezeichnung als „Köttelbecke" besonders wirksam erscheint, dürfte es in Bezug auf die Ruhr eine noch überzeugendere Wirkung entfalten. Im Ruhrtal mit seinem vielen Grün und den Anhöhen fällt es dem Besucher leicht, die Erzählung vom Ruhrgebiet als einer grünen, nachhaltigen und ökologisch zukunftsweisenden Region auch zu glauben.

Natur/Urbanität als Kontrast

Eng mit dem vorhergehenden Narrativ verbunden ist die Erzählung von der Ruhr als einem Fluss zwischen Natur und Urbanität, die für das Ruhrgebiet der Gegenwart prägend sein könnte. Als Vorteil der sogenannten Metropole Ruhr wird häufig genannt, dass man sehr schnell im nächsten Stadtzentrum,

Ruhr-Natur, Bochum, an der alten Fähre, 2010 (Sarah Meyer-Dietrich)

aber auch sehr schnell in der Natur ist. Sinnbildlich dafür steht die Ruhr, die in großen Teilen in der grünen und teils ländlichen Peripherie, aber nie weitab vom nächsten Zentrum fließt.

Polyzentrische Metropole

Ein Narrativ der Region, das sich für die Ruhr, die viele Städte verbindet, anbietet, ist das einer eng vernetzten, polyzentrischen Metropole. Zudem entfaltet, wie oben erörtert, die Inszenierung der Region in dieser Form eine besonders identitätsstiftende Wirkung.

Utopie Ruhr

Eine Erzählung der Ruhr kann bis in die Zukunft hineinreichen. Grundsätzlich sind der Fantasie dabei keine Grenzen gesetzt. Um die Identifikation mit dem Fluss und der Region zu stärken, sollten solche Ruhr-Utopien aber eine glaubhafte Zukunftsmöglichkeit darstellen.

Typisch Ruhr: Lichtkunst, Ruhr-Universität Bochum, ExtraSchicht, 2012 (Sarah Meyer-Dietrich)

EIN BLICK NACH VORN: DIE RUHR ALS BÜHNE

Abschließend werden beispielhafte Ideen für künftige Ruhrevents skizziert. Vorab jedoch noch ein paar Hinweise, welche weiteren Aspekte neben starken Bildern, Partizipation, städteübergreifender Organisation und passenden Narrativen bei der Inszenierung des Flusses berücksichtigt werden sollten.

Da wäre zunächst die Vielfalt der Kulturlandschaft Ruhrgebiet. So könnte eine Inszenierung aufgreifen, wofür die Region kulturell steht: zum Beispiel Lichtkunst wie im international bedeutenden Lichtkunstzentrum Unna, Landmarken und Kunst im öffentlichen Raum, wie sie durch die IBA Emscherpark oder die Emscherkunst gestaltet wurden, Netzwerke wie RuhrKunstMuseen und RuhrBühnen und nicht zuletzt die Industriekultur. Um im Wettbewerb um die Aufmerksamkeit des Publikums zu bestehen, ist es sinnvoll, mit lokalen Institutionen und Akteuren zusammenzuarbeiten. Eventuell kann auf ein eigenes Ruhrfestival zugunsten von besonderen Ruhraktionen im Rahmen bereits bestehender Großevents verzichtet werden.

Oben: Ein markanter Ort an der Ruhr: Burg Blankenstein, Bochum, an der alten Fähre, 2010 (Sarah Meyer-Dietrich)

Unten: Das Viadukt in Herdecke, 2018 (Stefan Ziese)

Einfärbung der Ruhr zum Barbara-Tag, Zeichnung, 2019
(Sarah Meyer-Dietrich)
—

Berücksichtigt werden können bei der Inszenierung zudem markante Orte entlang der Ruhr: Burgen (z. B. Burg Blankenstein, Haus Kemnade, Hohensyburg), Schlösser, die Villa Hügel, Kläranlagen, Wasserkraftwerke und Schleusen, das Eisenbahnmuseum in Dahlhausen und das Museum der deutschen Binnenschifffahrt in Duisburg, die historischen Viadukte in Herdecke und Witten, die Weiße Flotte und der Wasserbahnhof in Mülheim.

Da die Möglichkeiten, die Ruhr in Szene zu setzen, vielfältig sind, wird hier auf eine systematische Darstellung verzichtet. Stattdessen werden erste Ideen skizziert, die verschiedene zuvor erläuterte Aspekte berücksichtigen und immer wieder auf die Best-Practice-Beispiele zurückgreifen.

Stellen wir uns vor: ein Festival an der Ruhr, das ganz und gar nachhaltig organisiert ist. Die Essensstände beziehen Fleisch und Gemüse von Bauernhöfen entlang der Ruhr. Die benötigte Energie wird aus Wasserkraft gewonnen. Alle Materialien sind ökologisch abbaubar, das Ergebnis von Upcycling oder aus nachwachsenden Rohstoffen gefertigt. Erlöse kommen Renaturierungsprojekten und Ruhrauenprogrammen zu Gute, über die vor Ort informiert wird. Musik gibt es über Kopfhörer, um die Fauna nicht zu stören. Am Rande des Festivals finden Workshops mit Kindern, Jugendlichen und Erwachsenen statt, die für die Gewässerökologie sensibilisiert werden. Und von einem Festivalpunkt zum nächsten gelangt man zum Beispiel per Leihrad am RuhrtalRadweg entlang.

Stellen wir uns vor: Alle zwei Jahre nehmen die RuhrBühnen ihren Namen wörtlich und jedes der elf Häuser inszeniert ein Stück Schauspiel-, Tanz- oder Musiktheater an einem markanten Punkt an der Ruhr – am Fuße von Burg Blankenstein, um die Skulptur Rheinorange an der Ruhrmündung bei Duisburg oder auf einer Ruhrinsel. Thematisch werden in einem Jahr zeitgenössisch umgesetzte Ruhrsagen wieder lebendig, zwei Jahre später beschäftigt das Festival sich mit Stücken aus Herkunftsländern vieler Ruhrgebietsbewohner. Die Stücke werden bei freiem Eintritt gezeigt, um auch das weniger theateraffine Publikum an die Ruhr-Bühnen heranzuführen.

Stellen wir uns vor: Jedes Jahr am 4. Dezember, dem Barbaratag, geweiht der Schutzpatronin der

Bergleute, wird die Ruhr mit ökologisch unbedenklicher Farbe schwarz gefärbt. Im Gedenken an die Zeit, in der die Ruhr in Folge von Kohle- und Stahlindustrie verschmutzt und der Himmel darüber grau war. Entlang der Ruhr gibt es Kunstaktionen und Vorträge, die nicht einfach unreflektiert Bergbau-Folklore hochleben lassen, sondern auch die kritischen Seiten des Bergbaus beleuchten – die negativen Folgen für die Natur, die harten Bedingungen, unter denen Bergleute und deren Familien lange Zeit lebten. Natürlich darf ein wenig Spektakel trotzdem nicht fehlen: Gemeinsam wird das Steigerlied gesungen und zum Abend hin erinnern Lichterzüge an die tausend Feuer, die einst an der Ruhr brannten.

Stellen wir uns vor: Das RuhrMuseum nutzt die Ruhrufer als Außendependance, wo Ruhrgeschichte in der Verbindung von Natur- und Kulturgeschichte eindrücklich erlebt werden kann. Entlang der Ruhr sind Stelen aufgestellt, über die per Audioguide oder Smartphone (prä-)historische Geräuschkulissen (etwa nachempfunden aus dem Tertiär oder Karbon, um einen Bezug zu der Zeit herzustellen, in der

die Entstehung der Kohlenflöze begann) oder Geräusche eines mittelalterlichen Marktes abgerufen werden können. Ebenfalls abrufbar sind erklärende Texte und Ruhrsagen. Ähnlich wie im RuhrMuseum verwahren Vitrinen Artefakte, die als „Zeitzeichen" für die Geschichte an der Ruhr stehen. Stelen und Vitrinen bilden einen Denkmalpfad, den man selbstständig oder per Führung erkunden kann.

Stellen wir uns vor: Die „Ruhrtriennale" umfasst jedes Jahr auch ein Stück, in dem Künstler (mal von auswärts, mal regional, mal gemeinsam mit Kindern und Jugendlichen im Rahmen eines Vermittlungsprogramms) sich mit dem Fluss auseinandersetzen. Das Stück wird in Mülheim auf der Schleuseninsel gezeigt – denn wie die restlichen Spielorte der „Ruhrtriennale" ist die Insel mitsamt Wasserbahnhof ein Industriedenkmal.

Das Karbonzeitalter wird an der Ruhr wieder lebendig, Zeichnung, 2019 (Sarah Meyer-Dietrich)

Aufführung von Balletttänzerinnen auf einem Fahrgastschiff der
Weißen Flotte, Baldeneysee, 1955, Foto: Marga Kingler (Fotoarchiv
Ruhr Museum)
———

Stellen wir uns vor: In Kooperation mit den Urbanen
Künsten Ruhr bietet das Netzwerk der RuhrKunst-
Museen eine Ausstellung am Ruhrufer im Bienna-
le-Rhythmus. Künstler setzen sich mit Themen wie
Stadt/Natur, Nachhaltigkeit, Wasserwirtschaft auseinander. Vereinzelt entstehen dauerhafte Landmarken.

Stellen wir uns vor: Ein Karneval der Kulturen feiert die Multikulturalität der Region. Dafür werden
sämtliche Brücken über die Ruhr mit Biertischgarnituren bestückt. Die teilnehmenden Menschen
bringen Essen und Getränke mit, die untereinander
getauscht werden, und bieten kleine kulturelle Pro-
grammpunkte wie Tanz, Gesang, Lesungen, die sich
mit den Gewässern der Welt auseinandersetzen.
Die Brücken stehen für die Grenzüberschreitungen
und das Miteinander.

Stellen wir uns vor: Analog zur „ExtraSchicht" gibt
es eine lange Nacht der Vormoderne. In den Ruinen
der Hohensyburg, am Fuß der Burg Blankenstein
und im Hof von Haus Kemnade finden Aktionen mit
Flussbezug statt. Burgen, Schlösser, Denkmäler,
Brücken und Stauwerke entlang der Ruhr sowie die
Ruhrufer selbst werden illuminiert und von Licht-
künstlern bespielt. Höhepunkt ist die Verwandlung
der Wasseroberfläche in ein Lichtkunstwerk – die
Ruhr wird zur Projektionsfläche für Text, Bild, Video.

Stellen wir uns vor: Auf einer Reise entlang der Ruhr
tauchen Besucher in die Vergangenheit ein. An markanten Punkten werden historische Reiseberichte
von Schauspielern vorgelesen. Von Punkt zu Punkt
reisen die Besucher mit dem jeweils im Bericht genutzten Reisegefährt, von der Pferdekutsche bis
zum Fahrrad. Auf einer anderen Route reisen Besucher durch die zeitgenössische Ruhrgebietsli-
teratur. Die Reise gipfelt in einem Krimidinner auf
der Weißen Flotte in Mülheim. In Schreibworkshops
erfinden die Besucher eigene Ruhrgeschichten, die
ebenfalls von Schauspielern gelesen werden.

Stellen wir uns vor: Auf den sechs Stauseen der
Ruhr (Baldeneysee, Kemnader See, Harkortsee,
Kettwiger See, Hengsteysee und Stausee Heng-

sen) werden Schiffe und künstliche Inseln der Allgemeinheit zur Verfügung gestellt. Jeder, der sich künstlerisch oder diskursiv mit dem Thema Wasser auseinandersetzen will, ist eingeladen, dies dort zu tun. Im Vorfeld finden Workshops statt, in denen Interessierte sich zu Gruppen zusammenschließen können. Spielzeit für das Projekt ist zunächst ein kompletter Sommer. Auch Jugendliche und Kinder wirken mit. Mal findet ein Laientheaterstück mit einer Schulklasse, mal ein Workshop zum Färben mit Pflanzen, mal ein Infoabend zum Thema „Spurenstoffe im Wasser" statt.

Stellen wir uns vor: An Orten mit Weitblick entlang der Ruhr, zum Beispiel auf dem und um den Bismarckturm in Mülheim, am Berger-Denkmal auf dem Hohenstein in Witten oder auf der Korte-Klippe in Essen sind Ruhrgebietsbewohner eingeladen, zur Fragestellung „Wie wollen wir leben?" in Workshops eine Ruhrlandschaft der Zukunft zu

entwerfen, die von bildenden Künstlern in kleinen Modellen umgesetzt wird. Themen sind zum Beispiel Bildung, Arbeit, Mobilität, Natur, Kultur und Politik.

Stellen wir uns vor: jede Menge Möglichkeiten für Festivals und Events entlang der Ruhr. Die den Fluss feiern und bespielen. Die ihn zu einer Bühne der Ruhrgebietskultur machen. Und die ihn mit den Menschen der Region verbinden.

‾‾‾
Wie wollen wir leben?, Zeichnung, 2019 (Sarah Meyer-Dietrich)

DIE RUHR (ALLGEMEIN)

Bankmann, Peter: Burgen, Schleusen und Oasen. Das Ruhrtal im Wandel der Zeit, Essen 2017.

Bierther, Patrick/Braunschweig, Martin von/Fischer, Annika/Hartwich, Jörn/Mittenhuber, Susanne/Rüskamp, Arnd/Tack, Jochen: 219,3 Kilometer im Fluss. Das Ruhr-Buch, Essen 2014.

Königslöw, Joachim von: Ruhr und Lippe. Zwei gegensätzliche Gewässer – und ein westfälisches „Mesopotamien", in: Ders.: Flüsse Mitteleuropas. Zehn Biographien, Stuttgart 1995, S. 209–239.

Laak, Dirk van: Bezugspunkt und Namensgeberin. Erinnerungsort Ruhr, in: Stefan Berger/Ulrich Borsdorf/Ludger Claßen/Heinrich Theodor Grütter/Dieter Nellen (Hrsg.): Zeit-Räume Ruhr. Erinnerungsorte des Ruhrgebiets, Essen 2019, S. 116–128.

Lueger, Ralph/Schumacher Joachim: Die Ruhr – Lebensader einer Region, Essen 2008.

Vollmer, Walter: Die Ruhr – Bilder vom Lauf eines Flusses, Iserlohn 1958.

NATURRAUM RUHR

Bezirksregierung Arnsberg (Hrsg.): Ein Fluss wird wild. Die Renaturierung der Ruhr in Arnsberg, Arnsberg 2016.

Kasielke, Till: Geologie und Reliefentwicklung im Raum Bochum. Veröffentlichungen des Bochumer Botanischen Vereins 7 (3), 2015, S. 15–36.

Mügge, Vera/Wrede, Volker/Drozdzewski, Günter: Von Korallenriffen, Schachtelhalmen und dem Alten Mann. Ein spannender Führer zu 22 Geotopen im mittleren Ruhrtal, Essen 2005.

Mügge-Bartolovic, Vera: GeoRoute Ruhr. Durch das Tal des schwarzen Goldes. Der geotouristische Wanderweg von Mülheim bis Schwerte, Essen 2010.

Müller-Wille, Wilhelm: Bodenplastik und Naturräume Westfalens, Münster 1966.

Naturschutzgruppe Witten – Biologische Station e.V. (NaWit): Natur zwischen Ruhr und Ardey. Erleben, verstehen und schützen, Witten 2007.

Naturschutzzentrum Märkischer Kreis e.V. (Hrsg.): Die Ruhr – Elf flußbiologische Exkursionen, Wiehl 1998.

LITERATUR HINWEISE

Sell, Michael/Viebahn, Frauke: Von Eisvögeln, Prachtjungfern und Gänsesägern. Natur an der Ruhr, Essen 2006.

NATURWIRTSCHAFTSRAUM RUHR

Blotevogel, Hans Heinrich: Zentrale Orte und Raumbeziehungen in Westfalen vor der Industrialisierung (1780–1850), Münster 1975.

Elsner, Gerd: Am Sonnenhang des Ruhrtals. Zehn Jahre historischer Weinberg Arnsberg, in: Heimatblätter 34, Arnsberg 2013, S. 62–66.

Kopsidis, Michael/Hockmann, Heinrich: Technical Change in Westphalian Peasant Agriculture and the Rise of the Ruhr, circa 1830–1880, in: European Review of Economic History 14, 2010, S. 209–237.

Kopsidis, Michael: Marktintegration und Entwicklung der westfälischen Landwirtschaft 1780–1880. Marktorientierte ökonomische Entwicklung eines bäuerlich strukturierten Agrarsektors, Münster 1996.

Meier, Friedhelm: Die Änderung der Bodennutzung und des Grundeigentums im Ruhrgebiet von 1820 bis 1955, Bad Godesberg 1961.

Reif, Heinz: Landwirtschaft im industriellen Ballungsraum, in: Wolfgang Köllmann u.a. (Hrsg.): Das Ruhrgebiet im Industriezeitalter. Geschichte und Entwicklung, Bd. 1, S. 337–394.

Reininghaus, Wilfried: Die vorindustrielle Wirtschaft in Westfalen. Ihre Geschichte vom Beginn des Mittelalters bis zum Ende des Alten Reiches, 3 Bde., Münster 2018.

Ruhrfischereigenossenschaft (Hrsg.): 100 Jahre Ruhrfischereigenossenschaft. 1881–1981, Essen 1981.

Ruhrfischereigenossenschaft (Hrsg.): 125 Jahre Ruhrfischereigenossenschaft. 1881–2006, Essen 2006.

Scholten-Buschhoff, Friederike: Marktkontakte adeliger Güter, Rheinland und Westfalen 1650–1850, Münster (Diss.), (im Erscheinen).

WOHNRAUM RUHR

Bimberg, Ina/Rump, Christoph: Von Rotdornen, Laubengängen und Fliederdüften. Ein spannender Führer zu Gärten und Parks im Ruhrtal, Essen 2006.

Block, Max Paul (Hrsg.): Der Gigant an der Ruhr, Berlin 1928.

Borstell, Ursel/Dirksen, Jens/Sarrazin, Ellen: Blühendes Ruhrgebiet. Gärten öffnen ihre Pforte, Duisburg 2010.

Brocke, Artur (Hrsg.): Neues Bauen in Mülheim-Ruhr, mit einer Einleitung von Paul Joseph Cremers, Berlin u.a. 1929.

Buddensieg, Tilmann: Villa Hügel. Das Wohnhaus Krupp in Essen, Berlin 1984.

Die Einrichtungen zum Besten der Arbeiter auf den Bergwerken Preußens, hrsg. im Auftrag seiner Excellenz des Herrn Ministers für Handel, Gewerbe und öffentliche Arbeiten und nach amtlichen Quellen bearbeitet, Berlin 1876.

Ehlgötz, Hermann: Der Generalsiedlungsplan für den Raum Essen, Erster Teil: Der Organismus Essen; Zweiter Teil: Das neue Programm für Essen, Essen 1927.

Eichholz, Benno: Die Gärten des Carl Friedrich Gethmann in Blankenstein über der Ruhr, in: Westfälische Zeitschrift 134, 1984, S. 343–363.

Frohne, Julia (Hrsg.): RUHR. Vom Mythos zur Marke. Marketing und PR für die Kulturhauptstadt Europas RUHR.2010, Essen 2010.

Gaida, Wolfgang/Grothe, Helmut: Barocke Pracht, Bürgerstolz und Orte des Wandels. Gärten und Parks im Ruhrgebiet, Essen 2010.

Geschichtsverein Mülheim an der Ruhr e.V. (Hrsg.): Zeugen der Stadtgeschichte. Baudenkmäler und historische Orte in Mülheim an der Ruhr, Essen 2008.

Hasselberg, Tanja: Parks und Gärten auf Brachen. Umnutzung industrieller Flächen im Ruhrgebiet, Worms 2011.

Jordan, Rüdiger: Von Kapitellen, Kanzeln und Taufsteinen. Ein spannender Führer zu 67 Kirchen und Klöstern im Ruhrtal, Essen 2006.

Kastorff-Viehmann, Renate: Wohnungsbau für Arbeiter. Das Beispiel Ruhrgebiet bis 1914, Aachen 1981.

Kastorff-Viehmann, Renate: Frühe Stadtbaupläne in Ruhrort und Duisburg – Der Weg zur öffentlich-rechtlichen Planung im Ruhrgebiet, in: Gerhard Fehl/Juan Rodriguez-Lores (Hrsg.): Stadterweiterungen 1800–1875, Hamburg 1983, S. 185–203.

Kastorff-Viehmann, Renate (Hrsg.): Die grüne Stadt. Siedlungen, Parks, Wälder, Grünflächen 1860–1960 im Ruhrgebiet, Essen 1998.

Kaufhold, Barbara: Leben am Fluss, Mülheim an der Ruhr, Essen 2011.

Kierdorf, Alexander: Industriellenwohnsitze im Ruhrgebiet 1900–1914, Köln 1996.

Kurth, Carla/Schönweitz, Horst/Pesch, Franz (Bearb.): Ruhrtal – Zukunft einer Region. Dokumentation der Klausurtagung vom 7. und 8. Juni 2000; hrsg. von Städten und Gemeinden des Ruhrtals, Herdecke 2000.

Maas, Barbara: Im Hause des Kommerzienrats. Villenarchitektur und großbürgerliche Wohnkultur im Industriezeitalter – das Beispiel Mülheim an der Ruhr, Mülheim an der Ruhr 1990.

Polenz, Harald: Von Grafen, Bischöfen und feigen Morden. Ein spannender Führer durch 22 Burgen und Herrenhäuser im Ruhrtal, Essen 2004.

Schürmann, Maren/Howahl, Georg: Schlösser, Burgen und Ruinen. Historische Gemäuer und ihre Geschichte im und um das Ruhrgebiet, Essen 2018.

Soénius, Ulrich S.: Wirtschaftsbürgertum im 19. und frühen 20. Jahrhundert. Die Familie Scheidt in Kettwig 1848–1925, Köln 2000.

Verein für Orts- und Heimatkunde in der Grafschaft Mark (hrsg. in Zusammenarbeit mit der Stadt Witten): Witten – Werden und Weg einer Stadt, Witten 1961.

Wehling, Hans-Werner: Die raumzeitliche Entwicklung der Stadt Mülheim an der Ruhr im 19. und 20. Jahrhundert, in: Zeitschrift des Geschichtsvereins Mülheim an der Ruhr, Nr. 66, 1993, S. 489–520.

KULTURRAUM RUHR

Althaus, Richard: Märkische Sagen von Ruhr und Lenne, Volme und Ennepe, Gummersbach 1986.

Angelo, Hillary: How Green Became Good: Urban Greening as Social Improvement in Germany's Ruhr Valley, New York 2015.

Bahlmann, Paul: Ruhrtalsagen von der rheinisch-westfälischen Grenze, Münster 1913.

Bahlmann, Paul: Ruhrtalsagen vom Ruhrkopf bis zum Rhein, Münster 1922.

Barbian, Jan-Pieter/Palm, Hanneliese (Hrsg.): Die Entdeckung des Ruhrgebiets in der Literatur, Essen 2009.

Barbian, Jan-Pieter/Cepl-Kaufmann, Gertrude/Palm, Hanneliese (Hrsg.): Von Flussidyllen und Fördertürmen. Literatur an der Nahtstelle zwischen Ruhr und Rhein, Essen 2011.

Beneke, Sabine/Ottomeyer, Hans (Hrsg.): Die zweite Schöpfung: Bilder der industriellen Welt vom 18. Jahrhundert bis in die Gegenwart, Wolfratshausen 2002.

Berger, Stefan: Industrial Heritage and the Ambiguities of Nostalgia for an Industrial Past in the Ruhr-Valley, Germany, in: Labor Studies in working-Class History of the Americas, 16 (1), 2019, S. 37–64.

Dinkla, Söke/Janssen, Karl/Petzinka, Karl-Heinz/Scheytt, Oliver (Hrsg.): Ruhrlights: Twilight Zone 2010/Ruhrlights 2008, Ostfildern 2010.

Eiringhaus, Pia: Industrie wird Natur. Postindustrielle Repräsentationen von Region und Umwelt im Ruhrgebiet, Essen 2018.

Fritz, Rolf (Hrsg.): Das Ruhrgebiet vor Hundert Jahren. Gesicht einer Landschaft, Dortmund 1956.

Hallenberger, Dirk: Industrie und Heimat. Eine Literaturgeschichte des Ruhrgebiets, Essen 2000.

Hoeper, Sabine (Hrsg.): Festschrift Hans Jaskulsky zum 60. Geburtstag, Berlin 2010.

Kommunalverband Ruhrgebiet (Hrsg.): Route der Industriekultur. Themenroute 12: Geschichte und Gegenwart der Ruhr, Bielefeld 1999.

Kunstverein Ruhr (Hrsg.): Gerhard Richter und die Romantik, Essen 1994.

Maxwill, Arnold (Hrsg.): Leben in der Arbeitslandschaft. Narrationen des Ruhrbergbaus, Paderborn 2020.

Regionalverband Ruhr (Hrsg.): Atlas der Industriekultur – Ruhrgebiet, Essen 2005.

Rölleke, Heinz: Längs der Ruhr, in: Ders.: Westfälische Sagen, 2. Aufl., München 1991, S. 254–295.

RuhrKunstMuseen/Ruhr Tourismus GmbH (Hrsg.): RUHR SELECTION – Der Kunstreiseführer für die Metropole Ruhr, Oberhausen 2013.

Schmidt-Rutsch, Olaf: Meine Hütte. Die Henrichshütte Hattingen im Wandel vom Industriestandort zum Industriemuseum, Essen 2013.

Schulte, Birgit (Hrsg.): Christian Rohlfs, Musik der Farben, Hagen 2009.

Smerling, Walter/Ullrich, Ferdinand (Hrsg.): PUBLIC ART RUHR: Die Metropole Ruhr und die Kunst im öffentlichen Raum, Köln 2012.

Sondermann, Dirk: Ruhrsagen. Von der Mündung bis zur Quelle, Bottrop 2013.

Steeler Archive e.V. (Hrsg.): Hans Rudolf Kremer. Die Eisenbahn im Ruhrtal von Herdecke bis Duisburg. Historische Aquarelle in der Landschaft des Ruhrtals zwischen den 1860er und den 1970er Jahren, Essen 2017.

Storm, Anna: Post-Industrial Landscape Scars, New York 2014.

Dr. Jens Adamski (1975) ist Wissenschaftlicher Mitarbeiter der Stiftung Geschichte des Ruhrgebiets in Bochum.

Dr. Dieter Barth (1938) ist freier Agrarjournalist aus Münster.

Markus Bruderreck (1968) arbeitet als freier Musikjournalist und Autor.

Achim Dahlheimer (1958) leitet das Beratungsbüro TuWas! mit den Schwerpunkten kommunale und regionale Strategien, Stadtentwicklung, Bauen und Wohnen.

Agnieszka Derda (1985) promoviert zum Thema „Nationale Repräsentation des polnischen Adels zur Zeit der Dritten Teilung in Architektur und Gartenkunst".

Pia Eiringhaus (1989) ist Wissenschaftliche Mitarbeiterin an der Martin-Luther-Universität Halle-Wittenberg.

Prof. Manfred Güllner (1941) ist Gründer und Geschäftsführer von forsa in Berlin.

Dr. Peter Matuschek (1973) ist Leiter der Politikforschung bei forsa in Berlin.

Silvia Fehse-Schmitz (1975) arbeitet als freie Journalistin und Autorin.

Michael Gosmann (1956) leitet das Arnsberger Stadt- und Landständearchiv im Kloster Wedinghausen.

Peter Erik Hillenbach (1959) ist Buchautor, Restaurantkritiker, Amateurkoch, Kleingärtner, Chefredakteur des GW Verlags in Essen und Gründer der Umweltplattform Eco Beach.

Dr. Till Kasielke (1982) ist Wissenschaftlicher Mitarbeiter am Geographischen Institut der Ruhr-Universität Bochum.

AUTORINNEN UND AUTOREN

Prof. Dr. Renate Kastorff-Viehmann (1949) ist emeritierte Professorin für Baugeschichte an der FH Dortmund.

Chantal Louis (1969) arbeitet als Redakteurin bei der EMMA.

Dr. Sarah Meyer-Dietrich (1980) ist freie Autorin, Kultur- und Wirtschaftswissenschaftlerin und lebt im Ruhrgebiet.

Katarzyna Nogueira (1986) ist Wissenschaftliche Mitarbeiterin der Stiftung Geschichte des Ruhrgebiets in Bochum.

Wilfried Pastors (1957) ist freier BILD-Redakteur und Journalist.

Sonja Pizonka (1982) ist Wissenschaftliche Mitarbeiterin am Museum Folkwang, Essen.

Ulrich Reitz (1960) ist freier Journalist und Autor.

Dr. Marco Rudzinski (1976) ist als Unternehmenshistoriker der Unternehmensgruppe ALDI SÜD, Mülheim/Ruhr tätig.

Friederike Scholten-Buschhoff (1986) beschäftigt sich in ihrer im Abschluss befindlichen Dissertation mit der Getreidewirtschaft adeliger Güter im Zeitraum 1650 bis 1850 für den Raum Westfalen und das Rheinland.

Michael Sell (1957) ist Inhaber eines Büros für Landschaftsplanung, Gewässerentwicklung und Artenschutz in Witten, das er seit 1990, zusammen mit seiner Frau Frauke Viebahn, führt.

Lucas Vogelsang (1985) ist Autor und Reporter. Ab Oktober 2018 war er ein Jahr lang Stadtschreiber Ruhr.

Dr. Joachim Wittkowski (1959) ist Fachleiter am Zentrum für schulpraktische Lehrerausbildung Hamm und Lehrbeauftragter am Germanistischen Institut der Ruhr-Universität Bochum.